酉阳土家族苗族自治县志

（1986—2005）

酉阳土家族苗族自治县志编纂委员会 编

方志出版社
Publishing House of Local Records

图书在版编目(CIP)数据

酉阳土家族苗族自治县志：1986-2005 / 酉阳土家族苗族自治县志编纂委员会编. —北京：方志出版社，2018. 7

ISBN 978-7-5144-3166-7

Ⅰ. ①酉… Ⅱ. ①酉… Ⅲ. ①酉阳土家族苗族自治县-地方志-1986-2005 Ⅳ. ①K297. 194

中国版本图书馆CIP数据核字(2018)第173182号

ISBN 978-7-5144-3166-7

9 787514 431667 >

酉阳土家族苗族自治县志(1986—2005)

编　　者：酉阳土家族苗族自治县志编纂委员会
责任编辑：黄　彦

出 版 人：冀祥德
出 版 者：方志出版社
地址　北京市朝阳区潘家园东里9号（国家方志馆4层）
邮编　100021
网址　http://www.fzph.org
发　　行：方志出版社图书经销中心
电话　(010) 67110500
经　　销：各地新华书店
印　　刷：重庆中汉古籍印刷有限公司

开　　本：889×1194　1/16
印　　张：44
字　　数：1193千
版　　次：2018年7月第1版　2018年7月第1次印刷
印　　数：0001~3000册

ISBN 978-7-5144-3166-7　定价：350.00元

《酉阳土家族苗族自治县志（1986—2005）》编纂委员会

2002年4月~2008年6月

主　　任：龚泽民

副 主 任：梁正华　张世模　高　峰　冉华章　谢卫先　郭朝英　阎汉平

成　　员：杨洪勇　张　力　滕　格　陈建国　胡洪卫　周建国　邓小军
彭诗悦　陈长建　敖荣峰　敖永红　吴　彬　庹汉兴　吴茂乐
杨　斌　范德安　陈华维　陈长智　姚昭宪　任序江　杨仕葵
冉国祥

办公室主任：姚昭宪

主　　编：姚昭宪（兼）

副 主 编：简　朴　彭清玉　向海林

编　　辑：袁继红

2008年7月~2013年8月

主　　任：李方宇

副 主 任：贺恩友　刘　毅　杨清海　陶于祥　陈文国　陈　颖　敖永红

成　　员：冉隆仲　范德安　陈新宪　石丽珊　黎　洪　高　胜　吴　彬
田健华　李新明　罗万明　石　磊　陈学军　姚昭宪　黄德权

办公室主任：黎　洪

主　　编：黎　洪（兼）　　邹明星

副 主 编：彭清玉　向海林　简　朴

编　　辑：袁继红

2013年9月~2016年2月

2016年3月~2018年7月

县志编纂人员

王明友	彭清玉	王兴权	严　鹏	孙庭觉	姚家桐
田祖智	邱　华	石维续	何守吉	冉光大	郑登元

县志初审人员

黎　洪	刘长坤	任家谦	舒应福	

县志评审人员

（按市、外省地县、本市区县排列）

夏小平	董宁波	刘忠明	陈忠新	瞿政平	吴文勇	唐海泉
袁昌俊	孔　健	卿尚雄	秦志杨	张洪文	罗　涛	顾忠富
刘安权	冉　瑞	刘先忠	马必波	汪卫东	何廷应	胡国斌
钱晓红	向绪祥	王奕湘	陶一康	秦华平	蒋德明	杨棕全

县志工作人员

田　勇	杨秀东	冉　军	郑　伟	杨海军	冉素梅	冉崇明
田永才	黄小宁	张　琼	杨素平	冉景文	陈思勐	应　雨
冉国英						

酉阳土家族苗族自治县地图

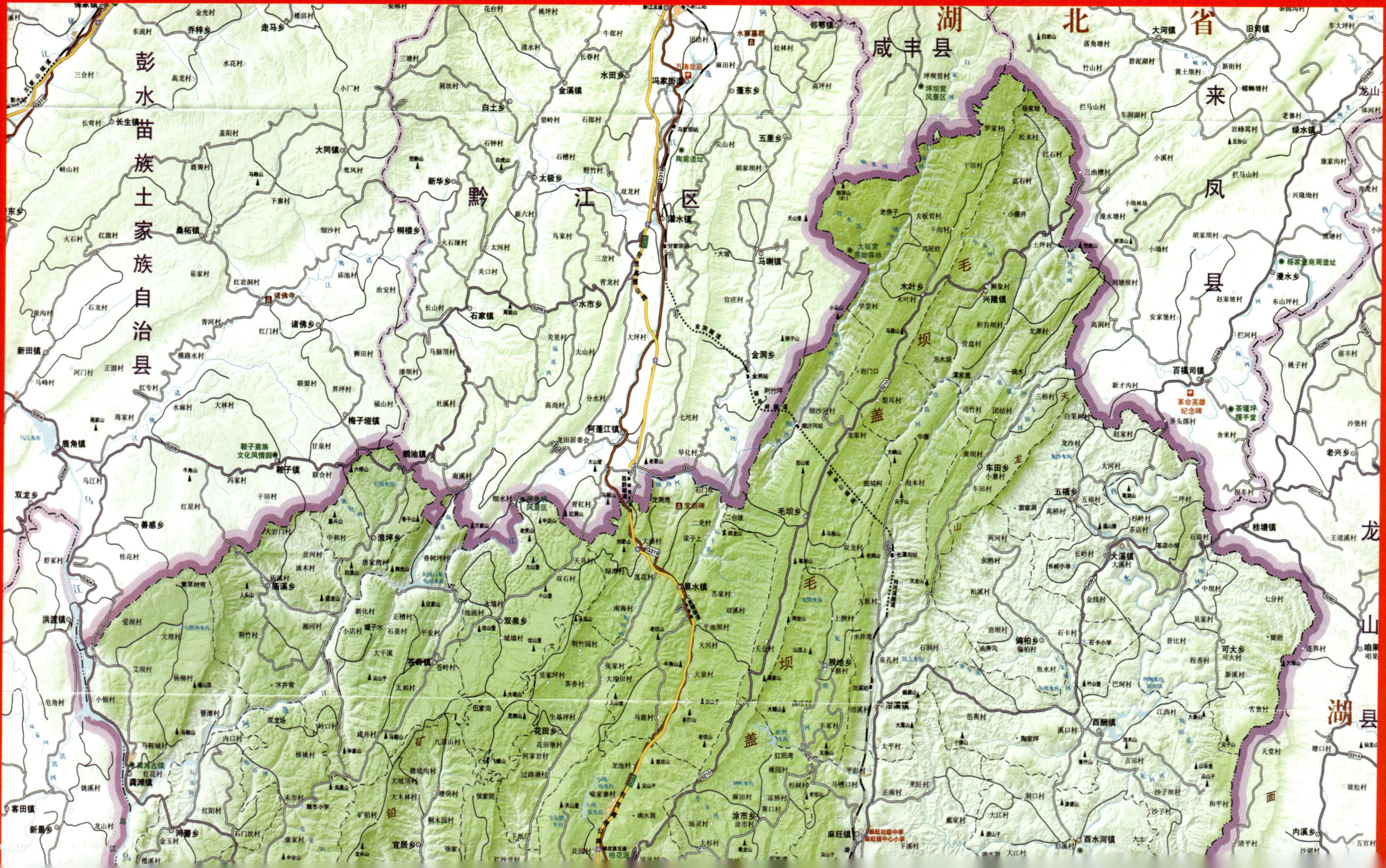

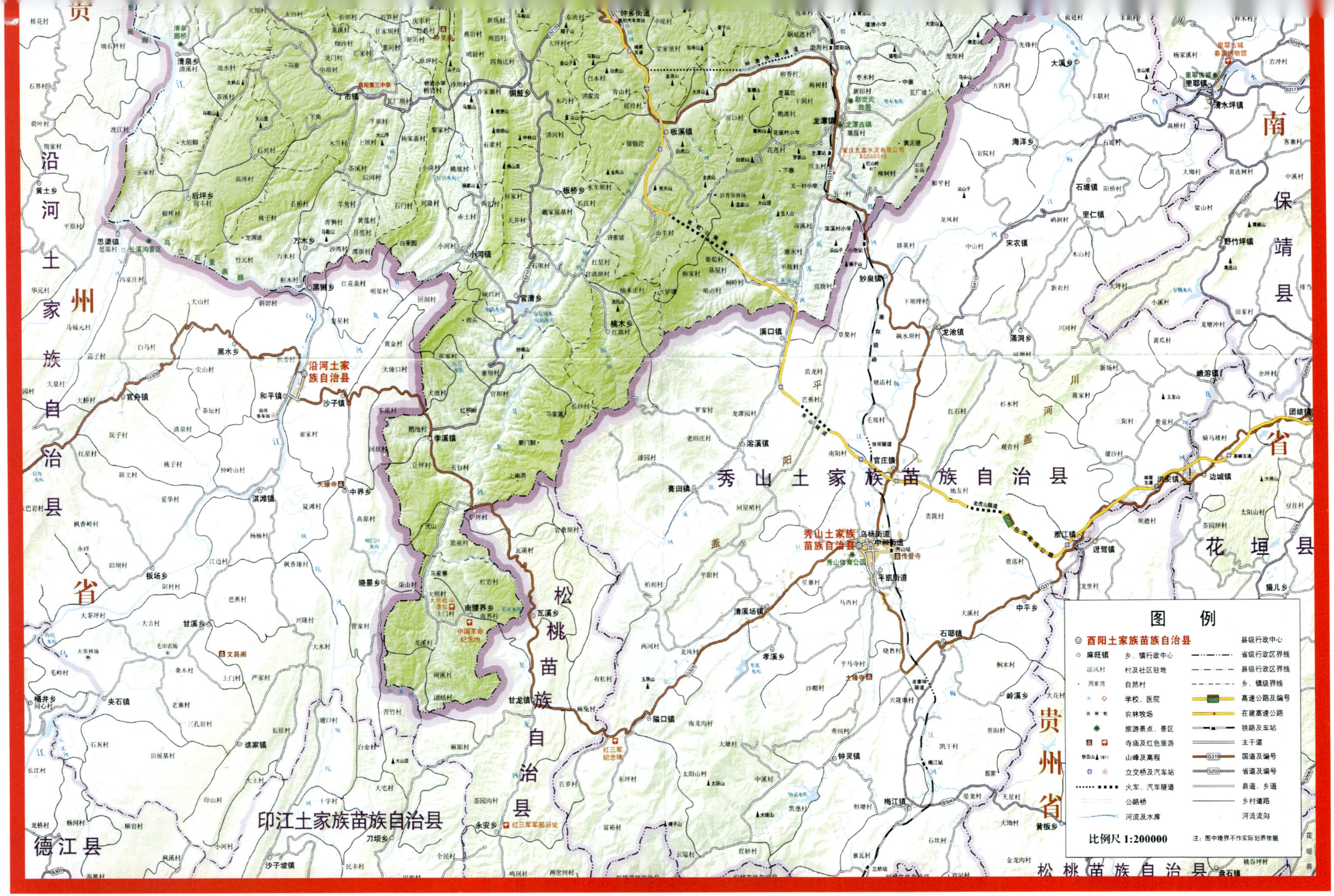

西阳县人民政府办公室 监制
国家测绘地理信息局重庆测绘院 编制

审图号：渝S（2016）038号

酉阳土家族苗族自治县地形图

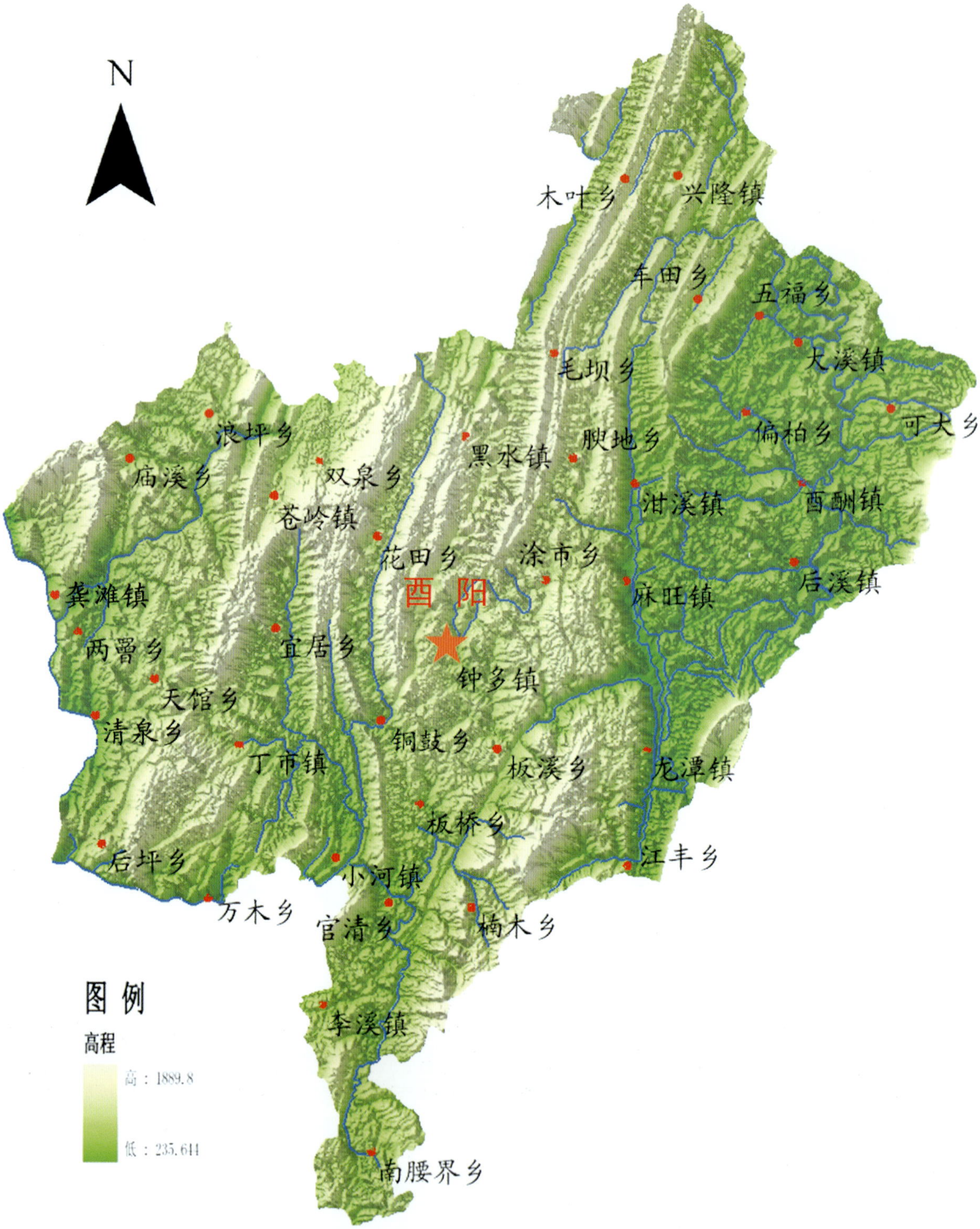

1976年县城

1986年县城

2001年县城

2010年县城

▶ 1995年县城碧津桥

20世纪60年代碧津桥头

▶ 明代飞来峰俯视图

县城一角

2014年11月县城一角

酉阳桃花源森林公园

板溪镇山羊民居

酉水河镇河湾山寨

桃花源广场一角

涂市乡钟灵田园风光

桃花源AAAAA级景区

酉阳乌江百里画廊一角

▶ 龚滩古镇一角

酉阳阿蓬江国家湿地公园——大河口

1990年5月14日，中共中央政治局委员、四川省委书记杨汝岱在酉阳为赵世炎烈士纪念馆题词

1991年10月6日，全国人大常委会副委员长、民盟中央主席费孝通为赵世炎故居题词：丹心照日月，浩气垂千古

1999年10月28日，全国人大常委会副委员长、致公党中央主席罗豪才参观赵世炎烈士纪念馆

1996年5月10日，国务委员陈俊生参观赵世炎烈士纪念馆

1997年8月6日，中共重庆市委书记张德邻（左一）在酉调研期间参观赵世炎陈列馆

2005年5月15日，中共重庆市委书记、市人大常委会主任黄镇东（右一）在酉阳调研

1998年1月22日，中共重庆委副书记、市长蒲海清（左一）在酉阳民族师范学校调研

2001年5月，重庆市长包叙定（前排右二）考察酉阳宜居茶展销

酉阳一中一角

酉阳二中一角

酉阳三 中一角

酉阳四 中一角

酉阳职业中学校园

酉阳民族小学一角

酉州中学一角

实验中学一角

酉阳县人民医院全貌

▲ 钟渤快速通道立交

钟渤快速通道

西沿高速公路磨石溪大桥

渝湘高速公路小坝段

2011年12月6日，龙潭新城区开工建设启动仪式

酉阳桃源大舞台

酉阳县城体育馆、会议中心

◀ 2006年11月1日首列客运火车到酉阳站

▶ 酉阳县政府综合行政办公楼

◀ 酉阳怡豪国际大酒店

▶ 酉阳气候观测站

◀ 2009年5月27日，联合国教科文专家团到酉阳考察摆手舞申遗工作

2009年5月27日，联合国教科文专家团在酉阳桃花源观看摆手舞等民俗表演

2009年5月27日，酉阳艺人在桃花源向联合国教科文专家团表演木叶吹奏等节目

► 2010年9月21日，致（公党）酉（阳）合作20周年纪念大会在酉阳举行

2010年9月21日，参加“致西合作”二十周年纪念活动的全体同志留影

► 2010年9月28日，参加国际攀岩精英赛、酉阳·中国土家摆手舞欢乐文化节的代表队依次入场

2010年9月28日，国际攀岩精英赛、酉阳·中国土家摆手舞欢乐文化节和酉阳二中100年校庆开幕式

2010年10月3日，酉阳自治县十万人同跳摆手舞申报世界吉尼斯纪录展演活动在桃花源广场和桃花源大道以及全县38个乡镇举行。图为桃花源广场及桃花源大道展演时的情景

▲ 2010年10月3日，吉尼斯世界纪录总部认证官吴晓红宣布酉阳10万人同跳摆手舞，申报吉利斯记录成功并为酉阳颁发了《吉尼斯世界纪录》证书

▲ 2010年10月3日，吉尼斯世界纪录总部认证官吴晓红向酉阳自治县县长周伟颁发《吉尼斯世界纪录》证书

2009年2月21日，酉阳举办“中国重庆·酉阳旅游国际论坛”

2002年5月，中国·重庆·酉阳首届国际攀岩赛在龚滩举行

面具阳戏

吹长号

吹唢呐

小坝包谷灯戏

酉阳原生态摆手舞

陈国桃刺绣

土家织锦及苗绣产品

▲ 左翠屏的织锦作品

◄ 左翠萍织锦

服饰

▲ 采茶

► 编背篼

民居（吊脚楼）

民居（花窗层楼）

龙潭万寿宫戏台

龙潭古镇青瓦房

制作绿豆粉

酉阳酿豆腐

酉阳油茶汤

武陵山珍佳肴

◀ 酉州乌羊

▶ 麻旺鸭

▲ 酉州黑山羊

后坪万亩苦荞基地

荞丰苦荞酒

酉阳两罾乡金丝楠木

花田贡米基地

酉阳桃花源景区获国家5A级证书

2003年11月，在重庆市首届民歌邀请赛上，重庆市文化局授予酉阳土家族苗族自治县为重庆市特色文化单位“民歌之乡”。

2002年5月，酉阳土家族苗族自治县被国家文化部授予“中国民间艺术之乡（摆手舞）”，图为文化部社图司司长陈琪林为酉阳土家族苗族自治县授牌时的情景。

华方武陵山制药有限公司入驻酉阳板溪工业园

2011年，东奥迪利斯制衣有限公司入驻酉阳板溪工业园

酉阳小坝全民创业园

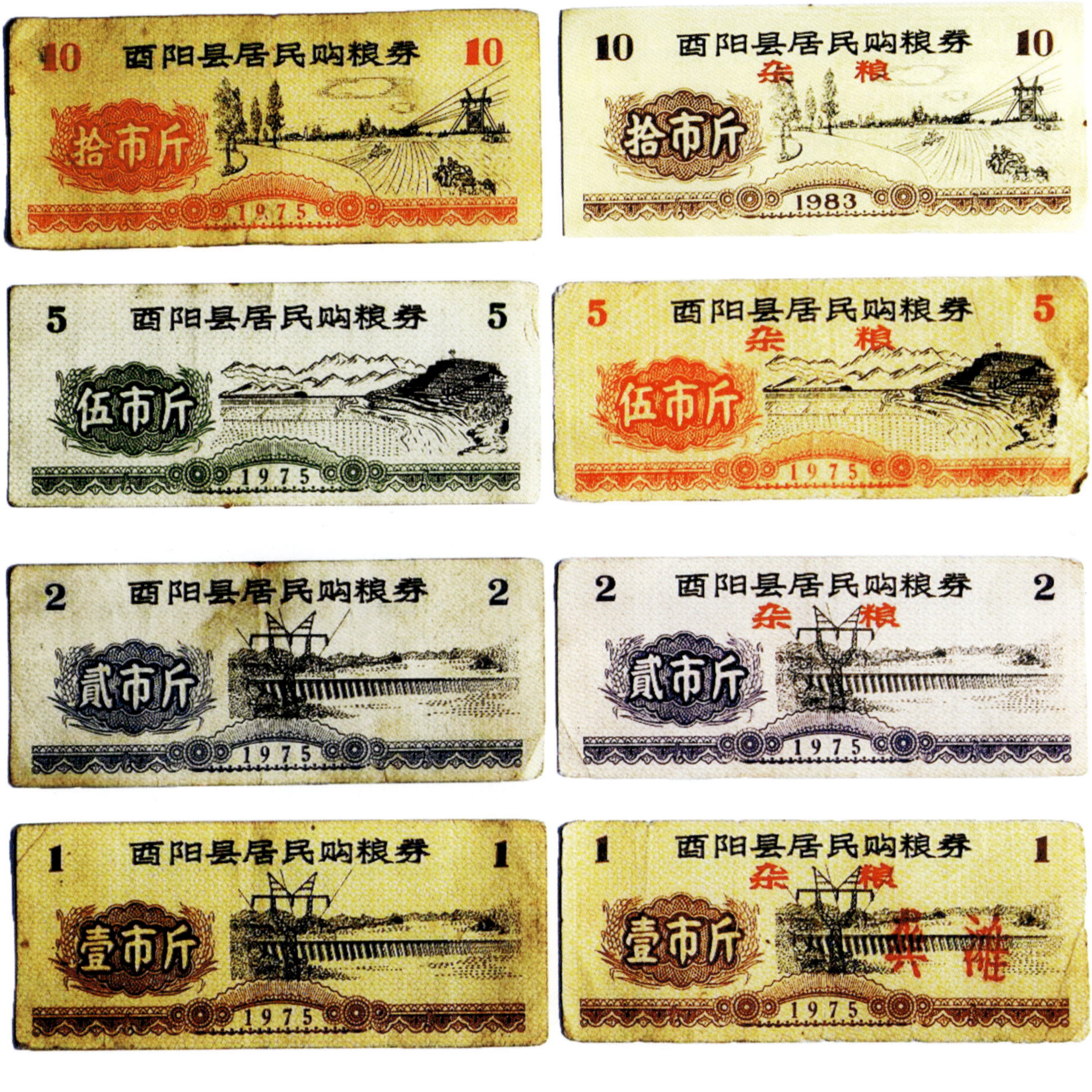

20世纪70～80年代酉阳居民购粮券

2016年11月30日，《酉阳土家族苗族自治县志》（1986—2005）评审会人员合影

序

县志，记一县之事。经济、社会、山川、风物、人文、掌故等等，皆为是稽焉。

酉阳大地，史韵悠悠。酉阳上古为梁州接壤之域，春秋是巴、楚两国交界之地，自秦汉至今的2000多年间，在这块神奇的土地上，土家、苗、汉等各族人民世世代代繁衍生息，创造了独具魅力的民族文化。

酉阳东濒酉水，西临乌江，两大河流皆为土家族、苗族生存和发展的摇篮。公元前316年，巴国为秦所灭，巴人告别故国向东南迁徙，一部分沿长江而下散居三峡、鄂西长阳地区；一部分沿乌江溯流而上，散居在武陵山腹地。武陵山，是巴人东迁赖以生存繁衍的福地。龚滩乌江峭壁上的蛮王洞，是巴人东迁的古老见证。在酉阳的山川沟谷田间阡陌，犹闻土家先民金戈铁马、兴衰更替的历史跫音。物换星移，沧海桑田，酉阳顺应历史潮流，不断演绎和书写历史。从南宋建炎三年（1129年）始置酉阳寨，尔后为宣慰司、为直隶州，其间经历了600多年的土官、土司制。在重庆市，惟酉阳(秀山和黔江一部曾为酉阳宣慰司辖地)、石柱两县曾经历土司制。

酉阳人民具有修志传统，早在清乾隆四十年（1776年），知州邵陆首纂《酉阳州志》刻印本；清同治三年（1865年），知州王麟飞主持续修《酉阳直隶州总志》；新中国建立后,随着“文革” 的结束和改革开放的起步，1983年，中共酉阳县委、县人民政府决定重修《酉阳县志》，修志人员经20年的努力，《酉阳县志》于2003年正式出版发行。而此次续修县志，主要记述1986年至2005年20年之史实(大事记和图片则延伸至2012年)。以史为鉴以治天下，以志为鉴以治郡县。20年改革开放，酉阳各族人民求真务实谋发展，如今呈现出前所未有的欣欣向荣景象。盛世修志，以史鉴今，洞烛县情，教益后代。新时代、新纪元，赋予了《酉阳县志》“资政、存史、启迪、教化”之新内涵。

经编修者辛苦劳作和社会各界的大力支持，《酉阳土家族苗族自治县志（1986—2005）》数改其稿，终于成书问世，实可喜可贺。该书志民生之休戚，志改革之盛世，志全县之发展。翻阅此志，全书坚持辩证唯物史观，实事求是地记述酉阳境内自然与社会的历史和现状，并思想性、科学性、资料性为一体，具有真实可信的史料价值。衷心希望全县人民重视读志用志，以志为鉴，扬长避短，精诚团结，与时俱进，励志建树，笃行创新，为建设秀美酉阳做出新贡献，以无愧于前辈、无愧于当代、无愧于来者。是为序。

中共酉阳自治县委书记　陈文森

酉阳土家族苗族自治县人民政府县长　李成群

2018年7月

凡　例

一、指导思想。《酉阳土家族苗族自治县志（1986—2005）》（以下简称本志）以马克思列宁主义、毛泽东思想、邓小平理论、“三个代表”重要思想、科学发展观、习近平新时代中国特色社会主义思想为指导，坚持辩证唯物主义和历史唯物主义的立场、观点和方法，力求思想性、科学性和资料性的统一，实事求是、客观公正地记述志书时限内全县自然、经济、政治、文化、社会的发展变化，以期发挥志书之功能。

二、时限。本志为续志，断限上自1986年，下迄2005年。个别史事适当上溯，大事记和图片下延至2012年。

三、体例。本志在体例上遵循横排门类，纵述史实。在内容排列上，采用先综合后大类，先人文后自然，先政治后经济、文化、社会的一般次序。采用篇、章、节、目体例。本志设概述、大事记、21个专志（篇）、附录和编后记。

四、体裁。本志以现代汉语记述。实行述、记、志、传、图、表、录七体并用，但以志为主，表随志插入。大事记以编年体为主，辅以纪事本末体。力求文风严谨、朴实、简明、通畅。

五、人物。本志坚持“生不立传”的原则。对酉阳经济社会发展有重要贡献和影响的本籍和曾在酉阳工作的外籍人士，已去世的立传略，在世人物列简介，均以生卒年月为序排列。其他列入相关名表、名录。对前志遗漏人物，特增设前志人物补遗。

六、称谓。本志人名，直书其姓名，必要时冠以职务。地名，以现行标准地名为准。“省”指四川省，“市”指重庆市，“县”指酉阳土家族苗族自治县（简称酉阳县）。组织、机构、会议、文件等名称，使用标准简称，或习惯使用的简称，如：中国人民政治协商会议酉阳土家族苗族自治县委员会（酉阳自治县政协）。

七、纪年。本志使用公元纪年。涉及历史纪年的括注公元纪年。对20世纪、21世纪年代的表述直书年代。

八、数据和用法。本志所用数据，以统计部门为准。统计部门未有的，以业务部门为准。业务部门未有的，以调查核实的结果为准。标点符号用法，以2012新版《标点符号用法》为准。数字的书写，以中华人民共和国国家质量监督检验检疫总局、中国国家标准化管理委员会2011年7月发布的《出版物上数字用法》为准。计量单位的运用，以国家技术监督局1993年12月公布的《量和单位》标准为主，辅之以当时当地习惯使用单位。

九、资料来源。本志以县档案馆、县级各部门及乡镇档案室的文书档案为主，辅之以相关部门出版的图书、内部刊物，志书中不再注明出处。

目　　录

第二篇　环境·土地·人口

第三篇　党派群团

第四篇　人民代表大会

第五篇　人民政府

第六篇　政治协商会议

第七篇　城乡及基础设施建设

第八篇　农　业

第九篇　工　业

第十篇　商　贸

第十一篇　旅　游

第十二篇　财税·金融·保险

第十三篇　经济综合管理

第十四篇　劳动·人事·民政

第十五篇　政　法

第十六篇　军　事

第十七篇　教育・科技

第十八篇 文化·体育

第十九篇　医疗卫生

第二十篇　民族·宗教

第二十一篇　人　物

附　录

概 述

酉阳土家族苗族自治县（以下简称酉阳自治县）疆域广袤，交通便捷。地处渝、黔、湘、鄂四省（市）边区接合部的武陵山腹地，东邻湖南龙山县，南连秀山县及贵州沿河县，西接彭水县，北毗黔江区和湖北咸丰县、来凤县。地理坐标为北纬28° 19′ 28″—29° 24′ 18″，东经108° 18′ 25″—109° 19′ 02″。东西宽98.3公里，南北长119.7公里，辖区5173.2平方公里。全县有39个乡（镇）、270个行政村、8个居委会、58个居民小组、2270个村民小组，2005年全县人口75.84万，其中土家族人口45万，苗族人口16万。是重庆市辖区面积最大、少数民族人口最多的民族自治县。

酉阳自治县交通便捷，有水、陆、空三位一体的交通条件。水运依托乌江航运上的龚滩镇乌江码头，180吨的客货轮从这里可达重庆、武汉、上海。陆上有渝怀铁路、渝湘高速、319国道通过县境，是3小时重庆，4小时长沙的重要节点。航空距黔江武陵山机场40分钟车程，可达北京、上海、昆明、广州、深圳、重庆等国内大中城市。

酉阳自治县药材、矿产资源丰富。中药材品种达1400多种，常用中药材231种，年收购量在1.7万担以上，天麻、吴萸、杜仲、厚朴、枳壳、黄柏、银花、麦冬等享誉全国。矿产资源已知矿点、矿化点较多，矿产种类也比较齐全，主要有铅、锌、汞、大理石、萤石及其他建筑石材等，尤其是汞矿为全国稀有。

酉阳自治县境属武陵山中山区，地势呈西北高东南低之势。以毛坝盖、青华山为分水岭，境内形成两大水系：东部酉水河、龙潭河属沅江水系，西部甘龙河、阿蓬江属乌江水系。境内山峦起伏，沟谷纵横，海拔落差较大，立体气候明显，植物种类繁多。林地面积350769.07公顷，其中有林地214453.81公顷，疏林地10018.84公顷，灌木林地108595.58公顷，未成林林地3545.82公顷，宜林地14142.38公顷，苗圃地12.64公顷。森林覆盖率51.6%。林木覆盖率65.4%。

全县活立木蓄积量14609034立方米。其中，乔木林蓄积13637777立方米，占总活立木蓄积量的93.35%；疏林地蓄积量160759立方米，占总活立木蓄积量的1.1 %；散生木蓄积2453立方米，占总活立木蓄积量的0.02%；四旁树蓄积量808045立方米，占总活立木蓄积量的5.53 %。全县人工林面积22854.6公顷，蓄积量757571立方米。全县天然林面积307608.84公顷，蓄积量13040965立方米。全县经济林面积341.95公顷，占全县林地面积的0.1%。据调查，全县名木古树共468株，树种有八角枫、枫香、柏木、茶耳树、刺柏、刺楸、鹅掌楸、桂花、黑壳楠、红椿、红豆杉、黄葛树、黄连木、栲树、梨树、樱木石楠、楠木、泡桐、朴树、青冈、秋枫、杉木、水青冈、丝栗、酸枣、乌桕、香果树、香樟、小叶青冈、银杏、皂荚等树种。其中宜居乡最多，有71株，其次是李溪镇，有59株。树种以枫香、柏木最为典型，最大的一株柏木胸径达200厘米（据2012年9月，重庆市林科院、西南大学地理科学院所撰《酉阳土家族苗族自治县森林资源二类调查报告》）。

酉阳自治县大板营重庆市级自然保护区位于酉阳县东北部，武陵山支脉灰千老梁子东冀和毛坝盖梁子北端，地处渝鄂两省（市）之酉阳、黔江、咸丰、来凤四县交界处，地理坐标为北纬29° 2′ 24″—29° 24′ 23″，东经108° 50′ 50″—109° 4′ 9″，包括木叶乡全部和毛坝乡9个村，总面积为46.2万亩，辖区内最高峰灰岩老梁子，海拔1895米，最低处是细沙河谷口，海拔452米。保护区生物种类繁多。植物物种十分丰富，有188科762属1778种。其中有蕨类植物37科67属181种，裸子植物7科14属16种，被子植物144科681属1581种。从生活型划分，木本植物680种（包括乔木275种，灌木305种，木本藤本100种），草本植物1098种。保护区有珍稀濒危及国家重点保护野生植物29种。依据《中国植物红皮书》，保护区有珍稀濒危植物共20种，其中稀有植物共11种，渐危植物共9种。依据“国家重点保护野生植物名录”（第一批），保护区内共有重点保护植物23种，其中一级保护植物4种；二级保护植物19种。酉阳的珙桐、银杏、红豆杉、金丝楠、酉阳楼梯草等都十分珍贵。

保护区有陆生野生脊椎动物26目71科281种，其中两栖纲2目8科21种，爬行纲2目10科29种，鸟纲14目35科181种，哺乳纲8目18科50种。有国家Ⅰ、Ⅱ级重点保护动物35种。国家Ⅰ级重点保护动物有豹、云豹、林麝等3种；国家Ⅱ级重点保护动物有32种，其中哺乳纲有7种：穿山甲、猕猴、豺、水獭、大灵猫、小灵猫、鬣羚；鸟纲有鸳鸯、红腹角雉、白冠长尾雉、红腹锦鸡、白腹锦鸡、黑耳鸢、白腹鹞、白尾鹞、鹊鹞、松雀鹰、雀鹰、普通鵟、苍鹰、红隼、红脚隼、草鸮、领角鸮、领鸺鹠、斑头鸺鹠、雕鸮、黄脚渔鸮、鹰鸮、长耳鸮、短耳鸮等24种；两栖纲1种，即大鲵。此外，保护区有《国家保护的有益的或有重要经济、科研价值的陆生野生动物名录》中的保护动物179种。其中两栖纲18种，爬行纲29种，鸟纲108种，兽类24种。具有较高的保护价值，对研究物种的致濒机制有积极的作用，有很大的科研价值（据2010年12月重庆市林业规划设计院《大板营自然保护区考察报告》）。

悠久的历史，生态资源的多样性和独特的喀斯特地貌、气候造就酉阳的独特旅游优势。旅游资源有以大酉洞“桃花源”为中心的金银山森林公园，有百里乌江画廊，有极具土家民族风情的酉水风光，有民居活化石的龚滩古镇，有红色旅游胜地龙潭赵世炎故居和红二、六军团会师地南腰界。

酉阳历史悠久，薪火相传。从现存文物看，有楚惠王五十六年（公元前433年）的国家一级文物曾侯乙钟，有战国时期的国家二级文物虎钮錞于，有西汉时期的国家三级文物汉编钟（甲乙）……从新的考古看，近几年来的酉阳大溪笔山坝考古遗址和清泉邹家坝考古遗址的发现，考古专家称：“考古发现，将这一地区人类文明史上推到了6000年以前，这里曾是古代巴人的重要军事、宗教、祭祀的中心”。酉阳首次发现的大溪文化遗存，填补了酉水文化序列中新石器时代的历史空白。

酉阳，在商周时期属蛮夷之地，春秋战国时属楚，秦时属黔中郡。汉高祖五年（公元前202年）改黔中郡置武陵郡，于境内（今湖南永顺县王村）置酉阳县，今县境属酉阳县地的一部分。三国时期酉阳西部和中、东部分属涪陵郡和武陵郡。东晋南北朝时期，县东南部属大乡县，西北属巴郡奉州地。隋、唐隶属思州，五代再次没于蛮獠，北宋复属思州。南宋建炎三年（1129年），思南苗民金魁率众起义，声势沿乌江波及涪、渝等州县，思州土官田祐恭组织张、杨、安、邵、谢、何、冉、李、朱、覃十大姓土酋武装围剿，各土酋乘机抢占地盘拥兵自重占山为王，或称府，或称州，或称县，南宋朝廷正穷于金兵南下，对武陵土酋妄自尊大只能听之任之。夔门（今重庆奉节）人冉守忠开始势力较弱，只能在李溪官坝首称酉阳寨，南宋淳熙四年（1177年）改寨为州（属羁縻土官性质）；元至元初，冉氏第8世土官冉万友向元王朝纳土称臣，得封武略将军知酉阳州事，此为酉阳建州之始；元延祐七年（1320年）改授酉阳等处军民宣慰司，此为酉阳土司之始；清雍正十三年（1735年）“改土归流”，酉阳为直隶州属四川行省，辖秀山、黔江、彭水3县；民国二年（1913年）酉阳废州为县；民国二十四年（1935年）酉阳为四川第八行政督察专员公署，辖酉阳、秀山、黔江、彭水、石柱、武隆、南川、涪陵、丰都9县；1949年11月11日酉阳解放，设酉阳地委、行署辖酉阳、秀山、黔江3县；1952年撤销酉阳地区，酉阳县隶属涪陵地区；1983年11月11日，成立酉阳土家族苗族自治县，撤销酉阳县，酉阳土家族苗族自治县的行政区域以原酉阳县的行政区域为行政区域。自治县人民政府驻地钟多镇，仍隶属于涪陵地区。1988年5月18日，国务院行文批复四川省政府《关于设立四川省黔江地区的请示》，批复同意设立黔江地区。酉阳自治县隶属黔江地区。1994年，撤销全自治县的区委、区公所，新组建党的工作委员会。

1996年，重庆市受四川省委托代管万县市、涪陵地区和黔江地区，酉阳自治县隶属于重庆市黔江地区。1997年3月14日，第八届全国人民代表大会第五次会议通过了国务院关于设立重庆直辖市的议案，酉阳自治县正式隶属于重庆直辖市黔江地区。1998年2月下旬，经中共中央、国务院批准，撤销黔江地区，设立重庆市黔江开发区，开发区设置党工委和管委会，为重庆市委、市政府的派出机构，代管石柱、秀山、酉阳、彭水、黔江5个自治县，酉阳自治县隶属于重庆市黔江开发区。2000年7月，根据《国务院关于同意重庆市撤销万州移民开发区和黔江开发区以及撤销黔江土家族苗族自治县，设立黔江区的批复》，原黔江开发区代管的秀山、彭水、石柱、酉阳4个自治县由重庆市直接管理，酉阳自治县直接隶属重庆直辖市管理。

酉阳文化底蕴深厚，多元灿烂。在很早只有语言，没有文字的时代，古老的先民以歌舞传承其历史和文化，至今尚有深深的历史烙印，今天居住在这里的土家、苗、汉各族儿女都能歌善舞，特别是传承久远的土家摆手舞，更是老少能跳，随兴能舞，上能登中央电视台大雅之堂，下能在农家院坝即兴而舞。还有阳戏等，这些都是历史基因的传承。

明永乐六年（1408年）5月21日，土司冉兴邦与陈忠在酉阳始兴儒学，开启了酉阳学习汉文化的历史新篇章、新纪元，为酉阳的历史文化建设作出了巨大的贡献。

自兴儒学始，酉阳学子应试科举者，络绎不绝，荣登进士者有冉广熺、蔡世佑、陈焴、陈继薰……举人有冉裕棐、冯壶川、殷钦、冉瑞岐、陈序乐、黄云瑞、熊永豪……酉阳人所纂之学术著作更是汗牛充栋，从现存所见的文史资料可知，最早的有明代土司冉云的《题仙人洞》诗：“洞里神仙渺莫猜，海风幸不引船回……谁能静习长生术？向此烧丹扫绿苔。”据《土家族文学史》载，这是土司中最早留存于十五世纪中叶的律诗。有明万历十六年（1588年）理学家来之德所撰的《冉氏家谱序》，有土司冉奇镳所著的《詹詹言集》《拥翠轩诗集》，有冉永涵著的《蟪蛄声诗集》，有冉广熺著的《寓庸堂文稿》《二酉山房杂著》，有冯壶川著的《候虫吟草》《古经考辩》《雪樵经解》《二酉英华》《畊余琐录》《周易集解》《石经考辩》《二酉纪闻》等，有冉崇文著的《酉述》《小酉山房杂录》《二十四史节钞》等，有知州丁映奎著的《思州官署杂咏》《清舫诗钞》，有知州赵藩著的《涉趣园记》《酉阳酬唱集》等，有知州邵陆著的《酉阳州志》（邵陆志），有冯壶川、冉崇文合著的《酉阳直隶州总志》……

酉阳人脉兴旺，地灵人杰。酉阳随春秋代序，形成了悠久历史。据《酉阳直隶州总志》载：“自雍正十三年（1735年）改土归流到清末，其间先后有近90位外籍知州在此履职，至今还有不少历史的痕迹，促进了酉阳地方的文明和稳定，同时也促进了酉阳文化的开放性和包容性，在漫长的历史长河中，这里藏龙卧虎，地灵人杰。”据《酉阳直隶州总志》载：“在清嘉庆年间龙（潭）镇大桥落成，适川东分巡道陶云汀（陶澍）先生过境，便以福星桥为名作七律一首：‘桥成喜值福星临，肇锡嘉名古与今。吉祉自宜分使节，祥征雅足慰民心。从今境地增名胜，定有贤豪事咏吟。却笑雍陶词意浅，空题折柳自江浔。’”

在清同治二年（1863年）5月，湖南长沙进士劳崇光赴任云贵总督时，途经酉阳龙潭龙翔书院为勉励诸生，特为书院撰联：“黄卷青灯，结习难忘，到此地暂停使节；墨池蔬圃，风流未泯，愿诸君远绍前型。”另外还有四川学政吴杰、何绍基、张之洞等到酉阳主考。

在中国近代史上，有许多仁人志士，革命先贤诞生于斯。老一辈无产阶级革命家、中国工人运动著名领袖、中国共产党的早期创始人、“双百人物”赵世炎，李鹏委员长的母亲赵君陶，北京市第二书记刘仁，孙中山总统府秘书王勃山，瞿秋白的夫人王剑虹等都诞生在这里，从这里走上了革命的道路。在这历史的长河中这里亦产生了很多文化界、艺术界、科技界高级知识分子，如刘扬、王大章等东渡日本学有所成。解放后的知识分子、艺术家更是不胜枚举，四川大学中文系主任陈志宪著有《西厢记笺证》（解放前由中华书局印行）、《施堂词论》《论杜甫五言长律的创作》《牡丹亭的浪漫主义色彩和现实主义精神》《关于桃花扇的一些问题》《苏轼词的评论和影响》《文献通考序笺注》《苏轼研究》等；郑宾于著有《中国文学流变史》；北京经济学院教授黄和之编著有《散离数学导论》（无限集合、近世代数、图论部分）等；北京电影学院教授、中国电影家协会会员王淑瑛（女）著有《演员的培养——谈表演基础教学》《表演小品集》《影视演员表演技巧入门》（合著）等，1983年参加影片《垂帘听政》和《火烧圆明园》的拍摄，担任副导演。

在近现代史上，酉阳留有中共党和国家领导人的足迹。民国二十三年（1934年）10月，任弼时、王震、萧克等率中国工农红军第六军团到南腰界与贺龙领导的中国工农红军第二军团胜利会师。1949年11月29日，刘伯承、邓小平、李达率二野解放酉阳，曾在县城驻兵，召开会议，运筹帷幄大西南及酉阳的解放事业；2001年10月，李鹏委员长携夫人朱琳到酉阳为赵世炎烈士敬献花篮，并将其母亲赵君陶遗物及赵世炎一家亲人的珍贵照片、文物捐给赵世炎纪念馆，同时题词：“武陵山青酉水长，烈士英明放光芒。”“酉阳：土家摆手舞之乡”。2012年6月9日至11日，中共中央政治局委员、国务院副总理、重庆市委书记张德江在渝东南调研期间，到酉阳自治县龙潭镇，向赵世炎烈士塑像敬献花篮，还有时任重庆市委书记汪洋等都曾多次来到酉阳调研指导工作。另外还有党和国家领导人杨汝岱、费孝通、罗豪才等多次到酉阳考察调研。

从1986到2005年的20年间，酉阳日新月异，化蛹成蝶，各行各业取得了翻天覆地的变化。酉阳自治县的经济社会有较快发展。地区生产总值从1985年的14653万元上升到2005年的201219万元，全县人均生产总值从1985年的231元上升到2005年的3485元，固定资产投资从1985年的2136万元增加到2005年的134416万元，社会消费品零售总额从1985年的6987万元增加到2005年的113972万元，县级财政收入从1985年的472万元上升到2005年的8492万元，农民纯收入从1985年的290元上升到2005年的1889元。

20年来，酉阳自治县的基础设施建设有很大发展。县内交通里程1200多公里，其中国道110公里，县道350多公里，乡道600多公里，尤其是出境公路油化质量明显提高。大河口电站建成发电，全县输电线路长达4885公里，电力装机容量1700千瓦，发电6500万千瓦时，改变了长期以来电力不足的状况；通信建设已建成程控系统、光纤工程，实现程控交换、长途直拨、光纤传输和移动通信等现代化通信，全县程控交换机容量达到4.12万门，年末固定电话总数3.5万部，农村移动电话普及率在30%以上；广播电视实现村村通，有线电视收视率大幅提高。

全县商业进一步繁荣。20年中，除国营商业、集体商业继续发展外，居民个体从商者日益增多。由国营、集体、个体组成的商业网点布局合理，经济活跃，市场繁荣，城乡贸易成交额逐年增加，全县城乡年商品零售额达11300万元以上。

教育事业健康发展。20年来，酉阳民族师范学校一直以中等师范教育著称四川全省，龙潭中学是四川重点中学之一，一度为川东南教育高地。2005年，全县有民族师范学校1所，市级重点完全中学2所，县级中学3所，乡镇初级中小学36所。有中、小学教师7000多人。成人教育（函授教育、广播电视教育等）也蓬勃发展，大批干部职工或在职学习或离职进修，全县干部职工文化水平显著提高。

医药卫生事业较快发展。2005年，全县共有中、西医院（包括门诊部、所）79处，共有病床1033张，医务工作者达1900余人。计划生育工作成效显著，人口出生率、人口自然增长率均有效控制，一对夫妇只生一个孩子在机关、企事业中已普遍自觉执行。

文化事业蓬勃发展。文化馆、俱乐部、书店、图书馆、广播电视站等各种文化设施应有尽有，并涌现出一批写作、书法、绘画、音乐等方面的专业和业余人才，创作了一批诗歌、小说、曲艺、美术等作品，仅发表在省级以上刊物或参加省级以上展出的就有多部。

酉阳山清水秀，具有得天独厚的生态旅游资源。以大酉洞“桃花源”为中心景点的金银山森林公园，具有开发生态旅游、人文旅游、休闲旅游的广阔前景；酉水河是土家民族的摇篮，山水风光秀丽，民族风情浓郁，具有极大的旅游开发价值；龚滩古镇及百里乌江画廊，堪与长江三峡风光媲美。

历史已经证明，而且必将继续证明，勤劳、勇敢、智慧的酉阳各族人民，一经解放思想更新观念，在酉阳这块热土上必将创造出惊天动地的业绩。中共十一届三中全会以来的城乡体制改革的初步实践已充分表明，改革开放必将进一步解放生产力，必将更快地推进酉阳的经济社会更快更好地发展。全县各族人民将继续高举邓小平理论的伟大旗帜，坚持“三个代表”重要思想，全面贯彻落实科学发展观，深入学习贯彻习近平新时代中国特色社会主义思想，和衷共济，奋力拼搏，把酉阳建设得更加繁荣、昌盛。

大　事　记

·1986年·

1月14日至18日，涪陵地区民族工作干部会议在酉阳自治县县城召开。

1月25日，中共酉阳自治县委召开县、区、乡三级干部会议，传达贯彻中共中央〔1986〕1号文件和四川省委农村工作会议精神等。

是月，酉阳自治县毛坝乡双龙村青年农民姚家斌荣获“四川省百万青年科技致富尖兵”称号。

3月6日至7日，四川省人大常委会主任何郝炬调研酉阳自治县三级电站、胜利水库、桃鱼村后赋诗：“酉水东南去，乌江西北流。崇山望不尽，潭影日悠悠。蛟龙非久蛰，天际飞虹投。林海牧歌远，腾空万里游。”

3月21日，中国书法家协会理事、四川省书法协会主席、《四川日报》社长李半黎到酉阳自治县调研，为《酉阳报》题：“艰难困苦，玉汝于成”。

3月31日，成立酉阳自治县职称改革领导小组和酉阳自治县扶贫领导小组。

是年春，酉阳自治县公安局破获一起名为“天地佛仙会”的反革命预谋暴乱案件。

5月13日，国家民委常务副主任、党组副书记赵延年一行3人到酉阳自治县考察民族经济开发工作。

6月11日，遵照中共中央〔1986〕5号文件精神，中国人民解放军酉阳自治县武装部正式改为地方建制，更名为酉阳土家族苗族自治县人民武装部。

7月10日，中共酉阳自治县委召开六届四次全委（扩大）会议，传达胡耀邦到成都对四川工作的重要指示和涪陵地委扩大会议精神。

是月，《酉阳土家族苗族自治县概况》一书由四川民族出版社出版。

是月，原隶属酉阳自治县商业局的石油公司上划四川省石油公司。

8月2日至6日，涪陵地区民族工作会议在酉阳召开。中共涪陵地委书记黄森荣，行署专员夏宗明等参加会议。

8月14日，酉委发〔1986〕43号通知：田应忠、陈海山、李道清、曾汉轩、李树昌、杨秀臣、谭云胜等7人组成中共酉阳县人委组织史资料编辑工作领导小组。田应忠任组长，陈海山、李道清任副组长。办事员有刘春发、冉光碧、冉健桥、田景谷等。

8月22日，酉阳自治县第一所私立学校振华中学校举行开学典礼。

8月30日，受国家青蒿自然资源开发利用指导委员会委派，到酉阳自治县的山东省中医药研究所中药研究室主任、副研究员魏振兴研制的“青蒿素”获得成功。

9月，由重庆建工学院总体设计的酉阳自来水改建工程动工。

10月1日，中共酉阳自治县委召开常委（扩大）会议，贯彻中共中央〔1986〕18号文件和《中共中央关于召开党的十三次全国代表大会的决议》。

10月上旬，卫生部丝虫病考核组在对酉阳自治县进行考核后宣布：四川省基本消灭丝虫病。

10月30日，重庆医药公司酉阳联合供应站成立。该站以北京、上海、天津、沈阳、武汉、广州等地优质名牌产品及重庆地方产品，开展对川黔湘鄂四省边区的医药供应业务。

12月15日，川鄂湘黔边区民族自治县农学联合会在酉阳自治县召开。

12月19日，酉阳自治县成立老干部工作领导小组。

是年，中共酉阳自治县委分期分批地对全县的中共党员进行登记，对全县基层党支部进行整顿。

·1987年·

1月中旬，酉阳自治县建成卫星电视地面收转站，直接转播中央电视台的节目。

1月下旬，县委召开县、区、乡三级扩大干部会议传达学习中共中央政治局举行的扩大会议精神，中共中央政治局同意接受胡耀邦辞去党中央总书记职务的请求。

2月21日至3月1日，中国人民政治协商会议酉阳自治县第六届委员会第一次全体会议在县城召开。选举李万鹏为主席，甘心如、任家谦、杨再传、张昌达、陈子尚、周兴和等为副主席，冉启钰为秘书长。

2月23至28日，酉阳自治县第十届人民代表大会第一次会议召开，大会选举石敦山为酉阳自治县人大常委会主任，郑仁福、田应忠、向瑞清、庹健伯为副主任；费文礼为酉阳自治县人民政府县长，石敦高、赵学义、李仁才、马可冰为副县长；冉启鸥为酉阳自治县人民法院院长；陈永富为酉阳自治县人民检察院检察长。

3月，“酉州”牌糖水中华猕猴桃罐头，经四川省商业厅产品评优领导小组审定，被授予“1986年度省级优质产品”称号。“来薰阁”牌麻辣牛肉被四川省商业厅评为“1986年度优秀产品”。

4月13至23日，中国农学会和中国养蜂学会在酉阳自治县举办武陵山区、吕梁山区中蜂资源开发利用师资培训班。

4月，西南三省督学向国灵一行6人到酉阳自治县检查“普教”工作。

6月11日，中共涪陵地委研究决定，费文礼代理中共酉阳自治县委书记，同时免去郑富祯中共酉阳自治县委常委、书记职务。

7月上旬，酉阳自治县建筑公司荣获省集体建筑企业协会颁发的“金杯奖”。

7月21日，中共涪陵地委研究决定：秦贵泰任中共酉阳自治县委常委、书记，同时免去费文礼代理中共酉阳自治县委书记职务。

是月，四川省武陵山制药厂在酉阳自治县建成并试车投产。主要生产青蒿素、小儿清咽冲剂、小儿清肺冲剂、维酶素四种药品。

8月1日，全国人大常务委员会副委员长廖汉生将军为酉阳自治县撰《中国工农红军二、六军团南腰界会师大会纪念亭记》。

8月6日，涪陵地区商业系统酒类评比会在酉阳自治县饮料厂召开。酉阳自治县饮料厂生产的“猕猴桃香槟”“中华猕猴桃酒”分别获香槟、果酒类评比第一名。

8月18至20日，中共酉阳自治县委召开第七次代表大会。应到代表320人，实到304人。大会选举秦贵泰、费文礼、刘荣金、龙大奇、赵学义、石敦高、付辅林、石邦荣、陈秉亮、戴相惠、崔宗贤为常委，秦贵泰为书记，费文礼、刘荣金、龙大奇为副书记。石邦荣为纪律检查委员会书记，杨正道、郭朝英为副书记。选举县委委员25人，候补委员4人。

9月5日，四川省新闻出版局为《酉阳报》颁发“发行登记证书”。

9月6日，酉阳自治县第十届人大常委会第4次会议作出关于撤销酉阳自治县文教局，设立酉阳自治县教育委员会、文化局的决定。

9月17日，受国务院副总理乔石的委托，民政部农牧司办公室蒋主任一行到酉阳自治县考察灾情。

11月9日，水电部常务副部长李伯宁到酉阳自治县调研并题诗：《桃花源颂》《赠酉阳》各一首。

11月11日至14日，川湘鄂边区酉阳、龙山、来凤三县民族文艺交流会在酉阳自治县民族会场举行。

11月16日，由邓小平题的“赵世炎烈士雕像”在北师大附中揭幕。国家领导人李鹏、杨尚昆，北京市委书记李锡铭和烈士亲属及北师大附中全体师生员工参加揭幕式。

11月22日，四川省政协调查组一行16人到酉阳自治县考察民族经济、卫生、教育和省委秀山会议以后的变化及有关政策的落实情况。

11月24日，开国上将萧克题名的“中国工农红军二、六军团南腰界会师大会纪念亭”在南腰界落成。全国人大常委会副委员长廖汉生发来贺电，中共涪陵地委副书记陈光明和中共酉阳自治县委顾问冉海光为纪念亭剪彩，毗邻省、地、县的领导亲临祝贺。

11月25日，中共四川省委常委、省政府副省长谢世杰到酉阳自治县考察。

12月2至4日，湘鄂川黔四省边区第三届经济协作会在酉阳自治县举行。

12月31日，酉阳自治县第十届人民代表大会第二次会议，选出了王秀云、石敦山、李仁才、吴怀根、郑体仁为四川省人民代表大会代表。

·1988年·

1月29日，联合国人口基金组织赠送酉阳自治县用于宣传计划生育基本国策的16毫米全自动电影机1部。

2月6日，酉阳自治县成立颁发居民身份证领导小组和办公室，酉阳自治县首次“颁证”工作正式运行。

是月，全国人大常委会原委员长彭真为酉阳自治县刘仁故居题：“刘仁同志故居，彭真，一九八八年二月。”

3月8日，中共中央政治局委员、中共四川省委书记杨汝岱到酉阳自治县调研。

3月11日，中共四川省委决定：涪陵地区的酉阳、秀山、黔江、彭水、石柱5个少数民族自治县划出，单独设立四川省黔江地区，地区所在地设在黔江。

3月18日，中国科学院《土家族文学史》定稿会在酉阳自治县举行。

3月25日，沿岩乡乡长、全国人大代表侯通和在北京参加第七届全国人民代表大会第一次会议。

4月14日，涪陵地区人武系统扶贫致富经验交流会在酉阳自治县召开，四川省军区副政委周灿西、涪陵地委书记黄森荣等参会。

4月16日，酉阳自治县人民政府以“酉府发〔1988〕44号”文件颁发《关于加强文物保护和管理工作的意见》，同时公布第一、第二批县级文物保护单位55处。

4月22日至5月3日，酉阳自治县的民族用品和名特优产品在北京民族文化宫展出，受到廖汉生、班禅额尔德尼·确吉坚赞等国家领导人和其他观众的好评。其中，用牛角、棕竹做成的龙头拐杖和维酶素片由国家民委财经司翻译成外文产品说明送到南斯拉夫展出。

4月28日，四川省作家协会副主席、党组书记陈之光，四川省作协副主席、著名作家周克芹，《现代作家》副主编、女作家包川等一行5人到酉阳自治县与部分文学爱好者进行座谈。

是月，中共中央党史录像队到酉阳自治县南腰界录制《红军长征历史篇》大型纪录片。

5月18日，国函〔1988〕76号，同意四川省将石柱土家族自治县，秀山、黔江、酉阳土家族苗族自治县和彭水苗族土家族自治县从涪陵地区划出，单独设立黔江地区。地区行政公署驻黔江土家族苗族自治县联合镇，酉阳自治县隶属黔江地区。

5月26日，当年在南腰界战斗过的老红军贺文玳（贺龙元帅的堂弟），肖庆云（贺龙元帅的外甥）专程来酉阳自治县南腰界调研。

5月30日，川黔湘鄂四省边区医疗卫生单位“葫芦素”“维酶素”学术座谈会在酉阳自治县召开。

是月，涪陵地区党史工委与酉阳自治县委党史工委合编的《贺龙在川东南》一书，由解放军出版社出版发行。

7月18日凌晨3时许，酉阳自治县县城黑漆桥（复兴街）居民区发生火灾，89户居民的房屋被烧毁。

8月19日，中共酉阳自治县委决定撤销县政法委员会，同时成立县政法领导小组。

11月9日，国家民委扶贫办主任李治国一行到酉阳自治县调查了解扶贫工作情况。

11月12日，四川省副省长谢世杰、罗通达和省政协副主席刘纯夫一行48人到酉阳自治县现场办公。

是年，酉阳小咸乡境内的“大板营蝮蛇和术源林保护区”被确定为四川省省级自然保护区，总面积为4.4万亩，主要保护对象是蝮蛇、术源种和水源林。

·1989年·

1月21日，四川省酉阳自治县、湖南龙山、湖北来凤三省三县边区民委工作协作会在酉阳自治县召开。

4月16日，国务院三峡经济开发办公室计划组负责人吴隆文一行3人到酉阳自治县检查原“三经办”投资项目的建设情况和筛选续投项目。

是月，“赵世炎烈士塑像”由四川省美术学院雕塑完成，并运到赵世炎烈士故居安装。

5月25日，中共酉阳自治县委、县政府召开县级机关党员大会，学习李鹏、杨尚昆5月19日晚在首都党政军干部大会上的重要讲话。

7月20日，酉阳自治县夏季粮油总产超过历史水平，受到国务院表彰。

8月21日至23日，四川省第四届少数民族地区行政文教财务协作会在酉阳自治县召开。

9月13日至14日，川黔湘鄂4省边区交通运输第四届协作会第二次理事会在酉阳自治县召开。

9月13日，中共黔江地委研究决定：谭栖伟任中共酉阳自治县委常委、书记；同时免去秦贵泰中共酉阳自治县委常委，书记职务。

9月30日至10月6日，酉阳自治县举办全县首届“精神文明杯·篮球赛”全县42支球队参加比赛。

10月10日至31日，川、黔、湘、鄂、闽、赣、粤7省革命文物写作组到酉阳自治县南腰界，调查中国工农红军文化宣传活动史料。

11月2日，酉阳自治县人大常委会接受费文礼辞去酉阳自治县人民政府县长职务的请求，任命石胜福为酉阳自治县人民政府代理县长。

12月7日，中共酉阳自治县委召开全委（扩大）会议，传达贯彻中共中央《关于同意邓小平辞去中央军事委员会主席职务的决定》。

是年，酉阳自治县涂市乡林业员王明露被评为四川省农业劳动模范。

·1990年·

1月22至26日，政协酉阳自治县第七届委员会第一次全体会议召开，选举李万鹏为主席，戴相惠、杨再传、任家谦、舒清志、曾天福、雷贵权为副主席，田祖祺为秘书长。

2月23至27日，酉阳自治县第十一届人民代表大会第一次会议在县城召开。选举石敦山为人大常委会主任，田应忠、李仁才、李道清、刘训德为副主任，石胜福为酉阳自治县人民政府县长，陈超然、石敦高、陈义、侯洪文、张玉泉、张惠堂为副县长，潘云彬为酉阳自治县人民法院院长，陈永富为酉阳自治县人民检察院检察长。

3月1至3日，中共酉阳自治县委第八次代表大会召开。选举谭栖伟为书记，石胜福、向瑞清、陈超然、庞一卫为副书记，付辅林、李国光、郭朝英、谢光辉、邱华为常委；郭朝英为纪律检查委员会书记，张昌全、刘功辉为副书记。

4月13日，中共酉阳自治县委、县政府在龙潭赵世炎烈士纪念馆隆重举行赵世炎烈士塑像揭幕仪式。全国总工会原副主席蒋毅、四川省顾问委员会常委胡永昌为塑像揭幕。

4月30日，一场罕见的狂风、暴雨、冰雹袭击酉阳自治县的5区18乡176个村785个组，给全县造成重大经济财产损失。

5月1日，中国人民解放军第二野战军校史研究会酉阳自治县分会在县城成立。

5月3日，经国家青蒿素开发指导委员会协调，山东省中医药研究所将“青蒿素生产工艺技术”正式转交给酉阳自治县生产。

5月14至15日，中共中央政治局委员、四川省委书记杨汝岱到酉阳自治县调研并题词：“发奋图强、振兴酉阳”和“五育幼儿园”。

5月31日至6月3日，联邦德国柏林工业大学博士霍夫奈克和布洛克经地质矿产部批准，受宜昌地质矿产研究所之托，到酉阳自治县考察“扬子地台西部早期古生代有机壳化石反射率及区域煤化作用模式研究”的合作项目。

6月初，四川省军区政委高树春少将和四川省军区主任祝贵衡少将到酉阳自治县后溪乡调研基干民兵工作。

6月18日，电视剧《西部之舞》摄制组到酉阳自治县拍摄大溪的“打绕棺”、双河的“阳戏”和“乌儿丫晨景”“龚滩急流险滩”等。

7月1日，酉阳自治县开展第四次全国人口普查。普查结果为17个民族，175078户，总人数为663304人，其中男性348626人，女性314678人，土家族356363人，苗族91942人。

8月9日，酉阳籍田径运动员邱巧萍（女）在保加利亚举行的第三届世界青年田径锦标赛上，以18.20米的成绩夺得女子铅球冠军。

8月16至21日，22集电视专题片《中国西部民族风情》摄制组在酉阳自治县后溪、铜西等地拍摄土家族风情。

是月，酉阳田径运动员何秀全在四川省第二届青运会链球比赛中，以45.74米的成绩夺得金牌。

10月4日，川黔湘鄂四省边区工商联协作会在酉阳自治县召开。

10月6日，经上海市电话局工程技术人员的精心安装调测，酉阳自治县县城和部分区乡自动电话开通使用。

10月21日，酉阳通讯报道组、《川东南报》记者站成立。

10月下旬，国家农业部、四川省农牧厅派员到酉阳自治县调研改土工作。

10月下旬，在北京召开的全国物价先进表彰会上，酉阳物价局局长张义宣荣获“全国物价先进工作者”奖章。

11月9日，酉阳自治县疟疾病防治工作，经四川省卫生厅组织专家考核验收，已达到卫生部规定的指标，考核验收组给酉阳自治县颁发“基本消灭疟疾合格证书”。

11月11日，酉阳自治县县城上万人隆重集会，庆祝酉阳解放41周年和自治县成立7周年以及酉阳革命烈士陵园的落成。

同月，酉阳自治县召开第六次妇女代表大会和酉阳自治县科学技术协会第二次代表大会。

是月，酉阳自治县的《火·祭》代表黔江地区参加在西昌举行的四川省首届少数民族艺术节上演出，荣获三等奖。

12月25日，酉阳自治县两艘“七五”科研货轮川酉7号、8号在金沙江和岷江测试后，首次试航成功开往龚滩。

是年，酉阳自治县接受日本国政府投资0. 31亿日元的粮食增产无偿援助项目。

同年，国家教委、联合国儿童基金会在酉阳自治县板溪、桃鱼、偏柏、可大、兴隆、黑水、双泉、铺子、两罾、小岗等10所中心小学实施加强贫困地区小学教育实验项目。

·1991年·

1月8日，在四川省保险公司的支持下，酉阳县城河堤改造工程破土动工。

1月20日，联合国粮农组织考察团团长、世界银行合作项目投资中心农业经济师赫米德先生考察酉阳自治县。

3月18日，中共四川省委常委、省军区司令员任应来将军到酉阳自治县检查工作。

4月16日，中国智脑科学会理事未来研究会会员，中国社会调查所调查员孙心圣对酉阳自治县农村文化教育的结构及经济状况进行了为期10天的调查。

4月27日，联合国赴中国贫困山区扶贫论证团一行7人在金君爱小姐和赫米德先生的率领下到达酉阳自治县，对扶贫开发项目进行论证。

5月9至11日，酉阳自治县举办湘鄂川黔4省边区14个县（市）市场物资交流协作会。

6月17日，中共酉阳自治县委在成都军区小礼堂召开第二次国内革命战争时期曾在酉阳南腰界战斗过的二、六军团在蓉老红军座谈会。李文清、朱玉庭、董家龙、刘伯堂4位少将与43位老红军、四川省四大家有关领导以及相关部门和新闻单位参加会议。贺龙元帅的夫人薛明从北京发来贺电："尊敬的红军同志们：纪念建党70周年，回顾南腰界二六军团会师后，捷报频传，鼓舞将士，在红军的征途上，建立了不朽功勋。在纪念建党70周年之际，我们要在党的领导下，发扬我军艰苦奋斗的革命光荣传统，为建设具有中国特色的社会主义而奋斗！祝红军老同志身体健康！薛明。1991年6月15日。"

6月30日，酉阳自治县城鲤鱼塘大桥建成通车。

6月30日至7月1日，酉阳自治县普遭特大暴雨袭击，总降雨量达227.7毫米，全县80个乡镇不同程度受灾。共计经济损失5000多万元。

7月13日至15日，华西医科大学公共卫生学院副院长张基友、仪器分析测试中心主任刘国钧教授、营养与食品卫生学教授徐维光等一行5人，对宜居茶进行了考察，签订具有强身滋补的健身佳品"南参""杜仲"袋装茶生产加工协议书。

7月22日至25日，涪陵军分区第十届二次党委扩大会和正规化现场会在酉阳自治县召开。

7月26日，四川省军区、涪陵军分区和酉阳自治县有关部门负责人，在南腰界召开流散红军及游击队员座谈会。

是月，四川省人民政府确定"赵世炎烈士故居"为省级文物保护单位。

同月，赵继兰编写的《慈母般的爱——赵君陶同志和战时儿童保育院》一书，由中国妇女出版社出版发行。

同月，轻工业部审定酉阳自治县皮鞋厂、布鞋厂、皮件厂和服装一厂为全国轻工业民族用品生产定点企业。

9月18日至20日，酉阳自治县召开第七次工会代表大会。

10月6日至7日，全国人大常委会副委员长、民盟中央主席、中国著名社会学家费孝通和北京大学社会学研究所教授潘乃谷在四川省人大常委会副主任刘海泉、四川省民委主任孙自强、中共黔江地委书记陈官权陪同下到酉阳自治县调研民族地区经济发展的路子，搜集土家族、苗族的经济文化、教育、科技以及民俗风情等资料。

10月16日，四川省顾问委员会委员部志远和德阳、自贡、广元、内江、遂宁5市民族工作考察团到酉阳自治县考察民族经济、文化和民族团结情况。

11月26日，酉阳自治县委、县政府在重庆市科技开发交流中心召开青蒿素系列化妆品科技开发新闻发布会。

12月1日至6日，酉阳自治县顺利通过省、地"普扫"检查验收，获"全县初等教育合格证书"。

12月3日至9日，四川省政府"跨越温饱线检查验收工作组"宣布：酉阳自治县已如期顺利地越过

"温饱线"。

是年，酉阳自治县被评为四川省文化工作先进县，受到省文化厅、省人事厅表彰。

·1992年·

1月8日，县城红卫桥上段至鲤鱼塘大桥长800米的防洪整治工程破土动工，并于4月15日竣工。

1月14日，中共黔江地委研究决定，并征得中共四川省委组织部同意：石胜福任中共酉阳自治县委书记。免去谭栖伟中共酉阳自治县委书记职务。

1月16日13点10分许，彭水县汽车分公司的"四川08—02070"大客车在天馆至苍岭路段14公里35.9米下坡急弯处翻落在118米高的山坡下，死亡43人，重伤14人，轻伤15人。

1月17日，酉阳自治县第十一届人大常委会举行第十五次会议，接受苑川苏辞去酉阳自治县人民政府副县长和石胜福辞去酉阳自治县人民政府县长的请求，任命陈超然为酉阳自治县人民政府代理县长。

是月，县人民医院五官科主治医师刘宗益被评为全国卫生系统劳动模范。

2月29日至3月3日，酉阳自治县第十一届人民代表大会第三次会议在县城举行，补选陈超然为酉阳自治县人民政府县长。

3月29日，总装机2700千瓦的和尚坪电站主体工程开工，于同年底竣工投入使用。

4月9日，酉阳自治县中医院康复中心在县城鲤鱼塘桥头落成开业。

5月4日，投资50万元修建的县钟灵山集贸市场开业，市场占地5000平方米。

5月9日，酉阳自治县政府决定设立酉阳自治县人民政府驻重庆办事处，隶属县政府办公室领导。

5月9日，中共四川省委副书记冯元蔚到酉阳自治县调研时说："酉阳烟厂是酉阳最大的一棵'摇钱树'，你们一定要共同努力解决好烟厂的问题"。随后参观了赵世炎故居，并题"怀念革命先烈，振兴酉阳经济"。

5月24日，酉阳自治县至重庆的直达班车开通。

6月5日，总投资1350万元，建筑面积2.3万平方米的武陵卷烟厂酉阳分厂竣工。

7月2日，能源部及四川省的专家教授一行30多人，深入大河口电站工程工地开展初议审查和论证工作。

7月7日，酉阳自治县武陵卷烟厂经国家烟草专卖局以〔1992〕08225号批文发放卷烟生产许可证。

是月上旬，由农业部、四川省农业厅和地区农业局联合对龙潭、麻旺"川东项目"工程检查验收，被评为全省的创"优质工程"，获奖金63万元。

9月8日，中共黔江地委研究决定，冉隆江任中共酉阳自治县委常委、书记，免去石胜福中共酉阳自治县委常委、书记职务。

9月10日，国道319线改道工程——钟多至渤海公路全线通车。

9月20日，酉阳自治县红井茶厂生产的"酉阳翰林茶"通过农业部茶叶质量监督检验测试中心鉴评。

10月6日，酉阳自治县举行烟厂颁证和新厂房落成庆祝活动，来自全国各地150余家烟草部门的500多人到会祝贺，县城近万名群众也参加庆祝活动。

10月6日，国家教委民族教育司办公室主任阿布都、民族教育司基建处副处长任光明一行到酉阳自治县，同意将酉阳师范学校定为国家教委扶持办好的全国100所重点民族师范学校的首批学校。

10月8日，川黔湘鄂4省8地（市）州宣传工作联席会议在酉阳自治县召开。

11月27日，国家教委批准酉阳师范学校为全国重点民族师范学校。

是月，由四川美术学院设计雕塑的“号角声声”安放在县城街心花园喷泉池中央。

12月上旬，由川黔湘鄂4省33个少数民族自治县联合编写的《中国土家族历史人物》一书在酉阳完稿。

12月15日至17日，中共酉阳自治县第九次代表大会召开，选举冉隆江为书记，陈超然、李国光、石敦高、庞一卫为副书记，唐九河、岳中焕、田应学、刘功辉、邱华为常委，刘功辉为纪律检查委员会书记。

12月19至24日，酉阳自治县政协八届一次会议在县城召开。选举庞一卫为政协主席，戴相惠、任家谦、张玉泉、曾天福、舒清志、胡开荣、冉隆鲸为副主席，余汉中为秘书长。

12月20日至24日，酉阳自治县第十二届人民代表大会召开。选举石敦高为酉阳自治县人大常委会主任，庹才荣、郭朝英、李仁才、何远凡为副主任；选举陈超然为酉阳自治县人民政府县长，唐九河、翁勤、杜念改、李晓红、邢亚伟、邹方福为副县长，潘云彬为酉阳自治县人民法院院长，杨光海为酉阳自治县人民检察院检察长。大会还选举陈超然、石敦高、吴清萍、程学忠、谢卫先为出席四川省第八届人民代表大会代表。

·1993年·

1月，中国人民银行酉阳县支行干部陈忠俊被中国人民银行总行授予“全国金融系统劳动模范”称号。

2月23日，由水电部第八工程局承建的酉阳自治县大河口电站前期工程破土动工。库容1.12亿立方米，装机7.5千瓦，总投资2亿多元。

是月，酉阳自治县委、县政府根据中共黔江地委、行署的指示研究决定：酉阳自治县纪委、监察局合署办公。

4月1日，中共酉阳自治县委、县政府召开会议，贯彻《中共中央办公厅、国务院办公厅关于切实减轻农民负担的紧急通知》。

4月6日，泰国著名华侨陈世贤先生捐资50万元支持酉阳教育事业。同日酉阳一中入选《中国名校》一书。

4月16日，由人民日报社、新华通讯社、中国报道杂志社、解放军报社、中国青年报社、中国财经报社等9家新闻单位共11人联合组成的首都记者采访团，对酉阳自治县进行为期2天的采访。

是月，龙潭水泥厂正式挂牌成立四川省武陵水泥股份有限公司。

5月18日，酉阳自治县隆重举行首次授予人民警察警衔仪式。根据《中华人民共和国人民警察警衔条例》和首次评定授予人民警察警衔标准，共授予酉阳一、二、三级警督67人，一、二级警司112人，一、二级警员7人。

5月26日，全国人大民委办公室第一副主任张令友一行3人到酉阳检查《中华人民共和国民族区域自治法》的贯彻落实情况。

5月28日，四川省副省长张中伟带领省农牧、水电、开发办、民政等11个厅局负责人到酉阳现场办公。

7月1日，为了修建大河口电站，苍岭区大河口乡正式挂牌成立。该乡辖3个村2821人，总耕地面积为3833亩。

9月1日，总投资近700万元的酉阳自治县缫丝厂建成投产，生产能力首期为2680绪。

是月，国务院总理李鹏为酉阳的大型画册题字："酉阳在改革中前进，李鹏，一九九三年九月。"

同月，由江苏省常州市园林喷泉工程公司和金坛范林花卉盆景公司设计、承建的县城河滨公园破土动工。

11月8日，北京科海集团精密仪器公司总经理罗正纪先生向母校酉阳一中捐资10万元作为"教育奖励基金"。

11月9日，反映革命先烈光辉而短暂一生的8集电视连续剧《赵世炎》在酉阳自治县龙潭镇赵世炎烈士故居举行开拍仪式。全国政协常委、中共四川省委原副书记冯元蔚、国家民委政法司司长杨侯弟、中共四川省委常委、省委民工委常务副书记史志义等为电视剧开拍剪彩。

11月11日，酉阳解放44周年、自治县成立10周年庆典活动在酉师校操场举行。

是年，《酉阳民间文学集成》获"中国民间文学集成"二等奖。

·1994年·

1月11日，根据省、地指示精神，中共酉阳自治县委研究决定，撤销全县的区委、区公所，新组建"党的区工作委员会"。

4月，四川省政协主席聂荣贵为政协酉阳自治县题："酉阳文史资料"。

4月下旬，酉阳土家族青年何秀全代表四川青年队参加在江西省南昌举行的全国田径赛，再次摘得链球项目桂冠。

7月9日，中共四川省委书记谢世杰到酉阳自治县调研农村工作。

7月14日，四川省长肖秧到酉阳自治县调研，并在欢迎重庆市中区党政代表团和返酉知青会上说："酉阳不仅孕育了一批无产阶级革命家，也孕育了继承革命事业的知识青年。"

8月1日，由英籍华人丘添先生捐资10万元人民币修建的"丘添第三小学"在酉阳城南破土动工。

9月1日，国家民委副主任图道多吉在四川省民委副主任袁本朴的陪同下到酉阳自治县调研。

9月16日，酉阳派出代表队参加在甘孜康定举办的四川省第二届少数民族艺术节演出，《摆手舞》《缠头帕》、女声独唱等分别获特别奖、二等奖、三等奖和组织奖。

9月19日，国家教委民族教育司副司长郭福昌到酉阳民族师范学校检查指导工作，并题词："办好民族师范，培养合格教师。"

10月21日，铁道部第二勘察设计院总经济师何光全等13人到细沙、泉孔、麻旺、龙潭等地勘察重庆至湖南怀化铁路的路线。

11月9日，全国政协副主席杨汝岱到酉阳自治县视察，其间视察了酉一中、烟厂、药厂、林化厂和毛坝农村，并挥笔题写“奋力拼搏迈大步，再战六年奔小康”的条幅。

11月23日，农业部部长刘江一行到酉阳自治县调研。

是年，酉阳五倍子产量达320吨，超历史最高水平，列全省第一。

·1995年·

1月22日，国道319线马（鹿）黑（水）路段高坎子改道工程竣工通车。

2月20日，四川省人民政府批准并公布酉阳自治县烈士陵园为省级烈士纪念建筑物重点保护单位。

2月28日，香港实业家云大棉先生捐资10万元人民币，修建龙潭赵世炎故里的龙东乡中心校。

是月，酉阳自治县浪坪乡评议村小民师喻登智和土坪乡棕树村小民师唐国民，荣获共青团中央、中国青少年发展基金会举办的第二届“希望工程园丁奖”。

4月27日至29日，四川省政协主席聂荣贵到酉阳自治县调研，并题词：“继承遗志，振兴酉阳”和“提高质量，多育人才”。

5月1日起，根据国务院的决定，全县机关执行每周星期六、星期日休息的“双休”日制度。

5月12日，酉阳自治县汽车南站正式落成。该站位于环形桥及酉城河之间，北临环城路，占地面积2.7万平方米。

6月1日，为期4天的中国致公党全国支边扶贫工作会议在酉阳召开。莅临会议的有中央统战部、国家民委、国家计委、国家科委、农业部以及四川省政府、重庆市政府等有关方面的负责人。重点贯彻《国家八七扶贫计划》，研究确定致公党支边扶贫工作的方针和任务。

9月20日，中共黔江地委研究决定，王元楷任中共酉阳自治县委常委、书记，免去冉隆江中共酉阳自治县委常委、书记职务。

9月22日，酉阳自治县第十二届人大常委会举行第二十二次会议，任命唐步新为酉阳自治县人民政府代理县长，同意陈超然辞去酉阳自治县人民政府县长职务。

9月25日，酉阳自治县第一中学建校70周年校庆活动在龙潭镇隆重举行，来自全国各地的祝贺团和校友3000多人参加了此次盛会。

是月，黔江地区重点投资建设项目11万千伏配变电站工程在城南打枪坡竣工，工程总投资2000万元。

是年，国务院总理李鹏在视察三峡工程期间，把自己的3000元稿费捐献给酉阳自治县龙潭希望小学。

·1996年·

2月12日，酉阳自治县国家二级光缆开通。

3月27日，酉阳自治县人民武装部收归军队建制交接仪式在人武部三楼会议室举行。

是月，酉阳自治县龙潭镇被四川省人民政府批准为全省重点试点集镇。

是月，赵世炎烈士故居正式被列为四川省重点德育教育基地。

5月8日至11日，国务委员陈俊生，国务院政策研究室副主任、国务院扶贫开发办常务副主任杨雍哲率领国务院扶贫调查组30多人在中共四川省委副书记杨崇汇的陪同下到酉调研扶贫开发工作。

5月15至17日，在成都召开的四川省报刊质量工作会上，《酉阳报》被评为二级报纸。

是月，中央电视台第一次到酉阳自治县以兴隆区细沙乡汪家村3组老农民田维春夫妇坚持改土16年不辍为题材，拍摄《留下永恒的纪念》的专题片。

是月，龙潭区酒厂被农业部授予“全国乡镇企业管理基础工作合格企业”称号。

7月13日，四川、湖南、湖北3省行政区域交界线勘定签字仪式在酉阳举行。一致确定位于四川省酉阳县老寨乡新寨村、湖南省龙山县桂塘镇桂塘村、湖北省来凤县河东乡新安村交界的团山堡山顶最高点为川、湘、鄂三省边界线交会点，并竖立了象征各族人民团结的3面型钢混界桩。

7月中旬，国务院办公厅、水利部确定酉阳县为全国第3批农村水电初级电气化县。

是月，第一次全国农业普查工作在酉阳自治县拉开帷幕。

9月13日至14日，由中共中央宣传部新闻协调小组王大龙带领的新华社、《人民日报》《光明日报》《经济日报》《农民日报》以及中央人民广播电台记者组成的中央新闻记者代表团，对酉阳自治县扶贫开发工作进行调查采访。

9月15日，重庆市受四川省委托代管万县、涪陵和黔江地区。行使党政、经济与社会发展及三峡库区移民工作等管理职能。酉阳自治县隶属重庆市管辖。

11月10日至11日，重庆市政协主席张文彬，副主席邓中文、蒋先齐、罗淑芳一行17人到酉阳调研。

12月9日，酉阳高标准扫除青壮年文盲工作经过省、市检查验收，已达到国务院和省人民政府规定的达标验收标准，验收合格。

是年，酉阳自治县一中教师邹庭宇被评为全国教育系统劳动模范并获“人民教师”奖章。

·1997年·

1月1日，《酉阳报》由周2刊改为周3刊。

是月，酉阳沿岩乡瓦窑堡村党支部书记冉顺光被四川省委、省政府表彰为四川省优秀乡村干部。

2月3日，中共重庆市委副书记、代理市长蒲海清带领刘志忠、肖祖修、周建中等领导组成的慰问团到酉阳自治县向70万人民拜年。蒲海清欣然书写“继承革命先烈遗志，建设酉阳大好河山”和“尊师重教流传千古”的条幅。

2月26日，历时4天的政协酉阳自治县八届五次会议闭幕。大会选举戴相惠为政协酉阳自治县主席，增补王加能为副主席，陈建国为秘书长，同时同意王套先辞去副主席职务的请求。

2月28日，中国农业发展银行酉阳自治县支行成立。

3月14日，全国八届人民代表大会第五次会议通过国务院关于设立重庆直辖市的议案。酉阳自治县从四川省划入重庆直辖市。

4月2日至3日，重庆市副市长许忠民带领市外贸委、市财办、市旅游局的负责人对酉阳的桃花源开发、猕猴桃生产进行调研。

4月22日至25日，国务院扶贫开发办副主任张铭羽以及重庆市政府办公厅党组书记李永栋一行30多人到酉阳自治县进行扶贫调研。

7月1日凌晨，酉阳自治县各族人民收看“香港回归”交接仪式直播。

7月22日至23日，水利部计划处处长刘斌，长江流域委员会工程管理局副局长周惟奕和计划处副处长刘治荣以及重庆市农机水电局领导等12人论证复核了小坝二级水库工程。

8月6日，中共重庆市委书记张德邻在市委常委税正宽、副市长陈光国的陪同下，首次到酉阳自治县调研。

8月7日，重庆市长江三峡投资有限公司董事长、中华民族文化促进会副秘书长、作家、书法家贺兴桐先生调研南腰界革命老区后赋诗：“南腰界上知了鸣，遮尽当年杀敌声，日不当午何空巷，原来土家又出征。”

8月15日，小坝二级水库主体工程正式动工。

10月23日，由李鹏带头捐赠稿费并亲笔题写校名的“龙潭希望小学”隆重举行挂牌仪式。中共重庆市委书记张德邻、市长蒲海清发来贺信，中共重庆市委常委邢元敏、团市委书记洪天云以及当地干群参加了仪式。

11月15日，重庆警备区司令员林尊龙到酉阳自治县检查民兵工作。

12月19日至22日，中共酉阳自治县第十次代表大会在县城民族会场召开。选举王元楷、唐步新、冉进红、晏华文、陈航、翁勤、梁正华、刘功辉、谭彬奇、秦礼福、高峰为常委，王元楷为书记，唐步新、冉进红、晏华文、陈航、翁勤为副书记。刘功辉为纪律检查委员会书记。

是年，酉阳自治县被定为国务院副总理姜春云联系的山区农业试点县。

·1998年·

1月2至5日，政协酉阳自治县第九届委员会第一次会议在县政协礼堂召开。选举田应学为主席，胡开荣、任家谦、陈文国、张玉泉、曾天福、李昌奎、阎汉平为副主席，陈建国为秘书长。

1月3日至6日，酉阳自治县第十三届人民代表大会第一次会议在民族会场召开。选举石敦高为主任，庹才荣、郭朝英、李仁才，唐万春、刘长坤为副主任；唐步新为酉阳自治县人民政府县长，冉进红、邹方福、谢卫先、范兴强、姚登惠、余和锋为副县长；石化伦为酉阳自治县人民法院院长；刘洪礼为酉阳自治县人民检察院检察长。

1月22日至23日，重庆市市长蒲海清带领市政府秘书长刘成义和市级有关部门的领导到酉阳自治县现场办公。

2月27日，酉阳自治县向日本国驻华大使馆申请日本国利民工程援助修建酉阳二中教学楼项目签字仪式在北京举行。

2月下旬，经中共中央、国务院批准，撤销黔江地区，设立重庆市黔江开发区，开发区设置党工委和管委会，为重庆市委、市政府的派出机构，代管石柱、秀山、酉阳、彭水、黔江5个自治县。

3月25日，酉阳自治县“139全球通”移动电话开通。

4月1日，酉阳遭受特大风雹袭击。百年古树连根拔起，交通、通信、供水、供电中断，城乡居民遭受重大经济财产损失。

5月21日早晨，酉阳自治县县城遭到特大洪灾袭击。街面水深达1—2米，驻酉武警战士李延雄为抢救人民的生命财产光荣牺牲。

6月上旬，共青团酉阳自治县第十一次代表大会、酉阳自治县第七次妇女代表大会、酉阳自治县工会第八次代表大会、酉阳自治县科协第三次代表大会、酉阳自治县工商联（商会）第八届会员代表大会相继召开。

是月底，中国建设银行酉阳自治县支行撤销。

7月8日，中共黔江开发区党工委研究并报经中共重庆市委组织部批准，唐步新任中共酉阳自治县委书记，免去王元楷中共酉阳自治县委书记、常委职务。

8月14日，市委副书记、市政府常务副市长王鸿举深入酉阳调查灾情，慰问受灾群众。

9月17日，铁道部对渝怀铁路项目进行经济运量调查的专家抵达酉阳。

10月7日，酉阳自治县委接黔党工委组发〔1998〕52号文件通知，冉进红享受正县级待遇、主持酉阳自治县人民政府工作。

10月8日，酉阳自治县十三届人大常委会第五次会议审议决定，接受唐步新辞去酉阳自治县人民政府县长职务。

11月10日，中共重庆市委副书记、市人大常委会主任王云龙到酉阳自治县调研。

11月26日，市委办公厅、市政府办公厅批复同意赵世炎烈士纪念馆、南腰界红三军司令部旧址纪念馆为“重庆市青少年教育基地”。

12月2日至4日，重庆市政府代表国家教委组成验收评估小组对酉阳师范十年达标进行验收评估。评估结果为达标。

·1999年·

1月12日起，酉阳自治县在全县党政领导班子和领导干部中，深入开展为期半年的党性党风教育。

4月17日，中央电视台《神州风采》摄制组对酉阳自治县武陵山制药厂、酉州饮料厂、桃花源风光进行实地实景拍摄。

4月27日至28日，开国大将陈赓之子、重庆警备区副司令员陈知建少将到南腰界革命老区扶贫。

4月29日，酉阳武警中队战士张建强荣获“重庆市杰出青年卫士”称号。

是月，小坝乡花园村被中国共产党精神文明建设指导委员会（以下简称中央文明委）命名为“全国精神文明创建活动示范点”。

是月，县委书记唐步新获“第二届全国各族青年团结进步模范个人”称号。

5月24日，《重庆日报》《重庆晨报》《重庆商报》、重庆电视台4家新闻单位记者到酉阳自治县开展新闻扶贫。

5月下旬，经国务院批准，酉阳自治县被列入对外国人开放的1394个县之一。

5月下旬，由四川大学和日本东海大学10名专家教授组成的“中国西南民族生产、生活习俗及物质文化”课题研究小组，在对酉阳龙潭古镇、双河区铜西乡桃坡村汉代末期岩墓进行考察。

6月28日，因持续普降特大暴雨，酉阳自治县全县遭受特大洪灾袭击，城区95%的地方被洪水淹没，平均水深达3米以上，最深达10米以上，整个县城一片汪洋。

6月29日，李溪乡鹅池村农民唐应坤在李溪抗洪抢险中，为抢救他人生命财产而光荣献身。

6月30日，受重庆市委副书记、代理市长包叙定的委托，重庆警备区副司令员蒋于华少将率队抵达酉阳县城，指挥抗洪抢险。次日，市政府副市长陈光国抵达酉阳指挥抗洪抢险。

7月4日晚，市委副书记、代理市长包叙定在“灾情快报”上对酉阳“6·28”洪灾作出批示，并将批示的内容电话告知在酉阳自治县坐镇指挥抗洪抢险的陈光国副市长。批示内容如下：“1.你们赴酉阳后所作出的七条部署很好，要通过指挥系统抓好落实；2.在雨停退水时，仍要密切关注天气变化，以防不测；3.防疫工作，从一开始就要抓紧，也要层层落实责任制；4.有何新情况，望随时联系。同志们辛苦了!向大家表示问候!”

7月5日，重庆市委书记贺国强、市委常委税正宽亲临酉阳调查灾情，慰问灾民。

7月19日，由农业部人事司司长朱岫岩、计划发展司副司长徐殿试、种植业司副司长叶贞琴等一行6人组成的武陵山区扶贫工作组到酉阳自治县调研。

7月25日，为纪念中国工农红军二、六军团南腰界会师65周年，由湖南电视台筹资拍摄的5集电视片《武陵红军》在南腰界开机拍摄。

是月起，《酉阳报》由原来的周3刊增为周4刊，每周一、三、五、日出版。

8月12日至15日，国家电力公司中南勘测设计院专家一行9人到酉阳自治县，对县城防洪工程可行性方案进行实地勘测。

9月14日，铁道部总工程师华茂昆到酉阳自治县对渝怀铁路作可行性研究审查。

9月20日，原酉阳专署第一任专员赵铎专程从成都到酉阳自治县故地重游。

是月，在国务院召开的第三次全国民族团结进步表彰大会上，酉阳县人武部荣获“全国民族团结进步模范集体”称号，受到国务院表彰。

10月12日，酉阳自治县工商行政管理体制正式划转重庆市直管。

10月28日至29日，全国政协副主席、致公党中央主席罗豪才，全国政协副秘书长吴明熹与市政协副主席刘惠君一行9人，到酉阳自治县进行支边扶贫工作调研。

11月5日至6日，重庆市委副书记、代市长包叙定深入酉阳自治县检查指导工作。

·2000年·

1月1日，武陵卷烟厂酉阳自治县分厂从即日起关停破产。

2月24日，为期3个月的县处级以上领导班子和领导干部的“三讲”（讲学习、讲政治、讲正气）教育正式开始。

4月15日，农业部畜牧局副局长、农业部武陵山区扶贫工作组组长张喜武、农业部计划司区域开发处处长王从基一行到酉阳自治县调研农业农村工作。

4月23日至25日，中央“三讲”教育检查组一行到酉阳自治县检查“三讲”教育工作。

5月9日，国家民委党组成员、纪检组组长郝文明一行到酉阳调研民族地区的政治、经济、文化基本情况。

5月14日，小坝二级水库大坝枢纽工程竣工，即日起正式下闸蓄水。

6月25日，根据国函〔2000〕88号原黔江开发区代管的秀山、酉阳、彭水、石柱四个民族自治县由重庆市直接管理。其函主要内容如下：

一、同意撤销万州移民开发区，原万州移民开发区代管的忠县、开县、云阳县、奉节县、巫山县和巫溪县由你市直辖。

二、同意撤销黔江开发区，原黔江开发区代管的秀山土家族苗族自治县、酉阳土家族苗族自治县、彭水苗族土家族自治县、石柱土家族自治县由你市直辖。

三、同意撤销黔江土家族苗族自治县，设立重庆市黔江区，以原黔江土家族苗族自治县的行政区域为黔江区的行政区域。区人民政府驻联合镇。

8月29日，酉阳自治县十三届人大常委会第十八次会议任命龚泽民为酉阳自治县人民政府代理县长，任命王巨为副县长，同意冉进红辞去县人民政府副县长职务。

9月1日，酉阳自治县住房制度改革方案经县人大常委会审议通过，即日起正式施行。

9月14日，中共酉阳自治县委、县政府举行桃花源广场开工奠基典礼。

10月4日，酉二中举行建校90周年庆典。

11月1日，酉阳自治县第五次全国人口普查工作以当日零时为标准时间进行登记。

12月18日至21日，酉阳自治县十三届人大第四次会议在民族会场召开，会议选举龚泽民为酉阳自治县人民政府县长。

·2001年·

1月，酉阳名特优新产品宜居茶、国强晶丝苕粉、阳春公司牛肉系列，“山之赠”薇菜、蕨菜系列，在重庆市第三届名特优新产品迎春展销会上被评为“2000年重庆市消费者喜爱产品”。

是月，酉阳自治县人民政府被重庆市委、市政府表彰为重庆市“村村通广播电视”工程建设先进集体，并获一等奖。

2月5日至7日，市委书记贺国强，市委副书记、常务副市长王鸿举率市级有关部门主要领导到酉阳自治县现场办公。

2月9日，市委副书记、市长包叙定，市委常委税正宽率市级有关部门负责人到酉阳自治县检查指导工作。

2月10日，县城防洪工程在钟南乡洞底小学隆重开工，重庆市市长包叙定为工程开工点炮。

3月22日，酉阳自治县委、县政府决定，全面清退党政群机关、事业单位中财政负担或其他经费负担的各类临时人员。

4月13日，由中共中央党史研究室、中共重庆市委、中华全国总工会联合主办的纪念赵世炎诞辰100周年座谈会在北京人民大会堂隆重举行。李鹏等党和国家领导人以及酉阳自治县委书记唐步新、县长龚泽民、党史研究室主任王明友参加座谈会。

4月18日，由中共中央党史学会、中共重庆市委党史研究室、中共酉阳县委联合举办的纪念赵世炎100周年诞辰学术研讨会在重庆举行。中共重庆市委书记贺国强和市长包叙定以及来自全国近8个省区市的专家学者参加研讨会。

4月20日，重庆为中央直辖市，中共酉阳自治县委研究决定，提高区工委、乡（镇）和县直部门领导干部的职级待遇。

4月21日，在酉阳自治县民族会场隆重召开赵世炎诞辰100周年纪念大会。中央党史研究室副主任陈威，市委常委、宣传部部长邢元敏等参加了纪念会。

5月1日，中国书法协会主席沈鹏书写的“桃花源广场”的桃花源公园正式开园。

5月2日至3日，酉阳成功举办渝黔湘鄂11县的武陵山区民族文艺会演暨重庆酉阳土家摆手舞大赛。

6月8日，重庆市政府常务会决定，命名酉阳自治县为“摆手舞之乡”。

6月17日，应中国洞穴协会的邀请，中国洞穴学会委员、全国高校地质学研究会理事朱顺和，中国长漂队勇士、重庆探险协会秘书长许瑞祥，英国洞穴专家莱福、罗伯特、克瑞斯、美国洞穴专家艾雯（女）等一行9人到酉阳考察。

6月22日，中央电视台（第四套）《走进西部》栏目记者到钟多镇苍堡村采访土家族民风民俗。

6月26日，中共酉阳自治县委、县政府组织十万公民禁毒签名活动在酉师校举行。

6月28日，由国家邮政局主办的《中国共产党早期领导人之一》赵世炎纪念邮票首发式在桃花源广场隆重举行。赵世炎烈士纪念邮票面值80分，一同发行的还有王烬美、邓恩铭、蔡和森、何叔衡纪念邮票。

7月1日，中共酉阳自治县委党史研究室主任王明友被中共中央党史研究室评为全国党史系统先进工作者，赴京出席表彰大会，并在人民大会堂聆听了江泽民总书记的“七一”讲话。

7月2日，重庆市政府以渝府〔2001〕128号文件批准了酉阳行政区由82个乡镇调整为39个乡镇。

是月，中国人民解放军总参驻酉202部队从酉阳钟多镇环城路100号撤防。

8月8日，县城塘湾大桥破土动工。

9月2日，酉阳自治县县级机构进行较大调整，共减少了39个工作部门。

9月4日至5日，重庆市委副书记、市人大常委会主任王云龙率市教委、市交委、市财政局等部门负责人到酉阳检查指导工作。

9月6日，铁道部副部长蔡庆华到酉阳检查渝怀铁路建设情况。

9月7日，全县39个乡镇人民代表大会共选出乡镇人大代表1960名，村（居）民委员会主任688个，村（居）民委员会委员2812名。

9月21日，八集电视剧《赵世炎》和“酉阳土家摆手舞曲”，获第八届全国精神文明建设“五个一工程”奖。

是月，县桃花源广场一期工程竣工。

是月，团县委被共青团中央表彰为全国民族地区青少年爱国主义教育工作先进单位。

是月，酉阳自治县委、县政府决定，全县男满50周岁、女满45周岁以上的副处级以下近1000名干部执行提前离岗或提前退休（2006年6月，县委对此予以纠正）。

10月23日，钟多区中学发生食物中毒事件，300余名学生中毒，经抢救无一人死亡。

10月25日至27日，中央电视台专程到酉阳自治县拍摄“土家摆手舞”。

11月10日至13日，酉阳自治县实验小学音乐教师李元亮参加南宁国际民歌艺术节民间歌手邀请赛获土家族“最佳歌手奖”。

11月13日，农业部畜牧兽医局副局长王鹰到酉阳检查指导畜牧工作。

12月14日，酉阳黑水镇中心小学校、龚滩镇中心小学校成为中国——联合国儿童基金会合作项目师资培训爱生学校（CFS）试验校。

是年，酉阳的龙潭镇、龚滩镇被评为“重庆十大历史文化名镇”。

是年，酉阳“山之赠”绿色食品荣获中国国际农业博览会授予“中国国际农业博览会名牌新产品”。

·2002年·

1月5日，中国音乐研究院、中央民族大学专家教授一行7人到酉阳自治县进行了6天采风。

1月27日，县城防洪一期工程1号泄洪隧洞全线贯通。

是月，中共中央党史研究室科研管理部与中共重庆市委党史研究室合编的《赵世炎研究论文集》由中共党史出版社出版发行。

是月，重庆市作协副主席冉庄的《冉庄诗选》荣获首届重庆文学奖。

2月5日，中央电视台一频道新闻联播栏目和重庆电视台新闻栏目组抵达酉阳，摄制渝怀铁路工程建设者与各族人民共度新春佳节的场景。

3月20日下午，酉阳自治县政府在北京梅地亚会议中心举行“首届中国重庆酉阳国际攀岩挑战赛”新闻发布会。

3月31日至4月1日，全国政协副主席、致公党中央主席罗豪才率全国政协教科文体委、北京市政协原副主席陈大白一行5人在市政协副主席张国忠的陪同下到酉阳考察农村义务教育。

4月2日至3日，重庆市委副书记、常务副市长王鸿举到酉阳检查指导工作。

4月25日，铁道部副部长蔡庆华到酉阳检查铁路建设工作。

4月26日，国道319线酉阳自治县段改建工程在板溪隧道进口处开工。

5月1日，由中国报纸副刊研究会组织的《人民日报》等19家中央、国家级新闻媒体和20余个省市自治区的近百名记者参加的“中国记者酉阳行”大型采风团抵达酉阳自治县。

5月2日至4日，“中国重庆酉阳国际攀岩挑战赛”在龚滩古镇隆重举行。中央电视台对活动进行现场直播。来自美国、俄罗斯、日本、韩国、新加坡、马来西亚、菲律宾和中国等国家的攀岩好手参赛。此次攀岩赛是中国最高水平的自然岩壁国际攀岩大赛。

5月3日，酉阳“土家族摆手舞之乡”迎接文化部验收暨全县第2届摆手舞大赛在桃花源广场隆重举行。文化部陈琪林给酉阳自治县授牌“中国民间艺术之乡（摆手舞之乡）”。

5月21日，《赵世炎》电视剧获第21届全国电视飞天奖。

5月30日，酉阳自治县小坝二级水库供水工程（酉阳县城二水厂）全面竣工。

6月5日至8日，中央电视台西部频道《魅力12》栏目摄制组到酉阳自治县拍摄民歌《黄杨扁担》和花灯戏《打草鞋》《小放牛》。

6月18日至26日，应中央电视台的邀请，酉阳自治县组织20人的文艺宣传队赴中央电视台演播大厅进行《黄杨扁担》等节目的表演。

7月10日，重庆市政协主席刘志忠等到酉阳自治县就政协工作和税费改革等进行调研。

7月29日，重庆江河水利水电咨询中心组织清华大学教授谷兆祺等8位全国资深水利专家到酉阳自治县对县城防洪隧洞补砌优化设计方案进行评审并获通过。

9月27日，酉阳自治县推行国家公务员制度动员大会在民族会场召开。

10月23日至27日，在合川市举行的重庆市首届乡村文艺会演上，酉阳演出的舞蹈《阿公的酒碗》荣获三等奖。

10月30日晚，钟多中学发生一起学生拥挤踩踏事件，导致5人死亡、65人受伤。事故发生后，中共中央政治局常委、国务院副总理李岚清和重庆市委书记黄镇东、代市长王鸿举分别作重要指示。

11月8日，酉阳自治县长龚泽民作为中共十六大代表在北京参加中国共产党第十六次全国代表大会。

11月14日，新中国成立后酉阳第一部县志《酉阳县志》由重庆出版社出版发行。

12月1日，酉阳自治县县城防洪工程一期工程全线贯通。从此，县城彻底告别了屡受洪灾的历史。

12月7日，酉龚公路四角山隧道正式贯通，标志着酉阳西大门二级公路改造全线通车。

12月20日，为了纪念革命教育家赵君陶诞辰100周年，中共重庆市委党史研究室编辑的《赵君陶教育思想论文集》，由重庆出版社出版发行。

12月28日，接中共重庆市委渝委函〔2002〕50号文件通知，龚泽民任中共酉阳自治县委书记，免去唐步新中共酉阳自治县委书记、常委、委员职务。

12月29日，因房地产开发需要，中共酉阳自治县委办公地点由和平路62号迁至环城路100号，随后县委其他机关也分别散迁异地办公。

12月30日，酉阳自治县第十三届人大常委会第三十六次会议通过，同意接受龚泽民辞去酉阳自治县人民政府县长职务，决定任命李方宇为县人民政府副县长、代理县长。

是年，龚滩古镇被评为2002年度国家AA级旅游区。

·2003年·

1月7日，纪念赵君陶100周年诞辰大会暨赵君陶教育思想研讨会在重庆渝州宾馆举行，李鹏委员长作重要讲话。市委书记黄镇东主持会议，王鸿举、刘志忠等领导以及赵君陶的亲属参加会议。

1月13日，酉阳自治县在赵庄隆重举行赵君陶100周年诞辰纪念活动。15日，在县城举行纪念赵君陶100周年诞辰图片展览等纪念活动。

2月，李鹏委员长和夫人朱琳向龙潭永珍希望小学捐赠《赵君陶教育思想论文集》。

3月5日至18日，板桥乡水车坝村党支部书记涂安祥作为全国人大代表在人民大会堂参加第十届全国人民代表大会。其间受到李鹏委员长的接见。

3月13日至15日，中共酉阳自治县委第十届十一次代表大会在县城召开，大会应到代表339人，实到代表330人。县委书记龚泽民作题为《在党的十六大精神指引下，为富民兴酉、加快建设三峡库区生态经济强县而奋斗》的报告。大会选举了第十一届县委委员31人、县委候补委员5人、县纪委委员19人。

在十一届一次全体会议上，选举龚泽民、李方宇、谭彬奇、姚登惠、高峰、黄朝忠、冉华章、代方军、冉顺祥、张献强、周传明、杨洪勇、杨清海为常务委员会委员，龚泽民为书记，李方宇、谭彬奇、姚登惠、高峰、黄朝忠为副书记，谭彬奇兼纪律检查委员会书记。

3月25日至30日，政协酉阳自治县第十届委员会第一次全体会议召开。会议应到政协委员255名，实到230名，会议选举产生了县政协十届委员会主席张世模，副主席刘功辉、李仁才、陈文国、张玉泉、李昌奎、阎汉平、杨玉明。陈建国为秘书长。

3月27日至31日，酉阳自治县第十四届人民代表大会召开，选举田应学为常务委员会主任，郭朝英、谢卫先、范兴强、冉隆清、陈德禄为副主任。李方宇为酉阳自治县长，冉华章、余和锋、田景谷、董伦、黄学军、胡红卫、石强为副县长，董卫平为酉阳自治县人民法院院长、刘洪礼为酉阳自治县人民检察院检察长。

是月，文化部命名酉阳自治县为“中国民间艺术之乡（摆手舞）”。

4月14日至16日，重庆市委书记黄镇东率市委副书记姜异康、聂卫国，副市长童小平在酉阳自治县调研。

7月24日，重庆电视台到酉阳自治县拍摄《欢歌摆手》MTV，以参加全国“五个一工程奖”。

7月26日，世界卫生组织国际CMP药品质量专家彼得博士到酉阳华武制药厂考察。

10月2日，庆祝酉阳自治县成立20周年和重庆市首届民歌邀请赛在县城举行，歌唱家郁钧剑和祖海到酉阳自治县演唱。

10月14日，小坝二级水库工程经市水电设计部门的专家验收，被评为竣工优良工程。

是月，酉阳自治县第八次妇女代表大会、第四次科协代表大会、共青团第十二次代表大会和工会第九次代表大会分别在县城召开。

11月13日，酉阳自治县老区建设促进会揭牌仪式暨第一次会员代表大会举行。

11月21日，经专家考察组论证，重庆市林业局评审，重庆市人民政府批准，建立酉阳自治县大板营市级自然保护区。

12月19日至20日，重庆市市长王鸿举带领市扶贫集团和市政府调研组共30多人到酉阳自治县调研并慰问部分困难群众和贫困学生。

·2004年·

2月18日至21日，政协酉阳自治县第十届委员会第二次会议在县城召开。本次大会应到委员269名，实到232名。主要议程：1.听取和审议第十届县政协常委会工作报告及提案工作报告。2.列席县第十四届人民代表大会第二次会议，协商讨论县人民政府工作报告及其他报告。3.举行议政发言。4.通过大会决议。

2月20日至22日，为期3天的酉阳自治县第十四届人民代表大会第二次会议在民族会场召开。本次大会应到代表279名，实到266名。李方宇代表县人民政府向大会作政府工作报告。大会经过表决通过相关决议。会议表决通过《酉阳自治县工业原料林基地建设管理条例》。

4月14日，大型电视文献纪录片《红军在重庆》在酉阳自治县烈士陵园举行开机仪式。

4月15日，全国政协原副主席杨汝岱到酉阳自治县考察并题：“世界青蒿药业之都”和“百年师范 桃李芬芳”以及“千年龚滩古镇　百里乌江画廊”。

10月8日，为期3天的中共酉阳自治县第十一届三次全委会在民族会场开幕。县委书记龚泽民代表县委常委会向大会作了题为《突出三大重点区域，加快推进城镇化进程，为全面建设小康社会而奋斗》的报告。会议表决通过《关于加快推进城镇化进程的决定的决议》。

10月15日，酉阳自治县十四届人大常委会第十一次会议通过《酉阳自治县人大常委会制定地方法规规程》。该《规程》共分五章二十五条，从2004年11月1日起执行。

10月18日，酉阳自治县民族师范学校举行100年华诞庆典活动。全国政协原副主席杨汝岱为校庆题词，致公党中央主席罗豪才发来贺信，重庆市市长王鸿举题写校名，重庆市教委主任欧可平为校庆题词，原任多位县委书记发来贺信。章高炎、李方宇、胡松等参加剪彩。

10月19日，中共酉阳自治县委、县政府在南腰界举行中国工农红军二、六军团会师七十周年纪念大会，重庆市警备区副参谋长丁少武参加纪念活动。重庆市委宣传部副部长、市委党史研究室主任周勇作讲话。

11月19日，重庆市市长王鸿举到酉阳自治县调研。其间王鸿举到铜鼓乡看望慰问贫困群众冉玉仙等。

12月28日，酉阳自治县第二中学经专家组验收，定为重庆市重点中学校。

是年，铜鼓至李溪、龚滩至彭水、酉阳至牡丹坪、渤海至桂塘坝的公路改造工程相继动工。

同年，酉阳县植保站站长张永明研究的脱毒马铃薯扦插技术获得成功。

·2005年·

1月12日，根据中共中央国务院“三农”政策的精神，重庆市市长王鸿举在市二届人大三次会议上作政府工作报告时宣布“从今年起，全市农村免征农业税及附加”。

1月24日，酉阳自治县委出台《关于在全县开展以实践“三个代表”重要思想为主要内容的保持共产党员先进性教育活动的实施意见》。

1月25日，为期半年的以实践“三个代表”重要思想为主要内容的酉阳自治县第一批保持共产党员先进性教育活动正式启动。县委书记龚泽民作动员部署，姚登惠传达中央、市委有关会议精神，市委督导组负责人何罡提要求。

2月26日，为期3天的政协酉阳自治县第十届委员会第三次会议在县城召开。本次大会应到委员267人，实到235人。

2月27日，为期5天的酉阳自治县第十四届人民代表大会第三次会议在县城召开。本次大会应到代表278人，实到代表252人。

3月9日，中国致公党中央扶贫开发工作会议在酉阳自治县城隆重召开。全国政协副主席、中国致公党中央主席罗豪才出席大会，并发表了重要讲话。中国致公党还向酉阳捐赠人民币150万元。

5月15日，中共重庆市委书记黄镇东在市委常委、市委办公厅秘书长范照兵等陪同下到酉阳自治县调研。

是月，酉阳自治县细沙河被重庆市人民政府批准为大鲵自然保护区。

7月4日，为期半年的以实践“三个代表”重要思想为主要内容的酉阳第二批保持共产党员先进性教育活动启动。

8月中旬，酉阳自治县在全县开展纪念抗日战争胜利六十周年系列活动。

8月24日，《人民日报》《光明日报》《经济日报》《国际商报》《21世纪经济报》《证券日报》《重庆日报》和重庆电视台、杭州电视台等16家媒体聚焦“世界青蒿之都——酉阳”。

9月8日，中共重庆市委决定，徐强任中共酉阳自治县委书记，原县委书记龚泽民另有任用。

是月，建设部、国家文物局公布酉阳县龙潭镇为全国第二批历史文化名镇。农业部批准后溪镇长元村为野生金荞麦原生态环境保护区。

10月18日，酉阳自治县公安消防中队正式成立。

11月10日，涉及乌江彭水电站淹没区的龚滩、清泉、万木、后坪、两罾、庙溪、苍岭乡镇的27个村、52个组、4个集镇的移民搬迁工作正式启动。

11月14日，国家教育督导团办公室副主任、国家督学于芳到酉阳自治县验收“两基”工作。

11月16日，中央巡回检查组孙淑义等16人到酉阳自治县调查先进性教育活动。

11月17日，国家督学傅正洪代表“两基”督导验收团宣布，历经8年奋斗的酉阳自治县基本普及9年制义务教育，基本扫除了青壮年文盲。

11月18日，重庆至长沙的渝湘高速公路渝东南段在酉阳自治县小坝举行开工典礼。

11月25日，渝怀铁路第一列内燃机火车驶经酉阳，酉阳告别没有火车的历史。

12月1日，为期半年的清理酉阳县城各类违法占地、违法建筑的两违清理工作正式启动。

12月9日，为期半年的以实践“三个代表”重要思想为主要内容的酉阳第三批保持共产党员先进性教育活动启动。

12月16日，酉水流域梯级开发的酉酬水电站导流工程正式开工。

12月22日，金家坝水电站水利枢纽工程开工。

第一篇

政　　区

ZHENG QU

第一章 政区建置

第一节 政区位置

酉阳土家族苗族自治县位于重庆市东南边陲，渝、鄂、湘、黔四省市边区接合部的武陵山区，与秀山土家族苗族自治县、黔江区、彭水苗族土家族自治县境地连成一片，酉阳土家族苗族自治县镶嵌其中，共同组成一个楔形地块，插入鄂西、湘西、黔东北的边境之间。地理坐标为北纬28°19′28″—29°24′18″，东经108°18′25″—109°19′02″。东与湖南省湘西土家族苗族自治州的龙山县接壤，八面山峙立为渝湘天然屏障；东北与湖北省鄂西土家族苗族自治州的来凤县相连；南与秀山土家族苗族自治县、贵州省印江土家族自治县、松桃苗族自治县连界；西与贵州省沿河土家族自治县毗邻；北靠彭水苗族土家族自治县、黔江区和湖北省鄂西土家族苗族自治州的咸丰县边境。

酉阳土家族苗族自治县地平面，东西直线距离约98.08公里，南北直线距离约119.85公里，辖区总面积5173.2平方公里。渝湘高速公路，国道319线经自治县境北端横贯东南，至重庆市中区379千米。乌江流经县西部，从龚滩古镇沿乌江航运经涪陵顺长江而上可直达重庆，顺江而下可直通上海。重庆至怀化铁路纵贯酉阳上自重庆、下至怀化可转至全国各地。

酉阳自治县境属武陵山系中山区，地势中部高，东西两侧低。以毛坝盖山脉为分水岭，形成两大水系：东部酉水河、龙潭河为沅江水系；西部小河、甘龙河、阿蓬江为乌江水系。山峰最高处为北部木叶乡大板营村的灰阡梁子，海拔1895米；最低点是西部龚滩镇艾坝村10组乌江边与彭水自治县交界处的董家寨，海拔263米。地貌大体可分为3种类型：即中山区、低山区、槽谷和平坝。这3种类型所占的地理面积比例是：中山区，海拔800至1895米，面积为28.3万公顷，占总面积的54.86%；低山区，海拔600至800米，面积为10.90万公顷，占总面积的21.14%；槽谷和平坝，海拔263米至600米，面积为12.38万公顷，占总面积的24%。其特征故有“八山半水一分半田”之说。酉阳的地貌特征受“新华夏系地质构造运动”的影响，喀斯特岩溶地貌特征十分明显，加上河流、降水的切割、侵蚀和溶蚀作用，境内山峦起伏、沟谷交错。峰丛、槽谷、盆地、溶洞、伏流等多处出现，点缀出全县山水险峻壮丽，高山深谷槽坝交织，以中低山为主间有高丘平坝的渝东南山区地貌景观。

酉阳自治县幅员辽阔，土地资源充足，但山地多，平地少，可耕地比重少，林牧业用地广。在全县辖区总面积中：耕地7.9587万公顷，占15.4%，其中田2.3778万公顷；土5.5808万公顷。酉阳自治县辖39个乡镇、270个行政村、8个社区居委会，总人口75.84万人，其中，土家族45万人、苗族16万人。有土家、苗、回等17个少数民族，少数民族人口占全县总人口的82%，是重庆市辖区面积最大、少数民族人口最多的山区大县。

第二节　历史沿革

1986年酉阳自治县仍隶属于四川省涪陵地区。1988年5月18日，国务院行文批复四川省政府《关于设立四川省黔江地区的请示》，批复同意将设立黔江地区。酉阳自治县隶属黔江地区。1994年，撤销全自治县的区委、区公所、新组建党的工作委员会。1996年，重庆市受四川省委托代管万县市、涪陵地区和黔江地区，酉阳自治县隶属于重庆市黔江地区。1997年3月14日，第八届全国人民代表大会第五次会议通过了国务院关于设立重庆直辖市的议案，酉阳自治县正式隶属于重庆直辖市黔江地区。1998年2月下旬，经中共中央、国务院批准，撤销黔江地区，设立重庆市黔江开发区，开发区设置党工委和管委会，为重庆市委、市政府的派出机构，代管石柱、秀山、酉阳、彭水、黔江5个自治县，酉阳自治县隶属于重庆市黔江开发区。2000年7月，根据《国务院关于同意重庆市撤销万州移民开发区和黔江开发区以及撤销黔江土家族苗族自治县，设立黔江区的批复》，原黔江开发区代管的秀山、彭水、石柱、酉阳4个自治县由重庆市直接管理，酉阳自治县直接隶属重庆直辖市。

第二章　行政区划

1949年年底，酉阳县划为6个区、4个镇、40个乡。1952年全县划为22个区时，将3、7、9、11区的15个乡划入黔江县，即：两河、龙田、犁弯、早化、官庄、濯水、濯西、冯家、水市、联合、鹅池、学堂、沙石、太极等15个乡。玉屏乡划入秀山县。秀山县江口镇（今江丰乡江丰村）划入酉阳县。1955年，改序数区为地名区，全县划为10个区、3个镇、75个乡。1958年将乡更名为公社。1961年增设沙滩、新溪、泡木3个公社，全县共78个公社。1983年，经报请国务院批准，设立酉阳土家族苗族自治县，撤销酉阳县，其行政区域不变。自治县人民政府驻地钟多镇，仍隶属于涪陵地区，是年，将全自治县78个公社更名为乡，钟多公社并入钟多镇，龙潭、龚滩两个公社改为镇，将大队更名为村，生产队更名为村民小组，街道仍为居民委员会。自治县新置南龙、涂市、花田3个乡。区辖属变更：黑水区的腴地乡、兴隆区的车田乡划归麻旺区管辖，麻旺区的银岭乡划归钟多区管辖。全县共有12个区、一个区级镇，78个乡，两个乡级镇，727个村，14个居民委员会。

1988年5月18日，国务院行文批复四川省政府《关于设立四川省黔江地区的请示》，批复同意设立黔江地区。酉阳土家族苗族自治县隶属黔江地区。1994年，撤销全自治县的区委、区公所，新组建区党的工作委员会，办公地点仍为原区公所所在地。1996年，重庆市受四川省委托代管万县市、涪陵地区和黔江地区，酉阳土家族苗族自治县隶属于重庆市黔江地区。1997年3月14日，第八届全国人民代表大会第五次会议通过了国务院关于设立重庆直辖市的议案，酉阳土家族苗族自治县正式隶属于重庆直辖市黔江地区。1998年2月下旬，经中共中央、国务院批准，撤销黔江地区，设立重庆市黔江开发区，开发区设置党工委和管委会，为重庆市委、市政府的派出机构，代管石柱、秀山、酉阳、彭水、黔江5个自治县，酉阳土家族苗族自治县隶属于重庆市黔江开发区。2000年6月25日，根据《国务院关于同意重庆市撤销万州移民开发区和黔江开发区以及撤销黔江土家族苗族自治县，设立黔江区的批复》，原黔江开发区代管的秀山、彭水、石柱、酉阳4个自治县由重庆市直接管理，酉阳土家族苗族自治县直接隶属重庆中央直辖市。2001年行政机构改革，撤区并乡建镇，行政区划调整为钟多、龙潭、麻旺、酉酬、大溪、兴隆、黑水、丁市、龚滩、李溪、泔溪、后溪、苍岭、小河等14个镇；涂市、板溪、铜鼓、江丰、可大、五福、偏柏、木叶、毛坝、花田、后坪、天馆、宜居、万木、两罾、板桥、官清、南腰界等18个乡；保留车田、腴地、清泉、庙溪、浪坪、双泉、楠木7个乡。全自治县所辖39个乡、镇。

第一节　机构演变

从解放后到1952年9月，酉阳县行政区划经历了6次调整。

1949年11月，在原有乡镇基础上，将全县划为6个行政序数区，4镇，40乡。

第一区：区人民政府驻钟多镇。辖钟多镇、钟南、钟岭、小坝、铜鼓、铜西、涂市、石垭等1镇7乡。

第二区：区人民政府驻龙潭镇。辖龙潭镇、玉屏、井岗、苦竹、渤海、麻旺、米旺、亮垭等1镇7乡。

第三区：区人民政府驻两河场。辖两河、堰水、河东、河西、濯水、砂石、鹅池、鹅湖等8乡。

第四区：区人民政府驻龚滩镇。辖龚滩镇、后坪、宜居、清溪、两罾、丁市、天馆等1镇6乡。

第五区：区人民政府驻酉酬场。辖酉酬镇、兴隆、泔溪、后溪、五福、可大、偏柏、腴地等1镇7乡。

第六区：区人民政府驻小河场。辖河铺、先坝、南龙、壤坪、板桥等5乡。

保甲未变动。

1950年3月，县人民政府为便于开展征粮剿匪等工作，从第三区划出河东、河西、堰水3乡，第五区划出腴地，新设第七区，区人民政府驻黑水坝。从第二区划出麻旺、米旺二乡与五区划出的泔溪、酉酬、后溪3乡，新设第八区，区人民政府驻麻旺场。同年10月酉酬、后溪划回五区。

时全县为50个乡，其中玉屏乡因距县城与龙潭区远，划入溶溪区，全县实有49个乡镇。

第一区：钟多镇、钟南、钟岭、小坝、龙池、红井、铜鼓、铜西、涂市、石垭、威勇11个乡镇。区治钟多镇。

第二区：龙潭镇、渤海、苦竹、井岗、亮垭、官赏、青华、龙东7乡1镇，区治龙潭镇。

第三区：两河、濯水、砂石、鹅池、鹅湖5个乡，区治两河口场。

第四区：龚滩镇、两罾、后坪、宜居、天馆、丁市、清溪6乡1镇，区治龚滩镇。

第五区：兴隆、五福、可大、偏柏4个乡，区治泔坪。

第六区：河铺、板桥、南龙、壤坪、先坝5个乡，区治小河场。

第七区：河东、河西、堰水、腴地4个乡，区治黑水坝场。

第八区：麻旺、米旺、泔溪、酉酬、后溪5个乡，区治麻旺场（10月酉酬、后溪划回五区）。

1950年12月，县人民政府进一步加强基层政权的建设工作，对区乡进行了调整，从第三区划出砂石、鹅池两个乡，增设第九区，区人民政府驻石家河。从第四区划出丁市、天馆、后坪、宜居4乡，新置中坝、魏市、后兴、董河4乡，增设第十区，区人民政府驻丁家湾。从第七区划出河东、河西乡，增设第十一区，区人民政府驻谢家坝。从第六区划出南龙、壤坪两乡，改划李溪、天台、蚂蝗、南界、龙溪5乡，增设第十二区，区人民政府驻李子溪场。从第五区划出五福、兴隆乡与鹅湖乡析置为兴隆、清明、土坪、细沙5乡，新设第十三区，驻兴隆场。

时县计13个区、90个乡（镇），乡以下置582个村、6553个闾。

第一区：钟多镇、钟南、铜鼓、铜西、石垭、涂市、小坝、钟岭、龙池、红井等9乡1镇，区治钟多镇。

第二区：龙潭镇、龙东、官赏、亮垭、渤海、苦竹、青华、井岗7乡1镇，区治龙潭镇。

第三区：两河、濯水、鹅湖3乡，区治两河口。

第四区：龚滩镇、沿岩、金鱼、两罾、清溪、大坨5乡1镇，区治龚滩镇。

第五区：酉酬、后溪、五福、偏柏、可大、兴隆、腴地7个乡，区治酉酬场。

第六区：小河、小岗、铺子、板桥、双桥、官清6个乡，区治小河场。

第七区：黑水、花园、毛坝3个乡，区治黑水坝场。

第八区：麻旺、米旺、平坦、泉孔4个乡，区治麻旺场。

第九区：砂石、鹅池2乡，区治砂子场。

第十区：丁市、中坝、天馆、魏市、后坪、后兴、董河、宜居8乡，区治丁家湾。

第十一区：河东、河西2乡，区治谢家坝。

第十二区：李溪、天台、蚂蝗、南界、龙溪5乡，区治李子溪场。

第十三区：兴隆、木叶、清明、土坪、细沙5乡，区治兴隆场。

1952年5月—6月，县人民政府为适应土地改革需要，对区、乡人民政权作了大幅度调整，将原13个序数区扩成了22个序数区。仍置乡、村、闾。9月，酉阳专署根据川东行署决定将“第三、第九、第十七”3个区、15个乡、81个村、756闾、39007人划归黔江县管理。至此，县面积从原13517平方公里减为5173.2平方公里。15个乡分别是：两河、黎湾、早化、龙田、鹅池、砂石、学堂、联合、太极、濯水、濯西、冯家、马喇、官庄、水市乡。之后，县人民政府对区的序数和辖乡进行调整，将原第十五区改为第三区、原第八区改为第四区、原第十九区改为第六区、原第十三区改为第七区、原第二十二区改为第八区、原第七区改为第九区、原第十一区改为第十区、原第四区改为第十一区、原第十六区改为第十二区、原第十二区改为第十三区、原第十区改为第十四区、原第十四区改为第十五区、原第六区改为第十六区、原第十二区改为第十七区、原第二十一区改为第十八区，划井岗、苦竹新置第十九区，驻井岗口，撤销第十八区。

1952年10月至1953年7月，根据《川东区划乡建政方案初步意见》，县人民政府规定，除原19个区区名和钟多、龙潭、龚滩三镇不变外，其余乡按人口密度及交通条件、地形走向，将大乡划小，原为77乡，经调整后，增为174乡镇，计527村，改闾为“村民小组”。

1954年6月，县人民政府决定撤销第十九区，将井岗、苦竹、江口、青华、溶溪5乡划归第二区管辖，全县为18个序数区。

1955年1月，县人民政府决定撤销第三区，按序数为16个区，并将174个乡镇缩编为169个。

1955年12月，根据《中华人民共和国宪法》第59条及《中华人民共和国地方各级人民代表大会和地方各级人民政府组织法》第25条规定，经县第一届人民代表大会第四次会议通过，县人民政府改称“县人民委员会”（以下简称“县人委”），将16个序数区改为11个地名区，区人民政府改为“区公所”。时乡73个、镇3个、村714个。至1958年9月底，区、乡设置称谓无大的变化。

1958年10月1日，全县实行人民公社化，称“××人民公社”，乡政权和人民公社合为一体，乡遂为公社所代替。人民公社下设管理区，管理区下设生产队，除龙潭区8乡合称龙潭人民公社外，基本上为一乡一社，原辖地各区未变，年底共11个区，68个公社，596个管理区。

1960年，龙潭区改按一乡一社，时县有75个公社、591个管理区、2701个生产队。1962年春贯彻中央关于人民公社体制下放，实行“四固定”，以生产队为核算单位，管理区改称“大队”，“大队”以下改称“生产队”（此称谓至1983年年底）。

1962年下半年，将酉酬区划分为酉酬、大溪两个区，并新置15个公社。即钟多区新置涂市、山羊、官路；龙潭区新置官赏；麻旺区新置吉安；酉酬区新置长远、大江、新溪；大溪区新置沙滩；兴隆区新置泡木；黑水区新置花田；苍岭区新置南溪；丁市区新置魏市；小河区新置峡口；李溪区新置龙溪。年底12区共置90个公社、787个大队、5646个生产队。

1964年社会主义教育运动中，县人委决定对部分公社、大队、生产队进行调整，钟多区撤涂市并入钟岭公社，撤官路并入板溪公社，撤洞底并入钟南公社；龙潭区撤官赏并入龙东公社；麻旺区撤吉安并入麻旺公社；酉酬区撤大江并入酉酬公社，撤长远并入后溪公社；黑水区撤花田并入花园公社；苍岭区撤南溪并入浪坪公社；丁市区撤魏市并入天馆公社；小河区撤峡口并入小河公社；李溪区撤龙溪并入南界公社。时全县为12区、78个公社、721个大队、4250个生产队。以后区、社10年无变化，大队、生产队有小的调整，1973年县内共设12个区、78个公社、726个大队、3265个生产队。

1975年经涪陵专署批准，钟多镇升为区级镇，直接隶县。1980年7月，县革委决定对部分区、乡、公社名称作更改。11月将小河区更名为双河区，12月将大溪公社更名为酉水公社，水田更名为田坝公社、天台更名为天山公社、后坪更名为后坪坝公社、清溪更名为清泉公社，箐口更名为双泉公社。

1980年12月，“酉阳县革命委员会”改为“酉阳县人民政府”。1981年11月县人民政府始着手地名普查，原13区（镇）保留原名的12个，更名1个；78个公社保留原名71个，更名7个；731个大队、居委会，保留原名520个，更名197个。

1983年，国务院批准设立酉阳土家族苗族自治县于11月11日成立，驻地仍在钟多镇。酉阳土家族苗族自治县以原酉阳县的行政区域为行政区域。随着中发〔1983〕35号文件下达，实行公社体制改革，行政区划名称变更。结合县、乡人民代表大会换届选举，县人民政府将全县78个公社75个更名为乡，钟多公社并入钟多镇，龙潭公社、龚滩公社改为镇。全县726个大队改为村，生产队更名为村民小组，街道仍为居民委员会。全县新置南龙、涂市、花田3个乡。从何家岩村划出部分境地置花田堡村。区的辖属变更：黑水区的腴地乡、兴隆区的车田乡划归麻旺区管辖，麻旺区的银岭乡划归钟多区管辖。全县有12个区、一个区级镇、78个乡、两个乡级镇、727个村、14个居民委员会。

1986年酉阳行政区划一览表

表1-1　　　　单位：个

区镇名	乡镇名	辖村（居民会）	村（居）民组数
钟多镇	—	新民街、翠屏街、桂芳街、复兴街、官仓街、桃花源街、碧津桥街、泉孔、苍堡、白鹿、凉风、大枝、大田坡、中坨（大田）	102
钟多区（驻钟多镇）	涂市乡	涂家、麻田、大草坪、凉桥、河沙坝、箐口、火山、三口潭（杨柳）、鹿角、蛮寨	78
	钟岭乡	双河场、太平、地灵、大杉、双桥、蒿枝	45
	钟南乡	青塘、悦来、班竹、清泉、麻地坝、水平、梁家堡（中坨）、何家坝（田坝）、焦家湾（香树）、青山、白木	88
	板溪乡	三角、红杏、没水、中溪、杨楠、扎营、花石、王家盖、补家、官路、大槽（坝）、摇玲、清吉、安家	104
	银岭乡	银岭、上游、清水潭、司家、白沙、大林、白云、水堤	57
	山羊乡	山羊、秋谷、红阳、九打	30
	铜鼓乡	铜鼓、幸福、海洋、两沿、景阳、水坝、清和、光塘、木枋	95
	红井乡	红沙、麻柳、花滩（兴隆）、新场、付司、李阳、白菊、茅埡、老龙、下纸厂	77
	小坝乡	石柱、建平、花园、喻家寨（复兴）、复建、桂花、龙池、新桥、东流、大坪、桃李、天山堡、青沙	115
黑水区（驻黑水坝）	黑水乡	黑水、平地坝（新寨）、二龙、苏家、大兴（大沟）、水旁岩（小井）、大泉、薛家、双溪（小溪）	100
	毛坝乡	毛坝、天仓、苦草、马力、茨竹、双龙、茶园、龙胜、新建、龙家	90
	马鹿乡	马鹿、楠木、欧家（竹园）、杨井溪（溪龙）、高坎子（桐木）、鹿井、	40
	花园乡	大坝田（向家）、荆竹园、张家、茶香（青钢）、吴家坪、中心	45
	花田乡	过路潭（和平）、花田堡、生基、何家岩（共和）、风泉溪（联合）	47
	大涵乡	大涵、宝剑碑（大溪）、旧堰、莲花、南海、绿潭、大湖、黄杨	68
兴隆区（驻兴隆坪）	兴隆乡	狮象、新民、民主、三沟（大坝）、营盘、小溪、鸦闹、积谷、八穴、钟堡（沙坝）	85
	土坪乡	土坪、棕树、竹坪、富石、松木、红石、罗家	55
	泡木乡	泡木、桃坪、三塘（木坪）、大竹、八洞	32
	木叶乡	木叶、干田、干沟、辽叶、高堡（卢家）、梨耳、川洞	46
	细沙乡	汪家、高井、猴栗、财坝（张家）、大塘	30
	小咸乡	小咸、学堂、盐井（大咸）、合作、大云	30
大溪区（驻大溪口）	酉水乡	大溪、香坝（香树）、长岭、梨树（梨子坝）、金线、白家、龙头、大湾、茶店、杉岭	80
	五福乡	土城（张家）、向家、黄桷（小溪）、五福（新华）、梭罗（生基）、八斗、白果、鞍山（马鞍）、龙沙、高桥	65
	老寨乡	团坝、赵家、大河、笔山、二坪、南坪（新寨）、西坡（龙洞）	50

续表1-1

区镇名	乡镇名	辖村(居民会)	村(居)民组数
大溪区（驻大溪口）	沙滩乡	沙滩、狮岩(新寨)、中坝、山伏(山佛)、石堤	34
	可大乡	可大(大湖)、蔡家、天堂、程香、昔比、丰收、吴家、椒园(交园)、老店、七分	66
	柏溪乡	柏溪、龙潭、红家(谢家)、梅子(长溪)、余鸭、两河	51
西酬区（驻西酬溪口）	西酬乡	西酬、岩山、巴坷(生基)、金钩、长元坝、王家坝、任家、板栗、庙坪、江西	88
	偏柏乡	偏柏、苗坝、枣木、瓦房、鱼水(鱼塘)、竹园、卡竹、石桩、阳洞(何家)	77
	新溪乡	新溪、杨柳、客寨、下寨、高洞	37
	沙田乡	沙子、田湾、八百、鼓坪、坪里、麦子、白龙、老柏	72
	后溪乡	后溪(同心)、小江、白角(白果)、岩院坝(大水)、田堡(干田)、石板坨(石板)、大江、大庄、新地、多碧、长远、长潭、龙洞坝、寨堡、皂角树、渡江	142
	田坝乡	田坝、岩孔溪、烂泥、李家、二岩(大面)、槽田、芭蕉、鹿池(佛山)、陆家店(陆家)	86
麻旺区（驻麻旺场）	麻旺乡	麻旺、清溪、平坦、彭桥、窝坨、桂香(南海)、下溪(解放)范家、郭家、袁家、吉安、堰田、高炉、兴复、石家、长坡、香树	147
	泉孔乡	夹州、大板、长岗、建设(马鹿)、红光	44
	泔溪乡	泔溪、官地、天京、石洞、狮栗、太吉、高堰、咸美、龙洞	83
	米旺乡	米田、杨家、小沟(细沙)、洞口、沙堡、戴家、岩潭、刘家、正南	70
	亮垭乡	跃进、富家(高峰)、亮垭、太阳坪(和平)、光明、新路(班竹)、桥潭、白家桥、映潭、滑石	67
	桃鱼乡	杉树、胜利、鱼泉、马槽口、坡坪、桃园	42
	车田乡	车田、三桥、老坝、团结、司竹、黄坝、小寨、黄泥	49
	腴地乡	上腴、下腴、川岍、四方(枣木)、红岩、万物、高庄(高家庄)、石家寨(杨家)、丰家、中腴	108
龙潭区（驻龙潭镇）	龙潭镇	瓦厂湾、永兴街、中心街、永胜街、永胜下街、操坪、顺河街、黄土、灯笼、复兴	50
	渤海乡	伏龙、梅树、青冈、石营、渤东、长坝(茶元)、团山、渤海、柏香、新坝(黄泥)、下河、上河、包家	125
	龙东乡	八一、笔架、堰堤、高堤、官赏、枣木坪、新田、长沟、中寨、面山(大面)、枫香、大帽、溪沟、新寨、洞坎、澄泉	107
	白竹乡	龙坝、茶盆、盖坪、香木(香树)、董家、青龙、加强	53
	木桶乡	柳树、洞家、段家	18
	苦竹乡	深溪、潮水、江丰、金新、同心(同兴)、栗湾(兴隆)、龙沟(高洞)、岩口、鲤鱼、席家、双江、五育、川主、穴家(金竹)	115
	井岗乡	丹泉、哨山、佛山、新坪、桐岭(两河)、葡萄、屋基、柳家、沉木(石笋)、高家	64
	青华乡	花莲、阳桥、鹅塘、花秋(桃园)、水溪(响水)、笋岩(茶元)、元坝、河口、保家	50

续表1-1

区镇名	乡镇名	辖村（居民会）	村（居）民组数
李溪区（驻杨家坝）	李溪乡	鹅池、大池、尚田（官田）、栋青、麝香、壤坪、矿山	79
	蚂蝗乡	蟥井、官坝、四水、长沙、红竹、张家城、寨坝、田村、水洞	84
	天山乡	天台、立新（张家）、砂厂、思泉、坝竹	62
	南腰界	南界、南木箐、红林、大坝、小井、厚木、杨树（白杨）	53
	南龙乡	土门、龙溪、闹溪、高石、唐溪（团结）、铜矿、水井、白溪口	70
双河区（驻小河场）	小河乡	小田、五堆、思渠（长远）、大水、洞子、赤土、两汇、光二、石灰	66
	小岗乡	小岗、兴隆、白果园（茶园）、石门、四方、大华、马鞍、郑家、杨家盖、溪口（楠木）	72
	铜西乡	方园、冷水、石梁、桃坡、黎家、青树、燕岩（凤凰）、哨树、沙坝、车坝	96
	板桥乡	板桥、长宜、鱼塘、水车坝、城坝（杨家）、长江、井园	58
	双桥乡	天井、何家、双井、柏园、石坝（太平）	46
	楠木乡	红旗、红霞、毛岩（红岩）、岩溪（双河）、梨子、车家（红花）、红专、楠木庄（红光）、硫磺、红堡	58
	官清乡	金家坝（大河）、大坨、石板滩、河坝、殷家、峡口、水旁、井字河（水井）、响塘	73
苍岭区（驻谢家坝）	苍岭乡	群众、太和、新生、余岩（白沙）、苍坝（胜利）、正槽、石泉（民主）、平安、苍水（大塘）	69
	双泉乡	城墙、龙泉、菖莆、白鸽、双泉、皂角、茶林（茶园）、大石、白马、白石、天坪、大井、周坪、永墙（花墙）	108
	岭口乡	石盆（新民）、咸井（大咸）、秋河（共和）、岭口、解放、小店（和平）、新化（新华）、大千	66
	庙溪乡	庙溪（双龙）、湘河、简家堂（新农）、洪渡（太平）、岔河、荆竹、五龙、大岩门（联合）、灯塔、安宁、枣树（杨柳）、油木	114
	浪坪乡	民安、骨干（田坝）、中和、中岭、评议、朱家山（大元）、官田沟（官田）、楠岭（楠木）、南溪（柏杨）、玉霞	96
丁市区（驻丁家湾）	丁市乡	丁市、金桥（新建）、厂坝（红旗）、桥岩、汇家（跃进）、协场、岩银、金山（荆竹）木兰、上坝、下坝	66
	董河乡	红鱼（红星）、董河（五星）、银房（红卫）、串坪（朝阳）、群峰（高峰）、麻园（东风）、亲历、庆丰、三元（新山）、建田（高田）、长田（新田）、石笋（向阳）	80
	宜居乡	宜居、双池、旱田、乐园、田坡、楼房、楼底、九房、阳山、大木（和平）、大坡、矿铅、桐木	86
	铺子乡	月亮、潭坝（建设）、沙湾（和平）、青狮、杜平（民主）、马家、茶溪、大龙、后河（新民）、黄连、羊角（胜利）	73
	万木乡	万木、中山（红花）、柜木、石园、永和（太平）、小溪路（幸福）、石桥、桃子（红光）、苦竹园（竹园）、平坝（下坝）、构园、火光	75
	后兴乡	后兴（兴隆）、新华、野茶、高峰（高丰）、高坪（高石）野战、茶花、和平、小湾（民主）	60
	后坪乡	前峰、榄树（光明）、鹿溪、清池（天池）、王家、大园、官山、聚宝、木马、椒梓、长溪	56
	天馆乡	天馆、麻池（太平）、株砂、核桃、康家、凤凰、谢家、丁木、熊家、魏市、溪水（大溪）、勾家、郎坪、白坪	99
	中坝乡	中园、周家、老熊、小界、龙门、细沙、童溪	53

续表1-1

区镇名	乡镇名	辖村(居民会)	村(居)民组数
龚滩区（驻龚滩）	龚滩镇	解放街(一村)、胜利街(二村)、新华街(三村)、鞍城、银滩、红花、小银、金砖、鹅儿、木楠桥(新华)	23
	沿岩乡	艾坝、桃花、乌江、田家、何家宅(兴隆)、杨柳井(杨柳)、贾盖、马槽坝、兰园、瓦窑堡	66
	罾潭乡	纸家、天池、山羊井、周园井、中庄(铜木)、石红、楠木湾(楠木)、木林、内口、两狮(祝元)	54
	两罾乡	金鱼、玉带、方家、院子、建丰、安园、小园、阳雀、光华	63
	清泉乡	清源(清溪)、秀水(苦水)、响水、池水、天水、金钗、茶溪坝(茶溪)、大岩(小井)、代头、龙桥	56

说明：乡、村（居委会）后括号所注为旧名

1993年7月1日，大河口乡成立。经黔江地区行署批准，浪坪乡析出玉霞村6个组、长岭村5个组、南溪村6个组；苍岭乡划出石泉村9个组、共计4个行政村、27个村民小组，2821人，成立大河口乡，隶属苍岭区管辖。成立大河口乡的目的是为大河口修建电站服务。

1994年1月中共酉阳土家族苗族自治县委发〔1994〕2号文件，根据中共黔江地委发〔1993〕38号文件精神，县委决定：撤销各区区委、区公所，更名为区工作委员会，其管辖范围不变。

第二节　乡镇区划调整

2001年撤区并乡建镇

将全县的81个乡镇，撤销74个乡镇，保留7个乡。新建14个镇18个乡。调整后为39个乡镇。

撤销钟多、龙潭、龚滩、麻旺、李溪、丁市、酉水、黑水、酉酬、兴隆、钟岭、涂市、钟南、山羊、板溪、铜鼓、红井、小坝、银岭、毛坝、马鹿、花园、花田、大涵、土坪、泡木、木叶、细沙、小咸、五福、老寨、沙滩、可大、柏溪、新溪、沙田、后溪、田坝、偏柏、泔溪、泉孔、米旺、亮垭、桃鱼、渤海、龙东、白竹、木桶、苦竹、井岗、青华、蚂蝗、天山、南腰界、南龙、小河、小岗、铜西、双桥、板桥、官清、董河、宜居、铺子、万木、后兴、后坪坝、天馆、中坝、沿岩、罾潭、两征、苍岭、岭口等74个乡镇。

保留车田、腴地、清泉、庙溪、浪坪、双泉、楠木7个乡镇。

注：大河口乡2001年口头宣布撤销所属的4个行政村27个村民小组归苍岭镇管辖。

新建14个镇：

钟多镇　政府驻地钟多。管辖原钟多镇、钟南乡、小坝乡、钟岭乡的蒿枝村、银岭乡的白云村、马鹿乡的杨井溪村所属行政区域，辖区面积219平方公里，总人口74416人，其中非农业人口40288人，辖34个村民委员会，7个居民委员会。

龙潭镇　政府驻地龙潭。管辖原龙潭镇、渤海乡、龙东乡、青华乡、木桶乡和苦竹乡的川主村、文家村、五育村、席家村、双江村等所属行政区域，辖区面积258平方公里，总人口54461人，其中非农业人口25000人，辖49个村民委员会，7个居民委员会。

麻旺镇 政府驻地麻旺场。管辖原麻旺乡、亮垭乡、米旺乡的杨家、小沟、沙堡、戴家、岩潭、刘家、正南、米田等8个村和银岭乡的上游村、司家村以及桃鱼乡的马槽口村所属行政区域，辖区面积206平方公里，总人口38220人，其中非农业人口5600人，辖38个村民委员会。

西酬镇 政府驻地溪口。管辖原西酬乡、田坝乡、沙田乡的田弯、鼓坪、八百、坪里、麦子、白龙、沙子等7个村和新溪乡的高洞村所属行政区域，辖区面积206平方公里，总人口29462人，其中非农业人口3100人，辖28个村民委员会。

大溪镇 政府驻地大溪口。管辖原酉水乡和沙滩乡的石堤村、沙滩村以及老寨乡的二坪村、南坪村和五福乡的八斗村、土城村所属行政区域，辖区面积117平方公里，总人口14182人，其中非农业人口3100人，辖16个村民委员会。

兴隆镇 政府驻地兴隆坪。管辖原兴隆乡和土坪乡的松木、红石、富石、竹坪、棕树、土坪等6个村所属行政区域，辖区面积180平方公里，总人口16669人，其中非农业人口2200人，辖16个村民委员会。

黑水镇 政府驻地黑水坝。管辖原黑水乡、大涵乡和马鹿乡的马鹿、鹿井、欧家、楠木、高坎子等5个村所属行政区域，辖区面积213平方公里，总人口21000人，辖22个村民委员会。

丁市镇 政府驻地丁家湾。管辖原丁市乡、中坝乡的中园、周家、龙门、细沙、童溪等5个村、董河乡的银房村，铺子乡的茶溪村、大龙村、后河村和后兴乡的小湾村以及小岗乡的大华村、马鞍村、溪口村、郑家村、杨家村、所属行政区域，辖区面积133平方公里，总人口22901人，其中非农业人口2202人，辖26个村民委员会。

龚滩镇 政府驻地龚滩。管辖原龚滩镇、沿岩乡和罾潭乡的中庄村、纸家村、周园村、天池村、山羊井村所属行政区域，辖区面积133平方公里，总人口17665人，其中非农业人口12550人，辖22个村民委员会。

李溪镇 政府驻地杨家坝。管辖原李溪乡、天山乡和蚂蝗乡所属行政区域，辖区面积224平方公里，总人口29965人，其中非农业人口3200人，辖21个村民委员会。

泔溪镇 政府驻地泔溪场。管辖原泔溪乡、泉孔乡和泡木乡的桃坪、泡木、大竹、八洞等4个村所属行政区域，辖区面积151平方公里，总人口25704人，其中非农业人口4864人，辖18个村民委员会。

后溪镇 政府驻地后溪。管辖原后溪乡、白竹乡和沙田乡的老柏村以及米旺乡的洞口村所属行政区域，辖区面积156平方公里，总人口20875人，其中非农业人口4149人，辖25个村民委员会。

苍岭镇 政府驻地谢家坝。管辖原苍岭乡和岭口乡的石盆、秋河、咸井、岭口、小店、新化、大干等7个村以及大河口乡的石泉、长岭、南溪、玉霞4个村所属行政区域，辖区面积138平方公里，总人口17143人，其中非农业人口5600人，辖20个村民委员会。

小河镇 政府驻地小河场。管辖原小河乡、小岗乡的小岗、兴隆、白果园、石门、四方5个村和铜西乡的桃坡村、黎家村所属行政区域，辖区面积106平方公里，总人口18486人，其中非农业人口3697人，辖16个村民委员会。

新建18个乡：

涂市乡 政府驻地涂市。管辖原涂市乡、钟岭乡的双河、双桥、大杉、地灵、大平等5五个村和银岭乡的银岭、清水潭、白沙、大林、水堤等5个村以及桃鱼乡的桃园、坡坪、杉树、鱼泉、胜利等5个村所属行政区域，辖区面积151平方公里，总人口21116人，其中非农业人口1125人，辖25个村民委员会。

板溪乡 政府驻地石垭子。管辖原板溪乡的安家、清洁、摇玲、补家、大槽、王家盖、花石、杨楠、扎营、中溪、三角、没水、红杏等13个村和山羊乡所属行政区域，辖区面积157平方公里，总人口12597人，其中非农业人口1120人，辖17个村民委员会。

铜鼓乡 政府驻地铜鼓潭。管辖原铜鼓乡、铜西乡的方园、沙坝、哨尉、燕岩、青树、石梁、冷水、车坝等8个村和板溪乡的官路村以及红井乡的新场村、花滩村、付司村、红沙村、李阳村、麻柳村所属行政区域，辖区面积162平方公里，总人口27180人，其中非农业人口1580人辖24个村民委员会。

江丰乡 政府驻地江口场。管辖原苦竹乡的鲤鱼、岩口、细花、龙沟、同心、金新、潮水、深溪、江丰等9个村和井岗乡所属行政区域，辖区面积112平方公里，总人口14876人，其中非农业人口2135人，辖19个村民委员会。

可大乡 政府驻地可大湖。管辖原可大乡、沙滩乡的狮岩、中坝、山伏等3个村和新溪乡的下寨、客寨、杨柳、新溪等4个村所属行政区域，辖区面积107平方公里，总人口15613人，其中非农业人口3528人，辖17个村民委员会。

偏柏乡 政府驻地偏柏。管辖原偏柏乡和柏溪乡所属行政区域，辖区面积107平方公里，总人口15889人，其中非农业人口450人，辖15个村民委员会。

五福乡 政府驻地财神沟。管辖原五福乡的五福、黄桷、高桥、鞍山、向家、梭椤、龙沙、白果等8个村和老寨乡的笔山、西坡、团坝、赵家、大河等5个村所属行政区域，辖区面积79平方公里，总人口11909人，其中非农业人口500人，辖13个村民委员会。

木叶乡 政府驻地木叶岗。管辖原木叶乡、小咸乡和土坪乡的罗家村所属行政区域，辖区面积130平方公里，总人口9854人，其中非农业人口450人，辖13个村民委员会。

毛坝乡 政府驻地毛坝场。管辖原毛坝乡、细沙乡和泡木乡的三塘村所属行政区域，辖区面积151平方公里，总人口11450人，其中非农业人口501人，辖16个村民委员会。

花田乡 政府驻地马罾潭。管辖原花田乡、花园乡和红井乡的白菊村、老龙村、茅垭村、下纸厂所属行政区域，辖区面积84平方公里，总人口9761人，其中非农业人口480人，辖15个村民委员会。

后坪乡 政府驻地后坪坝。管辖原后坪乡、后兴乡的茶花、野战、高坪、高峰、野茶、新华、后兴等7个村和中坝乡的老熊村所属的行政区域，辖区面积148平方公里，总人口14671人，其中非农业人口550人，辖19个村民委员会。

天馆乡 政府驻地天馆。管辖原天馆乡和中坝乡的小界村以及岭口乡的解放村所属行政区域，辖区面积130平方公里，总人口11434人，其中非农业人口450人，辖16个村民委员会。

宜居乡 政府驻地宜居。管辖原宜居乡和董河乡的红鱼、董河、串坪、群峰、麻园、新历、庆丰、三元、建田、长田、石笋等11个村所属行政区域，辖区面积153平方公里，总人口17404人，其中非农业人口510人，辖24个村民委员会。

万木乡 政府驻地黑獭堡。管辖原万木乡、铺子乡的羊角、黄连、马家、木坪、青狮、沙弯、潭坝、月亮等8个村和后兴乡的和坪村所属行政区域，辖区面积104平方公里，总人口21593人，其中非农业人口650人，辖21个村民委员会。

两罾乡 政府驻地金鱼穴。管辖原两罾乡和罾潭乡的石红、楠木湾、木林、两狮、内口等5个村所属行政区域，辖区面积72平方公里，总人口8741人，其中非农业人口450人，辖14个村民委员会。

板桥乡 政府驻地板桥。管辖原板桥乡和双桥乡的何家村、天井村、双井村所属行政区域，辖区面积71平方公里，总人口12696人，其中非农业人口530人，辖10村民委员会。

官清乡 政府驻地金家坝。管辖原官清乡和双桥乡的柏园村、石坝村所属行政区域，辖区面积59平方公里，总人口9162人，其中非农业人口580人，辖11个村民委员会。

南腰界乡 政府驻地南腰界。管辖原南腰界乡和南龙乡所属行政区域，辖区面积93平方公里，总人口17552人，其中非农业人口850人，辖15个村民委员会。

2001年9月各乡镇党代会、人代会召开结束，新的行政机构组建完毕，撤销各区工作委员会。

2001年酉阳自治县行政区划一览表

表1-2　　单位：个

乡镇名	村(社区居)民委员会	村(居)民组数
钟多镇(驻钟多)	新民街、翠屏街、桂芳街、复兴街、官仓街、桃花源街、碧津桥街、泉孔、苍堡、白鹿、凉风、大枝、大田坡、中坨、青塘、悦来、班竹、清泉、麻地坝、水平、梁家堡、何家坝、焦家湾、青山、白木、石柱、建平、花园、喻家寨、复建、桂花、龙池、新桥、东流、大坪、桃李、天山堡、青沙、蒿枝、白云、杨井溪	324
龙潭镇(驻龙潭)	瓦厂湾、永兴街、中心街、永胜街、永胜下街、操坪、顺河街、黄土、灯笼、复兴、伏龙、梅树、青枫、石营、渤东、长坝、团山、渤海、柏香、新坝、下河、上河、包家。八一、笔架、堰堤、高堤、官赏、枣木坪、新田、长沟、中寨、面山、枫香、大帽、溪沟、新寨、洞坎、澄泉、花莲、阳桥、鹅塘、花秋、水溪、笋岩、元坝、河口、保家、柳树、洞家、段家、川主、文家、五育、席家、双江	403
麻旺镇(驻麻旺场)	麻旺、青溪、平坦、彭桥、窝坨、桂香、下溪、范家、郭家、袁家、吉安、堰田、高炉、兴复、石家、长坡、香树、跃进、富家、亮垭、太阳坪、光明、新路、桥潭、白家桥、映潭、滑石、杨家、小沟、沙堡、戴家、岩潭、刘家、正南、米田、上游、司家、马槽口	305
酉酬镇(驻溪口)	酉酬、岩山、巴坷、丙陵、金钩、长元坝、王家坝、任家、板栗、庙坪、江西、田坝、岩孔溪、烂泥、李家、二岩、槽田、芭蕉、鹿池、陆家、田湾、鼓坪、八百、坪里、麦子、白龙、沙子、高洞	243
大溪镇(驻大溪口)	大溪、香坝、长岭、梨树、金线、白家、龙头、大弯、茶店、杉岭、石堤、沙滩、二坪、南坪、八斗、土城	86
兴隆镇(驻兴隆坪)	狮象、新民、民主、三沟、营盘、小溪、鸦闹、积谷、八穴、钟堡、松木、红石、富石、竹坪、棕树、土坪	134
黑水镇(驻黑水坝)	黑水、平地坝、二龙、苏家、大兴、水旁岩、大泉、薛家、双溪、大涵、宝剑碑、旧堰、莲花、南海、绿潭、大湖、黄杨、马鹿、鹿井、欧家、楠木、高坎子	203
龚滩镇(驻龚滩)	解放街、胜利街、新华街、鞍城、银滩、红花、小银、金砖、鹅儿、木楠桥、艾坝、桃花、乌江、田家、何家宅、杨柳、贾盖、马槽坝、兰园、瓦窑堡、中庄、纸家、周元、天池、山羊	185
苍岭镇(驻谢家坪)	群众、太和、新生、余岩、苍坝、正槽、石泉、平安、苍水、石盆、秋河、咸井、岭口、小店、新化、大干、池流、长岭、南溪、玉霞	142
丁市镇(驻丁家湾)	丁市、金桥、厂坝、桥岩、汇家、协场、岩银、金山、上坝、下坝、中园、周家、龙门、细沙、童溪、银房、茶溪、大龙、后河、小弯、大华、马鞍、溪口、郑家、杨家、木兰	163
小河镇(驻小河坝)	小田、五堆、思渠、大水、洞子、赤土、两汇、光二、石灰、小岗、兴隆、白果园、石门、四方、桃坡、黎家	128

续表1-2

乡镇名	村(社区居)民委员会	村(居)民组数
李溪镇（驻杨家坝）	鹅池、大池、尚田、栋青、麝香、让坪、矿山、蟥井、官坝、四水、长沙、红竹、张家城、寨坝、田村、水洞、天台、立新、砂厂、思泉、坝竹	228
后溪镇（驻后溪）	后溪、小江、白角、岩院坝、田堡、石板坨、大江、大庄、新地、多碧、长远、长潭、龙洞坝、寨堡、皂角树、渡江、龙坝、茶盆、盖坪、香木、董家、青龙、加强、老柏、洞口	120
泔溪镇（驻泔溪场）	泔溪、官地、天井、石洞、狮栗、太吉、高堰、咸美、龙洞、夹州、大板、长岗、建设、红光、桃坪、泡木、大竹、八洞	157
江丰乡（驻江口场）	鲤鱼、岩口、细花、龙沟、同心、金新、潮水、深溪、江丰、丹泉、哨山、佛山、新坪、桐岭、葡萄、屋基、柳家、沉木、高家	142
铜鼓乡（驻铜鼓潭）	铜鼓、幸福、海洋、两沿、景阳、水坝、清和、光塘、木枋、方圆、沙坝、哨尉、燕岩、青树、石梁、冷水、车坝、官路、新场、花滩、付司、红沙、李阳、麻柳	230
板溪乡（驻石垭子）	安家、清吉、摇玲、补家、大槽、王家盖、花石、杨楠、扎营、中溪、三角、没水、红杏、山羊、秋谷、红阳、九打	129
车田乡（驻车田）	车田、三桥、老坝、团结、司竹、黄坝、小寒、黄泥	49
腴地乡（驻堰塘坝）	上腴、下腴、川岍、四方、红岩、万物、高庄、石家寨、丰家、中腴	108
板桥乡（驻板桥）	板桥、长宜、鱼塘、水车坝、城坝、长江、井园、何家、天井、双井	79
官清乡（驻金家坝）	金家坝、大坨、石板滩、河坝、殷家、峡口、水旁、井字河、响塘、柏园、石坝	98
宜居乡（驻宜居）	宜居、双池、旱田、乐园、田坡、楼房、楼底、九房、阳山、大木、大坡、矿铅、桐木、红鱼、董河、串坪、群峰、麻园、新历、庆丰、三元、建田、长田、石笋	162
万木乡（驻黑獭堡）	万木、中山、柜木、石园、永和、小溪路、石桥、桃子、苦竹园、平坝、构园、火光、羊角、黄莲、马家、木坪、青狮、沙湾、潭坝、月亮、和平	139
可大乡（驻可大湖）	可大、蔡家、天堂、程香、昔比、丰收、吴家、椒园、老店、七分、狮岩、中坝、山伏、下寨、客寨、杨柳、新溪	120
木叶乡（驻木叶岗）	木叶、干田、干沟、辽叶、高堡、黎耳、川洞、小咸、学堂、盐井、合作、大营、罗家	82
花田乡（驻马罾潭）	过路潭、花田堡、生基、何家岩、风泉溪、大田坝、荆竹园、张家、茶香、吴家坪、中心、白菊、老龙、茅垭、下纸厂	120
清泉乡（驻清溪场）	清源、秀水、响水、池水、天水、金钗、茶溪、大岩、代头、龙桥	56
五福乡（驻财神沟）	五福、黄桷、高桥、鞍山、向家、梭椤、龙沙、白果、笔山、西坡、团坝、赵家、大河	81
楠木乡（驻赶家溪）	红旗、红霞、毛岩、岩溪、梨子、车家、红专、楠木庄、硫磺、红堡	58

续表1-2

乡镇名	村(社区居)民委员会	村(居)民组数
双泉乡（驻生基园）	城墙、龙泉、菖莆、白鸽、双泉、皂角、茶林、大石、白马、白石、天坪、大井、周坪、永墙	109
毛坝乡（驻毛坝场）	毛坝、天仓、苦草、马力、茨竹、双龙、茶园、龙胜、新建、龙家、汪家、高井、猴栗、财坝、大塘、三塘	123
偏柏乡（驻偏柏）	偏柏、苗坝、枣木、瓦房、鱼水、竹园、卡竹、石庄、阳洞、柏溪、龙潭、红家、梅子、余鸭、两河	129
浪坪乡（驻浪水坝）	中岭、中和、民安、骨干、楠岭、官田、朱家、评议	79
南腰界乡（驻南腰界）	南界、楠木箐、红林、大坝、小井、厚木、杨树、土门、龙溪、闹溪、高石、唐溪、铜矿、水井、白溪口	123
天馆乡（驻天馆）	天馆、麻池、株砂、核桃、康家、凤凰、谢家、丁木、熊家、魏市、溪水、勾家、郎坪、白坪、小界、解放	117
两罾乡（驻金鱼穴）	金鱼、玉带、方家、院子、建丰、安园、小园、阳雀、光华、红石、楠木湾、木林、两狮、内口	89
庙溪乡（驻庙溪场）	庙溪、湘河、简家、洪渡、岔河、荆竹、五龙、大岩、灯塔、安宁、枣树、油木	114
后坪乡（驻后坪坝）	前峰、榄树、鹿溪、清池、王家、大园、官山、聚宝、木马、椒梓、长溪、茶花、野战、高坪、高峰、野茶、新华、后兴、老熊	94
涂市乡（驻箐口场）	涂家、麻田、大草坪、凉桥、河沙坝、箐口、火山、三口潭、鹿角、蛮寨、双河、双桥、大杉、地灵、太平、银岭、清水、白沙、大林、永堤、桃园、坡坪、杉树、鱼泉、胜利	187

2003年各乡镇村组建制调整

酉阳土家族苗族自治县将所辖39个乡镇的行政村和村民小组进行调整，由原727个行政村调整为270个行政村，14个居民委员会调整为8个社区委员会，5336个村民小组调整为2270村民小组，92个居民小组调整为58个居民小组。破村合并的有48个行政村，破组合并的2个村民小组。保留9个村：即涂市乡的地灵村、木叶乡的学堂村、宜居乡的长田村、矿铅村，清泉乡的响水村，麻旺镇的戴家村、沙堡村，腴地乡的丰家村，车田乡小寨村。合并后新命名71个村，涉及跨乡调整的17个村。其中破村只划出部分村民小组的共有3个村9个组，整村调出的14个村。

2003年酉阳行政区划一览表

表1-3　　单位：个

乡镇名	辖村(居)民委员会	村(居)民组数
钟多镇（驻钟多）	玉柱、桃花源、城东、城北、龙池、双福、花园、东流口、天山堡、凉风、钟坨、梁家堡、城南、洞底、青山	139

续表1-3

乡镇名	辖村(居)民委员会	村(居)民组数
龙潭镇（驻龙潭）	包家、石营、渤海、柏香、梅树、川主、五育、堰堤、官偿、枣木、新田、花莲、鹅塘、柳树、龙泉街社区、赵庄街社区	127
麻旺镇（驻麻旺场）	长兴、清香、平桥、正南、米旺、戴家、沙堡、桂香、吉安、白桥、光明、亮垭、加强、青龙、龙坝	133
酉酬镇（驻溪口）	芭蕉、双禄、水田、溪口、巴坷、江西、古田、和平、沙子坝	88
大溪镇（驻大溪口）	长岭、金线、大溪、杉岭、茶店、石堤、二坪	47
兴隆镇（驻兴隆坪）	朝天门、土坪、狮象、营盘、积谷坝、龙潭	59
黑水镇（驻黑水坝）	黑水、旧堰、大涵、宝剑、苏家、坪地坝、大泉、马鹿	85
龚滩镇（驻龚滩）	罾潭、小银、红花、马鞍城、杨柳、大理、艾坝、新华社区居委会	57
苍岭镇（驻谢家坝）	苍岭、太河、苍坝、秋河、岭口、小店、大河口、南溪	60
丁市镇（驻丁家湾）	丁市、厂坝、郑家、三溪口、大龙、金山、中坝、沙溪、汇家、石门	82
小河镇（驻小河坝）	小河、茶园、小岗、桃坡	43
李溪镇（驻杨家坝）	长沙、寨坝、天台、让坪、思泉、鹅池、大池、张家城、官坝	108
后溪镇（驻后溪）	后溪、洞口、大地、大江、长远、长潭、老柏	63
泔溪镇（驻泔溪场）	泔溪、太平、石洞、泉孔、大板、泡木	56
江丰乡（驻江口场）	江丰、丹泉、柳家、桐岭、深溪、潮水	43
铜鼓乡（驻铜鼓潭）	铜鼓、幸福、清和、官塘、兴隆、红井、李阳、铜西、清泉、车坝	94
板溪乡（驻石垭子）	三角、红溪、扎营、摇玲、杉树湾、山羊	52
车田乡（驻车田）	车田、小寨、清明坝、黄坝	22
腴地乡（驻堰塘坝）	上腴、下腴、高庄、丰家	37

续表1-3

乡镇名	辖村（居）民委员会	村（居）民组数
板桥乡（驻板桥）	板桥、车水坝、井元、双桥	41
官清乡（驻金家坝）	官清坝、金家坝、石坝、峡口	38
宜居乡（驻宜居）	宜居、红鱼、董河、长田、建田、大木、矿沿、楼底、楼房、沿峰	64
万木乡（驻黑獭堡）	万木、柜木、竹元、桃子、石桥、木坪、黄连、月亮	60
可大乡（驻可大湖）	可大、吴家、中坝、七分、昔比、新溪、客寨、程香	58
木叶乡（驻木叶岗）	梨耳、木叶、干田、大坂营、学堂	51
花田乡（驻马罾潭）	张家、茶香、中心、生基、何家岩、老龙	76
清泉乡（驻清溪场）	清溪、响水、池水、茶溪	24
五福乡（驻财神沟）	财神沟、高桥、龙沙、赵家、大河	44
楠木乡（驻赶家溪）	红霞、红旗、红庄、红星	25
双泉乡（驻生基园）	永祥、双石、天马、菖莆、箐口、城墙	39
毛坝乡（驻毛坝场）	天仓、毛坝、龙家、双龙、秀水、细沙河、新建	46
偏柏乡（驻偏柏）	偏柏、苗坝、鱼水、石卡、柏溪、余鸭、两河	56
浪坪乡（驻浪水坝）	浪坪坝、官楠、评议	32
南腰界乡（驻南腰界）	南界、红岩、大坝、土门、龙溪、闹溪、团结	52
天馆乡（驻天馆）	康家、天馆、魏市、核桃、杉坪、太白	50
两罾乡（驻金鱼穴）	金玉、榄溪、三角塘、石门坎、内口、红阳	38
庙溪乡（驻庙溪场）	庙溪、荆竹、湘河、油木、大岩	45

续表1-3

乡镇名	辖村(居)民委员会	村(居)民组数
后坪乡(驻后坪坝)	前峰、王家、椒梓、后兴、高坪	31
涂市乡(驻箐口场)	涂市、桃鱼、胜利、涂家寨、麻田、钟岭、地灵、大杉、银岭、大林	63

第三章 乡镇概况

第一节 钟多镇

钟多镇位于酉阳河东、西两岸，北纬28°50′，东经108°46′。驻地钟多，海拔663米，辖区总面积219平方公里。东与涂市乡毗邻，南与板溪乡接壤，西与铜鼓乡和花田乡连界，北抵黑水镇。辖龙池、双福、花园、东流口、天山堡、凉风、钟坨、梁家堡、洞底、青山10个行政村和玉柱、桃花源、城东、城北、城南5个社区居委会，139个村（居）民小组。总人口74116人，其中非农业人口40288人。

历史沿革 钟多原名忠孝坝。明初，酉阳土司衙院由铜鼓潭迁至忠孝坝。此后，在明清为酉阳宣慰司、宣抚司土司驻地。清雍正十三年（1735年）"改土归流"后，置酉阳直隶州，以州代县，为州治所。清光绪元年（1875年）酉阳直隶州设四路十八乡，钟多属中路1乡。民国二年（1913年）废酉阳直隶州设立酉阳县，钟多为中区联合办事处，辖钟灵、多福、涂市等地。民国三十年（1941年）钟灵、多福合并组建钟多镇，隶属第一指导区。1950年钟多镇隶属一区，将境地划出一部分设钟岭乡。1953年钟多析置为官仓乡、钟坨乡、钟南乡、钟多镇。1955年废官仓乡并入钟多镇，废钟坨乡并入钟南乡。1958年成立了钟多人民公社，县属城区工商联合会并入钟多公社，镇社合一，辖9个管理区，4个街道行政村，隶属钟多区。1961年管理区更为大队。1974年镇社分开，先龙、骑龙、玉柱等3个大队及4个街道行政村属钟多镇。1975年经涪陵专署批准，钟多镇升为区级镇，直接由县管理。1980年在地名普查中，将序数行政村分别用地名命名为新民街、解放街、桂芳街、复兴街居民管理委员会。1983年11月11日酉阳土家族苗族自治县成立，实行公社体制改革，行政区划名称变更，将钟多公社并入钟多镇，大队更名为村，生产队更名为组，街道为居民委员会，将解放街更名为十字街。2001年行政区划调整，撤区并乡建镇，重新组建钟多镇，管辖原钟多镇、钟南乡、小坝乡、钟岭乡的蒿枝村、银岭乡的白云村、马鹿乡的杨井溪村所属行政区域，辖区面积219平方公里，辖34个村民委员会，7个居民委员会，324个村（居）民小组。2003年村组建制调整，由原来的41个行政村（居）民委员会，324个村（居）民小组调整合并为10个行政村、5个社区居民委员会，139个村（居）民小组。

自然资源与经济状况 钟多镇是酉阳土家族苗族自治县的政治、经济、文化中心。文化、教育、卫生、体育设施齐全，商业网点星罗棋布，城镇建设日新月异，渝湘高速公路和国道319线由镇境通过，公路网辐射全镇，交通便利，信息通畅，农村广大人民群众生活用电全部得到解决。

钟多镇属中山区地带，土质肥沃，水源条件好，气候温和，适宜耕种。全镇总耕地面积37029亩，其中：田11395亩，土25634亩。主产玉米、水稻、黄豆、红苕、洋芋等。小坝农业综合开发得天独厚，民族经济飞速发展。

文化教育卫生 钟多镇有镇中、中心校、完小和村小22所，私立小学6所，教职工321人，其中代课教师24人。学前班12个733人；小学203个班级6072人；初中8个班级317人。钟多中学1所，教职工197人，初中46个班级2988人。此外，在钟多镇境还设有酉师、酉二中、高级民族职业中学、实验校、民族小学、机关幼儿园，特教等直属学校。卫生：有钟多镇中心卫生院1所，医务人员82人，中心业务用房1686平方米，病床35张。各村都建有卫生站。在钟多镇境内还设有县人民医院、县中医院、妇幼保健院、康复医院、结核病防治所和疾病预防控制中心等医疗机构。

第二节　龙潭镇

龙潭镇位于酉阳土家族苗族自治县东南部，北纬28°45′，东经108°57′。驻地龙潭镇，距县城35公里，海拔320米。东与秀山土家族苗族自治县石堤乡交界，南与江丰乡毗邻，西与板溪相连，北与涂市乡和麻旺镇接壤。辖区面积265平方公里，辖包家、石营、渤海、柏香、梅树、川主、五育、堰堤、官偿、枣木、新田、花连、鹅塘、柳树14个行政村和赵庄街、龙泉街2个社区居委会，127个村（居）民小组，14531户，53500人。

历史沿革 龙潭原址在梅树，因地处伏龙山下，有两洼地圆如龙眼、积水成潭，故名龙潭，素有“梅树龙潭”之称，后迁现址。元、明为宣王洞属地。清顺治三年（1646年），酉阳土司实行辖里制，为小江里属地。雍正十三年（1735年）“改土归流”改设酉阳县，于龙潭设县丞，后改设酉阳直隶州于龙潭设州同。民国二年（1913年）酉阳直隶州改为县，龙潭设县佐。民国二十一年（1932年）实行商团合一，龙潭设总正。民国二十四年（1935年）置龙潭镇，隶属二区（龙潭），辖19个保。民国三十年（1941年），全镇并为16个保。1949年将16个保并为7个保至解放，1950年更保为村。1951年划出八一、高堤、笔架32个村成立龙东乡。1958年成立龙潭人民公社，村改为管理区。1961年管理区改为大队，辖黄土、灯笼、复兴3个大队，1至7个序数村。1980年分别将7个序数村用街道命名为瓦厂弯、永兴街、中心街、永胜街、永胜下街、操坪、顺河街等居委会。1983年11月11日，酉阳土家族苗族自治县成立，实行公社体制改革、行政区划名称变更，将龙潭人民公社改为龙潭镇，大队更名为村民委员会，街道仍为居民委员会，生产队更名为村民小组。1994年撤销龙潭区委、区公所并更名，龙潭镇隶属于中共龙潭区工作委员会。2001年，行政区划调整、撤区并乡建镇，重新组建龙潭镇，管辖原龙潭镇、渤海乡、龙东乡、青华乡、木桶乡和苦竹乡的川主、文家、五育、席家、双江5个村等所属行政区域，区辖49个村民委员会，7个居民委员会，403个村（居）民小组。同年9月撤销中共龙潭区工作委员会，龙潭镇隶属酉阳土家族苗族自治县人民政府管理。2003年，村组建制调整，由原来的56个行政村（居委会），403个村（居）民小组和新增划入的后溪镇盖坪村4个组、江丰乡深溪村1、2、11、12组及岩口村1组共1个村，9

个组、266户，957人，调整合并为包家、石营、渤海、柏香、梅树、川主、五育、堰堤、官偿、枣木、新田、花连、鹅塘、柳树14个行政村和，赵庄街、龙泉街2个社区居委会、127个村（居）民小组。

自然资源与经济状况　龙潭镇境地分高山峻岭和丘陵平坝地带。龙潭河与溶溪河汇流后流入秀山石堤注入酉水河。水源好、土壤肥沃，适应耕种。全镇总耕地面积31240亩。其中：田21102亩，土10138亩。主产水稻、玉米、黄豆、红苕、洋芋等。经济作物有桐、棬、漆、竹、橙、柑、茶叶等，地下矿藏有磷矿和汞矿、硫铁矿等。交通方面，渝怀铁路和国道319线公路由镇驻地过境，交通十分方便。电信发达，信息畅通，农村电网改造后村村通电，农村广大人民群众生活用电得到解决。

文化教育卫生　龙潭设有酉一中完中1所，教职工280人，初中18个班级1216人；高中38个班级2658人。还设有龙潭中学、教职工82人，初中生19个班级1340人。还有渤海中学、中心校、完小、基点校和村小20所，私立中小学和幼儿园12所，教职工406人，其中代课教师84人。12个学前班1031人；小学165个班级7876人；初中18个班级691人。卫生：有龙潭中心卫生院1所，医务人员76人，中心业务用房3970平方米，病床35张。各村都建有卫生站。

第三节　麻旺镇

麻旺镇位于酉阳土家族苗族自治县东部，北纬28°53′，东经108°53′。驻地麻旺场，距县城42公里，海拔350米。东与后溪镇和秀山土家族苗族自治县交界，南与龙潭镇毗邻，西与涂市乡接壤、北与腴地乡、泔溪镇和酉酬镇相连。辖区面积263平方公里，辖长兴、清香、平桥、正南、米旺、戴家、沙堡、桂香、吉安、白桥、光明、亮垭、加强、青龙、龙坝15个行政村，133个村民小组，12405户，46816人。

历史沿革　麻旺镇以麻旺场命名，古为苗旺场，后谐音为现名。元、明为宣王洞属地，清初为大江里、小江里属地。清雍正十三年（1735年）“改土归流”后，麻旺为龙潭州同管辖。民国十七年（1928年）置麻旺乡，隶属二区（龙潭）。全乡辖11个保。1949年解放，1950年3月麻旺置八区，麻旺乡隶属八区。更保为村，辖11个村。1951年平坦、桃鱼置乡时，将清溪村划归平坦乡，马槽口村划归桃鱼乡。1955年冬平坦乡废，平坦、彭桥、窝坨、清溪4个村划归麻旺乡。1958年成立麻旺乡人民公社，村更名为管理区。1961年管理区更名为大队，又析置为麻旺，吉安两个人民公社。1963年冬，吉安人民公社并入麻旺人民公社。辖麻旺、清溪、平坦、彭桥、窝坨、桂香、下溪、袁家、高炉、堰田、吉安、郭家、范家、兴复、石家、长坡、香树17个大队。1983年11月11日，酉阳土家族苗族自治县成立，实行公社体制改革，行政区划名称变更，麻旺人民公社更名为麻旺乡，大队更名为村民委员会，生产队更名为村民小组。1994年，撤销麻旺区委、区公所并更名，麻旺乡隶属于中共麻旺区工作委员会。2001年，行政区划调整，撤区并乡建镇。新建麻旺镇，管辖原麻旺乡、亮垭乡、米旺乡的杨家、小沟、沙堡、戴家、岩潭、刘家、正南、米田8个村和银岭乡的上游村、司家村以及桃鱼乡的马槽口村所属行政区域，共辖38个村民委员会，305个村民小组。是年9月撤销中共麻旺区工作委员会，麻旺镇隶属酉阳土家族苗族自治县人民政府管理。2003年，村组建制调整，由原来的38个行政村，305个村民小组，新增划入后溪镇的董家、青龙、龙坝、茶盘、香木、加强6个村和涂市乡的坡坪村共7个村，48个组，1444户、5493人、辖区面积40.3平方公里、调整合并为长兴、清香、平桥、正南、米旺、戴家、沙堡、桂香、吉安、白桥、光明、亮垭、加强、青龙、龙坝15个行政村，133个村民小组。

自然资源与经济状况 麻旺镇属丘陵与平坝地带，土地肥沃。发源于泔溪镇的热水河与发源于涂市乡的冷水河在镇汇合入龙潭镇出秀山石堤注入酉水河。水资源丰富，水源灌溉条件好。气候温和，适宜耕种。总耕地面积39107亩，其中：田21643亩，土17464亩。主产水稻、玉米、红苕、洋芋。经济作物有油菜、花生、草烟、烤烟等。经济林木有桐、茶、漆、柑、橙、竹等。渤海至桂塘公路由镇驻地过境，交通方便，信息畅通，村村通电。

文化教育卫生 麻旺镇单设中学1所，教职工158人，初中34个班级2110人。中心校、完小、基点校和村小25所、私立中小学和幼儿园9所，教职工263人，其中代课教师44人。学前班15个611人；小学129个班级5894人，初中9个班级479人。卫生：有麻旺中心卫生院1所，医务人员54人，中心业务用房2347平方米，病床30张，各村都建有卫生站。

第四节　酉酬镇

酉酬镇位于酉阳土家族苗族自治县东部，北纬28°57′，东经109°8′。驻地溪口，距县城77公里，海拔320米。东与可大乡和湖南省龙山县交界，南与后溪镇和秀山土家族苗族自治县接壤，西与麻旺镇和泔溪镇相连，北与偏柏乡和大溪镇毗邻。辖区面积208平方公里，辖芭蕉、双禄、水田、溪口、巴坷、江西、古田、和平、沙子坝9个行政村、88个村民小组，6503户，25021人。

历史沿革 酉酬镇地名因酉溪境地历属酉阳州、在酉旁加州得名酉酬，又因王家河与酉水交汇处得名溪口。宋、元、明为酉酬洞，清顺治酉阳土司实行辖里制，为大江里属地。清光绪元年（1875年）酉阳直隶州实行路、乡、保甲制，酉酬为东路二乡。民国二十四年（1935年），酉酬为联保办事处。民国三十年（1941年）废联保，酉酬建镇辖19个保，隶属五区（酉酬）。解放后，1950年酉酬镇改为乡，保改为村。1951年酉酬乡析置为酉酬、油榨两个乡。1953年划出庙坪、江西、鼓坪、田弯4个村，增设大垭乡。1955年将油榨、大垭两乡废并入酉酬乡。核桃、黑岩划入偏柏乡，鼓坪划入沙田乡，水田坝、槽田、二岩划入水田乡，金线、白家划入大溪乡。1958年成立酉酬人民公社，村更名为管理区。1961年管理区更名为大队。1980年将生基更名为巴坷、王家更名为王家坝、长元更名为长元坝大队。1983年11月11日，酉阳土家族苗族自治县成立，实行公社体制改革，行政区划名称变更，酉酬人民公社更名为酉酬乡，大队更名为村民委员会，生产队更名为村民小组。1994年，撤销中共酉酬区委、区公所并更名，酉酬乡隶属于中共酉酬区工作委员会。2001年，行政区划调整撤区并乡建镇。新建酉酬镇，管辖原酉酬乡、田坝乡、沙田乡的田弯、鼓坪、八百、坪里、麦子、白龙、沙子7个村和新溪乡的高洞村所属行政区域，共辖28个村民委员会，243个村民小组。同年9月撤销中共酉酬区工作委员会，酉酬镇隶属于酉阳土家族苗族自治县人民政府管理。2003年，村组建制调整，由原来的28个行政村，243个村民小组调整合并为芭蕉、双禄、水田、溪口、巴坷、江西、古田、和平、沙子坝9个行政村，88个村民小组。

自然资源与经济状况 酉酬镇境地处酉水河东、西两岸，属深丘，溪流纵横，水源充沛，自然灌溉条件好，土质肥沃、气候温和。总耕地面积25199亩，其中：田9660亩，土15539亩。主产水稻、玉米、黄豆、红苕、洋芋等。经济作物有油菜、花生、草烟、烤烟等。经济林木有桐、茶、漆、棬、竹等。交通方便，酉水河通机动船，上至大溪，下至湖南里耶镇；渤桂路由镇境通过，交通十分方便。电信发展很快，信息畅通。村村通电，农村群众生活用电基本解决。

文化教育卫生 酉酬有县设第四中学1所，教职工126人，初中27个班级2023人；高中6个班级342人。酉酬镇有单设中学1所，私立中学1所，中心校、完小，基点校和村小20所共计22所，教职工168人，其中代课45人。学前班17个319人；小学77个班级3403人；初中6个班级140人。卫生：有酉酬中心卫生院1所，医务人员26人，中心业务用户3207平方米，病床20张，各村都有卫生站。

第五节 大溪镇

大溪镇位于酉阳土家族苗族自治县东北部，北纬29°5′，东经109°9′。驻地大溪口，距县城97公里，海拔321米，东与可大乡和湖南省湘西土家族苗族自治州龙山县的桂塘镇接壤，南与酉酬镇相连，西南与偏柏乡为邻，西北靠五福乡，东北抵湖北省鄂西土家族苗族自治州来凤县百福司镇交界。辖区面积127平方公里，辖长岭、金线、大溪、杉岭、茶店、石堤、二坪7个行政村、47个村民小组，4284户，16118人。

历史沿革 大溪镇因驻地大溪口命名。宋、元、明至清初时期为九溪十八洞之息宁洞属地。清末为东路三乡（五福）和东路四乡（可大）两乡境地。民国二十四年（1935年），置酉酬为第五区，大溪镇境地属五区所辖可大乡和五福乡属地至新中国成立。1951年置大溪乡，辖5个村，隶属酉酬区。1953年7月，从五区（酉酬）析出，置大溪为六区，大溪乡隶属六区。1955年冬，改序数区为地名区，六区并入酉酬区，大溪隶属酉酬区。1958年成立人民公社，村更名管理区。1961年管理区更名为大队。1962年，将酉酬区划分为酉酬、大溪两个区。大溪公社隶属大溪区。1980年将大溪公社更名为酉水公社。将梨子大队更名为梨树大队，将香树大队更名为香坝大队。辖大溪、香坝、长岭、梨树、金线、白家、龙头、大弯、茶店、杉岭10个大队。1983年11月11日酉阳土家族苗族自治县成立，实行公社体制改革，行政区划名称变更，将酉水人民公社更名为酉水乡。大队更名为村民委员会，生产队更名为村民小组。1994年，撤销中共大溪区委、区公所并更名。酉水乡隶属于中共大溪区工作委员会。2001年，行政区划调整，撤区并乡建镇。新建大溪镇，管辖原酉水乡和沙滩乡的石堤村、沙滩村以及老寨乡的二坪村、南坪村和五福乡的八斗村、土城村所属行政区域，共辖16个村民委员会，86个村民小组。是年9月撤销中共大溪区工作委员会，大溪镇直接隶属于酉阳土家族苗族自治县人民政府。2003年，村组建制调整，将五福乡笔架山村9个组、342户，1342人，10平方公里划入大溪镇与所辖16个行政村，86个村民小组一起调整合并为长岭、金线、大溪、杉岭、茶店、石堤、二坪7个行政村，47个村民小组。

自然资源与经济状况 大溪镇境地属深丘地带。北高南低，沟谷交错，酉水河由镇驻地流过，财神河流至大溪口注入酉水。气候温和，土质肥沃，适宜耕种。全镇总耕地面积16891亩，其中：田6178.3亩，土10712.7亩。主产玉米、水稻、黄豆、红苕、洋芋等。经济作物主产油菜、花生、晒烟、烤烟等；经济林木有油桐、生漆、油茶、茶叶、棬子、竹子等。酉水河可行驶机动船，渤海至龙山之桂塘公路由镇驻地过境，交通方便。村村通电，人民生活用电基本满足。

文化教育卫生 大溪镇单设中学1所，教师86人，初中21个班级1472人。中心校、基点校和村小9所，私立小学和幼儿园2所，教职工71人，其中代课教师19人。学前班5个259人；小学49个班级2245人。卫生：有中心卫生院1所，医务人员33人，中心业务用户2785平方米，病床25张，村村建有卫生站。

第六节　兴隆镇

兴隆镇位于酉阳土家族苗族自治县东北部，北纬29°2′，东经109°2′。驻地兴隆坪，距县城72公里，海拔680米。东北与湖北省鄂西土家族苗族自治州来凤县交界，南与车田乡和泔溪镇相连，西北与木叶乡毗邻。辖区面积182平方公里，辖朝天门、土坪、狮象、营盘、积谷坝、龙潭6个村，59个村民小组，4955户，17243人。

历史沿革　兴隆镇因兴隆坪而得名。明为巴息洞属地，清初为上际里属地，清光绪元年（1875年）为北路三乡属地。民国二十四年（1935年）兴隆为联办事处，隶属三区（濯水）。民国二十九年（1940年）废联保制为乡制，为兴隆乡。民国三十年（1941年）隶属五区（酉酬）。民国三十三年（1944年）兴隆隶属两河（三区）。解放后复归五区（酉酬）。1953年9月兴隆乡隶属七区（兴隆）。并析置为兴隆、八穴、大塘3个乡。1955年冬，八穴、大塘两乡废并入兴隆乡。1958年成立兴隆人民公社，村更名为管理区。1961年管理区更名为大队。辖民主、新民、狮象、鸦闹、八穴、小溪、沙坝、和平、大坝、积谷10个大队。1980年将沙坝更名为钟堡、和平更名为营盘、大坝更名为三沟大队。1983年11月11日，酉阳土家族苗族自治县成立，实行公社体制改革，行政区划名称变更，兴隆人民公社更名为兴隆乡，大队更名为村民委员会，生产队更名为村民小组。1994年撤销兴隆区委、区公所并更名，兴隆乡隶属于中共兴隆区工作委员会，2001年，行政区划调整，撤区并乡建镇。新建兴隆镇，管辖原兴隆乡和土坪乡的松木、红石、富石、竹坪、棕树、土坪6个村所属行政区域，共辖16个村民委员会，134个村民小组。是年9月撤销中共兴隆区工作委员会。兴隆镇隶属于酉阳土家族苗族自治县人民政府管理。2003年，村组建制调整，由原来的16个行政村、134个村民小组调整合并为朝天门、土坪、狮象、营盘、积谷坝、龙潭6个行政村，59个村民小组。

自然资源与经济状况　兴隆镇属深丘地带。气候温和，土质比较肥沃，适宜耕种。全镇总耕地面积20011亩，其中：田6401亩，土13610亩。主产玉米、水稻、黄豆、红苕、洋芋等。经济作物有油菜、花生、晒烟、烤烟等；经济林木有油桐、油茶、生漆、茶叶、竹等。酉阳至湖北省来凤县省级公路由镇驻地过境，交通方便，信息畅通。农村电网改造后村村通电，农村广大人民群众生活用电基本得到解决。

文化教育卫生　兴隆镇有单设中学1所，教职工76人，初中17个班级1117人。中心校、完小、基点校和村小共16所，教职工111人，其中代课教师15人。学前班11个304人；小学51个班级1884人。卫生：现有中心卫生院1所，医务人员17人，中心业务用房1880平方米，病床20张，各村都建有卫生站。

第七节　黑水镇

黑水镇位于酉阳土家族苗族自治县北部，北纬29°3′，东经108°47′。驻地黑水坝，距县城35公里，海拔900米。东与毛坝乡和涂市乡接壤，南与钟多镇相连，西与花田乡和双泉乡接界，北抵黔江区两河镇边界。辖区面积215平方公里，辖黑水、旧堰、大涵、宝剑、苏家、平地坝、大泉、马鹿8个行政村，85个村民小组，6139户，20307人。

历史沿革 黑水镇因黑水坝命名。“黑水”非汉语是土家语。“漏”土家语称为“黑”。因坝上有“漏水坑”而得名“黑水坝”。宋、元、明为上际洞属地，清顺治三年（1646年）酉阳土司实行辖里制，为上际里属地。清光绪元年（1875年）酉阳直隶州实行路、乡、保甲制，黑水为北路一乡属地，1949年10月前属堰水乡的6个保地。1950年置黑水乡，保更名为村，隶属黑水（九区）。1952年将黑水乡的新建村划入毛坝乡，张家坝村划入马鹿乡。1953年黑水乡分为黑水、小井、苏家、二龙4个乡。1958年将小井、苏家、二龙3个乡废并入黑水人民公社，村更名为管理区。1961年冬将管理区更名为大队，辖黑水、小井、大泉、苏家、二龙、大兴、小溪、新寨、薛家9个大队。1980年将新寨更名为平地坝、小溪更名为双溪、小井更名为水旁岩等大队。1983年11月11日，酉阳土家族苗族自治县成立，实行公社体制改革，行政区划名称变更，将黑水人民公社更名为黑水乡，大队更名为村民委员会，生产队更名为村民小组。1994年撤销黑水区委、区公所并更名，黑水乡隶属于中共黑水区工作委员会。2001年，行政区划调整，撤区并乡建镇。新建黑水镇，管理原黑水乡、大涵乡和马鹿乡的马鹿、鹿井、欧家、楠木、高坎子5个所属行政区域，共辖22个村民委员会，203个村民小组。是年9月撤销中共黑水区工作委员会，黑水镇隶属于酉阳土家族苗族自治县人民政府。2003年，村组建制调整，由原来的22个行政村，203个村民小组调整合并为黑水、旧堰、大涵、宝剑、苏家、平地坝、大泉、马鹿8个行政村，85个村民小组。

自然资源与经济状况 黑水镇境地属山地和深丘，高山重叠、溪沟纵横，灌溉条件较好，土质肥沃、气候温和，适宜耕种。全镇总耕地面积27501亩，其中：田7003亩，土20498亩。主产玉米、水稻、黄豆、红苕、洋芋等。经济作物有油菜、花生、晒烟、烤烟等；经济林木有油桐、棬子、生漆、茶叶等。矿藏有硫铁矿等。国道319线由镇驻地过境，来往车辆繁多，电信门类齐全，信息畅通。农村电网改造后村村通电，农村群众生活用电得到解决。

文化教育卫生 黑水镇有单设中学1所，教职工88人，初中19个班级1249人。中心校、完小、基点校和村小11所，教职工117人，其中代课教师15人。学前班6个247人；小学54个班级2227人。卫生：有中心卫生院1所，医务人员33人，中心业务用房1716平方米，病床20张，各村都有卫生站。

第八节 龚滩镇

龚滩镇位于酉阳土家族苗族自治县西部，北纬28°54′，东经108°54′。驻地龚滩，距县城79公里，海拔283米。东南与两罾乡毗邻，西南与贵州沿河土家族自治县以乌江中心为界，西北与彭水苗族土家族自治县接壤，东北与庙溪乡相连。辖区面积133平方公里，辖罾潭、小银、红花、马鞍城、杨柳、大理、艾坝7个行政村和新华社区居民委员会，57个村（居）民小组，5444户，19586人。

历史沿革 龚滩镇因龚滩命名。明万历元年（1573年），凤凰山嘴岩崩，滚岩填塞乌江成滩，有龚姓住此，故名龚滩。南宋绍熙三年（1192年）罾潭设巡检司。清乾隆元年（1736年），酉阳直隶州设龚滩巡检司。清光绪元年（1875年）酉阳直隶州实行路、乡、保、甲制，龚滩为西路三乡。民国二年（1913年）龚滩设县佐。民国二十四年（1935年）置镇，隶属四区（龚滩）。1950年更保为村，隶属未变。1952年，银滩、鞍城划归罾潭乡，红花、金砖、鹅儿划归两罾乡。龚滩镇更名为龚滩乡，下设4个村。1954年银滩、鞍城、红花、金砖、鹅儿等村划回龚滩乡。1958年成立龚滩人民公社，村更名为管理区。1961年管理区更名为大队。辖新华、小银、银滩、鞍城、红花、金砖、鹅儿7个大队和3个居民委员会。1980

年，将3个居民委员会分别以解放、胜利、新华等街道命名。并改新华大队为木楠桥大队。1983年11月11日，酉阳土家族苗族自治县成立，实行公社体制改革，行政区划名称变更，龚滩公社更名为龚滩镇。大队变更名为村民委员会，生产队更名为村民小组。1994年，撤销龚滩区委、区公所并更名，龚滩镇隶属于中共龚滩区工作委员会。2001年，行政区划调整，撤区并乡建镇。重新组建龚滩镇，管辖原龚滩镇、沿岩乡和罾潭乡的中庄村、纸家村、天池村、山羊井村所属行政区域，共辖22个村民委员会，3个街道居民委员会，185个村（居）民小组。是年9月撤销中共龚滩区工作委员会，龚滩隶属于酉阳土家族苗族自治县人民政府。2003年，村组建制调整，由原来的25个村（居）民委员会，185个村（居）民小组调整合并为罾潭、小银、红花、马鞍城、杨柳、大理、艾坝7个行政村和新华社区居民委员会，57个村（居）民小组。

自然资源与经济状况　龚滩镇境地属高山深丘地带。最低点是艾坝村董家寨海拔263米，最高处是杨柳村贾盖山海拔1502米。东面阿蓬江与西面乌江在龚滩汇合至涪陵注入长江。凤凰山上铁围城因形如马鞍，又名马鞍城。南宋绍兴时金头和尚起义为根据地。四周绝壁，东南绝壁下有阿蓬江，西南绝壁下有乌江，地势险要，设青羊雄关一道、其余几道岩口可攀，故名铁围城。土质条件较好，适宜耕种。总耕地面积23963亩，其中：田5502亩，土18461亩。主产玉米、水稻、黄豆、红苕、洋芋等。经济作物有油菜、花生、芝麻、葵花、晒烟、烤烟等；经济林木有油桐、棬子、茶叶、竹子等。龚滩古镇历史悠久，被重庆市列为十大历史文化名镇之首，与乌江画廊为旅游开发之精品。水路乌江历来为黄金水道，上至贵州沿河，下至涪陵。陆路，有酉阳至龚滩、龚滩至彭水的二级公路，交通方便，信息畅通。农村电网改造后实现了村村通电，广大人民群众生活用电得到解决。

文化教育卫生　龚滩镇有单设中学1所，教职工80人，初中18个班级898人；高中4个班级225人。中心校、完小和村小14所和1所私立幼儿园，教职工96人，其中代课30人。学前班13个359人；小学55个班级2240人。卫生：有中心卫生院1所，医务人员38人，中心业务用房2827平方米，病床30张。各村都有卫生站，群众看病就医非常方便。

第九节　苍岭镇

苍岭镇位于酉阳土家族苗族自治县西部，北纬29°00′，东经108°35′。驻地谢家坝，距县城85公里，海拔780米。东与双泉乡毗邻，南与宜居乡和天馆乡相连，西与庙溪乡接壤，北抵浪坪乡和黔江区两河镇边界。辖区面积138平方公里，辖苍岭、太河、苍坝、秋河、岭口、小店、大河口、南溪8个行政村、60个村民小组，4061户，15125人。

历史沿革　苍岭镇因地靠菖蒲盖，山苍岭峻，故名苍岭。宋、元、明为容平洞属地，清顺治三年（1646年），酉阳土司实行辖里制，为容平里属地。清光绪元年（1875年）酉阳直隶州实行路、乡、保、甲制，为西路二乡属地。民国三十年（1941年）为河东乡属地，隶属（两河）二区。解放后，1950年更保为村，河东乡先后析为苍岭、箐口、大井、菖莆、岭口、大干、苍坝7个乡，隶属十一区（苍岭）。1955年，苍坝乡废并入苍岭乡，隶属苍岭区。1958年成立苍岭人民公社。村改为管理区。1961年管理区改为大队。1964年南溪公社废，所属民主大队划归苍岭公社。辖群众、大塘、正槽、平安、太和、新生、白沙、胜利、民主9个大队。1980年将大塘改为苍水、白沙改为佘岩、胜利改为苍坝、民主改为石泉等大队。1983年，实行公社体制改革，行政区划名称变更，苍岭公社更名为苍岭乡，大队更名为村民委员会，生产队更名为村民小组。1993年7月1日成立大河口乡，将苍岭乡的石泉村划归大河口乡管理。1994年，撤销苍岭区委、区公所并更名，苍岭乡隶属中共苍岭区工作委员会。2001年，行政区划调整，撤区并乡建镇。新建苍岭镇、管辖原苍岭乡和岭口乡的石盆、秋河、咸井、岭口、小店、新化、大干7个村和大河口乡的石泉、玉霞、长岭、南溪4个村所属行政区域，共辖20个行政村、142个村民小组。是年9月撤销中共苍岭区工作委员会。苍岭镇隶属酉阳土家族苗族自治县人民政府管理。2003年，村组建制调整，由原来的20个行政村、142个村民小组，调整合并为苍岭、太河、苍坝、秋河、岭口、小店、大河口、南溪8个行政村、60个村民小组。

自然资源与经济状况　苍岭镇境地东高西低，坡陡沟深，属高山深丘地带。最高山大盖坪，海拔1500米。水源奇缺，土质瘦薄。总耕地面积18754亩。其中：田6200亩，土12554亩。主产玉米、水稻、黄豆、红苕、洋芋等。经济作物有油菜、葵花、花生等。经济林木有桐、棬、茶叶等、地下矿藏有硫铁矿、汞矿和萤石矿等。交通方便，有酉龚路支路由天馆通苍岭。信息畅通。农村电网改造后实现了村村通电。

文化教育卫生　苍岭镇有单设中学1所教师60人，初中14个班级778人。中心校、完小、基点校和村小12所，教职工99人，其中代课教师16人。学前班7个259人；小学46个班级2019人；初中1个班28人。卫生有中心卫生院1所，医务人员32人，中心业务用房3804平方米，病床20张，各村都建有卫生站。

第十节　丁市镇

丁市镇位于酉阳土家族苗族自治县西部，北纬26°46′，东经108°32′。驻地丁家弯，距县城43公里，海拔566米。东与铜鼓乡和小河镇毗邻，南与万木乡接壤，西与后坪乡和天馆乡相连，北抵宜居乡。辖区面积166平方公里，辖丁市、厂坝、郑家、三溪口、大龙、金山、中坝、沙溪、汇家、石门10个行政村，81个村民小组，6283户，22931人。

历史沿革　原有丁姓住此因名丁家弯，清道光年间兴集市，故命名丁市。宋、元、明为治西洞属地，清顺治三年（1646年）酉阳土司实行辖里制，为治西里属地。光绪元年（1875年）酉阳直隶州实行路、乡、甲制，丁市为西路一乡。民国初置为丁市镇。民国三十一年（1942年）更名为丁市乡，隶属四区（龚滩）。1951年丁市乡属十四区（丁市），改保为村。将细沙、陈家盖、周家寨、毛家岩、车耳坪5个村划出成立中坝乡。1953年丁市乡分为丁市、洞溪两个乡。1956年洞溪乡废并入丁市乡。1958年成立丁市人民公社，村更名为管理区。1961年管理区更名为大队。辖红旗、红专、桥岩、跃进、协场、岩银、荆竹、木兰、上坝、下坝、新建11个大队。1980年，将红专改为丁市，新建改为金桥，跃进改为汇家，红旗改为厂坝，荆竹改为金山等大队。1983年11月11日，酉阳土家族苗族自治县成立，实行公社体制改革，行政区划名称变更，丁市人民公社更名为丁市乡，大队更名为村民委员会，生产队更名为村民小组。1994年，撤销丁市区委、区公所并更名，丁市乡隶属于中共丁市区工作委员会，2001年，行政区划调整，撤区并乡建镇，新建丁市镇，管辖原丁市乡和中坝乡的中园、周家、龙门、细沙、童溪5个村，董河乡的银房村，铺子乡的茶溪、大龙、后河3个村和后兴乡的小弯村以及小岗乡的大华、马鞍、溪口、郑家、杨家5个村所属行政区域，共辖26个村民委员会，163个村民小组。是年9月撤销中共丁市区工作委员会。丁市镇隶属于酉阳土家族苗族自治县人民政府。2003年，村组建制调整，由原来的26个行政村、163个村民小组，新增划入天馆乡的小界村8个组、288户、954人、辖区面积11平方公里，小河镇的石门、四方2个村、14个组、469户、1685人、辖区面积11平方公里以及后坪乡的老熊村7个组、196户、683人、辖区面积11平方公里调整合并为丁市、厂坝、郑家、三溪口、大龙、金山、中坝、沙溪、汇家、石门10个行政村，81个村民小组。

自然资源与经济状况 丁市镇境地属深丘地带，土质较瘦薄，水源条件差。总耕地面积21266亩，其中：田6863亩，土14403亩。主产玉米、水稻、黄豆、红苕、洋芋等。经济作物有油菜、草烟、烤烟、花生等。经济林木有桐、棬、生漆、茶叶等。酉阳至龚滩二级公路由镇驻地过境，来往车辆繁多，交通方便，信息畅通。农村电网改造后实现了村村通电。

文化教育卫生 丁市镇有县设第三中学校，教职工156人。初中24个班级1792人；高中10个班级543人。中心校、完小、基点校和村小14所，私立中小学8所。教职工149人，其中代课教师24人。学前班15个483人。小学73个班级3421人；初中2个班级45人。卫生：有丁市中心卫生院1所，医务人员45人，中心业务用房面积3133平方米，病床30张，各村建有卫生站。

第十一节 李溪镇

李溪镇位于酉阳土家族苗族自治县南部，北纬28°31′，东经108°36′。驻地杨家坝，距县城75公里，海拔560米。东与楠木乡和秀山土家族苗族自治县接壤，南与南腰界乡和贵州省松桃苗族自治县连界，西抵贵州省沿河土家族自治县边境，北与官清乡相连。辖区面积226平方公里，辖长沙、寨坝、天台、让坪、思泉、鹅池、大池、张家城、官坝9个行政村，108个村民小组，8900户，30385人。

历史沿革 李溪镇因原驻李子溪而得名，后迁驻杨家坝。宋、元、明为感坪里属地。清光绪元年（1875年），酉阳直隶州实行乡、保、甲制，为南路二乡属地。民国时期为让坪、先坝两乡境地。1951年先坝、让坪析置为李溪、让坪、蚂蝗、天台4乡。1953年划为李溪、栋青两个乡。隶属十二区（李子溪），1955年序数区改为地名区名李溪区。废栋青、让坪两乡并入李溪乡。1958年成立李溪人民公社，村更名为管理区。1961年管理区更名为大队，辖鹅池、大池、官田、栋青、楠木、让坪、麝香7个大队。1980年改官田为尚田大队、楠木为矿山大队。1983年11月11日，酉阳土家族苗族自治县成立，实行公社体制改革，行政区划名称变更，李溪公社更名为李溪乡，大队更名为村民委员会，生产队更名为村民小组。将尚田更名为官田。1994年，撤销李溪区委、区公所并更名，李溪乡隶属中共李溪区工作委员会。2001年，行政区划调整，撤区并乡建镇，新建李溪镇，管辖原李溪乡、天山乡和蚂蟥乡所属行政区域，共辖21个村民委员会，228个村民小组。是年9月撤销中共李溪区工作委员会，李溪镇隶属于酉阳土家族苗族自治县人民政府。2003年，村组建制调整，由原来的21个行政村，228个村民小组调整合并为长沙、寨坝、天台、让坪、思泉、鹅池、大池、张家城、官坝9个行政村，108个村民小组。

自然资源与经济状况 李溪镇境地，属深丘地带。水源条件较好，土质肥沃，气候温和，适宜耕种。全镇总耕地面积28670亩，其中：田15434亩，土13236亩。主产水稻、玉米、黄豆、红苕、洋芋等。经济作物有油菜、花生、芝麻、草烟、烤烟等。经济林木有桐、棬、油茶等。药材有天麻、白术、银花，黄连等。交通方便，李溪至酉阳通二级公路，国道326线由镇驻地过境，来往车辆繁多，交通方便，信息畅通，农村电网改造后实现了村村通电。

文化教育卫生 李溪镇有单设中学1所，教职工285人，初中21个班级1431人。中心校、完小、基点校和村小19所，私立中小学7所，教职工229人，其中代课教师62人。学前班14个550人；小学112个班3932人；初中6个班级406人。卫生：中心卫生院1所，医务人员33人，中心业务用房2778平方米，病床30张，各村建有卫生站。

第十二节 后溪镇

后溪镇位于酉阳土家族苗族自治县东部，北纬28°50′，东经109°7′。驻地后溪，距县城89公里，海拔280米。东与酉酬镇的古田村和沙子坝村接壤，南与秀山土家族苗族自治县石堤乡接界，西靠麻旺镇，北与酉酬镇相连。辖区面积124平方公里，辖后溪、洞口、大地、大江、长远、长潭、老柏7个行政村，63个村民小组，4455户，17056人。

历史沿革 后溪乡以后溪命名。清雍正十三年（1735年）“改土归流”后，打破“蛮不出境，汉不入洞”的禁令，大量外地人来此经商，于乾隆年间兴建集市。因背靠酉水（原名酉溪），故名后溪场。宋、元为酉酬洞属地，明为长官司属地。清顺治三年（1646年）酉阳土司实行辖里制，为大江里属地。清光绪元年（1875）酉阳直隶州实行路乡、保、甲制，为东路五乡。民国十三年（1924年）改路、乡制，置后溪乡。民国二十四年（1935年），酉酬设五区、后溪乡隶属五区。辖10个保。民国三十年（1941年）五区迁驻后溪场。民国三十二年（1943年）五区又迁回酉酬。1949年酉阳解放。沿袭旧制。1952年后溪乡析为后溪、沙田两乡。白龙、老柏等地划归沙田乡。酉酬乡的磨家坝、彭家山、渡江等地划入后溪乡。并将龙洞坝、水田坝等地，增设为渡江村。1953年春后溪乡又析为后溪、蔡家、长元、白果4个乡。1956年废蔡家、长元、白果乡并入后溪乡。辖14个村。隶属酉酬区。1958年成立后溪乡。辖14个村。隶属酉酬区。1958年成立后溪人民公社，村更名为管理区。1961年又析置为后溪、长元、大江3个公社。管理区更名为大队。1963年长元、大江两个公社废，又并入后溪公社。辖同心、皂角、石板、干田、大水、龙洞、生基、小江、渡江、官田、长元、长潭、多碧、大庄、大江、白果16个大队。1980年将同心更名为后溪、皂角更名为皂角树、龙洞更名为龙洞坝、生基更名为新地、石板更名为石板坨、干田更名为田堡、大水更名为岩院坝等大队。1983年11月11日，酉阳土家族苗族自治县成立，实行公社体制改革，行政区划名称变更，后溪公社更名为后溪乡，大队更名为村民委员会，生产队更名为村民小组。1994年撤销酉酬区委、区公所并更名，后溪乡隶属于中共酉酬区工作委员会。2001年、行政区划调整，撤区并乡建镇，新建后溪镇，管辖原后溪乡、白竹乡和沙田乡的老柏村以及米旺乡的洞口村所属行政区域，共辖25个村民委员会，120个村民小组。是年9月撤销中共酉酬区工作委员会。后溪镇隶属于酉阳土家族苗族自治县人民政府。2003年，村组建制调整，由原来的25个行政村、120个村民小组，划出董家、青龙、龙坝、茶盘、香木、加强、盖坪7个村，45个组、1328户、5094人、辖区面积36平方公里归麻旺镇、盖坪村归龙潭镇管理后，调整合并为后溪、洞口、大地、大江、长远、长潭、老柏7个行政村，63个村民小组。

自然资源与经济状况 后溪镇境地属深丘地带。酉水河从北向南由镇境内流过，经秀山入湖南注入沅江入洞庭湖。境内溪流较多，水源灌溉较好，土质肥沃、气候温和。全镇总耕地面积18607亩，其中：田6136亩，土12471亩。主产水稻、玉米、黄豆、红苕、洋芋等。经济作物有油菜、花生、晒烟、烤烟等。经济林木有油桐、油茶、漆、棬、竹等。交通有公路通县城，水路酉水河可行驶机动船上至酉酬、下通湖南龙山县里耶。农村电网改造后，村村通电，通信发展较快，移动、联通、有线电话齐全，信息畅通。

文化教育卫生 后溪镇有镇中、中心校基点校和村小13所，私立小学3所，教职工65人，其中代课教师31人。学前班9个149人；小学73个班级2202人；初中3个班级223人。有镇卫生院1所，医务人员9人，普通业务用房299平方米，病床8张，各村都建有卫生站。

第十三节　泔溪镇

泔溪镇位于酉阳土家族苗族自治县东部，北纬28°58′，东经108°57′。驻地泔溪场，距县城63公里，海拔370米。东与车田乡、偏柏乡、酉酬镇接壤，南与麻旺镇毗邻，西至腴地、毛坝边境，北抵木叶乡、兴隆镇交界。辖区面积153平方公里，辖泔溪、太平、石洞、泉孔、大板、泡木6个行政村，56个村民小组，4876户，19296人。

历史沿革 泔溪镇以泔溪场命名。民国时期名为泔坪乡，隶属五区（酉酬），辖13个保。1949年11月解放。1950年泔坪划为泔溪、平旦、石洞、夹州、泉孔5个乡，并更保为村。泔溪乡辖7个村，隶属八区（麻旺）。1955年石洞乡废并入泔溪乡。1958年成立泔溪人民公社，村更名为管理区。1961年管理区更名为大队，辖泔溪、官地、天京、石洞、狮栗、太吉、高堰、成美、龙洞9个大队。1983年11月11日，酉阳土家族苗族自治县成立，实行公社体制改革，行政区划名称变更，泔溪人民公社更名为泔溪乡。大队更名为村民委员会，生产队更名为村民小组。1994年撤销麻旺区委、区公所并更名，泔溪乡隶属中共麻旺区工作委员会。2001年，行政区划调整，撤区并乡建镇，新建泔溪镇，管辖原泔溪乡、泉孔乡和泡木乡的桃坪、泡木、大竹、八洞4个村所属行政区域，共辖18个村民委员会，157个村民小组。是年9月撤销中共麻旺区工作委员会，泔溪镇直接隶属于酉阳土家族苗族自治县人民政府。2003年，村组建制调整，由原来的18个行政村，157个村民小组调整合并为泔溪、太平、石洞、泉孔、大板、泡木6个行政村，56个村民小组。

自然资源与经济状况 泔溪镇境地属深丘和平坝地带，北部以西为毛坝盖，东为天龙山两大山脉之间。发源境内的热水河至麻旺与冷水河汇流后出龙潭境至秀山石堤注入酉水河。溪流纵横、水源充沛、灌溉条件好。南部为龙麻大坝北端，土壤肥沃。气候温和，适宜耕种。全镇总耕地面积16931亩，其中：田8588亩，土8343亩。主产玉米、水稻、黄豆、红苕、洋芋等。经济作物有油菜、花生、芝麻、草烟、烤烟等。经济林木有油桐、油茶、棬、茶叶、生漆等。交通有渤海至桂塘公路由镇驻地过境，交通方便，信息畅通，农村电网改造后实现了村村通电。

文化教育卫生 泔溪镇有中心校、完小、基点校和村小7所，私立中小学和幼儿园4所，教职工98人，其中代课教师12人。学前班7个326人；小学50个班级2072人；初中4个班级194人。有镇卫生院1所，医务人员7人，普通业务用房490平方米，病床8张，各村都建有卫生站。

第十四节　小河镇

小河镇位于酉阳土家族苗族自治县西南部，北纬28°39′，东经108°38′，驻地小河场，距县城38公里，海拔316米。东与板桥乡接壤，南与官清乡和贵州省沿河土家族自治县交界，西与丁市镇相连，北与铜鼓乡毗邻。辖区面积95平方公里，辖小河、茶园、小岗、桃坡4个行政村，43个村民小组、4200户、14825人。

历史沿革　小河镇因驻地位于乌江的一支流小河得名。宋、元、明为感坪洞属地，清顺治三年（1646年），酉阳土司实行辖里制，为感坪里属地。清光绪元年（1875年）酉阳直隶州实行路、乡、保、甲制，小河属西路4乡。民国初年废路、乡制，小河置团保。民国二十四年（1935年），团保更为联保。民国三十年（1941年）小河、铺子两乡合并置河铺乡，隶属第二指导区（小河）。1950年更名为村，先坝乡的石灰村划归河铺乡。1951年土改，河铺乡析为小河、铺子两乡。小河乡隶属十六区（小河）。1952年将双桥乡的官二村划归小河乡。1953年，小河乡又析为小河、洞子、石灰3个乡。1954年洞子、石灰两乡废并入小河乡。1958年成立小河人民公社，村更名为管理区，1961年管理区更名为大队。辖小田、两汇、赤土、官二、石灰、五堆、长远、洞子、大水9个大队。1980年将长远改为思渠大队。小河区在地区重名，以区驻地位于小河与甘龙河交汇处，更名为双河区。小河公社隶属于双河区。1983年11月11日，酉阳土家族苗族自治县成立，实行公社体制改革，行政区划名称变更，小河人民公社更名为小河乡，大队、生产队分别更名为村民委员会和村名小组。1994年撤销双河区委、区公所，并更名，小河乡隶属中共双河区工作委员会。2001年行政区划调整，撤区并乡建镇。新建小河镇，管辖原小河乡、小岗乡的小岗、兴隆、白果园、石门、四方5个村和铜西乡的桃坡、黎家2个村所属行政区域，共辖16个村民委员会。128个村民小组。是年9月撤销中共双区工作委员会，小河镇隶属于酉阳土家族苗族自治县人民政府。2003年，村组建制调整，由原来的16个行政村、128个村民小组，划出石门、四方两个村，14个组、191户、654人、辖区面积11平方公里归丁市镇管辖后，调整合并为小河、茶园、小岗、桃坡4个行政村、43个村民小组。

自然资源与经济状况　镇境地，东高西低，属深丘地带。最高的唐家盖海拔800米。甘龙河与小河在镇境汇流后出五堆至沿河土家族自治县境注入乌江。气候差异较大，土质较瘦薄。全镇总耕地面积11886亩，其中：田5822亩，土6064亩。主产玉米、水稻、黄豆、红苕、洋芋等。经济作物有油菜、花生、芝麻、草烟、烤烟等。经济林木有桐、桊、油茶、茶叶、生漆等。交通方便、小河至酉阳通公路，通客货车，物资运输较为方便，信息畅通，农村电网改造后实现了村村通电。

文化教育卫生　小河镇单设中学1所，教职工81人，初中18个班级1350人。中心校、完小、基点校和村小11所，私立中学、小学和幼儿园6所。教职工62人，其中代课教师4人。学前班7个247人；小学50个班级2091人；初中5个班级264人。有镇中心卫生院1所，医务人员61人，中心业务用房2325平方米，病床20张，各村建有卫生站。

第十五节　江丰乡

江丰乡位于酉阳土家族苗族自治县南部，北纬28°36′，东经108°55′。驻地江口场，距县城75公里，海拔330米。东、南与秀山土家族苗族自治县接壤，西与楠木乡和板溪乡相连，北与龙潭镇毗邻。辖区面积110平方公里，辖江丰、丹泉、柳家、桐岭、深溪、潮水6个行政村，3773户，14252人。

历史沿革　江丰乡以江口物产丰富而命名。江丰乡宋、元、明至清初为溶坪洞属地，清顺治三年（1646年），酉阳土司实行辖里制，江丰为小江里属地。清乾隆元年（1736年）分出小江里等7里半入秀山置县。清光绪元年（1875年）酉阳直隶州实行路、乡、保、甲制，为南一乡属地。民国二十四年（1935年）为苦竹乡属地。隶属二区（龙潭）。1952年8月25日，经上级批准通知，将秀山溪口乡三村（江口街、田家寨、筲箕弯）等地划归酉阳县管辖。同时，苦竹乡析置为江口、深溪、苦竹、青华、茶园5个乡。隶属十九区（井岗）。1955年江口乡、深溪乡废并入苦竹乡。二区更名为龙潭区，苦竹乡隶属龙潭区。1958年成立苦竹人民公社，村改为管理区，为苦竹人民公社属地。1961年管理区改为大队。辖深溪、和平、川主、五育、双江、席家、岩口、鲤鱼、高洞、兴隆、潮水、同心、江丰、金竹14个大队。1980年，将和平改为文家，高洞改为龙沟，兴隆改为栗弯，金竹改为金新大队。1983年11月11日，酉阳土家族苗族自治县成立，实行公社体制改革，行政区划名称变更，苦竹公社更名为苦竹乡，大队更名村民委员会，生产队更名村民小组。将栗弯村更名为细花村。为苦竹乡属地。1994年苦竹乡隶属中共龙潭区工作委员会。2001年，行政区划调整，撤区并乡建镇，新建江丰乡、管辖原苦竹乡的鲤鱼、岩口、细花、龙沟、同心、金新、潮水、深溪、江丰9个村和井岗乡所属行政区域，共辖19个村民委员会，142个村民小组。9月撤销中共龙潭区工作委员会，江丰乡直接隶属酉阳土家族苗族自治县人民政府。2003年，村组建制调整，划出深溪1、2、11、12组及岩口村1组共5个组、172户、699人，辖区面积6平方公里归龙潭镇管辖后，调整合并为江丰、丹泉、柳家、桐岭、深溪、潮水6个行政村，43个村民小组。

自然资源与经济状况　江丰乡境地属深丘和平坝。东西两面是山，从南至北是狭长坝子。井岗河与溶溪河在溪口汇流后由南向北至双江口与龙潭河交汇至秀山石堤注入酉水。气候温和，土质肥沃，溪流多，自然灌溉较好适宜耕种。全乡总耕地面积14002亩，其中：田8031亩，土5971亩。主产玉米、水稻、黄豆、红苕、洋芋等。经济作物有油菜、海椒、烟草等。经济林木有油桐、油茶、茶叶等。矿藏有汞、磷矿较多。有支线公路连接国道319线，交通方便。村村通电。

文化教育卫生　江丰乡有乡中、中心校、完小计10所，私立中小学3所，教职工125人，其中代课43人。学前班10个119人；小学53个班级2440人；初中11个班级529人。有乡卫生院1所，医务人员14人，普通业务用房450平方米，8张病床，村村有卫生站。

第十六节　铜鼓乡

铜鼓乡位于酉阳土家族苗族自治县西部，北纬28°46′，东经108°40′。驻地铜鼓潭，距县城15公里，海拔550米。东与钟多镇毗邻，东南与板溪乡接壤，南与板桥乡交界，西南与小河镇相连，西靠丁市镇和宜居乡，北抵花田乡。辖区面积166平方公里，辖铜鼓、幸福、清和、官塘、兴隆、红井、李阳、铜西、清泉、车坝10个行政村、94个村民小组，7861户、27983人。

历史沿革 铜鼓乡因铜鼓潭命名。南宋庆元二年（1196年），酉阳州治所由李溪镇官坝村迁往官塘衙院（今铜鼓乡境）。民国时期为铜鼓乡，设14个保。1950年4月成立铜鼓乡人民政府，保改为村。铜鼓乡析置为铜鼓、铜西、红井3个乡。铜鼓乡隶属第一区（钟多）。1953年铜鼓潭为十五区驻地，铜鼓乡隶属十五区（铜鼓）。1955年清和乡废并入铜鼓乡，辖两沿、铜鼓、海洋、景阳、幸福、清和、光塘7个村。1958年成立铜鼓人民公社，村更名为管理区。1961年管理区更名为大队，同时将钟南公社的木巧大队划入铜鼓公社、并从官塘大队划出部分境地，增设水坝大队，此时共辖9个大队。1983年11月11日，酉阳土家族苗族自治县成立，实行公社体制改革，行政区划名称变更，铜鼓人民公社更名为铜鼓乡，大队更名为村民委员会，生产队更名为村民小组。2001年，行政区划调整，撤区并乡建镇，重新组建铜鼓乡，管辖原铜鼓乡、铜西乡的方园、沙坝、哨尉、燕岩、青树、石梁、冷水、车坝8个村和板溪乡的官路村以及红井的新场、花滩、付司、红沙、李阳、麻柳6个村所属行政区域，共辖24个村民委员会。230个村民小组。9月撤销中共钟多区工作委员会，铜鼓乡直接隶属于酉阳土家族苗族自治县人民政府。2003年，村组建制调整，划出官路村4、5、6、9组94户、298人，辖区面积3平方公里归板溪乡管辖，新增划入的花田乡白菊村7个组、122户，536人，辖区面积5平方公里调整合并为铜鼓、幸福、清和、官塘、兴隆、红井、李阳、铜西、清泉、车坝10个行政村，94个村民小组。

自然资源与经济状况 铜鼓境地属深丘地带，群山起伏，溪沟纵横。境内铜鼓河出江东峡至小河镇两汇合流经贵州省沿河境注入乌江。由于溪流多，自然灌溉较好。气候温和，土质肥沃，适宜耕种。全乡有耕地面积37327亩，其中：田8438亩，土18889亩。主产玉米、水稻、黄豆、红苕、洋芋等，经济作物有油菜、烟草、花生等；经济林木有桐、棬、茶叶等。酉阳至龚滩公路由乡所在地过境、铜鼓至李溪公路由东部半山通过，交通方便，信息畅通，群众生活用电得到解决。

文化教育卫生 全乡有乡中、代中、中心校、完小、基点校和村小23所，私立中、小学3所，教职工235人，其中代课39人。学前班16个436人；小学90个班级3667人，初中21个班级867人。有乡卫生院1所，医务人员10人，普通业务用房319平方米，8张病床，各村都建有卫生站。

第十七节　板溪乡

板溪乡位于酉阳土家族苗族自治县南部，北纬28°44′，东经108°48′。驻地石垭子，距县城13公里，海拔675米。东与龙潭镇为邻，南与江丰乡和楠木乡相连，西与板桥乡和铜鼓乡接壤，北与钟多镇交界。辖区面积160平方公里，辖三角、红溪、扎营、摇铃、杉树湾、山羊6个行政村，52个村民小组，3697户，14103人。

历史沿革 板溪乡以板溪洼命名。宋、元、明至清初为地灵洞属地，清顺治三年（1646年）酉阳土司实行辖里制，板溪为忠孝里属地。清光绪元年（1875年）酉阳直隶州划为四路十八乡时，板溪为南路一乡。解放前为石垭乡，辖13个保，隶属一区。1950年更保为村废石垭乡析置为洞底、板溪、山羊3个乡。板溪乡辖红杏、三角、花石、扎营、杨楠、没水、安家、王家、补家、沙坝10个村。1953年7月划出沙坝、王家、补家3个村和板桥乡划出官路村，组建光路乡。板溪、光路两乡隶属十八区（板溪）。

1955年冬，光路乡废并入板溪乡，为9个直属乡之一。1957年1月置钟多区，板溪乡隶属钟多区。1958年山羊乡并入板溪乡，成立板溪人民公社，村更为管理区，区辖14个管理区。1961年管理区改为大队。划出山羊、秋谷、九打3个大队置山羊人民公社。1964年洞底公社废，安家、清洁、摇铃3个大队划入板溪公社。1980年沙坝大队更名为大槽大队。1983年11月11日，酉阳土家族苗族自治县成立，实行公社体制改革，行政区划名称变更，将板溪公社更名为板溪乡，大队更名为村民委员会，生产队更名为村民小组。1994年撤销钟多区委、区公所并更名，板溪乡隶属于中共钟多区工作委员会。2001年，行政区划调整，撤区并乡建镇，重新组建板溪乡，管辖原板溪乡的安家、清洁、摇铃、补家、大槽、王家盖、花石、杨楠、扎营、中溪、三角、没水、红杏13个村和山羊乡所属山羊、秋谷、红阳、九打所属行政区域，共17个行政村、129个村民小组。9月撤销中共钟多区工作委员会，板溪乡隶属于酉阳土家族苗族自治县人民政府。2003年，村组建制调整，将铜鼓乡官路村4、5、6、9组94户、298人、辖区面积3平方公里划入板溪乡与原来的17个行政村、129个村民小组一起调整合并为6个行政村、52个村民小组。

自然资源与经济状况 板溪乡属山地与浅丘，溪流少，水源缺乏，灌溉困难。全乡总耕地面积15264亩，其中：田5244亩，土10019亩。主产玉米、水稻、黄豆、红苕、洋芋等；经济作物有烟草、油菜、花生。经济林木有桐、棬等。交通方便，信息畅通。农村电网改造后实现了村村通电。

文化教育卫生 板溪乡有中心校、完小、村小和私立小学共11所、教职工88人、其中代课14人。学前班9个201人；小学49个班级1423人。有乡卫生院1所，普通业务用房558平方米，医务人员10人，8张病床，各村都建有卫生站。

第十八节　车田乡

车田乡位于酉阳土家族苗族自治县东北部，北纬29°8′，东经109°2′。驻地车田，距县城77公里，海拔620米，辖区面积73平方公里。东与五福乡为邻，南抵偏柏乡，西靠泔溪镇，北与兴隆镇和湖北省鄂西土家族苗族自治州来凤县接壤。辖车田、小寨、清明坝、黄坝4个行政村、22个村民小组，1923户，7256人。

历史沿革 车田，因当地有3个圆堡像纺线的车锭子而得名，民国时期属偏柏乡的4个保。1951年从偏柏乡析出置车田乡，改保为村，辖陈家洞、黄泥坝、苗营、三羊桥等村。1953年析为车田、清明两乡，隶属七区（兴隆）。1955年冬，清明乡并入车田乡。1958年成立车田人民公社，下设管理区。1961年更管理区为大队，辖车田、老坝、团结、司竹、小寨、三桥、黄泥、新建等大队。1980年地名普查中，将与县内重名的新建大队更名为黄坝大队。1983年，酉阳土家族苗族自治县成立，实行公社体制改革，行政区划名称变更，将车田公社更名为车田乡，大队更名为村民委员会，生产队更名为村民小组。1985年区辖属变更，由兴隆区划归麻旺区管辖。1994年撤销麻旺区委、区公所，更名为中共麻旺区工作委员会，车田乡隶属于中共麻旺区工作委员会。2001年行政区划调整，撤区并乡建镇时，保留车田乡。9月撤销麻旺区后，直接隶属于酉阳土家族苗族自治县人民政府管理。2003年村组建制调整，由原来的车田、黄泥、小寨、三桥、老坝、黄坝、团结、司竹8个行政村，49个村民小组调整为车田、小寨（保留）、清明坝、黄坝4个行政村，22个村民小组。

自然资源与经济状况 车田乡境地，在天龙山脉上，分布在无数山峦之间。天龙山最高峰鹰嘴岩、海拔1181.7米。明代在峰顶建有寺庙，清乾隆年间维修和扩建前后殿共24间，有和尚70多人，现存遗址。地下矿藏有煤、铁矿等。全乡总耕地面积6191亩，其中：田2622亩，土3569亩。气候较好，土地肥沃。主产玉米、水稻、红苕、洋芋、豆类等。境内水资源条件较差。建有响水大堰一条灌溉200余亩。酉阳至车田通公路，交通方便，信息畅通。农村电网改造后实现了村村通电，群众生活用电、加工都得到保障。

文化教育卫生 车田乡有中心校、基点校，村小和私立中学共7所，教职工42人，其中代课12人。学前班2个76人；小学24个班级948人；初中3个班级100人。有乡卫生院1所，医务人员2人，普通业务用房没有，5张病床，各村都建有卫生站。

第十九节 腴地乡

腴地乡位于酉阳土家族苗族自治县东北部，北纬29°，东经108°54′。驻地堰塘坝，距县城42公里，海拔800米，辖区面积82平方公里。东与泔溪镇为邻，南抵麻旺镇和涂市乡，西、北背靠毛坝乡的毛坝盖边缘。辖4个行政村、37个村民小组。3003户，11009人。

历史沿革 腴地乡因土质肥沃而得名。清嘉庆初，腴地为东四乡。民国十三年（1924年）置腴地乡，民国二十四年（1935年）设区，腴地乡辖12个保，隶属五区（酉酬）。1949年11月后，腴地乡隶属七区（堰水）。1951年冬涂市乡的8、9两个保划归腴地乡，即今高庄、万物村境地。1952年隶属8区（毛坝）。1953年析为腴地、高庄两乡。1954年腴地又增设下腴乡。1955年冬，高庄、下腴两乡并入腴地乡。八区（毛坝）废，隶属黑水区。1958年成立人民公社，下置管理区。1961年管理区更名为大队。辖下腴、中腴、上腴、川岍、丰家、万物、红岩、高庄、枣木、杨家等大队。1980年地名普查中，因枣木、杨家重名，分别更名为四方井、石家寨大队。1983年，实行公社体制改革，行政区划名称变更，将腴地公社更名为腴地乡，大队更名为村民委员会，生产队更名为村民小组。1985年区辖属变更，由黑水区划归麻旺区管辖。1994年撤销麻旺区委、区公所、更名为中共麻旺区工作委员会，腴地乡隶属于中共麻旺区工作委员会。2001年行政区划调整，撤区并乡建镇时，保留腴地乡。9月撤销中共麻旺区工作委员会，直接隶属于酉阳土家族苗族自治县人民政府管理。2003年村组建制调整，由原来的上腴、中腴、下腴、川岍、四方井、红岩、石家寨、高庄、万物、丰家10个行政村，108个村民小组，调整合并为上腴、下腴、高庄、丰家（保留）4个行政村，37个村民小组。

自然资源与经济状况 腴地境地处于五台山与毛坝盖之间的山下狭长低洼地的三个小坝子。北端川岍境地酷似世外桃源。境内有几条小溪流，均发源于毛坝盖东麓，都未流出境外。光明水库蓄水40万立方米，东、西大堰配套，灌溉上腴、中腴、下腴1480亩农田。气候温和，无霜期约270天，年平均气温25摄氏度，最高气温39度，最低气温零下4度。除丰家村和四方井分布在山上外，其余分布在3个开阔的坝子上。全乡总耕地面积16322亩，其中：田5650亩，土10672亩。粮食作物主产水稻、玉米、红苕、洋芋等。经济作物有烤烟、茶叶等。有酒厂、粮食加工、饮食店、商店。酉阳至腴地通公路，有客货车进出，交通比较方便，信息畅通，农村电网改造后实下周了村村通电。

文化教育卫生 全乡有中心校、完小和村小7所，私立中学和私立小学4所，教职工62人，其中代课14人。学前班8个196人；小学25个班级1265人；初中4个班级236人。有乡卫生院1所，医务人员8

人，普通业务用房297平方米，病床5张。各村都建有卫生站，群众看病就医得到解决。

第二十节　板桥乡

板桥乡位于酉阳土家族苗族自治县南部，北纬28°42′，东经108°43′。驻地板桥，距县城34公里，海拔540米。东与板溪乡毗邻，东南与楠木乡接壤，南与官清乡相连，西靠小河镇和铜鼓乡车坝村，北与铜鼓乡交界。辖区面积76平方公里，辖板桥、水车坝、井园、双桥4个行政村、41个村民小组，2979户，11321人。

历史沿革　板桥乡以楼板桥地名命名。宋、元、明至清初感坪洞属地。清顺治三年（1646年），酉阳土司实行辖里制，为感坪里属地。清光绪元年（1875年），酉阳直隶州实行路、乡、保、甲制，为南路1乡属地。民国十三年（1924年）置板桥乡，辖14个保隶属第二指导区。解放后，改保为村。1951年，将大坪、白云、天井、何家4个村划置双桥乡。1953年，将长江、鱼塘、杨家、龙家盖、高家、大塘6个村划置龙元乡。1955年，龙元乡废并入板桥乡。隶属小河区。1958年成立板桥人民公社，村改为管理区，辖板桥、长宜、鱼塘、大塘、长江、杨家、井园7个管理区。1961年管理区更名为大队。1980年改大塘为水车坝、杨家为城坝大队。小河区更名为双河区，板桥公社隶属双河区。1983年11月11日酉阳土家族苗族自治县成立，实行公社体制改革，行政区划名称变更，板桥人民公社更名为板桥乡，大队更名为村民委员会，生产队更名为村民小组。1994年撤销双河区委、区公所并更名，板桥乡隶属于中共双河区工作委员会。2001年，行政区划调整，撤区并乡建镇，重新组建板桥乡，管辖原板桥乡和双桥乡的何家、天井、双井村所属行政区域，共辖10个村民委员会，79个村民小组。9月撤销中共双河区工作委员会，板桥乡直接隶属于酉阳土家族苗族自治县人民政府。2003年，村组建制调整，合并为板桥、水车坝、井元、双桥4个行政村、41个村民小组。

自然资源与经济状况　板桥乡东高西低，地属深丘，气候温和，土质肥沃，水源条件较好。全乡总耕地面积10514亩，其中：田6353亩，土4161亩。主产水稻、玉米、黄豆、红苕、洋芋等。经济作物有油菜、花生、草烟等。经济林木有桐、棬、茶叶。交通方便，铜鼓至李溪公路由乡境通过，在构皮坝有2.5千米的支路通乡驻地，交通较方便，信息畅通，农村电网改造后实现了村村通电。

文化教育卫生　板桥乡有代中、中心校、完小、基点校和村小10所和私立中学、小学4所，教职工94人，其中代课5人。学前班4个154人；小学45个班级1867人；初中7个班级357人。有乡卫生院1所，医务人员8人、普通业务用房255平方米，病床8张，各村都建有卫生站。

第二十一节　官清乡

官清乡位于酉阳土家族苗族自治县南部，北纬28°37′，东经108°41′，驻地金家坝，距县城51公里，海拔560米。东与楠木乡接壤，南与李溪镇毗邻，西与贵州省沿河土家族自治县交界，西北与小河镇相连，北与板桥乡接界，辖区面积61平方公里。辖官清坝、金家坝、石坝、峡口4个行政村，38个村民小组，3302户，12249人。

历史沿革 官清乡因官清坝命名。宋、元、明至清初时期为感坪洞属地，清顺治三年（1646年）酉阳土司实行辖里制，为感坪里属地。清光绪元年（1875年），酉阳直隶州实行路、乡、保、甲制，为南路二乡（先坝）属地。1953年，置官清乡，隶属十六区（小河）。1958年成立官清人民公社，村更名为管理区。1961年管理区更名为大队。1963年峡口公社废并入官清公社，隶属小河区，辖石板、水旁、水井、响塘、大河、峡口、大坨、河坝、殷家9个大队。1980年，大河改为金家坝大队，石板改为石板滩大队，水井改为井字河大队。是年，11月将小河区更名为双河区，官清乡隶属双河区。1983年11月11日，酉阳土家族苗族自治县成立，实行公社体制改革，行政区划名称变更，官清人民公社更名为官清乡，大队更名为村民委员会，生产队更名为村民小组。1994年撤销双河区委、区公所并更名，官清乡隶属于中共双河区工作委员会。2001年，行政区划调整，撤区并乡建镇，重新组建官清乡，管辖原官清乡和双桥乡的柏园、石坝村所属行政区域，共辖金家坝、大坨、石板滩、河坝、殷家、峡口、水旁、井字河、响塘、柏园、石坝11个村民委员会。98个村民小组。是年9月，撤销中共双河区工作委员会，官清乡隶属于酉阳土家族苗族自治县人民政府。2003年，村组建制调整，由原来的11个行政村，98个村民小组调整合并为官清坝、金家坝、石坝、峡口4个行政村，38个村民小组。

自然资源与经济状况 官清乡境地，东高西低，属深丘地带。甘龙河发源于贵州省松桃苗族自治县，流经南腰界，李溪入境至金家坝与杨家河交汇后，出峡口与小河合流出小河入贵州省沿河土家族自治县境注入乌江。气候温和，土质肥沃。适宜耕种。全乡总耕地面积9373亩，其中：田4993亩，土4380亩。主产玉米、水稻、黄豆、红苕、洋芋等。经济作物有油菜、花生、芝麻、草烟等。经济林木主要有桐、棬。矿藏有铁、煤、硫黄等。铜鼓至李溪公路由乡所在地过境，交通方便，信息畅通。农村电网改造后实现了村村通电，群众文化生活、照明、加工用电有了保障。

文化教育卫生 官清乡有中心校、基点校、村小7所和私立中学和小学4所，教职工66人，代课教师23人。学前班3个90人；小学30个班级1071人；初中3个班级158人。有乡卫生院1所，医务人员9人，普通业务用房610平方米，病床8张，各村都有卫生站。

第二十二节 宜居乡

宜居乡位于酉阳土家族苗族自治县西部，北纬28°40′，东经108°35′。驻地宜居，距县城64公里，海拔600米。东与铜鼓乡毗邻，南与丁市镇相连，西与天馆乡接壤，北与苍岭镇和双泉乡交界，辖区面积153平方公里。辖宜居、红鱼、董河、长田、建田、大木、矿沿、楼底、楼房、沿峰10个行政村，64个村民小组，5027户，17805人。

历史沿革 宜居得名相传土司子孙冉连祖爱此风景，题为："半幅园林如画，四围山水宜居"，故名宜居。宋、元、明至清初为治西洞属地。清顺治三年（1646年）酉阳土司实行辖里制，为治西里属地。清光绪元年（1875年）酉阳直隶州实行路、乡、保、甲制，为西路一乡属地。民国十三年（1924年）置宜居乡，隶属1区，民国三十七年（1948）宜居乡隶属4区（置设龚滩镇）。1951年析置为宜居、董河两个乡，更保为村。1953年宜居乡析为宜居、楼房、矿沿3个乡，隶属14区（丁市）。1955年，楼房、矿铅两乡废，并入宜居乡。辖宜居、桐木、大坡、和平、阳山、大溪、楼底、楼房、田坡、乐园、旱田、双池、矿沿13个村。1958年成立宜居人民公社，村更名为管理区。1961年管理区更名为大队。1980年，将和平改为大林大队，大溪改为九房大队。1983年11月11日，酉阳土家族苗族自治县成立，实行公社体制改革，行政区划名称变更，宜居人民公社更名为宜居乡，大队更名为村民委员会，生产队更名为村民小组。1994年，撤销丁市区委、区公所并更名，宜居乡隶属于中共丁市区工作委员会。2001年，行政区划调整，撤区并乡建镇，重新组建宜居乡，管辖原宜居乡和董河乡的红鱼、董河、串坪、群峰、麻园、新历、庆丰、三元、建田、长田、石笋等11个村所属行政区域，共辖24个村民委员会，162个村民小组。是年9月撤销中共丁市区工作委员会，宜居乡直接隶属酉阳土家族苗族自治县人民政府。2003年村组建制调整，由原来的24个行政村，162个村民小组调整合并为宜居、红鱼、董河、长田、建田，大木、矿沿、楼底、楼房、沿峰10个行政村，64个村民小组。

自然资源与经济状况 乡境东西两面是高山，中间为丘陵地带。莒莆盖至青山岩由东西两面从北向南延伸，东面延伸至岩门底，西面延伸矿沿盖的龙头山，海拔1697米。两山环抱全境，溪流纵横，发源于两山小溪17条汇流为宜居河，流经小河与甘龙河汇流入贵州省沿河境注入乌江。水源条件好，土质肥沃，气候温和，适宜耕种。全乡总耕地面积25042亩，其中：田5606亩，土19436亩。主产玉米、水稻、黄豆、红苕、洋芋等。经济作物产油菜、花生、草烟等。经济林木有桐、棬、茶叶、生漆等，尤以宜居茶叶享有盛名。宜居至丁市接酉龚路、交通方便，信息畅通，农村电网改造后实现了村村通电。

文化教育卫生 全乡有代中、私中、中心校、基点校和村小17所，教职工107人，其中代课教师21人。学前班4个259人；小学47个班级2439名学生；初中6个班级259名学生。有乡卫生院1所，医务人员7人，普通业务用房145平方米，病床8张，各村建有卫生站。

第二十三节　万木乡

万木乡位于酉阳土家族苗族自治县西部，北纬28°38′，东经108°30′。驻地黑獭堡，距县城68公里，海拔360米。东与小河镇毗邻，南与贵州省沿河土家族自治县交界，西与后坪乡接壤，北与丁市镇相连，辖区面积104平方公里。辖万木、柜木、竹元、桃子、石桥、木坪、黄连、月亮8个行政村，60个村民小组，5402户，19791人。

历史沿革 万木乡原名关木，因关木岩而命名，明代为治西洞属地，清顺治三年（1646年），酉阳土司实行辖里制，为治西里属地。清光绪元年（1875年），酉阳直隶州实行路、乡、保、甲制，为西路4乡属地。1951年从后坪乡划出置关木乡，隶十三区（后坪坝），同时改保为村。1953年析置为关木、黑獭两乡。1955年黑獭乡废，并入关木乡，隶属丁市区。辖万木、红花、柜木、石园、太平、幸福、红光、石桥、竹园、下坝、构园、火光12个村。1958年成立关木人民公社，村更名为管理区。1961年，管理区更名为大队。1966年更关木公社为万木公社。1980年改幸福为小溪、红光为桃子、太平为永和、红花为中山、竹园为苦竹园、下坝为平坝大队。1983年11月11日，酉阳土家族苗族自治县成立，实行公社体制改革，行政区划名称变更，万木人民公社更名为万木乡、大队更名为村民委员会、生产队更名为村民小组。1994年撤销丁市区委、区公所并更名，万木乡隶属于中共丁市区工作委员会。2001年，行政区划调整，撤区并乡建镇，重新组建万木乡，管辖原万木乡和铺子乡的羊角、黄连、马家、木坪、青狮、沙弯、潭坝、月亮8个村和后兴乡的和坪村所属行政区域，共辖21个村民委员会，139个村民小组。是年9月撤销中共丁市区工作委员会，万木乡直接隶属酉阳土家族苗族自治县人民政府。2003年，村组建制调整，由原来的21个行政村、139个村民小组调整合并为万木、柜木、竹元、桃子、石桥、木坪、黄连、月亮8个行政村、60个村民小组。

自然资源与经济状况 万木乡地势北高南低山高坡陡，土壤系沙地和黄泥地，土质瘦薄，水源奇缺。全乡有总耕地面积25461亩，其中：田6730亩，土18731亩。主产水稻、玉米、黄豆、红苕、洋芋等。经济作物有油菜、花生、芝麻、草烟等。经济林木有桐、棬、油茶、生漆、竹等。矿藏有铁矿、萤石、方晶石等。交通方面，酉阳至万木通公路，乌江水路上通沿河下至龚滩有机船、轮船来往，交通方便，信息畅通。农村电网改造后实现了村村通电。

文化教育卫生 万木乡有代中、中心校、完小、基点校和私立中学、小学共16所，教职工119人，其中代课教师8人，学前班6个291人；小学62个班级2861名学生；初中6个班级218名学生。有乡卫生院1所，医务人员6人，普通业务用房400平方米，病床8张。各村都建有卫生站。

第二十四节 可大乡

可大乡位于酉阳土家族苗族自治县东部，北纬29°1′，东经109°1′，驻地可大湖，距县城113公里，海拔470米。东与湖南龙山县的咱果乡、八面乡交界，南与酉酬镇的江西、和平两村相连，西与酉酬镇的巴坷村为邻，北与大溪镇和龙山县的桂塘镇接壤，辖区面积107平方公里，辖可大、吴家、中坝、七分、昔比、新溪、客寨、程香8个行政村，58个村民小组，3819户，14803人。

历史沿革 可大乡以可大湖命名。宋、元、明至清初为息宁洞属地，清顺治三年（1646年）酉阳实行辖里制，为大江里属地。清光绪元年（1875年）酉阳直隶州划为四路十八乡，可大为东路4乡。民国十三年（1924）置可大乡，领14个保。1950年，建立乡人民政府，更保为村，隶属五区（酉酬）。1951年析置为可大、沙滩、新溪3乡。1953年隶属六区（大溪）。1954年从可大、沙滩划出部分境地增设斑鸠乡。1955年冬，将16个序数区改为11个地名区，可大乡隶属酉酬区。斑鸠乡废，分别入可大、沙滩两乡。1958年可大、新溪、沙滩3乡合并，成立可大人民公社，下设管理区。1961年，又析置为可大、沙滩、新溪3个人民公社，管理区更名为大队。可大辖大湖、椒园、七分、老店、丰收、昔比、程香、天堂、蔡家、吴家10个大队。1962年下半年，将酉酬区划分酉酬、大溪两个区，可大隶属大溪区。1980年将大湖更名为可大大队。1983年11月11日，酉阳土家族苗族自治县成立，实行公社体制改革，行政区划名称变更，将可大公社更名为可大乡，大队更名为村民委员会，生产队更名为村民小组。1994年撤销大溪区委、区公所并更名，可大乡隶属于中共大溪区工作委员会。2001年，行政区划调整，撤区并乡建镇。重新组建可大乡、管理原可大乡、沙滩乡的狮岩、中坝、山伏3个村和新溪乡的下寨、客寨、杨柳、新溪4个村所属行政区域共17个村民委员会，120个村民小组。9月撤销大溪区工作委员会，直接隶属于酉阳土家族苗族自治县人民政府。2003年，村组建制调整合并为可大、吴家、中坝、七分、昔比、新溪、客寨、程香8个行政村，58个村民小组。

自然资源与经济状况 可大乡境地属深丘地带，溪流较多。自然灌溉靠纵横交错的小溪流。土壤分黄泥土、沙土。气候温和。全乡总耕地面积15222亩，其中，田9116亩，土6106亩。主产水稻、玉米、黄豆、红苕、洋芋等，经济作物产油菜、花生。经济林木有桐、茶、漆、倍、竹等。交通有渤桂路支路通可大，有客货车进出，交通方便，信息畅通。农村电网改造后实现了村村通电。

文化教育卫生　可大乡有代中、中心校、完小、基点校和村小13所，教职工87人，其中代课教师32人。学前班10个280人；小学57个班级2540名学生；初中2个班级90名学生。有乡卫生院1所，医务人员3人，普通业务用房327平方米，病床8张，各村都建有卫生站。

第二十五节　木叶乡

木叶乡位于酉阳土家族苗族自治县东北部，北纬29°15′，东经108°59′，驻地木叶岗，距县城64公里。海拔930米，东与兴隆镇毗邻，东南与泔溪镇接壤，西南与毛坝盖相连，西靠黔江区，北与湖北咸丰县、来凤县交界，辖区面积132平方公里。辖梨耳、木叶、干田、大坂营、学堂5个行政村，51个村民小组，2590户，9180人。

历史沿革　木叶乡因驻地木叶岗命名。民国十三年（1924年）置木叶乡，隶属三区（兴隆）。民国二十年（1931年）木叶乡并入兴隆乡。1950年复置木叶乡，更保名村。1953年隶属七区（兴隆）。1955年龙家乡废，所属川洞村划归木叶乡。1958年成立木叶人民公社，村更名为管理区。1961年管理区更名为大队。辖木叶、干田、干沟、蓼叶、陆家、梨耳、川洞7个大队。1980年将陆家大队更名为高堡大队。1983年11月11日，酉阳土家族苗族自治县成立，实行公社体制改革，行政区划名称变更，木叶人民公社更名为木叶乡，大队更名为村民委员会，生产队更名为村民小组。1994年撤销兴隆区委、区公所并更名，木叶乡隶属于中共兴隆区工作委员会。2001年，行政区划调整，撤区并乡建镇，重新组建木叶乡、管辖原木叶乡、小咸乡和土坪乡的罗家村所属行政区域。共辖13个村民委员会，82个村民小组。是年9月撤销中共兴隆区工作委员会，木叶乡直接隶属于酉阳土家族苗族自治县人民政府。2003年，村组建制调整，由原来的13个行政村，82个村民小组调整合并为梨耳、木叶、干田、大坂营、学堂5个行政村，51个村民小组。

自然资源与经济状况　木叶乡境属高山深谷地带。西北大坂云山最高峰灰阡老梁子海拔1895米，山上烂泥湖一带尚存原始森林1万余亩。林内有珍禽异兽，稀有树种珙桐等。发源于湖北省咸丰县境的白家河，流经境内与漂水溪汇流后名细沙河，西南流经黔江区两河镇与阿蓬江交汇，在西南流至龚滩注入乌江。乡境高山深谷，雨量充沛，土壤较肥沃。全乡总耕地面积17729亩，其中，田3493亩，土14036亩。主产玉米、水稻、红苕、洋芋等。经济作物有油菜、花生。经济林木有桐、生漆、茶叶等。酉阳至兴隆公路由乡驻地过境，交通方便，信息畅通。农村电网改造后实现了村村通电。

文化教育卫生　木叶乡有中心校、完小、基点校和村小13所，教职工52人，其中代课教师9人。学前班2个99人；小学32个班级，889名学生。有乡卫生院1所，医务人员7人，业务用房510平方米，病床8张。各村都有卫生站。

第二十六节　花田乡

花田乡位于酉阳土家族苗族自治县北部，北纬28°57′，东经108°47′。驻地马罾潭，距县城30公里，海拔740米。东与钟多镇和黑水镇毗邻，南与铜鼓乡相连，西与双泉乡交界，北抵双泉乡的天马村和黑水镇的旧堰村。辖区面积79平方公里，辖张家、茶香、中心、生基、何家岩、老龙6个行政村，76个村民小组，3133户，10402人。

历史沿革 花田乡境地，民国时为堰水乡属地。1951年置花园乡，为花园乡属地。1953年花园乡析置花园、花田两乡。1958年成立花田人民公社，村更名为管理区。1961年管理区更名为大队。1963年花田公社废并入花园公社。1983年11月11日，酉阳土家族苗族自治县成立，实行公社体制改革，行政区划名称变更，人民公社更名为乡，大队更名为村民委员会，生产队更名为村民小组。同时，由花园乡析出生基、风泉溪、过路潭、何家岩、并从何家岩划出部分境地置花田堡村，共5个村置为花田乡，隶属黑水区。1994年撤销黑水区委、区公所并更名，花田乡隶属于中共黑水区工作委员会。2001年，行政区划调整，撤区并乡建镇，重新组建花田乡，管辖原花田乡、花园乡和红井乡的白菊、老龙、茅垭、下纸厂4个村所属行政区域、共辖15个村民委员会，120个村民小组。是年9月撤销中共黑水区工作委员会，花田乡直接隶属于酉阳土家族苗族自治县人民政府。2003年，村组建制调整，由原来的15个行政村，120个村民小组，划出白菊村7个村民小组、122户、536人、辖区面积5平方公里归铜鼓乡管辖后，调整合并为张家、茶香、中心、生基、何家岩、老龙6个行政村、76个村民小组。

自然资源与经济状况 花田乡境地处于菖莆盖和楠木菁盖，两大盖之间的深丘地带，溪流多，自然灌溉较好，土质肥沃，气候温和，适宜耕种。全乡总耕地面积12996亩，其中，田5079亩，土7917亩。主产玉米、水稻、黄豆、红苕、洋芋等，其中稻米享有盛名。据《冉氏家谱》载：嘉靖元年（1522年），16世土司冉舜臣将花田稻进贡明世宗皇帝，被其定为“明威将军冉舜臣世代进贡之米”，俗称“酉阳贡米”。 经济作物有油菜、花生、芝麻、烤烟、海椒等。经济林木有桐、茶、漆、棬，以及棕树、银花等。矿藏主要有硫磺矿。花田至酉阳通公路，交通方便，信息畅通。农村电网改造后实现了村村通电，人民的文化生活、照明、加工有保障。

文化教育卫生 花田乡有代中、中心校、完小、基点校5所、教职工50人，其中代课教师7人。学前班3个114人；小学23个班级、952名学生；初中2个班级，76名学生。有乡卫生院1所，医务人员4人，普通业务用房330平方米，病床8张，各村都建有卫生站。

第二十七节 清泉乡

清泉乡位于酉阳土家族苗族自治县西部，北纬28°47′，东经108°23′。驻地清溪场，距县城67公里。海拔260米，辖区面积74平方公里。东与天馆乡毗邻，南与后坪乡相连，西与贵州沿河思渠镇隔乌江相望，北与两罾乡交界。辖清溪、响水、池水、茶溪4个行政村，24个村民小组，2321户，8241人。

历史沿革 清泉乡原名清溪乡，以清溪场命名。民国二十四年（1935年），成立清溪乡，隶属四区（龚滩）直至解放。1953年清溪乡析置为苍堡、下坝、清溪3个乡。清溪乡辖3个村，隶属十三区（后坪坝）。1955年苍堡、下坝两乡废、并入清溪乡，辖10个村，隶属龚滩区。1958年成立人民公社，村改为管理区。1961年管理区改称大队，辖清源、秀水、池水、响水、天水、茶溪、龙桥、代头、金钗、小井10个大队。1980年地名普查中，因清溪公社在地区内重名，更名为清泉公社。将茶溪改为茶溪坝大队，小井改为大岩大队。1983年11月11日，酉阳土家族苗族自治县成立，实行公社体制改革，行政区划名称变更，将清泉公社更名为清泉乡，大队更名为村民委员会，生产队更名为村民小组。辖清源、秀水、响水、池水、天水、金钗、茶溪、代头、大岩、龙桥10个行政村、56个村民小组。1994年撤销龚滩区委、区公所，更名为中共龚滩区工作委员会，清泉隶属于中共龚滩区工作委员会。2001年行政区划调整，撤区并乡建镇时，保留清泉乡。9月撤销龚滩区工作委员会后，直接隶属于酉阳土家族苗族自治县人民政府。2003年，村组建制调整，由原来的10个行政村，56个村民小组调整合并为清溪、响水、池水、茶溪4个行政村，24个村民小组。

自然资源与经济状况 清泉乡境属深丘和山地。沿乌江的清源、响水处于深丘，地势较高，池水、茶溪处于山地。气候温和。由于溪流较多，水利条件较好，土质肥沃。全乡总耕地面积14323余亩，其中田2204余亩，土12119亩。主产玉米、黄豆、红苕、洋芋、水稻等。经济作物有油菜、经济林木有桐、漆、棬、橘子、李子等。清溪场在清咸丰年间至民国时期，是生漆和农副产品交易集市。交通：清泉至两罾乡、天馆乡通公路，乌江黄金水道上至贵州沿河、下至龚滩，交通十分方便，信息畅通。龙凼沟及无螺钉穿轼古廊桥和走马转角楼是旅游的好去处。村村通电，照明、加工有保障。

文化教育卫生 清泉乡有代中、中心校、基点校和村小8所，教职工43人，其中代课教师8人。学前班4个班级115人；小学21个班级719名学生；初中3个班级73名学生。有乡卫生院1所，医务人员4人，业务用房540平方米，病床8张。各村都建有卫生站。

第二十八节 五福乡

五福乡位于酉阳土家族苗族自治县东北部，北纬29°7′，东经109°。驻地财神沟，距县城103公里，海拔350米。东南与大溪镇为毗邻，西南与偏柏乡相连，西北抵车田乡，东北与湖北来凤县百福司镇交界，辖区面积71平方公里。辖五福、高桥、龙沙、赵家、大河5个行政村，44个村民小组，3092户，12523人。

历史沿革 五福乡宋、元、明、清初为息宁洞属地。清光绪元年（1875年），酉阳直隶州划为四路十八乡，五福为东路3乡。民国十三年（1924年）置五福乡。至1949年11月。1951年划出部分境地置大溪、老寨两个乡。1953年酉酬区析出部分境地置大溪为六区，五福乡隶属六区（大溪）。1956年六区并入五区，名酉酬区，五福乡隶属酉酬区。1958年成立人民公社，村更名为管理区，1961年冬，管理区更名为大队。1962年下半年，将酉酬区划分为酉酬、大溪两个区，五福乡隶属于大溪区，辖新华、小溪、张家、生基、马鞍、龙沙、白果、向家、八斗、高桥10个大队。1980年，将新华大队更名为五福大队，小溪大队更名为黄角大队，张家大队更名为土城大队，生基大队更名为梭萝大队，马鞍大队更名为鞍山大队。1983年11月11日，酉阳土家族苗族自治县成立，实行公社体制改革，行政区划名称变更，将五福公社更名为五福乡，大队更名为村民委员会，生产队更名为村民小组。1994年，撤销大溪区委、区公所并更名。五福乡隶属于中共大溪区工作委员会。2001年，行政区划调整，撤区并乡建镇。重新组建五福乡，管理原五福乡的五福、黄角、高桥、鞍山、向家、梭萝、龙沙、白果和老寨乡的笔山、西坡、团坝、赵家、大河共13个村民委员会，81个村民小组。9月撤销中共大溪区工作委员会，直接隶属于酉阳土家族苗族自治县人民政府。2003年，村组建制调整，划出笔山村9个组，342户，1342人，辖区面积10平方公里归大溪镇管辖。其余合并为五福、高桥、龙沙、赵家、大河5个行政村，44个村民小组。

自然资源与经济状况 五福乡境地属深丘地带，有两条小溪在乡驻地汇合后注入酉水河。气候温和，土质肥沃。总耕地面积8187亩，其中：田5855亩，土2332亩。主产水稻、玉米、黄豆、红苕、洋芋等。经济作物有油菜、花生、晒烟等；经济林木有桐、茶、漆、棓等。酉阳至湖北来凤省级公路由乡驻地过境，交通进出方便，信息畅通。农村电网改造后实现了村村通电。

文化教育卫生 五福乡有代中、中心校、完小、基点校和村小11所，教职工87人，其中代课教师28人。学前班7个班级223人；小学49个班级2295名学生；初中1个班级70名学生。有乡卫生院1所，医务人员5人，普通业务用房250平方米，10张病床。各村都建有卫生站。

第二十九节 楠木乡

楠木乡位于酉阳土家族苗族自治县南部，北纬28°31′，东经108°45′。驻地赶家溪，距县城63公里，海拔600米，辖区面积65平方公里。东与江丰乡接壤，南与秀山县和本县李溪镇相连，西抵官清乡，北与板桥乡和板溪乡交界。辖红霞、红旗、红庄、红星4个行政村，25个村民小组，1823户，6218人。

历史沿革 楠木乡以楠木庄命名。原属先坝乡境地，1953年，先坝乡划分为杉树、井江、楠木、佛山、蚂蟥、官清、峡口7乡，始置楠木乡，隶属十八区（板溪）。1955年，杉树、井江、佛山3乡废并入楠木乡，隶属小河区。1958年成立人民公社，村更名为管理区。1961年，改管理区为大队。辖红旗、红光、硫磺、红星、梨子、红专、红花、双河、红岩、红霞10个大队。1980年地名普查中，将小河区更名为双河区，楠木乡隶属于双河区。改红光为楠木庄，红花为车家、双河为岩溪、红岩为毛岩等大队。1983年11月11日，酉阳土家族苗族自治县成立，实行公社体制改革，行政区划名称变更，将楠木公社更名为楠木乡，大队更名为村民委员会，生产队更名为村民小组。1994年撤销双河区委、区公所，更名为中共双河区工作委员会，楠木隶属于中共双河区工作委员会。2001年行政区划调整，撤区并乡建镇时，保留楠木乡。9月撤销中共双河区工作委员会，直接隶属于酉阳土家族苗族自治县人民政府。2003年，村组建制调整，由原来的毛岩、红霞、红旗、岩溪、车家、楠木庄、梨子、红专、硫磺、红星10个行政村、58个村民小组调整合并为红霞、红旗、红庄、红星4个行政村，25个村民小组。

自然资源与经济状况 楠木地形，属深丘山地。正东面的天上垭海拔1621米，境内高山平坝气候差异较大。总耕地面积7774余亩，其中：田2463亩，土5311亩。主产玉米、水稻、红苕、洋芋。经济作物主产油菜。经济林木，以桐、茶、漆为主，药材产黄连。矿藏主要有汞矿。楠木至金家坝、双桥有公路接铜李路，有客货车进出，交通方便，电信覆盖楠木，信息畅通，村村通电。

文化教育卫生 楠木乡有代中、中心校、基点校和村小5所，教职工46人，其中代课教师12人。学前班4个班级117人；小学21个班级828名学生；初中3个班级107名学生。有乡卫生院1所，医务人员4人，普通业务用房213平方米，6张病床，各村都建有卫生站。

第三十节 双泉乡

双泉乡位于酉阳土家族苗族自治县西北部，北纬29°1′，东经108°38′。驻地生基园，距县城93公里。东与黑水镇接壤，东南与花田乡毗邻，西南与宜居相连，西靠苍岭镇，西北与浪坪乡交界，北抵黔江区两河镇。海拔780米，辖区面积148平方公里，辖永祥、双石、天马、菖蒲、箐口、城墙6个行政村，39个村民小组，3331户，11562人。

历史沿革 双泉乡因境内有两股泉水而故名。民国二十四年（1935年）属大河乡境地。民国三十年（1941年）属河东乡，隶属三区（两河）。1950年保更名为村。河东乡析置为箐口、苍岭两乡。1953年箐口乡划分为箐口、菖蒲、苍坝、大井4个乡，隶属十一区（苍岭）。1955年废大井、菖蒲两乡并入箐口乡，隶属苍岭区。1958年成立人民公社，村改为管理区。1961年改管理区为大队。辖城墙、永墙、茶园、大石、白石、白马、天坪、大井、周坪、菖蒲、白鸽、双泉、龙泉、皂角14个大队。1980年地名普查，因箐口公社在地区内重名，更名为双泉公社。茶园大队在县内重名，改为茶林大队。1983年11月11日，酉阳土家族苗族自治县成立，实行公社体制改革，行政区划名称变更。将双泉公社更名为双泉乡，大队更名为村民委员会、生产队更名为村民小组。辖城墙、永墙、茶林、大石、白石、白马、天坪、大井、周坪、菖蒲、白鸽、双泉、龙泉、皂角14个行政村，109个村民小组。1994年撤销苍岭区委、区公所，更名为中共苍岭区工作委员会，双泉乡隶属于中共苍岭区工作委员会。2001年，行政区划调整，撤区并乡建镇时，保留双泉乡，9月撤销中共苍岭区工作委员会，双泉乡直接隶属于酉阳土家族苗族自治县人民政府。2003年，村组建制调整，由原来的14个行政村，109个村民小组调整合并为永祥、双石、天马、菖莆、箐口、城墙6个行政村，39个村民小组。

自然资源与经济状况 双泉乡境地属深丘地带。上至菖蒲盖，下至阿蓬江，相距约15千米，菖蒲盖主峰龙洞坪，海拔1568米。阿蓬江在境内流长约15千米。境内没有溪沟河流，水源奇缺。总耕地面积20644亩，其中：田2311亩，土18333亩。主产玉米、黄豆、水稻、红苕、洋芋等。经济作物有油菜、花生、茶叶、烟叶；经济林木有桐、棬、生漆等。草场宽广，适宜畜牧业养殖。地下蕴藏有丰富的硫磺矿。双泉通公路经黔江两河或经天馆至县城，交通方便，信息畅通。村村通电，照明、加工有保障。

文化教育卫生 双泉乡有乡中、中心校、完小、基点校和村小共7所，教职工68人，其中代课教师19人。学前班2个113人；小学31个班级1174名学生；初中3个班级180名学生。有乡卫生院1所，医务人员3人，普通业务用房205平方米，6张病床。各村都建有卫生站。

第三十一节　毛坝乡

毛坝乡位于酉阳土家族苗族自治县北部，北纬29°6′，东经108°53′。驻地毛坝场，距县城42公里。海拔1060米，东与泔溪镇、腴地乡为毗邻，南与涂市乡相连，西与黑水镇接壤，北与木叶乡和黔江交界，辖区面积151平方公里。辖天仓、毛坝、龙家、双龙、秀水、细沙河、新建7个行政村，44个村民小组，3670户，12222人。

历史沿革 毛坝乡以毛坝场命名，解放前为腴地乡的5、7、8、9保，隶属五区（酉酬）。1950年，从腴地乡析置毛坝乡，辖毛坝、苦草、茶元、龙胜、泡木、大竹等6个村。1952年八区（毛坝）废入九区（黑水），毛坝乡隶属黑水区。同时龙家乡废，除川洞村外，其余村并入毛坝乡，黑水乡的新建村划归毛坝乡。1955年成立毛坝人民公社，下辖村更名为管理区。1961年管理区更名为大队。辖毛坝、茨竹、龙家、龙胜、马力、茶园、双龙、天苍、新建、苦草等10个大队。1983年11月11日，酉阳土家族苗族自治县成立，实行公社体制改革，行政区划名称变更，将毛坝公社更名为毛坝乡，大队更名为村民委员会，生产队更名为村民小组。1994年撤销黑水区委、区公所并更名，毛坝乡隶属于中共黑水区工作委员会。2001年行政区划调整，撤区并乡建镇，重新组建毛坝乡，辖原毛坝乡、细沙乡和泡木乡的三塘村所属行政区域共16个村民委员会，123个村民小组。9月撤销中共黑水区工作委员会，毛坝乡隶属于酉阳土家族苗族自治县人民政府。2003年，村组建制调整，合并为天仓、毛坝、龙家、双龙、秀水、细沙河、新建等7个行政村，44个村民小组。

自然资源与经济状况 毛坝乡境地，高山深谷。后河发源于天仓村，绕流湖北省来凤县百福司镇注入酉水河。细沙河由毛坝西汇流阿蓬江注入乌江。毛坝盖为沅江水系和乌江水系分水岭。毛坝盖最高峰二埂弯海拔1540米。气温差异较大。土质瘦薄。全乡总耕地面积19565余亩，其中：田3977亩，土15588亩。主产玉米、水稻、黄豆、洋芋、红苕等。经济林木有桐、茶、漆、棓。药材有金银花等。酉兴公路由乡所在地过境，客货车来来往往，交通方便，信息畅通。农村电网改造后实现了村村通电。

文化教育卫生 毛坝乡有乡中，中心校，完小和村小计14所，教职工33人，其中代课教师11人。学前班10个222人；小学30个班级1054人；初中3个班级137名学生。乡卫生院1所，医务人员6人，普通业务用房465平方米，8张病床，各村都建有卫生站。

第三十二节 偏柏乡

偏柏乡位于酉阳土家族苗族自治县东部，北纬29°2′，东经109°5′，驻地偏柏，距县城76公里，海拔360米。东与大溪镇、酉酬镇毗邻，南与酉酬镇的溪口、水田村相连，西抵泔溪镇，北与车田、五福交界，辖区面积109平方公里。辖偏柏、苗坝、鱼水、石卡、柏溪、余鸭、两河7个行政村，56个村民小组，4153户，16593人。

历史沿革 偏柏取偏岩子和柏家溪首字命名。宋、元、明至清初为酉酬洞属地。清顺治三年（1646年）酉阳土司实行辖里制，偏柏为大江里属地。清光绪元年（1875年），酉阳直隶州划为四路十八乡，偏柏为东路一乡。1935年建立偏柏乡，至1949年11月。1950年更保为村。1951年偏柏析置为车田、柏溪、偏柏3个乡。1953年春，偏柏又析为偏柏、冷水两乡，隶属六区（大溪）。1956年，六区并入五区、名酉酬区，冷水乡并入偏柏乡，偏柏乡隶属酉酬区。1958年，成立人民公社，村更名为管理区，偏柏公社辖8个管理区。1961年管理区更名为大队。酉酬公社的核桃大队划入偏柏公社。偏柏公社的梨子、长岭大队划入大溪公社。偏柏公社共辖偏柏、苗坝、枣木、瓦房、鱼塘、竹园、长竹、核桃、何家等9个大队。1980年，将鱼塘更名为鱼水、核桃更名为石庄、何家更名为阳洞大队。1983年11月11日，酉阳土家族苗族自治县成立，实行公社体制改革，行政区划名称变更，将偏柏公社更名为偏柏乡，大队更名为村民委员会，生产队更名为村民小组。1994年撤销酉酬区委、区公所并更名，偏柏乡隶属于中共酉酬区工作委员会。2001年，行政区划调整，撤区并乡建镇，重新组建偏柏乡，管辖原偏柏乡和柏溪乡所属行政区域。9月撤销中共酉酬区工作委员会，偏柏乡直接隶属于酉阳土家族苗族自治县人民政府。2003年，村组建制调整，由15个行政村，129个村民小组调整合并为偏柏、苗坝、鱼水、石卡、柏溪、余鸭、两河7个行政村，56个村民小组。

自然资源与经济状况 偏柏乡地处深丘地带。柏溪河至酉酬境内与王家河汇流注入酉水河。境内溪流多，自然灌溉条件好。土质肥沃，气候温和，无霜期较长。总耕地面积13288亩，其中：田7540亩，土5748亩。主产水稻、玉米、红苕、洋芋等。经济作物产油菜、花生等。经济林木，主要以桐、茶、漆、棬、竹为主。有渤桂公路支路通偏柏，交通方便，电信发达，村村通电。

文化教育卫生 偏柏乡有中心校、基点校和村小计10所，教职工85人，其中代课教师23人。学前班4个153人；小学48个班级2239人。有乡卫生院1所，医务人员7人，普通业务用房413平方米，8张病床。各村都建有卫生站。

第三十三节 浪坪乡

浪坪乡位于酉阳土家族苗族自治县西北部，北纬29°5′，东经108°32′，驻地浪水坝，距县城120公里。海拔660米，辖区面积67.5平方公里。东与苍岭镇的南溪毗邻，南与苍岭镇的大河口相连，西与庙溪乡接壤，北与黔江鹅池、彭水双合交界。辖浪水坝、官楠、评议3个行政村，32个村民小组，2462户，9046人。

历史沿革 浪坪乡，因浪水坝而命名。宋、元、明为容坪洞所辖。清乾隆时期为容平里，民二十四年（1935年）属大河乡，民国三十年（1941年）为河西乡，民国三十一年（1942年）废河西乡，析置为庙溪、浪坪两个乡。1950年改保为村，1953年浪坪析为南溪、官楠、浪坪3个乡，隶属十区（苍岭）。1955年南溪、官楠两个乡废，并入浪坪乡，岔河乡的中和村划属浪坪乡。1958年成立人民公社，村更为管理区，浪坪隶属苍岭区。1961年改管理区为大队。同时划出部分境地，复置南溪乡公社。1964年南溪公社废，并入浪坪公社。辖民安、评议、大元、官田、楠木、田坝、玉霞、柏杨、中和、中岭10个大队。1980年地名普查中，改大元为朱家山，官田为官田沟，楠木为楠岭，田坝为骨干，柏杨为南溪等大队。1983年11月11日，酉阳土家族苗族自治县成立，实行公社体制改革，行政区划名称变更，将浪坪公社更名为浪坪乡，大队更名为村民委员会，生产队更名为村民小组。辖民安、评议、朱家山、官田沟、楠岭、骨干、玉霞、南溪、中和、中岭10个行政村，96个村民小组。1993年7月1日，经黔江地区批准成立大河口乡。析浪坪乡的玉霞、南溪两个行政村17个村民小组中划出部分境地，新置长岭、苍岭乡的石泉1个行政村10个村民小组，共4个行政村，27个村民小组，新置大河口乡。1994年撤销苍岭区委、区公所，更名为中共苍岭区工作委员会，浪坪乡隶属于苍岭区工委。2001年行政区划调整，撤区并乡建镇，保留浪坪乡。9月撤销中共苍岭区工作委员会，浪坪乡直接隶属于酉阳土家族苗族自治县人民政府。2003年，村组建制调整，由原来的8个行政村，79个村民小组调整合并为浪水坝、官楠、评议3个行政村，32个村民小组。

自然资源与经济状况 乡境地东北高，西南低。丘陵起伏，溪流纵横。东北骨干山，海拔1450米。总耕地面积12511亩，其中：田5107亩，土7404亩。主产玉米、黄豆、水稻、红苕、洋芋等。经济作物有油菜、花生。经济林木有桐、棬。地下矿藏有铁矿、萤石等。浪坪至酉阳通公路，彭水至黔江公路经过境内，信息畅通，村村通电。

文化教育卫生 浪坪乡有乡中、中心校、完小、基点校和村小计8所，教职工78人，其中代课教师19人。学前班5个177人；小学20个班级1118人；初中7个班级377人。有乡卫生院1所，医务人员3人，普通业务用房285平方米，病床8张，各村都建有卫生站。

第三十四节 南腰界乡

南腰界乡位于酉阳土家族苗族自治县南部，北纬28°24′，东经108°38′，驻地南腰界，距县城105公里，海拔670米。东与贵州松桃接壤，南抵贵州松桃、印江边缘，西与贵州沿河交界，北与李溪镇连接，辖区面积93平方公里。辖闹溪、团结、南界、红岩、大坝、土门、龙溪7个行政村，52个村民小组，5185户，18496人。

历史沿革 南腰界乡以南腰界命名，宋、元、明至清时期为感坪洞属地。清光绪元年（1875年）酉阳直隶州境地划为五路十八乡，南腰界为南路三乡。民国初年属南界、龙池两乡境地。民国二十三年（1934年）6月，贺龙在南腰界开辟川黔边革命根据地，建立了南腰界苏维埃区革命委员会，下辖南腰界、唐家溪、大坪盖、龙池4个乡苏维埃政权。民国二十四年（1935年），南界、龙池两乡合并为南龙联保办事处，隶属4区。民国三十年（1941年）为南龙乡。1949年解放后改保为村，隶属六区。1953年南龙乡析为南界、龙溪、唐溪、大坝4个乡。1954年大坝乡并入南界乡，唐溪乡并入龙溪乡，隶属十七区（李溪）。1955年撤销龙溪乡并入南界乡。1958年成立南界人民公社，村改为管理区。1961年管理区改为大队。辖民主、楠木、柏杨、大坝、小井、红岩、厚木、土门、龙溪、白家、高石、团结、铜矿、水井、白溪15个大队。1980年，改民主为南界大队，楠木为楠木箐大队，柏杨为杨树大队，红岩为红林大队，白家为客村大队，团结为唐家溪大队，白溪为白溪口大队。南界公社改为南腰界公社。1983年11月11日，酉阳土家族苗族自治县成立，实行公社体制改革、行政区划名称变更，南腰界公社更名为南腰界乡，大队更名为村民委员会，生产队更为村民小组。从南腰界乡析出客村、唐家溪、铜矿、水井、白溪口、土门、龙溪、高石8个村设置南龙乡。1994年撤销李溪区委、区公所并更名，南腰界，南龙两乡隶属于中共李溪区工作委员会。2001年，行政区划调整，撤区并乡建镇，撤销南龙乡并入南腰界乡。9月撤销中共李溪区工作委员会、南腰界乡直接隶属于酉阳土家族苗族自治县人民政府。2003年，村组建制调整，由原来的15个行政村、123个村民小组调整合并为闹溪、团结、南界、红岩、大坝、土门、龙溪7个行政村，52个村民小组。

自然资源与经济状况 南腰界乡境地，属山地与深丘，有许多小溪流汇入甘溪河。气候温和、土质肥沃。总耕地面积21033亩，其中田13807余亩，土7226亩。主产水稻、玉米、黄豆、红苕、洋芋等。经济作物有油菜、花生、芝麻、烟草等。经济林木以桐油、棬、茶、竹为主。酉阳至南腰界通公路，有客货车进出，交通方便，信息畅通。农村电网改造后实现了村村通电。

文化教育卫生 南腰界乡有乡中、中心校、完小、基点校和村小计9所。教职工126人，其中代课26人。学前班8个448人；小学48个班级2190人；初中7个班级386人。有乡卫生院1所，医务人员8人，普通业务用房1771平方米，病床8张，村村建有卫生站。

第三十五节 天馆乡

天馆乡位于酉阳土家族苗族自治县西部，北纬28°50′，东经108°34′。驻地天馆，距县城47公里，海拔700米。东与宜居乡和丁市镇毗邻，南与后坪乡和清泉乡相连，西靠两罾乡，北与龚滩、庙溪、苍岭接壤，辖区面积133平方公里。辖康家、天馆、魏市、核桃、杉坪、太白6个行政村，50个村民小组，3278户，11948人。

历史沿革 天馆乡因朝天馆命名。宋、元、明至清初为治西洞属地。清顺治三年（1646年），酉阳土司将酉阳州境地划为十四里，天馆为治西里属地。清光绪元年（1875年）酉阳直隶州实行路、乡制，天馆为西路二乡。民国二十四年（1935年）为天馆乡，辖10个保、109个甲，隶属四区（小河）。1950年更保为村。1953年析为天馆、坪沙、康家、魏市4个乡。隶属十二区（两罾）。1955年将天馆、坪沙、康家、魏市、复并为天馆乡。1956年天馆乡归属于丁市区。1958年成立人民公社，天馆划为天馆、魏市两个公社。村改为管理区，1961年管理区更名为大队。1964年魏市公社废，并入天馆公社。辖天馆、太平、朱砂、核桃、康家、凤凰、谢家、丁木、熊家、魏市、大溪、苟家、郎坪、白坪等14个大队。1980年将大溪大队改为溪水大队，太平改为麻池大队。1983年11月11日，酉阳土家族苗族自治县成立，实行公社体制改革，行政区划名称变更，天馆公社更名为天馆乡，大队更名为村民委员会，生产队更名为村民小组。1994年撤销丁市区委、区公所并更名，天馆乡隶属于中共丁市区工作委员会。2001年，行政区划调整，撤区并乡建镇，重新组建天馆乡，管辖原天馆乡和中坝乡的小界村以及岭口乡的解放村所属行政区域，共辖16个村民委员会，117个村民小组。9月撤销丁市区工作委员会，天馆乡直接隶属于酉阳土家族苗族自治县人民政府。2003年，村组建制调整，划出小界村8个组，288户，954人，辖区面积11平方公里归丁市镇管辖后，调整合并为康家、天馆、未市、核桃、杉坪、太白6个行政村，50个村民小组。

自然资源与经济状况 天馆乡境地属深丘地带，水源奇缺，土质瘦薄。总耕地面积17020亩，其中：田1990亩，土15030亩。主产玉米、水稻、黄豆、洋芋、红苕等。经济作物有烤烟、油菜、花生等。经济林木有桐、棬、漆、棓等。酉阳至龚滩公路由乡所在地过境，来往车辆繁多，交通方便，信息畅通。农村电网改造后实现了村村通电。

文化教育卫生 天馆乡有单设中学1所，教职工42人，初中9个班级561名学生；还有中心校、完小、基点校和村小10所。教职工111人，其中代课9人。学前班4个173人；小学34个班级1431人。有卫生院1所，医务人员8人，普通业务用房210平方米，病床8张，村村建有卫生站。

第三十六节　两罾乡

两罾乡位于酉阳土家族苗族自治县西部，北纬28°53′，东经108°23′。驻地金鱼穴，距县城67公里，海拔450米。东与天馆乡毗邻，南与清泉乡接壤，西抵乌江与贵州沿河交界，西北与龚滩相依。辖区面积72平方公里，辖金玉、榄溪、三角塘、石门坎、内口、红阳6个行政村，38个村民小组，3087户，10939人。

历史沿革 两罾乡以上罾潭、下罾潭合并而得名。清光绪元年（1875年）为西路二乡属地。民国十三年（1924年）设上罾潭、下罾潭两个乡。民国三十年（1941年）上、下两罾潭乡合并为两罾乡。1950年更保为村，划为两罾、罾潭两乡。1952年将清溪的方家村、天馆的康家、小园、光华村划归两罾乡。1953年划为两罾、郎溪、康家3个乡。隶属十二区（两罾）。1955年郎溪、康家两乡废，并入两罾乡，隶属龚滩区。1958年成立人民公社，村改为管理区，1961年管理区改为大队。辖金鱼、玉带、阳雀、小园、建丰、光华、院子、方家9个大队。1983年11月11日，酉阳土家族苗族自治县成立，实行公社体制改革，行政区划名称变更，两罾公社更名为两罾乡，大队更名为村民委员会，生产队更名为村民小组。1994年，撤销龚滩区委、区公所并更名，两罾乡隶属于中共龚滩区工作委员会。2001年，行政区划调整，撤区并乡建镇，重新组建两罾乡，管辖原两罾乡和罾潭乡的石红、楠木湾、木林、两狮、内口等5个村所属行政区域，共辖14个村民委员会，89个村民小组。9月撤销中共龚滩区工作委员会，两罾乡直接隶属于酉阳土家族苗族自治县人民政府。2003年，村组建制调整，由原来的14个行政村，89个村民小组调整合并为金玉、榄溪、三角塘、石门坎、内口、红阳6个行政村。38个村民小组。

自然资源与经济状况 两罾乡境地属丘陵地带，田少土多，小溪流较多，自然灌溉较好。总耕地面积14322亩，其中：田4009亩，土10313亩。主产玉米、水稻、黄豆、红苕、洋芋等。经济作物有油菜、花生、芝麻、葵花、香菌等。经济林木有桐、棬、茶叶等。野生动物有黑毛猪、野山羊。矿藏有萤石和重晶石。主要地方特产为蜂蜜。酉阳至龚滩公路由乡所在地过境，车辆来往繁多，交通方便，信息畅通。农村电网改造后实现了村村通电。

文化教育卫生 两罾乡有代中、中心校、完小、基点校和村小10所。教职工68人，其中代课10人。学前班5个204人；小学29个班级，1201人；初中4个班级，173人。有卫生院1所，医务人员5人，普通业务用房652平方米，病床10张。村村建卫生站。

第三十七节 涂市乡

涂市乡位于酉阳土家族苗族自治县中东部，北纬28°55′，东经108°57′。驻地箐口场，距县城20公里，海拔790米。东与麻旺镇毗邻，南与龙潭镇接壤，西靠钟多镇，北与黑水、毛坝、腴地相连，辖区面积143.5平方公里。辖涂市、桃鱼、胜利、涂家寨、麻田、钟岭、大杉、银岭、大林10个行政村，5897户，21073人。

历史沿革 涂市乡以涂家寨赶集而命名，宋、元、明至清初为九溪十八洞之地寅洞属地。清顺治三年（1646年）酉阳土司实行辖里制，涂市乡属忠孝里属地。清光绪元年（1875年），酉阳直隶州实行路乡、保、甲制，涂市乡为中路一乡属地。民国二十四年（1935年）涂市为一区涂市联保办事处。民国二十九年（1940年）更为涂市乡。1949年11月后隶属一区（钟多）。1955年撤销涂市乡并入钟岭乡。1961年又从钟岭公社析出置涂市公社。1964年涂市公社废，并入钟岭公社。1983年11月11日，酉阳土家族苗族自治县成立，实行公社体制改革，行政区划名称变更，由钟岭乡析出涂家、凉桥、三口潭、鹿角、蛮寨、火烧营、河沙坝、箐口、火山、大草坪10个村置涂市乡。1994年，撤销钟多区委、区公所并更名，涂市乡隶属于中共钟多区工作委员会。2001年，行政区划调整，撤区并乡建镇，重新组建涂市乡，管辖原涂市乡、钟岭乡的双河、双桥、大杉、地灵、太平5个村和银岭乡的银岭、清水潭、白沙、大林、水堤5个村以及桃鱼乡的桃园、坡坪、杉树、鱼泉、胜利5个村所属行政区域，共辖25个村民委员会，187个村民小组。9月撤销中共钟多区工作委员会，涂市乡直接隶属于酉阳土家族苗族自治县人民政府。2003年，村组建制调整，划出坡坪村7个组、210户、757人、辖区面积7.5平方公里归麻旺镇管辖后，调整合并为涂市、桃鱼、胜利、涂家寨、麻田、钟岭、地灵、大杉、银岭、大林10个行政村，63个村民小组。

自然资源与经济状况 涂市乡境地属深丘地带。溪沟多、水源较好，气候温和，土质肥沃，适宜耕种。全乡总耕地面积23217.2亩，其中：田12429.9亩，土10787.3亩。主产水稻、玉米、黄豆、红苕、洋芋等。经济作物有油菜、花生；经济林木有桐、茶、棬、漆、竹等。国道319线复线由乡所在地过境，交通方便，信息畅通，农村农网改造后实现了村村通电。

文化教育卫生 涂市乡教育有乡中、中心校、完基点校和村小16所。教职工133人，其中代课17人。学前班5个，人数236人；小学66个班级，2482人；初中9个班级382人。有卫生院1所，医务人员10人，普通业务用房525平方米，病床10张，村村设有卫生站。

第三十八节 庙溪乡

庙溪乡位于酉阳土家族苗族自治县西北部，北纬29°3′，东经108°27′。驻地庙溪场，距县城128公里，海拔550米。东与苍岭、浪坪毗邻，南抵天馆乡的解放村，西与龚滩相连，北与彭水县交界，辖区面积107平方公里。辖庙溪、荆竹、湘河、油木、大岩5个行政村，45个村民小组，3832户，13862人。

历史沿革 庙溪因溪旁庙宇多而得名。宋、元、明隶属容平洞，清为容平里辖区，清嘉庆初为河西乡。民国三十一年（1942年）废河西乡析置庙溪乡，隶属三区（两河）。解放后，沿袭旧制。1950年改保为村，析庙溪为荆竹、岔河、庙溪3个乡。1955年荆竹、岔河两个乡废，并入庙溪乡，隶属苍岭区。1958年成立人民公社，村改为管理区。1961年管理区改为大队。辖双龙、灯塔、联合、岔河、杨柳、油木、湘河、新农、荆竹、安宁、太平、五龙12个大队。1980年地名普查中，改双龙为庙溪，联合为大岩门，新农为简家堂，太平为洪渡等大队。1983年11月11日，酉阳土家族苗族自治县成立，实行公社体制改革，行政区划名称变更，将庙溪公社更名为庙溪乡，大队更名为村民委员会，生产队更名为村民小组。辖庙溪、灯塔、大岩门、岔河、杨柳、油木、湘河、简家堂、荆竹、安宁、洪渡、五龙12个行政村，114个村民小组。1994年，撤销苍岭区委、区公所，更名为中共苍岭区工作委员会，庙溪乡隶属于中共苍岭区工作委员会。2001年行政区划调整，撤区并乡建镇，保留庙溪乡。9月撤销中共苍岭区工作委员会，庙溪乡直接隶属于酉阳土家族苗族自治县人民政府。2003年，村组建制调整，由原来的12个行政村，114个村民小组调整合并为庙溪、荆竹、湘河、油木、大岩5个行政村，45个村民小组。

自然资源与经济状况 乡境属丘陵地带。总耕地面积16086亩，其中田6466亩，土9620亩。主产玉米、水稻、黄豆、红苕、洋芋。经济作物有油菜、花生等。经济林木有桐、棬、茶叶、核桃。公路上通彭水下至酉阳，信息畅通。农村电网改造后实现了村村通电。

文化教育卫生 文化教育有乡中、中心校、完小、基点校、村小计12所，教职工71人，其中代课22人。学前班4个101人；小学42个班级，1712人；初中5个班级，256人。有卫生院1所，医务人员6人，普通业务用房185平方米，病床8张。村村建有卫生站。

第三十九节 后坪乡

后坪坝乡位于酉阳土家族苗族自治县西部，北纬28°41′，东经108°23′。驻地后坪坝，距县城67公里，海拔760米。东与丁市、万木毗邻，西、南与贵州沿河思渠镇交界，北与清泉乡相连，辖区面积137

平方公里。辖前峰、王家、椒梓、后兴、高坪5个行政村，31个村民小组，4150户，14261人。

历史沿革 后坪乡因后坪坝命名。后坪坝乡宋、元、明至清初为治西洞属地，清顺治三年（1646年）酉阳土司实行辖里制，为治西里属地，清光绪元年（1875年），酉阳直隶州实行路、乡制，为西路4乡属地。民国二十四年（1935年），置后坪乡，隶属四区（小河）。1950年更保为村，后坪乡析置为后坪、后兴、万木3个乡。1952年后坪置十三区，后坪乡隶属十三区。1955年十三区废，后坪乡划归丁市区管辖。1958年成立后坪人民公社，村改为管理区。1961年管理区更名为大队。辖前峰、光明、鹿溪、清池王家、大园、官山、聚宝、木马、椒梓、长溪等大队。1980年，后坪公社更名为后坪坝公社，光明大队改为榄树大队。1983年11月11日，酉阳土家族苗族自治县成立，实行公社体制改革，行政区划名称变更，后坪坝公社更名为后坪坝乡，大队更名为村民委员会，生产队更名为村民小组。1994年，撤销丁市区委、区公所并更名，后坪坝乡隶属于中共丁市区工作委员会。2001年，行政区划调整，撤区并乡建镇，重新组建后坪乡，管辖原后坪坝乡、后兴乡的茶花、野战、高坪、高峰、野茶、新华、后兴7个村和中坝乡的老熊村所属行政区域，共辖19个村民委员会，94个村民小组。9月撤销中共丁市区工作委员会，后坪乡直接隶属于酉阳土家族苗族自治县人民政府。2003年，村组建制调整，划出老熊村7个组196户683人，辖区面积11平方公里归丁市镇管辖后，调整合并为前峰、王家、椒梓、后兴、高坪5个行政村，31个村民小组。

自然资源与经济状况 后坪乡境地属山地，地势东高西低，水源奇缺，土质肥沃。气候温和，适宜耕种。总耕地面积18234亩，其中田1234亩，土17000亩。主产玉米、水稻、苦荞、黄豆、红苕、洋芋等。经济作物有青蒿、烤烟、油菜、花生、芝麻等。经济林木以桐、棬为主。矿藏有汞矿和铅锌矿。交通方便，酉阳至龚滩公路支路通后坪坝，有客货车辆进出；水路乌江有机动船、轮船上通沿河下至龚滩。电信发展较快，移动、联通基本覆盖全乡，信息畅通。农村电网改造后实现了村村通电。后坪乡西至乌江是乌江画廊最精华的一段，长溪沟自然风光，民俗风情，是一处集自然山水和民风民情于一体的高品位待开发的旅游胜地。

文化教育卫生 后坪乡有代中、中心校、完小、基点校、村小计14所。教职工78人，其中代课13人。学前班3个166人；小学42个班级1762人；初中5个班级233人。有乡卫生院1所，医务人员2人，普通业务用房230平方米，病床8张。村村设有卫生站。

第二篇

环境·土地·人口

HUANJING TUDI RENKOU

第一章　环　境

第一节　环境状况

地质地貌

酉阳地质属华夏构造体系，位于渝鄂湘黔隆起褶皱带，由木桶、八面山、车田、毛坝、铜西、濯河坝、龚滩七大向斜和酉酬、桐麻岭、宜居、天馆五大背斜组成。受地质构造影响，境内山脉多呈东北—西南走向。在背斜向斜轴部多形成中低山，主要有毛坝盖、木桶盖、青华盖、炭山盖、矿铅盖，菖蒲盖、天龙山等海拔800米以上的岩溶中低山及山原台地区域，占全县土地面积的54.9%，成土母质以石灰岩风化物为主，间有部分页岩风化物；在轴部两翼形成丘陵、漕谷和平坝，主要有龙麻坝、板溪洼、水田坝、五福、铜鼓潭等海拔600米以下的岩溶丘陵及谷坝区域，占全县土地总面积的24%，成土母质以砂页岩风化物为主，间有石灰岩风化物；在海拔600—800米地带形成高丘及漕谷区域，占全县土地面积的21.14%，成土母质以砂岩、页岩、石灰岩风化物为主，间有泥岩风化物。全县中北部地势高，东西两侧低，最高海拔为北部原小咸乡的灰阡梁子1895米，海拔最低点为南部沿岩乡董家寨乌江沿岸西彭线界263米，绝对高差1632米，相对高差300—500米以上。

气候变化

酉阳自治县属中亚热带湿润季风区，主要特点是：四季分明而季差大，气候温和而冷暖不均；雨量充沛而分布不匀；云雾多，霜雪少，日照时数少而无霜期长；立体气候明显，灾害天气频繁。

气温：1971—2000年，年平均气温为14.9℃，最高气温为15.8℃，最低气温为14.3℃。气温各个季节变化是：春季（3—5月）为14.4℃，夏季（6—8月）为24.1℃，秋季（9—11月）为15.8℃，冬季（12—2月）为5.2℃。7月最热，多年平均气温25.1℃，最冷为1月，多年平均气温为4.6℃。

积温、地温：年内≥0℃的有效积温为5436.9℃，≥5℃的有效积温为3680.1℃（304天），≥10℃的有效积温为2315.3℃（243天）。酉阳地温8月最高为27.5℃，最低1月为4.7℃，全年平均为16.3℃.

日照：据酉阳气象站资料载：酉阳历年平均日照数为1076.7小时，最多年达1369.5小时，最少年为889.1小时，相差480.4小时，80%以上的保证率年份可达1085小时。日照的季节时数为:春季（3—5月）为233.6小时，夏季（6—8月）为429.0小时，秋季（9—11月）为269.7小时，次年冬季（12—2月）为144.3小时。各季分别占日照率的20%、34.3%、26%和15%，夏季最多为473小时，占41.8%，冬季最少为143.8小时，占12.8%。日照最多的是8月份为171.7小时，最少是2月份的37.4小时，分别占42%和12%。

雨量：酉阳降雨量充沛，但分配不均。1971—2000年全县年降雨量在800—1600毫米，全年平均降水量为1331.6毫米。降雨量最多的月份是5月和6月，最少的月份是12月，最多月份与最少月份之比为

10∶1。降雨量各季节分别为：春季（3—5月）380.3毫米，夏季（6—8月）565.4毫米，秋季（9—11月）299.9毫米，冬季（12至次年2月）86.1毫米。

无霜期：历年无霜期平均为258.1天，最长为292天，最短为237天。平均初霜日期在11月25日，终霜日期在3月2日，初终霜之间达98.6天。最早初霜在10月30日，最晚终霜期在4月2日，初终间日数最长为144天，最短为67天。

蒸发：据酉阳气象站20厘米型蒸发器测定，全年蒸发量平均为951毫米，蒸发量季节间不均，夏季多，冬季少。最高是7月份的150毫米，最低为1月份的30毫米。

土壤河流

土壤 根据全县1984—1985年第二次土壤普查：全县共有6个土类，10个亚类，14个土属，55个土种。

水稻土类。主要分布在溪流河水现代河床较低的槽谷，坡立谷一、二级平坝上，溶蚀盆形地等地区。含冲积性水稻土、紫色性水稻土、黄色性水稻土3个亚类，黄色冲积性水稻土、中性紫色泥田、矿子黄泥水稻土、老冲积黄泥田、粗骨性黄泥田等5个土属，25个土种。全县水稻土面积32354.24公顷，占耕地面积的28.25%。

冲积土。分布呈零星状态，主要在溪河沿岸或山前开阔地段。有河流冲积土一个亚类，黄色冲积土一个土属，含卵石黄泥土，小黄泥土，潮沙土三个土种。冲积土面积1604.44公顷，占耕地面积的1.4%。

紫色土。主要呈窄条带状分布，一般分布在低山沙谷阶地上，山麓湾田或缓坡下 。有石灰性紫色土一个亚类，暗紫色泥土一个土属，含红紫泥土、紫黄泡泥土、紫潮土、红色石骨子土4个土种。紫色土面积4201.54公顷，占耕地面积的3.67%。

黄壤。黄壤是全县土壤主要类型，主要分布在县境内平坝区、漕谷带、低洼地段、陡岩脚、冲积坝两侧和泥页岩陡缓坡中上等区。有山地黄壤一个亚类、矿子黄泥土、老冲积黄泥土、粗骨性黄泥土三个土属，含粉质小黄泥土、壤质小黄泥土、小黄泥土、死黄泥土、玉石子黄泥土、砾石子土、豆面泥土、潮泥土、豆沙土、冷沙土、扁沙土、墨石土、假磨石泥土13个土种。黄壤土面积53957.35公顷，占耕地面积的47.11%。

黄棕壤。分布在县境中西北部海拔1200米以上的山地。有山地黄棕壤和生草黄棕壤两个亚类和两个土属，含黄沙土、黄泥土等4个土种。黄棕壤面积1546.62公顷，占耕地面积的1.35%。

石灰岩土。石灰岩土是酉阳较特殊的土壤类型，凡是有石灰岩出露的地方均出现该种土壤，主要分布于县境内，石灰岩地区缓坡地带，低山灰岩区缓坡中下部和中上部，低山窄谷缓坡台板土等地。有黑色石灰土、黄色石灰土两个亚类和土属。含墨石土、黑石土、黑泡泥土、岩碗土、黄泡土、玉石子黄泥土、龙凤沙土6个土种。石灰岩土面积20869.22公顷，占耕地面积的18.22%。

河　流 酉阳有大小河流119条，其中集雨面积大于50平方公里的19条，河流总长2000余公里，河网密度为每平方公里400米。全县以木叶、毛坝、板溪一线为分水岭，将河流分为乌江与沅江两大水系。分水岭东为沅江水系，以西为乌江水系。乌江水系主要有阿蓬江及小河坝河两大河流，其中较大的支流有细沙河、董河、甘龙河等；乌江流经县境达38.5公里。沅江水系有龙潭河及酉水河干流（沅江支游），主要支流有冷水河、溶溪河、四道水河、大江溪、多碧河、后河等。酉水河流经县境75公里。境内乌江水系和沅江水系理论水能蕴藏量为41.6万千瓦，可供开发利用的为23万千瓦，占理论蕴藏量的55.3%

生物植被

生物资源　森林类型及面积。根据《酉阳自治县林业资源分类调查报告》（2005年出版），全县参与林种划分的林地资源面积为131415.5公顷，其中用材林面积121867.3公顷，竹林面积194.5公顷，经济林面积1430.7公顷，灌木林面积7923.0公顷。

酉阳自治县各林种面积情况表

表2－1

林种	合计		用材林		防护林		特用林		薪炭林		经济林	
	面积（公顷）	所占比重(%)	面积（公顷）	所占比重(%)	面积（公顷）	所占比重(%)	面积（公顷）	所占比重(%)	面积（公顷）	所占比重(%)	面积（公顷）	所占比重(%)
合计	131415.5	100	22683.4	17.26	95511.5	72.68	3866.9	2.94	7923.0	6.03	1430.7	1.09

酉阳自治县各林种蓄积情况表

表2－2　　单位：立方米

林种	合计		用材林		防护林		特用林		薪炭林		经济林	
	蓄积量	所占比重(%)	蓄积量	所占比重(%)	蓄积量	所占比重(%)	蓄积量	所占比重(%)	蓄积量	所占比重(%)	蓄积量	所占比重(%)
合计	9252408	100	1652117	17.86	7381276	79.78	219015	2.37	—	—	—	—

全县天然林资源总面积225091.6公顷，总蓄积量8409402立方米，活力木总蓄积量9609872立方米，另外不属于森林的疏林地3238.9公顷，占林地面积1.09%，灌木林地118922.4公顷，占39.98%，无立木林地10994.4公顷，占3.69%。

草场资源及监测。2005年6—7月，县畜牧局专业组监测涉及20个样地，采集60个样方，建立60个营地监测模型。监测结果显示：全县优势牧草品种主要有芒、白茅、野古草、三叶草、假苜蓿、柳叶箬、山柳菊等七种，毒害牧草主要有野棉花、小蕨、青杠叶等三种。经测算，酉阳县暖性灌丛草地盖度为67—98%，牧草高度为20—90厘米，不计再生草，平均亩产621.15公斤鲜草或24公斤风干草，理论载畜量为14316个牛单位，年均15.28亩可养1头牛或4只羊；暖性草丛营地盖度为60%—100%，特草高度为20—55厘米，不计再生草，平均亩产497.40公斤鲜草或风干草，理论载畜量为83895个牛单位，年均19.6亩可养1头牛或4只羊。此次监测于1982年草地资源普查结果比较，酉阳县两大主要草地类的资源与生态状况总体变化不大，但亩产鲜草量和理论载畜量略有下降，其中暖性丛草地分别下降1.2%和12.5%，暖性草丛草地分别下降12.8%、0.7%。

动物资源。据1998年在市林业局支持下全县开展野生动物调查结果：兽类有33种，隶属5目12科，其中毛冠鹿、豹、云豹、猴子、大灵猫、小灵猫、穿山甲属国家2类保护动物；还有小鹿、黄鼬、猪獾、豹猫、果子狸、松鼠等，还有珍贵的香獐、水獭、狐狸等；鸟类149种，隶属29科，其中白鹤、红腹角雉、金鸡分属国家一、二、三类保护动物；爬行类14种，隶属4目7科，多为有益动物，但其中尖吻蝮（俗称岩蛟）是剧毒蛇；两栖类10种，其中大鲵（俗称娃娃鱼）属国家二类保护动物。鱼类45种，隶属6目9科，其中厚唇鱼（石花鱼）、南方拟鳌（青背子）、湖南吻鲍（齿耙鱼）、园园吻鱼（细鳞鱼）4种，是沅江水系稀有鱼种，还有闻名中外的稚鱼（俗称细鲢鱼）等。

植被 属四川盆地东南缘中山植被区—七曜山南部植被小区，以亚热带中部组成为主。据县农业资源调查资料，全县主要木本植物有裸子植物8科17属19种，被子植物63科132属194种及竹亚科12种；主要中药材835种；主要牧草226种，已鉴定的82种，分属32科78属；主要农作物品种292个。

全县各植被类型及组成如下：

低中山（海拔1000—1895米之间）植被区。森林植被以偏湿性常绿阔叶混交林为主。优势树种有栎类（石栎、水青冈、锥栗、猴栗、细叶青冈等）、樟科（黑壳楠、檫木、木姜子等）、木兰、山茶、杜鹃科（映山红、叶耳杜鹃等）及杨类（盖杨等）、桦类（化香等）。本区零星分布有秃杉、红豆木及鹅掌楸等珍稀树种。竹类以箭竹、楠竹、斑竹和苦竹为主。灌木类主要有山柳、火棘、紫苑、六股筋、羊舌子及伴生藤本猕猴桃等。草本植被以白茅、巴茅、野古草、莨草等为主，“酉阳楼梯草”为特有植物。重要药材有杜仲、黄柏、厚朴及黄连、天麻等。农田栽培作物主要有玉米、洋芋、红苕、杂豆、荞及水稻等。

低山（海拔600——1000米之间）植被区。森林植被以针、阔叶混交林为主；优势树种有马尾松、杉木、柏木及栎类（青冈）、杨类（毛白杨、响叶杨等）、枫香，还有人工栽培的油茶、油桐、漆、棕及红椿、酸枣、核桃、泡桐等。竹类主要有楠竹、水竹等，灌木植被有马桑、火棘、盐麸木、黄荆、悬钩子、刺梨等。草本植被主要有野古草、白茅、巴茅、莨草、青蒿等。主要药材有丹皮、吴萸、杜仲及银花、白术、白芍、青蒿等。农田栽培作物主要有水稻、玉米、黄豆、小麦、红薯、洋芋及烤烟、油菜等。

丘陵（海拔600米以下）植被区。森林植被马尾松、杉木及粮林混作的油桐、乌桕为主，还有零星分布和人工栽培的红椿、泡桐、千丈、洋槐、黑杨、茶叶及各类果树等。竹类主要有楠竹、白夹竹、慈竹等。灌木植被主要有黄荆、羊舌子、盐麸木、悬钩子、刺梨等。草本植被主要有蕨萁、白茅、巴茅、野古草、莨草、青蒿等。主要中药材有吴萸、银花、菊花等。农田栽培作物主要有水稻、玉米、小麦、红苕及烤烟、油菜、蚕桑等。

酉阳植被由于海拔高度一般较低（大部分1500米以下），植被垂直分布无明显差异。全县植被尤其是森林植被经过了破坏、恢复以及发展阶段，全县森林覆盖率1956年为18.4%，1964年为4.5%、1975年为5.7%，1982年为5.1%，1990年为18.57%，2002年为23.8%。

矿产及建材资源

据《酉阳县志》记载境内共有矿产地82处，确认的矿种21种，以汞矿、萤石—金晶石、黄铁矿、铅锌矿为主。优势品种有汞、大理石、铅锌、硫铁矿等4种。已开采的有汞、铅、硫铁矿、大理石、石灰石、煤和方解石等。在建材中石灰石资源丰富，出露地表面积3666平方公里，占全县土地总面积的71.06%。根据县土房局提供的数据资料，全县主要矿石的资源情况如下：

内生矿产资源 汞矿有储量2800吨（金属量）（C+D级），地质储量457吨金属量，品质单一，易选易治，品位0.10%至0.332%，主要分布在江口乡陈家崖至黄皮坑、龙潭镇青华至河口村、板溪镇山羊村、楠木乡辣子水、涂市乡大林至大坡村、麻旺镇马槽口、后坪乡野战村；可开采量2800吨，年开采量60吨。

铅锌矿：有储量8.15万吨（D+E级），硫化矿、氧化矿、混合矿等易选程度不等，矿体厚长，品位变化很大，品位2%至46%（PB+10%）。主要分布在毛坝乡细沙村、黑水镇二龙及楠木村、钟多镇干溪沟至细沙溪、李溪小河村及天台村、丁市镇中学至岩子厂、万木乡下坝至麻布坨、后坪坝乡野战村、酉酬镇江西湾。

外生矿资源 水泥灰岩保有储量45155万吨（D+C级），地质储量60亿吨以上。品质为杂质，有害矿物含量少，氧化钙含量49%至52%。主要分布在龚滩镇沿岩至小银滩、庙溪、浪坪、苍岭、双泉、天馆、丁市、铜鼓、花田、黑水、龙潭、江丰、麻旺、毛坝、车田、泔溪等乡镇。可开采量29亿吨，现年开采量40万吨。

工业大理石有储量30568万立方米（D级），地质储量2000万立方米以上，该矿易开采、切割、裂缝小且少，荒料块度大，板材光洁，反光强度大，无放射性等特点。20世纪80—90年代被建材部（建材局）评为十大黑色大理石基地，已出口到东南亚、美国、澳大利亚等国家和地区。主要分布在龚滩沿岩、铜鼓乡江东峡及车坝村，钟多镇凉风垭及东流口，小河镇一两丝至五堆、小岗、龙潭镇猴子山及其他大部分乡镇。可开采量30568万立方米，现年开采量1万立方米。

铝土矿储量2268万吨（E级）。品质为AL203估计含量40%，其他控制指标未测。主要分布在宜居董河小垭一带，可开采量1810万吨。

硫铁矿：有储量1116.29万吨矿石（B+C+D级），有害杂质少，可用于优质硫酸生产，含硫8.32%至31.13%，矿层厚度和品位变化很大，主要分布于苍岭镇、花田乡，可开采量约600万吨。

旅游资源

酉阳土家族苗族自治县境内有独具特色的风景名胜。著名的有酉阳桃花源国家AAAAA级旅游景区，龚滩古镇和龙潭古镇两个国家AAAA级旅游景区，酉水河国家湿地公园和阿蓬江大峡谷两个国家AAA级旅游景区，石泉古苗寨、毛坝群贤居、金家坝水库等AA级旅游景区，赵世炎烈士故居和中国工农红军二、六军团会师地——南腰界革命根据地等红色旅游景区，同时还有大板营自然保护区、笋岩大峡谷、苍蒲大草原、圆梁山等以探险、休闲、纳凉避暑为主要特色的原生态旅游景区。

自然灾害

灾害性天气 主要有低温冷害、绵雨、冰雹、凌冻、伏旱、洪涝等。

低温冷害。一般发生在3—4月和7—8月。酉阳县低温冷害出现的规律是：根据最近18年（1986—2000年）资料，出现低温冷害的年份为12年，平均每年一次，按出现次数计算则为75%。

绵雨。春末夏初，正是县境内大部分地区抢种抢收的“双抢”大忙季节，持续的阴雨不但使已成熟的作物收不进，晒不干，造成霉烂，还严重影响农事活动开展。从最近30年资料看，阴雨在5天以上的绵雨达14年。

冰雹。冰雹在全县境内都有降雹的可能。在具体分布上则要看降雹成因，若因热力作用所致，往往分布于山区狭沟、坝上，范围小、时间短、危害程度较轻；若属于动力作用造成的则范围广、强度大、危害重、降雹特点成股数。根据最近30年气象资料记载显示，冰雹主要发生在2—4月。

凌冻。又叫冻雨、雨松，它冻坏农作物，使交通中断，压断电线，通信隔阻，危害大。它是全县海拔600米以上的地区冬季冷害中较重的一种气象灾害。据最近30年气象资料记载，共出现凌冻58天，平均每年1.9天，主要出现于隆冬季节（1—2月），最多日数出现在1月为26天，占总数的41%，其次是2月为21天，占总数的32%，年度最多为8天，出现在1983年和1984年，一次最长连续时间为232小时。

伏旱。入伏后的七八月份，全县高空正处于西太平洋副热带高压稳定控制，天气以晴热少雨为主，因县境内地貌高低悬殊，对晴热少雨天气承受程度不同，后果不一，由此可分“脚部旱、腰部旱、头部旱”三种类型。1970年至2004年35年中，酉阳出现伏旱16年，出现频率为46%。伏旱最早开始于6月27日，结束于9月10日。大于30天的有5年。

洪涝。据酉阳气象资料，1965年至2004年中，酉阳洪涝灾害记载共有17年，按年计算出现频率为43%。洪涝灾害最早出现在6月13日，最晚出现在8月13日。每次洪涝灾害损失严重，其中最重的是1999年6月27日—29日，酉阳境内连降大暴雨，县城大部分被淹，工农业损失十分惨重。此次洪涝灾害使全县直接经济损失达1亿元左右。

地质灾害　酉阳位于四川盆地东部盆周山地及盆缘斜地区，位于地震波动影响区，水系发达，河溪深切，坡陡谷深，地质构造复杂，软弱层及软弱结构不发育，加之区内降雨充沛，且多大雨，暴雨等集中降雨过程，故区内地质灾害频繁，且类型多，数量多，分布广，危害大。从曾经发生地质灾害来看，多以滑坡伴生泥石流为主，其次为危岩（崩塌）、泥石流、地面塌陷，且地质灾害发生多具有继承性和突发性。

根据《1999年汛期地质灾害调查报告》（市地勘局）和《2001年酉阳地质灾害调查报告》（市地勘局和107地质队），结合历年掌握资料：全县有地质灾害点285处。全县部分地质灾害易发危险区有2处，一处是毛坝、腴地、涂市、龙潭一线以西地质灾害易发危险区，有地质灾害点252处；二处是兴隆、车田、偏柏、酉酬一线以东地质灾害易发危险区，发现地质灾害点33处。重点灾害点是：苍岭镇大河口滑坡体；龚滩街道危岩，有2000人左右受危岩滑坡的威胁；板溪乡秋谷坪滑坡。

第二节　环境保护

组织沿革

酉阳土家族苗族自治县环境保护局成立于1985年。1987年，撤销县城乡建设局和县人民政府环境保护办公室（挂环境保护局牌子），和县建委合并成为建委环境保护委员会，下设县环境保护办公室。1998年成立县环境保护局，属县建委下属的二级局。2001年8月，由县建委二级局上升为独立的一级局，内设有办公室、综合科、宣教科、计财科，下属有监察大队和环境监测站，担负全县辖区内的环境管理、环境监测、环境宣传教育、环境统计、环境科研等职能。全局共有在职职工19人，大专以上文化程度17人。

现状及规划

环境现状　全县环境质量状况总体较好。大气环境质量逐步改善，全年大气环境质量满足二级标准以上的天数在80%以上，其中县城空气质量基本达到国家一级标准，二氧化硫较1997年降低50%以上；全县95%以上的水体满足水环境功能环境质量要求，其中城市饮用水质达标率为100%，河流的90%的河段属I-II类水质，96%的河段水质满足水域功能要求；区域环境噪声质量和交通干线噪声基本能满足质量要求；环境污染得到有效控制，生态环境破坏趋势基本得到遏制。2002—2004年度均获市环保考核一等奖。

规划　力争环境污染和生态破坏趋势得到控制，全县城市和部分乡镇的环境质量全面改善，主要江河水库水质保持稳定，流经城镇河段有机污染的趋势得到控制，饮用水源水质基本得到保证。大气环境质量达到功能区要求，初步控制汽车尾气污染，减少城区超标噪声覆盖面积。主要次级河流水质基本符合环境功能区的要求，自然保护区面积不断扩大。

宣传教育

环境教育　积极开展绿色学校创建。至2005年，全县有4所学校完成市级绿色学校验收，有6所正在申报验收中。开展中小学环境征文活动。全县共有100多所中小学、10万中小学生参加这项活动，其中获市奖的10余名，县环保局和教委连续两年获市征文活动组织工作一等奖。抓好环保教育培训，主要是对乡镇环保干部进行培训和在党校开设环保课。

环境宣传　在宣传形式上主要以“6·5”世界环境日为中心，采取新闻媒体、图片展示、法律咨询、领导讲话、发放资料、游行、宣传车巡回等多种形式向社会宣传。宣传内容主要是以法律法规为重点的《中华人民共和国环境影响评价法》《中华人民共和国固体废物污染环境防治法》《中华人民共和国大气污染防治法》《中华人民共和国水污染防治法》《中华人民共和国噪声污染防治法》《中华人民共和国放射性污染防治法》以及《中华人民共和国环境保护法》《重庆市环保条例》等。至2005年，全县共出动宣传车40余台次，刊发资料3万余份，县主要领导电视电话讲话3次，标语20余幅，受教育群众20万人次以上。

监察监测

环境监察　主要是加强对环境行政处罚的力度，加大排污收费的监测和管理，执行建设项目环境影响评价制度和“三同时”制度，规范建设项目的环境管理工作。至2005年，环境执法人员先后深入工业企业污染源现场核查108个厂次，216人次；及时查处和回复“12369”环保投诉中心督办案件36件，查处回复率100%，同时加强对渝怀铁路、三改二工程、梯子洞电站等重点建设项目的日常监管工作，有效地防止污染生态环境的事故发生。据统计，近年共登记在册建设项目182个，执行环境影响登记表的98个，执行环评表的15个，执行环评报告书的8个，正在办理环评的4个。“三同时”执行情况较好，已建成的预验收项目的“三同时”执行率100%。

环境监测　监测主要是对水环境、空气环境、噪声环境、酸雨降尘及污染源监督性监测工作。环境监测的设备能开展地表水监测项目15项（国家规定县三级监测站应监测28项），生活饮用水源地水质16项（国家规定28项），环境空气监测5项，声环境监测4项。2004年取得监测数据6014个，定期每周分别在酉阳电视台、《酉阳报》公布播报县城空气质量状况。

污染防治

污染防治工作，主要是在全县全面推行排污量控制、排污申报及排污许可制度。对全县在控重点污染源的排污总量进行指标分解，确保排污总量在总量控制指标内，并结合总量控制指标和排污申报，对符合要求的单位发排污许可证。巩固工业污染源达标和“推清”工作成果，实施对工业污染源的达标治理，全县未出现取缔、关闭企业再恢复生产的情况。同时还对饮用水源进行保护，全面完成泉孔、小坝二级水库、龙潭水库等饮用水源保护区内污染源整治工作，定期每月对饮用水源水质进行监测，饮用水源水质达标率100%。此外还对督促铜鼓水泥厂、天雄锰业、龙潭水泥厂、铁合金厂等企业的污染进行治理且效果良好。

第二章　土　地

第一节　土地资源

土地详查与统计数、概数的差异

土地面积详查与统计的差异　据1996年酉阳自治县统计手册与土地详查比较，二者有差异，全县面积相差不大，但耕地面积相差较大。

1996年酉阳自治县土地面积详查与统计的差异对比表

表2－3　单位：公顷

指　　标	土地总面积	耕地
详查面积	515933	116933
统计面积	515867	54267
相差面积	+66	+62666

土地详查与概查数差异　土地详查与概查数也存在差异，详查与概查在土地总面积上相差不大，但与耕地、林地、牧地等相差较大。

1996年酉阳自治县土地面积详查与概查差异对比表

表2－4　单位：公顷

指　标	土地总面积	耕地	林地	牧草地
详查面积	515933	116933	269400	27400
概查面积	515867	79600	203933	139933
相差面积	+66	37333	65467	112533

土地面积及构成

据1996年酉阳土地利用现状变更调查数据，全县土地利用现状调查幅员面积为5159.32平方公里，各业用地及土地构成情况如下：

1996年酉阳自治县土地利用现状表

表2－5

项　目	面积(公顷)	占总面积(%)
全县辖区面积	515931.88	100%
耕地	116939.01	22.7
园地	3120.35	0.6
林地	269386.4	52.21
牧草地	27433.3	5.31
城镇村及工矿用地	8955.73	1.7
交通用地	2338.41	0.46
水域	5191.53	1.0
未利用土地	82567.16	16.01

土地质量等级

根据对农民“看天、看地、看庄稼”经验的总结，结合全国农业区划委员会制定的《县级农业综合开发资源调查评价大纲》和第二次土壤普查技术评价标准，选择对农业影响较大的土壤因素和区位条件等制约因素，按强度定级，采用权重分析方法及耕地划为四类等级，各类均列出相应的评价项目和标准。

酉阳自治县农业土壤生产力评级项目及标准表

表2－6　　单位：级

项目	因素强度		土壤等级标准							
	代号	权重	一类地		二类地		三类地		四类地	
坡度	8	20	<6°	8	6°—15°	6	15°—25°	4	>25°	2
侵蚀度	t	10	不明显	5	轻、中度沟蚀为主	2.5	强度侵蚀切沟状	1.5	极强度垮塌等	1
土层厚度	d	15	田50厘米 土80厘米	7	田30—50厘米 土50—80厘米	4	田15—30厘米 土30—50厘米	2.5	田<15厘米 土10—30厘米	1.5
海拔	h	10	<500米	5	500—800米	2.5	800—1250米	1.5	>1250米	1
质地	m	15	中壤	7	轻壤、重砾石中壤	4	重壤、轻黏、砂壤、中度砾石	2.5	砂、中黏、重砾石、紧砂	1.5
水源	w	10	长渠保灌溉	5	提灌、小堰塘灌	2.5	泉水灌或暂时蓄水灌溉	1.5	无灌溉	1
土壤养分	f	10	N120—150ppm速p>8ppm	5	N90—120ppm 速 p5—8ppm	2.5	N60—90ppm 速 5ppm	1.5	N<60ppm 速 p<3ppm	1
粮食单户(公斤/公顷)	c	10	4501公斤以上	5	3001—4500公斤	2.5	1501—3000公斤	1.5	1500公斤以下	1

续表2－6

项目	因素强度		土壤等级标准							
	代号	权重	一类地		二类地		三类地		四类地	
权分合计	Σ	100	基本无障碍	47	有障碍因素易改造	26.5	加大力度才能改良	16.5	基本不宜农	10
权分协调	－	100	—	>47	—	26.5/47	—	16.5/26.5	—	10/16.5

各土地等级面积及分布

根据农业土壤生产力评级项目及标准，全县耕地划分4个等级，总耕地面积115427.15公顷。其中，一类地2400.08公顷，占2.08%；二类地49460.73公顷，占42.85%；三类地47000.02公顷，占40.02%；四类地16566.32公顷，占14.35%（此耕地数是土地利用现状详查面积，由四川航空摄制测量大队提供数据）。

酉阳自治县耕地不同生产力水平分级面积表

表2－7

乡　镇	耕地面积（公顷）	一类地（公顷）	所占比重（%）	二类地（公顷）	所占比重（%）	三类地（公顷）	所占比重（%）	四类地（公顷）	所占比重（%）
钟多镇	1073.74	53.59	4.99	333.25	31.03	620.07	57.76	66.83	6.22
钟多区	11482.91	87.95	6.79	4544.24	39.57	5503.09	47.92	1347.63	11.74
龙潭区	8855.98	108.2	1.22	3474.24	39.23	3693.26	41.71	1580.18	17.84
麻旺区	19831.9	1497.11	7.55	3789.14	19.11	4293.5	21.65	10252.15	51.69
酉酬区	11403.8	242.03	2.12	5685.86	49.86	4903.75	43	572.16	5.02
大溪区	10210.11	72.06	0.71	4256.74	41.69	4845.74	47.46	1035.57	10.14
苍岭区	10629.89	79.21	0.75	5729.85	53.90	3714.75	34.95	1106.08	10.40
龚滩区	7592.39	45.22	0.60	5396.07	71.07	1754.42	23.11	396.68	5.22
兴隆区	6645.8	9.78	0.15	2054.30	30.91	3113.36	46.85	1468.36	22.09
黑水区	6912.97	13.6	0.20	2827.99	40.91	2988.83	43.24	1082.55	15.65
李溪区	6567.06	12.22	0.19	2943.99	44.83	2851.04	43.41	759.81	11.57
小河区	7728.16	31.64	0.41	1915.18	24.78	3229.83	41.79	2251.51	33.02
丁市区	14381.71	146.69	1.02	6366.5	44.27	5454.95	37.93	2413.57	16.78
渤海农场	8.43	0.78	9.25	7.65	90.75	—	—	—	—
酉阳农场	48.15	—	—	35.57	73.87	11.22	23.31	1.36	2.82
青华林场	34.21	—	—	8.77	25.64	22.12	64.66	3.32	9.70
合　计	115427.15	2400.08	2.08	49460.73	42.85	47000.02	40.72	16566.32	14.35

1996年酉阳自治县各种地貌耕地面积情况表

表2－8

地貌类型名称	耕地面积(公顷)	占耕地面积(%)
平　坝	7800	6.76
高丘缓坡地	5500	4.76
高丘陡坡	4600	3.99
低山缓坡	52400	45.41
低山陡坡	27600	23.91
中山缓坡	10400	9.01
中山陡坡	4900	4.25
山　原	2200	1.91
—	115400	100

第二节　土地规划

国民经济发展战略与规划依据

根据酉阳现有经济基础，资源条件和未来发展的宏观环境，必须在保持经济建设持续快速发展的同时，保护和合理利用自然资源，建设好生态环境。目标是生态环境优美，持续健康发展战略，人民生活脱贫并向小康与富裕型迈进，全县经济实现新的腾飞。据《酉阳自治县国民经济和社会发展“九五”计划及2010年远景目标》，到2008年国民生产总值达到12亿元，粮食总产量37万吨。到2010年，国民生产总值达25亿元，粮食总产量保持在40万吨水平。

酉阳现行的土地规划要为经济发展战略服务，制订目标既要利用现有条件，更要注重动态变化相关因素，要依据上级下达的耕地占用指标和人口城市化水平指标以及有关法律法规、计划、规划和基本资料等，制订了全县土地利用总体目标。

规划目标

2000年（规划近期年）土地规划目标　从1996年规划基期年到2000年主要规划任务：

各类建设用地控制在2291.6公顷，主要用于交通能源基础设施建设和中小集镇建设需求，并统筹兼顾各业用地。

基本农田保护面积为81798.1公顷，其中一级基本农田61651.21公顷，占耕地比重75.37%；二级基本农田20146.9公顷，占耕地24.63%。

农业内部结构调整占用耕地控制在1000公顷。

土地开发整理和复垦新增耕地必须达到717.1公顷左右，确保2000年耕地保有量达到11.5万公顷以上。

2010年（规划目标年）土地规划目标 从1997—2000年耕地减少量为6033.4公顷，平均每年减少430.95公顷，耕地补充量2510公顷，平均每年增加179.3公顷，到2010年耕地总量保持在11.34万公顷左右，人均耕地为0.14公顷（1996年0.16公顷）。

基本农田保护面积81798.1公顷，占规划基期年耕地面积的70%。其中，一级基本农田61651.2公顷，占基本农田的75.37%；二级基本农田20146.9公顷，占基本农田的24.63%。

土地开发、整理、复垦目标。开发耕地1230公顷，开发园地1690公顷，开发林地5329公顷，开发牧草地920公顷，新拓耕地1280公顷，使全县81857.3公顷农田中50%的耕地为高产稳产农田。

建设用地控制指标。全县建设用地增加面积控制在3371公顷，每年平均增加240.81公顷，其中占用耕地366.7公顷。

生态环境指标：规划期内要确保全县水土流失、环境污染和生态环境破坏得到基本控制，土地资源得到有效保护，全县陡坡耕地生态退耕5666.7公顷，森林覆盖率达到41.4%，比1996年提高11.5个百分点。

提高土地利用率和生产率。2010年全县除难利用土地外，绝大部分得到合理利用，除田坎以外的未利用地占土地总面积的比重由1996年的9.7%下降到7.8%，全县每亩土地国民生产总值达到0.480万元（1996年现价）。

土地利用远景展望

耕地略有减少。到2030年，耕地面积为112985.6公顷。

园地、林地，未利用地变化不大。到2030年全县园地面积为745064公顷，比2010年增加780公顷；林地面积为274179.43公顷，减少31695公顷；未利用地总量减少1020公顷，减至70316.36公顷。

非农建设用地增加。到2030年，城镇及工矿用地面积10711.22公顷；交通用地面积5601.5公顷，水域面积为5884.22公顷。

牧草面积有所增加。牧草地利用向集约化、规模化方向发展，到2030年牧草地面积达28802.89公顷。

土地结构调整规划

据土地总体规划目标。全县各类用地规划调整，主要体现在耕地现有减少，园地、林地、牧草稳健发展，城镇工矿用地及非农建设用地严格控制，交通和水利建设占地较大，大力搞好未开发利用土地等方面的工作。

1997—2010年 酉阳自治县土地利用结构调整规划表

表2－9　　　　单位：公顷

地类		1996年		期间面积增减	2000年		期间面积增减	2010年		规划期间面积增减
		面积(公顷)	比重(%)		面积(公顷)	比重(%)		面积(公顷)	比重(%)	
土地总面积		515931.88	100.00	0.00	515931.88	100.00	0.00	515931.88	100.00	0.00
耕地		116939.00	22.70	(−)1000.00	115939.00	22.47	−2523.40	113415.60	21.98	−3523.40
园地		3120.35	0.60	(+)1500.00	4620.35	0.89	2050.29	6670.64	1.30	3550.29
林地		269386.40	52.21	(+)2400	271786.40	52.68	4088.03	275874.43	53.47	6488.03
牧草地		27433.30	5.31	344.549	2777.89	5.38	1000.00	28777.89	5.58	1344.59
城镇村及工矿用地	小计	8955.73	1.70	750.00	9705.73	1.88	438.49	10144.22	1.98	1188.49
	建制镇	191.93	2.14	700.00	891.93	9.19	383.04	1274.97	12.57	1083.04
	村庄	8602.35	96.06	−395.00	8207.35	84.56	26.13	8235.48	81.18	−368.87
	独立工矿	115.56	1.30	30.00	145.56	1.50	27.32	172.88	1.70	57.32
	特殊用地	45.89	0.50	415.00	460.89	4.75	0.00	460.89	4.54	415.00
交通用地	小计	2338.41	0.46	1195.00	3533.41	0.68	811.11	4344.52	0.85	2006.11
	铁路	0.00	0.00	0.00	0.00	0.00	246.47	246.47	4.71	246.47
	公路	945.51	40.40	595.00	1540.51	43.60	176.25	1716.76	38.82	771.25
	农村道路	1392.90	59.60	600.00	1992.90	56.40	306.16	2299.06	52.94	906.16
	港口码头	0.00	0.00	0.00	0.00	0.00	82.23	82.23	2.30	82.23
水域	小计	5191.53	1.00	95.00	5286.53	1.00	81.69	5368.22	1.04	176.69
	水利设施	370.05	7.00	97.61	467.66	8.85	81.69	549.35	10.58	179.30
	其他	4821.48	93.00	−2.61	4818.87	91.15	0.00	4818.87	89.20	−2.61
未利用土地		82567.16	16.01	−5284.59	77282.57	14.98	−5946.21	71336.36	13.80	−11230.80

1997—2010年酉阳自治县各类用地指标平衡表

表2－10　　单位：公顷

地　类	规划基期年面积	调整后地类								期内减少
		耕地	园地	林地	牧草地	城镇村及工矿用地	交通用地	水域	未利用地	
耕地	116939	110905.6	17.00	4640.70	1009	236.73	107.02	22.95	0	6033.4
园地	3120.35	0	3038.64	0	0	50.00	26.71	5.00	—	3911.67
林地	269386.4	0	1270.00	265474.43	900.00	568.31	1086.88	68.48	—	3501.6
牧草地	27433.3	0	650.00	430.00	25948.89	125.60	257.81	21.00	—	1484.4
城镇村及工矿用地	8955.73	250.00	0	0	0	8672.75	10.38	—	22.60	282.9
交通用地	2338.41	10.00	0	0	0	0	2327.61	0	0.80	10.8
水域	5191.53	0	0	0	0	0	9.03	5150.5	0	9.0
未利用土地	82567.16	2250.00	1695.00	5329.00	920.00	472.83	519.08	68.29	71312.96	11254.2
规划目标年面积	515931.88	113415.60	6670.64	275874.43	28777.89	10144.22	4344.52	5368.22	71336.36	
期内增加	—	2510.00	3632.00	10399.70	2829.00	1471.47	2016.91	185.72	23.40	23068.20
增减相抵(+)(-)		-3523.4	3550.29	6488.03	1344.59	1188.49	2006.11	176.69	-112230.8	0

2000—2010年酉阳自治县耕地规划平衡表

表2－11　　单位：公顷

项目／期限	规划期间补充耕地			规划期间减少耕地				规划期间净增减耕地
	增加合计	整理复垦	土地开发	减少合计	建设占用	退耕	灾毁	
2000年	717.10	365.70	351.40	1100.00	100.00	1000.00	0.00	-382.90
2010年	1792.90	914.30	878.60	4933.40	266.70	4666.70	0.00	-3140.50
规划期间合计	2510.00	1280.00	1230.00	6033.40	366.70	5666.70	0.00	-3523.40

1996—2010年 酉阳自治县各类用地指标平衡表

表2－12

单位：公顷

地类	1996年面积	2010年面积	调整后地类								期内减少
			耕地	园地	林地	牧草地	城镇村及工矿用地	交通用地	水域	未利用地	
耕地	116939	113415.60	112710.6	100.00	35.00	-	175.00	250.00	145.00	—	705.00
园地	3120.35	6670.64	—	6590.64	—	—	50.00	25.00	5.00	—	80.00
林地	269386.4	275874.43	—	510.00	273994.43	240.00	250.00	70.00	160.00	—	1880.00
牧草地	27433.3	28777.89	—	150.00	—	28654.89	—	50.00	15.00	—	215.00
城镇村及工矿用地	8955.73	10144.22	120.00	—	—	—	10021.22	2.00	1.00	—	123.00
交通用地	2338.41	4344.52	5.00	—	—	—	—	4339.52	—	—	5.00
水域	5191.53	5368.22	—	—	—	—	—	5.00	5363.22	—	5.00
未利用土地	82567.16	71336.36	150.00	100.00	150.00	—	215.00	230.00	175.00	70316.36	1020.00
2030年面积	515931.88	515931.88	112985.60	7450.64	274179.43	28802.89	10711.22	5601.52	5884.22	70316.36	—
期内增加			275.00	860.00	185.00	240.00	690.00	1262.00	521.00	0.00	4033.00
增减相抵(+)(−)			(−)430.00	(+)780.00	(−)1695.00	(+)25.00	(+)567.00	(+)1257.00	(+)516.00	(−)1020.00	0.00

1996—2010年酉阳自治县非农业建设用地控制指标表

表2－13　　单位：公顷

项目		1996—2000年			2001—2010年			规划期间		
		合计	耕地	非耕地	合计	耕地	非耕地	合计	耕地	非耕地
一、居民点及工矿用地	小计	1179.00	154.57	1024.43	480.41	82.16	389.25	1471.47	236.73	1234.74
	建制镇	700.00	125.00	575.00	383.74	52.16	331.58	1083.74	177.16	960.58
	村庄	34.00	18.47	15.53	57.27	20.00	37.27	91.27	38.47	52.80
	独立工矿	30.00	7.10	22.90	39.40	10.00	29.40	69.40	17.10	52.30
	特殊用地	415.00	4.00	411.00	0.00	0.00	0.00	415.00	4.00	411.00
二、交通用地	小计	1200.00	55.00	1145.00	816.91	52.02	781.36	2016.91	107.02	1909.89
	铁路	0.00	0.00	0.00	246.47	31.44	215.03	246.47	31.44	215.03
	公路	600.00	30.00	570.00	184.65	9.75	174.90	784.65	39.75	744.90
	农村道路	600.00	25.00	575.00	320.03	10.83	309.20	920.03	35.83	884.20
	港口码头	0.00	0.00	0.00	82.23	0.00	82.23	82.23	0.00	82.23
三、水利用地	小计	100.00	12.00	88.00	85.72	10.95	74.77	185.72	22.95	162.77
	水库	80.00	10.00	70.00	52.24	7.00	45.24	132.24	17.00	115.24
	其他	20.00	2.00	18.00	33.48	3.95	29.53	53.48	5.95	47.53
总计		2479.00	221.57	2069.49	1383.04	145.13	1254.38	3674.10	366.70	3307.40
平均每年占地		165.20	15.83	147.82	98.79	10.37	89.60	262.44	26.19	236.24

土地利用分区及布局

据酉阳土地利用现状，规划期内土地利用结构和布局，以土地适宜性为基础，按照土地的基本用途，将全县土地分为8个土地利用区，即农业用地区、园林用地区、林业用地区、牧业用地区、城镇建设用地区、村镇建设用地区以及自然和人文景观区等。

农业用地区　本区土地主要用于农业生产及直接为农业生产服务。本地区为基本农田保护区、一般农业用地区和蔬菜基地、沟渠、田土坎和农村道路，总面积14708.52公顷，占土地总面积的28.5%，人均0.18公顷。主要分布在龙麻坝、水田坝等漕谷坝区，其中龙潭、麻旺、丁市、酉酬、大溪、苍岭等区面积较大。

园林用地区　本区土地主要用于种植园业及其服务配套设施，不得擅自转变用途。本用地区包括果园、桑园、茶园和其他园地，面积共6670.64公顷，占土地总面积的比重为1.3%，人均园地0.01公顷。该项用地在全县分布比较零散，各区（镇）都有分布，其中麻旺、龙潭、酉酬、双河、丁市等区分布较多。

林业用地区　本区的土地主要供林业生产和生态屏障建设、环境保护、旅游及林业服务设施使用。用地面积275874.43公顷，占土地总面积的53.47%，人均林地0.35公顷，主要分布于兴隆、苍岭、酉酬等酉中北低中山区，以及县内的绿色长廊、生态防护林体系建设涉及的丘陵、河谷、城镇区。

牧业用地区　本区土地主要供发展草食畜牧业生产使用，用地面积28777.89公顷，占土地总面积的比重为5.58%，人均牧草地0.04公顷，主要成片分布在钟多、黑水、兴隆、龙潭、麻旺、酉酬等区。

城镇建设用地区　土地主要用于城镇建设，严格执行土地利用总体规划和城镇总体规划相衔接的城镇用地规模，其用地为建制镇用地，面积1274.97公顷，占土地总面积的0.25%，城镇人均用地94平方米。该项用地主要分布在钟多、龙潭、龚滩、麻旺、丁市、李溪、大溪等建制镇。

村镇建设用地　土地主要用于村镇居民住宅、乡镇村企业、乡镇村以及其设施和公益事业等建设，该项用地包括乡集镇和农村自然聚居点、规划新村等农民居住较集中的居民点，面积8235.48公顷，占土地总面积的7.6%，村镇人均用地124.14平方米，全县各区镇均有分布。

独立工矿用地区　土地主要用于工矿生产建设及直接为工矿生产服务的设施。面积172.88公顷，占土地总面积的0.03%，主要分布在钟多镇、龙潭、麻旺、苍岭等区。

自然和人文景观保护区　本用地区是为保护特殊的自然、人文景观而划定的区域。主要包括桃花源森林公园，赵世炎故居、龙潭古镇建筑（如石板街）等面积共460.89公顷，主要分布在钟多镇和龙潭镇。

重点建设项目布局

规划期内，酉阳重点建设项目共三大类，均是对全县国民经济发展起重要作用的骨干性工程，主要是交通、水利水电等项目。根据各重点项目的用地要求预测，对重点建设用地指标进行了规划。

1996—2010年酉阳自治县重点建设项目表

表2－14　　单位：公顷

用地部门	项目名称	建设性质	建设年限	建设规划	用地面积	其中		所在乡(镇)
						耕地	非耕地	
水电	小坝二级水库	新建	1996—2010年	1248.0万平方米	36.02	11.02	25.00	小坝
水电	梯子洞电站	新建	1996—2010年	2×9000千瓦	19.25	0.35	18.90	大河口

续表2－14

用地部门	项目名称	建设性质	建设年限	建设规划	用地面积	其中		所在乡（镇）
						耕地	非耕地	
水电	双江电站	新建	1996—2010年	2×2500千瓦	11.00	1.00	10.00	双桥
水电	关子门电站	新建	1996—2010年	2×2500千瓦	13.00	0.33	12.67	天山
水电	金家坝电站	新建	1996—2010年	3×5000千瓦	31.33	1.33	30.00	官清
水电	王礁电站	新建	1996—2010年	4×5000千瓦	13.00	1.00	12.00	小河
交通	国道319线	新改建	1996—2010年	三级	49.89	6.85	43.04	小坝、大涵、黑水等沿线乡镇
交通	铜沿路	新改建	1996—2010年	三级	26.98	3.60	23.38	铜西、双河等
交通	西彭路	改建	1996—2010年	三级	86.95	10.99	75.96	酉阳至龚滩沿线乡镇
交通	秀西路	改建	1996—2010年	三级	9.99	2.00	7.99	苦竹
交通	大卯路	改建	1996—2010年	三级	18.99	2.20	16.79	西水、五福、老寨
交通	西南路	改建	1996—2010年	三级	69.56	5.11	64.45	酉阳至南腰界沿线乡镇
铁道	渝怀铁路	新建	1996—2010年	—	246.17	31.44	214.73	兴隆区、黑水区、龙潭区、麻旺区
建委	桃花源森林公园	新建	1996—2010年	—	415.00	4.00	411.00	钟多镇

土地规划控制指标

按照全县土地利用结构图与总体布局调整要求，经综合平衡后把上级下达本县控制指标分解到各乡镇。上级下达耕地占用指标为6033.4公顷（建设占用366.7公顷、生态退耕5666.7公顷），本规划实际占用6033.4公顷。上级下达土地整理复垦指标为2266.7公顷，规划实际增加2510公顷；上级下达耕地保有量指标为109240公顷，其中基本农田79533.3公顷，规划耕地保有量为113322.36公顷，上级下达耕地净增减3766.7公顷，规划比1996年末减少3608.82公顷。

1997—2010年酉阳自治县土地利用总体规划主要控制指标调整分解表

表2-15

单位：公顷

项目 / 单位	1996年末耕地面积	规划期间补充耕地			规划期间减少耕地			规划期间净增减耕地	2010年耕地保有量	
		小计	整理复垦	土地开发	小计	建设用地	退耕		小计	其中基本农田
钟多镇	1073.65	45.00	25.00	20.00	94.61	94.61	0.00	-49.61	1024.04	663.85
钟多区	11479.32	290.00	130.00	160.00	224.65	136.80	87.85	65.35	11544.67	8363.13
龙潭区	8859.27	190.00	120.00	70.00	776.51	45.89	730.62	-586.51	8272.76	5653.78
麻旺区	11853.07	270.00	130.00	140.00	1173.84	45.02	1128.82	-903.84	10949.23	7921.1
酉酬区	11406.56	152.00	92.00	60.00	47.74	5.43	42.31	104.26	11510.82	8274.49
大溪区	10219.81	124.00	72.00	52.00	332.17	14.87	317.30	-208.17	10011.64	8587.09
苍岭区	10602.24	185.00	105.00	80.00	401.43	4.88	396.55	-216.43	10385.81	7543.54
龚滩区	7592.46	164.00	62.00	102.00	112.14	17.75	94.39	51.86	7644.32	5176.16
兴隆区	6646.55	255.00	115.00	140.00	271.50	13.81	257.69	-61.5	6630.05	4144.91
黑水区	6904.33	215.00	120.00	95.00	298.81	19.45	279.36	-83.81	6820.52	4723.19
李溪区	7200.04	133.00	80.00	53.00	314.26	34.84	279.42	-181.26	7018.77	4239.51
双河区	8619.48	180.00	94.00	86.00	1401.41	16.98	1384.43	-1221.41	7398.07	4748.88
丁市区	14382.78	307.00	135.00	172.00	669.75	10.33	659.42	-362.75	14020.03	11668.88
渤海农场	8.43	—	—	—	—	—	—	—	8.43	8.43
酉阳农场	48.15	—	—	—	—	—	—	—	48.15	48.15
青华林场	35.04	—	—	—	—	—	—	—	35.04	35.04
合　计	116931.18	2510.00	1280.00	1230.00	6118.82	460.66	5658.16	-3608.82	113322.36	81800.13

第三节　土地保护

执法监察

法规宣传　为了切实加强对土地的管理和保护，提高公众依法保护和开发土地的意识，县国土部门以《中华人民共和国土地管理法》《中华人民共和国土地管理法实施条例》《四川省土地管理实施办法》等为主的法律法规为内容，利用传媒、标语、座谈会、巡回宣传、咨询等多种形式宣传。据统计：全县从1986至2004年间，印发宣传资料及图书65000份（册），办培训班30次，参训15000余人次，宣传车296辆次，专题广播270次，知识竞赛7次，参赛3000人，217人获奖。举办座谈会321次，参加2万人次，开展咨询358次。尤以1996年“6·25”土地日宣传最为突出。当天县政府领导发表了电视讲话，并由分管副县长带领3000多人参加游行宣传活动，出动宣传车53台次，书写标语2153幅，咨询57次，印发宣传资料8470份，县区乡座谈会96次。通过宣传及效果调查，城镇成人受教育面达80%，农村达65%，干部受教育面在95%以上。

土地监察　1998—2004年，全县共计发生违法案件2504件，其中土地案件2341件，矿产151件，房产12件，涉及面积35.175公顷。及时制止2373件，其中土地2224件（面积29.90公顷），矿产140件，房产9件；立案查处131件，其中土地117件，面积为5.27公顷，矿产11件，房产3件。2000年对龙潭渤海110千伏变电站非法占地24亩，对渤海乡党政主要负责人及相关责任人给予行政处分及相关处罚。

土地权属

土地权属分类及其面积　根据《中华人民共和国宪法》《中华人民共和国土地管理法》等法规，依据土地详查全国规程和《四川省土地利用资源调查技术规范》及有关技术文件，对土地权属处理原则也是划定土地权属界线的技术规范，按照全国统一规程，土地权属划分为三类，即国有土地（全民所有）、集体土地（集体所有）、未定权属土地。

据1996年详查：全县土地总面积中，国有土地12476.72公顷，占土地总面积的2.4%；集体所有土地503455.16公顷，占土地总面积的97.6%；全县没有未定权属土地。

1996年酉阳自治县土地利用现状一级分类权属面积表

表2－16

项目＼单位	国家所有		集体所有		未定权属		合计面积（亩）
	面积（亩）	百分比（%）	面积（亩）	百分比（%）	面积（亩）	百分比（%）	
耕地	1493.4	0.1	1752591.7	99.9	0.0	0.0	1754085.1
	99.56	0.1	116839.44	99.9	0.0	0.0	116939
园地	264.5	0.6	46541.1	99.4	0.0	0.0	46805.6
	17.63	0.6	3102.74	99.4	0.0	0.0	3120.37
林地	113594.0	2.8	3927202	97.2	0.0	0.0	4040796
	7572.93	2.8	261813.46	97.2	0.0	0.0	269386.4

续表2－16

项目＼单位	国家所有		集体所有		未定权属		合计面积（亩）
	面积（亩）	百分比(%)	面积（亩）	百分比(%)	面积（亩）	百分比(%)	
牧草地	2084.5	0.5	409415.0	99.5	0.0	0.0	411499.5
	138.79	0.5	27294.33	99.5	0.0	0.0	27433.1
居民点及工矿用地	4806.3	3.6	129529.6	96.4	0.0	0.0	134335.9
	320.42	3.6	8635.31	96.4	0.0	0.0	8955.73
交通用地	14162.5	40.4	20913.6	59.6	0.0	0.0	35076.1
	944.17	40.4	1394.24	59.6	0.0	0.0	2338.41
水　域	48564.8	62.4	29308.2	37.6	0.0	0.0	77873
	3237.65	62.4	1953.88	37.6	0.0	0.0	5191.53
未利用土地	2180.5	0.2	1236326.9	99.8	0.0	0.0	1238507.4
	145.37	0.2	82421.79	99.8	0.0	0.0	82567.16

土地登记发证 为保障土地使用者和土地所有者的合法权益，全县于1992年根据上级要求，从相关部门抽调104名登记员，对全县土地进行登记，到1993年，登记工作已经按照“权属合法、面积准确、界址清楚”的原则共完成城镇国有土地发证3116宗，权属调查5530宗，国有土地发证率达56%，权属调查率达95.3%，自停止农村宅基地发证工作时，共完成宅基地发证30727个，权属调查58253宗。全县从1998至2004年共计单位办理土地证2135宗，546.33万平方米，个人9178宗，77.04万平方米。

建设用地管理

建设用地管理系非农业建设用地管理，主要内容包括对国家、集体和个人三个方面建设用地管理。按照珍惜和合理利用每寸土地，切实保护耕地的要求，坚持开源节流并重的方针，对建设用地实行严格审批权限，按计划和程序坚持实行一支笔审批制度，不突破指标，确保了土地的“一要吃饭，二要建设”的需要，有效地保护了土地。1988—2004年，全县共计划842.52公顷，实际落实617.46公顷，占计划的73.29%。

1988—2005年酉阳自治县非农生产建设占地计划执行情况表

表2－17　　单位：公顷

年度	土地总计		耕地		非耕地		违法案件	
	计划	落实	计划	落实	计划	落实	件数	面积
1988	54.6	24	27.3	10.7	27.3	13.3	504	11.3
1989	49.3	9.4	21	1.86	28.3	7.53	277	4.9
1990	33.33	14.07	12.67	2.32	20.67	8.05	107	2.83
1991	46	15.87	22.67	5.2	23.33	10.67	—	—
1992	49.67	18.73	24.33	7.4	25.33	11.26	—	—

续表2－17

年度	土地总计		耕地		非耕地		违法案件	
	计划	落实	计划	落实	计划	落实	件数	面积
1993	89.33	36.73	48.67	16.38	40.67	20.36	—	—
1994	36	14.22	18	7.57	18	6.65	—	—
1996	27.67	27.67	14.67	14.67	13	13	—	—
1997	11.2	11.2	11.2	11.2	—	—	20	1.3
1998	13.81	13.81	1.11	1.11	12.7	12.7	3	0.12
1999	20	20	15	15.12	5	4.88	2	0.09
2000	33	33.15	13	12	20	21.15	2	1.59
2001	45	45	45	45	—	—	2	0.05
2002	25	25	13	13	12	12	2	0.34
2003	271.11	271.11	271.11	271.11	—	—	3	0.9
2004	37.5	37.5	24.5	24.5	13	13	39	6.8
总面积	842.52	617.46	583.23	459.14	259.29	154.55	—	—

基本农田保护

保护总量及保护等级　保护总量指标。根据基本农田的需求量、不同监测时段、全县人民生活和社会经济发展对农产品的基本需求量，对基本农田需求总量确定的面积指标。为了确保基本农田需求量，划定保护面积必须考虑到影响耕地生产力的不可预见性因素，因此在确定基本农田需求量的基础上，再增加10%的耕地面积作为基本农田保护总量指标，全县保护基本农田面积81798.1公顷。基本农田保护又划为一级和二级保护，一级基本农田是保证人民基本生活口粮规定长期不得占用；二级基本农田是为了补充一级基本农田不足部分，是一级基本农田的后备资源，规划期内不得占用。在81791.1公顷面积中，一级基本农田61651.1公顷，占基本农田的75.37%；二级基本农田20146.9公顷，占基本农田的24.63%。

基本布局　根据全县自然资源、人口、技术、作物分布、耕地生产力等因地制宜将全县基本农田保护划为三大区域，形成85个保护区。

酉东高丘平坝粮油生产耕地保护区。规划建立基本农田保护区30个，保护片257个和保护点2044个。包括龙潭、龙东、苦竹、井岗、青华、木桶、渤海、白竹、麻旺、泔溪、泉孔、亮垭、腴地、桃渔、车田、酉酬、偏柏、新溪、沙田、后溪、田坝、酉水、五福、老寨、沙滩、可大28个乡镇和渤海农场、青华林场。

酉西南低山粮经养殖耕地保护区。计划建立基本农田保护区31个，保护片286个，保护点2063个。包括红井、铜鼓、小坝、钟南、李溪、南腰界、南龙、天山、蚂蝗、楠木、铜西、官清、双桥、板桥、小河、小岗、丁市、铺子、万木、后坪坝、后兴、中坝、董河、宜居、天馆、龚滩、沿岩、瞿潭、两瞿、清泉30个乡镇和酉阳农场。

酉中北中低山林牧药粮经土特产耕地保护区。规划建立基本农田保护区24个，保护片194个，保护点1532个，包括钟多镇、山羊、板溪、涂市、苍岭、银岭、中岭、双泉、岭口、浪坪、大河口、兴隆、土坪、泡木、木叶、细沙、小咸、黑水、毛坝、马鹿、花园、花田、大涵23个乡。

规划指标及完成情况　保护指标。黔江区下达全县基本农田保护面积66666.67公顷（100万亩），其中一级保护44000公顷（66万亩），规划指标（使用2000年保护面积）为87353.66公顷（131万亩），其中一级保护63691.33公顷（95.54万亩）。

完成情况。1996年全县划定基本农田总面积102253.21公顷，其中一级保护面积66528.63公顷，二级保护面积35724.58公顷，分别完成指标的153.38%、151.20%和157.61%；分别完成规划指标的117.06%、104.45%和150.98%；耕地保护率为88.5%，其中一级保护面积占耕地面积的57.64%，占总保护面积的63.06%，二级保护面积占耕地总面积的30.98%，占总保护面积的34.94%。

全县共划定保护区85个，保护片737个，保护点5786个，保护块602055块，签订县区基本农田保护责任书13份和县乡镇基本农田保护责任书82份，发放基本农田保护责任通知书175831份，设置保护碑35块，张贴《基本农田保护条例》（原型塑料）100张，使102253.21公顷基本农田保护责任层层落实，划到地块和农户，明确了保护责任人。

第四节　开发与利用

加大土地开发整理工作是近几年的一项重点工作之一。1986年起，全县先后完成小坝河流域河滩开发整理、天馆乡熊家村土地开发、菖蒲盖小槽坝、大槽坝、二分坝、茨坪坝等7个土地开发整理项目，新增耕地463公顷（6945亩）。其中开发整理规模最大的是小坝河流域沙滩治理工程，该项目争得国家投入资金72.6万元，1991年1月12日开始动工，4月底第一期工程整治工作结束，沙堤工程全面竣工，共完成钢筋混凝土板改河道4300米，完成基础开挖16435立方米，河床清淤16万立方米，护堤回坝3万立方米，修建附属设施15处，投劳28万个工日，保护了耕地100余公顷。若第二期工程完工后可新开耕地66公顷，新增20公顷。

合理利用土地，发挥土地的最大价值，对土地资产进行管理，逐渐推行土地有偿使用制度，经营性用地进行招标拍卖挂牌出让。2004年对9宗经营性用地全部进行了招标拍卖或挂牌出让，面积为58343平方米，出让综合价金7723万元，收缴土地出让金1300万元。

第三章　人　口

第一节　人口资源

人口数量

全县2005年总人口75.84万人，比1985年增加123308人，平均每年增加6165人，人口自然增长率由1985年的11.72‰下降到2005年6.25‰（2000年为6.5‰）。

人口分布

据2000年酉阳自治县第五次普查显示：酉阳的人口密度为每平方公里141人，比1983年第3次人口普查的每平方公里119.26人增加了21.74人。其中人口密度最大的是钟多镇为846每平方公里人，比1990年的每平方公里613人增加233人。全县14个镇的总人口为37.96万人，占全县人口的52%。城镇人口由于1990年代实行鼓励农村户口转变成城镇户口等政策，使城镇人口增长较快，2005年全县城镇人口9.03万人。比1985年的37800人增加52500人，增长138.9%。城镇人口仍集中在钟多、龙潭、龚滩三镇，其次是36个乡镇。据2000年第五次人口普查，全县城镇人口为59959人，占全县总人口的10.9%，乡村人口534320人，占城乡总人口的89.1%。

1985—2005年酉阳自治县人口状况表

表2－18　　单位：人

年度	总人口	其中城镇人口	其中男性人口	其中非农业人口
1985	635092	37800	331396	42136
1986	643757	38900	336449	43121
1987	652215	40000	341191	46076
1988	661101	40700	347104	44854
1989	667623	41400	350743	45336
1990	671073	42500	352760	46432
1991	673293	43200	356065	47336
1992	676233	44600	358609	55350
1993	679457	46200	361407	57206
1994	683774	48000	364416	58784

续表2－18

年度	总人口	其中城镇人口	其中男性人口	其中非农业人口
1995	689510	49700	368080	60384
1996	694961	51100	371896	62153
1997	702024	52500	375276	63713
1998	712013	53819	381152	65345
1999	717388	55752	384555	66454
2000	724617	57208	388918	67666
2001	732233	62000	391932	68399
2002	737845	75300	396172	69168
2003	745018	75300	499800	71010
2004	749900	82200	402400	70300
2005	758400	90300	406800	75100

第二节　人口结构

民族构成

据2000年全县第5次人口普查，在全县登记的594279人中，全县共有29个民族，比1980年的17个民族增加了12个。汉族人口46426人，占7.8%；各少数民族人口547853人，占92.2%。其中，土家族462444人，占84.41%；苗族85182人，占15.55%；回族25人，侗族24人，维吾尔族24人，彝族28人，藏族2人，蒙古族4人，哈萨克族1人，傣族2人，黎族9人，仫佬族1人，羌族3人，撒拉族7人，仡佬族5人，拉祜族4人，水族6人，白族4人，朝鲜族7人，鄂温克族3人，门巴族5人，珞巴族9人，傈僳族3人，高山族5人，瑶族9人，满族10人，布依族10人，壮族11人。

性别及年龄构成

在2000年第5次人口普查登记中，男性312788人，占52.65%，女性281491人，占47.37%。性别比为111.12∶100，比1982年第三次人口普查的108.41∶100略高，这说明男女比例失调。

全县的年龄结构，第5次人口普查0—14岁占人口的比例30.9%，比1982年第3次普查37.5%，下降6.6%；15—64岁占总口比例60.1%，比三普57.3%上升了2.8%；65岁以上占9%，比1982年的5.2%上升了3.8%，老龄人口的显著上升标志着酉阳也进入老年型社会（按国际老龄人口占7%为人口老年型社会的标准）。

1982—2000年酉阳自治县3次人口普查年龄组变化情况表

表2－19　　　　单位：人

年 龄	第3次人口普查（1982年）		第4次人口普查（1990年）		第5次人口普查（2000年）	
	总人口	占总人口数(%)	总人口	占总人口数(%)	总人口	占总人口数%
—	611487	—	663323	—	725682	—
0—14岁	229546	37.5	161188	24.3	183903	30.9
15—64岁	350157	57.3	457030	68.9	357012	60.1
65岁以上	31784	5.2	45105	6.8	53364	9.0

注：第5次普查登记人口数594279人，各年龄组按此年组成

1982—2000年酉阳自治县3次人口普查3个年龄段性别结构表

表2-20

年龄	第3次人口普查（1982年）					第4次人口普查（1990年）					第5次人口普查（2000年）				
	男（人）	所占比（%）	女（人）	所占比（%）	性别比例	男（人）	所占比（%）	女（人）	所占比（%）	性别比例	男（人）	所占比（%）	女（人）	所占比（%）	性别比例
总人口	318082	52.02	293405	47.98	108.54	348667	52.56	314656	47.44	110.8	312788	52.63	281491	47.67	111.12
0—14岁	118589	51.66	110957	48.34	106.87	84242	52.26	76946	47.74	109.48	101360	55.12	82543	44.88	122.79
15—64岁	168036	47.98	182121	52.02	92.27	238133	52.10	218897	47.9	108.78	184082	51.56	172930	48.44	106.45
65岁以上	13723	43.18	18061	56.82	75.98	21690	48.08	23415	51.92	92.6	27344	51.24	26020	48.76	105.9

文化程度构成

20年来，酉阳大力发展教育，积极开展扫盲工作，群众文化水平有了较大提高。据2000年酉阳第5次人口普查，全县在登记普查的人口中，有大专以上文化程度的5315人，比1982年第3次人口普查的586人增加4729人，高中（含中专）文化程度的28256人，比1982年增加14489人，小学文化程度的293929人，比1982年的245112人增加48817人，文盲半文盲56277人，比1982年的129883人减少了73606人，文盲率从1982年的27.06%下降到9.5%，下降了17.56%。全县每万人中受高中以上教育的人口数量逐渐增长，尤其是大专以上年均增幅在11%以上。

酉阳自治县每万人中有各级受教育人数表

表2－21

文化水平	1982年(人)	1990年(人)	2000年(人)	1982—1990平均增速(%)	1990—2000年平均增速(%)
大专以上	9	22	89	11.82	15.00
高中(含中专)	225	322	476	0.46	3.99
初中	1233	1740	2134	0.44	2.06
小学	4010	4692	4946	1.98	0.53

职业构成

行业分类 根据2000年“五普”抽样（占10%）调查，全县59045人中，就业人口34844人。行业有15类，在15个行业中，农林牧渔业在业人口占总人口在业人口的87.41%，批零贸易及餐饮业占3.4%，其余依次是制造业、教育文化和党政机关、社会团体。从产业上看，第一产业30144人，占87.41%，比1982年的94.73%下降7.3个百分点；第二产业1105人，占3.2%，比1982年的1.32上升了1.88%；第三产业3235人，占9.38%，比1982年3.95%上升了5.43%，这说明全县经济结构近10年来发生了很大变化。

2000年酉阳自治县“五普”行业人员抽样（占10%）调查情况表

表2－22

行　　业	在业合计(人)	行业人员与在业人口的比例(%)
合计15类	34494	100
农、林、牧、渔	30144	87.39
采掘业	51	0.15
制造业	774	2.24
电力、煤气及水的生产供应	85	0.25
建筑业	280	0.81
地质勘查、水利管理	19	0.06
交通运输、仓储、邮电通信	355	1.03
批发和零售贸易、餐饮业	1174	3.40

续表2－22

行　　业	在业合计(人)	行业人员与在业人口的比例(%)
金融、保险业	78	0.23
房地产业	6	0.02
社会服务业	168	0.49
卫生、体育和社会福利业	195	0.57
教育、文化艺术和广播影视业	671	1.95
科研和综合技术服务业	6	0.02
国家机关、党政机关、社会团体	488	1.41

职业结构　近20年，酉阳人口职业状况发生了很大变化。从事农牧渔人员由1982年的93.97%下降到2000年的87.42%，下降幅度为6.55%；专业技术人员由1982年的2.18%上升到2000年的2.97%，上升幅度为36.24%；国家机关、党群组织、企业事业单位负责人由1982年的0.75%下降到2000年的0.65%，下降13.33%；办事员及有关人员由1982年的0.39%上升到2000年的1.04%，上升166.67%；商业服务人员由1982年的1.03%上升到2000年的3.98%，增幅达286.4%；生产运输设备操作人员及有关人员由1982年的1.67%上升到2000年的3.93%，上升135.33%。

第3—5次酉阳自治县人口普查职业结构情况表

表2－23　　单位：%

职业分类	2000年	1990年	1982年
国家机关、党群组织企事业单位负责人	0.65	0.51	0.75
专业技术人员	2.97	2.12	2.18
办事员及有关人员	1.04	0.53	0.39
商业服务人员	3.98	1.44	1.03
农牧渔水产业生产人员	87.42	93.43	93.97
生产运输设备操作人员及有关人员	3.93	1.96	1.67
不便分类的其他劳动者	0.01	0.01	0.01

第三节　人口控制

人口变化及分析

1986—2004年，全县共计出生202583人，死亡93782人，自然增长108801人。19年平均总人口为695474人，平均出生率为15.33‰，死亡率为7.09‰，自然增长率为8.24‰。19年中，人口增长出现了两个高峰期，峰值年份为1987年和1997年。从全县19年人口变化分析看，全县人口经历了高峰期、下降期、基本稳定期3个阶段。

高峰期（1986—1990年） 这5年是计划生育工作处于起步阶段，群众生育观念落后，计生工作的行政手段和经济处罚力度大，但效果差，出生率和自增率仍然居高不下。5年间，共计出生人口60907人，死亡24058人，自然增长36849人。五年平均总人口为659154人，平均出生率为18.48‰，死亡率为7.29‰，自然增长率为11.19‰。5年中出生率最高的是1987年的19.72‰，最低的是1990年的11.17‰，自然增长率最高的是1986年的12.4‰，最低的是1990年9.54‰。

下降期（1991—2000年） 这十年随着工作方式的逐渐改变，群众的生活水平的提高，其生育观念也逐渐发生了转变，出生率和自增率虽有波动起伏，但总体是逐年递减的。据10年统计，共计出生人口106718人，死亡52444人，自然增长54274人，10年平均总人口为695326人，平均出生率15.35‰，死亡率为7.54‰，自然增长率为7.81‰，比高峰期分别下降了3.13‰、0.2‰和3.38‰。10年中出生率最高的是1995年的18.16‰，最低的是2000年的12.48‰，自然增长率最高的是1995年的10.40‰，最低的是2000年的4.86‰。

基本稳定期（2001—2004年） 这4年间共计出生人口34958人，死亡17280人，自然增长17678人。4年平均总人口为741244人，平均出生率为11.79‰，死亡率为5.83‰，自然增长率为5.96‰，比下降期分别下降了3.56‰、1.71‰和1.85‰；比高峰期分别下降了6.69、1.46、5.23个千分点。4年中出生率最高的是2003年的13.25‰，最低的是2004年的9.25‰，自然增长率最高的是2003年的6.85‰，最低的是2001年的5.14‰。

1986—2005年酉阳自治县人口增长变动情况表

表2－24　　单位：人

年度	年末总人口	出生		死亡		自然增长	
	人数	人数	出生率(‰)	人数	死亡率(‰)	人数	自然增长率(‰)
1986	643757	12441	19.46	4509	7.05	7932	12.41
1987	652215	12779	19.72	4933	7.61	7846	12.11
1988	661101	12024	18.31	4737	7.21	7287	11.1
1989	667623	12161	18.02	4833	7.35	7328	10.67
1990	671073	11502	17.17	5046	7.63	6456	9.54
1991	673293	9660	14.37	4819	7.17	4841	7.2
1992	676233	9124	13.52	5003	7.41	4121	6.11
1993	679457	9902	14.61	5288	7.80	4614	6.81
1994	683774	11503	16.88	4793	7.03	6710	9.84
1995	689510	12468	18.16	5329	7.76	7139	10.40
1996	694961	12117	17.50	5484	7.92	6633	9.58
1997	702024	12519	17.92	5313	7.60	7206	10.32

续表2－24

年 度	年末总人口	出生		死亡		自然增长	
	人数	人数	出生率(‰)	人数	死亡率(‰)	人数	自然增长率(‰)
1998	712013	11195	15.83	5405	7.64	5790	8.19
1999	717388	9233	12.92	5519	7.72	3714	5.19
2000	724617	8997	12.48	5491	7.62	3506	4.86
2001	732233	8536	11.71	4785	6.56	3751	5.14
2002	737845	9625	13.04	4875	6.61	4750	6.5
2003	745018	9868	13.25	4793	6.4	5075	6.85
2004	749900	6929	9.24	2827	3.77	4102	5.47
2005	758900	8253	10.88	3513	4.63	4740	6.25

计划生育

1985年以后，全县继续积极推行计划生育政策。一是制订具体的生育政策。国家机关干部、职工、城镇居民，一对夫妇只生育一个孩子；农村汉族提倡并鼓励一对夫妇只生育一个孩子，少数民族允许生二胎，不准生三胎；提倡晚婚晚育；照顾生育的批准权由县计生委安排并发准生证。二是奖励与处罚。奖励：对执行计划生育政策的给予奖励和优惠政策，城镇职工夫妇双方各享有每月5元的儿童保健费至14周岁，子女入学、就医、招生等优先接收等，尤其是农村实行计划生育的优先安排扶贫项目和扶贫资金，优先供应农业生产资料，优先培训技术，优先接受致富指导等优惠政策。三是法规宣传。1986年至2005年酉阳县根据《中华人民共和国人口与计划生育法》和《四川省计划生育条例》《重庆市人口与计划生育条例》等法律法规，先后下发了酉委发〔1987〕71号文件和酉委发〔1990〕73号文件，对具体生育政策奖励办法和限制措施等方面作详细规定，为全县推行计划生育提供了政策支持。同时进行法律法规宣传。全县20年间，共制作固定大型宣传标语5000多幅，印制宣传画册30万余份，培训计生干部4000多人次，订制了音像品和新闻媒体的专题宣传。通过多形式宣传，计生法规的知晓率达100%。四是建立健全计划生育管理机制。计划生育工作把思想教育工作放在首位，坚持“思想教育为主、经常工作为主、避孕为主”的方针，建立条块结合，齐抓共管的目标管理责任制，区乡重点抓农村，县级部门以部门为主，明确分管领导并抓好这项工作；建立各级各部门计划生育岗位责任制，实行责、权、利挂钩，严格奖惩；加强基层工作，建好服务室，配齐普查员，坚持定期早孕普查制度，凡是49岁以下孕龄妇女要接受普查。同时及时处理违法生育对象，搞好社会抚养费的管理，促进计划生育工作的开展。根据县人口与计生统计：全县1996至2004年，平均符合政策生育率为77.78%，最高是1986年的94.65%，最低是1997年的68.18%。政策内一孩比重为47.17%，政策内二孩比重为29.68%，政策内多孩比重为0.93%。政策内一孩占一孩出生比重为96.83%，政策内二孩占二孩出生比重为73.57%，政策内三孩占三孩及以上出生比重为8.49%。

节育措施

为控制人口，实行节育的手术主要有：男子结扎，女性安环、皮下埋植和女子结扎。据1986—2004年统计：20年共计落实节育手术278418例，其中男扎76143例，占27.35%；女扎7925例，占2.8%，安环

181646例，占65.24%；皮下埋植12704例，占4.56%。20年间，手术高峰期分别是1990年的42463例，（其中男扎23729例，女扎1173例，安环17561例）和1998年32842例，（其中男扎17976例，女扎1710例，安环13061例。）其中皮下埋植是在1994—1998年施行。

1986—2004年酉阳自治县节育手术人数表

表2－25　　单位：例

年度	节育手术例数				
甲	合计	男扎	女扎	安环	皮埋
1986	8556	215	128	8213	0
1987	13586	552	412	12622	0
1988	9976	146	183	9647	0
1989	13678	491	339	12848	0
1990	42463	23729	1173	17561	0
1991	12440	3830	119	8491	0
1992	11799	2884	193	8722	0
1993	11080	2403	64	8613	0
1994	13123	464	17	8831	3811
1995	15632	640	44	8399	6549
1996	18781	5353	1438	10621	1369
1997	16884	6010	588	10040	246
1998	32842	17976	1710	13061	95
1999	15383	6293	1081	8007	2
2000	9242	2856	218	6168	0
2001	7932	1371	104	6456	1
2002	8722	674	52	7995	1
2003	8334	151	26	8157	0
2004	7335	105	36	7194	—
合计	277788	76143	7925	181646	12074

第四节　计生服务体系

机构及队伍

1984年，全县建立了县计划生育指导站和10个区服务站。县计生指导站1986年获全国计划生育先进集体称号，1987年、1988年和1990年先后3次被评为四川省计划生育先进站。1993年全县建立了80个乡镇计生服务室，其中有房屋和雇请普查人员的乡镇23个，其余的乡镇均利用乡镇卫生院人员开展常规计划生育手术。随着国家逐渐加大对乡镇服务站建设的投入和加强其队伍建设，从2000年到2005年止，全县已建立乡镇服务站30个，其中生殖中心和龙潭、麻旺、酉酬、大溪、兴隆、苍岭、龚滩、丁市、李溪10个中心服务站有职工36人，其中，主治医师9人、医师15人、员级12人。2005年，中心服务站按社会公益事业性质，由县财政负担其工资及相关待遇。

房屋建设

1980年除县生殖健康中心、麻旺站、兴隆站、黑水站、大溪站、龚滩站、丁市站修建有房屋外，其余乡镇几乎没有场所，大都挂靠乡卫生院或租房。从2004年到2005年两年间，全县利用国债资金和市民心工程项目，按修建和改建每个服务站6万元至8万元经费标准，共修建了18个乡镇服务站，建筑面积3800平方米，加上原20世纪80年代修建的房屋，全县服务站房屋建筑面积为65992平方米。

2004—2005年酉阳自治县乡镇计划生育服务站建筑面积表

表2－26

单位名称	建筑面积(平方米)	建改时间(年度)	单位名称	建筑面积(平方米)	建改时间(年度)
县生殖中心	960	1985	江丰站	200	2004
麻旺站	350	1982	浪坪站	200	2004
酉酬站	340	1983	官清站	200	2004
兴隆站	300	1983	龙潭站	300	2005
黑水站	600	1983	李溪站	300	2005
龚滩站	449.2	1984	毛坝站	200	2005
大溪站	200	2004	庙溪站	200	2005
苍岭站	200	2004	后坪站	200	2005
板溪站	200	2004	板桥站	200	2005
天馆站	200	2004	南腰界站	200	2005
两罾站	200	2004	腴地站	200	2004
丁市站	200	2004	合计23个	6599.2	—

医疗设备

1986—1990年，因财政困难，计生资金投入不足，计生服务设备设施较差。县指导站20世纪90年代初除有手术包、手术床、病床等基本设备外，仅有国产B超1台，三大常规化验设备1套。区服务站仅有男女结扎、安环、人工流产设备。1990—2005年，全县利用国家扶贫及民心工程项目，每年有计划向乡镇服务站添置医疗设备。据统计，到2005年，全县服务站共有手术床43台、显微镜33个、电动吸引器26个、B超治疗仪42台、手提消毒器33个、手术灯21个、妇科治疗仪器27台、高压锅炉12台、微波治疗仪8台、反光灯13个、脚踏吸引器具12台、激光治疗仪器仪2台、手术包106个、换药车7台、木病床82台。

第三篇

党派　群团

DANGPAI　QUNTUAN

第一章　中共地方组织

第一节　中共酉阳自治县委及常务委员会

中共酉阳自治县委继1984年7月召开第六次党员代表大会以后，于1987—2005年先后召开了七至十一次党员代表大会，分别选举产生第七届、第八届、第九届、第十届、第十一届县委。第七届、第八届任期为3年，第九届、第十届、第十一届任期为5年。每一届县委由若干委员和候补委员组成。县委一般每半年召开一次全体会议，讨论决定全县经济社会发展和党的建设等重大问题。

县委常务委员会是县委的常设机关，由每一届县委全体委员会议从委员中选举若干人组成，常务委员会选举书记1人、副书记1—3人。届中由上级党委根据工作需要对县委组成人员进行调整。县委常委的主要职责是召集县委全委会议，向全委会报告工作，组织实施上级党组织的指示和全委会决议，管理干部，贯彻执行党的路线、方针、政策，对全县经济社会事业发展进行研究决策，并付诸实施。研究决策时按照党的个人服从组织、少数服从多数、下级服从上级、全党服从中央的组织原则作出决定。

县委常委会实行集体领导和个人分工负责相结合的办法，开展党的纪律、党的组织建设和思想建设、干部管理、政治宣传、统一战线、政策研究、民族宗教等方面的工作，坚持党对人民武装、政法工作的领导。常委会成员明确分工，各司其职，做好分管工作，并向县委负责。

1984—2007年酉阳自治县委书记、副书记、常委名录表

表3－1

届次	时间	职务	姓　名	籍　贯	任职时间
第六届	1984年7月—1987年7月	书记	郑富祯	四川石柱	1984年7月—1987年6月
			秦贵泰	四川彭水	1987年6月—1987年7月
		代理书记	费文礼	四川黔江	1987年6月—1987年7月
		副书记	贺鼎富	四川酉阳	1984年7月—1985年12月
			田应忠	四川酉阳	1984年7月—1985年12月
			刘荣金	四川垫江	1984年7月—1985年12月
			龙大奇	四川省	1985年11月—1987年6月
			费文礼	四川黔江	1987年2月—1987年6月

续表3－1

届次	时间	职务	姓 名	籍贯	任职时间
第六届	1984年7月—1987年7月	常委	周兴和	四川酉阳	1984年7月—1985年12月
			石敦高	四川酉阳	1984年7月—1987年7月
			陈海山	四川綦江	1984年7月—1985年12月
			许光炬	湖北襄樊	1984年7月—1985年12月
			付辅林	四川秀山	1984年7月—1985年12月
			赵学义	四川三台	1984年7月—1985年12月
			崔宗贤	—	1984年7月—1985年12月
			石邦荣	四川酉阳	1987年5月—1987年7月
			陈超然	四川酉阳	1987年5月—1987年6月
第七届	1987年8月—1990.3	书记	秦贵泰	四川彭水	1987年8月—1989年9月
			谭栖伟	四川石柱	1989年9月—1992年1月
		副书记	费文礼	四川黔江	1987年8月—1989年11月
			刘荣金	四川垫江	1987年8月—1989年12月
			龙大奇	四川	1987年8月—1988年9月
			向瑞清	四川酉阳	1990年3月—1992年12月
			庞一卫	四川黔江	1989年10月—1990年3月
			石胜福	四川酉阳	1989年10月—1991年12月
		常委	赵学义	四川	1987年8月—1989年11月
			石敦高	四川酉阳	1987年8月—1990年2月
			付辅林	四川秀山	1987年8月—1990年3月
			石邦荣	四川酉阳	1987年8月—
			陈秉亮	四川	1987年8月—
			戴相惠	四川酉阳	1987年8月—
			崔宗贤	—	1987年8月—
			陈超然	四川酉阳	1988年12月—1990年3月
			李国光	四川秀山	1989年12月—1990年3月
			谢光辉	四川酉阳	1989年12月—1990年3月
			王元楷	四川彭水	1990年1月—1990年3月
第八届	1990年3月—1992年12月	书记	谭栖伟	四川石柱	1990年3月—1991年12月
			石胜福	四川酉阳	1992年1月—1992年9月
			冉隆江	四川酉阳	1992年9月—1992年12月

续表3－1

届次	时间	职务	姓名	籍贯	任职时间
第八届	1990年3月—1992年12月	副书记	石胜福	四川酉阳	1990年3月—1992年1月
			向瑞清	四川酉阳	1990年3月—1991年11月
			陈超然	四川酉阳	1990年3月—1992年12月
			李国光	四川秀山	1990年3月—1992年9月
			庞一卫	四川黔江	1990年3月—1992年12月
			王梦路（下派）	—	1990年3月—1992年12月
			王元楷	四川彭水	1990年3月—1992年9月
			周维健（下派）	—	1991年9月—1992年12月
			唐　诚（下派）	四川重庆	1991年9月—1992年12月
			石敦高	四川酉阳	1992年9月—1992年12月
		常委	付辅林	四川秀山	1990年3月—1992年12月
			郭朝英	四川酉阳	1990年3月—1992年12月
			谢光辉	四川酉阳	1990年3月—1992年12月
			邱　华	四川酉阳	1990年3月—1992年12月
			唐九河	四川酉阳	1992年9月—1992年12月
			岳中焕	四川石柱	1992年9月—1992年12月
			田应学	四川酉阳	1992年9月—1992年12月
			刘功辉	四川酉阳	1992年9月—1992年12月
第九届	1992年12月—1997年12月	书记	冉隆江	四川酉阳	1992年9月—1995年9月
			王元楷	四川彭水	1995年9月—1997年12月
		副书记	陈超然	四川酉阳	1992年12月—1995年9月
			李国光	四川秀山	1992年12月—1995年2月
			石敦高	四川酉阳	1992年12月—1997年12月
			庞一卫	四川黔江	1992年12月—1992年12月
			田兴文	四川秀山	1993年12月—1997年12月
			冉进红	四川石柱	1995年2月—1997年12月
			张光明	—	1995年3月—1997年12月
			唐步新	重庆黔江	1995年9月—1997年12月
			唐九河	重庆酉阳	1996年10月—1997年11月
			余　明	重庆石柱	1997年5月—1997年12月
			陈　航	重庆秀山	1997年11月—1997年12月
			翁　勤	重庆酉阳	1997年11月—1997年12月

续表3－1

届次	时间	职务	姓 名	籍贯	任职时间
第九届	1992年12月—1997年12月	常委	梁正华	重庆酉阳	1997年11月—1997年12月
			刘功辉	重庆黔江	1992年9月—1997年12月
			岳中焕	重庆石柱	1996年3月—1997年9月
			谭彬奇	重庆石柱	1997年11月—1997年12月
			黎万洪	重庆石柱	1996年9月—1997年9月
			高　峰	重庆酉阳	1997年11月—1997年12月
第十届	1997年12月—2003年3月	书记	王元楷	重庆彭水	1997年2月—1998年7月
			唐步新	重庆黔江	1998年7月—2002年12月
			龚泽民	重庆彭水	2002年12月—2003年3月
		副书记	唐步新	重庆黔江	1997年12月—1998年7月
			冉进红	重庆石柱	1997年12月—2000年8月
			晏华文	重庆石柱	1997年12月—2000年2月
			陈　航	重庆秀山	1997年12月—
			谭彬奇	重庆石柱	1998年7月—2003年3月
			梁正华	重庆黔江	1998年11月—2001年12月
			邹方福	重庆酉阳	1998年7月—1999年9月
			翁　勤	重庆酉阳	1997年12月—2003年1月
			龚泽民	重庆彭水	2000年8月—2002年12月
			姚登惠	重庆酉阳	2001年12月—2003年3月
		常委	冉华章	重庆酉阳	2001年3月—2003年3月
			冉顺祥	湖北利川	2001年7月—2003年3月
			张世模	重庆江津	2001年3月—2002年12月
			谭彬奇	重庆石柱	1997年12月—2003年3月
			刘功辉	重庆酉阳	1997年12月—2001年12月
			梁正华	重庆黔江	1997年12月—2001年12月
第十一届	2003年3月—2007年2月	书记	龚泽民	重庆彭水	2003年3月—2005年9月
			徐　强	重庆巴南区	2005年9月—2007年2月
		副书记	李方宇	重庆黔江	2003年3月—2007年2月
			谭彬奇	重庆石柱	2003年3月—2006年12月
			姚登惠	重庆酉阳	2003年3月—2005年10月
			高　峰	重庆酉阳	2003年3月—2005年10月

续表3－1

届次	时间	职务	姓名	籍贯	任职时间
第十一届	2003年3月—2007年2月	副书记	黄朝忠	重庆酉阳	2003年3月—2007年2月
			袁道春(下派)	重庆	2005年7月—2006年4月
		常委	冉华章	重庆酉阳	2003年3月—2006年12月
			代方军(下派)	重庆	2003年3月—2005年12月
			冉顺祥	湖北利川	2001年7月—2007年2月
			张献强	重庆酉阳	2003年3月—2007年2月
			周传明	重庆酉阳	2003年3月—2005年10月
			杨洪勇	重庆酉阳	2003年3月—2007年2月
			杨清海	重庆酉阳	2003年3月—2007年2月
			贺恩友	重庆垫江	2005年9月—2007年2月
			刘　毅	重庆石柱	2005年9月—2007年2月

第二节　党员代表大会

中共酉阳自治县委员会自1984年召开第六届党员代表大会以来，先后共召开五届党员代表大会，代表全县党员选举产生历届县委班子、县委委员、纪律检查委员会书记、委员。

第七届党员代表大会　1987年8月18日至20日在酉阳县城召开，出席大会的党员代表304人，大会审议通过县委书记秦贵泰所作的《振奋精神深化改革努力夺取两个文明建设的新胜利》的工作报告和县纪委书记石邦荣所作的《县纪律检查委员会工作报告》。大会通过充分酝酿，选举产生县委委员25名，候补委员4名，大会选举秦贵泰为县委书记，刘荣金、龙大奇为副书记，赵学义、石敦高、付辅林、石邦荣、陈秉亮、戴相惠、崔宗贤为常委。大会选举产生第七届纪律检查委员会，石邦荣任书记，杨正道、郭朝英为副书记。

第八届党员代表大会　1990年3月1日至3日在酉阳县城召开，出席大会的党员代表266人，代表全县1.8万余名党员，听取和审议通过《着眼稳定、着力鼓劲、为实现脱贫致富的战略目标而努力奋斗》的工作报告和纪律检查委员会工作报告。大会选举产生新一届县委委员25名，候补委员4名，选举谭栖伟为县委书记，石胜福、向瑞清、陈超然、庞一卫为副书记，付辅林、李国光、郭朝英、谢光辉、邱华为常委，选举郭朝英为县纪委书记，张昌全、刘功辉为副书记，会议通过各项决议。

第九届党员代表大会　1992年12月15日至17日在酉阳县城召开，出席大会的党员代表276名、列席代表95名。大会听取和审议了冉隆江代表县委所作的《中共酉阳土家族苗族自治县委工作报告》和刘功辉代表县纪委所作的《中共酉阳土家族苗族自治县纪律检查委员会工作报告》，选举产生中共酉阳土家族苗族自治县九届委员会委员25名，候补委员4名、纪律检查委员会委员15名，选举冉隆江为县委书记，陈超然、李国光、石敦高、庞一卫为副书记，唐九河、岳中焕、田应学、刘功辉、邱华为常委，刘功辉兼任纪委书记，通过了有关决议（之前的4月30日，中共酉阳自治县委召开党员代表大会，选举产生王元楷、田兴文、田庆富、许忠民、齐玉霞、岳中焕、胡红卫、唐步新为重庆市第一届党代会代表）。

第十届党员代表大会　1997年12月19日至22日在酉阳县城召开，出席大会的党员代表319名、列席代表43名，大会听取和审议县委书记王元楷所作的《高举邓小平理论伟大旗帜，为实现跨世纪宏伟目标而努力奋斗》的工作报告和县纪委书记刘功辉所作的《中共酉阳土家族苗族自治县纪律检查委员会工作报告》。大会选举产生县委委员25名，候补委员4名、纪律检查委员会委员19名。县十届一次会议选举王元楷为县委书记，唐步新、冉进红、晏华文、陈航、翁勤为副书记，梁正华、刘功辉、谭彬奇、秦礼福、高峰为常委，选举刘功辉为县纪委书记，付万尧、李胜梓、石敦光为纪委副书记，并通过相应的决议。

第十一届党员代表大会　2003年3月13日至15日在酉阳县城民族会场召开，会议听取和通过龚泽民代表十届县委所作的《在党的十六大精神指引下为富民兴酉加快建设三峡库区生态经济强县而奋斗》的工作报告和县纪委书记所作的《县纪律检查委员会工作报告》。大会选举产生县委委员、候补委员、县纪律检查委员会委员。县委十一届一次全委会选举龚泽民为县委书记，李方宇、谭彬奇、姚登惠、高峰、黄朝忠为副书记，冉华章、戴方军、冉顺祥、张献强、周传明、杨洪勇、杨清海为常委，谭彬奇兼任县纪委书记，并通过相应的决议。

第三节　基层组织

党的基层组织肩负着传达贯彻上级指示精神，执行上级命令，发展村级经济，维护地方稳定，组织和带领群众致富奔小康，建设社会主义新农村，发展壮大党员队伍的重任。先后通过党的基本理论、基本路线、党的性质、宗旨教育、民主评议党员、整党教育、党员先进性教育和后进村支部整顿，通过一系列的教育整顿，使基层党组织的核心堡垒作用和共产党员的先锋模范作用不断彰显，凝聚力、战斗力明显增强，干部队伍纯洁、干部作风明显改善，为群众说话办实事的积极性空前高涨，党群、干群关系明显改善，有力地推动地方经济建设，有的基层党支部还结合自身实际创办了经济实体，村级经济不断发展壮大，正朝着小康村迈进，在各条战线上发挥了积极的作用。至2005年末，全县有基层党支部804个，有党员22479名。

1986—2005年酉阳自治县党组织基本情况表

表3－2

年　度	支部数(个)	党员数(人)
1986	1151	17494
1987	1179	18141
1988	1179	18161
1989	1186	18173
1990	—	—

续表3－2

年　度	支部数(个)	党员数(人)
1991	1206	18478
1992	1209	18828
1993	1217	19080
1994	1217	19386
1995	1217	19464
1996	1228	20050
1997	1227	20665
1998	1227	21107
1999	1227	21578
2000	1224	22083
2001	1174	22165
2002	1194	22275
2003	1170	22379
2004	806	22466
2005	804	22479

第四节　工作机构

1986年，县委设置并有工作部门8个（不包括纪委），分别是县委办公室、县委组织部、县委宣传部、县委统战部、县委政法委员会、县信访办公室、县委研究室、县委党史研究室。1988年3月，撤销酉阳自治县委落实政策领导小组及其办公室。1988年4月，成立酉阳自治县精神文明建设委员会，下设精神文明办公室。1988年10月，撤销酉阳自治县直属机关委员会，成立中共酉阳自治县直属机关工作委员会，为县委的派出机构，领导县直机关党的工作。1990年4月19日，县政法领导小组改为政法委员会。

2001年9月县级机构改革后，设置县委工作部门8个：纪律检查委员会机关（与监察局合署办公）、县委办公室（保留机要局、保密委员会办公室、县国家保密局牌子）、组织部、宣传部（内设精神文明办公室）、统战部（挂县委台湾工作办公室、县政府台湾事务办公室、县政府侨务外事办公室牌子）、政法委员会（与社会治安综合治理委员会合署办公）、直属机关工作委员会、机构编制委员会办公室；部门管理机构2个：县信访办公室、县委老干部局；直属事业单位3个：县委党校（挂民族干部学校牌子）、《酉阳报》社编辑部、党史研究室。

2002年5月，成立中共酉阳自治县委教育工作委员会，是中共酉阳自治县委的派出机构，与县教育委员会合署办公，实行一套班子，两块牌子。领导职数设书记1名（兼任教委主任），副书记2名，纪工委书记1名。2003年7月，县委党校增挂酉阳土家族苗族自治县行政干部学校牌子。由县人民政府常务副县长兼任行政学校校长。2004年7月，设立酉阳自治县委研究室，为县委工作机构，正科级，挂牌在县委办公室，不新增编制。

第五节　党务活动

1986—1989年，县委为了提高党员素质，充分发挥党支部的战斗堡垒作用和党员的先锋模范作用，把党员登记分为合格、基本不合格和不合格3个档次，党支部分为优秀、一般、差3个档次，先后对全县党员进行登记和全县党支部进行整顿。为了加强对党政干部管理、人才培养，县委党校开设了中专班，招收乡以上脱产干部分离职学习和短期培训两种形式，对全县党员干部进行培训。1989年经中共四川省委组织部批准，县委党校正式定为中等专业学校体制。1989年7月，县委发出《关于党政机关及党政干部保持廉洁的规定》，严禁“以权谋私”“以收受贿赂和礼品”“经商办企业”“用公款吃喝”“用公款旅游”“搞封建迷信”。是年8月，县委根据《党章》《准则》和中纪委、省委有关文件精神，结合酉阳实际，制定《关于民主评议、妥善处置不合格党员工作的若干具体问题的处理意见》，意见共分为30条，对整个评议工作作出明确的规定，并在岭口乡进行试点工作，随后在全县范围内迅速展开，通过民主评议和妥善处置工作，对加强党员教育、纯洁党的组织提供了有力保障。

1995年1月20日，县委、县政府召开县直机关党员干部大会，传达贯彻中央、省、地党风廉政建设工作会议精神，并作出《关于党风廉政建设工作意见》，就党风廉政建设等方面的问题作出明确规定。

1995年6月21日，中共酉阳县委决定，在全县党员中广泛开展建设有中国特色社会主义理论和党章学习活动，决定指出：全县共产党员要树立共产主义理想，坚定走有中国特色社会主义道路的信念，坚持全心全意为人民服务的宗旨不动摇，做一个密切联系群众、廉洁奉公、遵纪守法的合格党员。

1998年5月8日，为了认真贯彻县委《关于开展县级机关作风整顿的决定》，县委在民族会场召开县直机关作风整顿动员大会，会议就当前县直机关工作中存在的人财物管理混乱、干部纪律观念不强、拉帮派搞小团伙、甚至与社会渣滓狼狈为奸、服务意识淡薄、政令不畅等12种不正之风进行严厉的批评，要求各单位必须坚持实事求是的原则，与班子创“四好”活动、开展宗旨教育、加强精神文明建设、党风廉政建设、当前各项工作、纠正不正之风、半年工作考核、人员分流等工作有机结合起来，开展为期两个月的整顿，从而促使广大党员干部职工思想大解放、作风大转变，努力推进各项工作。

12月13至22日，县委举办十五届三中全会知识培训班，对县直机关各部门领导班子成员、各区工委书记、各分管农业工作的副书记以及各乡镇党委书记分3期进行培训。通过学习培训，干部的整体素质明显提高。

1999年2月12日，县委决定成立“三讲”教育领导小组，在全县党政领导班子和领导干部中，深入开展为期半年的“讲学习、讲政治、讲正气”的党性党风教育活动。

3月19日，县委作出《关于1999年党风廉政建设和反腐败工作的实施意见》，其主要任务：加强领导干部廉洁自律工作；加大违纪违法案件工作的查处力度；坚决纠正部门和行业不正之风；进一步加大治本工作力度。

4月11日，县委召开“鱼水工程”建设动员大会，县领导、各区工委、各乡镇党委、政府、县直各部门负责人参加大会，黔江开发区工委书记、市“三讲”巡视组组长出席大会并讲话。会议宣读县委《关于实施“鱼水工程”，密切党群干群关系的决定》和《关于加强农民负担监督管理工作的通知》，会议要求：各级干部要把总结教训与转变作风、处理善后工作与抓好当前工作、法律法规与普法学习、办事公正与办事公开结合起来，实实在在加强班子建设，全面实施以坚持群众路线、转变工作作风、改进工作方法、密切党群干群关系为重点内容的“鱼水工程”建设。

2000年1月14日，县委决定在全县范围内开展一次狠刹请客赌博、奢侈浪费、松散懒惰歪风活动，有效地遏制了不正之风的蔓延。

2月24日，开展处级以上领导班子和领导干部的“三讲”（讲学习、讲政治、讲正气）教育，此次教育活动为期3个月。

2月29日，县委就2000年全县党的基层组织建设工作提出意见，对农村基层组织建设、企业党的建设、机关党的建设、学校党的建设、街道党的建设、党员队伍建设等进行全面安排部署。

3月2日，县委在电影院召开“三讲”教育动员会，县委书记作动员报告，市委驻酉“三讲”教育巡视组组长，黔江开发区党工委委员、秘书长就“三讲”教育提出明确要求，全县副科级以上领导干部参加会议。

3月16日，县委在友良宾馆召开“三讲”教育第一阶段总结暨第二阶段动员大会，县级和部门主要领导、各区工委书记，全体“三讲”教育对象参加会议。

3月25日，市委副书记、组织部长李学举到酉阳检查指导“三讲”教育工作，对酉阳“三讲”教育工作给予了充分肯定。

4月10日，县委发出《关于在各级领导班子中深入开展“学习、团结、勤政、廉洁”四好活动的通知》，要求各级领导班子要进一步深化对创“四好”活动的认识，把加强领导班子政治思想建设和作风建设作为创“四好”活动的出发点和归宿，要以认真贯彻落实江泽民总书记“讲学习、讲政治、讲正气”的重要指示精神为重点，以提高领导班子的整体素质，增强党性修养和公仆意识，贯彻民主集中制、带头廉洁自律为目的，扎扎实实地开展创“四好”活动，把各级领导班子建设成为坚强的战斗集体。

4月23日至25日，中央“三讲”教育工作检查组一行到酉检查“三讲”教育工作，对酉阳开展“三讲”教育工作给予了充分肯定。

5月19日，全县“三讲”教育工作总结大会在县民族会场召开，全体“三讲”教育对象、全县副科级以上领导干部参加大会，县委书记作总结讲话，市委驻酉阳“三讲”教育巡视组组长到会并作重要讲话。

6月28日，县委召开常委会议，专题研究如何在全县党员干部中开展“三个代表”重要思想学习教育活动。会议决定：从7月1日起，在全县党员干部及离退休老同志中开展为期一年的“三个代表”重要思想学习教育活动，从而达到增强党性、增进团结、振奋精神、解放思想、抓住机遇、谋求发展、推动各项工作的目的。

2001年2月13日，县委在民族会场召开正科级以上领导干部参加的“三个代表”重要思想学习教育培训总结会，对“三个代表”重要思想学习教育培训所取得的成绩进行了认真的总结，要求各级党委、各部门党组织要严格按照重庆市市长的重要讲话精神，认真开展“三个代表”重要思想学习教育活动，促进当前各项工作。会上传达了市委、市政府渝东南现场办公会和市委书记贺国强、市长包叙定的重要讲话精神。

5月21日至22日，市委“学教”活动检查组对酉阳为期3个月的“三个代表”重要思想重要思想集中学习教育进行认真检查，认为酉阳“学教”活动思路清晰、重点突出、效果明显。

7月21日，县委召开村级“学教”活动试点工作会议。会议讨论通过了县委“学教办”提出的村级“学教”活动试点工作方案，明确了试点单位，安排部署整个试点工作，由此拉开了全县村级“学教”活动序幕。

8月14日至15日，市“学教”示范办第六指导组检查指导酉阳村级“学教”示范点开展情况，并提出了明确要求。

2003年8月28日，县委中心学习小组开展“三个代表”重要思想集中学习活动，通过学习讨论，与会人员一致认为：“三个代表”重要思想关系到党和国家发展大局，是全面建设小康社会、实现中华民族伟大复兴、加强党的执政地位等重大问题的指导思想，全县党员干部一定要加强学习，把握精神实质，密切联系实际，促进各项工作开展。

2005年1月25日，县委在民族会场召开保持共产党员先进性教育活动动员大会，县委书记作动员讲话。会议要求：一是要充分认识保持共产党员先进性教育活动的重大意义，要以“三个代表”重要思想武装全党，提高党的执政能力，全面建设小康社会；二是要严格按照中央和市委的要求，按照提高党员素质，加强基层组织，服务人民群众，促进各项工作的目标要求，扎扎实实地开展教育活动，全面贯彻“三个坚持”的原则，严格执行三个批次、三个阶段的规定程序；三是切实加强领导、健全机构、落实责任、加强监督、确保教育和工作两不误。

5月12日，县委召开第一批先进性教育活动第4次会议。会议分析评议了阶段性学习任务，对转入整改提高阶段进行认真安排部署。

7月4日，全县第二批次保持共产党员先进性教育活动动员会在友良宾馆召开，县委书记在会上安排部署第二批次保持共产党员先进性教育活动。

11月11日，中央巡回检查组到酉调研第二批次先进性教育活动开展情况，中共中央候补委员、全国政协委员、山东省政协主席、中央巡回检查组组长孙淑义等一行16人到酉调研。

第六节　党建工作

酉阳历届县委切实把党建工作放在首位，坚持以抓好党建促经济的指导思想，以基层组织工作为依托，认真抓好组织建设、思想建设、制度建设和作风建设，党组织的凝聚力和战斗力不断增强，有力地促进了两个文明建设。

为了不断发展壮大党员队伍，1985—1987年，全县在一线工人、农民、知识分子中发展新党员1155名。在发展过程中，严格按照“四化”标准，及时调整充实各级领导班子598个。1986年根据中央和省、地文件精神，建立局级后备干部名单100名，向上级组织部门考察推荐7名优秀中青年干部作为县级后备干部人选。

1988—1990年，县委着眼于各级党组织增强战斗力和党员素质的提高，注重班子建设和队伍建设，选送978名干部到各级党校学习深造。1990年根据工作需要调整区（科）级以上干部144人，其中：区级领导干部53人，新提拔的干部中平均年龄在40.9岁，3年中发展新党员768人。1990年底有建档积极分子3404人，递交《入党申请书》的1088人，重点培养对象737人，吸收为新党员的115人。

1991年，县委为了认真贯彻落实中共十三届四中全会精神，对党建工作实行目标管理，分别在全县13个区（镇）和7个系统党委建立党建工作领导小组，与全县102个党委、1208个支部签订党建工作目标管理责任书。在12838名农村党员中，除老弱病残和外出务工者外，有12170名党员与支部签订了以“三带”“三户”和“五个一”为主要内容的目标管理责任书。机关和企事业单位共有党员5395名，分别与支部签订以“创先争优”为主要内容的目标管理责任书，对67个后进支部进行整顿。全县740个行政村（含街道14个）党支部和468个机关支部均建立了“党员活动室”。建立1466名后备干部档案，其中县级后备干部36人，区局级后备干部139人，乡股级后备干部171人，村级后备干部1120人，基本形成后备干部队伍建设网络。是年，县委八届三次全委会制定《关于结合为期40天的农村社会主义教育，加强以党支部为核心的村级组织建设的实施意见》，在麻旺吉安村进行试点的基础上，组织1500余名县、区、乡机关干部，分13个工作组深入全县农村结合社会主义教育活动开展村级组织建设工作。截至1992年底，全县742个基层组织实现了组织、人员、制度“三配套”充实完善党支部、村（居）委会、共青团、民兵、妇代会、治保、调解等组织，为加强农业农村工作提供了有力的组织保障。

1994年根据上级指示精神，区、乡实行体制改革，原区委、区公所一并撤销，成立区工作委员会，设区工委书记1人、主任1人、副书记2—3人、委员若干人。同时，县委组织部分别制定以创“四好”为载体的领导班子建设，强化各级领导班子，分别对班子于半年、年终进行全面检查。同年10月，县委从县、区、乡抽派800名机关干部深入到农村开展后进支部整顿工作，整顿工作的目标是选好一个具有开拓精神、能带头致富、带领群众致富的支部书记，配齐一支整体合力较强的村级班子，经验收有402个村支部完成整顿任务，同时建立后备干部“储备库”。通过考察确定22名县级后备干部，140名县直部门班子后备干部，201名区、乡领导班子后备干部，选派13名中青年干部到重庆市中区挂职锻炼。

1995年，中共中央下发《党员领导干部选拔任用工作暂行条例》即中发〔1995〕4号文件，根据条例精神和工作需要，当年调整科级干部（含区、乡、镇）418名，其中提拔任用214名，免除职务12人，降职使用10人，办理离岗手续15人，平级调动167人。按照“五个一”的要求，全县排出好的农村支部242个，一般的369个，差的115个。对115个后进村，县上统一抽调230人组成工作队，分赴各村实行定人、定村、定职责、定奖惩的“四定”责任制，进行全面整顿，收到了好的效果。

1991—1997年，县委严格按照发展党员的“十六字”方针，共发展新党员2753人，使党员队伍不断发展壮大。截至1996年年底，全县共有党员20050人，其中农村党员12636人。

第七节 宣传工作

宣传工作是党的一项重要工作。1986—2005年，始终不渝坚持以正面宣传为主，弘扬主旋律，倡导真善美，抨击假恶丑，为地方党的建设和三个文明建设作出了较大贡献。

1986年7月30日，县委召开六届四次全委扩大会议，县委书记郑富祯传达贯彻胡耀邦到成都对四川工作的重要指示精神和地委扩大会议精神，对全县扶贫工作进行认真研究，并通过《关于加强和改进思想政治工作的意见》。

1987年5月12日，县委发出通知，号召全县广大职工和人民群众认真学习《建设有中国特色社会主义》（增订本）和《坚持四项基本原则，反对资产阶级自由化》两本书，把全县人民的思想统一到《建设有中国特色社会主义》的认识上来。

1987年12月9日，县委在《关于学习宣传和贯彻党的十三大文件的通知》中指出："学习、宣传和贯彻中国共产党十三次全国代表大会文件，是当前和今后一段时间全县党组织政治思想工作的中心任务，各级党委在广泛传达大会精神的基础上，分层次、分领域有步骤地组织学习，普遍地进行一次社会主义初级阶段基本理论、基本路线教育，把党员干部的思想统一到党的十三大报告上来，激发全县人民的斗志。"

1990年5月30日，县城各界人士举行纪念鸦片战争150周年报告会，使广大干部职工受到一次基本国情的爱国主义教育。

1993年6月，由县委宣传部牵头，县委组织部、县精神文明办、县卫生局、县文化局、县司法局、县公安局与李溪区委、区公所，蚂蝗乡党委、乡政府联合组成的"三户一村"评选活动试点工作组，在蚂蝗乡官坝村开展"三户一村"评选活动的试点工作（三户一村：遵纪守法户、五好家庭户、双文明户、文明卫生村）。是年7月6日，县委在李溪蚂蝗乡召开"三户一村"评选活动现场会，要求全县农村要扎实开展"三户一村"评选活动，事后在全县形成了轰轰烈烈的"三户一村"评选活动，有效地推动了全县精神文明建设。

1993年7月16—18日，县委、县政府召开县、区、乡三级干部会议，要求全县各级干部要进一步解放思想，更新观念，抓住机遇，辩证的分析和把握当前形势，振奋精神，增强信心，克服困难，加快发展，力求在"六破六立"上下功夫，即：破除狭隘的保守观念，确立大胆改革，就是解放生产力的观念；破除计划与市场划分姓资姓社的观念，确立计划与市场都是经济手段的新观念；破除故步自封，畏首畏尾，无所事事的观念，确立敢闯敢干在探索中求发展的观念；破除封闭的小农经济观念，确立开放型、开拓型、发展型、效益型的现代经济新观念；破除小富即安、不思进取的观念，确立永不满足勇于竞争的新观念；破除学习西方技术、引进外资是复辟资本主义的观念，确立只要是符合"三个有利于"就可以大胆引进的新观念。

1993年11月9日，以反映革命先烈光辉一生的八集电视连续剧《赵世炎》在龙潭镇赵世炎烈士故居举行开拍仪式，全国政协常委、中共四川省委原副书记冯元蔚、国家民委政法司司长杨候弟、中共四川省委常委、省委民工委常务副书记史志义等领导向烈士塑像敬献花篮，并为电视剧开拍剪彩。

1993年12月，由县委宣传部牵头，县民委、县文化局组织搜集、整理编辑的《酉阳民间文学集成》获"中国民间文学集成"二等奖。

1995年4月30日，县委决定在全县上下广泛开展向孔繁森学习活动，要求全县广大干部职工要以孔繁森为榜样，像他那样廉洁奉公、秉公办事，为酉阳早日走上小康富裕之路而努力奋斗。

1995年6月26日，县委作出决定，在全县党员中广泛开展建设有中国特色社会主义理论和党章学习活动，要求全县共产党员要牢固树立共产主义理想，坚定地走有中国特色社会主义道路，坚持全心全意为人民服务的宗旨，做密切联系群众、廉洁奉公、遵纪守法的合格党员。

1996年4月，赵世炎烈士故居正式被列为四川省重点德育教育基地。

1996年6月1日，县委举办《酉阳报》创刊40周年座谈会，《人民日报》《四川日报》《浙江绍兴报》等134家报社纷纷来电来函祝贺，使酉阳的知名度不断提升。

1996年9月13至14日，由中共中央宣传部新闻协调小组王大龙带领的新华社、《人民日报》《光明日报》《经济日报》《农民日报》以及中央人民广播电台记者组成的新闻记者代表团抵达酉阳，对酉阳近十多年来扶贫开发工作进行专题调查和采访。

1996年9月，为弘扬以“负重自强、团结拼搏、务实奋进、富民兴县”为主题的“兴酉”精神，县委决定在全县范围内广泛开展“兴酉”精神大讨论。随后，县委办、政府办、县委宣传部联合举办了为期6个月的“兴酉”精神大讨论竞赛活动，其范围之广、参与人数之多、影响之大，是酉阳历史上前所未有的，有力地推动了全县经济和社会事业的全面发展。

1997年6月，举办“迎香港回归知识竞赛”“庆七一迎回归”知识抢答赛、迎香港回归报告会、庆“七一”回归党建篮球运动会、迎回归书法展览等各类活动，迎接香港回归和庆祝建党70周年，各项活动有声有色，卓有成效。

1998年5月10至11日，县委宣传部邀请新华社、中国新闻社、重庆日报社、华西都市报社等新闻单位组成的新闻记者团12人，到酉阳开展新闻扶贫采访活动。

1998年11月26日，重庆市委办公厅、市政府办公厅批复同意赵世炎烈士纪念馆、南腰界红三军司令部旧址纪念馆为重庆市青少年教育基地。

1999年3月19日，县委作出决定，在全县各级领导班子中深入开展“学习、团结、勤政、廉洁”四好活动，要求全县各级领导班子要进一步深化对创“四好”活动的认识，增强创“四好”活动的自觉性和主动性，突出思想政治建设，特别是要认真贯彻中央关于“三讲”教育的重要指示精神为重点，以提高领导班子的整体素质，增强党性和公仆意识，带头廉洁自律，努力提高各级领导班子的执政能力。

1999年4月8日，举办知识分子工作宣传日活动，参加活动的知识分子达400余人，设咨询台40余个，发放各类宣传资料20600余份，为群众提供政策、法律技术咨询1129人次，给群众义诊690余人，展示新品种53种，销售良种300余公斤，直接受益群众达28610余人。

1999年12月3日，在县委宣传部的精心组织下，由重庆市委宣传部和黔江开发区党工委参加的“新时期农民唐应坤事迹报告会”在县民族会场举行，黔江开发区宣传部部长杨再伦、县在家领导、县直机关副股级以上干部参加报告会，广大干部深受启发。

2001年1月7日，县委召开新闻工作者座谈会，要求广大新闻工作者切实做到：一、要进一步围绕县委、县政府的重大决策，搞好特色宣传，让全县人民围绕经济社会建设形成向心力；二、要进一步加强对“三个代表”重要思想和“三转一推”“鱼水工程”的宣传，以正面宣传为主，切实转变广大党员干部作风；三、要进一步围绕“一会一节一赛”，搞好外事宣传工作，提高酉阳知名度；四、要进一步加强新闻队伍建设，提高理论政策水平、业务水平和法律知识水平；五、要进一步搞好舆论监督，严格把握尺度，做到“帮忙不添乱”，对所有存在的形式主义、官僚主义倾向要予以公开曝光，增加新闻的透明度。

2005年8月13日，县委宣传部、党史研究室、县档案局联合举行的抗日战争写真大型图片展，再现了抗日战争的历史，激励全县各族人民勿忘历史，发奋图强，全面建设新酉阳，为早日实现中华民族的伟大复兴而作出积极贡献。

2005年8月23至24日，《人民日报》《光明日报》《国际商报》《21世纪经济报》《证券日报》《重庆日报》《重庆晚报》、重庆电视台、杭州电视台等全国16家媒体记者聚集“世界青蒿之都”酉阳对青蒿产业链进行了采访。

第八节　党员培训

西阳县委坚持培养高素质的党员队伍，严格把好入口关，坚持“吐故纳新”纯洁党的组织，先后在党员中开展了“民主评议党员”“三带”“三户”“五个一”活动、农村社会主义教育运动、“三个代表”重要思想学习教育活动、保持共产党员先进性教育等一系列活动，使党员的素质明显提高。

1987年2月21日，县委召开1986年度先进集体、先进个人总结表彰大会，出席本次大会的代表1274人，其中先进集体代表218人，先进个人代表354人，劳动模范23人，县长贺鼎富作工作报告，县委书记郑富祯作总结讲话。

1989年7月17日至19日，县委召开第七届三次全委扩大会议，出席大会的代表261人，会议认真贯彻了李鹏代表中共中央所作的《关于赵紫阳在反党反社会主义的动乱中所犯错误的报告》及邓小平、江泽民等中央领导的重要讲话。会议强调：中共十三届四中全会是我党历史上一次非常重要的会议，全县各级党组织和全体共产党员要紧密团结在以江泽民为首的党中央周围，继续执行党的十一届三中全会的路线，坚持四项基本原则，旗帜鲜明地反对资产阶级自由化。同年12月7日，县委召开全委（扩大）会议，传达贯彻中央工作会议精神和党的十三届五中全会《关于进一步治理整顿和深化改革的决定》《关于同意邓小平辞去中央军事委员会主席职务的决定》。

1991年12月中旬，县委召开扩大会议，学习贯彻中共十三届八中全会精神，学习贯彻《中共中央关于进一步加强农业和农村工作的决定》和《关于召开中国共产党第十四次全国代表大会的决定》文件精神。

1992年1月3日，县委召开八届四次全委（扩大）会议，通过《关于加速农业商品基地建设的决定》，县委号召全县各族人民紧急行动起来，以艰苦奋斗、勇于奉献的“酉阳精神”开创经济工作新局面。

1995年1月20日，县委召开县级机关党员大会，学习贯彻中央和省、地党风廉政建设会议精神，并作出了《党风廉政建设工作意见》，联系酉阳实际就党风廉政建设作出了明确规定。

1996年1月11日至12日，县委九届四次全委（扩大）会议在县委三楼会议室召开，参加会议的人员160人。会议重点是深入贯彻党的十四届五中全会和中共四川省委六届六次全委会议精神，审议通过了酉阳《国民经济和社会发展“九五”计划和2010年远景规划的建议》和县委《关于加强各级领导班子建设的决定》。会议号召全县人民高举“负重自强、团结拼搏、务实奋进、富民兴县”的旗帜，为实现跨世纪宏伟目标而努力奋斗。

1998年3月13日，县委十一届二次全委（扩大）会议暨全县经济工作会议在民族会场召开，科（局）级领导干部（含乡、镇）参加会议，出席此次会议的人员达500人。会议要求，各级各部门必须进一步统一思想，认清形势，再谋发展，实实在在地把酉阳的经济推上一个新台阶，会议还通报1997年度领导班子考评情况及1998年逐步形成部门领导班子考评意见。

5月8日，为了认真贯彻县委《关于开展县级机关作风整顿的决定》，县委在民族会场召开县直机关作风整顿动员大会，会议就当前县直机关工作中存在的人财物管理混乱，干部纪律观念不强，拉帮派搞小团体甚至与社会渣滓狼狈为奸、服务意识极差、政令不畅等12种不正之风进行严肃批评。会议要求，各单位密切联系实际，坚持实事求是的原则，与班子创“四好”活动，开展宗旨教育，加强精神文明建设、党风廉政建设，结合当前各项工作，纠正部门行业不正之风，搞好半年工作考核以及人员分流等工作，开展为期两个月的整顿，从而促使广大干部职工思想大解放，作风大转变，服务质量大提高，有力地推进了各项工作。

7月7日至9日，县委中心学习小组在县委党校举办为期3天的理论学习，县领导、县直机关执纪执法部门负责人共80余人参加学习培训会议。会议首先学习了邓小平原著有关内容，中共十五大报告和江泽民考察重庆时重要讲话，紧紧围绕解放思想、扩大开放、加快发展、全面实施“二次创业”这一主题，重点就如何进一步解放思想、怎样解放思想、解放哪些方面的思想进行热烈的讨论，从而统一了认识，拓宽了视野，为促进县域经济的发展奠定了思想基础。

9月26日至27日，县委专题召开全县农村基层组织建设现场会，各区工委书记、分管党建工作的副书记和县农建工作领导小组成员参加了会议，先后参观了麻旺乡创建“六好”乡党委、龙潭镇政务公开、龙潭区工委创“七好”以及小坝花园村小康建设和钟多镇新民街社区建设现场，听取各区农建工作汇报，传达黔江开发区农村工作现场会精神，总结全县前9个月的农建工作，对下一步农建工作进行安排部署，有效地推进全县农业农村工作。

10月9日至11日，县委十一届三次全委（扩大）会议在民族会场召开，县委书记作《万众一心，集中完成扶贫越温最后决战，团结苦干，全力打好特色经济三大战役》的工作报告。大会的主题是明确1999年的扶贫越温为中心的目标任务，制定集中精力建设特色经济的过硬措施，再鼓实劲，确保圆满实现1998年经济增长12%的目标。会议强调，未来4年，全县经济建设的主要任务是以建成烟、畜、药三大特色支柱产业建设的决定和第二次创业目标以及1999年国民经济和社会发展计划（草案），对扶贫越温奠定了基础。

1999年3月19日，县委作出在全县各级领导班子中深入开展“学习、团结、勤政、廉洁”四好活动，增强争创“四好”活动的自觉性和主动性，突出思想政治建设，特别是认真贯彻落实江泽民总书记关于“三讲”教育的重要指示精神，以提高领导班子的整体素质为目标，增强党性和公仆意识，带头廉洁自律。

5月18日，县委决定在全县广泛开展“七好”创建活动。“七好”活动的内容是：有真抓实干的好班子，有精干高效的好队伍，有正常运行的好机制，有教育管理的好方法，有组织建设的好成效，有全面进步的好局面。

2000年6月28日，县委召开常委会，专题研究如何在全县党员干部中开展“三个代表”学习教育活动。会议决定从7月1日起，在全县党员干部职工以及离退休同志中开展为期一年的“三个代表”重要思想学习教育活动，从而达到增强党性锻炼、增进团结、振奋精神、解放思想、抓住机遇、谋求发展、推动各项工作有效开展为目的。

2001年3月7日，为推动全县“三个代表”重要思想学习教育活动的深入开展和深化“鱼水工程”，县委决定：在全县机关党员干部中开展以“万名干部进万家农户（含企业）做万件实事、促农民增收、促企业增效、促财政增税”为主要内容的“三万三促”活动。

2004年2月23日，县委召开干部大会。大会认真总结2003年的各项工作，通报全县党建、综合考核及各项工作情况，表彰2003年度优秀领导班子2个，优秀领导干部102名以及5个特优领导班子、5个优秀乡（镇）党委书记、5名优秀部局长等先进集体和先进个人，安排部署2004年各项工作。

6月30日，县委召开县直机关近1000名党员大会，隆重纪念中国共产党成立83周年。大会表彰在开展保持共产党员先进性教育活动中的先进单位和个人，以及法律法规知识竞赛优胜者。

第九节　统一战线工作

酉阳自治县委历来重视统战工作，把统战工作放在突出位置。自1986年以来，每年均召开相应的会议和举行重大活动，使之形成制度。1987年3月，县委召开新中国成立以来规模最大、规格最高、人员最多的一次统战工作会议，会上传达贯彻了全国统战工作会议精神，各区、乡分管领导、组织委员、县级各部门负责人、各单位股级以上干部参加会议。是年共举办干部专业培训学习5次，办统战理论专题培训3次，参会人员达171人，分别与县政协、工商联、侨台外事办召开各种会议12次，征订《四川统一战线》杂志190余份，使统战理论和统战知识不断普及，并积极开展专题调研，深化统战认识，围绕生产力为标准积极开展经济统战工作。通过摸底调查，全县有统战对象贫困户689户，通过开展经济统战工作，当年脱贫294户。同时把培养非党干部工作拿在手上，重抓知识分子政策的落实，充分发挥非党干部和知识分子在各条战线上的积极性和创造性。此外，还抓了对台宗教工作，当年接待归国探亲人员30余人，通信往来115人，通汇货币13万余元，开展对外宣传报道103篇，有效地推进了两岸之间的合作与交流。各区、乡形成了主要领导亲自抓、分管领导具体抓的良好态势。全县13个区（镇），有7个区（镇）书记亲自抓统战工作，有6个区（镇）分管领导具体抓统战工作，使统战工作在实际工作中得到了落实和升华。1989年，县委举办了统战理论知识培训班，有170余人参加了学习培训，并在《酉阳报》开辟了统战知识专栏，举办了专题统战知识竞赛活动，参赛人数5000余人，有300余人分别获得一、二、三等奖。同时，组织各界人士学习统战知识，加强思想政治工作，教育引导干部职工提高思想觉悟，坚定“一个中心、两个基本点”的认识，共同维护安定团结的政治局面，充分发挥广大非党人士和知识分子在参政议政中的积极作用，调动一切积极因素，努力发展酉阳经济，使统战工作融入经济工作之中，并把参政议政的重点放在经济发展上。深入实际，调查研究，充分发挥工商界广大非公有制经济人士的积极作用，大力发展横向经济联系，积极开展智力支边活动，切实帮助农村统战对象，加快解决温饱和脱贫致富的步伐。同时，协助联系乡镇抓好各项工作，派出专人围绕非公有制经济开展调研。积极做好非党干部举荐工作，按照条件，当年配备了党外副局级领导干部5名，提拔启用后备干部7名，建立后备干部储备15人，为组织人事部门提供重要的参考依据。协助县政协做好政协委员的举荐工作，协商产生政协委员269名，其中县政协常委43名、非党人士达89人，充分体现了政协委员的先进性和广泛性。此外，与县政协、民宗委、侨台外事办、宗教办、工商联等单位举办知识竞赛活动，收回答卷2000份，产生一等奖10名，二等奖20名，三等奖40名，分别对获奖者颁发证书和纪念品。

1990年，中共中央下发《关于进一步加强和改善知识分子工作的通知》。继后，县委联系酉阳实际，进一步加强对知识分子工作的领导，及时充实调整领导机构和人员。根据当年统计显示，全县有非党知识分子5624人，其中获高级职称的48人、中级职称896人、初级4680人，知识分子结构日趋合理，其政治地位和社会地位明显提高，有效地调动了广大知识分子的积极性和聪明才智。3月，县委召开全县统战、政协工作会议，各区、乡分管领导和统战委员、县级部门党组织负责人200多人参加会议。县委副书记李国光作工作报告，县委书记冉隆江到会作重要讲话。同年，致公党中央、致公党重庆市委开始对酉阳开展智力支边工作。1990—1994年，连续5年与县广播电视台举办《统战之窗》节目计350余期，播放统战知识文章485篇。

1991年致公党历时半年，编制完成《酉阳县中药材发展规划》和《酉阳县畜牧业发展规划》。1991年至1994年，县委每年均召开一次全县统战工作会议，参会人数600余人，各区（镇）统战委员参加会议。县委主要领导和分管党务工作的领导均到场作重要讲话，统战部和有关部门作大会交流发言。4年间共举办广播讲座300余期，播放文章560余篇，区、乡播放600余篇，办专栏110余期，撰写统战工作文章700余篇。1994年9月，中央统战部派专人分赴酉阳，就李溪的杜仲叶综合开发利用项目进行专题调研，并聘请专家进行实地考察，通过考察论证，写成专题报告，为酉阳的中药材生产发展提供了可靠的依据。当年全县发展中药材在地面积12.5万亩，其中杜仲6.5万亩。积极协助做好党外干部和政协委员的培养、选拔、推荐工作，考察推荐四川省政协委员3名、党外副局级以上干部42人，其中副县级以上干部8人，建立了38名党外后备干部档案，为县委和组织人事部门提拔使用干部提供了可靠的依据。为了加强对党外干部和知识分子的教育管理，密切与他们的合作与交流，走访慰问党外人士100余人次。

1994年6月23日，县委在龙潭区召开宗教工作会议，传达贯彻了中央和四川省宗教工作会议精神。为切实加强与知识分子的联系，县、区（镇）分别确定1至2个党外知识分子联系点，负责联系党外知识分子2至4名，与他们广交朋友，建立友好协作关系。当年接待来信来访群众40余人次，处理有关信件20余件，批转其他部门处理2件，基本上做到了事事有回音，件件有着落。

1995年，重点围绕经济开展统战工作。一是广开门路、开门迎客，并得到了四川省委统战部的大力支持，由四川省托普集团无偿捐赠70万元，为酉阳地税局安装自动计税系统，并负责安装、调试以及维护，还免费为酉阳培训技术人员100名，资助失学儿童100名，使失学儿童重返校园，奖励中、小学优秀教师100名；二是积极抓好非公有制经济的联络工作，为加强与非公有制经济人士的联系，全县共聘请非公有制经济联络员86名，分别为每位联络员颁发了聘书，使联络员能及时反映非公有制经济人士的意见和建议，为县委、县政府制定政策提供了可靠的决策依据；三是重视支持农村统战对象，并在全县开展致富奔小康活动，各区（镇）统战干部联系统战对象50户，帮助他们牵线搭桥，出谋划策，指点迷津，多数统战对象实现了当年脱贫；四是积极做好非党干部的培养选拔工作，当年培养、选拔副局级以上党外干部42名，走访慰问党外高、中级知识分子和民族宗教人物40余人，与党外人士座谈、走访80余人次，配合组织部门考察推荐副局以上干部18名，其中副县级5名；五是积极做好侨台外事工作，激励台胞为家乡人民献计出力，帮助亲人脱贫致富奔小康，当年居住在农村的400户台侨属中有120户脱贫，人均粮食在600公斤以上，人均现金收入2100元。全年接待探亲台胞12人次，引进台资侨汇96.4万元，办理台胞定居手续2人，办理有关婚姻公证3起、探亲5起，协助办理遗产继承事宜8起，增进了海峡两岸人民的合作与交流。1996年通过广泛联络，引进外资，先后在龙潭等地修建致公“希望小学”。

1997—2000年，全县统战工作紧紧围绕经济统战重点，毫不放松知识分子工作，配合组织部门抓好党外干部的培养选拔，认真做好侨台外事工作，积极开展招商引资。引导广大知识分子和各界人士学习邓小平理论和新时期党的统战理论、方针、政策。通过召开各种座谈会，在全社会开展统战知识竞赛，学习中共十五届四中、五中全会精神，召开各种座谈会120余次，开展统战理论培训达11次，突出经济统战重点，兼顾其他各项工作，把基层统战的重点放在发展非公有制经济上，县委统战部和各区（镇）统战委员分别联系一批个体工商户，帮助个体工商户解决实际困难，为非公有制经济人士呼吁，让非公有制经济人士在政治上有席位、在经济上有实力，在社会上有影响，有效地促进非公有制经济的健康发展。至2000年年末，全县有个体工商户11460户，从业人员达到26184人，入库税金1040万元，并在非公有制经济人士中开展“光彩事业”和“扶贫济困”活动，广大非公有制经济人士慷慨解难，伸出援助之手，捐资捐款，资助失学儿童，修建“希望小学”，救济受灾群众，深受社会好评。

2001年机构改革顺利推进，按照乡、镇体制改革要求，由原来的81个乡（镇）精减为39个乡（镇），根据人员设置情况，各乡（镇）分别配备了统战委员，并针对统战干部新手多、业务不熟的情况及时进行业务培训，充分利用统战对象人员广泛的特点，召开各界人士座谈会，邀请部分离退休老领导和县领导以及县级有关部门负责人、驻酉部队、人武部、党外干部、知识分子、科技界、经济界、非公有制经济人士代表座谈会，各界人士识大体、顾大局，紧紧围绕经济大环境，各抒己见，畅所欲言，从发展的角度，提出了许多中肯的意见，为推进县域经济的发展进言献策，共谋发展。县委、县政府领导到场倾听意见，并向各界人士通报了2000年的经济工作的情况以及2001年的经济工作重点。同时对乡（镇）和县级部门的统战对象和非党干部进行一次全面摸底调查，完成了对县工商联150名会员、41名执委和14名常委、8名正副主任（会长）人选的考察，并如期进行换届选举，充分体现了工商联主任（会长）的统战性、经济性、广泛性和代表性。并围绕经济统战工作，协助县工商联发展个体工商户9180户，从业人员11060人，注册资金7985万元。发展私营企业164家，从业人员2342人，注册资金达到9117万元。协调非公有制经济纠纷20余次，与台湾人士联络通话20余次，接待台胞5人次，接受台资70余万元。协助处理涉台婚姻4起，办理台胞遗产3人次，涉台事务2件，引进香港轩辕基金会资金50万元，接待外国客人12人次，协调办理出境手续3起，接待港澳台胞100人次。全县有18个界别和17个民族。

2002年按照酉阳设置的18个界别（中共、工会、共青团、妇联、农业、科技、科协、教育、医卫、体育、文化、艺术、合作社、工商联、宗教、侨台、经济社会福利救济、特邀部队），当年召开统战委员会议20余次，协助县委配备3名非党干部进入县人大、政府、政协班子，3名党外干部和知识分子被推选为重庆市政协第二届委员，有4名党外人士被选为重庆市第二届人大代表，1名非党干部被选为重庆市工商联执委，有效地调动了广大非党干部的积极性。同时，分别在全县39个统战干部中开展“三个一”活动，即一个统战委员联系一名科技人员，联系一名海外侨胞，联系一户归侨侨眷，并协助有关部门处理涉侨外事侵权案件2起，有效地维护了归侨侨眷的合法权益。由于工作到位，保障有力，当年引进台资50余万元，为龙潭镇包家村捐款14.58万元，修建一所“侨心小学”；为酉酬镇田坝小学捐资19.4万元，改善了山区办学条件。协助有关部门接待外国客人30余人次，县统战部充分利用本部门的优势，认真做好非公有制人士的思想政治工作，使非公有制经济人士立足自身优势，胸怀全局，爱国、敬业、奉献，回报意识不断增强。为了认真做好宗教宣传，县委统战部先后30多次深入宗教场所，走访代表人士40余人次，信教群众50余人次，接待国外宗教朋友2人，调查走访宗教职员、信教群众和党政干部100余人次。

2003年，县委为了加大对统战工作的领导力度，真正把统战工作落到实处。一是把统战工作纳入党委议程，常议常抓，并纳入机关、乡（镇）目标管理考核内容，列为县委党校的教育培训内容之一，宣传部门确定一名领导负责联系协调工作，使之形成经常化、规范化和制度化；二是切实做好后备干部的举荐工作，共向县委推荐后备干部60名，为选拔使用党外干部打下了基础。协商推荐县十届政协委员255名，其中，党外人士153名，占委员总数的61%；县政协常委41名，党外人士占常委总数的65.9%；举荐党外人士代表77名，工商界代表23名，并组织全县政协委员、各界人士积极参政议政，反映社情民意以及群众普遍关注的热点、难点27件，并得到了及时的落实。同时，在全县广大非公有制经济人士中开展了“光彩事业”活动，用于“光彩事业”的资金达20余万元。当年共投入扶贫开发资金达50余万元，救助贫困人口600余人，受益达19500户，赢得社会一致好评。县委统战部围绕联络、接待、服务工作向海内外台侨胞发慰问信100余封，电话问候20多人次，接待回大陆探亲人员4人。

2004年统战工作紧紧围绕服务经济大局为主线，进一步抓好经济统战工作：一是围绕服务职能推动侨台工作。通过联台、助台，当年有120户台侨属经济效益可观，实现了脱贫致富，正朝着小康目标迈进；二是整合台资资源，积极开展招商引资工作。三是加强对外联络，促进经济交流与往来，为台胞送贺年卡60余份，打慰问电话100余次，对回乡定居的台胞进行走访慰问，接待回乡探亲台胞2人，办理涉台事务2起，走访台、侨属120户，接待台、侨属和来信来访人员20余人次，协助有关部门解决涉台纠纷4起，办理出国考察审批手续18人次。为万木小学校牵线搭桥，促成重庆力帆集团为该校捐款30万元，修建教学楼，学校环境得到有效改善；协助钟多镇桃花源小学引资50万元，由民生燃气集团捐款为桃花源小学修建教学楼，促成民生燃气集团投资8200万元修建县城天然气工程。在广大非公有制经济人士中开展“光彩事业”活动，为特困户、困难学生捐款20余万元，投入扶贫开发资金400余万元，协助有关部门培训下岗人员700余人，安排吸纳下岗职工和农民工2000余人。

2005年，酉阳统战工作重点围绕经济统战工作，加大对党外干部和党外知识分子的联系联络，在全县实施了县委常委、人大常委会主任、政协主席联系非党干部和非党人士制度，并分别与30名非党干部和党外人士建立友好合作关系，有力地推进非党干部和非党人士的成长和管理工作，并分别建立后备干部储备库，确定后备干部人选40名，使后备干部在各条战线上茁壮成长。在实施过程中，采取多渠道、多角度、多形式的培养选拔后备干部工作，为县委和组织人事部门提拔使用干部提供可靠人才依据。结合本单位的实际，积极做好党外人士的思想政治工作，围绕经济建设中心，发挥统一战线人才荟萃的资源优势，为构建和谐社会提供有效的人才保障。组织全县台属开展脱贫致富奔小康竞赛活动，在全县范围内开展“送技术、送温暖、送希望”和“联系一名台胞、联系一户台属、联系一名科技人员”三联活动。通过开展此项活动，全县250户侨台属收入颇丰，实现脱贫致富。此外，招商引资，全年共引资80余万元，先后修建明德小学、兴隆小学、柏溪小学，捐助困难学生10万余元，救助贫困儿童201人。紧紧围绕经济建设中心参政议政，进言献策，积极撰写提议案，共收到提案140余件，并结合非公有制经济人士的情况，协助县工商联组建基层商会和工商联小组，基本做到机构、人员、阵地、制度“四落实”，实现有人办事、有钱办事、有房议事、有章理事。年末，全县有商会会员1629人，非公有制经济人士为学校和困难户捐资2.5万元，捐书4272册，投入扶贫开发资金达400余万元，培训各类人员7000余人，吸纳下岗职工1670余人，使部分下岗职工重返岗位，实现了再就业。为了切实维护稳定，确定联系重点宗教人士5名，走访12人次，接待来访11次，开展调研6次，提合理化建议11条，撰写调研报告2篇，依法集中打击“门徒会”非法活动2次，教育挽救“门徒会”会员20余人，基本做到无宗教矛盾、无民族矛盾、无集体上访、无群集械斗事件。

第十节　老干部工作

1983年11月酉阳土家族苗族自治县委组织部老干局成立。2001年7月，县级机构改革时，撤销县委组织部老干局，设立中共酉阳土家族苗族自治县委老干局。其内设机构1个职能科室：办公室。人员编制为：行政编制4人，其中局长1名，副局长1名。内设机构领导职数：主任1名，机关后勤编制1名。2002年10月，县委组织部、人事局同意老干部局实施国家公务员制度。

离退休干部情况　1985年，全县已离休干部93人，其中担任副县长以上领导职务的1人，相当于副县长以上职务的行政十五至十八级干部33人，其他干部59人。累计在外安置2人，累计去省外安置11人。1991年全县共有离休干部157名。1992年县委组织部明确行文副县级以上退休干部纳入老干局管理，当年共有退休干部56人。1995年离休干部121人、退休干部82人。1997年离休干部114人、退休干部79人。1998年离休干部107人，其中正处3人、副处43人、其他61人，退休干部80人。2000年离休干部101人，易地安置14人。退休干部76人。至2005年，全县离休干部73人，其中机关35人，事业10人，企业28人。易地安置9人。退休干部76人，其中机关68人，事业6人，企业2人。

县老干部工作领导小组　1991年5月4，县委调整充实县老干部工作领导小组。组 长为向瑞清（县委副书记），副组长为陈超然（县委副书记、县政府副县长）、李国光（组织部部长），其他相关部门领导为成员。1996年县委调整了以县委副书记田兴文为组长，县委常委、县政府副务县长岳中焕，县委常委、组织部部长黎万洪为副组长，其他相关部门领导为成员的县老干部工作领导小组。1998年1月，县老干部工作领导小组组长为晏华文，副组长冉进红、梁正华，成员为县直相关部门的主要负责人。2004年7月，老干部工作领导小组组长为姚登惠（县委副书记），副组长为冉华章（县政府常副县长）、周传明（县委组织部长）、杨洪勇（县委常委、县委办主任 ），成员为相关部门负责人。领导小组下设办公室，均在县委老干局内，由老干局长兼任办公室主任。

政治待遇　一是级别待遇。1982年，按川委组发〔1982〕93号文件规定：凡未担任领导职务的，行政十四级、十八级以上的干部离休后分别享受司局级和处级待遇。1997年79名退休干部中，其中担任过领导职务的仅22人，提高享受待遇的57人，其中正处3人，副处54人。至2002年，离休后批准享受正县级待遇的13人，副处级待遇的69人。二是政治活动。坚持时事政治学习。1985年6月29日至7月2日在县城组织离休干部第三季度政治学习。1987年国庆期间，老干局将党的十三大报告制作成知识抢答题，开展知识抢答竞赛活动。1991年为老干部每人征订一份《酉阳报》《晚霞报》《半月谈》。集体征订13种报纸、13种杂志。组织全县老干部集中在县城学习3次。1992年每月坚持逢十政治学习和周三、周六阅文件外，集体订有13种报纸、14种杂志，每个老干部订有《酉阳报》《晚霞报》《半月谈》。1994年坚持学习制度，为每位离休干部订有两报一刊。1997年10月2日，县委宣传部长为老干部作十五大学习辅导报告。2003年7月4日，老干局组织离退休干部开展学习中共十六大精神有奖知识竞赛抽奖活动。参赛人员148人，其中离休30人，副县级以上退休干部58人，副县以上离休干部60人。通过公证，对抽奖获一、二、三等奖的39名老干部进行奖励，发奖牌及奖金500元。三是参加各种座谈会、通报会、调研会、表彰会、团拜会。1988—2005年，全县老干部参加县上召开的各种重要会议25次。1986年4月11日，县委、县政府召开离休干部先进个人、老干部工作先进单位表彰大会。参会人员140人。会议对先进个人、先进单位进行表彰，并颁发奖品、奖状，推荐郭元发、康金禄、杨正文、邓邦荣、周光联出席地区表彰会。1987年5月3日，全县离休干部优秀青年子女表彰大会召开。参会人员80人，涪陵地委老干局副局长参加会议，表彰优秀青年19名。1988年5月1日，为期12天的全县离休干部大会召开。参会人员77人。1989年10月3日，县委、县政府在县委三楼会议室召开全县老干部工作表彰大会，到会140人。县委书记、县长到会并讲话。出席省表彰大会的郭元发介绍了会议情况。会议表彰了离休干部先进个人冉孝成等17人、以及老干部工作先进集体、先进个人。1991年10月8日，县委召开老干部工作“双先”表彰会，参会200余人。县委副书记到会并讲话。会议对老干局、工商局、粮食局、供销社等老干部工作先进集体，9名老干部服务先进个人，20名老干部先进个人进行表彰，颁发了锦旗、荣誉证书、奖品。1996年10月22日，县委、县政府在县委三楼会议室召开全县老干部工作会议。参会人员300人。会议通报了全县工农业生产形势，明确了对老干部工作的要求，要严格执行政策，落实老干部“两个待遇”。四是参观考察。1987年7月24日，居住在县城的离休干部33人参加了庙溪乡石柱门大桥通车典礼。1991年7月2日，35名老干部参观了酉阳卷烟厂和武陵山制药厂等企业。1992年共组织离休老干部参观考察3次，人员84人。1997年，80名离退休干部参观了大河口水电站。2001年8月9日，县城部分老干部在县委书记，县长的陪同下，参观了县城防洪工程、城南民族小学、县城二水厂、桃花源广场、酉龚公路改造等重点工程建设。2004年，老干局首次组织30名老干部赴海南省参观考察工农业生产情况。2005年4月20日，部分老干部参观了秀山火车站及城市建设。5月中旬、11月上旬老干部局分别组织部分老干部到北京、海南等地参观。五是慰问活动。1987年春节期间，全县对159名老干部（其中离休116人，在职43人）及老干部遗属进行慰问，对易地安置的10名发了慰问信，寄了慰问品。1988年春节期间，酉阳对全县离休干部120人，老干部遗属17人，离休老工人11人，分别给予不同形式的慰问，其中对38名享受县级政治、生活待遇的离休干部，由县领导分头走访慰问。1989年1月18日，县委办下发《关于1989年春节期间慰问离休老干部、老干部遗属、老工人的通知》。对慰问分组、时间和方法进行了安排。1991—1994年的每年春节，县委、县政府对全县离休干部、离休干部遗属、新中国成立前参加工作的退休老工人、异地安置离休干部，以及退休干部都要进行了慰问。1995年春节，县委、县政府对全县13个区镇的245名离退休干部进行走访慰问。共发放节日慰问金13000元。是年还对抗战时期入伍的离休干部进行慰问，发放慰问金3600元。1996年2月5日至8日，县委、县政府开展春节“送温暖”走访慰问老干部活动。对244名慰问对象进行逐户走访慰问。共计发放慰问金15000元。1997年，春节、中秋、重阳节分别对离退休老干部进行不同形式的慰问。春节每人发一幅年画、50元慰问金，中秋节发价值60元的衣服，中秋发2.5公斤月饼。1999年1月25日，对全县244名慰问对象进行慰问，并将特困企业1995年1月至1998年3月拖欠离休干部两费114000元送到25名离休干部手中。2000年1月5日，县委、县政府对243个慰问对象进行了慰问（每人1幅年画、慰问信、人均50元）。2003年1月22日，县委组织部、老干局下发《关于认真做好开展走访慰问建国初期参加革命工作的退休干部活动的通知》（酉阳委组干〔2003〕6号）。2004年春节期间，县委、县政府召开春节团拜会，走访慰问了370名老干部。2005年元月10日至28日，县委走访慰问对象321人。县委、县政府、大大、政协主要领及县委常委分别登门看望了冉海光、曾胜富、李万鹏等21名老干部。

生活待遇　1985年，新中国成立前入伍老干部“节日”期间可享受从优待遇人员共计136人。是年，将离休干部列入酉府发〔1984〕172号文件规定享受浮动一级（地区补贴）范围内，应享受地区补贴的有79人，其中20级的46人，19、18、17级的各10人，16级的1人，15级的2人。1988年离休干部工资升级的有21人，工资由每月68.50元增至76元。1989年工改前离休的32个老干部由20级工资额68.5元上升到19级额的76元;15名老干部由19级的76元上升到18级的85元，交通费增加10元，享受奖金15元。2001年，市财政社保基金专户一次性拨给酉阳，补发2000年以前拖欠离休干部津贴43.22万元；保留中属国家政策性的津补贴，即现行离休干部保留津贴109元/月中的69元/月；专款专用，登记造册补发。2003年11月，离休费项目纳入基本养老保险统筹发放的离休干部25人。是年，离休干部离休费全部落实，医疗费已按规定实报实销。2004年行政事业离休干部由副县级提为正县级生活待遇有6名，由科级以下提为副县级生活待遇的有23人。企业离休干部由副县级提为正县级生活待遇有5名，由正科提为副县级生活待遇的有25人。是年对全县1949年10月1日至1950年1月11日参加革命工作的部分退休干部给予生活补贴，按渝委老〔2004〕17号规定，将应享受生活补贴的179人编制成花名册，其中有46人享受200元/月、34人享受180元/月、99人享受160元/月。据测算：从2003年10月1日至2004年5月共8个月，需补发退休干部生活补贴费共计249280元，以后每月需发生活补贴费31160元。2005年7月经审核，又有43名退休干部符合此政策，每人享受补贴标准每月200元，医疗补贴标准每人每年600元。

特需经费和公用经费　1985年共提取特需经费4500元，开支4463元。1987提取特需经费10700元，开支11003元。1995年县政府拨付特需经费19650元，易地安置费4500元，老干部特别经费3600元。1996离休干部预算特别经费每人20元，112人，共2240元。1998年解决企业45名离休干部增发150元的特需经费6750元、62000元特困企业离休费补助、食品公司离休干部由财政拨"两费"10000元。

文体活动　1985年6月29日至7月2日，在离休干部为期4天的学习期间，举办首届离休干部运动会，比赛项目有乒乓球、慢跑、棋类、牌类及书法等。1989年国庆期间，办了国庆专栏；举办了第三期书法篆刻展，展出书法作品15件，画6件，篆刻24件。1991年共举办小型运动会3次，共有288人次老干部参加。组织参加地区性老年运动会5次，取得团体第一名3次、第三名1次。1992—2005年，在"五一""七一"、国庆节、重阳节等节日期间，共举办各种大大型文体活动30余次。尤以举办老年运动会较为突出。比赛项目共设麻将、字牌、川牌、台球、象棋、门球、乒乓球、克郎球等8项。对各项前三名的分别给予奖励。期间的1993年，9位老干部代表黔江地区出席省老年门球运动会，获满分奖。2004年，县老年门球队均获重庆市老干局门球赛和湘西州第八届老干部长寿杯"优胜奖"。

老有所为　1985年全县已离休干部可发挥作用的60人，1987年63人。1993年94人。1995年82人。1997年49人。1998年离、退休干部参加活动有87人。老干部发挥作用主要表现在进行传统教育、建言献策、发挥自身特长、参与经济社会事业建设、编史修志等方面。

第二章　纪检监察

第一节　机　构

1986年，为切实加强纪检监察机关自身建设，努力提高纪检监察干部的业务水平，县委批转县纪委《关于进一步加强纪检机构自身建设的意见》，决定各区（镇）和县直部门党委（总支）都要建立纪检组，未设党委（总支）的设专（兼）职纪检委员，企事业单位总支（支部）设纪检干部1人，编制在11人以上的乡设专职纪检员，编制在11人以下的设兼职纪检员，充实和加强纪检机构和纪检队伍。1986年10月，经县委研究同意，县纪委内设3科1室，即纪检科、审理科、信访科和办公室，县纪委人员增至22人。

1989年5月10日，县委作出《关于同意调整县纪委内部机构设置的通知》，将原纪检科、审理科、信访科改为纪律检查室、案件审理室、来信来访室，增设教育调研室。同年8月根据中共四川省川纪发〔1989〕14号文件精神，将来信来访室改为控告申诉室，各室均配齐主任，使各项工作做到规范化、制度化、程序化。

1988年前，各区（镇）党委均配有专职纪检委员，为了加强纪检机构的建设，县委于1988年以酉委发〔1988〕12号文件批转了县纪委的工作意见，要求各区（镇）委、县委各部委、县级各部门党组、党委都要重视和加强纪检机构建设，各区均成立纪检组，由1—3人组成，负责具体办公。

1992年11月12日，中共黔江地区纪委、组织部联合发出《关于筹建乡（镇）纪委工作中应注意解决的几个问题》，县纪委、组织部根据文件精神，对全县10个区、78个乡、3个镇纪检组织人选进行了全面考察，组建了区纪律检查委员会，选举产生了乡、镇纪律检查委员会，并统一制作了吊牌、印章，于1992年6月正式挂牌办公，到1993年年底，全县12个区委和钟多镇党委配备专职纪检委员。

1993年，中共黔江地委和行署下发《关于同意地纪委、地监察局合署办公方案的决定》。3月22日，县纪委、县监察局根据上级合署办公要求，拟定合署办公方案，县委、县政府批转《关于中共酉阳土家族苗族自治县纪律检查委员会、酉阳土家族苗族自治县监察局合署办公方案的请示》。1994年1月，县监察局从县政府大院搬到县纪委合署办公，实行“一个领导班子、两块牌子、一套工作机构、两种职能”，对10个内设机构实行共性合并，个性保留，薄弱的予以加强，需增设的予以增设。共设立8个科室，即办公室、控告申诉室、纪检监察室、监察综合室、执法监察室、案件审理室、党风廉政建设室、教育调研室。至2005年年末，仍实行合署办公。

第二节　纪律宣传教育

1998年，县纪检、监察工作紧紧围绕“四个一”活动开展工作，并发行《纪律处分条例（试行）》、《中华人民共和国行政监察法》合订本一套书共计580余册，分发到全县各级各部门组织干部职工学习，同时举行了《行政监察法》颁布一周年座谈会，畅谈《行政监察法》实施一周年的体会，规范了干部管理行为。为了让全县广大党员干部职工廉洁从政，在全县范围内播放了电教片《航标》，受教育人数达1500余人；与酉阳报社联合举办了“反腐倡廉问题解答”栏目，充分利用各种机会上党课8次，受教育人数达1000余人。结合本部门实际编发《通报》6期，对部分典型案例进行公开曝光。同时通报表扬党风廉政建设先进集体和个人，在全县范围内开展了向以身殉职的优秀共产党员、优秀基层干部邓健学习的活动。组织《中华人民共和国行政监察法》知识竞赛活动，全县3000多名干部职工参赛。全年在市级以上刊物发表文章3篇、《黔江日报》用稿40余篇、《酉阳报》和酉阳电视台用稿46篇，征订《党风廉政文摘》书籍3000余册。纪检监察干部围绕全县党风廉政建设和反腐败斗争共撰写调研文章11篇。全年向市纪委和黔江开发区纪委报送信息44篇，报送案例分析4篇。

1999年，县纪委、监察局工作严格按照上级要求，一是进一步开展“四个一”活动，制定出台《关于进一步加强党员干部学习教育和管理的实施意见》，发行《纪检监察法规汇编》和《邓小平论党风廉政建设和反腐败》书籍150余册、《巴渝镜鉴》250余册。二是加强电化教育。县纪委、监察局分赴全县各区和县直各部门巡回放映《中国共产党纪律处分条例（试行）》系列电教片和《黑脸书记谈反腐》35场次，受教育的党员干部达27500余人次，有的部门还专程到县纪委租借录像片自行播放，分别与县委组织部、宣传部、广播电视台举办党风廉政教育专栏，利用有线电视台连续播放《条例》系列片等。三是与县委组织部、宣传部、酉阳报社联合举办“鱼水工程”有奖征文活动，共刊登征文稿件14篇。通过宣传，干群关系明显好转。四是在较醒目的公共场所设置宣传窗，公开张贴《中国纪检监察报》进行党风廉政宣传教育，扩大了宣传效果。五是结合部门工作实际，编写《通报》7期，其中先进事迹通报2期、工作通报1期、典型案例通报4期。六是加强党风廉政建设通讯报道工作，被国家级刊物用稿1件、市级报刊用稿2件、《黔江日报》采用44件、《酉阳报》和酉阳电视台采用50余件。七是在县党校和各级各部门为党员领导干部举办培训班9次，受教育人数1000余人。八是在全县副股级以上党员干部中广泛开展《党风廉政建设责任制》知识测试活动，其中参加测试的副县级以上领导干部48人，使各级干部增强了党风廉政意识。九是为不断提高纪检监察干部的思想素质和业务素质，对各区（镇）纪委书记和县直部门纪检组长、监察室主任进行一次业务培训，增强了业务技能。十是加大调研力度，全年共撰写调研文章8篇，其中有2篇被《酉阳报》刊用，1篇被市纪委《党风廉政调研》采用，并获全市三等奖。此外还经常深入基层开展党风廉政建设调研，全年报道信息59件，其中被市纪委转发1篇，被黔江开发区纪委转发1篇。

2000年，以党风廉政建设责任制为重点，进一步加强党风廉政建设教育。一是突出以“三讲”教育为重点，县纪委把工作重点放在查摆问题和整改上。在开展“三讲”教育活动中，共收到各类意见373条，通过梳理成型42条，落实整改6条，收到了好的效果。二是继“三讲”教育结束后，开展为期30天的“三个代表”重要思想集中学习教育活动。县纪委、县监察局在认真组织本委（局）职工和领导干部认真扎实地开展学习教育的同时，把解决全县各级各部门存在的经济问题作为重点内容来抓，对少数单位和部门财务混乱、干部职工违规借款长期不还和挪着他用以及贪污公款等经济问题进行认真的清理和查处。通过清理，共帮助各部门和区、乡收回违规经费160余万元，追回债务1400余万元，立案查处6人，停职停薪处理4人，批评教育500余人，使干部职工受到了一次深刻的教育。三是广泛开展警示教育，在全县范围内发放各种警示教育资料500余套、音像教材20余套，组织全体党员、领导干部职工观看《生死抉择》《胡长清案件警示录》《斩断伸向移民资金的黑手》等警示教育片，在82个乡（镇）巡回放映录像片130余场（次），受教育人数达38000余人。四是着力加大自身宣传力度，拓宽宣传渠道，全年撰写调研文章28篇，积极撰写新闻稿件，被各类报刊采用55篇。

2001年，结合“三个代表”重要思想学习教育活动，在全县党员干部中开展党风廉政建设和反腐败斗争形势教育，共发放教育资料100余套，各级各部门主要领导作专题报告185场次，受教育的党员干部5680余人，受教育群众68800余人。在播放党风廉政建设教育片的同时，各级各部门还主动到县纪委租借录像片播放，利用《酉阳报》、县广播电视台等传媒，扩大教育覆盖面。在全县纪检监察干部中进行行政法律知识测试，参加测试的人员达240余人，测试成绩均在80分以上，其中90分以上的54人，占参加测试总人数的22.5%。

2002年，在全县广大党员和领导干部中开展“坚定信念、廉洁从政”为主题的党风廉政教育活动，各级各部门购买学习资料90余册、光盘50余套，乡（镇）党委书记撰写理论研讨文章14篇，上报市纪委2篇。2月，县纪委建立电化教育工作站，在全县30个乡（镇）和县直各部门建立电化教育工作点，初步建立了电化教育网络系统。同时，还充分利用县有线电视台每月定期播放1部以上警示教育片，播放《引力》《厦门华夏远华走私案》等警示片10余部。共举办各种培训班和各单位上党课8次以上，受教育人数达1200余人。

2003年，在开展党风廉政宣传教育活动中，县纪委、监察局要求各级各部门把党风廉政建设作为干部职工学习教育的主要内容，在全县40个乡（镇）和县直部门中建立了电化教育网点，在上年的基础上增加9个网点，形成了党风廉政建设网络系统，发放党风廉政建设光盘320余套，《权力属于人民》《重温“两个务必”》教材440余册。利用县党校教育阵地，在各类培训班上党风廉政课和党课4次，受教育人数达850余人次；利用流动党校方式，深入到各乡（镇）巡回讲党风廉政建设和反腐倡廉知识；对乡（镇）纪委专职副书记实行上挂培训的方式，采用调训的方法，时间在2—3个月之间。全年被《酉阳报》和酉阳电视台采用稿件86件，向市纪委监察局报送各种信息简报38期，被市纪委采用10件。在全国“非典”防治工作期间，县纪委利用查处4名党员干部因违反工作纪律受到纪律处分的情况向全县各级各部门发出通报，让全体党员干部引以为戒，从中受到警示教育。在全县科级以上党员干部中开展党员干部廉洁从政知识的测试，全县有600余名科级以上党员、领导干部参加了测试，参加人数占应参人数的96%以上。县纪委从10月20日到11月3日进行为期14天的“党风廉政看巴渝 ”新闻采写活动，先后在《酉阳报》刊登党风廉政新闻报道文章15篇，在县电视台播放6篇。

2004年，县纪委坚持以两个《条例》为重点，组织全县党员干部学习《党内监督条例（试行）》《纪律处分条例》和江泽民《论党风廉政建设和反腐败斗争》等，共发放两个《条例》等学习资料4200余册。利用县党校教育活动阵地，对农村基层党支部书记、部门科局级领导以及入党积极分子进行培训学习两个《条例》和讲解党风党纪有关知识，共辅导学习上党课8次，受教育人数达900余人。抓住市地税局党风廉政建设教育巡回演讲团到酉会演的契机，钟多镇副职以上领导干部、县地税、国税局全体干部职工共400余人参加了演讲会。全年纪检监察稿件被《酉阳报》和酉阳电视台采用161件，国家级采用3件，省市级采用8件，向市纪委、监察报送信息、简报48期，调研文章6篇，被市纪委采用14件。当年订阅《中国纪检监察报》110余份，发放党风廉政建设教育光盘360余盒。县纪委还在全县开展以“五个一”为主题的纪律教育活动月活动，即举办一次反腐倡廉图文展览宣传日活动、集中播放一组示范与警示教育片、召开一次民主生活会、开展一次征文活动、举办一台反腐倡廉文艺晚会。9月28日在民族会场举行文艺晚会，15个节目精彩纷呈，观看的党员干部和群众达800余人。市纪委宣教室领导王平权到酉阳参加晚会。

2005年在开展党员先进性教育活动中，推进党风廉政建设 。

第三节　廉政建设

1988年，中共中央作出《关于党和国家机关必须保持廉洁的通知》后，县纪委根据中央精神制定《关于党政机关保持廉洁的规定》。1989年3月，县委成立由县委书记秦贵泰、县长费文礼为正、副组长的廉政建设领导小组，县纪委、县委组织部、县人大、县政法委主要领导为成员，下设办公室（县纪委内），由县纪委书记石邦荣兼任办公室主任。各区相应建立机构，区委书记为负责人。从有关单位抽调人员组成4个督导组，分别到区、乡和县直各部门督促指导廉政建设工作。全年督导组到30个乡（镇）和县直部门调查情况，对调查中发现的问题予以纠正，共清出有经济问题的干部310余人，金额达184964元，清还归位147436元，对错误严重的分别给予党纪政纪处分。

1997年，县纪委、县委组织部专门印发《关于开好党员领导干部廉洁自律专题民主生活会，保证质量的通知》。6月15日至7月30日，分别召开各级各部门和国有企业领导班子民主生活会，县纪委、县委组织部、县直机关工委和各系统党委自始至终指导工作。1998年6月县纪委印发《关于贯彻执行〈关于严格控制用公款安装住宅电话和购买移动电话的实施办法〉有关问题处理的通知》。9月16日，县委办公室、县政府办公室印发《关于切实抓好清理通讯工具工作的紧急通知》。从3月开始到9月28日，共清理出公务住宅电话260部，用公费购置的移动电话101部。通过清理将不符合规定的公务住宅电话102部折价处理给执机户，对超配、占用的53部移动电话作价处理给执机人46部，封存3部，退还被占用单位4部。县纪委对全县党政机关、事业单位接待费用情况进行检查。全年全县党政机关、事业单位公务接待费比上年节约148万余元，节约率达40%，10月下旬，县纪委针对龙潭部分乡（镇）机关超标接待，长期赊欠个体餐馆生活费的问题进行了查处，保护个体经营者的正当利益，教育了干部群众。为严格制止奢侈浪费行为，全县共取消修建办公楼计划3栋，节约资金400余万元；停止装修办公楼2栋，节约资金100余万元；取消全县性的大型会议2个，压缩会议8个，节约资金30余万元；取消评比达标活动1次，取消升级达标活动1次，取消大型庆典活动1次，节约资金40余万元；控制设备和更换小汽车10余辆，节约资金80余万元。同时在全县推行村务公开试点工作，推行村务公开的村达467个。

1999年，为制止和严格执行县内各种会议和庆典活动不赠送礼品和纪念品的规定，通过督查，未出现违反规定的情况，无一单位向企业摊派纪念品费用。8月，清理各单位财务，对检查情况进行通报，当年仅话费一项就节约60余万元。同时推行公用电话IC卡制度，话费定额包干，节约电话费50%以上。9—10月，县纪委和县财政局联合对全县60%的党政机关及部门就落实中央《关于党政机关厉行节约制止奢侈浪费行为的若干规定》进行督促。从督查的情况看，全县各级各部门公务接待标准均按规定执行，85%以上乡（镇）接待费比上年同期下降40%以上，节约会议经费86万余元。协助县委组织部和县民政局在全县乡（镇）推行政务公开、村务公开、企业厂务公开。并针对领导干部在住房、建房方面以权谋私的问题进行纠正和查处。

2000年，贯彻实施中共中央、国务院《关于实行党风廉政建设责任制的规定》，于8月20日和9月27日分别召开了全县区、乡纪检监察工作会议，全面贯彻落实重庆市乡（镇）纪检监察工作经验交流会和全市纪检监察工作会议精神，目标管理，抓“八大”责任制建设的落实，县纪委拟订《酉阳土家族苗族自治县县级领导干部和县级各部门2000年党风廉政建设和反腐败工作分工责任制》，查处违纪案件，减轻农民负担，治理公路“三乱”等32个项目，明确每个项目的内容和具体责任人、责任部门以及协调部门的具体职责，使党风廉政建设责任制具体落实到部门领导人身上，并对党风廉政建设实行目标管理，对目标管理不合格的实行“一票否决”。全年对21个领导班子、56名领导干部进行诫勉和谈话，30名领导干部受到降级处理，对殴打农民、乱收费等负有领导责任的3名领导干部，给予党纪责任追究。

2001年1月，传达贯彻市纪委七次全委会暨全市党风廉政工作会议精神。10月14日，召开全县纪检监察工作会议。会议传达全市纪检监察机关办案工作会议、中纪委六次全委会和市纪委八次全委会精神，总结全县党风廉政建设和纪检监察工作，对下一步工作进行安排部署。组织实施《酉阳土家族苗族自治县县级领导干部和县级部门2001年党风廉政建设和反腐败工作分工责任制》。全年对5个单位6名领导干部进行离任审计。各乡（镇）和县直各部门分别召开廉洁自律专题民主生活会，对20名领导干部进行诫勉谈话。在年终考评中，对5名不称职的领导干部进行免职处理，对4名基本称职的领导干部进行了诫勉，对群众反映有问题的16名领导干部进行廉政谈话，对9名拟提拔任职的干部进行任前公示。按照党风廉政责任制的规定，对部分学校学生食物中毒事件和设小金库等方面负有领导责任的5名领导干部进行责任追究，严肃干部纪律。

2002年，继续贯彻落实《中国共产党领导干部廉洁从政若干准则（试行）》和中共中央、国务院《关于党政机关厉行节约，制止奢侈浪费行为的若干规定》。元旦、春节期间，清理领导干部以各种名目收受礼金礼品等问题，设立“581廉政专户”，共收到退回礼金34500元。清理县科级领导干部到企业和单位报销应由本人及其配偶、子女支付的个人费用规定，没有发现违规行为。全县39个乡（镇）建立职工食堂，制定具体的接待制度，公务接待费明显下降。

2003年，推进领导干部廉洁自律工作：制定目标责任制，强化目标管理，明确责任主体，抓党风廉政建设的落实，严格执行责任追究，按照党风廉政建设责任追究制，对8名党员领导干部进行责任追究，分别给予党纪政纪处分；继续推行《酉阳土家族苗族自治县县级领导干部和县级部门2003年党风廉政建设和反腐败工作分工责任制》；对400余名县处级领导干部的配偶、子女从业情况进行清理，未发现从业违规现象；执行领导干部廉政谈话制度，对群众有反映的10名领导干部进行廉政谈话，及时指出存在的问题，并对新提拔的1100名科级和副科级领导干部进行任前廉政谈话。

2004年，以加强党员领导干部思想政治工作和纪律教育为重点，推进领导干部廉洁自律工作：县委、县政府下发《2004年度党风廉政建设和反腐败工作意见》和《酉阳土家族苗族自治县县级领导干部和县级部门2004年党风廉政建设和反腐败工作分工责任制》；执行领导干部廉政谈话制度，做到发现问题和苗头早指出、早纠正，防微杜渐，防患于未然。对群众有反映的16名正科级领导干部进行廉政谈话，对新提拔的6名科级领导干部进行了任前廉政谈话。

2005年，以贯彻落实党风廉政建设责任制为重点，加大党风廉政建设和反腐败工作力度，落实县级领导和县级部门党风廉政建设和反腐败分工责任制，做到任务明确，责任到人；实行廉政谈话和诫勉谈话制度，对新提拔的11名领导干部进行任前廉政谈话，对2004年度领导班子和领导干部考评结果中被评定为基本称职的9名领导干部实行诫勉谈话；落实领导干部个人重大事项报告制度，全年共有27人次对个人重大事项进行报告；在全县范围内开展党政领导干部拖欠公款的清理和解缴工作，通过清理收回各类借款欠款63万余元，继后没有出现新增拖欠公款的现象。

第四节 案件查处

1994年，县纪委和县监察局实行合署办公后，充分发挥合署办公的优势，在形式上做到合署，在人员上做到合心，在办事效率上做到合力，在实际操作中，重大事项的研究和审议上采取一次性会议决定，分职能行文，各自按程序办理的方法，提高工作效率，保证工作质量，减少工作上的重复交叉，避免互相推诿现象。当年共开展执法监察和监督检查项目35项，提出监察建议85条，按照规定收缴各种罚没款174.16万元，清收职工欠款、乱收费、乱罚款、乱摊派款项136.7万元，责成有关部门收缴违约金98.37万元。

1995年，以治理“三乱”和“纠风”为重点，共开展各类专项检查36项，查出违约金额306.7万元，当年为国家挽回经济损失658.7万元，有力地促进地方经济建设的发展。1997年县纪委从有关部门抽调12人组成执法监察检查组深入到各区（镇）进行检查，围绕农民负担过重的问题进行专项检查，当年共减轻农民负担601.8万元，取消不合理收费项目18个，查处增加农民负担的案件152件，查处违纪金额78万余元，纠正退还23.36万元，收缴罚没款21.2万元，有力地维护了农民的合法权益。

1998年，按照中央和重庆市以及黔江区纪委反腐败工作会议精神，把工作重点放在违纪案件查处上，全年共收到案件线索63件、63人，立案查结49件49人，其中党纪立案40件40人，政纪立案9件9人，涉及副科级5000元以上大要案件24件24人，共挽回经济损失21.2万元；审结党纪案件31件31人，政纪案件8件10人，给予党内警告6件6人，严重警告6件6人，撤销职务1件1人，开除党籍18件21人；在审结的政纪案件处理中，免予处分的1件1人，行政警告3件3人，行政降级3件3人，行政开除1件1人；按职级分，涉及乡科级干部18件18人，一般干部12件13人，其他人员9件11人。所结案件中，大要案件20件20人，震慑了犯罪，教育了群众。全年共受理群众来信来访348件次，其中来信297件，来访50人次，举报电话1次。来信来访中，属纪检监察范围内188件，涉及县处级干部5件，乡科级干部115件，一般干部39件，其他人员29件。属经济类52件，失职类3件，侵权类9件，属于社会管理秩序类32件，其他92件。在收到的188件中，应办180件，办结172件，办结率达95.6%，其中来信来访案件31件，全部办结，结案率达100%。同时还结合全县实际，认真开展纠正部门和行业不正之风工作，经过历时22天的清理，查处拖欠水利建设基金52.6万元，欠缴财政专户款163.8万元，欠缴国库罚没款83.7万元，欠缴国库行政性附加费125.5万元，使用违规票据收费42.9万元，自立名目收费11.7万元，违规支付预算外资金34.7万元。发出处罚决定书23份，对违规单位进行了处理，罚款34.6万元，追缴预算收入41.8万元。共查出“小金库”6个，金额46.8万元，并在相关部门开展了行风评议工作，聘请行评代表36人（均由县人大代表、政协委员和知名人士组成），联系酉阳实际，先后制定了领导干部廉洁自律的规章制度和“三公开”办事程序，有效地控制了吃、拿、卡、要的不良气息，强化了干部纪律，转变了机关作风。

1999年，按照中、市惩治腐败工作的要求，以查处违纪案件为突破口，全年共受理来信来访案件322件次，属纪检业务范围的154件次，已办结152件，违纪案件立案80件80人，属经济类案件12人，违反社会道德类2人，失职类7人，侵权类23人，违反社会管理秩类26人，赌博12人，违反计划生育政策9人，其他类10人；结案79件79人，其中党纪结案60件60人，政纪结案23件23人（双重结案4件4人）；受党纪处分的60人中，给予党内警告的14人，严重警告的14人，撤销党内职务2人，留党察看6人，开除党籍19人，批评教育5人；受政纪处分的23人中，给予行政警告的4人，行政记过的2人，行政记大过的8人，行政降级的2人，行政撤职的2人，批评教育的5人。在所结案的79件79人中，大要案件41件41人，占结案数的51.9%，比上年上升了61.2%，使一些违规违纪的行为人受到应有的处理。

2000年，县纪委、监察局共收到来信来访和举报电话384件次，属纪检监察业务范围内的227件，办结信访案件219件，信访案件应结案29件，已办结29件，群众满意率明显增加，共立案46件48人，党纪立案43人，政纪立案8人。所办结的45件47人中，涉及乡科级干部133件，给予党内警告处分的4人，严重警告的5人，撤职处分的1人，留党察看2人，开除党籍的28人，建议由有关部门处理的1人，行政警告1人，行政记大过的2人，行政撤职3人，受党纪政纪双重处分的3人，挽回经济损失79万余元。结合纠风工作，一是狠刹医药购销中的不正之风，优化人民群众就诊购药环境；二是严格按照双向控制原则，切实做好减轻农民负担工作；三是认真做好减轻企业负担工作，为企业提供有效的法律保障；四是巩固清理公路“三乱”成果，规范公路管理行为；五是认真清理中、小学乱收费工作，分别对全县80所中、小学收费情况进行认真清理，共查出乱收费52万余元，全部清退给学生；六是认真开展行风评议工作，纠正行业不正之风，巩固行评成果；七是落实重点部门行业的纠风阶段目标任务；八是狠刹“请客送礼、聚众赌博、奢侈浪费和松散懒惰”不正之风，有效遏制社会不良风气。

2001年，县纪委、监察局认真开展查处违法违纪案件，加大查处力度，全年受理各类来信来访391件，其中来信367件，来访22件，举报电话2次。属纪检监察业务范围的223件，办结信访案件186件；提供案件线索33件，立案25件30人，审结案件22件26人，其中党纪案件20人，政纪案件8人。在已办结的26人中，党内警告2人，严重警告6人，留党察看5人，开除党籍7人，行政警告1人，行政记大过1人，行政降级2人，行政撤职2人，行政开除1人。全年恢复党员权利6人，办理行政解除手续7人。根据重庆市纪委要求，县纪委抽出专人对1997年至2000年已查结的党纪、政纪案件处分决定的执行情况进行了全面的清理检查，并加强与组织人事、劳动、教委等部门的联系，及时反馈纪检监察的纪律处分执行情况，了解相关部门在年度考核、归档、办理工资等方面执行情况，督促其全部执行到位。通过此项工作，维护了纪律的严肃性，使之达到经常化、制度化。2001年7月，分别对2000年度所结案件进行自查，其中优质案件达75%。市纪委随后对酉阳2000年度案件质量进行检查，优质案件率达50%以上。此外，进一步加大纠正部门和行业不正之风的工作力度。同年3月，县纠风办下发《酉阳县2001年纠正部门行业不正之风工作意见》，对纠正医药购销中的不正之风、减轻农民负担、治理公路“三乱”、减轻企业负担、治理中小学乱收费等进行认真的安排部署。县纠风办与药监局、工商局、公安局组成联合检查组，对全县医药市场开展大检查，共出动检查人员180人次，检查批发和零售药店78家，检查医疗机构69家，共收缴销毁违规虚假药品广告15种5000余份，清理销毁假劣药品折价7.1万元，没收违法生产、经营医药器械18件价值8000余元，立案查处4件6人，有效遏制违规虚假广告蔓延，规范医药市场管理秩序。按照农民负担管理规定，完成了对79个乡（镇）、707个行政村农民负担方案的预算、审批工作，发放农民负担监督卡19万余份，并按要求全部填发到户。县上还专门设立了办公室，负责接待处理农民负担来信来访工作，避免了因农民负担问题越级上访的发生。巩固了公路“三乱”治理成果。同年3月，县纠风办会同县公安局、县交通局召开联席会议，对继续整治公路“三乱”工作进行安排部署，县政府转发县交通局、公安局、纠风办《关于酉阳实现所有公路基本无“三乱”实施意见的通知》（酉府办发在〔2001〕11号），经市检查组验收治理“三乱”工作达标。为了认真做好减轻农民负担和企业负担工作，县政府专门下发《关于进一步规范收费和检查审批制度改善发展环境实施意见的通知》（府发〔2001〕38号）和《关于2001年招商引资工作意见》（府发〔2001〕10号），体落实收费和检查实行部门申报、政府审批制度，对乱收费行为严格实行“收一罚十”，对损害企业发展环境的部门严格实行“一次通报、二次处罚、三次免职”的规定，使此项工作步入了正规化、经常化、制度化的管理轨道。根据少数中、小学乱收费反弹的情况，县教委连续下发〔2001〕1、2号文件，由县教委牵头，县物价局、县纠风办参与对全县13个区（镇）中、小学和县直属学校的收费情况进行检查，查出情况向全县进行通报。通过清理，共查出中、小学乱收费43.2万元，全部造册登记清退给学生本人，对苦竹乡校长乱收费行为，由县监察局立案查处，并给予行政记大过处分，免去其校长职务，使中、小学乱收费行为得到有效遏制。

2002年，县纪委、监察局工作紧紧围绕案件查处，惩治各类腐败现象，全年共收到群众来信来访及举报电话338件次，其中来信297件，来访29人次，电话举报12人次；举控告类276件，申诉类1件，其他类60件；属纪检监察业务管理范围的277件，涉及党员的206件，监察对象217人，县处级干部56人，乡科级122人，一般干部55人，其他人员43人。其检举控告中，反映组织人事类17件，贪污贿赂67件，索取财物收受礼品2件，挪用公款5件，违反规定从事营利活动4件，其他经济问题56件，打击报复17件，欺压群众17件，其他92件，应办结信访案件152件，已办结138件，进行廉政谈话5人次，发信访通知书8件，当年挽回经济损失260余万元。对立案查处对象分别给予党纪政纪处分。在抓好案件查处的同时，狠抓纠正部门和行业不正之风。同年8月，会同县农办、县农业局等部门深入到各乡（镇），对村级财务公开和2001年农民承担的村提留和乡统筹费的提取管理及使用情况进行专项审计检查，审计资金达1495万元，查处违纪案件13件，超限单位2个，平调挪用农民负担资金11个。针对所存在的问题，由县纪委与县农办、计委等有关部门深入到19个乡（镇）和部门，对涉及增加农民负担的13个问题进行及时的查处和纠正，深受基层群众好评。按照市上统一安排，当年对县工商局、运管所、电信局等17个部门进行了行风评论，各部门密切联系本部门的实际，认真查找所存在的问题，切实加以改进，行业作风得到了有效的改善，服务质量明显提高，17个被评单位均已达到优良档次。结合酉阳医药行业实际，认真纠正医药购销中的不正之风，取缔非法药品市场的生产、销售经营22户，捣毁制售假药窝点1个，清理销毁假冒伪劣和过期药品、医疗器械总价值50余万元，还分别对全县医疗服务和经营单位的药店和医疗服务价格进行专项检查，对药品和医疗服务价格进行公示，使群众用上放心药。有重点地清理26所学校，涉及违纪金额5万余元，责成学校清退给学生，有效地规范了中、小学收行为。

2003年，县纪委监察继续加大查处违法违纪案件力度，全年共收到群众来信来访及举报电话436件次，其中，来信349件，来访65人次，电话举报和传真22件。检举控告中，涉及党员干部187人，监察对象206人，涉及地厅级干部4人，县处级干部85人，乡科级干部77人，一般干部122人，其他人员82人。查处违法违纪案件76件88人，涉及副处级8件8人，科级16人，一般党员干部65人，涉及上万元以上大要案件14件18人。委局机关立案40件45人，乡（镇）纪委立案31件，县直部门立案5件，结案72件84人，撤销党内职务2人，留党察看8人，开除党籍10人，政纪处分30人，受党处政纪双重处分的3件5人，为国家集体挽回经济损失500余万元。清理出中小学违规收费28万余元，全部清退给学生。配合有关部门纠正医药购销中的不正之风，取缔无证经营户13家，销毁假冒伪劣药品价值15万余元，遏制了药品中的不正之风。同时按照酉阳委发〔2003〕27号文件精神，狠刹请客送礼风，并对50名干部职工操办喜事按照规定进行报批程序，对群众反映的3起违规操办进行了调查核实，对10个单位22名违规人员分别予以处理和通报，通过明察暗访，请客送礼之风得到有效的遏制。对部分乡镇在办理结婚登记过程中超标收费，搭车推销婚姻书籍等违规行为进行纠正。按照市委统一要求，对37个单位和部门开展了行风评议工作，聘请10名行评巡视员，通过综合评议，4个重点单位满意率达90%以上；33个自评单位，优良18个，合格10个，不合格的5个单位，并作出限期改进。

2004年，县纪委、监察局继续加大案件查处力度，惩治腐败分子，全年共收到群众来信来访和举报电话441件次，其中来信326件，来访78件，电话举报及传真115件次，涉及党员219人，监察对象181人，地厅级3人，县处级干部63人，乡科级干部109人，一般干部105人，其他人员109人。立案查处违法违纪案件66件66人，其中上年遗留4件4人，党纪立案54人，政纪立案14人，委局机关立案27件27人，乡镇纪委立案30件，县直部门立案9件，涉及副处级干部7件7人，涉及万元以上大要案17件17人。结案63件63人，结案率达95.5%，优质案件达73.9%。党纪案件结案51件51人，政纪结案14件14人，给予党纪处分46人，其中党内警告处分20人，党内严重警告处分19人，开除党籍7人，免予党纪处分4人；政纪处分14人，其中给予行政警告处分5人，记过3人，记大过4人，降级处分1人，开除公职1人。通过办信办案，为国家和集体挽回经济损失400余万元。

2005年，县纪委、监察局围绕县委、县政府的中心工作，进一步加大案件查处力度，做好惩治腐败工作。全年共收到群众来信来访和举报电话388件次，其中来信291件，来访57人，电话举报及传真33

件次，涉及副处级干部72件，乡科级干部111件，一般党员干部94件，农村35件，企业5件，其他人员61件，涉及党员174件。属监察对象202件，立案查处党纪、政纪44件46人，党纪立案38件40人，政纪立案63件68人，其中“双规”1件1人，共审结案件43件46人，案件审结率97.8%，优质案件率达100%，移送司法机关2件2人。针对群众反映强烈的各种突出问题，一是加大对教育乱收费的清理工作，共查出16所中、小学向32082名学生收取保险费19.24万元，全部退还给学生本人。县纪委、监察局与县教委等部门联合对各学校强行征订教育辅导教材进行专项检查，当年减轻学生家长经济负担385万元。结合“两基”工作，认真落实“两免一补”政策，减轻学生家长经济负担848万余元。严格执行“一费制”收费办法，规范服务性收费行为，乱摊派、搭车收费问题得到有效控制。二是做好医药购销和医疗服务收费工作，县纪委、监察局会同药监局、卫生局、工商局对全县医药站（点）进行了大检查，共查出非法行医、假冒伪劣药品和医疗器械、违规广告38件，对医药实行集中招标购药的办法，杜绝了乱购乱买药品的现象，广大医务工作者的思想道德和职业道德素质明显增强。三是进一步贯彻落实中共中央、国务院减轻农民负担政策，加大对减轻农民负担监督检查力度，通过监督检查，当年全县共减轻农民负担金额达360余万元。

第五节　行政监察

1988年2月组建县监察局。1989年增设执法监察股。全年受理案件线索157件，按照规定，立案调查4件，为国家和集体挽回经济损失90余万元。1990年8月，开展治理整顿“三乱”和行业不正之风工作，共清理各类文件材料423份，清理农村不合理负担56项，涉及金额达961.94万元，取消不合理文件17份，收缴退回“三乱”资金18.3万元。在全县38个重点部门开展自查自清的基础上，分别不同情况，采取相应措施进行整改。

1988—1992年共立案120件，审结118件，审结率占立案总数的98%。在查处的118件案件中，涉及区科级以上34件34人，均受到党纪、政纪的处理。1993年8月后，主要围绕领导干部廉洁自律、治乱纠风以及查处违纪违法案件，

1996年，党风廉政建设和反腐败工作，首先从领导机关和领导干部抓起：对县政府超标的“蓝鸟车”变换成三部国产“城市猎人”；对120名副县级以上领导干部购房问题进行清理，查出建私房的有15人；对全县13个区（镇）工委委员、82个乡（镇）党委书记、乡长、88个县直机关单位的正副职领导干部计534人，建立党风廉政档案；定期召开专题民主生活会，全县应参加人数995人，实际参加人数980人，占应参数的98.5%。12月30日，中共中央、国务院下发《关于切实做好减轻农民负担工作的决定》。按照决定要求，对3个不同类型的乡（镇）进行农民负担的抽查，农民负担占年人均纯收入的2.74%，对超标收取的集体提留、统筹费和平调集体资金19.38万元，提出整改意见及时予以纠正。

1997年5月1日至9月30日，分别对国税、地税、电力公司开展行风评议。继后，分别对卫生、林业、工商、国土、公安、药监等部门开展行风评议工作。抽调12人组成执法监察组，对农民负担进行巡回检查。全年减轻农民负担601.8万元，取消不合格收费项目18个，查处增加农民负担的案件152件，涉及违纪人员194人，其中党员60人，副科级以上领导干部22人。查处违规资金78万元，纠正退还金额23.36万元，收缴罚没款21.2万元。

1994—1997年，纪委、监察共立案查处各类案件190余件，办结185件，受到处分的达187人，共受理群众来信来访1313件，立案195件，办结192件，占立案总数的98.3%。

1998年3月27日，县监察局印发《关于对工商局等五个部门开展勤政廉政效能的实施办法》，并对县工商局、国土局、劳动局、民政局、环保局开展勤政廉政工作作出具体安排。1999年，共承担监察项目9项，黔江开发区交办1件，县委、县政府领导交办14件，自立项目3件，全年共计27件，全部办理完毕。在开展此项工作中，共发现线索50件次，涉及金额7684万元，为国家和集体挽回经济损失182万余元，为企业追回资金95万余元，纠正、退回70.5万元，上缴国库16.5万元。与县建委共同拟定《关于强化建筑市场管理规范招投标工作的意见》，规范建筑市场行为。凡金额在30万元以上的建设工程都参与招投标的监督。并对全县工程项目进行两次“拉网式”检查，检查中涉及项目45个，金额2000余万元，总面积5万平方米。通过检查，手续完善的30个，手续不齐全的11个，未办报建手续的4个，责令限期整改工程项目4个，停工项目6个，查处总造价210万元的小坝移民新区工程质量严重不合格的问题。

2000年，重点检查公安、法院、建委、国土等15个部门，涉及收（罚）缴款项目74项，开展清理整顿单位116个，清理账户241户，依法撤销违规账户90个。检查单位40个，查处各种违规行为4起，查处金额10.6万余元；加强对有形建筑市场执法监察工作，推行工程建设公开招投标，与县建委举办《中华人民共和国招标投标法》《工程质量管理条例》和《关于工程建设中违纪违法行为处分暂行规定》培训班；推行政府采购工作，组建政府采购工作领导小组，制定《政府采购制度暂行办法》，并成立政府采购中心，规范政府行政行为。

2001年，加强对国债资金使用情况的监督检查，通过监察、财政、审计等部门对新增国债项目的立项和资金拨付管理、使用情况进行检查，未发现违规行为；对社会保障“四项资金”管理使用情况进行检查，与县劳动、审计、人事、民政局等部门召开联席会议，并组织力量对2000年7月至2001年6月社保基金收支及管理情况进行检查，未发现违规现象。

2002年，全年共开展执法监察项目8项，自立项目2项，发现案件线索9起，立案3人，重大安全责任事故调查处理2件，党纪、政纪立案14起，移送司法机关处理6人，提出监察建议31条，发出监察建议书10份，避免和挽回经济损失600余万元。参与重特大责任事故的调查处理，并对宜居乡境内“7·14”乡村道路重大交通事故和钟多区中学“10·30”重大安全责任事故进行查处，对14名负有责任的人员进行党纪政纪处理，对4名直接责任人移送司法机关处理。

2003年，全年共开展执法监察项目112项，其中自立项目3项，发现案件线索6件，立案查处4件8人，其他处理2件2人，查处土地违法案件1件3人，提出监察建议38件，被有关部门采纳的34件，发出监察建议书2份，避免和挽回经济损失300余万元。在查处过程中，对国有经营性土地使用权“招拍挂”出让情况开展执法监察，纠正土地使用权违法出让1件，立案查处1件3人，受党纪处分2人，政纪处分1人；对兴隆等19个乡镇财政预算执行情况进行督促检查，对检查中所发现的问题进行通报，对严重违纪的责任人进行立案查处；对全县退耕还林工作进行专项执法监察，共立案查处3人，并将案件情况通报全县，引以为戒；加强“非典”防治工作的监督，严肃追究失职、渎职人员，对违反工作纪律、工作失职的4名党员干部进行立案查处。

2004年，开展清理整顿土地市场，对征用农民集体所有土地补偿费用管理情况进行监督检查，共实施农村土地征用项目11个，征用土地面积4683.68亩，应征土地补偿费用为8099.44万元。

2005年对《中华人民共和国行政许可法》的贯彻落实情况开展监督检查，共立案查处涉及行政许可的案件6件6人，分别不同情况，给予党纪处分的5人，政纪处分的1人；围绕乌江彭水电站移民和库区工作加强监督检查，健全移民工作监督网络和落实移民工作责任制，审议通过《乌江彭水电站酉阳库区集镇迁建及专业项目复建管理细则》《乌江彭水电站酉阳库区农村移民安置管理实施细则》等6个涉及移民迁建的配套文件；执行经营性土地使用权招标、拍卖、挂牌、出让制度。全年出让经营性土地23宗，面积145.42亩；坚持把效能监察与廉政监察、执法监察有机结合，开展行政效能监察，全年受理行政效能投诉案件1件，对违反效能建设的机关工作人员给予相应的处理，立案查处挪用“两基”普九排危工程经费的违纪问题，给予行政撤职处分1人，行政记大过1人。

第三章　精神文明建设

第一节　思想道德建设

1986年10月1日，县委召开（扩大）会议，传达贯彻中共中央〔1986〕18号文件，学习《中共中央关于社会主义精神文明建设的决定》，坚持物质文明和精神文明建设两手抓、两手都要硬的工作方针。

1986年10月29日，县九届人大常委会举行第18次会议，学习《中共中央关于社会主义精神文明建设指导方针的决议》，全县精神文明建设在城乡各个角落迅速展开。

1988年1月，县委决定在全县开展“三提倡、三反对”的政治教育活动，即提倡艰苦奋斗，反对铺张浪费，提倡婚事新办，反对大操大办，提倡科学文明，反对封建迷信，通过此项活动收到了较好的社会效果。

1988年3月16日，县委决定，撤销酉阳土家族苗族自治县委政策落实领导小组，同时撤销五讲四美三热爱活动委员会，成立酉阳土家族苗族自治县精神文明建设委员会，从而拉开全县精神文明建设的序幕。

1989年9月30日至10月6日，酉阳举办全县首届“精神文明杯”篮球运动会，县级机关、各区镇派代表队参加，参赛代表队达42个，是全县参赛人数最多、规格最高、时间最长的一次运动会，通过激烈角逐分别为获奖单位颁奖，有力地推动了全县精神文明建设。

1990年3月，县委印发《一九九〇年精神文明建设工作意见》，文件要求：一是广泛开展“学雷锋、树新风、做新人”活动；二是强化以共产主义理想前途教育为主要内容的群众性教育活动；三是认真抓好有理想、有文化、有道德、有纪律、职业道德、职业责任、职业纪律、职业技能的“四有”“四职”教育；四是抓好文明单位建设，建好文明细胞；五是大力开展“四提倡四反对”活动，塑造良好的新风；六是继续开展“五讲四美三热爱”和“三优一学”活动，同时在全县城乡广泛开展精神文明竞赛活动。

1995年7月5日至27日，在龙潭镇开展“三户三村”试点工作，经过22天的试点，工作取得圆满成功（三户：遵纪守法户、五好家庭户、双文明户，三村：安全村、文明村、小康村）。

1996年10月24日，县委作出决定，要求全县广大党员干部要认真学习《中共中央关于加强社会主义精神文明建设若干重要问题的决定》，进一步深化精神文明建设的内涵。

1999年4月，小坝乡花园村被中央文明委命名为“全国精神文明建设活动示范点”，成为酉阳首个获此殊荣的基层单位。

第二节　创建活动

文明单位的创建是推动城乡精神文明建设、移风易俗、提倡科学文明的重要载体。20多年来，酉阳坚持按程序、按标准、严格审批程序，做到合格一个，审批一个，逐级申报，逐级审批，层层把关，使一批批文明单位不断产生，同时对不符合条件的予以撤销文明单位称号，从而使文明单位的质量明显提高，有效地促进了全县精神文明建设。

至2005年年底，全县拥有文明单位205个，其中市级文明单位32个（文明单位标兵8个，文明单位19个，文明村镇标兵1个，文明村镇4个），县级文明单位173个（最佳文明单位49个，文明单位114个，文明村镇10个），有效地推动全县精神文明建设。

第四章　社会团体

第一节　县总工会

酉阳县总工会自1950年2月成立以来，先后召开九次代表大会。1983年经国务院批准成立酉阳土家族苗族自治县，县总工会隶属四川省总工会涪陵地区办事处管辖。1988年黔江地区成立，属四川省总工会黔江地区办事处管辖。1999年8月黔江地区撤销，故酉阳土家族苗族自治县总工会隶属重庆市总工会直接管辖。

县总工会截至2005年年底，拥有基层工会组织219个，会员16333人，基层工会干部222人，工会组织涵盖各行业各部门、各企事业单位。

改革开放以来，县总工会始终坚持以贯彻《中华人民共和国工会法》《中华人民共和国劳动法》《重庆市工会条例》为契机，围绕全国总工会“五突破一加强”的工作思路，切实履行“维护、建设、参与、教育”职能，立足本职，服务大局，突出重点，务求实效，开展了卓有成效的工作。

在全县各级工会组织和广大职工中积极开展丰富多彩的学习、宣传、贯彻、落实《中华人民共和国宪法》《中华人民共和国工会法》《中华人民共和国劳动法》，编发各种信息简报500余期，办各种学习专栏400余期，召开各种座谈会600余次，组织学习演讲1100余场次。充分利用各类报刊、电视台等新闻媒体，及时报道工会工作的先进经验和好人好事，先后被各类报纸杂志采用500余篇，从而扩大工会组织在社会各界的影响，提高工会组织的社会知名度。

县总工会姓终注重基层工会组织建设，不断充实完善基层组织，做到哪里有职工哪里就建立工会组织，努力创建“职工之家”，不断提高建家质量。积极指导基层工会组织建立健全组织机构，及时督促任期届满的基层工会组织调整、改选和换届，并在工会组织中广泛开展“开门办会、依法治会、民主兴会、实力强会”活动，积极开展“创新达标、升位”活动，有效地提升工会的品位。通过开展“职工之家”的创建工作，县烟草公司、县公安局、铜鼓水泥厂、县人民医院、县自来水公司、县电力公司、县财政局等工会被评为市级“模范职工之家”，县汽运公司、麻旺水管站、龙潭希望小学、县烟叶复烤厂、金汇宾馆、冷水河三级电站等工会被评为县级“模范职工之家”，县烟草公司工会干部喻儒成于2000年被评为重庆市第二届职工道德“十佳标兵”。

县总工会围绕职工素质教育做文章。首先以学习为先导，有针对性地组织广大职工学习科学文化知识、法律法规和业务知识，牢固树立科学发展观的理念，提高广大职工科学文化知识水平；其次，狠抓队伍培训，并与中、市、县的专业学校、党校、劳动就业等部门密切配合，分期分批举办职业培训、劳动技能培训，先后邀请市总工会干部学校专家教授到酉阳授课，传授工会知识，有效地提高了基层工会干部的业务知识和法律知识；第三，组织部分基层工会干部采取走出去、请进来的方法，分赴外地学习考察、借鉴先进经验，开阔了工会干部的视野，一支有理想、有道德、有文化、有纪律的工会干部队伍正在形成；第四，参政议政发挥作用，近年来，县总工会紧紧围绕参与职能，充分发挥工会在人大、政协中的参与作用，代表职工的意愿和呼声，先后向人大、政协提交议案和建议150余件，提各种建议1200余条，参加座谈讨论200余次。部分提议案、意见和建议引起了县委、县政府及有关部门的高度重视，并得到了有效的落实，工会的地位明显提高。同时，在企事业单位推行平等协商签订集体合同制度，在企事业中构建公开、公平、公正的监督管理平台，并与128家企业签订了集体合同、建立平等协商制度企业达68家，工会与用人单位签订工资协议23家，建立职工代表大会企业74家，推行厂务公开的12家，职工进入董事会的15家，进入监事会的15家，建立劳动争议调解委员会52家，有效地推进企业的民主政治制度的进程，各项监督保障体系日臻完善，为广大职工提供了服务平台。第五，围绕经济建设中心，激发广大职工热情，努力为县域经济服务。历届县工会始终以经济建设为中心，服从和服务于经济建设大局，组织和带领广大职工积极投身于经济建设和各项改革，教育广大职工树立大局意识。在全县职工中广泛开展劳动竞赛、安全竞赛、“双爱双评”活动和技术技能表演、产品质量攻关等活动，以活动为载体，丰富职工文化生活，陶冶职工道德情操。近年来，共开展各类活动3200场次，受教育职工人数达15000余人。同时，利用职工思维活跃，知识广泛的特点，在职工中广泛开展提合理化建议达4000余条，被行政采纳的达2000余条，为企业创经济价值420余万元。为了确保工运事业的健康发展，通过多方努力，于2004年将县总工会机关职工工资纳入财政预算，并解决部分工作经费，稳定了工会干部队伍。2005年市总工会为了解决边远山区交通难的问题，拨出专款添置了小车，有力地推进了工运事业的协调发展。

第二节　共青团酉阳县委

共青团酉阳县委（以下简称团县委）自1950年建立以来，先后召开十二次代表大会，选举产生了历届委员会。团县委立足自身优势，充分发挥共青团的职能作用，组织和带领全县各族青年团员以及青少年坚持以经济建设为中心，积极投身经济建设，争创“四有”新人，为推进地方经济和社会的进步做出积极的贡献。截至2005年年底，全县有团组织机构820个，其中企事业单位510个，党政机关310个，有共青团员24000名、团干部66人。

2000年以来，团县委在全县各行业青年团员中开展“十大杰出青年”评选活动，先后有40名杰出青年受到县委、县政府表彰奖励，为推进共青团工作奠定了坚实的基础。开展青少年人才计划、青少年建功计划、青年文明岗位计划、青年志愿者服务、青年维权岗、保护“母亲河”等一系列活动，创建希望工程。2003年争取明德奖学金5.94万元，资助困难学生100名，使部分辍学者重返校园，同时争取资金修建了勃海中学希望工程。1998—2004年间，连续7年不间断地开展青少年“爱祖国爱科学”夏令营活动，共组织602名少年儿童分赴北京等地接受爱国主义教育和革命传统教育，使青少年朋友从小养成爱祖国、爱科学的良好习惯，开阔了视野，陶冶了情操，深受广大家长和社会的好评。

开展大学生“三下乡”活动和青年自愿者服务活动，接纳西部智力支边大学生42名，为他们提供服务场所和用武之地，让他们在各自的岗位上施展才干，深受社会好评。开展健康文明、积极向上的文化体育活动，丰富青年文化体育生活，不断增强青年体魄。2004年由团县委牵头举办了湘、鄂、渝、黔四省边区“足球邀请赛”，县委、县政府分管领导到场祝贺，既活跃了边区文化体育市场，又丰富了青年文化生活，增进了边区间的友谊和交流。

切实做好青年干部的培养教育，建立青年干部人才储备库。近20年来，共培训基层青年干部2100人，举荐基层团干部和少先队参加中、市团校、县委党校等育人阵地学习深造，让青年干部在不同的岗位上健康成长，不少青年干部通过培训教育，纷纷走上了领导岗位。在抓基层团干部的培训中，采取集中培训与重点培训相结合、专门培训与以会代训相结合的方法，共培训基层团干部2100人。通过培训教育，各级团干部的政治素质、思想素质、业务素质和文化道德素质明显提高，正在各条战线上大显身手，增长才干，共青团的自身建设明显改善，一支朝气蓬勃、奋发向上的青年干部队伍正在茁壮成长。

第三节　县妇女联合会

酉阳县妇女联合会（以下简称县妇联）于1973年机构恢复以来，先后召开八次代表大会，选举产生了历届领导班子，组织和动员全县各族妇女投身于经济建设，为酉阳的经济建设和各项改革作出贡献。

1985—1997年，县妇联始终坚持以经济建设为中心，认真贯彻全国妇联《关于加强妇联基层组织建设的决定》，切实加强基层组织建设。1997年末，全县13个区镇配设专职妇女干部13人，全县82个乡有77个乡配备妇联干部，5个乡落实兼职人员，740个行政村（居委会）均建立了妇代组织；县直八大系统均建立了妇委会，29个科局级单位建立了妇委会共有基层妇委会干部139名。通过强化对妇联的思想、组织、作风建设，妇女干部的整体素质不断提高，妇联工作出现转机。1987年，国家制定《中国妇女发展纲要》，全国人大颁布《中华人民共和国妇女权益保障法》，广大妇女的政治地位、经济地位、社会地位明显提高，妇女的权益得到有效的维护，1987年县公安局成立打击拐卖妇女儿童犯罪分子办公室，简称“打拐办”。县妇联选派一名工作人员专门负责协助办案工作，有力地打击了犯罪分子的违法活动，解救被拐卖妇女儿童49名，使49户家庭重新团圆。1989年以来，先后在农村开展“双学双赛”活动（即学文化、学技术、赛贡献、赛新风）。全县有48073人参赛，举办教育培训980余次，参加培训的人数达86500余人。其中，贫困妇女参赛户达59000余户。通过培训学习，扫除妇女文盲3000余人，评定农民技术员102人，帮助联系户1650户，树立“三八”状元户，烤烟种植大户、养殖大户2520户。1993年结合全县蚕桑生产，向四川省协调争取“三八”绿色工程贷款50万元。1990年开展“学雷锋、树新风”活动，全县各级妇女组织有“三八”服务队110个，慰问灾民1728户。

1992年，全县开展《中华人民共和国妇女权益保障法》宣传教育活动，区、乡妇联干部、系统妇委会30多人参加培训学习，共书写大、小标语12500余幅，街道宣传200余次，出动宣传车50多次，印发各种宣传资料46000余份。据1996年统计，全县副科、局级以上女干部60人，正、副股级女干部102人，女人大代表、政协委员538人。1993—1996年全县各级妇联开展“巾帼储蓄”活动，共组织存款1200余万元。1997年为救助贫困儿童开展了“关爱春蕾行动”，举办“春蕾班”2个，使100名困难儿童重返校园。每年“六一”儿童节，开展“伸出一双手，奉献一颗心”扶贫救助活动。1990—1997年间，共为贫困儿童捐衣物15000余件，捐现金87000余元，赠送书籍10000余册，文具5000余件，有效地发挥了“半边天”作用。

2001年机构改革后，撤区并乡建镇，全县有妇联机构47个，妇代会326个。全县有妇女34.42万人，其中女职工5544人。全县有妇女干部3315人，其中行政428人，企事业单位2887人，正处级2人，副处级8人，正科级9人，有女支书3人，女村委主任3人，女文书5人，女党员2559人，女人大代表51人，女政协委员49人，女党代表68人，妇女的政治地位得到有效的改善，受歧视的现象明显减少，广大妇女的政治素质、思想素质、文化程度明显提高。

县妇联牢固树立以经济建设为中心的思想，以提高妇女素质为重点，各项活动有声有色，卓有成效。一是“双学双赛”活动进一步深入，先后在全县34.42万妇女中开展了“双学双赛”活动。通过开展“双学双赛”活动，达标的占98%以上，解除脱贫占90%，多数妇女均掌握1—2门技术，有的成为科技大户、致富能手、养殖状元。截至2005年年底，全县有科技示范户550余户，一个学科学、用科学的热潮正在形成。二是“春蕾计划”进一步拓展。全县有特困女童250人，有30人得到资助，有100名特困儿童得到市妇联的资助，使100名面临辍学儿童重返校园。三是维权工作进一步加强。近年来，共受理来信来访案件120余件，平均每年受理来信来访60余件，基本做到事事有记载、件件有着落，多数案件经过妇联与有关部门衔接得到妥善处理，满意率达95%以上，同时还建立维权援助法律服务中心，专门聘请了高级法官为常年顾问，为广大妇女提供常年法律服务，增强广大妇女的法制观念，妇女的法律意识和自我保护意识明显增强，合法权益得到有效的维护。四是妇联组织的自身素质明显提高，充分利用各类党校、妇女干部学校培训各级妇女干部。每年培训妇女干部200人以上。20年来，利用各类学校培训妇女干部4200余人。2004年还专门组织35名妇女干部分赴外地学习、考察，开阔视野，增长知识。在培训过程中，突出以农村妇女素质教育、社会妇女素质教育为载体，广大妇女的政治素质、思想素质和业务素质明显提高，为全面开创妇女工作的新局面打下了坚实的基础。五是积极协助学校和社会开展青少年教育，建立妇女儿童活动中心。全县共建立家长学校106所，集学校教育、家庭教育和社会教育为一体，有力地推动“两规划”“两纲要”的贯彻实施。六是“巾帼建功”活动成效显著，先后有200多人参加了“巾帼建功”活动。2005年，全县有“巾帼文明岗”128个，“巾帼建功窗口”350余个，广大女职工在各自岗位上建功立业，施展才干，有力地推进了单位的整体工作。七是争资立项成绩可喜。充分利用妇女的自身优势，积极开展招商引资，先后争取资金70余万元，争取澳援项目，解决贫困子女入学难问题，同时与劳动就业等部门密切配合，做好剩余女劳力和下岗女职工就业转移服务工作，为她们牵线搭桥，提供服务。八是各项活动有声有色，卓有成效，先后被评为全国税法宣传教育先进单位、四川省“双学双赛”活动先进集体、妇女爱国储蓄活动先进集体、家庭教育工作先进集体、“三八”绿色工程先进集体、《中华人民共和国妇女权益保障法》宣传先进集体、黔江地区拥军优属工作先进集体、“巾帼建功”活动先进集体，连续三年荣获黔江地区妇联工作综合评比一等奖。2003年获重庆市“巾帼建功”“双学双比”一等奖、家庭维权先进集体等荣誉称号，为酉阳县经济建设和各项改革起到了不可代替的作用。

第四节　县科学技术协会

酉阳县科学技术协会（以下简称县科协）自成立以来，共召开四次代表大会。全县有科普人才13类，有协会组织45个，其中乡镇科协组织39个，企事业科协组织6个，有会员620人。

县科协坚持高举邓小平理论伟大旗帜，以“三个代表”重要思想为指导，牢固树立和努力实践科学发展观，团结和动员全县广大科技工作者，坚持以经济建设为中心，以发展为主题，切实履行党和政府联系科技工作者的桥梁和纽带职能，突出工作重点，创新工作思路，改进工作方法，全面贯彻落实《中华人民共和国科学技术普及法》和《重庆市科学技术协会条例》，有力地推进了全县经济和社会发展。

1986—2005年，县科协共组织全县科技工作者撰写各种论文460篇，被全国各类刊物采用92篇，其中国家级25篇，市级67篇。举办各种科普培训132期，参加培训人数达11000人。开展大型科普宣传65次，发放各类宣传资料20余万份，创办科协专栏48期，书写各种宣传标语4116幅，出动宣传车辆275台次，展出科教图片4752幅，科教展板1400块，组织发表科普文章3472篇，组织青少年科普知识竞赛31次，参赛人数达15万人次，全县有50名中、小学生荣获市级表彰奖励。开展乡、镇、行业培训120场次，编发各种科普资料20万份，开展学术交流80场次，发表科技论文430篇，组织专题宣传、报道先进科技工作者、先进事迹121次，表彰优秀科技工作者57名，其中县委、县政府表彰15名，县科协表彰科普先进集体8个，先进个人42名。

全县拥有技术职称8136人，其中高级259人，中级2240人，初级5637人。县科协先后开展“金桥工程”，完成项目19个，产值上亿元，实现利税3000万元，节约资金1000万元，建立小坝农业综合开发园区，并在龙潭勃海建立生姜协会，创建10000亩生姜基地，亩产高达4000公斤，姜农户平增收1000元以上，为当地农民找到一条致富道路。

第五节　县工商业联合会

酉阳县工商业联合会（以下简称县工商联）自1953年建会以来，共召开了九次代表大会，2005年有常委17名，执委45名，设主任（会长）1名，副主任（副会长）11名。其中专职1名，兼职10名。

县工商联紧紧围绕全县经济建设中心，认真履行工商联职能，全面贯彻落实“团结、帮助、引导、教育”方针，切实做好非公有制经济人士的思想政治工作，为非公有制经济群体创造宽松的发展环境，促进非公有制经济的健康发展，有力地推进了县域经济的整体发展。2005年年末，全县有乡镇商会和工商联小组25个，其中乡镇商会13个，工商联小组11个，行业商会1个，有会员1598名，有民营经济户15000户，私营企业402家，年民营经济产值达10亿元，占全县国民经济总产值的45%，年实现税收4750万元，民营经济税收占全县税收的37.1%，民营经济成为县域经济的重要支撑力量。

县工商联四项工作较为突出：一是始终把服务作为工作的出发点和立足点，把培养积极分子队伍、促进民营经济发展作为全部工作的重点，牢固树立为非公有制经济服务、为基层服务、为会员服务的理念，与非公有制经济人士广交朋友，尊重人才，尊重劳动，当好代言人，经常深入基层调查研究，发展壮大会员队伍。二是切实帮助民营经济户排忧解难说话办事。联系本会实际，确定20户重点企业作为县工商联常年联系对象，切实帮助他们解决具体困难和实际问题。1986—2005年，先后为非公有制经济人士、民营经营者解决涉及非公有制经济和民营经济的矛盾和纠纷862起，基本做到了事事有记载，件件有着落，维权516起，挽回经济损失1500万元，会员满意率和比较满意率达90%以上，受到社会的好评。三是会员队伍健康成长。先后采用召开座谈会、恳谈会和经验交流会的办法，倾听会员的意见和呼声，让会员广开言路，各抒己见，畅所欲言，把商会建设成为“会员之家”，让会员信得过、靠得住，极大地激发了广大民营经营者的积极性和创造性，真正让他们在政治上有席位，在经济上有实体，在发展上有后劲。截至2005年年底，全县民营经济人士中有人大代表5名，有政协委员25名，其中政协常委5名。有24人受到市级表彰，有42家企业被评为“十强企业”，500户工商户被评为“五十佳工商户”，民营经营者的政治地位和社会地位得到提高。四是通过广大民营经营者的辛勤耕耘，招商引资，投资办厂，有的走上了富裕的道路。他们致富思源，富而思进，致富不忘国家，致富不忘众乡亲，纷纷捐资办厂，振兴教育，修建“希望工程”，资助困难群众和特困学生，向困难群体献爱心，共捐资达400万元。

第六节　县残疾人联合会

酉阳县残疾人联合会（以下简称县残联）原系县民政局管辖，于2001年10月与县民政局分设，系县政府常设机构，编制为4人，设主席、理事长、理事、副理事、主任、办事员，主席由县政府分管领导兼任，由理事长主持工作，于2004年与县民政局合署办公。

全县73万人口，有残疾人33166人，其中农村残疾人29198人，占残疾总数的88%，城镇残疾人3968人，占残疾人总数的12%。六类残疾人中，肢体残疾占44%，视力残疾占18%；语言、听力残疾占13%；精神残疾占11%，智力残疾占7%，多重残疾占7%。年均收入400元以下的贫困残疾人有8458户、21145人。需要国家救济的有1706户，12000人。这些残疾人的生活费用，主要来自家庭供养、社会捐助、政府救济和自食其力等渠道。

1996年起全县开展残疾人工作。2001年，重庆市政府残工委秘书处在酉阳实施“视觉第一中国行动”使259名白内障患者重见光明。之后，县政府批准了《按比例安排残疾人就业》。2004年获得上级业务主管部门资助彩票公益金、助学经费40000元，扶残助学经费8000元、康复经费2697.50元，共计50679.50元。同时，获得无偿捐助残疾人轮椅40辆。县残联为18名肢体残疾人发放轮椅18辆；为55名在校残疾儿童发放助学金47600元，并完善了扶残助学申报表、花名册、实施方案等相关资料；为15名耳聋儿童安装了助听器，争得国家投入2万余元，为6名肢体残疾人安装了假肢，争得国家投入5万余元，为192名符合条件的残疾人颁发“残疾人证”。

第四篇

人民代表大会

RENMIN DAI BIAO DA HUI

第一章　代表选举

第一节　县代表选举

1987年1月，县第十届人民代表大会代表313名。

1990年1月，县第十一届人大代表239名，大会选举石登山为县人大常委会主任，田应忠、李仁才、李道清、刘训德为副主任。

1992年11月，县第十二届人大代表256名，大会选举石敦高为县人大常委会主任，李仁才、何远凡、郭朝英、庹才荣为副主任。

1997年12月，县第十三届人大代表270名，大会选举石敦高为县人大常委会主任，庹才荣、郭朝英、李仁才、唐万春、刘长坤为副主任。

2003年3月，县第十四届人大代表279名，大会选举田应学为县人大常委会主任，郭朝英、谢卫先、范兴强、冉隆清、陈德禄为副主任。

第二节　乡镇代表选举

1987年1月，全县81个乡、镇，共选出乡（镇）人大代表2297名。

1990年1月，全县81个乡、镇，共选出乡（镇）人大代表2740名。

1992年11月，全县81个乡、镇，共选出人大代表2980名。

1995年11月，全县82个乡镇，选出乡镇人大代表3325名，并顺利完成全县744个村（居）民委员会的改选。

1998年12月，全县共划分乡、镇，人大代表选区1180个，分别选出本届乡、镇人大代表。2001年12月，全县选出乡、镇人大代表1965名。

第二章　县人民代表大会会议

第一节　县第九届人民代表大会

县第九届人民代表大会第三次会议于1986年3月16日至20日在县城召开，出席此次会议的代表275名。会议听取和审议了县人民政府县长贺鼎富所作的《县人民政府工作报告》、县计委主任敖若愚所作的《国民经济和社会发展第七个五年计划（草案）的报告》、县财政局局长吴绪长所作的《1985年财政预算执行情况和1986年财政预算（草案）的报告》、县人大常委会主任石登山所作的《县人大常委会工作报告》、县人民法院院长陈茂金所作的《县人民法院工作报告》、县人民检察院检察长陈永富所作的《县人民检察院工作报告》，并通过相应决议。

第二节　县第十届人民代表大会

县第十届人民代表大会第一次会议于1987年2月23日至28日在县城召开。出席会议的代表共305名。会议听取和审议县人民政府县长贺鼎富所作的《县政府工作报告》、县人大常委会主任石登山所作的《县人大常委会工作报告》、县财政局局长吴绪长所作的《1985年财政决算、1986年财政预算执行情况和1987年财政预算（草案）的报告》、县人民法院院长陈茂金所作的《县人民法院工作报告》、县人民检察院检察长陈永富所作的《县人民检察院工作报告》、县人民政府副县长赵学义所作的《关于议案审查的报告》，并通过相应决议。会议选举产生县第十届人民代表大会常务委员会主任1名、副主任5名，委员12名，选举产生县长1名，副县长5名。同时选举产生县人民法院院长、县人民检察院检察长。

县第十届人民代表大会第二次会议于1987年12月28日至31日在县城召开。出席会议的代表应到309名，实到代表279名。会议听取并审议县人民政府、县人大常委会、县人民法院、县人民检察院的工作报告和县财政预决算报告，并通过相应决议。会议还选举王秀云（女）、石登山、李仁才、吴怀根、郑体仁为四川省第七届人大代表。

县第十届人民代表大会第三次会议于1989年2月27日至3月1日在县城召开。会议听取和审议县人民政府县长费文礼所作的《县政府工作报告》、县人大常委会主任石登山所作的《县人大常委会工作报告》、县财政局局长吴绪长所作的《1988年县财政预算执行情况和1989年财政预算（草案）的报告》、县计委主任敖若愚所作的《酉阳县1988年国民经济计划执行情况和1989年国民经济计划（草案）的报告》、县人民法院院长潘云彬所作的《县人民法院工作报告》、县人民检察院检察长陈永富所作的《县人民检察院工作报告》，并通过相应的决议。

第三节　县第十一届人民代表大会

县第十一届人民代表大会第一次会议于1990年2月23日至27日在县城召开，出席会议的代表239名，会议听取和审议县人民政府县长石胜福所作的《县政府工作报告》、县人大常委会主任石登山所作的《县人大常委会工作报告》、县财政局局长吴绪长所作的《1989年县财政预算执行情况和1990年财政预算（草案）的报告》、县计委主任敖若愚所作的《酉阳县1989年国民经济和社会发展执行情况及1990年度计划（草案）的报告》、县人民法院院长潘云彬所作的《县人民法院工作报告》、县人民检察院检察长陈永富所作的《县人民检察院工作报告》，并通过相应决议。会议选举产生县十一届人民代表大会常务委员会主任1名、副主任4名、委员12名。会议选举产生县长1名、副县长6名，同时选举产生县人民法院院长和县人民检察院检察长。

县第十一届人民代表大会第二次会议　于1991年3月5日至7日在县城召开。会议听取和审议县人民政府县长石胜福所作的《县政府工作报告》、县人大常委会主任石登山所作的《县人大常委会工作报告》、县计委主任范兴强所作的《酉阳县1990年国民经济和社会发展计划执行情况和1991年国民经济和社会发展计划（草案）的报告》、县财政局局长田顺成所作的《1990年财政预算执行情况及1991年财政预算安排（草案）的报告》、县人民法院院长潘云彬所作的《县人民法院工作报告》、县人民检察院检察长陈永富所作的《县人民检察院工作报告》，并通过相应决议。会议还由县人大常委会主任石登山传达四川省人大七届四次会议精神。

县第十一届人民代表大会第三次会议于1992年2月29日至3月3日在县城召开。会议听取和审议县人民政府县长陈超然所作的《县政府工作报告》、县人大常委会主任石登山所作的《县人大常委会工作报告》、县计委主任范兴强所作的《1991年国民经济和社会发展计划执行情况及1992年国民经济计划和社会发展十年规划以及“八五”计划（草案）的报告》、县财政局局长田顺成所作的《1991年财政预算执行情况和1992年财政预算计划安排（草案）的报告》、县人民法院院长潘云彬所作的《县人民法院工作报告》、县人民检察院检察长陈永富所作的《县人民检察院工作报告》，并通过相应决议。

第四节　县第十二届人民代表大会

县第十二届人民代表大会第一次会议于1992年12月20日至24日在县城召开，出席此次会议的代表256名。会议听取和审议县人民政府县长陈超然所作的《县政府工作报告》、县人大常委会副主任田应忠所作的《县人大常委会工作报告》、县计委主任范兴强所作的《1992年国民经济和社会发展计划执行情况及1993年计划（草案）安排的报告》、县财政局局长田顺成所作的《县财政1992年财政预算执行情况和1993年财政预算安排（草案）的报告》、县人民法院院长潘云彬所作的《县人民法院工作报告》、县人民检察院检察长杨光海所作的《县人民检察院工作报告》，并通过相应决议。会议选举产生了县十二届人民代表大会常务委员会主任1名、副主任4名、委员12名；选举产生县长1名、副县长6名，选举产生四川省第八届人民代表大会代表5名。同时还选举产生县人民法院院长和县人民检察院检察长。

县第十二届人民代表大会第二次会议于1994年2月28日至3月2日在县城召开。会议听取和审议县人民政府县长陈超然所作的《县政府工作报告》、县人大常委会主任石敦高所作的《县人大常委会工作报告》、县计委主任范兴强所作的《1993年国民经济和社会发展计划执行情况及1994年计划（草案）的报告》、县财政局局长田顺成所作的《县财政1993年财政预算执行情况和1994年财政预算初步安排（草案）的报告》、县人民法院院长潘云彬所作的《县人民法院工作报告》、县人民检察院检察长杨光海所作的《县人民检察院工作报告》，并通过相应决议。会议还通过《关于兴建梯子洞水电站的决议》。

县第十二届人民代表大会第三次会议于1995年3月2日至3月5日在县城召开。会议听取和审议县人民政府县长陈超然所作的《县政府工作报告》、县人大常委会主任石敦高所作的《县人大常委会工作报告》、县计委主任范兴强所作的《关于1994年国民经济及社会发展计划执行情况和1995年国民经济及社会发展计划（草案）的报告》、县财政局局长黄朝忠所作的《1994年财政预算执行情况和1995年财政预算安排（草案）的报告》、县人民法院院长石化伦所作的《县人民法院工作报告》、县人民检察院检察长杨光海所作的《县人民检察院工作报告》，并通过相应决议。大会选举产生了县人民法院院长。

县第十二届人民代表大会第四次会议于1996年3月3日至3月6日在县城召开。会议听取和审议县人民政府代理县长唐步新所作的《县政府工作报告》、县人民政府副县长邹方福所作的《关于制定酉阳土家族苗族自治县国民经济和社会发展“九五”计划和2010年规划纲要的说明》、县人大常委会主任石敦高所作的《县人大常委会工作报告》、县计委主任范兴强所作的《1995年国民经济和社会发展计划执行情况与1996年国民经济和社会发展计划（草案）的报告》、县财政局局长黄朝忠所作的《1995年财政预算执行情况和1996年财政预算（草案）的报告》、县人民法院院长石化伦所作的《县人民法院工作报告》、县人民检察院检察长杨光海所作的《县人民检察院工作报告》，并通过相应决议。会议选举产生了县人民政府县长1名，同时罢免县人大常委会副主任1名。

县第十二届人民代表大会第五次会议于1997年2月24日至27日在县城召开。会议听取和审议县人民政府县长唐步新所作的《县政府工作报告》、县人大常委会主任石敦高所作的《县人大常委会工作报告》、县计委主任范兴强所作的《1996年国民经济和社会发展计划执行情况与1997年计划（草案）安排的报告》、县财政局局长黄朝忠所作的《1996年财政预算执行情况和1997年财政预算（草案）的报告》、县人民法院院长石化伦所作的《县人民法院工作报告》、县人民检察院检察长杨光海所作的《县人民检察院工作报告》，并通过相应决议。会议选举产生了县人大常委会副主任1名。

第五节　县第十三届人民代表大会

县第十三届人民代表大会第一次会议于1998年1月2日至6日在县城召开。会议听取和审议县人民政府县长唐步新所作的《县政府工作报告》、县人大常委会主任石敦高所作的《县人大常委会工作报告》、县计委主任杨洪勇所作的《1997年国民经济及社会发展计划执行情况与1998年计划（草案）安排的报告》、县财政局局长黄朝忠所作的《县财政1997年财政预算执行情况和1998年财政预算（草案）的报告》、县人民法院院长石化伦所作的《县人民法院工作报告》、县人民检察院检察长刘洪礼所作的《县人民检察院工作报告》，并通过相应决议。会议选举产生县第十三届人民代表大会常务委员会主任1名、副主任5名、委员15名；选举产生县人民政府县长1名、副县长6名；补选重庆市第一届人民代表大会代表

1名，选举产生县人民法院院长和县人民检察院检察长。

县第十三届人民代表大会第二次会议于1999年1月25日至28日在县城召开。会议听取和审议县人民政府副县长冉进红所作的《县政府工作报告》、县人大常委主任石敦高所作的《县人大常委会工作报告》、县计委主任胡洪卫所作的《1998年国民经济及社会发展计划执行情况与1999年国民经济计划（草案）安排的报告》、县财政局局长黄朝忠所作的《1998年财政预算执行情况和1999年财政预算（草案）的报告》、县人民法院院长石化伦所作的《县人民法院工作报告》、县人民检察院检察长刘洪礼所作的《县人民检察院工作报告》，并通过相应决议。

县第十三届人民代表大会第三次会议于2000年2月27日至29日在县城召开。会议听取和审议县人民政府副县长冉进红所作的《县政府工作报告》、县人大常委会主任石敦高所作的《县人大常委会工作报告》、县计委主任胡洪卫所作的《1999年国民经济和社会发展计划执行情况和2000年国民经济计划（草案）的报告》、县财政局局长敖永红所作的《1999年财政预算执行情况和2000年财政预算安排（草案）的报告》、县人民法院院长石化伦所作的《县人民法院工作报告》、县人民检察院检察长刘洪礼所作的《县人民检察院工作报告》，并通过相应决议。

县第十三届人民代表大会第四次会议于 2000年12月17日至21日在县城召开。会议听取和审议县人民政府代理县长龚泽民所作的《县政府工作报告》、县人大常委会主任石敦高所作的《县人大常委会工作报告》、县计委主任胡洪卫所作的《2000年国民经济和社会发展计划执行情况与2001年国民经济计划（草案）的报告》、县财政局局长敖永红所作的《1999年财政决算和2000财政预算执行情况以及2001年财政预算（草案）安排的报告》、县人民法院副院长白世全所作的《县人民法院工作报告》、县人民检察院检察长刘洪礼所作的《县人民检察院工作报告》，并通过相应决议。会议还听取县人民政府副县长范兴强所作的《关于国民经济和社会发展第十个五年计划纲要（草案）的说明》。会议选举产生县人民政府县长1名。

县第十三届人民代表大会第五次会议于2001年12月24日至28日在县城召开。会议听取和审议县人民政府县长龚泽民所作的《县政府工作报告》、县人大常委会主任石敦高所作的《县人大常委会工作报告》、县计委主任胡洪卫所作的《2001年国民经济和社会发展计划执行情况及2002年国民经济计划（草案）的报告》、县财政局局长敖永红所作的《2001年财政预算执行情况和2002年财政预算（草案）的报告》、县人民法院院长董卫平所作的《县人民法院工作报告》、县人民检察院检察长刘洪礼所作的《县人民检察院工作报告》，并通过相应决议。会议选举产生了县人民代表大会常务委员会副主任1名，选举产生了县人民法院院长。

县第十三届人民代表大会第六次会议于2002年11月29日至30日在县城召开，会议按照市选举工作安排，通过认真酝酿讨论，依法选举产生重庆市第二届人民代表大会代表17名（其中，市推荐到酉阳选举的3名）。

第六节　县第十四届人民代表大会

县第十四届人民代表大会第一次会议于2003年3月25日至28日在县城召开，大会听取和审议县人民政府县长李方宇所作的《县政府工作报告》、县人大常委会主任石敦高所作的《县人大常委会工作报告》、县计委主任胡洪卫所作的《关于2002年国民经济及社会发展计划执行情况和2003年国民经济及社会发展计划安排（草案）的报告》、县财政局局长敖永红所作的《2002年财政预算执行情况及2003年财政预算安排（草案）的报告》、县人民法院院长董卫平所作的《县人民法院工作报告》、县人民检察院检察长刘洪礼所作的《县人民检察院工作报告》，并通过相应决议。会议选举产生县十四届人大常委会主任1名、副主任5名、委员21名、县人民政府县长1名、副县长7名、县人民法院院长、县人民检察院检察长各1名。

县第十四届人民代表大会第二次会议于2004年12月19日至22日在县城召开。会议听取和审议县人民政府县长李方宇所作的《县政府工作报告》、县人大常委主任田应学所作的《县人大常委会工作报告》、县计委主任张玉洪所作的《2003年国民经济及社会发展计划执行情况及2004年国民经济及社会发展计划（草案）的报告》、县财政局局长敖永红所作的《2003年财政预算执行情况和2004年财政预算计划安排（草案）的报告》、县人民法院院长董卫平所作的《县人民法院工作报告》、县人民检察院检察长刘洪礼所作的《县人民检察院工作报告》，并通过相应决议。会议还听取县人大常委会副主任郭朝英所作的《关于酉阳工业原料建设管理条例（草案）的说明》的讲话。

县第十四届人民代表大会第三次会议于2005年2月26日至3月1日在县城召开。会议听取和审议县人民政府县长李方宇所作的《县政府工作报告》、县人大常委会主任田应学所作的《县人大常委会工作报告》、县计委主任张玉洪所作的《2004年国民经济及社会发展计划执行情况和2005年国民经济及社会发展计划安排（草案）的报告》、县财政局局长敖永红所作的《2004年财政预算执行情况及2005年财政预算计划安排（草案）的报告》、县人民法院院长董卫平所作的《县人民法院工作报告》、县人民检察院检察长刘洪礼所作的《县人民检察院工作报告》，并通过相应决议。

第三章　县人大常务委员会

第一节　常委会会议

1986年6月16日至17日，县九届16次人大常委会在县城召开。会议由县人民政府县长贺鼎富传达贯彻四川省六届人大四次会议精神，听取和审议了《中华人民共和国经济合同法》《酉阳县城总体规划》和《酉阳土家族苗族自治县人大常委会关于干部任免的暂行办法》贯彻实施情况汇报，任命马可冰为县人民政府副县长。

同年8月29至30日，县九届人大常委会召开17次会议，会议听取和审议县财政局《关于1985年财政决算、1986年财政预算和1—7月财政收支预算情况汇报》、县城乡建设局《关于土地清理情况的报告》、县政府办《关于县人民代表在九届三次会议上建议、批评和意见的办理情况的报告》，做出《关于1986年财政预算部分变更的决定》《关于依法管理用好土地制止乱占滥用耕地的决议》。

同年10月29日，县九届人大常委会召开第18次会议，学习《中共中央关于社会主义精神文明建设指导方针的决议》，传达贯彻涪陵地区选举工作会议精神，讨论通过《关于酉阳县、乡（镇）两级人民代表大会选举时间的决定》《关于设立酉阳土家族苗族自治县选举委员会的决定》，听取县文教局《关于义务教育法实施情况的报告》，县乡（镇）企业局《关于全县乡镇企业发展情况的汇报》，做出《关于设立酉阳土家族苗族自治县人大常委会各区联络员的决定》，并通过有关人事任免事项。

同年11月17日，县九届人大常委会举行第19次会议，会议决定免去周兴和县人民政府副县长职务。

1987年3月2日，县十届人大常委会举行第1次会议，讨论通过县人大常委会《关于设立代表联络科的决定》和《关于同意撤销酉阳土家族苗族自治县城乡建设局和环境保护办公室，设立酉阳土家族苗族自治县建设委员会的决定》，会议还通过有关人事任免事项。

同年6月16日至18日，县十届人大常委会举行第3次会议，会议听取县人民政府县长费文礼《关于深入开展增产节约、增收节支的情况汇报》、县司法局《关于1986年普法工作情况和1987普法规划的汇报》，做出了《关于深入开展增产节约、增收节支运动的决定》《关于继续深入开展普及法律常识工作的决议》，审议通过了《关于同意设立酉阳土家族苗族自治县国土局的决定》，通过县人大常委代表资格审查委员会名单和有关人事任免事项。

同年9月6日，县十届人大常委会举行第4次会议，做出《关于撤销酉阳土家族苗族自治县文教局、设立酉阳土家族苗族自治县教育委员会、文化局的决定》。

同年11月2日至4日，县十届人大常委会举行第5次会议。会议听取和审议《酉阳县人民政府工作报告》。

12月17日至18日，县十届人大常委会举行第6次会议。会议听取和审议县人民政府《关于贯彻执行县人大常委会1987年所作决议、决定情况的报告》；听取和审议了县科委《关于科技新方针贯彻执行情况的汇报》，做出了《关于召开县十届二次会议的决定》。

1988年2月25日至26日，县十届人大常委会举行第7次会议，会上传达四川省七届人大第1次会议精神，听取了《税收征管条例》贯彻执行情况汇报，通过了县人民政府《关于将酉阳革命烈士陵园、龙潭革命烈士陵园列为县级重点文物保护单位的决定》和《关于同意设立酉阳土家族苗族自治县监察局的决定》，并通过有关人事任免事项。

同年5月28日，县十届人大常委会举行第8次会议，学习杨尚昆主席、万里委员长在七届全国人大一次会议上的讲话和李鹏总理在国务院第一次会议上的讲话精神，传达贯彻了中共涪陵地委人大工委会议精神，听取和审议县人民政府《关于支农和扶贫工作情况的汇报》，同时任命张惠堂为县人民政府科技副县长。

同年7月28日至30日，县十届人大常委会举行第9次会议，会议分别听取县人民检察院、县公安局、县司法局、县政府办、县医药局的有关工作汇报，做出《关于把法制教育引向经常化、制度化的决定》和《关于保护杜仲、厚朴、黄柏木本药材的决定》。

同年9月26日至28日，县十届人大常委会举行第10次会议，会议听取和审议县人民法院《关于实施〈民法通则〉〈民事诉讼法〉的情况汇报》，听取和审议县财政局《关于1988年1—8月财政预算执行情况的汇报》，会议决定任命陈义为县人民政府副县长。

同年11月24日至26日，县十届人大常委会举行第11次会议，学习全国人大常委会《关于加强民主法制、维护安定团结、保障改革和建设顺利进行的决定》，听取和审议《中华人民共和国经济合同法》和

《中华人民共和国义务教育法》的贯彻实施情况的报告，并通过有关人事任免事项。

1989年4月11日至12日，县十届人大常委会举行第16次会议。会议听取和审议县人民政府《关于当前春耕生产和灾区群众生活安排情况的汇报》、县公安局《关于我县社会治安综合治理情况的汇报》、县计生委《关于全县计划生育工作情况的汇报》，做出《关于进一步搞好全县社会治安综合治理的决定》，并通过了有关人事任免事项。

同年11月1日至2日，县十届人大常委会举行第20次会议。会议听取和审议《关于我县乡镇企业发展情况》和《县城总体规划实施情况》的汇报，审议并通过了《县人大常委会主任会改议事规则》，做出了《设立县选举委员会和关于撤销县计委、县经委，设立县计划委员会的决定》，通过接受费文礼辞去县人民政府县长职务的请求，任命石胜福为县人民政府代理县长。

同年11月25日，县十届人大常委会举行第21次会议。会议审议通过《关于确定酉阳土家族苗族自治县第十一届人民代表大会代表名额的决定》和《关于酉阳81个乡镇第十一届人民代表大会代表名额的决定》，同时任命侯洪文为县人民政府副县长，接受赵学义辞去县人民政府副县长职务。

同年11月27日，县十届人大常委会举行第22次会议，任命陈超然为县人民政府副县长。

1991年4月12日至13日，县十一届人大常委会举行第9次会议，听取和审议县农业局《关于1991年农业（粮食）实用技术普及情况的报告》，县体改办《关于县属工交商贸企业第二轮承包工作情况的报告》、县计经委《关于我县质量、品种、效益活动情况的报告》，通过任命苑川苏为县人民政府副县长的决定。

同年6月18日至19日，县十一届人大常委会举行第10次会议。会议分别听取和审议县综合治理办、县财政局、县司法局所作的有关工作情况报告，做出了《关于加强社会治安综合治理的决定》、《关于在全县公民中开展第二个五年法制宣传教育的决定》和《关于批准县财政1990年财政决算的决定》，并通过了有关人事任免事项。

同年8月20日至21日，县十一届人大常委会举行第11次会议。会议听取县教委主任严天资、县财政局局长田顺成受县政府的委托分别所作的工作报告，并接受张惠堂辞去县人民政府副县长职务的请求。

1992年1月17日，县十一届人大常委会举行第15次会议。会议听取和审议批准县财政局《关于1991年县财政预算部分变更情况的报告》，讨论通过了《酉阳土家族苗族自治县人大常委会关于召开第十一届人民代表大会第三次会议的决定》，会议接受苑川苏辞去县人民政府副县长和石胜福辞去县人民政府县长职务的请求，任命陈超然为县人民政府代理县长。

同年4月28日至29日，县十一届人大常委会举行第17次会议。会议听取全国人大代表侯通和传达七届全国人大五次会议精神，听取和审议县人民政府《关于我县1992年粮食、烤烟、蚕桑、山羊、五倍子基地建设情况的汇报》和县监察局《关于贯彻执行〈中华人民共和国行政监察条例〉的情况汇报》，决定任命彭其文为县人民政府副县长。

同年7月7日至8日，县十一届人大常委会举行第18次会议。会议听取和审议县公安局《关于严厉打击刑事犯罪，促进我县社会治安持续稳定的情况汇报》、县财政局《关于1991年财政决算和1992年1—6月财政预算执行情况的汇报》、县文化局《关于全县“扫黄”工作的情况汇报》，做出《关于批准全县1991年财政决算的决定》和《关于批准县人民检察院在县烟草公司设立检察室的决定》，同时，任命唐九河为县人民政府副县长。

同年9月17日至18日，县十一届人大常委会举行第19次会议。会议听取和审议县人民政府县长陈超然所作的《关于县烟厂、药厂、林化厂三大工业支柱企业建设情况的报告》、县农业局《关于我县农民负担监督管理工作情况汇报》、县政府办《关于县人民代表大会在十一届人大三次会议上所提建议、批评、意见办理情况的报告》、县卫生局《关于我县医风医德和乡级卫生院现状的情况汇报》，会议决定任命翁勤、邢亚伟为县人民政府副县长。

同年10月7日至8日，县十一届人大常委会举行第20次会议。会议审议和通过县人大常委会《关于确定酉阳土家族苗族第十二届人民代表大会代表名额的决议》和《关于全县81个乡（镇）第十三届、钟多镇第七届人民代表大会代表名额的决定》，接受陈义辞去县人民政府副县长职务的请求，并决定任命杜念改、李晓红为县人民政府副县长。

同年10月30日，县十一届人大常委会举行第21次会议，决定任命邹方福为县人民政府副县长。

同年12月8日，县十一届人大常委会举行第22次会议，决定任命刘长坤为县人民政府副县长。

1993年1月12日，县十二届人大常委会举行第1次会议，决定会议任命陈德宽、赵伟为县人民政府副县长。

同年7月19日至21日，县十二届人大常委会举行第5次会议。会议听取和审议县财政局《关于1992年财政决算和1993年1至6月财政预算执行情况的报告》、县农业局《关于我县1993年实施科技兴粮技术措施落实情况的汇报》、县体改办《关于全民所有制企业转换经营机制、条例贯彻执行情况的汇报》、县政府办《关于县人民代表在十二届一次会议上所提建议、批评和意见办理情况的汇报》、县公安局《关于严厉打击刑事犯罪整顿社会治安情况的汇报》、县建委《关于我县县城总体规划修编成果的汇报》，做出了《关于批准酉阳土家族苗族自治县1992年财政决算的决定》《关于成立大河口乡选举委员会的决定》和《关于大河口乡第一届人民代表大会代表名额的决定》，并通过有关人事任免事项。

同年9月22日，县十二届人大常委会举行第6次会议。会议决定接受张德宽、赵伟辞去县人民政府副县长职务的请求。

1994年6月28日至30日，县十二届人大常委会举行第10次会议。会议听取和审议县公安局《关于严厉打击刑事犯罪和全力维护社会稳定的情况汇报》，审议通过了《酉阳土家族苗族自治县预算外资金管理实施办法（试行）》《酉阳土家族苗族自治县农民负担管理办法（试行）的决议》。会议通过了有关人事任免事项。

同年8月29日至30日，县十二届人大常委会举行第11次会议，会议听取和审议县财政局《关于1993年财政决算和1994年1—6月财政预算执行情况的汇报》、县计生委《关于我县1994年度人口计划执行情况汇报》和县监察局《关于加强行政监察、开展反腐败斗争的情况汇报》，做出了《关于批准酉阳土家族苗族自治县1993年财政决算的决定》，并通过了有关人事任免事项。

同年10月10日，县十二届人大常委会举行第12次会议。会议决定任命李华为县人民政府副县长，接受邢亚伟辞去县人民政府副县长职务的请求。

同年11月28日至29日，县十二届人大常委会举行第13次会议。会议听取和审议县人民政府《关于我县工商企业产权改革的情况汇报》《关于我县中等职业技术教育工作的情况汇报》和县政府办《关于县人民代表在十二届二次会议上所提建议、批评和意见办理情况的报告》，并通过有关人事任免事项。

1995年2月10日，县十二届人大常委会举行第15次会议。决定任命田应学为县人民政府副县长，接受李华、李晓红辞去县人民政府副县长职务的请求。

同年8月28日至30日，县十二届人大常委会举行第21次会议。会议听取和审议县人民政府《关于

〈中华人民共和国预算法〉贯彻执行情况的报告》、县人民检察院《关于打击经济犯罪　促进反腐倡廉工作顺利开展的情况汇报》和县教委《关于农村教育费附加征收管理使用情况的汇报》，会议决定任命岳中焕为县人民政府副县长，同时接受翁勤辞去县人民政府副县长职务的请求。

同年9月22日，县十二届人大常委会举行第22次会议，决定任命唐步新为县人民政府代理县长，同意陈超然辞去县人民政府县长职务的请求。

1996年4月3日，县十二届人大常委会举行第26次会议。会议听取和审议了县教委《关于在全县普及九年制义务教育规划的报告》和县司法局《关于全面推行部门执法责任制的报告》，并通过了相应的决议，决定任命谢卫先为县人民政府副县长。

同年10月28日至29日，县十二届人大常委会第29次会议。会议听取和审议了县政府办《关于县人民代表在县十二届四次会议上所提建议、批评和意见办理情况等三个报告》，接受唐九河辞去县人民政府副县长职务的请求。

1997年11月9日，县十二届人大常委会举行第37次会议，决定任命冉进红、余和锋为县人民政府副县长。

同年11月12日，县十二届人大常委会召开第38次会议，决定任命姚登惠、范兴强为县人民政府副县长，接受岳中焕、杜念改辞去县人民政府副县长职务的请求。

1998年7月17日，县十三届人大常委会召开第3次会议，决定任命晏华文、黄朝忠为县人民政府副县长，同时接受邹方福辞去县人民政府副县长职务的请求。

同年10月8日，县十三届人大常委会召开第5次会议，会议决定接受唐步新辞去县人民政府县长职务的请求。

2000年1月6日，县十三届人大常委会召开第13次会议，会议同意唐万春辞去县人大常委会副主任职务的请求。

同年8月29日，县十三届人大常委会召开第18次会议，决定任命龚泽民为县人民政府副县长、代理县长，王巨为县人民政府副县长，同意冉进红辞去县人民政府副县长职务的请求。

2001年2月28日，县十三届人大常委会举行第22次会议，决定任命张世模、田景谷为县人民政府副县长，同意晏华文辞去县人民政府副县长职务的请求。

同年4月24日，县十三届人大常委会召开23次会议。会议任命周传明为县人民政府副县长，董卫平为县人民法院审判员、审判委员会委员、副院长、代理院长。

同年6月26日，县十三届人大常委会召开第24次会议。会议审议通过县人民政府《关于2001年本级财政预算方案的报告》《关于2001年本级财政预算执行情况的审计报告》和《关于杨树基地建设情况的报告》。

同年7月31日，县十三届人大常委会召开第25次会议，审议通过《关于全县乡镇人民代表大会换届选举的决定》《关于设立酉阳土家族苗族自治县乡镇人民代表大会选举指导小组的决定》和《关于全县新一届乡镇人民代表大会届次和代表名额的决定》，同意王巨辞去县人民政府副县长职务的请求。

同年9月28日，县十三届人大常委会召开第26次会议，会议审议通过县财政局《关于2000年财政决算的报告》《关于2001年1—8月财政预算执行情况的报告》《关于2001年财政预算调整的报告》和县人大常委会《关于进一步开展法制宣传教育的决定》。

同年10月9日，县十三届人大常委会召开第27次会议，会议听取和审议县人民政府《关于我县普及九年制义务教育情况的汇报》，审议通过了县人民政府《关于局部调整县城规划用地性质的报告》，同意城南加油站迁至何家坝N-32地块新建，并通过有关人事任免事项。

同年12月23日，县十三届人大常委会召开第29次会议，同意姚登惠辞去县人民政府副县长职务的请求。

2002年4月23日，县十三届人大常委会召开31次会议，会议审议批准《酉阳县2002年本级财政预算方案》，并通过有关人事任免事项。

同年8月28日，县十三届人大常委会召开第33次会议。会议听取和审议县人民政府《关于2002年财政预算1至6月执行情况的报告》《关于城镇消防设施规划的报告》《关于“四五普法”规划实施情况的报告》《关于县人大代表在十二届五次会议上所提建议、批评和意见办理的报告》，会议决定任命冯忠祥为县人民政府副县长，免去陈吉轩、徐志军副县长职务。

同年10月29日，县十届人大常委会召开第34次会议。会议听取和审议县财政局《关于2001年财政决算执行情况的报告》、县药监局《关于清理整顿药品市场情况的报告》。

同年12月30日，县十三届人大常委会召开第36次会议。会议同意龚泽民辞去县人民政府县长职务的请求，决定任命李方宇为县人民政府副县长、代理县长。

2003年2月11日，县十三届人大常委会召开第37次会议。会议审议通过县人大常委会《关于设立酉阳土家族苗族自治县选举委员会的决定》《关于县第十四届人民代表大会代表名额的决定》和《关于县人民代表大会换届选举时间的决定》，决定任命董伦、黄学军为县人民政府副县长。

同年4月18日，县十四届人大常委会召开第1次会议。会议听取和审议县司法局法建办关于《中华人民共和国宪法》的法制讲座，审议并通过了县人大常委会的议事规则、主任会议议事规则、组成人员守则、县十四届人代会资格审查委员会名单等，并通过有关人事任免事项。

同年6月3日，县十四届人大常委会举行第2次会议。会议分别听取和审议地税局负责人所作的税收法制讲座和县人大农工委、法工委分别就《工业原料基地建设暂行条例》《县城殡葬管理暂行办法》《县城禁止燃放烟花爆竹暂行规定》的立法依据、立法程序、立法背景、立法的指导思想等方面所作的说明，审议通过了县财政局《关于2003年本级财政预算方案的报告》。

同年8月5日至6日，县十四届人大常委会召开第3次会议，听取和审议县政府《关于杨树工业原材料基地建设情况的报告》《关于2003年1—6月财政预算执行情况的报告》《关于2002年县财政预算执行情况的审计报告》，并通过了有关人事任免事项。

同年11月2日，县十四届人大常委会召开第4次会议。会议听取和审议县环保局《关于环保法规知识讲座》，审议《酉阳土家族苗族自治县城区禁止燃放烟花爆竹的规定（草案）》《酉阳土家族苗族自治县工业原材料基地建设管理条例（草案）》《关于2002年县财政决算情况的报告》《关于县人民代表在十四届人民代表大会第一次会议上所提建议、批评和意见办理情况报告》和《县人民法院2002年10月至2003年9月执行情况工作报告》，并通过了有关人事任免事项。

同年12月23日，县十四届人大常委会召开第5次会议。会议听取和审议《酉阳土家族苗族自治县城区禁止燃放烟花爆竹的规定》《酉阳土家族苗族自治县工业原材料基地建设管理条例（草案）》，通过了有关人事任免事项，决定县十四届人大二次会议于2004年4月20日在酉阳县城召开。

2004年2月14日，县十四届人大常委会召开第6次会议。会议听取和审议《酉阳土家族苗族自治县工业原材料基地建设管理条例（草案）》《酉阳土家族苗族自治县人民代表大会常务委员会讨论决定重大事项的规定（草案）》《酉阳土家族苗族自治县人民政府关于提请审议2004年财政预算（草案）的决定》、县十四届人民代表大会第二次会议工作报告及筹备情况，并通过有关人事任免事项。

2005年9月19日，县十四届人大常委会召开第8次会议，决定任命何开发为县人民政府副县长。

第二节　历届领导名录

1986—2006年，酉阳自治县人民代表大会历经6届，其中第九届、第十届、第十一届任期3年。从十二届起每届任期5年。每一届依法选举出县人大常委会主任、副主任。

1984—2007年酉阳自治县人大常委会主任、副主任名录表

表4-1

阶段	时间	机构名称	职务	姓名	籍贯	任职时间
县人民代表大会	1984年1月—1987年2月	酉阳自治县第九届人民代表大会常务委员会	主任	石登山	四川酉阳	1984年1月—1987年2月
			副主任	郑仁福	四川黔江	1984年1月—1987年2月
				冉孝成	四川酉阳	1984年1月—1986年12月
				孟昭良	山东莱阳	1984年1月—1987年2月
				莫德华	四川黔江	1984年1月—1985年11月
县人民代表大会	1987年2月—1990年2月	酉阳自治县第十届人民代表大会常务委员会	主任	石登山	四川酉阳	1987年2月—1990年2月
			副主任	田应忠	四川酉阳	1987年2月—1990年2月
				向瑞清	四川酉阳	1987年2月—1990年2月
				郑仁福	四川黔江	1987年2月—1990年2月
				庹健伯	四川酉阳	1987年2月—1990年2月
	1990年2月—1992年12月	酉阳自治县第十一届人民代表大会常务委员会	主任	石登山	四川酉阳	1990年2月—1992年12月
			副主任	田应忠	四川酉阳	1990年2月—1992年12月
				刘训德	四川酉阳	1990年2月—1992年12月
				李仁才	四川酉阳	1990年2月—1992年12月
				李道清	四川酉阳	1990年2月—1992年12月
县人民代表大会	1992年12月—1998年1月	酉阳自治县第十二届人民代表大会常务委员会	主任	石敦高	四川酉阳	1992年12月—1998年1月
			副主任	李仁才	四川酉阳	1992年12月—1998年1月
				何远凡	四川酉阳	1992年12月—1998年1月
				郭朝英	四川酉阳	1992年12月—1998年1月
				庹才荣	四川酉阳	1992年12月—1996年3月
	1998年1月—2003年3月	酉阳自治县第十三届人民代表大会常务委员会	主任	石敦高	重庆酉阳	1998年1月—2003年3月
			副主任	庹才荣	重庆酉阳	1998年1月—2003年3月
				郭朝英	重庆酉阳	1998年1月—2003年3月

续表4－1

阶段	时间	机构名称	职务	姓名	籍贯	任职时间
县人民代表大会	1998年1月—2003年3月	酉阳自治县第十三届人民代表大会常务委员会	副主任	李仁才	重庆酉阳	1998年1月—2003年3月
				唐万春	重庆酉阳	1998年1月—1999年11月
				刘长坤	重庆酉阳	1998年1月—2003年3月
				刘功辉	重庆酉阳	2001年12月—2003年3月
县人民代表大会	2003年3月—2007年2月	酉阳自治县第十四届人民代表大会常务委员会	主任	田应学	重庆酉阳	2003年3月—2007年2月
			副主任	郭朝英	重庆酉阳	2003年3月—2007年2月
				谢卫先	重庆酉阳	2003年3月—2007年2月
				范兴强	重庆酉阳	2003年3月—2007年2月
				冉隆清	重庆酉阳	2003年3月—2007年2月
				陈德禄	重庆酉阳	2003年3月—2007年2月

第四章　人大工作

第一节　执法立法

县第十届人民代表大会（1987—1989年）　1987年，对公、检、法机关贯彻实施《中华人民共和国刑法》《中华人民共和国刑事诉讼法》的情况进行执法检查。1988年，对《中华人民共和国民法通则》《中华人民共和国民事诉讼法》《中华人民共和国义务教育法》《中华人民共和国经济合同法》《中华人民共和国土地管理法》《税收征收管理暂行条例》《治安管理处罚条例》《四川省计划生育条例》的实施情况进行了检查，对《中华人民共和国民族区域自治法》的贯彻执行情况进行一次清理。1989年，对《中华人民共和国婚姻法》《中华人民共和国文物保护法》的贯彻实施情况开展执法检查。三年来，先后对《四川省禁止赌博条例》《四川省野生动物保护条例》《中华人民共和国全国人民代表大会和地方各级人民代表大会选举法》等法律、法规征求意见稿的讨论、修改，及时上报。

县第十一届人民代表大会（1990—1992年）　1990年，对1988年以来执行《中华人民共和国刑法》《中华人民共和国刑事诉讼法》的情况和存在的“以罚代刑”“超期羁押”等问题进行了检查和调查，还分别对《四川省农作物种子管理条例》《中华人民共和国矿产资源法》《中华人民共和国森林法》以及县人大常委会《关于依靠科技进步振兴农业的决议》进行了检查。1991年，对《四川省工业产品质量监督条例》《四川省保护消费者合法权益条例》《中华人民共和国水法》《中华人民共和国土地管理法》《中华人民共和国义务教育法》《四川省义务教育实施条例》《四川省计划生育条例》和省人大常委会《两个决议》的贯彻实施情况进行检查。1992年，对《四川省农民负担管理条例》《中华人民共和国公司法》《四川省计划生育条例》贯彻实施情况开展执法检查。

县第十二届人民代表大会（1993—1997年）　1993年，对《四川省农民负担管理条例》《中华人民共和国婚姻法》《婚姻登记办法》《中华人民共和国药品管理法》《预算外资金管理条例》《中华人民共和国公司法》《全民所有制工业企业转换经营机制条例》等法律法规的贯彻执行情况开展了执法检查。1994年，对《四川省绿化条例》《中华人民共和国种子管理条例》《军人抚恤优先条例》《中华人民共和国消费者权益保护法》《中华人民共和国教师法》《中华人民共和国义务教育法》《四川省义务教育实施条例》《监所检察工作试行办法》《监所管理条例》《中华人民共和国刑事诉讼法》等法律法规的贯彻执行情况开展了执法检查。1995年，对《中华人民共和国税收征收管理办法》《中华人民共和国律师暂行条例》《中华人民共和国烟草专卖法》《中华人民共和国科学技术进步法》《四川省技术市场管理条例》《四川省科学技术成果推广条例》《中华人民共和国药品管理法》《中华人民共和国预算法》的贯彻执行情况进行了执法检查。1996年，对《中华人民共和国科学技术进步法》《行政诉讼法》《中华人民共和国种子管理条例》《四川省农作物种子管理条例》《农作物种子生产经营管理暂行办法》《中华人民共和国水土保持法》《四川省〈水土保持法〉实施办法》《中华人民共和国教育法》等19部法律法规的贯彻执行情况开展了执法检查。1997年，对贯彻实施《中华人民共和国城市规划法》《中华人民共和国科技进步法》《中华人民共和国乡镇企业法》情况开展执法检查。

县第十三届人民代表大会（1998—2002年）　1998年，对贯彻实施《中华人民共和国药品管理法》《中华人民共和国农业法》《中华人民共和国城市规划法》《中华人民共和国食品卫生法》《中华人民共和国传染病防治法》《中华人民共和国促进科技成果转化法》《中华人民共和国建筑法》《重庆市建筑管理条例》《中华人民共和国环境保护法》《中华人民共和国体育法》《重庆市计划生育条例》等法律法规情况开展执法检查。1999年，对《中华人民共和国建筑法》《重庆市建筑管理条例》《中华人民共和国环境保护法》《重庆市科技投入条例》《中华人民共和国森林法》《中华人民共和国义务教育法》《重庆市义务教育实施条例》《重庆市旅游管理条例》《重庆市台湾同胞投资保护条例》《重庆市实施〈中华人民共和国归侨侨眷权益保护法〉办法》《农民承担费用和劳务管理条例》《重庆市农民负担管理条例》《重庆市实施〈中华人民共和国农业技术推广法〉办法》贯彻执行情况开展执法检查。2000年，对《中华人民共和国环境保护法》《重庆市工会条例》《中华人民共和国食品卫生法》《重庆市城市容貌管理条例》《重庆市宗教事务管理条例》《中华人民共和国土地管理法》《中华人民共和国乡镇企业法》《中华人民共和国气象法》《重庆市气象条例》等法律法规的执行情况进行了执法检查。对《重庆市烟草专卖管理条例》《重庆市人大关于依法治市工作规划》《民族区域自治法修正案》《重庆市人大及其常委会地方立法程序规定》《重庆市实施〈教师法〉办法（草案）》《重庆市公园管理条例草案》等组织调查研究、讨论修改，并及时上报修改意见。2001年，对《重庆市计划生育条例》《中华人民共和国水土保持法》《中华人民共和国村民委员会组织法》《罚款和没收财物管理条例》《乡镇人大工作条例》《中华人民共和国会计法》等法律法规进行了执法检查。对《重庆市水污染防治条例》《重庆市实施村民委员会组织法办法（草案）》《重庆市村民委员会选举办法》等法规的征求意见工作。开展了对《重庆市乡镇供水管理条例》《酉阳县自治条例》的立法调研工作。审查修改了县人民政府《关于重特大事故处理办法》《杨树基地管理办法》等规范性文件。2002年，对《中华人民共和国全国人民代表大会和地方各级人民代表大会选举法》《中华人民共和国种子法》《中华人民共和国未成年人保护法》《中华人民共和国预防未成年人犯罪法》《重庆市卫生条例》

《中华人民共和国招标投标法》《中华人民共和国农业机械化促进法》等法律法规的贯彻实施情况进行执法检查。审查修改县人民政府报送的规范性文件，清理与世贸规则不相适应的政策文件。

县第十四届人民代表大会（2003—2007年） 2003年，制定出台《酉阳土家族苗族自治县城区禁止燃放烟花爆竹规定》；起草完成《酉阳土家族苗族自治县工业原料林基地建设管理条例（审议稿）》。对《中华人民共和国民族区域自治法》《退耕还林条例》《中华人民共和国建筑法》《中华人民共和国消防法》《机关、团体、企事业单位消防安全管理规定》《重庆市人大常委会关于加快实施科教兴渝战略的决定》《重庆市人口与计划生育条例》《重庆市义务教育实施条例》《重庆市长江三峡库区流域水污染防治条例》《重庆市建筑管理条例》《重庆市消防条例》《重庆市台湾同胞投资保护条例》《重庆市实施〈中华人民共和国归侨眷权益保护法〉》等开展专项执法检查。2004年，制定《酉阳土家族苗族自治县人大常委会制定地方法规规程》。对《中华人民共和国防震减灾法》《重庆市爱国卫生条例》《重庆市禁止非法增加企业负担条例》《重庆市防震减灾条例》《重庆市农村机电提灌管理条例》《重庆市实施〈村民委员会组织法〉办法》等法律法规的贯彻实施情况开展了执法检查。2005年，对《中华人民共和国种子法》《重庆市实施〈中华人民共和国种子法〉办法》《重庆市农村初级卫生保健条例》的贯彻实施情况开展执法检查。

第二节　行政任免

县第十届人民代表大会（1987—1989年） 对“一府两院”和主任会议提请任命的108名干部，根据德才表现，依法通过任命105名。其中，任命副县长4人，委、办、局主任、局长52人；县人大常委会科室正副主任、正副科长9人，县人民法院副院长、审判委员会委员、庭长、副庭长、审判员35人；县人民检察院副检察长、检察委员会委员、检察员5人。决定代理县长1人，法院代理院长1人，接受本人辞职5人，因工作变动或其他原因免去职务25人。

县第十一届人民代表大会（1990—1992年） 任免国家机关工作人员188人，其中县人民政府组成人员82人（任命副县长11人、决定代理县长1人），县人民法院副院长、审判委员会委员、庭长、副庭长、审判员29人，县人民检察院副检察长、检察委员会委员、检察员18人，县人大常委会工作人员48人，接受本人辞职5人，其中县长1人，副县长3人，人大常委会委员1人；撤职1人。

县第十二届人民代表大会（1993—1997年） 共依法任免国家机关工作人员393名，其中，代理县长1名、副县长12名，接受副县长辞职11名。

县第十三届人民代表大会（1998—2002年） 共任免国家机关工作人员246人次，其中任免229人次，接受辞职16人次，罢免职务1人。

县第十四届人民代表大会（2003—2007年） 2003年，共任免国家机关工作人员84人次，接受辞职5人。2004年，依法任免国家机关工作人员36人次。2005年，依法任免国家机关工作人员20人次，首次任命32名人民陪审员。

第三节　重要决定

县第十届人民代表大会（1987—1989年）　听取县人民政府及有关部门经济工作方面的汇报25次，作出决议、决定10个；在民主法制建设方面，常委会听取“一府两院”汇报12次，作出决议、决定7个。1987年，通过《关于做好城镇人员就业工作的决议》《关于认真学习全国人大常委会〈关于加强法制教育维护安定团结的决定〉的决议》《关于继续深入开展普及法律常识工作的决议》《关于动员全县各族人民开展农业抗灾夺丰收的决议》。1988年，作出《关于同意设立酉阳土家族苗族自治县监察局的决定》《关于将酉阳革命烈士陵园、龙潭革命烈士陵园列为县级重点保护单位的决定》《关于把法制教育工作引向经常化、制度化的决议》《关于保护杜仲、厚朴、黄柏药材的决议》。1989年，通过《关于撤销县计委、县经委、设立县计划经济委员会的决定》等。

县第十一届人民代表大会（1990—1992年）　召开人大常委会、主任（扩大）会议听取审议县人民政府及财政部门关于财政预算执行情况的报告8次，作出财政预算部分变更的决议、决定2个，并按照县人民代表大会的授权，作出标准财政预算决定3个。按照《中华人民共和国地方各级人民代表大会和地方各级人民政府组织法》赋予的职权，依法召开县第十一届人大常委会会议22次，听取和审议县人民政府及有关部门、县人民法院、县人民检察院工作报告或汇报共33次，讨论决定重大事项，作出决议、决定共计36个。1990年作出了《关于依靠科技进步振兴农业的决议》；1991年，作出《关于普及农业实用技术的决议》《关于加强社会治安综合治理的决议》《关于在全县公民中开展第二个五年法制宣传教育的决议》。1992年，通过《关于设立县人大常委会各区工作委员会的决定》《关于批准酉阳土家族苗族自治县人民检察院在县烟草公司设立检察室的决定》。

县第十二届人民代表大会（1993—1997年）　共召开人大常委会会议39次，主任会议68次，共听取“一府两院”工作汇报68次，作出决议、决定48个，并对审议的重大事项整理印发《审议意见》31期、《人大通讯》39期，送“一府两院”研究执行。1994年通过《关于原则同意酉阳土家族苗族自治县农民负担管理办法（试行）的决议》《关于原则同意酉阳土家族苗族自治县预算外资金管理实施办法（试行）的决议》。1995年，作出《关于撤销酉阳土家族苗族自治县人民检察院驻县供销社和县烟草公司检察室的决定》。1996年，通过《关于在全县公民中开展第三个五年法制宣传教育的决议》。

县第十三届人民代表大会（1998—2002年）　共召开人代会6次，常委会议38次，主任会议101次，听取和审议“一府两院”工作报告58项，作出决议、决定43个，形成《审议意见》38期。1998年，通过《关于更名和增设内部机构的决定》，作出《关于制定〈酉阳土家族苗族自治县自治条例〉的决定》。1999年，表决通过《关于依法治县的决议》。2001年，作出《关于进一步开展法制宣传教育的决议》。

县第十四届人民代表大会（2003—2007年）　2003年，共作出决议、决定9个。2004年，共作出决议、决定12个。2005年，共作出重要决议决定11个。

第四节 视察调研

县第十届人民代表大会（1987—1989年） 1987年8月对抗灾救灾、增产节约、增收节支、水利电力和公路交通进行了专题调研。10月，全县85个代表小组共视察88个单位，根据各代表小组的视察情况，整理写出《当前农村急待解决的几个问题》的专题材料。1988年3月，组织在酉全国人大代表对县农资公司、油脂化工厂等5个单位进行视察；对田坝、后溪、酉酬、沙田、酉水、沙滩等7个乡的农业生产、防洪抗灾等问题进行专题调研。4月和7月，先后两次组织部分县人大代表对酉三中教育教学工作进行了视察。5月，对黑水区的5个乡、部分区级机关，就农业生产问题、扶贫工作、基层税收、信贷、供销、粮烟生产等进行调查。11月，全县89个代表小组先后视察465个单位，走访群众2808人。12月，组织在酉全国人大代表和省人大代表对毛坝、万木乡和县商业局、水电局、林业局、畜牧局、蔬菜公司等单位进行历时5天的视察。1989年，组织调查组对群众反映的苦竹、白竹、龙东乡1988年虚报出生人口问题进行调查核实，向县委、县政府作出书面反映。

县第十一届人民代表大会（1990—1992年） 1990年8月，针对县城蔬菜供应中城镇居民反映较多的问题，深入钟多镇、钟南乡人民政府和蔬菜基地村、组、户开展专题调研，向县政府提出《关于县城蔬菜生产经营情况的调查和当前工作的建议意见》；9月，常委会组织部分委员和人大代表对部分中小学教育质量和德育工作进行视察；12月，组织县人大常委会全体组成人员和在酉的四川省、全国人大代表进行一次集体视察。同月，还组织在酉全国人大代表和2名省人大代表对县国民经济计划和财政预算执行情况、行政诉讼法的贯彻执行情况、清理“三乱”情况开展视察活动，并将视察情况形成书面报告报四川省人大常委会办公厅。1991年，组织在酉全国人大代表、四川省人大代表、县十一届人大常委会全体人员，先后深入县计经委、统计局、财政局、农业局、人民银行、工商银行、农业银行、建设银行视察全县1991年国民经济和社会发展计划执行情况；视察县工业局、烟厂、武陵山制药厂、建华厂、油脂化工厂、食品公司、五金公司、农资公司、棉麻公司等国营企业贯彻执行《中华人民共和国公司法》及生产经营情况；视察钟多、龙潭、黑水等区乡乡镇企业生产和发展情况。1992年，4月28日至29日，县第十一届人大常委会第十七次会议听取和审议县政府关于商品基地建设和《中华人民共和国行政监察条例》贯彻执行情况报告。7月7日至8日，县第十一届人大常委会第十八次会议听取和审议打刑斗争、扫黄工作情况报告。9月17日至18日，县第十一届人大常委会第十九次会议听取和审议县三大支柱企业建设、办理代表建议、批评意见情况、执行两个条例和医德医风及乡级卫生院现状的情况报告。

县第十二届人民代表大会（1993—1997年） 1993年3月16日，县第十二届人大常委会第二次会议，听取和审议了全县交通建设情况。5月18日至20日，县第十二届人大常委会第三次会议，听取和审议了县乡镇企业发展、教育工作和质量情况。7月19日至21日，县第十二届人大常委会第五次会议，听取和审议县人民政府1992年财政决算和1993年财政预算执行、科技兴粮措施落实、贯彻执行《企业转换经营机制条例》、办理代表建议意见、社会治安治理、县城建设总体规划修编等情况。9月21日、22日，县第十二届人大常委会第六次会议，听取和 审议县人民法院《关于1993年案件执行情况的报告》、县计划生育委员会关于贯彻实施《四川省计划生育条例》的情况。12月，组织县直机关的县十二届人大代表和常委会组成人员集体视察和调查了解县农业内部结构调整现状和调整当中特别是粮食基础地位落实情况及发展多种经营骨干项目特别是烤烟生产现状。1994年，听取和审议县人民政府《关于我县工商企业产权改革的情况汇报》和县公安局关于严厉打击刑事犯罪、全力维护社会稳定情况报告。1995年，常委会先后听取和审议了县公安局关于严厉打击刑事犯罪促进社会治安持续好转、县人民检察院关于打击经济犯罪促进反腐倡廉工作顺利开展、县教委关于农村教育费附加征收管理及使用情况的汇报。5月，组织在酉省人大代表和部分县人大代表对全县“两烟”生产情况进行视察。12月，组织在酉省人大代表和部分县人大代表对县公路建设情况进行一次集体视察。1996年，5月，组织在酉省人大代表和县、乡（镇）人大代表及县级有关单位，对28个烤烟生产重点乡28个重点村100多个组的烤烟假植情况进行了视察。6—7月，组织县、乡（镇）人大代表对派出所工作开展了评议。6月，县第十二届人大常委会第二十七次会议听取和审议《关于我县农村卫生事业现状及发展情况的报告》《关于严厉打击刑事犯罪，加强社会治安管理，服务经济建设的情况报告》。1997年1月，组织在酉省人大代表和部分县人大代表及县直相关部门负责人，围绕农业生产情况及加强商业基础地位建设情况进行集中视察。5月，组织在酉市人大代表和部分县、乡人大代表，对28个烤烟生产重点乡的烤烟生产情况开展了为期5天的视察。9月，县人大常委会组织部分代表对县国土局局长任职以来的工作情况开展述职评议。

县第十三届人民代表大会（1998—2002年）　1998年，县人大常委会听取和审议县人民政府《关于全县畜牧产业化建设情况的报告》《关于强化社会治安管理严厉打击刑事犯罪全力维护社会稳定的情况汇报》《关于县城中心广场工程开发建设情况的报告》。1999年1月，组织248名市、县、乡镇人大代表，对小坝二级水库、酉龚路改建、县城环城路公路建设等工程项目进行视察。6月，组织部分市、县、乡（镇）人大代表对54个乡的烤烟生产情况进行了为　期10天的视察。8月，组织部门市、县人大代表和县直相关部门负责人，对县城饮用水源环境保护工作情况进行了视察。11月，组织在酉市人大代表，对酉（阳）龚（滩）公路改造工程进行了视察。县人大常委会还听取和审议了县人民政府《关于提请审议1999年财政预算（草案）的报告》和《关于提请审议城市总体规划修编情况的报告》《关于全县扶贫攻坚工作情况的报告》《关于全县城市建设管理工作情况的报告》《关于农村卫生工作情况的报告》。2000年9月，组织部分市、县人大代表，对县看守所贯彻执行《看守所条例》《最高人民法院、人民检察院、公安部关于依法文明管理在押人犯的通知》情况进行了视察；组织部分市、县、乡（镇）人大代表视察了大溪、龙潭、李溪镇集镇建设情况。2001年，围绕财政经济、农业结构调整、普及九年制义务教育、乡镇人大换届、案件监督等方面，开展专题调研，撰写《民营经济发展情况调查报告》《加强预算外资金监督是对财政预算监督的重要举措》《依法行使人大职权，促进农业结构调整》等调研文章。2002年，组织县人大各工作委员会及部分市、县人大代表，围绕常委会审议议题，认真开展调研活动；组织市、县人大代表对小坝农业综合开发、县城防洪工程建设、杨树基地建设、烤烟生产等重点工作进行视察。

县第十四届人民代表大会（2003—2007年）　2003年，先后组织市、县人大代表对大河口电站库区滑坡现场，对龙潭镇、麻旺镇城镇化建设情况，对县人民法院、人民检察院依法履职情况等开展视察。2004年，组织市、县人大代表对全县“普九”排危、扶贫开发、新型工业化等开展了视察调研。2005年，常委会组织调研组对“三农”工作、教育“两基”攻坚、财政体制改革、环境保护、诉讼监督以及“税费改革后，乡镇政府如何转换职能”等课题进行专题调研。组织市、县人大代表对教育“两基”、烤烟生产、集镇建设等进行视察；为在渝全国人大代表赴酉视察活动做好接待服务工作。

第五节　代表建议

县第十届人民代表大会（1987—1989年）　县十届人大常委会代表在县第十届人民代表大会第一次、第二次、第三次会议上提出的建议、批评和意见共931件，县人大常委会召开主任会议认真研究，进行交办，坚持在半年内办理并答复代表。其中，由县人大常委会机关直接办理的12件，交由县人民政府及有关部门办理的907件，法院办理5件，检察院办理1件，其他机关办理6件。

县第十一届人民代表大会（1990—1992年）　在县十一届人民代表大会一次、二次、三次会议上，代表们分别提了建议、批评和意见335件、253件、201件。闭会后，及时交办、认真督办，使办理质量逐年有所提高，解决率逐步提升。

县第十二届人民代表大会（1993—1997年）　在县十二届人民代表大会期间的五次会议上，代表们共提出建议、批评和意见1289件。对每年的建议、批评和意见都在法定时限内办结，并答复代表。

县第十三届人民代表大会（1998—2002年）　代表共提出建议、批评和意见1215件。县人大常委会从四个方面加强了督办工作。一是及时召开交办会；二是跟踪检查督促，及时通报办理情况；三是抓好审核复查；四是搞好审议工作。

县第十四届人民代表大会（2003—2007年）　县十四届人大一次会议期间，代表共提出建议、批评和意见369件。县十四届人大二次会议期间，代表共提出建议、批评和意见179件，办结率100%，代表满意、基本满意率达98%。县十四届人民代表大会第三次会议期间，代表共提建议、批评和意见199件。

第六节　来信来访

县第十届人民代表大会（1987—1989年）　共接待来访963人次，收到来信941件。

县第十一届人民代表大会（1990—1992年）　共收到来信973件，接待来访962人次，其中，由县人大常委会机关直接办理144件，其余分别转县人民政府及有关部门、法院、检察院作了办理答复。

县第十二届人民代表大会（1993—1997年）　共受理人民来信1456件，接待人民来访1012人次。

县第十三届人民代表大会（1998—2002年）　共接待人民群众来访1425人次，受理人民群众来信1540件。按照《来信来访处理办法》的规定，除了常委会直接办理的外，其余的都及时分类转“一府两院”办理。

县第十四届人民代表大会（2003—2007年）　2003年，共办理来信190件，接待群众来访150人次。2004年共受理群众来信257件，接待来访205人次。2005年，共接待群众来访190人次，受理群众来信225件次。

第五篇

人民政府

REN MIN ZHENG FU

第一章　县人民政府

第一节　组织机构

自1983年11月11日成立酉阳土家族苗族自治县后，县政府和政府部门均冠以酉阳土家族苗族自治县字样。县政府由正、副县长和政府职能部门组成，对全县行政工作实施领导、组织、协调、监督，实施全县经济社会发展事务，接受县委领导、人大监督、政协协商。1986—2005年，同级人民代表大会先后选举产生了第九、十、十一、十二、十三、十四届县政府，其中第九、十、十一届任期3年，十二、十三、十四届任期5年。

1986—2001年，县人民政府先后共下设工作部门52个（有的机构撤并、更名），加上其他机构14个，共计66个，分别是：县政府办公室、民政局、公安局、司法局、文教局、广播电视局、档案局、卫生局、林业局、农业局、畜牧局、水利电力局、农业机械管理局、工业局、交通局、二轻局、邮政局、乡镇企业管理局、粮食局、税务局、财政局、工商行政管理局、商业局、物资局、烟草专卖事业管理局、医药管理局、人事局、劳动局、统计局、物价局、审计局、文化局、气象局、标准计量管理局、农业办公室、经济委员会、财贸办公室、计划委员会、科学技术委员会、计划生育委员会、体育运动委员会、供销合作社联合社、环境保护办公室、城乡建设局、县志编纂委员会办公室、侨务外事办公室、民族事务委员会、多种经营办公室、宗教办公室、老年问题委员会、经济研究技术协作办公室、外贸局等。其他机构：县人民法院、县人民检察院、县人民武装部。金融机构：中国人民银行酉阳县支行、中国农业银行酉阳县支行、中国建设银行酉阳县支行、中国工商银行酉阳县支行、酉阳县财产保险公司、酉阳县人寿保险公司、农村合作社酉阳信用联社。

2001年县级机构改革，不再保留的机构31个，调整职能部门3个，保留部门18个，新设立部门7个，合并部门2个。改革后县政府工作部门26个，分别是：政府办公室、发展计划委员会（原物价局、经济研究技术协作办公室划归计委管辖）、经济贸易委员会（原工业局、二轻局、商业局、乡镇企业管理局均划归经贸委管辖）、教育委员会、科学技术委员会、民族宗教事务管理局、公安局、监察局（不占政府机构编制，与县纪委合署办公）、民政局、司法局、财政局、人事局、劳动和社会保障局、国土资源和房屋管理局、建设委员会、交通局、水利局、农业局（原农业机械管理局蚕桑局划归农业局管辖）、文化体育局（由原文化局、体育运动委员会合并）、卫生局、人口与计划生育委员会（由原计划生育委员会更名）、审计局、环境保护局（由原环境保护办公室升为环保局）、统计局、林业局、县政府农村工作办公室、扶贫开发办公室；县政府直属事业单位3个：广播电视事业局、旅游事业管理局、档案修志馆；部门管理机构4个：粮食局由发展计划委员会管理、畜牧局由农业局管理、乡镇企业局和安全生产监督管理局由经济贸易委员会管理。

2002—2005年，根据需要，又对单位进行撤销、合并、更名，新成立县移民办、中小企业发展指导局。2005年年末，县政府工作部门及直属事业单位达31个。

1984—2007年酉阳自治县长、副县长名录表

表5-1

时　间	职　务	姓　名	籍　贯	任职时间
1984年1月—1987年2月	县　长	贺鼎富	四川酉阳	1984年1月—1987年2月
	副县长	周兴和	四川酉阳	1984年1月—1986年7月
		赵学义	四川三台	1984年1月—1987年2月
		张维新(女)	四川南充	1984年1月—1986年4月
		黄　迈	—	1984年12月—1987年2月
		李仁才	四川酉阳	1984年1月—1987年2月
		马可冰(女)	—	1986年6月—1987年2月
1987年2月—1990年2月	县　长	费文礼	四川黔江	1987年2月—1989年11月
	代理县长	石胜福	四川酉阳	1989年11月—1990年2月
	副县长	赵学义	四川三台	1987年2月—1989年11月
		李仁才	四川酉阳	1987年2月—1990年2月
		马可冰(女)	—	1987年2月—1987年10月
		石敦高	四川酉阳	1987年2月—1990年2月
		侯洪文	四川彭水	1989年11月—1990年2月
		陈超然	四川酉阳	1989年12月—1990年2月
1990年2月—1992年12月	县　长	石胜福	四川酉阳	1990年2月—1992年1月
		陈超然	四川酉阳	1992年1月—1992年12月
	副县长	陈超然	四川酉阳	1990年2月—1992年
		石敦高	四川酉阳	1990年2月—1992年12月
		侯洪文	四川彭水	1990年2月—1992年12月
		张玉泉	四川酉阳	1990年2月—1992年12月
		张惠堂	四川酉阳	1990年2月—1992年12月
		唐九河	四川酉阳	1992年7月—1992年12月
		翁　勤	四川酉阳	1992年9月—1992年12月
		邢亚伟	四川酉阳	1992年9月—1992年12月
		杜念改	四川酉阳	1992年10月—1992年12月
		李晓红(女)	四川酉阳	1992年10月—1992年12月
		苑川苏	四川	1992年10月—1992年12月

续表5－1

时　间	职　务	姓　名	籍　贯	任职时间
1992年12月—1998年1月	县　长	陈超然	四川酉阳	1992年12月—1995年9月
	县　长	唐步新	四川黔江	1996年3月—1998年1月
	代理县长	唐步新	四川黔江	1995年9月—1996年3月
	副县长	唐九河	四川酉阳	1992年12月—1996年10月
		翁　勤	四川酉阳	1992年12月—1995年8月
		杜念改	四川酉阳	1992年12月—1997年11月
		李晓红(女)	四川酉阳	1992年12月—1995年2月
		邢亚伟	四川酉阳	1992年12月—1994年10月
		邹方福	四川酉阳	1992年12月—1998年1月
		刘长坤	四川酉阳	1992年12月—1998年1月
		彭其文	四川	1992年3月—1993年3月
		张德宽	四川	1993年2月—1993年9月
		赵伟(下派)	四川	1993年2月—1993年9月
		谢卫先(女)	四川酉阳	1995年4月—1998年1月
		李　华	四川酉阳	1994年10月—1995年2月
		田应学	四川酉阳	1995年2月—1998年1月
		岳中焕	四川石柱	1995年8月—1997年11月
		陈吉轩	四川	1997年5月—1998年1月
		封跃武	四川	1997年6月—1998年1月
		张方池	四川	1997年6月—1998年1月
		冉进红	重庆丰都	1997年11月—1998年1月
		余和峰	重庆石柱	1997年11月—1998年1月
		范兴强	重庆酉阳	1997年11月—1998年1月
		姚登惠	重庆酉阳	1997年11月—1998年1月
1998年1月—2003年3月	县　长	唐步新	重庆黔江	1998年1月—1998年10月
	代理县长	龚泽民	重庆彭水	2000年8月—2000年12月
	县　长	龚泽民	重庆彭水	2000年12月—2002年12月
	代理县长	李方宇	重庆黔江	2002年12月—2003年3月
	副县长(主持政府全面工作)	冉进红	重庆丰都	1998年10月—2000年8月
	副县长	邹方福	重庆酉阳	1998年1月—1998年7月
		谢卫先(女)	重庆酉阳	1998年1月—2003年3月

续表5－1

时　间	职　务	姓　名	籍　贯	任职时间
1998年1月—2003年3月	副县长	范兴强	重庆酉阳	1998年1月—2003年3月
		姚登惠	重庆酉阳	1998年1月—2001年12月
		余和峰	重庆石柱	1998年1月—2003年3月
		徐志军(挂职)	—	1998年6月—2003年3月
		晏华文	重庆石柱	1998年7月—2000年8月
		黄朝忠	重庆酉阳	1998年7月—2003年3月
		王巨(下派)	重庆	2000年8月—2001年7月
		张世模	重庆江津	2001年2月—2002年12月
		田景谷	重庆酉阳	2001年2月—2003年3月
		周传明	重庆酉阳	2001年4月—2003年3月
		冯中祥(下派)	—	2002年10月—2003年3月月
		董伦(挂职)	四川达县	2003年2月—2003年3月
2003年3月—2007年2月	县长	李方宇	重庆黔江	2003年3月—2007年12月
	副县长	冉华章	重庆酉阳	2003年3月—2006年12月
		余和峰	重庆石柱	2003年3月—2007年2月
		田景谷	重庆酉阳	2003年3月—2007年2月
		董伦(挂职)	四川达县	2003年3月—2006年12月
		黄学军(挂职)	四川达县	2003年3月—2006年12月
		胡红卫(女)	重庆酉阳	2003年3月—2006年10月
		石　强	重庆酉阳	2003年3月—2007年2月
		何开发(挂职)	江西	2005年9月—2007年2月

第二节　施政方式

会议制度

1993年1月县政府制定《酉阳自治县人民政府工作规则》，并在实践中逐步完善，明确县政府履行职责的主要形式有全体会议、常务会议、县长办公会议、县长碰头会、专题会议、镇长、区长和乡镇长会议、工作会议。

县政府全体会议　县政府全体会议一般每半年召开一次。会议由县长或县长委托常务副县长主持。参会人员为县长、副县长、办公室主任，县政府组成部门各委（办）主任、各局长。其他应列席人员和特邀列席人员。会议的主要任务任务是传达贯彻上级重要决议、决定和会议精神，决定和部署县政府的重大改革和重要工作，讨论通过提交县人大审议的报告，通报省（市）内外重大事件和全县政府经济形势。

县政府常务会议　县政府常务会原则上每月召开一次，由县长或县长委托常务副县长主持。会议组成人员为县长、副县长、办公室主任，以及列席人员、特邀列席人员。会议的主要任务是研究制定完成上级机关下达的重要任务措施，讨论决定上报的重要请示、报告；讨论决定县政府工作安排和其他问题，讨论通过提交县人大审议的议案和人事任免事项，讨论决定县政府公布的规章、决定，讨论区、乡（镇）、部门请示县政府的重要事项，依法讨论决定人事任免及相关奖惩等。

县长办公会　县长办公会根据需要不定期召开，由县长、常务副县长委托其他副县长主持。会议组成人员为县长、副县长、县政府调研员、主任、县长助理、副主任，以及与会议议题有关的部门负责人。会议的主要任务是研究分析一个时期全县经济形势，研究处理县政府日常工作中的重要事项，研究某一专题方面的重大政策措施，需县长、副县长协商的有关重大问题；需要提请县长办公会讨论的其他事项。

县长碰头会　县长碰头会由县长或常务副县长主持，会议的主要内容是县政府领导人相互通报情况，对日常工作中重大问题交换意见，协调各县长工作安排、工作部署、共同商议决定一些重大问题。

专题会议　县长、副县长、调研员、办公室主任根据各自分工和工作需要，可召开专题会议。会议的任务是听取有关单位的工作汇报；检查协议有关单位的工作；研究处理有关业务问题。

镇长、区长和乡镇长会议　会议一般每年召开一至二次，由县长或委托常务副县长主持。会议的主要任务是学习贯彻中央、省（市）、地、县委有关重大问题的指示精神，部署全县经济工作，就一些重大问题征求意见。

县政府工作会议　是以县政府名义召开的全县性业务会议。一般由主管局提出会议议题和参会人员名单，报县长办公会审定。县政府工作会议，一般由议题提出部门的主要负责人主持，根据相关业务，一名县长或副县长参加并在会上作书面讲话，代表县政府对会议部署的工作进行强调。

政务督查

专门机构督查　2005年成立县委、县政府督查室，为正科级单位，配备督查室主任1名和其他工作人员，专门对党务、政务工作进行督查。

半年检查和年度考核　每年半年，县政府都要组织人员，对各乡镇、各部门的半年工作情况进行检查。对政务工作不到位的，及时督促整改。每年末，县委、县政府组织若干个考核工作组，分别对各乡镇、各部门的全年工作情况进行考核。考核结果是表彰先进、鞭策落后的主要依据。

第三节　施政举要

经济建设

“七五”计划时期　县政府围绕放开搞活，积极探索和推进全县经济发展，取得了明显成效。1990年实现国内生产总值29796万元（现价），其中第一产业19500万元，第二产业4013万元，第三产业6283万元。农业生产总值29713万元（现价），工业总产值11827万元（现价），社会消费零售总额10511万元，财政收入2015万元。城乡储蓄存款余额7267万元。全社会固定资产投资总额1369万元，农民人均纯收入279元。

“八五”计划时期　县政府围绕“打基础、建基地、立支柱、解决温饱”的经济发展战略，以烤烟、林业、畜牧、果品、油料、中药材等为重点项目，全面探索和推进农业商品基地建设，基本完成“八五”计划的各项社会经济发展指标。1995年实现国内生产总值68100万元，其中第一产业38817万元，第二产业11275万元，第三产业18008万元。农业生产总值63744万元，工业总产值29508万元，社会消费零售总额30636万元，财政收入3267万元，城乡储蓄存款余额18308万元。全社会固定资产投资总额14890万元，农民人均纯收入753元。

“九五”计划时期　县政府以越温脱贫奔小康为总目标，以建制越温脱贫为工作重点，全面推进落实扶贫攻坚越温脱贫的各项工作，基本完成“九五”计划的各项社会经济发展指标。2000年，实现国内生产总值113428万元，其中第一产业52620万元，第二产业22769万元，第三产业38039万元。农业生产总值98848万元。工业总产值32862万元。社会消费零售总额60015万元。财政收入3917万元。城乡储蓄存款余额84935万元。全社会固定资产投资总额42863万元，农民人均纯收入1298元。

“十五”计划时期　县政府以“加速经济结构调整，着力建设县域特色经济，加速工业化进程”为指针，围绕药、旅、畜、林、烟五大支柱产业，全面推进全县经济社会的发展，十五”计划的主要计划指标超额或基本完成任务。2005年完成地区生产总值201200万元，一产业稳定增长，全年种植中药材11.95万亩，种植烤烟9.2万亩，退耕还林补植7.6万亩，荒山造林15万亩。工业产值38000万元，财政收入14586万元，社会消费零售总额114000万元，全年完成社会固定资产投资134400万元，农民人均纯收入1889元。

农业商品基地建设

1990年6月县委、县政府决定把烤烟、林业、畜牧、果品、油料、中药材等项目作为商品基地来抓。1998年烟、畜、药为全县三大支柱产业，至2005年，这三个项目仍为全县财政增收、农民致富的支柱产业。

烤　烟　1986—1991年烤烟处于自发生产阶段。1992年后烤烟为全县农业发展的重点项目，先后制定了一系列烤烟生产优惠政策，调动烟农种烟积极性；用政绩考核、奖励惩罚、提拔诫勉的措施，调动和激励各区、乡镇发展烤烟主动性，使烤烟生产持续平稳增长。1992年烤烟种植10万亩，总产1426万公斤，总产值4449.93万元，烟农收入4050万元。1996年全县烟农户41000户，种植面积达13.16万亩，总产量达1533.49万公斤。2000年烤烟种植10.99万亩，总产805万公斤，总产值5122.8万元，烟叶税1178.25万元。2005年烤烟种植9.2万亩，总产量达1082万公斤。

蚕桑业　1989年12月成立县蚕桑局、丝绸公司，加强对全县蚕桑生产的指导和管理。1993年建成龙潭、麻旺万亩优质桑园，全年发展在地桑4万亩，蚕茧产量29.26万公斤。酉阳缫丝厂建成。1994年蚕茧产量40万公斤。1995年因市场因素，当年蚕茧量下降至25.6万公斤。1996年再下降至15.9万公斤，因蚕茧供应不足，县缫丝厂被迫关闭。1998年龙麻万亩桑园仅存1000亩，蚕茧量仅4.6万公斤。

中药材　1980—1989年酉阳中药材面积7.5万亩。1991年，致公党中央、致公党重庆市委制定《酉阳自治县中药材发展规划》后，县政府大力推进中药材基地建设，先后在酉酬乡首次建立2300亩青蒿示范基地，在酉酉建立以杜仲、厚朴为主的重点乡镇，在全县发展19个药材重点乡镇和15685种药户。中药材品种增多，产量稳步增长。1992年全县中药材产量19.80万公斤，1995年达到109万公斤，1999年降至

25.90万公斤。2005年，全县种植中药材面积达11.95万亩，其中青蒿6.7万亩，药材产量1650万公斤，产值1.13亿元。

畜牧业 畜牧业是酉阳的传统产业。1986—1990年畜牧业处于自发自养阶段。1991年致公党中央、致公党重庆市委制订了《酉阳自治县畜牧业发展规划》之后，县政府着力发展畜牧业。在山羊发展上，先后引进南江黄羊、金堂黑羊等优良品种，扩大山羊杂交改良面；培养酉州黑山羊、酉州乌羊纯繁户；大力推广科学技术，助推养羊业发展。山羊的存栏数、出栏数分别从1986年的6.3万只、3.42万只增加到2005年的37.87万只、32.99万只。生猪发展主要是引进荣昌等良种猪，普遍推行二、三元杂交（生猪杂交改良面达95%以上），加强生猪防疫工作。生猪的存栏数、出栏数分别从1986年的33.53万头、19.08万头增加到2005年的55.68万头、55.12万头。

基础设施建设

交通设施建设 1986年县境内公路里程991公里。1991年县城鲤鱼塘大桥建成通车。1992年9月，投资1038万元的国道319线改道工程——钟（南）渤（海）公路建成通车。从1993年至2000年先后建成城南汽车站、国道319线高坎子改道、国道319线改造等工程。2001年赵庄大桥竣工。2002年11月，渝怀铁路旗号岭隧洞提前10个月贯通，酉龚二级公路改造工程全线通车。2003年渝怀铁路酉阳段铺设轨道7.5公里。2004年国道319线“三改二”工程投入使用。初步实现重庆“8小时”目标。渤桂公路、铜李公路、酉牡公路、龚彭公路等出境公路动工。2005年渝湘高速公路动工（酉阳段67.5公里）。渝怀铁路完工并投入运行。年末，全县共有各类公路298条，总里程为2516.7公里。共有中型桥梁54座，总长2530米。

水利基础设施建设 1986年9月，投资60多万元的酉阳自来水改建工程动工。1992年4月，县城红卫桥上段至鲤鱼塘大桥长800米的防洪工程竣工。同年龙潭、麻旺“川东项目”工程获四川省“优质工程”称号。2000年小坝二级水库大坝枢纽工程竣工并下闸蓄水。2001年总投资1.48亿元、全长15.8公里的县城防洪工程开工（设计20.96公里、批准概算总投资1.94亿元）。2002年投资1615万元的小坝二级水库供水工程（酉阳二水厂）竣工。同年县城防洪工程第一期工程全线贯通。投资1800万元的龙潭水库整治工程开工。2003年4月梅江灌区（酉阳片区）2002年工程建设项目——胜利水库西干渠防渗整治工程完工，并投入春灌。2004年县城防洪工程竣工使用。2005年李溪防洪隧洞即将贯通。年末，全县共建成各类水利工程725项。

能源基础建设 1992年和尚坪电站竣工。年末，总投资1890万元的双江电站开工建设。1993年总装机7.5万千瓦，总投资2亿多元的酉阳大河口电站前期工程开工。1995年总投资2000万元的11万千伏配电站工程在城南竣工。1996年8月，酉阳、贵州省沿河35千伏输电线联网运行。1997年乌江电力（集团）股份有限公司酉阳110千伏变电站网络顺利运行。2003年12月两汇电站开工。2004年3月，梯子洞电站3号机组并网发电。酉酬电站前期工程结束。全县农网二期改造工程全面竣工，基本实现城乡电网同价。2005年金家坝水电站导流洞基本贯通。220千伏变电站建设投入运行。

通信基础设施建设 1986年，全县电话机总数为663部。20世纪90年代后，逐步加大了通信建设。1996年2月，总投资640万元的国家二级光缆开通。同年酉阳城乡实现国际、国内程控电话联网直拨，县城移动电话开通。1998年全县139全球移动电话开通县城、龙潭、麻旺3个基站。2001年，已建成程控系统、光纤工程，实现程控交换、长途直拨、光纤传输和移动通信等现代通信。至2005年，全县固定电话用户达6.61万户（含小灵通），移动电话用户7.11万户，国际互联网用户4690户。

城市基础设施建设 全县城市建设是从20世纪90年代初开始。1992年县城总体规划获省、地专家评审通过。同年以展示酉阳改革风貌为主题雕塑的“号角声声”安放在县城街心花园喷泉池中央。1993年9月，县城河滨公园动工。2001年总投资1987万元的县城桃花源广场第一期工程竣工。2004年电影院片区拆迁改建工程动工。2005年推进城北新区开发、桃源中学、城南转盘景观工程建设，完成维修河东老街工程。全年完成市政投入2675万元。

龙潭古镇被列为“中国历史文化名镇”。

龚滩古镇整体搬迁的前期工作如期展开。

教育卫生事业建设

教育事业　1987—1991年，县政府围绕“普及初等教育和扫除文盲”为工作目标，纳入干部目标责任制，增加投入，全面开展工作。1991年，总投入922.8万元，完成72所中心校新修1—2幢教学楼、宿舍，建村小113所等基础设施工程。同年，酉阳获认定普及初等教育和基本扫除青壮年文盲县。1996年酉阳接受四川省高标准扫除青壮年文盲验收达标。1997—2005年，为完成普及九年义务教育、普及中小学实验教学和开展扫盲成教巩固提高工作。县政府采取落实责任，健全管理体系；全面部署，阶段推进；密切配合，形成合力；强化措施，突出重点等举措，确保“两基”“普实”工作任务的完成。2005年经市普查验收认定酉阳“普及九年义务教育和扫除青壮年文盲基本合格”。

卫生事业　县政府以加强卫生基础设施建设为工作主线，大力加强疾病防治、公共卫生、妇幼保健等各项工作，取得了一定的成绩。1986—2005年共修建房屋面积达51625平方米，主要先后修建县医院、中医院、保健院、县卫生学校、县疾控中心和县结防所等医疗单位的房屋。1999—2005年投入520万元，先后修建和改造27个乡镇卫生院，面积近万平方米，使其业务用房和职工住宿有了较大改善。20年间建立了以县为中心、各乡镇卫生院为枢纽、村卫生站为网络的疫情防治和妇幼保健管理体系，使境内传染病明显下降，儿童保健、妇幼卫生保健明显改善。

第二章　基层政权组织

第一节　区公所

区公所系县人民政府的派出机构，肩负着本辖区内政治、经济、文化、教育和社会事业发展，维护政治稳定，促进经济繁荣，协调处理社会各类事务。自分设区公所以来，一直延续到1993年12月底，全县共有13个（镇）区公所。区公所设区长1名，根据区的大小配副区长2—5名。其分布情况为：

钟多镇公所：位于酉城河畔，钟灵山与金银山之间，拥有人口近8万多人，系全县政治经济文化中心，1975年后升为区级镇。

钟多区公所：位于县城东，原辖9个乡，2001年9月机构改革撤区并乡时与钟多镇合并。

龙潭区公所：位于酉阳东南部，原辖8个乡，2001年9月机构改革撤区并乡时建镇。

麻旺区公所：位于酉阳东部，原辖8个乡，2001年9月机构改革撤区并乡时建镇。

酉酬区公所：位于酉城东部，原辖6个乡，2001年9月机构改革撤区并乡时建镇。

大溪区公所：位于酉城东部，酉水河畔，与湖南龙山相邻，原辖6个乡，2001年9月机构改革撤区并乡时建镇。

兴隆区公所：位于酉城东北部，与湖北来凤相邻，原辖6个乡，2001年9月机构改革撤区并乡时建镇。

黑水区公所：位于酉城以北，国道319线贯穿其间，原辖6个乡，2001年9月机构改革撤区并乡时建镇。

苍岭区公所：位于酉城西北部，与黔江、彭水接壤，阿蓬江由该区流经而过，2001年9月机构改革撤区并乡时建镇。

龚滩区公所：位于酉城西部，原辖5个乡。龚滩镇素有“文化古镇”之称，是重庆市历史文化名镇，2001年9月机构改革撤区并乡时建镇。

丁市区公所：位于酉城西部，原辖9个乡，2001年9月机构改革撤区并乡时建镇。

双河区公所：位于酉城西南部，原辖7个乡，2001年9月机构改革撤区并乡时改为小河镇。

李溪区公所：位于酉城南部，原辖5个乡，2001年9月机构改革撤区并乡时建镇。

第二节　乡镇人民政府

乡镇人民政府是基层政权机关，原为人民公社管理委员会。1984年恢复乡人民政府后，全县有80个乡。1992年新组建大河口乡，全县有81个乡。2001年撤区并乡建镇后，全县共设39个乡镇，其中14个镇、25个乡，分别是：

钟多镇：由原钟多、钟南、小坝一镇两乡合并为镇。

龙潭镇：由原龙潭、龙东、渤海、清华以及白竹、苦竹、木桶部分村划归为镇。

麻旺镇：由原麻旺、桃鱼以及米旺、亮垭等部分村合并为镇。

泔溪镇：由原泔溪、泉孔、泡木、米旺、亮垭部分村合并而成。

酉酬镇：由原田坝、酉酬、新溪、沙田部分村合并建镇。

后溪镇：由原后溪、白竹、木桶等部分村合并建镇。

大溪镇：由原酉水、老寨、柏溪、沙滩等部分村合并建镇。

兴隆镇：由原土坪、兴隆、小咸、泡木等部分村合并建镇。

黑水镇：由原黑水、大涵、马鹿等乡村合并建镇。

苍岭镇：由原苍岭、岭口、大河口3乡合并建镇。

龚滩镇：由原龚滩、沿岩、罾潭部分村合并组建。

丁市镇：由原丁市、中坝、铺子部分村合并组建。

小河镇：由原小河乡、小岗乡和铜西乡的桃坡村、黎家村合并建镇。

李溪镇：由原李溪、蚂蟥、天山3乡合并组建。

铜鼓乡：由铜鼓、铜西、红井部分村合并组建。

板溪乡：由原板溪、山羊部分村合并组建。

涂市乡：由原钟岭、涂市、桃鱼、银岭部分村合并组建。

江丰乡：由原苦竹、井岗部分村合并组建。

胰地乡：行政区划未变。

车田乡：行政区划未变。

偏柏乡：由原偏柏、老寨、柏溪部分村合并组建。

可大乡：由原可大、沙田、新溪、沙滩等部分村合并组建。

五福乡：由原五福、老寨等部分村合并组建。

木叶乡：由原木叶、细沙、小咸部分村合并组建。

毛坝乡：由原毛坝、木叶等部分村合并组建。

花田乡：由原花田、花园、红井部分村合并组建。

庙溪乡：行政区划未变。

浪坪乡：维持原村数量不变。

双泉乡：维持原村基数不变。

两罾乡：由原两罾、罾潭部分村合并组建。

清泉乡：维持原村不变。

天馆乡：由原天馆、中坝、岭口部分村合并组建。

宜居乡：由原宜居、董河部分村合并组建。

万木乡：由原万木、铺子部分村合并组建。

后坪乡：由原后坪、后兴两乡合并组建。

官清乡：由原官清、双桥部分村合并组建。

板桥乡：由原板桥、双桥部分村合并组建。

楠木乡：行政区划未变。

南腰界乡：由原南龙、南腰界两乡合并组建。

撤区并乡建镇前，全县有740个行政村，之后，全县保留278个行政村。

第六篇

政治协商会议

ZHENG ZHI XIE SHANG HUI YI

第一章　机　构

第一节　工作机构

中国人民政治协商会议酉阳土家族苗族自治县委员会（以下简称县政协），自1985年3月16日召开五届二次会议以来，至2005年，先后召开五届十九次会议。县政协坚持党的基本路线、基本理论和基本方针，高举邓小平理论伟大旗帜，全面贯彻落实《中国人民政治协商会议章程》和统一战线理论，全面履行政治协商、民主监督，参政议政职能，结合各个时期的实际，组织各界政协委员参大事、议大政、民主协商选举产生历届政协常委会、主席、副主席、秘书长，组织和带领各界政协委员深入基层、深入企业、机关、学校、群众之中调查研究，开展视察活动，倾听群众意见，反映群众呼声，将群众的意愿和要求及时向县委和县政府提出意见和建议，由有关单位和部门及时办理落实。通报各届委员会委员提案办理情况，事关全局、国计民生的提案引起社会的广泛关注，委员提案质量明显提高，为县委、县政府民主决策、科学决策提供可靠的依据，并做到协商于决策之前，参在点子上、议在关键处，提高了办事效率，有效地促进地方经济和社会事业的全面发展。

酉阳县政协在职人员25人，其中，主席1人、副主席7人、秘书长1人、机关干部职工16人，下设提案工作委员会、社会法制委员会、经济联络委员会和办公室，各乡（镇）设政协委员小组，组长由各乡（镇）统战委员担任。县直机关分系统设委员小组，分设组长1名、副组长1至2名，负责本辖区内政协委员的联系联络和调查视察工作，反映社情民意，为群众排忧解难，为党委和政府提供科学决策依据。

第二节　县政协全委会

县政协第五届委员会

县政协五届三次全委会　1986年3月16日至3月20日在县城召开。会议听取和审议县政协副主席庹健伯所作的《酉阳县政协第五届常委会工作报告》、县政协副主席陈子尚所作的《提案报告》，列席县第九届人民代表大会第三次会议，会期对全体政协委员进行了法制讲座，使法制建设深入人心。县委书记郑富祯在闭幕会上作了重要讲话，并通过大会决议。

县政协第六届委员会

县政协六届一次全委会　1987年12月27日至31日在县城召开。会议听取和审议县政协副主席陈子尚所作的题为《积极贯彻中共十三大精神，努力把我县政协工作推向前进》的专题报告、县政协提案委主任冉旭光所作的《提案工作报告》、县政府办公室副主任唐九河所作的《提案工作审查报告》，列席县第十届人民代表大会第一次会议，经过民主协商，选举产生了政协第六届委员会，选举产生主席1名，副主席6名，秘书长1名，常务委员28名，县政府常务副县长在闭幕会上作重要讲话，并通过大会决议。

县政协六届二次全委会　1989年3月2日至7日在酉阳县城召开。会议听取和审议县政协副主席陈子尚所作的《酉阳县政协六届一次常委会工作报告》、县政协提案委主任白兴文所作的《提案工作报告》、县政协副主席张昌达传达政协四川省第六届三次会议精神、县委办副主任谢光辉所作的《提案办理情况报告》，列席县第十届人民代表大会第三次会议，经全体委员充分酝酿，民主协商，按程序增选六届政协常委、委员7名，县委书记秦贵泰在闭幕会上作讲话，并通过大会决议。

县政协第七届委员会

县政协七届一次全委会　1990年2月22日至26日在县城召开。会议听取和审议县政协副主席任家谦所作的《酉阳县政协六届常委会工作报告》、县政协副主席杨再传所作的《酉阳县政协第七届委员会筹备工作报告》、县政协提案委主任白兴文所作的《提案工作报告》，列席县第十一届人民代表大会第一次会议，经过全体委员充分酝酿，民主协商，选举产生政协第七届政协委员会、主席1名、副主席6名、常务委员35名，县委书记在闭幕会上作讲话，并通过大会决议。

县政协七届二次全委会　1991年3月4日至6日在县城召开。会议听取和审议县政协副主席任家谦所作的《酉阳县政协第七届一次常委会工作报告》、县政协提案委主任白兴文所作的《提案工作报告》，列席县第十一届人民代表大会第二次会议，会期在全体委员中开展政协、统战知识竞赛，表彰先进委员小组和优秀委员，县委书记在闭幕会上作讲话，并通过大会决议。

县政协七届三次全委会　1992年2月28日至3月2日在县城召开。会议听取和审议县政协副主席任家谦所作的《酉阳县政协第七届二次常委会工作报告》、县政协提案委主任白兴文所作的《提案工作报告》，列席县第十一届人民代表大会第三次会议，县委书记石胜福在闭幕会上作讲话，并通过大会决议。

县政协第八届委员会

县政协八届一次全委会　1992年12月19日至24日在县城召开。会议听取和审议县政协副主席任家谦所作的《酉阳县政协第七届常委会工作报告》、县政协提案委主任简德凡所作的《提案工作报告》，列席县第十二届人民代表大会第一次会议，协商讨论《县人民政府工作报告》及计划、财政、法院、检察院工作报告。经过民主协商，选举产生政协第八届委员会、主席1名、副主席7名、秘书长1名、常务委员36名，县委书记冉隆江在闭幕会上作讲话，并通过大会决议。

县政协八届二次全委会　1994年2月27日至3月1日在县城召开。会议听取和审议县政协副主席张玉泉所作的《酉阳县政协第八届一次常委会工作报告》、县政协提案委主任简德凡所作的《提案工作报告》，列席县第十二届人民代表大会第二次会议。会期组织全体政协委员开展中共十四大知识竞赛，经过民主协商，增选副主席1名、常务委员2名，县委书记冉隆江在闭幕会上作讲话，并通过大会各项决议。

县政协八届三次全委会　1995年2月28日至3月3日在县城召开。会议听取和审议县政协副主席张玉泉所作的《酉阳县政协八届二次常委会工作报告》、县政协提案委主任简德凡所作的《提案工作报告》，列席县第十二届人民代表大会第三次会议。会议经过民主协商，增选常务委员6名，县委书记冉隆江在闭幕会上作讲话，并通过大会各项决议。

县政协八届四次全委会　1996年3月2日至5日在县城召开。会议听取和审议县政协副主席任家谦所作的《酉阳县政协八届三次常委会工作报告》、县政协提案委主任简德凡所作的《酉阳县政协提案工作报告》、县委办副主任杨清海所作的《提案审查工作报告》，列席县第十二届人民代表大会第四次会议，经过民主协商，补选常务委员4名，撤销副主席1名、常务委员1名，县委书记王元楷在闭幕会上作讲话，并通过大会决议。

县政协八届五次全委会 1997年2月22日至26日在县城召开。会议听取和审议县政协副主席张玉泉所作的《酉阳县政协八届四次常委会工作报告》、县政协提案委主任简德凡所作的《酉阳县政协提案工作报告》、县委办主任冉华章所作的《提议案审查工作报告》，列席县第十二届人民代表大会第五次会议，协商讨论《县人民政府工作报告》及计划、财政、法院、检察院工作报告，经过民主协商，选举产生主席1名、副主席1名，秘书长1名，因工作变动，会议批准王套先辞去县政协副主席职务的请求。县委书记王元楷在闭幕会上作讲话，并通过大会各项决议。

县政协第九届委员会

县政协九届一次全委会 1998年1月1日至5日在县城召开。会议听取和审议县政协副主席任家谦所作的《酉阳县政协第八届常委会工作报告》、县政协提案委主任简德凡所作的《酉阳县政协提案工作报告》，列席县第十三届人民代表大会第一次会议，协商讨论《县人民政府工作报告》及计划、财政、法院、检察院工作报告。会议举产生了政协第九届委员会、主席1名、副主席7名、秘书长1名、常务委员32名，会上总结表彰政协先进委员小组和优秀政协委员以及八届政协委员优秀提案，县委书记王元楷在闭幕会上作讲话，并通过大会各项决议。

县政协九届二次全委会 1999年1月22日至26日在县城召开。会议听取和审议县政协副主席阎汉平所作的《酉阳县政协第九届一次常委会工作报告》、县政协提案委主任刘佐良所作的《酉阳县政协提案工作报告》、县政协主席田应学传达黔江开发区党工委政协工作会议精神，列席县第十三届人民代表大会第二次会议，协商讨论《县人民政府工作报告》及计划、财政、法院、检察院工作报告。经过民主协商，增选政协常务委员8名。会上总结表彰1998年度先进政协委员小组和优秀政协委员以及优秀提案，县委副书记、主持政府工作的副县长冉进红在闭幕会上作讲话，并通过大会决议。

县政协九届三次全委会 2000年12月16日至20日在县城召开。会议听取和审议县政协副主席胡开荣所作的《酉阳县政协第九届二次常委会工作报告》、县政协副主席任家谦所作的《提议案审查工作报告》、县政协提案委主任刘佐良所作的《酉阳县政协提案工作报告》，列席县第十三届人民代表大会第四次会议，视察县重点企业和防洪工程建设，协商讨论《县人民政府工作报告》及计划、财政、法院、检察院工作报告，县委书记唐步新、县长龚泽民分别在闭幕会上作讲话，并通过大会决议。

县政协九届四次全委会 2001年12月23日至27日在县城召开。会议听取和审议县政协副主席胡开荣所作的《酉阳县政协九届三次常委会工作报告》、县政协提案委主任刘佐良所作的《酉阳县政协提案工作报告》，列席县第十三届人民代表大会第四次会议，协商讨论《县人民政府工作报告》及计划、财政、法院、检察院工作报告，视察县重点工业企业和防洪工程。会期组织议政发言，通过其他事宜，县委书记唐步新在闭幕会上作讲话，并通过大会决议。

县政协九届五次全委会 2002年12月24日至27日在县城召开。会议听取和审议县政协副主席阎汉平所作的《酉阳县政协九届全委会第五次会议工作报告》、县政协副主席任家谦所作的《酉阳县政协提案工作报告》，大会的主题是：高举邓小平理论伟大旗帜，坚持中国共产党领导下的多党合作和政治协商制度，突出团结、民主工作主题，围绕全县改革、发展、稳定目标，积极参与实施“十一五”计划，切实履行政治协商、民主监督、参政议政职能，进一步加强自身建设，不断提高工作实效，努力开创新世纪政协工作新局面。县人大常委会副主任庹才荣到会并讲话，县委副书记翁勤、县人民政府县长龚泽民分别到会讲话。同意曾天福辞去县九届政协副主席职务的请求。会议对县政协九届四次全委会以来的优秀提案和先进单位进行表彰，并通过大会各项决议。

县政协第十届委员会

县政协十届一次全委会　2003年3月26日至30日在县城召开。会议听取和审议县政协副主席胡开荣所作的《酉阳县政协第十届委员会筹备工作报告》、县政协副主席阎汉平所作《酉阳县政协第九届常委会工作报告》、县政协副主席张玉泉所作的《酉阳县政协提案工作报告》、县委办副主任任序江所作的《提议案审查报告》，列席县第十四届人民代表大会第一次会议，协商讨论《县人民政府工作报告》及计划、财政、法院、检察院工作报告，酝酿协商县人大、县政府、政协、人民法院、检察院组成人员候选人名单，经过民主协商，选举产生政协第十届委员会、主席1名、副主席7名、秘书长1名、常务委员32名，县委书记龚泽民、县长李方宇分别在闭幕会上作讲话，并通过大会决议。

县政协十届二次全委会　2004年2月18日至21日在县城召开。会议听取和审议县政协副主席刘功辉所作的《酉阳县政协第十届一次常委会工作报告》、县政协副主席李仁才所作的《酉阳县政协提案工作报告》，列席县第十四届人民代表大会第二次会议，协商讨论《县人民政府工作报告》及计划、财政、法院、检察院工作报告，县政协主席张世模传达重庆市政协二届二次会议精神。县委书记龚泽民在闭幕会上作讲话，并通过大会决议。

县政协十届三次全委会　2005年2月25日至28日在县城召开。会议听取和审议县政协副主席张玉泉所作的《酉阳县政协十届二次常委会工作报告》、县政协副主席陈文国所作的《酉阳县政协提案工作报告》，县委、县人大、县政府领导分别到会讲话，列席县第十四届人民代表大会第三次会议，协商讨论《县人民政府工作报告》、计划、财政、法院、检察院工作报告，组织各界政协委员进行议政发言。经过民主协商，补选政协常务委员2名，同意江大权、陈茂艳辞去政协常务委员职务的请求。会议总结表彰了2004年度先进政协委员小组和政协委员。县委副书记、县长李方宇在闭幕会上作讲话，并通过大会各项决议。

1984—2007年酉阳自治县政协主席、副主席名录表

表6－1

届　别	职　务	姓　名	籍　贯	任职时间
第五届（1984年1月—1987年2月）	主席	李万鹏	四川酉阳	1984年1月—1987年2月
	副主席	向瑞清	四川酉阳	1984年1月—1987年2月
		杨再传	四川酉阳	1984年1月—1987年2月
		陈子尚	四川酉阳	1984年1月—1987年2月
		庹健伯	四川酉阳	1984年1月—1987年2月
		甘心如	四川酉阳	1984年1月—1987年2月
		任家谦	重庆江北	1984年1月—1987年2月
		陈显秀	重庆江津	1984年6月—

续表6－1

届　别	职　务	姓　名	籍　贯	任职时间
第六届（1987年2月—1990年2月）	主席	李万鹏	四川酉阳	1987年2月—1990年2月
	副主席	甘心如	四川酉阳	1987年2月—1990年2月
		任家谦	重庆江北	1987年2月—1990年2月
		张昌达	四川酉阳	1987年2月—1990年2月
		陈子尚	四川酉阳	1987年2月—1990年2月
		周兴和	四川酉阳	1987年2月—
第七届（1990年2月—1992年12月）	主席	李万鹏	四川酉阳	1990年12月—1992年12月
	副主席	戴相慧	四川酉阳	1990年12月—1992年12月
		杨再传	四川酉阳	1990年12月—1992年12月
		任家谦	重庆江北	1990年12月—1992年12月
		舒清志	四川酉阳	1990年12月—1992年12月
		曾天福	四川泸州	1990年12月—1992年12月
		雷贵权	四川酉阳	1990年12月—1992年12月
第八届（1992年12月—1998年1月）	主席	庞一卫	四川黔江	1992年12月—1995年4月
		戴相惠	四川酉阳	1997年2月—1998年1月
	副主席	戴相惠	四川酉阳	1992年12月—1997年2月
		任家谦	重庆江北	1992年12月—1998年1月
		张玉泉	四川酉阳	1992年12月—1998年1月
		曾天福	四川泸州	1992年12月—1998年1月
		舒清志	四川酉阳	1992年12月—1998年1月
		胡开荣	四川绵阳	1992年12月—1998年1月
		冉隆鲸	四川酉阳	1992年12月—1998年1月
		王套先	山东	1994年9月—1997年2月
		王加能	四川彭州	1997年2月—1998年1月
第九届（1998年1月—2003年3月）	主席	田应学	重庆酉阳	1998年1月—2003年3月
	副主席	胡开荣	四川绵阳	1998年1月—2003年3月
		任家谦	重庆江北	1998年1月—2003年3月
		陈文国	重庆酉阳	1998年1月—2003年3月
		张玉泉	重庆酉阳	1998年1月—2003年3月
		曾天福	四川泸州	1998年1月—2001年12月
		李昌奎	重庆酉阳	1998年1月—2003年3月
		阎汉平	重庆酉阳	1998年1月—2003年3月

续表6－1

届　别	职　务	姓　名	籍　贯	任职时间
第十届（2003年3月—2007年2月）	主席	张世模	重庆江津	2003年3月—2007年2月
	副主席	刘功辉	重庆酉阳	2003年3月—2007年2月
		李仁才	重庆酉阳	2003年3月—2007年2月
		陈文国	重庆酉阳	2003年3月—2007年2月
		张玉泉	重庆酉阳	2003年3月—2007年2月
		李昌奎	重庆酉阳	2003年3月—2007年2月
		阎汉平	重庆酉阳	2003年3月—2007年2月
		杨玉明	四川大竹	2003年3月—2007年2月

第二章　政协工作

第一节　协商监督

政协监督渠道主要通过召开政协常委会、全委会和各类座谈会，广纳群言，集中民智，列席县各届人民代表大会，传达贯彻全国人民代表大会、全国政协委员会全体会议和省、市人民代表大会、省、市政协会议精神，对县人代会各项报告进行认真协商讨论，组织各界人士外出参观学习，借鉴先进经验。开展就地就近视察调查，倾听群众呼声，反映社情民意，随时保持和各界人士和基层政协小组的联系联络，使委员的政治素质、思想素质和业务素质明显提高，参政议政水平和质量不断增强，在改革开放时期，人民政协发挥了特有的作用，为推进地方经济建设做出了重大贡献。

新时期的政协工作。县政协紧紧围绕“政治协商、民主监督、参政议政”工作职责，严格坚持每年一次全委会、每季度一次常委会，按时召开主席会，并采用多种形式召开各界人士座谈会，及时传达学习中央、国家和省、市有关指示精神，重点围绕全县政治、经济、文化和社会发展等重大事项进行协商讨论，并做到协商于决策之前。一是带头贯彻执行党的各项路线、方针、政策，积极参与全县政治、经济、行政、事业、企业、人事、机构等改革，协助县委、县政府做好各个时期的疏导、说理、解释工作，为县委、县政府当好参谋；二是围绕全县国民经济和社会发展的长远规划进行民主协商，为政府制定政策、编制规划提供决策依据；三是对县人大常委会、县政府、法院、检察院和政府组成人员等重大人事安排进行民主协商；四是围绕地方性法规进行协商讨论；五是积极开展精神文明创建活动，县政协于1991年被评为黔江地区精神文明单位，1992年荣获四川省爱国卫生先进单位，1993年被评为四川省精神文明单位；六是针对全县人民普遍关心的热点、难点进行协商讨论；七是围绕有关统一战线和人民政协内部的党与非党关系、政协委员的产生、各项活动的开展进行协商讨论。针对各个时期提出的许多建议和意见，及时向党委和政府报告，得到党委、政府领导和各界人士的好评。

第二节　提案工作

针对各届政协全委会所提（议）案和委员提案，除及时汇总在全委会上进行通报外，在全委会闭会后及时由县政协牵头，县委办、政府办、人大办共同召集各有关单位予以办理，负责在本年度全部办理完毕。一是能及时办理的由承办单位向提案人做出具体答复，由提案人分满意、基本满意、不满意3个层次回复承办单位；二是部分提案一时不能办理的由承办单位必须在期限内予以办理；三是按政策、法律规定和实际情况不能办理的由承办单位负责向提案人作出解释，政协通过历届次提议案的办理，增进与各部门之间的了解，有效地推动了全县经济社会事业的发展。

第三节　调研活动

县政协紧紧围绕县委、县政府的中心工作和政治、经济、社会发展等开展调查视察工作。一是深入基层、深入企业、事业单位进行调查研究，围绕农业结构调整、企业改革、机关人事制度改革和教育卫生改革、中小型企业改制进行调研视察；二是围绕非公有制经济、民营经济、商品经济和市场经济进行专题调研；三是围绕畜牧业生产加工、销售服务、林业生产的管护、植树造林进行专题调研，向县委和政府写出专题报告和建议，得到县委、县政府的采纳；四是参观视察工业经济体制改革和技术改造情况，帮助重点企业的技术革新和改造，提高产品质量，以天雄锰业、华武制药等重点工业企业所生产的产品远销东南亚各国，青蒿素誉满全世界，引起世界各国媒体的关注；五是参观视察中小学教育、新闻媒体、文化体育和艺术等单位的工作情况，为教育事业引资排危，修建希望小学，争得全国致公党捐资修建丁市镇医院综合楼，深受社会各界好评；六是及时召开教育、卫生、科技体制改革座谈会，共同商讨教育、卫生、科技改革中存在的困难和问题，并就实际工作中存在的问题写成书面材料及时向县委和县政府反映，切实帮助基层和群众解决实际困难，使政协的“参政议政、民主监督”作用得到有效的发挥。

第四节　学习座谈

县政协自恢复正常活动以来，密切联系本单位的实际，除了常委会集中学习外，驻会常委组织政协机关职工进行定期学习，并把每周五定为学习日，先后组织学习党的各项路线、方针、政策和法律法令、条例、时事政策，认真实践“三个代表”重要思想，学习全国人大、全国政协文件，密切联系自己的思想实际和工作实际，撰写调研文章和心得体会，不少文章在《人民政协报》《重庆政协报》《酉阳报》上发表，每年用稿在200余篇，受到市政协的表彰奖励。通过集中学习讨论，使全体机关职工深刻认识到改革开放的重大意义，积极投身于各项改革，做到帮忙不添乱、参政不离本，进一步明确新时期政协工作的性质、地位、任务和作用，努力实践“三个代表”重要思想，做新时期政协工作的代言人，针对全县医药卫生、文化教育、工商企业、科学技术等情况分别召开医卫界、文化教育界、工商界、科技界座谈会。此外，还与周边区、县建立友好协作关系，增进感情交流，促进边贸发展，有效地促进县域经济的协调发展。

第五节　文史资料

《酉阳协文史资料》自1979年创刊以来，得到全县社会各界有识之士的支持和帮助。通过对史料的搜集、整理、撰写工作，激发社会各界人士纷纷为文史工作献计出力，不忘革命历史，以史启迪世人，多渠道、多角度、全方位搜集文史资料，并专门组建了文史工作委员会，具体负责文史资料的搜集、整理、撰写工作。1983年至2005年，先后编辑出版《酉阳文史资料选辑》21期，刊发文章468篇，撰写各类文字160余万字，深受社会各界的好评。李鹏夫人朱琳对酉阳特别关心，写信索要《酉阳文史资料》，原四川省政协主席聂荣贵亲自为《酉阳文史资料》题写书名。《酉阳文史资料》16辑被评为全国优秀图书，部分史料被列为中小学爱国主义教育题材。

第七篇

城乡及基础设施建设

CHENG XIANG JI JI CHU SHE SHI JIAN SHE

第一章 城 建

第一节 机 构

酉阳自治县建设委员会，1980年经酉阳县革命委员会批准组建建设局。1982年内设办公室、城建股、农房股、建工股。1983年县政府批准更名为城乡建设环保局，内设秘书股、城建股、农房股、建工股、环保股。1984年县政府批准划出环保职能，增设环境保护局，城乡建设环保局更名为城乡建设局。1987年县人民政府批准组建酉阳自治县建设委员会，内设秘书科、财务科、建工科、城建科、乡建科、基建科、环保办、质量监督站。随着城市建设功能的不断完善，1990年增设城市监察大队、园林管理所。1993年内设秘书科、财务科、建工科、城建科、乡建科、房政档案综合科、城市监察大队、环保办、园林管理站。1994年县政府决定将环卫所划归县建委管理。1998年县政府决定批准县建委下设环境保护局，城乡规划局、公共事业管理局、房产管理局、旅游局（均为二级局）、城市综合执法监察大队（下设办公室），内设质量监督站、环卫所、计财外经科、建设工程管理科、村镇建设管理科、招标投标办公室。2001年机构改革，县政府决定将环境保护局、旅游局划出另设，房产管理局和国土局合并，下设办公室、规划科、乡镇建设管理科、市政建设管理科、建设工程管理科、城市监察执法大队。2003年建委内设职能科室为4科1室1大队（村镇建设管理科、规划科、市政科、建设工程管理科、办公室、城管执法大队）。

2005年，酉阳县建委机关有在职行政人员22人（其中领导干部5人），行政事业单位职工60人，退休职工8人。县建委的主要职责是：认真贯彻执行党和国家有关建设事业的方针、政策和法律法规，制定全县建设事业发展战略和中长期规划，制定和协调相应的关系，综合管理全县城乡规划建设的执法工作和城建监察工作，主管城乡规划，负责城市整体规划的编制并组织实施，参与规划区内土地利用总体计划与管理；负责建筑工程勘察行使管理职权，培训、规范勘察设计市场；负责全县建筑业、建材业、室内外装饰、装修和重点工程建设管理、建设监理工程合同、工程造价、质量监督、安全生产、文明施工等有关管理；负责历史文化名城、名镇保护建筑的修复建设工程，负责重点市政建设，负责全县住房（含商品房）建设综合开发管理；负责行业管理，编制城乡住房建设和城市建设综合开发的中长期计划和年度计划，并组织实施；负责房地产开发从业资质管理、审批开发项目转让、康居工程项目；负责组织实施城镇住宅区建设，参与住房体制改革、商品房预售、提价和物业管理；负责编制村镇建设标准，主管小城镇试点，指导全县村镇建设工作，参与农房产权、产籍管理；负责编制市政公共基础设施建设的中长期规划与年度计划，并组织实施，主管初步设计、审批和竣工综合验收，参与大中型基建项目，重点建设项目方案的审查，可研评估和竣工验收，主管初步设计、审批参与技改项目的初步设计审查工作；负责城建资金的筹助使用和监督管理，负责培育、规范城市融资市场；负责建设性行政收费的征收和使用，指导建设系统国有资产与财务管理；负责建设行业统计工作和城建档案管理工作，指导直辖市建设系统经济体制改革工作；负责制定建设系统科技发展规划和技术经济决策，组织重大经济成果鉴定，转让、推广、应用和科研项目攻关，管理重大科技引进工作，组织制定颁发地方工程建设技术规范、规程与标准，组织制定建设项目的地方性经济、评价方法、经济参数、建设用地指标，组织编制地方工程造价定额，监督指导各类建设标准定额的实施，负责制定地方建筑材料设备进入市场的产品标准，指导产品质量认证工作；负责制定建设系统教育规划人才培养，指导管理建设人才培训及技术人员的岗位培训，管理城镇建设及工业与民用建筑的抗震防灾和城市地下空间综合利用；负责住宅产业化、建设节能、墙体改革等工作，管理建设系统对外经济技术合作和涉外工作归口，管理建设系统所属企业，指导企业，开拓县境外建设市场及开展对外工程承包、劳务合作业务；负责县建委机关和直属企事业单位的人事、职称评聘工作，完成县委、县政府和上级主管部门交办的各项工作，指导建设系统的审计、人事、劳资、社保及专业技术职称评聘工作，完成县委、县政府和上级主管部门交办的各项工作。

第二节　规划管理

城镇规划

1986年，完成全县79个乡镇34平方公里的规划编制，其中龙潭区3.8平方公里，龚滩1.7平方公里。1987年，完成桃花源公园1.65平方公里的测设工作。1988年，投入5280元设计塘湾大桥居民小区建设，投入16000元完成桃花源区境内总体规划。1989年修编完成酉酬、大溪两个集镇的总体规划。1990年完成桃花源公园250公顷（合3750亩）总体规划，完成烈士陵园29000平方米的总体规划。1991年，投入261.8万元完成桃花源公园详规，并对大酉洞省级风景区名胜进行报批。1992年审查通过“桃花源”古桃源详规，同时完成了龙潭区总体规划的修编，并分别对龙潭、麻旺、李溪、酉酬、大溪等集镇进行概约规划。1995年完成酉阳环城路滑石板详规，总面积为0.45公顷，与此同时，修编麻旺、泔溪、黑水、李溪集镇规划，后中途搁置。1996年分别对李溪、龙潭、万木、清泉、罾潭、龚滩等6个区乡进行全面规划。1997年完成了环城路、滑石板小区建设详规，面积为3.5公顷。1998年对全县13个区、镇和81个乡进行首次规划，把龙潭古镇列为示范镇，并对其总体规划进行第二次修编。1999年完成《酉阳县城市建设总体规划》。2001年，按照规划的范围和实际规划的情况，调整规划方案两处，审批建房61户，建筑面积为145522平方米。2002年完成县林业局、社会福利中心、县供销社、碧津广场、中药材批发中心等一个个小区规划，共计7.5公顷，同时完成县城北部新区详规，面积为30公顷，龙潭镇、龚滩镇被列为重庆市十大古镇，龙潭镇被重庆市授予示范镇称号。2003年制定龚滩、万木、清泉、罾潭4乡镇移民迁建总体规划。2004年第三次修编龙潭镇总体规划，并于6月22日通过评审，规划面积为11.21平方公里，人口10万人。修编泔溪、李溪、板溪、涂市4乡镇总体规划。2005年投入306.63万元，重点完成龙潭镇总体规划，面积为9.83平方公里，完成泔溪、板溪、李溪、涂市等4个乡镇规划，完成龚滩、清泉、万木、罾潭等乡镇移民规划，完成大溪镇迁址近期规划，完成官清乡场镇街道选址。完成县城近期建设总体规划面积为7.8平方公里。

2002年，城区面积为4.6平方公里，城市人口达到51000人，流动人口8000人。全县有14个建制镇，25个建制乡，镇区面积为2440平方公里，小城镇面积48.7平方公里，镇城总人口400914人，其中：非农业人口117650人，农业人口283264人。至2004年年底，城镇人口达到16.63万人（其中：酉阳县城65000人）。

建筑市场监管

随着建筑市场的逐渐扩大，建筑队伍不断增加，既给建筑行业带来新的机遇，也使建筑市场迎来了新的挑战。面对市场竞争，机遇与挑战并存的现状，建筑行业不畏艰辛，克难奋进，艰苦创业，战胜了一个又一个的困难，使建筑行业步入良性发展轨道。1987年共审批私人建房200户，建筑面积为25300平方米；审批集镇建房1750户，建筑面积为175000平方米。全年共开工工程50个，总面积为48821平方米；受监工程41个，面积为31332平方米。培训质量监督员57人，分别就全县24个建筑企业配备了专职或兼职质检员和安全员，全年共验收竣工项目21个，面积为18600平方米；培训施工人员106人，完成设计项目53个，面积为48821平方米。1988年全年共验收工程项目17个，建筑面积18541.35平方米，总投资257.77万元；受监工程45项，建筑面积为49397.77平方米。培训技术人员38人，有26人获得资格证书。随着酉阳建筑技术水平的不断提高，给酉阳建筑行业注入了新的生机与活力，建筑市场延伸到湘、鄂、川、黔、渝五省市和周边11个区（县）。当年组建了房地产开发公司，为房地产的有序开展提供了组织保障。至此，房地产开发正式步入正轨。1989年投资230万元，完成基本建设项目14个，总面积为16656平方米；全年受监工程38项，建筑面积为42139.2平方米，总投资469.94万元，并配合市工商局、县计委、建设银行和税务等部门对建筑市场开展治理整顿，整顿施工项目6个，从而逐步规范建筑市场秩序，理顺建筑市场的关系。举办施工人员培训班，参加培训人员38名，分别来自酉阳、秀山、黔江等县，通过培训考试全部合格，并颁发了合格证书。同时举办建筑企业会计人员培训班，参加培训人数为20人，分别来自酉阳、秀山、黔江等县，经过培训考试全部合格，同时颁发了合格证书。

1990年全年审批建设项目29个，验收竣工工程17个，建筑面积为20858.90平方米，总投资292.83万元。全年审查办理新开工工程18个，会同县工商局、建设银行等部门分别对全县13个区镇的所有建房项目进行全面清理整顿，共查处各类违章建筑项目29个，进一步规范了建筑市场的管理，使市场管理合理有序。当年举办各类技术人员培训班两期（其中，培训施工人员47人，财会专业人员80人）计127人，全年受监工程34项，面积35468.54平方米。1991年共完成建筑企业资质复审13个，培训建筑人员328人，通过考试，全部达到中级、初级职称（其中有18人获得中级职称，310人获得初级职称），有效地提高建筑行业的技术水平。1992年全年受监工程41项，建筑面积为74124平方米，验收竣工工程33个。1993年分别对全县12个建筑企业进行年检，对两个不合格的企业予以吊销资质，使建筑行业管理更加规范，当年培训施工人员190人，通过培训考试对施工人员颁发了合格证书。全年受监工程33个，建筑面积为56510.34平方米；检验竣工工程23个，建筑面积为47201.38平方米；查处工程质量事故5起，仲裁质量事故1起，有效地维护了建筑企业的声誉，提升了建筑企业的知名度。1995年举办施工人员培训班1期，参加培训人数30人，经过考试合格，并颁发合格证书。

1996年全年完成建筑总产值2800万元，竣工面积90000平方米，实现利润80万元，完成税金50万元。当年完成基本建设项目300项，产值达3000万元，向外输出建工人员8000余人。连续三年被四川省评为劳务基地对外开拓先进单位，受到省建筑行业的表彰。当年受监工程两个，建筑面积为2200平方米，核验工程等级25个，总建筑面积为13000平方米，合格率达100%。1997年完成建筑企业资质年检8个，培训技术人员17人，审查办理新开工工程46个，建筑面积为20800平方米，总投资582万元，受监工程项目9个，建筑面积17000平方米。

1998年经核准合格建筑行业8个（即一建司、二建司、三建司、装潢公司、教育建筑公司、工业建筑公司、酉阳实业开发公司、黔江烟厂建筑安装公司）。1999年全县共审批工程项目45个，建筑面积243400平方米，总投资700万元，报建工程45个，报建率达100%，配合有关部门对建筑行业进行执法检查，共检查工程项目58个，总建筑面积为65246.92平方米，总投资2457.38万元，查处违章建筑4起，建筑面积5047平方米，查处4起，查处率达100%，同时，配合重庆市建委进行拉网式检查，共检查工程项目54个，总建筑面积81457.38平方米，核定企业资质9个，培训各类技术人员205人，并做到了重点岗位持证上岗率达100%，文明施工率达98%，安全施工率达95%，全年受监工程47个，建筑面积61221.7平方米，总造价为2458万元，核验工程21个，建筑面积43455平方米，一次性合格率达100%，其中：优良工程4个，面积为12223平方米。2000年鉴定建筑企业8家，其中二级资质1家，三级资质6家，四级资质1家，全年共审批施工项目24个，建筑面积112327.6平方米，总投资4511.5万元，受监工程39个，建筑面积为42134.44平方米，总造价1645.87万元，其中：优良工程5个，建筑面积7709.3平方米，合格工程17个，优良率和合格率分别达到25%和100%，培训专业技术人员400人。2001年严格坚持施工项目审批制度，审批施工项目8个，坚持办理施工许可证方能施工，有效地防止了盲目乱建现象，工程报建率达100%，全年受监工程39个，建筑面积42134平方米，总造价为1466万元，竣工工程25个，合格25个，合格率达100%，全年培训专业技术人员527人，提高了工程合格率，工程质量明显提高。

2002年报建工程43个，建筑面积为118168平方米，总造价4878.3万元，竣工工程11个，合格工程11个，合格率达100%，全年培训专业技术人员256人，经过考试全部合格。2003年完成建筑交易项目45个，入场交易率达100%；审查施工项目45个，工程质量安全监督45个，安全监督率达100%；竣工工程16个，总建筑面积66840平方米，工程合格率达100%；应受监工程18个，实际受监工程18个，受监率达100%；接到工程投诉9起，查处9起，查处率达100%。2004年完成建筑业总产值1.05亿元，实现了历史性的大突破。全年报建工程56个，实行安全监督56个，进入市场交易中心交易率达100%；报建工程56个，施行安全监督的56个，安全监督率达100%；竣工工程28个，评定合格工程28个，合格率达100%；发现违章建筑5起，查处5起，查处率达100%。清理工程欠款9712.80万元，支付工程款5586.01万元，支付农民工工资214.99万元。2005年对所有工程均实行招投标制度，规范建筑行业管理行为，努力开发建筑市场，拓宽建筑市场领域，发展横向建筑市场，充分发挥有形建筑市场的阵地作用，进一步规范建筑市场管理行为。严格实行工程设计、施工许可，严格实行工程监理制、工程质量终身负责制、工程安全质量定期检查制，严格按照关键岗位持证上岗制。挂牌施工、亮证监督，各负其责，环环扣紧，严禁疏漏麻痹、贻误工程质量，做到万无一失，全年新开工工程190个，办理工程施工许可证190个，工程质量安全监督190个，办证率、监督率分别达到100%，为建筑行业塑造良好的形象。

招投标管理

随着建筑市场的不断拓展和工程质量的提高，从1999年开始对工程承建实行招标、投标、竞标制度，要求所有竞标单位必须具备必要的资质和相关的材料，方可参加招投标竞标范围，通过多个工程承建单位竞夺，最后定施工承建单位。1999年应招标工程项目18个，实行投标项目18个，招标率达100%；2002年应招标工程9个，实际招标工程项目9个，招标率达100%；2003年应招标项目10个，实施招标工程项目10个，招标率达100%；2004年应招标工程项目27个，实施招标工程项目27个，招标率达100%；2005年应招标工程项目15个，实施招标工程项目15个，招标率达100%。自1990年实施招标工程项目以来，严格按照招投标的办法，凡涉及重大建设项目均实行招投标办法，接受社会公开监督。1990

年至2005年所实施的79个工程项目中，均做到责任、质量、安全公开，质量管理更具法律性，更科学，更合理，安全意识、质量意识融入建造行业员工脑海，提高了工程质量，遏制安全隐患。

房屋产权管理

酉阳县房屋管理工作，按照国务院和省、市要求，严格按照房屋管理规定，认真贯彻执行中、市、地精神，严格履行房屋产权管理职能。1986年县人民政府决定成立房地产普查换证领导小组，下设办公室在县建委内，具体负责房地产普查换证工作。1987年成立城镇房屋登记办公室，办公室仍设在县建委内，并在全县范围内组织22560人的房屋登记人员，深入各乡村进行房屋登记工作，分别在钟多、龙潭、麻旺、兴隆、苍岭、黑水、双河、龚滩等8个区、45个乡进行房屋宅基地登记，登记农户75760户，其中单位900户，总面积为521.1791万平方米，颁发证书69182册，是实施房屋产权管理以来规模最大、人员最多的一次，为全县房屋产权管理顺利实施打下了基础。

1988年土地管理工作划归国土局管理，建委内设置房证档案科，当年清理审查私人建房169户，总面积6771平方米，房屋登记1451户，总面积691081平方米。1989年办理房产证11户，总面积802.52平方米，调解处理建房纠纷65起，查处违章建房6起，换发房产证145户。1990年配合有关部门拆迁房屋2716平方米，拆除违章建房38处，清除建筑垃圾38处，换发房产证215户。1991年批准集镇建房114户，其中，单位建房18户，占地面积3280平方米，建筑面积为5814平方米，私人建房96户，占地面积5200平方米，建筑面积4838平方米。1992年进行房屋登记120户，审批建房45户，建筑面积为25000平方米。

1992年全县开始公有住房改革，以每平方米15—25元的价格交纳住房保证金，实行以租抵押，互利互惠的原则。自此，停止职工福利分房，这是对公有住房实施的一次重大改革。1993年审查批准建房45户，建筑面积12000平方米，此后停止建房户的审批工作，直到1996年为了满足部分无房职工居住的需要，县人民政府决定在月台街首次修建商品房，作为县财政公房（现民宗局后面），有力地推进了城镇住房货币分配制度的实施。全年发放房屋产权证40册，完成房产交易50万元，办理产权手续55件。

1997年县政府批准成立房产管理局（系二级局），系建委主管，下设综合科、权籍科。1998年公有住房实行重大改革，对公有住房实行全部出售的办法，坚持只出售给单位职工，谁居住谁先购买的原则，并分地类、分房屋新旧，分高低层次进行核价，每平方米为290—310元，并对一户多处住房进行逐一清理，尽量满足职工住房，为单位职工提供了较好的人居环境。同时建立了住房公积金制度，按在职职工工资的5%比例提成，设住房资金管理办公室（设在房产科）。1999年换发房屋产权证427户，登记面积12.4万平方米；办理房产评估21件，办理房产交易571件，办理房产抵押登记137户，办理拆迁许可证14件，办理安置拆迁证56户，发放房屋租赁许可证37件，出售公有住房80套，面积为6500平方米。帮助解决房屋特困户30户，房屋改造面积为2000平方米，全年竣工城镇住房面积为55000平方米。2000年全年办理房产证567户，办理房屋交易226件，办理房产抵押登记131件，办理房产评估8件，整理房产档案立卷归档500卷，分别对81个乡镇建房进行全面清理，换发房产证12000户，为新建住房颁发“一书一证”180户，查处违章建房56户，同时培训村镇助理员192人。

第三节　县城建设

酉阳县城东西两山绿树成荫，南北两线四通八达，北起泉孔出水口，南至青山洞湾处（钟渤路城南收费站），东西两山为界，总体布局为“一圈两轴三广场四大片区”。“一圈”即一外围生态保护圈，加大翠屏山金银山绿化建设，加大退耕还林力度，以两山脊梁为界，为整个县城外围生态圈。“两轴”即经济轴和城市生态轴两个主要轴线，所谓经济轴就是贯穿县城南北的城市主干线；城市生态轴是县城所在的酉城河、滨河绿化及两岸线，整治保护水源。“三广场”即桃花源广场、碧津商贸广场、时代广场。“四大片区”即四个主要功能区（城中心区、南部经济开发区、北部新区和桃花源旅游风景区）。建设“三纵十七横”的网络棋盘式城市系统，以县城为中心，以产业布局为依托，以交通网络为发展纽带，建好中心镇（钟多、龙潭），兼顾一般镇，发展小集镇，强化城镇化发展功能，推进城镇化建设。1986年起，历届县委、县政府紧紧围绕小城镇建设，狠抓公路管网建设，突出以道路管网和环保设施为重点，不断完善城镇基础设施建设和服务功能，加快城镇化建设的发展。

道路、桥梁、照明工程　1986年起，先后投入基础设施建设资金3.81亿元，新建、续建和改造道路15.4公里，增加道路面积22580平方米，新建城市桥梁4座，加上原有桥梁5座，现有桥梁9座，极大地方便群众生产、生活。同时，分别对县城官仓坝、酉兴路、和平路、桂芳路、十字街路、翠屏路、新民路、酉州花园大道、桃花源大道、环城路、塘湾路、石柱溪路等路段进行翻新改造，使城内形成路路相通四通八达，城市路况得到有效改善。随着道路、桥梁的翻新改造，使城市道路东西相连、南北相通，从而缓解城市交通不畅的矛盾。1987年完成塘湾小区2500平方米，浇筑县滑石板小区路面52500平方米、月台街水泥路面653米、骑龙桥路基长184米，宽9.5米。续建环城路长636米，宽9米，面积为3870平方米；续建十字路7段长350米，宽7米，面积为2450平方米。1988年浇筑街路面长589米，面积为4417.5平方米；浇筑和平路路面54米，面积为468平方米；完成塘湾新区混泥路面178米，面积为1527.8平方米；完成十字路路面189米；完成月台街路面1494米。全年共完成街道路面9661.5平方米。1989年续建水利局门前防洪工程填方4600平方米、人行道路面220米；完成街心花园梯级路主体工程160米，完成月台街路面1400米（共两条线），面积为5600平方米；完成环城路、十字路工程310米。1990年投入1.5万元，浇筑混凝土路面2278平方米；投入7.5万元浇筑红光路混凝土382米，面积为2102平方米；投入3万元新建翁家桥一座，长3米，宽40.5米。1991年硬化广电局通道210米，面积为1320平方米；投入27万元，完成防洪道工程398米。1992年投入65.5万元，完成县城防洪道工程800米（硬化），铺设人行道7200平方米，硬化人大机关旁路面70米。1993年投入44.74万元，硬化水利局至乡企局和广电路面2182.2平方米；投入28.87万元，完成水利局至华生公司防洪堤365.6米；投入90万元，硬化建华厂至二建司街道路面430米，面积为3280平方米；投入64.8万元，完成塘湾小区街道路面440米，面积为6710平方米。1995年投入350万元用于滑石板、打枪坡、石柱溪开发竣工面积113万平方米。1996年硬化石柱溪道路280米。1997年投入18万元硬化广电局至环城路路面402米；投入8万元补修和平路1500平方米。1998年投入5万元整修和平路街道路面400平方米；投入120万元，硬化西山沟至党校路段路面2400平方米。1999年投入60万元，完成和平路人行道踩板7000平方米；投入90万元硬化泉孔路，当年新增道路1.6公里，总面积为15600平方米。2000年维修和平路老街路面3000平方米；投入30万元新建城市道路

1400平方米（其中酉兴路1200平方米，酉州花园200平方米）。2001年投入178万元硬化酉兴路1200米；投入15万元整修和平路、环城路1450平方米；投入256万元修建塘湾大桥。2002年投入280万元改造城南大道；投入10万元新建酉州花园路面。全年完成市政建设投资1175万元。2003年投入130万元修建民族风情村顺河路及横向道路；投入250万元修建城南转盘景观工程；投入15万元修建桃花源大道二期工程；投入27万元建设酉州花园路段；投入345万元实施和平路临街头风貌装饰及灯饰工程；投入30万元修建人行至环城公路通车工程；投入30万元用于市政绿化美化建设。2004年投入80万元完成县城北部新区修建性详规；投入55万元完成城镇20.3平方公里地形测设工作，新增城市道路3.8公里，面积为96859平方米，共投资2750万元。投入450万元新增城市桥梁一座；投入1320万元翻新改造城市道路4公里，面积为84000平方米；投入240万元，建设城南景观转盘路段；投入230万元改造城市照明工程；投入800万元完成城北钟灵山农贸市场一期工程；投入67万元用于市场维修；投入1120万元用各专业部门修建管网（其中燃气440万元，污水管网180万元，自来水、广电、移动、联通、电力等部门500万元），管网遍及城镇各处角落，城市服务功能明显改善。2005年新增城镇人口21000人，竣工城镇住房面积28.4万平方米（其中县城52000平方米）。投入360万元完成桃花源大道二期工程；投入250万元完成桃花源中桥桥板施工工程；投入280万元完成城南转盘景观挡墙、河床、河坝、预制青石栏杆；投入500万元完成和平路改造；投入100万元完成武安桥主体工程；投入760万元改造城南转盘至新桥道路（沥青路）；投入180万元用于旧城改造；投入150万元完成桃花源大道三期工程，全年投入市政建设资金达2675万元。

供水设施 1986年安装县城下水道8520米。1991年完成下水道1100米。1992年投入21万元，完成自来水改造工程2345米，协助县民政局安装烈士陵园管道3200米。1993年投入12万元安装下管道2000米，投入96万元改造自来水主管道2200米。1996年投入45万元安装城南自来水管道1000米；1997年投入351万元，改造自来水一、二期工程安装管网3000米。1998年新增排水管道3600米，投入40万元安装自来水管道850米，新增用户350户；1999年投入16万元新修下水道500米，安装下水道100米。2000年投入20万元安装邮政局下水道450米，新增下水道800米。2001年投入20万元新建城市排水管网2780米，安装市政管网1600米，新增下水道3000米。2002年新增下水道2200米。2003年投入71万元维修和安装下水道1413米。1986年至2005年先后完成城南、烈士园陵、龙潭、邮政、车站等下水道和管网等工程建设，改造安装自来水管道48658米，新建水厂两个，日供水能力达到20000吨以上，年供水质量明显好转，95%以上居民饮上优质、洁净的自来水。

城市排水、排污系统 新建、改造排水管道、沟渠17.8公里，确保城市排水系统畅通无阻。铺设排污管道1.2公里，电信、电力、移动、联通、广电等专业部门安装管线一次性综合下地管理3.2公里，提升城市新形象。投资1.26亿元40000吨污水处理项目、投资6900万元120万吨垃圾处理场项目进入实施阶段。

公园、广场等市政休闲娱乐设施 先后建起了桃花源公园、桃花源广场、街心花园，改造河滨公园、红卫桥段、城南转盘景观休闲广场等，基本形成了以休闲、娱乐、景观于一体。

小区建设 1986年至2005年，县城共投入资金4.08亿元改造建设了酉州花园、静月山庄、前程商都、酉州商业城、环城路小区、旺佳苑等22个设施齐全、功能配套、档次高雅的商品住宅项目和小区。至2005年年底，全县城镇人均居住面积23平方米，农村人均居住面积达到30平方米，分别比“九五”期间增长9和14平方米。

绿化美化 1986年绿化和平路街道面积400平方米，栽植各类树605株。1988年栽含笑树204株、香樟树81株、水杉树14株。1989年栽植各类树木1203株。1990年完成机关庭院建设32个，植各种树木11666株，人行道栽树3054株。1991年新建苗圃1个，征地面积8亩，栽植各类树木1万株，完成县外贸局至车站植树1071株，投资5万元进行美化桃花源街道和街心花园景观建设。1992年绿化植树500株，栽花80盆、迎春树70余株，增设景点和纪念塔等，同时修建月亮塘、碑林、亭子和小鱼池，在街心花园新建"号角声声"雕塑一座，栽植花草树木47600余株。1993年投入40万元建设河滨公园两廊四亭和7个花池，栽植行道树347株，培养盆花400余盆。1996年投入5万元修建红卫桥至鲤鱼塘400平方米河堤绿化，建机关庭院6个、公共绿地460平方米，实现专用绿地7325平方米。1997年完成党校至武安桥绿化带1000平方米，栽植各类树木10万余株，其中珊瑚树5400株、小叶女贞80000株、其他树木14657株。1998年绿化街道面积1300平方米，栽植各类树木800余株，新增绿化面积11600平方米，园林绿化面积6100平方米，公共绿化面积5500平方米，新栽植行道树1000株。1999年新增绿化带11公里，栽植各类树木400余株，投入450万元完成桃花源景区绿化，共栽植桃树、榛树、柳杉树20000余株，投入18万元完成桃花源大门景观建设，投入75万元完成桃花源景观建设，当年新增城市绿化面积6000平方米，常年绿化7500平方米，栽植行道树325株。2000年新增绿化面积10500平方米，栽植各种树木5850株，绿化植树3600株。2001年投入90万元新建西山沟至县党校绿化带2280平方米，新增桃花源大道200米，栽植广场草坪21080平方米、桃花源风景区8250平方米，栽植树木317株，绿茵720米，行道树320株。新增机关庭院6个，总面积为5120平方米，栽花草30000余盆，栽植桃花源风景区草坪800平方米，植树200余株，村镇绿化植树3500余株。2002年投入20万元新增桃花源大道绿化带780米，植树300余株，植小树和草类10000余株，新增机关庭院5个（县人武部、二水厂、烟草公司、邮政局、人民银行）绿化面积为3880平方米，绿化植树800余株。2003年投入30万元用于绿化市政建设，新增绿化面积为8310平方米，新增街道绿化树木320株，新增机关庭院4个，面积5210平方米，县城绿化23.4%，人均公共绿地3.45平方米。2004年投入210万元专门用于市政绿化，新增和补植行道树800余株，栽植花灌木10万余株，新增草坪面积10000平方米，投入200万元完成县人民医院、酉师校前程商都小区绿化，总面积为12000平方米，园林绿化面积达到35.8公顷，当年酉师校通过市级园林验收，桃花源街通过市级绿化验收。2005年投入400万元用于城市绿化，其中，市政绿化100万元，庭院绿化300万元。

环境保护　1988年重点抓《中华人民共和国环境保护法》的宣传，共撰写各类新闻稿件308篇，并专门举办环保知识培训班，32名企业厂长、经理参加了培训学习，当年治理污染项目12个，对西城河、龙潭河实施监测达3次以上。1989年举办环保宣传窗6期，与《酉阳报》社共同举办《环保园地》，开展环保知识竞赛1次，广大公民和学生踊跃参加，对获奖者进行了表彰奖励。同时抓污染源地整治和环境监测，共开展监测4次，收取数据8组，为环保工作的顺利开展奠定坚实的基础。1990年重点围绕环保工作宣传，充分利用有线广播、宣传窗和标语等进行广泛宣传，强化监测力度，先后完成龙潭水泥厂、县粮食加工厂、油脂化工厂等老企业污染源的治理工作，收取企业污染费10.7万元。1991年重点开展噪音、降法、酸雨、水质监测工作，完成排污费征收13.77万元。1993年仍然坚持以环保宣传为主，辅之以环保监测工作（水质、大气、酸雨、噪音监测）。1998年新增排污管道4100米，其中县城3600米，龙潭镇500米，全年清运垃圾14600吨，无害化处理达90%以上。1999年环保工作突出以"亮、丽、美、洁"为主题。当年由于受"6・28"洪灾的影响，清运垃圾20000吨，并在全县165所学校采取各种形式开展保护"母亲河"活动，收取了到良好效果。2000年组织工作人员，深入200家企业进行污染源调查，为环保工作的顺利开展提供了翔实的基础材料。2001年环保工作突出以宣传为重点，加大宣传力度，共发放宣传资料7万余份，为环保工作的顺利开展创造了宽松的舆论氛围。2002年以亮丽为突破口，加大城市管理力度，认真开展脏、乱、差治理，消灭卫生死角，全年共清运垃圾21万余吨。2003年为了提高全民对环保的认识程度，全年共出动环保车辆1500台次，办宣传专栏12期，发放宣传资料3万余份，对不讲卫生、脏、乱、差现象突出的单位和企业进行公开曝光，共曝光53次，县城脏、乱、差现象得到有效遏制；综合检查8次，同各机关、团体、企事业单位签订门前“三包”责任书6000余份。全年共清运垃圾2200余吨。投入20万元清理整顿卫生死角死面，规范城市管理行为。2004年投入29.4万元专门用于环卫设施。2005年投入200万元建设垃圾处理场和污染处理前期工作，开展环保宣传300余次，查处乱倒垃圾的现象20余起，促进环保工作的有序开展。此外还在县城车站、小商品街修建公厕3座，方便了来往行人。

城市执法监察 根据城市建设发展的需要，经县人民政府批准于1990年成立了城镇管理监察大队，负责城市执法监察工作。同年拆除违章建筑38处，建筑面积7500平方米。2005年对县城“两违”（违法占地、违规建房）建筑进行清理。同年6月至2006年5月，共查处违法建筑2278起，建筑面积78万平方米，申报登记2263户，补办手续2106户，强拆违章建筑面积1200平方米。1990—2005年城镇管理监察大队配合工商、公安等部门，共开展市场整顿237次，拆除乱占乱摆摊设点24524处，乱搭乱建1489处，查处违章建筑226起，张贴警示标牌2400余份，多次协助有关部门分别对实验校、酉二中、钟多区中、民族小学等周边环境进行集中整顿。

第四节 集镇建设

1986—2005年，先后硬化龙潭、麻旺、泔溪、酉酬、大溪、兴隆、黑水、苍岭、龚滩、丁市、双河、李溪、板溪、铜鼓、涂市、毛坝、江丰、后溪、庙溪、浪坪、两罾、沿岩、天馆、后坪、宜居、中坝、万木、官清等乡镇所在地道路，使乡镇街道路面整洁美观。1986年由政府拨款硬化李溪区场镇街道路长700米，宽8米；硬化龚滩区街道路面长480米，宽7米；硬化酉酬区街道路面长220米，宽8米；硬化黑水区街道路面长380米，宽6米；硬化清华乡街道路面长200米，宽7米。1987年浇筑苍岭街道路面长80米，宽7米，面积为4800平方米；浇筑兴隆区街道路面长300米，宽8米，面积2400平方米；浇筑黑水区街道路面长256米，宽7米，面积为1980平方米；浇筑龚滩区街道路面810米，面积为6220平方米。1997年硬化双河、李溪街道路面长700米（其中双河400米，李溪300米）。1998年完成龙潭城南小区道路4000米，硬化龙潭、麻旺、酉酬街道路面29600米。2003年投入300万元启动龙潭市级中心镇赵庄大道、中心大道改造。2004年投入9万元完成泔溪、李溪、板溪、涂市两乡两镇的规划，投入65万元开展《龚滩古镇迁建规划和龚滩新镇选址规划》编制工作。1986年以来，先后在龙潭、麻旺、大溪、苍岭、丁市、李溪等镇建立农贸市场，发展边贸经济，繁荣城乡经济，方便群众生产、生活。1986年至2005年共投入乡（镇）村建设资金达1亿多元，建节能灶74441户，建沼气池8户，分别在小坝、龙潭、龚滩、万木建立移民新村。

第二章　交　通

第一节　机　构

酉阳县交通局自1984年后，局机关设五股一委一室（即秘书股、计财股、安运股、公路股、查征股、局工委、纪检室），1994年局机关设七股一委一室（即秘书股、计财股、公路股、安运股、乡道股、查征股、政工股、局工委、纪检室）。2001年机构改革时，局内设机构为三科一室，即办公室、计划财务科、公路建设管理科（县交通战备办公室）、法制安全科。

第二节　国、省道公路改造

2000年年底，全县82个乡镇实现了乡乡通公路，从而结束了全县最边远的细沙、小咸不通公路的历史。至2005年年底，全县有各类公路298条，总里程为2456.7公里，其中，国道复线2条101.6公里、省道82公里、县道9条350公里、乡道35条512.9公里、村道187条1410.2公里。全县有大中型桥梁54座，总长度为2530米，净跨1725米，实现了省际、边际路路通，为促进地方经济的发展作出了积极的贡献。

国道319线，全长119公里，于民国二十六年（1937）年建成通车；国道326线，全长11公里，于1972年建成通车。进入20世纪90年代，酉阳公路建设有了大的转机，县委、县政府及上级主管部门把公路建设的重点放在提高现有公路质量、提升公路等级上，改造了酉阳至龙潭勃海段公路33公里，为国道319线改造打下了的基础。1997年县内主干道酉（阳）龚（滩）公路投入改造，其路等级标准为国标山重二级公路。由原来的83公里缩短为65公里，缩短里程18公里，同时延伸了酉阳龚滩至彭水界14公里，比国道319线绕道黔江缩短60公里，成为酉阳至秀山两县水陆联运的最佳运输线。重庆直辖后，川湘公路被正式定为国道319线，成为重庆对外交通的主干道之一。为了提高干道公路的等级质量，经交通部批准，将国道319线作为山区文明样板路进行全面改造，按照山重三级路标准进行全面改造，并于1997年全面动工。县委、县政府十分重视，把国道319线改造酉阳段视为创建文明样板路工程的政治任务来抓，组建专门机构，下发文件，颁发《关于开展军警民共建国道319线文明样板路活动的实施意见》，组建相应的机构，落实领导、部门的责任和辖区乡镇的职责，做到组织、任务、责任明确，使之有人抓、有人管。

国道319线文明样板路创建工作。全县共组织七个民兵营，32个民兵连，3400名民兵会战。酉（阳）龚（滩）公路，共改造路段54012平方米，人工开挖边沟边坡石方43400立方米，浆砌标准水沟29234立方米，砌筑墙体5000立方米，硬化路肩90.6公里，安装警示庄9800个，增设公路里程碑5块，百米庄828个，划路面墙40000平方米，加固桥梁一座，整治涵洞20处，把沿线的四个道班建成了文明道班和文明收费站，安装电信设备，建地名牌28块，增设了花台、花园，抢修水毁工程16处，处理病史工程6处，共清理塌方38000立方米，修复加固墙8600立方米，加铺沥青路56000平方米。1998年国道319线酉阳段全长90.6公里，全面竣工通车，由原来的117公里缩短为90.6公里，缩短26.4公里，实现国标山重三级文明样板路，从而结束全县无等级公路的历史。1999年经交通部验收符合国标要求。

随着319线“三改二”工程的建成，酉（阳）龚（滩）二级公路、丁（市）万（木）三级公路相继动工，2005年先后动工了酉（阳）牡（丹坪）公路、铜（鼓）李（溪）公路、龚（滩）彭（水）公路、勃（海）桂（塘）公路4条，出境路全线动工修建，渝（重庆）长（沙）高速公路酉阳段已开始动工修建，全长208公里，仅征地补偿一项就达5000万元，三纵四横结合的交通骨架网络正在形成。

2005年，全县共投入路道建设资金达70亿元，其中：渝怀铁路和高速公路酉阳段达50亿元，319线酉阳段达4.14亿元，四条出境干道11亿元。

第三节　公路管护

公路管护原一直沿袭由各所辖道班管理，1986年经四川省涪陵地区养护总段酉阳分段管理，养护公路里程为119公里。酉阳至龚滩公路为78公里，319线沿线设道班11个，酉阳至龚滩公路设道班7个，生产一线职工为163名，加上管理干部、工程技术人员、勤杂工26人合计189人。按照四川省交通厅指示精神，在全县道班中开展“兴路富工”活动，因地制宜地开展种粮种菜和饲养家禽家畜等活动，各道班之间相互竞争，职工收入颇丰，在原来的基础上增加50%以上，职工的养路护路积极性空前高涨。在管理上推行了生产任务包干，节约分成，欠产处罚的生产责任制，由于任务明确，生产监管措施到位，奖惩逗硬兑现，有效调动广大职工的积极性，保证公路养护质量，延长养护周期。

1989年至1992年，酉阳养路段推行了段长负责制，党支部、工会监督配合，并与职工签订目标管理责任书，实行定班、定点、定里程、定经费、定安全“五定”责任制，把目标包到人头，实行季度奖惩，使职工的积极性陡增。1990年增加酉（阳）彭（水）界公路15公里，1993年专段与县段合并为酉阳自治县公路养护段，办公地点在东风坝。是、同年对公路养护进行重大体制改革，国道、省道均下放到县一级地方政府管理，由县交通局直接领导，规定公路养护经费，由地区交通局投入总经费的70%，其余30%由地方政府补足，县道则由地区交通局补助总经费的50%，其余50%由地方财政补足。由于地方财力无法补足，补足部分难以兑现，国道、省道、县道经费之间的差异，造成县段职工心态不平，工作秩序受到影响。1996年6月，国省道和县道又分开办公，办公地点分别设在东风坝、鲤鱼桥，实行一块牌子、两套班子。同年黔江地区交通局确定将沿岩公路12公里、铜西至小河公路17公里、卡竹至偏柏21公里、泔溪至车田24公里降为乡级路，丁市至万木18公里、苍岭至大河口17公里升为县级路，均由县养路段负责养护。1997年正式挂牌酉阳土家族苗族自治县国省道养路段，县养路段挂牌酉阳土家族苗族自治县道养路段。分段和县段职工人数道班设置大体与原相同，交通设施得到改善，共有大小车辆6辆。2004年，国道养路段和县道养路段分开，成立两段一大队，即酉阳自治县养护一段、酉阳自治县养护二段、酉阳自治县公路路政大队，机构不变，人员不变。

公路养护：一是乡村公路养护即群众养护，无固定道班，由交通主管部门按照公路线中和里程拨出一定的经费，由公路所在的乡镇指定专人承担养护任务，体现了“人民公路人民养，养好公路为人民”的精神。全县2000余公里的乡村公路均采取由群众养护的办法进行管理。二是以工代赈工程。1984年12月，四川省人民政府眉山会议决定，动用国家存粮和棉布实行以工代赈，扶持贫困山区修建公路，改变山区交通条件。县委、县政府十分重视，并把此项工作纳入议事日程，并确定由县长或分管工交的副县长专门负责，定期和不定期地深入基层进行检查督促，并组建了以工代赈公路建设办公室，专门负责修建公路桥梁工作。1985—1988年，酉阳县利用粮食棉布进行以工代赈修建公路140.8公里，其中新修公路130公里，改造公路10.8公里。共建中型桥梁6座、长250米，小桥13座、长323米，总投资322.91万元，投劳167.16万个。

第四节　公路绿化

1986年县养路段育苗4.5亩，在外地购树苗52520株，补植公路里程54公里，国道、省道宜林绿化里程152公里，完成绿化里程54公里，补植行道树19.8公里。1986—1988年，县道基本绿化里程累计达94公里，植各种树苗12万株，国道省道基本绿化里程93公里，公路绿化达61.2%。1989年到1991年共新增绿化里程61公里，栽植各种树苗21.5万株，成活率达80%以上。1992年县道公路绿化里程为145公里，补植行道树6.324万株，国道、省道植树9.2万株。1993—1994年，共植各种树41万株，1995年重点以酉（阳）兴（隆）路、铜（鼓）李（溪）路、麻（旺）酉（酬）路、天（馆）苍（岭）路四条县道路为栽植范围，共植树4.845万株，国道、省道植树41万株。1998年国道319线文明样板路建成竣工，县委、县政府十分重视公路绿化美化工作，吸取了“年年栽树不见树”的教训，在县政府的统一安排下，公路养护部门与公路沿线的乡镇、村和农户及公安派出所签订了公路管护责任书，做到了任务明确，责任落实，管理到位，并制定了相应的措施，规定奖惩办法，形成“美化绿化人人有责，齐抓共管”的良好局面。各养路道班将所管辖的路段公路绿化任务按人头分段划给职工个人管护，实行成效与工资挂钩的办法，定期与不定期地进行检查，当月兑现奖惩。1999年新增绿化里程40公里。2000年县交通局投资20万元绿化里程45公里，其中植六九黑杨16万株，植金叶白兰2180株，城北新路坡段、城南钟南段植观赏树木2500株。

第五节　县轮船公司

1985年5月22日，经县政府批准，在龚滩正式挂牌成立酉阳土家族苗族自治县轮船公司（以下简称轮船公司）。起初，县轮船公司有员工42人，党支部、工会等机构健全，营运业务正常。1986年县轮船公司按照川酉31号船图样，由自己造船厂设计建造了川酉5号轮船，于1986年9月动工，1987年下水投入使用，随后制造龚航6号、川酉6号、川酉1号、酉航3号、酉航1号、酉供1号轮船。1993年6月，县轮船公司造船厂经四川省交通厅港航监管局考核，被评为丙级船舶修造厂。1994年3月县轮船公司班子成员赴云南思茅地区考察，正式成立川黔澜沧江船运集团公司，自己动手造船投入航运。继后，由于没有把握好机遇，盲目扩大与外商的合作项目，经济后续不佳，资金严重缺口，加之管理不善，于1997年宣告破产。1998年，县政府体改办公室对县轮船公司进行体制改革，采取股份制招投标方式。由于此方式未能得到县轮船公司多数职工的认同，造成生产停顿，职工管理混乱，几经周折，县主管部门交通局派出工作组进驻县轮船公司，并拿出8万余元资金帮助恢复运营，但县轮船公司仍然维持在低水平的状态中。

第六节　陆上运输

随着运输业的不断扩大，酉阳先后组建酉阳搬运站、龙潭搬运站、酉酬搬运站，负责水上、陆上货物搬运工作。随着车辆的不断增加，酉阳汽车运输公司下设龙潭汽车队、麻旺汽车队、酉阳汽车北站、酉阳汽车南站。全县拥有各类汽车2000余辆，其中公司挂靠100辆，年货物周转量达到18300万吨。1989年11月4日，国家物价局、交通部下发《关于提高公路汽车客运票价的通知》，提价时间为1989年12月10日零时起执行。四川省公路汽车运输，由于受燃油、汽车零配件价格上涨，职工工资和管理费增加等因素的影响，造成货物运价管理失控。四川省物价局、交通厅发出《关于整顿汽车和水路货物运价的通知》，通知规定从1991年1月10日起，分别对一等、二等、三等、特价线路进行相应提高，尽管运费提高，但由于油价并轨，税费加重，货运市场竞争激烈，经营管理机制不健全，发展滞后等原因，导致县汽车运输业连续出现亏损。仅1988年、1989年、1990年3年间就亏损128万元（分别为1988年亏损51.4万元、1989年亏损32.1万元、1990年亏损42.5万元）。1992年10月19日，四川省交通厅物价局联合下发《关于调整汽车客运收取燃油差价的通知》，并于当年10月25日起执行，分别对一、二、三等和特等运价线路的油料差价作出相应的提高。1993年根据中共十四大作出的《关于建立社会主义市场经济体制的决议》的精神，为加快培养市场，建立货运市场体系，经四川省人民政府同意，省物价局、交通厅联合发出通知，决定从1993年5月1日起，对全省公路、水运、货运价实行全面放开，由货物承担托运双方根据运输成本、运力供求和货源情况分别商定，一次性包车包船运价、短期合同运价和长期合同运价。为了保持运价的相对稳定，对实行合同运输的大宗货物，实行价格备案制度，属地区内含县运输的报市、地、州物价局、交通局备案，属跨省跨地区的报省、市物价局、交通厅备案。对稳定的大宗货物，需由多个运输单位承建的，由参营单位协调运价后，分别由物价单位签订合同，但不得欺行霸市，垄断市场，货主认为价格不合理，可另择运输单位。大宗货物运输的承托运双方协商定价发生分歧时，可申请当地或上级交通、物价部门参与协调。对救灾、抢险、军事、战备及农业生产资料、食盐等关系到国民经济命脉和人民群众生产生活的重要物资的运输，由当地交通局、物价局制定运价、承托双方遵照执行。

第七节　航运管理

酉阳航运管理工作根据四川省川委发〔1979〕37号文件和涪陵地区行署〔1978〕44号文件精神，县革命委员会决定，成立四川省酉阳县交通监理站，人事、财务、业务受涪陵地区监理所领导，行政事务、交通安全、党、团关系隶属县交通局领导。1985年5月，四川省交通监理站进行体制改革，省交通厅内设交通监理局，监理站改为监理所。1986年县交通监理站更名为县监理所，有工作人员9人，其职责主要是贯彻执行国家颁布的车辆管理规章、交通法规，以宣传教育为主，严格执行对交通事故现场的勘察处理，对全县的机动车辆和驾驶人员进行集中培训以及牌照的换发等。1987年1月，县交通监理所根据上级指示精神，制定“稳定、求实、创新”的工作方针，并按照川委发〔1987〕38号文件规定，分别组建县交通稽查征费所和县公安局交通警察大队。同年8月24日，县人民政府分别以酉公交〔1988〕字第2号和酉交稽〔1987〕字第14号文件批准，县交警大队将所分属稽征所的房产折价13万元转售给稽征所。此项经费，由省稽征局支付11万元，县交通局支付给县交警大队，并建房于城北鲤鱼塘桥头。

第八节　高速公路

渝长（重庆至长沙）高速公路渝东南酉阳段，于2005年11月18日在酉阳县钟多镇举行开工仪式，标志着整个酉阳段全程68.7公里、总投资50亿元的施工序幕正式拉开。重庆市高速公路投资公司、北方公司、东西公司和黔江区、秀山县分管领导和酉阳县领导成员出席了开工仪式，县城和小坝数千名群众参加开幕式。书写各类宣传标语100余幅，发放宣传资料1000余份，声势浩大，规模空前。县人民政府成立高速公路建设协调指挥部，县人民政府县长李方宇任指挥长，分管领导任副指挥长，并在全县展开了高速公路建设相关工作。

渝长高速公路渝东南酉阳段自2005年11月18日开工以来，严格按照征地拆迁要求，及时完成了征地拆迁前期的各项准备工作，并组织按时拨付款项，东南公司、北方公司及时进行施工便道的招投标及施工建设。2005年，县境内的9条便道主体工程已全部完工，征地工作基本结束，为整个工程的顺利实施奠定了基础。

第九节　稽　征

1979年四川省涪陵地区交通监理所（后改为处）酉阳县交通监理站成立。1987年3月6日，四川省人民政府以川府发〔1987〕38号文件规定，分别组建县交通稽查征费所和县公安局交通警察大队。同年8月24日，县人民政府分别以酉公交〔1988〕字第2号和酉交稽〔1987〕字第14号文件批准，县交警大队将原所分属稽征所的房产折价13万元转售给稽征所，此项经费由省稽征局支付11万元，由县交通局支付给县交警大队。

1987年，根据国务院关于改革道路交通管理体制的通知精神，涪陵地区交通监理处酉阳交通监理所的人、财、物实行分离，按71%的比例移交县公安局交警大队，其余29%留于四川省涪陵地区交通监理处，分别划分给黔江、酉阳、秀山、彭水、石柱5县。1989年组建黔江地区交通稽查征费处酉阳稽征所。1997年3月重庆直辖后，更名为重庆市交通征费稽查局酉阳所至今。其主要职能是代表国家向有车辆的单位、个体车经营者和各车主依照法律法规征收全县机动车辆客户费，依照法律法规上路进行稽查，上户检查公路养路费解缴情况，进行微机管理、票证管理和费款解缴管理等工作，对违反国家法律法规的单位和个人进行依法处理，并按照行业要求，建立完善各项规章制度，建立数字征稽库，各项工作朝着正规化、科学化、法制化的轨道迈进。

重庆市交通征费稽查局酉阳所共有正式职工5人，临时工3人，其中所长1人、书记1人，全年征收稽征费740余万元。稽征所曾多次获四川省和黔江地区稽征系统“先进单位”“双文明单位”“精神文明先进单位”称号。1993年至2005年被县文明办命名为最佳“文明单位”。

第三章　电力与燃气

第一节　电站建设

20世纪70年代以后，酉阳电力事业步入七十年代后发展速度加快，尤其是复兴桥电站的更新改造，进一步增强酉阳发电能力，继后，冷水河三级电站的建成，为酉阳电力事业的发展奠定坚实的基础，从而扩大了电网的覆盖面，全县发电量达到891万千瓦时，在原有的基础上增长了12倍。八九十年代是酉阳电力事业发展速度最快、最具活跃的时期。县委、县政府和电力行业部门抢抓机遇，在“加强管理，重点配套，积极发展，更新技术，讲求实效”上做文章。在电力基础设施建设上，对原有的电站设备进行技术改造、更新技术、更新设备，提高发电能力和资源利用率。1985年在冷水河一级电站改造由重庆水轮机厂生产的320千瓦水轮发电机一台，大大地提高了发电能力。1986年经四川省计划经济委员会批准修建冷水河四级电站，总投资为835.15万元，1988年5月1日冷水河四级电站正式并网发电，第一台机组投入运行，同年9月9日，酉阳自治县政府常务会议研究决定冷水河四级站属国营性质，隶属县电力公司领导。1989年酉阳电力公司决定为和尚坪电站筹资160万元。1990年冷水河四级电站整体工程竣工，装机容量为2×3000千瓦的生产能力正式投产运行，有效地缓解了全县电力供应的需求矛盾，为全县工农业生产的发展提供了电力保障。随着电力基本建设项目的增加，为了进一步扩大全县电力覆盖面积，使全县人民用上电，经历届县委、县政府和电力部门的多方努力，全县的供电需求矛盾基本得以解决。截至2005年年底，全县供电区域面积为5173平方公里，辖39个乡（镇）、25个街道（社区）居委会，供电人口达到74万人，占总人口的96%以上，用电客户达到23.5万户，电的质量合格率逐年上升，全县发电装机容量达到122015千瓦（含企业自食电源），其电力装机容量为122015千瓦，占100%。

2005年已建成水电站4座（梯子洞电站、大河口电站、飞水岩一级电站和飞水岩二级电站），装机容量为42500千瓦，总投资为2.695亿元。2004年12月29日，投资5.86亿元的金家坝水电站导流洞正式开工，整个建设工期为45个月，预计于2008年5月底前3台机组投产发电。正在建设中的水电站有金家坝电站、九房仙电站、毛坝双龙电站、木叶河二级电站和木叶河三级电站，总装机容量为70020千瓦，工程总投资共6.505亿元，截至2005年年底，已完成投资3750万元。即待开发的酉酬电站，其装机容量为12万千瓦，工程建设静态投资9.32亿元，已于2005年11月2日正式签订协议。目前移民土地补偿正在协商中，开工在即。已规划投资9亿元，装机容量11.1千瓦的细沙河及后河梯级开发项目编制业已完成，正在筹建之中。

第二节　电网建设

20世纪80年代以后，酉阳电网建设发展较快。1978年1月经四川省水利局批准，冷水河三级电站和冷水河四级电站的电可输电到龙潭变电站，满足龙潭一带“五小”工业及20000余亩农电灌溉，全长33公里。冷水河三级电站至酉阳县城35千伏输电变电工程，1982年架线17公里，于1983年完工，由于各种原因所致，原只能按10千伏电压等级运行，直到1986年2月才改为35千伏电压等级送电，装机容量由原1×2000千伏安改为2×3150千伏安。县城至天馆35千伏输电线路建设，由县城东风坝变电站起，经县党校、金银山、飞播区至天馆，全长41.6公里，整个工程于1982年6月16日开始施工，于1985年完工，于1987年4月28日正式向天馆35千伏送电，总投资91万元，工程完工投入运行后，有效地解决了酉西片区供电问题。1989年根据四川省川经〔1989〕字第140号文件精神，县电力公司投资26万元架设龙潭至秀山35千伏输电线路，从龙潭变电站将线路延伸至秀山龙池变电站，全长19公里（其中酉阳境内7公里）。为了充分发挥冷水河四级站投产后的社会效益和经济效益，扩大电力覆盖面，1990年县电力公司拟定架设冷水河四级站至酉酬降压站35千伏输电线路的报告，获四川省川经〔1990〕能源字第973号及川能交〔1991〕计综字011号批准，于1991年1月正式开工，全长23.5公里，总投资136万元，同时架设酉酬至大溪10千伏输电线路15公里，大大地缓解了酉酬大溪照明用电问题。

根据酉阳县情，为缓解冬季供电紧张的矛盾，经与贵州省铜仁供电局洽谈，拟定从贵州沿河县购电方案，1996年获贵州省电力公司批准，同意由沿河110千伏变电站35千伏侧向酉阳供电，随后，县政府决定架设酉阳至沿河35千伏输变电站线路，全长60公里，计划投资440万元，于同年4月初由酉阳电力公司与贵州省铜仁地区供电局签订了酉阳至沿河35千伏输电线路工程施工合同，架设线路工程于1996年4月13日正式动工，同年8月20日正式并网运行，历时90天，年供电量为3500万千瓦时，整个工程进度快，质量好。同年在李溪修建降压站，设计规模为2×2500千伏安，总投资为300万元，一期工程1×2500千伏安于1997年8月28日完工投入使用。

酉阳35千伏电网各分为由龙潭110千伏变电站（国电供电）和城南110千伏变电站（乌电供电）出线至各变电站，水电站形成的酉东和酉西两个35千伏骨干网，通过酉东网35千伏城关变电站与110千伏城南变电站的35千伏联络线，构成了酉阳整个35千伏电力网络。截至2003年年底，全县有35千伏所属变电站12座，38.85兆伏安，即城关站、黑水站、铜鼓站、丁市站、天馆站、龚滩站、苍岭站、官清站、李溪站、酉酬站、大溪站、兴隆站，电路15条，共257公里。

第三节　农村电网改造

为了加强农村用电管理，规范用电秩序，提高用电质量，通过一、二批农村电网改造，全县变电站由原来的7座增加到14座，其中110千伏变电站2座、35千伏变电站2座，实现了重点场镇基本有一座35千伏的变电站。新建和改造10千伏线路2414公里，新建和改造0.4千伏及以下线路1767公里，新装配电变压器1318台，容量达67748千伏安，农户实现了一户一表安装，从而在全县形成了以110千伏变电站为枢纽、35千伏变电站为骨架、10千伏及以下的线路基本上到村组的电网格局，根本上改变了原10千伏及以下线路产权属村、组、个人和其他业主所有的供电管理局面，给群众带来了实惠。通过农村电网改造，一是农村电网秩序得到了规范。改造后农村电力市场杜绝了乱摊派、乱加价、乱收费的现象，已实现电网改造的村组农民生活用电由原来未改造前的1.10元/千瓦时—3.50元/千瓦时下降0.552元/千瓦时—0.85元/千瓦时，每度电价下幅为50%以上。二是供电质量明显提高。改造后农村用电高压线损率下降10%，低压线损率下降12%，电的质量合格率达到96%以上，企业的经营管理进一步得到规范，有效地促进了各项事业的发展。三是供电可靠性不断提高，安全用电得到保障。电网改造后的村、组、用电户，由于优化设计、推广并使用了新技术、新工艺，既省钱又省事，农村供电可靠性明显提高，可靠率达到97%以上，减少了农村用电安全的隐患。自此，农村用电户用上了“放心电、安全电”。

第四节　民用燃气

随着城乡人民生活水平的不断提高，天然气、液化气纷纷融入市民家中。尤其是20世纪80年代后期，液化灶、液化气逐步进入全县城乡。2005年，全县39个乡（镇）均用上了液化气，为城乡居民提供了方便。重庆市酉阳县华南石油液化气有限责任公司成立于1990年。2005年拥有固定资产1180万元，职工42人，为国家提供税收102万元，先后引进光彩资金50万元，安排下岗职工16名，为32名职工提供了就业岗位。2005年，全县有液化气供应网点102个，年供气量达2500吨，年实产值420万元。

第四章　供　水

第一节　城市供水

1984年县自来水公司划归县城建局管理。1987年8月由县城建局在桃花源街31号处建成日产3000吨水厂一座，引用泉孔堰水为供水水源，工程建设投资52万元。1997年自来水公司贷款80万元，水厂规模扩建为日产5000吨，供水人口为2万人。

随着改革开放的不断深入和城市经济的发展，县城人口逐年增多，县城供水矛盾日渐突出。为解决供水需要，县水利电力局于1997年开始在小坝修建二级水库，水库总容量为1248万立方米。2000年5月水库工程下闸蓄水。2001年12月25日，小坝二级水库配套工程—县城二水厂竣工投产，其供水管道并入自来水公司管网运行，自来水公司派员代行县城二水厂运行管理工作。自此，原自来水公司日产5000吨自来水厂停用。

县城二水厂位于县城城北环城公路旁，县民族职业中学后坡大理石厂处，海拔高程在716—735米之间，水厂取小坝二级水库总干渠之水为水源，取水口设在水库总干渠桩号0+500米处，采用DN500球墨铸铁管为输水管道。从取水口经甘溪沟左河堤上国道319线公路，沿公路至小坝垭口后直下至骑羊坝进入输水隧洞，隧洞出口再由DN500米球墨铸管进入净水处理厂。整个输水线路为6870米，其中管线5200米，隧洞1670米。供水管道采用DM600球墨铸管，从清水池出口环城公路北下至城北派出所门口与原县城供水管并网，供水管道全长1200米。

县城二水厂设计规模为日产2万吨，实际供水能力可达3万吨，工程建设总投资1600万元，其中国家投资1000万元，县水利电力局贷款600万元，厂区设办公楼、清水池、虹吸滤池、反应沉淀池加药房等。办公楼为混砖和部分框架结构一楼一底，建筑面积为1043.5平方米；清水池为地面钢筋砼建筑结构，平面尺寸为24.1×9.3米，加药房为砖混结构一楼一底，建筑面积为229.4平方米；厂区右侧进厂公路宽4.5米，长100米与环城路相连，厂区绿化及附属设施齐全，环境优美，曾荣获全国十佳县级水厂称号。

至2005年年底，县城供水管网线全长2万多米，其中DN300供水管长4890米，DN200管道长1625米，供水范围城西下至复烤厂、上至泉孔小学，城东上至凉风岔路口、下至华武制药厂，供水人口为7.5万人。

第二节　乡镇供水

1985—2000年，随着解决农村人畜饮水工程步伐的加快，先后建成了李溪、麻旺、黑水、小河、泔溪、龙潭等供水站，同时对龚滩、丁市、苍岭、酉酬、兴隆等供水站进行了扩建，同期修建了集镇简易供水设施47处，供水成效明显。1992年，县水利电力局被水利电力部表彰为“全国乡镇供水先进单位”。

2000—2005年，先后改扩建庙溪、丁市供水站，新修了铜鼓、江丰、后坪、毛坝等乡镇供水处15处。至2005年年底，全县共建成日供水规模100吨以上的乡镇供水站28处，日供水总规模达11270吨，供水总人口达10多万人，供水环境不断改善。

2005年酉阳自治县乡镇供水情况表

表7－1

工程名称	供水规模（吨/日）	供水人口（万人）	年度	工程名称	供水规模（吨/日）	供水人口（万人）	年度
龙潭水厂	2500	2.8	2000	钟南供水站	150	0.2	1997
麻旺水厂	1500	0.9	2001	铜鼓供水站	300	0.3	2003
丁市水厂	1500	0.6	1992	江丰供水站	200	0.21	2003
苍岭供水站	300	0.27	1989	偏柏供水站	150	0.12	2003
李溪供水站	300、500	0.3、0.5	1993、1999	可大供水站	100	0.22	2003
兴隆供水站	200	0.2	1990	万木供水站	200	0.15	2003
酉酬供水站	200	0.3	1991	后坪供水站	200	0.15	2003
大溪供水站	200	0.25	1990	毛坝供水站	150	0.15	2003

续表7－1

工程名称	供水规模（吨/日）	供水人口（万人）	年度	工程名称	供水规模（吨/日）	供水人口（万人）	年度
黑水供水站	300	0.3	1994	花田供水站	120	0.10	2003
小河供水站	300	0.25	1996	浪坪供水站	150	0.15	2003
泔溪供水站	100	0.1	1990	板溪供水站	150	0.14	2003
蚂蝗供水站	150	0.15	1990	腴地供水站	150	0.15	2003
龚滩供水站	400	0.4	1992	清溪供水站	300	0.25	2004
后溪供水站	200	0.2	1995	宜居供水站	300	0.25	2004

第三节　农村人畜饮水

从20世纪80年代中期开始，国家对老少边穷地区加大扶持力度，特别是国家实施“八七”扶贫攻坚计划和西部大开发，投入大量资金用于解决农村人畜饮水工程建设，从而加快了全县人畜饮水工程建设步伐。通过20年来的共同努力，全县多数缺水村组和农户基本摆脱了饮水困难。

1985—1986年，四川省共下达酉阳“以工代赈”（粮、棉、布）计划205.27万元和配套费27.2万元，用于人畜饮水工程建设，先后共投入劳动力10.3万个，建成人畜饮水工程841处，其中蓄水池544口，引水渠（管）172条190公里，提水泵站7处装机80千瓦，改造水井118口，完成工程总投资325.94万元，其中国家投资232.47万元，群众自筹（含投劳折资）93.47万元，基本解决2.79万户、13万人和11万头牲畜饮水问题。由于酉阳人畜饮水工作成效突出，被四川省水电厅和涪陵地区分别评为先进县受到表彰。

1989—1993年，国家先后用工业品和粮食“以工代赈”用于人畜饮水工程建设，全县共投劳12万个，建成人畜饮水工程351处，建蓄水池472口，引（供）水管道142条147公里，提水泵站5处装机60千瓦，完成工程总投资447万元，其中国家补助287万元（含省配套费54.7万元）、群众自筹及投劳折资160万元，基本解决了1.38万户、7万人和5万头牲畜饮水困难。

1994—2000年国家实施“八七”扶贫攻坚计划，进一步加大贫困地区的扶持力度，在增加“以工代赈”资金投入的同时，新增股票销售收入和财政扶贫资金，省、市先后共下达3189.75万元的投资计划，用于人畜饮水工程建设，6年间共投劳63.4万个，建设人畜饮水工程3909处，建蓄水池2007口，引（供）水管道1128条1210公里，改造水井913口，建抽水泵站6处装机82万千瓦，工程总投资4441.35万元，群众自筹及投劳折资1251.6万元，共解决4万多户、20万人和19万头牲畜饮水困难。

2001—2005年，国家实施西部大开发战略，采用中央财政预算内资金（国债）实施农村人畜饮水工程建设，5年间全县共建成人畜饮水工程1315处，完成总投资3213万元，共解决9.61万人的饮水困难。在此期间还实施了澳援人饮项目，使用澳大利亚政府援助资金，先后在板桥、宜居、丁市、涂市等12个乡镇建设村组参与式供水项目12处，改善了1.89万人饮水条件。

2005年年底，全县共有各类人畜饮水工程5840处，解决53.93万人的饮水困难。其中集中供水站、点

110处，供水人口7.7万人，分散供水工程5730处，农村人畜饮水得到了明显的改善。

1985—2005年酉阳自治县人畜饮水工程情况表

表7－2

年度	人畜饮水工程(处)	解决饮水困难人数(人)	解决饮水困难牲畜(头)	年度	人畜饮水工程(处)	解决饮水困难人数(人)	解决饮水困难牲畜(头)
1985	284	43106	41831	1996	288	54900	52700
1986	557	84294	60069	1997	2058	65500	61300
1987	5	251	210	1998	177	17680	13300
1988	8	472	405	1999	58	10500	8800
1989	14	12212	7925	2000	22	42.04万	6720
1990	10	6595	3530	2001	44	14540	13200
1991	301	39113	31240	2002	166	2305	28620
1992	16	4279	2800	2003	20	6200	5900
1993	10	7300	4160	2004	56	5083	—
1994	638	21440	24940	2005	48	6800	—

注：缺1995年统计数

第五章　邮　政

从20世纪80年代起，随着改革开放的发展步伐加快，邮政各项业务收入不断增加。2005年，全县有邮政支局15个，辐射全县39个乡镇，设投递所85个，邮政收入由1990年的9.8万元上升到2005年的1282万元，比1990年增加1208.16%。

酉阳邮政局党、政、工团结协作，通力合作，有效地推进了单位的整体工作。近年来，酉阳邮政局紧紧抓住西部大开发的有利时机，把立足点放在狠抓管理力求发展上，加强职工思想政治工作，强化职工职业道德，以人为本，以企为荣，严格内部管理，规范职工行为，努力提高服务质量，以诚信赢得市场，以服务抢占市场，以效益激活市场，实现了双赢目标，为促进地方经济发展作出了贡献。

第一节　报刊发行

酉阳邮政局紧紧围绕“服务是邮政永恒的主题”，以用户需求为出发点，以用户满意为落脚点，用优质的服务换来了用户的信任和满意。酉阳邮政局坚持真抓实干，促进企业发展为宗旨，为了满足市民日益增长的用邮需求，立足自身优势，加快邮政信息化建设，建成了邮政计算机网络，依托这一网络，实现绿卡系统在全国范围内的通存通取，建成电子汇兑系统覆盖了全县37个邮政网点，使邮政服务更好地适应了现代化社会发展的需求。此外，酉阳邮政局积极参与农业社会化服务体系建设，面向“三农”，开办了种子邮购、饲料邮购业务，开发商业广告、企业明信片、邮政礼仪、代办保险、代办电信、代发工资、代收税费等新型业务，这些业务的开拓发展形成了该局新的经济增长点，促使邮政成为服务“三农”的一支重要力量，农民尝到了甜头，深受广大农民群众的普遍欢迎，为推进建设社会主义新农村提供了服务保障。

酉阳邮政局通过实实在在地创建和巩固“市级最佳文明单位”建设工作，充分发挥全体员工的积极性，有力地维护了宪法赋予公民的通信权利，保证了党和国家各项方针政策的贯彻实施，为服务“三农”、服务地方经济建设和维护国防建设以及公民通信安全等方面，发挥了不可替代的作用，被评为县、市级最佳文明单位，员工田白光被评为全国模范投递员，受到国家邮政局和中华总工会表彰。

随着人们精神文化生活的需求，报纸杂志需求量明显增加，1985年报刊为317600份；1990年达到1892369份，增加595.8%，资金流转额达到101万元；2005年达到5677108份，增加300%，流转额达到353万元，增加349.5%。酉阳邮政共发行各类刊物6000余种，全县城乡运输投递报刊的邮路总长度达2000余公里，报刊收订局、所（点）98个，零售网点12个。

第二节　信函电报

随着电子信息技术的应用和通信设备的不断改善，不少信息和语言可直接通过电子设备直接沟通传递，实物书信往来相对减少，1990年全县共投递各类信件1999875件。2005年全县共投寄各类信件1423932件，2005年比1990年下降28.7%。

第三节　邮政包裹

随着劳务输出的不断增加，各类包裹邮件成倍增长，1985年各类邮件包裹仅只有10493件；1990年达到26117件；1990年比1985年增加148.9%；2005年达到55328件，比1990年增加111.8%。

第四节　汇　兑

随着市场的准入和劳务市场的协调发展，年外出劳务人员达16万人，每年劳务收入达5.1亿元以上，汇兑业务明显增加，1985年汇兑单为36448张，1990年达到96315张，五年间汇兑业务量增长264.3%。2005年达到188751张，2005年比1990年增长95.97%。

第五节　邮政储蓄

随着人们物质生活的改善，人们纷纷把剩余的钱存入邮政，邮政储蓄是20世纪80年代中后期开办的一项新型业务。1990年邮政储蓄期末余额达到70万元，至2005年年底，邮政储蓄期末余额达到4.5亿元，2005年比1990年增长641.8%。

第六章　电　信

第一节　电　话

随着通信设施的不断改善，电话用户明显增长，辐射全县39个乡镇。20世纪90年代后，单位、私人均用上了自动电话，款式越来越新颖，通话质量显著提高。至2005年年底，全县各类固定电话达50000户，互联网宽带接入用户和宽带接入（ADCL）用户达两千余户，小灵通用户辐射全县12个乡镇，无线市话用户达10000户。

第二节　移动通信

酉阳自治县移动通信于1999年6月25日正式挂牌分营，与邮政、电信分离，分营时仅有员工21人，退休人员18人，有机站15个，其中，数据机站14个，模拟机站1个。自分营以来，公司先后开设了移动通信、宽带、数据、漫游等业务，通信网络覆盖全县39个乡镇，年营业收入在2900万元以上。随着设施设备的不断完善，目前可直接与165个国家通话。至2005年，全县拥有客户40000户。

第三节　网　络

2000年以来，酉阳电信网络能力持续增强，投入资金1.5亿元用于固定电话数据网络，小灵通无线市话网络及村村通网络建设，全力打造立体式通信网络。至2005年，全县已构建了82个局站，建成运行机站89个，覆盖39个乡镇的本地电话网和县城城区以及11个乡镇和3个乡的小灵通（PHS）网，交换总容量达9万余线，实际装机容量达7万门，传输光缆800余公里。

第八篇

农　　业

NONG YE

第一章　机　构

第一节　农村工作办公室

1984年4月至2001年8月为农林办公室，2001年9月县级机构改革更名为县政府农村工作办公室，内设综合科、项目科（农业综合开发办公室）、生产科。总编制9人，其中主任1名，副主任2名，科长3名。

第二节　农业局

1949—2001年，从建设科到农业局，农业局机构经历了更名、分合、恢复、发展的演变过程。局内机构设置有办公室、计财股、科教股、农广校、保卫股、审计股、农村经营管理站、农技推广站、植保植检站、土壤肥料站、经济作物站和种子公司。2001年9月县级机构改革，农业局机构保留，内设6个职能科（室），即办公室、政策法规科、计划财务科、科教与市场信息科、农村经济体制与经营管理科（县农民负担管理办公室）、农机与水产管理科。局总编制26个，其中局长1名、副局长3名，科长（主任）6名。

第三节　林业局

从1950年12月的林业工作站到2001年9月的林业局，其间经历了多次更名、分合、发展的演变过程。局内设机构经历了三次变动。1991年12月，局内机构设置有林业调查规划设计队、野生动物保护站、森林资源管理站、造林站（原为生产股）、森林保护站、飞播站、苗圃、林木良种场、青华林场。1992年6月撤销原科、股机构，新成立生产资源科，五倍子基地建设科，林业公安科，财务计划科，林业、野生动物保护科，职教政工科，企业管理科，办公室。1994年8月，成立酉阳县公安局青华林场派出所。2001年9月县级机构改革，林业局机构保留，内设机构改为5个职能科（室），即办公室，造林绿化科，资源保护科（县护林指挥部办公室），计划财务科，森林公安科（县森林防火指挥部办公室）。局机关行政编制16名（总编制18人），其中局长1名，副局长2名，内设机构科长（主任）5名。

第四节　水利局

1963年11月成立酉阳县水利电力局。局机关从成立到1972年的9年间，未设科、股、室，由局领导统一安排工作。到1973年局机关内设4个组，即秘书、水利、电力、财务组。1975年更名为股，即秘书股、水利股、电力股、财务股，同时增设灌溉管理股。1979年又增设水电物资供销公司，后更名为物资管理站。1983年撤销水利股，增设勘测设计队、水产股、人事教育股、保卫股。1985年增设防洪抗旱办公室，局机关车队。到1985年年底局机关内设机构有秘书股、财务股、电力股、灌溉管理股、水产股、人事教育股、保卫股、勘测设计队、防洪抗旱办公室、水电物资供销公司、局机关车队等11个单位。1987年局职能机构调整，事业股室更名为站，电力股更名为农电管理站，灌溉管理股为水利工程管理站，同时增设水土保持工作站。1989年增设审计股。1991年人事教育股与秘书股合并为局行政办公室，同年增设水政股。1992年增设水政水资源办公室，与水政股实行一套班子，两块牌子运作方式，同时增设政工科，将人事、审计、纪检合并到政工科。同年7月水电物资供销公司更名为水利电力物资管理站。同年10月局机关精简机构，改股为科，水政、渔政、保卫等股合并为综合法制科，财务股更名为财务科，水产股更名为水产站，并增设渔政管理站。1994年1月撤销政工科和综合法制科，恢复人事教育股，审计股，渔政管理站，水政股，保卫股原建制。同年7月县政府成立水土保持委员会，下设办公室在局机关内，与水土保持工作站实行一套班子两块牌子运作方式。1995年年底局机关内设科室有办公室、计财科、人事教育股、审计股、保卫股、水政股、水利工作管理站、农电管理站、水产站、渔政管理、物资管理站、防洪抗旱办公室、水土保持工作站、勘测设计队、纪检监察室、水资源管理办公室、水土保持办公室等17个单位。2001年9月酉阳县级机构改革，县水利电力局更名为县水利局。局机关内设4个行政职能科室（即办公室，计划财务科，规划基建科，水政水资源科）和5个事业单位（即水利工程管理站，农电管理站，水土保持工作站，勘测设计队，水电物资管理站）。行政编制17人，其中局长1名，副局长3名，主任（科长）4名。事业总编制65人。

第五节　畜牧局

酉阳畜牧局成立于1982年上半年，下设一股三站，即秘书股、畜禽改良站、饲草饲料站、兽医防疫检疫站。1988年增设计财股、科教股、牧业服务站。1991年又增设山羊项目组、基层畜牧兽医管理站、养蜂生产服务部。1992年进行机构改革试点，成立畜牧开发服务中心，与畜牧局实行一套班子两块牌子运作。服务中心下设生产科（包括防疫检疫站人员）、经管科、财务科和基层工作科（即原基层畜牧兽医站管理站）。1993年改科为站、股，恢复以前的机构名称，并增设山羊生产开发公司和兽医卫生监察检验所。1995年局内设机构有秘书股、政工科、保卫科、财务科、牧业工作站、饲草饲料站、蜂业站、山羊经贸有限责任公司。2001年9月县级机构改革，局机关内设3个行政职能科室（即办公室，计划财务科，畜牧兽医科）和3个事业单位（即兽医防疫检疫站，畜禽品种改良站，饲草饲料站）。其中原基层畜牧兽医站和蜂业管理站的工作由畜牧兽医科和畜禽品种改良站负责，兽医卫生监督检验所与兽医防疫检疫站合署办公。局下属企业有重庆市阳春食品工业有限责任公司（该公司于2000年初由下属厂、场、公司合并后成立）。局行政编制10名，其中局长1名、副局长2名，办公室2人，计划财务科3人，畜牧兽医科2人。另有行政后勤事业编制2人。

第六节　烟草公司

酉阳烟草公司成立于1984年1月。县烟草公司和县烟草专卖局是两块牌子一套班子。公司内部设置有秘书股、计财股、业务股、烟叶经营股、储运基建股，共有编制32人。后经涪陵分公司批准将原内设机构股更名为科。到1995年年底，公司内部机构有：行政办公室、烟叶科、财务（审计）科、业务科、储运科、保卫科、统计基建科、政工科、批发经营部、烟叶复烤厂、金昆公司，共有职工460人。其中固定职工67人，合同制职工47人，临时合同工346人。此后公司内部机构相对稳定。到2003年，重庆市烟草专卖局批复酉阳县烟草专卖局（公司）内部管理机构设置及部门负责人聘任方案，机关设“八科一室”即办公室、政工科、专卖监督管理科、营销网建科、财务审计科、烟叶生产科、信息科、基建储运科、安全保卫科。下属机构有仓储部、金汇宾馆、城区专卖管理所及10个基层烟草专卖所（站）。

第七节　扶贫开发办公室

1986年，县扶贫工作领导小组成立　，下设扶贫工作办公室，之前设于县委办公室内，尚无专职干部，由县农林办公室主任兼任主任，县民政局长兼任副主任，并从县委办公室和民政局抽调干部兼任办事人员。随后，办公地点设于政府大院农林办公室内。1987年9月县政府行文任命了两名专职副主任，但主任一职仍由农林办公室主任兼任，直至后来县政府任命专职主任为止。随着工作需要，办事人员人数增加，扶贫办公室与农林办公室分开，但仍在县政府大院农林办公室旁，直到1999年迁至扶贫培训中心大楼办公。1988年12月更名为经济开发办公室并正式列入政府常设机构。1996年6月根据上级指示，县政府行文将酉阳土家族苗族自治县经济开发办公室更名为酉阳土家族苗族自治县扶贫开发办公室。2001年9月，县级机构改革，县扶贫开发办公室属保留的政府常设机构，是主管全县扶贫开发工作的县人民政府组成部门。根据职责，扶贫开发办公室内设2个职能科（室），即综合科、计划项目科，机关行政编制6名，其中，主任1名，副主任2名，科长2名，机关后勤编制1名。

第二章 粮油作物

第一节 种类及分布

水 稻

全县水稻区域可划分为三个主区六个亚区：

西东高丘中、迟熟稻作区 西水河流域中熟稻作亚区：属高丘中谷地带，海拔600米以下，包括原西酬、大溪两区全部和龙潭、麻旺部分地区。水稻面积6.9万亩，占全县水稻总面积23.8%，占水稻总产24.6%左右。龙麻坝中迟熟稻作亚区：属河谷平坝地带，海拔320—500米，包括原龙潭全区和原麻旺区大部，水稻面积3.5万亩，占全县水稻总面积12.1%，占水稻总产17.8%。

西西南低山早、中熟稻作区 小河及甘龙河下游中熟稻作亚区：属中切割低山地带，海拔500—800米，包括原钟多区全部和丁市区大部。水稻面积5.1万亩，占全县总面积17.6%，占总产16.6%。甘龙河中游早中熟稻作亚区：属中切割低山地带，海拔600—700米，含原李溪全区。水稻面积2.7万亩，面积和产量分别占全县水稻面积和总产9.3%和6.8%。

西中北中山早熟稻作区 西中中山谷坝早中熟稻作亚区：属中切割中山地带，海拔1000米左右，包括原兴隆、黑水两区全部及龙潭、麻旺部分地区。面积8.1万亩，占全县总面积27.9%，占总产27.5%。西西北中山早熟稻作亚区：属中切割中山地带，海拔800米以上，包括原苍岭全区及丁市部分地区。水稻面积2.7万亩，占全县水稻总面积9.3%，占水稻总产6.8%。

玉 米

全县玉米种植可划分为三个主区：

西东高丘玉米春播、夏播混作区 含龙麻坝、西水河流域沿岸各地，种植玉米7.5万亩，占本区耕地35.7%，占全县玉米面积18.6%，占玉米总产量23.7%。

西西南低山中迟熟玉米春作区 含李溪、小河流域及甘龙河中下游地区。种植玉米10.5万亩，占本区域耕地46.1%，占全县玉米面积26.1%，占玉米总产量25.3%。

西中北中山早熟玉米春作区 含县境中部和北部的中山谷坝地带，种植玉米22.3万亩，占本区域耕地54%，占全县玉米总面积55.3%，占玉米总产量51%。

小 麦

据县农业区划、品种布局、栽培等情况的差异，将全县冬小麦划分为三个种植区：

西东高丘中、早熟冬麦区 小麦面积10万亩，占全县小麦总面积36.8%和小麦总产36%。

西西南低山早、中熟冬麦区 小麦面积13.2万亩，占全县小麦面积48.5%和小麦总产45.5%。

西中北中山早熟冬麦区 小麦面积5.6万亩，占全县小麦面积20.7%和小麦总产18.6%。

豆　类

酉阳豆类作物种类多，有黄豆、绿豆、豌豆、葫豆、饭豆、巴山豆等。面积较大，产量多，但有史可查的仅有黄豆、豌豆、胡豆。黄豆多与玉米混、间种植，其分布与玉米类同。

其他粮食

全县种植的其他粮食有红苕、洋芋、高粱、荞麦、燕麦等。

红苕　红苕是酉阳的重要粮食作物之一，分布于全县各地。县内海拔600米以上为春薯区，600米以下为春夏薯区。

洋芋　从洋芋在县境内的分布状况和栽培特点，可分为春作区和春、夏混作区。春作区：海拔800米以上，含县境内中山地带，净作或间套作。种植面积占全县春洋芋75%，一般亩产200—300公斤。

春夏混作区：主要包括海拔800米以下低山和高丘地带，以间套作为主，净作较少。本区春洋芋面积占全县春洋芋面积25%左右，一般亩产120—180公斤。本区秋洋芋面积占全县秋洋芋总面积90%以上。

高粱　高粱在酉阳的适应地区与玉米近似。

荞麦　荞麦具有很强的耐瘠力和抗旱性，在新垦荒地和不宜种植其他作物的瘠薄地上也能栽培。全县各地都有种植。

燕麦　县内燕麦种植面积很少，仅有高寒地区零星种植。

油　菜

主要分布于县内浅丘、谷坝槽地、低山旱地和坡土上。

其他油料作物

全县种植的其他油料作物有花生、芝麻等，种植面积不大，可查资料极少。

第二节　农特产品

1986—2005年，酉阳加紧农业产业结构的调整，水稻、玉米、洋芋、红苕、油菜等大宗粮油作物面积稳定，烤烟、中药材、生猪、山羊、魔芋、生姜、荞麦、茶叶等农业特色产业已具雏形，在名、特、优、新农产品的开发上也有一定起色。

魔芋　魔芋是21世纪初发展起来的一项新兴农业特色产业，已建有以龙潭镇鹅塘村、黑水镇马鹿村、毛坝乡天苍村等为重点的生产基地近2000亩，年生产商品魔芋1800余吨。县内有一个魔芋精粉加工企业——酉阳天一魔芋科技开发有限公司，年可加工魔芋精粉600吨。2003年，酉阳天一公司加工生产的魔芋精粉30吨，产品面市后供不应求。

生姜　生姜在酉阳栽培历史悠久，现有7000余亩的种植规模，年产鲜姜1.5万多吨，主要销往重庆、怀化、吉首等地。县内建有姜浆、姜片加工企业——酉阳山黛食品有限公司，所生产的“山黛”牌姜浆、姜片远销重庆、长沙等大中城市。

荞麦　荞麦是酉阳已具较大规模的特色产业，种植面积达5.5万亩，其中苦荞1.6万亩，花荞3.9万亩。加工企业酉阳县酉水河苦荞酒厂等民营、个体酒厂年加工苦荞650余吨，生产销售苦荞酒近200吨，所生产的“苦荞醇”酒深受广大消费者欢迎。苦荞茶也成大众保健饮品。

“酉州黑山羊”和“酉州乌羊”　酉阳山羊养殖已具一定规模，年饲养总量在65万只以上，年外销山羊30余万只。"酉州乌羊"和"酉州黑山羊"，具有肉质细嫩和药用价值潜力大等特性，是酉阳很有名的地方特色品种。

第三节　良种推广

水稻　20世纪80年代全县常规水稻主推品种有桂朝2号、桂朝13号等；杂交水稻主推品种有汕优63、菲优63、D优63、威优63、D优64、威优64等。20世纪90年代杂交水稻推广基本普及；杂交水稻主推品种有汕优63、D优63、金优多系1号、Ⅱ优63、Ⅱ优64、Ⅱ优58、金优58、金优77、汕多1号、金优1318等。2000—2005年杂交水稻推广品种主要有宜香9303、金优117、D优527、准两优527、Ⅱ优416、K优88、Q优1号、川丰6号、西农优7号、渝优11号、为天9号、Ⅱ优21。

玉米　20世纪80年代全县常规玉米主推品种有二黄苞谷、盖黄苞谷、大黄苞谷3种；杂交玉米主推品种有恩单2号、中单2号、中单14号、郧单一号、七三单交、五三单交、改良七三单交等。90年代杂交玉米推广基本普及，主推品种有改良七三单交、成单13、雅玉2号、农大108、中单二号、中单14号、丹玉13、协玉1号、掖单13号、掖单1号等。2000年至2005年杂交玉米推广品种主要有蠡玉6号（临奥1号）、蠡玉168（奥玉17号）、东单60号、中农2号、三北6号、鲁单661号、辽单27号、渝单7号、登海11号、蠡玉10号。

小麦　县内的小麦全部为冬小麦。历年来生产中应用较多，种植面积较大的均属于普通小麦种。有10个变种，28个品种。在28个品种中，农家品种5个，其余为引进品种。

从1980年开始，主要推广品种为绵阳11号、蜀万761号、荆阿33、荆阿57号。80年代中期以后，上述品种又逐渐为抗病、耐肥、丰产综合性状更好的川麦22、绵阳15、19、21等品种所替代。每次品种更换，都使小麦生产在原有生产水平上提高一步。1993年小麦"丰产计划"209201亩中，绵阳21号、19号占50.1%，川麦22号占36.7%，其他品种占13.2%。1998—2005年主推80—8、82—36、麦22号等3个品种。

红苕　1982年从涪陵引进徐薯18，1991年从南充引进南薯88试种，均取到较明显的增产效益。1995年全县红苕200987亩中，南薯88占58%，徐薯18占17%，胜利百号占15%，其他占10%。据统计历年来全县在生产上应用较多的红苕品种共15个，其中引进品种10个，农家品种5个。分别为南瑞苕、胜利百号、结籽苕、大白苕、广东苕、乌心苕、川薯27、剪刀苕、徐薯18、南薯88和洋红苕、小白苕、红心苕、长藤白苕、短藤白苕。1998—2005年主推南薯88号。

洋芋　历年来生产上应用较多的品种共17个，除6个农家品种外，其余均为引进品种。70年代又陆续引进双丰收、新芋四号、德友三号等早中熟品种，相应推广高产栽培技术，使净作亩产上升到180—230公斤，间作亩产上升到140—200公斤。20世纪80年代，引进推广以米拉、马尔科等新品种。1999年开始引进推广脱毒马铃薯，品种有鄂薯3号、大西洋、川芋4号、南中552、渝薯1号共5个，到2005年面积已达到10万亩，占总面积的30%以上。

大麦　县内大麦生产中应用较多的品种包括有稃大麦和裸大麦两类，全部为六棱大麦，包括2个变种（有稃六棱大麦和裸粒六棱大麦）、6个品种（三月黄、矮秆麦、老麦、六棱麦、龙顺麦、七五七）。除裸大麦品种七五七系从德阳引进外，其余均为农家品种。

油菜 县内生产中应用的油菜品种共14个，其中白菜型4个：黄油菜、拱宸桥、大粒黄、早熟黄。芥菜型1个：苦油菜。甘蓝型9个：胜利油菜、川农长角、西南三〇二、矮架早、川油九号、丰收四号、江油二号、中油821、秦油2号（杂交种）。1998—2005年主推湘油13、中双119、中油821、中油119、渝油18、渝油12、渝黄一号等7个品种。

第四节 良法推广

水 稻

水稻生产从1987年示范、推广“杂交种、多蘖秧、配方肥、规格栽、科学管、综合保”规范化栽培技术以来，取得了极其明显的增产效益。

育秧技术 县境水稻育秧技术，经历了水育秧—湿润育秧—保温育秧—两段育秧—旱育秧几个过程。20世纪50年代初通用传统水育秧，技术粗放。80年代初，推广保温育秧，培育壮秧，增产效益显著，有两种方法：一是对湿润秧田降低用种量，即每亩15—25公斤（传统育秧为120—150公斤），增施肥料，肥水攻蘖，薄膜覆盖增温等技术培育多蘖壮秧。二是温室两段育秧培育多蘖壮秧，第一阶段是温室无土育小苗，第二阶段是把小苗寄栽在湿润秧田内培育多蘖壮秧或小苗直栽，达到早蘖促穗，增产增收目的。1991年引进旱育秧技术，通过连续三年的试验、示范，结合酉阳县气候、土壤特点，总结出一套适合酉阳县山区特点的旱育秧技术，1994年推广10.19万亩，亩产463.1公斤，比其他常规育秧栽培田增产20.4%。1997年推广15.8万亩，亩产400公斤，比同等条件其他育秧方式田亩增产35公斤，增产9.6%。

栽插密度 80年代中期，水稻合理密植制度日趋完善，普遍推行窄行窄株、宽行窄株、少秧密植、拉绳划行移栽等技术，栽时做到浅、匀、正、直、稳。迟熟品种每亩2.0万—2.1万窝；早熟品种每亩2.1万—2.5万窝，12万—15万基本苗，并遵循早栽稀、迟栽密、肥田稀、瘦田密，因地制宜原则。1987年，示范、推广“杂交种、多蘖秧、配方肥、规格栽、科学管、综合防”水稻规范化技术，每亩栽插1.5万—2.3万窝，每窝大苗栽1株，小苗或无蘖苗双株，宽行窄株栽插规格为主。

施肥技术 80年代中期推广配方施肥技术，主要内容是：有机与无机配合，氮、磷、钾合理搭配，巧施追肥。即以总量70%—80%作底肥（早熟品种可以底肥追肥一次清），本着“前中速，中控补，后轻巧”的追肥原则，早施分蘖肥，巧施攻穗肥，补施壮粒肥，使水稻“前旺、中稳、后不衰”。施用肥料时还要做到底肥与翻耕相结合，面肥与耙田相结合，追肥与薅秧相结合，使水、肥、泥融合，施后防止田水串灌，肥料流失。

灌溉技术 县境水稻灌溉水技术经历了由经常保持田面较深水层灌溉法，到调节深浅不同水层法，发展为浅水、湿润与晒田相结合灌溉法三过程。

浅水、湿润与晒田相结合灌溉法，是80年代逐步总结出来的水稻科学管水法。其主要内容是排灌分家，不串灌、深灌。水利设施较好的地方，推行抛秧技术。

水稻抛秧新技术从1997年引进并开展试验、示范，当年在小坝试验30亩，获平均亩产512公斤，比温室两段育秧增产18%。1998年在全县不同海拔地区示范推广，2001年到2005年全县每年水稻抛秧推广面积稳定在8万—10万亩。至2005年，全县累计推广水稻抛秧新技术达58万亩，其产量比温室两段育秧增产10.8%，累计增加稻谷2.93万吨。

玉　米

推广玉米肥球育苗移栽技术　推广玉米肥球育苗移栽技术，能提早播种期，加速生育进程，躲过高温伏旱和秋雨危害，较好地解决了酉阳县玉米生产中长期存在的季节抓不准，苗子拿不稳，密度把不当，伏旱防不住四大难题，1990年着力推广以肥球育苗移栽为核心的配套技术，有效地避过或减轻了百年罕见的持续60多天的伏、秋旱危害。全县实施面积29.06万亩，单产249公斤，比上年增产55.6%，比前三年亩增85公斤，增产51.8%。

推广地膜覆盖栽培技术　玉米地膜覆盖栽培是一项综合性配套技术，具有保温、增加地积温、保墒、保肥、保苗齐、早熟，能趋利避害获高产，在全县海拔950米以上的高寒山区普遍推广。1992年又进行玉米半膜侧栽大面积示范，玉米半膜侧栽较好地发挥了地膜玉米和肥球玉米的主要优势，具有稳产、高产、低成本、无污染、操作简便的特点，它克服了地膜玉米难以克服的难题，经济、社会、生态效益都高于地膜玉米，其技术要点是杂交种、肥球苗、宽窄行、半膜栽、三千株、三次肥、隔行去雄和防治病虫鼠害。

1997年地膜覆盖栽培玉米4.5万亩，亩产336.8公斤，比同地区露地玉米亩增148.4公斤，其中半膜侧栽0.68万亩，亩产344.5公斤，比露地玉米亩增156.2公斤。

小　麦

新中国成立前全县小麦生产，一直处于“浅耕、少肥、稀植、只种不管”的低水平。新中国成立后政府采取一系列恢复和发展生产的有效措施。通过长期实践在20世纪80年代确立了“深耕高厢底肥足，合理密植适时播，巧施追肥精细管，狠攻‘三病’防虫害”的增产措施和“苗、株、穗、粒”环环扣紧的适合酉阳特点的一整套栽培技术。1990年规范为“优良品种，适时播种，深沟高厢，带状种植，开沟点播，少籽匀播，增施磷钾，重底早追”综合技术，为不断提高小麦产量起了积极作用。从1989年起，着力改革耕作制度，“小麦上山”“大放干田，大种小麦”。当年小麦面积比上年翻了一番。1993—1994年，在中国农科院作物遗传研究所专家的指导、帮助下，依靠技术进步实施小麦“丰收计划”，全县累计实施面积41.6万亩，亩产161.8公斤，比前三年亩平125.7公斤增产28.7%，新增小麦总产量15002吨，创小麦亩产、总产历史最高水平。技术要点是：以稻田小麦开沟排湿，旱地小麦带状密植为前提，良种配套为基础，抓住最佳播期为关键，增窝促苗增穗为目标，病虫害防治为保证的规范化技术。

红　苕

红苕历来多系春植，也可秋插，适于净作、间套作等不同栽培方式。全县一直沿用露地育苗、剪藤、栽前垒埂、边挖边压藤的栽培方法。进入20世纪80年代普遍使用盖膜保温育苗。盖膜保温育苗比露地育苗可早出苗25—35天，早栽一个月左右。通过长期生产实践，总结出适合本地区特点的，以良种为中心的综合栽苕经验。主要内容是：“保温育苗早栽插，良种提埂堆堆苕，重施底肥早管理，增施磷钾产量高。”

洋　芋

新中国成立前全县种植洋芋面积不大，耕作粗放，老品种、老办法、稀植缺肥、单产低。新中国成立后，采取一系列有效措施，推广良种，增施肥料，带芽早栽，带状密植等栽培技术。随着旱地改制，普遍推广了“五尺开厢双套双，洋芋玉米各两行”的带植技术，选用抗病高产良种，做好种薯处理，开厢带状早栽，重施底肥，早施追肥，加强病虫害防治，秋播复壮防退。

油　菜

通过长期生产实践和不断探索，总结出适合全县土壤、气候特点和生产水平的综合栽培技术。主要内容是选用甘蓝型高产良种，培育壮苗，适时早栽，合理密植，增施肥料，科学用肥。做到重施底肥，早施苗肥，适施开盘肥，重施蕾苔肥，增施硼肥和根外追肥，结合施肥，勤中耕，勤除草排涝防病虫。

第五节　肥料、农药

肥　料

农家肥　主要有人畜粪尿、厩肥、堆肥、岩窝肥、饼肥（菜籽饼、桐子饼和卷子饼）、土杂肥和绿肥。60年代前绝大部分使用农家肥，以后逐年下降，到80年代降到50%以下。

化肥　县境内运用的化肥按其所含元素分为氮肥、磷肥、钾肥、微量元素肥料和复（混）合肥料等五大类。通常使用的品种有：

氮肥：硫酸铵、硝酸铵、尿素、氯化铵、碳酸氢铵，以硝酸铵、尿素、碳酸氢铵为主。

磷肥：过磷酸钙、磷矿粉、骨粉、钙镁磷肥，以过磷酸钙为主。

钾肥：氯化钾、硫酸钾、硝酸钾，以氯化钾为主。

微量元素肥：磷酸二氢钾、硫酸锌、硼砂、钼酸铵、腐殖酸类肥素，以硫酸锌、硼砂为主。

复（混）合肥：颗粒肥、磷酸二氢钾、氮磷钾复（混）合肥，以氮磷钾复（混）合肥为主。

按统计资料，1985—2005年，酉阳县化肥施用实物量增长2.32倍，年均增加2760.4吨。其中氮肥增长0.98倍，年均增加639.6吨；按耕地面积施用实物量由亩施用21.9公斤增加到79.9公斤，年均亩增2.9公斤，其中氮肥由16公斤增加到34.8公斤，年均亩增0.94公斤；按播种面积每亩施用实物量由12.3公斤增加到29.10公斤，年均亩增0.84公斤，其中，氮肥由9.0公斤增加到12.7公斤，年均亩增0.19公斤。

1985—2005年酉阳自治县化肥施用实物量表

表8－1

年度	施用实物量（吨）	其中		按耕地面积			按播种面积		
		氮肥	磷肥	亩施用（公斤）	其中(公斤)		亩施用（公斤）	其中(公斤)	
					氮肥	磷肥		氮肥	磷肥
1985	17852	13054	4778	21.90	16.00	5.90	12.30	9.00	3.20
1986	23514	15401	7595	—	—	—	—	—	—
1987	24944	14874	9896	—	—	—	—	—	—
1988	25897	14809	8641	—	—	—	—	—	—
1989	27579	15419	9456	—	—	—	—	—	—
1990	35252	21287	11547	43.20	26.10	14.10	19.10	11.50	6.30
1991	40455	22329	13355	—	—	—	—	—	—
1992	45067	23190	14541	—	—	—	—	—	—

续表8－1

年度	施用实物量（吨）	其中		按耕地面积			按播种面积		
		氮肥	磷肥	亩施用（公斤）	其中(公斤)		亩施用（公斤）	其中(公斤)	
					氮肥	磷肥		氮肥	磷肥
1993	53455	26138	15983	—	—	—	—	—	—
1994	50340	24714	17390	—	—	—	—	—	—
1995	58539	29119	19761	71.70	35.70	23.00	28.60	14.20	9.70
1996	64189	29461	19986	78.80	36.20	24.50	38.80	17.80	12.08
1997	72782	30074	21306	89.60	37.00	26.20	44.50	18.40	13.00
1998	71295	29667	22348	87.80	36.50	27.50	44.10	18.30	13.80
1999	73294	30404	22218	90.00	37.30	27.20	44.20	18.30	13.30
2000	97830	31977	23539	120.30	39.30	29.00	61.80	20.20	14.90
2001	55396	23403	18651	74.50	31.50	25.10	37.60	15.90	12.70
2002	56065.74	23257.10	19949	76.80	31.80	27.30	39.70	16.50	14.10
2003	57170	25062.30	19595.50	81.50	35.70	27.90	41.50	18.20	14.20
2004	58306.80	25714.40	20552.20	78.10	34.30	27.50	41.00	18.10	14.30
2005	59399.50	25837.30	20540.80	79.90	34.80	27.70	29.10	12.70	10.00

全县在生产上推广应用的微肥有磷酸二氢钾、锌肥（硫酸锌）、硼肥（硼砂）和钼肥（钼酸铵）。根据土壤普查资料，80年代初，针对缺微素土壤和敏感作物进行试验、示范，效果很好，一般增产5%—7%。80年代中后期进入大面积推广运用阶段，成效显著。在施用硼肥防治油菜花而不实，特别是施锌肥防治水稻“坐兜”，钼肥拌种花生效果特佳，增产幅度在18%以上。

1987—2005年酉阳自治县微肥施用量及推广面积表

表8－2

年度	锌肥		硼肥		钼肥	
	数量(吨)	推广面积(亩)	数量(吨)	推广面积(亩)	数量(吨)	推广面积(亩)
1987—1990	30.1	22000	5.2	1100	0.8	5000
1991—1996	51.0	36000	9.8	24000	1.2	14000
1997	10.8	2100	4.4	4400	2.2	2200
1998	13.5	2700	4.8	4800	1.8	1800
1999	15.0	3000	4.6	4600	1.68	1680
2000	10.2	2010	3.5	3500	1.2	1200
2001	8	1600	3.2	3200	2.4	2400
2002	11	2200	5.6	5600	1.6	1600

续表8－2

年度	锌肥		硼肥		钼肥	
	数量(吨)	推广面积(亩)	数量(吨)	推广面积(亩)	数量(吨)	推广面积(亩)
2003	15	3000	5.5	5500	2.0	2000
2004	16	3200	5.8	5800	2.1	2100
2005	16.2	4200	6.3	6300	2.2	2200

农　药

从20世纪80年代起，酉阳每年农药的使用量均在100吨左右，随着农业产业结构的调整，各种病虫草鼠害的不断出现和农药的反复多次使用，病虫对农药的抗性逐渐增强，使农药的使用量上升。2005年，农药的使用量均达273.05吨。在农药使用总量中，杀虫剂远高于杀菌剂，杀虫剂的使用量占总使用量的70%左右，而杀菌剂使用量占总量的25%左右，其他杀鼠剂、生物农药占5%左右。

1988—2005年酉阳自治县农药、农械的施用和供应情况表

表8－3

年度	销售农药总量(吨)	其　中(吨)					年底植保机械量(台)	植保机械当年量(台)
		杀菌剂	杀虫剂	除草剂	杀鼠剂	其他		
1988	128. 1	10.0	110.82	7.28	—	—	2.28	3253
1989	71.87	15.774	56.10	0.08	2箱	0	2.54	1985
1990	96.72	11.44	84.50	0.76	0.02	0	3.15	2714
1991	99.51	58.42	41.07	0.02	—	0	3.27	1514
1992	89.51	23.33	63.87	1.46	0.05	0.8	2.46	2470
1993	82.40	31.2	51.11	0.07	0.02	0	3.31	4260
1994	101.61	32.4	65.71	0.01	0.01	2.5	3.30	4200
1995	87.32	26.5	58.6	0.01	0.01	2.2	3.60	3800
1996	70.55	21.25	47.60	0.22	0.03	1.45	4.18	4320
1997	108.33	21.17	85.9	0.03	0.03	1.2	3.80	2000
1998	45.1	13.1	30.5	—	—	1.5	3.90	2000
1999	33.03	9.0	21.0	—	0.03	3.0	1.0	3500
2001	60.1	8.85	45.75	1.49	0.01	4.0	1.13	1400
2002	60.71	9.3	46.05	1.5	0.01	3.85	1.15	1505
2003	274.21	63.06	193.8	8.62	0.03	6.4	1.15	1456
2004	279.44	65.1	195.5	9.0	0.04	9.8	1.30	1335
2005	273.05	70.0	182.5	9.0	0.05	11.5	—	—

注：缺2000年统计数

第六节　面积与产量

水稻　1997年全县水稻面积282398亩，单产365公斤，总产103075吨，比1949年面积减少5.7%，单产和总产分别增加1.7倍和1.5倍；比1985年面积减少3.3%，单产和总产分别增加37.2%和32.8%，其中杂交水稻261433亩，亩产420公斤。2005年全县水稻面积278000亩，总产108420吨，单产390公斤，其中杂交水稻236460亩，总产97185.06吨，分别占水稻总面积和总产量的87.29%和88.12%，比常规稻亩增114公斤，面积和总产比1985年分别增加2.8倍和3.8倍。

1985—2005年酉阳自治县杂交水稻发展情况表

表8－4

年度	面积（亩）	亩产（公斤）	总产（吨）	占水稻总面积（%）	占水稻总产量（%）	比常规稻增产量（%）
1985	62131	325	20129.58	21.3	26.0	5.2
1986	62305	354	22055.97	21.5	25.1	64.7
1987	61858	314	19423.40	21.4	25.9	68.3
1988	146284	301	44031.48	50.8	59.3	87.4
1989	159476	305	48640.18	55.3	65.4	105.8
1990	217762	342	74474.60	75.1	80.6	93.1
1991	248720	364	90534.08	86.1	90.5	130.9
1992	242115	321	77718.92	84.3	88.6	100
1993	221787	288	63874.66	80.9	82.3	26
1994	231825	378	87629.85	84.1	87.1	84
1995	241523	381	92020.26	85.9	90.6	139
1997	261433	420	109801.86	93.6	94.5	118
1998	266533	365	97284.55	93.60	94.50	84
1999	265869	384	102093.7	94.40	95.50	118
2000	272531	381	103834.31	95.60	96.80	139
2001	239094	382	91333.91	85.00	87.00	68
2002	241884	369	89255.20	87.40	88.80	87
2003	244717	407	99599.82	89.00	91.40	93
2004	257090	403	103607.27	93.50	95.00	107
2005	236460	411	97185.06	87.29	88.12	114

玉米 2005年全县玉米总面积332115亩（全是杂交玉米），总产96313吨，单产290公斤。面积和总产分别比1985年增加1.53倍和2.44倍。

1985—2005年酉阳自治县杂交玉米发展情况表

表8－5

年度	面积（亩）	亩产（公斤）	总产（吨）	占玉米总面积（%）	占玉米总产量（%）	比普通玉米亩增
1985	131182	213	27942	38.10	44.30	47.9
1986	108987	234	25503	32.80	40.30	64.3
1987	94187	226	21286	26.00	33.80	60.1
1988	158745	216	34289	48.90	58.10	66.5
1989	184511	190	35057	56.50	67.40	70.3
1990	261531	254	66429	75.10	83.30	100
1991	292069	233	68052	86.80	91.70	94.3
1992	256427	223	57183	82.20	86.70	91
1993	247500	211	52223	80.00	86.30	78
1994	273229	277	75684	79.90	86.10	99
1995	292479	252	73705	82.60	90.40	126
1997	304763	282	85943	88.50	94.00	40
1998	313653	274	85941	85.00	90.00	66
1999	322104	272	87612	88.00	91.50	78
2000	319781	286	91457	90.00	93.00	102
2001	283211	280	79299	80.00	82.00	48.6
2002	279065	273	76185	82.50	84.20	44
2003	270257	280	75672	84.30	85.80	40
2004	288099	305	87870	89.00	89.95	60.1
2005	332115	290	96313	100.00	100.00	—

注：缺1996年统计数

小麦 2005年全县小麦面积69506亩，单产144公斤，总产10009吨，面积比1985年减少32.1%，单产比1985年增加24公斤。

洋芋 2005年全县春洋芋面积352457亩，亩产190公斤，总产66967吨。单产和总产比1985年分别增长40%和2.7倍。

黄豆 1997年全县黄豆面积88251亩，单产82公斤，总产7201吨，比1985年面积减少15.8%，而单产提高了96.4%，总产增加5.2%。2005年全县黄豆面积105976亩，亩产90公斤，总产达9488吨。

红苕　2005年全县红苕面积189617亩，亩产236公斤，总产达44750吨，比1985年分别增长75.1%、10.3%和79.3%。

其他粮食作物　2005年全县豌豆面积11085亩，亩产112公斤，总产1237吨。胡豆面积5961亩，亩产110公斤，总产654吨。秋荞面积75315亩，亩产134公斤，总产10111吨。高粱面积1350亩，亩产114公斤，总产154吨。

油菜　2005年全县油菜面积165076亩，亩产106公斤，总产17498吨，比1985年面积增加1.66倍，亩产增加43.2%，总产增加2.8倍。

1985—2005年酉阳自治县小麦等粮油作物面积与产量表

表8－6　　单位：亩、公斤、吨

年度	小麦			洋芋			红苕			豌豆			胡豆			秋荞			高粱			油菜		
	面积	亩产	总产	面积	亩产	总产	面积	亩产	总产	面积	亩产	总产	面积	亩产	总产	面积	亩产	总产	面积	亩产	总产	面积	亩产	总产
1985	102477	120	12297	136520	136	18567	116719	214	24978	3841	74	284	1943	64	124	34262	47	1610	4348	42	183	61990	74	4587
1986	100308	117	11736	119256	139	16577	121137	202	24469	3281	68	223	2255	66	149	21930	50	1097	3454	58	200	84992	72	6119
1987	97401	105	10227	128402	128	16435	118906	195	23187	2694	57	154	2018	72	145	25513	43	1097	2239	49	109	102315	61	6241
1988	113629	106	12044	132847	121	16074	121728	230	27997	2338	71	166	1713	74	127	35167	42	1477	2079	66	137	128269	60	7696
1989	234149	82	19200	240822	106	25527	140522	199	27963	3688	49	181	3199	40	128	54518	49	2671	2532	70	177	166783	56	9340
1990	242193	103	24946	215013	119	25587	155794	150	23369	4252	75	319	2201	59	130	20235	71	1437	3861	51	197	151530	62	9395
1991	301829	123	37125	239769	135	32369	173748	202	35097	6170	71	438	2948	77	227	49285	62	3056	3280	74	243	157171	64	10059
1992	310417	143	44389	238715	145	34614	168606	175	29506	5816	85	494	3134	92	288	35552	50	1778	1954	90	175	147375	75	11053
1993	315284	146	46031	252456	151	38120	182067	185	33682	6395	79	505	3295	97	319	47893	71	3400	2736	68	186	128815	70	90170
1994	327593	142	46518	286527	163	46704	189430	198	37507	6041	76	459	3726	82	305	49128	65	3193	2527	72	182	127630	65	8296
1995	345361	154	53186	291207	181	52708	200987	190	38188	6083	112	681	3215	102	328	47562	74	3519	3279	68	222	141592	91	12885
1996	352808	168	59272	305629	178	54402	202994	214	43441	5591	95	531	5169	105	543	41071	80	3286	2593	76	197	131162	80	10493
1997	354183	169	59857	310581	186	57768	207705	214	44448	4762	97	462	4034	102	411	26840	93	2496	2160	77	166	104792	90	9431
1998	344232	173	59552	317900	195	61991	210685	179	37712	7867	92	724	5400	109	588	45563	69	3144	1888	88	166	100463	95	9544
1999	308326	133	41007	339126	186	63077	216222	218	47136	8766	100	877	5208	113	588	38905	86	3346	2206	104	229	114074	90	10267
2000	249792	155	38718	321852	187	60186	221609	230	50970	7956	102	812	5490	99	544	40001	90	3600	2556	72	184	148541	97	14408
2001	194530	154	29958	286845	185	53066	212700	219	46581	7248	100	725	5093	108	550	22238	98	2179	1455	77	112	96922	101	9789
2002	173812	136	23638	292158	162	47329	202822	223	45229	9861	93	917	4176	97	405	33547	95	3187	2626	82	215	127993	80	10239
2003	149176	136	20287	287960	184	52945	209860	236	49526	10752	96	1032	3959	108	428	120000	102	12240	1972	100	197	137169	102	13991
2004	103275	145	14975	324542	180	58418	211086	257	54249	7245	107	775	5415	109	590	65183	131	8539	1470	114	168	147172	101	14864
2005	69506	144	10009	352457	190	66967	189617	236	44750	11085	112	1242	5961	110	656	75315	134	10092	1350	114	154	165076	106	17498

第七节　农业服务

种子供应

县种子公司从1982年7月成立后，按照“种子生产专业化、加工机械化、质量标准化、布局区域化和以县为单位统一组织供种”的“四化一供”要求，逐步建成了稳定的“双杂”种子生产基地，实现了“双杂”良种的自给。

1976—2001年部分年度酉阳自治县杂交水稻制种情况表

表8－7

年度	面积：（亩）	亩产（公斤）	总产（吨）	品种(组合)名称
1976	49.6	9.1	0.450	南优2号、矮优2号、四优2号
1980	1659	6.7	11.1	南优2号、矮优2号、四优2号
1985	48.4	60.2	2.91	汕优63(45.4亩),汕优36(3亩)
1990	1904.6	154	293.3	D优63、汕优63、Ⅱ优46
1995	2089	175	365.6	金优1318、Ⅱ优46、金优多系1号、汕多1号、优I63、其他(40亩)
1996	2054	201	412.9	D汕A×1318、K优5号、汕优多系1号Ⅱ优58、汕优58
1997	2043	185	378.0	Ⅱ优58、Ⅱ优838、Ⅱ优162、金优多系1号K优5号
1998	2000	100.0	—	Ⅱ优58、Ⅱ优162、金优多系1号
1999	2000	195.0	390.00	Ⅱ优58、Ⅱ优162、金优多系1号
2000	100	200.0	20.00	金优多系1号
2001	1400	230.0	322.00	Ⅱ优63

1975—2001年部分年度酉阳自治县杂交玉米制种情况表

表8－8

年度	面积(亩)	亩产（公斤）	总产（吨）	品种(组合)名称
1975	470	43.7	20.5	新单1号、恩单2号、郑单2号
1980	6573	45.2	297.1	恩单2号、郑单1号、77×金03
1985	1759	111.7	196.5	郑单1号、宜单2号、丰单1号
1990	3057	157.8	482.4	郧单1号、五三单交、宜单2号
1995	3000	183.5	550.5	改良七三、中单2号、掖单13号、其他(300亩)
1996	2710	216.8	587.5	掖单13、改良七三、五三单交、中单2号、注：因受灾有300亩无收

续表8－8

年度	面积(亩)	亩产（公斤）	总产（吨）	品种(组合)名称
1997	2500	210	525	中单2号、改良七三、五三单交、8001×77—53、协玉一号
1998	2500	237.6	594	协玉1号、雅玉2号、农大108、改良七三
1999	2500	240.0	600	协玉1号、雅玉2号、农大108、改良七三
2000	1400	237.5	332.5	协玉1号、七三单交、雅玉2号
2001	1400	242.0	338.8	七三单交、协玉1号

种子销售情况：全县种子销售品种主要为杂交水稻、杂交玉米一代种子，其次为小麦种及少量油菜、花生、蔬菜良种等。

1986—2005年酉阳自治县“两杂”及其他良种销售情况表

表8－9

单位：万公斤

品种	销量 \ 年份	1986	1987	1988	1989	1990	1991	1992	1993	1994	1995	1996	1997	1998	1999	2000	2001	2002	2003	2004	2005
水稻	销量	10.02	11.49	21.58	14.73	51.91	18.72	38.14	29.85	31.24	22.14	19.66	18.26	17.74	23.56	17.29	30.72	29.42	30.15	28.72	29.41
	其中外地调入	9.37	11.49	20.82	—	22.67	9.02	30.75	24.02	26.83	—	—	—	—	—	—	30.72	29.42	30.15	29.72	29.41
玉米	销量	42.32	6.08	57.09	37.69	100.94	32.38	76.05	35.82	21.89	24.82	22.96	22.07	25.54	29.35	21.86	33.72	33.78	31.87	31.43	32.69
	其中外地调入	2.77	1.93	43.47	—	50.87	20.73	67.78	29.95	3.32	—	—	—	—	—	—	33.72	33.78	31.87	31.43	32.69
小麦	销量	0.15	—	5.39	9.97	24.51	20.88	—	—	2.52	—	—	—	—	—	—	—	—	—	—	—
	其中外地调入	—	—	5.39	—	24.51	20.88	—	—	2.52	—	—	—	—	—	—	—	—	—	—	—
油菜	销量	0.10	—	—	—	0.25	0.15	0.0437	0.0053	0.007	0.065	0.12	—	—	—	0.30	0.25	0.40	0.40	0.40	0.40
	其中外地调入	—	—	—	—	0.25	0.15	0.0437	0.0053	0.007	0.065	0.12	—	—	—	0.30	0.25	0.40	0.40	0.40	0.40

化肥供应

1986—1990年，全县化肥供应以尿素、硝铵、碳铵、磷肥为主，微肥供应主要是锌肥、硼肥、硫酸二氢钾。20世纪90年代后，化肥种类增多，除尿素、硝铵、碳铵、磷肥等主要品种外，还出现了水稻、玉米、烤烟、薯类等多种作物的专用复合（复混）肥料。酉阳县内所用各种化肥，历年来供应充足，能保证农民正常用肥。

农机供应

1985年以后，随着改革的深入，农机产品供应主要有3个渠道：一是国有农机经营单位经销渠道。主要经营单位是县农机服务公司。该公司在酉阳原12个区（镇）设有销售网点，经营农机运输机械、加工机械、作业机械等产品及配件和农用油料供应。二是非公有制的个体经营者。2005年全县有经营户113家，主要销售小型适用的农产品加工机具、提灌机具及配件和农用油料。三是农机部门推广机构的新产品推广。主要推广用于耕、种、收农田作业的新机具。酉阳全县耕整机数量达750余台，收获机械11台。建立农机化示范村4个，其中小坝乡石柱村就拥有耕整机35台。至2005年年底，全县农机总动力达37万千瓦，各类农用机械总量达47808台（套），农机总值达1.3亿元。

1986—2005年酉阳自治县农业机械装备情况表

表8－10　　　　单位：台/千瓦

年度	农机总动力	拖拉机及配套机械		种植业机械					农副产品加工机械		畜牧业机械	渔业机械	运输机械
		拖拉机	配套机械	耕整机	农用排灌机械	植保机械	收获机械	机动脱粒机	动力机械	作业机械			
1986	43851	490/5400	190	—	198/1413	62/72	—	—	2500/20000	3354	800	—	70/3220
1987	46000	550/6050	214	—	200/1433	50/55	—	—	3000/24000	3800	1000	—	120/5520
1988	10079	606/6734	246	54/185	184/1490	43/49	—	7	3566/30231	3291	1575	—	184/8547
1989	48785	582/8816	232	—	272/2214	45/52	—	7	3741/32082	6212	1343	—	203/8861
1990	49709	519/6015	107	58/191	290/2335	171/202	—	7	3567/30859	6308	1432	—	218/9143
1991	50520	423/4352	169	71/235	257/2180	184/221	—	—	2881/27907	7133	1	—	442/14404
1992	53327	432/4541	169	80/264	258/2188	184/221	—	—	3427/30139	7286	4	—	518/14735
1993	53340	417/4216	169	85/300	273/2341	184/221	—	—	3037/25863	7278	4	—	487/19371
1994	57205	471/4523	169	83/291	282/2292	156/206	—	—	3600/31137	6762	—	—	412/17679
1995	61761	591/5936	164	83/291	272/2331	165/231	—	42	3648/32479	8316	—	—	521/19438
1996	63904	620/6115	175	85/298	276/2363	175/243	—	44	3762/34051	8206	—	—	539/20606
1997	106732	629/6291	164	57/198	597/5120	187/237	—	115	9400/73354	12039	564	—	660/25746
1998	120926	722/7336	108	67/250	672/5524	187/237	1/4	250	8728/80868	128211	602	—	716/28086
1999	277354	1097/12059	396	206/806	1529/12937	187/237	3/7	1468	22798/218369	24050	687	—	868/14730
2000	311026	1608/18897	396	348/1374	1968/14977	258/358	11/47	1527	24922/231996	26948	6365	—	1061/23149
2001	337798	1789/21939	396	395/1562	2399/16344	258/358	11/47	1608	28188/246715	28781	7036	41/556	1181/27219
2002	340098	1794/22557	396	415/1650	2458/16472	268/368	11/47	1620	28247/246837	29577	6982	41/556	1198/28561
2003	353082	1707/23230	396	430/2066	2533/16281	268/368	11/47	1800/3268	28437/246341	29497	7000/9800	41/556	1172/28419
2004	360145	1888/29049	396	587/2730	2774/16709	270/371	11/47	1821/3300	28549/244906	29609	9005/11368	47/565	1175/28587
2005	370000	1900/29385	410	740/3342	2900/18300	300/404	11/47	1900/4950	29000/246000	30000	9600/12260	47/565	1200/3658

第八节　农业综合开发

酉阳耕地绝大部分属于中低产田土范畴。稻田多分布在河道两侧冲积带坝及槽谷和山间盆地之中，排灌设施极不健全，形成大量的下湿、冷浸田，“冷、烂、毒、串”四害严重。由于山高坡陡，旱地常遭山洪冲刷，水土流失严重。土壤瘠、瘦、浅、薄，保水、保肥、抗逆能力差。1985年全县水稻单产仅325公斤，玉米213公斤。大面积中低产田土的存在，严重制约着酉阳县农业及农村经济的发展和农民越温、脱贫致富奔小康进程。因此，切实加强农业基础设施建设，彻底改造低产田土，大力实施山区农业综合开发，是实现酉阳农业可持续发展的必要前提，是实现广大农民越温脱贫的重大举措。

全县低产田土改造工程，在20世纪80年代以前，每年都利用冬春农闲，进行平高填低，面土掺沙等简易整治。为加速改造进程，从20世纪90年代开始，按照“集中成片、规模开发、先易后难、综合治理、讲求实效”的原则，决定以灌区或小流域为治理单元，坚持“山、水、林、田（土）、路”综合治理，粮经作物并举，突出规模开发效益。按照各项目建设要求，在1993—1999年分年度将项目分别落实在全县11个区镇，43个乡实施。项目区共涉及248个村、6.88万户，20.6万人口。七年间共争取了国家农业综合开发、以工代赈、财政扶贫资金、以粮代赈等改造低产田土项目的实施，共计投资3210.9万元，共完成改造中低产田土9.8万亩，其中冬水田3.82万亩，下湿田1.65万亩，土改田0.95万亩，坡改梯土取石还土3.36万亩，开发非耕地0.02万亩，治理涝渍地0.57万亩，建优质茶园基地0.2万亩。共完成造林面积2.42万亩，其中经济林1.12万亩，营造农田防护林0.6万亩，水土保持林0.7万亩。共修建田间各类沟渠10.8万米，其中排湿、排洪沟3.82万米。新修机耕道2.8万米，便民路4.6万米，便民桥18座，便民池（井）、闸、涵、农田制口等配套设施11.86万处，建提灌站1座，铺设输水管道0.4万米。共计完成砌筑土石埂24.2万米，完成高规格田型调整0.2万亩。整个工程共计动用土石方186.85万立方米，其中石方56.4万立方米，累计投工208万个，其中技工64.2万个。

经项目实施的农业生产条件得到改善，消除了制约粮食生产的障碍因子，田间排灌渠系的完善和健全，稻田基本实现速灌速排，能水能旱。据统计，项目区可扩大水旱轮作1.8万亩，通过间、套作等农耕、农艺措施的实施，项目区复种指数由改前的158%增加到216%，粮食作物产量大幅度提高，农业经济快速增长。与改前相比，亩增水稻85公斤，玉米76公斤，小麦26公斤，油菜28公斤，共计实现增粮油875.5万公斤，绿肥饲料105万公斤。项目区年可增产值1210万元，增加纯收入840万元，经济效益极为明显。

1998年冬又在酉城西北5公里的小坝乡建设生态农业综合开发现代化示范园区。该示范园区属小坝中型水库（1248万立方米）灌溉区，辖8村54个组3095户、10204人，总面积44平方公里，耕地16000亩，经连续四年的建设，区内优质稻、菜经粮、果经花、粮经牧、水产养殖、景观农业、生态防护林等7大功能区已具雏形，2001年被重庆市农业综合开发办公室命名为重庆市酉阳县小坝综合开发现代化示范园区。

该园区具有“规模小、功能多、科技新、效益好”的特点，园区建设四年多来，累计改造中低产田土1.5万亩，修建排灌渠系75公里，机耕道32.3公里，便民路32.6公里，农田制口、涵、闸3248处，建灌、喷灌设施200亩，完成河道整治3.7公里，改造恢复河滩地1500亩，实施农业结构调整，建半夏—天冬GAP生产基地100亩，水果生产基地1500亩，花卉苗木基地500亩，反季节精品蔬菜基地100亩，养兔4000余只，引进业主建“农家乐”4家，完成四周山植树1.42万亩，建农村沼气池500余口，整个园区累计完成投资5225.49万元。

经过改造开发，改善了园区农业基础设施和生态环境面貌，农业结构得到有效调整和优化，可实现年增农业总产值1250万元，人均增加纯收入493.33元。

第九节　蔬菜花果种植

蔬菜种植

酉阳蔬菜品种共47种，其中根类蔬菜4种，茎类蔬菜8种，叶类蔬菜19种，食果类蔬菜16种。常年栽培的蔬菜品种有白菜、甘蓝、萝卜、豇豆、四季豆、花菜、青菜、大蒜、黄瓜、冬瓜、番茄、茄子、辣椒等。

随着改革的深入，城镇人口的增加，蔬菜生产也得到迅猛发展。1986年全县蔬菜种植面积是8.17万亩，产量是6.54万吨。至2005年，全县蔬菜种植面积达18.66万亩，产量达到15.12万吨，分别比1986年增加1.21倍和1.31倍。

20世纪90年代初期，全县蔬菜生产主要以菜农自产自销为主。20世纪90年代中期，随着市场经济的发展，城镇化水平的提高，蔬菜生产基地建设得到较快发展。至2004年，全县无公害蔬菜生产面积达13550亩。同时，反季节蔬菜也得到较快的发展，全县拥有蔬菜大棚面积1200亩，地膜覆盖5000亩，高山反季蔬菜面积2015亩。实现了全县蔬菜的周年均衡供应。

蔬菜生产的稳步发展，促进了加工业的发展。至2004年，全县已有蔬菜加工企业3户，年加工蔬菜产品千余吨。主要是酉阳绿化食品厂、重庆市天一魔芋科技开发公司、重庆市酉阳山黛食品有限公司。

1986—2005年酉阳自治县蔬菜生产情况表

表8－11

年度	面积（万亩）	产量（万吨）	年度	面积（万亩）	产量（万吨）
1986	8.17	6.54	1996	10.75	9.14
1987	8.58	6.86	1997	8.64	7.34
1988	5.35	4.28	1998	10.83	9.21
1989	7.72	6.18	1999	8.75	7.44
1990	10.61	15.98	2000	10.07	8.56
1991	9.28	7.89	2001	12.58	11.32
1992	9.98	8.49	2002	15.84	13.67
1993	9.43	8.02	2003	16.08	13.59
1994	9.38	7.97	2004	18.66	16.12
1995	10.6	9.01	2005	18.66	15.12

水果种植

酉阳果树资源丰富，种类繁多，可分为7类32种。其中仁果类5种，核果类5种，浆果类2种，坚果类3种，柑橘类7种，野果类6种，其他果类4种。柑橘、梨、桃、李、猕猴桃、柚等为酉阳县主要水果，柿子、枇杷、枣子、杏子为次要水果，樱桃、葡萄为零星水果。全县种植的水果树主要有柑橘、梨、桃、李、柚、葡萄、猕猴桃、草莓等。

随着农业、农村经济的不断发展，农业生产结构调整的不断深入，水果生产也得到了很好的发展。全县水果种植面积从1986年的3875亩，发展到2005年的33034亩，增加7.52倍。水果总产量也从1986年的1026吨，增加到2005年的5559吨，增加4.42倍，其中，作为酉阳主要水果的柑橘、梨分别从1986年的1638亩、130亩，发展到2005年的21911.5亩、5062.5亩，比1986年分别增加12.4倍和37.9倍。

1986—2005年酉阳自治县水果生产情况表

表8－12

年度	累计		柑橘		梨		其他水果	
	面积（亩）	产量（吨）	面积（亩）	产量（吨）	面积（亩）	产量（吨）	面积（亩）	产量（吨）
1986	3875	1026	1638	163	130	106	2107	757
1987	3358	721.7	1048	97.5	296	54.5	2014	569.7
1988	4225	959	1049	89	668	150	2508	720
1989	4991	1045	1076	111	661	225	3254	709
1990	4320	1198	1209	228	708	248	2403	722
1991	5052	769	1953	305	943	174	2156	290
1992	4704	871	1356	246	818	170	2530	455
1993	6132	1039	2594	449	1485	246	2053	344
1994	6781	1046	2966	452	1589	205	2226	389
1995	8370	1044.4	3000	447.5	2030	185	3340	411.9
1996	8120	904	3050	265	2030	86	3040	553
1997	8800	1550	3000	766.5	2030	274.9	3770	508.6
1998	8700	2669	3050	1468	2230	700	3420	501
1999	8770	2577	3050	1364	2230	683	3490	530
2000	8870	2653	3005	1543	2250	611	3615	499
2001	10200	1740	3805	1167	2750	321	3645	252
2002	11406	4004.6	4508	2447.1	3050	750.6	3848	806.9
2003	12616	4097.9	5033	2455	3701	807.3	3882	835.6
2004	22158	7810	13234	4320	3753	820	5171	2670
2005	33034	5559	21911.5	2412.7	5062.5	1128.3	6060	2018

花卉种养

酉阳的花卉生产和花卉市场起步较晚，花卉业的发展远落后于周边城市，远不能满足广大人民群众消费水平的需要。但随着改革开放的深入和市场经济发展步伐的加快，人民物质生活水平的不断提高，近年来发展速度较快，特别是进入21世纪以来发展更为迅速，花卉种植面积从1986年的56亩发展到2005年的470亩，净增414亩，其中2001年创历史新高，达到500亩。1986年酉阳全县花卉种植面积仅为56亩，主要以个体分散种植，不成规模。经过近20年的发展，到2005年全县有专业化花卉苗木场3个，花农120户，从业人员180余人。还建有用于花卉生产的温室面积30亩，大棚面积60亩，遮阴篷面积80亩。花卉生产的品种丰富。据2004年统计，全县生产鲜切花为13万枝，盆栽植物为16万盆（盆花8万盆，观叶植物4万盆、盆景4万盆），观赏苗木2万株，草坪3万平方米。

1986—2005年酉阳自治县花卉生产情况表

表8－13　　单位：亩

年度	面积	年份	面积
1986	56	1996	275
1987	88	1997	285
1988	120	1998	310
1989	170	1999	320
1990	215	2000	340
1991	135	2001	500
1992	150	2002	450
1993	190	2003	430
1994	195	2004	465
1995	200	2005	470

第三章　林　业

第一节　森林资源

林地面积

据县林业局2003年二类清查资料：酉阳县林业用地面积为4461805.5亩，其中有林地1852387.5亩，疏林地48583.5亩，灌木林地1783836亩，无立木林地164916亩，荒山荒地612003亩，苗圃地79.5亩，全县森林覆盖率23.87%。

林地分布

按历史上形成的区域划分，酉阳在习惯上将林地分为酉东、酉中、酉西三片。

酉东区域 包括龙潭、江丰、麻旺、腴地、泔溪、车田、酉酬、后溪、偏柏、大溪、五福、可大等12个乡（镇），总面积2357636.5亩，其中林业用地面积1230517.5亩，占总面积的52.19%，有林地面积455893.5亩，占全县有林地面积24.61%，森林覆盖率为19.34%。

酉中区域 包括钟多、板溪、涂市、铜鼓、兴隆、黑水、李溪、木叶、毛坝、花田等10个乡（镇），总面积2430848.5亩，其中林业用地面积149529亩，占总面积的61.54%，有林地面积504658.5亩，占全县有林地面积27.24%，森林覆盖率为20.76%。

酉西区域 包括南腰界、小河、官清、楠木、板桥、丁市、万木、宜居、天馆、后坪、龚滩、两罾、清泉、苍岭、双泉、庙溪、浪坪等17个乡（镇），总面积2660164.5亩，其中林业用地面积1444887.5亩，占总面积的54.31%，有林地面积761214.5亩，占全县有林地面积41.09%，森林覆盖率为28.61%。

活立木蓄积

据县林业局2003年二类清查资料：酉阳县活立木蓄积为9609872立方米。其中：森林（林分）蓄积为9252408立方米，含针叶林7706063立方米、阔叶林751501立方米、针阔混交林794844立方米；大径竹1110百株，小径竹3118百株；疏林地蓄积41864立方米；散生林蓄积44522立方米；四旁树蓄积271078立方米；幼龄林蓄积2000077立方米；人工林面积17639.7公顷、活立木蓄积为872029立方米，包括杉类蓄积415762立方米（面积为9401.7公顷）、松类蓄积275301立方米（面积为4190公顷）、其他针叶类蓄积58589立方米（面积为1929.3公顷）、软阔类蓄积120773立方米（面积为2104公顷）、硬阔类蓄积1604立方米（面积为14.7公顷）；天然林蓄积8409402立方米（面积为225091.6公顷），其中杉类蓄积375874立方米（面积12312.2公顷）、松类蓄积7016744立方米（面积为76009.1公顷）、其他针叶类160523立方米（面积为2657.2公顷）、软阔类蓄积421891立方（面积为7835.7公顷）、硬阔类蓄积405347立方米（面积为5413.4公顷）。

树　种

酉阳树种以乡土树种为主，据1982年林业区划树木品种资源普查结果，共有63科194种，另为竹类，为竹亚科，有12个品种。1986—2005年，县林业部门和县城建局先后从外地共引进树种30个，从而使酉阳的木本植物资源由原来的206种增加到236种。

经济林木

油桐 又分小米桐、大米桐、柿饼桐、葡萄桐、柴桐5个品种，其中小米桐占全县油桐的80%。小米桐具有生长快、投产早、产量高度的优点，曾被四川省评为优良品种。全县年产桐籽10.6万担，1956年达19万担。酉阳还为全国油桐基地县之一。

棬子 又名乌桕，主要有长穗、葡萄、鸡爪、多杈、铜锤5类，以葡萄、鸡爪为主，主要分布于酉阳中部、西部的24个乡镇。产量曾居全国第二位，平均年产棬籽3.9万担，新中国成立后的最高年产量为1956年的5.6万担。

生漆 全县漆树品种有13个，其中灯台大木和灯台小木为全国的优良品种，二杈大木、疣漆小木为全市稀有品种。商业部西安生漆研究所认定酉阳为灯台小木漆的发源地。全县生漆主要分布于酉阳中部、西部的兴隆、木叶、毛坝、黑水等乡镇，年均产量500担左右。

油茶　全县成片油茶林10万亩，主要分布在酉阳东部的丘陵和低山区的五福、可大、大溪、偏柏、酉酬、后溪、泔溪、车田、兴隆、木叶等乡镇。年均产量1.1万担左右，最高年产2.78万担。其油可食，油味盛美。以油茶籽加工而成的琥珀茶油产品获国家有机产品认证和HACCP食品安全关键点国际认证。

五倍子　结五倍子的树种有盐肤木和红麸杨两种。在全县疏林地、灌丛和岩窖土上自然分布的倍林面积约15万亩。1958—1981年总产96305担，年均3009.5担，最高年产为1959年、1960年和1965年均在5200担以上。近年产量在200担左右。

珍稀古树

酉阳原有的珍稀古树有白花泡桐和榉木（群众习称杉楠）。1986年以后全县对珍稀古树没有新的发现，但资源有变化，一是白花泡桐，原中国林科院在酉阳境内共选定并编3株，最好的一株已经枯死，仅存2号和3号。二是榉木，境内原有的属于古树年龄的比较多，1986年以后至90年代初，外地商人到酉阳深入农村高价收购，对资源破坏较大，交通沿线的大径榉木几乎被砍伐殆尽，损失巨大。

珍稀植物

酉阳主要珍稀植物有珙桐、红豆杉、银杏、中华蚊母、酉阳楼梯草、金荞麦等。

第二节　大板营原始森林

大板营原始森林位于酉阳东北部，地处渝鄂两省交界处，北纬29°2′24″—29°24′23″，东经108°50′50″—109°4′9″。属武陵山系灰阡梁子东翼的部分，行政区属小咸乡大营村，总面积44025亩，人口173户721人。中山地形，最高海拔1895米，相对高差300—700米，气候兼盆地与高原的特色，季节交替明显，雨水较多，无霜期小于210天。土壤以山地黄壤、黄棕壤为主，局部有山地草甸土发育（如烂泥湖）。据酉阳农业区划资料记载：大板营有森林面积13500余亩，森林覆盖率30.7%，活立木蓄积24312立方米，主要群落是天然常绿落叶阔叶混交林，集中分布在海拔1600米以上地带，动、植物资源丰富。优势树种主要有栲树、石栎、岩青冈、野山茶、杜鹃、木兰、锥栗、榆树（俗称盖白杨）、水青杠、板栗等20多种。野生动物中属国家二、三类保护动物的有毛冠鹿、豹、云豹、大灵猫、小灵猫、红腹角雉、大鲵等7种。大板营是原四川省列入全省拟建的13个自然保护区之一，现是重庆市的市级自然保护区之一。

第三节　林业生产

种苗培育

采种　1986—1989年全县的林业生产以飞播造林为重点，所以树种以采集马尾松为主。1990年开始，造林重点逐步转向以营造经济林为主，经济林中又以营造五倍子林为重点，这时的采种又以采集盐肤木和红麸杨种子为主。由于此树木品种资源较丰富，所以每年采集的种子除满足全县育苗、造林外，每年还承担了部分外调任务。

采种方式　1986年是县林业局退休职工承包，由林业局与个人签订合同，按合同规定收购。1987—1991年采集种子由林业局委托木材公司和苗圃收购。1991年以后由林业局直接收购，由林业局指定专人负责此项工作。次年开春以后，根据当年林业生产计划，将种子调发到各区林业站，再分发到各育苗户手中，这是多年来形成的一套管理办法。

育苗 育苗是根据林业生产计划来安排，由县人民政府一次性安排到各区和各有关单位。各区的计划再由各区分到各乡，再落实到育苗户。对育苗的报酬，最早是采取定额补助的办法，随着农村经济体制改革的深入发展，从1992年开始采取商品化育苗办法，即苗木育出后，按一定的规格质量要求，由县林业局与育苗户按市场价格，协商定出当年苗木价格，由林业局收购调运。现在除一些新品种的苗木需要从外地调进外，绝大多数经济林都是通过自己育苗来解决的。

1986—2005年酉阳自治县树木种子收购育苗面积表

表8－14

年度	收购数量（公斤）	育苗面积（亩）	其中国营（亩）
1986	6540	615	88.4
1987	5000	773.7	88.4
1988	5500	780	88.4
1989	11110	2302	88.4
1990	1000	2271	88.4
1991	9500	2132	88.4
1992	16719	3568	81
1993	8281	1824	81
1994	5646.5	1670	81
1995	1375	1266	81
1996	1082.5	1028	81
1997	1128.5	512	69
1998	11800	400	120
1999	25000	800	120
2000	12800	1860	400
2001	7500	3175	600
2002	8600	4825	1200
2003	8500	7835	1200
2004	4200	9380	1200
2005	1200	2000	100

酉阳除自育苗木外，近年来，还从外地调进一些本地紧缺的苗木，1994—1996年共计从湖南调入板栗苗69.2万株（其中嫁接苗56.2万株），同一时期酉阳自育板栗嫁接苗18.06万株。1995年从江津调进银杏实生苗木14.7万株，1996年又从长沙和山东调进银杏嫁接苗2.8万株，1997年自产银杏嫁接苗34万株。

植树造林、绿化

1986年以后，酉阳植树造林主要分为两个阶段，即1986—1994年以飞播为主，共计23个飞播区，共飞播126个架次，全部用马尾松种子播种，共完成飞播面积40.71万亩。1992—1994年转向以营造经济林为主，树种以栽植盐麸木和红麸杨为主。1993—1994年是植造五倍子树的高潮时期，这一时期共完成造林面积82.62万亩，其中除点播马尾松12万亩和一部分速丰林及10万亩长江防护林工程造林外，其他大多为五倍子基地造林。长江防护工程造林始于1992年，当年造林0.7万亩，到1997年全县共计完成长江防护造林面积9.83万亩。1994年以后经济林木造林转向以营造板栗、银杏为主，到1997年先后从湖南调进板栗苗69.2万株（其中嫁接苗56.2万株），主要栽植于黑水、李溪、钟多、铜鼓等区乡，酉阳自育板栗苗18.6　万株，栽植于铺子、小坝、铜鼓、后溪、沿岩等乡。1995—1997年共调入银杏苗17.5万株，全部是嫁接苗，栽植于钟多镇、苍岭、丁市、小坝等乡（镇）。1997年自产嫁接苗3.4万株，全部栽植于沿岩乡。

从1986年起，除飞播造林为大面积绿化和每年完成成片造林外，还开展了以“义务植树”为主的“四旁”零星植树。近20年共完成成片造林401.8万余亩，年均造林20.09万亩，完成“四旁”即村旁、宅旁、路旁、水旁零星植树8598.03万株，年均植树429.9万株。2002年开始，全县实施退耕还林工程，至2005年完成退耕地造林23.22万亩，荒山造林49.5万亩，封山育林5万亩。

1986—2005年酉阳自治县成片造林和四旁植树情况表

表8－15

名称 年度	成片造林(亩)	四旁植树(万株)
1986	92659	441.07
1987	187025	352.82
1988	116562	639.46
1989	323635	410.02
1990	148658	491.77
1991	144576	820.07
1992	230900	830.20
1993	314600	1042.32
1994	280700	1100
1995	218000	980
1996	120700	736
1997	74800	480
1998	186200	37.8
1999	264300	34.3
2000	302300	41.2

续表8－15

年度 \ 名称	成片造林(亩)	四旁植树(万株)
2001	295700	36.2
2002	213000	28.5
2003	310000	31.5
2004	110000	46.2
2005	175000	18.6
合计	4109315	8598.03

林浆纸杨树基地建设

酉阳从1999年实施林浆纸杨树基地建设以来，至2005年共栽植杨树51.28万亩，保存面积41.28万亩，工业原料林可用面积30.18万亩，超过重庆市其他区、县，林纸一体化建设被写入2003年重庆市政府工作报告。

第四节　木材经营

采　伐

1986年以后，木材仍坚持限额采伐，即采伐量不能超过生长量的原则，国家木材经营部门所收购的商品材，除国家林业主管部门实行计划控制，每年由林业部门提出采伐建议计划，报县计划委员会，县计委再根据各区的森林资源情况将采伐计划（即木材生产计划）分配到各区，区再分配到乡，层层按计划实行控制外，各地在按计划采伐木材时，还要具体办理采伐手续，才能采伐木材。从1989年开始，按省林业厅规定，一律使用省林业厅按照《四川省核发木材采伐许可证管理办法》印发的采伐证。农村以户为单位发放采伐许可证；国营林场、集体林场采伐以独立的伐块为单位发放采伐证。林木采伐后还要进行检查验收，不合规定的，可收缴采伐证，终止采伐，直到纠正为止。没有按照规定完成更新造林任务的，不再发放采伐许可证。

在木材流通领域，继续关闭木材市场，只能由林业部门的专业公司进山收购。运输木材由木材检查站持林业公安部门制定的统一标志进行检查。

收　购

木材收购按国家规定一直是由国家专营公司，即国家木材公司（1989年改为林产品经销公司）进行的。在全县12个区设有木材收购站，在重点林区的乡设有木材收购点，在未设立区林业站以前，这些木材站、点既是木材的收购单位，也是木材的管理单位。每年的木材收购计划下达后，他们就按政府下达的计划，将木材生产任务具体分解到各林区村组，并和村组签订好收购合同，组织指导群众按规格要求的树材种进行生产，并定点约时进行收购。国家一直实行木材的经营由国家专营公司进行，规定其他任何单位和个人均不得插手经营木材，也不准单位和个人深入林区购买木材。所以酉阳木材收购秩序在

1985年以前一直是比较正常的，后来由于受多种原因的影响，专营渠道有所放松，木材收购秩序已不如1985年以前正常。专营公司也由于资金短缺和经营管理不善等原因，没有完成国家下达的木材收购计划。1998年后，由于国家政策调整，酉阳被重庆市政府定为禁伐县，所以无商品木材生产计划。

1986—1997年酉阳自治县木材收购情况表

表8－16

年度 名称	1986	1987	1988	1989	1990	1991	1992	1993	1994	1995	1996	1997	合计
收购量(立方米)	4980	5088	4814	5872	5511	5247	6575	6129	5059	3162	904	293	53634

销　售

木材销售分为三种情况，一是按国家计划进行调拨；二是当地市场销售的木材，又称为内销材，此项木材销售数量较小；三是支农材，主要用于制造农具出售，这项销售是按国家安排的计划进行，一般是只销售给供销社所属的农资部门，由农资部门组织工匠加工成农具销售，因此种用材属支农性质，销售价格较低，不但不能从中获利，有时甚至低于收购价出售，因为这是国家计划安排的项目，必须完成，尽管赔本也得销售。在改革的大潮中，县木材公司先后更名为林产品经销服务公司和林产品公司，随着改革开放的深入，本着“山上管死，山下搞活”方针的贯彻执行，于1989年放开了木材销售市场，取消了实行多年的计划调拨，改由公司自主销售，这一改革曾给酉阳县林产品公司带来经济效益，后由于一些非经营部门插手经营，结果导致木材经营秩序混乱，主营公司又自身管理不善，造成资金短缺，导致不能保证收购和促进销售的被动局面。

1986—1997年酉阳自治县林产品公司木材销售情况表

表8－17　　单位：立方米

年度 名称	1986	1987	1988	1989	1990	1991	1992	1993	1994	1995	1996	1997	合计
收购量	5142	7545	4961	4144	5718	6130	5370	5675	4686	3508	1192	337	54408

第五节　林业管理

林业管理的内容比较广泛，它包括经营管理和林业行政管理，在经营管理中又有调查设计管理、技术管理等。这里所述的是林业行政管理。

林业管理（包括国有林、集体林、私有林）

机　构　林业的保护机构最早成立的是县护林指挥部，成立于1956年11月，由县长华增修任指挥长，农林水利科副科长刘洪均任副指挥长，县级各有关单位负责人为成员。以后成员随机构变动而调整，但护林指挥部这块牌子始终未改变。中共十一届三中全会以后，党和政府进一步重视了林业工作，护林工作也进一步加强，在指挥部下设立了日常办事机构护林办公室，配备了主任、副主任和办公人员。1986年以后，县林业局增设了林业保护股，1991年又增设了野生动物保护股，1993年上述两股合并为林政、野保科，1995年又将资源管理由生产资源科划出并入林政资源管理；为了加强林业法制管理，于1984年成立了青华林区派出所。1986年林区派出所升格为林业公安科，由青华林场迁至县林业局办公，属林业局和公安局双重领导，专门负责查处全县有关林业的刑事和治安案件，维护林区正常的治安秩序。为了管理好木材市场查处非法经营木材，1993年成立了林政稽查队，除上述林政管理机构外，1986年以来，还在全县先后设立了10个木材检查站，到1997年时还保存有8个木材检查站。为了加强对各个木材检查站的管理，1995年又成立了县木材检查总站，总站设在县林业公安科。

落实山林权　中共十一届三中全会后，县委、县政府根据中共中央、国务院《关于保护森林、发展林业若干问题的决定》精神，先进行了“稳定林权，落实林业生产责任制”的试点，试点工作结束后印发了酉委发〔1981〕17号文件，这个文件一直发到生产队，要求全县开展“落实林权”的工作。为了加强对这一工作的领导，成立了酉阳县落实山权林权和林业生产责任制领导小组，领导小组下设了办公室，并落实了主任、副主任和办事人员，并要求各区、乡也成立相应的组织，以加强对落实林业“两制”工作的具体领导，从此全县全面开始了落实山林权属的工作。到1983年9月，林业“两制”工作告一段落，全县共给119557户农民划了自留山，自留山面积68.78万亩；落实集体山林2854个队，集体山林面积90.89万亩；其中落实管理责任制的山林35.66万亩，承包管理的农民36364户，给国有山林发证面积16万亩。国有林发证面积0.33万亩，另外当时全县有30个社队林场，经营面积9.96万亩，也全给发了林权证。此后全县再未对山林权属进行过调整。据资源保护科1996年调查统计，全县集体和私人占有林业用地面积315.65万亩，其中有林地面积151.70万亩；国营占有林业用地面积20.69万亩，其中有林地面积5.36万亩。

推行林业责任制　推行林业责任制，主要做了两项工作，一是从1987年开始给国营青华林场定权和颁发森林管理证；二是对青华林场和龙潭飞播区的有林地面积实行“五定责任一奖励”简称“五定一奖”的管理办法。林地权落实后，由县人民政府给青华林场各工区颁发了林权证。推行“五定一奖”管理办法后，每亩林地由林业局从所收的育林基金中按0.05元付给管理报酬，其中青华林场“五定一奖”管理面积121280亩，每年付给报酬6064元。龙潭飞播造林管理站管理面积129517亩，每年付给报酬6478.35元。从1992年开始，两个单位的管理费各增加2000元，这样青华林场每年有代管经费8064元，龙潭飞播站有代管经费8478.35元。1994年以后，由于育林基金越来越少，就取消了这项林业管理经费。

1997年青华林场各工区林地定权发证面积表

表8－18

单位：公顷

工区 名称	印合岩	刘家沟	庙湾	保家	崔家坨	毛坝	银岭	苍蒲溪	红勃	合计
发证面积	647.2	497.6	1026.7	433.2	1032.6	1411.6	1321	1622.5	2129.8	10122.2

依法治林　1985年《中华人民共和国森林法》颁布实施，县人大常委会根据《中华人民共和国森林法》的精神制定了《加强林政管理暂行规定》，林业部门根据这些法律、法规，开始依法治林。

查处毁林案件。1986年青华林场派出所升格为林业局林业公安科，以侦破查处各种毁林案件为主要任务，凡盗伐木材1立方米以上、乱砍滥伐木材3立方米以上、山林火灾烧毁有林面积10亩以上均属必须查处的范围。其他毁林事件没有达到立案标准的，一般由林业保护股调查处理。但作为治安案件，林业公安科也要进行清查处理。1986—2005年，县林业部门按照《中华人民共和国森林法》的规定，查处森林刑事案件76件，提请批准逮捕32人；公安行政处罚159人，以及包括数起没收木材、罚款等林业行政处罚。

1986—2005年酉阳自治县乱砍滥伐木材查处情况表

表8－19

名称/年度	森林刑事案件			公安行政处罚		林业行政处罚									
						批评教育		没收木材		赔偿损失		罚款		补交税费	
	发生（起）	查处（件）	逮捕（人）	拘留（人）	警告（人）	起	人次	起	立方米	人次	金额（元）	人次	金额（元）	人次	金额（元）
1986	1	1	1	10	—	495	1000	12	78.38	102	1450	8	500	—	—
1987	2	2	2	13	—	500	988	17	82.31	98	1345	7	450	—	—
1988	4	4	1	18	—	581	725	10	56.62	182	2000	19	1235	—	—
1989	—	—	—	5	—	529	631	9	36.5	209	10000	30	2300	—	—
1990	3	3	1	13	—	639	721	11	17	89	5000	23	170	—	—
1991	8	8	8	20	—	721	882	31	42.05	101	5514	—	3120	—	—
1992	12	12	6	13	—	890	1021	21	38.58	29	8420	—	1680	—	—
1993	6	6	1	34	—	1100	1821	32	327.5	68	21735	7	380	—	—
1994	2	2	3	3	—	—	—	40	126	200	8110	120	2414	200	12800
1995	13	13	4	12	—	463	2100	50	210.5	100	38600	—	1090	—	—
1996	3	3	1	7	—	1121	320	27	25	—	36000	—	12000	168	11000
1997	5	5	2	8	—	325	325	19	30	99	2186	123	2318	—	425
1998	2	2	—	—	—	102	—	—	31	—	—	—	—	—	—
1999	4	4	—	—	—	60	—	—	82	—	—	—	—	—	—
2000	—	—	—	—	—	—	—	—	—	—	—	—	—	—	—
2001	—	—	—	—	—	—	—	—	—	—	—	—	—	—	—
2002	7	7	—	—	—	139	—	—	105	—	—	—	—	—	—
2003	—	—	—	—	—	176	—	—	105.4	—	—	—	—	—	—
2004	1	1	—	—	—	66	—	—	47	—	—	—	—	—	—
2005	3	3	2	3	—	—	—	89	198	—	—	2	3000	89	10080
合计	76	76	32	159	—	7907	10534	368	1638.84	1277	140360	339	30657	457	34305

调解林权纠纷。调解林权纠纷，保护林木所有者的合法权益，是保护好森林资源，制止乱砍滥伐的一个重要方面。通过落实“林业两制”，全县的林木所有权已基本清楚，管理责任明确，但侵犯别人林权、抢砍他人林木的事件时有发生，除县境内的林权纠纷外，毗邻县之间也存在个别林权纠纷问题。对待林权纠纷问题，在县政府的重视及分管领导的参与下，县林业部门历来视为自己的职责，采取积极态度，进行调查处理，决不回避问题，避免事态扩大，造成不良后果。近20年来，先后成功地解决了酉阳县苦竹乡江丰村与秀山县溪口乡潮水村飞播林区的林权争议问题和酉阳县五福乡白果村铁厂溪组与湖北省来凤县百福司镇凤河乡新才村姚家湾组林地林权纠纷问题。对县境内的林权纠纷更是发生一起解决一起，从而防止了事态的扩大，保护了林木所有权者的合法权益。

森林防火

森林火灾是对森林的最大威胁，做好森林防火工作至关重要。全县防止森林火灾的方针是“预防为主，积极消灭”。具体办法是：

发布告 进入山火警戒期之前，由县政府发布森林防火通告，以晓喻群众和各级政府提高警惕。1987年12月23日，全县共印发森林防火通告12万份，林业局还以政府名义组织宣传车深入林区乡村宣传森林防火的意义和注意事项。如1993年在防火警戒期，就先后派出6辆宣传车，历时近一个月共宣传126车次，宣传范围遍及全县13个区（镇）的56个乡393个村，成人受教育面达70%以上。此外，还写了标语2万多条，1996年以来共建永久性护林防火牌138块。

封山育林 制止人员进入林区烧灰积肥、砍柴割草、开山取石，以减少森林火灾的发生。1992年全县完成封山育林面积210万亩。1993年又顺利完成规划设计封山育林10万亩的计划。

防火组织 据森林公安分局2004年年底统计，全县有森林防火领导小组139个，各乡镇组织有30—50人的护林防火队。

值班 山火警戒期各乡镇林业部门安排有专人昼夜值班。电信部门在此期间保证通信线路畅通无阻。

表彰 表彰护林有功人员，树立学习榜样。1997年7月1日，县人民政府为已故护林有功人员李华堂立了功德碑，以表彰其护林功德，弘扬群众爱林护林精神。功德碑位于川湘公路1927公里处右侧，碑高2.4米，宽0.9米，在群众中塑起了“护林有功者奖”的形象。

调查处理 发现山火及时调查处理。在调查中坚持“三个不放过”，即事故未查清不放过、责任人未受到教育不放过、补救措施（包括处理结果）没落实不放过。酉阳县森林防火工作由于上级强调得严，部门抓得紧，所以全县护森防火是有成效的。1986—2005年，全县发生的山火（包括森林火灾）共136起，其中毁林面积516.27亩，荒山过火面积1529.18亩，每起山火都按规定进行了妥善处理。

1986—2005年酉阳自治县森林火灾毁林面积表

表8－20

项目 \ 年度		1986	1987	1988	1989	1990	1991	1992	1993	1994	1995	1996	1997	1998至2005	合计
山火类型	火灾	—	—	—	—	—	—	—	1	—	1	—	—	—	2
	火警	—	—	31	7	26	—	—	24	—	4	13	10	19	134
	合计	—	—	31	7	26	—	—	25	—	5	13	10	19	136

续表8-20

项目	年度	1986	1987	1988	1989	1990	1991	1992	1993	1994	1995	1996	1997	1998至2005	合计
烧毁（过火）面积（亩）	森林（亩）	—	—	9.7	—	—	—	—	—	—	183.7	37.7	150	—	381.1
	林地（亩）	—	—	29.7	—	—	—	—	5.47	—	—	—	100	—	135.17
	荒山（亩）	—	—	224.85	—	—	—	—	706.23	—	198.7	329.4	—	70	1529.8
	合计（亩）	—	—	264.25	—	—	—	—	711.7	—	382.4	367.1	250	70	2045.45
查处情况	补植（亩）	—	—	—	—	—	—	—	620	—	253	183	—	—	1056
	赔偿损失（元）	—	—	—	—	—	—	—	3910	—	2200	39100	—	—	45210

制止乱砍滥伐

《中华人民共和国森林法》中对乱砍滥伐林木有明确的条款禁止，县林业行政部门对制止乱砍滥伐的行为，历来是列入保护森林的主要工作常抓不懈，其办法是：一手抓宣传教育，一手抓对乱砍滥伐案件的及时清查处理。宣传方面主要是向全县各级干部和广大群众宣传《中华人民共和国森林法》和有关保护森林资源的政策、法规及进行法制教育，提高干部和群众对保护森林资源重要性的认识。1992年春，在部分区乡出现乱砍滥伐林木、盗伐、抢砍国营林区树木，无证运输木材，深入农村购买木材等不正之风，特别是青华林场国营林区周围的村民大肆盗伐、抢砍国有林木，林区社会秩序混乱，群众反映强烈，针对这一情况，县林业局开展了声势浩大的宣传活动，共组织宣传车54车次，对全县13个区（镇）、64个乡、428个村的公路沿线村民进行宣传教育，使成人受教育面达72%。除宣传车进行广播宣传外，还书写宣传标语共计22850条。与此同时，对乱砍滥伐严重的区乡和国营林区进行重点清查处理。在县委、县政府、县人大的领导下，组织了由公安、林政人员共30多人的工作组，分成酉东、酉中、酉西三个片区，根据不同情况各有侧重地实行分片治理和重点打击。清查范围共涉及8乡1镇40个村162个组2965户。通过清理，补交各种税费5.74万元，收回木材179.3立方米，查处违法人员3800人次。对天馆乡乱砍滥伐林木的违法人员除进行经济处罚外，还专门办了法制学习班，使70多人受到教育。

病虫害防治

森林病虫害防治是保护森林资源的重要措施之一。1986年以来酉阳发生过三次较大的病虫危害森林的灾害。

第一次是1988年7月在金银山飞播造林区的小坝乡石柱村和钟多镇骑龙村发生大柏毛虫危害，受灾面积1400亩，虫口密度94条/株，植株有虫率达100%，经采取人工捕捉法将其杀灭。共组织2546人次，经过10天的艰苦努力，虫口减少了98.95%，共捕杀害虫1.75万公斤，支付劳务费17400元。同年8月安家盖飞播区的狮子口、青冈树槽等地发现松叶蜂危害马尾松幼树，受害面积16.28亩，虫口密度100条（株），亦采取人工捕杀办法，组织910多人次将害虫感染枝条摘除集中烧毁将害虫消灭，这次支付劳务费1628元。同年5月在岭口、苍岭、天馆等三个乡还发生过马尾松赤枯病危害，受害面积1万亩左右，经采用“741”烟雾剂防治将灾害控制。

第二次是1990年，这一年是森林病虫害的多发年。首先在金银山飞播区发现大柏毛虫危害，感染面积2000亩，成灾面积600亩，针对虫龄期不同而使用不同的化学农药进行防治，取得了较好效果。此外，在青华林场的崔家坨、刘家沟等工区还发生过杉天牛危害；在天馆乡、后兴乡及飞播站的马尾松和油松林区发现松叶蜂危害，这些林区由于面积较大（约4万亩），且虫情较轻微，加之林内害虫天敌较多，故未成灾，也未进行防治。

第三次是1997年在原酉酬、大溪两个区发现松毛虫危害面积4500亩，涉及可大、沙滩、酉水3个乡、14个村，其中严重危害1000亩，中等危害1500亩，轻度危害2000亩。平均有虫株率93.3%，平均虫口密度54.03条/株，最高达183条/株，最低5条/株。针对虫情，经采取化学防治、人工摘除虫蛹和卵块、灯光诱杀等综合防治办法将其扑灭。还结合人工防治病虫害，向群众宣传保护害虫天敌昆虫，如螨象、螽斯、蚂蚁等和杜鹃、大山雀等食毛虫的天敌鸟类。此外，还加强对林区病虫害的预测预报工作。

第四章　茶叶　蚕桑

第一节　茶　叶

酉阳群山起伏，雨量充沛，日照中等，昼夜温差大，冬春云雾较多，是生产红茶、绿茶和名茶的理想自然环境，制茶业源远流长。

一千多年前的宋代辖区就开始茶树栽培和茶叶焙制，据记载："当地土人不尚制造，焙，多带烟耳，谷雨前早摘，曰雨前，曰毛尖，叶粗老则茶粗，价依次逆减。"20世纪80年代中期调查，酉酉龙头山脚宜居双池，有50余株直径4—7寸、树高12尺、蓬大140多平方尺的中型茶树，虽属灌木，然树干似为乔木，整个茶园树势高大，一片葱茏。在黑水大涵等地也有类似的中型茶树和老茶园。有的茶树砍伐更新多次，桩蔸有200余公斤。

20世纪80年代初，全县兴办茶场25个、种茶面积2589亩，联办茶场380个、面积15804亩；社办茶园1306个、面积8931亩，合计茶场1701个，种茶面积27324亩。已建成千亩茶园的公社有红井、木叶、庙溪、南腰界4个；500亩以上的有16个公社，400亩以上的有15个公社。茶叶生产已具规模，形成产茶基地。

1985年茶叶收购量526.2吨。1986—1990年茶叶收购总量1333.28吨，总值190.8万元，调出数总额175.7万元。20世纪80年代以前，全县制茶都是用火烤焙，手工搓揉。1986年后有揉茶机、炒茶机各72台，烘干机7台，转子机5台，解块机3台，以及电动机、柴油机、排风扇等各种机械250台。随着茶园陆续投产，茶厂相应建立。1984年有厂、场结合的绿茶厂150家，乡办茶场3个，乡办出口红碎茶加工厂3家（红井、木叶、董河），当年生产红碎茶为700担，红井茶厂加工500担。1986年红碎茶加工制作达到865担。

1991年宜居红茶厂由丁市供销社承包经营，更名为宜居茶厂后，开发了“宜居毛尖”“清明毛尖”等30多个品种，茶叶供不应求。至1996年，其产房面积2000多平方米，职工50人。1997年宜居茶厂搬到重庆生产并组建公司，生产经营宜居茶。1999年宜居茶获重庆市第三届农副产品比赛“优质名茶”称号。“双池牌”已申请办理商标注册。

木叶乡高山有机红茶系列产品，经过长期的技术和文化积淀，已经发展成为远近闻名，深受消费者喜爱的红茶品牌。

第二节 蚕 桑

栽桑养蚕

酉阳栽桑养蚕历史悠久，开始是以柘桑、柘蚕为主。1958年以后从外地引进良桑栽培，倡导发展新桑新蚕，柘桑被逐渐淘汰。1981—1982年全县栽幼桑100万株。1989年黔江地区行署把蚕桑生产确定为各县脱贫致富支柱产业。同年12月成立酉阳县蚕桑局、酉阳县丝绸公司，实行两块牌子，一套班子运作方式，拉开了强力推进蚕桑生产的序幕。1989年全县投产桑园200余亩，由于加强了在地桑苗的管理，1990年投产桑园增至600余亩。1991年新发展桑园4000余亩，桑园发展初具规模。1992年成立蚕桑生产指挥部，指挥建设万亩良田优质桑园，由县委副书记庞一卫任指挥长，县人大常委会主任石敦高、副主任李仁才、政协副主席任家谦、农办主任刘长坤等任副指挥长，下设龙潭、麻旺两个区指挥部，两个区的区委书记分别任指挥长。万亩蚕桑工程由7个工区组成，各工区分别由当地行政领导、县直部门抽调人员组织大栽桑树，当年栽桑11290亩，建成了当时全省有名的万亩良田桑园。同时规划拟建酉阳缫丝厂。1993年，指挥部成员与科技人员一起深入田间，指导桑农进行桑树管理，组织养蚕技术培训并研究出台了栽桑养蚕的优惠政策，使蚕桑生产迅猛发展。但从1995年开始，桑农对政府采用的行政手段过重产生不满情绪，进而导致毁桑现象不断发生，到1998年，万亩良田优质桑园仅存1000余亩，县丝绸公司债台高筑，县蚕桑局举步维艰。2001年9月，县级机构改革，撤销县蚕桑局，县丝绸公司归属农业局，但人财物独立。县农业局于2003年争得退耕还林指标3000亩用于发展蚕桑，当年实际栽桑2000余亩。2005年又栽桑5000亩，到年底全县桑园回升到8000余亩，其中投产桑园4000余亩。

1949—1958年，酉阳以养柘蚕为主，柘蚕茧收购量从1.5万公斤增至2.94万公斤。1958年以后引进良桑栽培，柘蚕被逐渐淘汰新蚕种逐年增加，到1989年产茧量达6850公斤。以后，随投产桑园的逐年增加，投放蚕种量和产茧量也随之增加，1990年产茧16150公斤，1991年产茧60700公斤，1992年产茧156600公斤，1993年产茧量上升为292650公斤，1994年产茧量创酉阳历史新高，达到40万公斤。从1995年起蚕桑生产逐年下滑，到2003年全县产茧量仅6400公斤，2005年年底全县产茧量回升至1.4万公斤。

缫丝加工

酉阳蚕茧缫丝加工始于1993年，即酉阳缫丝厂建成投产之年。酉阳缫丝厂缫丝规模是2680绪，年产生丝80吨。1994年酉阳收购的40万公斤蚕茧全部供给了缫丝厂。1995年供给25.6万公斤，1996年供给15.93万公斤。此后由于茧量不足，缫丝厂被迫停产关闭。1993年以前和1996年以后酉阳各年份所产的蚕茧都是作为原料销售给外地厂家。

1989—2005年酉阳自治县栽桑蚕茧产量情况表

表8－21

名称 / 年份	栽桑（亩）	其中投产（亩）	蚕茧产量（公斤）
1989	—	200	6850
1990	—	600	16150
1991	4000	—	60700
1992	11290	—	156600
1993	—	—	292650
1994	—	—	400000
1995	—	—	256000
1996	—	—	159300
1997	—	—	69300
1998	—	—	46000
1999	—	—	30000
2000	—	—	19000
2001	—	—	—
2002	—	—	—
2003	2000	—	9000
2004	—	—	6400
2005	5000	4000	14000

第五章　水　利

第一节　资　源

在全国水资源分区中，酉阳属足水带，多水带，水资源极其丰富，基本不需利用外来水。全县地表水资源总量（多年平均值）为39.08亿立方米，地下水资源总量（多年平均值）为13.004亿立方米，过境水资源总量（多年平均值）为68.7亿立方米。地表水资源可利用量：1993年为7.96亿立方米。P=50%时为7.29亿立方米，P=75%时为7.06亿立方米，P=95%时为6.41亿立方米。地下水资源可利用量为2.61亿立方米。过境水不计入水资源总量，单独列出，地下水与地表水无法严格区分，因此水资源总量也不是二者的简单叠加。

酉阳自治县水资源总量分布情况表

表8－22　　单位：亿立方米

分区＼项目	地表水				地下水	过境水
	多年平均	P=50%	P=75%	P=95%		
阿蓬江流域区	7.77	7.61	6.37	4.82	3.397	34.8
小河坝河流域区	12.49	12.24	10.24	7.74	5.12	0.6
龙潭河流域区	7.5	7.35	6.15	4.65	1.955	3.1
酉水河流域区	11.32	11.09	9.28	7.02	2.532	30.2
合计	39.08	38.29	32.04	24.23	13.004	68.7

酉阳自治县可利用水资源分布情况表

表8－23　　单位：亿立方米

分区＼项目	地表水				地下水	过境水
	多年平均	P=50%	P=75%	P=95%		
阿蓬江流域区	1.5	1.37	1.34	1.30	0.68	—
小河坝河流域区	2.67	2.25	2.36	2.09	1.02	—
龙潭河流域区	1.61	1.47	1.41	1.26	0.40	—
酉水河流域区	2.18	2.00	1.95	1.76	0.51	—
合计	7.96	7.09	7.06	6.41	2.61	—

第二节　规划、开发和利用

水利项目“十五”规划

防洪工程　大江大河堤防加固工程规划项目3个，规划加固堤防长度4.9公里；病险水库加固工程规划项目6个，整治水库6座；城市防洪工程规划指标1个，城市1座；中小河流治理工程规划项目6个，治理6条河；非工程防洪措施建设规划项目2个。

水资源开发利用工程　供水水库工程规划项目2个，规划库容5000万立方米；乡镇供水工程规划项目19个，规划日供水量6.88万吨，供水人口16万人。

灌排与节水工程　发展灌溉面积：规划灌溉面积6.69万亩，其中新增灌面5.89万亩。节水灌溉规划

1.5万亩；灌区建设与改造规划9.55万亩，其中新增灌面5.4万亩；人畜饮水工程规划项目950个，解决人口7.14万人，解决牲畜6.86万头。

水土保持与水资源保护工程　水土保持规划项目6个，规划面积214平方公里。水资源保护规划项目2个，规划面积204.9平方公里。

酉阳自治县“十五”水利工程基本建设投资计划表（一）

表8－24　　单位：万元

工程类别	原批总投资	总投资				预计2000年底累计完成投资								“十五”投资				结转“十一五”投资			
										其中“九五”完成投资											
		小计	市级以上	区县	其他	小计	市级以上	区县	其他	小计	市级以上	区县	其他	小计	市级以上	区县	其他	小计	市级以上	区县	其他
合计	84430	84430	49084	13708	21638	12251	6771	2134	3346	12251	6771	2134	3346	66439	38879	10709	16851	5740	3434	865	1441
一、防洪工程	32803	32803	19269	5075	8459	4208	2035	815	1358	4208	2035	815	1358	28495	17184	4241	7070	100	50	19	31
大河大江堤防加固	2265	2265	1358	341	566	150	—	57	93	150	—	57	93	2115	1358	284	473	—	—	—	—
病险水库加固工程	1377	1377	826	205	346	58	35	8	15	58	35	8	15	1319	791	197	331	—	—	—	—
城市防洪工程	18700	18700	10820	2955	4925	4000	2000	750	1250	4000	2000	750	1250	14700	8820	2205	3675	—	—	—	—
中小河流治理工程	4961	4961	2965	749	1247	—	—	—	—	—	—	—	—	4861	2915	730	1216	100	50	19	31
非工程防洪措施建设	5500	5500	3300	825	1375	—	—	—	—	—	—	—	—	5500	3300	825	1375	—	—	—	—
二、水资源开发利用工程	37418	37418	22451	5613	9354	7293	4376	1094	1823	7293	4376	1094	1823	24485	14691	3673	6121	5640	3384	846	1410
供水水库工程	30576	30576	18346	4586	7644	7293	4376	1094	1823	7293	4376	1094	1823	17643	10586	2646	4411	5640	3384	846	1410
乡镇供水工程	6842	6842	4105	1027	1710	—	—	—	—	—	—	—	—	6842	4105	1027	1710	—	—	—	—
三、灌排与节水工程	8999	8999	4970	1323	2706	—	—	—	—	—	—	—	—	8999	4970	1323	2706	—	—	—	—
发展灌溉面积	800	800	1224	120	200	—	—	—	—	—	—	—	—	800	480	120	200	—	—	—	—
节水灌溉	2040	2040	480	306	510	—	—	—	—	—	—	—	—	2040	1224	306	510	—	—	—	—
灌区建设与改造	4017	4017	2410	602	1005	—	—	—	—	—	—	—	—	4017	2410	602	1005	—	—	—	—
人畜饮水工程	2142	2142	856	295	991	—	—	—	—	—	—	—	—	2142	856	295	991	—	—	—	—
四、水土保持与水资源保护工程	5210	5210	2394	1697	1119	750	360	225	165	750	360	225	165	4460	2034	1472	954	—	—	—	—
水土保持	3660	3660	1464	1464	732	450	180	180	90	450	180	180	90	3210	1284	1284	642	—	—	—	—
水资源保护	1550	1550	930	233	387	300	180	45	75	300	180	45	75	1250	750	188	312	—	—	—	—

酉阳自治县“十五”水利工程基本建设分年投资计划表（二）

表8－25

单位：万元

工程类别	2001年				2002年				2003年				2004年				2005年			
	小计	市级以上	区县	其他	小计	市级以上	区县	其他	小计	市级以上	区县	其他	小计	市级以上	区县	其他	小计	市级以上	区县	其他
合计	19372	11931	2846	4595	19418	8164	2003	3146	8713	5095	1427	2191	9330	5363	1614	2353	14243	8349	2286	3608
一、防洪工程	12592	8055	1702	2835	5877	3474	901	1502	3961	2448	568	945	2610	1605	377	628	929	566	134	229
大河大江堤防加固	—	—	—	—	613	428	69	116	584	350	88	146	550	330	83	137	368	220	55	93
病险水库加固工程	92	55	14	23	500	300	75	125	480	288	72	120	116	69	17	30	131	79	19	33
城市防洪工程	12500	8000	1688	2812	2200	1320	330	550	—	—	—	—	—	—	—	—	—	—	—	—
中小河流治理工程	—	—	—	—	844	506	127	211	717	430	108	179	344	206	52	86	430	267	60	103
非工程防洪措施建设	—	—	—	—	1720	920	300	500	2180	1380	300	500	1600	1000	225	375	—	—	—	—
二、水资源开发利用工程	4000	2400	600	1000	3483	2090	522	871	1732	1039	260	433	4145	2487	622	1036	11125	6675	1669	2781
供水水库工程	3000	1800	450	750	1483	890	222	371	—	—	—	—	3160	1896	474	790	10000	6000	1500	2500
乡镇供水工程	1000	600	150	250	2000	1200	300	500	1732	1039	260	433	985	591	148	246	1125	675	169	281
三、灌排与节水工程	2070	1152	310	608	2010	1128	301	581	2135	1194	320	621	1460	785	219	456	1324	712	199	413
发展灌溉面积	160	96	24	40	160	96	24	40	160	96	24	40	160	96	24	40	160	96	24	40
节水灌溉	480	288	72	120	480	288	72	120	560	336	84	140	520	312	78	130	—	—	—	—
灌区建设与改造	980	588	147	245	980	588	147	245	980	588	147	245	327	196	49	82	750	450	112	188
人畜饮水工程	450	180	67	203	390	156	58	176	435	174	65	196	453	181	68	204	414	166	63	185
四、水土保持与水资源保护工程	710	324	234	152	885	414	279	192	885	414	279	192	1115	486	396	233	865	396	284	185
水土保持	510	204	204	102	585	234	234	117	585	234	234	117	915	366	366	183	615	246	246	123
水资源保护	200	120	30	50	300	180	45	75	300	180	45	75	200	120	30	50	250	150	38	62

开发利用

阿蓬江流域区 主要河流是阿蓬江及其支流细沙河。辖区内现有各类水利设施765处，总蓄引提水能力1402万立方米，有效灌面7740亩，农业人口人均占有灌面约0.07亩。

小河坝河流域区 主要河流有铜鼓河（小河坝河主流上游段）、董河、甘龙河、桥子洞河（甘龙河支流），最终在双河区所在地汇流，形成小河坝河。辖区内现有水利工程1212处，蓄引提水总量3724万立方米，有效灌面34280亩。农业人均占有灌面约0.12亩。

龙潭河流域区 县境内水资源开发利用较好，水利化程度相对较高。2005年全县水利工程695处（其中中型水库2座），蓄引提水总量6926万立方米，有效灌面65380亩，占全县灌面的54.5%。

酉水河流域区 主要河流有后河、四道水河、大江溪河、多碧河等。县境内有水利工程设施844处，蓄引提水能力1511万立方米，有效灌面1.25万亩。

第三节 水利工程

1986—1996年，全县是以挖掘原有水利工程潜力和整治加固，渠系防渗整治配套，发挥工程实效为主。重点整治，配套防渗的工程有钟岭、茶盆、枣木、小坝、昔比、光明、红岩等水库和麻旺堰、井冈堰、朝门堰等引水堰工程。渠道整治防渗配套总长240公里，整治加固水库7座，从而使全县水利工程功能得到有效发挥。

1997—2005年的9年间，酉阳的水利工程建设以兴建骨干水源工程，病险水库除险加固，扩大灌区建设为重点。1997年动工修建小坝二级水库，总容量为1248万立方米，设计灌面5.73万亩，可解决7.8万人口和1.4万头牲畜的饮水困难，保证4600亩良田免遭洪灾。大坝主体工程于2002年5月完工。2005年5月市水库专家对小坝二级库进行综合评审为“优良工程”。

建成了小坝二级水库（中型），重点除险加固了龙潭水库，同时除险加固了一批小（二）型水库，实施了梅江灌区（酉阳片区）续建配套与节水改造工程，高标准建成防渗干渠40公里。

2005年，全县共建成各类水利工程725项，其中中型水库3座，小（一）型水库4座，小（二）型水库37座，山平塘457口，引水堰203条，电力提灌站19处，水轮泵站3处，配套渠道及引水堰总长870公里，蓄引提灌能力12013万立方米（实际供水量为11820万立方米），工程控灌面积20万亩，有效灌溉面积11.96万亩，保证灌溉面积10.15万亩，旱涝保收灌溉面积8.89万亩。配套渠道及引水堰总长比1985年底增加420公里，增长93.3%；蓄引提灌能力比1985年底增加1983万立方米，增长19.8%；控灌面积比1985年年底增加1.1万亩，增长5.8%；有效灌溉面积增加0.47万亩，增长4%；保证灌溉面积比1985年底减少5.65万亩，减少35.7%（灌溉面积减少原因是城市、乡镇、农村建房占地和铁路、公路占地）。

病险水库整治

1986—2005年全县共整治和除险加固水库13座，其中中型水库1座，小（一）型水库2座，小（二）型水库10座。整治改造山平塘130口。

1985—2004年部分年份酉阳自治县病险水库整治情况表

表8－26

水库名称	整治项目	年份	水库名称	整治项目	年份
龙潭水库	大坝、溢洪道、放水设施	2003	周家沟水库	溢洪道、坝肩、卧管	2000
小坝水库(一级)	溢洪道整治	1987	红岩水库	坝体修复、溢洪道	1996
枣木水库	溢洪道增设坝防浪墙	1993	鱼塘水库	大坝、溢洪道	2003
钟岭水库	大坝防渗、左坝肩护坡	1986	小溪水库	大坝、溢洪道、卧管	2003
茶盆水库	坝肩治漏	1985	战斗水库	卧管、溢洪道	2003
映塘水库	大坝、溢洪道	2004	昔比水库	溢洪道衬护	1992
光明水库	大坝防渗、更新放水设备	1992	—	—	—

渠道配套防渗整治

1986—2005年，全县水利工程渠道（堰）配套、防渗整治总计400.47公里，其中配套27公里，防渗整治373.46公里。2002—2005年重点抓梅江大灌区（酉阳片）渠道改造工程，该工程规划总工期为15年，2008年完成骨干工程续建配套，2015年完成田间节水改造。2002年至2005年间梅江口灌区，完成渠道整治38.8公里，投资1090万元。

1986—2005年酉阳自治县渠道配套防渗整治情况表

表8－27　　单位：公里

年度	渠道配套	防渗整治	年度	渠道配套	防渗整治
1986	6	16	1996	—	10
1987	8	31.6	1997	—	11
1988	—	33	1998	—	15.2
1989	—	34.4	1999	4.3	13
1990	2.5	44.8	2000	—	—
1991	3.2	51	2001	—	—
1992	1	56	2002	—	18.44
1993	2	26.7	2003	—	10.51
1994	—	9	2004	—	5.75
1995	—	10	2005	—	4.07
—	—	—	合计	27	400.47

第四节　防洪抗旱

洪旱灾害

酉阳属中亚热带湿润季风气候区，受太平洋副热带高压气流控制，洪涝、干旱灾害频繁，危害极大。据史料记载，从清道光十一年（1831年）至1949年的118年间，酉阳发生的较大洪涝灾害有9次，较大的旱灾有6次，每次的损失都极其惨重。

1949年至2005年，酉阳发生的较大洪涝、干旱灾害，据酉阳气象资料记载有10年次。1955年6月16日，县境内连降大雨至30日方停雨，总降雨量达492毫米，全县137个乡镇520个村受灾，成灾面积7.07万亩，冲毁农田8637亩，冲毁房屋2256间、猪牛栏419间，死亡16人。发生较大泥石流19处。县城灾害最重，6月21日至24日连续降雨，降雨量达381.6毫米，其中6月24日降雨量达194.9毫米，酉阳河水猛涨，上至泉孔，下至洞底长约10公里，近4.5平方公里范围全部被淹，县城淹没水深达5—10米，城内机关、学校、厂矿、粮食、百货及物资库区房屋全被淹没，居民在两山搭棚度日，持续8天9夜，冲毁房屋1480间。

1959年县境入夏以来，旱80天，继遭水灾，8个区2443亩土被淹，粮棉减产，房屋倒塌16间，死亡20人，损失牲畜327头，全县粮食总产仅6972万公斤。

1960年夏旱连伏旱，长达100余天，旱情极为严重，全县粮食大减产，总产仅5139万公斤。

1961年伏旱长达75天，全县粮食歉收，总产量仅6156.5万公斤。

1966年干旱达69天（6月15日至8月23日），全县78个乡镇全部受灾，1220条溪沟断流，3817口井和281口山塘干枯。农作物受灾严重面积达93.1%，面积达87.88万亩，其中水稻25万亩，玉米41万亩，红苕12.3万亩，黄豆9万亩，棉花0.58万亩，农作物无收面积21.18万亩（其中水稻3.4万亩，玉米9.4万亩，红苕2.5万亩，黄豆5.5万亩，棉花0.38万亩），粮食总产比上年减产1923.5万公斤。

1972年，伏旱长达60天，全县粮食大减产，减产25.2%。

1983年7月12日至14日，酉阳普降大雨成灾。据气象资料记载，14日一天降雨量达127毫米，2小时降雨强度70.1毫米。酉城上游白鹿溪水猛涨，洪水漫堤向县糖厂、酒厂至红光厂、修配厂沿线淹没，加上酉阳河上游洪峰汇入，酉城及上至泉孔下至钟南乡洞底村被洪水淹没3天3夜，城内损失惨重。

1987年8月28日零时至9时半，全县普降暴雨，致使全县普遍严重受灾。县城两条大街被淹深达2米多。大量农田被毁，农田受灾达44.02万亩，其中无收的9.71万亩，损失粮食4083万公斤。受灾区乡交通、通信中断。15座电站遭灾（其中国营电站5座，农村电站10座），厂房和发电设备被淹。被冲毁的小水电站6座，大量国家、集体和个人财产遭受严重损失。

1999年6月25日至29日连续5天普降大雨，降雨量达367.9毫米，全县普遍受灾，据调查统计，此次洪灾造成全县直接损失达5亿元。洪灾致使县城淹没达6天6夜，最高水位达662.91米，整个县城除酉师校至广电局不足100米地段未被洪水淹没外，上至泉孔，下至板溪乡洞底，长约10公里，近3平方公里范围全部被淹没，受淹深度平均达3.5米。全县有5000余亩农田绝收。县城有156个厂矿商贸企业和5572户个体工商户全部被淹，县城停水、停电、通信中断达半月之久，交通中断6天，直接经济损失达4亿元。

据县气象资料记载，从新中国成立到1980年的31年中，发生洪涝灾害有14年23次，按年计算频率为45%，按次计算频率为74%。洪涝灾害最早出现在4月，最晚出现在9月，以7月份最多，频率达48%，6月次之，频率为26%。洪灾中一日最大降雨量为194.9毫米，三日最大降雨量为381.6毫米，一年最多可出现四次。旱灾以伏旱危害最大。在新中国成立后的31年中，出现伏旱旱情的有21年，自然概率为68%，即10年7旱，若按出现次数计算则为87%，即十年九旱。从旱象强度看，20—30天的一般旱象有13年16次，大于30天的有9年11次，大于40天的有3年次，大于70天（伏旱加秋旱）的有3年次。

抗洪抢险与抗旱救灾

中华人民共和国成立后，酉阳历届县委、县政府对抗洪抢险与抗旱救灾工作高度重视。县政府设防洪抗旱指挥部，由县长或副县长任指挥长，县级相关部门负责人为成员，办事机构常设县防洪抗旱办公室于县水利局，由局长兼任主任，负责处理日常事务工作。在县政府设立救灾办，专门负责救灾工作，同时各乡镇长为责任人，从而形成了各级行政首长负责制，指挥防洪抗旱工作。每当灾情发生，在县委、县政府的统一指挥下，全力以赴抗洪抢险，抗旱救灾，恢复生产，重建家园。

1999年“6·28”洪灾，造成全县57个乡（镇）53.6万人受灾。县城和李溪等集镇被洪水淹没，损失惨重。县委、县政府领导包片负责进行抗洪抢险救灾工作，并赴灾区查看灾情，慰问灾民，组织干部群众抗洪，生产自救。全县各级防汛指挥部门及时收集各地的灾情、险情，并传递到有关部门。市防办紧急调运橡皮舟、冲锋舟及其他抢险救灾物资。县各级各部门迅速启动防汛预案，奔赴灾区抢险救灾。武警官兵、公安干警、广大干部群众都紧急行动起来，参加抗洪抢险救灾，抢险生产自救，重建家园。邻近各县出动抢险队伍和船只，支援酉阳抗洪抢险。6月29日，副市长、市防汛抗旱指挥部指挥长陈光国带领市级有关部门负责人到酉阳查看灾情，慰问灾民。刚到任的市委书记贺国强也随后到灾区，了解灾情，慰问灾民。重庆市渝中、南岸、江北等区和市级有关部门以及邻近各县捐款捐物支援酉阳灾区。由于各级领导重视防汛工作，汛前准备工作抓得早，抓得实，灾情发生后反应迅速，措施有力，抢险救灾工作开展及时、有序，使暴雨洪灾的损失减少到了最低程度，最终战胜了这场大洪灾。

防洪设施

中华人民共和国成立后，酉阳早期的防洪工程从治理河道入手，1955年“6·23”洪灾后，四川省水利厅第五勘测队经实地勘测，编写了《酉阳中心河防洪工程规划报告》，省水利厅于当年拨款3万元，首次治理酉阳河。县成立了酉阳治河防洪委员会，组织有技工100人，民工450人组成的施工队伍，从12月初动工，重点是疏通河道。加宽加深河床，开凿岩板滩、石梁顶两段人工河道和亮洞消水道，扩大各消水洞洞口，整个工程于次年3月底前完工，投入防洪至70年代末，酉城防洪安全。80年代后，由于上游水土流失严重，加之白色垃圾，水洞被淤塞，泄洪能力逐年下降，消水不畅，致使县城防洪形势严峻。

八九十年代，酉阳的堤防工程建设开始起步，先后修建了以丁市、黑水、小坝河堤等为重点的防洪工程10处，堤防总长达20.74公里，承担着保护9个集镇、4.85万人口、0.82万亩耕地的防洪保安任务。

丁市河堤工程　该工程由县水利水电勘测设计队设计，县水电建安公司承建。于1986年12月动工，1987年4月底完工。防洪标准按10年一遇设计。工程采取拓宽河道，浆砌块石堤防，完成丁市上场口至甘鱼坨段，全长1.22公里。投入国补资金12.2万元。工程建成后，提高了防洪标准，解决了集镇过去一涨洪水就被淹的问题。该工程运行至今，效果仍较好。

小坝河堤工程　该河堤位于原小坝乡，设计防洪标准为10年一遇，主要功能是保护0.16万人口和0.3万亩耕地的防洪安全。1990年秋成立小坝河堤工程建设指挥部。由县、乡两级共同投资修建。整个工程于1991年4月底完工。投入资金120万元，建成堤防10公里。工程投入运行后，几经维修，至今仍发挥着防洪保安的作用。

酉阳自治县堤防（防洪）工程情况表

表8－28

建设年份	工程名称	堤防长度(公里)	保护范围
1987	丁市河堤	1.22	保护该集镇0.5万人安全
	黑水河堤	1.22	保护该集镇0.46万人安全
1990	井岗河堤	1.55	保护该集镇0.1万人、0.03万亩耕地
1991	小坝河堤	10.00	保护该集镇0.16万人、0.3万亩耕地
	涂市河堤	2.14	保护该集镇0.3万人，0.2万亩耕地
	护城河堤	2.11	保护该集镇3.1万人
1993	白鹿河堤	0.4	保护该集镇0.04万亩耕地
1994	沙田河堤	2.14	保护该集镇0.15万亩耕地
	金家坝河堤	0.20	保护该集镇0.1万人
1999	田坝河堤	2.00	保护该集镇0.13万人，0.1万亩耕地
2001—2005	县城防洪工程	20.954	保护县城及6.5万人、5.1平方公里
	李溪防洪工程	7.6(完成2.1公里，其中隧洞1.33/公里)	保护李溪镇所在地0.8万人，0.47平方公里土地

第五节　县城防洪工程

酉阳县城防洪工程北起钟多镇泉孔，南止板溪乡杨楠河大坨坝，全长20.954公里，由行洪河道段、泄洪隧洞和调蓄洼地组成。设计洪水标准为20年一遇，设计流量357立方米/秒，为四等工程，四级水工建筑物，是一项以保证酉阳县城防洪安全，促进国民经济和社会发展为主，兼顾保护农田和美化县城环境的纯公益型的城市防洪工程。批准概算总投资为19370万元，整个工程包括河道整治13公里，打通输水隧洞共长8公里，隧洞平均断面9×9米。改建公路桥8座。整个工程分两期实施（钟南桥以下段为第一期，以上段为第二期）。酉阳县城防洪工程被列为重庆市2001年八大“民心工程”项目之一和酉阳县十大“民心工程”项目之首而开工建设。一期工程建设为解决洪水的出路，主要包括3公里的河道整治和总长8公里的3个输水隧洞工程及沿线的3座319国道公路桥梁。项目概算投资12915万元。一期工程各项目于2001年2月10日开工，市长包叙定出席开工典礼并作了讲话，按响了开工炮。县城防洪一期工程各项目建设已于2003年5月竣工，7月8日首次全程过水泄洪。一期工程累计完成投资1.22亿元，至2005年年底已完成竣工验收准备工作。

县城防洪二期工程，主要是9.05公里的河道整治和5座桥梁（泉孔桥、邮政桥、红卫桥、闸坝桥、武安桥）的改建，工程概算投资为6455万元，分批组织实施。第一批项目于2003年10月动工，至2005年年底已完工，具备验收条件。建设项目为泉孔至邮政桥2.7公里的河道整治，泉孔桥、邮政桥、闸坝桥、武安桥的改建，新桥及5号消坑下游河道整治。由于资金有限，第二批项目（主城区天然河道整治项目）尚未动工。几年来，县城防洪工程已先后经历了2002年的“6·20”、2003年的“7·8”、2004年的“8·21“等数次特大洪水考验，累计消泄县城洪水超过6000万立方米，减少县城洪水淹没损失超过2亿元，发挥了防洪减灾效益。

第六章　畜牧业

第一节　资源与规划

饲草、饲料资源

草地资源　酉阳自然条件较好，草山草坡面积达292.33万亩，可利用面积为264.4454万亩，理论载畜量为169866个牛单位。其中：疏林草地面积28.412万亩，占全县天然草地面积的13.21%。疏林草地盖度为40%—87%，平均亩产可利用鲜草629公斤，理论载畜量为16352个牛单位；灌丛草地面积21.8721万亩，占全县天然草地面积的10.17%，盖度为21%—84%，平均亩产可利用鲜草1173.34公斤，理论载畜量为20414个牛单位；草丛草地面积为164.7373万亩，占全县天然草地面积的76.61%，其盖度为48%—60%，大部分在75%，平均亩产可利用鲜草554.29公斤，理论载畜量84529个牛单位；田隙草地（零星草地）面积77.1997万亩，草地盖度为85%—98%，平均亩产可利用鲜草632.96公斤，理论载畜量49036个牛单位。

饲料资源　酉阳的饲料主要有植物性饲料和动物性饲料两大类，具有数量多，开发潜力大的特点。

植物性饲料。一是来自全县农耕地上的农副产品，这是发展养殖业的主要依托。二是丰富的野生饲料资源，除少部分用于饲料不足的补充外，绝大部分待开发利用。

农副产品：精饲料包括粮食及其加工副产物，如米糠、麦麸，各种饼、粕、薯类等。全县每年可提供精饲料8700万公斤以上。以玉米为主，占45%，其次是薯类，占20%，米糠占15%，其他杂粮占20%。饼类饲料主要是油菜饼，为较好的蛋白质饲料来源。全县年产5000吨以上，但用于配合饲料的不足1000吨，大多销市外作肥料，未加开发利用。

青饲料主要是红苕藤，辅以洋芋、萝卜、蔬菜叶等。全县年产红苕藤约2500万公斤，已通过青贮得到充分利用。资源丰富，尚待开发利用。酉阳冬闲地面积大，如大量种植萝卜以丰富青饲料来源，是解决山羊冬天补饲青饲料的有效途径之一。

粗饲料全县耕地面积119.38万亩，每年产可利用秸秆26.76万吨，主要为禾本科作物和豆科作物两大类。秸秆氨化量仅0.2万吨，开发潜力很大。

野生饲料资源：野生饲料中，仅部分青草被利用，天然草地中大量的高禾草秆以及木本饲料资源基本上未被利用。

动物性饲料。主要是畜禽的血、蹄、内脏、骨等的利用。畜血可生产血粉，其下脚料蹄、毛、内脏等可提取动物蛋白，骨可生产骨粉。

规　划

双改一建（即“三五”工程）规划　没有草地的改良和饲料基地建设，就没有畜牧业的持续发展。在规划期内，即在1995—2020年，有计划有步骤地实施“三五”工程，即改造50万亩草丛草地，改造50万亩荒坡、疏林、灌丛草地，完成50万亩饲料基地建设。1995—2000年集中精力将高寒、陡坡不宜粮食种植的耕地和农闲地全部建成高效高产的饲料基地，并充分做好2000年后的轮封两改工作。这样既保证“近期”畜牧业的快速发展，又保证“远期”有足够的后劲。

草丛草地改造的重点是改造草种成分，使豆科植物成分大于40%，其次是提高亩产量，改造前的草丛草地载畜量为6亩载1个牛单位，改造后的载畜标准为4亩载1个牛单位。饲料基地建设的重点首先有计划地把高寒、陡坡不宜粮作的耕地和农闲地，全部改造成饲料地，再逐渐退出部分低产玉米地。基地亩产鲜草量不低于8000公斤。

酉阳自治县“三五”工程规划表

表8－29　　　　单位：万亩

项目 / 区名	1995—2000年	2001—2020年		
	饲料基地建成数	草丛草地		灌丛、疏林草地改造数
		改造数	余数	
钟多	6.80	4.80	10.87	5.50
黑水	5.30	3.80	8.30	7.00
龙潭	3.20	6.60	14.76	2.00
龚滩	4.50	1.60	3.38	4.00
丁市	7.40	5.60	12.40	6.50
兴隆	3.90	10.30	23.07	3.90
酉酬	4.00	1.30	2.97	5.00
麻旺	3.30	6.40	14.15	1.40
李溪	2.10	3.10	6.90	5.00
大溪	1.80	1.70	3.65	3.00
苍岭	5.20	2.10	4.62	4.60
双河	3.60	3.70	8.12	2.00
合计	51.10	51.00	113.19	49.90

畜禽发展规划　山羊。酉阳系全国山羊板皮基地，1993年全县养山羊42.7万只，规划期间，1995—2000年50万亩饲草饲料基地建设保质保量完成，山羊养殖可达200万只，出栏率150%，出栏数可达120

万只（详见后表）。若2001—2010年全县结合“双改”试点任务，完成8万—10万亩草丛地和灌丛草地改造后，全县山羊发展数可达300万只。

黄牛 1993年全县有黄牛11.7万头，1995—2000年发展到15万头，出栏率35.6%，出栏数可达4万头。2001—2010年，待双改逐步完成，黄牛可达20万头，出栏率50%，出栏数可达7万头（详见下表）。

生猪 猪为酉阳畜牧业之首，属黔江猪种。规划期间，生猪头数稳定在80万头左右。猪肉产品需求，主要从发挥潜力着手，如提高饲料转化率、出栏率和胴体重等。

小家畜禽主要包括毛兔、鸡、鸭、鹅等，现存毛兔2万只，由于饲养管理水平低，发展规模受限。鸡为家禽之首，优良种遍及全县，1993年养鸡达140万只。久负盛名麻旺麻鸭达13万只，鹅有6万余只。当年出售和自宰小家禽47万只，肉蛋产品624吨。

蜂 酉阳养蜂历史悠久，1956年引进西方蜂种，1993年全县有蜂12334箱，产蜜287吨。产品除蜜外，还开拓有王浆、蜂蛹、花粉等。

酉阳自治县主要畜禽规划指标表

表8-30

年限 品种	1993年(基期年)		1995—2000年				2001—2020年			
	饲养数	出栏数	期末发展数	年均递增率(%)	出栏率(%)	出栏数	期末发展数	年均递增率(%)	出栏率(%)	出栏数
山羊(万只)	42.7	18.10	200.0	24.68	150	120	300	5.65	180	200
黄牛(万头)	11.7	1.19	15.0	3.61	35.6	4	20	1.45	50	7
生猪(万头)	70.0	29.94	80.0	2.71	100	43.0	80	—	120	51
小家禽(万只)	147.3	46.85	237.0	10.0	40.3	95.5	300	1.20	41.7	125.0
兔(万只)	2.0	0.90	10.0	38.0	25.0	2.5	30	5.05	50.0	15
蜂(万箱)	1.2	—	1.80	—	—	—	2.00	—	—	—

酉阳自治县“三五”工程及理论载畜量表

表8－31

项目	现有各类草地情况※		“一建”及“双改”工程完成后的载畜量						2000年末载畜量①＋②	2020年载畜量①＋②			合计
	总面积（万亩）	理论畜量（万个牛单位）	饲料基地		疏林灌丛		草丛草地		①“一建”完成后载畜量②原载畜量（万个牛单位）	未实行“双改”的草地面积（万亩）	①理论载畜量（万个牛单位）	②“三五”完成后的载畜量（万个牛单位）	
			面积（万亩）	载畜量（万个牛单位）	面积（万亩）	载畜量（万个牛单位）	面积（万亩）	载畜量（万个牛单位）					
全县	290.4	17.022	51.10	25.55	50.90	12.74	51.00	8.56	42.57	183.50	12.72	46.79	59.51
黑水	20.85	1.210	5.30	2.65	7.00	1.75	3.80	0.64	3.87	10.05	0.68	5.04	5.72
西酬	15.10	0.883	4.00	2.00	5.00	1.25	1.30	0.22	2.88	3.80	0.59	3.47	4.06
大溪	11.45	0.682	1.80	0.90	3.00	0.75	1.70	0.29	1.58	6.75	0.46	1.94	2.40
兴隆	45.63	2.624	3.90	1.95	3.90	0.98	10.30	1.72	4.57	31.43	2.12	4.64	6.76
苍岭	18.23	1.216	5.20	2.60	4.60	1.15	2.10	0.35	3.82	11.53	0.78	4.05	4.83
丁市	36.17	2.092	7.40	3.70	6.50	1.63	5.60	0.94	5.79	24.07	1.62	6.27	7.89
双河	18.30	1.073	3.60	1.80	2.00	0.50	3.70	0.62	2.87	12.60	0.85	2.92	3.77
龚滩	15.04	0.869	4.50	2.25	4.00	1.00	1.60	0.27	3.12	9.44	0.64	3.52	4.16
李溪	15.98	0.938	2.10	1.05	5.00	1.25	3.10	0.52	1.99	7.88	0.53	2.82	3.35
钟多	32.72	1.889	6.80	3.40	6.50	1.63	4.80	0.81	5.29	21.42	1.45	5.84	7.29
龙潭	29.55	1.715	3.20	1.60	2.00	0.50	6.60	1.10	3.32	20.95	1.41	3.20	4.61
麻旺	31.38	1.831	3.30	1.65	1.40	0.35	6.40	1.08	3.47	23.58	1.59	3.08	4.67

注：1.引自县畜牧局调查统计核实资料

2.“三五”工程载畜能力效益指标：草丛草地平均6亩/牛单位·年，疏林灌丛草地平均4亩/牛单位·年，饲料地平均2亩/牛单位·年

3.天然草地理论载畜量计算标准：草丛草地平均19.4亩/牛单位·年，灌丛草地平均10.71亩/牛单位·年，疏林草地平均14.76亩/牛单位·年。田隙（零星）草地平均15.74亩/牛单位·年

第二节　畜禽饲养

生猪

从20世纪80年代开始，在全县推广“双推五改一防”的科学养猪法，从而增加了养猪的经济效益，加快了育肥的速度和出槽肥猪数量，促进了酉阳养猪业的发展。2005年生猪饲养量达1108014头，其中存栏556841头，出栏达551173头，比1986年分别增加66%和1.8倍。

牛

酉阳是以农业为主的山地县，“养牛为耕田”。近二十年来县畜牧局组织科技人员实施了“黄牛改良”“以工代赈肉牛育肥综合技术”“秸秆氨化育肥牛、羊”“青贮饲料”“牲畜交易市场建设”等项目，取得了良好的经济效益和社会效益，扭转了“养牛只为耕田”的旧观念，促进了养牛业的发展。2005年全县牛的饲养量达208542头，其中存栏169796头，出栏38746头，存栏和出栏数比1986年分别增加1.18倍、14.1倍。

山羊

酉阳农民历来有饲养山羊的习惯，特别是牧草资源丰富的酉中、酉西中山地区。饲养方式多为传统的小群（3—5只）放牧，自由采食，拴养补饲的很少。近20年来县畜牧局科技人员经过多年生产实践，将山羊饲养组装配套为“两改一防”技术，并予以全面推广，同时引进推广外地科学饲养山羊技术——高床舍饲技术，按照“三化一配套一结合”即圈舍标准化、品种改良化、饲养科学化、种草与养羊配套，养畜与沼气结合，从而有效地促进了酉阳畜牧产业化的可持续发展。到2005年年底全县山羊存栏达37.86万只，出栏达32.98万只，比1986年分别增长4.9倍和8.6倍。

家禽

酉阳农户养鸡有悠久的历史，几乎户户都养，少则几只，多则几十只，鸡的饲养方式为敞放，早晚补饲精料（玉米或杂粮）或配合饲料。集约养殖者较少，且多集中在县城和集镇周围，所用饲料以配合饲料为主。养鸭的历史虽然与养鸡一样悠久，但饲养农户不如养鸡普遍，主要是受水源条件限制，饲养量少则几只，多则上百只。饲养方式一般都是早上放出自由觅食，晚上补喂精料。除农户零星养鸭外，酉阳还有一批专门从事养鸭的农户，称为棚养，俗称鸭棚子。棚鸭游牧的专业饲养人员养鸭数量较多，少则400—500只，多则上千只。棚养游牧易管理，投入少，产出高，经济效益好。酉阳鸭群主要分布在酉东高丘谷坝区，其中以“麻旺麻鸭”产地—麻旺最多。至2005年全县家禽存栏147.19万只，出栏155.09万只。

蜜蜂

1956年引进西方蜂种，1993年全县有蜂12334箱，产蜜287吨。产品除蜜外，还开发有王浆、蜂蛹、花粉、蜂胶等。蜂的养殖方式有方箱和传统的圆桶养殖，品种有外来西蜂和中蜂（当地养蜂人俗称酉阳黑蜂）。

第三节　品种改良

牛

黄牛　酉阳黄牛的品种改良，最早是50年代初期，曾建配种站，引进荷兰牛、秦川牛进行人工授精。1979年又在苍岭、双泉、丁市等20个乡建输精点，用从国外引进的西门塔尔、夏洛克等良种公牛的冻精进行人工授精，改良本地黄牛的品种。1983年年底杂交黄牛已达3724头。但由于资金原因缺乏连续性。1995年建黄牛改良配种站5个，改配黄牛70余头。1999年建改配站10个，改配黄牛1180头，去势劣质公牛450头。2000年全县共建改配站20个，用西门达尔、皮埃蒙特牛等良种公牛冻精改良本地黄牛2080头。2002年将小坝、蚂蝗、桃鱼等3个乡作为黄牛改良工作试点乡，共改良黄牛681头，到2003年3个试点乡共产杂交犊牛497头。2004年黄牛生产重点抓了大户建设和品种改良，全年共抓大户68户，其中在酉龚公路沿线建立了1户年饲养量123头牛的规模养殖大户，当年出栏商品牛79头。2005年建黄牛改良授精站7个，改配本地黄牛4516头。

水牛　酉阳水牛远少于黄牛，历年来均是以本地品种进行自然交配繁殖。

猪

猪的繁殖有人工选育和采用良种进行繁育两种。1993年建纯繁点3个，改良点62个，其中人工授精站48个，当年生猪杂交改配面达59.7%。1995年全县生猪改配站（点）达到78个，其中，人工授精站54个，当年新建猪改站5个，良种种猪达125头，当年改配34303窝，产杂交仔猪353432头，杂交改配面达66.8%。1999年引进良种公猪423头，种母猪4头，建改配站88个，其中，人工授精站86个，推广二元、三元杂交。当年二元杂交改良面达95%，三元杂交改良面达44%。2000年，全县共建86个猪改配站，其中人工授精站84个，共有良种公猪245头，当年改配5.4万窝，产仔猪44.5万头。当年还引进和调剂荣昌母猪550头，新荣I系良种猪13套。2001年新荣I系扩群17套，调种猪459头，新荣I　系猪二级扩繁至30套，建立了伏龙、柏香两个新荣I系母猪饲养专业村，每村饲养50头，开始引进“洋三元”。2003年，全县生猪改配站127个，其中人工授精站108个，有猪改技术员138人。有良种公猪154头，其中大、中约克115头，长白33头，杜洛克6头，强化2个外种猪杂交制种场公猪管理，全年改配母猪71600窝，产仔猪56.5万头，生猪杂交改良面达96%以上。2004年全力推广二元、三元杂交改良，全年新增7个人工改配点，调剂二元杂交母猪114头，良种公猪46头，新增50头以上商品猪规模养殖户1000户。2005年，新增养猪大户1230户，推广良种猪1147头，新建猪改配站12个。新建标准化生猪养殖小区2个。

山羊

1989年县畜牧局引进南江黄羊45只，建立良种繁育场。利用南江黄羊与本地山羊杂交，效果十分显著。1993年又引进南江黄羊260只，分布在全县39个乡镇。建立了良种繁殖户40户，调配了种公羊609只，一年可改配1.5万窝以上。1995年全县南江黄羊养殖户达71户，纯繁黄羊达3580只，其中，能繁母羊997只，种公羊1378只，当年改配55300窝，产杂交羊100270只，杂交改良面达28.38%。1997年利用引进的波尔山羊冻精改良本地山羊。试验结果表明杂交效果显著。1999年又引进南江黄羊7050只、金堂黑羊2680只。在全县范围内普及推广南江黄羊和金堂黑羊，当年山羊杂交改良面达到71%。2000年全县共培植南江黄羊纯繁户1250户，酉州黑山羊纯繁户2560户，酉州乌羊纯繁户65户，使山羊改良工作得到了长足发展。2004年实施全部投放给项目户。用引进的波尔山羊、南江黄羊改良本地白山羊，新建4户黑山羊扩繁户，1个乌羊选育场和1个波尔山羊扩繁场。2005年新增山羊养殖大户780户，新建标准化山羊养殖小区5个，推广良种山羊2213只，新建山羊人工授精站9个。

第四节　疫病防治

动物主要疫病及其防治

1986—2005年，在酉阳发生过的人畜共患的动物疫病主要有口蹄疫、狂犬病、猪链球菌病和猪炭疽病等。

1999年酉阳较大范围流行口蹄疫，导致染疫及疑似染疫的猪、牛、羊被扑杀，给酉阳畜牧业造成了重大损失。

2001年酉阳县城定点屠宰场发生猪链球菌病，95头待宰猪发病64头，死亡22头。该病波及周边村组导致生猪发病，经采取强制措施将其扑灭，未造成人员感染。

2003年狂犬病在酉阳多个乡镇发生，酉阳县人民政府采取强制措施捕杀，从而有效地将其控制。

2004年年初，高致性禽流感在亚洲大规模流行，县畜牧局严格按照重庆市提出的“11481”防治措施，迅速组建了疫病防治应急队伍，开展了疫情普查，狠抓了宣传、消毒和检疫执法工作，严格了疫情日报告和零报告制度，储备了疫情应急物资，在全县设置了李溪、大溪、兴隆、龚滩、酉酬、小河等11个高致病性禽流感疫情监测点，强化了各公路检查站和牲畜交易市场检疫执法和疫病监测。在全县人民的共同努力下，确保了酉阳清净无疫。同年4月，在板桥、铜鼓、龙潭、楠木、板溪等乡镇陆续出现了犬只咬伤人畜并致牲畜死亡的疫情。天馆乡天馆村2组3户农民的猪发生猪炭疽病，死亡7头。车田乡发现牛流行热疫情。上述疫情出现后，县畜牧局立即启动了《酉阳县重大动物疫病紧急疫情防治应急预案》，对疫情进行了及时、迅速、高效、有序的应急处理，经过一个多月的艰苦奋战，将其扑灭。

2005年10月下旬，在获悉湖南省湘潭县发生禽流感疫情和龙山县华塘乡发生疑似禽流感疫情的信息后，酉阳动防办立即通知与湖南、湖北省接壤的大溪、兴隆、五福、可大等乡镇立设卡堵源消毒，并传真下发了酉阳动防办发〔2005〕14号文件《关于加强当前高致病性禽流感防控工作的紧急通知》，要求各乡镇立即行动起来，坚决堵住外疫，确保酉阳清净无疫。10月31日，重庆市防控高致病性禽流感电视电话会议召开后，县兽医防疫检疫站立刻派人星夜奔赴重庆，组织了一批禽流感疫苗，并于11月1日全面启动了疫情日报告和零报告制度，同时组建了以县兽医防疫检疫站人员为主的禽流感等重大动物疫病督查组，分赴各乡镇对禽流感防控工作先后进行了三次全面的督查指导。全县39个乡镇都按照突出重点、全面开展的原则，突击进行禽流感强制免疫、疫消毒工作，两个市级公路检查站和18个与外省接壤的禽流感临时消毒检查站坚持24小时值班制度。其他各项综合防控措施也按计划组织实施，从而确保了酉阳清净无疫。

动物疫病防治工作

畜牧业是酉阳的支柱产业之一。随着《家畜家禽防疫条例》《中华人民共和国动物防疫法》的实施，酉阳动物疫情的防治工作逐步走向法制化、规范化和经常化，牲畜疫病被逐渐控制或消灭，使酉阳畜牧业得以健康持续发展。

1996—1997年，开展基层畜牧兽医人员“三定”工作，从而明确了基层畜牧兽医站人员的身份，建立健全了工资档案。2003年县政府将基层畜牧兽医站人员的工资纳入财政预算和实行额度拨款，2005年又将其工资纳入财政预算，实行全额拨付，从而调动了基层站畜牧兽医人员的工作积极性，使防疫质量进一步提高。

2000年开始实施疫病监测和动物免疫效果监测，促进了免疫效果和预警、应急能力的提高。2002年秋，全县推行“动物免疫标识制度”，执行挂标收费。挂标收费不仅保障了免疫效果，而且给疫情追踪创造了条件，给检疫工作提供了前提条件，也给基层畜牧兽医站经费增加创造了机遇。

动物疫病的防治工作仍坚持“预防为主”方针，采取常年免疫为主，季节集中免疫为辅的免疫方式。为了保证有效免疫密度，一是强化了动物防疫制度。近年来，县政府通过年初与各乡镇签订目标责任书，年终检查逗硬兑现来落实防疫责任。二是实行重点疫病的强制免疫。三是实行免疫标识管理，严格执行免疫挂标收费制度，禁止无标识动物上市流通交易。四是加强了对养殖大户的牲畜和窝仔猪的免疫。对高致病性禽流感等重大动物疫病则根据国务院“加强领导，密切配合，依法防治，群防群控，果断处置”防治总方针和重庆市人民政府“11457”防治总方略，酉阳县兽医防疫检疫站采取了“查（即普查和督查）、免（即强制免疫）、堵（即堵源）、消（即消毒来源）、检（即检疫检验）、测（即疫情监测）、报（即疫情报告）、备（即准备、储备）、责（即责任追究）、宣（即宣传报道，正确引导）”十字综合防治措施，从而确保了酉阳清净无疫。

1986—2005年，全县共组织防疫员1.2万余人次，年均600余人次，基层畜牧兽医7400余人次，年均370余人次，参加每年春、秋两次开展的牲畜疫病免疫工作。共免疫猪瘟13388375头次、猪肺疫15014073头次、猪丹毒1997815头次、猪口蹄疫2703221头次、牛出败538847头次、牛气肿疽144279头次、牛口蹄疫647880头次、羊口蹄疫899904只次。自2002年，全县全面推行“动物免疫标识制度”以来，共发放猪免疫证380100个，共挂耳标380100头次。给猪驱虫3546411头次，消毒猪栏圈1612448间次，给牛驱虫267565头次，消毒牛栏81390间次，给羊驱虫235094只次，消毒羊圈134019间次。

酉阳自治县1986—2005年酉阳畜牧业生产情况表（一）

表8－32

年度	猪			牛			羊			鸡		
	合计（头）	存栏（头）	出栏（头）	合计（头）	存栏（头）	出栏（头）	合计（只）	存栏（只）	出栏（只）	合计（只）	存栏（只）	出栏（只）
1986	526117	335336	190781	80418	77845	2573	98237	63979	34258	692701	405060	287641
1987	522373	339673	182700	80011	78122	1889	81594	46507	35087	696311	409096	287215
1988	572900	353487	219413	85102	80183	4919	104550	59346	45204	741200	431800	309400
1989	613730	384387	229343	87972	82122	5850	127842	81926	45916	679134	428334	250800
1990	635033	388737	246296	93905	86779	7126	142196	88588	53608	974100	544100	430000
1991	657211	392935	264276	100304	91682	8622	158232	95617	62615	1007300	610000	397300
1992	680747	397179	283568	107295	96862	10433	176432	103298	73134	1220000	760000	460000
1993	705736	401468	304268	114958	102335	12623	197016	111596	85420	1208300	799300	409000

续表8－32

年度	猪			牛			羊			鸡		
	合计（头）	存栏（头）	出栏（头）	合计（头）	存栏（头）	出栏（头）	合计（只）	存栏（只）	出栏（只）	合计（只）	存栏（只）	出栏（只）
1994	730284	403804	326480	123391	108117	15274	220332	120561	99771	1370600	789300	581300
1995	760500	410187	350313	132707	114225	18482	246778	130245	116533	1355200	739900	615300
1996	790503	414617	375886	143042	120679	22363	276818	140708	136110	1434100	749100	685000
1997	804264	418429	385835	147935	123886	24049	286340	144978	141362	1542200	856200	686000
1998	853210	440765	412445	159569	134405	25164	365720	185482	180238	1707600	954600	753000
1999	937638	480393	457245	176173	143845	32328	467475	256002	211473	1969200	1012700	956500
2000	980619	480607	500012	182139	149710	32429	493836	253672	240164	2118500	1095400	1023100
2001	1009357	501214	508143	189840	155738	34102	541962	280815	261147	2150800	1107300	1043500
2002	1024557	509400	515157	194435	159200	35235	594961	313400	281561	2300600	1099000	1201600
2003	1050425	531925	518500	202100	165100	37000	647200	352200	295000	2871000	1440100	1430900
2004	1089566	555101	534465	204989	166976	38013	694476	377876	316600	—	1136004	—
2005	1108014	556841	551173	208542	169796	38746	708485	378630	329855	2427154	1180718	1246436

1986—2005年酉阳自治县畜牧业生产情况表（二）

表8－33

年度	鸭			鹅			兔			蜂	马	产值	
	合计（只）	存栏（只）	出栏（只）	合计（只）	存栏（只）	出栏（只）	合计（只）	存栏（只）	出栏（只）	群	头	不变价（万元）	现行价（万元）
1986	481892	218363	263529	—	637	—	78703	77703	1000	—	246	3180	—
1987	283162	167269	115893	—	543	—	57706	27706	30000	—	264	2988	—
1988	305100	184300	120800	—	400	—	—	—	3500	—	268	3528	—
1989	346182	226682	119500	—	318	—	—	—	1600	—	266	3592	—
1990	339900	234200	105700	—	—	—	2237	1037	1200	17000	212	8128	9065
1991	318500	210000	108500	—	400	—	4921	4321	600	16000	274	9079	10696
1992	360000	220000	140000	—	—	—	—	7520	—	13711	275	10141	12622
1993	366400	215900	150500	—	1200	—	—	7582	—	10810	231	11328	14894
1994	396800	178000	218800	1500	1300	200	8139	7574	565	11724	259	12653	17575
1995	423400	192300	231100	1600	1400	200	8600	7600	1000	17416	289	14133	20738
1996	415700	191600	224100	1800	1600	200	7900	7300	600	18740	293	15787	24471
1997	404700	180400	224300	4100	3900	200	7300	7200	100	18743	293	15702	28914

续表8－33

年度	鸭			鹅			兔			蜂	马	产值	
	合计（只）	存栏（只）	出栏（只）	合计（只）	存栏（只）	出栏（只）	合计（只）	存栏（只）	出栏（只）	群	头	不变价（万元）	现行价（万元）
1998	417800	182500	235300	3500	2800	700	7200	1900	5300	19927	294	18120	30765
1999	460300	201300	259000	2500	1100	1400	600	300	300	18998	149	20958	34289
2000	482900	205900	277000	3400	900	2500	2502	1502	1000	18988	152	23004	37605
2001	491600	211800	279800	3500	2400	1100	3200	2000	1200	18900	149	24256	39000
2002	676780	376680	300100	4400	3100	1300	5400	3200	2200	20560	152	24501	39700
2003	773150	401650	371500	5610	3500	2110	18730	10230	8500	20560	47	24522	43663
2004	—	318615	—	—	—	—	11288	8884	2404	—	30	—	55600
2005	591047	287652	303395	—	—	—	10454	6704	3750	—	68	—	56200

1986—2005年酉阳自治县动物防疫情况表

表8－34　　　　单位：头、只、间、个

年	季	防疫员	兽医	猪							牛						羊					标志		免疫反应			
				存栏	猪瘟	肺疫	丹毒	猪W	驱虫	消毒	存栏	出败	气肿疽	牛W	驱虫	消毒	存栏	免疫	羊W	驱虫	消毒	免疫标	耳标	反应	抢救	死亡	赔偿
1986	—	—	—	—	—	—	—	—	—	—	—	—	—	—	—	—	—	—	—	—	—	—	—	—	—	—	—
1987	—	—	—	—	—	—	—	—	—	—	—	—	—	—	—	—	—	—	—	—	—	—	—	—	—	—	—
1988	春	394	213	324069	280946	280946	—	—	—	—	—	—	—	—	—	—	—	—	—	—	—	—	—	297	259	12	2
	秋	416	223	376349	358000	—	—	—	—	—	—	—	—	—	—	—	—	—	—	—	—	—	—	—	—	—	—
1989	春	402	212	353518	320338	320338	—	—	—	—	80740	—	—	—	—	—	—	—	—	—	—	—	—	38	34	32	2
	秋	355	214	389699	322204	322204	—	—	—	—	84179	2659	1020	—	—	—	—	—	—	—	—	—	—	115	84	6	—
1990	春	382	223	378842	345172	328649	—	—	—	—	86723	13699	—	—	—	—	—	—	—	—	—	—	—	76	51	5	3
	秋	182	223	—	376304	376304	—	—	—	—	—	52659	—	—	—	—	—	—	—	—	—	—	—	—	—	—	—
1991	春	468	220	396534	360183	360183	360183	—	—	—	—	—	—	—	—	—	—	—	—	—	—	—	—	1397	1365	14	—
	秋	243	229	399338	370524	370524	370524	—	—	—	—	40026	—	—	—	—	—	—	—	—	—	—	—	467	467	5	—
1992	春	411	210	410320	371868	—	—	—	—	—	—	—	—	—	—	—	—	—	—	—	—	—	—	—	—	—	—
	秋	383	309	434400	380504	—	—	—	—	—	108809	45700	—	—	—	—	—	—	—	—	—	—	—	—	—	—	—
1993	春	405	210	—	364214	364214	364214	—	—	—	—	—	—	—	—	—	—	—	—	—	—	—	—	17	—	—	—
	秋	424	261	422751	360559	360559	360559	—	—	—	—	—	—	—	—	—	—	—	—	—	—	—	—	14	—	1	—
1994	春	425	283	429732	379819	379819	170000	—	—	—	—	—	—	—	—	—	—	—	—	—	—	—	—	—	—	—	—
	秋	428	252	432948	372335	372335	372335	—	—	—	—	—	—	—	—	—	—	—	—	—	—	—	—	—	—	—	—
1995	春	412	298	449587	377112	377112	0	—	—	—	—	13348	—	—	—	—	—	—	—	—	—	—	—	196	191	10	10
	秋	472	267	453181	378413	378413	0	—	—	—	—	—	—	—	—	—	—	—	—	—	—	—	—	223	—	19	19
1996	春	423	289	437908	400677	400677	0	—	—	—	—	—	—	—	—	—	—	—	—	—	—	—	—	128	—	12	—
	秋	443	258	467264	387433	387433	0	—	—	—	—	—	—	—	—	—	—	—	—	—	—	—	—	190	—	4	—

续表8－34

年	季	防疫员	兽医	猪							牛						羊					标志		免疫反应			
				存栏	猪瘟	肺疫	丹毒	猪W	驱虫	消毒	存栏	出败	气肿疽	牛W	驱虫	消毒	存栏	免疫	羊W	驱虫	消毒	免疫标	耳标	反应	抢救	死亡	赔偿
1997	春	444	253	450123	415256	415256	0	—	—	—	—	—	—	—	—	—	—	—	—	—	—	—	—	389	—	7	7
	秋	469	300	420563	396258	396258	0	—	—	—	—	14991	—	—	—	—	—	—	—	—	—	—	—	266	263	3	—
1998	春	476	223	451908	425532	425532	0	—	—	—	122101	10886	—	—	—	—	—	—	—	—	—	—	—	246	225	5	5
	秋	237	489	433100	390524	390524	0	—	—	—	124326	13874	—	—	—	—	233726	4502	—	—	—	—	—	376	349	12	6
1999	春	404	292	413761	378429	378429	0	—	—	—	114532	—	—	—	—	—	—	—	—	—	—	—	—	442	441	6	—
	秋	419	313	412559	393624	393624	0	—	—	—	—	—	—	—	—	—	—	—	—	—	—	—	—	342	341	1	—
2000	春	448	227	440172	391066	391066	0	—	393271	163278	129659	73576	45062	—	—	—	148213	—	—	133492	—	—	—	358	356	4	—
	秋	589	225	451757	367601	367601	0	5124	407937	159068	—	—	—	59807	116704	—	—	—	—	—	—	—	—	—	—	—	—
2001	春	484	186	423508	370738	370738	0	463	256279	184233	119775	52701	264	264	—	—	—	—	75	34022	—	—	—	—	—	—	—
	秋	432	188	432165	355855	3555855	0	130818	2256563	75238	91618	—	—	—	63179	—	110302	—	28280	51600	7072	—	—	—	—	—	—
2002	春	448	227	483992	447407	0	0	305223	232361	112141	141361	39083	—	7637	41588	41588	337562	4278	10100	15980	18822	90000	90000	—	—	—	—
	秋	609	124	—	437950	437950	0	334501	—	144692	—	—	—	85939	46094	39802	307492	—	162773	—	—	—	—	—	—	—	—
2003	春	—	—	—	431249	431249	—	317818	—	—	—	—	64124	91384	—	—	315000	—	108125	—	108125	60000	60000	—	—	—	—
	秋	—	—	—	421641	421641	—	421641	—	—	—	—	—	117201	—	—	—	—	187620	—	—	140000	140000	—	—	—	—
2004	春	—	—	45792	431079	431079	—	396161	—	290092	110111	73253	33809	95162	—	—	234451	—	156349	—	—	43843	43843	—	—	—	—
	秋	—	—	403678	377112	377112	—	364879	—	271829	105402	92392	—	90196	—	—	199437	—	120214	—	—	20657	20657	—	—	—	—
2005	春	—	—	—	450449	450449	—	426593	—	211877	—	—	—	100290	—	—	—	—	126368	—	—	25600	25600	—	—	—	—
	秋	—	—	—	0	0	0	0	0	0	—	0	0	0	0	0	—	0	0	0	0	0	0	0	0	0	0
合计		12527	7441	11819518	13388375	15014073	1997815	2703221	3546411	1612448	1419336	538847	144279	647880	267565	81390	1886183	8780	899904	235094	134019	380100	380100	5577	4426	158	54

第七章　烟草业

第一节　规划发展

酉阳烤烟生产

1982年开始引种，当年种植面积2138亩，分布在5个区的9个乡，海拔高度在600—900米的范围，土壤大部分为黄壤土。1983年，种烟区域缩小到大涵、双泉两个乡，面积扩大到2500亩。1984年分布到3个区的5个乡种植。通过3年的试种和巩固阶段以后，1985年开始大面积种植，种植区域扩大到9个区的24个乡，到1987年，烤烟种植已分布到全县12个区，38个乡，其中基地乡16个。1991年，种烤烟的乡达到65个，占全县总乡数的82.3%，有476个村3182个村民小组和38091户种植烤烟，分别占全县总数的83.66%、68.99%和29.94%。种植面积102000亩，占全县耕地总面积的12.19%，占全县经济作物总面积的28.46%。建基地乡38个，占种烟乡总数的58.46%，其中计划产烟叶50万公斤的乡13个，产25万公斤的乡9个，产15万公斤的乡16个。

通过10多年的生产实践，从土壤、气候和烤烟的生长情况，划定全县烤烟生产优质区域有小坝、钟南、涂市、钟岭、黑水、大涵、马鹿、毛坝、双泉、苍岭、岭口、板溪、庙溪、浪坪、沿岩、后兴、中坝、丁市、蚂蝗、李溪、南腰界、南龙、天山等23个乡。适宜生产区域有麻旺、米旺、亮垭、后溪、白竹、木桶、青华、苦竹、井岗、小河、小岗、双桥、山羊、楠木、官清、两罾、清泉等17个乡，次适生区有原酉酬、大溪、兴隆3个区的大部分地域。

酉阳的烤烟生产大的区域划分，按历史习惯分为酉东、酉中、酉西三大区域，重点地区在中部和西部，以西部为主。各个区域的比例（以2002年实种面积为例）东部1.38万亩，占总面积16.88%，中部2.52万亩，占总面积的30.86　%，西部4.72万亩，占总面积的52.26%。在这三大片中，还有一些重点片区，中部有黑水、钟多、李溪、板溪、南腰界5个乡镇，占片区面积的84.57%。黑水一个镇占全片的28.43%。西部的双泉、龚滩、天馆、苍岭、后坪5个乡镇的面积为2.38万亩，占片区面积的55.79%。上述乡镇是全县烤烟生产的骨干基地。

第二节　烟叶种植

选种

县境内先后种植过的烤烟品种有红花大金元、G140、杂交多叶、K326、G28、黔新1号、黔新2号、K346、云烟85、云烟87、CF965等。经引进试种后，适宜酉阳县的烤烟品种为K326、G28、黔新1、2

号、K346、云烟85、云烟87。K326，一般亩产125—175公斤，为酉阳烤烟种植的主要品种。在技术方面，全部采用包衣种，用斯美地消毒苗床，实行双膜单拱保温育苗，用营养袋、稻草圈假植。为提高育苗质量，还推广了漂浮育苗法。2001年则以云烟85为当家品种，其次是K326、K346。2003年则以云烟87为主，依次为云烟85、K326。2004年主要是云85、云烟87和K326。2005年主要推广K326和云烟87。

育苗

酉阳烤烟育苗的时间，在立春前后10天进行。海拔600—800米地区多在立春前，即1月下旬至2月上旬；900米以上地区在2月中旬至下旬。苗床选地势平坦，土壤肥沃，背风向阳，光照充足，水源条件好，前茬作物不同科属的耕地，东西开厢，长10米，宽1.2米，提厢高出沟面15—20厘米，床面用复合肥和磷肥作底肥，每床各施用2—3公斤，欠细入土，平整厢面后，施猪粪水4—6挑（150—200公斤），再盖细土掩盖粪渣。播种方法是先将处理过的种子用草木灰和匀，再用细土10公斤将种子拌和均匀，分3次播入厢面，播后盖上薄膜，加强管理。近年来更强调培育壮苗，除全部使用良种外，更加重视先进科学技术的推广。

移栽

假植 幼苗的假植时间在4月底5月初，当苗子长到4片真叶时进行。要求在5月20日前移栽结束，不栽六月烟。假植前，先要平整苗床，床宽1.1米，长10米，一般一厢可植苗1200株左右。假植采用稻草圈或营养袋移栽。用营养袋假植开始于1988年，用稻草圈假植开始于1990年。最先在板溪乡使用，当年共做稻草圈120万个，移栽面积1100多亩。稻草圈、营养袋移栽技术1991年在全县范围内得到推广，据统计，这一年采用稻草圈和营养袋的假植苗达85%，其中稻草圈移栽占65%，营养袋移栽占20%。每个营养袋装营养土0.5公斤左右。营养土的配制方法是：磷肥、复合肥各1.5—2.5公斤，岩窝泥或火土肥100公斤，本土50—100公斤，猪粪水75公斤，和匀后堆积发酵7—15天即可使用。近几年逐渐过渡到采用本土300公斤，烟草专用肥2.5公斤混合均匀后即可使用。

大田移栽 酉阳县烤烟大田移栽一般是从4月底开始，到5月下旬结束。有"清明栽烟早，芒种栽烟迟，谷雨至小满栽烟最合适"之说。栽植密度是：海拔600—800米地区，一类土壤行距1米，窝距0.6米，每亩栽1100株；二类土壤行距0.9米，窝距0.6米，每亩栽1260株。海拔900米以上地区，一类土壤行距0.9米，株距0.56米，每亩栽1260株；二类土壤行距0.85米，株距0.5米，每亩栽1442株。近几年推行的栽植密度是行距1.2米，窝距0.55—0.6米，每亩栽1000—1100株。

田间管理

大田管理的关键环节一是施肥，二是防治病虫害，三是打顶抹芽。

施肥 大田管理期间施肥一般进行3次。第一次施提苗肥。烟苗移栽7—10天开始转青时，要及时施肥提苗。以尿素和硝酸铵兑水施用，近几年已过渡到用硝酸钾，而不用尿素。一般施用量为100—150克兑水50公斤。15—25天后，经过施肥提苗，烟苗开始进入旺长期，这时要结合中耕除草，施用复合肥，若遇天旱则应以施畜粪水为主。25—35天以后，烟株长势旺盛，这时要进行培土上厢，结合培土上厢应再施一次追肥，又称上厢肥。这也是最后一次追肥，所以要求氮、磷、钾三要素全面。一般用油枯、草木灰、硫酸钾、畜粪水等混合施用。从1994年开始推广双层一次性施肥方法，当年全县推广双层一次性施肥面积10260亩，通过与常规施肥法对比，效果十分明显。

双层一次施肥的具体做法是：行距1米，株距0.67米，定植开沟，沟深0.2—0.23米，按配方腐熟的肥料总量的60%—70%施于沟底，然后覆盖土0.07—0.10米，起垄打穴施入30%—40%的肥料，将土、肥混匀，壮苗移栽，每株施用0.5公斤左右清粪水（近几年改用清水）定根。

酉阳自治县烟叶种植双层施肥与常规施肥产量、质量对比情况表

表8－35

施肥项目＼项目	亩产量（公斤）	亩产值（元）	均价（元/公斤）	级别指标	产量指标	上等烟比例(%)	中等烟比例(%)	上、中等烟合计(%)
双层施肥	178	776.08	1.90	0.70	124.6	56.7	35.8	92.5
常规施肥	148	577.20	0.98	0.63	93.24	25.6	62.0	87.6
对比结果	+30	+198.88	+0.23	—	—	+31.1	−26.2	+4.9

病虫害防治　烟叶病害防治：主要病害是黑胫病、烟叶病毒病、青枯病、根黑腐病、赤星病、野火病和普通黄瓜花叶病等。对黑胫病的防治，多用25%的甲霜灵（瑞毒霉）可湿性粉剂，兑成400—800倍的药液，喷洒植株基部，每亩施60—75公斤。也可用80%乙磷铝（霜疫净）可湿性粉剂90倍液，浇灌或重施植株根颈部，或用200—300倍液作叶面喷雾。对病毒的防治，主要在移栽还苗后，团棵、旺长期及时喷药。主要是用抗病毒药剂和耐病毒诱导剂，如病毒必克（抗病毒药剂）。对普通黄瓜花叶病的防治，主要是用杀虫药消灭传播该病的蚜虫和用50%辛硫磷乳剂的1000—2000倍液喷洒。烟叶虫害防治：烟叶的虫害，在酉阳主要是地蚕（俗称地老虎）、烟青虫（又名烟草夜蛾）。对地蚕的防治是在移栽还苗后，喷洒90%敌百虫兑水的1000倍液和50%辛硫酸乳油兑水的1000倍液浇灌烟株，即可杀死土内幼虫。也可采用毒饵诱杀，其方法是将90%的敌百虫500毫升或50%辛硫酸乳油500毫升各加水2.5—5公斤，拌入地蚕喜吃的鲜菜叶40—50公斤内，于傍晚洒于田间，对地蚕幼虫有良好的诱杀效果。对烟青虫，主要采取冬耕土地时消灭越冬旱蛹。其次是人工捕杀幼虫，从移栽还苗时开始，每天早上检查烟株，发现烟虫及时清除。也可用农药将其杀灭。

打顶抹芽　打顶抹芽是烤烟生产中的一项重要工作。6月底至7月中旬，烟株开始现蕾，这时打顶（群众称断尖）工作就开始了。打顶有三种方法，即现蕾打顶、见花打顶、扣心打顶。酉阳在八九十年代采用的是现蕾时一次性打顶，近年来则采用根据土质打顶和看苗打顶。打顶的目的在于合理留叶，提高有效叶片数和烟叶整齐度及保证烟叶养分，提高烟叶品质。一般每株保持有效叶片18—22片。打顶以后，腋芽萌生很快，为了使养分集中供应烟叶的生长，若采用人工抹芽法，一般每隔5—6天就要抹腋芽1次。

第三节　烟叶烘烤

烟叶烘烤的好坏是决定烟叶质量等级的关键。烟叶成熟后，要及时采收和烘烤。

设备设施

烤房　发展烤烟生产初期所建的烤房规格形式都很不规范，分布也不合理。随着烤烟种植面积的扩大，烤房数量大增，所建的烤房逐渐统一规格，其形式为正方形，2.67×2.67米，楼层为4—5层。底层高1.82米，其他楼层每层高0.7米。每层置楼梁3根，两根靠墙壁，一根放中间。烟杆长1.6米，有效利用1.26米。其容量2.67×2.67米4楼烤房可承担4—5亩烟叶的烘烤。2.67×2.67米5楼烤房可承担5—6亩烟叶的烘烤。烤房的围护结构，由墙壁、保温楼、排湿窗、门楼层、房顶等构成。建筑材料为土砖或片石，以土砖居多。

酉阳开始建的烤房，多为土坯薄砖，沙罐土制成。火笼有3条笼，明3暗5火笼、5条笼、万字格火笼等。从1989年开始推行黔江县的水泥沙砖正反平走式火笼。在推广正反平走式火笼过程中，县烟草公司科技人员结合酉阳实际又研制出新型的平走式火笼，在此基础上又研制出热风循环式火笼（已获国家专利）。这种新型的平走式火笼和热风循环式火笼，具有温度分布均匀，不偏火，不倒烟，不跑火，节约煤等优点，更有利烘烤出优质烟叶。为提高烟叶质量，从2001年开始，在县烟草公司科技人员的指导下，对全县原来烤房的容积、楼层、楼层距和火笼等按标准化烤房的要求陆续进行了改造和新建。2001年全县共改造旧烤房72个，其中旧改新（武烟Ⅱ型）45个，小改大27个，新建新型烤房15个。2002年继续推进旧烤房改造和标准化烤房建设。全年共改造旧烤房4385个，新建新式烤房372个，当年投烤烤房总数达26336个，其中标准化烤房6800个。2003年继续推广"热风循环式"烤房的建设和对旧烤房的改造，当年改造旧烤房14421个，新建新式烤房1432个，当年投烤烤房达22900个。2004年新建新式烤房321个，当年投烤烤房15875个。2005年又新建烤房3363个，当年投烤烤房达16787个，烟叶烘烤所用烤房大部分为热风循环式烤房。

温度计　主要是干湿温度计，用于测量烤房内的温度和湿度。

燃料　酉阳烟叶烘烤所用燃料主要是煤，少数地区用木柴。

烘烤技术

烟叶的烘烤过程比较复杂，技术性很强。采收的烟叶在进烤房前要先分类绑杆，其要求是脚叶宜稀，一般每竿45—50扣，中部叶要适中，每竿55扣左右，上部叶稍密，每竿60—65扣。每扣2—3片，以2片为好。绑杆的方法是烟叶的背面靠背面，否则因烟叶卷缩被包裹的烟叶因水分排不出而色泽不鲜影响烟叶质量。其次是装炕。装炕也要分层次，过熟叶装底楼，成熟叶装中楼，尚熟叶装顶楼。好烟装中、上层，低次烟叶装底楼。顶楼密，中楼适中，底楼稀。在烘烤过程中，烟叶要经过变黄、定色、干筋三个阶段。这几个阶段的关键是要掌握和调整好烤房的温度和湿度。例如干筋期，是烟叶干燥的继续和结束。要把主筋烤干，温度最高只能升到68℃，湿度则应控制在43℃以下。烟叶烤好后在出炕前，如果外界环境湿度大，这时应打开烤房门窗和全部天窗、地窗，让烟叶在烤房内回软适度后再出炕。出炕时应轻抬轻放，防止碰碎，以保持烟叶张形完好，减少碎烟。出炕下竿后，将每竿烟叶捆成一捆，放在避光干燥的房屋里，用薄膜或油毡隔潮。7—10天后分级扎把，使物理和化学成分不同的烟叶，经过外观鉴定予以区别，以利于卷烟工业配方，保证卷烟产品质量。同时在出售烟叶时也才便于依质论价，执行优质优价的价格政策和其他经济政策。所以做好烟叶分级扎把，是提高烟叶质量，兼顾国家、企业和烟农三者利益的重要环节。

第四节　烟叶收购

收购站、点设置

酉阳从1982年开始种植烤烟，当年收购14.69万公斤。在1984年县烟草公司成立以前烟叶（土烟、毛烟、烤烟）均由区、乡供销社收购。1984年后烤烟由县烟草公司收购。从1986年开始，种植面积逐年扩大，烟叶产量大幅度增加，为更好地做好产前产后服务，在各区和部分重点乡设立了烟草站、点。这些机构在烟叶生产期间是烟叶生产的技术指导站，指导烟农种烟，培训技术。烟叶收购期间，就以这些站、点为基地辐射部署收购网点，尽可能为烟农交售烟叶提供方便。这些烟草站、点是随生产的发展而建立的。各区烟草站建立最早，是县烟草公司成立后的第二年，即1984年，而烟草点则是随着生产的发展逐步建立起来的。除产烟重点乡设立固定点外，在烟叶收购期间还根据实际需要设立临时收购点。烟叶收购结束后，临时收购点的任务就宣告完成。临时收购点完全是根据一个地方所产烟叶的数量多少来决定的，所以这些收购点的设立也是变化的。如1991年酉阳全县共设烤烟收购点76个，其中临时收购点31个，而1995年全县收购网点91个，其中临时收购点才11个。

定等级

烤烟列为二类农副产品，国家实行专营政策，价格由国家统一制定，共分成15个等级。即中1—6级，上1—5级，青1—3级，再就是2个末级。收购时摆出等级样品，由验级人员以质论价。1996—2002年烤烟实行40个等级。2003年起烤烟收购划分为42个等级。

价格调整

烟叶收购前，召开专门会议，交代收购工作纪律，特别强调正确执行价格政策，不准压级压价，也不准徇私抬级抬价。

1990年国家对烤烟收购价格的个别等级进行了调整，调整的级别有：中三烟由原来每50公斤284元调为320元，中四烟每50公斤由原来的180元调为210元，中五烟由原来每100公斤120元调为130元，中六烟每50公斤由原来的70元调为76元，上二烟每50公斤由原来的252元调为290元，上三烟由原来每50公斤160元调为190元，上四烟由原来每50公斤100元调为120元，青三烟由原来每50公斤20元调为24元，末级烟由原来每50公斤10元调为16元。此后烤烟的收购价格几乎每年都在进行调整。1982年和1995年烤烟收购价（含扶持费）详细对比如下表。

1982年酉阳自治县烤烟收购价格表

表8－36　　单位：元/50公斤

等级	中一	中二	中三	中四	中五	中六	上一	上二	上三	上四	上五	青一	青二	青三	末级
收购价	560	430	284	180	120	70	410	252	160	100	50	120	50	20	10

1995年酉阳自治县烤烟收购价格表

表8－37　　单位：元/50公斤

等级	中一	中二	中三	中四	中五	中六	上一	上二	上三	上四	上五	青一	青二	青三	末级
收购价	545	475	370	235	95	35	435	270	150	60	20	60	20	8	5

1996年全县烤烟实行40级国标收购，收购价格在1995年的基础上有大幅度提高，烟农种烤烟获得的经济效益大大提高，进一步调动了农民种烟的积极性。

1995—1996年酉阳自治县烤烟15级与40级收购价格对比表

表8－38　　单位：元/50公斤

等级		1995年收购	1996年收购	等级		1995年收购价	1996年收购价
中一	C1F	440	800	上一	B1F	360	700
	C1L	410	740		B2F	270	585
中二	C2F	375	725		B1L	230	500
	C2L	340	625		H1F	290	585
	C3F	295	600	上二	H2F	230	495
	X1F	255	525		B1R	210	475
中三	C3L	250	520		B3F	170	325
	X1L	225	480		B2L	165	315
	X2F	180	435		B2V	130	285
	C3V	180	450	上三	B2R	140	255
	X2L	160	320		B4F	115	210
中四	X3F	140	315		B3L	110	195
	X2V	110	295		B3V	100	145
	X3L	100	260		B1K	90	105
	S1	100	325	上四	B3R	95	125
中五	CX1K	80	105		B2K	60	75
	X4F	75	125		B4L	60	115
中六	X4L	60	95	上五	B3K	40	50
	S2	60	65	青一	GY1	50	75
	CX2K	50	65	青二	GY2	20	30

2003烟叶收购上中等烟叶价格变化不大，保持基本稳定，下等烟叶作了较大调整。

2003年酉阳自治县烤烟收购价格表

表8－39　　单位：元/50公斤

等级	收购价	等级	收购价	等级	收购价
上等	—	中等	—	下等	—
C1F	820	C3L	530	B4L	60
C2F	720	C4F	455	X3L	160
C3F	620	C4L	420	X4L	70

续表 8－39

等级	收购价	等级	收购价	等级	收购价
C1L	750	X2F	400	X4F	80
C2L	650	X3F	300	S2	100
B1F	635	X1L	470	CX1K	70
B2F	505	X2L	370	CX2K	40
B1L	530	B3F	300	B1K	60
B1R	525	B4F	140	B2K	30
H1F	548	B2L	320	GY1	25
X1F	515	B3L	150	低等	—
—	—	B2R	435	B3K	15
—	—	B3R	255	GY2	10
—	—	H2F	458	—	—
—	—	X2V	288	—	—
—	—	C3V	450	—	—
—	—	B2V	350	—	—
—	—	B3V	250	—	—
—	—	S1	210	—	—

2004年烟叶收购价格除C1F、B1R、S1和S2四个等级的价格与2003年的收购价格保持不变外，其余38个等级的收购价格比2003年均有增加，其增幅为2—80元/50公斤。

2005年烤烟收购价格上等烟与2004年保持不变，而对中等、下等和低等烟的收购价进行了调整，其增幅在20—80元/50公斤之间。

2003年、2004酉阳自治县烤烟收购价格对比表

表8－40

单位：元/50公斤

序号	等级	2003年			2004年			对比结果	
		标准价	扶持价	合计	标准价	扶持价	合计	标准价 ±	合计 ±
01	C1F	820	50	870	820	—	820	0	-50
02	C2F	720	50	770	750	—	750	30	-20
03	C3F	620	40	660	650	—	650	30	-10
04	C1L	750	45	795	760	—	760	10	-35
05	C2L	650	40	690	680	—	680	30	-10
06	B1F	635	40	675	660	—	660	25	-15

续表8－40

序号	等级	2003年			2004年			对比结果	
		标准价	扶持价	合计	标准价	扶持价	合计	标准价 ±	合计 ±
07	B2F	505	45	550	540	—	540	35	-10
08	B1L	530	50	580	560	—	560	30	-20
09	B1R	525	35	560	525	—	525	0	-35
10	H1F	548	35	583	550	—	550	2	-33
11	X1F	515	35	550	580	—	580	65	30
12	C3L	530	20	550	580	—	580	50	30
13	C4L	420	35	455	480	—	480	60	25
14	C4F	455	30	485	520	—	520	65	35
15	X2F	400	30	430	480	—	480	80	50
16	X3F	300	30	330	380	—	380	80	50
17	X1L	470	30	500	550	—	550	80	50
18	X2L	370	40	410	450	—	450	80	40
19	B3F	300	30	330	370	—	370	70	40
20	B4F	140	25	165	200	—	200	60	35
21	B2L	320	50	370	370	—	370	50	0
22	B3L	150	20	170	200	—	200	50	30
23	B2R	435	20	455	440	—	440	5	-15
24	B3R	255	20	275	260	—	260	5	-15
25	H2F	458	20	478	460	—	460	2	-18
26	X2V	288	0	288	300	—	300	12	12
27	C3V	450	0	450	480	—	480	30	30
28	B2V	350	0	350	355	—	355	5	5
29	B3V	250	0	250	260	—	260	10	10
30	S1	210	20	230	210	—	210	0	-20
31	B4L	60	0	60	100	—	100	40	40
32	X3L	160	0	160	210	—	210	50	50
33	X4L	70	0	70	110	—	110	40	40
34	X4F	80	0	80	120	—	120	40	40
35	S2	100	0	100	100	—	100	0	0
36	CX1K	70	0	70	120	—	120	50	50

续表8－40

序号	等级	2003年			2004年			对比结果	
		标准价	扶持价	合计	标准价	扶持价	合计	标准价 ±	合计 ±
37	CX2K	40	0	40	80	—	80	40	40
38	B1K	60	0	60	105	—	105	45	45
39	B2K	30	0	30	60	—	60	30	30
40	B3K	15	0	15	30	—	30	15	15
41	GY1	25	0	25	50	—	50	25	25
42	GY2	10	0	10	20	—	20	10	10

2005年重庆市烤烟收购价格表

表8－41　　单位：元/50公斤

上等		中等		下等		低等	
等级	价格	等级	价格	等级	价格	等级	价格
C1F	820	C3L	580	B4L	140	B3K	80
C2F	750	X2F	480	X3L	290	GY2	60
C3F	650	C4F	520	X4L	170	—	—
C1L	760	C4L	480	X4F	200	—	—
C2L	680	X3F	380	S2	100	—	—
B1F	660	X1L	550	CX1K	190	—	—
B2F	540	X2L	450	CX2K	130	—	—
B1L	560	B3F	390	B1K	180	—	—
B1R	525	B4F	230	B2K	100	—	—
H1F	550	B2L	400	GY1	80	—	—
X1F	580	B3L	240	—	—	—	—
—	—	B2R	440	—	—	—	—
—	—	B3R	280	—	—	—	—
—	—	H2F	460	—	—	—	—
—	—	X2V	300	—	—	—	—
—	—	C3V	480	—	—	—	—
—	—	B2V	355	—	—	—	—
—	—	B3V	260	—	—	—	—
—	—	S1	210	—	—	—	—

烤烟收购量

国家对烟草实行专营政策，不允许进入市场自由流通，严禁个人或其他非专营部门插手经营。全县烤烟由县烟草公司实行全额收购，所以每年烤烟收购量和产量基本一致。

1985—2005年酉阳自治县烤烟收购数量表

表8－42　　单位：万公斤

年度	数量	年度	数量
1985	129.47	1998	724.17
1986	194.84	1999	944.45
1987	215.92	2000	805.50
1988	503.27	2001	545.00
1989	463.35	2002	719.31
1990	465.91	2003	873.20
1991	934.49	2004	821.00
1992	1426.15	2005	1082.15
1993	959.45	合计	12135.67
1994	328.04	—	—

注：缺1995—1997年统计数

仓储运输

仓库　县烟草公司的仓库分为卷烟仓库和烟叶仓库两类。公司组建初期，两烟仓库均是借用的。1986年公司修了一幢综合楼，其中卷烟仓库面积849平方米，烟叶仓库1302平方米。到1995年年底烟叶仓库面积为55659平方米，其中区、乡站点19663平方米。另有卷烟仓库1907平方米。到2005年烟叶仓库总面积达到86047平方米。

车辆配置　1988年以前县烟草公司有货车6辆，载重能力26.5吨。1991年年底货车增加到16辆，载重能力达到52.75吨。货车最多时为1993年和1994年，每年都保持在23辆。1995年进行了一次大调整，淘汰了过时车辆，到年底货车为13辆。2001—2002年购进稽查车2辆、货车6辆，到2005年年底车辆总数为24辆。

管理机构　县烟草公司的仓储运输机构在2003年机构改革前为储运科，主要负责管理公司的运输工作。2003年1月酉阳县烟叶复烤厂改名为酉阳县烟草公司仓储部，这样公司的仓储运输机构就增加了1个仓储部。仓储部主要承担新购烟叶的验收挑选整理和烟叶运出前的仓储管理。在2003年的机构改革中，原来的储运科改名为基建运输科。

管理制度　县烟草公司的储运工作是通过建立健全各种规章制度来加强管理的。基建运输科和仓储部在公司的领导下，按照公司的规定，也制定了一系列的规章制度，计有《工作要点》《机关管理规定》《岗位目标管理制度》《生产期消防安全综合内保管理规定》《车间管理制度》等。这些制度都张贴在办公室、仓库、车间的墙上，以便于随时对照检查。

第五节　烟叶复烤加工

酉阳烟叶复烤厂

从烟农手中收购的烟叶为初烤烟叶。初烤烟属于烟叶收割后转变为商品烟叶的最初加工阶段。这时的烟叶所含水分还偏高，一般含水量都在16%—18%左右，而且烟叶在等级划分方面虽经验级人员检验，但由于烟农在初烤时分级掌握不准，所以混级混等现象在所难免。酉阳在未建复烤厂前，所出售给厂家的烟叶全系初烤烟叶。由于等级不纯，加之水分含量高不易保存，影响了产品的声誉和销路，也影响了企业经济效益的提高。随着烤烟种植面积的逐年扩大，烟叶产量的大量增加，需要提高烟叶质量，扩大销路。1992年经涪陵地区分公司批准，在酉阳县委、县政府的大力支持下，建成了酉阳县烟叶复烤厂，从而为提高酉阳烟叶品质创造了条件。酉阳烟叶复烤厂建厂时间虽然较晚，但设备比较完善，规模也比较大，厂房占地面积42.5亩，建筑面积36796.8平方米，其中仓库27060平方米，车间2468平方米，锅炉房364平方米，配电房254平方米，职工宿舍、办公室及附属设施6650.8平方米。安装有复烤线路2条，复烤机2台，4吨锅炉1台，160千瓦柴油发电机组1台，拥有固定资产750万元，自有流动资金90万元，厂内设办公、生产、保卫、质检等9个职能科（室），共有职工62人，其中正式工13人，临时合同工49人，生产季节雇季节工800名左右，年复烤能力1500万公斤，从投产以来至2000年底累计完成复烤量5568.58万公斤，烟叶中转91万公斤。从2001年起酉阳的挂杆复烤被取消，调拨烟叶由设在彭水县的重庆金益有限责任公司负责打叶复烤。烟叶通过复烤，降低了水分，纯化了等级，提高了酉阳烟叶知名度和行业的声誉，同时也提高了公司的经济效益。2003年1月复烤厂更名为酉阳县烟草公司仓储部，复烤厂原班人马为仓储部组成人员。仓储部主要承担新购烟叶的验收、挑选整理和烟叶运出前的仓储管理。

从烟农手中收购的初烤烟叶，送到复烤厂以后，第一道工序就是过磅验收，核实数量，再送到选烟车间，按照国家规定的等级进行严格的挑选整理，纯化烟叶等级。在实行15级制收购时，挑选烟叶按15个等级区分，凡属中、上等烟叶全部要经过复烤后才能调给厂家，不需要复烤的等外级烟，选出后单独存放。1996年按国家新规定的40级制将烟叶挑选整理分成40个等级，从2003年起则按国家规定的42个等级进行挑选整理。

复　烤

烟叶复烤是利用锅炉的蒸气通过输气管道进行烘烤，所以又称机烤。其工艺流程为：

通过挑选整理后的烟叶，按等级送往复烤车间，扎把捆竿挂摇，即按每把16—20张烟叶的要求扎把，然后将每把烟叶捆绑在烟杆（木杆或竹竿）上，捆绑时注意稀密均匀，通过挂摇去掉烟叶中的灰尘和杂质，然后送入复烤机烘烤12—15分钟。这道工序目的有四个，一是降低烟叶的水分含量，便于烟叶长期储存。通过复烤把初烤烟叶的水分含量从16%—18%降至11%—13%。二是通过排除水分和升温复烤，使烟叶进一步干燥，色泽加深，使外观更加美观，提高烟叶质量。三是通过高温（复烤车间的温度最高时可达105℃），可进一步杀灭烟叶上残存的病菌和害虫。四是在复烤车间通过电风扇的作用进一步去掉附在烟叶上的杂质和尘土，增加烟叶的香气，使烟叶的质量更加纯净。

下炕装箱过磅成件。通过复烤的烟叶先装箱过磅，按每件50公斤标准捆扎严实，严密缝合成件，然后标明等级、重量、产地，运入冷却库，进行冷却。在冷却库内通过排风扇排除热气。一般在冷却库内冷却3天，烟叶温度降至正常范围，就可送入成品库保存。烟叶进入成品库内以后，就成外调商品了，这样烟叶的复烤加工流程就完成了。外调时由仓库保管员根据公司开出的调拨单发货。

1992—2000年酉阳自治县复烤烟叶情况表

表8-43　　单位：万公斤

年度＼项目	原烟	复烤成品烟入库量	
1992	321.72	303.17	
1993	700.00	662.48	
1994	217.58	206.77	
1995	430.36	407.29	
1996	1041.50	1018.00	
1997	1455.00	1290.00	
1998	543.88	461.93	
1999	531.08	508.94	
2000	782.88	710.00	
合计	6024	5568.58	

注：从2001年起酉阳复烤厂的挂竿复烤被取消。调拨烟叶交由设在彭水县的重庆金益有限责任公司进行打叶复烤

第六节　产值与税收

酉阳烤烟生产从1982年开始引种，通过几年的试种和巩固阶段以后，1985年开始大面积种植，种植区域从1982年的5个区的9个乡扩大到9个区的24个乡，到1986年全县烤烟产值达322.64万元，为地方财政提供税收（农特税）99万元，到2005年产值达9268.06万元，比1986年增加了27.7倍，税收达1853.61万元，比1986年增加17.2倍。1996年和1997年是酉阳烤烟生产的顶峰时期。1996年烤烟产值达6968.31万元，当年为地方财政提供税收（农特税）达2160.17万元。1997年烤烟产值创历史新高，达到11955.25万元，当年为地方财政提供税收1864.48万元。从1986年到2005年的20年间，烤烟生产共创产值79773.61万元，共提供税收18632.95万元。

1986—2005年酉阳自治县烟草公司烟叶产值与税收情况表

表8-44　　单位：万元

年度	产值	农特税
1986	322.64	99.00
1987	520.37	183.00

续表8－44

年度	产值	农特税
1988	1153.89	430.00
1989	706.34	322.43
1990	1189.13	451.87
1991	2414.03	917.33
1992	3837.52	1458.25
1993	2618.47	837.80
1994	859.70	266.51
1995	3586.26	1172.81
1996	6968.31	2160.17
1997	11955.25	1864.48
1998	2066.46	369.05
1999	4622.68	922.36
2000	4931.54	891.47
2001	3700.32	689.25
2002	5892.78	1111.59
2003	6090.22	1218.04
2004	7069.64	1413.93
2005	9268.06	1853.61
合计	79773.61	18632.95

第八章　中药材

第一节　资源与规划

中药材资源

物种及品种　酉阳中药材资源非常丰富，是其重要财富之一。新中国成立以来，经过调查与探测，至1991年酉阳有动、植、矿物药材资源物种1216种，分属于198个科，314个属，其中家种药材物种58种，分为29科，42个属。已开发利用的物种有156种，占总物种资源的12.9%。由于中药材资源是特殊物种，有的一个物种可包含十个药材品种，在国家规定的经营目录中，历来是以品种计算。经调查，全县现有的药材物种中，共计包含有2467个品种，占全国的32.2%，其中家种品种100种，占四川省家种品种的70%，占全国的39%。

经多年调查、测算，酉阳在1997年直辖前，中药材资源的蕴藏量约为27349.9吨。其中属于中药材物种303种，蕴藏量13540吨；属于中草药的913种，蕴藏量13809.6吨；属于动物类的67种，蕴藏量40吨以上；矿物类9种，蕴藏量161吨以上。其中朱砂、水银的收购量历年占四川省收购量的50%。全国经营418种中药材中，酉阳出产231种，占全国经营品种的55.2%。其中，根茎类110种，酉阳出产50种，占全国经营品种的45.4%；花叶类28种，酉阳产23种，占82.1%；种子果实类101种，酉阳产61种，占60.4%；全草类38种，酉阳产24种，占63.1%；藤木皮类32种，酉阳产21种，占65.2%；动物类47种，酉阳产32种，占68.1%；矿物类12种，酉阳产4种，占33.3%。国家规定的34种名贵药材中，酉阳有24种，占70%。国家规定实行指令性计划管理的4种药材，酉阳有3种，占75%。国家规定的大宗平衡品种20种中，酉阳产14种，占70%。全县主要中药材品种有43个，分别是杜仲、厚朴、黄柏、吴茱萸、天麻、黄连、青蒿、白术、玄参、金银花、菊花、枳壳、白芍、牡丹（酉阳牡丹有两个品种。一种为本地牡丹，质量很好，药用疗效高。另一种为楼台牡丹，邓安牡丹，质量稍次，但产量大），火麻仁、五倍子、桃仁、苦杏仁、大力子、木瓜、栀子、板蓝根、穿心莲、茯苓、苡仁、红花、白芷、天冬、川续断、半夏、百合、麦冬、何首乌、苦参、南沙参、骨碎补、射干、紫菀、地骨皮、陈艾、菖蒲、黄精、粉葛、金荞麦等。

中药材发展规划

1991—2000年发展规划　主要中药材发展面积规划：酉阳全县共有宜林宜药荒山坡地97.65万亩，只用33%的面积，即取总面积约为31.77万亩作为规划发展面积；鉴于酉阳众多中药材资源中最具优势和发展前途的是三木（杜仲、厚朴、黄柏）、青蒿、吴茱萸、金银花、五倍子等13种，因此规划面积重点用于发展上述品种药材。主要中药材品种生产发展规划：在1991—2000年的规划期内，全县中药材生产总面积为31.77万亩。其中，1991—1992年为开发研究、打牢基础阶段，1993—1995年为稳步发展阶段，

1996—2000年为巩固发展阶段。此外还对主要中药材品种生产面积和基地作了规划。

1991—2000年酉阳自治县中药材生产发展规划表

表8－45 单位：万亩

品种 面积 阶段	杜仲	厚朴	黄柏	吴茱萸	青蒿	银花	菊花	天麻	黄连	枳壳	白术	玄参	其他	合计
1991-1992年	2.45	0.71	1.15	0.36	0.85	0.54	0.28	0.04	0.12	0.10	0.30	0.11	0.60	7.61
1993-1995年	2.65	1.40	1.49	0.48	1.18	0.88	0.43	0.05	0.25	0.28	0.47	0.17	1.10	10.83
1996-2000年	3.43	2.13	2.34	0.58	1.87	1.18	0.56	0.06	0.26	0.23	0.06	0.23	0.40	13.33
合计	8.53	4.24	4.98	1.42	3.90	2.60	1.27	0.15	0.63	0.61	0.83	0.51	2.10	31.77

注：其他主要指松茯苓、苡仁、穿心莲、枣皮、佛手、栀子、白芍、泽泻、麦冬等

1991—2000年酉阳自治县主要中药材生产基地规划表

表8－46

药材品种	基地规模（亩）	主要生产基地乡（镇）
杜仲	>2000	山羊、木桶、腴地、小咸、黑水、苍岭、沿岩、后坪、楠木、蚂蝗、天山、老寨、银岭、钟多镇、小岗、井岗、板溪、后溪、新溪、宜居、桃渔、钟南、酉酬、马鹿、后兴、双泉、董河、土坪、青华、龚滩等30个乡镇
厚朴	>1500	黑水、小咸、马鹿、双泉、银岭、钟南、董河、宜居、青华、蚂蝗、井岗、桃鱼、钟多镇、老寨等15个乡镇
黄柏	>2000	双泉、桃鱼、青华、井岗、老寨、马鹿、苍岭、楠木、银岭、后兴等10个乡镇
青蒿	>700	酉酬、后溪、小岗、宜居、龚滩、蚂蝗、田坝、两罾等乡
吴茱萸	>1300	后溪、腴地、板溪、酉酬、宜居、小岗、董河等乡
银花	>1000	钟南、银岭、后兴、黑水、楠木、花园、双泉、兴隆、青华、腴地、桃鱼等乡
菊花	>400	铜鼓、铜西、南界、红井、小岗等乡
黄连	>1000	土坪、小咸等乡
天麻	>40	小岗、双泉、蚂蝗、花园、宜居、兴隆、钟南、后兴、黑水、楠木、官清、小咸、土坪等乡
白术	>1000	黑水、楠木、蚂蝗、腴地、花园、花田等乡
玄参	>1000	马鹿等乡
枳壳	>1000	后溪、酉酬、新溪、万木等乡

2001—2010年发展规划 规划要点：根据市场需求和在地药材的天然分布，结合退耕还林及农业产业结构调整，在主要产地生产适宜区建设14个品种的优质中药材基地（其中三木药材保留现有发展规模，青蒿品种发展面积10万亩另作单独规划）。重点对玄参、白术、吴茱萸、金银花、天麻、半夏、百合、前胡等10个品种进行无公害栽培示范和规范化种植，规划到2010年药材面积达12.02万亩，建立大型无公害药材综合示范基地。到2010年全县实现中药材发展在地面积（包括青蒿10万亩在内）达到22万

亩。运作模式是通过建立种植园区、公司、大户、企业承包办基地等多种模式，按农业产业化的方式，分别建立各具特色的绿色中药材生产基地。

2001—2010年中药材生产基地建设区域规划　按照酉阳行政区划范围、自然地理条件和药材种植历史及现状划分区域，确立各区域选择发展的主导品种；确定发展基地内各乡镇的主导品种及面积。规划按3个大区10个规范种植区10个主导品种进行，主导药材种植面积7.95万亩，规划总面积为9.5万亩，三木药材维持现有生产面积2.52万亩，青蒿另行规划而不在本规划之列，到2010年除青蒿外的在地面积药材总面积达到12.02万亩。

第一大区：酉东吴茱萸、银花、白术、前胡、玄参、天麻、百合大区。位于酉阳县东部，包括11个乡镇，总面积1500平方公里，宜药面积24.672万亩，规划药材面积2.20万亩，可分两个规范种植区。

麻旺—车田吴茱萸、银花、天麻、白术、百合规范种植区：位于酉东大区北部，包括麻旺、泔溪、后溪、酉酬、偏柏、车田、五福、大溪、可大等9个乡镇，总面积1093平方公里，规划药材面积1万亩，其中吴茱萸2000亩，银花2000亩，天麻500亩，百合2000亩，白术1500亩，其他药材2000亩。吴茱萸主要放在酉酬、后溪等乡镇发展，银花主要放在偏柏、泔溪等乡发展，白术主要集中在麻旺镇发展。

龙潭—江丰白术、前胡、玄参、银花规范种植区：位于酉东大区南部，包括龙潭、江丰2个乡镇，总面积403.16平方公里，规范药材面积1.20万亩，其中白术、前胡、玄参各3000亩，银花1000亩，其他药材2000亩。

第二大区：酉中白术、玄参、前胡、银花、天麻、半夏、百合大区：位于酉阳县中部，包括14个乡镇，面积1984平方公里，宜药面积38.87万亩，规划药材面积5.00万亩。可分为4个规划种植区。

黑水—兴隆白术、玄参、天麻、银花、百合、半夏规范种植区：位于酉中大区北部，包括黑水、毛坝、木叶、兴隆等4个乡镇，总面积646平方公里，规划药材面积1.15万亩，其中白术、玄参各3000亩，天麻1500亩，银花、百合、半夏和其他药材各1000亩。白术、玄参着重放在黑水、毛坝、木叶等乡镇发展，天麻、银花基地重点放在兴隆，其次放在木叶、黑水、毛坝等乡镇发展。

花田—腴地玄参、白术、银花、山茱萸规范种植区：位于酉中大区中部，包括花田、涂市、腴地3个乡，总面积310平方公里，规范药材面积1.5万亩，其中玄参、白术各6000亩，银花、山茱萸和其他药材各1000亩。

钟多、板溪吴茱萸、银花、前胡、半夏规范种植区：位于酉中大区中部，包括钟多、板溪2个乡镇，总面积481平方公里，规范药材面积1.00万亩，其中吴茱萸、前胡各1500亩，半夏2000亩，银花和其他药材各2500亩。

板桥—南腰界白术、玄参、银花、山茱萸、天麻规范种植区：位于酉中大区南部，包括板桥、官清、楠木、李溪、南腰界5个乡镇，总面积610平方公里，规划发展药材1.5万亩，其中白术5000亩，玄参、银花各3000亩，天麻500亩，山茱萸和其他药材各1000亩。山茱萸基地选择在官清乡发展，其他药材基地选择在板桥、楠木、南腰界、李溪等乡镇发展。

第三大区：酉西白术、吴茱萸、山茱萸、天麻大区：位于酉阳县西部，包括14个乡镇，总面积1681平方公里，宜药面积34.42　万亩，规划药材面积2.30万亩，分为4个规范种植区。

双泉—庙溪天麻、银花、白术规范种植区：位于酉西大区北部，包括双泉、苍岭、浪坪、庙溪4个乡镇，面积484平方公里，规划药材面积0.5万亩，其中天麻、银花各1000亩，白术和其他药材各1500亩。

丁市—龚滩吴茱萸、山茱萸规范种植区：位于酉西大区中部，包括丁市、宜居、天馆、两罾、龚滩5

个乡镇，总面积611平方公里，规划药材面积0.40万亩，其中山茱萸1000亩，吴茱萸和其他药材各1500亩。吴茱萸和山茱萸主要放在宜居乡发展。

万木—清泉银花、山茱萸、天麻规范种植区：位于酉西大区南部，包括万木、后坪、清泉3个乡，总面积316平方公里，规范药材面积0.45万亩，其中山茱萸1000亩，天麻500亩，银花和其他药材各1500亩。银花、山茱萸、天麻以后坪、万木、清泉为基地乡。

铜鼓—小河玄参、银花、吴茱萸、山茱萸、天冬规范种植区：位于酉西大区东南角，包括铜鼓、小河2个乡，总面积270平方公里，规划药材面积0.95万亩，其中玄参、银花、天冬各2000亩，吴茱萸、山茱萸各1000亩，其他药材1500亩。

主要中药材品种生产面积和基地规划 白术2万亩，主要规范化基地：重点安排在酉中，其次是酉东，包括黑水、花田、毛坝、腴地、楠木、李溪等作为重点发展乡镇。

银花1.5万亩，主要规范化基地：重点安排在酉东和酉中，其次是酉西，包括楠木、兴隆、木叶、苍岭、双泉、泔溪、龙潭等重点发展乡镇。

玄参1.7万亩，主要规范化基地：主要安排在酉中，其次为酉东，包括黑水、兴隆、木叶、李溪、龙潭等乡镇。

前胡0.45万亩，主要规范化基地：重点安排在龙潭、板溪、钟多3个乡镇发展。

山茱萸0.5万亩，主要规范化基地：重点安排在后坪、官清、黑水、宜居等4个乡镇。

吴茱萸0.5万亩，主要规范化基地：重点安排在酉东和酉西，包括酬、后溪、李溪、腴地、宜居、小河、苍岭等乡镇。

天麻0.4万亩，主要规范化基地：重点安排在兴隆、木叶、苍岭、黑水、楠木、后坪等乡镇。

半夏0.3万亩，主要规范化基地：集中安排在钟多、板溪、毛坝3个乡镇发展。

天冬0.2万亩，主要规范化基地：着重安排在钟多镇。

百合0.6万亩，主要规范化基地：重点安排在酉东的酉酬、大溪和酉中的黑水镇。

中药材现代化基地阶段发展规划 2001—2010年发展规划可分为两个阶段发展，第一个阶段（2001—2005年）为基础发展阶段，完成主导品种的基本布局和种植面积；第二阶段（2006—2010年）为巩固发展阶段，完成规划发展面积，并做好几个主导品种的规范化高产栽培技术推广，创造中药材品牌3—5个。2005年发展药材面积7.5万亩，2006—2010年发展药材面积2万亩。到2010年规划面积9.5万亩，三木药材保持现有生产规模2.52万亩，达到在地面积12.02万亩，加上另外规划发展的青蒿10万亩，全县实现绿色中药材常年种植面积22万亩（包括青蒿10万亩），药材年产量1.5万吨（青蒿10亩产量除外），产值1亿元，完成税收800万元的中药材发展目标。

第二节　种　植

酉阳的中药材生产历史悠久，长期以来都是全县农民的副业之一，品种多为野生，处于自生自灭境况。20世纪50年代以后，中药材开始纳入国家计划。1956—1979年，全县共发展家种药材品种33个，总面积57205.3亩，年均递增8%。所有家种药材质量上乘，均属优质品种，畅销全国13个省、市、自治区。这段时期主要以集体生产为主，农民只是利用房前屋后和自留地种植少量品种。1980—1989年，共发展中药材品种32种，总面积达75201.5亩，年均递增11.4%，总收购量341.34吨，年均收购34.1吨。从20世纪90年代初开始，特别是90年代末，县委十届四次全委会把药业作为酉阳全县五大支柱产业之一来抓，重点抓了中药材基地建设，到2000年年末，全县实现新增中药材3.08万亩，在地中药材面积达5.67万亩，使酉阳中药材产业化建设实现了良好开端。2001—2005年实施重点乡镇、重点村组、重点品种突破，与县外科研单位、大专院校合作。从事白术、青蒿GAP研究，建立白术、青蒿、玄参等主导品种科技示范、规范化栽植示范园区、示范带。狠抓基地建设，至2005年年底，全县完成新增中药材面积11.95万亩，加上原在地中药材总面积达到15.27万亩，创历史最高水平。其中白术完成1.87万亩，青蒿完成6.68万亩，玄参完成2.60万亩，以天麻、百合为主的其他中药材完成任务0.79万亩。全县发展的29个药业乡镇中，有18个药业重点乡镇纳入县政府考核。以黑水、腴地、楠木、毛坝、两罾等乡镇为代表的西西片区已基本形成以白术、玄参为主导品种的中药材生产格局。以麻旺、泔溪、龙潭等乡镇为代表的西东片区已形成以家种青蒿为主导品种的中药材生产格局。青蒿、白术、玄参等3个主导品种的种植面积到2005年年底已累计实现11.5万亩，占全县新增中药材面积的93.8%。酉阳人工种植青蒿始于80年代末，历经十余年青蒿野生变家种及人工培育，自2000年开始大规模种植青蒿以来，按“公司+基地+农户”的模式，基地建设得到了稳步发展，到2005年全县共发展24个乡镇、110个村23128户，其中实行“农庄式”生产模式的有14个乡镇、57个村14654户，种植面积达6.68万亩，实现产量0.6万吨，成为全国家种青蒿面积最大的基地县。

第三节　基地建设

20世纪90年代末，县委、县政府特聘请中国人民大学区域经济研究所专家教授为酉阳经济、社会发展作深层调研，致公党重庆市委受中国致公党中央委员会委托到酉智力支边，为酉阳制定了《酉阳土家族苗族自治县中药材发展规划》，随之县委十届四次全委会把药业作为全县五大支柱产业之一来抓。通过几年的努力，中药材基地建设已初具规模。2000年全县重点抓了6个乡，实现新增中药材3.08万亩，在地中药材面积达5.67万亩，使酉阳中药材产业化建设实现了良好开局。2001年实施重点乡镇、重点村组、重点品种突破，全县规划了20个药业重点乡镇，并与重庆药物种植研究所合作，从事白术GAP研究，同时，西南农业大学也派员进驻酉阳与华阳公司合作，从事青蒿GAP研究，当年实现新增中药材面积5.68万亩，在地中药总面积达8.76万亩。2002年全县规划了14个药业乡镇，重点抓青蒿、白术、玄参等主导品种与基地建设，通过与县外科研单位、大专院校合作，建立了白术、玄参、青蒿科技示范园区和示范带，实施了各具特色的药业示范园区。一是黑水镇的白术、玄参等药业示范园区。二是建了板溪乡的青蒿、百合规范化栽培示范区。三是建了毛坝乡的白术、玄参、天麻规范化栽培示范园区。四是建了李溪、官清等乡镇的青蒿种植示范园区和科技示范长廊。这些示范带对全县科技兴药水平起到积极作用，当年实现中药材新增面积6.4万亩。为此酉阳被重庆市中药现代化领导小组命名为“重庆市道地优势中药材GAP种植示范基地”。2003年全县发展了19个药业重点乡镇，15685户种药户，完成新增中药材面积6.95万亩，加上原在地中药材总面积达10.15万亩，首次突破10万亩。2004年全县重点抓了黑水、楠木、毛坝、腴地、李溪、小河、丁市等24个中药材重点乡镇，和长沙、沙厂、何家等26个药业专业村组16543户种药农户建设，共完成新增中药材面积6.8万亩，在地总面积10.12万亩，实现产量1.474万吨，产值6786.4万元。2005年新发展青蒿种植面积6.68万亩，其他中药材种植面积5.27万亩，在地中药材总面积达15.27万亩，产量1.65万吨，产值达1.13亿元。药业收入已成为酉阳农民增收的骨干项目之一。

第四节　加　工

酉阳中药材资源丰富，产量较大，但开发利用、就地加工能力薄弱。

至2005年，全县制药企业2家：一家是华武制药有限责任公司，以加工青蒿素为主，年可加工青蒿原料1000余吨，生产青蒿素6吨。2005年开始扩建，待扩建工程完成后，年提取青蒿素系列产品能力可达21吨。另一家是明德中药材饮片加工厂，年可加工中药材饮片2000余吨。该厂是酉阳应用中药材传统炮制技术和现代科技相结合的中药材加工企业。另外酉阳的中药材经营户中虽有开展初加工的，但加工能力小。如龙潭镇经营户李贤丰加工设备仅打包机1台，烘烤房1个，年加工能力仅有50吨。黑水镇汪鑫，药材仓储面积为100平方米，有手工切片机1台，年加工能力只在30吨左右。其他的经营户几乎都是购销原生中药材。广大药农户更是既无仓储和加工场地，也无加工设备，均是销售原生药材。

第五节　营销网络

酉阳中药材自销能力小，多为调出。在1984年以前执行按上级计划调拨。1984年以后实行计划调拨和按市场需要调拨，但多为后一种调拨形式。1956—1979年调出品种为32个，1980—1989年调出品种增至43个。调出品种在全国18个省、市销售。1990年以前，主要由县国营中药材公司经营，其次是县办的武陵山制药厂和县内外的一些中药材经营户。1990—2005年，中药材营销队伍逐渐扩大，中医药产业开始步入产业化发展经营轨道。2005年，全县中药材龙头企业有华阳、万事达药业、同泰、天一等8个大公司，零星收购网点20多个，中药材营销户28人，年外销中药材主要品种100多种，成交额近1亿元。县境内还有2个专业合作社（长沙村和楠木中药材专业合作社）、5个药业行业协会和《酉州药业》信息窗口等。

万事达药业有限责任公司有固定资产450万元，流动资金250万元。以营销白术、玄参为主，年营业收入1250万元，是集药材种植—收购—批发—零售—加工—贩运为一体的综合型企业，也是重庆市市级农业产业化龙头企业。该公司中药材销路已扩展到全国24个省、市，18个中药材专业市场，有固定的中药材销售厂家和客户300多家。主要厂家有太极集团、江西汇仁集团、南京金陵制药厂等。主要客户有广州进出口公司、山东临沂外贸公司等。

华阳自然资源开发有限责任公司以发展青蒿为主，有固定资产1770万元，年营业收入3000万元。是公司＋基地＋农户的生产格局，每年可带动药农2.3万户。

全县28家较大的中药材经营户所营销的中药材均有各自的固定厂家和客户，所经营的中药材品种和数量各异。

第九章　劳务输出

第一节　输出与管理

劳务输出是开发劳动力资源，实现城乡富余劳动力转移的重要措施，也是发展酉阳城乡经济，增加农民收入，改善生活条件，跨越温饱、脱贫致富的一条重要途径。

酉阳是一个典型的农业人口大县，全县73万人口中，农业人口达62万，贫瘠的可耕地面积仅81万亩（均以1992年统计口径），人均耕地不足1.4亩，而且产量低、灾害频繁，同时因非农占地、退耕还林、水土流失等原因，耕地面积呈逐年减少趋势，人多地少矛盾十分突出。长期以来，劳动力资源浪费现象十分严重，特别是实行土地联产承包的农村改革以后，农民生产积极性提高，科技投入加大和产业结构调整，农村剩余劳动力进一步增加，而酉阳资源贫乏，工矿企业少、经济发展滞后，可开发就业岗位有限，加上在计划经济条件下，就业安置重点是安置城镇待业人员，农村剩余劳动力很难实现就地转移就业。20世纪80年代初期以来，部分农村剩余劳动力开始自发组织零星外出务工，寻求就业门路。但由于缺乏组织管理和引导，多数人虽找到了工作，但收入少，生活和安全无保障，少数人则找不到工作，在耗尽所带资费后，因生活所迫，误入歧途，甚至走上违法犯罪的道路，因此，劳务输出迫切需要政府组织，并加以引导。

1988年5月，酉阳县经济协作办公室与北京市海淀区永定路街道办事处“三八”家庭服务公司达成劳务协作意向协议，由县劳动服务公司（就业服务管理局的前身，下同）组织招收，并进行培训。为此县妇联、共青团酉阳县委、社会劳动力管理处联合下发了《关于向北京输送家庭服务员的通知》，要求各区镇认真做好宣传，提高对劳务输出的认识，并就招收名额作出明确分配，全县计划招收50名。劳动服务公司于5月下旬开始组织招收，并对被录取的人员进行培训，培训内容有政治、法律知识、家电常识及职业道德。经培训并签订劳动合同后，于6月上旬，首次有组织、有计划地向北京市输出家庭服务员80人。同年8月，根据用人单位需要，再次招收了120名家庭服务员送往北京。

1990年，由于多年来自发外出务工和1988年劳动部门两次组织输出务工创造的经济效益逐渐显现出来，劳务输出工作已被全社会理解和重视，特别是农村，外出务工成为增加家庭经济收入的主要渠道，自发外出人员越来越多。在这种情况下，就业服务管理局采取因势利导的办法，积极开展劳务输出。一是坚持以自发输出为主，加强疏通和引导，鼓励支持集体外出，有目的的外出，减少盲目行动。同时积极为外出务工人员提供服务。二是积极收集劳务信息，广泛与用人单位联系，有规模地组织输出。当年由县劳动部门组织输出655人，分别送往北京、广东惠州、河南省洛阳等地。

1991年，劳务输出工作本着积极主动，稳步发展和“统筹、协调、指导、服务”及“巩固、完善、发展、提高”的原则，不断探索劳务输出的有效途径。为此，主要抓了三方面工作：开展农村剩余劳动力抽样调查，为开发酉阳劳动力资源，研究、制定劳务输出计划提供依据；加大宣传力度，提高全社会对劳务输出重大意义的认识；针对劳务输出中遇到的一些问题和存在的困难，积极向县委、县政府汇报，争得其重视支持，建立了劳务输出管理制度，积极为外出务工人员提供服务。同时广集劳务信息，广开就业门路，积极组织劳务输出。当年组织输出人员756人。

1992年在中央“国家宏观调控、企业自主用工，个人竞争就业、城乡协调发展、社会提供服务”新的就业方针指导下，县就业服务管理局组织力量对酉阳全县劳动力资源进行了全面调查，调查结果表明：酉阳可耕地面积81万亩，农业人口62万人，农村劳动力约32.9万人，按每个劳动力平均经营4亩土地计算，全县只需要20.5万个劳动力，全县剩余劳动力达12万人以上（城镇劳动力除外）。通过几年的自发外出和组织输出，至1992年，全县有7万余人在县外务工，还有5万余个剩余劳动力尚待转移。为此，确立了继续把劳务输出作为当年城乡就业的重点。在认真总结经验教训的基础上，利用报纸、广播、简报等宣传工具，大力宣传劳务输出的重大意义，并确立了以自发输出为主，组织输出为辅的原则，积极稳妥地推进劳务输出工作，使一批又一批的劳务大军走出山门，并创造了财富。据县农调队调查统计：当年全县劳务纯收入达3300万元（仅邮局汇款）。当年酉阳县就业服务管理局被四川省政府评为“劳务输出先进集体”，出席了省政府召开的全省劳务输出先进集体表彰大会，并荣获了奖金、奖牌。

1993年，针对全县劳动力资源极为丰富和县境内就业渠道狭窄的特点，必须把开展劳务输出同建立劳动力市场有机地结合起来。为了培育和发展劳动力市场，3月14日，黔江地区劳动局组成了由各县劳动局长、就业局长参加的考察组，赴广州、深圳等地的劳务市场进行了考察。同年6月2日，就业局再次组织有关人员对湖南省龙山县劳务市场的运转情况进行考察、学习。同时，积极筹备与劳务市场紧密相联的职业介绍所。8月，为开辟就业门路和抓好外出务工人员的信息反馈，还派员北上考察有关劳务信息和对在京务工人员的跟踪管理。在坚持引导以自发外出务工的基础上，全年共组织输出了202人。

1994年，县委、县政府在大力发展县域经济的同时，把劳务输出纳入工作重点，年初，政府办公室印发了县劳动局《关于认真做好我县劳务输出工作意见》，为全县农村剩余劳动力外出务工发起了总动员。为实现省、地农村剩余劳动力大转移战略，就业服务管理局重点抓了三项工作：一是建立适应劳务输出和就业机制，加快了劳动力市场建设，成立了综合性职业介绍机构——职业介绍所，配备了专职管理人员，建立了待业登记、求职登记、企业用工需求登记和劳动力市场管理等制度。一个以提供劳务信息和职业介绍，象征市场就业新机制的劳动力市场初步形成，并正式开始运作。全年通过职业介绍，实现就近、就地就业和再就业780人。二是广辟劳务新市场，积极为劳动力供求双方牵线搭桥。局主要领导亲自带队二次南下，开辟新劳务市场，并与用人单位直接见面，洽谈劳务输出事宜，考察用人单位的吸纳能力、工作环境、工资收入、福利待遇及生活、住宿、工作时间、休息、休假等情况，还先后派员前往南通、北京、广东、深圳、娄底、重庆等地进行劳务输出实地考察，验证劳务信息的可靠程度，为自发和组织劳务输出提供可靠依据，为已输出人员传递信息，提供服务、指导。三是继续坚持以自发外出为主方针，发挥劳务基地和已外出务工人员的信息反馈带动作用，引导更多的农村剩余劳动力主动外出，同时，根据考察和与用人单位达成的劳务协议，认真做好组织输出工作，全年组织输出1104人，分别输往北京、成都、重庆、上海、江苏、广东等省市。

1995年全县建立了区劳动服务站12个。基层劳动服务站的普遍建立，为充分开发和利用农村剩余劳动力资源，促进剩余劳动力的合理流动，扩大劳务输出，发挥了积极作用。全年通过组织输出的人员达1647人，其中城镇待业人员和企业富余职工151人。当年全县外出务工人员达11万人以上。

1996年，劳务输出工作侧重抓了农村剩余劳动力跨地区、省、市有序流动和企业富余职工再就业工作。一是精心组织春运民工疏导，确保外出务工人员有序流动。由于全县在境外务工人员多，每年均有4万—5万人返家过年，为减轻县内交通运输压力，主要采取了两种措施。一方面是通过各种渠道与境外用人单位联系，动员全县务工人员留单位过年。另一方面是春节期间，就业服务管理局全体人员坚持正常上班，成立了疏导办公室、疏导工作组、疏导服务窗口，并与县汽车运输公司、吉首市就业局、吉首火车站衔接、联系，为外出民工代购车票和组织上车。由于措施得力，疏导有序，确保了全县6万名外出务工人员及时外出。二是狠抓了民工流动就业凭证管理制度的实施。多年来，全县外出务工人员，大多数人都未办理务工许可证件，以致在求职过程中被拒之门外，甚至被遣返。为保证外出人员顺利找到工作，就业服务管理局在大力宣传黔江地区《关于统一实行流动就业证的公告》的基础上，积极为外出人员办理“流动就业证”。全年新办流动就业卡900余个，实行年检800余个，初步建立起流动就业凭证管理制度。三是发挥劳动力市场作用，把职业介绍与劳务输出有机地结合起来。年初，根据劳动力市场信息，广东肇庆端州日德电子厂、东莞美泰玩具厂需招用工人，职业介绍所及时组织人员进行实地考察，并达成劳务协议，并于5月中旬，按用人单位要求，将务工人员组织输送到各厂家。1996年，全县外出务工人数达12万人，其中通过各种渠道组织输出1162人，基本实现了酉阳农村剩余劳动力大转移目标。

1997年，城乡统筹就业工作的重点，从动员、组织输出转移到规范管理、职业介绍、提供服务上来。当年重点抓了三项工作：一是为保护劳动力供求双方合法权益，防止不法分子借招工、招聘为名，损害劳动者利益。县劳动局、工商行政管理局、广播电视局、文化局、酉阳报社联合下发了《关于加强劳务信息管理的通知》，对劳务信息的发布进行规范管理。要求各宣传媒介，对未经就业服务管理局审核批准的和没有职业介绍机构签意见的各类招工、招聘信息，一律不准发布。从源头上杜绝私招乱雇，确保劳务信息的真实性、权威性。二是为进一步加强流动就业人员管理，促进城乡剩余劳动力跨地区、跨省、市合理有序流动，就业服务局下发了《关于统一实行流动就业凭证管理制度的通知》，对酉阳城乡劳动力外出务工、经商或外籍劳动力在酉务工经商人员，全面实行“流动就业证”，实行凭证管理制度。三是把劳务输出和再就业工程紧密结合起来，在组织农村剩余劳动力转移的同时，引导和鼓励城镇下岗失业人员走境外就业渠道，实现再就业。全年新组织劳务输出949人，其中，城镇下岗失业人员46人。当年，就业服务管理局获重庆市劳动局颁发的“北京劳务基地建设”铜牌。

1998年，随着劳务基地的不断开辟、巩固、稳定、扩大，自发外出打工人员逐年增多，队伍越来越庞大，县政府将主要精力转向社会服务上来。一是把春运期间的民工疏导工作作为重点，成立了以分管县长为组长、劳动、公安、计生、交通、运输等部门为成员的春运民工疏导领导小组，全方位为外出民工提供服务：①利用报纸、广播、电视、宣传车等宣传工具，广泛宣传《重庆市春运期间民工有序流动公告》《酉阳县人民政府春运民工疏导通告》《重庆市疏导领导小组给返岗民工的公开信》和《告外出务工人员书》，使外出民工自觉服从疏导管理。②在县城车站、龙潭车站、龚滩码头分别设立民工服务窗口，为民工办理和审验“流动就业证”，共办理“流动就业证”2000余个。③积极联系、组织运输车辆，保证了民工的及时、有序流动。并在吉首火车站设立酉阳民工接待站，为民工代购火车票2000余张。春运期间，共疏导民工3.5万人次，基本无滞留、无盲流、无治安、无安全事故发生。二是关心、指导和帮助下岗和失业人员实现再就业。免费为下岗失业人员开展培训、职业介绍，免收报名费、资料费、路费等，免费办理流动就业各种证件，开辟异地就业渠道，使500余名下岗失业职工通过职业介绍和组织输出实现了再就业。三是发挥基层劳动服务站的组织作用和工作职能，积极引导农村剩余劳动力向境外转移，当年自发外出7.8万人次（含返家过年回厂人员），组织输出818人。

1999年，根据历年春节期间返家过年的外出务工人员数量较大的实际，为确保年后顺利返岗，做到有序流动，就业服务管理局提前做好疏导准备工作。春运期间，全局职工放弃春节休假，组织疏导组到各车站、码头进行疏导，建立多个服务窗口，为外出民工提供政策咨询和办理流动就业证，保证了春运期间的有序流动。同时，发挥基层劳动服务站职能，全面开发利用农村劳动力资源优势，扩大对外劳务合作，在稳定自发外出民工队伍的基础上，积极稳妥地组织输出，不断壮大境外就业队伍。同年通过各种渠道，组织输出1062人，其中，下岗失业人员40人。全年全县在外务工人员约12.5万人。

2000年，就业服务管理局把进一步完善全县城乡就业服务体系作为重点，为外出务工人员提供就业信息、职业介绍、技能培训、组织输出等全方位的流动就业服务，同时，把劳务输出与企业下岗失业人员再就业工作联系起来，鼓励和引导下岗失业人员走劳务输出、境外就业之路，实现再就业。春运期间，积极与运输单位联系，组织增发长途直达客车150余次，为民工补办流动就业证2500余个，订购火车票3600余张，疏导民工4万余人次，做到了全县民工在各车站、码头无滞留、无治安安全事故发生。同时，组织劳务输出，全年共组织6批300余人到辽宁、北京、广州、珠海等省市就业，其中，城镇下岗职工和失业人员占相当比重。据统计，全年全县在外务工人员仍保持在12万人左右，劳务收入在3.5亿元以上。

2001年，就业服务管理局把完善劳动力市场作为开展职业指导和职业介绍工作的重点，并积极筹资、选址、制定建立规范的劳动力市场方案。同时，多渠道收集用工信息，开拓性地搞好职业指导和职业介绍工作为劳动力供求双方提供优质服务。当年为珠海电子厂、北京保安服务公司、顶益国际食品有限公司、香港天鹅酒店、北京望京美食林、重庆市统景风景区等单位，通过职业介绍所输送了1500余名员工，指引和介绍958名城镇下岗失业人员实现了再就业。加强对北京、广东两大劳务基地的劳务协作，不断巩固和发展劳务基地，使境外务工人数保持在12万人以上。

2002年，建成了具有现代信息网络的劳动力市场，并与重庆全市的信息服务网络联网，为酉阳全面开展职业指导和职业介绍提供便捷可靠的信息，为广大求职者提供了方便的求职场所，从此，酉阳的职业指导和职业介绍工作进入规范化运行轨道。全年办理求职登记1796人次，指导和介绍1156名城镇失业人员实现就业和再就业。境外务工队伍相对稳定在12万人以上。

2003年，在进一步抓好网络劳务信息的收集与发布，全面推行以劳动力市场为龙头的市场就业体制的同时，不断巩固已开发建立的劳务基地，拓展境外就业新领域。上半年先后几次与重庆市相关部门联系、衔接，争取到松藻矿务局招工指标120名。8月，组织招收第一批务工人员送往松藻矿务局，并与矿务局达成长期劳务协议。在指导就业方面，全年共登记刊载和传播用工信息1385条，提供求职登记920人，指导和帮助873名城镇下岗失业人员实现了就业和再就业，其中，职业介绍机构介绍成功726人，市场就业机制步入规范化轨道。

2004年，县政府将劳务输出纳入各乡镇全年工作考核的重要内容，并通过全县上下全力实施“阳光工程”“绿色证书工程”和农村劳动力资源数据库建设工程，开展“万名农民实用技术培训”活动，抓农民转岗培训工作。全年培训农村劳动力5024人，新增转移劳动力3233人。

2005年，在全县范围内确定“阳光工程”培训基地12个，全年共培训农村劳动力3972人，新增转移劳动力达9765人。

第二节 规模与效益

全县劳务输出从20世纪80年代初期的零星自发外出和1988年首次以组织输出形式开展以来，特别是1994年实施农村剩余劳动力大转移战略到2005年遍布全国20多个省市，常年在外务工人数保持在13万—15万人之间，年均创劳务收入3.5亿元至5亿元。

劳务输出不但创造了较好的经济效益，而且收到了良好的社会效益。部分打工人员，通过多年的勤奋努力和资金积累，成为自办企业的实业家。少部分人员成了一些企业的中、高级管理人才。大部分人员则成为企业的技术能手和生产骨干。还有一部分人掌握了一技之长和学会了企业管理，在完成部分资金积累后，带着先进技术和资金返乡创办企业或经济实体，形成劳务经济的良性循环，为推动县域经济的持续发展、缓解就业压力起到了积极作用。

酉阳劳务输出自1988年首次以组织输出形式以来的情况如下：

1988年组织输出2次，共计200人。

1990年组织输出655人。全县自发外出务工人员8000余人，全年收入在1200万元以上。

1991年组织输出756人。

1992年全县约有7万余人在外务工。据县农调队调查统计，全县劳务纯收入3300万元（仅邮政汇款）。

1993年组织输出202人。据不完全统计，全县劳务输出创收为1.5亿元，其中仅邮局汇款就达8000万元。农业人口人均242元。

1994年组织输出1104人，据当年粗略统计，全县外出务工人员在10万人左右，劳务收入在2亿元以上。

1995年组织输出1647人，全县外出务工人员达11万人以上。

1996年组织输出1162人。全县在外劳工总人数达12万人。

1997年组织输出949人。

1998组织输出818人。自发外出务工7.8万人，年创劳务收入3.2亿元。

1999年，组织输出1062人，全县外出务工人员12.5万人，保守统计，年创劳务收入3.5亿元。

2000年组织输出300人，全县外出务工人员在12万人左右，劳务收入在3.5亿元以上。

2001年由职业介绍所组织输出1500余人，指引和介绍958名城镇失业人员实现再就业。当年在境外务工人员在12万人以上。

2002年办理求职登记1796人次，指导和介绍1156名城镇失业人员实现再就业。境外务工人员在12万人以上，当年劳务收入在3.5亿元左右。

2003年县劳动力市场登记刊载和传播用工信息1358条，提供求职登记920人，指导和帮助873名城镇失业人员再就业。组织输出120名矿工到重庆松藻矿务局务工。同时配合乡镇政府转移农村剩余劳动13.7万人，年实现劳务收入达5亿元。

2004年全县共培训农村剩余劳动力5024人次，组织输出就业3233人。全年外出务工人员达15万人，外出务工收入达4.6亿元，人均544元，占农村经济总收入26%，占农民人均纯收入33%。

2005年全县劳务输出15.75万人，实现劳务收入5.07亿元。

第十章　扶贫开发

第一节　规划与政策

扶贫开发规划

“二六”标准越温阶段：1986年春，县扶贫领导小组成立后，在摸清全县贫困户底细情况的基础上，按中央和省地的部署，制定了“二六”标准（人平纯收入200元钱，人均粮食300公斤）越温达标规划。规划的总体要求是5年基本达标，第6年扫尾，第7年巩固。总的进程是分5批完成越温任务。1987年8月，制定《酉阳2000年经济社会发展规划纲要》，确定脱贫致富阶段性目标的总体设想是：“七五”计划基本解决温饱，“八五”“九五”计划实现脱贫致富。在“纲要”的宏观指导下，立足酉阳的实际，分别情况，分类指导，重点扶持，拟定分批脱贫的规划：1986年1.2万户，1987年1万户，1988年1.2万户。1989年1.1万户。要求集中人力、财力解决全县44500户特困户的温饱问题，达到食能果腹，衣能蔽体，住能有房，饮能有水的基本温饱条件。

“五八”标准越温攻坚阶段：1994年8月，县委、县政府按照国家“八七”扶贫攻坚计划的要求，从酉阳实际出发，拟定《酉阳“七五五”扶贫攻坚计划纲要》，即用7年时间，解决全县55万贫困人口的温饱问题，到2000年，全县工农业总产值实现20亿元，粮食总产38万吨，财政收入1亿元，固定资产总额4亿元，人均粮食486公斤，人均纯收入1200元。95%以上的贫困户纯收入达500元以上（按1990年不变价格计），人均粮食400公斤以上。贫困乡越温规划目标：1996年底以前稳定解决非贫困乡23.2万贫困人口的温饱问题。1997年年底以前解决渤海、小坝等15个贫困乡10万贫困人口的温饱问题。1998年年底以前解决钟南、马鹿等26个贫困乡10万贫困人口的温饱问题。1999年解决毛坝、楠木等6个贫困乡11.4万贫困人口的温饱问题，全县成建制基本解决温饱。2000年巩固温饱成果，确保实现不把绝对贫困人口带入21世纪的目标。2001年10月，县委、县政府又制定《酉阳扶贫开发十年规划（2001—2010）》作为长计划的阶段安排。2002年3月再制定《2002—2006年扶贫开发规划》。

酉阳2001—2010年扶贫开发总的奋斗目标是：以尚未解决温饱的贫困人口为主要对象，以贫困乡、村为基础，尽快解决少数绝对贫困人口的温饱问题，继续帮助初步解决温饱的贫困人口增加收入，进一步改善全县农村基本生产生活条件，巩固温饱成果，提高贫困人口的生活质量和综合素质，逐步改变贫困乡、村社会、经济、文化的落后面貌，为达到小康水平创造条件。

具体目标是：到2005年，基本解决有开发能力的剩余绝对贫困人口的温饱问题，将农村绝对贫困发生率控制在10%以内。在贫困村开展基本农田和小型水利建设，大力建设扶贫支柱产业和特色农产品基地，使每户贫困户都拥有2个以上的增收项目，为巩固温饱成果创造基础条件；实现80%的行政村通公路，基本解决全县农村地区人畜饮水困难，使农村自来水入户率达到50%以上。完成全县农村电网改造，实现村村通电，村村通广播电视。对居住生存条件恶劣区域的贫困人口有计划地实施移民搬迁。完善“普九”达标，加快乡村中小学危房改造，进一步提高适龄儿童入学率。60%的乡镇卫生院达到一级医院标准，30%的村有卫生室，50%的乡镇建有农民技术培训中心。进一步控制人口数量，提高贫困人口素质，人口自然增长控制在8‰以内。到2010年，要实现85%的行政村通公路，基本实现户户通电。乡镇卫生院基本实现一级标准和80%的村有卫生室。

扶贫开发政策

全县在扶贫开发工作中，根据中共中央、国务院“对贫困地区要进一步放宽政策，实行比一般地区更灵活、更开放的政策，彻底纠正集中过多、统得过死的弊端，给贫困地区农牧民以更大的经济主动权”和“减轻负担给予优惠”的指示，分阶段制定了切实可行的扶贫开发政策。

1986年1月19日，县政府向涪陵地区行署呈请《关于对贫困乡（户）实行优惠政策，需要调减和增加几项指标的请示》如下：今明两年实行农业税全免（14个贫困乡），调减粮食定购任务，减少国库券任务指标，增加解决人畜饮水指标，免交公积金，22470户特困户免交孩子入学学费，22470户特困户免交生猪保价费，对22470户特困户实行民政投保的财产保险。随后，为了彻底帮助贫困户改变面貌，使贫困地区群众得以休养生息，县委、县政府对14个特困乡特制定十条具体的扶贫政策：免交1986年、1987年两年农业税，免除1986年、1987年、1988年三年粮食定购任务；从1987年起，贫困乡不分配国库券任务，实行自由认购；新开户办、联户办企业；享受扶贫化肥三项指标；批准采伐的自用木材免交财政代管费和更新建设改造费；从1986年起，免交公积金、公益金、教育附加费、生猪出栏保健费；从1986年起，三年内房产保险由民政部门投保。1996年8月22日，县委九届五次全委扩大会议通过《关于集中力量开展扶贫攻坚的决定》，《决定》要求稳定和完善扶贫政策，扶持贫困户发展生产，增加收入。要用好用活国家在民族贫困地区的扶贫优惠政策，各级各部门不得截留，要让贫困户真正享受到政策优惠；加强扶贫资金管理，扶贫项目和资金要规划落实到乡，受益到户。扶贫资金投放到种植业和养殖业的比例不得低于70%。凡投放到企业的，每承贷1万元必须解决一个贫困人口就业。扶贫资金的使用期限，必须按国家规定执行，不得随意缩短期限或以新抵旧，不准提前预收利息，更不准随意提高利率；用好扶贫物资。计划主管部门和业务主管部门要实行专项下达，各区、乡必须落实到特困户；切实减轻贫困户的负担，对贫困人口的年均纯收入不得虚计多报，负担比例严格控制在上年人均纯收入的5%以内。对特困户的负担比例应酌情降低或免交、缓交。1997年2月18日，县委、县政府《关于开展扶贫攻坚的实施意见》规定要求认真落实中央、省（市）地扶贫优惠政策共八条：贫困乡镇新办乡镇企业，其所得税可在3年内由乡镇财政先征后返或部分返还；各级政府要把扶贫资金引入财政预算，主要按产业化扶贫的要求，对骨干扶贫项目，财政扶持一定的资金，支农资金要首先投放；吃返销粮的贫困户由民政部门给予适当救济；农业发展银行和其他金融部门要负责组织好本级扶贫贴息贷款的规模和资金。使用期限，不到5年回收的贴息贷款，在落实贴息来源的情况下可贴息再贷；对有能力承贷扶贫资金的贫困户，承贷1000元以下小额贷款，不受自有资金比例的限制，免去经济担保，不允许以新贷款冲抵原有老贷款；扶贫龙头企业承贷扶贫信贷资金，自有资金比例根据实际情况可适当降低；特困乡的建卡贫困户当中，当年受灾而导致粮食严重减产的，可免除其粮食定购任务，酌情减免农业税和农业特产税。上级下达的农业税减免，指标主要落实给特困户；新办扶贫企业，从开业之日起，按小规模纳税人对待，自获利年起，3年内先征后返其所得税。

1998年10月11日，县委十届三次全委扩大会议通过的《关于集中全力攻坚，确保1999年国家越温验收达标的工作意见》，决定进一步落实优惠政策。具体政策是：对所有尚未解决温饱的建卡贫困户免除粮食定购任务，并按照有关规定，经审核批准后，减免农业税和农业特产税；对有能力承贷扶贫款的建卡贫困户，承贷1000元以下的小额贷款，不受自有资金比例的限制，免去经济担保，决不允许以扶贫贷款冲抵原有老贷款；对在18个特困乡中新办的乡镇企业的所得税制定特殊优惠政策；切实减轻农民负担，避免增加新的贫困。农民负担不得突破1995年年底人均纯收入5%的标准。严禁对农民的一切乱收费、乱摊派、乱罚款和增加农民负担的集资、评比、达标活动，县审计、监察、财政、农业等部门要加强监督检查，严肃查处加重农民负担的违法违纪行为。

第二节　上级帮扶

农业部扶贫

1989年农业部随国家武陵山区扶贫团到酉阳，实施农业丰收计划项目（油菜、玉米、小麦丰收计划），使农业增产、农民增收。推广先进栽培技术，提高全县广大农技干部和农民的技术水平。把农业部最新的品种（中单321、中单306等）提供给酉阳，促进了全县粮食作物品种的更新换代。在资金上大力支持，1989—1999年，农业部无偿向酉阳提供丰收项目资金30万元，提供有偿周转金10万元，这些经费保证了部援项目在酉阳的顺利实施。

省（市）地挂钩扶贫

四川省广电厅、保险公司、农牧厅先后派工作组到酉阳开展扶贫工作。广电厅于1987—1989年先后派干部15人（其中厅长1人，副厅长、机关党委书记各1人）分别到马鹿、银岭、土坪等8个特困乡调查了解情况，并给县广电局拨款8万元，给马鹿、银岭、土坪等赠送乡广播线3吨和广播设备等物资。在计划指标和物资供应方面给酉阳广电局以方便和增资。省保险公司总经理郑振华，已年届花甲，先后3次到酉阳深入特困乡调查，先后为酉阳解决1988年“7·22”洪灾赔偿款170多万元，县城防洪堤工程10万元，为武陵山制药厂向省工行争贷100万元。涪陵地区14个部门先后在酉阳11个特困乡扶贫，为这些乡办实事，帮助解决难题，如地区组织部在岭口乡扶贫，解决乡所在地人畜饮水工程2处，共筹资金1.5万元，共解决6个组130户800余人“饮水难问题”。

1997年重庆直辖后，市委、市政府组织市级有关部门挂钩扶贫酉阳，由市政府办公厅牵头，成立市政府办公厅扶贫集团。4月下旬，集团9个成员单位的领导，深入酉阳农村、企业、学校重点工程等实地调查研究，与县领导及有关部门共商扶贫攻坚大计。同时利用自身优势，在争资立项、引进人才、沟通信息、加强联系等方面开展工作。

1999年6月，帮扶酉阳的黔江开发区区直43个部门，为酉阳特困乡、村制定帮扶措施，开展对口帮扶工作，做到了帮扶措施、项目、资金、技术、责任“五到位”。

开展调查研究。据统计区直机关副处级以上领导干部深入特困乡76人次，共计到乡、村、户316天，驻村人员162人次，相继到基层调查研究，摸清了帮扶乡、村的贫困状况，共有200多人与250户贫困户结成1+1帮扶对子。

投入资金。43个区直部门1999年1—5月共计投入资金80余万元，用于对口帮扶乡、村修路、治水、办电等基础设施建设。

捐资捐物。截至1999年5月底，区直部门为帮扶乡、村捐资捐物引资达163.7万元，捐赠物资主要是化肥、水泥、种子等，直接用于建卡贫困户达96万元。

科教扶贫。区直机关在帮扶过程中体现的最大特点是扶贫扶智，共捐赠20万元用于解决近500名失学儿童入学难问题，同时注重地方技术人才培养，开展科技扶贫活动，为对口帮扶乡、村培养留得住、用得着的农业适用技术型人才。

对口帮扶酉阳的重庆市政府办公厅扶贫集团，后由市长王鸿举任团长，由市交委、市外办等14个部门和单位组成。他们从资金、物资、项目、政策上给予酉阳支持，2000—2005年，共为酉阳捐资赠物近1400万元，协助争资近5亿元，帮助招商引资近4000万元，修建希望小学20所，救助失学儿童3585名。其中，2005年由市政府办公厅牵头，11家市级部门组成的扶贫集团共为酉阳支持项目和捐赠现金达310万元，捐赠物资折价达25万元，援建学校3所，资助失学儿童100名，还开展实用技术培训5期。致公党中央为酉阳援建资金211.1万元，物资折价1.5万元，协助引进资金146万元，援建学校3所，资助失学儿童100名。东西协作扶贫的厦门，珠海两市共为全县捐资120万元，援建希望小学3所。

第三节　县乡两级帮扶

县级部门挂钩扶贫

1986—1997年，县级86个部门在81个乡（镇）挂钩蹲点，包乡扶贫，签订责任书。12年共派出8550人次，其中副科级以上干部280人次。

自1998年县委《关于建立集团式包乡扶村责任体系的通知》下发后，县级18个特困乡扶贫集团在对口帮扶18个特困乡过程中，发挥自身优势，真帮实扶，采取输血与造血相结合的方式，从资金扶持、物资帮扶、技术指导、信息服务、智力开发、项目启动、人才培训等方面给予特困乡支持。1999年1—4月，县级18个扶贫集团共计投入18个特困乡96个村的资金达168.46万元，其中投入自筹资金40.36万元，引进资金73.09万元，物资折价54.97万元，其中肥料3000余包，捐赠衣物20432件，棉被195床，帮扶资金直接投到建卡贫困户49.21万元。帮扶部门主要领导到村104人，帮扶1085天，驻村人员到特困乡、村人数1108人，驻村4639天，全县1108名干部与1753户贫困户结成1＋1帮扶对子。2005年全县39个对口帮扶乡镇的扶贫集团85个对口扶贫单位，共为所帮扶乡镇捐资赠物达81.6万元，引进资金190万元，资助失学儿童20名，共举办各类培训58期，培训农民6904人次。

县、区、乡干部包村联户扶贫

酉阳在扶贫进程中，通过探索总结，积累经验逐渐形成并推行“三联三包责任制”，即县级领导包区联系特困乡，县级部门联系特困村，县、区、乡三级干部包村联系特困户。实施“1+5+1”扶贫办法，即一个单位帮扶一个特困村，一个领导班子联系5户贫困户，一个干部包一户贫困户，不脱贫不脱钩。县级各部门和各区、乡每年都要与县委、县政府签订责任书，年底按目标管理责任制内容进行考评。按县上规定，区、乡全体脱产干部都与建卡贫困户结成帮扶对子，分别签订了稳定解决温饱明白卡和帮扶行为登记卡，双方各执一份，接受群众和舆论监督，确保帮扶责任落到实处。2005年全县共有1300名党政干部与贫困户攀了亲，结成了帮扶对子。

第四节　扶贫开发工程

人畜饮水工程

1986—1990年（“七五”期间），全县安排以工代赈资金263万元，解决了12.4万人和10.27万头牲畜的饮水问题。经过十几年的艰苦努力，全县13个区（镇），82个乡（镇），428个村，除自然条件特别恶劣，水源实在太远，投入太大的少数村寨和居住特别分散的农户外，都基本上解决了饮水问题。到1998年年底，共投资781万元（包括以劳折资）修建大小人畜饮水工程5676处，解决了30.5万人和30.83万头牲畜的饮水难问题。新建设区、乡、镇43座供水站。2001—2005年又利用财政扶贫资金1652万元，新建成扶贫饮水工程353处，供水站7座，解决19.5万人和22.1万头牲畜饮水困难。极大地改善了农民的生存生产条件，奠定了解决温饱最必需的基础。

农田水利工程

酉阳是一个典型的山区农业县，水利是农业的命脉，是国民经济发展的基础。从1993年起，县委、县政府把扶贫工作与治水致富结合起来，大兴水利，在保证农田灌溉、改善农村人畜饮水和城镇供水，以及防洪和重点水利工程建设等方面都取得了成效。全县共修建水利工程725处，防洪工程12处，修建防洪堤坝18.5千米。维修整治病险水库13座，堰渠540千米，新增灌面1.2万亩，恢复改善灌面5.4万亩。1997年修建的小坝二级水库工程，是集防洪、灌溉、人饮于一体的中型水利工程，总投资11776万元，总库容1248万立方米，已于2000年竣工。该水库可保证灌溉5.69万亩，解决5个乡（镇），3.72万人的饮水问题。县城防洪工程于2001年2月开工，2005年年底竣工。

低产田土改造工程

酉阳耕地绝大部分属于中低产田土范畴，制约着全县农业及农村经济的发展。为此，彻底改造中低产田土，实施山区农业综合开发是实现农业可持续发展、农民越温脱贫的一项举措。根据全县中低产田土分布特点和集中成片、规模开发，先易后难，山、水、林、田、路综合治理，讲求实效的原则。1993—1999年的7年间，中低产田土改造项目，分别分年度落实到全县11个区（镇）43个乡实施，项目区共涉及248个村，6.88万户，20.6万人。7年间共争取了国家农业综合开发、以工代赈、财政扶贫资金、以粮代赈等改造中低产田土项目的实施，计划改造中低产田土10.2万亩，实际完成9.8万亩，占计划的96%。其中冬水田计划3.9万亩，完成3.82万亩。下湿田计划1.7万亩，完成1.65万亩。土改田计划1万亩，完成0.95万亩。坡改梯土取石还土计划3.58万亩。完成3.36万亩，开发非耕地计划0.02万亩，完成0.02万亩。治理涝渍地计划0.57万亩，完成0.57万亩。建优质茶叶基地0.2万亩。共完成造林面积2.42万亩，占计划的100.8%，其中经济林1.12万亩，营造农田防护林0.6万亩，水土保持林0.7万亩。共计兴建田间各类沟渠道10.8万米，其中排湿、排洪沟3.82万米。新修机耕道2.8万米，便民路4.6万米，便民桥18座，便民池（井）、闸、涵、农田制口等配套设施11.86万处，建提灌站1座，铺设输水管道0.4万米，共计完成砌筑土石埂24.2万米，完成高规格田型调整0.2万亩，整个工程共计动用土石方186.85万立方米，其中石方56.4万立方米，累计投工208万个，其中技工64.2万个。共完成投资3210.9万元，占计划的98.6%，其中中央投资1410.28万元，地方配套投入1800.62万元。

水电工程

1993年，酉阳通过争资立项，发动自筹，6年共计实现农村电力建设投资4685万元（其中农民自筹2835万元）。先后架设改造了四级站—酉酬—大溪—兴隆，四级站—三级站—酉阳；四级站—龙潭—秀山，酉阳—天馆—苍岭35千瓦线路，协助乌电集团建成城南110千瓦变电站及城内10千瓦线路等改造，使全县的供电网络进一步完善。同时通过充分宣传，发动农民集资投劳，使得各35千瓦主干线周围的10千瓦及10千瓦以下的支线路得以延伸，使74426户275376人告别了无电历史。至1999年9月，全县实现乡乡通电，村通电率从1993年的59.5%提高到94.6%，户通电率从52.5%提高到93.8%，人均年用电量从76千瓦时提高到104千瓦时，发供电主要设备完好率从80%提高到91%。6年的农村初级电气化建设，使农村呈现出一片“家家户户电灯亮，村村寨寨机器响”的欣欣向荣景象。“十五”期间又利用财政扶贫资金，新增53个村通电。

公路工程

拥有70多万人口的酉阳自治县，解放前只有一条从东至北跨越境内117公里的319线，担负起当时只有50万人的生活、生产物资集散。新中国成立后，在党和政府领导下，全民大办交通，兵团集中作战，截至80年代末已基本形成以国道319线与酉龚路为“人”字形的公路骨架，9条辐射各区镇和部分乡的县级公路，基本形成了公路的网络建设，全县公路里程达1140公里，是解放前的11倍。20世纪90年代初，随着农业改革，农村产业结构调整，县委、县政府确立以烤烟为酉阳的支柱产业，并出台了修通1公里烤烟路，由县财政补贴3000元的政策，从而激发各乡镇大修烤烟路的热情，收到了效果。至1999年底，县境内已有国道3条180.64公里，县道13条365公里，乡道49条515公里，专用道和村级公路1210公里。全县总计通车里程为2200公里。为提高酉阳公路干道等级，又引进外资和争取扶贫资金，对原319线实行改造。同时为缓解县城交通，建成了环城路5.8公里。1997年319线改造全线贯通，并高质量地浇筑全程砼路面，从此结束全县无高等级公路的历史。2000—2005年，又利用财政扶贫资金，改造县道公路200余公里，新建成村级公路2408公里，新建公路桥41座。

希望工程

县委、县政府为改善办学条件，采取多渠道筹资措施。1994年起，专门成立了“希望工程”实施领导小组，年年四处筹措，几乎走遍了全国各地，获得“希望工程”项目18个，争得援建资金653.5万元，其中1997年1个（龙潭希望小学），争得资金71万元。1998年项目13个，争得资金516万元。1996—1998年，全县共建成“希望学校”16所。1997—1998年争取到新建扶贫教育工程项目5个，总计新建教学楼6124.8平方米，投入资金167.83万元（其中中央补助120万元，自筹47.83万元）。1998年收到企业和个人捐款共400余万元，已全部用于兴隆片区特困乡村小学建设。为消除学校安全隐患，积极筹资排危。1994年以来，全县共改、扩建教学用房4万多平方米。几年来，全县共收到捐赠书籍2万多册，实验仪器60件，电教设备3套，共计折合人民币8.8万元。共收到救助资金14.512万元，受益学生达1252人次。其中农业部畜牧兽医总局捐助10200元，救助102名失学儿童。“十五”期间，新改造贫困村小学112所，22500平方米，共救助贫困失学儿童3025名。

医疗救助工程

21世纪初，共争取卫生世行贷款项目3个（卫VI、V、VⅢ项目），为从总体上解决酉阳贫困人群医疗卫生救助奠定了基础。卫VI项目工作，到1999年5月已中转到位医疗设备4833台（件），改造了80个区、乡卫生院的产房。几年来培训乡级妇幼人员参训率达98%以上，村级培训达55%以上，通过各项实用技术推广，为医疗救助落实了人员、设备。卫Ⅴ项目（世行贷款结核病控制项目）工作在酉阳实施8年，完成了项目工作任务，得到上级的肯定。7年来共治疗涂阳肺结核病人1954例。总计减免药费774240元。涂阳治愈率达96.16%，复治涂阳治愈率达95.21%，治疗覆盖面达100%。卫Ⅷ项目工作，按《酉阳县特困人口医疗救助计划》，1999年对19个特困乡人口开展医疗救助工作，使占实施乡中5%的农业人口8549名特困人口享受到医疗救助，救助经费达95519元。到2002年，全县共完成34435人的救助任务。“十五”期间，用扶贫资金新建成142个村级卫生站，改造乡镇级卫生院22个，改造乡镇计生服务站35个，救助农村贫困孕妇535名。

第五节　重点资源开发利用

草山草坡资源开发利用

武陵山山脉连绵，草场宽广，位居武陵山腹地的酉阳，有25度以上的坡耕地1.57万公顷，草山草坡面积292.3万亩，其中天然成片草地215.1万亩，零星草地77.2万亩，牧草种类多（共200多种，已认定的有82种），开发利用潜力大，每年还有可利用农作物秸秆27万多吨，特别适宜于牛、山羊等草食家畜的养殖。从1994年起，酉阳县立足于牧草资源优势，狠抓了商品牛、山羊（高床舍饲）基地建设，组装成套技术，注重资金优化投入，以市场带基地，基地带农户，全面推进整个商品牛、山羊基地建设，1994—1995年实施“肉牛育肥综合技术”，投入以工代赈资金55万元，市、地、县及农户自筹60万元，项目总投资115万元，项目农户修建氨化池1万个，氨化饲料14.1万吨，育肥肉牛2576头，占全年出栏商品牛的17.17%。项目建设推动了全县养牛生产发展，1994年年底牛存栏达12.5万头，出栏1.5万头。项目建设农户达1258户，其中贫困户766户，贫困人口3324人。项目建设总收入52.6万元，户平收入1638.16元，人平收入达492.83元。项目建设到1995年年底，全县牛存栏13.6万头，出栏2.1万头。1996—1997年两年间，1996年投入信贷资金400万元，1997年投入100万元，用于商品牛基地建设，实施品种改良及育肥技术推广。1996年建黄改人工授精站25个，每站改配牛150头。从品种改良入手，结合养牛适用技术推广促进了基地建设。1996年，全县牛存栏达14.1万头，出栏量2.6万头，到2005年年底，全县牛存栏上升到169696头，出栏量上升到38746头，存栏与出栏数比1986年分别增加1.18倍和14.1倍。山羊存栏达378630只，出栏山羊达329855只，山羊存栏数和出栏数比1986年分别增加4.9倍和8.6倍。山羊饲养量居全市前茅。

宜林山地资源开发利用

1993年，酉阳县委、县政府针对酉阳山地面积大的自然优势，决定大力发展经济林，1993—1994年，全县共营造五倍子1.89万亩，1994年五倍子产量达300吨。到2000年年底，用于经济林建设的各种扶贫资金累计达721万元（其中信贷扶贫资金539万元，以工代赈122万元，农业综合开发资金60万元），营造各种经济林8.732万亩，其中板栗2.02万亩，银杏1.16万亩，花椒1.05万亩，碰柑0.30万亩，核桃0.02万亩，金花梨1.05万亩，柚子0.13万亩，冬雪桃0.16万亩，猕猴桃0.16万亩，香桂0.56万亩，杜仲1.06万亩，大部分栽植于贫困乡、村，覆盖酉阳毛坝、黑水、马鹿等50余个乡（镇）及青华林场，飞播管理站、林化厂3个国营林业单位。营造面积最大的是1998年，当年投入各种扶贫贷款316万元，共营造各种经济林3.85万亩，栽植各种经济林苗木218.96万株。除五倍子早已投产外，其他品种也陆续开始投产显现效益。如西水乡大湾村支部书记周明国1995年栽植的800余株良种板栗，1998年产板栗750余公斤，收入5000余元。

第六节　扶贫成效

自20世纪80年代中期开展扶贫开发工作以来，历届县委、县政府始终以扶贫开发工作统揽全局，带领全县各族人民艰苦奋斗，努力拼搏，扶贫攻坚取得较大成就。1991年年底，全县成建制跨越了“二六温饱线”，1999年年底，全县又成建制地跨越了“五八温饱线”，农村贫困人口温饱问题基本解决。全县扶贫开发的成就主要体现在：

贫困人口减少　全县农村建卡贫困人口从1993年年底的54.6万人下降到2000年年底的4.95万人，加上卡外贫困人口，全县2000年年底有农村贫困人口12.95万人，占农业人口的比重由84%下降到19.5%，到2005年底，农村绝对贫困的发生率已降到6.7%，全县农村绝对贫困人口总数减少到4.58万人。

基础设施明显改善　2001年，全县已实现39个乡镇464个村通公路，39个乡镇624个村通电，37.7万人解决了饮水困难，475个村通广播电视，到2005年年底实现262个村通公路，实现了全县村村通电，广播和电视覆盖率分别达到60.53%、88.61%，79%村通电话。完成了190个村级卫生站建设。1994—2005年，全县共改造低产田土13万亩，新建、维修渠道堰360公里，改善灌面5.4万亩，推广普及杂交水稻、两段育秧、旱地育秧、地膜玉米、配方施肥等农业适用技术，提高了农业生产水平。全县农民人均占有粮食一直稳定在500公斤以上，绝大多数农民吃饭问题已基本解决，“吃”的质量也有所提高。

经济建设　2000年，全县国内生产总值、地方财政收入、农民人均纯收入比1995年分别增长66.1%、54.7%、72.4%。到2005年年底，全县国内生产总值、地方财政收入、农民人均纯收入分别达到20.12亿元（比1986年增加18.47亿元）、8492万元、1889元（比1986年净增1735元，未计物价上涨因素）。农业产业结构调整已起步，特色产业布局已形成，商品基地建设已具规模，广大农民有了稳定的收入来源。

产业化扶贫　一是依托县级龙头企业天一魔芋公司在全县中高山贫困地区发展魔芋种植基地6000余亩，魔芋产业化发展已初具规模。二是在西水河流域3镇2乡新建了纽荷尔脐橙基地2.5万亩。三是扶持蔬菜协会、中药材协会等中介组织，扶持各贫困村发展反季节蔬菜、药材等特色产业，从而形成每个村都有骨干增收项目。四是扶持烤烟、杨树、养殖业等县域支柱产业，并促使其覆盖建卡贫困户，促进贫困户稳定增收。2005年，全县农民人均纯收达1889元，比1999年增加了635元，全年共解决0.52万绝对贫困人口的基本温饱问题。全县农村绝对贫困人口减少到4.58万人，比2000年年底下降了5.62万人，占农业人口的比重下降到6.7%，相对贫困人口减少到10.92万人。

扶贫培训工作　着眼于把县扶贫办建立成“贫困农民子女就业之家”的目标，落实定点扶贫培训机构，建立全县劳动力资源调查管理系统、定向培训系统、输出就业系统等三大工作平台，采取多种方式开展贫困劳动力转移就业培训，组织引导贫困农民走好走通“培训技能—外出就业（就地创业）—增收脱贫”的路子。2000—2005年，全县共举办农村劳动力就业技能培训11939人次，转移输出劳动力67.82万人次，举办农村适用技术培训班36期，培训农村适用技术7项，培训人数达4173人。2000—2005年，全县累计培训乡村干部8200余人次。

易地移民扶贫　“十五”期间，全县已在14个乡镇实施易地移民扶贫840户。

社会事业　2005年通过市政府“两基”验收。2000—2005年的5年间，又新建142个村级卫生站，改善乡镇卫生院22个，改造乡镇计生服务站35个，救助农村贫困孕产妇535名。

示范村建设　在“十五”扶贫开发期间，结合全县235个特困村扶贫开发，重点抓了一批带动作用大、示范效应明显的整村推进示范村，如，黑水镇马鹿村、毛坝乡天仓村、铜鼓乡清河村、天馆乡康家村、酉酬镇板栗村等。马鹿村是重庆市政府王鸿举市长联系的市级整村推进示范村。针对该村经济发展的主要困难和问题，2005年安排扶贫资金117.8万元，部门专项资金80万元，按照“改造水电路，拓展产业链，扩建居民点，建设新农村”的总体思路，对全村实施综合开发和整村推进。通过一年的努力，取得明显的成效。基础设施建设，共改造公路7公里、维修公路18公里、建排洪渠堰2条1500余米、完成建筑面积为1095平方米的村小学教学楼修建。农民收入增加。共建成612亩烤烟、1400亩中药材、2571亩经济林、400亩反季节蔬菜、300亩脱毒马铃薯原种扩繁基地，共输出剩余劳动力500人，通过产业拉动，2005年全村农民人均纯收入达1763元，比上年净增377元。居住环境改善。共实施易地扶贫移民54户，启动生态家园示范点3个，新建便民路2000余米，改造院坝107户，农村房前屋后的“脏、乱、差”得到改变，人居环境明显改善。

第九篇

工　　业

GONG YE

第一章　机　构

第一节　经济贸易委员会

1951年3月成立经济委员会，经多次更名。1990年3月更名为计划经济委员会。1994年9月复为经济委员会。1998年9月以前，经济委员会归口计委系统。

1998年10月，成立县经济贸易委员会，将县体改办、工业局、商业局、二轻局、粮食局、交通局、电信局、水电局、物资局、外贸局、医药管理局、乡镇企业局、公路养护段、盐业公司、烟厂和在统的27户工业企业归口到经贸系统。2001年9月，县级机构改革中，将县体改办、商业局、工业局、二轻局撤销，其人、财、物和行政管理职能全部合并到经贸委，县医药局、物资局、外贸局行政管理职能也合并县经贸委，但资产和人员没有归并。

具体职能调整情况。划出的职能：将挂靠在原工业局的县停撤企业办公室职能交给县劳动局和社会保障局管理的县社会保障局。划入的职能：原工业局、二轻局、商业局、医药管理局、物资局承担的行政管理职能，原经济体制改革办公室承担的企业改革指导和管理职能，原对外贸易局承担的外贸与经济合作的行政管理职能，原水电局承担的地方电力行政管理职能，原有关部门负责的老旧汽车更新与报废管理，废旧金属回收、散装水泥推广、商品市场建设与管理，各类专业市场的建设与管理，主要生产资料经营资格审批职能等。重新明确的职能：全县集体经济管理，全县减轻企业负担协调管理，负责全县煤炭行业管理，原国有资产管理局负责的企业国有资产监督管理，企业信用担保的指导和管理拟定环境保护产业政策和产业发展规划，市外经贸委下放限额以下外贸投资项目的审批，屠宰行业管理，原人民银行酉阳支行负责的黄金及饰品产销，“化学危险物品经营许可证”的核发，酒类产销管理等11种管理职能。

县经济贸易委员会，是负责调节全县国民经济运行和企业改革的综合经济部门。2001年9月内设机构6科1室，即办公室、经济运行科、投资规划科、工业管理科、商贸管理科、外经外贸科、企业改革科。机关行政编制31名，其中主任1名、副主任3名，内设机构领导职数：科长（主任）7名，机关后勤事业编制6名。

第二节　工业局

1978年成立县工业局，至2001年8月30日撤销。其主要承担全县的冶金工业（汞矿、锰、铁合金）、机械工业（农机厂、红光机械厂、农机修配厂）、建材工业（翔龙、金鑫建材有限责任公司）、化学工业

（硫黄厂、化工厂）、燃料工业（煤厂）、卷烟工业（酉阳烟厂）等工业的规划建设、计划指标、组织实施、宏观调控、科学管理等方面的职能。

2001年9月县级机构改革，撤销工业局，将其人员、财产、债权、债务和档案归并到县经济贸易委员会。其原工业局的行政职能、业务范围、所辖的工业企业的改制善后处理及发展中的工业企业一切事宜，均由县经贸委内设的工业改革科、投资规划科和企业改革科等负责运作。

第三节　商业局

1986年年末，县商业局下属单位总计143个（其中独立核算单位37个），总人数1229人（含集体职工234人），其中县直属单位51个858人，县以下单位92个371人。具体分：商业行政部门1个，27人；企业管理机构7个，128人；企业经营机构129个，县属单位38个380人，县以下单位91个316人（其中独立核算单位25个696人），又分工业品批发机构11个163人；农副产品收购批发机构84个251人；零售网点25个189人；饮食服务修理业网点9个93人；加工生产机构6个378人。

1990年年底，国营商业有7家专业公司，即百货、五金交电化工、糖酒、食品、石油、蔬菜水产、饮食服务等公司；6家商办厂：饮料厂、酉阳酒厂、龙潭酒厂、糖果糕点厂、调味品厂、肉联厂；13个区镇食品站，81个乡食品点，6个归口集体商店，职工1534人。1991年，商业系统11家企业中，有6家企业完成了年承包利润计划，2家企业扭亏为盈，1家企业减亏，3家企业亏损。

20世纪90年代商业局的工作，主要是解放思想，更新观念，围绕社会主义市场经济体制的建立，加快商业企业转换经营机制和产业产品结构的调整，坚持以按劳分配为核心，放开搞活，讲求实效；加大改革力度，增强适应市场经济的能力。全面推行“包、租、股、卖”经营形式，实行国家所有，集体或个人经营，风险抵押，自负盈亏。

2001年9月县级机构改革，撤销商业局，其行政人员、财产、债权、债务和档案归并到县经济贸易委员会，由商业管理科、企业改革科等负责原商业局的全部工作职能。

第四节　二轻工业局

1975年5月，在县手管局和县手工业联社基础上成立酉阳县第二轻工业局，　于2001年9月县级机构改革中被撤销，其行政人员、财产、债权、债务和档案归并到县经济贸易委员会，由工业管理科等负责原二轻局的全部工作职能。

第五节　卷烟生产办公室

1996年8月，酉阳卷烟生产办公室成立，属政府机构序列，归口经委系统，直接向县政府负责。卷烟生产办公室组成人员，设主任1人，副主任2人（主任兼任烟厂党委书记，副主任兼任烟厂生产、销售副厂长），办事人员9人；烟厂隶属卷烟办。

1999年，以租赁期满为由，县政府将烟厂收回，自主经营，交卷烟生产办公室直接管理，生产销售卷烟。两块牌子，两套班子，各负其责。

1999年12月，按黔江开发区党委、管委会下发的《关于切实做好全区卷烟结构调整工作的紧急通知》之精神，将酉阳烟厂关闭，烟厂宣布破产。卷烟办、烟厂协助县烟厂破产清算小组完成了对其破产处理相关事宜。2001年9月县级机构改革，撤销卷烟办，其全部工作人员均回原单位工作。

第六节　乡镇企业管理局

1986年县乡镇企业管理局内设秘书股、生产股、计财股、建工股四个专业股室。1988年撤销建工股，增设安全股、直属企业股。1989年9月增设乡镇企业资金发展管理办公室，简称发展办。1991年撤销直属企业股，安全股合并在生产股，并成立审计股。1992年新设立保卫股，1993年增设科教股，撤销保卫股，计财股与审计股合并，更名为计审股。1997年秘书股更名为办公室，增设安全环保股。1998年5月局级机关定编16人（1986年至1997年实际在职的局行政机关管理人员均超过定编人数，最多达到23人）。2001年9月县级机构改革，乡镇企业管理局由经济贸易委员会管理。2005年，撤销乡镇企业管理局，设立中小企业发展指导局，挂县乡镇企业局、招商局、县民营经济领导小组办公室的牌子，内设3科1室，即综合业务科、企业指导科、招商投资科和办公室。

乡镇企业管理（中小企业发展指导）的主要内容有计划管理、生产管理、质量管理、财务管理、技术管理、物资管理和劳动管理。

第二章　工业发展

第一节　工业企业

1986年，全县工业企业198家，工业产值2815万元，利税总额304万元。到2002年，全县工业企业仅为15家，工业产值达15610万元，利税总额837万元。2005年全县工业总产值6.74亿元，其中规模以上工业总产值3.8亿元。

1986—2002年酉阳自治县工业企业主要经济指标表

表9－1

年度	单位（个）	职工人数（人）	工业现价产值（万元）	固定资产原值（万元）	固定资产净值（万元）	利润总额（万元）	利税总额（万元）
1986	198	4440	2815	2520	1984	68	304
1987	176	4300	3396	2766	2100	88	430
1988	160	4900	4531	3502	2611	231	646
1989	119	4700	5106	5395	4278	23	496
1990	196	4800	7356	6544	5219	−505	701
1991	103	5700	12542	8188	5883	−721	1183
1992	42	4700	15762	8568	6421	−675	1504
1993	38	4000	19039	11196	7386	−1511	685
1994	44	5000	17551	17485	13023	−3176	−146
1995	92	6200	16061	18532	12407	−2359	297
1996	38	8600	13969	16611	13380	−879	1256
1997	32	4100	22480	52839	35278	−834	1714
1998	23	3579	28889	21461	15633	−633	2336
1999	23	3380	29011	14075	11475	−288	2742
2000	20	2529	16289	14268	6954	1227	4152
2001	16	1873	8558	12867	7123	−329	464
2002	15	1954	15610	17421	9766	−163	837

2000—2005年酉阳自治县工业发展情况表

表9－2

项目 年度	全县		规模以上			主要产品产量						
	工业总产值（亿元）	工业增加值（亿元）	工业总产（亿元）	工业增加值（亿元）	销售收入（亿元）	金属锰（万吨）	铁合金（万吨）	水泥（万吨）	发电量（万千瓦时）	青蒿素（公斤）	硫酸（万吨）	魔芋精粉（吨）
2000	2.49	1.29	0.82	0.36	0.85	—	0.63	6.3	3703	2069	原煤687吨	饲料937吨
2001	3.3	1.2	0.86	0.39	0.88	—	0.85	7.51	5355	2410	—	16
2002	3.6	1.66	1.23	0.53	1.31	0.69	0.69	9.2	5933	—	—	76
2003	4.74	2.1	2.18	0.79	2.24	1.71	0.52	11.32	6149	1982	—	98
2004	6.39	2.69	3.68	1.28	3.88	1.79	3.39	8.47	5364	5493	1	155
2005	6.74	2.87	3.8	1.38	4.6	1.6	0.61	6.9	4686	16884	5.26	163

第二节　乡镇企业

概　况

1984年党中央、国务院批转下发农牧渔业部《关于开创社队企业新局面的报告》的文件。县委、县政府采取措施支持乡镇企业发展，广大群众兴办乡企的积极性也高。“五轮”齐动，工、商、服、运、加全面发展。1986年以后，其行业分布广泛，遍布于农、林、牧、副、渔、工、商、运、建、服务等多个领域。1997—2003年乡镇企业改革转制并逐渐消亡。

1986—1996年，是乡镇企业发展的顶峰时期。期间，全县乡镇企业共计实现税金10232万元，比1986年平均净增748万元，增长5.1倍；实现利润12394万元，比1986年的252万元平均净增874.73万元，增长4.47倍；乡镇企业从业人员1996年达37298人，比1986年的17827人增净19471人；1996年实现利润比1986年的252万元净增5496万元；实现税金1996年达4536万元，比1986年的182万元净增4354万元；从业人员人平收入1996年达3148元，比1985年增长7.9倍。1996年乡镇企业新增国民收入7309万元，比1985年的1022万元净增6287万元。

1986—2003年酉阳自治县乡镇企业主要经济指标表

表9－3

年份	企业数（个）	从业人员（人）	总产值（万元）	增加值（万元）	营业收入（万元）	利润（万元）	税金（万元）	劳动者报酬（万元）
1986	9276	17827	4690	614	4668	252	182	961
1987	10178	20144	5547	552	6219	287	258	1096
1988	10780	21761	6362	403	—	360	270	—
1989	11058	20478	—	361	7911	382	299	1500
1990	10964	20264	7476	391	8300	339	366	1660
1991	10747	21144	10138	418	—	—	—	—
1992	12091	22103	16229	447	—	—	—	—
1993	14426	31110	26873	461	28083	1375	1058	—
1994	22707	50479	58271	3402	66266	—	—	—
1995	—	54207	—	4687	—	4203	3432	—
1996	17647	37298	120060	2497	118950	5748	4536	140897
1997	10441	25006	45576	5492	71219	3321	1274	—
1998	—	—	—	10552	—	1891	—	—
1999	—	—	—	14018	—	4041	—	—
2000	—	—	—	17129	—	4565	—	—

续表9－3

年份	企业数（个）	从业人员（人）	总产值（万元）	增加值（万元）	营业收入（万元）	利润（万元）	税金（万元）	劳动者报酬（万元）
2001	3445	13371	59573	17543	58478	2892	1645	7840
2002	2998	14368	69050	20050	67251	3211	1810	
2003	815	15418	87558	18052	83053	3950	2162	16611

部分企业简介

淀粉厂 原四川酉阳县淀粉厂，成立于1989年，位于酉阳县桃花源镇西兴路75号。隶属于原县乡镇企业局，系独立核算的城镇集体所有制工业企业。主要经营：粮食加工、食用植物油、浓缩配合饲料。兼营建筑材料、化工产品、五金交电、农副产品、矿产品、政策允许的中药材、日用食品、副食及其他食品。因经营不善，严重资不抵债，于1999年“6·28”洪灾后停厂歇业，职工自谋职业。

新源纸厂 始建于1958年，系县乡镇企业局下属集体所有制企业。位于麻旺镇平桥村（原平旦村），厂房面积868平方米，厂区占地面积约30亩，固定资产40万元，职工人数58人。1988年实行承包，承包期为1988年1月1日至1990年12月30日。承包一年后，因生产经营不善及市场行情等原因，承包人申请离厂停止承包。两年后，一直由原乡镇企业局委托负责人经营管理，因经营管理不善，于1999年企业全面停产。

民族贸易加工厂（原砂砖厂） 组建于20世纪70年代，由政府出资，为其解决钟多、龚滩、龙潭三区知识青年就业所创办的一家企业，开始隶属于县劳动局。直到20世纪90年代后，因政府调整，划归酉阳县乡镇企业局管理，期间，企业名称多次更名。1992年3月挂牌成立为酉阳民族贸易加工厂。1993年度，因企业生产经营差，入不敷出而自然歇业，并停止办理年检注册手续。

重庆市酉阳自治县第三建筑有限责任公司 成立于1998年1月7日，注册资本608万元，位于酉阳县钟多镇和平路50号。经营范围：房屋建筑（按核准建筑资质等级经营）、建筑装饰，建筑材料、百货、五金、零售。营业期限至2010年12月31日。

酉阳自治县武陵矿业有限公司 成立于1986年7月，位于酉阳县钟多镇桃花源街，主要经营金属矿采选，年收入4000万元，资产总计2400万元。

第三章　公有制工业

第一节　国有工业

工业门类与生产企业

全县国有工业企业从无到有，从单一到多元，随着时间的推移逐渐发展起来。至2005年，行业从金属冶炼、能源生产到建筑建材生产、农副产品加工和食品药品加工，在多年的发展中形成了国有投资企业，最主要的是国有工业和国有商办工业。

卷　烟　酉阳卷烟工业始于1951年，原名酉阳新生卷烟厂、酉阳雪茄烟厂，主要以生产手工雪茄烟为主。1960年，因三年自然灾害而停办。1983年继续筹建酉阳卷烟厂，于1984年8月正式投产。1986年，从贵阳烟厂、上海烟厂请来人才作生产卷烟的指导，当年生产出天麻、喜庆、吉祥、雪洞、桃花源、银花、二酉、武陵塔等牌卷烟2658箱，1990年生产达到1.3万标箱。

1991年，国务院批准为计划内地方烟厂，名为武陵卷烟厂酉阳分厂。1992年7月7日，国家烟草专卖局颁发生产许可证。1993年，烟厂占地面积110亩，建筑面积6.2万平方米，固定资产总值5580万元，流动资金7700万元，职工858人，各种生产设备100台。当年卷烟生产能力达8.06万标箱，产值12703万元，销售收入17417万元，完成税收2300万元。产品运销四川、重庆的18个地区、140个县（市）及省外部分县（市）。1996年年初，与浙江宁波银江集团联合经营，注入资金3800万元，更新设备150余台（套），并完善安装德国进口的在同行业中较先进的仿豪尼制丝生产线，以及与制丝能力相配套的卷接包设备8台及部分检测仪器。技改后，产品质量提高，消耗减少，成本降低，赢得客户厚爱。当年实现工业产值5002万元，税金1224万元。

1998年，生产卷烟10.5万标箱，销售收入16700万元，入库税金2818万元。职工增至1100多人，有专业工程师、助师以及各类技术人才75人。可大量生产“赵庄”“金盆景”“南腰界”“大杉”等10个注册商标品牌、13个系列，驰名市内外。至20世纪末已具备年生产卷烟20万标箱的能力，销售20万标箱的市场。1999年12月，国家实行宏观调控，按黔江开发区党委、管委会下发的《关于切实做好全区卷烟结构调整工作的紧急通知》之精神，关闭酉阳烟厂，按法定程序，进行破产清算，对1273名职工进行安置和补偿。

制　药　酉阳制药工业始建于1986年，当年建武陵山制药厂，该厂第一期投资1300万元，是采用国内外一流设备和最新工艺生产治疗疟疾的“神药”青蒿素以及生产天然中药原料和中西药制剂的综合性制药工业企业。

1992年进行第二期技改后，设有5个车间及青蒿素研究中心和药物研究所，已形成年产6吨青蒿素和29种中西药制剂产品的规模，年产值1500万元，是酉阳年产值超千万、税利破百万的重点骨干企业之一。1997年，药厂占地面积22500平方米，有固定资产1500万元，职工196人。生产车间有青蒿素车间、蒿甲醚合成车间、中成药制剂车间、药酒车间等。

2001年，武陵制药厂改制引进重庆华武制药有限公司，洽商整体购买武陵山制药厂，后更名为华武制药厂。注册资本1000万元，总资产9000万元，生产设计能力为年生产青蒿素21吨。2005年，华武制药厂工业总产值为6753万元，销售收入12102万元，缴纳税金916万元，利润2632万元，工业增加值4992万元。生产青蒿素16884公斤，出口创汇276.4万美元。现有职工122人。

金属汞　酉阳金属汞的生产始于部队的劳改企业——酉阳汞矿。1958年4月，由井岗水银生产合作社转为地方国营企业。1960年交四川省劳改局溪口水银矿开办。1979年由地方接管。该矿90年代末有在册职工230人。全矿占地面积61605平方米，拥有日处理原矿150吨的洗选、冶炼生产线一条，400千瓦电站一座。有固定资产净值360万元，负债328万元，资产负债率达91%。1979—1997年，共生产金属汞307吨，实现产值2350万元，利税230万元，出口创汇128万美元。2000年后，体制改革，酉阳汞矿实现租赁承包，由私营承包开采。2005年，生产金属汞16.5吨，工业产值164.8万元，实现税金11.3万元，入库税金9.5万元，亏损87万元。

煤　炭　1970年建酉阳县团结煤矿。该矿属预算内地方国有企业之一，是酉阳唯一的煤矿。1972年属涪陵地区工业局管理。1973年将该矿移交酉阳县，接管后投资70万元进行技改。因煤质差，销售困难，于1981年停产。1984年，重新恢复生产。1985年，仅产煤1000吨。1986—1999年，年产量在2000—7000吨之间徘徊，年产值4.1万元—22万元。尽管经过20多年的发展，逐步形成年产1万吨原煤的生产能力，拥有总资产174万元，固定资产净值94万元，但仍负债85万元，资产负债率达48.9%。2000年，国企进入体制改革，团结煤矿转入私人承包，又因矿山安全技改而投入有限，时产时停。2005年，县政府成功引进外资，重新进行承包经营，注入资金1000万元，实施安全技术改造和设备更新。生产设备购置完善后，生产能力达年产原煤3万—5万吨规模。

水泥建材　全县规模最大和生产历史最早的水泥建材企业是酉阳县武陵水泥股份有限公司，原为龙东水泥厂，现名翔龙建材有限责任公司，始建于1976年，为国社联营，由县工业局代管。1978年属乡镇企业局，1979年又归属工业局，是县重点骨干工业企业之一。原年设计生产能力为1万吨，先后经过1985年、1991年两次设计改造，主机主窑逐步达到5.2万吨/年生产能力。公司占地面积100余亩，总资产718万元，固定资产原值406万元，净值262万元，流动资产324万元，负债484万元，资产负债率67.4%。拥有机器设备140余台，职工193人。

1993年，改革体制，进行引资重组，并将龙东水泥厂更名为酉阳武陵水泥股份有限责任公司。1994年，工业产值337.55万元，实现税金70.23万元。2001年，又更名为翔龙建材有限责任公司，主要生产经营普硅325、425级水泥。有资产1510万元，固定资产435万元，职工200余人。当年生产水泥4.3万吨，产值624万元，销售收入972万元，实现税金155万元，利润101万元。由于生产经营不稳定，2005年仅生产水泥1.4万吨，年产值324万元，税金34万元未入库，亏损255万元。

木梗火柴　酉阳在20世纪80年代曾经建起重庆武陵火柴厂。该厂原系酉阳县火柴厂，于1984年由龙潭纤维板厂转为火柴厂。1985年3月开始投产生产蜡梗火柴，因各种原材料供应不足，当年仅生产成品火柴2000件，亏损1.6万元。1988年，产量仅2453件，产值3.69万元。1990年开始好转，年产10916件，产值15.81万元，但仍难支付全厂78人的工资。后经过压缩人员，加强管理，降低成本，提高效益，1992年生产火柴23722件，产值112.59万元。至1995年，年产值仍保持在80万元—120万元。1996年6月，实施租赁经营，并更名为重庆武陵火柴厂，租赁经营至1999年6月，年租金5万元。2002年，由重庆国强食品有限责任公司兼并，职工安置基本结束，重庆武陵火柴厂即成为历史。

农用建筑机械　农用建筑机械生产企业主要是酉阳县农业机械有限责任公司和酉阳县建华机械厂。

酉阳县农业机械有限责任公司原为县农机修配厂，始建于1971年，占地7740平方米，拥有资产总额380万元，职工人数145人，县属国有重点骨干企业。1972年划归农机局；1982年，因机修业务萧条，转为家具厂，同时划归工业局。当时城镇、农村习惯用木材做家具，对纤维板、三层板、塑料板制作的家具，因为成本高且质量无法信赖，外销不便，运费大，因而转回以器械生产为主。1983年盈利3.1万元；1989年产值121.23万元，税利35.4万元。1992年产值上升为266.42万元，销售收入195万元，税利34万元。1993年后，被列为全县12家骨干企业之一。虽然试行股份制改革，但仍由国有企业控股。1996年产值实现503万元，销售收入379万元，实现税金26.67万元，利润3.2万元，职工平均工资4527元。1998年将净资产出售给职工，收回资金20万元。2004年，该企业国有股份本仅2万元，而企业总股本达60万元，虽是股份制企业，但国企已不能控股。时有职工165人，负债330万元。除土地和部分职工住房外，已无有价值资产。2003年2月停止生产，3月停水停电，7月将主要设备出售，获资金21.6万元，封存于银行。

酉阳县建华机械厂原为酉阳县农机厂。1960年，将龙潭建华铁工厂改组为建华厂，1965年，迁酉阳城东，1970年更名为建华机械厂。有职工104人，年产值22万元。1966年至1976年“文化大革命”时期，生产处于停顿状态；1977年恢复生产，当年产值达66万元，上缴税利12.5万元。1986年年初，该厂调整产品结构，除生产农业机具，3种型号的破碎机外，还发挥厂汽修技术力量，承接客、货、小车修理业务，当年产值达到88.97万元，税10万元。1994年产值仅16.53万元。1999年改制成农业机械有限公司，归口县农业局，于2000年破产关闭。

塑料编织袋　塑料编织袋生产始于1990年，是水泥生产的配套生产项目，主要生产企业为酉阳县塑料编织袋厂。该厂于1994年6月由水泥厂和火柴厂联办，拥有拉丝机组，造粒机各一套，圆织6台，具有年产250万条各种型号塑料编织袋的生产能力。有资产44.6万元，职工40人。当年产值42.23万元。由于总投入资金缺口大和诸多因素的影响，时产时停。1996年又独立经营，仍亏损22.9万元，欠外贷款2万元，欠职工工资1.3万元。1997年停止运转。1998年实行租赁经营，当年产值67.6万元。2000年后，仍实行租赁。

林产化工　林产化工是酉阳县较早的国有生产项目，主要国有生产企业是酉阳县林产品化工厂。该厂始建于1955年，主要生产松香，直至1983年。1984年由四川省林业厅投资30万元进行技改，转产五倍子单宁酸。1988年获世行贷款107万美元，用于单宁酸扩建项目和生产苯甲醛项目，扩大实施五倍子深加工，建成年产单宁酸400吨、甲氧基苯酰肼300吨、三甲氧基苯醛100吨、甲氧苄啶100吨4条生产线。1994年产量154吨，年工业总产值1559万元，销售收入1056万元，实现税金64.1万元，成为当时县域经济的六大支柱之一。其产品质量连续3年达到国标一级，产品畅销上海、天津、重庆、浙江、湖南、沈阳等地，并跻身国际市场，出口到泰国、新加坡、日本、韩国、比利时等国家。后因管理不善，设备、资金流入外地，被迫于1997年停产。2000年破产关闭。

糠醛生产　糠醛生产，1985年县财政投资40万元，由工业局组织技术力量，并引进糠醛生产线，按年产500吨规模设计建厂，名为酉阳县糠醛厂（又名酉阳县有机化工厂）。该厂占地14亩，建筑面积10338平方米，有职工33人。初建厂时资金缺口35万元，后由财政再安排30万元建成，并于1986年9月

23日投产。当年生产一级品糠醛120吨，产品由县外贸局负责销售，依靠四川进出口公司对外联系通过天津口岸出口国外。后又从扶贫资金、发展民族资金等投入100多万元，建成生产活性炭车间。1990年，生产的糠醛、活性炭产值141.3万元。1991年，因收购原材料（玉米芯）时，管理不严，造成产品成本过高，效益低下，加上设备不配套，浪费过大，于当年停产。2000年经主管局申请，进行破产关闭。

肉类加工　1956年3月，中国食品公司酉阳县公司在龙潭成立食品加工厂。主要产品有肉松、腊肉、牛肉干等远销广州等地，年产量200吨。1963年迁往县城翠屏街80号建厂，全厂面积4493平方米，固定资产10.22万元，更名为酉阳县食品加工厂，隶属食品公司。1982年更名为酉阳县肉联厂，上升为公司级，隶属商业局。有职工87人，辖动力、饲养、屠宰、冷藏四个车间，主要加工猪、牛、羊肉系列及松花皮蛋等。1986年继续加工生产的品种有盐肉、腊肉、香肠、麻辣牛肉干等，产品远销上海、昆明、长沙等地。所生产的“松花皮蛋”“莱薰阁”牌五香牛肉干被评为四川省优质产品。1986—1998年该厂的生产加工总值4574.76万元，销售收入5465.1万元。1999年，确定为“吃放心肉”的定点加工场地。

糖果糕点　解放前，县城有10多家私人小作坊生产糖果糕点。新中国成立后的1952年，县贸易公司在五谷庙（县联社址）组建糖果组，职工5人。1957年，县城成立公私合营副食品商店（产销合一）。1960年迁往先农潭酒厂侧建厂。1966年成立酉阳副食品公司糖果加工厂，有职工28人，生产糖果，糕点30多个品牌。1984年升格为公司级。同年12月改名为酉阳县桂花园糖果糕点厂。产品达50多个，销往县内及湖北、贵州毗邻县。1985年产值比1966年上升3.1倍，税利增加4.3倍，固定资产增加118.7倍，人平工资增长2.7倍。

1986年至1995年的10年中，产值为660.82万元，销售收入846.28万元。于1995年年末因竞争不力而关闭停止生产。

调味品　1957年，组建酉阳城区公私合营副食品店，产销一体，仍是土法加工。1958年纳入商业局副食品公司管理。1972年将公私合营转为全民所有制，并在钟多镇桶井坝路3号建厂，占地2180平方米，更名为酉阳县蔬菜饮食服务公司酱园厂。品种有晒甜酱、豆瓣酱、酱油、麸醋等。1985年生产酱油、麸醋、豆瓣酱等3502吨，产值207万元。1986年后将酱园厂改名为酉阳县调味品厂，职工增至53人。1986—1993年，共生产调料1940.7吨，产值313.9万元，销售额583万元。1994年，县调味品厂改名为国营四川省酉阳兴飞食品厂，职工增至66人。1994—1998年共生产各种调料产值为213.3万元，销售额320.7万元。1999年3月，兴飞食品厂与龙潭酒厂合并，称兴飞酒业有限责任公司，国营调味品酿造就此退出市场。

天然绿色饮料　1982年原酉阳酒厂增设汽酒车间，1983年汽酒车间独立并成立酉阳饮料厂，直属商业局。1985年，酉阳酒厂、饮料厂、李溪分厂合并，改为国营四川酉阳食品饮料厂。主要生产白酒、曲酒、康乐汽酒、猕猴桃饮料、刺梨果酒、果汁和各种罐头等，尤以猕猴桃饮料颇受欢迎。1986—1998年，共实现产值2110.68万元，销售收入2349.28万元。2005年破产关闭。

酿酒业　国有酿酒生产项目始于20世纪60年代。1963年，酉阳酒厂在龙潭、江口设立分厂。1985年，将龙潭、江口两个分厂合并为酉阳县国营酿酒总厂，并迁址龙潭镇黄土村建厂。1986—1998年，总产值1337.52万元，销售收入达1597.49万元。1998年年底停厂。

1980年，县商业局在钟多镇复兴街建成机械化程度较高的酉阳第二酒厂，占地10500平方米，总投入99.5万元，年产白酒1500—2000吨，产值达151.25万元，税利达60.3万元。1981年全县商办酒厂产量达1758.99吨，产值上升至252.65万元。1985年产量2737.9吨，产值433.05万元。1986—1995年，共实现产值871.25万元，销售收入1178.75万元。1995年停产。1999年实施解体安置职工。国营酒业全被民营企业代替。

1986—1998年酉阳自治县酿造业生产情况表

表9－4

年度	产量(吨)	产值(万元)	年度	产量(吨)	产值(万元)
1986	1792.4	271.22	1993	2500	286.4
1987	2585	298.9	1994	1200	172.3
1988	3649	331.9	1995	2100	251.48
1989	3850	355.5	1996	4072	447.2
1990	4357	663.1	1997	4200	568.45
1991	4090	569.5	1998	2400	286.35
1992	2700	296	合计	39495.4	4798.3

食品　酉阳县兴飞食品厂是县国有食品生产企业，建于1996年，于1998年停厂。3年产值189.77万元，销售收入264.5万元。

生产经营管理

经济体制改革的初期，全县推行厂长（经理）负责制，其生产经营管理，决策由厂长（经理）负责。1988年普遍推行承包制、租赁制等多种形式的经营责任制，逐步理顺和明确企业、国家之间的行政管理和利益分配关系，把企业推向市场。是年是全县推行企业租赁、承包合同的第一年。县属94家企业，已签订租赁、承包合同76份，工商鉴证39份，公证24份。

计划管理：制定生产销售计划；辅助生产计划；设备维修计划；劳动工资计划；产品质量计划；物资供应计划；运输计划；成本计划；财务计划等。把生产管理由过去的只偏重生产计划，转变为以提高经济效益为中心的生产经营计划。把生产流通，分配都纳入计划管理的轨道。

质量管理：各工矿企业把产品质量当成企业的生命，把产品质量同经济效益挂钩，落实到人头。商办工业要求坚决执行《工业产品质量责任条例》中规定的企业“五不准”，把质量要求纳入厂长任期责任制目标和承包经营合同，严格考核，奖惩兑现，把质量指标作为考核车间（科室）、班（组）、个人的重要内容，同工资、奖金、分配挂钩，切实执行质量否决权。对从事食品生产、经营的企业，坚决执行《中华人民共和国食品卫生法》和“食品标签通用标准”，严格各项卫生管理制度，严禁生产、销售不符合“食品卫生标准”和“食品标签通用标准”的食品。使产品质量达到国家标准，成为市场竞争的重要保证。

经营管理：调查外部环境对企业的要求，预测市场，决策产品销售；研究企业内部实施经营目标的潜力，分析影响企业经营目标实现的制约因素；从企业的外部环境、内部条件和企业经营目标三者的动态平衡中，合理确定经营目标；由过去单纯抓生产调度转变为产、销、运、收同时进行；物资管理，由过去单纯管物，转变为钱物一起管。加强财务核算，加速资金回笼。

基础管理：实行劳动定额、机电设备定额、资金定额、管理费用和人员定额定员，建立工时管理定额制度，由企业统一管理；定额提供物资供应计划，提供可需的各种原材料，保证生产顺利进行。

经济管理：整理核算资料，对企业进行核算分析，对车间班（组）之间进行对比分析，及时总结经验，加以推广，鼓励先进，提高企业的经济效益。

财务管理　工业企业的资金、费用和利润，统称财务。对它们进行管理工作既是财务管理，包括财务、会计制度、财务计划、生产资金、产（商）品流通费用，盈亏管理和利润分配，企业核算及财务会计监督。1980年开展财务整顿，清查处理。1983年实行第一步利改税。1994年实行第二步利改税。

安全管理　1986年，县政府安排在各工矿企业单位开展“百日安全活动”。酉阳团结煤矿落实了安全责任制，加强目标管理，建立了安全管理制度和组织机构；加强安全检查和群众监督；整顿劳动纪律，狠抓“三违”。酉阳工矿对废气、废渣、汞蒸汽进行“三废”处理。1987年5月，县政府要求全县推行安全目标管理，深入贯彻“安全第一，预防为主”的方针。以矿山、交通、农电、建筑和防尘防毒为重点，推行安全目标管理，各企业相应地建立了安全目标责任制，同年实行安全达标的企业有工业局的农机修配厂、龙潭水泥厂和二轻局的红光机械厂、商业局的调味品厂、农机局的建华厂等。1988年实行经营承包制以后，各企业把安全生产纳入议事日程，制定相应的安全管理制度，为企业发展营造良好环境。

第二节　集体工业

概　况

酉阳的集体工业，是在集镇私营手工业基础上逐渐发展起来的集体所有制工业。中共十一届三中全会后，集体工业贯彻“调整、改革、整顿、提高”的方针，逐步对本企业由统一核算过渡到以车间、班组实行“独立核算、自负盈亏、包干上缴、纯利分成”，提高了职工的生产积极性。1988年，由二轻局管辖的12家集体企业，产值已达579. 51万元。

1992年，集体工业总产值为1142. 9万元，主要产品品种有皮革、皮鞋、皮件、服装、建筑、矿山、水利机械、铸钢、铝合金卷闸门、货柜、货架、镀锌钢管、印刷、竹棕、布鞋、日化等19个品种。1992年完成税利25.5万元；全员劳动生产率人均达到10434元。1993年，有集体工业企业14家，其中皮革制品厂3家，服装厂、机械厂、日化厂、印刷厂、竹棕厂、铝制品厂、布鞋厂、刻字组、建筑公司、塑料厂、供销公司各1家。有职工1095人，各类专业技术人员150名（其中中级别3名，助师70名，员级77名）。

1996年，集体工业总产值下降为730.28万元，除红光机械厂正常运行，当年产值401.45万元，销售收入369.6万元，入库税金17.1万元，利润4万元外，其他工业企业处于3家停厂、4家半停厂状态。原14家集体工业厂（组），只剩下7家，即皮件厂、皮鞋厂、红光厂、服装厂、轻工制品厂、印刷厂、建筑公司等。

1998年，进行企业产权制度改革。轻工制品厂、长征印刷厂、皮件厂、皮鞋厂实行3至5年的租赁经营；红光机械厂改制成股份有限责任公司；对建筑公司进行清产核资工作。

工业门类与生产企业

农业建筑机械制造　农业建筑机械制造是酉阳集体工业企业发展较早的行业，主要有红光机械有限公司。该企业是由1953年4月建立的酉阳钟多铁器生产合作社发展而来。1962年以前都是手工操作，生产锄头、镰刀、铧口、二锤等生产用具和锅、三脚、炉桥等生活用具。二十世纪七八十年代，经过两次技改革新后，逐步由落后的手工作业过渡到半机械化，能生产打米机、磨面机、万能粉碎机、机动脱粒机、水能机等，即更名为酉阳红光机械厂。规模逐渐扩大，设有车、钳、铆、锻、铸、模等车间，职工百余人。所生产的产品销往湘、鄂、黔三省毗邻各县。1986年粉碎机生产量达456台，完成总产值100.72万元。1988—1990年承包经营，3年工业总产值440万元，销售收入450万元，税前还贷12万元，实现利润36万元。1993年有职工91人，生产砂机、小型农具、生活用具等69.25万件，总产值285.88万元，销售收入173.8万元，实现税金10.31万元。1996年，工业产值405.04万元，销售收入372.52万元，入库税金17.5万元，利润30.73万元。1998年改制成红光机械有限公司，属县27家在统工业企业之一，延续到2005年依法破产。

制　革　制革厂建初为私营江苏皮革厂。1953年公私合营组建成立皮革厂，当年产值1.8万元。后隶属手工业管理局、第二轻工业局。1988年工业产值11.09万元，销售收入20.32万元。1991年被列入县12个骨干企业之一，名为酉阳县制革厂。3年技术改造，扩建为年加工牛皮5万张、猪皮10万张的生产能力，品种有黄牛皮修面革、半粒面、全粒面软革、猪皮服装、沙发革等。扩建占地面积5800平方米，有职工90人，固定资产470.9万元，净增434.1万元。1994年投产，1995年总产值153.6万元，销售收入198万元，税金15.2万元，亏损193.4万元。1996年总产值230万元，销售收入174.2万元，税金25.8万元，亏损51.1万元。尽管进行了3年的扩建技术改造，但设备仍不配套，占用了大部分流动资金，生产达不到规模，导致效益低下，加上产品质量不稳定，而造成连年亏损达710余万元，间断停产两年，负债1639万元。于1997年依法执行破产。

皮　鞋　皮鞋厂始建于1985年。1987年生产皮鞋3.38万双。1988年生产2.39万双，产值37.54万元。1993年产值上升为69.55万元。1994年产值下降为36.94万元，销售收入21.51万元，亏损11.35万元，有职工33人。1996年工厂处于半停厂，有职工74人。全厂总资产135万元，总负债130万元。由于该厂经营不善和受市场经济制约，从1997年12月停产至2001年3月，报二轻局批复，同意皮鞋厂解体。该厂通过出售全部资产偿还债务，并对全体职工进行一次性安置。

日用化工　日用化工集体工业企业主要是武陵山日用化工厂，始建于1956年，依靠简陋的工具和手工作坊，由原来的“五金社”“五金厂”“电镀厂”“酉阳合成洗涤剂厂”等组成。1988年工业产值为73.18万元，当时是五金厂。1993年工业产值为160.3万元。1994年产值下降为108.94万元，当时是电镀厂，有职工90人。该厂后因管理不善，致债台高筑，资不抵债，欠各种款项300多万元，于1997年5月关闭；10月租赁外商独资经营。

布鞋、铝制品　京都布鞋厂组建于1983年，1985年投产，有职工105人。因布鞋销路不畅，1988年2月停厂关闭。1991年恢复生产。1993年实现产值31.2万元。1996年产值149.4万元，销售仅32.8万元。

铝制品厂原是酉阳京都布鞋厂的一个车间，后从布鞋厂分离出来，独立核算经营，1988年有职工31人，产值59.22万元。1993年产值77.89万元，销售收入41.95万元。1996年3月30日，铝制品厂与布鞋厂合并组建成轻工制品厂，共有职工90名。当年呈半停状态，属特困企业。2001年7月改制。

生产经营管理

酉阳集体工业企业，从1987年年底开始实行集体资产股份制。集体资产划分股份，个人投资入股，以股份的形式把生产者与生产资料有机结合起来，变单一的按劳分配与按股分红相结合的分配形式。

股份制企业实行民主管理，自主经营，自负盈亏，照章纳税，按期归还银行贷款。各股东对企业生产经营共担风险，共享利益。

股份制企业的管理，设立股东代表大会和董事会，选举产生。董事会的职能是执行计划经济指标，技术、安全指标，监督企业的生产经营活动和资产使用情况，审定企业的长远规划、年度经营计划、红利分配方案等。

股份制企业，实行厂长（经理）负责制，厂长（经理）任期目标责任制。企业是法人，厂长（经理）是法人代表，对企业负全面责任，在一定程度上促进了生产的发展。

第四章　非公有制企业

第一节　简　况

20世纪90年代末，全县小型的非公有制工业逐渐发展起来。主要是生产加工人民生活的必需品，从能源工业的小型电站、小煤矿、冶金工业的汞矿开采、机械工业的农机制造、建材工业的水泥及制品，到食品工业的肉类加工及冷藏、酒类饮料酿造、糖果生产、粮油加工、调味品酿造、制茶以及绿色食品加工等各种大小厂、场、作坊。至2005年，成规模的非公有制企业有7家。

金属锰业　金属锰业是酉阳县非公有制制造企业发展较早和规模较大的项目。最大的是2000年引进的重庆天雄锰业，注册资本1000万元，资产总额11995万元，设计电解金属锰能力为年产1.5万吨。于2002年建成投产，开始运行，当年生产6500吨，第二年达到1.5万吨。2005年，产量为1.6万吨电解锰，产值为17579万元，完成税金2269万元，实现利润1900万元。在册职工498人。中天、九鑫、天吉锰业亦在建设中。

铁合金冶炼　铁合金冶炼企业主要为业成铁合金厂。20世纪末，引进的业成铁合金厂，其注册资本为1600万元，资产总额为4963万元，设计年生产铁合金2万吨能力。2001年，工业产值达到2710万元，增加值635万元，销售收入2622万元，实现税金181万元；随后3年产量产值递增。到2005年，生产的铁合金已达到2.22万吨，产值3500万元，完成税金280万元，工业增加值750万元。在册职工287人。

化学工业　化学工业企业进入酉阳是在21世纪初，其中较早和较大的是诸夏化工公司和龙雨化工公司。2002年引进建成投产的诸夏化工公司，注册资本100万元，总资产750万元，设计生产能力年产硫酸10万吨，有职工62人。2005年工业总产值2753.6万元，销售收入2251.4万元，实现税金383万元，利润87万元，入库税金78万元，增加值233万元。当年产硫酸4.22万吨。

2002年引进的龙雨化工公司，2005年工业总产值502.8万元，销售收入569.6万元，实现税金72.6万元，入库税金65万元，增加值128万元，当年产硫酸10357吨。

2005年还引进乾源化工、强洪化工有限责任公司等企业。

魔芋加工　魔芋加工主要的生产企业有天一魔芋精粉加工企业。该企业为酉阳民营企业，注册资本

50万元，总资产600万元，有工人40名。年设计生产能力，生产绿色食品、魔芋精粉200吨。2005年工业总产值685万元，销售收入640.6万元，实现税金51.2万元，利润67.6万元，入库税金51.2万元，当年生产魔芋精粉163吨。工业增加206万元。

第二节　企业简介

重庆市酉阳时代建筑发展有限责任公司　房屋建筑施工总承包贰级资质的民营企业。原名酉阳县教育建筑公司，成立于1982年，2000年改制后组建重庆市酉阳时代建筑装饰有限责任公司，2004年更名为重庆市酉阳时代建筑发展有限责任公司。该企业自1999年以来，多次被市、县相关部门评为先进。2005年通过ISO 9000：2000质量管理认证体系。公司承建的酉阳一中和酉阳民族师范学校室内体育馆工程，单跨24米，为全县首次采用砼后张法工艺施工的建筑公司。其承建的酉阳一中教学综合楼工程获得“重庆市优质结构工程奖”，酉阳二中科技楼工程获得“重庆市巴渝杯奖”。2004年“两基”攻坚期间，承建了教育系统“寄宿制”工程、“二期义教”工程、“危房改造”工程近8万平方米。

重庆市酉阳万事达药业有限责任公司　系酉阳县丁市镇桥岩村民黄伟1995年创办的民营企业。该企业解决就业再就业人员58名，总资产达500余万元，占地面积5000余平方米，年营业额达2000万元以上。

重庆市酉阳凌云科技发展有限公司　是2001年5月成立的独资民营企业，该企业经营计算机及办公自动化设备整机销售、维修、网络化计算机专业培训等业务。其前身是1998年7月创办的奔腾电脑门市部，是酉阳历史上第一家专门从事信息服务行业的个体门市。该企业与国内IT领军品牌方正科技签约，成立方正电脑专卖店，同时与重庆几十家知名IT、OA公司建立了业务合作关系。共有两个下属电脑专卖店。方正科技全程服务酉阳、秀山、黔江地区授权维修站、TCL电脑专卖店、联想商用产品专卖店、凌云计算机技术专业培训学校、凌云科技客户服务中心等分支机构。

重庆市酉阳华南液化气有限责任公司　是酉阳县涂市乡村民杨光碧于1990年创办的民营企业。有气站一座，占地2168平方米，168个销售网点覆盖全县39个乡（镇）。从2000年起，该企业连续6年被县政府评为全县“十强民营企业”。企业创办15年来，解决就业再就业人员219名，为社会捐款捐物达30万元左右。

重庆坤赐食用菌开发有限公司　系酉阳县内最大的食用菌生产经销民营企业。该企业总投资50万元，产值达90万元左右。该企业采用“公司+基地+农户”的经营模式，由企业提供种子，负责长年技术指导，开发种植基地50亩。企业为酉阳县涂市乡蛮寨村外出务工回乡青年滕树坤、兴隆镇细沙村何仙、黄毅、田平、向正钰、徐飞等6位股东共同创办，在2000—2002年进行的农业综合开发项目因成绩突出，被中央电视台农业频道拍播。2005年企业免费为当地农民群众发放40万袋食用菌种子，以帮助当地农民增收。

俊佳欣平价鞋城　系重庆市璧山县七塘镇王兴伦在酉阳创办的独资企业，其前身系一销售鞋类的小店，1992年进入酉阳，1999年扩资为较大型的连锁经营企业，并组成俊佳欣平价鞋城。该企业解决就业和再就业人员50余人。经14年的经营，有门店10余处，年销售收入达600万元左右。

酉阳南方电器实业有限责任公司　是重庆市涪陵区南沱镇夏家村吴昌云于1998年1月在酉阳创办的

独资民营企业。6月，在酉阳县城开办第一家平价商场南方平价商场，经营家用电器、日用百货等商品。经过8年的努力，该企业在县城开办3家分店，县内各乡镇有50余家网络客户，总资产达700余万元，年经营额达400多万元，解决城镇就业再就业人员60余人。

酉阳县金鑫化工有限责任公司　原名铜鼓水泥厂，是1988年创办的集体企业，2001年改制为民营企业，公司法定代表人江冰。企业职工50多名，解决了200名农民工就地务工。资产总额2198万元，2002—2005年共创税680多万元。2003年公司质量管理体系、水泥产品质量通过ISO 9001—2000双认证。曾多次获市、县人民政府表彰。

重庆天雄锰业有限公司　由湖南涟源人曾纠雄创办的合资企业，公司始建于2001年，总投资6000万元人民币，占地面积168.79亩，年产电解金属锰1.8万吨，锰锭2000吨，年创汇1500万美元。该企业2003年通过了ISO 9001—2000质量管理体系认证，2004年全面通过了ISO 4001环境管理体系认证。公司生产的“天雄牌”优质电解金属锰多次被评为“中国名优产品”，远销日本、韩国、美国以及西欧等国家和地区。公司成立4年共累计完成税金5000万元，安排农村富余劳动力280人，下岗职工再就业178人。2003—2005年连续3年被评为重庆市民营企业50强，是全县首家跻身于“重庆市民营企业五十强”的企业。

重庆市酉阳业成铁合金总厂　1997年落户于酉阳县龙潭镇工业园区。注册资金1600万元，固定资产2400万元，职工400余人，年产铁合金2.2万吨，产品主要以硅、锰系列产品为主。通过了ISO 9000系列质量认证，具有国家授予自营出口经营权，产品内销各大钢铁公司，外销东南亚、欧美各地区。曾多次获市相关部门的表彰。

酉阳自治县龙潭镇顺达石材厂　是龙潭镇赵庄社区黄晓岗等4位社区居民投资50余万元创办的股份合作制企业。企业专门为龙潭古镇改造提供专用石材等建筑材料。转移农村富余劳动力100余人，产值达500余万元，为赵庄社区5000余群众年均增加收入600多元。

酉州复合肥厂　为酉阳县后兴乡冉茂峦于2002年创办，建厂投入资金200余万元，生产烤烟等经济作物专用复合肥，年产值200余万元。常年解决农村富余劳动力40多人。

龙潭预制件厂　为秀山民营企业家覃中秋于1998年创建，主要生产水泥制品。投入资金近200万元，近年来年均创税40余万元，就地转移农村富余劳动力40余名。

重庆市酉阳自治县一中校办工厂　创办于1958年。1991年，酉阳一中复合铝箔纸厂成立。1992年成立电器修理厂、汽车修理厂、服装厂，年产值达75万元。

酉阳自治县龙潭古镇文化旅游开发有限责任公司　为民营企业主冉茂江于2004年5月在万寿宫的基础上创办起来的。万寿宫原为江西会馆，解放后为公共活动场所，冉茂江出资将其购买，并投入60万元资金予以修缮，将其建成古镇首批旅游景点。

龙潭自来水公司　公司成立于1991年，投入资金50余万元，解决龙潭镇所在地上万人的饮用水问题。2000年公司对原有老化设备进行更新改造，另投资山黛沟水库新建500吨水厂一座，可供龙潭镇及周边近3万人的饮用水。

强洪化工公司　为重庆涪陵刘强和酉阳万木乡王洪两人于2005年共同创办的合资企业，主要生产工业硫酸。公司投资近2000万元，实现年收入1500万元，实现税金300万元，就地解决农村富余劳动力50多人。

重庆市酉阳摇铃御酒有限责任公司　是2005年8月由酉阳小坝隆泽文、黑水何桂蓉等8位股东共同出资150万元创办的民营股份制酿造企业。公司占地面积约16000平方米，资产总额400余万元，员工35人。其生产系列产品有“摇铃御”苦荞酒等。

酉酬加油站　是酉阳县酉酬镇招商引资的第一家民营企业，企业共投资220万元，占地面积1500平方米。该企业于2005年11月正式投产经营后，方便了从湖北省来凤县、湖南省龙山县来往于酉阳渤海火车站的各交通车辆。

重庆市酉阳“李四”青蒿开发公司　是由大溪李勇、李茂翔于2005年注册成立的农业产业化中介服务企业，其上依华立控股企业华武制药厂，下联农户进行青蒿种植，公司出资金出技术给农户，并与其签订收购合同，实行保护价收购。公司预计在种植合同范围内支付成本和收购资金2000万元左右。

酉阳自治县偏柏乡种（植）养（殖）加工场　为偏柏乡村民吴金武于1986年投资1万元创办的。1987年又投资5万元创办酒厂，所产酒糟用于生猪饲养。1990年引进优良品种——约克猪。2004年冬又投资160余万元租地1000余亩，种植纽荷尔脐橙13万株，长势良好。

酉阳自治县宜居双池茶叶精制加工厂　是由酉阳县宜居乡双池村（现合并入宜居村）冉虎茂、冉武光、张忠平3人联合创办的一家民营企业。该企业创办后，在宜居双池村租地1500亩，种植优良苗福鼎大白45000株，发展生态旅游型农庄茶园，就地转移农村剩余劳动力近20人，临时解决农民工劳力5000多人次，为当地农民增加收入20余万元。其所生产的“双池牌”系列绿茶和茶饮料深受县内外消费者信赖。1999年参与创制的宜居茶获重庆市第三届“三峡杯”农副产品比赛“优质名茶”称号。“双池牌”已经申请办理商标注册。

第十篇

商　　贸

SHANG MAO

第一章 商 业

第一节 体制与构成

国有商业主要是指城市商业，归省（市）商业厅系统管理，从事县城以上日用工业品和副食品购销活动的国有商业以及归商业厅管理的城市集体商业和商办工业。

新中国成立后，通过对资本主义工商业的社会主义改造，逐步建立了国营经济占主导地位的社会主义商业，形成了从生产、流通到消费领域的国家计划经济体制。这种体制在计划上统得过多，经营上不灵活，因而流通不畅，既严重阻碍了社会商品生产的发展，也使商业发展受到很大的影响。1978年中共十一届三中全会以后，国有商业从生产到流通领域进行了一系列改革。1998年前，在国营经济还占主导地位的前提下，实行多种经济形式、多条流通渠道、多种经营方式的开放式的流通体制，搞活了经济，繁荣了市场，使社会主义市场经济得到迅速的发展。

但是，随着改革的不断深入，国营商业在市场经济强大洪流的冲击下失去竞争力并逐步消失。1999年开始对酉阳酒厂、兴飞食品厂、商贸公司等企业实行解体安置。在连年亏损的情况下，多数企业实行融资经营或资产租赁经营。融资经营的有百货、针纺、糖酒、五金、服务等五个企业；食品公司利用设备实行合资经营，蔬菜水产公司国营解体，被个体经营所代替。2001年，酉阳县商业局撤销，合并到县经济贸易委员会。长达近半个世纪的国有商业的历史使命宣告结束。

集体商业是在1956年社会主义改造中，由个体小商贩组织起来的。在国营商业占主导地位的计划经济时代，集体商业是对计划市场不足的补充，起到了支持生产、方便群众的作用。而在1958年的“大跃进”时期，把一些经营好的合作商店（组）“升级”为国营企业，不够条件“升级”的则集中合并，实行国营商业的一套管理办法，使集体商业独立经营、自负盈亏、点多面广、经营灵活、方便群众的特点逐步消失。

“文化大革命”十年，特别是1970年以后，集体商业再次施行“升级”“过渡”“割资本主义尾巴”“限制集镇场期”等违反经济规律的极“左”措施，使城市集体商业逐步减少。

1978年中共十一届三中全会以后，对集体商业采取“积极扶持”“大力发展”的方针。实行降低或免征工商税、免征或减少所得税、实施不加征税等优惠政策，对集体商业的发展起到了积极作用。随着改革开放的不断深入，到1987年年末，县城集体商业还有6家（理发店、工农饭店、副食品商店、百货商店、综合商店、豆腐店）。1989年5店合并为商贸公司，统一经营。1994年9月，改成商贸责任有限公司，最终因经受不住市场经济的冲击于1998年破产，结束了集体商业在计划经济时代的历史使命。

工商企业按照开放、搞活、改革、富民的国家政策，1986年全县有工商企业2307家，职工18356人，注册资金10323万元。1991—1993年，工商企业继续坚持以搞活企业，振兴经济，转换经营机制，提高经济效益的经营方针，各企业在改革中求发展。1995年年末，全县有各类工商企业2215户，从业人员23534人，注册资金22322万元。1995年后，国有、集体企业以联合、兼并、租赁、承包经营、出售等方式进行改组、改制，建立现代企业制度，做好“关、停、并、转”工作。至2005年年末，全县内资企业有427家（法人企业161家），注册资金24934万元。

个体私营经济是国民经济的组成部分，是地方经济建设的一支重要力量。1986年，全县个体工商户为4596户。1990年，个体工商户下滑到3118户，3480人。1991年，个体工商户回升到4624户，5605人。市场经济的确立，给个体工商业者开拓了发展空间，至2005年，全县个体工商户26795户，29474人，占全县总人口的4%。

第二节 商品购销

1986—1996年，全县商品购进总额为16108.2万元。其中，农副产品购进6662.6万元。国营商业购进中，除工业品调入外，农副产品购进主要是猪、牛、羊、禽蛋和蔬菜等。1983年食品经营体制从省下放到县财政管理，生猪取消了“购一留一”“购留各半”的统购政策，和牛、羊、禽蛋一样，一律实行议购。为有利于生猪发展，保护农民的养猪积极性，国家在尚未完善市场经济之前，仍然对食品公司下达指导性生猪计划。1986—1998年，共议购生猪140800头、牛肉1312吨、鲜蛋2682担、开剥猪皮36943张。但是，随着社会主义市场经济的发展，指导性计划和议购政策难适应社会需要。1999年后，商品购进最终以市场的供求法则来确定。

1972年，蔬菜水产工矿饮食服务公司设立，下达蔬菜生产面积500亩，随后在全县增加蔬菜生产面积达1000亩，其中县城郊区11个生产队700亩，龙潭150亩，龚滩150亩，并逐步落实面积，按亩付给粮食、化肥指标，年终决算。后又采取以菜换粮的方式。另有鱼塘8亩，由蔬菜公司负责发展生产，统收统销。县物价部门统一制定购、销价格，由蔬菜公司门市部安排供应给城镇居民。随着农业生产责任制的落实到户，以菜换粮失去作用。1990年，随着蔬菜生产、经营放开后，蔬菜公司竞争力弱。1996年，蔬菜公司最终倒闭。1986—1996年，蔬菜购进总值为479.6万元。

改革开放前，国有商业（包括商办工业）共6家公司和8家厂14个核算单位。改革开放以后，从生产到流通，国家提倡国营、集体、个体多渠道经营方式。在这种竞争状态下，从1986年开始，全县各区食品加工企业三年内先后倒闭。县调味品厂、糖果厂、饮料厂和肉联加工厂到1999年最终因资不抵债而倒闭。6家国有企业中有4家企业1986—1999年间也先后倒闭。1986—1999年共完成销售总额23364万元，因连年亏损，资不抵债等原因，到2000年国有商业便以经营惨淡、销售乏力而退出计划经济的历史舞台。

第三节 超市连锁经营

2000年后，随着改革开放的进一步深入和国家西部大开发战略的实施，酉阳的交通、电力、通信等各项基础设施条件明显改善，为商贸经济的发展提供了广阔空间。特别是私营经济的发展势头迅猛，在国民经济中的比重明显。第三产业中的个体经营蓬勃发展，不断涌现出以连锁经营、物流配送、各类超市、专业市场、便民店为主要的现代化物流组织。商贸流通的显著特点就是流通连锁，逐步由县城向县外、向乡镇延伸。

2005年年底，据社区统计，本地培育的各类专业超市28个，连锁网点1230个，便民店694个，洗衣店18个，美容美发店65个，早餐店172个，肉菜市场10个（其中大型的3个），再生资源回收点28个，其他215个。通过扩大开放，招商引资，联合加盟等形式，建立各类经营者、物流配送、专业市场达60余家。其领域涉及餐饮业、美容美发、电子、医药、家具、家政服务、生产资料以及旅游业，从业人员4000余人。重庆"重百""新世纪"等大型商业集团也到酉阳考察，准备就地兴办实业。

从1998年起，随着经济结构的调整，流通市场进一步规范，市场购销两旺，物价平稳，城乡物资供求平衡。社会消费品零售总额逐年增加：1998年4.7亿元，1999年5.04亿元，2000年6. 001亿元，2001年6.74亿元，2003年是9.23亿元，2005年社会消费品零售总额已达到11.397亿元，第三产业为7.68亿元，贸易餐饮2.33亿元，集市贸易成交额2.41亿元。由于超市、专卖经营、各种经销、总代理业务、各种名牌连锁店的经营方式和目标，体现"便民""利民"两个核心的服务质量，深受群众欢迎，也给商家带来利益。诸如万家福超市、望旺超市、新兴商场、南方平价商场、和平药房等均以品种丰富、质量可靠、价格适中稳定、诚信经营而受到消费者的好评。酉阳的超市、连锁店、物流配送中心正在健康地向前发展。

第四节　农贸市场

粮食、蔬菜、肉食、水果等是人们日常生活的必需品。在计划经济年代，集体生产方式限制了粮、菜、肉等食用品的发展。因农副产品匮乏，国家实行统购统销。一个时期，完全是用票证按人定量供给，国营商业网点垄断了生鲜制品市场。1978年中共十一届三中全会后，农村体制改革将土地下放到户，生产力获得解放。国家取消了对农副产品的统购统销政策，从此，商品生产逐步摆脱计划经济而转入市场经济的轨道，市场走向繁荣。

1990年以前，县城没有设立"生鲜制品"集市贸易场地，农副产品随街就市交易。为改变市场混杂无序状况，1991年，在城北车站南侧修建钟灵山农贸市场，占地3927平方米，有摊位133个，主要从事肉类、禽类及蔬菜、调味品等经营。除此固定的农贸市场外，为划行归市，还临时在新民街原土产公司内外段、翠屏街五金公司下段、桂芳街原钟多区社内外段等3处设立农贸集散市场。2001年后，又分别在酉州商业城、原钟多区社、塘湾大桥两侧、城南车站西侧4处设立农贸市场（2006年下半年钟多区社农贸市场搬进商业城），共计680个摊位。农贸市场主要经营品种有：生鲜蔬菜、瓜果、鲜肉、活鱼、活禽、粮食制品、豆制品、腌腊制品、卤制品、凉拌制品、调味品以及独具民族风味的绿豆粉、荞麦食品、酿豆腐和山珍薇菜、蕨巴、香菌等。

随着经济的发展和人民物质生活水平的提高，现有的农贸市场已经不能满足人们日益增长的购物要求，存在着场地狭窄，人来人往十分拥挤；品种不够丰富，与毗邻县比，蔬菜质次价高；脏、乱、臭，污物、污水遍地，蚊蝇滋生等问题。

2002年，市场管理部门按照"市场开办社会化、民营化"的路子进行改革。钟灵山农贸市场被重庆市万聚房地产开发有限责任公司（原酉阳兴旺市场开发有限责任公司）收购，2004年该公司筹资800万元，对市场进行改造扩建，2005年5月工程竣工，交付使用。改造扩建后的钟灵山农贸市场，内设农贸超市和商品超市，有摊位360个，散摊50个，可容500人营业，能满足供应5万人对蔬菜、食品的选购需要；第二期市场扩建工程，总投资2200万元，修建商业门面9975.82平方米，商住楼7418.8平方米，写字楼7307.80平方米。

钟灵山农贸市场，为大型的综合市场，内设农贸超市、商品超市、物资交流市场、批发市场。市场功能配置齐备，是酉阳的购物中心。该市场农副产品实行摊位租赁；物资交易实行企业经营，主要收购农副产品（土特产品）和销售生活日用品，并向全县批发和零售。至2005年，钟灵山农贸市场能基本满足城北、城中居民和各大餐饮业、机关社会团体对蔬菜、农副产品及日常生活用品的购物需求，成为辖区内农副产品的集散中心及对外展示地方资源、产品的窗口和平台。

第五节　社会服务

广告　广告是市场经济条件下的产物，也是20世纪80年代改革开放后市场繁荣、经济发展的好帮手，主要为其商品的推介、企业招工、人们求职等提供信息。酉阳长城厨师学校的广告招生，县就业局广告招工，都达到预期效果。酉阳南方电器实业有限责任公司经营的品牌，以“合法经营，诚信为本”的理念和“以良好的售后服务促进销售”的经营方针，受到人们的青睐。广告发布后，提高了知名度，获得了声誉，先后荣获“酉阳十强民营企业”“质量信得过单位”“工商联先进会员企业”“民营经济先进企业”“卫生质量信得过单位”等称号。

中介信息服务　酉阳的中介信息服务始于20世纪80年代，其服务宗旨是时刻关注人们事业的发展，为人们营造一个美好的生活环境，为人们分忧解难，提供了有困难、寻帮助的地方。酉阳通达中介公司24小时全程为人们服务，其中介内容有：职介、婚介、搬家、车辆买卖、家具买卖及室内外装修，还特别推出室内外“一次净”家政服务及钟点工，用专业人员、专业工具、专业服务，以优化人居环境和提高生活质量。

在信息服务方面，除《酉阳报》、酉阳电视台传播信息外，还通过联通、移动网等在手机、座机上互联信息，对商业货物的畅销、滞销、价格、供需品种等提供信息报告。

维修　从20世纪80年代起，全县汽车运输业发展较快，故汽车修理业等随之兴起。汽车修理厂、修理车间主要开展汽车的接收与外部清洗、车辆的拆卸、零件的喷涂复修、零件的检验分类、总成的装配、试车及交车等业务。除汽车维修外，其它各类维修行业也逐步兴起。

打印雕刻　全县的打印、雕刻是从20世纪80年代初期发展起来的。主要有酉阳宏图广告装饰有限责任公司、新视野广告公司、爱心影视制作中心、点缀公司、佳艺汇通等公司（中心）等企业。他们除不断引进先进的技术人才外，还拥有多台高精终端PC和大型户外广告喷绘机、写真机、雕刻机、刻字机等设备。酉阳佳艺公司还能用电脑雕刻各型奖牌、水晶字、PVC字、木质雕刻对联、牌匾等。酉阳成功电脑公司从事工程制图、工程晒图、工程复印、彩扩、平面主体效果图设计等项目。

家政　酉阳的家政服务始于21世纪初，随着社会的进步和物质文化水平的提高，家政有关业务应运而生，有的设有家庭语文、数学、物理、化学、外语等课程，有的办起了书法、美术、音乐等学习班。他们利用寒、暑假、节日等课外时间，进行学生家庭辅导。酉阳的石胜元的硬笔书法、罗孝平的音乐舞蹈班、郭瑞才的小提琴辅导班、李长富的美术学习班等都有特色。

洗涤除尘 现代人讲究卫生、注重室内外美化，日常需洗涤、除尘。衣物干洗、小车美容、门面除尘、居室保洁等服务项目应运而生。

花市 随着人们生活水平的提高，花市在县城悄然兴起。

酉阳县园林管理所，是花市美化城乡的骨干，本着“规划高起点，建设高标准，规格高质量”的思路，对“山水园林城市”“风景名胜区”“河滨公园”以及学校、医院、宾馆、会场、庭院等进行了以花草为主的服务出租活动，新增和补换行道树。

私营花店，是改革开放后的新生产物。全县的花市以当地农民为主，有的办花木园地，有的花农上山采集野生花木，特别是野生兰草、一把伞（鸡脚杆）、小黄杨等，受到外地客商的青睐。同时，县城花店的门市较多，经营各类鲜花，开市志庆、新婚贺喜、生日祝寿，都时兴礼送花篮。酉阳花市吸引了湖南、重庆、广州、四川等地花商，他们把当地的名花、名草、名木苗种运到境内出售，尤以热带的椰子树苗、天竹桂、橡皮树种等走俏市场，供人们订购观赏。

第二章 供 销

第一节 社（点）布局

1986年，全县供销社下辖钟多、龙潭、麻旺、酉酬、大溪、兴隆、黑水、苍岭、龚滩、丁市、双河、李溪等12个基层供销合作社。县直企业主要有土产、农资、日杂、棉麻等公司。此后综贸公司、副食品公司、苎麻纺织厂、宜居茶叶总公司等相继成立。至1996年，全县供销合作社网点总计398个，遍布全县各乡及人口较多的行政村，从业人员2360人，加之由县社代管的民贸公司及其各区乡总店、村级代销点、网点总数一度达784个，从业人员3106人。

2000年下半年起，按照重庆市政府之规定，通过处置资产安置职工，对部分企业实行解体清算和歇业停产，全供销系统乡级分社、总店和村级代销点纷纷撤销，市场阵地大幅度缩小。在实施产权制度改革的同时，实施开放办社和推进“两社两化”建设（即发展专业合作社、综合服务社、农业产业化和商品经营连锁化），先后成立了丰裕农资、科兴药业、天兴药业、翔宇烟花爆竹、宜居茶叶、鑫隆魔芋产业、山之赠绿色食品、桐君阁大药房连锁配送中心等有限责任公司，组建苍岭太和村综合服务社、楠木乡中药材专业合作社等“两社”36个，发展了桐君阁大药房连锁店12个、村级药品专柜13个、烟花爆竹批零点125个。至2004年，全系统共有网点206个，从业人员458人。

第二节　工副食品购销

1986年，供销社经营的工副食品门类齐全，品种繁多，除烟花爆竹、农用物资、棉花棉絮等专营物资外，还广泛经营图书课本、食盐、药品、五金、日杂、废旧物资、各类副食等传统骨干商品，当年工副食品购销总额达6498万元，1989年达8400万元，1991年达1.05亿元。此后，随着改革开放的不断深入和市场经济体制的逐步建立，各类市场主体进入农村市场，对供销社经营业务造成严重冲击，加之供销社自身体制不顺，工副食品购销业务日趋萎缩，购销总额逐年下降，到2000年年底，工副食品购销总额锐减至3560万元，整体陷入亏损境地，全系统拉通核算已是严重资不抵债。其间，县供销社行业因执行上级政策扶持“三农”而开展“两棉”赊销、“两肥”赊销或议转平销售，承担损失1000多万元。

实施产权制度改革后，有效化解人员包袱和经济包袱，逐步理顺体制，实现轻装上阵，实行抓大放小，重点抓烟花爆竹、农用物资、药品、再生资源等骨干经营项目，2001年一举实现扭亏为盈，县社也因此成为重庆市供销社系统中首批“市级文明单位”。

第三节　农副产品经营

供销合作社是全县农村商业的主渠道，更是农副产品经营的主渠道，通过不断巩固和扩大农副产品购销业务，促进了农村经济快速发展和广大农民增收致富。供销社经营的农副产品主要有生漆、油桐、乌桕、油茶籽、花生、油菜籽、苎麻、茶叶、生猪、各类中药材等。2000年后，扩展到薇菜、蕨菜、竹笋、野生食用菌类等产品。为带动农村的农业产业化经营，县供销社先后在全县范围内发展苎麻、中药材、茶叶、薇菜、蕨菜、花椒、水果、蔬菜等各类商品生产基地，促进了供销社农副产品经营业务。1986年实现农副产品购进总额2310万元，1990年达2896万元，1994年达3236万元。此后供销社在农副产品购销领域“一统天下”的局面被彻底打破，在这方面的业务也急转直下，到2000年，全县农副产品购进总额不足600万元。经过产权制度改革后，2001年起开始逐步回升，当年农副产品购进总额达755万元，2004年年底达1500万元。

第四节　体制改革

酉阳县供销合作社成立于新中国成立之初，在计划经济时期一直占据着全县农村商业的主导地位，政策倾斜既造就了供销合作事业的兴旺，也为其日后的衰落埋下了隐患。面对困境，供销社虽然从20世纪80年代后期就尝试进行包括抽本承包经营在内的一系列内部改革，但终因未触及产权制度，收效甚微，难挽颓势。2000年下半年起，全县供销社开始推行产权制度改革。坚持“三四五”，即“三种模式”“四个步骤”“五项原则”。三种模式：对严重资不抵债难以继续正常运行的企业实施歇业、解体或破产；对资债相当的企业进行剥离重组；对资产质量较好的企业按照股份合作制原则和现代企业制度要求，进行改组改造，确保其健康运行。四个步骤：全面清理清退企业临时工和合同制工人，这一步工作已提前于1999年底完成；妥善安置老职工，这项工作已于2000年年底完成，实现了老有所养，老有所依；妥善安置在职职工，2001—2002年完成对绝大多数企业在职职工安置，减轻企业包袱并实现稳定过渡；重组新企业，结合企业改革和发展工作，组建了一批新企业，实现了用全新的机制逐步对全系统实行“大换血”。五项原则：老有所养、少有所盼原则，老中青利益兼顾；公开、公平、公正原则；银行债务不悬空原则；社员股金不悬空原则；社有资产不流失原则。这些措施的实施，使全系统实现从改制前的不稳定向改制后的基本稳定的转变，为工作重心转移奠定了基础。

第三章　烟草专卖

自1984年1月15日，酉阳县烟草公司、烟草专卖局（两块牌子，一套班子）成立以后，全县卷烟业务从县商业系统分离出来，根据国家烟草专卖条例，烟草专卖法的有关规定，自成系统，单独管理，高度专卖，垄断经营。

第一节　卷烟购销

卷烟购进

购进方式　酉阳卷烟的购进，凭调拨计划直接到烟厂提货，持准运证派业务员押运。省外烟直接到重庆501仓库运货。这种方式，自县烟草公司1984年成立至2000年。

2001年重庆卷烟销售公司开展卷烟大配送，县烟草公司所需品牌数量，只需一个电话，市卷烟销售公司即把货送来。县公司也成立配送中心，对辖区内的城网农网需求，也派车专送。烟草公司成立之初，租用县糖酒公司仓库一间，面积150平方米。1989年在县城红光巷修仓库一座，面积220平方米。2004年有仓库3座，面积为1750平方米。

购进数量　1986年购进6736箱，2003年达到16745箱。

1986—2003年酉阳自治县卷烟购进数量表

表10－1　　单位：箱

年度	购进量	年度	购进量
1986	6736	1996	11762
1987	6677	1997	9767

续表10－1

年度	购进量	年度	购进量
1988	7273	1998	10041
1989	13625	1999	12413
1990	12470	2000	14388
1991	14185	2001	13365
1992	12872	2002	14463
1993	15156	2003	16745
1994	11412	—	—
1995	10850	—	—

卷烟销售

酉阳卷烟销售，初为计划销售，计划由上级下达，1987年以后改为承包销售，每年由县烟草公司向地级分公司承包销售任务，公司又把承包任务硬化到所属业务科及各区站，联销计酬，工效挂钩，奖惩分明。县烟草公司在县城设批发部2处，各区镇设1处。截至2004年年底，全县有卷烟零售户2160户。

1986—2005年酉阳卷烟销售数量表

表10－2　　单位：箱

年度	销售量	年度	销售量
1986	5929	1996	12480
1987	7435	1997	8942
1988	7384	1998	9042
1989	12475	1999	11780
1990	12167	2000	13158
1991	13358	2001	13364.7
1992	14563	2002	12892.7
1993	14672	2003	11349
1994	11704	2004	—
1995	10114	2005	—

第二节　专卖管理

政策法规宣传　烟草专卖管理的政策法规，主要有《中华人民共和国烟草专卖法》（1991年6月29日全国人大通过）《重庆市烟草专卖管理条例》《酉阳县烟草专卖局关于办证程序有关规定的通知》等。每年有宣传日或宣传周、宣传月，2003年为“专卖宣传年”，利用各种形式进行宣传。1986—2005年，共制作标语5万余幅，发送宣传材料10万余份，出动宣传车辆100余辆次。

登记管理　1984年对全县经烟户核发烟草专卖许可证，1996年换发零售许可证2101份，1998年达4000余户。2003年经过清理整顿为2500份，无证经营视为非法。

三证管理　三证，即烟草产品生产企业许可证、经营烟草专卖品许可证、烟草专卖品调进调出准运证。专卖管理主要通过此三证管理实施。2001年对全县经烟户实行“五个一”的户籍化管理，即一户一证、一户一号、一户一卡、一户一簿、一户一档。把县城市场划为4个片区，每个片区两名专管员负责。同时加强路检路查力度，对可疑车辆进行跟踪下货检查，遏制“假、私、黑”烟进入境内市场。

人员与设备配套　1991年，县烟草公司专卖科只有湘江牌摩托一辆。1995年办案专车五十铃1辆，对讲机两对，专用电话、录音机、照相机各1台，电警棍4支。1996年办案专车2辆，摩托车3辆，BP机6个。2000年配备越野三菱车、长安面包车、金杯面包车各1辆，无绳电话1部。2003年稽查办案车3辆，手机两部，电脑1台，摄像机1部，照相机1部。2000年有专卖执法人员51名，2002年增至60名。

稽查无证经营　1986年查处贵州石阡县供销社无证烟叶41833公斤，处罚款21570元。1984—1995年，共查处无证经营（含无证运输）烟草及其制品案件88件。1996—2002年共查处涉烟案件500余件，捣毁黑烟厂3家。2003年共查处178起，治安拘留20名，取缔违法经营户153户，取缔无证经烟户123户。

稽查假冒伪劣产品　境内发现假冒伪劣烟草制品案件，首例是1988年4月26日县工商局在龙潭镇市场查获秀山农民包某销售假“小南海”卷烟75条，计货款212元，被全部没收。较大的一件是1993年9月10日，县茶叶饮料保健品公司袁某在重庆以每条44元的价格进假“红塔山”94条，被当场销毁。1999年，全县开展长达4月的“百日打假”活动，共查处假冒伪劣卷烟23062件（箱），收罚没款52303元，是全县烟草专卖史上公开销毁伪劣商品量最多的一次。

1990—2004年酉阳自治县烟草违法案件查处情况表

表10－3

项目／年度	违法案件					查处案件					
	合计	其中				处罚没款总额(元)	没收卷烟（条）	没收烟叶（公斤）	受罚款人数（人）	销毁伪劣卷烟(条)	备注
		无证经营（家）	贩卖经营卷烟(条)	私购做假卖烟(公斤)	其他						
1990	14	—	—	4	10	28857	400	—	8	32	—
1993	4	—	—	1	3	495	205	—	3	175	—
1994	29	—	—	—	29	10911	160	—	22	20	—

续表 10－3

项目 年度	违法案件					查处案件					
	合计	其中				处罚没款总额(元)	没收卷烟(条)	没收烟叶(公斤)	受罚款人数(人)	销毁伪劣卷烟(条)	备注
		无证经营(家)	贩卖经营卷烟(条)	私购做假卖烟(公斤)	其他						
1995	28	2	—	8	18	15108	92	811	—	23	—
1996	47	—	2	5	40	121808	150	7163	52	—	—
1997	13	—	—	12	1	115613	—	9845	51	—	—
1998	95	1	27	18	49	99796	300	—	35	150	—
1999	101	—	11	26	64	52303	7000	1549	90	5670	—
2000	31	—	10	20	1	51936	21233	—	32	2100	—
2001	37	—	37	—	—	—	4238	—	—	3981	—
2002	1	1	—	—	—	59931	10000	4372.5	—	4000	—
2003	—	—	—	—	—	65855	23000	3500	35	46231	—
2004	—	—	—	—	—	—	—	—	—	—	—

第四章 盐 业

盐业运销企业是执行国家指令性计划、指令性价格，并执行统一管理、统一调拨、统一批发的国有企业。食盐的购进、销售均执行省（市）盐务管理局下达的计划和任务，以确保人民生活、生产需要，按市场不脱销的原则，满足供应合格、卫生的加碘食盐。

1986—1995年，酉阳支公司隶属四川省盐业公司涪陵分公司。1996—1997年酉阳支公司隶属四川省盐业公司黔江分公司；1998—2005年，更名为酉阳分公司，隶属重庆市盐业总公司黔江公司。

1991年8月30日，成立酉阳县盐政执法领导小组。1992年7月29日，成立黔江地区盐政市场稽查处。1994年6月22日，成立黔江地区盐政市场稽查处酉阳稽查队。1995年4月15日，更名为黔江地区盐政市场稽查处酉阳盐政管理所。1998—2005年，设立重庆市盐务管理局酉阳县分局。

第一节 食盐购销

购 销

食盐是人民的生活必需品，由于轻化工业迅猛发展，盐又是轻工产品的主要原料，用盐量日益增加，盐的产销矛盾突出，影响了食盐的正常供应。轻工业部批准，省盐务局下发的《关于同意动用国家储备盐的通知》精神，1998年酉阳盐业支公司改销储备盐2071吨，保证了人民生活、生产需要，满足了市场供应。

改变运线、运具是盐业运销企业节支增效的主要途径。从1993年开始，酉阳盐业支公司采取逐年增加的办法，改由从自贡盐厂购进为从津市盐矿和湘衡盐矿购进，改由水陆运输为火车、汽车直达，减少中转环节，减少商品损耗。供销社改制前，食盐转批发业务及零售业务，均由供销社及集体商业网点承担。供销社改制后，盐业公司在各乡、镇选择35个具有经营实力、诚信度高、服务方便的个体工商户为代理批发网点，负责本乡、镇食盐的转批发业务，以满足方便各食盐零售户，确保食盐零售。

1986—2005年酉阳自治县食盐调进、销售数量表

表10－4

单位：吨

年度	调入	销售	年度	调入	销售
1986	3874.75	4668.45	1996	2846.85	3016.85
1987	3918.92	4354.21	1997	977	3362.55
1988	4045.85	5242.68	1998	5036.65	4158
1989	8812.75	5410.97	1999	2959.25	3934.06
1990	5714.67	4288.57	2000	4892.59	4279.18
1991	3353.09	5295.55	2001	3915.5	3819.03
1992	4615.25	3835.7	2002	3139.97	3863.79
1993	6126.61	5812.08	2003	3799.3	3894.54
1994	3363	3060	2004	4535.29	4124.64
1995	3493.35	4810.85	2005	3280.32	3826.22

盐 价

县城零售价倒扣批零差价差率=县城批发价。县城零售价倒扣批零差率、转批优待率之和=结算价。县城以下零售价，在县城零售价格基础上顺加城乡差价。

1986年4月1日：散装精食盐0.18元/500克，批零差率17%。小塑袋精食盐0.41元／1000克，批零差率14%。转批优待率均是2.5%。

1989年12月25日：散装精食盐0.30元/500克，批零差率17%。小塑袋精食盐0.65元/1000克，批零差率15.5%。转批优待率均为2.5%。

1991年12月28日：散装精食盐0.34元/500克，批零差价17%。小塑袋精食盐0.73元/1000克，批零差率15.5%。转批优待率均是2.5%。

1994年7月10日：县城及龚滩散装精食盐0.49元/l000克，批零差率18.5%。县城及龚滩小塑袋精食盐1.08元/1000克，批零差价17%。转批优待率均是2.5%。县城以下市场实行城乡差价，可在县城零售价格基础上安排每500克0.01元至0.03元的差价。

1996年1月24日：县城及龚滩小塑袋精食盐新包装1.33元/1000克，老包装1.23元/1000克，批零差率17%。转批优待率为2.5%。城乡差价可在县城零售价格基础上安排每500克0.01元至0.05元的差价。

1998年12月10日：县城及龚滩小塑袋加碘食盐1.35元/1000克，其余乡镇每千克为1.45元，批零差率为16%。

2000年5月2日：县城及龚滩镇复合膜小塑袋加碘食盐1.90元/1000克。县城以外运距在60公里以内的每千克为1.95元；60公里以外的每千克为2.00元，批零差价为16%，转批优待率为2.5%。

2003年1月1日：铝膜小袋加碘食盐县城每千克2.40元，县城以外执行城乡差价，批零差率为16%，转批优待率为3.5%。

盐　税

国家税制改革前，盐业批发企业向当地缴纳土地使用税及车船使用税。税制改革后，盐企业向经营所在地的税务部门申报并缴纳税金。

1993—2005年酉阳盐业纳税情况表

表10－5　　单位：元

年度	国税	地税	年度	国税	地税
1993	—	4987.33	2000	218935.90	39952.97
1994	93325.29	9128.73	2001	353201.88	53376.91
1995	80000	11682.37	2002	218957.79	28495.90
1996	152439.41	28902.43	2003	243092.55	46074.66
1997	261004.66	27565.34	2004	277526.46	40907.48
1998	93715.65	33580.42	2005	268522.29	31418.03
1999	368505.89	30372.23	—	—	—

第二节　市场监管

1992—2005年，全县共查处盐业违法案件169件，结案169件，没收盐产品86.309吨，罚款3000元，没收非法所得452.4元。

2002年，县盐政执法人员深入边远乡镇，走村串户，蹲点守卡，查缉私盐。全年共查处违纪违法案8件，查获私盐6.67吨，罚款750元，震慑了私盐贩子，确保了碘盐供应。在“3·15”消费者权益日、

“5·5”碘缺乏病防治宣传日与各乡镇在赶场天进行盐业法规宣传，将查获的各类假盐、劣质盐、非碘盐向广大群众公开展示；针对群众用盐习惯，宣传《食盐加碘消除碘盐缺乏危害管理条例》，介绍加碘食盐的正确使用方法和食用非碘盐的危害性；对多品种盐作现场介绍、推销，同时还散发了宣传资料5250份，宣传效果良好。

2003年，因受“非典”影响，市场上出现了食盐抢购风，为了保证市场食盐供应，除宣传上对消费者关心的食盐是否提价问题耐心解释外，还组织调运、加工，随时保持复合膜小袋碘盐库存在400吨左右，实现了平稳过渡。

2004年，实施举报与打击相结合的整治措施，严惩私盐贩子。出动执法人员655人次，执法车辆201车次，查处案件8起，查获盐产品3.6吨。此外，张贴宣传资料1万余份，并制作了“食盐专营，利国利民”的宣传展板，在“3·15”“5·5”宣传日及节日期间，在闹市区展出宣传。4月，市场再次出现食盐抢购风潮，均被平息。

2005年，对食盐市场秩序进行清理整顿，发布《酉阳县人民政府关于整治食盐市场秩序的通告》，开展了整治食盐市场百日联合行动，专门打击乡镇顽固经营私盐的“钉子户”，和工商一道形成执法合力，深入乡镇检查委批商、零售户的经营行为，监管行业用盐情况。9月，在湖南龙山县进入酉阳的必经路口——大溪镇设立了固定检查站，专门检查过往车辆，禁止运输私盐进入。点上查获4.05吨散盐。与上年同期相比，食用盐多销了100余吨。

第五章　粮食油料

第一节　粮食购销

粮食购销工作经历几次大的政策变化：

1986年，国务院确定在取消粮食统购的基础上，实行合同定购（粮食定购计划包括农业税征实部分）和购销双轨制。1990年合同定购改称为国家定购，明确规定完成“国家定购”是农民应尽的义务。定购粮的收购方法，采取由省级政府委托地方粮食企业与农民签订收购合同并组织收购，定购粮的数量：1986年确定全县粮食定购任务为14200吨，1987年为12360吨，到1992年调整为10500吨，扩大了市场调节范围。2002年全面放开粮食后由县粮食局根据粮食生产、需求等实际情况确定指导性收购计划。

1988年，按照县委、县政府决定在全县推广玉米地膜覆盖和肥球育苗，由粮食部门发放扶贫贴息贷款共210万元，后收回177万元，尚有33万元未能收回。

1989—1991年，为了发展烤烟生产增加农民收入，县委、县人民政府决定对烤烟生产户实行奖售粮（大米）政策，并规定烟农向烟草部门每交售1斤上等烟叶奖售1斤大米，每交售1斤中三和上二烟叶奖售1斤大米，每交售1斤中四和上三烟叶奖售半斤大米。大米奖售价为每斤0.235元，同时每供应1斤粮食，由县财政补给粮食部门运费0.025元。三年中，粮食部门共向烤烟生产农户发放奖售粮大米11738.8吨。

1992年起，国家采取积极稳妥措施放开粮食价格和经营，保留粮食定购任务，价格随行就市。为了保护农民利益，规定如果市场粮价低于保护价时由国有粮食企业实行保护价敞开收购，同时取消城镇居民口粮定量供应政策。1994年，国家为加强粮食宏观调控，平抑市场粮价，实行"米袋子"省长负责制，要求粮食部门必须收购社会商品粮的70%—80%，县定购任务为10500吨，市场收购计划5000吨，定购价格由国家确定，市场收购价格随行就市。1998年，"三项政策"规定实行保护价敞开收购、顺价销售、收购资金封闭运行，同时出台了《粮食收购条例》和《粮食购销违法行为处罚办法》，加强粮食收购和销售行为管理，确保宏观调控需要。

从1999年起，国家为了解决库存"老粮"问题，开始以公开竞价交易、定向销售的方式，处理通过鉴定的陈化粮。经1999年和2001年鉴定，共有陈化粮38939.5吨，分5批于1999年、2002年、2003年和2004年在重庆市上桥粮食批发市场进行挂牌拍卖，剔除储藏和运输损耗648.5吨外，通过拍卖共处理陈化粮38291吨。至此全县国家商品粮库存陈化粮处理结束。

2000年，取消保护价收购政策，实行随行就市进行收购。2002年全市粮食市场全面放开，实行随行就市开展粮食购销工作，自主经营，自负盈亏。

2002起，国家开始实施退耕还林还草工程，并执行每退耕还林还草1亩补助150公斤粮食的政策。按照政策规定，为2002年、2003年全县退耕还林共兑现粮食补助近13050吨。2003年下半年，取消了粮食补助改为现金补助。

敞开收购政策，改坐站收购为坐站与上门、流动、预约收购等相结合的办法，抓好粮食收购工作，累计收购贸易粮284287吨，其中合同定购和保护价收购贸易粮186073吨，收购油菜籽72281吨。

发挥粮食部门的主渠道作用，做好城镇居民口粮、救灾粮、军粮和市场粮油供应工作，累计供应粮油302907吨，其中农业销售贸易粮117139吨（包括退耕还林补助粮13050吨）。特别在1999年县城遭遇的"6·28"特大洪灾中，粮食企业千方百计组织粮油保证灾民口粮供应，确保人心安定。

1986—2005年酉阳自治县粮食销售情况表

表10－6　　　　单位:吨

年度	销售实绩	其中农业销售	年度	销售实绩	其中农业销售
1986	18303	10025	1996	20359	8981
1987	17984	8616	1997	9915	5340
1988	11162	2463	1998	9240	4182
1989	15863	5726	1999	8456	3319
1990	16540	8521	2000	14664	4152
1991	22490	12273	2001	7535	3261
1992	14558	2090	2002	16067	5482
1993	16302	4579	2003	18838	15947
1994	13138	1208	2004	24685	3568
1995	22151	5249	2005	4657	2154
合计	168491	60750	合计	134416	56386

第二节　油料购销

从1986年起，全县粮食系统各粮站配备了专职油桐工作人员，负责全县桐、棬的生产发展，到20世纪90年代初，全县以桐、棬为主的油料生产产量再创历史新高。后由于市场价格不断下跌，挫伤了广大农民的积极性，农民开始砍伐桐、棬用于烧材，产量也随之锐减。1986—2005年，全县共收购桐籽18615吨，收购棬籽16500吨。

1986—2005年酉阳自治县油菜籽收购情况

表10－7　　　　单位：吨

年度	收购实绩	年度	收购实绩	年度	收购实绩	年度	收购实绩
1986	4810	1991	11187	1996	2526	2001	1479
1987	5645	1992	6325	1997	1878	2002	847
1988	4703	1993	5481	1998	2916	2003	1901
1989	3205	1994	4760	1999	2775	2004	1708
1990	5053	1995	2126	2000	1856	2005	1100
合计	23416	合计	29879	合计	11951	合计	7035

第三节　粮油加工

1965年后，县城粮食加工日臻完善，厂房扩大到664平方米，建成从小麦成粉、装袋、入仓库全部流程自动化，并建成制、烘、晾相结合的日产面粉500包的生产车间。1985年加工稻麦4273吨。1986年粮食加工总产值167.69万元。1991年粮食加工总产值316.1万元。随着改革开放的深入，1996年粮食加工总产值下降到96万元，此后至2005年稻麦加工甚少。

20世纪80年代末建立的油脂化工厂，1991年加工食用油产值909.4万元，1996年产值下降为318万元，1998年产值仅238.4万元，销售收入547万元，入库税金11.5万元，净资产亏损197万元。之后经营每况愈下。为求生存发展，粮油食品加工转入市场经济轨道。

第四节　仓储调运

粮油库存及管理。国有粮食部门储存的粮食有两种：一是粮食周转库存，在20世纪90年代前，国家储存的粮食绝大部分是粮食周转库存，上级核定酉阳粮食周转库存每年为16500吨；二是专项储备粮，包括后备储备和战略储备，中央储备和地方储备。

为确保全县粮食安全，始终坚持“以防为主，综合防治”的方针，把库存粮油安全作为粮食工作的重点，执行“一符三专四落实”（账实相符，专人、专仓、专账，数量落实、质量落实、品种落实、地点落实）储粮要求。一方面加强粮油保防人员业务素质培训，提高粮油储藏水平，推广“双化”（规范化储粮、制度化储粮）“双低”（低氧、低药）等科学储粮新技术，提高储粮科技含量。另一方面建立粮油储藏工作规章制度，执行储粮安全生产主要领导负责制，使储粮工作规范化、制度化。开展库存粮食账实相符、专人、专仓、专账，数量落实、品种落实、地点落实竞赛活动。同时，县粮食局每年开展春、冬两次粮油安全普查，确保库存粮食数量、质量。20年来，全县粮食企业平均库存量为28917吨，最高库存量达到61645吨，做到“一符四无”（账实相符，无虫害、无霉变、无鼠雀、无事故）比例达98%以上，“双规”（规范化储粮、制度化储粮）“双低”（低氧、低药）储粮比例分别占储粮总量的50%以上。

专项储备。1995年起，全县开始承担以稻谷为主的省（市）、县级专项粮油储备任务，2004年市级储备粮4000吨，2005年减少为2000吨。2004年5月，县政府决定建立10000吨县级储备粮，分两年建成，2005年已建立储备粮3400吨。

县内外粮油调运。1989年以前，根据四川省人民政府宏观调控的需要，共向县外调运粮食22560吨，其中调出最多的是1986年和1989年，分别调出38997.2吨和38600.7吨。同时，根据全县各区粮油供应的需要和库存管理的实际情况，对境内粮油进行调运（含站内调运、区间调运）调剂，共调运粮油361900吨，调节了各区粮油供应和仓储矛盾。调运“一符四无”（账实相符，无虫害、无霉变、无鼠雀、无事故）达100%。

仓储设施建设。1990年—1998年，为缓解全县仓储矛盾，粮食企业开展了一次较大规模的仓储设施建设工作，共投资460万元，新建仓容25830吨，改善了全县仓储基础设施。至2005年，全县粮食企业共有50435吨仓容，为储粮安全和政府加强宏观调控奠定了基础。

第五节　经济实体

1986年起，县粮食流通工作按照国家政策进行改革，逐步由计划经济转型为市场经济主体，生产经营取得了明显成效。至2005年，全县共有粮食企业经济实体17家，分别是重庆市酉阳渝鑫粮油（集团）有限公司，分设钟多、龙潭、麻旺、酉酬、大溪、兴隆、黑水、苍岭、龚滩、丁市、双河、李溪12家粮油购销公司和友良宾馆、龚滩宾馆、粮油饲料工业公司、城关粮食储备库。

1990年，按照国家政策对各粮站职工的工资标准进行了全面清理，并开始执行企业工资标准，不再执行行政工资标准。

1992年，国家第一次放开粮食统销价格，为了适应粮食流通体制改革，县人民政府批准将13个区粮站更名为粮油贸易公司，并以议购议销公司为基础，成立四川省酉阳县粮油总公司，与县粮食局实行两块牌子、一套班子运行，统一粮食购销等经营活动，资金由总公司实行统贷统还。同时，各粮油贸易公司开始以多种经营为基础的创业。到1998年5月，全县粮食企业的多种经营已延伸到日用百货、五金交电、生产资料、种植、养殖等各个经营领域，经营效益逐步显现。同年，全县粮食企业全部纳入社会养老保险统筹，并开始由企业和职工按照规定的养老保险缴费标准分别缴纳养老保险费。

1995年，实行“两线运行”（政策性业务与商业性经营两条线运行），政策性经营业务、机构、人员彻底分开，各粮油贸易公司分为承担政策性业务的粮油公司和开展商业性经营的粮油贸易分公司。

1998年6月，以“四分开一完善”（政企分开、储备与经营分开、中央与地方责任分开、新老财务挂账分开，完善粮食价格机制）和“三项政策，一项改革”（按保护价敞开收购农民余粮、国有粮食收储企业实行顺价销售、粮食收购资金封闭运行，加快粮食企业自身改革）为主的粮食流通体制重大改革在全县粮食企业铺开。6月1日，以原粮油总公司为班底的重庆市酉阳渝鑫粮油（集团）有限公司正式成立。市人民政府组织审计人员对1998年5月31日以前的政策性经营盈亏情况进行了审计，并将政策性经营亏损纳入挂账处理，由各级财政按比例逐年消化。

按照“统一领导，集团经营”原则，重庆市酉阳渝鑫粮油（集团）有限公司对全系统的人、财、物及粮油收购、销售、储存、加工实行统一管理，集团规模经营格局逐步形成并初显成效。按照“业务分开、企业分设、资产分离、核算分账”的原则，储备与经营分离，实现购销企业与工业企业、宾馆服务业分开，对原13家基层购销企业，按“两块牌子、一套班子”的经营管理模式，实行主附营业务、账务分开，在一个法人代表的领导下开展经营活动。对原粮食、饲料、油脂3家工业企业进行了股份制改造，使投资主体向多元化方向发展。6月28日，全县第一家宾馆——重庆市酉阳渝鑫粮油集团友良宾馆正式开业运营，这标志着粮食企业多种经营的一个新起点。

2002年年初，为顺应粮食购销市场化改革的新形势，整合利用企业资源优势，按照“撤劣留优，合理布局”的原则，对全县原基层粮食购销企业的收储业务与经贸业务进行整合，重组为12家粮油购销公司。原经贸企业富余人员，向独立的工业企业和宾馆服务业流动，一次性安置，辞退违纪职工和临时工。同时，对原粮食工业公司、饲料工业公司、油脂工业公司3家企业进行合并，重组为粮油饲料工业有限责任公司。5月1日，重庆市酉阳渝鑫粮油集团的第二家宾馆——龚滩宾馆正式投入运营，并接待了首届龚滩攀岩赛的裁判、参赛选手和中央电视台的现场直播工作人员。

2005年，重庆市人民政府组织审计人员对1998年6月1日至2001年12月31日新增的新财务挂账进行了审计。

从1992年起，全县粮食企业采取鼓励职工自谋职业等措施，开始以减员分流为重点的企业内部改革，到2005年，共减员分流300余人，全县粮食企业职工减少到700人。通过不断深化改革，重庆市酉阳渝鑫粮油（集团）有限公司建成为生产、加工、销售一体化的企业集团。

第六章 物资 外贸

第一节 物 资

1987年以前，县物资局为政企合一的政府职能部门，属国家机关，税利由局统一上缴财政。1988年后，实行政企分离，物资局是县政府对全县重要生产资料的购销、流通并进行监督管理的职能部门，下属三司一站（金属建材公司、机电化工公司、生资服务公司、物资经营站），属实行自主经营，独立核算、自负盈亏、照章纳税的国营企业。局对企业实行行政、经营业务活动的领导、指导、协调等服务工作。

1988年8月17日，县政府成立县物资局体制改革领导小组，由县体改办、物资局、财政局抽人员具体办公。9月，县物资局体制改革领导小组提出的改革方案阐明：长期以来，全县实行以物资分配调拨为主要形式的物资体制，在1978年中共十一届三中全会以后，经过几年的改革，逐步缩减了国家指令性计划，多种形式、不同规模的生产资料市场开始形成。但“指令性计划”分配的物资仍然分散到部门管理，条块分割的经济格局没有根本改变。管理机构多，市场秩序较乱，倒卖、垄断、哄抬物价的现象不断发生。随着经济体制改革的深入，物资体制改革必须加快。1992年，县政府批复同意成立酉阳物资总公司，与县物资局合署，为一套班子、两块牌子，但管理职能不变。除原有的三司一站外，总公司在重庆、成都、吉首分别建立办事处和物资采购站，由总公司统一核算。

物资局内部设立秘书、财务、业务股，既是局内部职能部门，也是总公司的内部职能部门。早在1991年7月，县政府同意物资局成立酉渝有色金属选冶厂，8月，县政府同意选冶厂在铜鼓乡幸福村6组江洞峡征用土地3.1亩（其中荒地0.6亩）建厂，注册资金65万元。经营性质：联营所有制；经营范围：主营铝、锌、锑矿采选冶炼，兼营非金属产品；经营方式：冶炼、采选、销售。10月，成立酉阳土家族苗族自治县金属材料回收公司，为独立核算、自负盈亏、照章纳税的县属国有企业。该公司与机电公司为一套班子，两块牌子。主要经营报废更新汽车的回收和基本建设单位及生产企业生产的废金属材料的回收。金属公司在酉酬成立物资供应站。1995年，县政府利用省留异地开发资金，在重庆渝中区设立金虹物业公司。

1998年，根据县委、县政府《关于公有制企业产权改革的意见》《关于推进公有制企业产权改革的具体实施方案》，对县物资局所属的生产资料服务公司、金属建材公司、机电化工公司因经营管理不善，资不抵债，于1998年2月向物资局申请破产还债。物资局于2月17日向县政府请示，县政府于2月20日分别批复同意3个公司破产还债，并由县人民法院实施。6月2日，酉阳物资局正式改制成民爆公司，两块牌子，一套班子。选举董事会成员5名，监事会成员3名。内部机构设置：董事长、副董事长、总经理、副总经理，下设财务、办公室以及后勤、保卫、门卫、保管、驾驶等岗位。后来民爆公司只剩下一个

"空壳"，由县经贸委代管。9月，县人民法院民事裁定，3家公司的破产还债程序终结，凡未得到清偿的债权，不再清偿，此为终审裁定。1999年2月9日，县体改办批复："同意你局所属公司依法实施破产后，进行资产重组。"将局机关（物资总公司）和三公司改制组建酉阳县物资有限责任公司，下设"金属回收""轻化"两个分公司。6月，经工商行政管理局核准注册。经营范围：生产资料、有色金属、金属建材、汽车（含小汽车）、汽车配件、橡胶、机电产品、废旧汽车、金属回收、建筑材料、化工产品等。

1988—1993年，县物资局对所属3个企业实行了一、二年承包责任制。1988—1994年，每年的购销额l000万元以上；特别是1994年购进总额达5835万元，是1986年的14倍，销售总额达到7088万元，是1986年的15倍。从1995年起购销额开始下降，年购进和销售均在500万元—600万元。1986—2000年，全局系统完成购进总额为1.8873亿元，销售完成2.1828亿元，实现利润为116.6万元，上缴税金242.2万元。

酉阳物资经营的品种，大部分属国家计划管理物资。经营范围及品种有建材、金属制品、化工、炸药、玻璃、油漆、电机设备、汽车类、布电线、工业轴承、变压器、铜芯线、电磁线、水泥等类若干品产品。

在物资管理上，1989年9月，县物资局根据省物资局《在廉政建设中加强指令性物资管理的规定》和地区行署《关于切实加强钢材管理的通知》精神，对指令性物资计划管理提出了具体管理办法。

在价格管理上，1988年8月，四川省物价局、省冶金工业厅《关于调整我省地方钢铁产品价格的通知》，对全省的钢铁产品一律由部、省定价，对民用爆破器材产品出产价格报请国家物价局批准，作为国家统一定价的产品出产价格。县物资局据此《通知》精神具体实施执行。在质量管理上，1992年，按物资部《关于进一步加强物资部门质量工作的通知》，县物资局建立和健全了质量保证服务体系。对质量问题严重的单位或部门，给予"黄牌警告"，定期整改、吊销执照、追究刑事责任。对在质量工作中做出优异成绩的单位和个人给予表彰和奖励。

第二节　对外贸易

酉阳的对外贸易，是指酉阳县同其他国家或地区进行的商品、资金、技术、劳动力等的交换活动，包括商品出口、商品进口、利用外资、引进技术、对外经济技术合作以及劳务出口等。

1981年，酉阳县成立对外贸易局。1992年，黔江地区把对外贸易业务下放到县，归县商业局管理。酉阳对外贸易局成立后，逐渐扩大对外贸易业务范围，利用境内的丰富资源，收购出口产品，共计经营农副产品、矿产品等12类64个品种，即茶叶类5个品种、土产类8个品种、香料油类7个品种、畜产品类17个品种、中药类8个品种、医保类7个品种、粮油食品类4个品种、五金矿产类3个品种、手工艺类3个品种以及化工类、蚕丝、土特产各1个品种。

20世纪80年代中期至90年代初，对外贸易经营出口的产品主要以红碎茶、猪鬃、肠衣、皮张、水银、朱砂、香料油等为重点，兼营中药材、土特产及其他商品。1986—1991年，共外调出口红碎茶、细茶等1345.9吨，猪鬃735.5箱、肠衣39.3万根、各种皮张69731张、羽毛24366公斤，水银、朱砂80.3吨，山苍、吉草、扁柏、黄樟、巴岩香等7种香料油18.2万公斤，以及少量的中药材、土特商品等。外贸局经营共计收购总值为1390.8万元。1998—2000年调出总额为1375万元，销售总额1279.7万元。

县外贸局从1991年起，在体制改革过程中因内部机构不断调整，人员变动较大，国有资产相对流失，造成企业亏损。1994—1996年，3年销售额173万元，亏损达105.77万元。1996年年底，对外贸局实行局长招标，考核录用。新任局长与重庆汉斯、安海进出口公司签订合同，利用酉阳外贸局具有出口资格的条件，进行租赁经营，并在县内组织收购出口商品，由汉斯、安海进出口公司调运商品出口。1997—2000年，商品出口创汇771.1万美元。尽管酉阳外贸局没有得到多少实惠，但为全县的农副土特产品、矿产品的出口打开了对外贸易的渠道。

2001年，县级机构改革，县外贸局划入酉阳县经济贸易委员会序列。全县出口创汇从2000年的100多万元增加到2001年的4300多万美元，列重庆市同类区县的前茅。建立了对外贸易管理体制，并逐步完善，已步入稳步发展阶段，2002年的出口创汇超过4000多万美元。

2003年，加大招商引资力度，引进了天雄锰业有限公司、重庆矿产品有限公司、业成铁合金厂等一批冶金企业，增强了经济总量。全年出口创汇6320万美元，比上年增加2320万元，增长幅度为37%。天雄锰业有限公司直接出口创汇100多万美元，实现直接出口零的突破。同时，重庆华武制药厂、重庆汉鑫矿产品有限公司、酉阳天一魔芋有限公司也办理了产品自营直接出口权。

2005年，天雄锰业有限公司的产品出口创汇达14362万美元，是2000年的143倍。帮助全县最大的出口企业——汉斯·安海进出口公司酉阳分公司办理了出口退税，涉及金额达8000多万元人民币。为酉阳天一魔芋有限责任公司申报了农产品出口基地建设项目。成功引进香港金诺实业有限公司资金2700万元，收购了天雄锰业45%的股权，资金到位，完成了股权变更。帮助汉鑫矿产品进行产品ISO 9000质量认证。

第十一篇

旅　　游

LV YOU

第一章 旅游开发

第一节 旅游资源

酉阳旅游资源总量丰富，类型多样；导向性资源突出，品位一流，资源组合好。全县旅游资源，呈现出“红”“绿”“古”“水”“洞”“舞”等几大特色。

“红” 境内的南腰界是中国工农红军第三军贺龙、关向应等创建的革命根据地，也是红二、六军团会师庆祝大会之地；龙潭镇是赵世炎革命烈士、瞿秋白夫人王剑虹的故乡，以及刘邓大军挺进西南途经酉阳等一系列革命活动，其所留下的遗迹，是发展“红色”旅游的重要资源。

“绿” 境内是重庆市生态环境保持较好的一片净土。自然植被保存较为完好，绿化率和森林覆盖率较高。特别是大坂营原始森林，是旅游探奇的好地方。长期以来，全县基本没有工业污染，发展旅游的“绿色”大环境条件较为优越。

“古” 境内是土家族、苗族聚居地，具有800年建州、600多年土官、土司制的历史，人文历史深厚，民族文化源远流长。民风民俗、民居建筑、餐饮服务等方面都具有“古”“土”特色。龚滩、龙潭、后溪已列入市级历史文化古镇名录，尤其是龙潭、龚滩为重庆市重点保护古镇。土家族、苗族服饰、特色餐饮、民族风情颇具地域特色，是地域文化的典型代表。

“水” 境内水景资源相当丰富，有喊水泉、间隙喷泉、马蹄泉、飞白树根泉等泉景资源；有犀牛潭、江西潭、潜鱼潭、神仙潭、长潭等潭景资源；湖泊水库有大河口水库、映霞湖、美池、山黛沟、水帘洞等资源。尤其是乌江、阿蓬江、酉水河三大风景河流资源更具开发潜力。

“洞” 境内为喀斯特熔岩发育地区，因而地下溶洞遍布，洞穴景观奇特，是溶洞的王国。主要洞穴景观有大酉洞、二酉洞、板溪溶洞群、三十七洞天等。正在开发的有大酉洞，相传是晋代大诗人陶渊明笔下《桃花源记》的原型，其交通方便，远近闻名。特别是桃花源境内的地下溶洞，洞深莫测，景致最佳，受到中外游客的好评。

“舞” 境内是土家族、苗族等少数民族聚居地，人人能歌善舞，尤以土家摆手舞见长。2001年国庆节期间，全国人大常委会委员长李鹏偕夫人朱琳在桃花源广场与乡亲们欢跳摆手舞，并亲笔题写：“酉阳：土家摆手舞之乡。”2002年5月，经文化部批准命名为“中国民间艺术（摆手舞）之乡”。

第二节 旅游规划

1998年6月，成立酉阳自治县旅游局，对全县旅游事业实施统一管理。按照县委、县政府“文化立县、旅游兴县”的发展战略，确立了“一年起步、五年变热、八年成支柱”的产业发展思路，制定全县旅游开发建设战略。

本着实现全县旅游可持续发展，按照以自然生态、旅游文化、体验旅游为主体，以度假休闲为方向，以专项旅游功能为开发取向，形成以“人间仙境”为主题形象、以“世外桃源”和“摆手舞之乡”为辅助形象的丰富多彩的旅游产业体系，逐渐把酉阳建成集自然风光、民族风情和历史文化于一体的旅游大县。

总体布局原则

县委、县政府对全县旅游业布局的基本原则是优化旅游空间地域结构和增强区域旅游整体实力。并对全县旅游可持续发展作了系统分析，确立战略目标，其总体空间格局为：“一个中心，两条主线，三个节点，五大特色旅游区”的“1235”格局。“一个中心”是指桃花源民俗旅游及县城综合接待中心，包括以县城和桃花源景区为中心，北起小坝，南抵板溪，东达官仓坝，西至玉柱峰的区域。“两条主线”是指东起龙潭古镇，北至阿蓬江峡谷景区的全长60公里的旅游线和龚滩阿蓬江漂流景区至万木的乌江画廊黄金旅游线。“三个节点”是将龚滩、龙潭、后溪三个镇建设成为旅游接待镇，成为全县旅游网络体系的节点。“五大特色”旅游区是桃花源民俗体验旅游区、乌江百里画廊旅游区、酉水河观光旅游区、大坂营原始森林生态旅游区、南腰界红色旅游区。

一个中心

塑造旅游城市整体形象 开发的关键是民俗氛围的营造。在内容上应挖掘展示酉阳本土文化即土家文化，突出地方旅游个性特色，并与形式融为一体，塑造出格调清新的“中国土家摆手舞之乡”的民俗旅游城市形象。

开发桃花源景区 主要突出原始、古朴，既要营造出“世外桃源”的意境，又要配套适应现代旅游需求项目，让历史与现实在桃花源景区完美结合。

开发森林区 恢复“二酉藏书”“酉阳教案遗址”、霞峰寺（在玉柱峰上形成暮鼓晨钟景观）、板溪溶洞群等科考猎奇旅游项目，营造万亩桃花山，十里桃花溪，形成大桃源氛围。

龙潭古镇的保护与开发。

五大特色旅游区

桃花源民俗体验旅游区 以酉阳县城为中心，桃花源民俗体验旅游、龙潭古镇文化旅游和板溪溶洞科考探险旅游为主体，以区内其他景点为延伸，共同构成以人文景观为主要特色的旅游开发区域。

乌江百里画廊旅游区 以乌江画廊观光旅游景区为主体，龚滩古镇度假休闲旅游景区为结点，阿蓬江漂流探险、科考，长溪沟、山黛沟休闲旅游景区为支撑，共同构成“乌江文化之源”为主要特色的旅游开发区域。

酉水河观光旅游区 以酉水风光为主体，三㟖山、十里长潭自然风光和后溪古镇为延伸，共同构成以秀丽的“小桂林”山水风光为形，“土家摇篮”为神韵的特色旅游开发区域。

南腰界革命教育红色旅游区 以红三军司令部旧址、南腰界区苏维埃成立大会旧址、大坝场战斗旧址、红军《十大政纲》旧址等30多处革命遗址为基础，以实物、图片、资料、浮雕等形式再现红军革命的史实、思想和精神，配套社团活动、旅游活动的基础设施和接待设施，建设成以青少年学生为主要客源的革命传统、革命史学教育旅游基地。

大坂营原始森林生态旅游区 以大坂营原始森林和大面积的高山天然草场等自然景观为主体，面向国内旅游市场，以观光旅游、生态旅游为主要产业的生态旅游开发区。

旅游线路规划

近期开发 主要开发“县城—桃花源—龙潭古镇”“酉阳—龚滩—万木—清泉廊桥”“酉阳—阿蓬江—龚滩”“县城—桃花源—阿蓬江—龚滩—万木—桃花源（环线）”等四条线路。

中远期开发 主要开发“县城—桃花源—酉水河”“县城—桃花源—板溪溶洞”“县城—大坂营原始森林”“县城—南腰界革命根据地”等线路。

区域旅游协作线路 近期主要开发“重庆主城区—涪陵—武隆—彭水—龚滩—酉阳”“重庆主城区—涪陵—武隆—彭水—黔江—酉阳”“重庆主城区—武隆—彭水—龚滩—酉阳—龙潭—张家界”3条线路；中远期开发“长江三峡—石柱—黔江—酉阳—张家界”“长江三峡—石柱—彭水—龚滩—酉阳—张家界”“黔西南、湘西地区—黔江—酉阳”和“梵净山—酉阳”“黔西北、湘西南地区—酉阳—龙潭—大酉洞”“桃花源—黔江—石柱—长江三峡”等线路。

旅游商品规划

旅游食品系列 开发宜居茶、金樱子酒、桃源牛肉柴块、老牛肉干系列、摇铃御酒、西兰卡普、土家油茶汤、天一魔芋、龚滩香菌、苦荞酒、苦荞茶等绿色食品系列，以及椿芽、薇菜、香菇、野菜等。

工艺美术系列 开发吊脚楼工艺品、武陵花卉、土家织锦西兰卡普、土家布鞋、苗族雕刻、竹编、古生物化石工艺品、藤编、柚子龟等。

饮料系列 开发猕猴桃、桃花源矿泉水等产品。

纪念品系列 开发旅游指南、纪念币、纪念戳等产品。

武陵药品系列 开发青蒿、银花、白术、杜仲、天麻等。

旅游饭店规划

新建或改建一般宾馆4家、二星级2家、三星级1家，床位达到560张。

旅行社规划

近中期（2002—2010年），健全和完善全县现有旅行社的组织机构及其设施，对工作人员进行再培训和再教育，公开招聘一批专业知识丰富的人才，使其工作人员达到60人。

第三节 景区景点

桃花源 桃花源紧挨县城，交通便利，东去张家界300余公里，南去梵净山200余公里。桃花源分古桃源区、新桃源区和森林区3部分。古桃源区以“桃花源”为核心，依陶渊明的《桃花源记》整理而成，桃涧流红、石鸣钟鼓、飞泉洒玉、龟鹤遐龄、良田阡陌、石室藏书、潜村、拙村、秦人栈道、卧睡大石鱼等是其主要景点。新桃源区有一碗水、山花园、彭西古道、映霞湖、碑林、云山阁等主要景点，以及一系列游乐、文化艺术设施；森林区有3000平方米的金银山风景林。已启动玉柱峰霞峰寺建设，力图恢复“晨钟暮鼓”景观。

龙潭古镇 龙潭古镇是2005年9月由建设部、国家文物局发文公布确认的第二批中国历史文化名镇。龙潭位于国道319线，渝怀铁路穿镇而过。古镇规模较大，保存完好。清乾隆三年（1738年），由于“梅树龙潭”遭受火灾，镇里政治、经济、文化中心便迁至梅树下段的龙潭河畔，废梅树叫“龙潭”。现存石板街长约2.5公里，有形态各异，独具地方特色的吊脚楼50多座，有150余堵别具一格的封火墙，有万寿宫（豫章公所）、王家大院等古朴幽静的四合院200多座。当时设计建成的下水道沿用至今，是国内保存完好且颇具规模的明清建筑群，具有较高的考古价值和参观价值。这里同时是革命先驱赵世炎、同盟会会员王勃山、原北京市委第二书记刘仁、瞿秋白夫人王剑虹的故乡，名人故居完好。2004年“五一”节，万寿宫正式向游客开放，新增11家老字号开张，为龙潭古镇的保护开发起好了步、开好了头。

龚滩古镇 龚滩古镇是重庆市第一古镇，位于县城西部阿蓬江与乌江交汇处。龚滩取名有多种说法：一说龚滩原名龚湍，因乌江水飞流湍急而得名，后因万历年间山洪暴发，凤凰山滑坡堵塞乌江成滩而易名龚滩。二说当年龚姓住此者多，故名龚滩。三说很久前一支共氏首领在此避难、隐姓埋名，改“共”为“龚”，龚氏居住江滩旁，故称龚滩。

龚滩历史悠久，民族文化源远流长。依山傍水的民居幽雅别致，用杉木长柱或硬杂木将屋架托起，排列相对齐整。全系木结构的吊脚楼，木屋悬空而吊，或凿石为基，或垒石为础，长长的柱头或撑乱石，或绕古树，高低错落，井然有序。穿斗结构的柱间板壁可开门，可成窗，临江一面的万字格花窗更是匠心独运，花样百出，既可观景，又可晾晒。吊脚楼立于悬崖峭壁之上，初来者心惊胆战。那望江楼上的卧室、茶楼，亭台翘角的绣花楼、揽月楼、织女楼等等，集雄、奇、险、秀、幽于一体，屹立在“乌江画廊”之上，好似艺术群雕。为我国古建筑史上的珍品，是渝东南民居建筑艺术的活化石。

龚滩古镇上的石板街长1.5公里，宽3米，由石板铺就，起伏不平，蜿蜒崎岖。街上的古庙、会馆、河下八景、对岸八景、周边八景和一沟十八桥让人流连忘返，清代诗人孙竹雅在乌江悬崖上书写的“惊涛拍岸”四字。龚滩古镇已被评为国家AA级旅游区。因修彭水电站而淹没的古镇于2005年后整体搬迁复建。

乌江百里画廊 乌江，位于县城西南边境，发源于贵州省威中县，自思南、沿河进入酉阳万木乡，经彭水、武隆、涪陵汇入长江，全长1070公里。乌江百里画廊包括阿蓬江漂流景区、龚滩古镇至万木乌江段。乌江酉阳段全长60公里，是千里乌江画廊的精华。境内的龚滩峡、土坨子峡、白芨峡、荔枝峡、斧劈峡，号称“乌江五峡”，以奇峰、怪石、秀水、险滩、古镇、廊桥、纤道、悬棺为其特色。阿蓬江至乌江的漂流，是市级风景名胜区。

酉水河风光 位于酉阳东部，包括酉水河风光、沿河古镇以及穿插其中的民族风情。酉水河素有“小桂林”之称，沿河山朗水明、空气清爽、山势缠绵、山体曲线圆润，流经河水滩潭相间，形成动静结合的水景。后溪古镇到长潭可以看摆手堂，感受土家文化，品尝酉水河风味独特的酿豆腐、油茶汤。可以看阳戏，唱木叶情歌，男女对歌，还可以购买香菌、薇菜、野生水果、棕扇、竹编、木雕等土特产品。正在维修后溪古镇祠堂，改建酉牡二级公路，将助推旅游业发展。

大坂营原始森林 位于县城东北部，最高峰1895米，山上有900多公顷的原始森林，古木参天，四季葱郁，是夏日度假、休闲和探险的好去处。境内主要为天然针叶阔叶混交林，有木兰、香樟、锥栗、梼树、绿叶石栎、栱桐等珍贵树种和野生天麻、黄连、杜仲、银花等天然珍贵药材。同时，还是山鸡、小灵猫、云豹等国家二级保护动物的栖身之地。林内的冷泉、热泉四季流淌，是科考探险旅游之地。

三黛沟 位于县城东南部8公里，是板溪乡和龙潭镇交界处，国道319线穿沟而过，渝怀铁路临近7公里，是渝东南美景之一。这里溪水碧绿，山色奇秀，树木成荫，繁花似锦。特别是响水洞、九龙眼的大小瀑布成群，　水帘洞水花五光十色，翻腾的水珠像银龙般流下山脚，有的瀑布被截成三节或两节，有的浪花涌向山边，形成三黛沟水的“花花世界”。山高入云，古树林立，巴尔盖、没水盖像擎天玉柱，黑龙洞、猫山洞、洞深莫测、怪石玲珑，洞中石钟乳形成的大佛观音惟妙惟肖，是渝、黔、湘、鄂边区人民祈求风调雨顺，人富平安之地。特别是一座坝高51米、宽8米、总容量1002万立方米的龙潭水库，风景幽美，水天一色，成为人们度假休闲的好去处

南腰界革命根据地 南腰界是渝黔5县（酉阳、秀山、沿河、松桃、印江）的接合部。民国二十三年（1934年）6月至10月，贺龙、关向应等同志率领红三军来到南腰界，以此为中心创建黔东特区，并建立南腰界区苏维埃以及下属南腰界、唐家溪、龙池、大坪盖等4个乡苏维埃政权。现存红三军司令部旧址、《中国共产党十大政纲》遗迹、大坝场战斗遗址、红二、六军团会师庆祝大会会址，以及红军大学、红军医院旧址等革命遗址，成为人们缅怀先烈，接受革命传统教育的地方。

全国爱国主义教育示范基地——赵世炎故居 位于县城东部的龙潭古镇。该建筑为清代砖木结构四合院，布局完整，素雅庄严，建筑面积712平方米，占地1605平方米，共计木房32间。朝门向东，正屋是南北向。院内前后两个天井，周围房屋小巧雅致。过厅东一间是“我们党早期的杰出的无产阶级革命家、著名的工人运动领袖”赵世炎少年时的卧室，东墙边是书房。民国四年（1915年）赵世炎离家去北京，开始了他的革命生涯。赵世炎故居是全国重点文物保护单位和全国爱国主义教育示范基地。1982年11月，邓小平手书“赵世炎同志故居”7个大字，高悬朝门之上，光耀夺目。

第四节 宣传营销

报刊、电视新闻媒介的宣传 从20世纪90年代末到2005年，全县在《人民日报·海外版》、新华社、中央电视台、“台湾《中央日报》”及《重庆日报》《湖南日报》《旅游》《中外名牌》等近百家媒体上对大酉洞“桃花源”、巴渝文化古镇龚滩、龙潭、乌江画廊、酉水河、阿蓬江、大坂营等进行专项报道，提高了旅游景点的知名度。

导 游 旅游业是通过旅游服务去满足和实现旅游者需求的产业，导游服务质量的优劣，直接关系到旅游业发展水平的高低和进程的快慢。酉阳景点的导游树立和强化服务取胜的意识，建立学习、培养和完善酉阳旅游服务体系，提高旅游、导游人员对旅游者服务的质量和增强其服务的艺术性，对旅游企业、国民经济的服务。

导游是旅游业的多面手，是景点介绍的主持人，要有一定知识水平和宣讲能力（普通话），将解说词有序、有理、有情地介绍给旅游者，这对发展旅游事业，是最重要的一环。故此，景点的地理位置、地质地貌、气候条件、动植物资源的旅游自然环境和历史文化、民风民俗、建筑艺术等旅游人文环境，要学得好、记得熟。同时，也要对景区旅游的定时、定路、安全和旅游区旅游产品的销售、餐饮、娱乐、环保等项目，对旅游者进行宣传、解释工作。

第二章　旅游业服务

第一节　服务体系

为健全和完善酉阳现有旅行社的组织机构及其设施，对现有工作人员进行再培训和再教育，公开招聘一批专业知识丰富的人才，使其工作人员能满足海内外旅游者的需要。至2005年年底，各类旅游人才的需求约525人，其中决策管理型人才有12人，占全部旅游从业人员的2%，专门技术和部门负责人64人，占全部旅游从业人员的11%。在旅游服务上，可代办出国旅游，组团本地市民外出旅游，企事业单位开展业务考察、召开商务会议、组织学生夏令营等旅游活动。同时，还配置有卫生保健医生、导游人员等服务人员，根据需要实施服务。

酉阳旅行社隶属县旅游局，成立于2000年3月20日，是经国家旅游局核定注册（编号CG1156号）的合法经营资格的旅行社。它的成立标志着酉阳旅游事业和旅游活动功能的日趋完善。旅行社设经理、会计、出纳、门卫、门销（票、书）、导游、解说等员工。在全体员工的精诚团结和密切配合下，经过几年的努力，旅行社经营业务不断发展。与全国各地最具实力最重信誉的旅行社，建立了良好的协作伙伴关系。优化旅游线路，开辟国内旅游市场，代办出国旅游业务，组织本地市民外出旅游，休闲度假和企事业单位业务考察、商务会议、学生夏令营等旅游活动。同时，旅行社在宣传酉阳旅游资源，宣传景区景点，接待旅游业务中，积极引进团队到酉阳体验民族风情、感受民族文化，游览山水风光，吸引不少外地团队和游客来酉阳摄影、绘画写生。

酉阳旅行社还开展旅游咨询、代订票务、联系食宿等中介业务。

第二节　宾馆旅社

酉阳宾馆的建设是为城市的发展和人民生活水平的提高而制定规划的。县政府对县城南北两个方向规划为：城北为商业、政治文化区；城南为工业区。宾馆建设要服务于嘉宾，满足于商贾的办事方便，就必须气势要恢宏，配置要优化，物质与人文要结合，特别是境内国道319线的硬化、渝怀铁路的贯通，商家的云集，台胞探亲，给全县经济建设带来难得的发展机遇。据2005年年底民测统计，全县旅店（所）有近千家。其建筑有撮箕口和四合院等古香古色民房，也有水泥、钢筋结构现代化的楼房，店、所内有鲜花草坪、绿树廊架、假山游鱼，还有亭台楼榭、休闲桌椅，更有背景音乐、喷泉等设施。卧室有防盗门、塑钢窗、开敞式阳台，室内闭路电视、宽带网线、浴室以及茶楼、餐饮、休闲娱乐等项目齐全，价格便宜，经济实惠。

金汇宾馆 三星级的金汇宾馆，地处县城黄金地段的闹市中心，占地面积2833.1平方米，建筑面积10515.8平方米，是由东、西、南、北楼组成的富有民族特色的四合院。在建筑风格上，既体现了土家苗寨吊脚楼的神韵，又展示了现代建筑艺术的独具匠心。宾馆内设有商务中心、餐饮、住宿、茶楼、花园、娱乐厅、会议室等，并提供出租、查询等服务，形成了一整套功能齐全、设施完善的服务体系。中央空调贯通全宾馆，电梯、厨房设备、冷热水供应均由电动控制。客房部2000年荣获重庆市首次旅游行业“青年文明号”殊荣。有豪华套房、标准间、三人间等各种档次185套，能满足不同层次客人的消费需要；各房间内均安装有空调和自动消防设施，使您冬暖夏凉；安全保证24小时有线电视及国际国内直拨电话。宾馆还随时为旅客提供休闲娱乐及洗衣、咨询、送餐、租借、留言和打字、复印、传真、购物、网上查询等服务。下榻金汇宾馆，会使您有一种温馨如家的感觉。宾馆的餐饮分宴席大厅和豪华雅间，装饰各有千秋，能同时接纳400人左右用餐。厨房由多名特级厨师主厨，常备有异乡风味，各地名特小吃，中西餐独特，美味佳肴使您流连忘返。大小会议厅装饰格调高雅，设备齐全，是会议、商务洽谈的理想场所。宾馆楼顶的茶楼与花园相挟成趣，装饰别具一格，茶具精良，常备有牡丹绣球、银玉环、君山银针、人参乌龙等上百种中国名茶。花园内培植有名花异草，珍贵的观赏植物等50多个品种，一年四季绿树成荫，繁花似锦，花香沁人。休闲时身坐茶楼品茗赏花，远眺起伏的群山，近观酉城美景，令人心旷神怡。

友良宾馆 位于县城中心黄金地带，是接待外宾、华侨、港澳台同胞的二星级宾馆、重庆市旅游定点单位。宾馆由东楼、西楼、北楼三部分组成，装饰典雅别致，设备一流，环境幽雅舒适，配有冷暖空调。客房部曾荣获重庆市旅游行业“青年文明号”殊荣，拥有高、中、低档客房92间（套），床位共218张；餐饮部备有当地各种名特风味食品以及风格各异的大小餐厅、雅座、雅间，可同时容纳400人就餐；综合服务部将承接洗涤、停车、小卖部等业务，同时还设有400余人的会议大厅和两个中小会议厅。友良宾馆功能齐全，有先进的管理，高雅的格调，优质的服务，能满足各种层次的需求。

酉洲酒店 坐落在县城桃花源街的酉洲酒店，是一个环境优美，集餐饮、住宿、会务、娱乐于一体的多功能宾馆。内设高、中、低档各种床位，设备优良、清洁卫生、整齐舒适、美观大方。特别是具有地方独特风味菜肴，营养丰富，鲜美可口，宾馆内的金海湾、八仙居、幽南香、梦酣阁、银花天、玉泉台、舞练红等餐厅，更使您进入了“世外桃源”的天地，潇洒、轻松、安静、愉快，加之各种美酒佳肴，都能在这里一饱口福，也让嘉宾们领略那土家苗寨的美妙风味。

将军楼招待所 为酉阳县人武部下属的一家军队服务性企业，地处县人武部临街，集餐饮、住宿、娱乐等多种服务于一体。客房部拥有各种档次的铺位100多张，闭路电视、冷暖空调、程控电话一应俱全。餐饮部可一次性容纳250人进餐，土家名厨主厨，其“土家油茶汤”“米兰脑花”“将军肉丝”“真假腊肉”等久负盛名。俱乐部设有歌厅、茶座、桑拿、美发等多种项目。

渝怀宾馆 位于酉阳县龙潭镇小南京街。共有床位50张，标准间17间，普通间14间。设施齐备，卫生清洁，优质的服务获得广大新老宾客的称赞。宾馆内设接待大厅、中餐厅、客房、卡拉OK厅、美容、浴室。服务周到，项目齐备。

龚滩宾馆 位于乌江与阿蓬江交汇处的龚滩古镇，隶属于酉阳县渝鑫粮油集团，是一座集住宿、餐饮、娱乐、会议、旅游等多功能服务为一体的现代化二星级旅游宾馆，集现代化都市建筑与民族风格于一体的综合性服务场所，装饰典雅别致，设备设施一流，环境幽雅舒适，各部配有冷暖空调，高、中、低档客房56套，共108张床位，有风格各异的大小餐厅和雅间，可同时容纳120余人就餐。

向阳旅社　位于县城南部李溪镇，共有床位近100张，设施齐全，冷暖电器、浴室等配套适宜，餐饮味道可口，舞厅幽雅舒适，是集经商、旅游、娱乐于一体的服务旅社。

德和餐馆　坐落在县城西部的龚滩古镇的乌江边。这里山清水秀，环境优美，集餐饮、住宿、娱乐于一体的综合旅社，内设高、中、低档床位，清洁卫生，整齐舒适，美观大方。特别具有龚滩古镇的地方独特风味菜肴，餐饮类有：乌江鱼（黄腊丁）煮豆腐，香菌猪脚，嫩脆可口的豆花饭，清炖红苕粉鸡，老腊肉炖干豇豆，更使你留念的传统手工做的酥食、麻饼、米花、猪油醪糟等可口小吃。同时，卧室优美，清洁卫生，服务周到，接待热情，受到旅客们的好评。

第三节　餐饮业

从20世纪80年代起，全县餐饮业逐渐兴起。至2005年，共计1000多个品种，取其精料，制作精巧，有味道鲜美及酸辣、焦麻、鲜香、脆嫩和原汁原味、浓淡分明的风味特点，博得顾客的赞誉。

在全县餐饮业的历史上，共分以下若干类若干品种；

冷菜类有卤鸡、卤鸭、卤肠、牛肉干巴、冻鱼、卤豆腐干等；

猪肉类有酉阳肉丝、花生肉丁、扣肉、排骨、酱爆肉片、腊肉、软炸腰花、红白肚尖等；

牛、羊肉类有锅贴牛肉、粉蒸牛肉、焦酥羊肉、酸辣羊蹄花、家常羊肉等；

鸡类有麻辣子鸡、雪花鸡片、纸包鸡丁、双味鸡丝等；

鸭类有香酥肥鸭、柴把肥鸭、葵花鸭片等；

鱼类有酸菜鱼、白汁鱼饼、糖醋鱼等；

豆腐类有麻辣豆腐、家常豆腐、油炸豆腐、酿豆腐、血豆腐等；

蛋品类有炒荷包蛋、三鲜蛋卷等；

蔬菜类有风尾莴笋、板栗烧白菜心、煎焖苦瓜、虾蛋烧茄子等；

甜品类有冰糖银耳、拔丝洋芋、八宝饭等；

点心类有刷把头、荞粑、汤圆、马打滚、气气糕、蛋糕、花卷、饼子等。

酉阳人除以大米、苞谷为主食外，以黄豆、红苕、洋芋、小麦、大麦、荞子等为辅。蕨根、摘耳根、斑鸠尖等野生资源，为人们的饮食提供了风格独具的美味佳肴。

主要特色食品有：油茶汤、荞面条、连渣闹、社饭、酿豆腐、酉阳肉丝、土家拔丝、血豆腐、蕨粑、金银饭、腊肉、柴块牛肉、羊肉、摇铃御酒、苦荞酒、桃源刨汤。由于特色食品香鲜味美，营养丰富，兼之蒸、煨、煎、烧腊等方法，店家师傅们在原料的调配、烹调时间的火候、味道的咸淡上，要求嫩、滑、柔、软、香、脆、松、酥等特点。一些重点店家，一般是祖传工艺，但有些是与现代烹调技术相互结合的，主要分布及重点店家是：

小吃类的油茶汤、荞面条，主要集中在大溪、五福、后溪等地的饭店与农家；

糖食类的气气糕、马打滚、蛋糕等，主要集中在龙潭街上谢家斋铺和小食店；

饮食业的连渣闹、社饭、酿豆腐等，主要集中在县城西山沟饭馆以及农村乡镇餐馆；

肉类的酉阳肉丝、土家拔丝，在车站餐馆一级厨师冉景洪处（北京《中国食品》作过介绍）；

桃源刨汤（刚宰杀毛猪的心、肝、肺、肾等内脏做成汤），在县城北桃源大道；

土家摆手鱼，在县城北桃源大道；

饮食业的金银饭、蕨粑炒腊肉，主要集中在山黛沟旅游景点和小坝农场；

肉类的牛肉柴块（包括羊肉），在明祥食品厂有售；

酒类：“摇铃御酒”由酉阳摇铃御酒厂出品，“苦荞酒”由酉水河酒厂生产。

第四节 休闲娱乐

休闲 随着人民生活水平的提高，休闲成为人们建设和谐社会和小康生活必要因素。人们除游览旅游胜地之外，还可到农家乐的度假山庄品茶、下棋，青少年的夏令营，老年人的登高健身，避暑山庄的乘凉解闷，冬暖夏凉的溶洞野餐等，以不同形式休闲养身。

全县休闲资源得天独厚，如桃花源的桃源洞乘凉，山黛沟水帘洞的廊桥观奇，龙潭古镇的品茶，龚滩古镇的石板街餐饮，钟多镇小坝农家乐的点歌情节，乌江、酉水河乘船漫游观景，玉柱峰下的朝山拜佛都是人们休闲的好去处。

娱乐 娱乐是人们在工余后劳逸结合的一种生活方式。县级有关部门举办的节日文艺演出，宾馆的常年舞会，租碟门市的出租碟片，“摆手舞”“山歌”“民歌”文艺比赛，以及各单位举办的篮球、乒乓、围棋、象棋、足球等体育比赛，都给人们带来欢乐。尤以在桃花源广场和其他院坝、草地上，男女老少跳着那气势磅礴的摆手舞，既增强人们健身功能，也弘扬了民族文化。

美容 从20世纪80年代中期，美容行业就遍及全县城乡。特别是女士们，美容洗面、修面、纹眼线、纹眉毛、纹唇线、接睫毛以及新娘化妆的美容师们都有较深的功底，技术十分精湛。美容的项目有洗剪吹、中式干洗、泰式洗头、烫短发、焗纸烫、水品烫、喇叭烫、数码烫、三重护染烫、微电脑陶瓷波浪、灵感烫、三角烫、螺丝烫、基因烫等。从事美容的店有名剪店、雪丽美容院等。

保健 科学养身是延年益寿的法宝。重庆珍奥健康服务中心在酉阳开展珍奥健康科普系列活动，为全县人民开辟了一条走近健康、步入幸福的道路。中心还派保健专家在酉阳作了“养生保健讲座”，使人们对保健知识有了进一步了解，提高了科学保健的自觉性。

酉州商业城的大浪淘沙处和六合养生堂，有门类齐全的洗浴与按摩：浴足类有中药足浴、藏药足浴、牛奶足浴、水晶足浴、皇宫足浴；按摩类有中式按摩、泰式按摩、新式按摩、欧式按摩、马式按摩、越式按摩；沐浴类有藏药浴、泡泡浴、牛奶珍珠浴、藏药排毒浴、皇帝浴、盐浴、火罐；桑拿类有净桑、敲背、刮痧、冰包、搓背。

第十二篇

财税·金融·保险

CAISHUI JINRONG BAOXIAN

第一章　财　政

第一节　机　构

酉阳土家族苗族自治县财政局内设机构和下属机构以县域行政区划为转移，1986—2001年，县财政局内设行政办公室和预算、行财、农财、农税、工财、商财、监察、政工人事8个股，以及国资办公室和公费医疗办公室等职能股室；下设直辖财政所1个、区（镇）财政所12个和所属乡（镇）财政所81个。2001年全县行政区划调整，遂按撤并之后的实际情况设立39个乡（镇）财政所，并设立12个片区财政资金结算中心（事业机构）；县局内设机构则调整为1办8科2中心：局办公室；预算科、国库科、农财科、行财科、企财科、社保科、农税科、会计监督科；票管中心、采购中心。

第二节　财政体制

1986—1994年，全县实行的是“统收统支”的财税体制，税收收入全额上解，支出实行报账制管理。1994—1996年，为适应市场经济体制的要求，对原有税制进行全面改革，遵循统一税法、公平税负、简化税制、理顺分配关系，以促进财政收入合理增长为目的，实行“核定收支基数，比例上解”的第一轮分税制财政体制。根据业务开展成立区金库，负责乡镇税收报解核算，由县财政局和人民银行共同管理。

1996—1999年，为充分调动各级各部门发展经济、开辟财源、强化征管的积极性，达到确保上解、稳定县级、壮大乡镇的目的，实行“核定收支基数，分区分乡包干，统一支出标准，定额上解（补贴），超收三级分成，短收增支自负，金库垂直管理”的包干管理乡镇财政体制，明确划分县、区、乡（镇）税收范围，同时确定支出包干基数。

1999—2002年，为进一步加快全县乡镇实体财政建设步伐，规范财政管理、理顺分配关系、提高增收节支积极性，实现政权、财权、事权集中统一，达到按政策自我决策、自我约束、自我平衡、振兴区域经济的目的，实施“分税分级管理，取消上解补贴，各级自求平衡，预算内外统管，综合财政预算，超收全额留用，短收增支自筹，转移支付补助，金库垂直管理，硬化财政监督”的管理体制。这一轮体制对上一轮体制的各级税收收入范围和支出基数进一步划分明确，并确定中央“两税”收入基数，实行基数补助和超基数补助的税收返还政策。2005年，为进一步完善乡镇财政预算管理体制，合理分配县乡财力，促进乡镇财政发展，按照“制定分类理财政策，合理划分收支范围，严格核定收支基数，建立激励补助机制，推行资金集中管理”原则，实行新一轮乡镇财政体制。

第三节 财政收入

酉阳财政收入从1978年到1985年徘徊在400万元—500万元之间，税源少，结构单一，各项税收一般在400万元左右，而财政支出一般在1400万元—2000万元之间，呈上升趋势，属补贴型财政。

1986—1990年，全县财政收入处于复苏阶段，税源得以发展，本级财政收入逐年上升：1986年1055.17万元、1987年1004.86万元、1988年1542万元、1989年1756.66万元，1990年1805万元，比1985年的470万增长3.18倍。而财政支出水平也有所增加，尤其是支农支出明显，平均每年达276.4万元，其他各项支出也有较大的增加。

1991年，县本级财政收入2820万元，比上年度增长40%，其中工商税2493万元（烤烟产品税641万元，卷烟产品税800万元）；农牧业税374.5万元；企业收入负380.8万元。支出上用于支农支出324.2万元，比前5年平均数增加47.8万元，增长17.3%，其他各项事业费亦有较大的增长，不仅实现了收支平衡，而且消化了滚存赤字132.5万元。

1992年，实现本级财政收4039.8万元，比1985年增长8.6倍，比1990年增长1倍，比1991年增长43.2%。其中烤烟收入1612.7万元，卷烟收入850.2万元。这年不但收入增幅较大，支出得到有效控制，信守了与省财政签订的合同，而且实现了收支平衡，消化了历年滚存赤字。

1993年，县本级财政收入上升至7306.7万元，其中“两烟”4691万元（卷烟收入890万元，烤烟收入3801万元），占县本财政收入的64.2%。当年收支相抵后余11.7万元，滚存结余342.9万元。

由于基础脆弱，结构单一，财源不稳，1994—1995年“两烟”生产下降，导致本级财政收入急剧下降：1994年为2333万元，1995年为3267万元。同时由于刚性支出大幅度上升，支出增幅大大高于收入增幅，财政严重入不敷出，两年财政赤字反弹高达3200万元。县财政欠拨、欠补、欠还各种款项近1亿元。财政运行困难，已到了难以按时足额支付全县干部职工工资、难以保证全县各部门正常运行的境地。

1996年，以两烟为突破口，发展支柱财源，培植后续财源，改革乡财体制。烤烟生产创历史最高水平，产量突破30万担；烟厂通过引进资金，引进人才，当年入税1000万元。县本级财政收入实现4521万元，比1995年增长53%，可用财力有所增强，财政拮据状况有所缓解。但因刚性支出大，是年财政赤字仍有510万元。

1997年，努力建立从根本上改变财政困境状况的财源基础，完善改革，强化征管，抓住“生财”重点，始终把经济发展作为财政工作的重中之重，采取有效措施，积极组织收入入库，建立和完善国有资产管理监督营运体系，整顿财经纪律，规范财经秩序，本级财政收入回升到5483万元。

1998年，继续贯彻实施适度从紧的财政政策，突出财源基础建设，深化财税改革，完善财税管理，强化财政监督。本级财政收入4294万元（财政收入老口径达到8268万元）。

1999年，是酉阳历史上极其艰巨的一年，受国家宏观政策调整关闭酉阳烟厂和“6·28”特大洪灾影响，县域经济发展受到严峻考验，财政收入短收，支出猛增，财政运行艰难。在特殊困难形势下，努力增收节支，确保了调整预算的基本实现，本级财政收入4515万元（财政收入老口径达6566万元），财政滚存赤字6858万元。

2000年，针对全县上年度诸多因素造成的财政收入减少和税源枯竭的实际，组织财政收入，加强税收征管。全年共组织本级财政收入3917万元（老口径6619万元）。

2001年，财政工作紧紧围绕全县经济工作中心，以突出财源建设，加快财政发展，强化财政管理，完善财政改革，确保社会稳定为重点，推进产业结构调整，加快社会保障体系建设，整顿规范财经秩序，实现本级财政收入4895万元（老口径6619万元），财政收入连续几年下降的局面有所遏制。

2002年，全县财政实现财政预算收支“双增长”目标，实现本级财政收入5406万元（老口径7837万元），保证了国家出台的政策性增资全面兑现和全县干部、职工工资按月足额发放以及各项财政政策的落实。

2003年，全县财政工作加强财源建设，强化收入征管，加强财政支出管理，积极筹措资金保重点，深化各项财政改革，实现本级财政收入5915万元。

2004年，全县乡财政部门依法加强税收征管，积极配合收入征管部门，整顿税收秩序，增强法人公民的纳税意识，堵塞跑、冒、滴、漏，挖掘增收潜力，做到应收尽收。全县共收入5261万元。

2005年，全县财政工作认真摸清税源结构，层层分解目标任务，实行目标责任与资金调度挂钩，加大税收稽查力度，打击偷税漏税和抗税行为，规范税收征管秩序，强化收入进度预测分析，对重点税源实行监控，强化农业税，征收管理罚没收入和行政性收费。全年共组织财政收入14586万元，比2004年同期增加3373万元，完成中央财政收入5094万元，比2004年同期增加1467万元，完成地方财政收入8492万元，比2004年增加1906万元。

1986—2005年酉阳自治县财政收入情况表

表12－1　　　　单位：万元

年度	收入总计	税收收入小计	其中		企业收入	其中	其它收入
			其他工商税收入	农业税收入		企业所得税退税	
1986	1055.17	862.79	782.19	80.6	56.31	—	136.07
1987	1004.86	910.77	840.43	70.34	58.95	—	35.14
1988	1541.64	1477.64	1364.89	112.75	29.62	—	34.38
1989	1756.66	1797.56	1529.12	268.44	－145.34	—	104.44
1990	1805.66	1977.87	1651.01	326.86	－243.07	—	70.86
1991	3085.40	2867.40	2492.90	374.50	－368.90	—	586.90
1992	4039.80	4040.20	3571.40	468.80	－72.60	—	72.20
1993	7306.70	7144.80	6677.60	467.20	60.60	—	101.30
1994	2333.30	2095.30	941.30	1154.00	48.00	—	190.00
1995	3267.00	3114.00	1157.00	1957.00	44.00	—	109.00
1996	4521.00	4229.00	1397.00	2832.00	4.00	—	288.00
1997	5843.00	5002.00	1711.00	3291.00	－6.00	—	287.00
1998	4294.00	4129.00	1966.00	2163.00	－26.00	—	191.00
1999	4515.00	3811.00	1724.00	2087.00	－27.00	—	731.00

续表12－1

年度	收入总计	税收收入小计	其中		企业收入	其中	其它收入
			其他工商税收入	农业税收入		企业所得税退税	
2000	3917.00	3451.00	1796.00	1655.00	－15.00	—	481.00
2001	4895.00	3748.00	2115.00	1633.00	—	—	1147.00
2002	5406.00	4911.00	2379.00	2532.00	9.00	—	486.00
2003	5915.00	5131.00	2810.00	2321.00	9.00	—	775.00
2004	5261.00	4120.00	2134.00	1986.00	—	—	1141.00
2005	8492.00	6294.00	4511.00	1783.00	—	—	2198.00

注：此表数据来源县财政局档案

第四节　财政支出

1986—2005年，全县各项建设事业在国民经济“七五”“八五”“九五”“十五”4个五年计划的宏观调控下不断向前推进，县财政支出不断增长，反映了县域经济的发展。

“七五”期间（1986—1990年）财政支出15134.23万元；“八五”期间（1991—1995年）财政支出32852.5万元；“九五”期间（1996—2000年）财政支出87207万元；“十五”期间（2001—2005年）财政支出221342万元。

因自然和历史的原因，长期以来酉阳县域经济结构不合理，基础设施落后，经济发展缓慢严重制约着全县财政的发展。虽然财政收入不断有所增长，却跟不上财政支出的增长幅度，因而县财政只能按适度从紧的原则编制支出预算，严格支出安排顺序：保干部工资发放，特别是教师工资；支农支出适度增长；抚恤和社会救济及公检法办案经费；重视财力安排重点建设项目支出，坚决压缩设备购置和集团消费支出。随着情况变化，又把财政支出具体归纳为“八个确保”：确保工资全面兑现；确保社会保障资金的基本要求；确保重点项目的资金投入；确保农业、农林支出每年增加；确保文化科技、卫生事业计划的实施；确保农村义务教育落到实处；确保各级政府债务的重点消化。力求集中财力维护社会稳定和保障重点项目及解决改革中的主要问题。

酉阳财政的发展主要靠国家的扶持，从1986年起，国家把酉阳定为全国首批重点扶贫的老少边穷县之一。至2000年越温的15年间，全县获扶贫资金接近3亿元。重庆直辖后，对酉阳的扶持更大。直辖前，全县收不抵支的矛盾特别突出，每年的财政收入连工资发放都无法保证，抚恤救济保障的政策落实差，财政运转十分困难。直辖后，市财政逐年加大对酉阳的投入，各项财政补助截至2003年12月，累计达14.64亿元，主要体现在四个方面：一是在确保工资兑现方面，7年间市财政在调整工资转移支付补助和一般性转移支付补助政策上执行全市最高水平，增加工资转移支付补助累计达2.17亿元，一般转移支付补助达9744万元，体制补助5712万元，烟酒税返还及事业发展资金8471万元，使酉阳15000多干部职工工资得以按时足额发放，确保了1999年至2001年国家4次调资的政策落实和年终一次性奖金的兑现。二是帮助消化了工资欠账。多年财政收不抵支，使酉阳欠发工资较多，特别是1993年职工工资增资部分迟迟不能兑现。在市财政的帮助下，2002年、2003年酉阳将市财政专项调度的转移支付资金兑现欠发工资。三是确保了政权机构正常运转。截至2003年直辖后共下达酉阳部门专款7.9亿元。四是确保了建设项目实施。上级下达酉阳县重点建设项目资金7年累计达5.38亿元，实施了水利、交通、生态、能源等重点项目建设。

2004年，县财政加强向上争资工作力度，共争取到调度资金26867万元，国债资金8095万元，扶贫资金2916万元，支农社会保障等专项资金11946万元，同时回收债权资金84万元，征收政府调剂基金421万元。在财政支出上优化支出结构，严格执行部门预算，精打细算，力求效益，集中财力保基本支出，保重点建设和突出问题的解决，保证县城防洪工程、农林水利、扶贫开发、教育排危、天然林保护、乡镇危房改造等重点建设的需要。

2005年向上争取到调度资金31707万元，国债专项资金3689万元，扶贫资金3371万元，支农、社会保障等专项资金9439万元，征收政府调剂基金271万元。

1986—2005年酉阳财政支出情况表

表10－2　　单位：万元

年度	财政支出合计	基本建设支出	文科教卫事业费	行政管理费	企业挖改及科技三项费	支农支出	抚恤和社会福利救济费	其他支出
1986	2402.62	94.88	983.55	476.6	8.85	380.97	135.53	322.24
1987	2787.03	115.36	1059.39	582.55	52.03	465.64	170.33	341.73
1988	3137.78	92.45	1242.67	717.19	7.2	564.58	197	316.69
1989	3103.63	113.41	1392.04	764.51	33.12	319.87	155.07	325.61
1990	3703.17	85.34	1599.23	820.96	2.4	517.95	212.9	464.39
1991	4451.1	112	1677	1054.4	50.7	589	209.7	758.30
1992	5476.3	118	2079.2	1431.5	137.6	842.7	222	645.30
1993	7980.1	111.9	2274.8	1651	519.2	888	225.4	2309.80
1994	6751	88	2437	1512	318	974	215	1207.00
1995	8194	16	3133	1545	1516	1272	243	469.00
1996	10248	71	4604	2445	562	1162	353	1051.00
1997	14180	116	4545	2639	154	3032	382	3312.00
1998	17856	2340	4540	4840	169	3730	550	1687.00
1999	19711	2987	4585	3583	50	4833	787	2886.00
2000	24349	4371	7880	3422	77	3830	691	4078.00
2001	35010	11520	7575	7569	419	5111	988	1828.00
2002	39967	11110	10060	9329	415	6524	1365	1164.00
2003	37868	5144	14974	7116	244	6739	2050	1601.00
2004	53676	8288	13892	5908	282	11251	2638	11417.00
2005	56807	6669	15514	7469	436	9075	3380	14264.00

第五节　预决算制度

1986—1994年，县财政预算一直实行单式预算，1994年分税制财政体制改革后，开始实行复式预算形式，既有经常性预算又有建设性预算。1997年根据县财政状况，按照“以收定支，量入为出，适度从紧，确保重点”的原则进行财政预算，并对人员经费以外的支出实行基数编制方法，对区乡财政按照包干体制实行分级预算，对行政事业单位实行财务包干管理办法，并划分为3种预算管理方式，即全额预算管理、差额预算管理和自收自支管理，纳入预算范围的收支范围也仅限于预算内部分。预算外资金由各主管部门自行收入、使用和管理。1999年开始对预算内外资金实行统一管理，按照“资金统筹，预算平衡，适度调剂，确保重点，合理分配，公平公开，资金专户，计划使用”的原则，对预算外资金实行综合财政预算管理，编制综合预算计划，并根据单位的预算内外综合财力，对预算外资金实行政府统筹调剂基金政策，征缴政府调剂基金。

财政总决算由县本级财政决算和乡镇财政决算汇总形成。县本级财政决算和乡镇财政决算由同级主管部门汇总的单位决算、企业财务决算、基建财务决算组成。每年的财政决算由上级财政下达决算编制方法，制定颁发决算表格，乡镇财政对同级部门的决算进行审查汇总，并上报县财政。县财政对本级部门的单位决算和乡镇财政上报决算进行审查汇总形成县财政总决算。决算是年度财政预算执行结果的全面反映，财政部门在决算审查中主要体现在政策性审查和技术性审查两个方面，具体内容包括收入、支出、结余、资金运用、数字关系、决算完整性和及时性等方面。通过上述行政性专业审查程序后，决算草案最后由县政府上报县人民代表大会审查通过。

第六节　财政资金管理

1986—1996年，县财政着力规范财政预算资金管理，严格预算资金操作程序，对人员经费、公用经费按预算拨款，专项业务经费、上级专款实行“部门申请、财政审查、政府审批、部门使用、财政监督”的管理办法。

1997年重点规范乡镇财政管理，各乡镇按照“职能健全，运行规范、资金统筹、核算全面、监督有力”的原则实行规范化管理。对预算外资金管理，推行预算外资金收支管理办法，实行“定点开户、统一核算、财政专储、月审监督”的管理办法。2000年开始对区乡（镇）实行财政特派员制度，负责对所辖乡镇的财政财务进行常年性的监督、检查和指导，并在乡镇建立区、乡（镇）工资及公费医疗基金专户，确保干部职工工资的按时足额发放。对县级行政事业单位实行审核拨款制度，对扶贫资金和国债资金开始试行报账制管理。2001年对县级部门的大宗商品开始实行政府采购管理。2002年对行政事业性收费和罚没收入实行“收支两条线管理”，实施收（罚）缴分离制度，实行“单位开票、银行代收、财政统管”的管理模式。2003年全县成立12个片区财政资金管理中心，对全县39个乡镇的资金进行统管，统一开设财政资金账户，加强乡镇资金管理。2005年实行财政资金集中收付改革，撤销县级部门在银行开设的所有账户，成立酉阳自治县财政资金收付管理中心，由其统一在银行开设4个账户，统一将各部门资金归集到相关账户中，实行内外资金统一调度。

第二章　税　务

第一节　机　构

酉阳自治县税务机构历经与财政局几次分合。1983年民族自治县成立后更名为酉阳土家族苗族自治县税务局，其机构随形势演变。1986年内设机构为：秘书股、税政一股、税政二股、税政三股、政工股、稽征处。下设直属征收分局和钟多、龙潭、麻旺、酉酬、大溪、兴隆、黑水、苍岭、龚滩、丁市、双河、李溪等12个税务所。1988年1月，改税政三股为税收征管股；7月增设税务检查室、税务公安科。1991年1月，改秘书股为办公室，增设促产增收办公室、稽查队，将城关税务所与稽征处合并为钟多征收分局。1992年10月，增设监察室。

根据国务院全面实行新税制和分税制财政体制的指示，于1994年同时组建国家和地方两套税务机构。将原税务局分设为“酉阳土家族苗族自治县国家税务局”和“酉阳土家族苗族自治县地方税务局”。实行人员、财产四六分流（地方四，国家六），并于9月20日正式挂牌成立，即日运行办公。原税务局办公大楼一、二层为国税局办公处，三、四层为地税局办公处。其后，地税局迁至县城南酉州花园内办公。

分设后的国税局、地税局机构演变：

国税局　酉阳土家族苗族自治县国家税务局内设三室：办公室、监察室、税务检查室（系县人民检察院的派驻机构，于1997年撤回）；四股：人事教育股、税政股、征收管理股、计划财务股；一科：税务公安科（系公安局的派驻机构，1996年年底撤回）。下设直属征收分局及钟多、龙潭、麻旺、酉酬、大溪、黑水、苍岭、龚滩、丁市、双河、李溪等12个国税直属税务所（稽查队于1994年6月更名为稽查所，9月又更名为稽查分局）。1998年11月又设立打击涉税犯罪办公室（系公安局的派出机构）。

2001年6月根据国税总局通知精神，进行机构大调整，县国税局内设“四科二室一中心一局”。四科：税政管理科、征收管理科、计划财务科、人事教育科；二室：办公室、监察室；一中心：信息中心；一局：稽查局。2002年7月又增设法规科。

县国税局下设机构情况：1999年10月以前，按行政区划设置13个行政单位：直属征收分局、钟多、龙潭、麻旺、酉酬、大溪、黑水、苍岭、龚滩、丁市、双河、李溪税务所及稽查分局。1999年10月以后进行机构改革，领导干部竞争上岗。全局设置4个征收分局，一个稽查分局，分别是：直属征收分局、钟多征收分局、龙潭征收分局、丁市征收分局。2001年7月以后，4个征收分局不变，稽查分局则更名为稽查局，为县局内设科室。2004年1月1日，按上级要求，将原各征收分局更名为税务所，分别是：原直属分局更名为钟多第一税务所，原钟多征收分局更名为钟多第二税务所，原龙潭征收分局更名为龙潭税务所，原丁市征收分局更名为龚滩税务所。

地税局　1994年9月成立酉阳土家族苗族自治县地方税务局，局内设办公室、计划财务股、征管股、农税股、工商股。下设钟多、龙潭、麻旺、酉酬、大溪、兴隆、黑水、苍岭、龚滩、丁市、双河、李溪等12个地税所和直属征收分局。1995年3月，增设政工人事股、流转基金征收股和税务稽查分局。1998年6月，根据上级指示精神，县局内设机构为：办公室、人事教育股、纪检监察股、计划财务股、征管股、工商税管理股、流转税基金征收股、农税股和稽查分局。1999年3月，又按上级指示撤销农税股，6月，设立地税监察室，12月设立政策法规股。2001年8月，根据撤区并乡后情况，组建稽查局、直属一局、直属二局和龙潭、大溪、黑水、龚滩、李溪等5个税务所；机关内设办公室、税政管理一科、税政管理二科、征管法规科、计划财务科、人事教育科、监察室。2004年7月，撤销直属一局、直属二局，设置钟多税务一所、钟多税务二所。

第二节　税务体制

1986年，继续实行上级税务机关和同级人民政府双重领导，以税务机关领导为主的体制。1989年1月起，县税务局的机构设置、干部管理、人员编制、经费开支由四川省税务局垂直管理。税务所是县税务局的派出机构，按“分级管理，下管一级”的原则，由县局管理干部任免。1994年1月起，国家税务总局属国务院直属局级单位，省、地、县税务局的机构设置、干部管理、人员编制、经费开支，由国税总局垂直管理，并实行上级税务机关和同级人民政府双重领导，以税务机关为主的管理体制。

县地税局的管理则由省（市）地政府管理为主，重庆市直辖前由黔江地区地税局和县人民政府双重领导。1997年重庆市直辖后则由重庆市地税局垂直管理，直接受县人民政府领导。

第三节　税种及纳税标准

国　税

1986—1993年间，主要税种包括农业税、工商税和盐税若干种。农业税所征由粮食部门代收。工商税包括：产品税、增值税、营业税、集体企业所得税、个体户所得税、私营企业所得税、城市建设维护税、个人收入调节税、土地使用税、车船使用税、房产税等。

1986—1993年酉阳自治县工商税收情况表

表12－3　　单位：万元

项目＼年度	1986	1987	1988年	1989	1990	1991	1992	1993
总　计	831.3	952.8	1548.3	1714.2	1813.5	2694.5	3794.8	6889.6
一、工商各税合计	782.2	838.4	1368.7	1541.7	1670.2	2506.4	3573.0	6708.2
产品税	364.0	356.6	669.8	665.5	788.7	1572.8	2607.1	4977.3
增值税	8.1	16.4	91.9	117.0	130.9	157.0	148.8	262.9

续表 12－3

项目＼年度	1986	1987	1988年	1989	1990	1991	1992	1993
营业税	280.0	343.9	462.0	545.5	538.2	574.3	639.5	1110.0
集体企业所得税	30.5	17.5	41.9	31.0	28.8	45.0	11.7	35.0
个体户所得税	2.3	1.5	2.3	15.7	29.5	25.5	20.7	22.7
私营企业所得税	—	—	—	—	—	—	—	—
城市建设维护税	16.0	16.3	29.5	34.7	31.8	32.4	57.9	196.3
个人收入调节税	—	—	—	2.1	0.2	0.1	1.1	4.5
土地使用税	—	—	—	14.0	13.7	13.1	11.3	15.8
车船使用税	—	3.1	3.1	3.5	3.0	5.2	3.7	3.7
房产税	—	12.8	11.1	18.6	17.5	20.2	16.6	24.4
资源税	—	—	—	—	—	—	0.3	0.1
屠宰税	40.0	41.4	39.5	38.0	36.2	36.2	33.6	27.0
牲畜交易税	0.3	0.5	0.3	0.1	0.1	0.1	—	0.1
奖金税	11.3	1.8	1.0	9.3	1.6	1.3	10.7	3.4
印花税	—	—	3.2	5.4	6.1	4.1	6.5	19.5
投资方向调节税	—	—	—	—	—	15.5	1.8	4.4
建筑税	28.9	26.1	12.4	40.0	42.7	3.1	—	—
滞纳补罚收入	0.8	0.5	0.7	1.3	1.2	0.5	1.7	1.1
二、国营企业所得税	26.3	85.0	148.6	84.8	47.6	40.9	53.4	52.4
三、能交基金	21.1	23.7	23.3	29.7	35.6	65.2	77.6	34.4
四、预调基金	—	—	—	22.5	26.0	50.1	58.7	33.2
五、粮食补贴基金	—	—	—	27.0	23.6	17.5	9.2	—
六、教育费附加收入	1.7	5.7	7.7	8.5	10.5	14.4	22.9	61.4

1994年税改后工商税，主要包括增值税、营业税、消费税、集体企业所得税、城建税、个人所得税、土地使用税、车船使用税、房产税、资源税、屠宰税、印花税、投调税以及国营企业所得税、教育附加收入等。

1994—1996年酉阳自治县工商税收情况

表 12－4　　　　单位：万元

项目＼年度	1994	1995	1996
总　计	5725	1632.7	3297.1

续表12－4

项目＼年度	1994	1995	1996
一、工商各税合计	5541.1	1552.9	3255.3
增值税	1301.3	1473.8	2935.8
营业税	360.1	21.9	—
消费税	3601.1	46.0	313.8
集体企业所得税	14.9	2.4	—
个体工商户所得税	—	3.7	—
城建税	128.1	1.4	—
个人所得税	19.5	—	—
土地使用税	13.1	—	—
车船使用税	6.9	0.2	—
房产税	41.2	0.1	—
资源税	0.5	—	—
屠宰税	32.0	2.6	—
印花税	4.1	0.2	—
投调税	14.9	—	—
滞纳补罚收入	3.4	0.6	5.7
二、国营企业所得税	53.7	17.1	40.0
三、能交基金	5.5	16.4	—
四、预调基金	5.4	11.2	0.2
五、粮食补贴基金	—	—	—
六、教育费附加收入	119.3	35.1	1.6

增值税 现行增值税是1994年改革完善的新税制，是以商品生产、流通劳务服务各环节的增值因素为征收对象的一种流转税，以销售货物或者提供劳务和进口货物的单位和个人为纳税义务人，实行价外计税，以不含增值税的消费额为依据，采用一档17%的基本税率和一档13%的低税率，出口商品为零税率。一般纳税人根据进货专用发票注明税金进行税款抵扣制度。购进农产品为原料，按收购金额10%计算进项税额。不够一般纳税人条件的小规模纳税人，按6%的计算纳税。不允许抵扣进项税额。增值税为中央和地方共享税，统一征收，按七五、二五的比例分别缴中央与地方金库。1998年7月1日起，对年销售额在180万元（含180万元）以下商业个体经营者一律按小规模纳税经营对待，同时将增值税征收率由6%降为4%。并将增值税一般纳税人的购销货物支付的运输费用的扣除率由10%降为7%。2002年1月1日起，一般纳税人向农业生产者收购的农产品的抵扣率由10%提高为13%。

消费税 此项税是沿袭历来对烟酒产品“寓禁于征”的税收。1994年改革完善的新税制，是对我国境内从事生产、委托加工和进口消费税条例规定应税消费品的单位和个人征收的一种税。也是以一些特定消费品为课税对象的流转税。开征消费税的目的是：调节消费结构，正确引导消费方向，抑制超前消费需求，确保国家财政收入。全县的消费税共执行11个税目：烟、酒、化妆品、护肤护发品、贵重首饰和珠宝、鞭炮焰火、汽油、柴油、摩托车、小汽车、汽车轮胎。消费收入全部缴中央金库。1998年7月1日起，卷烟消费税率由40%调为：甲类和进口卷烟税率为50%，乙类卷烟税率为40%，丙类卷烟和雪茄烟的税率为25%。1999年1月1日起，除香皂外，其他护肤护发品的消费税率由17%降为8%。2001年1月1日起，对香皂免征消费税。2001年5月1日起，对“汽车轮胎”税目中的子午线轮胎免征消费税，对翻新轮胎停止征收消费税。

所得税 企业所得税：现行企业所得税是1994年改并不同经济性质的所得税，统一为内资企业所得税。它打破了税收政策和行业界限，统一了税率、税基、税收优惠和课税体制，体现了统一税法、公平税负、简化税制、方便征管。新的所得税以在境生产经营，实行独立核算的内资企业或者组织者为纳税义务人，以企业或者组织者组织生产经营所得和其他所得为计税依据，实行33%的基本税率，按照应纳税所得额大小设置18%和27%两档优惠税率，即：应纳税所得额在3万元（含3万元）以下的按18%的税率计征；3万元—10万元（含10万元）的按27%的税率计征；10万元以上的则统一按33%的比例税率计征。酉阳县执行国家对西部地区和少数民族地区的优惠政策，对除国家明令禁止、关闭、淘汰的产业外的内资企业和外商投资企业在2001—2010年期间，减按15%的税率征收企业所得税。经重庆直辖市批准对内资企业可以定期减征或者免征所得税，外商投资企业可以免征所得税；对新办的交通、电力、水利、邮政、广播电视企业，其主营业务收入占总收入70%以上的内资企业自开始生产经营之日起，第一至第二年免征企业所得税，第三至第五年减半征收企业所得税；外商投资企业投资在10年以上的，自获得利润之年度起，第一年免征企业所得税，第二年至第五年减半征收企业所得税。

个人所得税（储蓄存款利息所得税）：1999年11月1日起，酉阳对个人储蓄存款利息所得税依20%的税率实行征收（由银行计息代收）。对符合条件的教育储蓄款利息免征个人所得税。

车辆购置税 酉阳县于2001年1月1日起开征车辆购置税，初始委托交通部门代征。2005年1月1日由国税部门自行征收管理。其征收范围是：凡中华人民共和国境内购买进口、自产、受赠、获奖或者以其他方式取得并自用的汽车、摩托车、电车、挂车、农用车等应税车辆，都应依10%的税率缴纳车辆购置税。

营业税 酉阳县的营业税为地方性税种，原则上由地方税务局征收，但对金融、保险业由国、地税依8%的税率共同征收，国征3%，地税5%。从2001年1月1日起，金融、保险业营业税每年下调1个百分点，分3年将其税率从8%降至5%。从2003年1月1日起，国税机关不再征收该项营业税。

1997—2005年酉阳自治县国税收入入库情况表

表12－5 单位：万元

年度	总计入库						备注
		增值税	消费税	营业税	企业所得税	个人所得税	
1997	3448	2892	510	46	—	—	说明：个人所得税主要是银行利息税收入
1998	4134	3289	716	129	—	—	

续表12－5

年度	总计入库						备注
		增值税	消费税	营业税	企业所得税	个人所得税	
1999	2708	2202	400	105		1	—
2000	2351	2084	11	122	20	114	
2001	2683	2359	8	79	20	217	—
2002	3270	2954	9	45	20	242	—
2003	4389	4077	7	6	21	278	
2004	5608	5162	8	—	115	323	
2005	7702	6640	8	—	667	387	车购税244万元

1997—2005年酉阳自治县人均组织税收入库情况表

表12－6　　单位：万元

年度	职工总人数	税入库总数	人均组织税收入库数	备注
1997	90	3453	38.37	说明：当年职工总人数不含退（离）休职工和协税员
1998	91	4134	45.43	
1999	88	2708	30.77	
2000	92	2351	25.55	
2001	83	2683	32.33	
2002	86	3261	37.92	
2003	88	4389	49.88	
2004	89	5608	63.01	
2005	90	7946	88.29	（其中车购税244万元）

地　税

地方税收主要有流转税一种为营业税；所得税类2种为企业所得税、个人所得税；资源税类3种为资源税、土地使用税、土地增值税；行为税类4种为固定资产投资方向调节税、印花税、屠宰税（自2003年起已停征）、筵席税（重庆市未开征）；财产税类5种为房产税、车船使用税、城市房地产税、车船使用牌照税、城市维护建设税。另一种来源为费，主要包括教育附加费、文化事业建设费、交通重点建设附加费、职工养老保险基金、失业保险基金、工伤保险基金、农村电网改造还贷基金、散装水泥发展基金、医疗保险基金、残疾人保险基金等。

营业税　交通运输业3%；建筑业3%；金融保险业5%；邮电通信业3%；文化体育业3%；娱乐业5%—20%；服务业5%；转让无形资产5%；销售不动资产5%。

企业所得税（非外商和外国企业）　法定税率为33%；照顾性税率，年应纳税所得额在3万元（含3

万元）以下的为18%；年应纳税所得额在10万元（含10万元）以下至3万元的为27%。

个人所得税（自然人）　工资薪金所得5%—45%；个体工商户生产经营所得5%—35%；对企事业单位的承包经营，承租经营所得5%—35%；劳务报酬所得20%；稿酬所得20%；特许权使用费所得20%；利息、股息、红利所得20%；财产租赁所得20%；财产转让所得20%；偶然所得20%；经国务院财政部批准的其他所得20%。

资源税　原油8—30元/吨；天然气2—15元/千立方米；煤炭0.3—5元/吨；其他非金属矿原矿0.5—20元/吨；黑色金属矿原矿2—3元/吨；有色金属矿原矿0.4—30元/吨，重庆市核定部分税额：①煤炭：统配0.7元／吨、非统配1.2元／吨；②石灰石2元／吨；③天然矿泉水3元／吨；④建筑用砂1元／立方米；⑤其他黏土1元／立方米；⑥其他建筑石料1元／立方米。

房产税　按房产余值（原值的70%）计1.2%；按租金计12%。

城镇土地使用税　年单位税额的县城每平方米2元，建制镇、工矿区每平方米1元。

车船使用税　小型客车260元/辆·年；大型客车300元/辆·年；载货汽车按净吨位60元/辆·年；拖拉机按载货汽车减半征收；三轮摩托车72元/辆·年；二轮摩托车56元/辆·年。

车船使用牌照税　机动车：乘人汽车每辆15座以下100元；16座—35座150元；36座以上200元。10座以下每辆80元；11座—30座120元；31座以上160元。载货汽车：每吨30元。摩托车每辆（二轮）32元；（三轮）48元。机动船：150吨以下每吨1.20元；151吨至500吨每吨1.60元；501吨至1500吨每吨2.20元；1501吨至3000吨每吨3.20元；3001吨至10000吨每4.20元；10001吨以上每吨5.00元。非机动船：10吨以下每吨0.60元；11吨至50吨每吨0.80元。

印花税　比例税率有五档，即千分之一，万分之五，万分之三，万分之零点五和万分之零点三。

土地增值税　应纳税额=增值额×规定税率-扣除金额×速算扣除数四级超率累进税率。规定税率：增值额未超过扣除项目金额50%的30%；增值额超过扣除项目金额100%的40%；增值额超过扣除项目金额100%未达200%的50%；增值额超过扣除项目金额200%的60%。

城市维护建设税　城市维护建设税按区域设定不同的税率，纳税人所在地在市区的，税率为7%；纳税人所在地在县城、建制镇的，税率为5%，纳税人所在地不在市区、县城或镇的，税率为1%。

固定资产投资方向调节税　根据国家产业政策和项目规模实行差别税率。固定资产投资项目按其单位工程分别确定适用的税率。税目税率表未列出的固定资产投资（不包括更新改造投资），税率为15%。除适用税目率表中0%税率以外的更新改造投资，税率为10%（已停征）。

房产税　依据房产原值一次减除10%—30%后的余值计算缴纳。房产出租的，以房产租收入为房产税的计税依据。

城市房地产税　城市房地产税依标准房价按年计征，税率为1.2%；城市房地产税依标准地价按年计征，税率为1.8%；城市房地产税依标准房地价按年计征，税率为1.8%；城市房地产税依标准房地租价按年计征，税率为1.8%。

教育附加费　教育附加费以单位和个人实际缴纳的增值税、营业税、消费税（以下简称三税）为计征依据。附加率为4%。凡缴纳“三税”的单位和个人，都应依照规定缴纳教育附加，纳税人应在向税务机关申报缴纳“三税”的同时，申报交纳教育附加。

文化事业建设费　凡在中华人民共和国境内依照规定缴纳娱乐业，广告营业税的单位和个人，均应缴纳文化事业建设费。文化事业建设费的费税率为3%，按缴费人应缴纳娱乐业广告营业税的营业额计算应缴费额。

交通重点建设附加费 4%（2005年3月底停征）。

职工养老保险基金 单位缴纳20%，职工缴纳8%，城镇个体劳动者缴纳18%。

失业保险基金3%（单位2%，个人1%）。

工伤保险基金 根据行业划分，分别实行三种不同的工伤保险缴费率。

农村电网改造还贷基金 每电度0.02元。

散装水泥发展基金 生产企业每销售1吨1元，建设单位或个人、企业每吨4元。

医疗保险基金 单位8%，个人2%。

残疾人保障基金1.5%。

第四节 征收与解缴

征收范围：无论国税与地税，均由县局的直属机构和派出机构征收其界定范围内的各种税金，按规定和要求入库上解。随着信息系统网络化和软件与税控器具的推广应用，入库上解效率已提高。

征收方式：采用查账征收、查定征收、查验征收、定期定额征收、核定征收以及其他方式征收税款。

征收期限：按照不同税种采用不同期限，比如：所得税采取按季预缴，年终汇算缴清的办法；土地增值税要求纳税户在房地产合同签订之日起7日内向纳税机关申报；土地使用税和房产税按年征收，分期缴纳等等。

1994—2005年酉阳自治县地税税收入库情况表

表12－7　　单位：千元

项目＼年度	1994	1995	1996	1997	1998	1999	2000	2001	2002	2003	2004	2005
各项收入合计	18764	30561	37438	45531	35657	13554	21954	25992	31493	34512	37574	44789
一、税收收入合计	18734	29675	37019	44832	34996	13071	13608	18685	18845	20610	24773	30033
1.营业税	2998	4884	4313	6218	5775	8096	9086	9966	12140	13926	13433	15945
其中:金融、保险	2079	2207	2259	2299	2819	2399	2518	2308	2212	2125	2323	1758
2.企业所得税	696	713	411	192	520	607	198	4796	1833	1347	3617	5795
其中:国有企业	—	—	—	—	—	—	—	—	—	—	—	—
3.个人所得税	6	202	255	364	754	888	1197	1730	2422	2881	4450	3358
4.资源税	2	51	143	202	123	136	50	112	126	141	150	86
5.城市维护建设税	1216	976	768	1715	2579	1306	1665	1063	1393	1334	1465	2443
6.固定资产投调税	148	432	63	91	86	209	—	—	22	—	—	—
7.房产税	350	552	397	447	422	350	370	321	390	589	598	948
8.印花税	31	29	16	7	47	46	86	50	198	255	802	1212
9.土地使用税	131	180	98	157	121	61	109	105	43	100	150	99
10.土地增值税	—	6	—	10	—	2	—	—	—	20	5	11
11.车船使用税	28	75	52	51	61	77	43	27	19	17	103	136
12.屠宰税	229	673	604	721	1096	817	804	515	259	—	—	—
13.农业四税	12899	20902	29896	34657	23306	476	—	—	—	—	—	—
二、其他收入	30	886	419	699	661	483	944	815	1106	1637	1607	1670
1.教育费附加	30	132	101	239	213	222	514	457	614	1009	830	1293
其中:县级	30	132	101	239	213	222	514	457	614	1009	—	—
市级	—	—	—	—	—	—	—	—	—	—	—	—

续表12－7

项目 \ 年度	1994	1995	1996	1997	1998	1999	2000	2001	2002	2003	2004	2005
2.文化建设附加	—	—	—	—	—	10	10	10	10	10	10	10
3.交通重点附加	—	217	85	209	278	183	298	348	482	563	767	367
4.税务部门罚没	—	—	—	3	—	—	—	—	—	55	—	—
5.职工个人教育费	—	190	217	175	170	68	122	—	—	—	—	—
6.教育费	—	11		22	—	—	—	—	—	—	—	—
7.建设用地粮食附加	—	—	16	21	—	—	—	—	—	—	—	—
8.中小学改善办学条件附加	—	—	—	30	—	—	—	—	—	—	—	—
9.电网建设基金	—	336	—	—	—	—	—	—	—	—	—	—
三、社保基金收入	—	—	—	—	—	—	7402	6492	11542	12265	11194	13086
1.养老保险	—	—	—	—	—	—	7235	6268	11357	11705	10694	12206
2.失业保险	—	—	—	—	—	—	167	224	185	560	500	880

第五节　税务管理

国税局从1986年4月起贯彻执行国务院颁布的《中华人民共和国税收征收管理暂行条例》，统一工商税收管理内容，对税务登记、纳税鉴定、纳税申报、纳税征收、账务票证管理、税务检查、违章处理等7个方面的内容予以规范。1992年冬及次年春，贯彻当年9月国家主席第50号和51号令，实施《中华人民共和国税收征收管理法》和《全国人大常委会关于惩治偷税、抗税犯罪的补充规定》，打击和抑制了偷税、抗税、骗税行为。2001年下半年，贯彻修订后的《中华人民共和国税收征收管理法》，实现了依法治税，规范管理。2002年冬，贯彻新修订后的《中华人民共和国税收征收管理细则》，使税收征收管理法制建设进入了新的历史阶段。

县地税局成立后，推行征管改革，使征收征管逐步走向制度化、规范化、科学化与法制化，在贯彻执行国家法规的同时，制定了《企业税收管理办法》《个体户税收管理办法》和《属地管理征收办法》等规章制度。在原征收征管模式的基础上，扩大了办公服务厅的功能，形成办税一条龙，要求全体职工着装挂牌上岗。在机关科室实行首长负责制，并郑重承诺接受社会监督，形成办税服务绿色通道，实现了“优质服务，优良循序，优美环境”。还对纳税企业和纳税人实行“A、B、C”分类管理制，推动各税种的管理工作。1994—2005年，共组织各项税收收入3亿多元，为县域经济建设提供了保障。

第三章　金　融

第一节　机　构

中国人民银行酉阳土家族苗族自治县支行　1950年7月21日成立中国人民银行酉阳中心支行，1952年酉阳专区撤并涪陵后改组为酉阳县支行。由于与农行的几次分合，并分离出保险、建行、工商行等金融机构，从1984年起，人行不再对企事业单位开展信贷业务，正式履行中央银行的职能。1985年5月后其内设机构为：人事秘书、金融管理、计划业务、货币发行及会计国库5个股，另有兼职监察员与稽核员，行使中央银行职能。从宏观上加强县内金融的控制和调节，监督和稽核各专业银行的业务，融通各专业银行之间的资金，办理货币发行及代理国库收支。2004年年初，分离出银监办机构后，县人行的内设机构为5个股室：即办公室与安全保卫股、货币金银股、国库会计股、货币信贷调查与统计股，在职职工人数25人。县人行主要担负辖区内货币信贷、货币发行、防范风险、支付结算、经理国库、调查统计、反洗钱、金融征信、账户管理等业务。

中国农业银行酉阳土家族苗族自治县支行　县农行经与县人行几次分合，直至1980年1月再次从人行分出单独设立至今。1985年年底，其内设机构有1室8股，即：办公室、农业信贷股、会计出纳股、工商信贷股、信用合作股、人事股、计划拨款股、存款股和监察股。另有信托公司。下属机构有13个区（镇）营业所和80个乡（镇）信用合作社。1996年信用合作社分出后内设机构为1室7部：办公室和人事监察部、安全保卫部、信贷管理部、计划财会部、客户经理部、个人业务部、保险代理部。下辖钟多、龙潭、龚滩、麻旺、李溪5个营业所，2001年后调整为钟多、龙潭、麻旺3个营业所。其主要业务是办理全县农村金融业务。

中国农业发展银行酉阳土家族苗族自治县支行 县农发行系政策性银行，它是国家为了确保国计民生重要农副产品的生产和发展，于1997年1月1日正式与县农行分设运行，2月28日挂牌成立。其主要职能是筹集农业政策性资金，承担国家规定的农业政策性金融业务，代理财政支农资金的拨付，为农业和农村经济发展服务，专门负责粮棉油等农产品的收购资金的信贷业务。1997—2005年农发行共发放粮食收购资金14207万元，支持企业收购粮食11898万公斤。县农发行现设办公室和计划信贷部（下设营业部）。农发行实行独立核算，自主、保本经营、企业化管理，在业务上接受中国人民银行的指导和监督。

中国工商银行酉阳土家族苗族自治县支行 1984年1月1日，工商银行酉阳县支行成立，但仍与人行县支行一起办公，一套人马从事两家工作，直至1985年4月才从人行县支行分出单独设立运行，专门从事工商信贷业务。分设之初除内设人秘、会计、出纳、计划、信贷、储蓄6个股外，下辖龙潭、龚滩两个分理处及解放街、新建街、桂芳街、和平路4个储蓄所。有正式职工48人，储蓄代办员4人，各项存款余额992.5万元（其中储蓄存款583万元），各项贷款余额3574万元，当年实现利润75万元。1986年，增设政府街、月台街、复兴街、车站、新民街、水银矿等6个储蓄所；营运至1990年，除保留政府街储蓄所外，其余增设之储蓄所均撤销。1993年又增设武陵（城南）储蓄所。1995年后，相继撤销了龙潭、龚滩两个分理处和武陵、桂芳街、新建街、和平路4个储蓄所，至2003年解放街储蓄所并入支行营业室，仅保留政府街储蓄所。至2004年年底，工商行县支行内设机构4个，即：办公室、安全保卫科、营业部、业务部；对外营业机构两个：支行营业部、政府街储蓄所。在岗职工38人。各项存款24783万元（其中储蓄存款10627万元），贷款余额10517万元，实现利润243万元。2005年10月28日起，支行更名为中国工商银行股份有限公司酉阳支行。

中国建设银行酉阳土家族苗族自治县支行 1978年12月，建行县支行从人行分出单设，主要从事基本建设信贷业务，运行至1997年7月，由于当地经济建设达不到上级规定的业务量而被撤销，所经营业务交给县农行承办。

农村信用合作联社 全县的乡镇农村信用合作社相继成立于20世纪50年代，最先由县人行信用合作股管理，1980年初，随着县农行分出单设而划归农行管理。1996年10月，按上级指示单独成立酉阳土家族苗族自治县信用合作联社。联社属省（市）级直管，是本县农村信用社的管理机关，又是办理货币信用业务的合作经济组织。其主要任务是积极筹集支农资金，支持农村经济全面发展，为农民、农业和农村经济服务。县信用联社内设机构有5科2室：人事教育科、财务会计科、稽核保卫科、计划信贷科、市场开发科和行政办公室、党群办公室。下辖52个营业机构：营业部1个，储蓄所2个，信用社14个，分社35个。

国家银行业监督管理委员会酉阳办事处（以下简称银监办） 2003年，国家银行业监督管理委员会成立。2004年2月，酉阳设立银行业监督管理办事处，从人民银行县支行划出3人组成，属黔江银监分局的下设办事机构，负责辖地金融机构设立、撤迁、合规经营检查、法人任职资格审查等管理工作（该机构属事业单位)。

邮政储蓄机构 酉阳的邮政储蓄机构从1989年起，最初是各区邮政营业所办储蓄业务，后来逐步发展成邮政储蓄所。至2005年，全县发展39个营业网点，只办储蓄不办贷款业务。

第二节 货币与流通

1986年，酉阳继续流通和沿用之前国家所发行的3套人民币。纸币票面分别有1元、2元、5元、10元与1角、2角、5角以及1分、2分、5分等10种，还有硬币1角、2角、5角、1元及1分、2分、5分等7种。另外还有国家发行的6种流通性纪念币。

1987年4月27日，国家发行第4套人民币，不久全县即调拨投入市场流通。该套货币共有14种票面，主币增加了50元、100元两种。另外还发行流通纪念币20种。

1999年10月1日，国家发行第5套人民币，主币进行了全新改版，增加了20元面额的币种和硬币1元，提高了防伪功能。同时发行硬币5角、1元两种。5套人民币共发行了9种，均在境内市面流通。

1986年6月，在工商银行酉阳支行营业点发现10元假币1张，系从外地流入。从此，每年都有少量假币流入。反假币斗争在全县没有停止过，县人行每年都组织各金融机构开展“反假”宣传活动。1997年，县公安局在大溪区破获一起假币案，系由当地在外务工人员携入，一次搜缴23000余元假钞。

人行和各金融机构对反假币工作常抓不懈，除社会舆论宣传外，各行都购置了检测假币的设备，有效地防止假币流通，一旦发现假币，则与公安等部门协同跟踪追查，予以严厉的打击，保证金融秩序不被干扰和破坏。

第三节 贷 款

农业贷款 由于历史和地理位置的限定，酉阳一直列为农业县。从成立农村信用社起，除农民入股外，作为国定贫困县，国家每年都要拿出不少的资金支持农业生产。自1985年开始发放老少边穷贷款和扶贫贴息贷款，到1990年分别达到365万元和1983万元；到2004年年底，分别发放574万元和1486万元。农业贷款，到1990年年末余额为3119万元；1995年突破亿元大关，达12684万元；到2000年达13385万元。并开始在农村实行小额信用贷款，对讲信用的农户，核定信用贷款基数，发给信用证本。在此基数内，农户可根据生产需要，随时可以到农村信用社贷款。到2004年年末，农业贷款猛增到42085万元。全县建档信用户达155011户，评级139695户，发放信用证95600本（户），贷款余额达到21445万元，支持了全县农业发展。1986—1995年，全县农业贷款累计达30216万元。

工业贷款 工业贷款是工业企业生产发展的主要经济来源。银行根据国民经济各个时期的发展情况，按照国家的方针、政策支持工业企业，以满足社会主义建设和人民生活需要。1983—1984年，根据国务院规定，将国营企业的流动资金统一由人民银行管理。据此，对企业进行资金和物资清理工作，摸清企业的家底，加强了流动资金管理，促进企业提高经济效益。由于多种因素影响，肉联厂、酒厂、糖果厂、精干麻厂、丝绸厂、烟厂、药厂、糠醛厂、硫铁矿等许多国营企业在市场经济中被淘汰出局或改制。至2005年，除粮食部门有少量的加工业外，全县基本上没有国营工业。1986—1995年酉阳工业贷款总额累计达40004万元。

商业贷款 商业贷款是为解决商业企业在组织商品流通转移过程中一时资金不足而发放的贷款。自1977年以来，认真贯彻执行国务院“关于切实加强信贷管理，严格控制货币发行”的8条指示精神，加强了信贷管理。1983年对全县全民所有制商业进行“两清”（清资金、清库存商品）工作。1985—1986年，国家对边远贫困山区农民给予“两棉赊销”（棉花、棉布）政策扶持，文件规定5年还清赊销款，但最终未还。全县共发出“两棉赊销款”总额达1338万元，国家作“挂账停息”处理。2005年，全县国有商业大多数已在市场经济中被淘汰或改制，或被股份制、私营企业和个体商业所取代。1986—1995年，全县商业贷款累计达167954万元。

改革开放后，强调集体企业是社会主义经济的组成部分，个体经济是社会主义经济的补充，专人负责此项业务，帮助其搞好生产和流通贷款。至1984年，集体商业贷款余额达60万元，集体工业贷款达到198.8万元。由于金融的支持，集体、个体经济迅速发展，搞活了经济，活跃了市场。1990年进入市场经济以后，在很多领域取代了国营经济。到2004年年末，贷款余额达到9246万元。同时，银行认真执行对城镇下岗失业人员的政策扶持，发放下岗失业小额信贷80万元。

第四节 储蓄存款

组织存款以筹集资金是国家的一贯政策，是银行的中心工作之一。

单位存款 改革开放以来，银行工作进行了一系列改革，重视资金运动中的利率作用，采取“信贷资金存贷挂钩，商业资金存贷分户”等措施，并新开办单位定期存款、农村生产基金存款等储项，在利率上有所调升，提高单位存款的积极性。1986—2005年间各项存款逐年上升。

个人储蓄 国家对人民储蓄实行鼓励和保护政策，银行对群众储蓄存款实行“存款自愿，取款自由，存款有息，为储户保密”的原则，并开展多种储蓄种类：整存整取定期储蓄、零存整取定期储蓄、养老金专项储蓄、独生子女储蓄、消费品专项储蓄、定活两项储蓄、存本付息储蓄、保值储蓄、房屋存贷储蓄、实物有奖储蓄、活期储蓄等等。多存不限，随时存取，灵活方便，定期存款到期结算利息，活期存款每年结算利息。1986—2005年，全县储蓄额随着市场经济规律而涨落。

第五节 金融管理

信贷管理 自人民银行县支行成立到各专业银行相继建立，至20世纪90年代初，基本上实行的是信用贷款。贷款余额从1950年的4.14万元发展到2004年的17亿元。计划经济年代是根据企业的需要而发放贷款，农村社员的贷款也根据有关方面提供的信息资料发放。如对社员发放小额生猪贷款，就由当时的食品部门到农户查看小猪存栏情况，然后由银行（信用社）据此发放。肥猪由食品部门统一收购，收购时代扣农民贷款。商业部门进货，也凭调拨单进行贷款汇划，销售后，贷款存入银行以还贷，严禁企业将现金坐收坐支。20世纪80年代开始对企业加逾期贷款罚息。随着市场经济的发展，银行讲求经济效益，对效益好，讲信誉的企业大力支持；对亏损企业银行信贷资金严加控制，从而体现金融机构宏观调控的作用。

由于历年来受行政干预和信贷工作中的失误，一些呆滞贷款无法收回。而在改革中，一些改制企业借改革之机逃废银行债务，使国家资金难以收回，银行不得不剥离不良资产。2000—2004年，全县共剥离不良资产15739万元，其中：农行9338万元，工行6400万元。鉴于上述教训，银行已全面实行抵押贷款政策。但也有农村小额信贷、大型专项贷款和有关政策（如小额下岗失业贷款）规定的贷款仍实行信用贷款。

结算管理　1986—2005年，仍沿用人总行1977年下发的4章15条结算管理办法。运用结算联系国民经济各部门、各单位，反映和监督国民经济活动。结算方式以转账结算为主。共有同城托收承付、付款委托书、限额支票与异地托收承付、汇兑、特种结算等方式。农村结算主要有付款委托书、代办托收、定额转账支票等方式。

联行往来，1995年前沿用“支行辖内往来账”和“支行跨辖往来账”。1995年起，人总行在全国开通天地对接的联行结算。电子银行开通，资金在全国汇划，此方存进去，彼方马上就可以取款。

财务管理与核算　人民银行县支行长期执行的是“统一领导，分级管理，收支相抵，损益集中”的体制。各项费用采取指标管理办法，管理的范围是：业务收入和支出；内部资金；监督财产的保管、购置和使用；处理财产和资金的余额；管理各项费用的开支。从1994年起，人行的财务体制进行了改革，所有收入上交中央财政，费用实行预算管理。每年初由各分支机构编制预算，逐级汇总上报，经中央财政审查同意后才能执行。

20世纪90年代起，会计核算恢复“借贷”记账法，一直沿用至今，即：核算时用“借”“贷”来反映资金来源和运用的增减变化。完善各项规章制度，杜绝了错账、错汇、冒领、透支等混乱现象。

现金管理　为减轻现金流通的压力，1953年年底起即开始向转账结算发展。为加强人民币现金管理，以后各个时期根据情况都曾规定一定限额范围以上必须进行转账结算。1988年9月8日，国务院12号令颁布了《现金管理暂行条例》，鼓励开户单位和个人在经济活动中，采取转账方式进行结算，减少使用现金。明确规定使用资金的范围，核定开户单位3—5天的日常零星开支所需库存现金限额起算点调整为1000元。由于市场经济的发展，现金支付起点逐步提高。1997年4月，中国人民银行制定《大额现金支付登记备案规定》，全县除了执行大额现金支付规定办法外，对一般取存款、转账支票等也实行验收居民身份证的办法，以严防金融诈骗和洗钱犯罪。

金融票据也由原来的支票、转账支票增加了本票、汇票、期票等信用工具。为加强业务管理，防止企事业单位和个体经营者多头开户以套取银行资金，形成金融风险，由人民银行严格实行开户管理。

存款利率管理　国家为吸收存款，多次调整利率，并将存款利率分为对公存款利率和个人储蓄利率两大类。个人储蓄存款利率高于对公存款利率，储蓄定期存款率又高于活期存款利率。1950—1985年曾19次公布调整利率。国民经济恢复时期利率最高，以后逐年降低，1979年开始调升，增设了定期储蓄档次，期限越长，提高的幅度越大，扩大了存款计息范围，增设对单位定期存款的利率高于活期，贷款利率提高到1966年前的水平，初步解决了储蓄存款与贷款利率倒挂的问题。并对各种贷款利率实行“区别对待，择优扶持”的政策，还规定企业挤占流动资金贷款和逾期贷款实行罚息，使利率充分体现经济杠杆的作用。1994年国家银根紧缩，清理资金市场，取消了市场调剂资金，利息也随之取消。2003年12月21日起，金融机构在人民银行的超额准备金存款由原来的1.89%下调为1.62%，法定存款准备金维持

1.89%不变。金融机构同业存款最高利率不超过超额存款准备金利率。2004年1月1日起，扩大金融机构贷款利率浮动区间，商业银行浮动区间扩大到0.9—1.7，农村信用社贷款利率浮动区间扩大到0.9—2。2004年10月29日起，调整了金融机构存款基准利率，同时放宽金融机构贷款浮动区间并允许存款利率下浮，商业银行和政策性银行贷款按商业化管理，贷款不再实行上限管理，农村信用社贷款最大上浮系数为基准利率的2.3倍，贷款下浮幅度为基准利率的10%不变。

金银管理 中华人民共和国成立后，为保障正常的经济秩序，国家禁止黄白金银流通使用，规定实行收兑和配售，自20世纪50年代，县人行开展金融收兑工作，之后曾作过数次调整。1984年1月，国家颁布《金银管理条例》，保护个人依法继承遗产，接受亲友馈赠，合法购买，部门奖励及其他正当所得的金银。1986—2005年，随着市场经济的发展，金银也实行开放政策，银行对黄金白银及其制品只实行宏观监控，经营金银行业的营业单位按月向人行报送营业报表，以反映动态。

第六节　经理国库

国库业务 酉阳从成立中心支行起，就在支行设立了中央金库，下设办事处，金库主任由行长、主任兼任。1951年在“金库往来”基础上分设了“中央金库”“地方金库”两个科目核算。县支行代理金库业务于每天营业终了先将预算级次划分，然后分别预算科目汇总编入统计表，并按分成比例编制收入计算表和库存表，在此基础上分别上划中央和地方。

1986—2005年，酉阳支行认真贯彻执行国务院1985年颁布的《国家金库条例》，依法办理国家预算资金的收入和支出，按照国家的方针政策和财经制度，发挥国库的促进和监督作用。根据中央、省、地、县不同的预算级次和上级财政机关确定的分成留解比例，准确及时地办理各级财政金库存款的划分和留解，保证了财政预算资金的使用，办理同级财政库存的支拨，按期向财政机关和上级金库报送报表，按期与收入机关对账，协同财政、税务机关组织预算收入及时缴库，审查财政库款的支拨及财政存款的开户。20年间，县人行办理的金库工作无重大差误，保证了全县财政库款及时准确上解和留存与财政资金的及时运用。

发行国库券 自20世纪90年代以后，国库券的发行由商业银行包销，一般由企业大户购买，不再小额分散发行。

第七节　信用社业务及管理

组织存款 1986—2005年，随着改革开放的推进，酉阳信用社树立“抓存款就是市场，拥有存款才有市场”的理念，开展存款储蓄工作。在组织存款工作中，特别注意宣传工作，尤其柜面业务宣传，搞好优质服务，满足客户需求，方便客户存取和破钞的兑换，对客户咨询的问题耐心解释。搞好市场调查，开辟存款渠道，变等客上门为上门服务，采取各种措施和办法清收存款。趁着县域外出务工人数激增之机，加强与外出务工人员的联系。通过走访、登记致公开信、联系卡等各种方式，为他们提供方便。同时通过工作衔接，争取全县乡镇财政性工资代发业务，代理国税、地税代缴税款以及代收固定电话、移动话费等多种业务，拓宽资金组织渠道。还注意抓好中间业务发展，搞好代付工作，优化存款结构，搞好全县烤烟收购代付款以组织存款，并办理全县财政资金直补农民代理工作。1983年存款余额10000万元，1986实现1796万元。1996年存款余额12906万元，2000年存款余额降至2338万元，2005年存款余额又增至到76490万元。

发放贷款　1986—2005年，酉阳信用社在信贷工作中，立足当地实际，改善金融服务，满足“三农”资金需求，支持城乡经济发展。每年初各乡镇信用社开展春耕贷款资金需求调查，并及早安排资金，发放烤烟、药业、林业、畜牧业等各项支农贷款，扶持一批养殖户和种植户。

为切实解决农民贷款难、信用社难贷款的问题，酉阳信用社注重开展小额农贷推广工作，至2004年年底已建档155011户，评级119635户，发证75905户，发放小额信贷17230万元。1983年各项贷款余额1165万元，1986年为1869万元，1996年增至9636万元，2000年达14993万元，2005年各项贷款余额增加至64721万元。

信用社管理　1996年前，酉阳县信用社经历了由人行和农行管理的历程，人行和农行都把信用社的管理作为本行行政事务的日常工作，主要抓乡镇信用社的人事任免、考勤考绩和业务经办几个方面的考核和监督检查工作。1996年县信用联社成立后，从多角度多层次入手加强对全县信用社的管理。一是以人为本，通过党政工团各方面的工作，团结职工、关心职工、帮助职工，以调动全体职工积极性，树立以社为家，社兴我荣，社衰我耻的主人翁感，从而任劳任怨，兢兢业业地工作，出色完成各项任务。二是坚持以诚经营、顾客至上的宗旨，与顾客建立长期友好合作关系，彻底消除脸难看、话难听、事难办的恶习，赢得了广大客户的好评。三是严把质量关，严防贷款风险，严格执行贷款责任追究制度，加强贷款的审查。四是强化监管，落实监管责任，对大额贷款实行一户一档，确定专人，分类管理，跟踪监控，基本上做到笔笔都有贷后检查记录，绝大多数做到专款专用，如期收回。五是强化措施，保证安全，严防事故发生，严格按照安全保卫工作的基本要求，建立健全安全防范责任制，将安全工作贯穿于各项业务之中，常抓不懈，坚持“谁主管，谁负责”的原则，签订安保责任书，制定《防抢》《防盗》《防火》《防诈骗》4个预案。与公安局派出机构签订联防协议，定期或不定期对辖内各营业网点进行安全检查。仅2004年联社共检查信用社、分社153社次，下发隐患通知书31次，处罚违规人员12人。六是加大纪检监察稽核力度，确保全面工作稳健发展。主要措施：增强廉政从业自觉性，严禁职工请客、送礼、铺张浪费和赌博，对群众来信来访及时回复；抓个案的防范和查处，对个别职工不顾集体利益违反纪律以身试法者，予以严肃查处；加大稽核检查力度，仅2004年联社对全县16个信用社、60个分社、1个储蓄所进行124次常规稽核或重点稽核，对发现的问题做出相应处理。

1986—2005年酉阳自治县金融机构存贷款与机构人员情况表

表12－9

年度	各项贷款（万元）	各项存款（万元）	其中:储蓄存款（万元）	机构数（个）	人员数（人）
1986	10250	3900	1363	153	646
1987	12624	4657	1840	153	645
1988	15236	4996	2283	153	647

续表 12-9

年度	各项贷款(万元)	各项存款(万元)	其中:储蓄存款(万元)	机构数(个)	人员数(人)
1989	18057	6383	2847	153	645
1990	21126	9267	3458	153	646
1991	25432	9356	4770	153	645
1992	28736	12111	6090	153	644
1993	35308	14184	7664	153	645
1994	40266	14314	10278	153	646
1995	34386	22005	14117	153	646
1996	63385	38005	30679	153	645
1997	80088	40312	34457	153	645
1998	90537	47922	40370	147	643
1999	101937	83622	51471	147	617
2000	97032	80012	63950	145	617
2001	100202	108045	78038	111	590
2002	109259	147781	105464	106	584
2003	111953	158082	116599	106	584
2004	115538	185440	137665	106	584
2005	113382	230984	193972	106	584

1986—2005年中国农业银行酉阳自治县支行存贷款情况表

表 12-10

单位:万元

年度	存款余额	贷款余额	年度	存款余额	贷款余额
1986	1779	6048	1996	8364	15572
1987	2519	6995	1997	11106	20472
1988	2410	8623	1998	17796	37890
1989	2919	10417	1999	29686	45829
1990	3287	12211	2000	35930	42171
1991	4026	14620	2001	46943	40112
1992	5320	16712	2002	51894	40506
1993	5885	20660	2003	58583	37282
1994	6052	13026	2004	59959	35780
1995	7834	13875	2005	67713	33288

1997—2005年中国农业发展银行酉阳自治县支行存贷款情况表

表12-11　　单位：万元

年度	各项存款			各项贷款			利润
	贷方	借方	余额	发放	收回	余额	
1997	13076	12426	744	8065	2233	25729	-1114
1998	15977	16459	262	1659	11249	16139	-1000
1999	6877	6947	192	1365	143	17361	-55
2000	8186	8017	361	1568	2177	16752	15
2001	5252	5431	182	2426	967	18211	-138
2002	6731	5219	1694	1040	1129	18124	-318
2003	9116	9947	863	2203	2336	17991	-48
2004	14756	10695	4924	1661	3525	16127	144
2005	11428	10587	5765	974	1831	15270	140

1985—2005年中国工商银行酉阳自治县支行营业网点、员工人数和存贷款情况表

表12-12

年度	营业网点		员工人数(人)	储蓄合同工人数(人)	存款余额(万元)	其中储蓄(万元)	贷款余额(万元)	利润(万元)
	分理处(个)	储蓄所(个)						
1985	2	5	70	4	992	583	3574	75
1986	2	9	75	4	1307	832	4059	86
1987	2	9	77	10	1581	1021	4735	69
1988	2	10	74	10	2004	1246	5465	39
1989	2	10	74	11	2061	1537	6362	86
1990	2	5	76	13	2833	1749	7587	27
1991	2	5	78	11	3163	2157	8953	46
1992	2	5	81	13	3674	2544	10063	-90
1993	2	6	84	13	3683	2881	12003	0
1994	2	6	79	11	3872	3390	11167	-409
1995	2	5	79	11	4645	3979	13031	-114
1996	2	5	77	9	6088	5020	14640	-1018
1997	1	4	74	9	7543	5782	22046	-821
1998	—	4	72	6	9271	6129	23000	10
1999	—	4	72	6	11190	6950	25980	7

续表 12－12

年度	营业网点		员工人数（人）	储蓄合同工人数（人）	存款余额（万元）	其中储蓄（万元）	贷款余额（万元）	利润（万元）
	分理处（个）	储蓄所（个）						
2000	—	3	48	3	12228	7356	23117	6
2001	—	2	43	3	16520	7792	22176	189
2002	—	2	41	2	23059	8611	20294	326
2003	—	1	41	—	21960	9526	14079	200
2004	—	1	38	—	24783	10627	10517	243
2005	—	—	39	—	34880	11547	101	270

1983—2005年酉阳自治县信用联社存贷款余额及累收累放情况表

表 12－13　　单位：万元

年　度	各项存款余额	各项贷款余额	累放贷款	累收贷款
1983	1000	1165	978	680
1984	1107	1619	1093	678
1985	1374	1594	1120	1095
1986	1796	1869	1298	1023
1987	2097	2447	2235	1658
1988	2116	2587	1472	1331
1989	2406	2436	1169	1319
1990	2651	2878	2014	1572
1991	3341	3376	2407	1909
1992	4675	4172	3641	2030
1993	6058	5783	5556	3946
1994	7861	7582	5608	3809
1995	9766	9256	7578	5935
1996	12906	9636	8528	8148
1997	15420	11830	9487	7293
1998	16437	13358	7950	6421
1999	18149	12768	4726	4864
2000	23382	14993	8804	6509
2001	28869	19703	13366	8856
2002	37775	30332	22209	11580

续表12－13

年 度	各项存款余额	各项贷款余额	累放贷款	累收贷款
2003	43272	42603	32030	19759
2004	59410	53115	39663	29151
2005	76490	64721	50001	38394

1995—2005年酉阳自治县邮政储蓄年末余额情况表

表12－14　　单位：万元

年 度	年末余额	年 度	年末余额	年 度	年末余额	年 度	年末余额
1995	3058	1998	7177	2001	16176	2004	35923
1996	4420	1999	9044	2002	24056	2005	45536
1997	5501	2000	12216	2003	29428	—	—

第四章　保　险

第一节　机　构

中国人民财产保险股份有限公司酉阳支公司和中国人寿保险股份有限公司酉阳支公司，脱胎于1951年的中国人民银行酉阳县支行的保险股。1952年自成体系，成立中国人民保险公司酉阳支公司，管辖秀山、酉阳两个县的保险业务。1958年与县财税局合并。1959年保险机构宣布撤销。1982年7月1日恢复中国人民保险公司酉阳县支公司，仍属县人民银行管辖，1984年升格为县级公司，自成体系，全称为中国人民保险公司酉阳县支公司。

1986年3月，扩大保险工作覆盖面，在全县范围内的区（镇）设立保险代办机构，设置钟多镇及龙潭、龚滩、麻旺、酉酬、大溪、兴隆、苍岭、黑水、李溪、双河、丁市共12个保险服务所。

1996年，按照《中华人民共和国保险法》的规定，财产保险和人寿保险分业经营，分别成立中国人民财产保险有限公司酉阳县支公司和中国人寿保险有限公司酉阳县支公司。

1999年1月18日，县财险公司更名为中国人民财产保险公司酉阳县支公司。5月，中保人寿保险有限公司作为中国第一家全国性寿险公司宣告成立，由此县寿险支公司再次更名为中国人寿保险公司酉阳县支公司。

2003年6月，国务院批准中保财产和人寿股份有限公司正式重组建立，于是作为其下辖县级支公司的中国人民财产保险股份公司和中国人寿保险股份有限公司酉阳县支公司亦相应重建。寿险酉阳县支公司内部设经理室、综合管理部、业务管理部、客户服务部、个人业务部、团体业务部、农村网点部等1室6部，并在县城设营销部3个和乡镇营销服务部12个，公司在编人员12人，个人代理人120余人，兼业代理机构4家。财险酉阳支公司内设1室4部：经理室、综合部、业务部、营业部和营销部，下设乡镇级营销部10个。自此，两公司组织机构健全，服务网络遍布全县城乡，在酉阳财险、寿险市场发挥主渠道的作用。

第二节　险种及业务

财产保险　县财产保险支公司经营各种财产保险业务，主要险种有机动车辆保险、货物运输保险、船舶保险、企业财产保险、个体工商户保险、家庭房屋还本长效保险、家庭财产还本长效保险、农村种养业保险以及各类责任保险等若干种保险业务。

财险支公司自1996年分业经营以来，业务稳步发展，管理不断改进，讲求实效，为县域经济发挥保险补偿职能。

1986—2005年人保财险酉阳自治县支公司保费及赔款情况表

表12－15　　单位：万元

年度	保费收入	储金收入	合计收入	赔款支出
1986	50	30	80	37
1987	60	38	98	42
1988	75	44	119	262
1989	122	60	182	58
1990	119	98	217	138
1991	160	367	527	210
1992	240	810	1050	240
1993	333	1170	1503	424
1994	357	—	357	188
1995	450	—	450	302
1996	540	—	540	334
1997	511	—	511	303
1998	653	—	653	812
1999	409	—	409	1004
2000	660	—	660	324
2001	587	—	587	320
2002	501	55	556	526
2003	504	3	507	303

续表12－15

年度	保费收入	储金收入	合计收入	赔款支出
2004	516.68	—	516.68	261.16
2005	592.39	—	592.39	405.48

人寿保险　县人寿保险支公司主要经营各类人寿保险、意外伤害保险和健康保险等业务，开办了健康、医疗、养老、意外伤害、投资分红等80多个险种。至2005年，共承担上万人次的各种人身保险，以及金额上亿元的保险责任。已开展并形成一定规模的主要险种：

长期险种：康宁重大疾病保险、康宁定期保险、祥和定期保险、祥和终身保险、祥瑞还本终身保险、99鸿福两全保险、国寿少儿英才保险、国寿生命绿荫疾病保险、国寿福馨两全保险、国寿鸿鑫两全保险、国寿千禧理财两全保险、国寿康恒重大疾病保险、国寿康裕重大疾病保险、国寿松柏养老保险、国寿鸿泰两全保险、国寿鸿瑞两全保险。

短期险种：国寿团体人身保险、国寿团体人身意外伤害保险、建筑工程人身意外伤害保险、国寿机动车驾乘人员保险、国寿幼儿学生平安保险、国寿团体医疗保险、意外伤害医疗保险、国寿旅游意外伤害保险。

寿险支公司自1996年分业经营至2005年，业务持续发展，保险收入稳步上升，年收入从分业经营前的380万元逐年递增到2005年的2286万元。公司经营效益不断改善，个人营销成为新的业务增长点。内控力度加大，管理不断改进，风险防范得到重视，转换经营机制并取得进展，为专业化经营管理奠定了基础。

1996—2005年人寿险酉阳自治县支公司保险收入表

表12－16　　单位：万元

年度	保费收入	年度	保费收入
1996	380	2001	1003
1997	681	2002	1600
1998	707	2003	1825
1999	761	2004	2000
2000	827	2005	2286

第三节　理赔救灾

财产保险　由于酉阳地处山区，气候条件多变，道路状况差，重特大交通事故和火灾、水灾等自然灾害时有发生，对国家和人民财产及生活造成极大损失，人保财险酉阳支公司发挥保险经济补偿职能，面对各种灾害，人保公司起到了“稳定器”的作用。

在理赔上，公司坚持“服务第一，保户至上”的服务方针，坚持“主动、快捷、准确、合理”的原则。1996—2005年，累计办理各类赔付案件9618件，支付死亡、伤残保险给付和经济补偿共2619万元。

理赔案例：1988年7月19日，县城桂芳街失火，酉阳二中至西山沟街道两旁的民房全部被烧毁，受灾居民达60多户，是有史以来全县火灾案中受灾户最多的一次。灾情发生后，公司及时查勘理赔，保险赔款较快就落实到保户手中，使受灾户修建了新房。

1988年7月22日，县城发生特大洪灾，30多家投保单位受灾，上百户的保户财产被洪水淹没。省、地分公司派来工作组，配合县支公司组成五个理赔小组，深入受灾现场查勘定损。在两个月内查勘理赔工作全面结束，赔付资金及时到位，使受灾企业及时恢复了生产和经营，受灾居民及时恢复了家园。受灾单位纷纷送锦旗，感谢人保公司。

1994年，为缓解酉阳县城水患，四川省保险公司捐资40万元修建县城主城区的防洪堤。1995年黔江分公司捐资5万元，修建县城西山沟河堤。

1999年6月28日，县城发生历史上罕见的特大洪灾，重庆市公司及黔江分公司来酉阳，及时组织30多人的查勘定损小组，一个月内理赔结束，共计支付赔款1004万元。

2005年10月6日凌晨4点，酉阳103汽车运输公司报案：该公司牌号为渝AV0159的客车在永顺县郊发生车祸，死亡1人，重伤13人，余为轻伤。12月14日，该公司又报案：车牌号为渝AV0390的49座大客车在广州市温源县城镇与一货车相撞。这两次车祸寿险公司及时赔付兑现，第一次30万元，第二次30余万元。

1986—2005年20年间，人保公司共支付各险种赔款6493.64万元。

人寿保险 人寿保险酉阳支公司恪守“信誉第一，服务一流，快速兑现，限时赔付”的承诺，为全县各族人民提供多层次、全方位的人寿保险理赔服务，为社会服务，为政府分忧，为家庭解难。

突出事例：2001年10月，酉阳钟多中学发生全校500多名学生食物中毒的重大事故。10月的一个晚自习后，该校因学生拥挤造成楼梯垮塌，致5名学生不幸身亡。这两次事故发生后，酉阳支公司都是第一时间赶赴现场，抢救中毒和受伤学生，并到医院送慰问品和兑现保险金，还为钟多中学捐款10万元。

2002年5月12日，酉阳支公司在碧津广场举行高达30万元的兑现大会，为保户侯天全、王建红、陈德余3户现场赔款。

2005年9月18日，酉阳泔溪中学初一年级开中秋晚会，69名学生因吃了质量不合格的月饼后发生食物中毒事件，学校随即将中毒学生送到麻旺卫生院治疗。19日上午11时，酉阳寿险支公司接到报案，于当日下午2时赶往出事现场，了解在69名中毒学生中，其中45人病情较轻，20人较重，特别严重者有4人。经过卫生院6天观察治疗后，除2人病情极其严重而转入酉阳县医院治疗外，其余病员情况基本稳定出院。此次支公司开支医疗抢救费6万多元，理赔4万多元。

第十三篇

经济综合管理

JINGJI ZONGHE GUANLI

第一章　发展与计划

第一节　机　构

1988年以前，酉阳计委有8人，设办公室、企管科、计划科、投资科、体改办。1989年与县经委合并为酉阳县计划经济委员会，有28人，设办公室、计划科、企管科、投资科、矿管办、体改办、三峡办。1993年划出经委，县计委有24人，设办公室、投资科、计划科、矿管办、世行办。1999年增设澳援办、招商办。2001年成立酉阳自治县发展与计划委员会，有18人，设办公室、国民经济综合科、投资科（县招投标管理办公室）、价格管理科（县物价局划入）。

第二节　计划体制变革

酉阳计划体制的变革，随着国家大政方针的变革而变革，由计划经济体制转向市场经济体制，这是一个逐步而又漫长的过程。

社会主义计划经济体制在国家实施了30余年。国家进行经济体制改革，由计划经济体制逐步建立市场经济体制。1986—1990年，主要是控制计划内，放开计划外，实行"双轨制"运行。计划外的一时无序，使市场混乱、物价不稳。1990—1995年国家进行治理整顿之后，进一步改革开放，扩大市场经济范围，商业物资等供应流通各领域放开。市场经济体制建立之初，制度还不完善，一时通货膨胀，又进行治理整顿，上收计划、价格审批权，实行"社会集团购买力控制"政策，对计划外的实行最高限价销售。1995—2000年，进一步深化改革，放宽市场调节份额，减小计划范围，农资化肥价全部放开，厂家自定销售价，这标志着旧体制正式结束，新体制在国家经济体制中基本建立。2000—2005年，所有商品全由市场调节，政府只控制物价总水平。

改革、整顿、治理，社会主义的市场经济体制逐步取代了传统的计划经济体制，计划职能也发生了根本性的转变，由微观控制变为宏观调控，由指令性计划变为指导性计划，向政策引导、项目带动、抓重要规划、谋全局大事、保整体发展方面转变。

第三节　发展规划编制

1986—2005年，县计委主要编制了以下三个长期发展规划。

10年长期规划（1990—2000年）　1992年编制《酉阳土家族苗族自治县国民经济与社会发展10年规划》，力争到2000年工农业总产值在1990年基础上翻一番。到2000年，主要经济社会规划指标。综合经济指标：社会总产值13亿元，国民收入7.6亿元，国民生产总值8.9亿元，工农业总产值7.7亿元，固定资产投资5.5亿元。社会发展指标：人口不突破74.2万人，大部分高、初中毕业生都具有一至三项职业技术。基本实现初步卫生保健，城乡电视覆盖率达90%以上。逐步完善社会保障体系，加快城镇建设，逐步建设城乡四级文化队伍网络，弘扬民族优秀文化，加快县城体育设施建设。

15年长期规划（1996—2010年）　1996年编制《酉阳土家族苗族自治县国民经济与社会发展2010年规划》，到2010年，实现国民生产总值在2000年基础上翻一番，使农村趋于城镇化，城镇人口比重在现有基础上提高3%，改变城乡、工农的二元经济结构；县域经济初步工业化。国民生产总值中第一、二、三产业的比重由现在的55∶24∶21调整为35∶40∶25；资源配置市场化，建立有序的市场体系。全县城镇居民年均收入4000元以上，农民纯收入2000元以上，恩格尔系数城镇降至45%左右，农村降至50%以下，为21世纪中叶基本实现第三步战略目标打下良好基础。国民生产总值达25亿元，工农业总产值达45亿元，财政收入25亿元，社会消费品零售总额达10亿元，全县农村人均占有粮食500公斤，全面实现九年制义务教育，人人享有初级卫生保健，文化生活丰富多彩，社会保障机制建立健全，全县人口控制在80万以内。

生态环境建设长期规划（1998—2020年）　到2020年：农业生态：推广旱作农业44万亩，改造坡耕地44万亩，改造中低产田31万亩，稻田综合利用27万亩，投资5.1亿元。林业生态：天然林保护215.25万亩，投资1.25亿元，造林达144.47万亩，投资2.5亿元，生态环境监测及保护体系投资0.31亿元。水土保持：投资7亿元。4.草地生态：62万亩，投资0.6亿元。另有酉阳旅游长期发展规划（2003年编制），到2020年旅游收入10.3亿元，占县GDP的9.2%。

第四节　国民经济计划编制

1986—2005年，县计委先后编制“七五”到“十五”4个五年计划。

“七五”计划（1986—1990）　围绕开放搞活，坚持“一个中心，两个基本点”，社会总产值实现5.38亿元，5年平均递增6.97%，国民生产总值实现3.21亿元，年均递增9.64%，工农业总产值达到4.98亿元，年均递增7.91%，财政收入实现0.01亿元，年均递增30.76%，粮食总产量25.65万吨，年均递增4.48%。农民人均纯收入达到279元，年均递增14.79%。累计完成固定资产投资0.48亿元，总人口控制在66.75万人之内，无计划的人口增长得到了有效控制，教育卓有成效。电视覆盖率有较大提高。

“八五”计划（1991—1995年）　打基础、建基地、立支柱、解决温饱。计划经济与市场经济接轨运行时期，国民生产总值实现5.57亿元，比计划高出8.1%，年均递增13.8%，工农业总产值实现10.2亿元，比计划高出32.47%，年均递增15.79%，财政收入实现0.47亿元，比计划低28.35%，年均递增20.87%，粮食总产量实现32.29万吨，社会消费品零售总额实现3亿元，比计划高出57.89%，年均递增23.33%，农民人均纯收入667元，比计划高出33.4%，年均递增19.03%，累计完成固定资产投资4.8亿元，人口控制在70.6万人以内，改造中小学危房4.9万平方米，办学条件得到改善，打通、硬化了县城和平路，城南片区开发有所起步，各项社会事业协调发展。

“九五”计划（1996—2000年） 越温达标、奔向小康。国内生产总值达11.34亿元，产业结构调整一、二、三产业比重为48∶15∶37。粮食平均增速为2.3%，农民人均纯收入达1290元，年均增加107元。累计实现固定资产投资15.57亿元，年均增长17.68%，社会消费品零售总额年均增长14.9%，其中个体私营经济零售额占51%，民营经济发展较快，科技教育等各项社会事业全面进步。

“十五”计划（2001—2005年） 保持GDP年均增长10%以上，协调产业结构，改善基础设施，生态良性发展，突破药、旅、畜、林、烟5大支柱产业，解决农民贫困和财政拮据，力争实现国内生产总值19.12亿元，年均增长11%，一、二、三产业比重分别达到39∶19∶42。工农业增加值9.73亿元，年均增长7.62%，财政收入1亿元，年均增长10.76%，社会商品零售额10亿元，年均增长10.7%，农民人均纯收入1840元，年均增长7.36%，5年累计固定资产投资23亿元，年均增长4%，城镇人口达14万人，城镇化程度提高到18.4%。人口控制在76.5万人以内，生态环境保护和建设初见成效。

第五节　计划执行与检查

每年度的国民经济和社会发展计划执行情况，以及次年度计划（草案）安排情况，1990年以前向政府汇报，1990年以后为县计委主任受县人民政府委托，直接向每年人代会报告，提请审查批准。

计划检查分年度计划检查和专项计划检查。

年度计划检查 年度计划，年初下达，每季检查，发现问题，及时警示，析因谋略，监督完成。

专项计划检查 专项检查，时间稍长，项目上马，或是过半，或是近尾，进行检查，查出问题，及时整改。2002年对林业专项资金使用情况进行检查，发现有“小金库”等13项问题，对私设“小金库”作罚款5000元处理，其他各项问题提出整改意见。对退耕还草国债专项资金进行检查，查出有3项问题，提出的整改意见是：对挪用的40万元，由县畜牧局于11月底以前组织资金归垫；对违规7000元，同样由县畜牧局于11月底前用自有资金归垫；县畜牧局必须尽快组织人员完善项目工程竣工验收程序。同年还对生态环境综合治理国债项目资金进行检查，查出5项问题，提出了整改意见。2003年对2001—2002年以工代赈项目进行查改。

第六节　物价管理

1986年以来，酉阳物价管理工作经历商品由部分放开、“双轨制”到市场调节的全过程，价格有升有降，物价基本稳定。1987年9月11日，国家首部正式的价格法规《中华人民共和国价格管理条例》出台。

价格改革

农副产品购销价格 粮油价格：1992年以前，合同定购和定量供应部分执行国家定价，议购议销的随行就市，略低于市场价的原则制定。1991年粮油统销价调整，粮食每斤提0.1元，油每斤提1.35元。1992年11月1日，粮价放开后，粮油收购执行最低保护价，销售实行最高限价。烤烟、桐梿、苎麻、晒烟、蚕桑等价格：除烤烟2005年以前其购销价均执行国家定价外，其余农副产品放开前的收购价由物价部门核定，销售价由企业自定。1992年放开后，由市场调节。

农资购销价格　“两杂”良种的购销价一直由种子部门申报，由物价部门核定；化肥、烤烟复合肥销价1987年以后实行“双轨制”，计划内执行国家定价，计划外实行进价加合理运杂费加综合差率的办法制定。农膜、农药实行地区管理地区农资公司调拨价，县物价局核定综合零售价。二者先后于1997年、1998年放开。1999年放开化肥价，企业自定厂价，政府作指导价。

重要工业生产资料，钢铁、成品油等价格　计划内执行国家定价，计划外以购进价加合理运杂费加综合差率的方法制定。钢铁于1992年后放开市场调节。1993年将计划内成品油限价加价议价并轨，统称“计划内议价”。1996年成品油放开，实行最高限价销售。2000—2005年成品油价调价频繁，幅度较大。

县产工业品价格　由企业根据成本加税利的办法进行申报，县物价局核准，先后于1988年、1989年、1990年对县饲料公司、合成洗涤剂厂、侨兴针织厂、建华厂、水泥厂、调味品厂、饮料总厂、药厂、烟厂等企业产品的出厂价或调整价进行了审核。1992—2005年，大多数企业或关或停，无产可生，也便无价可核。

日用工业消费品生活必需品　除食盐、水电气等少数几种至今仍由政府作价外，其余各类均于1992年前后放开，由市场调节。

边区价格的制定　同一商品的购销，与周边地区的毗邻省县存在着时间差异，故而与全县统一价不符，这就必须制定一种特殊的与之相近或相同的价格。未全放开前，主要表现在农副产品和农资的购销方面。全放开后食盐的销售价仍存在边区价格差异。

非商品类　交通运输：1993年以前属国家定价，1993年以后，全县所有的公路水路货运价放开，在现行基础上可上下浮动40%。客运的调整需经物价部门审核。从1999年起，首次实行春运涨价上浮20%-30%；药品：1999年后由倒扣作价改为顺加作价，进价加规定差率；电信执行国家规定的标准：1998年规定，联通在执行国家规定的移动电话资费时可以上下浮动10%，移动电话裸机售价利润不超过8%。旅游业：2002年核定赵世炎故居、桃花源景点门票价格；物业管理：2001年制定了酉州花园物业管理收费标准，在酉阳历史上首次制定物业管理价格。

价格变化

1986—2005年，酉阳物价起伏不稳，变化较大，有涨有落，周而复至。1987年遭灾减产，粮食猪肉上涨，其价升幅较大，全年零售物价指教上涨达10.42%，超过地区下达的指标。1988年日用工业品等价格上涨，消费价格指数34%，全年物价上涨幅度29.5%。1989年下半年起，涨势逐渐回落，工业生活用品平均跌落5%—10%，生活费用指数下降为19.4%。1990年农资下降3%。是年指数2.1%，与全国基本一致，物价是1984年以来最低的一年。1991年主要工农业生产资料平稳。1992年总水平涨幅为6%，农资价降16%。1993年粮价上涨，为平抑粮价，全地区统一挂牌降价销售粮油。县城水价、居民用电上调20%。全县公路、水路货运价放开，上下浮动40%。1994年通货膨胀，全县社会商品零售物价指数25.9%。1995年春节，市场猪肉涨到5—6元／斤，客运上涨50%。全年商品零售物价指数17.7%，使1994年一直居高不下的物价得到控制，呈下降趋势。1996年商品零售物价指数9.8%。1997年商品零售物价指数5.8%，再没有出现大的上涨。农膜价放开。1998年零售物价涨幅上不超过1997年，商品零售物价指数连续13个月负增长（1997年10月到l998年1—12月）为3.65%。粮食、工业品零售降价。联通在执行国家规定的移动电话资费标准时可上下浮动15%。1999年制止低价倾销。2000年围绕“止跌回升”的物价中心开展工作。数百种药品降价5%左右。2001—2005年所有商品价格基本放开，由市场调节。这期间除了两次（2002年、2004年）各50%上调县城水价幅度较大外，粮油、农资价格平稳，日用工业品有升有降。

从1986年到2005年，农副产品收购价上涨5倍，日用工业销售价上涨5倍，农资销售价上涨8倍，工业生产资料上涨10倍，非商品上涨10倍。所有商品平均上涨8倍。

价格管理

从“双轨制”到监督管理 对大多数商品实行“双轨制”，计划内执行国家定价，计划外实行最高限价；放开后由市场调节，实行经营差率监督管理。

专项检查 每年一次，各有侧重。1986—2005年，共查处价格违法行为100余起，违法金额500多万元，清退150多万元，上缴财政70多万元（不包括行政事业性收费违纪金额）。

年度审验 对全县行政事业性收费项目换发许可证，每年进行一次年审，对违规收费项目及时给予撤销或纠正或罚没。

元旦、春节物价检查 每年一次，以确保节日期间市场价格稳定。

建议 建议上级物价部门取消不合理价格和不正确做法。1988年至1992年曾先后4次向上级反映：两次黔江地区农资公司收费不合理，一次是黔江地区粮食局加工费过高，另一次是涪陵盐业支公司因缩减经费开支，减少酉阳正常供盐量而造成一时食盐哄抢现象。

具体措施 1989年下半年起，为控制物价继续升涨，对调价采取“特批”，对放开的重要商品实行“申报制度”，涨势逐渐回落。1990年清理、整顿。放开小商品、服装、皮鞋及部分日用工业品价，调整农副产品收购价。1992年酉阳土家族苗族自治县价格事务所成立。1992年10月31日，全面放开粮价，结束粮票历史。1993年为平抑粮价，全地区统一挂牌降价销售粮油。1995年为控制物价上涨，首推物价工作“首长负责制”，坚决抑制通货膨胀，调入国家（中央）专储粮销售。1998年继续清费、治乱、减负。1999年化肥价放开，厂价厂定，政府作指导价。2000年对灌区水利改实物为货币计收。玉米退出保护价范围。2001年酉阳土家族苗族自治县物价局价格认证中心成立。2001年全国统一开通价格举报电话“12358”，受理消费者投诉。2001年对商品和服务实行明码标价管理。2003年全县乡（镇）建立涉农价格监督站。制定“酉阳县物价局价格听证目录”共7项，今后凡是涉及其中价格的调整，都要公开举行听证会。2003年5月起，除水、电、气、食盐、成品油、义务教育阶段学校收费等少数关系国计民生的商品和服务仍由政府定价、少数商品和服务由政府进行指导价管理外，绝大多数商品和服务价格均由市场调节，政府及其价格主管部门依法管理。

第二章　统　计

第一节　统计网络

1988年以前，县统计局除落实专（兼）职人员负责各自岗位工作外，内部未设立机构。1989年2月，设立二股一室，即办公室、工业农业投资股、财贸物资股。1996年，增设法建办及微机站，内部机构进一步完善。2001年全县机构改革，局内设机构为办公室、综合法制科和专业调查科两科一室。岗位设置发展到7个专业统计及微机数据处理、打印、文件收发、档案、法制宣传、会计、出纳、法规检查等。为适应经济发展的需要，更好地发挥统计功能，巩固经济普查成果，保证数据质量，2005年根据国家、市统计局的要求，在原有统计岗位的基础上又增设基本单位的维护和更新专业统计岗位。

1986年起，县统计局为完善全县各主管部门、企业、区乡（镇）的统计机构做了大量的工作。至1989年，全县多数主管部门设置统计机构，县商业局、粮食局等主管部门还对下属单位的统计机构和人员配备作了具体规定。根据统计工作的需要，1994年，县政府对县内支柱企业、重点行业，规定设置统计机构，并对各企事业单位的统计人员配备作了安排，统计机构得到稳定和充实。1991年，全县13个区（镇）建立统计站。1992年，全县80个乡（镇）全部建立统计站。

1998年后，随着机构改革的进行，部门统计机构受到冲击，比改革前有不同程度的削弱。大部分业务主管部门未设置统计部门，只配备专兼职统计人员和指定统计负责人。2001年撤区并乡建镇，全县为39个乡镇，原区乡统计站已不复存在，乡镇统计工作主要由兼职统计人员来完成。

统计队伍，1986年统计局有在职职工9人，1988年年底增加到10人，1990年13人，1993年15人，1996年离岗1人，在职职工14人，其中中专文化程度的有10人、大专4人；有7人取得助理统计师任职资格、2人分别取得统计师、经济师任职资格。到2001年机构改革前，统计局人员编制数为20人（其中，农村经济调查队7人），而实有人数为24人。机构改革后，统计局人员编制数为17人（其中农村经济调查队7人），实有人数为17人。从2003—2005年，统计局人员新老交替，队伍输入新鲜血液，调进4名大学生，全局人员编制数为22人（包括社会经济调查12人），实有在岗人员17人，其中领导干部4人、专业统计人员11人、工勤人员1人、文秘1人；具有大专学历2人、本科学历15人。

1996年，全县大多数主管部门企事业单位配备有专（兼）职统计人员，随着经济建设的需要和统计机构逐步健全，部分部门、企事业单位已配备2名以上专业兼职统计人员，到1997年，全县仅各主管部门和企事业单位的专（兼职）统计人员数就达300人左右。至2005年，全县39个乡镇有专（兼）职统计人员195人。

第二节　统计改革

普查（调查）改革

1994年7月，国务院批转国家统计局《关于建立国家普查制度改革统计调查体系的请示》，随后《统计法》对建立普查制度进行了规范，国家普查制度开始建立。4月，国家统计局颁布《国家统计调查管理办法》，对加强统计调查管理进行了规范。根据国家统计局下发的《关于统计上划分城乡的规定（试行）》规定，县统计局对乡级和村级区域属性进行重新划分。

2000年，国务院对周期性普查项目（人口、工业、农业第三产业和基本统计单位等）作了批示，对其年份和周期进行明确规定。6月，《统计法实施细则》对科学开展抽样调查进行了明确规范。从2000年10月起，从事各种统计工作的人员必须持有重庆市统计局颁发的“统计上岗证”才能从事统计工作。

2001年，按照重庆市政府要求，全市40个区县都应按全国农村居民家庭可支配收入调查方案，建立规范化的县级农民收入抽样调查网络，开展农民收入调查工作。县统计局牵头组织建立了县级农民收入抽样调查网络，确定抽样调查户数为200户，常年开展农民收入抽样调查工作。根据市局统一安排部署，从2001年开始，每年进行一次乡镇基本情况调查。2002年，开展贸易统计抽样调查和工业统计抽样调查。2003年，经县政府审定同意农民人均纯收入记账户扩大到300户。

从2004年起，在国务院1990年关于“逢5的年份开展1%人口抽样调查”决定的基础上，根据重庆市政府办公厅《关于建立1%人口抽样调查制度的通知》精神，建立每年1次的1%人口抽样调查制度。2005年，全县配合重庆市统计局开展绿色国民经济核算和环境污染经济损失调查试点工作。国务院决定从2005年11月开展首次全国劳动力资源调查，酉阳为此建立了劳动力资源调查制度。

队伍建设

1989年，国家统计局在《关于加强统计工作，充分发挥统计监督作用的报告》中规定，统计系统新增和补充统计业务人员要“公开招聘，择优录用”，要贯彻“持证上岗制度”。2000年新修订的《统计法实施细则》规定新增统计人员，应从“具备专业知识的人员中选调”。为保持统计干部队伍稳定，《统计法实施细则》规定，地方各级人民政府统计局长调动，“应当征得上一级政府统计机构的同意”。根据这些文件精神，加强统计管理制度改革，1990年开始执行劳动工资统计联合审核制度，1995年8月，县政府制定了《厂长（经理）、会计、统计人员目标管理责任制》，规范了厂长（经理）、会计、统计人员的行为。1995年12月，在全县范围内进行一次“整顿和加强工业企业管理工作”，通过整顿，改变了工业企业计量检测手段不完善，原始记录台账不健全等现象。

1999年，为适应改革和发展的要求，制定《1999—2005年统计信息工程建设规划》。成立了年报工作领导小组和数据质量评估小组，加强对报表数据审核和评估，建立年报工作责任制，对数据质量负责人进行专题性奖惩，定期召开各类专业人员会议，共同研究各项专业统计。2000年，在原有数据质量管理的基础上，增加了“专业人员上报报表，要填写统计指标增减变动表”的要求，以加强数据质量管理。2002年，对乡镇主要经济指标进行考核。2004年，建立统计数据质量巡查制度和举报受理制度。

第三节　专项统计

专业统计项目主要有农业、工业、商业、固定资产投资、劳动工资、物资、综合平衡统计。各专业人员在各自专业范围内开展业务工作。主要包括：搞好统计基础工作，收集数据资料，建立相关专业的月度、季度、年度统计台账，开展对部门、乡镇及企事业单位的统计业务培训工作；确保数据质量，按时完成定期报表；开展统计宣传与执法检查；加强统计调查研究，撰写统计信息、新闻、分析资料；开展相关专业的专项统计调查、临时性专项调查，参加大型普查活动。

随着统计制度的改革不断调整、完善，统计报表的内容，考核评价的指标也进一步规范和科学。如1996年，县统计局微机实现通信联网，各项专业报表开始数据传输，综合平衡统计开始季度国内生产总值的测算，逐步与新的国民经济指标体系接轨。

至2005年，专项统计工作已建立了责任考核制度和科学的数据质量检查与评估制度，各专业按时保质完成各自的统计工作任务。1999—2000年，县统计局专业统计综合评比连续两年在黔江开发区排名第一；2005年，在重庆市统计系统教育培训表彰通报中为优秀单位，专业综合考评为达标单位。

第四节　统计调查

普　查

工业普查　第二次工业普查从1986年一季度正式进入普查阶段，对企业填报的普查表进行了严格的审查把关。从1995年起组织实施了历时2年的第三次全国工业普查，普查内容主要是1995年的工业生产经营基本情况，涉及92个企业单位。

人口普查　1989年起开始第4次人口普查的准备工作，并聘任普查员、普查指导员、质量控制员3096人，1990年顺利完成人口普查登记工作，并一次性验收合格。县统计局于1990年11月21日发布了《1990年人口普查主要数据公报（第一号）》《1990年人口普查主要数据公报（第二号）》，对全县总人口、人口增长、出生、死亡等数据情况进行了公布。第5次人口普查工作于1998开始进入准备阶段，组建了县第5次人口普查领导小组，普查领导小组办公室设在统计局，负责处理普查日常事务工作。通过7237名普查工作人员的努力，2000年顺利完成普查登记工作。县统计局发布《人口普查主要数据公报》，向全社会公布人口普查主要数据，并于2002年编辑出版《酉阳土家族苗族自治县2000年人口普查资料》。

第三产业普查　从1993年8月开始，组织实施全县第3产业普查，主要对1991—1993年全县第3产业结构、从业人员、单位数及分布情况进行普查。涉及第3产业单位4605个、从业人员共23550人。

第1次全国农业普查　全县农业普查从1995年年初进入准备阶段，5月成立县第1次农业普查领导小组（下设办公室在县统计局），组织培训了6500余名普查员及普查指导员。1997年顺利完成普查登记及数据处理工作，并顺利通过了市农普办代表国家农普办的质量抽样调查与检查验收，准确掌握改革开放以来全县农业生产要素的规模与结构变化情况，弄清了农村和农民的基本概况。

基本单位普查　第1次基本单位普查从1996年开始进入准备阶段，1997年完成普查阶段性任务。第2

次基本单位普查2001年进入准备阶段，2002年完成了普查的登记、审核、数据处理工作。

第1次全国经济普查 第1次全国经济普查对象包括行政区域内从事第二、第三产业的全部法人单位、产业活动单位和个体经营户及含有二、三产业活动单位的第1产业法人单位。于2003年成立第1次经济普查领导小组，领导小组办公室设在县统计局。2004年完成普查登记工作，2005年完成普查表的审核、录入、数据评估工作，并通过市经普办代表国家经普办的质量抽样调查与检查验收。

专项调查

临时性专项调查 是全面统计调查的必要补充，1998年后开展的临时性专项调查就达14项，主要有乡村个体工业抽样调查、城镇劳动力抽样调查、国有工业改制情况调查、卷烟消费调查、市场快速调查、房屋及土地占用情况调查、商业摊位调查、社会治安与严打整治专项调查、体育产业调查、全县从业人员状况调查、气象对农作物的影响调查和人才资源调查等，为全县经济建设社会发展提供新的补充信息资料。

经常性专项调查 1985年开始建立农产品产量和农民收入抽样调查制度，对农民收入来源和支出去向有了全面资料。2002年开展贸易统计抽样调查和工业统计抽样调查，作为贸易和工业全面调查统计的补充和评估资料，为贸易和工业统计数据质量提供了保障。2004年根据市政府的要求，1%人口变动抽样调查和群众安全感调查，从5年1次改为1年1次。2005年起建立劳动力资源调查制度，为政府准确判断就业形势提供依据。

资料整理与信息服务

为运用调查成果，从1986年起对历史资料进行加工整理，并进行统计分析。

1987年编印《1949—1985年国民经济和社会发展统计资料》。1988年编印《1986—1987年国民经济和社会发展统计资料》和《第二次全国工业普查资料汇编》。1989年编印《1988年国民经济和社会发展统计资料》。1991年编印《第四次人口普查手工汇总资料汇编》。1992年编印《1989—1990年国民经济和社会发展统计资料》。1997年整理印刷《1991—1996年国民经济和社会发展统计资料》。

1986—2005年，每年编印《统计提要》《区内各县经济发展动态》和《酉阳经济信息快报》。编印统计分析资料，定期发布《统计公报》，创办内部刊物《情况反映》。1994年又创办内部刊物《酉阳统计》。1996年开始，按月向县委、县政府提供国民经济运行情况的综合统计信息。2002年编印《1949—2002年国民经济和社会发展统计资料》，以后每年都编印当年的国民经济和社会发展统计资料及情况分析。此外，还增加了工业统计按月提供工业经济运行情况的分析资料。

期间，共撰写统计分析资料680余期。利用月度、季度、半年、年度统计数据进行进度分析、预测分析，按月向县委、县政府提供经济运行情况分析资料，多数资料被县委、县政府的《酉阳要情》《政府工作通报》等内部刊物采用。专题分析：1991年进入生猪典型调查，撰写《对我县生猪生产情况的调查》被《黔江地区统计》采用。以后撰写《股份制运作中几个具体问题的探讨》《酉阳县工业现状及发展问题思考》《酉阳经济发展的制约因素及对策探讨》《科技兴厂、滚动发展，两个效益同步增长—来自酉州水泥股份有限责任公司的报告》《对酉阳十年工业投资的评价与分析》《小型工业企业的根本出路在于深化改革——来自武陵火柴厂的调查报告》等专题报告，有的被《四川统计》采用，有的参加县政协组织举办的“加快两个转变”及“弘扬兴酉精神、培育新的经济增长点”大讨论，获得一等奖、三等奖、优秀奖。1996年度地区统计局评选的工普资料分析奖，其中有4篇文章分别获一等奖、二等奖、三等奖。1998年撰写的《面对贫困的社会现实和反贫困的历史责任》一文在重庆市1998年优秀统计分析评比中荣获三等奖；《从住户经营行为看酉阳农村经济》一文被国家级刊物采用，1999年撰写的关于农民收入的课题研究论文载入《重庆农民收入调研报告》一书。从2004年起每年撰写的群众安全感调查分析资料得到县政法委的好评，这些专题分析文章，有的被县委、县政府的《调查与研究》《政务调研》《政府工作通报》等刊物采用。宏观监测分析：1992年利用“恩格尔系数”“基尼系数”等有关指标撰写《酉阳县离小康水平还有多大差距》一文，被县委、县政府的内部刊物及《酉阳报》采用。

直接参与政府目标考核工作。1986—1989年，县统计局作为考评小组成员，参加了对全县各级干部的目标考核。1990年，县政府规定，凡重要信息的发布涉及全县性重要统计数据的，必须送县统计局核对，乡（镇）人民政府、各部门和各企业在考核评比时使用的统计数据，必须送同级统计部门审核。1994年起，目标考核在各项经济指标方面的日常事务由县统计局承担，指导有关部门做好基础工作，并实行对考核指标的核实监督。

第五节 法规宣传与执法

宣 传 1987年在全县宣传贯彻《中华人民共和国统计法》及《中华人民共和国统计法实施细则》。1988年4月，四川省政府发布《四川省报送基层统计报表暂行规定》后，县统计局立即作了印发，县供销联社等部门于5月份对下属单位作了转发。12月，利用全县统计年报会，组织广大统计人员对《暂行规定》进行宣传学习。1996年1月，印发《四川省统计管理条例》，并在媒体上宣传。1997年年初，根据“三五”普法的要求，制订《酉阳土家族苗族自治县统计法制宣传教育第三个五年规划》，对统计法律、法规的宣传、建设及检查等方面作了具体的规范。1998年，根据中共中央办公厅、国务院办公厅《关于坚决反对和制止在统计上弄虚作假的通知》文件精神，加大宣传统计法律法规力度，以转发文件、悬挂标语、电视广播等形式多渠道宣传。征订散发了300本《条例》单行本。2000年，组织统计普法考试，共有1433人参考；完成统计人员上岗培训工作，培训合格率达99%；在年报会上，以会代训培训统计人员近300人，组织统计人员上岗培训77人，及格率达97%：组织编印统计普法资料620册。2000年是县统计局的法制建设年，获市法制建设二等奖；“三五普法”验收合格，被评为“三五普法”先进单位。

2001年，“四五普法”启动，县局把认真组织《中华人民共和国统计法》及其《条例》的学习与考试纳入了关于“四五普法”的宣传教育实施方案。“四五普法”期间，统计宣传工作落实到基层领导班子和从事统计工作的业务人员，主要通过在每年的专业年报会上宣传，利用局分管领导为党校干部培训班常年客座教师的有利条件，每年至少举办一次统计法制专题讲座，举办一期统计培训，共举办普法培训38期，培训1942人；开展统计法规知识竞赛活动1期，参赛人数247人；普法考试1期，参考人数253人；开展各级各类宣传活动达42次，印发宣传资料749份（册）。在2005年的全市统计“四五普法”验收中达标。2005年统计法制工作考核评比中也为达标单位。

执 法 1986—1987年，对《中华人民共和国统计法》的贯彻执行情况进行检查。1989年，有2名干部取得省统一颁发的“统计执法检查证”，并为兼职统计法规检查员。是年统计局会同政府法制局、监察局等部门共同开展以劳动工资统计数据质量及基础建设为主的统计法规大检查，取得较好效果。县邮电局等单位依据《暂行规定》，将报送统计资料与经济效益挂钩。1991年，县工业局等25个部门的25名统计员取得省统一颁发的“统计法规检查证”，并为兼职统计法规检查员。1995年，县统计局11名干部取得“行政执法证”。1997年5月，全县开展统计执法大检查，并成立了统计执法大检查领导小组及办公室。从自查情况看，劳动统计检查的单位数为502个，实际收到自查报告420份，收集率达84%。从7月开始，由县统计局、监察局、人大财经科、政协经联委等10个单位抽调人员组成统计执法检查组，分成劳资、投资、农业、工交、商贸5个检查小组，对酉水乡、县广播局、县烟草公司等20个单位进行了为期10天的检查，向每个被查单位通报了检查结果，并针对存在的问题提出了整改意见。同时根据县工行、县烟草公司两个单位具有严重违反统计法律、法规的事实，对其进行了立案查处。

1998—1999年，在全县范围内开展数据质量统计执法大检查，对存在较为严重的统计违法行为的单位进行了通报，并下发限改通知书；对违反《中华人民共和国统计法》行为的县农行等单位进行立案查处。2000年6—8月，在全县范围内开展了为期3个月的统计执法大检查，被检查单位10个，收到举报统计违法案件1起，查处上年未结案的统计违法案件2起，责令改正的单位3个，对有严重统计违法行为的县水电局、龚滩镇烟草站烟技员分别处以10000元、2000元的罚款处罚；对武陵水泥股份有限公司和龙潭区下发限改通知书。2001—2005年，“四五”普法期间，做到经常性的统计执法与7、8月份的定期执法大检查相结合，平均每年检查15个单位，查处统计违法案件6起，特别在2002年，对存在统计违法行为的邮政、移动公司等7个单位进行查处，对2000年定案的林业局统计违法案予以查处，处以该单位警告并罚款6000元。2005年，配合市局开展修改《中华人民共和国统计法》和《重庆市统计管理条例》的立法调研活动。

第三章　工商行政管理

第一节　机　构

1986年，酉阳自治县工商行政管理局内设秘书、市管、企业、合同、个体、财会6股和经济合同仲裁委员会，工作人员29人，13个基层工商所，工作人员81人，局所共有职工110人。1988年增设经济检查所。1993年2月，撤销秘书股和财会股，两股合并设立办公室。4月，设立消费者权益保护股。1995年初，设立财会股。1995年3月，局机关进行机构调整，实行合署办公，将8个股室并为行政、财会、企业合同、市场监督、个体私营经济管理5个办公室。年末局机关有5个办公室和12个工商所，在册职工142人，其中局机关（含直属所）62人，基层所80人，比1986年增加32人。1997年7月，增设法制股。1998年6月，县编委核定县局机关内设秘书、个体、商标广告、公平交易、市场监督管理、经济合同管理、法制、财会、政工、纪检10个股（室），连同消费者权益保护协会、私营经济协会、个体经济协会和一个经济执法大队共14个机构。1999年重庆市垂直管理后，实行政事分离、政企脱钩、财务收支两条线，与所办市场撤离脱钩，超编人员分流。7月，更名为重庆市酉阳土家族苗族自治县工商行政管理局。年末职工158人。

2001年，县工商局内设办公室、组织人事、计划财务、企业个体注册管理、公平交易、商标广告管理、法制等8个职能科（室）和消保、市场管理服务中心两个事业单位。派出机构按经济区域设置城北、城南、城郊、龙潭、麻旺、酉酬、大溪、黑水、兴隆、苍岭、龚滩、丁市、双河、李溪14个工商所。年末职工人数144人。2005年职工人数121人，其中局机关44人，工商所77人。

第二节　市场管理

市场管理主要是对集市贸易的管理。坚持“管而不死，活而不乱”的原则，从培育市场体系着手健全市场规则，规范市场行为，维护市场秩序，加强市场建设，全面加强市场监管。20年来市场管理稳步实施，成效显著。1986年综合集贸市场及农副产品专业市场成交金额为1993万元，1990年为3583万元，1995年为14619万元，2000年为18405万元，20005年为24100万元，是1986年的12倍。

执行市场监管和维护市场秩序是工商行政管理的基本职能。配合有关部门先后对农资、石油、粮油、种子、医药、文化、建筑、夏季饮料等市场进行了专项整治，并采取集中整治与日常监督相结合的方法，先后对1000个国有、集体企业的门市、摊点和主要场镇的个体户实行监督检查，查处市场违章违法行为1238起，罚没款2.9亿元。

2000年年初对53个市场进行年检，完成后立即分阶段或集中或专项展开对农贸市场、粮食市场、成品油市场、节日市场、文化市场、烟花爆竹市场、野生动物市场和生猪屠宰点以及商品展销会等的监管、巡查，严厉打击“菜霸”“肉霸”“渔霸”等欺行霸市行为。一年中先后配合公安、城管、卫生等部门出动车辆308台次、人员1223人次，张贴、悬挂、发放宣传资料1574张（幅），办专栏336期。全年共查处各类违法违章案件250件（其中简易168件），罚没金额15500余元，查缴各类假冒伪劣物品3872件，放生青蛙、活蛇248公斤。

2002—2003年，改造7个集贸市场，拍卖处理6个。虽然隶属关系已经脱钩，但仍坚持整顿，继续实施监管职能，维护市场秩序，保护经营者和消费者的合法权益。

2005年，确定钟灵山市场、麻旺市场、李溪市场作为整治重点，清查经营主体资格，取缔无证经营，严厉查处制售假冒伪劣商品的违法行为；利用市场主体信用信息平台，改革传统监管手段。开展创建“文明市场”和“诚信经营户”为主的评比活动，钟灵山农贸市场顺利通过验收成为市级文明市场。全年除对粮食、农药、农资、食盐、食品、药品、剧毒农药、野生动物等重要商品的监督管理外，做好“红盾护农”“走近三农”工作。开展送法送书活动11次，给农民发送法律法规资料22000份，农资宣传资料5500份，农业科技书籍380册，建立一会两站（消委分会、申诉站、投诉站）54个。全年扶持农民发展个体工商户500户，私营企业35户，减免费用5万余元。还检查了涉农青蒿基地、魔芋基地、蔬菜水果基地、药材基地共18处，赢得社会的好评。

1986—2005年，全县建立、扩建、改造各类集贸市场56个，建筑面积2.4万平方米，空地面积3000平方米，有门面130间、摊位600个，投资金额330万元。

第三节 工商企业登记

工商企业登记管理工作。按照开放、搞活、改革、富民的要求，不断调整政策，简化手续，支持、鼓励各类企业开办，全力疏导服务，排忧解难。1986年全县有工商企业2307家，职工18356人，资金10323万元。1988—1991年对工商企业进行清理整顿，检查工商企业1829家。检查发现弄虚作假或未经核准登记擅自开业的有65家，从事非法经营和超出核准登记范围的有109家，并分别采取销毁、没收、罚款等办法予以处理。1991—1993年，继续坚持以搞活企业，振兴经济为出发点，加强协调服务和监督管理，引导企业转换经营机制，不断提高经济效益，促其在改革中前进，在竞争中发展。至年末有各类工商企业2215户，从业人员23534人，注册资金22322万元。

1997年，再放宽登记条件，支持企业发展，对来境内租赁和承包经商办厂的外地客商予以优先。年末，全县登记注册各类企业1803家，资金21476万元。2000年登记注册的各类工商户达1432户（法人企业331家），其中国有企业521家，集体企业820家，有限责任公司72家，联营19家。2002—2003年推行“滚动年检”“经济户口”管理制度，加强对市场准入和退出行为的监管，创新巡查方式，提高巡查效能，巩固监管效果。

2005年，推行企业注册登记“一审一核”制度，试行企业主体资格与经营资格适当分离的登记管理制度。支持国有、集体企业通过联合、兼并、租赁、承包经营、出售等方式进行改组、改制，建立现代企业制度，完善法人治理结构，做好相应的“关、停、并、转”工作。年末全县登记的内资企业有427家（法人企业161家），注册资金（本）24934万元，其中国有企业147户，集体企业57户，有限责任公司及分公司170家（法人公司66家），股份合作企业53家，私营企业129家。全年新注册登记各类企业65家，其中私营企业63家，注销各类企业32家，变更各类企业88家。

第四节 个体民营经济

1986年个体工商户为4596户，1987—1988年均有新的发展。但在1989—1990年，由于世俗偏见和“两乱”影响，全国统一营业执照换发结束后，出现了滑坡，个体工商户6087户仅登记换照3118户，3480人，滑落到1983年以来的最低点。1991年个体工商户登记回升到4642户，5605人。

1995年，全县个体工商户达9510户，从业人员11617人，注册资金3981万元，年产值7372万元。1997年，县委、县政府采取在城镇以安置就业为主，以下岗职工再就业为重点，并在农村就地转移劳动力等措施，抓发展工作。全年个体工商户发展到10050户，从业人员11496人，注册资金4649万元。

2000年，县委、县政府鼓励个体私营经济以购买、兼并、参股、租赁等形式参与国有、集体企业改制，引导下岗职工从事个体私营，加快私营小区、专业镇、专业村及专业市场培育和建设步伐，营造更宽松的软、硬环境，强化内引外联、招商引资。年末，全县个体工商户达10034户，私营企业达137家，下岗职工办证162户，外地客商来境内经营达2354户。

2005年强化规范注册登记行为，坚持依法登记，推行“一审一核”制度。年末，注册登记个体工商户为5678户，从业人员6686人，注册资金12121万元；新发展个体工商户1259户，从业人员1884人，注册资金3532万元。

第五节　经济合同管理

20世纪80年代中期，县政府成立有财办、经委、工商、商业、供销社、银行等单位负责人组成的经济合同管理领导小组，分管财贸的副县长任组长，各区（镇）相应成立合同管理机构，成员达93人。全县设专兼职合同管理员363人，区、乡还聘请合同管理员530人。1987年全县共签订各类经济合同290773份，金额达27860.09万元。

1989年，抓企业承包合同和建筑安装合同的管理，为经济体制改革服务。鉴于建筑安装合同管理一度混乱、问题多的实际情况，县工商局配合建委、建行组成清理整顿建筑市场办公室，对1987年以来的建筑工程进行清理。共清理工程160项，建筑面积117840平方米，总投资3279.47万元。在检查清理中，对4起无证施工作罚款处理，帮助二建司收回拖欠工程款56万元。由于合同管理卓有成效，受到省工商局表彰，授予合同管理工作先进单位称号，张健出席了省先进表彰会。

1991—1992年，把鉴证管理工作重点转移到烤烟合同和建设工程承包合同上，有利于烤烟生产、收购任务的完成，建筑市场秩序混乱的局面也得以扭转。

1995年，对有经济合同往来的320家企业进行合同年检，对35家“重合同、守信用”企业进行复查验收，上报省工商局命名的2家，地区工商局命名的11家，县政府命名的20家，取消命名的3家，巩固了“重合同、守信用”活动成果。鉴证管理上，全年共鉴证各类合同46739份，金额8616.87万元。

2000年，把依法查处合同违法案件列为重点。全年鉴证管理，计有烟叶、种子、建筑安装合同34278份，收取鉴证费25300元。

2002—2003年，开展“重合同守信用”活动，强化合同格式监管，规范企业签约行为，提高履约水平。

2005年着重抓“订单农业”的开展，促“诚信酉阳”信用体系建设；做好抵押物资的登记管理及拍卖事宜，营造和维护诚信守约的投资环境。

第六节　商标和广告管理

随着经济的发展和经济体制改革的深入，县域地方工业创品牌、保品牌、创名牌活动相应开展起来，商标、广告市场逐年活跃，加强管理工作势在必行。

1985年，酉阳建华厂“银瀑”牌粉条机商标经国家批准注册后，产品运销广东、广西、福建、江苏等10多个省市、地区，供不应求，盈利翻番。在商标、广告给企业带来经济利益的作用下，全县使用商标和开展广告宣传的企业逐年增多，1987年达15户，使用商标27个。

1988年后，随着商品生产流通的不断发展，商标、广告作为促销手段广泛被企业应用。企业为加强产品宣传，扩大商品知名度，着力申请注册商标和刊发报纸、路牌广告。至1991年年末，全县有20家生产厂家申请注册商标32个，有23家生产企业投资12300元在县城和龙潭间的交通要道上办起长50米、宽2.5米美观显眼的路牌广告群；《酉阳报》为企业刊登各类广告146条。到1994年年末，全县有效注册商标40件，有75家企业投资2万多元制作路牌广告86块，各种户外广告500多块，霓虹灯广告200余块，播放电视广告80多户次，实现从张贴广告宣传为主到以报刊、电视、广播、路牌、霓虹灯等为主要媒介的商品广告宣传的过渡。

1995—1996年，在宣传贯彻《中华人民共和国广告法》的同时，着重加强日常监督，坚持广告发布前的审查制度，严格把关。其中1995年审查61件，发布49件；1996年审查258件，准予发布205件。两年共立案查处9件，罚款550元，收缴虚假广告320份，清除张贴广告116张，使不法行为得到了有效遏制。

2000年，再次加大商标法律法规的宣传力度，树立商标品牌，增强商标意识。在《酉阳报》刊登商标知识2期，酉阳电视台播发商标宣传专用语16次，在“3·15”活动中设立咨询台，接待商标法律咨询161人次，印发商标宣传资料4750份。在组织企业中层以上干部100多人学习商标法会上，突出宣传县内运用商标品牌效能取得良好经济效益的事例，介绍红光农机有限责任公司生产的“石虎”牌破碎机，以其品牌和质量的知名度，畅销渝、鄂、湘、黔四省（市）30多个县（市）。全年申报注册商标8件，至年末全县有效注册商标已达34件。2002年，加强对商标印制企业和使用商标行为的监管，检查商标印制企业11家，商标使用经营户300家，处理15家，其中1户罚款2000元。2003年注册商标8件。

2005年，围绕以保护注册商标专用权的“红盾行动”为中心，加强特色农产品商标注册，以提高农产品的附加值，增加农民收入。如天一魔芋“创生”牌商标注册后，“创生”牌魔芋粉出口东南亚，魔芋成为全县主要产业，在8个乡镇推广种植，面积达万亩。“山黛生姜”“双池茶”“美池茶”“蜂蜜守春”“南界大米”等6件农产品商标也陆续获得注册。年末全县实有注册商标42件。酉阳青蒿质优量大，其独特的资源优势享誉世界。开展“酉阳青蒿”商标申报工作。全年，围绕户外广告专项清理和“打虚假、树诚信”广告的专项整治，开展“诚信兴商”的宣传活动。监测和查处与人民群众生活关系密切、社会反响强烈的药品、医疗保健品、食品、农资等违法广告，收缴印刷品广告15000余份，查处违法广告7件，罚款6000元。

第七节　经营监督检查

1986年重点查处就地转手倒卖和各种诈骗活动的违法案件。查处酉阳县农业机械化服务公司转手倒卖一辆拼装的双排座130汽车从中牟利1160元一案，依法处以3000元罚款，并责令将货款如数退还买方；查处浙江永康县项某以“莪木”冒充“田七”出售的欺诈案，追回货款。

1987—1988年，查处计划内商品转议价销售、倒卖归口经营的重要生产资料以及掺杂使假、出售假冒伪劣商品等违法活动。1989年查处大、要案件24起，罚没款95984元。查处的违法物资有钢材43吨、化肥718.42吨、高压聚乙烯51吨、农药228公斤、柴油4吨、劣质肥皂1400箱、木材8.24立方米、大米9856公斤及一批彩电、高档香烟等。

1990—1991年，抓制造、销售假冒伪劣商品和倒卖重要生产资料等违法案件的查处，仅1991年就达41件，结案率为100%。查处的物资有化肥107.5吨、劣质棉絮520床、劣质棉花920公斤、假五粮液700

瓶、各种名贵中药材337公斤。7月，县工商局在黔江地区工商局于秀山举行的案件评审会上荣获地区第1名。11月，出席了四川省工商局在成都召开的经检工作先代会，荣获经检工作先进单位和先进个人的称号，并获得精神和物质奖励。

1993—1997年，共查处各类违法案件221件，罚没款112800元。2000年，着力改善办案条件，采取办案人员、办案经费、办案工具三倾斜的措施。充实公平交易科（经检所）、市场巡查中队和工商所的执法人员，为局、所配备7辆执法巡查车、1台摄像机、1台照相机、1部收音机、一批工具书，落实了办案必须开支的费用，解决了人员、装备、经费问题，办案执法力量得到加强。全年查处各类违法违章案件254件，其中立案查处86件；简易程序处罚168件，罚没收入409245元（实际到位232245元），捣毁4个制假售假窝点和收缴、销毁大批假冒伪劣物品。

2005年，配合公安、文化等部门专项集中打击赌博，扫黄打非，打击传销和变相传销活动。全年共查处各类违法违章案件124件，罚没款达254810元，其中罚没款在5000元以上的大要案14件，罚没款达145000元。

第八节　消费者权益保护

1993年3月，在县工商局成立消费者权益保护股，配备3名工作人员，专职消费者权益保护工作。9月，酉阳土家族苗族自治县保护消费者权益委员会成立，各区（镇）分会相继成立。全年受理投诉42件，为消费者挽回经济损失15.18万元，消保工作名列黔江地区前茅。盛方伦代表县消委会，出席了省消委1994年2月在成都召开的全省保护消费者权益先进集体先进工作者表彰大会，省消委授予县消委“保护消费者权益先进集体”称号。1995年受理投诉案件172起，结案100%，开展市场检查35次，检查企业、摊点4865家次、个体2654户次，查处劣质糖果糕点5000多公斤。

1996年3月15日，县城600多人参加消费者维权日大会和游行活动，设置咨询台3处，散发宣传资料1000余份，接受咨询服务60余人次，向社会公开曝光246种假冒伪劣商品。相继开展“百城万店无假货”“消费者满意商场（店）”活动。2000年，开通“12315”举报投诉电话，公开各工商所举报电话号码，建立了维权投诉网络，方便消费者随时举报投诉81件，解决79件。结合实物宣传，在全县重点集镇将假烟、假酒、假药等五大类100多个品种展出曝光，然后当众销毁。

2005年3月7日，县工商、技监、药监、广电、报社等18个部门专题研究制定“3·15”活动方案，当天出动人员170人次、车辆40余台次，设立咨询点21个，悬挂宣传标语36幅，接受咨询3500人次，发送宣传资料41000份。此外，《酉阳报》开辟“健康、维权”专栏，刊登维权知识文章5篇，用中缝刊登公益广告和口号15期，有线电视台制作消费知识节目。4月，开展“诚信兴商”宣传月活动，至年末全县有53家获得市、县级“重合同、守信用企业”“消费者信得过企业”“消费者放心门市”“诚信私营企业”“诚信个体工商户”等荣誉称号。全年还对县城零售市场904户经营业主进行检查，处理违法经营业主10人，罚款3万余元。

第四章　审　计

第一节　机　构

酉阳自治县审计局

1983年，按照党中央和国务院的统一要求，酉阳开始着手设立独立审计机构的筹备工作。11月，正式成立县审计局，将县财政局监察股的职能转到县审计局。1984年4月，审计局配8名审计干部。1985年4月，审计局设立秘书股、审计一股、审计二股，分别履行相应的工作职能。此前，审计局内部未设相应的股室，只分为秘书组、行财组（负责财政金融、行政事业单位审计）、企财组（负责工交、商业、粮食系统审计）3个组。

1987年3月，酉阳审计事务所成立。由审计局主管，为全民所有制事业单位，实行自收自支，有偿服务，独立核算，编制3人。

1988年4月，县审计局内设机构进行调整，将审计一股调整为金融股、行政事业审计股；将审计二股调整为工业交通审计股、商业贸易审计股，保留秘书股，内部股室由原来的3个调整为5个。5月，核定编制为15人。12月，核定事业编制3名。

1989年，四川省审计局批准酉阳县审计事务所为全民所有制事业单位。

1991年4月，县审计局设立综合股，1995年5月，又设立基建外资审计股，所设机构不新增人员和经费。1999年12月，酉阳审计事务所撤销。

2000年1月，经重庆市财政局批准，在原审计事务所基础上，经改制新组建的渝友会计师事务所正式成立，全县社会审计职能由县会计事务所承担。

2001年，县级机构改革后县审计局的职能配置、内设机构、人员编制情况是：内设5个职能科室，分别为办公室、经济责任审计科、财政金融审计科、经贸投资审计科、农业及社保审计科。局机关行政编制14人，其中局长1人、副局长2人、科长5人。

内审机构

1984年，县商业局、供销联社、粮食局、教委、卫生局、水电局、林业局等8个部门成立内部审计机构。

1993年，全县共有内部审计机构达27个，配备人员39人。1997年，全县共有内部审计机构21个，其中县级行政事业单位15个，企业6个，专职审计机构18个，共有内部审计人员39人，其中县级行政事业单位28人，企业11人，专职审计人员36人。

1998年，重庆市审计局在全市范围内全面推行内部审计上岗证管理制度，酉阳水电局、烟草公司、粮食局、供销社内部审计机构审计人员分别获颁上岗证。全县共有内部审计机构（企业内部审计机构除外）8个，其中专职机构4个。有内部审计人员14人，其中专职人员8人。

2000年，全县共有内部审计机构19个，其中行政事业单位14个，企业5个，专职内部审计机构16个，有内部审计人员35人，行政事业单位25人，企业10人，专职人员32人。

2001年，全县共有内部审计机构13个，其中行政事业单位8个，企业5个，独立审计机构4个，纪检审计5个，财政审计2个，其他2个，有内部审计人员26人，专职内部审计人员11人。

第二节 国家审计

国家审计机关是开展国家审计的主体，对社会审计和内部审计进行指导和监督。酉阳独立审计机构成立以来，对全县区乡财政、行政机关、企事业单位、重点基本建设单位、重点建设项目以及国际合作项目进行重点审计，发挥了审计监督职能。

1984年，对全县育林基金征收、使用、管理情况进行了为期84天的审计，查出违纪违规金额57万元，处理收缴财政14.6万元。1988年，在对农资公司进行的为期20天的财务收支审计中，共查出违纪违规金额15.1万元，处理收缴财政10.3万元，对单位罚款1.08万元，对责任人罚款288元。

1989年3月，县政府批转县审计局《关于对行政事业单位全面推行定期审计制度的报告》，《报告》把定期审计的范围定为除了1987年列为首批审计的10个单位和1988年列为第二批审计的20个单位外，新增县科委、计生委、工商局、物价局、老干局等15个单位为第三批审计对象。同年，在对某百货公司为期90天的审计中，共审计金额1782万元，查出违纪违规金额27.6万元，收缴财政9.2万元，对单位罚款2.7万元，对责任人罚款610元。在对龙潭区公所的财政、财务收支审计中，贪污民政救济抚恤3.337万元的责任人被移送检察机关后被判刑3年。

1990年，完成对全县284个承包企业的终结审计。在对银行机构的审计中，查出银行截留优惠指标少返还民贸企业优惠利息60万元，并作出了退返截留利息的处理决定。

至1992年年底，审计机关共审计项目300余个，其中省审计局部署的审计项目250个，地区部署的审计项目30个，县政府部署的项目20个，未出现一个复审单位和项目，其中事业单位61个，行政单位76个，企业75个，其他审计事项88个，审计金额8亿元人民币。共查出违纪违规金额1832万元，其中违纪金额919万元，违规金额913万元，处理896万元，对单位和个人罚款7.7万元，收缴财政112万元，追还侵占挪用资金142万元，减少财政拨款或补贴15万元。查出损失浪费金额120万元，促进增收节支466万元。提出合理化建议1365条，被单位采纳867条。提交专项、综合审计报告14个，编发工作简报136期，发表审计新闻21篇，审计论文5篇。提交审计结论和决定300个。处理直接责任人15人（其中局级2人，股级8人），对构成犯罪的移送检察机关处理2人（判刑1人，免予起诉1人），应给予行政处分和党纪处分移送监察机关处理1人（撤销厂长职务），移送纪委处理1人（开除党籍）。县审计局先后获省粮食财务审计先进集体，地区粮食审计先进集体、地区审计工作综合考评第一名，县四好领导班子、社会治安综合治理先进集体等殊荣，并连续4年被县上评为优秀党支部，集体和个人受地区表彰7次，省级表彰3次。

到1993年，酉阳独立审计机构正式运行10年间，共审计单位项目326个，审计金额10亿元，查出违规金额2357万元，促进增收节支476万元。当年完成审计项目27个，审计金额21300万元，查出违纪违规金额246.2万元，应上缴财政金额51万元，罚款9601.82元，促进增收节支10万元，在《现代审计》杂志刊发审计业务文章2篇。

1998年，审计项目27个，查出违纪违规金额2251万元，审计上缴财政金额324万元。

2000年，审计项目24个，审计金额44600万元，查出违纪违规金额万元6072万元，审计处理或罚款金额1401万元，审计上缴财政金额78万元。

2005年，审计项目25个，查出违纪违规金额7399万元。

1983—2005年酉阳审计机关审计监督情况表

表13－1

年度	审计项目（个）	审计金额（万元）	查出违纪违规金额（万元）	审计处理或罚款金额（万元）	审计上缴财政金额（万元）	增收节支（万元）	提出审计建议意见（条）
1983—1992	300	80000	1832	7.7	132	466	1365
1993	27	213000	246.2	0.96	51	10	—
1994	43	43370.5	393	4.0334	25	—	63
1995	21	—	864	—	66	—	—
1996	43	—	625	5	5	—	—
1997	38	—	2896	18.4	14	—	68
1998	27	—	2251	6	324	—	—
1999	34	42000	4449	669	48	231	80
2000	24	44600	6072	1401	78	358	76
2001	26	—	2377	86	66	25	10
2002	35	—	188	—	30.45	—	40
2003	42	—	461	16	65	—	—
2004	32	—	4829	141	89	—	98
2005	25	—	7399	—	18	—	45

第三节　内部审计

1985年，酉阳的内部审计工作开始走上规范化、制度化轨道。到1992年年底，全县内审机构共审计单位项目182个，其中承包离任审计92个，定期审计90个，财务决算审计28个，纠正违纪违规金额204万元，其中增加上缴20万元，增加留利25万元；查出损失浪费62万元，促进增收节支54万元。到1993年，全县内部审计机构共审计单位项目221个，违纪违规金额210万元，其中增加上缴22万元，增加留利26万元，查出损失浪费金额665万元，促进增收节支56万元。当年全县内部审计机构共完成17个审计项目，财务收支审计10个，经济责任审计3个，经济效益审计1个，基本投资审计3个，查出违纪违规金额

105万元，提出建议意见27条，被采纳20条。

1998—2001年，全县内部审计机构共完成89个单位的审计监督工作，其中财务审计21个，资产负债损益审计12个，基本建设审计7个，经济责任审计32个，经济效益审计6个，其他审计11个，审计总额27.3610亿元，减少损失浪费1078万元，促进增收节支357万元，纠正不合理资金2675万元，查出经济案件7件，移送被党纪政纪处分1人，提出审计建设意见27条。

第四节　社会审计

1987—1992年，县审计事务所接受并完成国家审计机关审计委托事项19个，审计金额14000万元，查出违纪违规金额174万元，应上缴金额39万元。接受并完成其他部门和单位委托事项300余项，其中财务收支审计36个，承包离任审计9个，经济案件鉴定10个，验资年检158个，资产评估1个，咨询服务、建账建制8个，担任常年顾问3户，其他事项92个，为企业、事业单位培训会计人员106人次，实现累计收入17万余元。到1993年，全县社会审计机构共完成国家审计机关和其他部门委托审计事项331个，审计总额15000万元，查出违纪违规金额205万元，上缴金额39万元。曾获地区审计工作先进集体、省审计工作先进集体等称号。

2000年1月，渝友会计师事务所成立，其主要从事审计查证、评估咨询服务、会计财务资料审计、基建预决算审计、离任审计和企业合并、分立、清算审计及税务代理、司法鉴定等审计事项。会计师事务所成立以来，累计审计执业650余项，实现收入100余万元。其中开展专项审计250余项，分别为财政决算审计100余项，工商年检审计100余项，政府部门委托对下属机构的专项审计50余项；开展验证资本金审计300余项、评估90余项，其中国有企业改制评估10项，企事业单位交易评估80余项、司法鉴定10项，为地方财政追回偷逃税款近100万元。

第五章　技术质量监测

第一节　机　构

酉阳县质量技术监督局（以下简称质监局）的前身是酉阳县标准计量管理局，成立于1979年4月。1989年4月，撤销酉阳土家族苗族自治县标准计量管理局，成立酉阳土家族苗族自治县技术监督局，作为政府的一个职能部门，统一管理全县标准化计量、质量工作，原标准计量局所属事业单位仍成建制归技术监督局领导。

1999年国务院作出质量技术监督系统实行省以下垂直管理的决定。2000年11月15日，重庆市酉阳土家族苗族自治县质量技术监督局正式挂牌成立。行政工作管理权、人事任命管理权、工资划拨管理权都移交给重庆市质量技术监督局，实行市局垂直管理。直管后有“三不变”。即服务于酉阳经济建设的指导思想不变、维护企业和消费者的合法权益的宗旨不变、坚持“科学、公正、廉洁、高效”的自律准则不变。

2001年县级机构改革后，县质监局内设办公室、质量科、特监科、执法队、计量所、质检所，有干部职工（含离退休）35人，其中在职职工29人，离退休6人；大学本科7人，大专14人，中专2人，工程师3人，助理工程师9人。全局取得法律专业大专以上文凭已达11人；有27人取得行政执法资格证；5人取得检验（检定）员证。

第二节　法规宣传

在20世纪80至90年代，主要宣传《中华人民共和国计量法》《中华人民共和国标准化法》《中华人民共和国产品质量法》和《国务院产品质量认证管理条例》。“三法一条例”是执法主体。随着时间的推移，国务院出台《特种设备安全监察条例》《质量振兴纲要》《关于进一步加强产品质量工作若干问题的决定》，省、市先后出台了《产品质量监督管理条例》等相关政策法规，全国人大常委会讨论通过的《中华人民共和国宪法》《中华人民共和国国家赔偿法》《中华人民共和国行政处罚法》《中华人民共和国行政诉讼法》《中华人民共和国行政复议法》《中华人民共和国行政许可法》。县质量技术监督局结合行政职能和工作实际，采取多种形式对上述相关法律法规进行了宣传。

自身建设　1995年以后，先后派送70人次分别到北京、四川、重庆、黔江接受法律法规知识培训；参加县法制建设办公室每年举办的“三五”普法考试，每年定期组织全体职工进行一次法律知识考试，成绩纳入年终工作目标考核。

举办培训班　举办有47个企业参加的综合性培训班，参加培训57人。组织县联社系统58名基层供销领导人进行“三法一例”学习。对林化厂、油脂化工厂、饮料厂、药厂等7家企业标准化达标培训3次，举办有40人参加的识别伪劣商品函授班，结业考试全部合格。对饮料厂、林化厂全面质量管理进行了为期两个月的培训，在130名培训者中，参加省统一命题考试的94人，平均成绩90分以上。受县计委委托对油脂化工厂、药厂等150名职工讲授全面质量管理知识，以提高企业的质量管理水平。

其他宣传形式　利用电影院开映前放幻灯片，用广播举办联办节目、报纸办专版等方式宣传相关法规；利用各种会议进行法规宣传，累计购买、编印、发放相关法规宣传资料21000多份。

在每年的“3·15”“全国质量月”和“12·4法制日”三大宣传活动中，县工商、技监、药监、经委等部门的干部职工上街游行宣传，于县城和各区镇悬挂大幅标语，同时还拍摄制作大型图片展出，扩大法规宣传教育面。在2003年的“全国质量月”活动中，推出“五个一工程”，即一个宣传日；一次座谈会；一次质量法规知识竞赛；一组系列报道；一次电视讲话。法规宣传形式多样，生动活泼。

第三节　质量标准化管理

1999年8月，成立酉阳土家族苗族自治县质量管理协会。2003年8月，成立企业质量档案工作领导小组，对年销售额在100万元以上的企业建立质量档案，开展重要工业产品质量指标考核工作，从而掌握了全县企业产品的质量状况。有2家企业通过ISO 9000质量体系认证，2家企业通过产品质量认证，4家企业建立标准体系，2家企业获得食品生产许可证。

标准化管理　1994年全县列为生产企业有42家，其产品按标准生产的覆盖率为64%。之后，积极清理、整顿企业生产标准，做好制定标准工作。通过几年狠抓不放，全县企业产品的标准覆盖率由64%上升到100%。2001年9月，经市局验收，结论是：消灭无标生产工作达到《重庆市消灭无标准生产县验收办法》的各项要求，全面验收合格。2005年，全县企业生产产品中“双采”（采用国家标准和国外先进标准）产品有2个。

通用标准的检查　1989年按照GB7718-87《仪器标签通用标准》，对全县主要产品为酒类的生产企业进行检查，发现不符合《食品标签通用标准》的标签有3344572个，价值267565元。为减轻企业经济损失，根据有关规定，决定采取补救措施，将这批食品包装和标签按规定补充完整，限时在境内使用，为企业排忧解难，挽回部分经济损失。

标准化培训　1995年举办1期标准化培训班，对各经济主管局及其所属企业的质量标准化管理人员进行培训，使参训人员了解标准化工作的基本内容、要求，由黔江地区质量技术监督局派员授课，对考核合格者颁发国家质量技术监督局标准化司盖章的合格证，实施持证上岗。2002年4月，县质量技术监督局、县质量管理协会联合举办WTO与现代化质量管理知识培训，特请重庆市资深专家王泽民前来授课。全县重点企业的厂长（经理）、质量管理负责人、质检负责人参加培训。

推行国家代码标识制度。县政府设立了代码办公室，对全县范围内的国家机关、企事业单位、社会团体、人民团体等申报单位办理代码标识证书715份，建立数据库，为代码标识的推广应用，为全国数据联网奠定了基础。2005年新办商品条码1个，续展3个，办理组织机构代码62个。年末，酉阳被评为重庆市农业标准化工作先进县。

质量监督　1992年，配合“中国质量万里行”和四川“巴蜀质量跟踪”活动，对县城及12个区（镇）的生产企业、重点市场和经销单位的仓库、门市、摊点1627家的产（商）品进行6次检查，查出超保存期、霉烂变质的糖果、糕点、罐头、乳制品、饮料、调味品、酒类等，对变质食品全部销毁，保护了消费者的健康权益。1994年开始，派专人常住酉州水泥股份有限公司进行常年服务，驻厂监督，检测水泥安定性，使该企业产品质量上了新台阶，成为黔江地区大河口水电站建设工程水泥供应厂。派人到宜居茶厂监督质量，协助申办产品条码，巩固该企业在1992年生产的杜仲强身茶参加首届中国医疗保健精品博览会荣获金奖的成果。组织专门班子，用20天时间为酉阳兴飞食品厂进行传统工艺生产的“五香牛肉干”制定了企业标准（GB/YF001-94标准），并派人赴河北就牛肉干产品质量问题进行协调处理，挽回经济损失4万元。1995年，对酉阳烟厂从外地购进的卷烟接嘴机进行鉴定，发现有质量问题提出质询，使烟厂免受经济损失。

2005年1至8月，指导苦荞酒厂、魔芋精粉厂申报争创重庆市名牌产品；组织一些重点企业开展QC

小组和“降损”活动，成立QC小组25个，开展全面质量管理培训；指导天雄锰业开展体系认证工作，并通过验收。

第四节 稽查·计量·检验

稽 查

1994年11月，成立酉阳土家族苗族自治县技术监督稽查队，隶属县质监局。2000年直管后，酉阳土家族苗族自治县技术监督稽查队更名为酉阳土家族苗族自治县质量技术监督局执法大队，其基本职能是对全县计量、标准化、产品质量以及各类市场违禁行为实施稽查。

20世纪80年代末至90年代中期，分别对208户全民、500家集体经销单位门市部（商店）和2580户个体商户、380个临时个体商户进行了检查，查出有违法行为372户，处理178户，教育194人。1995年，按照“三法”“一条例”和“扶优限劣、规范市场、引导消费、服务企业”十六字方针，开展稽查工作，对油化厂等12家工业企业和石油公司等20家商贸公司进行定人定点稽查，依法查处化肥、农药、饮料、食品、汽配件等各类产（商）品计量、质量违法案件201起，涉案金额479万元。1996年查大案、办要案、捣窝点，对大型市场商品检查达40次以上，依法做出处理决定的大案10起，涉及违法金额170余万元，为国家和消费者挽回经济损失达200万元。

1996年，查获黔江销来的“亚普牌”劣质烤烟化肥3000吨，货值800万元，违法收入达166万元的特大质量案件。1997年，查处肥料大要案7起，涉案金额1200万元。受理企业、个体工商户、消费者投诉案件11起；参与县烟厂MX-III型烟支滤嘴接装机、饮料厂饮料灌装机、宜居茶厂袋泡茶包装纸和县城一家摄影部彩卷洗印机等重大质量案件的鉴定处理，通过提供质量调查报告方式，为受害者在法庭争得主动，为全县企业挽回经济损失达100万元。

1999年，办理各类质量技术监督行政案件230起，立案43起，调解处理190起，为企业、消费者、用户挽回直接、间接经济损失5650万元，没收销毁假冒伪劣产品标值50万元，罚款10万元。对施工质量安全和特种设备严格进行稽查执法，检查了酉阳二中、县人民医院、龚滩移民工程，“319”线“三改二工程”等重点工程及工地14处。主要检查工程使用的钢筋和水泥质量，其中对酉阳二中宿舍楼工程使用的涉嫌质量问题的钢筋1.5吨进行封存；对河滨公寓涉嫌质量问题的钢筋责令停止使用。

2002年11月至12月，开展了“大米、小麦粉、食用油、酱油、醋”等5种产品专项执法检查，共抽样品12个，其中不合格5个，分别给生产者和经销者以处罚。全年办理各类行政案件72件，其中现场处罚48件，立案处理24件，受理举报投诉11件，均已办结，无一例行政复议和行政诉讼案件。

对特种设备检查共出动执法人员25人次，检查了钟多、大溪、酉酬、麻旺、龙潭、黑水、小河、龚滩等8个区（镇）及学校等12个单位的锅炉14台、电梯2台、液化气充装站4个、塔吊5个，其中对丁市、黑水小学使用的锅炉下达了责令停止使用通知书，限期整改。

对特殊背景下的产品质量进行严格监督检查执法。1999年，酉阳发生“6·28”特大洪灾，组织执法人员对生产和销售的副食、饮料、建材、医药、农药等进行全面执法检查，销毁水淹兽药40吨，价值190万元；销毁水废烟草种子0.65吨，价值21.65万元；销毁失效烤烟专用肥416吨，价值50万元；销毁水淹农药价值183.6万元。2003年“非典”期间，共出动执法人员120余人次，对口罩、温度计、防护服、消毒液等防“非典”用品进行了拉网式检查，查获涉嫌质量问题口罩1200个、消毒液15瓶，责令停止使用。

计　量

《中华人民共和国计量法》于1986年7月1日起施行。

全面推行法定计量单位，先是普及宣传，然后是改制计量器具。经几年的宣传检查和改制工作，各行业的统计报表、文件、领导讲话以及强制检定的计量器具等一律使用了法定计量单位。测试所提供了2500支千克杆秤、2100多套液体量提，投向市场满足群众需要。同时严格执法，没收市秤、市尺、市制量提等计量器具，曝光后当众销毁。

20世纪80年代以来，对制药厂、铜鼓水泥厂、龙潭水泥厂、邮电局、红光机械厂等13家企业达国家计量标准水平逐一考核评审，报上级审批，经黔江地区技术监督局验收被授予工业计量工作三级计量合格证书。1995年，在全县范围内检定计量器具1439台（件）。1997年完成全县计量器具检定2600台（件）。1998年在全县检定测试各类案秤木杆秤3000余台（把）、天平20余台、压力表400余块次、温度计110支次、售油器65台次、血压计30块次、地秤15台次、流量表48块。2001年，共检定各类计量器具2000台（件）。2002年，开展对集贸市场和加油站计量专项整治工作，在集贸市场对限期未淘汰的计量器具实行没收处理，共没收68杆秤；对限期未检的计量器具，实行现场强制检定，共强制检定821台。全县有重点集贸市场6个，使用计量器具855台，受检率为95%，设置公平秤6台，受检率为100%；加油站共19家，在用加油机45台，受检率为100%。2000年，计量测试所为农网改造检定电表15000只，为烤烟收购检定秤2080台（件），为企事业单位和个体经营者检定计量器具3000多台（件）。2003年，检定计量器具总数23100台（件），检定固定摊位500个、公平秤5台，受检率100%。在用计量器具965台（件），其中固定摊位在用计量器具500台，受检率95%；加油站10个，在用加油机40台，在用加油机受检率100%。2005年1至8月，计量所共检定计量器具25000台（件），所检定的项目计量器具是电能表、台秤、加油机、压力机、振动台、搅拌机、电子秤、电子天平、机械天平、压力表、流量计、度盘秤、案秤等。

检　验

1985年成立产品质量监督检验所，负责对全县产（商）品的质量检验。

产品质量监督检验　编好计划，下达受检目录通知，重点对地方的“名”“优”和量大面广的酒类、饮料、食品、粮油、水泥、建材等定时抽样监督检验，对未列入受检目录的产（商）品依法实行不定期监督检验和抽查；对酒类产品，每年度在4月和8月集中进行抽样检验，采取以会代训传授酿酒技能，指导企业质检人员正确执行检验方法，提供准确计量数据，反馈检验结果；1986—1992年，全县监督检验产品质量共计1103件。1993—1998年间，对农药、化肥（复合肥）、酒类、糖果糕点、饮料等抽查检验计1070批次，平均合格率在60%左右。2005年上半年共检农产品52批次，食品56批次，建材70批次，石油制品及其他12批次。1—8月，质检所检验样品283组，比2004年同期增加310%。

产品质量监督检验能力增强　县质监局共投入20余万元购买质检设备，检测能力从原来单一酒类检测发展到能对粮油、食品、糖果糕点、化肥、水泥、建材、铅锌矿等多类品种实施检测。同时强化内部质量管理，使检验数据公正、科学、正确、可靠。1993年10月，经四川省技术监督局组织的评审小组现场考察评审，正式通过了产品质量监督检验所的质量检验认证，确立该机构在法律上的合法地位，表明该机构具有相应产品的质量监督检验能力，其向社会提供的数据真实可靠，具有法律效力。2004年8月，又获得重庆市质量技术监督局的扩项认证，共认证3大类84个产品168个项目。

第五节　市场整顿

1994年，同县公安、工商、物价等部门，对全县蚕茧收购市场进行了全面的质量、计量执法监督检查，整顿了市场，防止了“蚕茧大战”。1998年2月，整顿农资市场，开展“打假”保春耕活动。兵分三路，对酉东、酉中、酉西3个片区13个区（镇）80多个乡场的农资销售中的质量和计量进行监督检查，办理监督执法行政案件11起，情节严重的立案查处。主要涉及烤烟复合肥2000吨、农药5.3吨、化肥60吨、农膜8吨。

1999年2月，对农资市场进行专项“打假”整治，抽查种子、化肥、农药、农膜共77批次，查处量2060吨。还对国家技术监督局公布的山西杏花村中杏酒厂生产的酒进行异地封存，同时对县城内产销的散装白酒和低档瓶装白酒进行检查。出动105人次，检查大小批发部、零售商店116处，抽样44个，涉及品牌25个。2000年，检查店铺181处，查获不合格酒类9种160余件、食品3000余件（包）。查获不合格钢芯铝绞线13吨、劣质钢材7吨、无生产许可证钢材110吨。

2001年元旦、春节期间，开展市场商品质量计量检查，查出假冒伪劣商品标值15.718万元，其中立案5件，检查计量摊位215个，对不合格的计量器具进行强制检修和相应处罚。4月，对全县13区（镇）81个乡粮站（库）的201台计量器具进行检定。

2002年，在“3·15”活动期间，出动执法人员120余人次，出动执法车10余辆次，检查专业市场2处，商店120余家，捣毁制假窝点1个，查处“黑心”棉178床及制作“黑心”棉原材料500公斤以及一批假冒伪劣商品8797件。

2003年6月，在全县开展了为期一个月对糖果糕点生产经营的专项整治活动，共出动执法人员405人次，执法车辆18台次，主要对副食批发仓库、超市、校园周边场所等重点部位从事糖果糕点生产、销售的经营者逐一进行检查，共检查经营户2142户次，查处制售假冒伪劣糖果、糕点案件45件；查处无证经营和“卫生许可证”有效期满、未办理换证手续者3件，对过期变质蛋糕、饼干、糕点、桃片等食品进行收缴处理。

第六节　特种设备安全监管

2002年，特种设备安全监察职能交给质监部门。县质监局对全县特种设备进行普查登记，摸清了全县特种设备的数量及分布状况，并对存在安全隐患的设备进行整改，对拒不改正，隐患严重的进行了处罚。在特种设备专项检查中，共检查锅炉78台、液化气充装站4家、起重设备2台；查处土锅炉1台、无证上岗2人。对存在安全隐患的4家液化气充装站、12台在用锅炉做出责令整改的通知。

两年来，共排除各类安全隐患100余起，销毁土锅炉11台，报废不合格锅炉15台，没收不合格气瓶260个，行政处罚18起。对全县在用特种设备进行定期检验，无一例特种设备安全事故发生。

2004年，已基本建立特种设备动态监管体系，对全县21个乡镇进行拉网式安全检查，共出动安全监察人员186人次，下达安全指令书24份，检查锅炉108台、起重机械36台、电梯9台、压力容器（不含气瓶）12台、压力管道1808.59米，现场排除安全隐患3起，处罚4起。

2005年1—8月，实施各项特种设备行政许可。电梯定检率96%，起重机械定检率95%，气瓶定检率96%，特种设备注册登记率96%，作业人员持证上岗率95%，开展了气瓶、压力管、危险化学品承压罐车、土制锅炉、起重机械专项整治工作，发现安全隐患19起，立案查处4起。建立危险源档案及监控体系，完成特种设备管理体系和数据库，建立特种设备事故救援预案；层层落实了特种设备安全责任制。

第六章　食品药品监督

第一节　机　构

2000年6月，国务院发出通知，全面推进全国药品监督管理体制改革，实行省以下机构垂直管理。2001年8月，中共重庆市委组织部明确从2001年9月1日起，药品监督管理系统市以下干部实行垂直管理。重庆市人民政府行文对市以下管理机构、编制人员、经费一并上划，并将卫生部门药政科（股）、药检所机构、编制人员和原区、县医药管理部门中履行药品生产流通监督管理职能划入药监局。

2001年8月，县人民政府与重庆市药品监督管理局签署划转协议，将县药品监督管理局的机构、编制、人员、财政经费、固定资产等一并移交重庆市药品监督管理局管理。上划行政编制干部6名、事业编制干部12名；上划经费25.1万元，其中人员经费18. 62万元、办公经费2.48万元、其他经费4万元。8月，酉阳县药品监督管理局成立。

2001年10月，重庆市药品监督管理局酉阳县分局成立。2002年1月，分局完成职能配置、内设机构、人员编制到位、任命中层干部等组建事宜，至此分局药品监督管理组织机构基本健全。

2002年4月，成立酉阳土家族苗族自治县药品检验所。9月，市药监局下达分局机关行政编制9名、行政执法专项编制5名、机关后勤服务人员事业编制2名、药检所全额拨款事业编制5名。2004年3月，县食品安全协调委员会办公室设于分局，处理该会日常工作。

第二节　药政管理

分局负责辖区内食品、保健品、化妆品的综合监督、组织协调和重大食品安全事故的查处以及药品、医疗器械质量保障的具体执法。至2005年，辖区内现有药品生产企业1家，医疗器械批发企业6家，药品经营企业215家，其中批发企业2家，药品连锁企业6家，零售连锁门店186家，药品零售企业17家，医院45家，个体诊所及村卫生站800余家。医院、诊所、药店普遍存在规模小、经营效益不高，部分仅能维护基本生活现状。

第三节　药品医疗器械监管

分局坚持以监督为中心，监、帮、促相结合的方针强化药品市场的整治。从抓源头，抓主渠道监管着手，规范药品、医疗器械购进渠道，堵塞假劣药品、医疗器械进入流通市场。

宣　传　2002—2005年发挥广播、电视、报刊等宣传媒体的作用，采用多种形式，深入各街道、乡镇开展贯彻《中华人民共和国药品管理法》及实施条例、《医疗器械监督管理条例》法律法规。在《酉阳报》专题宣传186期，酉阳电视台播报47期，重庆有线台播报7期，现场设咨询台29次，发放各类宣传单和宣传画报64500余份。

市场准入　2001—2005年，主要开展几项工作：对全县药店设置条件进行细化，并加快审批质量和审批速度，推进药品经营连锁步伐。至2005年，和平药房、时珍阁大药房、桐君阁大药房、同泰大药房、康济大药房、衡生大药房、昌野药房相继落户酉阳。全县新引进和通过GSP认证的药品批发企业2家、基层配送中心4家、医疗器械批发企业6家。39个乡镇共审批发放“药品经营许可证”（零售）215家，其中连锁药店有202家，占94.0%；分局连续举办药学技术职称、执业药师资格考试、药品从业人员上岗资格、药品医疗器械法律法规等有关培训10期，培训药品生产、经营、使用单位的人员1635人次；支持和指导药品经营企业创建市级“放心药店”和县级“示范药店”，已通过验收评选出市级放心药店2家和县级“示范药店”17家；推进药品生产经营企业GSP认证，分局派出技术员经常深入企业进行现场指导，先后指导了华武制药、奇门药房、同泰大药房、衡生大药房、医药二级站等药品经营企业，对其顺利通过GSP认证起了帮促作用。

市场监管　2001—2 005年，共出动执法车辆579车次，出动执法人员3530人次，与公安、物价等部门联合执法，加大打击力度。期间，共检查药品、医疗器械经营使用单位5463户次，立案查处无证经营、超范围经营、非法制剂、经营假劣药品、过期失效药品、劣质医疗器械违法案件178件，当场处罚115件，实施药品、医疗器械监督抽样近1000批次。日常监督检查乡镇所药店、医疗机构及个体诊所，共没收非法广告单1.47万张，没收近300多个品种的假劣药品、医疗器械，货值金额达134.76万元，取缔无证经营50家，责令停产停业整顿5家，责令限期整改102家。

有效控制药品购进渠道。推行所有药品经营使用单位药品购销登记管理制度，印发《药品购进记录登记簿》《药品销售记录登记簿》《医疗器械购进记录》《医疗器械销售记录簿》，在报上转载《中华人民共和国药品管理法》《医疗器械监督管理条例》等药事法规，加大了对无购进记录违法行为的查处力度。要求所有经营、使用单位，必须在具备药品批发资格的经营单位购进药品；批发企业必须在店堂悬挂证照，出具正式销售发票（备查），杜绝假劣药品从流通环节的混入，遏制假劣药品的渗透。

网络建设　组建县食品药品放心工程领导小组，成立食品安全协调委员会，制定了实施食品药品放心工程的具体方案，督促14个成员单位和39个乡镇政府成立领导小组和工作班子。全县所有乡镇均成立食品药品安全管理办公室，所有村组设立食品药品安全信息联络点。至2005年，全县有乡镇协管员277名、村组联络员554名。县、乡（镇）、村三级监管网络初步建立并发挥了作用。食品药品安全监管网络建设的做法，得到市食品安全协调委员会办公室的肯定，并作为经验在全市推广。

第七章　安全生产监督

第一节　机　构

1959年，酉阳县建立县委五人安全小组办公室，后更名为安全办公室。1971年成立安全领导小组。1981年为安全生产办公室，各厂矿、企业均成立安全委员会，负责本企业的安全生产。

2001年9月，设置酉阳土家族苗族自治县安全生产监督管理局，将原安全生产委员会办公室承担的安全生产综合管理职能、原劳动局承担的劳动安全监察管理职能划入安全生产监督管理局，综合管理全县的安全生产工作，履行国家安全生产监督管理职能。2004年12月13日，增设安全生产监察执法大队，现局内设机构为办公室和县安全生产监察执法大队两个职能科室。

县安全生产监督管理局机关行政编制4名，机关后勤编制1名，其中局长1名，副局长2名，办公室主任1名。县安全生产监察执法大队核定事业编制5名，其中设队长1名。

第二节　制度建设

目标管理责任体系　2005年，根据“一岗双责”的工作原则，县政府印发《关于进一步明确县政府领导安全生产分工的通知》，强化安全生产工作的领导。为理顺安全生产管理关系，明确职责，根据“谁主管，谁负责”和辖区负责制的原则，县政府又印发《关于进一步理顺安全生产监督管理体系明确安全生产工作职责的通知》，并将安全生产工作纳入县委、县政府对各级各部门年度工作目标考核的重要内容，实行“一票否决制”。各乡镇政府、各部门又与其下属部门、辖区企业或业主签订安全生产责任书，明确各自安全生产工作内容和职责。通过层层落实安全生产责任，形成了横向到边、纵向到底的安全生产监管体系。为全面贯彻实施《国务院关于特大安全事故行政责任追究的规定》，健全安全生产责任追究体系。县政府相继出台《酉阳自治县政府部门行政首长问责暂行办法》《酉阳自治县安全生产工作责任制》等文件，对重特大安全事故责任人、安全生产失职、渎职行为进行问责及责任追究，直至移交司法机关处理。

组织管理体系　酉阳县安全生产委员会下设办公室在县安监局，实行“两块牌子，一套班子”开展工作，由县安监局负责日常办公，履行全县安全生产综合监督管理职能。县安监局履行综合安全监管职能，组织、协调、督促各级各部门、企业、经营单位及个人开展安全生产工作，负责全县安全综合监察执法，协调处理安全生产事故；各乡镇人民政府成立安全生产监督管理办公室，作为县安监部门的延伸，履行基层安全生产工作监督管理职能，并在委托执法范围内执法。

工作制度 为使安全生产工作能持续、有效开展，县政府先后出台《县安委会工作规则和月度工作会议制度》《县道路交通安全工作联席会议制度》等工作制度。各类例会的主要内容是传达中、市有关安全生产指示精神，布置当前安全生产工作内容、重特大事故隐患报告与处理和开展联合执法等。

统计信息体系 2005年，根据市安监局《关于进一步规范安全生产调度统计工作的通知》精神，从伤亡事故快报、月报、安全生产形势综合分析报告等方面的统计作了规范。同时，为保证事故发生后能够及时报告事故信息、组织事故抢险处理工作，制定了事故信息处理程序。主要内容包括：事故的逐级报告，事故抢险工作的协调，起草事故抢险工作意见和事故通报，及时传达、转发上级有关部门关于事故抢险处理工作的意见和通报，随时了解掌握事故抢险进展情况并及时向上级报告续报等。

第三节 教育与宣传

安全培训 开展各类安全管理人员的安全管理知识培训，丰富管理手段和方法，提高管理水平；加强对特种作业人员和企业从业人员进行安全技能培训，提高安全操作能力，杜绝违章操作。2001—005年，共举办电焊工、危险化学品作业、高架作业等特种作业人员培训班16期，共培训学员2200人左右。

宣 传 每年围绕全国安全生产月和“安康杯”知识竞赛活动，以贯彻实施《中华人民共和国安全生产法》《重庆市安全生产监督管理条例》和《烟花爆竹安全管理条例》等法律法规，采取以播放录音广播、宣传解答、发放资料、书写标语等形式，在不同地点组织开展形式多样的宣传活动，提高广大人民群众的安全意识，营造“人人讲安全，时时抓安全，事事重安全”的良好社会氛围，2001—2005年，在《酉阳报》《武陵都市报》《重庆生产安全》《中国安全生产报》等各类媒体上发表宣传报道30余篇。

第四节 乡镇队伍建设

从2001年起，各乡镇安全监管机构逐步健全，安全监管人员不断得到充实，至2005年年底，全县39个乡镇全部成立安监办，有安全监管人员115人，平均每个乡镇3人。此外，为加强乡镇安全监管力量，由市、县两级财政共同出资，为各乡镇聘雇安全协管员78名。此外，还组织龙潭镇、酉酬镇参加全市“113”安全生产示范工程（10个示范区县、100个示范乡镇、30个示范企业）。通过完善监管体制、健全工作机制、充实监管力量、狠抓检查整改，两镇2005年安全事故、伤亡人数与上年同比下降20%以上，杜绝了重大事故，分别获得“113”工程1等奖和2等奖。

第八章　国土房产管理

第一节　机　构

1987年11月8日设立酉阳土家族苗族自治县国土局，内置秘书股、办公室、用地管理股、地籍地政管理股、土地执法监察股、国土整治区划办公室，有职工8人（编制10人）。1991年各区设国土站。2001年10月12日原县建委的房管局、计委的矿管办与县国土局合并，组建酉阳土家族苗族自治县国土资源和房屋管理局，内设办公室、权籍房管综合科、规划耕保科、地质矿产科和执法监察科，有职工43人（其中国家公务员18人）。下设事业单位有县土地整理中心、县征地拆迁办公室。

第二节　地籍管理

土地登记及变更土地登记　1988年和1992年，县政府曾先后两次成立了以副县长为组长、以国土、建委等相关部门为成员的土地登记发证领导小组。各区（镇）也相应成立领导小组开展工作。1993年6月下旬，为减轻农村负担，遵照上级有关通知精神，农村宅基地发证工作紧急停止，但全县已完成宅基地发证30727个，权属调查58253宗。全县共完成城镇国有土地发证3116宗，权属调查5530宗。

1993年全县土地变更登记工作开始进行。3月，县政府发布《关于加强城镇国有土地管理的通告》和《关于收取城镇国有土地出让金的通告》，对国有土地出租、转让、抵押登记的同时，农村非农业建设用地的变更登记也相继开展。1987—2 005年，全县共申报土地登记200000余件，确权宗地30000余件，发证宗地45000余件，变更土地登记1000余件，抵押100余件，转让1000余件，出租1000余件。

地　价　1996年7月县国土局为编制城镇国有土地基准价，专题开展地价典型调查。

1996年酉阳自治县县城镇国有土地基准地价表

表13－2　　单位：元/平方米

土地级别 / 土地用途	一级	二级	三级	四级	五级
商　业	1500	770	480	200	106
住　宅	600	425	290	140	90
工　业	430	300	150	110	75
综　合	1050	600	385	170	100

第三节　土地征用

土地征用

对全县土地的征用，按照上级土地管理部门下达的计划，严格审批权限，严把审核关，坚持一支笔审批制度，兼顾“一要吃饭，二要建设”的需求，做到“八不批”（无用地申请或有关基建报告计划等文件、无乡村意见、无土地补偿协议、四界不清、违反有关法规未处理的等）、“三到场”（划拨土地、破土动工、竣工验收），优先保证国家批准的重点工程用地。

各区（镇）、县属各部门征用土地，在每年10月底向国土局报送年度计划统筹安排。1987年后，按《四川省土地管理实施办法》规定：城镇居民住宅用地面积，每人不得超过15平方米，4人以上的户按4人计算。农村村民建房用地面积每户120平方米。宅基地面积包括原有房屋和新建、扩建、买房一并计算。以滴水为界，有围墙的，以围墙为界计算；没有围墙的晒坝、畜牧圈舍，只占非耕地，面积不超过30平方米的，可不计入宅基地面积（但需补办合法用地手续）；占耕地的，一律纳入宅基地面积计算。新批建房的晒坝、畜牧圈舍，只占用非耕地或劣质地的，可控制在每户不超过30平方米内作临时生产用地审批。

征地补偿

1988年执行标准　青苗补偿：县城（菜园地、渔场）550—750元／亩，郊区（耕地）400—550元／亩，乡镇规划区400—500元／亩，其他地区350—400元／亩；安置补偿：征地人均耕地不足0.5亩的，需要安置，按劳力与人口比例相应扣减安置费（如劳力占人口的50%，则安置一个劳力应扣减两个人口的安置补助费）；人均耕地在0.5亩以上的，由村组利用耕地补偿费和安置补助费，自行安排群众生活生产，非耕地补偿和安置费1000元／亩。房屋补偿：砖混结构，县城40元／平方米，其他地区35元／平方米;砖、石木结构，县城35元／平方米，其他地区30元／平方米；土木、穿斗结构，县城30元／平方米，其他地区25元／平方米，其他结构，县城25元／平方米，其他地区20元／平方米。构筑物补偿：坟墓70—150元／座；粪池，条石、水泥结构25—30元／平方米；坎：条石、水泥、三合水泥2—3元／立方米；鱼藕，按前三年年均产值2倍计；林木竹补偿：按当时当地价1倍计，归征地单位；经果树：栽植不满1年的自行移栽，1—2年的0.5—2元／株，产果树按前3年均价3—6倍计。

1999年执行标准　在1988年基础上青苗补偿提高1倍；房屋补偿提高4倍；构筑物补偿、坟墓提高1倍；堡坎补偿提高10倍，其他补偿与1988年相同；林木竹类补偿提高5—50倍；土地补偿安置补助费（见下表），与1988年有所不同的是不再安置人员就业，自谋出路。

1999年酉阳自治县土地补偿费、安置补助费标准表

表13－3

人均耕地（亩）	耕地前三年增均（年产值元／亩）	土地补偿费倍数	安置补费倍数	总倍数	人平土地补偿费、安置补助费总和（元）	每亩土地补偿费、安置补助费总和（元）
1.5以上	1000	6	4	10	15000	10000
1.5	1000	6	4	10	15000	10000

续表13-3

人均耕地（亩）	耕地前三年增均（年产值元／亩）	土地补偿费倍数	安置补费倍数	总倍数	人平土地补偿费、安置补助费总和（元）	每亩土地补偿费、安置补助费总和（元）
1.5	1000	6	6.5	12.5	15000	12500
—	1000	7	8	15	15000	15000
—	1000	8	11	19	15000	19000
—	1000	9	16	25	15000	25000
—	1000	10	20	30	15000	30000
—	1000	10	20	30	15000	30000

注：①人均耕地在表列数据之间时，土地补偿费、安置补助费倍数按插入法计算

②人均耕地小于0.5亩时，按此表设计的计算方法，农转非人员平均土地补偿费、安置补助费不足15000元时，按15000元计算

1991年大酉洞（今桃花源）石油库搬迁征地标准　在大酉洞（今桃花源）石油库搬迁征地中，县城周围岩窝地700元／亩、好地1000元／亩、田1400元／亩、青苗补偿费1000元／亩，凡占用居民土地，安置费2000元／亩。

2001年渝怀铁路酉阳段征地拆迁补偿安置费标准　征用耕地，向农业集体经济组织支付土地补偿费和安置补助费合计6000元／亩。菜地、粮食制种地及专用鱼池补偿标准同于一般耕地。

征用非耕地　向被征地单位支付土地补偿费1200元／亩；征用林地补偿费2880元／亩；林地上的林木和附着物补偿不分类别合并为3000元／亩。青苗费：粮食类600元／亩；蔬菜及经济作物类800元／亩。构筑物补偿：水井（条石25元/平方米、水泥10元/　平方米、简易6元／平方米），坟墓（单人160元／座、双人260元／座）；地坝（石板3元／平方米、水泥6元／平方米、三合土2元／平方米）。房屋补偿：砖混结构（砖墙预制盖160元／平方米、砖墙瓦盖140元/平方米）；砖木结构（砖墙木板穿逗瓦盖120元／平方米、砖墙片石瓦盖100元／平方米、砖墙石棉瓦盖、油毡、波纤瓦90元/平方米）；土墙结构（穿逗、土墙、壁瓦盖80元／平方米、石棉瓦、波纤瓦盖70元／平方米）；简易包括猪圈（土墙毡盖、棚盖40元/平方米、简易棚房10元／平方米）。零星栽种经济树木（大的70元，小的几元补偿），果树根据直径大小共分5类，均价35元／株；杂树根据直径大小共分5类，均价5元／株；干果树根据大小分为jiI类，均价8元／株；慈竹、杂竹均价15元／笼；楠竹根据直径大小3类，均价8元／株；凤尾竹小窝6元／窝，大窝8元／窝。土地被征后，所剩耕地面积人均0.5亩以上的，不转为非农业人口，人均0.5亩以下的，转为非农业人口，并享受人均土地补偿费和安置补助费。自谋职业的，可将安置费发给本人搬家补助费：3人以下（含3人）150元／户，3人以上300元／户。搬家过渡费：3人以下每户1000元／年；3人以上每户1200元／年，过渡期为1年。被拆迁的单位和个人自行选址自建，免缴各种税费。

第四节　房产管理

2001年县级机构改革前房产管理属县建委主管的房屋管理局管理。2001年机改时撤销房屋管理局，

划归国土局管理，成立酉阳自治县国土资源与房屋管理局，下设权籍科，具体负责房产证的发放、产权转让管理、房屋抵押管理、房屋出租管理、房屋拆迁许可证管理等业务，以及物业管理等方面工作。2002年审批建房户54户，总面积83160平方米；验收竣工工程29户，建筑面积为44074平方米；查处违章建房28户，调解处理建房纠纷25起，处理来信来访22件。全年竣工城镇住房面积56200平方米，旧城改造35000平方米，颁发房屋产权证450户，颁发“一书一证”187户。2003年拆迁房屋46600平方米，完成房地产总产值8300万元，完成房地产增加值7300万元，竣工城镇住房面积60700平方米。2004年完成旧城改造拆除面积27800平方米，审批开发和建设项目16个，总投资约2.04亿元；完成房地产开发5200万元，开发面积为24000平方米，建筑面积65000平方米；乡镇竣工住房面积为325000平方米，拆迁旧房面积16712.27平方米。全年竣工商品房面积为52940.79平方米，建筑面积116985.9平方米，完成房地产总投资9500万元。已成立3家物业管理企业。至2005年年底，全县城镇住房面积达到3638284.82平方米，其中单位住房面积为1792101.82平方米，私人住房面积为1846183平方米，共发放房屋产权证74185户，房产交易额8265万元；办理房屋产权申请手续8400户。人均住房面积显著提高，城镇人口人居环境得到有效改善。

第五节　地质灾害详查与防治

经1999年208地质队汛期调查、2001年107地质队地质灾害详查和历年来地质灾害应急调查，以及群测群防上报：全县已发现地质灾害点285处，威胁着2万余人的生命财产安全。其中龚滩、小河、李溪、钟多镇分布地质灾害点8处，其余277处分布在农村边远地区。

从2000年起，及时编制发布全县地质灾害防治预案，建立地质灾害监测防治网络，规范地质灾害调查、监测、预报、预警、危险性评估及应急制度。2004年，处理浪坪、大河口、酉酬、李溪、小河、丁市等乡镇的滑坡险情，已对62户、189人进行避险搬迁，发放防灾明白卡5680份，避灾明白卡5000多份。

第十四篇

劳动·人事·民政

LAODONG RENSHI MINZHENG

第一章　劳动和社会保障

第一节　机　构

酉阳土家族苗族自治县劳动和社会保障局的前身是县劳动局，2001年2月，在县级机构改革中，更为现名。内设机构有办公室、计划财务科、劳动争议仲裁科（包括劳动保障监察）、劳动就业管理局（二级局，原名劳动服务公司）、职工社会保险局（二级局，原名职工社会保险事业管理科）、基本医疗保险服务中心。设局长1人，副局长3人，分别兼职社会保险局长、劳动就业管理局长、基本医疗保险服务中心主任，设纪检组长1人，有工作人员37人。

第二节　劳动制度改革

1986年，国务院对劳动制度进行全面改革，颁发了《国营企业实行劳动合同制暂行规定》《国营企业招用工暂行规定》《国营企业辞退违纪职工暂行规定》《国营企业职工待业保险暂行规定》4个文件。文件明确规定，企业用工除大中专毕业分配、军队转业安置外，全面实行合同制，不再招收全民所有制固定工，同时，废除“子女顶替制度”和“内招制度”。企业用工可根据生产工作的特点和需要，在劳动行政主管部门控制指标内，面向社会招收，择优录用。企业领导对严重违反劳动纪律、经过教育或行政处分无效的职工，有权进行辞退，同时还规定，国营企业在整顿期间被精简的员工、宣告破产企业的职工、解除合同的工人、企业辞退的职工，建立失业保险制度，保障待业期间的基本生活。根据劳动制度改革的精神，其招收工人的情况是：1987年，为稳妥实现新老用工制度交替，全县招收合同工92人，安排在国营企业；招收集体所有制工人304人，其中集体企业130人，劳服企业38人，街道和其他集体企业146人。1988年，全县自然减员和新增劳动合同制工人208人，分别安排在苍岭硫铁矿厂、水银厂、电力公司、百货公司、大理石厂，新增集体所有制工人96人，安排在二轻系统、建筑行业和劳服企业。1990年上级下达合同制工人指标68人，集体所有制工人招工指标200人，1990年上级下达新增劳动合同制工人计划指标200人，安置在国有企业、新兴企业和部分行政事业单位作工勤人员。1991年，为解决老干部、科技人员子女就业问题，向上级争取70名指标，安排就业。同年，对企业开始宽松环境，适当放宽补员条件，各企业在定员、定额的基础上，人员不足的，可以自招、自聘，自主用工，在工资基金管理范围内实行工资与效益挂钩，自主分配，拉开了企业自主用工、自主分配的序幕。

1992年，国家不再下达指令性招工计划，企业可根据生产工作的需要自主用工，但必须到就业局办理录用手续，按规定签订劳动合同，这标志着社会主义计划经济下的计划招工结束，新的用工制度的兴起。为了配合企业的改革，逐步建立“国家宏观调控，企业自主用工，个人竞争就业，社会提供服务，城乡协调发展”的新的劳动就业机制。劳动保障部门的职能也发生了根本转变，从用工管理、指标下达的计划调配转变到宏观调控、社会服务上来。1987年，为配合企业深化改革，积极引进人才和解决老工人夫妻长期分居问题，县劳动局采取商调办法安置从县外调入17人，调出县外19人。为了岗位需要、专业对口，县内调动17人。1988年从外省引进8人、县外15人，调出县外56人。1989年又从外县引进12人，调出县外56人。1990年，县外调入安置26人，调出县外47人，县内流动47人。1991年，从县外调入28人，调出省外16人、县外23人，县内流动143人。1992年办理调进、调出和县内流动257人，1993年404人，1994年296人，1995年238人，1996年258人，1997年至2003年共496人。

第三节　劳动工资

工资制度　1988年9月，全县开始对企业推行工资总额同经济效益挂钩，打破“大锅饭”，建立企业职工工资总额与经济效益相联系的增长机制，对企业工资总额实行“国家调控，分级管理，企业自主分配”的管理体制，并开始实行工资总额四种调控办法：工资总额同经济效益挂钩，将挂钩企业的工资总额基数和新增效益工资逐步列入成本（费用）开支，实行总挂总提；自主分配国家征税，实行这种办法，不再征收企业工商调节税和奖金税，改征收个人收入调节税；“两低于”，企业工资总额增长幅度低于本企业经济效益（以实现税利计算）增长幅度，职工平均工资增长幅度低于劳动生产率（以年产值计算）增长幅度；工资总额包干，企业实发工资总额逐步列入成本开支，税后留利不再用于工资奖金项目性支出，实行包干后，增人不增工资，减人不减工资。1997年，又改进和完善弹性工资管理办法，建立工资总额宏观调控体系实施办法：严格执行地对县下达年度弹性工资总额计划；通过工资总额使用的审计，加大企业工资分配宏观调控的力度，将所有企业的工资分配都纳入政府的工资宏观管理范围；改进工资总额宏观调控办法，除停产、半停产企业外，所有企业实行工资挂钩或工资总额包干等4种工资总额调控方式，并建立最低工资保障制度，全县最低工资标准为每月150元，同时还加强加班工资、津贴、补贴的管理和服务工作。

工资调整　1988年，企业工资制度改革，在工资分配上，企业实行“浮动工资、岗位工资、定额工资、计件工资、提成工资、结构工资”等多种工资分配形式，打破了工资分配上的平均主义，把职工工资收入与个人劳动贡献联系起来，实行按劳取酬的社会主义分配原则。同时，开展对企业工资基金宏观管理，对企业工资基金全面审查核批，控制消费基金过快增长。1989年起，全面推行企业工资总额与经济效益挂钩和总包干办法，对23户国营企业实行工效挂钩，共1650人；对12户国营企业实行工资总额包干，共655人；对17户集体企业实行工效挂钩，共1549人，计税成本包干18户，共636人；对暂不具备条件“工挂”和“包干”的13户企业（国营企业5户，集体企业8户）进行宏观指导。1991年，劳动工资工作主要围绕四个方面进行：一是完善企业工效挂钩，落实“一包、二改、三挂钩”的措施，对23户生产正常、经营管理较好的国营企业，继续实行工资总额与经济效益总挂钩，占国营企业的49.7%，参与工挂职工1634人，核定工资总额235.6万元，效益基数401.5万元，其中实现利润173.9万元，税金227.6万元。对暂不具备挂钩的11户国营企业，实行工资总额包干，共有职工1168人，核定工资总额138.3万元，包干户占23.9%。对13户无力正常运行企业，采取宏观指导，挖掘企业内部潜力，恢复和发展生产，为工挂创造条件。二是按国家政策对全体企业职工普调一级工资，普调后尚剩9513元计划金额，通过调查摸底测算，用结余金额，对1478名对企业有较大贡献和生产技术骨干再升一级工资，人平月增资6.44元。1991年对70%的职工增加一级工资，增资人数2911人，增资额为18139元，人平月增资6.23元。1994年，上级下达酉阳人平月增加50元，分配落实到各企业，最后一次调升职工工资。三是按国家政策提高离退休人员、大中专毕业生待遇。退休费最低保证数由原来30元提高到50元，因公致残退休的由原来40元提高到60元，退职的由原来25元提高到40元，分配到企业大学本科生见习期工资由50元提高到66元，大专生由45元提高到61元，中专生由42元提高到52元。企业离休干部，1937年7月6日前参加革命工资低于124元，按124元发给；民国二十六年（1937年）7月7日至民国三十一年（1942年）底参加工作的按87元发给；1943年1月1日至民国三十四年（1945年）9月1日参加工作的按78元发给；1945年9月30日后参加革命工作的按70元发给。

第四节　劳动争议仲裁与监察

1986年前，国家实行统包统配的劳动用人制度，劳动就业岗位相对固定，工资制度、劳保福利待遇相对平均，较少发生劳动争议，一般的劳动纠纷，在基层行政或工会就调解了，劳动部门未设专门的劳动争议仲裁机构。1987年年末，随着劳动制度改革的不断深入，劳动争议案件日渐增多，为切实维护用人单位和劳动者合法权益，及时处理劳动争议案件，县政府批准成立了酉阳土家族苗族自治县劳动争议仲裁委员会，劳动局、总工会等为成员单位，并在劳动局内设劳动争议仲裁办公室，落实专人从事劳动争议仲裁工作。随着"国营企业劳动处理暂行规定"和《中华人民共和国劳动法》颁布实施，劳动争议制度也不断健全和完善，形成了"企业调解、劳动争议仲裁机构仲裁、法院判决相结合"的一调一裁两审体制。即用人单位与劳动者发生争议后，由当事人双方协商解决，协商解决不了的，由基层调解委员会调解，调解仍解决不了的，向劳动争议仲裁委员会申请裁决，并以书面形式送达当事人。当事人对裁决不服的，15日内向法院起诉。人民法院审理，是劳动争议最终程序。1991—2003年，共受理重大劳动争议案件53件，已处理结案53件。

劳动保障监察是劳动保障行政部门依法对用人单位遵守劳动保障法律、法规的情况进行监督检查，发现和纠正违法行为，并对违法行为进行行政处罚的行政执法活动。1998年，县劳动局抽调5人参加重庆市劳动局在黔江举办劳动监察员培训班学习，并取得劳动监察员资格。在劳动局内设立劳动监察大队，聘用兼职监察员，明确了监察员的职权、职责、工作程序、监察员的权利、义务、监察制度、监察员的准则，以行使监察大队的职权。1999年4月，劳动局组织开展社会保险"宣传月"活动，劳动监察大队专门购置了劳动保障监察宣传车，分别到各区、乡场镇巡回宣传，出动宣传车40余次，发宣传资料27000多份。在县城街道设立劳动和社会保障政策咨询台，宣传劳动和社会保障法律、法规和政策，取得了较好的社会效益，追收企业欠缴社会保险费2.63万元，对48户用工单位进行年检，规范了用人单位的用工行为。

2001年9月，派监察大队监察员到重庆参加市劳动保障监察处组织的劳动保障监察员培训班学习。12月出动宣传车20余次，连续7天开展政策、法律咨询，发宣传资料4000余份，重点对《社会保险费征缴暂行办法》《失业保险条例》的贯彻情况及劳动用工情况实施执法监察，督促用人单位和劳动者签订劳动合同，明确双方权利、义务，规范用工行为。同时，督促用人单位和劳动者按《中华人民共和国劳动法》规定，参加社会保险，并按时足额缴纳社会保险费，扩大全县社会保险覆盖面。

在执法监察方面，2002—2003年，劳动保障监察重点是依法查处违反劳动纪律、法规、法律、政策的事件和行为。重点查处了渝怀铁路酉阳段拖欠民工工资问题和部分企业私招乱雇问题。2005年，推行“开庭审理，双方举证”制度，及时处理各类劳动争议案件，指导和督促用人单位和劳动者签订劳动合同，规范用工行为。全年共受理劳动争议案件42件，结案42件，案外调解18件，维护了用人单位和劳动者合法权益，完成劳动合同鉴证980份，其中续签劳动合同510份，纠正无效合同5份。

第五节 安全生产与劳动保护

1986年以来，劳动安全生产和保护工作，坚持管生产必须管安全的原则，层层落实责任制，依法进行劳动监察，重点抓好锅炉压力容器安全监察，加强经常性安全检查力度，对重点行业、重点部位严加防范，及时整改安全隐患，严防并堵死安全事故发生。

1986—2005年，对安全生产与劳动保护具体做了五个方面的工作：与有关部门积极配合，督促和帮助7家招商企业规范完善各种安全制度；配合交通管理部门对全县道路交通进行专项整治，纠正违章1125起，扣车28辆次，强行报废车辆1辆；配合航运、渡口管理部门对全县“三无”船舶进行水上交通综合治理；配合公安消防部门对全县加油站点、液化气站、歌舞厅、美容厅进行整治，查处整改隐患20起，取缔非法加油站10个和非法液化气站点8个；对全县在用锅炉实行定期检查，定检率达87.5%，同时对特种设备（电梯、塔机）及压力容器进行全面检查。

第六节 劳动就业

1987年，随着劳动制度的全面改革，劳动服务公司职能增加，县政府在劳动服务公司增设社会劳动力管理处，实行一套班子、两块牌子的管理体制。1990年4月，酉阳劳动服务公司、酉阳劳动力管理处统一更名为酉阳土家族苗族自治县就业服务管理局。

1992年11月，县就业服务管理局内设就业培训中心，还开办设立酉阳劳务市场，为广大求职者提供一个方便求职的场所。机构建立后，就业安置工作是最大限度安置就业。具体做法：对上级下达新增劳动合同工人指标用完，并面向社会公开招考，择优录取，指导和协助劳动者与用人单位签订劳动合同；对退休、死亡自然减员补员指标按合同制工人办理手续，签订劳动合同；发展和巩固集体所有制经济，拓宽就业门路；发展劳服企业，新增就业岗位；开展私营企业和个体经济，开拓新的就业岗位；组织劳务输出和农村剩余劳动力的转移。

为把就业安置工作落到实处，县政府要求各区、镇建立就业服务管理机构，落实分管领导和具体办事人员，制定和落实就业扶持政策，形成全社会齐抓共管的局面，促就业安置工作的完成。其安置的情况是：1987年，全县新安置就业396人（不含大中专毕业生），其中国营企业招收合同工人92人，集体所有制招304名合同工，其中分布在城镇集体所有制企业130人，劳服企业38人，街道集体经济组织146

人。1988年，上级控制新增指标和自然减员指标208人，其中水电局解决各区水管站长期临时工转正35人。173名指标面向社会招收，择优录用，分别安置在苍岭硫铁矿厂、水银厂、电力公司、百货公司、大理石厂。控制下达96名集体所有制工人，安置在二轻系统建筑行业和劳服企业，1989年，上级下达招工指标363人，其中自然减员指标71人，退休补员24人。分别安置在国营企业、劳服企业、街道集体经济组织，但待业（失业）登记率高达5.72%。1990年，全县安置就业402人，其中国营企业招收合同制工人129人，协议工（换工）55人，集体所有制安置218名（含退休补员24人），另外组织起来就业和自谋职业885人，就业形势有所好转，登记失业率比上年下降0.55个百分点。

1991年，黔江地区下达安置700名任务，实际安置688人，其中全民企业（包括行政）单位100人，街道集体经济100人，乡镇企业7人，其他集体经济481人。1992年，国务院颁布《全民所有制企业转换经营机制条例》，赋予企业自主权，国家不再下达用工计划（招工计划），企业用人的数量、条件、方式及招用时间完全由企业自行决定。推行“国家宏观调控，企业自主用工，个人竞争就业，社会提供服务，城乡协调发展”的就业机制。全县通过各种渠道安置905人就业，1993年又安置1176人。1994年地区下达600人安置任务，实际安置1113人就业，为安置任务的185.5%。1995年国家紧缩银根，部分企业处于停产或半停产状态，导致劳动者急性失业或下岗，增大了就业压力，就业局通过努力，竭尽全力挖潜就业岗位，使1445名失业和下岗人员走上了就业岗位。同时筹集资金3万元，为15户特困企业450名特困职工发放了生活救济金，开展送温暖活动，帮助特困人口度过暂时困难。与此同时，还派员到广东沿海一带考察联系，签订劳务协议，培训后组织劳务输出，使1350人走上外地就业。1997年又介绍1250人外地就业，1998年指导就业安置1065人，1999—2003年，又安置就业5263人。

开展就业前岗前培训，从1993年5月8日成立就业培训中心以来，坚持常年办班，常年培训，共培训失业和下岗人员13638人，使之走上就业岗位。

为摸清全县劳动力资源情况，县就业管理局组织力量对全县农村劳动力资源全面调查。调查显示：县有耕地81万亩，农业人口62万，农村劳动力32.9万人，按每个劳动力经营4亩地计算，全县只需20.5万个劳动力，剩余劳动力达12万以上。为转移劳力，在农村确立“以自发输出为主，组织输出为辅”的原则，稳妥推出巩固和强化广东、北京两个劳务基地协作，使一批又一批务工人员走出山门，到2004年全县外出务工人员达14万多人，劳务收入3.5亿元以上。2005年，实现城镇新增就业人员2247人，下岗失业人员实现就业和再就业1839人，指导城镇登记失业人员实现就业923人，大龄人员实现再就业118人，开发岗位8个。实现劳务输出15.8万人，劳务收入达4亿元以上。

落实各项再就业优惠政策：按照就业小额贷款审批程序，实行阳光作业，2 005年开展了六批次再就业小额贷款，资助下岗失业人员实现再就业，共审批发放622人，金额达1244万元；开展两批次再就业社会补贴，落实3587名大龄人员的再就业社会保险补贴，金额达89.57万元；继续办理再就业优惠证件，全年办理521个，累计达到4489个；协调有关部门落实下岗人员的税费减免的再就业优惠政策，全年工商部门对426名从事个体下岗失业人员减免费用22.11万元，税务部门对518名个体下岗失业人员减免税收75万元，其他有关部门对500名个体经营的下岗人员减免行政事业性收费1.3万元；对特困户，在春节期间开展送温暖活动，发放慰问金11.48万元。

第七节　社会保险

1989年9月，酉阳土家族苗族自治县保险事业管理处更名为酉阳土家族苗族自治县社会保险局，工作人员7人，业务工作已从机构成立初期单纯的合同制工人养老保险，发展到国营企业职工养老保险与集体企业职工养老保险、工伤保险、失业保险以及自收自支事业单位工作人员社会养老保险等险种。

职工工伤保险、企业职工工伤保险　职工工伤保险、企业职工工伤保险起步于1994年。职工工伤保险基金由县统筹，在征集比例上，根据各行业和各企业工伤事故发生率的不同，适当放开差别，工伤事故发生率较高的矿山、井下为4%，水电、交通和一般行业分别为3%和2%，工伤事故发生率较低的商贸流通和饮食行业为1.5%。工伤保险金征集数以参保职工工资总额为计提基数。全县企业参加工伤保险人数5957人，占企业总人数的82%。工伤保险基金征收率运行良好。

1994—2003年，共提取企业职工工伤保险统筹基金3699831元，支付工伤保险统筹项目费用及按“试行条例”规定支付的各种费用计3041972元，累计结余工伤储备金656959元。2005年，深入企业宣传工伤保险政策，完成工伤保险扩面任务。计新增扩面投保人数1121人，占年初计划112%，征收工伤保险费225509元，稽核追收历年欠缴社会工伤保险费5万元。为工伤保险职工拨付各项工伤保险待遇50万元。

1994—2003年酉阳自治县企事业职工工伤保险基金收支情况表

14－1　　单位：元

年度	实收保险基金(元)	实支工伤保险费用(元)	当年结余(元)
1994年	157888	38398	119490
1995年	195802	31328	164474
1996年	209802	41080	168722
1997年	176784	29526	147258
1998年	428434	85148	343286
1999年	625354	101371	523983
2000年	271052	166060	104992
2001年	310609	242100	68509
2002年	394445	474419	−79947
2003年	378761	1832542	−1453781
合计	3148931	3041972	—

失业保险　1986—1994年，主要以征收筹集待业（失业）保险金为主，而且只在国营企业和实行企业化管理的全民所有单位及合同制工人的机关事业单位中施行，收缴的行业基金，除用于特困企业职工基本生活费和“送温暖”活动外，基本上无行业救济金支付。1996年待业保险工作向集体企业和股份制企业拓展，将商贸股份公司纳入失业保险范围，为82名职工办理失业保险投保手续，享受全民所有制企

业职工同等待遇。全县参加失业保险人数达8405人，占应参加总数8805人的95%。全年应收失业保险费267155元，实际收缴254443元，征集率达95.24%，比上年增长18.32%，全年共支付失业保险金145845元，其中支付失业救济金52323元，提取业务费、管理费37337元，上解调剂金55515元，基金运行良好。1999年，失业保险范围拓宽覆盖城镇所有企业，缴费的比例提高，失业保险金实行全市统筹，统一调剂使用。2000年各企业、事业单位及其职工均参加当地失业保险，按规定履行缴费义务，享受失业保险待遇，同时按市政府明确规定，随着失业人员、下岗人员的增多，收缴失业保险金不够支出，采取三条硬措施：失业保险金由当地地税统收；实行财政补贴；争取市级调剂基金。从而保证了失业保险金，按月足额发放，维护社会稳定。

待业保险金的筹集标准，按企业全部职工标准工资总额1%缴纳，待业保险救济金发放标准，每月为本人标准工资60%至75%，门诊医疗费按每人每3元发给本人包干使用。从1995年10月1日起，失业人员救济金标准按黔江行署确定最低工资标准125元的75%发放，失业人员医疗门诊费每人每月按10元标准发放。1996年7月，失业人员救济金改为130元的70%发放。1997年，按150元的70%发放。10年间，全县参加失业保险单位共有职工2853人，占企业职工总数95.64%，累计发放失业救济金400多万元，小额贷款担保金200万元。

2000—2005年酉阳自治县失业保险金收缴和支付情况表

表14－2

年度	地税局征缴数（万元）	争取市调剂金（万元）	财政拨入（万元）	发放救济金（万元）	解决人数(人)
2000	22.19	14.60	20	56.79	859
2001	23.28	16.28	41	80.56	1553
2002	36.03	59.25	10	97.46	492
2003	63.08	79.96	5	105.90	—
2005	64.50	—	—	50.00	288

国有企业职工保险　1989年以县为单位统筹，本着“以支定收，略有节余”的原则，按县人民政府批准的企业职工工资总额的一定比例征集，实行一年一定。1990年，全面开展以地区为单位的全民所有制企业和经费全部自给的事业单位职工费用社会统筹工作，统筹费用项目确定为离休费、退休费等16项，对离退休人员该享受的福利待遇，对未纳入统筹的项目，仍由离退休人员原所在单位直接支付。从此，全区的养老保险费用由县级统筹为地级统筹，1992年6月，实行全民所有制企业职工退休费用由省统筹。1993年6月，将统筹范围扩大到供销系统的全民固定工、城镇劳动合同制工人、混岗大集体工，1971年11月前参加工作计划内临时工，将各类专业银行、保险公司改为直接由省社会保险局统筹。1994年4月，黔江行署印发《黔江地区企业职工养老金计发办法》，从1996年6月起，企业职工养老金实行社会统筹与个人账户相结合。1997年，地区核定县参统单位75个，参统职工5768人，其中在职4584人，离退休职工1184人，核定征集基数615860元，按2.4%提取，每月应征集统筹基金147806元，每月支付126878元，每月上缴11024元，结余9904元，到2002年年底，发放离退休职工养老金2809人，占参保离退休职工总数的97%，发放基本养老金1318832元，占支付基本养老金总额的96.5%，而且做到了足额发放。

自收自支事业单位工作人员社会养老保险金　2002年10月，县政府下发《自收自支事业单位工作人员社会养老保险试行意见》，《意见》对实施范围、对象、基本筹集标准、办法、基本养老金管理作了明确规定，并妥善将原人事局社会保险、电影公司养老关系移交给社会保险局，对缴纳基数重新计算，继续参加企业职工基本养老保险。为解决改制的遗留问题，将原政府招待所、原物资局、报社印刷厂的人员纳入自收自支单位工作人员社会养老保险基金支付对象，同时发展青华林场、林木良种场、飞播站、苗圃参加自收自支事业单位社会养老保险支付对象。到2003年，参加自收自支事业单位社会养老保险的在职职工244人，离退休人员180人，离退休职工占在职职工的78%。全年征收养老保险金1250464.51元，支付基本养老金保险金1242108.42元，年末滚存结余养老保险金1760233.60元，资金运转基本正常。养老金发放标准实行“老人老办法”“新人新标准”。对2002年9月30日前已离退休的人员按国发〔1978〕104号文件执行。2002年10月1日以后退休的，按投保年数计算，满35年及以上，基本养老金按固定工工资和活工资90%计发，满30年不满35年，按85%计发，满20年不满30年的按80%计发，满10年不满20年按70%计发，不满10年按50%计发。

城镇个体劳动者基本养老保险　此险是县政府于2000年3月颁发《个体工商户从业人员基本养老金实施细则》后开始实施的，全县个体工商户从业人员社会保险登记人数为2568人，其中有105人参加个体工商户从业人员基本养老保险，同时还动员80名脱保人员续了养老保险手续，征收社会保险11万元。2001年全县个体工商户从业人员接保险和接续保险关系200人，征收社会保险费181400元。2002年又新办理接保个体工商户从业人员和接续养老保险150人。至2003年，全县已有861名个体劳动者办理了基本养老手续，同时还有507人参加了临时工社会养老保险。

1986—2003年，国营企业有6389人，其中退休职工1111人，参加企业职工保险统筹，参加临时工社会保险507人，城镇集体企业参加社会养老保险1775人，个体工商户从业人员861人。2005年，全县社会保障格局是：企业养老保险，全县43户企业参保养老保险，人数共4074人，其中2005年新增参保企业5户，人数516人。企业养老保险，以养老金发放为中心，确保离退休人员基本养老金按时、足额发放。其措施是：协助税务部门搞好基金征收，全年共计征收养老保险费1200万元；向市级争取养老保险调剂资金，全年共计争取养老调剂资金769万元，再就业资金300万元，为3272名离退人员发放养老金1969万元，与2004年同期相比增加101万元，增长5.94%。机关事业单位养老保险，通过强化基金征收，确保参保单位离退休人员基本养老金按时、足额领取。全年共计征收基本养老保险费115.2万元，为181名离退休人员按时、足额支付了基本养老金。同时继续做好自收自支事业单位养老保险扩面工作，现有参保单位13户，人数461人，其中2005年新增参保单位2个，新增人数20人。

第八节　医疗保险

2003年10月，基本医疗保险服务中心成立，编制8人。12月，县政府印发《酉阳土家族苗族自治县城镇职工基本医疗保险暂行办法》，并决定从2004年1月1日起实施。因全县财政能力较弱，企业经济效益欠佳，社会生产力发展水平较低的实际，采取积极稳妥，逐步推进的原则。首先在原县级享受公费医疗待遇的单位职工及在境内的中央、市属单位职工中实施。其他企业，城镇个体经济和个体劳动者，乡镇企业及其职工中，农民合同制工人和非城镇户口职工，以及区、乡享受公费医疗单位的职工，暂不纳入基本医疗保险范围，待条件成熟后，再逐步纳入。基本医疗保险基金的筹集，实行社会统筹和个人账户相结合的办法，由参保单位和职工个人共同缴纳。属财政全额拨款单位，单位缴纳部分纳入财政预算，由单位按月缴纳。属财政差额拨款单位，其单位缴纳部分，由财政和单位按原财政预算体制确定比例分别负担。自收自支单位缴纳的，在单位自有资金中列支。所有参保单位职工个人缴纳部分，由单位代扣。个人账户，由职工个人按规定比例缴纳的基本医疗保险费和按规定划入医疗保险费及计息三部分构成，划入个人账户的金额，原则上以职工工资的0.8%划入，36—45岁按工资1%划入，46岁以上按本人工资1.2%划入，退职退休人员按本人上年度退休退职工资总额3%划入，由财政负担，划入个人账户的基本医疗保险费，总量控制在单位缴纳总额的3%以内。基本医疗保险费的支付，统筹基金和个人账户实行分开核算，分别支出。个人账户主要用于支付门诊费用和住院医疗费中个人按比例分担部分。统筹基金主要用于参保人员住院费或特殊病种门诊费用。住院费起付标准，甲级医院700元，乙级医院500元，丙级医院400元，住院费在起付标准内的由个人账户支付，个人账户无积累由个人现金支付。超过起付标准，又在最高限额内由县医疗服务中心和职工个人按规定比例负担。负担比例，35岁以下职工为25%，36—45岁的职工为22%，46岁以上为20%，退休退职人员为18%，确需转院治疗，其医疗费用在本县起付标准上增加6个百分点的起付比例。为了解决统筹资金不足和支付最高限额以上部分的医疗费，县政府制定和颁发了职工补充医疗保险暂行规定，标准是职工个人和退休人员每人每月按2元缴纳，单位按参保职工基本医疗缴费基数2%缴纳，属财政全额拨款单位，分别由财政、单位各付1%。主要用于参保人员超过基本保险统筹基金支付最高限额以上医疗费用，符合医疗保险规定，由商业保险付90%，个人自付10%，退休人员，个人支付6%。

首批启动实施城镇职工基本医疗保险制度有原享受公费医疗待遇的县直部门单位及其职工，中央、市属在境内企业单位及职工，2004年参保单位，累计105个，其中全额拨款89个，差额拨款7个，企业7个，参保职工6402人，其中在职职工4980人，退休职工1422人。全年基本医疗保险费收入420万元，其中，统筹基金253户，个人账户173万元，基金征缴率90%，支出245万，其中统筹基金157万元，个人账户88万元，基金结余167万元，其中统筹基金96万元，个人账户85万元，补充医疗费基金收入112万元，支付42万元，结余70万元。

2005年4月1日起，全面准时启动乡镇医疗保险工作，医疗保险证和个人IC卡发至参保职工手中。同时开通条件成熟的乡镇定点医院和定点药店，乡镇121户单位及职工10358人纳入了医疗保险制度，乡镇参保职工可以持证凭卡购药，看门诊、住院。2005年，乡镇参保单位131户，参保职工11431人，其中在职9392人，退休2129人。全县累计参保单位234个，参保职工17574人，其中，在职14048人，退休3526人。并征缴基本医疗保险基金，应收1104万元，实际征收1030万元，其中统筹基金622万元，个人账户408万元，欠费74万元，征收率93%。支出医疗保险基金686万元，其中统筹基金350万元，个人账户336万元，累计结余基金医疗保险基金500万元，其中，统筹基金344万元，个人账户156万元。

第二章　人　事

第一节　机　构

1986—2001年，县人事局内部管理机构的设置不断地变化。至2001年9月，县级机构改革前，其内部机构有县编制委员会办公室，军队转业安置办公室，县职改领导小组办公室，工资股、考录股、专干股、办公室、人才交流中心、退干股、职保股、机关技术工人等级岗位考核办公室。设局长1人，副局长2人，工作人员12人。2001年10月县级机构改革后，县人事局内部机构设“三科一室一中心”，即办公室，公务员管理科、技术人员管理科、工资福利及退休人员管理科，人才交流培训考试中心。有局领导3人，工作人员8人。

第二节　干部队伍

干部编制　1986年，禁止擅自增加机构和扩大编制，除中央、省、地有明确规定外，全县停止办理增设各级党政机构的审批手续，控制事业单位编制的增长。同时对编制进行统一管理，实行“统一领导，分级管理”的原则，坚持集体领导和“一支笔”审批，一个部门承办一种文件下达的编制制度。1986年年底，全县增加编制33人，其中人武部建制规划地方编制25人，军队转业安置增加5人，其他3人。全县党政群编制737人，政法系统340人，事业单位3278人，企业771人。1987年，控制县党政群机关新增人员，超编和满编的单位，停止办理调入工作人员手续。因工作需要，必须调入的，由县委、县政府研究决定，从行政编制的机关人员中解决，不能从企业、事业和区、乡单位调进。凡符合离退休条件的，必须及时办理离退休手续。年末，全县共有编制2402人，其中县党群机关748人，政法系统340人(其中公安局194人)，区乡党政机关1314人，企事业单位3772人。1989年，继续有效地控制超编单位进人，执行“出二进一”的规定。同时，管理好事业单位机构编制，控制全额拨款事业单位进人。年底，全县总编制数为2468人，其中县委机关编制121人，人大常委会编制32人，人武部编制25人，政府各部门编制518人，政协机构编制28人，群团编制26人，政法系统编制404人　，区、乡党政群机关工作人员1314人。1997年继续控制机关事业单位人员增长，特别是控制机关事业单位盲目招收和调进工人，需要调入的，在编制计划内，一律实行“进人卡”。年底，全县编制总数2537人，其中县委机关编制112人，人大机关编制32人，政协机关编制28人，群团编制26人，政府各部门编制550人，政法系统461人，其中法院115人，检察院73人，司法局46人，公安局227人，区级机关编制317人，乡级党政机关编制997人。2001年县级机构改革时，以正常退休，提前退休，提前离岗，自谋职业等11条措施，压缩编制。县级党政群机关原有编制712名，因工商局、技术监督局上划管理、划走编制25名，剩下687名，精简为583名，减少104名，减编15.1%。乡镇机构行政编制由1513名，减为1180名，压编333名，减编比例22%，事业编制由原来的1241人，压减为1004名，压编237名，减编19.9%。政法机关原有编制480名，压编为456名，压减24名，比例为5%。机构改革后，继续控制编制，原则是“只出不进”和“出二进一”“先出后进”。缺编单位需要进人时，只能在同级行政超编单位调剂解决，杜绝从企业、事业单位或乡、村选调。到2005年，全县总编制为12926人，其中县级4860人，政法488人，乡镇7578人。实存人数为12615人，其中县级5242人，政法419人，乡镇6954人，总的缺编311人。

2005年酉阳自治县行政事业单位人员编制情况表

表14－3

单位：人

单位	编制数	编制数					实有人数	实有人数				
		行政			事业			行政			事业	
		小计	行政	工勤	小计	其中教育		小计	行政	工勤	小计	其中教育
县级	4860	690	583	107	4170	2368	5242	713	515	198	4529	2606
政法	488	488	469	19	—	—	419	425	406	19	—	—
乡镇	7578	1288	1180	108	6290	4515	6954	1203	1104	99	5751	3854
合计	12926	2466	2232	234	10460	6883	12615	2335	2019	316	10280	6454

干部数量　1985年年底，全县干部总数为7736人，其中县级行政机关1166人，区（镇）行政机关131人，乡（镇）行政机关390人，事业单位干部5278人，企业干部771人，计有专业技术人员2297人。1997年，全县干部总数9563人，比1986年净增3827人，其中，县级行政部门干部1107人，减少59人，区（镇）行政干部146人，增加15人，乡（镇）行政干部681人，增加291人。事业单位干部7088人，增加2437人。2001年机构改革后，行政干部有所减少，事业单位人员增加较多。2004年年底，全县干部总数为12615人，其中县级行政机关713人，乡（镇）行政机关1203人，政法系统419人，专业技术人员9928人，其中管理人员248人，企业干部318人。专业技术人员中，教学人员6200人，其中高级教师111人，中级1586人，初级4503人。卫生技术人员1095人，其中主任医师一人，副主任医师29人，主治医师221人，初级卫生人员844人，农业技术人员342人，其中高级农艺师4人，农艺师29人，工程技术人员108人，其中工程师22人，经济人员39人，会计人员83人，其中会计师18人，统计人员13人，其中统计师3人，图书档案、计案人员52人，新闻出版5人，律师公证人员10人，播音人员2人，工艺美术人员1人，政工师20人，企业专业技术人员226人。

干部结构　自1986年起，全县在选任干部中执行“革命化、年轻化、知识化、专业化”政策以来，干部结构产生了较大的变化。至2000年，干部结构从性别上看，县级行政干部953人，其中女干部178人，占18.6%，比1986年增加12人，特别是乡（镇）行政人员中，女干部增加比例较大，在乡（镇）行政人员831人中，女干部占254人，占30.5%，比1986年增加235人。从民族成分上看，少数民族干部占75%以上。从年龄结构上看，平均年龄下降10岁左右。从文化结构上看，1986年，大专文化占10.8%，中专文化占21.9%，初中以下占44.8%，到2003年，研究生3人，占0.4%，大专生占78.3%，比1986年上升67.5%，中专生占13.8%，高中生占7.55%。

第三节　干部人事制度改革

2001年后，全面推行公务员制度，成立了推行公务员制度领导小组办公室，各部门、乡镇也相应成立机构，明确领导分管抓，确定专人具体抓，使之工作平稳实施。2004年全县39个乡（镇）、14个县级部门下属单位完成了“事改”实施方案的制定和审批。在事业单位中，推行聘用合同制，全县已有308个事业单位6197名工作人员，与单位签订了聘用合同。全县有14个县级部门308个事业单位，实施事业单位人员分类管理。推行事业单位管理人员职员制，专业技术人员职务聘任制，工勤人员岗位等级聘用制，使管理工作逐步规范。

乡（镇）和县直属部门运用竞争上岗、双向选择方式，作好中层干部的选任工作。全县乡（镇）机关、事业单位和县直属部门492个中层干部岗位，采用公开报名，资格审查，考试、考核、演讲、答辩、民主测评等方式竞争上岗。行政机关和事业单位新增加人时，坚持“凡进必考”制度。2004年，全县组织公务员调配二次，调配了13名公务员。向社会公开招录民警和法院、检察院工作人员时，严肃考试纪律，规范考录程序，做到公开、公正，共招录人民警察16名，法院、检察院工作人员5人，并办理非在职“五大生”聘用干部转为正式干部77人。

2005年，全面推行竞争上岗，县委、县政府印发的《酉阳自治县党政机关竞争上岗工作实施细则》明确规定，中层岗位出现空缺，实行竞争上岗，采取公开职务，公开报名，资格审查，组织考试，演讲答辩，组织考核等规范程序进行。一般干部双向选择，竞聘上岗。在事业单位，全面推行专业技术职务结构比例管理。

第四节　专业技术职称评聘与考核

1987年7月开展职称改革工作，全县成立教委、农业、卫生、工程、经济、会计、新闻、文化艺术、乡镇企业、轻工、税务等10个系列职改领导小组，办公室设在科委，各系统组建15个初级职务评审委员会。经过两年多的工作，首次职改告一段落。全县共计评出各类专业人才7254人，其中高级职称103人，中级职称1348人，助师职称2848人，员级职称2955人（含乡镇企业）。

1989年12月，专业技术职务评聘工作从县科委转入县人事局，职改领导小组办公室，设在人事局。为使专业技术职务评聘工作经常化、制度化，明文规定各专业技术职务系列主管部门。工程、经济专业技术职务系列的主管部门是计委，农业专业技术职务系列主管部门是县农办，会计专业技术职务系列的主管部门是县财政局，统计专业技术职务系列主管部门是县统计局，卫生专业技术职务系列主管部门是县卫生局，体育教练专业技术职务系列主管部门是县体委，新闻、出版专业技术职务系列是县委宣传部，中等专业学校，中、小学教师专业技术职务系列主管部门是县教委。图书、文博、艺术专业技术职务系列主管部门是县文化局，档案专业技术职务主管部门是县档案局，工艺美术专业技术职务系列主管部门是县二轻局，并明确规定了各主管部门应履行的职责。

从1990年起，每年对专业技术人员实行年度考核，考核等次分优秀、称职、基本称职、不能履行职责，装入业绩档案，作为续聘、解聘、晋升高一级专业技术职务的依据，1990年，首次考核的结果是：全民所有制事业单位中聘任高级64人，称职62人，基本称职2人；中级906人，其中优秀147人，称职702人，基本称职39人；初级2731人，优秀471人，称职1920人，基本称职340人。1991年，对首次职改评聘的专业技术指标进行清理，做到按需设岗，明确各专业技术职务，岗位职责，对已经调离岗位或已办理离退休手续，不在岗的指标，开展补缺的评聘工作。在评聘补缺工作中，做到政策、规定公开，岗位设置公开，空缺名额公开，成绩成果公开，考核推荐公开，接受各方面监督。全县又评出助理会计师283人，助理统计师44人，助理农艺师28人，会计员345人，农业技术员33人，档案员22人，中等专业技术人员391人，高级专业技术人员16人，顺利地开展了补缺评聘工作。同时，还完成1988年以来统招统分大、中专毕业生初聘职务1148人，其中助师级476人，员级672人。

从1993年起，经济专业不再实行评审制度，中、初级任职资格实行全国统一考试制度，对事业单位中专业技术人员强化管理，做好年度考核，从政治思想，职业道德，履行岗位职责和完成聘约规定承担任务，业务水平，工作能力，工作实绩进行考核。全县事业单位专业技术人员4983中，优秀867人，称职3864人，基本称职243人，不能履行岗位职责9人。对基本称职的要求限期提高，对不称职9人，实行解聘。在此基础上，坚持一年一考核制度和空额评聘和大中专生初聘工作。到2003年年底，全县有各类专业技术人员8364人。按公务员管理125人，学术技术带头人34人，副处级3人，正科级5人，副科级13人，高级职称132人，中级职称1784人，初级5510人。2004年，推行“评聘分开”为突破口，在事业单位中施行专业技术职务“结构比例管理”办法，主要在教育、卫生、农业、文化、党校、新闻、档案等系列普遍推行。在调整和新组建的教育、农业、档案、工程系列中，评审初级职称资格1100多人。同时，对职称（执业）考试规范化管理。全年完成各类考试18项，组织16470名各类人员参考。2005年，推荐高级职称申报65人，中、初级材料审核评审及资格审查1380人，审批各系列中初级职称资格1065人，新聘高级人员34人，中级人员174人，为职称外语、计算机考试办理了合格证。

第五节　干部管理

干部管理，在分工上，县委组织部负责干部人事工作宏观管理，做好权限内干部管理和考核工作，负责领导班子配备，干部教育培训，干部监督审查和老干部工作。县人事局做好干部管理和考核工作，负责行政事业单位工作人员考试、录用、晋升、交流、培训、奖励、辞退、辞职、人事仲裁、退休等人事方面的工作。

干部任免范围和权限　担任政府正、副县长、正副乡（镇）长、人民法院院长、人民检察院检察长，由人民代表大会或常务委员会选举产生。政府办公室主任各委员会主任，各局局长，综合协调办公室主任，人民法院副院长，各庭的正副庭长，审判委员会委员、审判员、人民检察院副检察长、检察委员会委员、检察员，由县人大常委会任免。政府办公室副主任，各委员会副主任，各局副局长、综合协调办公室副主任等行政机关工作人员由县政府任免，派任各区正副区长，由县政府任免。政府各局股长，由县人事局任免。对一般干部职务的认定，以及主任科员、副主任科员、科员由人事局调配任免。

干部调配　基本原则是按工作需要调配。调配时，坚持计划调配与统筹安排，突出重点，保证急需，合理调配，促进平稳合理使用，用其所长。在编制额内，合理配置，围绕经济建设中心，保证重点，充实基层，加强科研、生产第一线，鼓励和支持干部到艰苦行业和边远贫困地区工作，控制从生产部门调入非生产部门，从乡村调入城市，从企业调入机关。对夫妻长期分居，家庭确实有困难的需要调一子女照顾的，由调出、调入单位协商，征求意见后，按干部管理权限，主管部门审核批准，方可调动。1986—1997年，共调动1845人，其中因工作需要调动的1260人，调外县190人，照顾困难332人，照顾夫妻分居57人。

干部招聘录用　在干部补充制度上，采用聘任制、选任制、录用制。全县各级干部增加的来源主要从四个渠道：从每年分配大中专毕业生；从每年省（市）下达专项社会招干部计划和省（市）有关规定从在职工人中录、聘用干部计划；从乡村聘用干部转为国家正式干部和从村“三职”干部中选聘为乡（镇）领导的聘用干部；从每年军队转业必须安置的转业军人中选聘。1986年以来，从村级“三职”干部和十一大员中招聘为乡（镇）干部136人，其中乡计生干部51人，乡武装干部48人，乡镇一般干部37人。从城镇待业青年中招聘干部124人，其中政法部门14人，财经部门25人，银行7人，企业缺编自收自支事业单位78人，通过公开考试，录用“五大生”387人为干部。从事单位在职优秀工人中评聘为专业技术职务人员办了聘用手续的770人，其中教育478人，卫生166人，其他事业单位126人。聘任为正副乡（镇）长、正副党委书记的，要按县分配指标和规定条件，严格考核、考察，集体研究，差额推荐，择优录用，经人事局政审后，送县委审定，上级审批同意后，方可招聘。

干部考核　从1989开始，每年对全县干部从“德、能、勤、绩”四个方面全面考核。1990年，明确对全县机关工作人员年度考核范围、对象、内容、标准、原则、程序和方法以及考核结果对干部的使用等作了明确规定，考核内容将“德、能、勤、绩”四个方面分解为16个项目进行量化测评记分，考核标准分为优秀、称职、基本称职、不称职四个等次。考核方法做到领导与群众、平时与年度、党性与质量三结合，原则是客观公正，民主公开，注重工作实绩。程序是宣传发动，个人总结，单位领导综合评鉴，考核委员会审核，反馈考核结果，考核工作总结。对评为优秀工作人员的，可根据情况分别授予本单位或市、地、县先进工作者，或给予记功，记大功，晋级（晋升一个工资等级）晋职奖励，并将年度考核登记表装入档案，以备使用。1993—1997年，全县参加考核的公务员人数7842人次，占89.1%，其中优秀1516人。至200 5年，每年都以同样方式对干部进行考核，且形成一套行之有效的干部考核制度。

干部惩戒　1990年8月，黔江地区人事局印发《加强人事部门的日常惩戒工作管理的通知》，《通知》对日常惩戒工作的任务、立案查处对象、办理程序、申诉、复核、惩戒等作了规定。专业技术人员的行政处分涉及工资待遇问题，按照国家有关规定办理。实行聘用制干部，在聘用期间违反纪律，犯有错误，可以给予纪律处分，错误严重不能继续留用的，应予解聘。1986—1997年，全县受奖人数517人，其中授奖品奖金241人，升级58人，通报嘉奖218人。受惩戒人员159人，其中警告67人，记过19人，记大过21人，降级1人，撤职6人，开除留用3人，开除10人，其他处分24人。1998—2004年，受奖人数55人，其中记功2人，记大功2人，授奖品奖金5人，通报嘉奖38人。受惩戒人数45人，其中警告10人，记过15人，记大过8人，降级1人，撤职4人，开除留用察看7人。

第六节　就业与安置

军队转业干部安置　根据地方工作的需要和本人德才条件，参照在军队的职务，分配适当工作，做到分配合理，使用得当，人尽其才，各得其所。对专业技术干部，按所学专业分配工作，对口安排有困难，安排相近专业。军队转业干部随调家属的工作，按所有制性质，就地就近对口安排。1986—2004年，全县共接受军队转业干部83人，其中连排级干部57人，营级干部14人，团级干部3人，技术干部9人。83人中，安置在行政机关25人（含乡镇），事业单位14人，企业6人，政法系统26人，税务4人，其他2人，自择职业6人。1991年和1998年无安置任务。1987年，全县接受安置任务18人，其中连排级干部15人，营级干部2人，技术干部1人，按照安置的条件，到政法部门5人，工商税务部门4人，行政机关3人，企业单位6人，并按政策安置家属5人。安置前，先培训，后上岗，当年送去培训12人，完成上级分配的安置任务。

2005年，建立企事业军转干部人事信息库，为124名企业军转干部办理个人医疗保险，审批123人次企业军转干部财政解困资金和12人次企业失业军转干部生活困难补助，完成了4名军转干部和1名自主择业军转干部的安置任务。

大中专毕业生就业　1986—1988年，大中专毕业生，属统招统分。毕业后，非师范专业、县人事局按照专业对口，面向基层统一分配。师范类大中专毕业生由县教委直接分配。1989年改革教育单位与用人单位互相脱节，把竞争机制引入高等院校，逐步实现毕业生自主择业，用人单位择优录用的“双向选择”制度，师范类的中专毕业生仍执行统招统分。1997年后，非师范性大中专毕业生和师范类大中专毕业生一律实行“双向选择”，用人单位在编制范围内，经县政府同意，公开招聘，招聘时坚持“公开、平等、竞争、择优”的原则，本着公开招聘，公开推荐报名，公开考试成绩，公开录取的原则，录用大中专毕业生。对外来的大中专毕业生，经县政府同意，在条件允许的情况下，适当给予优惠，按“双向选择”的办法，用人单位，择优录用。根据上述原则，1986—2004年，全县共分配、录用大、中专毕业生2285人，其中教育部门1546人。

1986—2004年酉阳自治县大中专毕业生就业情况表

表14－4　　单位：人

年度	合计	其中		分配去向			
		大学生	中专生	行政	区乡	事业	企业
1986—1988	181	64	117	35	—	106	40
1989—1997	1075	403	672	89	458	333	194
1998—2004	2285	550	1735	75	146	1198	71

第七节　人才交流

1987年，县人事局成立人才交流中心机构，颁发了一系列引进人才的优惠政策。对外引进的专门人才，紧缺人才，在调进、招干、转干落户、农转非、住房、子女入学、入托、工资福利等方面给予优惠。还在黔江地区人才市场宣传酉阳政策，发布酉阳所需人才信息，为流动人才和全县用人单位牵线搭桥，先后为烟厂、药厂、林化厂、水泥厂、钟多镇政府、文化局等单位引进了专门人才、紧缺人才76名。几年来，为县教委招录引进教师333名。2004年，县人事局还从人才需求入手，开展人才需求调查，建立人才需求档案，加强人才库建设，开设人事代理业务，为用人单位提供人力资源信息。通过招录考试，安置大、中专毕业生404名。全年引进学士学位大学生26名，为重点行业引进紧缺人才22名。

第八节　干部工资与福利

1985年的工资改革，是继1956年第一次工资改革后第二次工资改革。全县有6654人参加工改，其工资由1984年每人月平工资54.74元上升为71.23元，月人平增资16.49元。1986年，继续完善工资改革制度，实行一次完善整改，使全县行政机关、事业单位人平调一级工资，人平增资8.3元。实行奖励工资，每人每月增加10元，其中提取2元作年终奖。到1986年年底，全县行政机关、事业单位工作人员的工资人平达82.56元，比工改前人平月增资27.82元。1987年，为解决部分人员工龄较长、工资偏低的矛盾，行政19级以下工作人员再调一级工资。1988年，对国家行政机关，事业单位专业技术人员调整工资，从1987年10月1日起执行。全县共调资升级3158人，人平月增资10.85元。按川工改〔1988〕5号文件使1400人再升一级工资。1989年又调整国家机关事业单位工作人员普调一级工资，同时对离退休人员的待遇也作了适当的调整。全县8540人普调一级工资，月人平增资6.94元。在普调的基础上，工资仍未达到职务起点标准的，可再增加一级工资。

1991年，奖励工资在原10元的基础上增加10元。1992年3月实行奖励工资与职务挂钩，标准是办事员每月15元，科员每月20元，主办科员每月23元，副局长每月23元，局长每月30元，副县长每月35元，县长每月40元。专业技术人员，高级每月25员，中级23元，助理级每月20元，员级每月15元，控制行政职务工龄在5年以下的一律按每月15元。10年以下每月17元，15年以下每月19元，20年以下每月20元，20年以上（含20年）每月23元。1993年，对行政机关、事业单位技术人员、在册并转为合同制工人进行调资升级。全县有10400人普调一级工资，人平月工资增加11.56元。1994年实行第三次工资改革。工改的内容是：①机关工作人员工资改为职务工资和级别工资，是工资的主体部分，全额拨款事业单位执行国家统一工资制度和工资标准，固定部分占70%，活的部分占30%。实行定额包干增人不增资，减人不减资，节约自主安排。②差额拨款单位，仍执行国家统一工资制度和工资标准，固定工资占60%，活的占40%，逐步过渡到自收自支事业单位。专业技术人员实行等级工资制（包括教育、科研、卫生、农业、林业、水利、设计、新闻出版、广播电视、技术监督、图书文博、档案），主要构成专业技术职务工资和津贴两部分，职务工资体现按劳分配原则，津贴与实际工作数量，质量挂钩。③机关事业单位实行民族地区补贴。④取消原来的奖金制度，改为年终奖励制度，以年终当年十二月工资为标准，发放一次性奖金。⑤提高职务工资标准。这次工改，本着统一政策，坚持标准，全县有10798人完成工资套改人平月增资89元。同时还提高了中、小学教师工资标准（提高10%），医院护士提高10%，政法部门、人民警察提高15%，驾驶员提高5%，科技人员每月10元科技津贴继续保留。从1995年起，实施正常晋升工资工作，增加工资从1996年1月1日起执行，正常晋升工资，是在严格考核的基础上进行。从1993年起，相关事业单位正式工作人员，经两年考核均称职（合格）以上人员，从1995年10月1日起，在本职务（技术等级）所相应的工资标准内晋升一个工资档次，考核不合格不称职，以及两年只有一半考核称职的人员，不得晋升工资。根据上述精神，1995年调整级别工资234人，1996年调整正常晋升一个档次职务工资9900人，1997年，正常晋升级别工资和职务工资680人。1998年调整行政基础工资，从90元调为110元，事业单位原则上按20元增加，固定部分16元，活的部分，以调整后标准，按国家的工资构成比例相应增加，按政策使947人正常晋升一级工资。1999年至2000年按正常晋升工资有关规定，继续调整行政人员和事业单位专业技术人员的工资。

2001年，调整职工工资标准12680人，对全县36名连续3年优秀机关事业单位工作人员，晋升一级工资，审批高级职务晋升职务工资860人，审批艰苦边远地区津贴12860人。2002年，全县机关事业单位工作人员10099人正常晋升一档职务（岗位）工资，审批机关事业单位工作人员2001年度年终一次性奖金，为事业单位3%的工作人员264人晋升一级工资，对921人因职务或职务变动相应调整工资待遇，160人享受边远地区补贴，912人享受民族地区补贴，调整了纪检、监察、信访等特殊岗位津贴。2003年晋升职务工资2335人，晋升级别工资978人，11737人享受年终一次性奖金。2004年，全县100个机关事业单位，正常晋升职务岗位工资9757人，月增资354766元，正常晋升级别工资276人，月增资10618元。全县11831人享受一年年终奖金总额833944元，因职务职称变动1302人，月工资增资23954元。年末正式职工13539人，职工年工资总额16802.1万元，其中基本工资12050.2万元，奖金737万元，津贴3440.6万元，年末平均工资12371元。2005年，全县共涉及105个机关事业单位，正常晋升职务岗位工资2734人，月增资85253元，正常晋升级别工资508人，月增资22820元，审批办理2004年年终一次性奖金。全县11445人享受年终一次性奖金总额9036633元。

干部福利费。1992年前，县城机关福利费按工资总额3.5%提取，区、乡按4%提取，事业单位按区域划分，参照比例提取，由主管局掌握。县级行政机关由县人事局掌握，统一使用并列入财政预算。1993年后，福利费一律由县财政局提取，不列入事业单位、人事局预算，有困难的职工，经本人申请、职工讨论、单位考核，上报人事局，然后，由人事局向县政府写专题报告批准后，由县财政拨给，解决最急需、最困难的职工。从1986年至1997年，全县解决最困难职工1902人次，补贴金额26.84万元，用于集体福利事业方面35850元。1998年以后申诉福利费补助人减少，每年一般在70人左右，补助金额每年2万元左右。

丧葬费。1987年四川省政府规定，职工死亡后，当月工资照发，丧葬费200元，1988年调为300元，1995年7月，安葬费标准调整为3000元。

抚恤费。1987年四川省政府规定，职工死亡后，发给一次性抚恤金、本人工资标准10个月，因工死亡发给20个月一次性抚恤费，其基数按相关文件执行。1996年黔江地区民政局规定，死者最后一个月的工资中包括享受民族地区补贴，作为死者最后一个月工资基数。

遗属生活困难补助对象。父、夫年满60岁或丧失劳动力，母、妻年满50岁或丧失劳动力，子女（含遗腹子、养子女、前夫前妻生子女）16岁以下或16岁在普通中学学习的或因多种原因丧失劳动能力的，从1985年以后，遗属生活困难补助标准发生了几次变化。1986年住城镇每人每月35元，住农村的每人每月20元。1989年调整为城镇每人每月50元，住农村的每人每月35元。保护、抢救国家财产和对敌斗争牺牲的，遗属每人每月增加10元。2001年以后，离休干部遗属每人每月240元，住县城一般为170元，住农村的为120元。

第九节 干部培训

1986年起，举办各类培训班、进修班、理论班、专题研讨班、业务进修班、岗位培训班。受训人员有村支部书记、县级机关和区乡的中层干部，以及区、乡（镇）主要领导等。在培训内容上有时事政治、党的基础知识、普法知识、农村科技、文体补习、业务技能等。

从1987年起，开办中专班。还鼓励和推荐符合条件的干部报考省行干院，省党校等进行学历培训，鼓励和支持干部参加成人教育的自考、电大、函授等大专学历教育，鼓励干部利用业余时间，完成学业。

为实施公务员制度，自1994年以来，共举办《公务员制度骨干培训班》8期，参训人数达300余人。1995年5月，在全县范围内各级党政机关人员中开展了一次国家公务员制度知识竞赛活动。1997年，全县范围内开展行政机关定向国家公务员过渡工作，组织县级党政机关科、局级及其以下工作人员1800余人过渡考试，为过渡工作创造了条件。

2005年，县委成立了干部教育领导小组，制定全年干部培训计划。开展了法律法规考试和骨干专业技术人员政治理论培训，完成《中华人民共和国公务员法》培训教材的征订、发放培训，以及全年职称外语、计算机、经济及职称外语等考试考务工作。

第三章 民 政

第一节 机 构

1986—2001年县级机构改革前县民政局称谓未变。2001年县级机构改革后仍为县民政局，局级机关设一室三科，即办公室、优抚安置科、城乡救济救灾科、基层政权与社会事业科。行政编制15人，其中局长1人，副局长2人，科长（主任科员）4人，办事人员8人。县老龄办公室挂靠民政局。县老龄办主任由县民政局长兼任，设1名专职副主任（按副主任科员配备）。下设一所、三院、一站、一办、一公司，即一所是军队离退休干部管理所，编制1人，全额拨款；三院是精神病医院，编制45人，时有53人，属非营业性全额拨款；康复医院（即麻风病医院），编制4人，全额拨款；龙潭社会福利院，编制6人；一站是救济管理站，编制7人，属非营业性全额拨款；一办是地名办；一公司是酉阳津酉殡仪服务有限责任公司。

第二节　基层政权建设

基层政权

2001年6月底前，全县81个乡镇（3镇78乡），744个村（居）民委员会，5328个村（居）民小组。7月，调整为39个乡镇，657个村（居）委会，（其中17个居民委员会，640个村委会），5371个村（居）民小组。2003年12月底再次对村组建制调整合并，调整后全县39个乡镇（14镇25乡）共有278个村居委会（其中8个居委会，270个村委会），2328个村（居）民小组，其中居民小组58个，村民小组2270个。

村民自治

政务公开　公开的主要内容：党和国家惠农政策；计划生育政策、措施；征用土地、宅基地审批政策；农村征兵政策以及“三属”待遇政策；农村社会保障政策及其申报程序；解决“三农”问题的政策措施。

村务公开　公开的主要内容：村委会成员情况简介及其分工情况；村委会任期规划、任期目标和年度工作计划；村民会议或村民代表会议作出的决定及其实施情况；民主评议村干部的情况；村“一事一议”筹资筹劳情况；村福利事业或基础设施建设征用集体土地及其补偿情况；村土地承包经营权流转情况；村集体资产，塘、库、堰、森林、商业门面等出租情况；农户宅基地批建情况；国家惠农政策（救灾、救济、低保、种粮直补等）落实情况；计划生育工作及其处理情况；移民安置情况；村民或村民代表建议及意见的反馈信息。

财务公开　公开的主要内容：村级年度财务收、支预决算；村级财务收支详细情况；各级投入的扶贫、农业开发、建设工程项目等资金使用情况；优抚、救灾救济、移民补偿、征地补偿、退耕还林补助等款物的发放情况；新农村建设项目及资金使用情况；村福利建设项目农民承担费用、筹资筹劳标准及其收支情况；水、电等费用收缴情况；社会团体、民间组织、帮扶部门捐赠款物及使用情况；村集体经济债权债务；集体资产明细账；村组干部误工补助。

服务公开　公开的主要内容：农村服务组织网络建设；农村经济专业服务机构及其项目情况；农村五保供养、烈军属优待、独生子女奖励、医疗救助等社会保障服务政策落实情况；农村防洪、防火、治安、流动人口管理，刑满释放人员及解除劳教人员的安置等社会平安稳定服务情况；农村精神文明建设、公共卫生、健康教育、红白喜事、基础设施建设、社会事业建设、广播电视管理、征地拆迁等情况。

社区建设

组织建设　2001年为认真贯彻落实《中共重庆市委、重庆市人民政府关于加强城市社区建设的意见》，发挥社区在城镇管理、社会保障、社会稳定等方面的作用，对全县社区建设工作进行了安排部署，下发了《关于加强城镇社区建设的实施意见》，使全县社区建设工作顺利开展。成立县社区建设领导小组；利用《酉阳报》和有线电视，宣传社区建设的具体目标、任务、意义等内容；进行科学的社区建设规划和划分调整，建立社区组织，做到有社区党组织，有社区居委会，有社区成员代表大会。

社区服务　社区工作运行紧紧依靠社区党组织、社区成员代表大会、社区居委会、社区建设工作队伍四支重要力量。社区组织是在镇党委、镇政府及县民政局的领导下进行工作。如复兴街社区，在钟多镇党委、镇政府的领导下，社区党组织发挥战斗堡垒作用。社区成员代表大会是社区群众性民主决策机构，对居委会的工作进行民主监督，社区居委会负责辖区内的日常事务。

社区环境整治　2001年12月，县民政局为建立和完善适应社会主义市场经济发展的城市管理新体制，加强社区建设，要求各社区负责辖区内环境卫生和绿化美化的管理工作，组织单位和社区居民开展爱国卫生运动，落实环境卫生责任制，配合环境保护部门监督环境污染项目的治理，开展多种形式的社会主义精神文明建设创建活动。

第三节　救　济

自然灾害救济　酉阳属武陵山区，地质结构复杂，气候变化较大，自然灾害频繁，属全国自然灾害严重地区之一。自然灾害主要有干旱、寒潮、低温、低湿阴雨、风雹、暴雨、洪涝、滑坡、塌方等，给人民生命财产造成损失。1986—2005年间，严重自然灾害不断，1998年4月1日，酉阳受极强冷空气与西南气流共同影响遭受了特大风雹，风速达30米／秒，风力8—10级，部分地方暴雨并伴有冰雹，平均降雨50.8毫米，雷、雨持续3个小时，损失严重。1998年4月，大风冰雹持续15分钟，全县39个乡镇、278个行政村、4.3万多户受灾，受伤22人，山羊死亡41头，猪37头，牛5头，小麦受灾21万亩，房屋倒塌5.3万间，板溪、渤海、南龙等地，参天古树连根拔掉，门窗玻璃无一幸存，交通受阻，通讯中断，停电、停水达11小时。8月下旬至12月，又出现了严重旱灾，降雨仅为116.4毫米，比常年偏少118.6毫米；温度偏高1.7℃，日照为328.5小时，比常年偏多116.4小时，蒸发量为225.1毫米，比降雨量偏大，造成四野枯竭，良田龟裂，河道断流，给广大人民生产、生活造成困难。特别是对人畜饮水、农业生产灌溉造成严重困难。1998年5月21日，酉阳又遭受特大暴雨灾害，县城降雨154.4毫米，县城处在一片汪洋大海之中，全县灾害涉及4个区（镇）、11个乡（镇）、96个村、576个组、14400户、5.4万人受害，农作物受灾面积达51200亩，水稻、玉米损失严重。机关事业单位受灾26个，损失303万元，企业单位41个，损失1080万元，有9所学校停课，3200余学生不能上学，宿舍、教室、实验室被淹，运动场被冲毁，总计损失200万元。同时，大河口、龚滩、罾潭、小岗等地因山体滑坡，泥石流冲洗，有359户房屋变形倒塌，地面拉张裂缝。龚滩镇小学操场南北宽300米，西至乌江河岸，东西长约1000米，南起居民周围的房屋，北至镇医院楼侧，南北宽300米，总滑坡面积30平方米。1999年6月28日，县城、李溪镇遭受特大洪水，降雨量达121毫米，水深达5米，学校停课，居民受阻，交通中断，县防洪人员用船送米、送盐、送菜给被困在楼上的灾民，机关、企事业、街道居民经济损失严重。2004年“2·20”“4·29”“7·11”“7·17”“8·21”日连续多次遭受较大的风雹和暴雨洪涝灾害，都涉及39个乡（镇）178个行政村、1050个组、392264人。全县粮经作物受灾19286公顷，绝收304万公顷，房屋受损4306间，因灾死亡3人，牲畜死亡122头。全县经济损失6828万元，农业直接损失5259万元。同时，境内大溪、酉酬、麻旺、钟多等镇瘟疫流行，牲畜遭受“五号病毒”传染，疫情涉及6个乡、15个村、64个组，303户，感染病毒牛355头，猪29头，羊20只，经济损失达44万元。

面对自然灾害的袭击，全县建立了由县政府统一领导、分级管理、分工负责的救灾工作管理机制，各职能部门分工负责，通力合作，社会各界广泛参与，坚持依靠群众，生产自救，互助互济，辅之以国家必要的救济和扶持的救灾工作方针。争取省（市）支持，及时下拨救济救灾款，使灾害损失降到最低程度。1989年市民政局下拨救灾救济款76.71万元，1990年为114万元，1991年为96.4万元，1992年为113万元，1993年为68.5万元，1994年为67.5万元，1995年为62.7万元，1996年为124万元，1997年为129万元。县委、县政府还组织县直属部门干部群众向灾区捐款捐物，仅2004年“8·21”李溪洪涝灾害，县属部门干群捐资94787元。

城市居民最低生活保障 城市居民最低生活保障制度是以保障城市贫困居民基本生活为目的，对家庭人均收入低于当地生活保障标准以下的给予补助。全县城市低保工作是从2001年开始执行的。制定了《城市居民最低生活工作实施意见》，明确规定低保享受范围政策界定，具体的申办程序和各级管理职责，规范操作行为，为低保工作提供了较完备的执行制度。2001—2005年，全县累计享受低保对象206510人次，共发放低保金10352764元。

2004年对低保户进行检查清理，有817户，1709人不应享受低保，给予取消。

第四节 优抚安置

双拥工作 双拥工作是一项经常化、社会化工程，从领导体制、制度和方法形式上建立长期有效的运行机制。县、区、乡、镇、村（居）委会，层层建立拥军优属领导小组或拥军优属委员会，形成以政府主导、部门协作、社会参与双拥工作的长效机制。1986—2005年，在每年的“八一”、元旦、春节期间，县委领导和“双拥”领导小组成员组成慰问小组，深入人武部、武警中队、消防大队进行走访慰问活动。县老年体育协会、音乐舞蹈协会常去军营联欢演出，慰问军人。每逢“八一”、春节组织老、中、青三代同堂音乐舞蹈队伍到军营教战士跳土家摆手舞，举行联欢活动，还带上香皂、毛巾、西瓜、鸡蛋和锦旗慰问子弟兵。元宵节还前去军营和官兵一起做汤圆，与子弟兵同过大年。在春节前，对全县945名优抚对象发慰问金、慰问品，其中有失散红军、伤残军人和烈军属，以及在乡老复员军人和带病回乡退伍军人、现役军人家庭。1986—2005年，累计发放慰问金13.2万元。

人武部党委把拥政爱民工作作为一项长期任务来抓，制定了“拥政爱民工作责任制”“走访慰问联谊制度”和“检查表彰制度”。各乡、镇武装部组织民兵、预备役人员建设两项以上特色产业经济，培养3—5名民兵经济大户。铜鼓乡沙坝村2组民兵凡洪，采用先进养殖技术养鸡，年收入上10万元。在他的带动下，沙坝、方园、青树村民兵连将在3年内建成养鸡专业村。县武警中队在龙潭镇组织民兵生产绿色产品，建立300亩生姜基地。全县民兵发展优质烤烟2.2万亩，中药材1.8万亩，杨树8.5万亩，麻旺、兴隆、黑水等14个乡镇建起“民兵科技育林示范片”。人武部先后被农业部、总参谋部评为“率兵带民科技扶贫先进单位”，被国务院授予“民族团结进步模范集体”称号。

抚恤优待 21世纪初，全县开展优抚对象的普查工作。通过多次的复查、核实，全县各种优抚对象总人数为20056人，其中伤残军人429人、在乡老复员军人2215人全部享受定补，回乡退伍军人12978人，已享受定补的1354人，烈军属4423人、红军失散人员15人已落实优抚政策。从2004年起，对在乡老复员军人从108元调为132元，每月增加24元。带病回乡退伍军人调为46元，企业下岗的在职伤残军人被解除劳动关系的21名伤残人员，其补助标准由财政预算按月发给。

对全县符合领取全民优待金的现役军人进行全面摸底排查，全县农村义务兵1050人，城镇义务兵167

人，合计1217人，优待金从2004年起转移支付到乡、镇执行。

至2005年，全县重点优抚对象有二等乙级以上（含二等一级）伤残军人及伤残工作人员103人，其中一等伤残军人8人，二等甲级伤残军人25人，二等一级伤残军人63人，在职工作人员7人。对其医疗费作了明确规定：对县城机关二等乙级以上（含二等乙级）的伤残军人，按公费医疗统一管理办法按95%报销。对乡镇原则上自定，但报销费用不得少于85%。对在乡老复员军人和带病回乡的退伍军人以及三等甲级以下的伤残军人无专项资金，但县民政局每年从救济款、救济粮中筹集部分钱、粮解决以上对象。

退伍军人安置　复员退伍军人的安置，分为义务兵退役安置、士官转业安置、伤残军人安置和军队干部复员安置。2003年共接收总人数297人，其中转业士官4人、伤残军人6人、在职退伍1人、城镇义务兵55人、农村义务兵231人，应由政府统一安置66人。按照重庆市有关文件精神，将市属部门的子女，回父母所在单位安置；对10年以上转业士官、三等乙级以上伤残军人10人，安置到乡、镇事业单位；在职入伍，原则上回原单位复工复职。对51名义务兵全部实行一次性经济补助。

军人离退休人员的安置与军干所工作　县委、县政府根据国务院、中央军委颁发的《中国人民解放军干部服役条例》中规定“每年退出现役的退休干部，纳入国家计划，由政府妥善安置”的精神，1984—2005年，全县共安置军队离退休人员有陈茂发（副师）、秦礼福（正团）、邱华（正团）、刘明（正团）、毛正荣（副团）、杨再林（副团）、隆泽文（退休士官）、白清泉（退休士官）、贾治祥（副连）、孙召汉（正营）、冉隆洲（正营）、杨正胜（副营）、黄蜀宏（正连）等，并组建酉阳军干所，成立了军干所党支部。军干所的主要工作：组织军干所人员学习，永葆革命军人本色；进行革命传统教育；进行理想和职业道德教育。为使军队离退休干部的政治待遇和生活待遇落实外，还广泛开展文体活动、丰富文化生活。开办娱乐室和图书阅览室，使他们“老有所学，老有所医、老有所为，老有所乐”。

第五节　社会福利

五保户的供养　龙潭镇敬老院在20世纪80年代由省敬老先进个人宋素珍开办的。自开办以来，越办越好。不但解决龙潭镇和来自附近农村的39名五保老人的吃、穿、住、用，还扩建了两楼一底的1570平方米的钢筋混凝结构综合性的服务大楼。服务项目增设了旅馆、饮食、冰糕厂等，固定资产达31万多元。1994年营业额达116480元，获利润9593元。补助五保老人生活福利69836元，每月给每个老人支付伙食费25元和3元零用钱。逢年过节，她还请老人吃顿团圆饭。1995年宋素珍被四川省政府表彰为“敬老好儿女”先进个人。兴隆镇原敬老院院长周克荣，每天都安排吃不同花样的菜饭，每月还要给老人发零花钱用。1994年国务院《农村五保供养工作条例》颁布后，酉阳农村五保供养开始向规范化、法制化迈进。对全县农村散居五保户6177人进行确认并颁布证书，对他们每年人均300公斤粮食，由村组转包责任地，生活供养费年终由县财政划拨到乡镇，再落实到五保户手中。2004年，全县规划新建农村敬老院，有7个乡镇已验收合格，其余5个乡镇在2005年可初步完工。

社会捐助　1986—2005年，在全县的各种自然灾害中，重庆市、黔江区、秀山县，贵州省沿河县，山东省等捐赠物品达14车，衣物17399件。重庆市政府办公厅扶贫集团捐款50万元；重庆市南岸区政府捐赠棉被890床、衣物380袋；中国兵器装备集团公司捐赠摩托车二辆（供查灾用）；上海市捐赠衣物423

包（19587件）；香港李嘉诚先生捐赠100万元，为钟多镇桂芳村倒房灾民重建家园；万州开发区索特盐业公司捐赠加碘食盐50吨。2003年，日本国捐赠价值35万元的466床棉被，日本国还派员亲自送到灾民手中。成立了县捐赠接收办公室（设在县民政局内），设立物资仓储中心，使捐赠工作较为正常、有序、规范运行。

福利彩票 1987年，中国福利彩票由民政部门在全国范围内长期发行。酉阳的社会福利有奖募捐活动，由民政局主办，按“树诚信、抓规范、保安全、保发行”的要求，由县司法、纪检、公安、审计、财政、新闻等部门配合实施。为了酉阳失学儿童、孤寡老人、残疾病人，贫困的受灾户、生活得到资助。全县在1996年、1998年、2000年发行了3次福利彩票。2000年发行的彩票（即开型福利彩票），在县城、麻旺、李溪三地发行，时间为2000年9月25日至10月4日。发行量为200万元（100万张彩票），奖组4个，每组50万元（25万张），返奖率53%，返奖个数105576个，中奖面10.55%，返奖金额106万元，等级1~9级。

老龄工作 2001年前老龄工作由县老龄办公室管理。2001年9月县级机构改革，撤销县老龄办，其职能划归县民政局。在优待上，60周岁以上的老年人发放了优待证，免费游览公园、参观博物馆、革命纪念馆、人民大礼堂等；对旅游景点、风景名胜区门票费优惠。到各级老年活动中心参加活动免费；到医疗机构求医优先挂号、就诊、化验、缴费、取药等；免费使用收费公厕；法律服务机构免费提供有关老年人赡养方面的法律服务。农村70周岁以上的老年人不承担按人头负担的集资。对90岁以上老年人，县、乡、镇人民政府还按当地财政情况，按每月发给营养补助费。在每年农历九月初九“老人节”（重阳节）前后，县、乡、镇和各机关、企事业单位，还要举办文娱活动。在2005年老人节，县老年活动室有228人参加各类棋、牌大赛，对获一、二、三名发了奖金。1986—2005年，县城老年活动室常年开放，节假日不休，冬天有炭火取暖，夏天有电扇助凉，开水，洗手水终年不缺。娱乐项目有麻将、川牌、象棋、扑克等。每天活动人数在30—80人不等。

第六节　专项管理

婚姻收养登记

婚姻登记方面。对内地公民结婚登记和补办补领结婚证：凭本人的户口簿、身份证；本人无配偶以及与对方当事人无直系血亲和三代以内旁系血亲关系的签字证明；补领结婚证的应提供原登记机关出具的登记情况证明；提交三张二寸近期半身免冠照片。据各乡镇上报数据：1988年全县结婚登记为158对，1991年为1025对，1995年为1879对，1996年为2312对，1998年为2532对，2000年为1764对，2003年为2654对，2005年为3362对。

对内地公民离婚登记：凭本人的户口簿、身份证；本人的结婚证；双方当事人共同签署的离婚协议书。

儿童收养管理方面：酉阳儿童涉外收养部，是由民政局指定社会事务科与县精神病医院共同承办的一个临时收养部，负责县境内遗婴幼儿的收养工作。中国公民收养工作程序为：申请书；凭收养居民户口簿；收养人所在单位或村（居）民委员会出具的本人婚姻状况、有无子女和抚养教育被收养人的能力等情况；县级以上医疗机构出具的身体健康检查证明；常居住地计划生育部门出具的本人生育情况证明；属收养弃婴的，应持公安机关出具的捡拾弃婴、儿童报案证明；属送养的收（送）养关系当事人应当订收（送）养协议书。

地名管理

1986年后仍为县地名办公室，属县民政局直接管理。正式编制2人。1989年划归县民政局统一管理，挂名地名办，成为县民政局一科（室）。2001年8月县级机构改革后划归社会事业科。1986—1990年编辑完成酉阳地名词条释文101条，其中政区和居民点67条、自然地名16条、人工建筑名3条、交通名4条、革命纪念地4条、名胜古迹6条、旧地名1条。其内容载入1993年出版的《中华人民共和国地名词典·四川省卷》一书中。1996年4—12月编辑完成《中华人民共和国县乡大辞典·酉阳篇》83条。1998年按国标设计制作，在县境内国道319线91.5公里两侧设置地名标志牌21块。2001年编辑完成《酉阳乡镇及其它地名来历含义》46条，其中政区40条、其他地名6条。

殡葬改革

1986年起，全县提倡节约殡葬用地，革除丧葬陋习，文明办丧事。2001年重庆市民政局根据《重庆市殡葬管理条例》，草拟《重庆市殡葬事务管理办法》，并由重庆市政府颁布实施。2002年4月28日，钟多镇人民政府成立津酉殡仪服务有限责任公司。其经营管理按有关政策和法律法规执行。5月21日县政府决定由镇人民政府负责实施县城殡仪馆建设，县民政局负责业务指导。8月5日，在县城后山坡（段家坨）修建殡仪馆。11月26日，县计委通过新建县殡仪馆项目的可行性研究。

2004年9月28日，县政府再次专题研究县城殡仪馆建设的有关事宜，拟定酉阳县殡葬管理法。县城殡仪馆由酉阳县津酉殡仪服务有限责任公司筹资建修，工程总投资583万元。该公司是经县民政局批准成立的，2002年4月29日在县工商局验资注册，是由钟多镇碧津居委会（现桃花源社区）和李某某以股份合作的方式发起，成立于2004年4月29日，现有股东2人，企业职工5人，注册资金22万元。公司驻地在钟多镇十字街41号，法定代表李某某。公司从2002年7月20日开始征地动工，已建7个悼念大厅，能同时提供7户丧家治丧。还建有餐厅、娱乐室、冷冻室、车库、太平间、停车场等，建筑面积达8980平方米。

第十五篇

政　　　　法

ZHENG FA

第一章　政法委及综治

第一节　机　构

县委政法委员会是县委领导、管理政法工作的职能部门，负责领导、指导、监督、协调全县政法工作，组织、领导和协调社会治安综合治理，加强政法机关、政法队伍建设和社会治安综合治理工作。

1981年9月，县委从公安、检察、法院三机关抽调干部组建县委政法委员会。1982年3月成立县委政法委员会，设书记1人，副书记4人（兼职副书记3人，专职副书记1人主持日常工作），内设办公室，核定行政编制4—6人。1983年11月，酉阳土家族苗族自治县成立，县委政法委随之更名为中共酉阳土家族苗族自治县委政法委员会。1988年8月9日撤销县委政法委，成立县委政法领导小组。1990年4月更名为县委政法委。1991年4月，成立酉阳土家族苗族自治县社会治安综合治理委员会，下设办公室（以下简称综治办）与县委政法委机关合署办公。2001年9月，县级机关机构改革，批准其内设县委政法委办公室和综治办公室，核定行政编制6人，后勤事业编制2人，设书记1人，副书记2人，办公室主任1人，综治办主任1人。至2005年年底，县政法委有干部职工8人，其中，有书记1人，副书记3人。

第二节　队伍建设

1987年，政法各部门结合反对资产阶级自由化的教育和“四职教育”，开展普法学习，使政法队伍在政治、思想、业务等方面都有所提高。1989年，县政法领导小组先后8次召开政法会议，部署“从严治警”工作，要求全体干警要立场坚定，树立政法干部秉公执法、不徇私情、不贪赃枉法的形象。县人民检察院被最高人民检察院授予反贪污贿赂斗争先进集体的铜质奖牌。1990年2月，县人民法院被四川省高级法院表彰为四川省法院系统廉政建设先进单位。1992年，组织政法干警认真学习中央2号文件和邓小平视察南方重要谈话精神，强化政法各单位职能，转变观念，为县域经济建设服务。1993年5月18日，上级公安机关根据《中华人民共和国警察警衔条例》和《首次评定授衔标准》之规定，授予县公安局民警一、二、三级警督67人，一、二、三级警司112人，一、二级警员7人。1994年，县委政法委印发《关于政法公安干警违反纪律行政处分的规定》。11月，又下发《关于第四季度集中开展政法队伍教育整顿的意见》，决定在全县政法队伍中集中开展为期40天的教育整顿工作。

1996年，按照“内强素质，外树形象，严格管理，严肃执法”的要求，抓政法队伍的纪律作风和行为规范，先后两次开展集中学习教育和纪律作风整顿，集中查处11名违法违纪干警。县人民检察院荣获四川省人民检察院授予集体三等功。1998年，县政法委集中开展政法队伍教育整顿，加强政法队伍建设的部署，组织政法各单位认真开展教育整顿，加强政法队伍建设工作。在单位内部开展“五查五看”查摆存在的问题，对外推行警务、检务公开，多方征求人大代表、政协委员和各方面的意见。经认真对照检查和广泛征求意见，对排查出的问题进行整改。1999年4月，重庆市人民检察院第四分院根据《中华人民共和国检察官等级暂行规定》和《首次评定检察官等级标准》之规定，批准任命县人民检察院四级高级检察官9名，一级检察官15名，二级检察官8名，三级检察官6名，四级检察官9名，五级检察官5名。

2000年2月，政法各部门的领导班子成员参加了为期3个月的县处级以上领导班子和领导干部的“讲学习、讲政治、讲正气”的“三讲”学习教育活动。之后，又在全体干警中开展“三讲”学习教育活动。县公安局还在干警中开展“三项教育”和“双争”满意年活动，县人民检察院开展争创人民满意的检察院活动，并被重庆市人民检察院授予“人民满意的检察院”。2001年，在政法队伍中普遍开展“三个代表”重要思想的学习教育活动。在县级机关机构改革中，按照县委、县政府“男满50岁，女满45岁要一律离岗”的规定，一批政法干警离岗。政法各单位选拔120名中、青年干部担任中层领导职务。2003年，积极稳妥地推进司法改革，加强政法队伍建设。开展“三项教育回头看”“立警为公，执法为民”“强化法律监督，维护公平正义”“公正与效率”“作风整顿年”“公正执法树形象”等活动。2005年，在政法各单位开展保持共产党员先进性集中教育和“规范执法行为，促进执法公正”的专项整治活动。

1986—2005年。政法系统共受到各类奖励和表彰、记功的先进集体200个，其中国家级5个，省、部级3个，地区级65个，县级100个；受到各类奖励和表彰、记功的先进个人541人，其中国家级4人，省、部级61人，地区级223人，县级253人。本着“从严治警，纯洁队伍”的方针，共处理各类违法违纪干警49人次，其中受双重处分和三种处分1人、党纪处分10人、政纪处分7人、法纪处理11人、清理、调离政法工作岗位24人。

第三节　社会治安综合治理

宣传教育　1986—2005年，县委政法委在全县开展的“一五普法”“二五普法”“三五普法”“四五普法”，组织、协调有关部门开展法制宣传教育工作。共举办各类干部普法学习、培训班1372期，培训各类干部56151人次。在全县各中、小学校上法制宣传教育课4133场次，受教育师生达1396714人次，利用各种会议、电影、电视、广播等开展法制宣传教育38913场次，印发各种法制宣传书籍、刊物、资料等672156份。全县受教育人数达7228000万人次。普法工作通过上级验收。

防范措施　实行巡警、交警、治安、国安、内保、户籍和治保会、治安室、联防队、巡逻队等协作，齐抓共管；实行横到边、纵到底，层层签订综治工作目标责任书，一级抓一级，层层抓落实，年终考核奖惩逗硬，坚持一票否决制；基层基础工作，搞好人民调解和法律服务，化解各种社会矛盾和民间纠纷。1986—2005年，全县各级人民调解组织共调解各种民事纠纷73267件，调解成功67242起，调解成功率达95%。通过调解，防止因民间纠纷可能转化为刑事案件581件，防止因纠纷可能引发群体性械斗523起，防止和避免可能发生意外和非正常死亡1005人，防止群众集体上访112起992人次。法律顾问处、律师事务所、法律服务所担任法律顾问5948家，代理各类民事、经济诉讼案件10074件，刑事辩护案件914件，办理非诉讼调解11086件，为贫困、弱势群体当事人办理法律援助案件2006件，代写各类法律文书17116件，为顾问单位、诉讼当事人挽回和避免经济损失16236.6万元，为民工索回工资和赔偿金

730.6万元；公证部门办理各类公证80959件，为公证当事人避免经济损失7763.7万元；审判机关审结各类民事案件6646件，经济案件3448件，涉及诉讼标的31348.2万元，审结企业改制中的破产案件7件，涉及诉讼标的额22500万元，审结行政案件471件，执行审判、裁定和行政执法机关的非诉讼行政案件15621件，涉及执行标的10256万元。

打击犯罪活动　县委政法委领导协调政法各机关，适时开展“春季严打”“夏季严打”“秋季严打”“冬季严打”“打抢劫、反盗窃、清拐卖、查流窜”“打黄扫非除六害”“打击车匪路霸、流氓滋事”“取缔门徒会、邪教‘法轮功’”“缉枪治爆”“打黑除恶”等严厉打击各种严重刑事犯罪和经济犯罪活动。对违法人员按照情节轻重和危害大小，采取教育一批、治安处罚一批、劳动教养一批，对刑事犯罪分子依法从重从快严厉打击。1986—2005年，县人民检察院立案查处违纪案件60件80人，立案查处经济案件359件388人，为国家和集体挽回经济损失5738.5万元，共受理侦查机关提请批准逮捕的各类刑事案件2793件4985人，经审查，批准逮捕2255件4137人；受理侦查机关移送审查起诉的各种案件3354件4624人，经审查，依法向本级人民法院提起公诉2828件3801人，移送分院审查起诉136件242人。县人民法院审判结案各类刑事案件3633件，依法处理4165人，受涪陵地区中级人民法院、黔江地区中级人民法院和重庆市第四中级人民法院的委托，分别在钟多、龙潭、麻旺、酉酬、黑水、丁市、双河等区镇所在地召开宣判大会25次，对30名判处死刑的犯罪分子验明正身，押赴刑场，执行枪决。

第二章　公　安

第一节　机　构

1983年酉阳县公安局随着酉阳土家族苗族自治县成立而更名为酉阳土家族苗族自治县公安局，至1985年，局内设办公室、政工科、政侦科（又简称一科）、内保科（又称二科）、治安科（又称三科）、预审科（又称四科）、刑警队、消防科、看守所、收容审查所、拘役所、治安拘留所、交警队和钟多镇、钟多、龙潭、麻旺、酉酬、大溪、兴隆、黑水、苍岭、龚滩、丁市、双河、李溪等区派出所，计26个科、所、队、室，全局民警164人，并对林业公安科和林区派出所进行业务领导和指导。在机关中，将原教导员改称政委。1990年3月，增设户政科。10月，设法制科。1991年，县交警队改为交警大队。1993年8月1日，将原钟多镇派出所分设为城南、城北派出所。1994年9月，增设小坝、庙溪、大河口、腴地、木叶、毛坝、两罾、铺子、铜西等9个派出所。10月，增设渤海派出所。1995年4月28日，成立巡警大队。1996年撤销大河口派出所。1998年8月，撤销腴地、两罾、铺子、铜西、渤海等6个派出所。9月撤销预审科，与刑警队组建刑警大队。同年，撤销木叶派出所，将收容审查所更名为第二看守所。设立警务督察队、监察室、审计室、行政财务装备科。2000年4月，撤销庙溪派出所。10月，将双河派出所改为小河派出所，消防科升为消防大队，由副营职单位升为副团职单位。

2001年10月，县级行政机构改革，县公安局其内设政治处、办公室、指挥室（即报警110台）、法制科、科技通信科、公共信息网络监察科、行政财务装备科、警务督察队、国内安全科（挂出入境管理科）、经济文化保卫科、治安大队、刑警大队、经侦大队、户政管理科、巡警大队、看守所、行政拘留所、强制戒毒所、交通警察大队，城南、城北、龙潭、丁市、龚滩、麻旺、大溪、酉酬、兴隆、黑水、苍岭、李溪、小河、钟多、铜鼓派出所等34个处、科、所、队、室，另对消防大队和县林业公安科、林区派出所进行业务指导和管理。核定人员编制232名，其中：局长1名，政委1名，副局长（含副政委）3名。2004年12月，增设禁毒大队。全局民警216人，其中局机关128人，派出所99人，有局长1人，政委1人，副局长5人。2005年，全局共有民警243人，其中：局党组成员9人、局长1人，政委1人、副局长4人、副政委1人、党组成员1人、纪检组长1人；综合科室21人、基层及一线科室213人（派出所111人）。

第二节　国家安全

国家安全是公安机关负责掌握敌情、社情、侦破危害国家安全的案件，查处非法组织、非法刊物和反动会道门的活动，对境外反动势力、民族分裂势力的破坏活动进行严密监控，管理外国人入出境、居留、旅行和中国公民出入境事务，参与涉外案件、事件的处理，确保国家安全。此项工作是公安机关的第一项职能。

1986年，县公安局成功侦破以张美和、冉隆福为首组织的涉及川、黔、湘三省的酉阳、秀山、沿河、龙山等4县16乡镇的“天地佛仙会”反革命集团，彻底摧毁“天地佛仙会”反革命集团组成的“南朝罗平国”设置的“最高军事规划局”“南朝罗平国军政部”“军总部”“参谋部”“野战军”“纠察队”“龙华会”“龙宫会”“紫文宫会”等反革命组织机构，缴获黑布罗平旗21面、百花园会员证21张、龙宫会会员证33张、委任状22张、尖刀4把、三棱刀1把、钳子2把、大小反革命标语91张、《天地佛仙会南朝罗平国军政部通告》1份4张、准备捆绑干部的棕绳10副、剪掉的电话线21.41米、雕刻反革命印章的雕刀2把、书写反革命标语的毛笔11支、收会费的记账单28张、准备作旗帜的黄布300尺，收容审查涉案人员36人。涪陵地区中级人民法院于1986年10月31日，以组织领导反革命罪、持械聚众叛乱罪、积极参加反革命罪、窝藏罪等罪名，依法判处张美和无期徒刑、剥夺政治权利终身，判处冉隆福等11名罪犯20年至4年不等有期徒刑，并剥夺政治权利5至2年。1995年3—6月，县公安局组织集中打击门徒会邪教组织，该组织涉及全县10区33乡113村302个村民组，被裹胁群众7338人，其中有共产党员33人、共青团员48人、村组干部36人、教师4人、学生87人、群众7130人，捣毁兴隆、新华两个小分会、分会点9个、教会365个，抓获分会点执事以上骨干130人，收容审查30人，其中劳教13人、治安拘留3人、解除收容14人；治安处罚610人，其中拘留150人、罚款118人、警告342人、教育被裹胁群众3523人，收缴各种非法宣传资料6653份。2002年，开展打击“法轮功”邪教组织，抓获2名邪教“法轮功”宣传员，缴获邪教“法轮功”宣传品150份。把全县100余名邪教“法轮功”人员的基本信息录入计算机信息系统，查清并监控4名下落不明的邪教“法轮功”人员。2003年5月8日至21日，对县境内丁市、宜居、后溪、官清等乡镇的门徒会进行查处，对教点执事报批劳教，对其骨干成员给予治安处罚，教育被裹胁群众300多人。2004年共收集报送信息55条，抓获外省逃往县境的邪教“法轮功”逃犯1人，给予警告1

人，治安拘留1人，收缴邪教“法轮功”传单28份、书籍68本、光盘9碟。以“雷霆行动”为代号查禁门徒会的专项行动，对其骨干进行查处，其中劳教1人、治安拘留19人、罚款5人、警告1人。

第三节　内保安全

内保安全是公安机关负责指导监督辖区内机关、厂矿、学校、企事业等单位和重点要害部门的安全保卫工作，掌握单位内部治安情况和政治动向，制定对策、侦办管辖内的案件，负责警卫目标的安全警卫工作。

县公安局对辖区内的机关、学校、企事业单位的内保安全工作进行监督指导，对重要领导人到酉阳调研、视察工作和县内开展的重大活动搞好安全保卫。1986—2005年，曾保卫到酉阳检查工作的领导人有：中共中央政治局委员、四川省委书记杨汝岱，四川省委书记谢世杰，省长肖秧，省人大常委会主任何郝炬，省政协主席聂荣贵，重庆市委书记张德邻、贺国强、黄镇东，市长蒲海清、包叙定、王鸿举，市人大常委会主任王云龙，市政协主席张文彬、刘志忠，农业部部长刘江，全国人大常委会副委员长费孝通，全国政协副主席罗豪才，国务委员陈俊生等。2001年10月2日至3日，中共中央政治局常委、全国人大常委会委员长李鹏一行到酉阳视察工作，县公安局圆满完成全县有史以来最高规格的警卫工作。重大活动的安全保卫有：1993年11月11日，县委、县政府举办酉阳解放44周年、自治县成立10周年纪念庆祝活动。2001年“5・1”期间，县委、县政府举行桃花源公园开园仪式，举办渝黔湘鄂11县“武陵山区民族文艺会演暨重庆酉阳土家摆手舞大赛”。2002年“5・1”期间，举办100名记者酉阳行大型采风，“中国重庆酉阳国际攀岩挑战赛”和文化部验收“酉阳土家族摆手舞之乡”暨“全县第二届摆手舞大赛”等活动。

第四节　治安管理

治安管理是公安机关贯彻实施国家治安管理法律法规、负责辖区内社会治安管理工作，依法查处治安案件和有关刑事案件，加强特种行业、公共场所、非军用枪支和民爆物品管理，指导治安防范队伍、基层群防群治组织建设，利用行政和法律手段，履行人民民主专政的职能，打击犯罪、保护人民，维护社会治安秩序。县公安局按照法律法规赋予治安管理的职能，依法履行治安管理的职责。

特种行业管理　1988年加强特种行业管理，对全县279家旅店业、15户收购业、16户印刷刻字业进行清理登记。1991年对旅店业、金属回收业进行清理整顿，规范经营行为。在对91个收购点整顿中，取缔8个，取消22个，批准63个，并建立刻字行业管理制度。1998年审验旅店业288家。2002年年审废旧金属收购点30个、刻字业11家、印刷业45家、旅店业221家，责令停业整顿21家。旅店业发生刑事案件25件，治安案件21件，抓获违法人员61人，缴获各种赃款赃物折价15000元。

民用爆破物品管理　1986年，严格按照《中华人民共和国爆破物品管理条例》之规定，与有关部门配合，对全县重点单位、爆炸物品生产点、储存库、销售点进行检查，为449个单位、个体户办理民爆物品许可证，办理准购雷管16979万发、炸药126414公斤，没收违规鞭炮382箱，治安处罚30人。1991

年，县公安局制定民爆物品安全管理责任书340份，将责任落实到有关单位和施工作业点。1998年，为酉（阳）龚（滩）公路、小坝二级水库施工安全，对其开展民爆物品安全检查2次，收缴雷管60000发、炸药86公斤、导火索333米，端掉非法生产烟花爆竹窝点10个，查处涉爆案件11起，刑事拘留1人，治安拘留2人，罚款3人，警告3人，批评教育5人。2002年，开展打击涉爆犯罪，加大对民爆物品收缴力度。在专项整治中，收缴炸药652公斤、雷管424发、导火索2790米、烟花爆竹1517万响、废旧炸弹5枚。查处涉爆案件27起，治安拘留3人，罚款21人，警告20人，其他处理21人。2003年，共收缴炸药1117公斤、雷管1483发、导火索2477米、烟花爆竹1443万响。2004年3月26日，成立禁放烟花爆竹执法队，执行县政府禁放烟花爆竹的有关规定。全年共收缴炸药884.17公斤、雷管396发、导火索1419米、烟花爆竹875万响。2005年1月1日，侦破2004年“12·17”梯子洞电站工地爆炸物被盗案，抓获犯罪嫌疑人2名，悉数追回被盗炸药96公斤、雷管1000发、导火索1000米。

公共场所和非军用枪支管理 县公安局对公共场所、重大活动加强管理，严格控制，做好安全防范工作，对治安环境复杂、秩序差的地区和部位进行重点整治。1986年，收缴非法枪支7921支。1995年4月，成立巡警队，开通“110”报警电话。1996年，全县开展“缉枪治爆”专项斗争。1997年7月，收缴非法枪支6491支。1999年7月，收缴非法枪支2824支、子弹95发，共打击处理涉枪案件748起，其中提请批准逮捕22人、治安拘留82人、罚款95人、警告80人、其他处理464人。2003年整治治安环境差的部位28处，共受理治安案件1312起，查处1071起，查处违法人员1438人，其中劳教11人、拘留306人、罚款384人、其他处理323人、移送有关部门3人。全年，收缴非法枪支182支、子弹19发、管制刀具125件、海洛因8克、淫秽光盘52张。2004年结合严打斗争，整治治安环境32处，共受理治安案件1167起，查处959起，治安处罚1000人。依照《中华人民共和国枪支管理法》之规定，对非军用枪支的管理、使用情况进行检查，对非法持有、私藏枪支进行收缴，对涉枪案件依法予以查处。全年共收缴非法枪支101支、管制刀具135件。

群防群治组织 基层群防群治组织建设，坚持从上到下、从内到外，在机关、学校、厂矿、企事业单位和农村分别建立内保机构和治保会。

1988年，全县有治安室80个，专职干部240人，村治保会779个，治保委员2379人，协助公安机关查处刑事案件47件、治安案件274件，调解民事纠纷2043件。11月，根据四川省公安厅《关于新形势下如何加强基层治保会的工作意见》，县公安局编写《忠于职守、勤奋工作，为深化改革，建设社会主义商品经济新秩序》的讲话提纲，以区为单位，由派出所组织全县治保会成员进行业务培训。1989年，钟多区铜鼓乡治安室被四川省公安厅授予“先进治安室”称号。1991年，全县有治安室99个、治保会812个3260人，联防队9个36人，共提供线索141条，协查59件，抓获逃犯2人，侦破治安案件304件，调解民事纠纷294起。1995年，根据黔江地区公安处《关于农村治保会方案》精神，对全县830名治保主任、组长进行培训，并对其进行评查，其中好502人、一般289人、差39人。有联防队16个64人，捕获违法人员67人，缴获赃款赃物折价14846元。1996年，省公安厅授予兴隆区土坪乡棕树村治保会先进集体称号。1998年，全县有治保会653个，治保人员2155人，其中退休职工233人，培训治保人员1121人，抓获违法人员107人，协查刑事案件38件、治安案件42件。钟多镇碧津村治保会综治工作，被重庆市委、市政府命名为“安全文明小区”；小坝乡花园村治保会与派出所共建文明村，被县委授予“精神文明村”称号。2002年，全县有治保会700个，其中机关单位70个、城镇18个、农村612个。有治保人员2305人，其中退休职工531人；治保小组1575个，治保成员4579人。2004年，开展保安服务业清理整顿工作，规范保安服务业，结合整治，加强群防群治基层组织建设，巩固警民联系点，共建警民联系点245个。全年侦破刑事案件86件，查处治安案件136件，调解治安纠纷248件，接受群众报警585人次，救助132人次，咨询425人次。

第五节　刑事侦查

刑事侦查是公安机关掌握辖区内刑事犯罪的活动情况、负责刑事案件侦破和预审起诉工作，并开展法医、毒化、痕迹、物证等刑事技术检验和情报资料收集工作。侦查刑事案件，打击刑事犯罪，保护公民的人身和财产安全，维护社会稳定，是公安机关的本职工作。

1986—2005年，县公安局根据刑事案件发案情况，以杀人、放火、抢劫、强奸、伤害等暴力犯罪，以盗窃、诈骗等侵犯财产犯罪和流氓、寻衅滋事等扰乱社会秩序多发性犯罪案件的侦破，并多次组织“反盗抢”“打击拐卖妇女儿童”“春季严打”“夏季严打”“冬季严打”“缉枪治爆”行动，侦破故意杀人案7起、放火2起、抢劫4起、强奸10起、故意伤害16起、抢夺2起、爆炸1起、流氓2起、诈骗19起、拐卖妇女儿童14起、盗窃305起及其他2起，共破案332起，追回赃款赃物折价93214元，为国家、集体挽回经济损失14555元。挖出犯罪团伙15个，成员75人，查获作案成员375人，依法提请批准逮捕90人，治安处罚151人，其他处理134人。

1989年1月，全县集中进行严厉打击一批杀人、抢劫、拐卖人口以及强奸、赌博、卖淫嫖娼等丑恶现象的严重刑事犯罪分子。1992年立案侦查拐卖人口案件69件，抓获作案成员72人，摧毁拐卖人口犯罪团伙10个30人，解救被害妇女23人、儿童3人，提请批捕68人。1996年成功侦破钟岭乡陈某等人从1994年5月—1996年3月间，流窜川、黔、湘、鄂、甘、陕、豫、浙、沪等8省1市20多个县撬盗保险柜30个、盗窃人民币170000余元、有价证券40000多元以及金戒指、金耳环、手表等物价值人民币20000多元的系列撬盗保险柜团伙案。1998年4月，开展“防盗打抢”为重点的夏季严打行动，立案侦查98件，侦破78件，查获作案成员172人，其间，还成功侦破了车田乡吴某流窜木叶乡实施抢劫、故意杀人案。7月28日，在组织公安、武警对井岗乡杀死2人、杀伤5人的特大杀人案犯唐某实施围捕中，将多次鸣枪警告无效，且持刀负隅顽抗、杀伤武警战士的唐某击毙。1999年1月1日，县医院被撬锁入室盗走价值15000余元的B超机等器械案未能侦破。3月9日晚，县运输公司退休干部冉启俊被杀案未破。2000年立案侦破毒品案48件，行政拘留48人，提请批准逮捕2人，劳教10人，查获海洛因20克，精神麻醉药品300粒，铲除罂粟1500株，缴获毒资43000元。2002年共立刑事案件1257起，侦破924起，查获作案成员731人，缴获各种赃款197万元，依法提请批准逮捕340人，劳教1人，直诉32人，并成功破获县城系列抢劫案、“12·19”玉柱峰杀人案、“1·28”绑架案、“6·27”龚滩董某杀人案、“6·28”毛坝李某杀人等重大刑事案件。2003年，共立刑事案件1063起，破案777起，打击处理277人，其中：提请批准逮捕240人，直诉44人，劳教12人，少教1人，抓捕逃犯57人。5月24日，侦破西酬镇岩孔溪村9组李某故意杀人案。8月16日，成功侦破后溪镇龙洞村白某故意杀人案。12月26日至28日，在全县开展“打两抢、反盗扒、除毒害、追逃犯”为主要内容的“雷霆一号”行动。2004年1月6日，侦破可大乡蔡家村刘某故意杀人案。2月11日，成功侦破桃花源2003年“10·9”故意杀人案，将犯罪嫌疑人周某抓获归案。2月26日，成功侦破2004年“2·17”农业银行营业厅抢夺7000元现金案，公安民警在湖南娄底市将犯罪嫌疑人王某抓获。6月1日、16日、24日，及时侦破官清、万木、酉酬等乡镇发生的3起故意杀人案。全年共立刑事案件894起、侦破778起，其中命案26起，打击处理309人（提请批准逮捕235人，直诉72人，劳教2人），抓获逃犯51人。2005年3月16日，侦破2005年“3·11”故意杀人案，3月30日，又成功侦破2005年“3·27”故意杀人案。

第六节　户政管理

户政管理是公安机关依法对辖区内的户籍、居民身份证、暂住人口、流动人口的管理工作。此项工作原由县公安局治安科管辖，后由户政科履行其职能。

1986年全县13个区、镇，78个乡，761个村，14个居委会，66个居民小组，158251户，643757人，其中男336449人，女307308人。总人口中，农业人口600122人，非农业人口43635人。1988年2月6日，县政府成立酉阳县颁发居民身份证领导小组和办公室。8月，首次对全县18岁以上男女公民颁发居民身份证。年末，颁发身份证50万人次。此后，坚持日常性颁发身份证工作。年末，全县13个区（镇），80个乡（镇），761个村，5852个村民组，14个居委会，66个居民组，总人口661107人，其中：男性347104人，占52.6%，女性313997人，占47.5%，农业人口616247人，非农业人口44854人。1989年10月25日，按照《第四次全国人口普查办法》，全县历时15个月，于1991年1月完成人口普查，统计结果为：全县13个区（镇），80个乡（镇），724个村，17个居委会，93个居民小组，175080户（家庭户174063户，集体户1017户），总人口663323人，其中男性348667人，女性314656人，土家族356363人，苗族91942人。1990年设立户政科。1991年，整治暂住人口，并制定和印发《关于加强出租房屋管理意见》《暂住人口管理制度》和《出租房屋登记管理制度》。1998年，本着“严格手续、方便群众”的原则，为578人办理边境通行证。7月，按照公安部《关于开展户政管理送温暖活动的通知》和重庆市公安局的部署，县公安局解决因计划生育等问题遗留的户口准予入户1996户3121人。年末，城北派出所在全县首先使用计算机管理户口。年终人口统计，全县200852户，712014人，其中男381153人、女330861人、农业人口646668人，非农业人口65345人。2000年，县政府按照国务院的《第五次全国人口普查办法》，以2000年11月1日零时为标准登记时间进行普查登记。全县总人口724617人，男388918人，占53.67%，女355699人，占46.33%；农业人口656951人，占90.66%，非农业人口67666人，占0.93%。2002年，清理出租房屋1422户，清理暂住人口4294人，收容遣送“三无”盲流人员20人，发现违法犯罪线索23条，破刑案17件，抓获犯罪嫌疑人36人。按照市公安局《关于认真做好居民身份证号码编制工作的通知》，对已发出的身份证进行清理，对745对重、错号码的身份证进行纠正，对732233人常住人口进行居民身份证号码编制工作，并将其录入计算机，进行计算机信息化管理。年终人口统计，全县总人口737845人，男396172人，女341673人，农业人人口668677人，非农业人口69168人。2004年3至9月，按照市公安局《关于开展人口信息管理系统数据质量专项检查工作方案的通知》要求，在全县集中开展户口核对工作，逐村、逐户、逐人、逐项的进行户口核对，为换发第二代居民身份证提供准确的人口信息数据。同时，在全县范围内开展人口信息图像采集录入工作。年终人口统计，全县总人口749898人，其中男402437人，女347461人，农业人口679898人，非农业人口70285人。2005年年底，全县共226788户，总人口758385人。其中农业人口683300人，非农业人口75085人。

第七节 监所管理

监所管理是公安机关依法对辖区内的看守所、收容审查所、行政拘留所、拘役所、强制戒毒所、收容教育所的管理工作，对人民法院判处管制、拘役、剥夺政治权利的罪犯和监外执行的罪犯执行刑罚。对被宣告缓刑、假释（含保外就医）的罪犯实行监督和考察。县公安局的监所管理工作，按照法律和法规赋予的职责，履行监所管理职能。

1986年2月5日凌晨2时，4号监舍发生9名在押人犯共同预谋脱逃（实际脱逃4人）事件。1989年，北京春夏之交的政治风波，为了监所安全，进行安全大检查32次，查获违禁物品134件，防止人犯行凶、脱逃事故2起。1993年，县公安局将收容审查所、行政拘留所、拘役所实行三块牌子、一套班子，合署办公，统一管理。8月11日1时，接到“11号监房内有人挖洞准备逃跑”的举报，看守所采取措施制止了一起有计划、有预谋的脱逃事故。1994年，贯彻严打方针，打击牢头狱霸，确保监所稳定。1995年看守所侦查了一起在押人员利用安排经销在押人员生活用品之机，占用、挥霍集体公款2300余元的盗窃再犯罪案件。1997年2月8日，处理看守所一管教干部擅自将两名在押人员提出监外2小时之久的违法事件。1998年，根据修改后的《中华人民共和国刑法》和《中华人民共和国刑事诉讼法》，将收容审查所等改为第二看守所，负责对刑事拘留的犯罪嫌疑人、治安拘留的违法人员的教育管理。5月23日，由于值班民警失职，使5名在押人员脱逃，对失职民警责以严肃处理。看守二所召开全所干警“警示座谈会”，教育干警牢记“5·23”失职，致使在押人员脱逃案的教训，并将每年“5·23”定为警示日。2000年，对监外82名判处管制、假释、减刑、保外就医、暂予监外执行的“五种罪犯”进行考察，依法办理解除监改手续33人，落实监改组织15人，收监执行2人。2001年10月，县级机构改革中，第一看守所与第二看守所合并为看守所，设行政拘留所、强制戒毒所，实行三块牌子、一套班子，履行三种职能，三所统一管理。2002年2月5日，看守所向229名在押人员的家属、亲友发出慰问信。8月4日，县看守所内发生流行性疾病，80名在押人员患病，但及时得到有效控制。县公安局还与县人民法院、人民检察院成立联合考察组，对全县84名监外“五种”罪犯进行专项考察，纠正漏管19人，顺延刑期1人，办理续保手续3人，收监执行11人。2003年，县公安局经重庆市计委批准，按照公安部、市公安局关于监舍建筑规范要求，在钟多镇新桥村（骑羊坝）319线旁征地40亩，投资600万元，于5月28日开工修建6869平方米的新监舍。2004年，看守所开展在押人员合法权益保护示范单位创建活动，实现全年无超期羁押。

第八节 交通安全管理

道路交通安全管理是公安机关负责辖区内道路交通事故处理及道路交通安全法规的宣传教育工作，对机动车驾驶证号、行驶证号的发放管理及车辆技术检验，维护交通秩序和公路治安秩序。

1987年，全县共发生交通事故47次，死亡27人，伤23人，直接经济损失48700余元。1988年8月1日，《中华人民共和国道路交通管理条例》（以下称《条例》）开始实施，县委、县政府成立了《条例》宣传贯彻领导小组，利用广播、报纸、电影、图片、录音、录像、标语、专栏等进行宣传，印发《条例》3000册，出动宣传车6台，到公路沿线和60个乡，行程2800多公里进行宣传，使干部群众受教育达430000多人次。同时集中警力100人上路检查，纠正违章，清排路障75处。是年交通安全管理工作在黔江地区评比获一等奖。1989年，县政府把“防事故、保安全”的具体措施落实到单位和驾驶员。之后，在全县开展以整顿道路客运为中心的“压事故，保安全，促效益”活动。对县城、龙潭、麻旺、丁市等干线公路和复杂集镇进行4次交通秩序专项治理。1993年5—6月，全县开展“严打车匪路霸，维护社会治安”的专项斗争。1995年3月，开展《条例》宣传，对县城1000余辆人力三轮车进行牌照登记和年审。5—8月，集中对龙潭、麻旺以街代市开展专项治理。9—11月，开展交通秩序整顿，重点对汽车维修、汽配市场、驾驶队伍、重点区域、危险路段、车辆报废更新进行整顿。1998年，全县发生道路交通事故34起，死亡14人，伤17人。

第九节 消 防

消防是公安机关依法对辖区内的消防工作实行监督，对火灾开展预防和扑救，对易燃易爆物品、消防器材管理和消防安全进行检查、督促和查处工作，是保护公共财产和公民生命财产安全的一项专门工作，是公安工作的组成部分。

机构设置及营房建设 1985年12月将现役消防股改成消防科（副营级），隶属县公安局。1987年实行警衔制。1999年9月县消防科升格为消防大队（副团级），全称中国人民武装警察部队重庆市消防总队酉阳土家族苗族自治县消防大队，又称重庆市酉阳土家族苗族自治县公安局消防大队。

消防大队编制6人：即大队长、政治委员各1人、参谋4人。2004年增配副政治委员1人，次年增配副大队长1人。2004年4月由市公安局消防总队直接管理。12月市辖县组建现役制公安消防中队，为正连级单位。酉阳县消防中队编制26人，队长、政治指导员各1人、排长2人，当年实征战士21人（其中士官9人），隶属酉阳县公安局消防大队。

2004年5月，选址在钟多镇城南社区的公安消防中队营房建设工程动工，该工程占地12.45亩，建筑面积2900平方米，总投资378万元。

工作概况 1986年，县政府转发县公安局《消防工作报告》，县防火委员会下发《关于加强春季防火工作的通知》。1992年，贯彻执行《中华人民共和国消防条例》和《四川省消防管理条例》，开展宣传教育；抓检查，除隐患；组织培训；审核、验收建筑工程。1998年，县政府拨专项资金修复消防车及购置随车器材，同时，还批转了《贯彻落实江泽民总书记重要指示精神，全力遏制重大火灾事故的实施意见》，对全县105家易燃易爆市场进行专项整顿。5月29日，县公安消防部门举行30余家石油、成品油经营网点、液化气经营部等易燃易爆场所的业主及从业人员进行消防培训，学习江泽民总书记给公安部部长贾春旺的电话指示精神和《中华人民共和国消防法》。9月1日，《中华人民共和国消防法》正式施行，9月2日，县政府召集县直八大系统及二级重点防火单位的主要负责人、分管领导、保卫干部等共105人参加的消防法培训班学习。2002年共出警30余次，抢救财产200多万元。是年共查处火灾事故6起，审核建筑工程37个，验收建筑工程18个，核发消防安全意见书70份。

1985—2005年，全县共发生火灾259起，直接经济损失2000多万元，死亡26人，伤27人。

1985—2005年酉阳自治县火灾情况表

表15－1

年 度	火灾(起)	直接经济损失(万元)	死亡人数(人)	受伤人数(人)
1985	8	8.30	—	—
1986	6	11.50	—	3
1987	9	10.30	—	4
1988	24	18.35	—	7
1989	14	17.50	—	4
1990	11	18.00	—	—
1991	21	17.54	—	—
1992	17	6.63	3	—
1993	11	17.00	—	—
1994	7	15.73	—	—
1995	14	31.29	2	—
1996	11	29.97	1	1
1997	8	56.94	3	—
1998	11	384.06	—	—
1999	10	59.84	1	—
2000	23	151.30	5	5
2001	7	54.62	3	—
2002	10	57.84	3	—
2003	6	17.34	—	3
2004	17	4.50	—	—
2005	14	104.00	5	—

第三章　检　察

第一节　机　构

酉阳县人民检察院于1978年8月1日恢复重建，1983年11月随着酉阳土家族苗族自治县成立，更名为酉阳土家族苗族自治县人民检察院。至1985年，全院设有检察长1人、副检察长2人、检察委员会委员7人、检察员21人、助理检察员6人、书记员4人、司法警察5人，全院共有干警42人；内置刑事检察一科、刑事检察二科、法纪检察科、经济检察科、监所检察科、控告申诉检察科、政工科、办公室等8个职能科室。1988年9、10月，分别设立县人民检察院驻县税务局检察室和驻县供销合作联社检察室。1990年1月，经济检察科更名为反贪污贿赂检察科，11月，增设检察技术科。1991年，设立罪案举报中心，归入控告申诉检察科内，履行两种职能。1992年1月，增设政策法律研究室和纪检组（系县纪委派驻与监察室合署办公）。7月，增设县人民检察院驻县烟草公司检察室。1995年1月，设立民事行政检察科。6月18日，反贪污贿赂检察科更名为反贪污贿赂局。随着《中华人民共和国检察官法》的实施，报县人大批准，于1995年8月撤销县人民检察院驻县供销合作联社检察室和驻县烟草公司检察室。1997年撤销县人民检察院驻县税务局检察室。2001年10月，根据上级检察院和县级机构改革的要求，将县人民检察院原内设12个机构重新设置为：政治处、办公室、侦查监督科、公诉科、渎职侵权检察科、反贪污贿赂局、监所检察科、民事行政检察科，控告申诉检察科、检察技术科、法律政策研究室等11个处、科、局、室，纪检组与监察室合署办公，履行两种职能。此次改革，使原内设机构减少1个，在岗人员由原59人减为45人（有14人提前退休或离岗）。2003年5月，撤销渎职侵权检察科和反贪污贿赂局，设立职务犯罪侦查局和职务犯罪预防科。

第二节　刑事检察

县人民检察院按照《中华人民共和国人民检察院组织法》规定，人民检察院刑事检察工作主要是依法行使批准和决定逮捕权、公诉权、立案和侦查监督权，刑事审判监督权。

审查批捕、立案监督与侦查监督　1986—1996年，审查批捕依照《中华人民共和国刑法》（简称刑法）和《中华人民共和国刑事诉讼法》之规定，依法办案，参加“严打”整治斗争和社会治安综合治理，打击各种严重刑事犯罪和贪污贿赂、渎职侵权等职务犯罪。1986年，审查批准逮捕了以张美和为首的“天地佛仙会”反革命集团的首要分子。其间11年，共受理侦查机关提请和移送逮捕案件1174件2425人，经审查，批准逮捕876件2129人；依法不批准逮捕340人；事实不清，证据不足，退回公安机关补充侦查94件180人；公安机关撤案18人。1997年1月1日，正式实施修改后的《中华人民共和国刑事诉讼法》，10月1日，新“刑法”也正式实施，审查批捕部门按照“两法”，对侦查机关的立案、侦查活动加大监督力度，对侦查机关该立案而不立案、不该立案又立了案和违反法律规定的侦查活动依法予以监督纠正。1997—2004年，审查批捕按照中央的统一部署，配合公安、法院打击各种严重刑事犯罪，重点开展“打拐”“扫黄打非”“缉枪”“治暴”“打黑除恶”等集中严打整治行动。2001年就受理各类刑事案件245件440人，批准逮捕199件352人。其中受理爆炸、杀人、伤害、抢劫等严重暴力犯罪、盗窃等侵犯财产性犯罪、团伙犯罪等三类重点案件150件290人，占受案总数63.7%和66%。摧毁犯罪团伙45件202人。1997—2005年，共受理侦查机关提请批捕案件1619件2560人，经审查，依法批准逮捕1349件2008人，不批准逮捕205件330人，对侦查机关应当提请而未提请的漏犯追捕42人，对侦查机关应当立案侦查而未立案的，监督其立案29件41人，纠正侦查机关在侦查活动中的违法行为159人次，对不构成犯罪的，侦查机关撤案82件184人。

审查起诉、出庭支持公诉与审判监督 1986—1996年，审查起诉部门按照中央的统一部署和县委的安排，参加了“严打”整治斗争和社会治安综合治理，对严重刑事犯罪案件坚持“从重从快”方针。1995年，从重从快批捕起诉了发生在双河区以郑某等4人和以孙某等3人为首的两个流氓团伙案，使其受到法律制裁。其间，共受理侦查机关移送审查起诉、不起诉案件1656件2365人，经审查，向本级人民法院提起公诉1425件1984人，移送分院审查起诉51件105人，依法决定免予起诉148件223人，不予起诉2件10人，对事实不清、证据不足，退回公安机关补充侦查29件53人。1997年1月1日和10月1日，修改后的《中华人民共和国刑事诉讼法》、“刑法”正式实施，加之庭审方式改革，审查起诉工作面临新的形势，除了要适应新的庭审方式外，加大了对有罪不究、以罚代刑、执法不严的侦查监督和有罪判无罪、量刑畸轻畸重等错判的审判监督，以维护司法公正和法律尊严。为适应庭审方式和庭审制度改革，2000年试行主诉检察官制度，院内按照竞争上岗的方式，任命4名主诉检察官。1997—2004年参加“打拐”“防盗打抢”“缉抢治暴”“打黑除恶”的严打行动和打击贪污受贿、渎职侵权等职务犯罪。2001年受理侦查机关各类刑事案件228件351人。及时起诉小坝乡张某、周某杀人碎尸案，使其被人民法院判处了死刑。1997—2005年，共受理侦查机关移送起诉、不起诉案件1689件2259人，经审查，向本级法院提起公诉1403件1817人，移送分院审查起诉85件137人，依法不予起诉49件146人，追诉漏犯39人，退回公安机关补充侦查27件39人，对法院确有错误的判决、裁定依法抗诉17人，纠正侦查机关违法35人次。

第三节 法纪检察

法纪检察是人民检察院依法对国家工作人员的渎职犯罪、国家机关工作人员利用职权实施的非法拘禁、刑讯逼供、报复陷害、非法搜查等侵犯公民人身权利的犯罪以及侵犯公民民主权利的犯罪进行侦查。

1986—1996年，依法行使法律赋予的职责，重点查办非法拘禁、刑讯逼供、非法搜查、诬告、报复陷害等严重侵犯公民人身权利和民主权利的案件、玩忽职守案件和重大责任事故案件。1993年查办了大溪区委副书记白某、可大乡代理党委书记李某等组织指挥“社会治安综合治理”工作队员，对群众采取捆绑、殴打、罚跪、游村等方式进行体罚，限制其人身自由和刑讯逼供犯罪案件。10年间，共受理各类法纪案件线索136件160人，初查135件159人，对构成犯罪、决定立案侦查的42件58人，决定逮捕9件

17人，移送审查起诉、不起诉9件17人，依法决定免予起诉11件16人，依法追究刑事责任8件14人，转有关部门处理29件32人，为国家和集体挽回经济损失97250元。1997年，修改后的“两法”正式实施，法纪检察案件的管辖作了部分调整，只负责查办国家工作人员渎职犯罪和国家机关工作人员利用职权侵犯公民人身权利、民主权利的犯罪案件。2002年，渎职侵权检察部门参与查办了钟多区中“10·30”学生挤压致5名学生死亡事件。至2004年，共受理各类法纪检察案件线索39件49人，初查32件42人，立案侦查18件22人，移送审查起诉、不起诉9件11人。

第四节 反贪污贿赂

反贪污贿赂工作是人民检察院依法承办管辖范围内的贪污贿赂等经济犯罪案件的侦查。

1986年县人民检察院与县纪委、法院、公安、司法、工商、“打经办”等部门组成联合调查组，奔波来往于13个省市，行程5万余公里，调查询问100多人次，收集案件材料6000多页，历时半年的侦查，侦破了龙潭红旗贸易货栈驻怀化办事处石某等人采取欺骗手段签订买空卖空合同110份，总金额7.2亿元，涉及15个省（市）98个单位，诈骗预付定金和货款158万余元的“405”特大经济诈骗案。此案属中央管辖的案件，共查出犯罪案件20件42人，县人民检察院立案侦查4件10人，移送处理16件32人，被告人石某被法院判处无期徒刑。

1989年，县人民检察院贯彻中央1号文件和“两高”（最高人民法院、最高人民检察院）《通告》精神，开展打击经济领域犯罪的斗争。9月21日，县委批转县人民检察院党组《关于进一步开展反贪污反贿赂反投机倒把和惩治腐败斗争的意见的报告》，23日、28日，在县民族会场召开第二次、第三次集中打击严重经济犯罪分子广播大会，并按《通告》精神，宽严兑现政策，依法“从宽、从严”处理一批经济犯罪分子。全年共受理经济案件线索165件，经初查，立案侦查42件45人，其中贪污30件33人，受贿12件12人，决定逮捕人犯20人，大要案件12件，即5万元以上的2件，3万元—5万元的2件，1万元—3万元的7件。县级干部1人，区科级干部5人，乡股级干部16人，追回赃款42.71万元，追回偷漏税款35万元，为国家和集体挽回经济损失62万余元。县人民检察院被最高人民检察院授予“反贪污贿赂斗争先进集体”称号。

1995年6月18日，县委召开反贪污贿赂局成立暨惩治腐败宽严大会。当晚，查办涉案金额达150余万元的“川东南第一大案”，原酉阳武陵卷烟厂厂长冉某某、厂党委书记何某某等17名重特大贪污、受贿窝案窜案，追缴各种赃款145万余元，为国家挽回经济损失195万余元。其间，共受理各类经济案件线索927件，经过初查，决定立案侦查273件296人，决定逮捕111人，向人民法院提起公诉讼115件119人，人民法院均作有罪判决，依法决定免诉78件137人，追缴各种赃款3751.6万余元，为国家挽回经济损失790万余元。

1997年，正式实施修改后的“两法”，县人民检察院侧重查办“三机一部”（即党政机关、司法机关、行政执法机关、经济主管部门）的国家工作人员，利用职务之便贪污贿赂等经济犯罪案件。2001年，根据群众举报，经初查，县财险公司经理肖某某等4人、县烟草公司经理李某某等3人涉嫌贪污、贿赂等犯罪，2月28日，立案侦查，并一举侦破了肖某某、李某某等人的“2·28”贪污受贿窝案窜案，为国家和集体挽回经济损失100多万元。2002年1月，重庆市人民检察院为成功侦破“2·28”贪污受贿窝案审案办案组记集体三等功。至2005年，共受理各类经济犯罪案件线索427件，经初查，决定立案侦查86件92人，移送审查起诉、不起诉741件76人，共追缴各种赃款和为国家挽回经济损失1196.85万元。

第五节 监所检察

监所检察是人民检察院对刑事判决、裁定的执行和监狱、看守所、劳动改造机关的活动是否合法实行监督，负责办理法律规定职责权限内的抗诉、申诉案件，承办发生在监管场所的贪污受贿、渎职侵权等职务犯罪的侦查工作。

县人民检察院于1981年5月增设监所检察科，专门承担监所检察职能。1986年2月5日凌晨2时，看守所四号监房发生9名在押人犯共谋越狱（实际逃脱人犯4名），监所检察部门针对看守机关制度不健全、安全防范措施不落实等问题，对看守所提出26条检察建议、5条检察意见。1989年，春夏之交的政治风波，对监所安全检查32次，查获违禁物品134件，防止人犯行凶、脱逃事故2起。1993年8月11日1时，接到“11号监房内有人挖洞，准备逃跑”的举报，及时制止了一起有计划、有预谋的人犯脱逃事故发生。1994年，贯彻严打方针，打击牢头狱霸。少数屡教不改的老犯，在监舍横行霸道，采取以“十拜牢门”“骑摩托”“包饺子”“蜈蚣爬树”“拜厕所”“哨边鱼”等手段，对同监人犯进行体罚。驻所检察干部与管教民警一起对此进行打击，从而遏制了再犯罪。1995年，协助侦办在押人犯冉某利用看守所指定其经销人犯生活用品之机，占用、挥霍集体公款2300余元的盗窃再犯罪案件。1997年2月8日，纠正看守所一管教干部擅自将两名在押人犯提出监外两小时之久的违法案件。1998年，协助本院法纪检察部门查处县看守二所个别干警违反规定与在押人犯喝酒、打牌，不按时巡查，致使5名在押人犯脱逃案。1999年4月8日17时，从看守所后山的环城公路飞来一石头，打在正在劳动的人犯头上，致重伤的事故。监所检察即向公安机关提出《增设岗亭、确保监所安全的建议》，得到采纳。每年5月23日定为“警示日”。全年发出纠正超期羁押通知书168人，已纠正139人。

2000年，对监外82名“五种罪犯”（判处管制、假释、减刑、保外就医、暂予监外执行）进行检察，对刑期已满，建议监管机关依法办理解除监改手续33人，落实监改组织15人，对有严重违法，保外就医条件消失的收监执行2人。4月2日，驻所检察官在检察中发现看守所安排一临时工提出15名人犯到县自来水厂建筑工地劳动，不但无正式管教干部到场监督，而且人犯中还有一名未决犯，严重违反《看守所条例》关于生产劳动的规定，立即向县公安机关发出《纠正违法通知书》。县公安局责令看守所及时纠正。5月15日，监所检察部门依法查处一缓刑犯亲属寄信威胁、恐吓县人民检察院法医的事件。2001年，受理在押人犯控告、申诉5件5人，纠正折抵刑期计算错误3件3人，纠正侦查机关扣押人犯现金1件1人，维持法院判决、裁定、驳回申诉1件1人。2002年与公安、法院成立联合纠察组，对84名“监外五种”罪犯进行纠察，纠正露管19人，不请假外出打工脱管、顺延刑期1人，保外就医条件存在、办理续保手续3人，保外就医条件不够或有严重违法重新收监执行11人，纠正违反规定留所服刑罪犯23人。至2003年，24名超期羁押人犯全部得到纠正。7月，依法初查1件看守所民警失职，使1名罪犯脱逃案。2004年纠正保外就医条件消失、收监4人，纠正违法留所服刑5人，未及时交付执行27人，脱管、漏管监外罪犯31人，收监执行2人。全年保持无超期羁押，纠正违法监管8人次，违法收押和释放11人。办理服刑罪犯又犯罪案件1人1件，立案查处看守所民警帮助犯罪分子逃避处罚案1人。

第六节　控告申诉检察

控告申诉（以下简称控申）检察是人民检察院受理公民涉及刑事问题的控告、举报、申诉和自首案件，按照“分级负责、归口办理”的原则，及时进行分流、归口；对不服逮捕、拘留、不起诉决定和不服刑事判决、裁定的再申诉案件进行复查；根据案件管辖，受理罪案举报线索，并按规定及时移送，对管辖范围不清，性质不明的举报进行初查；负责办理刑事赔偿工作。

1986年，《四川省人民检察院办理控申案件实施细则》明确了控申检察业务的范围、程序、制度及其基本原则，重点查办交办案件、告急案件、久诉不息案件。依据《中华人民共和国检察院组织法》第20条之规定，县人民检察院设立了罪案举报中心，其业务归入控申检察部门承担。1990年6月开始承担原来由法纪检察部门办理的重婚案件的侦查、起诉工作。7月28日，控申科袁仕富被黔江地区检察分院授予“文明接待员”称号。1996年，控申检察工作抓“助企增效”，帮助铜鼓水泥厂健全财务制度，查处挽回沉淀资金30余万元。1997年3月依法办理首例刑事赔偿案件，支付了刑事赔偿金，恢复受害人名誉。2001年2月16日，控申检察接待室被最高人民检察院授予“文明接待室”称号。2003年推行《重庆市检察机关控告申诉首办责任制落实办法》。全年受理属本院管辖的73件均进入首办责任制流程管理。至2005年年底，共受理群众来信来访7047件，其中，来信4871件，来访1117件，重复信访1059件。检察长接待来访369件，领导批阅重要信访268件。转本院职能部门处理1112件，立案复查刑事申诉案件40件，直接答复来访来信324件。

第七节　民事行政检察

民事行政（以下简称民行）检察是人民检察院对人民法院的民事审判、行政诉讼活动是否合法以及作出的判决、裁定的合法性实行监督；受理民事、行政诉讼当事人不服人民法院已经发生法律效力的民事、行政判决、裁定向人民检察院提出的申诉；给民事、行政诉讼当事人提供法律咨询；对受理的不服人民法院发生法律效力的民事、行政判决、裁定的申诉进行复查，对人民法院确有错误的判决、裁定，依法提出抗诉；对不服人民法院正确的判决、裁定，帮助法院做好服判息诉工作。

县人民检察院于1995年1月设立民事行政检察科，开始对县民事审判、行政诉讼活动实行监督。全年主要是开展民事行政检察职能和民事行政诉讼法律的宣传工作。

1996年受理群众申诉和处理群众在民行诉讼活动中的信访，为其提供法律咨询，还成功办理首例行政申诉案件。1997年调解了钟多镇秦松廷等与其堂妹秦廷英房产纠纷申诉一案，双方达成房屋买卖协议，变强制执行为调解息诉处理。1998年1月，民行检察部门与兴西、金昂律师事务所、法律援助中心、龙潭、麻旺、丁市、黑水等司法所负责人召开座谈会，并与其建立民行案件受案点。2000年，立案审查后溪乡新地村白某与同村白某某损害赔偿案。经审查，此案是一件有错误的判决案，建议四分院提出抗诉，经县人民法院再审，依法撤销原判决，驳回原审原告的诉讼请求。

至2005年，共受理民行案件申诉247件，其中民事案件176件，经济纠纷29件，行政诉讼案件14

件，立案审查120件，提请抗诉38件，建议提请抗诉33件，调解息诉58件，向法院提出检察建议36件、检察意见1条，得到法院采纳。

第八节 检察技术

检察技术是检察机关运用科技手段和专业技术辅助侦查和对侦查活动实施监督。

1988—1995年，先后选送6名专业技术员参加痕检、司法会计、法医等学习培训，并分别授予司法会计鉴定权和法医鉴定权。1990年11月设立检察技术科。检察技术依法履行监督职能，运用科技手段出席现场勘验、检验鉴定、文证审查和视听工作。1998年，检验技术的司法会计鉴定工作为反贪局侦查苦竹乡党委书记田某、县邮电局程控工程贪污受贿案作出鉴定，指明侦破方向和提供证据。2000年法医出勘现场，检验尸体6具。2001年，司法会计鉴定为查办“2·28”贪污受贿窝案窜案检查财险公司、烟草公司账目。至2005年，共受理技术业务955件，其中法医业务619件次，即活体检验179件，尸体检验21具，现场勘验44次，文证审查221件，提供技术咨询247人次；视听技术业务330件，即视听资料96件，影视资料181件，录像照相63件；司法会计鉴定14件。

第四章 法 院

第一节 机 构

酉阳县人民法院于1983年11月，随酉阳土家族苗族自治县成立而更名为酉阳土家族苗族自治县人民法院。1986年，其内设办公室、刑事审判庭、民事审判庭、经济审判庭、人民信访接待室；设立钟多、龙潭、麻旺、酉酬、大溪、兴隆、黑水、苍岭、龚滩、丁市、双河、李溪、钟多镇等13个人民法庭，共有干警79人，其中，院长1人，副院长2人。

1987年8月设立政工纪检科。1988年1月22日设立执行庭。8月5日，设立告诉申诉庭。1989年4月4日，设立行政审判庭。1992年，设立调研室和司法警察队。1993年5月10日，撤销政工纪检科，设立政工科、纪检组、监察室（纪检组与监察室实行一套班子，两块牌子，合署办公）。7月，设立法医技术室。1996年10月29日，撤销经济审判庭，设立经济审判一、二庭。1999年3月，撤销告诉申诉庭，设立立案庭和审判监督庭。

2001年10月24日，县委《关于印发酉阳土家族苗族自治县人民法院职能配置、内设机构和人员编制方案的通知》。县人民法院内设政治处、办公室、刑事审判庭、民事审判一庭、二庭、行政审判庭、立案庭、审判监督庭、执行局、研究室、司法警察大队、监察室等12个处、庭、室、局、队，撤销经济审判一庭、二庭、政工科、执行庭、司法警察队、调研室、法医技术室等7个机构。设置钟多、龙潭、麻旺、酉酬、黑水、丁市、双河等7个人民法庭，撤销钟多镇、大溪、兴隆、苍岭、龚滩、李溪等6个人民法庭。核定人员编制115人，其中，专项编制110人，机关后勤事业编制5人，配备院长1名、副院长3名。2004年，撤销钟多、龙潭、麻旺、酉酬、黑水、丁市、双河等7个人民法庭，设立第一、二、三人民法庭。至2005年，县人民法院共有内设机构15个，在岗职工94人，有院长1人、副院长5人、党组成员8人、审判委员会委员10人，审判员、助理审判员52人（含中层以上干部），书记员18人，司法警察8人，工人2人。

第二节　刑事审判

县人民法院审判刑事案件，是根据《中华人民共和国刑法》和《中华人民共和国刑事诉讼法》（简称《刑法》《刑诉法》）之规定，运用刑罚手段同一切刑事犯罪行为作斗争，以保卫国家安全，保卫人民民主专政的政权和社会主义制度，保护国有财产和集体所有制财产，保护公民的人身权利、民主权利和其他权利，维护社会秩序、经济秩序，保障社会主义建设顺利进行。

1987年1月7日，县人民法院受涪陵地区中级人民法院委托，依法审理石某、刘某经济合同诈骗案，判处石某无期徒刑、剥夺政治权利终身，判处刘某有期徒刑5年。1989年12月7日依法审理王某、付某、曾某等7名拐卖12名妇女的拐卖妇女案，分别判处王某、付某、曾某等7名罪犯12年、8年、6年不等的有期徒刑。1996年，依法审理了震惊渝东南的武陵卷烟厂酉阳分厂贪污、受贿窝案窜案，4月22日，在县电影院公开宣告判决结果，分别以贪污、受贿、挪用公款等罪名，判处7名罪犯有期徒刑。10月，县人民法院按照上级法院的部署，全面推行庭审方式改革。1997年3月14日，全国人大八届五次全会通过了刑法修正案，县人民法院按新刑法之规定审判刑事案件。2000年11月22日，开展审判长和独任审判员竞争上岗工作。2001年，依法审理原县财险公司经理肖某、原县烟草公司经理、烟草专卖局局长李某等6人相互利用、共同侵吞国家和集体资金102万元的经济大案，分别判处肖某、李某等人不等的有期徒刑。

1986—2005年，共审结各类刑事案件3633件，其中，公诉案件2977件，自诉案件656件，依法判处被告4165人。

第三节　民事审判

县人民法院审判民事案件，是运用法律手段调整平等主体公民之间、法人之间、公民和法人之间的财产关系和人身关系，保障公民、法人的合法权益。

1986年4月12日，全国人大六届四次会议通过《中华人民共和国民法通则》（简称《民法通则》），使法院的民事审判工作从此有法可依。县人民法院组织全院干警学习并执行《中华人民共和国民事诉讼法》（简称《民诉法》）。1989年7月21日，首次制定《简化民事审判程序的实施意见》。1990年，双河人民法庭人均审结各类民事案件81件，创建立县人民法院以来年人均审案数最高纪录。1997年，县人民法院对民事审判方式实行“强化庭审功能、强化当事人举证责任、强化合议庭和独任审判员职责”的改革。2000年，审结民事案件965件，为国家、集体和个人挽回经济损失2500余万元。2002年，制定《案件管理实施细则》，并明确规定县人民法院正、副院长对人民法庭实行分片包干指导。2004年，县人民法院分别在麻旺、酉酬、大溪、兴隆、黑水、苍岭、龚滩、双河、李溪等地设立9个便民诉讼点。2005年的民事审判工作，主要是对拖欠农民工工资案件的快审快结，并及时组织兑现，保护农民工的合法权益。全年共审结此类案件21件，组织兑现农民工工资106万元。

1986—2005年，县人民法院共审结各类民事案件17134件，其中，婚姻家庭案件6646件，侵权案件3803件，财产及其他案件6685件。

第四节　经济审判

经济审判本属民事审判范畴，适用《民诉法》规定的程序进行审判。审判经济案件，解决各类经济纠纷，依法处理人民内部矛盾，以此保护公民、法人和社会团体的合法权益。

1986—1989年，共审结经济纠纷案件284件，是前4年的3.34倍，诉讼标的达756.78万元，是前4年的1.6倍。1991年，本着"服务、开拓、公正、廉洁"的经济审判方针，全年共审结756件经济案件，诉讼标的达159.5万元。1992年，规范经济案件，纳入此的只限于经济合同履行过程中产生经济纠纷后，当事人向法院起诉的案件。由于经济案件范围缩小，全年审结173件。1993年6月，县人民法院在县农业银行设立派驻金融经济巡回法庭，对发生在金融系统的经济纠纷案件快审快结，为金融单位收回到逾期贷款1120万元，为国家、集体和个人挽回经济损失967万元。1997年围绕工业、农业和金融业开展经济审判工作。全年共为酉阳烟厂收回货款410余万元，为各银行和农村信用部门收回贷款650余万元，为有关乡镇收回拖欠农业税款180余万元。1998年依照《中华人民共和国破产法》之规定，受理武陵卷烟厂酉阳分厂、酉阳二酒厂等5件由债务人申请破产的案件，破产标的额达4250余万元。

1986—2001年，共审结各类经济案件3448件，涉及诉讼标的31348.18万元；审理破产案件7件，涉及破产标的额22500万元。

第五节　行政审判

县人民法院的行政审判工作，是运用行政审判手段，支持行政执法机关依法行政，并对其进行司法监督，促进法制和社会健康发展，依法保护行政相对人的合法权益。《中华人民共和国行政诉讼法》（简称《行诉法》）颁布实施前，行政案件分别纳入民事审判和经济审判的范畴。

县人民法院的行政审判工作开始于1987年，当年受理1件审结1件。1989年4月1日，全国人大七届二次会议通过了《行诉法》。4月4日，设立行政审判庭。从此，行政案件由行政审判庭负责审判，全年共审结行政案件6件。1990年10月1日，《行诉法》正式实施。为依法行政和行政审判工作顺利进行，县人民法院除组织审判人员学习外，还对行政机关执法人员举办培训班8次，培训550余人。1991年共审结27件，是前4年的2.45倍。审理、判决维持行政执法机关处理处罚具体行政行为15件，撤销4件，原告自行撤诉7件，变更行政行为1件。1994年共审查非诉行政案件35件，审结行政案件26件。1997年对行政审判的庭审方式进行改革：庭审中，把审查的重点放在被诉行政行为是否合法；被告对其具体行政行为负有举证责任；改变以前法官与被告共同审原告的行为，保护原告的合法权益。1998年分别对全县82个乡镇和县级行政执法机关的行政执法人员进行培训。1999年组织全体行政审判人员学习最高人民法院第1088次审判委员会通过的《关于执行行政诉讼法若干问题的解释》。2000年，县人民法院组织撰写了《行政机关败诉的原因及对策》的调研文章，并在县政府组织的法制培训班上进行讲解。2001—2005年，行政审判工作的重点放在行政诉讼案件的审判和申请人民法院执行的非诉讼行政案件的审查执行。

1986—2005年，县人民法院共审结行政案件471件，判决或裁定维持行政机关的处理或处罚决定185件，撤销或其他处理286件，依法审查行政执法机关向法院申请强制执行的非诉案件1819件，并协助执行庭予以执行兑现。向行政执法机关提出司法建议47条。

第六节　执　行

执行是审判的继续，县人民法院作为基层法院，其执行工作的范围是执行本院发生法律效力的判决，裁定以及调解协议中具有财产执行内容的案件；执行法律规定应由法院执行的其他非诉行政案件。

执行机构　1986—1987年，县人民法院设两名执行员，由民事审判庭负责管理，因无执行机构，故对执行案件无具体要求。1988年1月22日设立执行庭，为法院的执行机构。1998年，首次在《酉阳报》向县百货公司等36个被执行单位和个人发出限期执行的通告，要求被执行人必须在限期内履行裁判文书所规定的义务，收到较好的法制效果和社会效果。2001年10月，在县级机关机构改革中，撤销执行庭，设立执行局，其局长由副院长级干部担任或由副院长兼任，人员由原来5人增加至12人，对应由人民法院执行的案件，全部归由立案庭统一受理后移交执行局执行。2002年5月，根据四中院的统一调动，全体执行人员赴秀山县人民法院突击执行。此次执行活动9天，共执行案件10件，有3名执法人员受表彰，执行局作为先进单位在四中院召开的表彰会上介绍成功经验。

1986—2005年，共计执行各类案件15621件，执行标的10256万元。

非诉行政案件的审查执行　县人民法院对非诉行政案件的执行始于1990年，为解决法院执行力量不足和非诉行政案件较多的矛盾，1991年9月7日，首次在县交通局稽征所设立县交通局稽征执行室，负责本单位行政案件的执行。1992年7月1日，县委召开在行政机关设立行政执行室的专题会议。至1994年，先后在县国土局、计生委、防疫站、运管所等单位设立了7个行政执行室，一般案件经法院审查后法院执行人员牵头与本单位执行人员共同执行，疑难案件和社会影响较大的案件由执行庭审查后统一组织力量执行。1995年6月将所有派驻行政执行室撤销，并规定，凡是由行政机关或具体行政行为当事人申请法院执行的案件，一律由行政审判庭负责审查，经审查认为合法有效可执行的再移交执行庭执行。1999年11月24日，最高人民法院通过了《关于执行行政诉讼法》若干问题的解释，县人民法院据其做出具体规定，即凡申请法院执行的非诉行政案件统一由立案庭审查立案后交行政审判庭审查，经审查符合执行条件的做出准予执行裁定，移交执行庭执行。1990—2005年，共审查执行非诉行政案件1819件。

死刑执行　根据《刑诉法》和最高人民法院《关于执行〈刑诉法〉若干问题的解释》之规定，执行死刑本应由中级人民法院管辖，由于酉阳远离中级人法院而不便执行，故凡被判处死刑的被告人关押在酉阳的，由中级人民法院委托县人民法院执行。1988年前，对死刑案件的执行，由涪陵中级人民法院委托县人民法院执行，之后由黔江地区中级人民法院、市第四中级人民法院委托县人民法院执行。1991年前，县人民法院由于没有设立司法警察机构，故请县武警中队代为执行。1992年设立司法警察队，从1993年起，执行死刑的任务由法院承担。1986—2005年，县人民法院共在钟多、龙潭、麻旺、酉酬、黑水、丁市、双河等区镇所在地召开宣判大会25次，对被判处死刑的犯罪分子进行公开宣判，并验明正身后、押赴刑场执行枪决。

第七节　审判监督

审判监督是人民法院对已经发生法律效力的判决、裁定认为确有错误，按照审判监督程序对案件进行重新审判的活动。

县人民法院的审判监督工作，1986—1987年没有设立专门机构，由人民信访接待室负责接待，属刑事案件转刑事审判庭负责审判，属民事案件由民事审判庭指派审判人员另行组成合议庭审判。在此期间，对1965年以前判处的反革命案件、其他政治性案件和1966—1977年“文化大革命”期间判处的刑事案件，以及落实统战政策中的遗留问题，本着实事求是、有错必纠的原则进行全面复查。这次全面复查历史老案，开始是由法院组织力量进行。1986年9月，从其他单位抽调20名干部协助法院复查案件，共组成5个复查组，实行分组负责。经2年工作，共复查历史反革命案件、其他政治性案件、“文化大革命”期间的刑事案件以及当事人或亲属申诉的案件2050件2095人。其中经复查维持原判1006人；宣告无罪945人；原判有罪，但定性不准改判性质128人；原判有罪，但追究刑事责任不当，该判免予刑事处罚8人；原判量刑过重，改判减刑3人。复查“文化大革命”期间判处的再申诉案件26件26人，经复查，维持原判13人，宣告无罪10人，改判定性3人。复查1957年以前判处的历史老案283件287人，经复查，维持原判130人，宣告无罪137人，改判定性20人。所复查的历史老案中，涉及国家工作人员的案件51件51人，复查后维持原判32人，宣告无罪18人，改判定性1人，对宣告无罪的18人，全部予以落实政策，9人被收回重新安排工作，9人收回后作退休处理。1988年8月5日，设立告诉申诉庭后，撤销了信访接待室，其申诉复查工作由告诉申诉庭承担。2004年，制定《案件质量评查实施细则》，适时组织案件质量评查，对有问题的案件进行纠正。

1988—2005年，按照监判监督程序，共审结各类再审案件586件，其中，刑事案件270件，民事案件298件，经济案件17件，行政案件1件。经再审，依法维持原判522件，改判64件。

第五章　司法行政

第一节　机　构

1983年11月，酉阳县司法局随着酉阳土家族苗族自治县成立而更名为酉阳土家族苗族自治县司法局，至1985年年底，内设秘书股、宣传股、调节股、法律顾问处、公证处，管理13个区（镇）法律服务所。共有干部职工48人，其中局机关20人、法律服务站28人。1987年1月5日，调节股更名为基层工作管理股。4月13日，各区（镇）法律服务所更名为司法所。1988年2月11日，法律顾问处调整为"全额管理、定额补助"的事业单位。1989年2月28日，区（镇）司法所人员收归县司法局编制，人、财、物由县司法局统一管理。7月20日，秘书股更名为办公室。1991年9月13日，县法律顾问处人员编制8人，列为事业编制。1993年1月7日，设立酉阳县城南经济开发区法律服务所。5月12日，县法律顾问处更名为酉阳土家族苗族自治县律师事务所，其隶属关系、机构级别不变。7月20日，县委决定："从8月份起，各区（镇）司法所的人、财、物权下放到各区（镇）。"7月29日，县律师事务所设立经济纠纷调解中心。10月23日，设立酉阳土家族苗族自治县经济律师事务所。1994年1月17日，城南经济开发区法律服务所更名为酉阳土家族苗族自治县法律服务中心。3月30日，各区（镇）司法所和法律服务所分设。11月9日，设立后坪坝乡法律服务所。12月21日，设立泔溪乡法律服务所。1995年3月29日，设立万木、花田、小坝、宜居乡法律服务所。5月21日，设立沿岩乡法律服务所。7月20日，设立浪坪乡法律服务所。10月12日，设立毛坝乡法律服务所。12月6日，设立江口乡法律服务所。12月20日，设立后溪、田坝乡法律服务所。1997年6月16日，县律师事务所更名为重庆市兴酉律师事务所，县经济律师事务所更名为重庆市金昂律师事务所。1999年5月19日，县法制建设领导小组办公室规范为县委法制建设领导小组办公室，与宣传股合署办公。2000年5月15日，设立县法律援助中心。9月，律师体制改革，保留金昂律师事务所，注销兴酉律师事务所。

2001年10月，在县级机构改革中，全县设置钟多、龙潭、麻旺、酉酬、大溪、兴隆、黑水、丁市、龚滩、苍岭、李溪、小河等12个中心司法所，作为县司法局的派出机构。其机构、原各区（镇）司法所的正式职工（含离退休人员）收编到县上统一管理。10月22日，县司法局内设办公室、法制宣教科、基层工作管理科、公证律师司法鉴定工作管理科等3科1室。局机关行政编制13名、后勤事业编制3名，设局长1名、副局长2名、科长、主任4名，事业编制7名（法律援助中心3名，公证处4名）。原设后坪坝、泔溪、万木、花田、小坝、宜居、沿岩、浪坪、毛坝、江口、后溪、水田等12个乡法律服务所由于撤区并乡建镇，行政区划、机构设置调整，人员变动而自然注销。2004年6月15日，县法律援助中心设立龙潭、麻旺、酉酬、大溪、兴隆、黑水、苍岭、龚滩、丁市、小河、李溪等11个工作站。2005年4月10日，根据《重庆市基层法律服务所条例》第10条规定，将龙潭、麻旺、酉酬、兴隆、黑水、苍岭、龚滩、丁市、小河、李溪等10个基层法律服务所并入麻旺法律服务所，并更名为事兴法律服务所。11月26日，县政府对全县乡镇司法所设置进行调整，撤销原12个片区司法所，在全县39个乡镇分别设司法所，为县司法局在乡镇的派出机构，核定编制79名。至2005年底，全局共有职工46名，其中局机关18人，基层所28人，有局长1名，副局长2名。

第二节 法治宣传教育

从1986年起，县司法局以宪法为核心，以基本法为重点，根据不同普法对象和县内各个时期的任务，有针对性地开展相关法律、法规的法制学习宣传教育活动。采用广播、电视、电影、报纸、图片、专栏、专刊、标语、举办法制培训班、法制讲座和上法制课、流动宣传车宣传、街头设点、召开干部、群众会议等不同形式进行法制宣传教育，采取典型引路，抓依法治县、治乡、治厂、治企、治村的试点工作和机关部门的行政执法责任制，促县域法制建设。1999年，县委制定《关于深入开展依法治县的决定》，县人大常委会亦作出《关于依法治县的决议》。县司法局宣教股荣获重庆市司法局授予1999年度法制宣传教育先进集体的称号。1986—2006年，完成“一五”“二五”“三五”“四五”普法任务。共举办干部法制培训班1372期，培训各级各类干部56151人次，到县内各中小学校上法制课4133场次，受教育师生达1396714人次；利用各种大、小会议进行法制宣传23780场次，开展影视宣传4503场次，有线广播、电视宣传法制10603次，出动宣传车到城乡、集市和农村、厂矿、学校开展法制宣传3661台次，印发各种法制宣传资料、书籍、刊物等672156份册。全县累计受教育人数达7228000余人次。干部、群众的法制观念有所增强，群众举报违法犯罪线索2735件，有1391名违法犯罪行为的人员到公安、司法机关投案自首，争取法律的宽大处理。

第三节 人民调解

1986年，全县13个区（镇）建立法律服务所，配备司法助理员29人，81个乡（镇）成立了调解工作领导小组，724个村成立了调解委员会，共有成员3220人，5787个村（居）民组明确了调解员。适时对调解人员进行培训，推行调解工作目标责任制，要求小事不出组，大事不出村，重大、疑难纠纷不出乡。1989年9月28日，县司法局基层工作管理股被四川省司法厅表彰为先进集体。1992年2月后各乡镇都配齐了司法员。1994年，李溪区蚂蝗乡官坝村调解员王大荣被四川省司法厅表彰为优秀调解员。2001年，全县有调解委员会672个，其中村调解委员会655个，居委调解委员会17个，社区调解组5461个，有调解员4756人，其他调解人员3115人，培训调解人员3716人。在撤区并乡建镇的行政区划调整、机构改革、村（居）民委员会换届中，调整调解委员会165个，39个乡镇全部建立司法调解中心。2003年，全县进行合村并组改革，村组建制作了调整。2004年，共建立调解委员会316个，其中村（居）委调解委员会277个，乡镇调解委员会39个，配备调解人员4212人，培训调解人员7683人次，整顿调解组织277个，表彰先进调解集体114个、先进个人139人。

1986—2005年，全县累计培训调解人员41次，参训人数达75585人次，发生各种民间纠纷74735件，已调解73267件，占发生数的98.03%；调解成功67242件，成功率达95.09%。经过调解，防止因民间纠纷可能转化为刑事案件581件，防止因纠纷可能引发群体性械斗事件523起，防止和避免因纠纷可能发生意外和非正常死亡1005人，防止群众集体上访112件992人次。

第四节　律师·公证·司法鉴定

律　师　1986年，有律师机构1个，即县法律顾问处，工作人员5人，其中，主任律师1人，副主任律师1人，实习律师3人。1998年，兴酉律师事务所律师周永鸾被重庆市司法局荣记个人二等功。1999年，县司法局、13个区（镇）法律服务所开通“148”法律服务热线电话14部。2005年，全县有律师机构2个，既金昂律师事务所和法律援助中心，从业人员21人，其中执业律师10人，法律工作者11人。1986—2005年，共为国家机关，企业单位和有关组织担任法律顾问2778家。共代理民事案件、行政诉讼案件3902件，刑事辩护案件（1986—2000年）914件，办理非诉讼调解4932件，办理法律援助案件1656件，代理书写各种法律文书8047件，提供法律咨询76420人次，为国家、法人、公民避免和挽回各种经济损失1亿多元，为全县外出务工人员索回伤亡赔偿金73万元。

公　证　1986年，县内有公证处1个，主任公证员1人，公证员1人，助理公证员2人。1988年3月，县公证处开始办理涉外公证。1991年1月21日，县公证处因在小坝、涂市等乡开展计划生育合同公证收到实效，被黔江地委、行署授予1990年度政法工作先进集体称号。1999年，荣获黔江开发区授予区级文明公证处的称号。2005年，有公证处1个，即酉阳县公证处，共有人员5名，其中执业公证员3人、助理公证员1人、内勤1人。

1986—2005年，共办理各类公证80959件，其中经济合同公证55088件；发现、揭露和拒绝办理违法、虚假合同公证74件；办理涉台涉外公证23件；向政府和有关单位提出司法建议63件，被采纳53件；协助外地公证机关办理公证10件；接待和处理群体来信来访1585人（件），为国家、集体和个人避免可能造成的经济损失776万元。

司法鉴定　酉阳的司法鉴定工作，2001年之前是司法机关委托县公安局法医室、县人民检察院检察技术科、县人民法院法医室和县物价检查所、审计事务所、建筑工程质量检测站以及有鉴定资质的单位进行司法鉴定。

2001年10月，在县级机构改革中，设置公证律师司法鉴定管理科，具体负责面向社会服务的司法鉴定机构和司法鉴定人员的资格审查、申报和注册工作，管理和监督面向社会服务的司法鉴定活动，对面向社会服务的司法鉴定机构和司法鉴定人员违反法律规定和有关规定的行为依法提出处理意见。2003年，先后登记注册了县司法医学鉴定所和重庆市酉阳渝友会计师事务所。办理法医临床医学鉴定16件。2004年6月29日，登记注册酉阳县建设工程质量检测所。3个司法鉴定机构共有执业人员14人，其中司法医学鉴定6人，司法会计鉴定和工程造价司法鉴定4人，建筑工程质量司法鉴定4人。2004年办理法医临床医学鉴定40件，法医病理分析2件，司法会计鉴定4件，工程质量司法鉴定2件。2005年办理司法鉴定31件。

第五节　法律服务

酉阳的基层法律服务工作，按照司法部《基层乡镇法律服务所的暂行规定》《基层法律服务所管理办法》和《基层法律工作者管理办法》《重庆市基层法律服务所条例》之规定，开展基层法律服务，宣传法律法规。全县基层法律服务所和法律工作开展了“一五”“二五”“三五”“四五”普法教育，向干部、职工、农民、学生宣讲法制，宣传法律法规，完成了普法工作任务。1986—2005年，基层法律服务所累计担任法律顾问3170家。共计代理民事案件、经济案件、行政诉讼案件6170件，办理非诉讼法律事务调解6154件，为单位、法人和公民代写各种法律文书9069件，解答法律咨询141455人次。办理法律援助案件351件，为国家、集体、公民避免和挽回经济损失59997100元。

第十六篇

军　　事

JUN SHI

第一章　县人民武装部

第一节　机　构

1986年军队实行精简整编，裁军100万。县级人民武装部改归地方建制，为副县级单位。6月11日，中国人民解放军四川省酉阳县人民武装部移交给四川省酉阳土家族苗族自治县人民政府，全称为四川省酉阳土家族苗族自治县人民武装部。机构单设，编制单列为酉阳自治县委的军事部和县人民政府的兵役指挥机关，接受同级地方党委、政府和上级军事机关的双重领导。下设一室两科，即办公室、军事科、政工科。

1989年1月，四川省人民政府、省军区决定在县（市、区）人民武装部增设后勤科，军事科负责管理的武器装备、弹药库及其民兵仓库保管员、仓库警卫员移交后勤科管理。办公室负责的经费、粮秣、营房、营产、营院绿化等工作移交给后勤科承办。1993年4月，黔江军分区成立，酉阳县人武部隶属黔江军分区。1996年4月1日，地方建制县（区）、县级市人武部收归军队建制，恢复直辖市区人武部为副师级，县人武部为正团级，全称为中国人民解放军四川省酉阳土家族苗族自治县人民武装部。

1997年7月重庆市直辖后，中国人民解放军重庆警备区成立，县人武部隶属重庆警备区黔江军事部。2001年4月，黔江军事部撤销，县人武部隶属重庆警备区。

第二节　军事工作

民兵组织及人员　1985年以后，撤销县级机关、学校、城镇、街道的民兵组织，简化编组层次，即由原来分编普通民兵、基干民兵、武装基干民兵改编为普通民兵和基干民兵，压缩参加民兵的年龄。1985年《兵役法规定》由16岁至45岁改为18岁至28岁，女性公民参加基干民兵，以县为单位，控制在基干民兵总数的10%以内。编组民兵组织的范围，限定在乡、厂矿、企事业单位。取消了基干民兵县编团、区编营、生产大队编连的制度。同时，民兵整组实行年度化、规范化、标准化。把民兵整组、预备役登记、复退军人核对统计“三项工作”结合起来进行。基干民兵实行以乡为单位调查摸底、报名推荐、点名站队、官兵相识，减少了层次，提高了民兵工作的效率。从1986年起，民兵工作重点是抓好干部队伍建设，落实基干民兵专业技术兵的组训。1986—2000年，全县编制区镇部长13人，乡部长82人。2001年乡镇机构改革后，全县为39个乡镇，270个行政村，专武干部43人。

民兵训练　20世纪80年代以后，全县修建民兵训练基地，健全训练机构，制定训练计划，购制训练器材，突出了训练重点，使民兵军事训练不断由低级向高级发展。

1986年后将周期训练改为年度专业技术兵和应急分队训练。全年实训964人，1989年实训380人。1990年县人武部被重庆警备区评为“民兵应急分队年度军事训练先进单位”。1991年在开展通信兵“达标竞赛训练”中，酉阳民兵通信连被四川省军区司令部、政治部评为“先进通信连”。1992年后实训320人。酉阳民兵训练基地被四川省政府、省军区评为“四个一”达标民兵训练基地。训练时间由过去30天减至20天。1994年8月县人武部组织机关干部、区乡专武干部，以敌情复杂的酉酬八面山为背景，携带通信工具，对立足未稳之敌的进攻战斗进行模拟演习。从演练准备到结束，共编写战斗文书112份。

2003年县人武部被重庆警备区评为“民兵应急分队年度军事训练先进单位”。

兵员征集 征兵，是指依照法律规定，通过一定的工作程序，将符合现役条件的应征公民征入军队服现役。征集新兵是各级政府和军区、人民武装部的一项重要工作任务。1986-2005年均圆满完成征兵任务，1999年、2000年分别被重庆市征兵办公室评为征兵工作先进单位。

第三节　政治与参建工作

政治工作

党委建设 1986年起，人武部党委抓制度建设。先后制定《党委议事规则》《党委工作职责》《党委自身建设措施》《廉政建设措施》等规章制度。坚持定期党委成员的汇报制度和评议制度；加强干部队伍建设，提高其素质。1986—2001年共提拔8名科长为正副团职干部，54名专武干部提拔为区乡领导干部和机关干部。1991年机关党支部先后被四川省组织部、省军区政治部评为先进党支部。1993—2001年人武部党委先后4年被四川省军区、重庆警备区党委评为“先进人武部党委”。

党管武装工作 坚持主管负责制；坚持党管武装向法制化制度化方向发展；党管武装不断向基层延伸。1993年县委、县政府联合行文下发了党管武装的实施意见，使党管武装工作向乡镇延伸；开展评比活动，人武部党委每年评比表彰1至2个乡镇为先进单位，3至4个区委（工委）书记为党管武装先进个人。

民兵政治教育 1986年，四川省军区下达民兵政治教育由过去以乡（村）民兵连为单位，每月1课2小时的教育改为以刊授教育为主的指示。县人武部成立了以机关、区、乡人武部长为主的“民兵刊授教育领导小组”。以《中国民兵》《两用人才报》等刊物为教材，以民兵连或基干民兵连为单位组织实施。全县每年订阅报刊达2000余册。县人武部在小坝花园村进行民兵刊授教育试点，得到涪陵军分区的推广，1991年荣获四川省委宣传部、省军区政治部表彰为读报、用报先进单位，次年被四川省军区评为“国防教育先进单位”。之后，在注重民兵政治教育的同时，引导其实现科技致富。1992年至1995年马鹿乡女民兵肖雪梅坚持科技种烟，连续4年亩产优质烤烟278公斤，亩均产值1400多元，被县委、县政府授予“烤烟科技致富状元”，出席四川省科技兴烟表彰大会，连续两年被黔江地区烟草公司评为“科技种烟标兵”。1998年县人民武装部被《中国国防报》评为“国防教育先进单位”。

1986—2005年，县、区、乡组织民兵新闻报道队伍，宣传报道各单位、各行业的新闻事迹和新闻人物。累计在各种报纸、杂志、电台用稿9500余篇。1992—2001年先后被四川省军区、重庆警备区、成都军区评为新闻报道先进单位。

参与地方经济建设

修建公路、铁路 1989年，县委、县政府决定对国道319线酉阳至龙潭段实行改道，县人武部主动参与，并成立钟渤公路指挥领导小组，抽调钟多、龙潭两个民兵营、12个民兵连共3000多民兵参与改建。至1991年年末，同相关部门一起新修公路33公里，修建桥梁18座、石拱涵洞165个。1997年县委、县政府决定硬化酉（阳）龚（滩）路，由县人武部组织民兵修建。该公路改建后里程缩短5.7公里，降低高程50米，全工程投入2.6亿元。县人武部组织8个民兵营、38个民兵连参与修建，于1997年5月动工，2003年全线完工。1999年铁道部修建渝怀铁路，县人武部成立支铁修建小组，组织麻旺、龙潭民兵两个营、8个民兵连150万人次参加施工和维护沿线治安。20世纪以来，抓革命老区南腰界的扶贫工作，协调资金13万元，新建该乡4条村级公路和修建小岗村引水工程，解决了2000余人饮水难的问题。

兴修水利，改造低产田土　1993年大河口水电站开工建设，苍岭区人武部组织13个民兵营、1200名民兵施工。在实施国家农业综合开发项目中，龙潭、麻旺、钟多、黑水等区组织民兵14个营、35个连，投入7500人次民兵参加改田改土。历时200多天，改造低产田土23000亩，架设渡槽　4座，修建机耕道13公里。次年全县展开施工，各区人武部组织民兵近40万人次，投工3000多万个，经7年的施工，共改造优质田、土3.4万亩。

植树造林　1993年，县人武部响应县政府“发展经济林，栽植倍子树，争创全国一流的五倍子基地县”的号召，组织全县12万青年民兵向荒山植树。至1995年，共栽五倍子3.2万亩366万株，有64个基干民兵连、895个民兵排集体成片造林，有198名民兵栽植五倍子500亩以上。毛坝乡双龙村基干民兵姚家斌投资13万元，办起年产15万元的倍蚜虫繁殖场。大涵乡基干民兵沈德贵承包荒山1500亩，投资2.2万元，栽植五倍子11万株、杜仲2.2万株。2003年组织麻旺镇民兵植树8000余亩。

抗旱抗洪，抢险救灾　1988年夏，县境内连续干旱32天，县人武部同气象局抽调20多名民兵组织两个人工降雨队，在丁市、李溪两个作业点上共发射炮弹173发，使全县大部分乡村下了中雨。1990年5月中旬持续干旱35天，90%的田无法插秧，玉米不能下种，红苕栽不下地。县人武部组织人工降雨队，在酉酬、丁市、兴隆等18个点上发射炮弹256发，使全县普遍下雨。

1999年6月28日，县城、李溪遭遇特大洪灾。全县民兵投入到抗洪抢险中，广大民兵连续6天6夜奋战，转移群众5800人。烟厂800多民兵和职工抢运烟叶、转运物资400多吨，挽回经济损失400多万元。全县区乡人武部组织20000多名民兵投入转运群众、抢运财物和维护社会治安等。李溪乡民兵唐应坤在1999年的抗洪抢险中，为抢救群众牺牲，被民政部批准为革命烈士。

第四节　后勤工作

经费供给　1986年县级人民武装部改归地方建制后，经费由县财政供给。县（区）人民武装收归军队建制后，从1996年4月1日起，其干部的工资和办公经费等由军队供给。职工和专武干部的工资，车旅费仍由地方财政供给。

民兵训练经费　1987年县人民武装委员会研究决定，按全县农业人口平均收提。1996年县人民武装部收归军队建制后，县委决定：农业人口少收，机关、企事业单位按人口收，由所在区、乡负责统收上交县财政，县财政按民兵训练计划分期拨款。2000年全国农村税收改革后，民兵训练经费以中央财政为主，地方财政为辅。2003年以后，民兵军事训练经费统筹进行改革，由县财政上交省（市）财政转移支付省军区，警备区下拨到县（区）人民武装部。

粮油、服装供给 县级人武部改归地方建制后，干部、职工的粮油按地方标准供给。人民武装部收归军队序列后，干部粮油由军队供给；县（区）人武部改归地方建制后，其服装仍由军队按标准价拨付，地方财政支付。为加强管理，便于开展民兵预备役工作，县人武部职工和区、乡专武干部实行统一服装，经费由县财政解决。1996年县（区）人民武装部收归军队序列后，其干部服装由军队供给，职工、专武干部仍按军队标准价拨付，经费由县（区）财政支付。

武器装备 1986年前民兵轻武器分别由区、乡武装部保管。1986年以后，武器、弹药全部收回县民兵武器仓库保管、封存。

营房营院建设 1986年县财政拨款8万元，军队支付2万元，县人武部自筹2.7万元，修建了三楼一底的民兵训练基地，建筑面积1280平方米。1993年县人武部自筹资金58万元，新修了民兵训练基地，四楼一底建筑面积2600平方米，可供450人吃、住、训。1988—1993年由县财政分期拨款7.5万元改建民兵武器库，装备安全设施。1992年在开展“四个一”达标竞赛活动中，县人武部被四川省政府、省军区评为民兵“四个一”达标先进单位。1997—2003年自筹资金近40万元，硬化营区道路，新修了花园和民兵训练场地，栽植各种花草20余种，达到了花园式营院的要求。1995年县民兵武器库被成都军区司令部评为武器装备管理先进单位。1999—2005年先后13次被重庆警备区评为“全面建设先进单位”。2001年县人民武装部被中国人民解放军总参谋部表彰为“民兵武器装备管理先进单位”。

第五节 国防后备力量

中共酉阳自治县人民武装委员会 1986年6月11日，根据中共中央批转的《军队体制改革精简整编方案》关于“省（自治区、直辖市）地、县（市）委书记分别兼任省军区军分区县人民武装部党委第一书记不再兼任政委。原任省（自治区、直辖市、地、市、州、盟）县委书记仍兼任省军区、（警备区、卫戍区、军分区、县人民武装部）政委的，其兼任政委职务自本通知下发之日起自行免除，不再另办免职手续”的规定和涪陵地委通知精神，县人民武装委员会成员进行了调整充实。

县人民武装委员会随着县委、县政府、县人武部班子实行每年调整，补充一次。

酉阳自治县国防动员委员会 1997年9月根据上级军事机关的通知精神，全县首次成立国防动员潜力调查领导委员会，由县委、县政府、县人民武装部和有关单位的主要领导组成。

中共酉阳自治县人民武装委员会与酉阳自治县国防动员委员会实行一个机构两块牌子，下设办公室（在县人武部）、经济动员办公室（在计委）、国防教育办公室（设在人武部）、交通战备办公室（在交通局）、人民防空办公室（在县政府办公室）。2005年县国防动员委员会被重庆市评为“十五期间国防动员工作先进单位”。

酉阳自治县国防教育委员会 1987年四川省颁发《全民国防教育大纲》。1988年，全县成立以县委宣传部部长为组长，人武部部长为副组长，县团委、妇联、教委、体委、文化局、广播局、民政局、人武部政工科等单位领导为成员的全民国防教育领导小组。决定国防教育以青少年为主要对象，以干部为重点，以民兵为突破口，明确“有国必防，安邦治国必须巩固国防”的重大意义。全年在全县高、初中生中开展教育，并在全县民兵和6所高中开展了国防知识竞赛活动，参加人数达2.8万人，被四川省军区评为国防教育先进单位。

第二章　武装警察酉阳县中队

第一节　机　构

根据中共中央文件规定，将公安部门实行兵役制度的武警、边防、消防民警和接受解放军担负内务执勤任务的部队，统一组建中国人民武装警察部队，中央设总部，省（市）设总队，区设支队，县设中队。1983年1月，由公安机关移交给中国人民武装警察部队，全称为中国人民武装警察部队四川省总队涪陵地区支队酉阳土家族苗族自治县武警中队。1988年12月黔江地区组建支队，更名为中国人民武装警察部队四川总队黔江地区支队酉阳土家族苗族自治县武警中队。1998年1月重庆市总队组建，改称为中国人民武装警察部队重庆总队第五支队酉阳土家族苗族自治县武警中队，简称武警酉阳县中队。

第二节　工作概况

组织建设　根据"支部建在连上"的规定，武警酉阳县中队设立了党支部，下辖4个党小组，同时又组建了团支部、下辖3个团小组。

1998年"5·21"特大洪灾，县城一片汪洋。在危险关头，中队全体官兵到在西山沟清理河道漂浮物时，突然一股巨大的洪浪把战士李延雄、张建强卷入急流之中。在这一瞬间，李延雄置生死于不顾，在伸手将张建强推出旋涡之际，自己却被洪水卷入暗沟之中，献出了年仅19岁的宝贵的生命。武警部队党委给李延雄荣记一等功，并批准为烈士，武警重庆总队党委追记李延雄为中国共产党正式党员，中共重庆市委授予李延雄"舍己救人、人民卫士"荣誉称号。县中队被重庆市表彰为"学习雷锋先进集体"荣记集体二等功。2003年3月县中队被武警总部表彰为"学习雷锋先进集体"。

军事训练　武警中队的军事训练主要分为执勤任务、军事训练。执勤任务主要为看守勤务，重点看守酉阳监狱的在押犯人和担负刑场外武装警戒，执行处决任务（1995年后由法警执行）和在押犯人越狱追捕任务，警卫执行武装巡逻、处置突发事件、打击刑事犯罪等。军事训练主要是按照训练大纲要求：组织干部、战士学习军事理论和作战技能；抓好队列、军事体能训练；抓好擒敌技术、战术、射击、越野、体能等执勤业务训练。1999年中队执行班参加支队队列、擒敌技术、射击、战术军体等科目比赛中荣获第二名。

行　政　武警县中队把行政管理贯穿于部队执勤、军事训练、维护社会治安和日常生活等各个方面，以条令条例为依据，建立正规的训练、战备和生活秩序，开展三查一找及查思想、查党性、查作风、找差距活动。严格按照江泽民"政治合格、军事过硬、作风优良、纪律严明、保障有力"的总要求，加强部队的建设。1991—1993年连续被支队评为达标中队。1997年被四川总队评为先进中队。

第三章　临时驻军

为确保军委指挥畅通，总参谋部决定修建通信指挥线路。修建地缆工程由总参通信部组织指挥，成都、武汉、广州、昆明4大军区抽调建制团和民兵团在两年内完成电缆埋设、营防修建和载波指挥坑道等任务。

第一节　河南工程一团、（5821）信箱

地缆通信工程，由总参通信部组织探勘队伍，并抽调8名军事电缆专家到酉阳对大酉洞探究，认为此地隐藏于大山怀抱之中，四面绝壁，十分险要隐蔽，是天然的军事要地。1976年，总参通信部第2总站命令河南钻探工程团进驻酉阳大酉洞执行坑道钻探和营防修建任务，次年底圆满完成任务后返回河南，受到总参通信部的表彰。

第二节　0026部队

0026部队是成都军区某部117团，当受命执行修建任务后，全团紧急动员，以野营拉练方式，从四川彭县坐车步行到达武隆、鸭江至县城第一段施工，完成任务后于同年9月转移到黔江两河区至酉阳凉风垭段施工。团指挥部驻县城农业局。3营施工两河至酉阳界，团直施工酉黔界至黑水坝，2营施工黑水坝至小坝，1营施工小坝至凉风垭。施工中营连之间开展“三比三赛”（比安全、无事故，比进度、施工快，比质量、标准高）活动，于次年圆满完成施工任务，部队返回营防，受到总参谋部和成都军区的表彰。

第三节　202部队3营

202部队3营该营于1978年受命进驻酉阳、秀山、彭水和武隆等县，执行通信保障任务。营部驻酉阳县城，辖14个连队，6连驻秀山梅江区，7连驻武隆白马镇，8连驻彭水郁山镇，9连驻酉阳大酉洞。1987年9连和7连换防，因电缆设计限制为20年，加上通信科技不断革新发展，该地缆线于2001年10月停止使用。三营全体官兵于2001年10月22日撤离渝东南等县返回重庆。

第十七篇

教育·科技

JIAOYU KEJI

第一章　普通教育

1985年5月，《中共中央关于教育体制改革的决定》发布实施。9月，全县教育工作会议召开，会议就贯彻四川省教育工作会议和具体实施《决定》作出六项决定：把实施基础教育的权力交给地方，实行省、县、乡分级管理；实施九年制义务教育，争取2000年左右普及初中教育，不搞一刀切，分类分期分批实现；调整中等教育结构，大力发展职业教育；改善高等学校招生计划和毕业分配制度；转变教育思想，改革教育的内容和教学方法，进一步提高教育质量；实行多渠道解决教育经费。

按照全省的部署，县委、县政府作出分两步走的决策：第一步，1990年普及初等教育（六年制小学教育）；第二步，在巩固初等教育的基础上，2000年左右普及初中教育。于是，普及九年制义务教育便在全县有序地展开。

第一节　学前教育

概　况

从1986年起，酉阳的学前教育，贯彻执行1984年2月省教厅转发教育部《关于发展农村幼儿教育的几点意见》，坚持两条腿走路的方针。农村以群众集体办园为主，首先发展学前一年教育，多样式培训提高教师素质，发挥示范幼儿园的作用。端正办园思想，加快教学改革，开展科研活动，完成保教并重的双重任务，对幼儿进行爱国主义教育。

1986年，全县幼儿园28所，其中，教育部门办1所，其他部门办5所，集体办22所57班（其中小学附设学前班16个），在园幼儿2406人（其中小学附设学前班750人），教职工64人（其中园长2人，教师62人）。

1991年，全县幼儿园8所（其中其他部门办2所，集体办6所），107个班（其中小学附设78个班），在园幼儿5082人（其中小学附设3714人），教师118人（其中园长4人，教师103人，保健员11人）。

1995年，全县有独立设置幼儿园1所（为其他部门办），189个班（其中学前班178个），在园幼儿7563人（其中学前班7133人），教职工232人（其中园长2人，教师216人，保健员14人）。全年县境附设学前班的小学178所。

2001年，全县有独立设置幼儿园1所，301个班（其中学前班227个，在园幼儿13273人（其中学前班12310人），教职工150人（其中学前班教师93人）。

2004年12月1日，县人民政府办公室行文《关于全县幼儿教育改革与发展的实施意见》，就幼儿教育的“指导思想”“工作目标”“工作措施”等方面作出了具体的规定和要求部署。提出“建立和完善以社区为基础，以公办幼儿园为骨干和示范，民办幼儿园为主体的城乡幼儿园网络”。具体有五项工作措施：形成“地方负责，分级管理，部门分工负责”的幼儿园教育管理体制，履行政府职责；各乡镇人民政府要加大对公办幼儿园的投入，提倡和鼓励社会力量采取多种形式举办幼儿园，严格报批程序，依法办园；实施素质教育，提高幼儿教育质量；加强师资队伍建设，提高幼儿教师素质；稳妥推进幼儿教育改革。

2005年，全县幼儿园22所，321个教学班，在园儿童11320人。

2002—2005年酉阳自治县学前教育情况表

表17－1

年度	园数		班数		在园幼儿数		教育部门办学前班	
	合计（所）	其中民办（所）	合计（个）	其中民办（个）	合计（人）	其中民办（人）	合计（所）	在园幼儿数（人）
2002	8	7	342	27	13702	762	274	12059
2003	4	3	385	25	13583	723	326	11772
2004	16	14	350	45	12564	1595	283	10059
2005	22	20	321	61	11320	2073	235	8282

酉阳县机关幼儿园

酉阳县机关幼儿园始建于1952年，是全县唯一一所市级园、县示范园，曾多次被评为“市级巾帼文明示范岗”“县级最佳文明单位”。2001年3月获“重庆市三八红旗先进集体”。2004年12月获“重庆市幼儿教育先进集体”。

幼儿园总占地2763.52平方米，园舍面积1962.6平方米。有幼儿睡房、盥洗室、厕所、配套相连的活动室22间，多功能活动室1间，保管室1间，保健室1间，办公室2间，厨房1间。园有大型组合玩具2件，小型玩具10多件；有沙池、戏水池；有钢琴、电子琴、手风琴等设备。班班有风琴、移动磁性黑板、标准进口塑料桌凳、幼儿书架、玩具柜等；有彩色电视机、影碟机、录音机等电教设备，配有大量幼儿图书。

幼儿园现有教职工50人，其中行政领导4人，教师37人，保健员1人，资料员1人，后勤7人。教师队伍中有2人大学本科毕业，31人专科毕业，7人幼师或中师毕业，学历合格率达100%。有高级教师22人，一级教师21人。设有大、中、小、学前等12个班，共有幼儿425人。

第二节　小学教育

概　况

1985年，酉阳作出分类分批分年度实施普及小学教育的规划：当年实施“一镇三乡”（龙潭镇、沙滩乡、渤海乡、钟岭乡），1986年实施25个乡；1988年实施29个乡；1989年实施16个乡。由县政府逐年自查验收。

1990年12月23至30日，对龙潭镇、沙滩乡、渤海乡、钟岭乡普及小学教育情况进行检查验收，认定办学条件基本达到省地要求的“一无五有”，即：一无（学校无危房），五有（学校有旗杆，班班有教室，学生每人有木制课桌凳，活动有场地，学校有厕所）。经检查验收合格，并由县政府发给合格证书，奖给各乡镇1000元奖金，以作添置设备之用。

1985年酉阳自治县“一镇三乡”普及小学教育情况表

表17－2　　单位：%

乡镇名称	学龄儿童入学率	学生年巩固率	小学学生毕业率	普及率
龙潭镇	99.9	100.0	85.5	99.5
沙滩乡	97.9	99.8	82.2	93.2
渤海乡	96.0	98.9	94.0	94.5
钟岭乡	97.1	98.2	90.8	96.7

1986年4月《中华人民共和国义务教育法》正式颁布实施。12月13—19日，对当年实施普及小学教育的16个乡镇进行自查验收，并对1985年基本普及小学教育的一镇三乡进行复查。

经检查验收：沙田乡、泔溪乡、麻旺乡、亮垭乡、白竹乡、龙东乡、木桶乡、井岗乡、钟多镇、黑水乡、苍岭乡、板桥乡、李溪乡等13个乡镇在主要方面基本达到省地要求，县上认定基本合格，并发给合格证书。苦竹乡和小河乡主要方面已基本合格，但个别村小校舍维修还未完善或才开始新建，待工程完工后再发给证书。田坝乡在主要方面已基本达到要求，但1986年小学毕业合格率未达标，暂不认定基本合格。复查中的沙滩乡，自上年验收后巩固率降为95.1%，若1987年复查再不合格就收回其合格证书，待合格后由乡政府重新向县政府申请验收复查。

年末，全县小学695所，2362个教学班，在校学生100052人。四率比上年度有所上升：学龄儿童入学率90.3%，比上年增长0.8%；小学生年巩固率95%，比上年增长0.3%；小学生毕业率89.1%；小学生毕业升入初中率63.8%，比上年提高17.4%。

1987年申报普及小学教育的有南腰界乡、天山乡、泉孔乡。经检查验收为基本合格，并对田坝乡、小河乡、苦竹乡、沙滩乡进行复查，结论为基本上巩固了普教验收成果。

年末全县有小学690所，2335个教学班，在校学生97244人。学龄儿童入学率92.2%，小学生年巩固率95.1%，小学生毕业率86.4%。

1988年已进入普及小学教育攻坚阶段，以抓入学率和巩固率为重点，提高入学率和控制学生的非正常流失，并在县、区、乡配齐资料员，开展业务培训和普九资料的建档归档工作。年末小学教育的普及情况：入学率95.1%，巩固率92.8%，毕业率达98.9%，15周岁人口中初等教育完成率达80%；15周岁人口中的文盲率2%；残疾儿童入学率13.6%。全年还实施普及初等教育的23个乡进行自查验收，对原已普及的乡镇进行复查，结论为基本合格。至此，全县普及小学教育的乡镇已达70个，普及人口达629838人，普及人口覆盖率达89.9%。但剩下的11个乡属边远高寒居住分散的贫困乡，普及的难度更大。

1989年3月，县委、县政府召开教育工作会议，要求各级党政要加强对教育工作的领导，建立三项制度：定期研究教育工作的制度；领导成员分别联系学校的制度；督导制度。理顺分级管理，分级办学，各尽其职，各负其责的关系。县教委于会议期间分别与13个区（镇）和直属学校签订《目标管理责任书》和《改造危房合同书》。

1991年11月18日，县人民政府自查验收的各项数据如下：

酉阳属四川省四类地区，全县人口668766人。行政区划78个乡，3个镇，724个村。小学576所，1945个教学班，其中单式1806个，两级复式132个，多级复式7个，在校学生76429人，教职工3309人（其中公办2349人，民办544人，代课378人，工人38人）。

学龄儿童总数56116人（其中盲聋哑158人，智力严重障碍和其他失去学习能力的儿童218人），已入学54746人，入学率为98.2%。

在校学生学年初为72955人，学年末为72088人，年巩固98.8%。

毕业班学生读满修业年限的9524人，实际毕业8415人，占应届毕业生93.9%。

12—15周岁少年儿童总数38601人（其中盲聋哑儿童132人，其他失去学习能力的儿童197人），仍在小学学习的人数13070人，小学毕业人数17876人，达三会的5940人，普及率94.5%。

基点校五班以上56个，村民小学2至4班319个，教学点115个，三会点21班148人。

县政府申报文述：经自查验收，全县初等教育办学条件实现“一无五有”；“四率”达到现阶段上级规定的基本要求，民师报酬已统筹落实；乡中心校已恢复并初步发挥了作用。分级管理，分级办学的体制得到落实；达到省、地基本普及初等教育的要求，请省地检查验收。

1991年12月，经省地验收团一行195人通过对13个区81个乡镇、549所小学、1858个教学班的检查，听汇报566人次，查资料5215册，开座谈会537次，访干群5074人，抽查学生19828人，抽查试卷4919份，抽查教案2343本。综合结论为：“经地委、行署组织检查验收，酉阳土家族苗族自治县普及初等教育达到了四川省现阶段基本普及初等教育标准。四川省人民政府于1991年12月17日批示同意黔江地区对酉阳普及初等教育的检查验收结论，并发给普及初等教育合格证书和奖金。”

其后，1992、1993、1994连续3年复查，认定酉阳普及初等教育成果基本得到巩固。

1994年8月，县教委以《中华人民共和国义务教育法》《四川省义务教育实施条例》和《中国教育改革和发展纲要》为准绳，制订《酉阳自治县普及九年制义务教育规划》。自此，全县普通教育的重心转向普及初中教育上来。在措施上，坚持继续巩固和办好小学，坚持小学原则上不办戴帽初中班，有计划、有步骤地发展乡办单设初中，逐步形成小学、单设中学的合理布局。

历经国民经济“九五”“十五”（1996—2005）为期十年不懈的努力，全县的初等教育办学条件得到较大改善，“四率”也有很大的提高，至2005年年末，全县小学已调整为493所，在校学生95302人，适龄儿童入学率99.79%，残疾儿童少年入学率74.38%，小学生辍学率降至0.19%，小学生毕业率99.90%，15周岁人口初等教育达到98.97%，小学毕业升学率达到99.15%，15周岁人口文盲率降至0.38%。

1986—2005年酉阳自治县小学基本情况表

表17－3

年度	校数		班数		在校学生数		毕业生数		招新生数		教职工数	
	总数（所）	其中民办	总数（个）	其中民办	总数（人）	其中民办	总数（人）	民办	总数（人）	其中民办	总数（人）	其中民办
1986	695	—	2362	—	100052	—	8390	—	14051	—	2861	2547
1987	690	—	2335	—	97244	—	11615	—	13732	—	2901	2614
1988	671	—	2164	—	87673	—	12214	—	15388	—	2923	2642
1989	622	—	1957	—	78355	—	13388	—	15133	—	2853	2562
1990	609	—	1957	—	72489	—	11976	—	11364	—	2905	2606
1991	578	—	1999	—	73607	—	9174	—	9929	—	2934	2600
1992	576	—	2024	—	72780	—	8323	—	10131	—	3009	2715
1993	571	—	2053	—	73443	—	8071	—	12608	—	2975	2870
1994	561	—	1947	—	73169	—	9076	—	12451	—	3076	2826
1995	562	—	1981	—	72227	—	10715	—	13010	—	2990	2820
1996	551	—	2011	—	72703	—	10253	—	11951	—	3103	2870
1997	547	—	2004	—	72883	—	9903	—	11577	—	3303	2908
1998	547	—	2024	—	73457	—	9685	—	11460	—	3301	3049
1999	547	—	2059	—	74784	—	10212	—	12873	—	3431	3147
2000	547	—	2091	—	79462	—	11068	—	16299	—	3436	3186
2001	520	—	2103	—	87406	—	12293	—	15789	—	3459	3218
2002	校222 点308	24 15	2124	99	91984	2811	12111	153	18747	806	3367	3156
2003	校290 点234	20 52	2258	196	97501	—	11464	153	18242	1376	3510	3282
2004	校357 点140	72	2181	31	98303	883	12864	80	16170	153	3624	3401
2005	校381 点112	—	2211	—	95302	—	12768	—	12044	—	3798	3531

小学简介

酉阳自治县实验小学校　县实验小学校始建于清光绪三十三年（1907年），其前身为酉州城关小学。20世纪60年代定名为酉阳县实验小学，为县教委直属小学。

学校占地面积约1.6万平方米。有教学班级47个，在校学生3800余人，在职教职员工127人，有专任教师123人，学历合格率为100%，其中本科以上5人，专科79人，占70%；小学高级教师61人，占49.6%；参加国家级骨干教师培训1人次，市级骨干培训4人次，县级骨干教师培训30人次。

1981年获四川省政府批准定为首批办好的重点校之一。1994年被县、地定为示范校。1997年被重庆市教科院定为“双百”工程课题实验基地。2001年被市教科院批准为“重庆市教育科研实验基地”。2002年被联合国教科文组织批准为“创新学习研究与实验学校”。　2003年学校少先队被团中央表彰为“优秀红旗大队”，团市委表彰为“十佳红旗大队”，校妇委会被市妇联、市文明委表彰为“巾帼文明示范岗”，学校被市公安局表彰为“交通安全宣传教育先进学校”。

酉阳自治县民族小学校　是2001年县委、县政府为规范城区小学教育而批准成立的县直属小学，由原酉阳师范附小、钟多镇一小、丘添小学三校合并而成。学校占地19343平方米，生均占地5.35平方米；现有教学班50个，学生3740人，学生入学率达100%，巩固率达100%；在职教师154人，专任教师149人，专任教师合格率达100%。

2001—2005年；学校先后获得县级“最佳文明单位”“示范小学”“德育示范学校”“常规管理示范学校”“民主管理合格学校”“综治安全先进集体”“教育教学先进集体”“继续教育先进集体”“先进党支部”“红旗党支部”“巾帼文明示范岗”“家长示范学校”“第一届艺术节优秀组织奖”和市级“卫生先进单位”“模范职工之家”“国防教育先进集体”“安全文明校园”“少先队工作重点联系学校”等荣誉称号。

酉阳自治县龙潭希望小学　原名龙潭镇小学。创建于清光绪三十年（1904年），是中共早期无产阶级革命家赵世炎烈士、原中共北京市委副书记刘仁、李鹏总理的母亲赵君陶的启蒙学校。1997年，时任国务院总理李鹏捐赠稿费并题写“龙潭希望小学”校名。

学校位于重庆市酉阳土家族苗族自治县龙潭古镇，占地35亩，现有教学班41个（含幼儿班9个），学生2942人，其中少数民族学生占95%以上。有在职教师109人，学历达标率为98.8%。

至2005年末，学校先后有40多名教师被评为国家、省（市）、地、县优秀教师和优秀辅导员。50多篇教学科研论文在国家、省（市）、地刊物上发表，承担并完成国家、省（市）、地、县教学科研课题18个。先后列为酉阳县重点示范小学，原黔江地区素质教育示范校、重庆市电化教育示范校、重庆市绿色学校、全国现代化教育技术实验学校；先后评为重庆市德育工作优秀集体、重庆市青少年科技活动先进单位、重庆市文明礼仪示范学校、重庆市模范希望小学、重庆市文明学校、重庆市民族教育先进集体。

第三节　初中教育

1986—1992年，酉阳的“普九”教育重心在于初等教育六年制小学教育。1986年单设初中学校13所，303个班，在校学生1.58万人。1992年单设初中学校13所，298个班，在校学生1.41万人。从1986年到1992年私立中学有所发展，1992年全县私立中学5所（完中1所，初中4所），初中学生778人。

1986—1992年酉阳自治县“普九”教育情况表

表17－4

年度	单设初中校数（所）	班数(含完中初中班)（个）	在校学生数(含附设初中班学生)（人）
1986年	13	303	15776
1987年	13	310	16516

续表17－4

年度	单设初中校数（所）	班数（含完中初中班）（个）	在校学生数（含附设初中班学生）（人）
1988年	13	339	17274
1989年	—	—	—
1990年	13	354	18270
1991年	13	328	16345
1992年	13	298	14066

说明：数据包括教育部门和公社大集体民办学校数字，不含社会力量私人办学数字

1994年8月17日，县教委制定《酉阳县普及九年制义务教育规划》：要求全县在2000年普及九年制义务教育，即小学毕业生92%升入初中，在校生巩固率达95%，初中学生毕业率达95%，17周岁青年初中普及率（初中毕业）达65%，青壮年非文盲率达95%以上。在措施上，以不削弱小学为前提，继续巩固和办好小学，逐步形成小学、单设初中的合理布局。坚持从实际出发，因地制宜，分类指导，逐年实施的原则，不等不拖，不搞突击。

1996年4月县人大常委会通过《酉阳县普及九年制义务教育规划》，由县政府组织实施，从1997年起逐年分类实施，逐年自查验收。

1999年，全县初中教育情况：有单设初中28所，395个教学班，在校学生21621人，入学率68%，辍学率6.9%，毕业率90.6%，17周岁人口完成率34.3%。距离重庆市对“普九”的要求差距较大。入学率相差26.2%，辍学率超标3.9%。毕业率相差4.4%，完成率相差50.5%。而根据“普九”要求的教室、学生宿舍、学生食堂、厕所、实验室、仪器保管室、图书室、仪器设备、电教器材、图书等教学设施和师资都还有差距。2000年，全县明确的“普九”整体规划为：2000年达标19个乡，2001年达标42个乡，2002年达标21个乡，然后申报上级验收。

2001年，根据全县撤区并乡后的行政区划，本着“分类指导，以乡推进，先易后难，重点投入”的原则，对全县39个乡镇分四类由县逐年组织自查验收，最后于2005年年底前报请市验收。年末有初中434班，在校学生26363人。小学入学率97%，辍学率8.7%，17周岁人口初中教育完成率41.5%，残疾儿童入学率13.4%。

2002年，有小学520所，在校学生88330人，入学率76.8%，辍学率6.4%，毕业率99.4%，完成率87.7%；初中24所，在校学生26363人，入学率76.8%，辍学率6.4%，毕业率96.1%，完成率43.3%；残疾儿童入学率18.8%。初中教师1982人（其中在职1643人，离退休315人，代课24人）。教师文化结构：本科以上154人，大专950人，中师及其他216人；教师职称，中高38人，中一312人，中二883人，中三82人，未评职140人。

2003—2005年，县政府组织实施“两基”“普实”各项工作，改善办学条件，提高普及程度和教学质量，2005年9月，县政府对全县39个乡镇“两基”“普实”工作进行全面评估验收，认定各项指标达到上级提出的基本要求，基本实现普及九年制义务教育，基本扫除文盲和达到中小学实验教学目标。自查验收的基本数据如下：

全县共有小学381所，小学教学点112个，小学教学班2211个，在读学生95302人；初中39所，教学

班573个，在读学生33607人；小学专任教师3531人，初中专任教师1622人。全县中小学寄宿制学校67所，寄宿学生58621人（其中小学32879人，初中25742人），有特殊教育学校1所，学生30人。

入学率：全县7—12周岁正常适龄人口96233人（其中女童44075人），已入学96027人（其中女童43956人），入学率为99.79%（其中女童入学率99.73%）；13—15周岁正常适龄人口37847人，初中阶段入学36970人，入学率97.68%；7—15周岁三类残疾（视力、听力、智力残疾）适龄人口758人，依法免学36人，已入学537人，入学率为74.38%（其中视力残疾入学率66.15%，听力残疾72.50%，智力残疾入学率76.3%）。

辍学率：2004—2005学年初，全县小学在校生数98713人，学年内辍学736人，年辍学率0.19%；初中在校学生数32713人，学年内辍学736人，年辍学率2.25%。

毕业率、完成率、15周岁人口文盲率：2005年全县小学、初中毕业班学生毕业率分别为99.9%和97.30%；15周岁人口初等教育完成率为98.79%，17周岁人口初中教育完成率86.50%；15周岁人口文盲率为0.38%。

小学毕业生升学率：2004—2005学年初，全县小学毕业班总数12864人，本年初中招收新生12755人，小学生升学率为99.15%。

11月17日，经市政府评估验收，认定酉阳普及九年制义务教育和扫除文盲基本合格。至此，经过7年艰苦努力，3年攻坚，终于实现了普及九年制义务教育的目标。

1986—2005年酉阳自治县初中基本情况表

表17－5

年度	校数		班数		在校学生数		毕业生数		招新生数		教职工数	
	总数（所）	其中民办	总数（个）	其中民办	总数（人）	其中民办	总数（人）	其中民办	总数（人）	其中民办	总数（人）	其中专任教师
1986	11	—	303	—	15779	—	4547	—	5357	—	665	—
1987	11	—	345	—	16516	—	5118	—	6715	—	680	—
1988	13	—	377	—	17274	—	3613	—	7034	—	746	—
1989	13	—		—	20313	—	3759	—	7888	—	781	—
1990	13	—	354	—	18270	—	4302	—	5410	—	811	—
1991	13	—	328	—	16345	—	4531	—	5122	—	873	—
1992	27	—	298	—	14066	—	4614	—	4998	—	859	—
1993	31	—	278	—	12306	—	4394	—	7907	—	872	—
1994	33	2	289	12	13584	561	3113	131	6203	355	945	21
1995	29	—	307	5	15219	161	2632	—	6705	97	992	18
1996	31	—	336	—	19556	—	3452	—	6785	—	1107	—
1997	29	2	361	5	19072	196	4045	46	8869	40	1199	19
1998	30	2	370	6	19072	196	5820	81	7038	86	1207	12

续表17－5

年度	校数		班数		在校学生数		毕业生数		招新生数		教职工数	
	总数（所）	其中民办	总数（个）	其中民办	总数（人）	其中民办	总数（人）	其中民办	总数（人）	其中民办	总数（人）	其中专任教师
1999	30	3	401	17	20550	668	5396	60	8732	321	1189	34
2000	27	4	492	17	22593	945	4378	69	9824	407	1364	34
2001	24	—	458	—	26443	—	5536	—	10839	—	1389	—
2002	27	7	429	30	25904	1530	6194	693	9617	604	1325	27
2003	44	19	518	66	31213	3417	7544	607	11319	1302	1486	12
2004	39	14	518	41	32713	3241	8792	705	11635	1211	1567	44
2005	39	14	573	57	33607	3163	9582	855	12451	1150	1622	31

第四节　高中教育

概　况

全县高中教育改制（由“文化大革命”中的二年制改为三年制）于1980年开始至1985年完成。并对布局也作相应调整，保留3所完中：酉阳一中（设立于龙潭）、酉阳二中（设于县城）、酉阳三中（设于丁市）。辐射半径与服务面积基本趋于合理。1985年，共有32个高中班，在校学生1736人。以年末全县635072人计算，每万人中有高中生28人。

1986年全县高中3所，34个班，在校学生1962人，升入大专以上人数140人。1990年全县高中3所，36个班，在校学生1773人，升入大专以上人数182人。1995年全县高中3所，31个班，在校学生1425人，升入大专以上人数223人。2000年全县高中3所，38个班，在校学生3145人，升入大专以上人数140人，考入大专人数为613人。

跨入21世纪后，酉阳高中教育发展的势头较好：2001年，有完中3所，58班，在校学生4564人；升入高校本科388人，专科625人；2002年，有完中3所，89个班，在校学生5066人；升入高校本科658人，专科542人；2003年，有完中3所，95班，在校学生5931人；升入高校本科673人，专科7875人。2005年有完中3所，111个班，在校学生6808人。

1986—2005年酉阳自治县高中基本情况表

表17－6

年度	校数		班数		在校学生数		毕业生数		招新生数		专任教师	
	总数（所）	其中民办（所）	总数（个）	其中民办（个）	总数（人）	其中民办（人）	总数（人）	其中民办（人）	总数（人）	其中民办（人）	总数（人）	其中专任教师（人）
1986	3	—	34	—	1962	—	454	—	681	—	114	—
1987	3	—	35	—	2008	—	658	—	704	—	115	—
1988	3	—	38	—	2006	—	616	—	759	—	120	—
1989	3	—		—	1732	—	555	—	613	—	123	—
1990	3	—	36	—	1773	—	551	—	527	—	140	—
1991	3	—	35	—	1670	—	643	—	661	—	141	—
1992	3	—	35	—	1732	—	512	—	665	—	153	—
1993	3	—	35	—	1663	—	430	—	545	—	145	—
1994	5	2	37	6	1561	—	625	89	484	26	149	18
1995	5	2	31	2	1425	—	557	65	571	—	144	8
1996	3	—	34	—	1726	—	396	—	755	—	164	—
1997	5	2	40	2	2338	—	374	—	783	18	166	7
1998	5	2	47	2	2338	—	554	10	982	23	207	7
1999	3	—	49	—	2648	—	631	10	998	—	195	—
2000	3	—	58	—	3145	—	675	—	1228	—	221	—
2001	3	—	68	—	3944	—	945	—	1816	—	254	—
2002	3	—	83	—	5089	—	869	—	2101	—	300	—
2003	3	—	95	—	5931	—	1153	—	2169	—	338	—
2004	3	—	102	56	6244	—	1690	—	2384	—	378	—
2005	3	—	111	—	6806	—	1393	—	2562	—	421	—

1986—2005年酉阳自治县文理科上线及录取人数情况表

表17－7　　单位：人

分科	分等	七五时期	八五时期	九五时期	十五时期	合计
文科上线人数	一本	54	41	79	173	347
	二本	0	0	0	257	257
	三本	102	77	145	439	763

续表17－7

分科	分等	七五时期	八五时期	九五时期	十五时期	合计
文科上线人数	专科	133	89	153	573	948
	高职	0	0	0	477	477
	合计	289	207	377	1919	2792
	实际录取	282	300	502	2138	3222
理科上线人数	一本	125	113	220	542	1000
	二本	0	0	0	516	516
	三本	336	250	383	1109	2078
	专科	372	261	300	1134	2067
	高职	0	0	0	735	735
	合计	833	624	903	4036	6396
	实际录取	524	672	1368	5166	7730
文科理科合计	一本	179	154	299	715	1347
	二本	0	0	0	773	773
	三本	438	327	528	1548	2841
	专科	505	350	453	1707	3015
	高职	0	0	0	1212	1212
	上线合计	1122	831	1280	5955	9188
	实际录取	806	972	1870	7304	10952

省（市）重点中学

重庆市酉阳第一中学　位于酉阳县龙潭镇，有108年的办学历史，为原四川省首批重点中学之一。重庆直辖后被确认为重庆市首批建设好的重点中学。

学校占地150余亩，校舍总面积70143平方米。2005年，共投入资金1000多万元，动工新建面积为15210平方米的教学综合楼，新建学生食堂及综合用房3670平方米。理化生实验室全部按照双Ⅰ类标准配置。

学校有69个教学班，在校学生4500余人。2002年高考上线507人，被复旦大学、人民大学等全国知名大学录取106人；2003年高考上线577人，被人民大学、浙江大学、复旦大学等知名大学录取128人；2004年高考上线600余人，其中李游以684分获渝东南地区理科第一名并被北京大学录取；2005年高考上线700余人，其中侯晓以666分荣获渝东南理科状元并被北京师范大学提前录取。

学校有国家级优秀教师2人，高级教师37人，中级职称教师85人。有研究生学历教师7人，本科学历占教师总人数的95%以上，有市区级学科带头人20多人。有100余人获国家、市、县劳动模范和优秀教师、优秀教育工作者称号。

学校曾先后获得市级文明单位、市级电化教育示范校、市级绿色学校、市级卫生先进单位、市级文明单位五十佳、市级教育科研实验基地、中小学德育工作先进集体、重庆市最佳园林绿化单位等称号。

重庆市酉阳第二中学 位于酉阳县城中心，其前身是清朝酉阳州为举行院试而设置的考棚，现为重庆市重点中学。

学校占地172亩，校园按教学区、运动区、生活区分块设置，合理布局。建有实验大楼、标准运动场、逸夫教学楼、文林教学楼、艺术楼、天桥、新校门、艺术楼、运动场、综合大楼和市级示范学生食堂等建筑设施，有标准教室92间，多功能教室16间，微机室、图书室、多媒体语音室和物理、化学、生物实验室等一应俱全。多媒体教学系统、教学监控管理系统、计算机网络系统，天文观测室、电子图书室和备课室，凸现出信息时代网络教学的特色。

学校现有78个教学班，学生4600余人，在岗教职工335人，专任教师275人；特级教师1人，高级教师60人，中级教师116人；国家、市级优秀教育工作者8人；国家、市级骨干教师培训共10人，县级骨干教师培训22人。

学校从建校至2005年，共培养初、高中和师范毕业生3万多人。全国高考恢复以来，先后向各类院校输送新生4000多人。连续8年夺得渝东南同类中学高考成绩桂冠，每年向高校输送新生数百人。学生每年参加数学、物理、化学、外语等学科竞赛获国家、市级一、二、三等奖达50余人次。

学校曾获“全国中小学德育工作先进集体”“重庆市文明单位”“重庆市绿色学校”“重庆市教育科研先进单位”“重庆市学校体育工作先进单位”“重庆市教育技术装备先进单位”等称号；被授予“重庆市教育科研实验基地”“重庆市体育传统项目学校”“重庆市足球重点学校”“电子化规范化考点”。

第五节 教学改革·素质教育

素质教育在我国是20世纪80年代根据社会发展和时代进步的要求，针对中小学存在片面追求升学率的应试教育模式提出来的。素质教育的目标是全面提高全体学生的基本素质，充分开发学生的潜能，根本目的是提高国民素质。素质教育全面施行于20世纪90年代中期。

1996年，县教委邀请致公党重庆市委专家到酉阳举行素质教育专题讲座，培训中小学教师250人。1997年，县政府制定下发《关于推进中小学实施素质教育的意见》，要求全县积极稳妥地深化教育教学改革，推进素质教育。之后其具体措施有：

三大导向 政策导向：实施素质教育首先是政府行为，各级领导对素质教育的认识，确立基础教育的任务就是全面实施素质教育的基本观念，明确政府三项职责：支持教育部门和学校为实施素质教育进行的一系列改革；增加教育投入；搞好统筹协调，营造良好的社会环境。

观念导向：全县各级学校开展“山区学校如何实施素质教育”大讨论，还举办“烛光杯”征文赛，收到教师论文498篇，在《酉阳报》发表48篇。1998年，市教委下达《重庆市1998—1999学年度小学中学实施素质教育的工作目标和考核办法》。当年县教委邀请重庆市教育学会到酉阳举行素质教育与学校管理研讨会，参与研讨的教师达120人。还组织有关人员到华东师大、昆明大学、杭州大学等大学学习；6次组织县教委、学校干部和科研骨干赴湖南汨罗、湖北黄冈和重庆市内先进学校等参观考察，学习实施素质教育的经验。

目标导向：自1997年始，县政府与各区（镇）签订的教育工作年度目标责任书中，就有素质教育的考核份额，以目标和考核为导向，克服单纯以升学率和考试成绩评价学校的做法。

教研教改 开展多种形式的教研；抓重点科研课题的实验；开展素质教育区域性实验。

教师队伍建设 采取多形式、多层次、多种途径培训学校干部和教师，加强两支队伍的建设：抓培养培训；抓师德师风建设，在全县教师中开展“立师德、正师风、强师能、铸师魂、树师表”的师德师风活动；抓骨干教师和学科带头人的培养，实施“能人治校”，发挥其“领头雁”的作用。

考核评价机制 一方面强化社会、政府对教育教学评价的导向，一方面重点强化教育行政管理的导向。对学校教师、学生的考评，先后制定并逐步完善小学、初中、普通高中，职业高中办学水平和教师教学成果综合评价办法，以及学生综合素质评价办法，使综合评价具有客观性、公正性和激励性。

1999年，对全县人口文化素质及教育状况进行调查，并到毗邻的湖北来凤、湖南龙山等县（市）考察，撰写了《酉阳县人口素质的现状及其对策》的调研报告。11月，酉阳上报的《深化教育改革实施素质教育推进教育事业健康发展》的专题文章跻身“重庆市教育工作会议经验交流材料”之列。

2003年，县教委拟定的《2003—2005年教育工作思路》，确定改革教育考核评价机制，建立与素质教育相适应的考核评估办法，逐步探索对各级学校进行分层考核，分类量化，鼓励学校努力探索，大胆创新，走因地制宜的办学路子，形成自身特色。将学校领导班子谋发展，思进取的精神和教师的敬业精神、团队精神，以及校园环境、校园文化，人文氛围作为考核学校工作的重要指标。注重教学质量、德育工作的考核，注重民意调查，将学生在校的“愉快率”和社会对学校的“满意率”作为考核学校工作的重要依据。注重发展评价，将学生的求知欲望、学习习惯、自主学习能力和自主教育能力作考核的侧重点。以考评促素质教育的正常推进。

2005年，县教委要求各级各类学校落实德育首位，对学生进行四项教育：民族精神教育；文明习惯养成教育；诚信教育；心理健康教育。

第二章　专业教育·成人教育

第一节　师范学校

酉阳的师范教育源远流长，覆盖面广，建立州治的数百年间，以州试及办书院的形式考录和深造州属酉阳、秀山、黔江、彭水四县生员，以资上省应试。20世纪30年代，由四川省立龙潭中学开办高中师范科、简师、师训等形式，为四川省第八行政督察专员公署辖地最近的酉、秀、黔、彭4县培养师资。20世纪40年代，由四川省立酉阳师范学校办中师、简师、师训等形式，为培养专区辖地酉阳、秀山、黔江、彭水、丰都、涪陵、石柱、南川等8个县的师资。

省立龙潭中学前后共办8个师范班，毕业学生300多人，主要覆盖酉、秀、黔、彭4县。

第八行政专员公署1940年举办的一年制师训班毕业265人，则覆盖8个县。计：酉阳64人、秀山52人、黔江24人、彭水19人、丰都18人、涪陵29人、石柱22人、南川32人，其他（铜梁、巴县、安徽、忠县、隆昌）5人。

1949年新中国成立后，主要覆盖酉阳、秀山、黔江、彭水4个县。据不完全统计，酉师为8县培养师资16000多人，其中新中国时期14000人，是川（渝）东南名副其实的师培师训中心。

1987年，国家教委、计委联合下达中师标准化建设的通知。1991年酉阳师范学校制定“达标计划”。1992年酉阳师范更名为酉阳民族师范学校。1994—1998年，为实现达标计划，共总投资600多万元。

1998年12月，酉师校通过检查验收，获市政府发给的达标合格证书。

2002年年初，酉师校与酉阳成人教育中心、酉阳电大站合并，实施统筹规划，优势互补，资源共享，实现三位一体的整合。

2004年10月，酉师校成功举办百年校庆。

重庆市酉阳民族师范学校占地120余亩，绿树成荫，环境优美，教学设施齐全，功能完备。建起语音室、双向视频教学系统、微机教学系统、电子阅览室；铺设了校园局域网、城域网；400台计算机与国际互联网、中国教育网、重庆电大教育网实现连接，构建了现代远程开放教育平台。以“求实、创新、乐学、敬业”为校训，打造职业教育品牌，构建“3＋2”“2＋2”“1＋1”等多元化、多层次、多渠道办学模式，职前职后办学齐头并进。实现了与重庆师范大学、四川外语学院、重庆教育学院、涪陵师范学院、重庆工贸职业技术学院、重庆三峡职业技术学院、重庆市旅游学校等高等院校和国家级重点中等职业示范学校联合办学。

学校现有31个职前教学班，33个职后教学班（电大、函授），在籍学生3500余人。教职员工168人，其中，全国优秀教师2人，获“曾宪梓教育基金奖”1人，市特级教师2人，中高级讲师99人，研究生毕（结）业49人。近年来，全校教师在各级各类报刊上发表学术论文220余篇，主（参）编教学专著8部。先后荣获全国“文教先进单位”、省（市）“文明单位”“爱国卫生先进单位”“中师德育先进单位”“语言文字达标单位”“中师艺术教育先进单位”“成人高等教育先进单位”“教师培训工作先进单位”“模范职工之家”“园林式单位”“食品卫生A级单位”等称号。

第二节　职业中学

概　况

1984年下半年，在原酉阳二中板溪农场成立板溪职业中学，占地450亩，招收果树专业1班，学生41人。在龚滩中学附设果树专业1班，学生45人。

1985年，将原附设在实验小学的钟多镇中迁新址，成立酉阳民族职业中学，占地近100亩，招收会计专业2班，学生90人（其中1个班属计划包分配）。在酉阳三中附设果树专业1班，学生50人。板溪职中招果树专业1班，新招畜牧专业1班，共104人。全年职高招生244人，占普职高招生总数1085人的22.5%，在校学生500人，占普职高在校生2450人的20.5%。

1987年，民职中新招工业企业管理、建筑专业各1班，并对邻县（黔江、彭水）招生7名。板职中新招农学、林业各1班，续招畜牧专业1班。全县职高招生292人，占普职高招生总数1096人的35.7%；在校学生890人，占普职高在校舍学生总数2900人的30.75%。

是年，龚滩中学续招果树专业1班，柑橘基地扩大到50亩。天馆农中改办为初级职业中学，招收种植专业班，钟多区中也办成初级职业中学，招收种植养殖专业共4班。同时跨县招生，弥补生源不足（当年共招外县职高生21名）。县级各有关部门（县财政、统计、外贸、粮食、医药、物价、畜牧、农业、邮电、商业、林业、劳动、企业、二轻、气象、水电局）达成联办协议。各单位先后派出23名兼课教师到职中担任专业课。县委行文对职高毕业生就业和工资待遇等作政策性规定。

“三校一点”的办学规模连续几年稳定发展，到1992年年末，全县职教30个教学班，在校学生达1217人。

1993年，全县招收职高学生516人，占普职高招生总数的48.63%；在校学生1006人，占普职高在校总人数的37.69%。至1994年末，全县共毕业畜牧、兽医、农家经营、园林、农学、果树、果蔬、财会、企管、机电、家电、公关、文秘、文档、工艺美术、兵员等21个专业的学生1957人，举办各种短训班16期，学员逾1000人。

1995—1998年因受市场经济的冲击，不能升普通高中的学生多数外出务工，全县职教规模徘徊在14—17个教学班，学生500—700人左右。1998年9月，将原县民族高级职业中学校更名为重庆市酉阳高级职业中学。原板溪职业中学校成为重庆市酉阳民族高级职业中学校的生产实习基地，并成立重庆市酉阳职业技术教育培训中心。其依托骨干示范校的办学优势，发挥职业教育在人才培养，科技推广示范，信息服务等方面多功能作用，为县域经济发展服务。两校合并后，实行一套班子，两块牌子，统一管理。

2002年县高级职业中学办学规模为1校，29个教学班，在校学生942人。

2003年上半年县职教中心通过重庆市教委验收，新开设园艺、汽修、建筑等专业，并成立全县劳务输出培训中心。职高毕业生180人参加高考，录取102人。2004年县高级职中有52个教学班，在校学生2935人。向社会输送各类专业人才850人，培训农民工2500余人次。

2005年校本部中心达到40个教学班，职高学生2839人（另有初中学生1547人）。毕业生一次性就业率94.2%。全年培训农民工2500人次。

1986—2005年酉阳自治县职业高中基本情况表

表17－8

年度	学校数（所）	班数（个）	在校学生总数（人）	毕业生总数（人）	招新生人数（人）	专任教师	
						总数(人)	其中专任教师
1986	2	13	644	55	330	71	30
1987	2	17	892	116	392	86	40
1988	2	18	849	174	222	114	64
1989	3		792	281	243	126	63
1990	3	18	656	279	306	134	78
1991	3	23	1005	189	617	154	83
1992	3	30	1005	187	617	154	83
1993	3	30	1217	217	605	175	102
1994	5	19	734	393	412	170	102
1995	5	17	517	240	209	137	81

续表17－8

年度	学校数（所）	班数（个）	在校学生总数（人）	毕业生总数（人）	招新生人数（人）	专任教师	
						总数（人）	其中专任教师
1996	3	16	563	249	412	118	68
1997	3	18	764	141	385	125	73
1998	3	18	733	230	408	120	72
1999	3	20	823	142	316	141	85
2000	2	16	576	367	334	129	78
2001	1	16	602	230	362	119	87
2002	1	32	1514	188	895	158	106
2003	1		1291	815	790	128	77
2004	1		1935	445	1613	108	72
2005	1		1885	1332	520	121	84

酉阳职业教育中心

酉阳民族职业中学成立于1985年。1998年9月酉阳板溪职业中学并入，开始组建酉阳职业教育中心。2003年6月成立酉阳职业教育中心。2005年11月，通过了市级重点中等职业学校专家组的评估验收。布局以原酉阳民族职业中学为本部，以原板溪职业中学为生产实习基地。内设三室三处一部：行政办公室、教务处、教科室、招生就业办公室、政工处、总务处、基地教学部，是全县实用技能型人才培养的主要基地。

校园占地面积28267.46平方米，实习基地182271.09平方米，校舍总建筑面积达21651.41平方米。至2005年，有40个教学班，在校学生1547人；专任教师128名，其中高、中级教师66名，市县级骨干教师及学科带头人28名。开设了计算机、电子、旅游、养殖、种植、财会电算化、工艺、汽车驾驶与维修8个专业，拥有多媒体教室（1间）、计算机房（2间100台）、电子模拟室（1间54座）、汽模室（1间）、财会电算化室（1间63座）、语音室（1间54座）、标本陈列室、远程教育接收系统等教学、实习、实训设备，年毕业人数在500人以上。

曾是国家职业指导和创业教育研究与实验的实验学校，市级重点中等职业学校。至2005年，共为社会输送10000余名各类专业技术人才，为高校输送2000余名新生。举办各类培训班上百期，受训人数达10000余人次。

第三节　教师进修学校

酉阳县教师进修学校成立于1978年6月，1985年由涪陵专署行文正式批准建校。其办学要务是中小学教师继续教育，培训全县的在职教师。

20世纪80年代主要举办业务培训有：办教材教法考前培训班7期，使305名小学低段和中段教师过了省统考关；办中师函授，经省广播教育学校（即省小学教师培训中心）考核验收，有203人拿到毕业证书；办小学公办教师学历达标两年制中师班，两届共4个班，毕业175人（其中不少人是接班入伍的）；办小学民办教师学历达标两个班，使50名民师获得中师文凭。

1990年后，主要开展教师的终身教育培训，其内容是：思想政治教育和师德修养；专业知识更新与扩展；现代理论与实践；教育科学研究；教育教学技能训练和现代教育技术；现代科技与人文社会科学知识等6个方面，可归纳为非学历教育与学历教育两大类。

中小学教师基本功训练：其内容分为一般基本功和学科基本功两类。一般基本功内容：钢笔字、毛笔字、粉笔字（黑板字），简称为“三字”。普通话、简笔画，简称为“两话（画）”，统称为“三字两话（画）”；应用文、教具制作，组织教育教学活动等方面。

采取先在实验小学试点，然后扩展推广的方法。试点工作比较成功，黔江地区教委曾到酉阳实验校召开全区5县有关人员参加的现场会，听取了进修校、实验校的经验介绍，参观展室及教师、学生的作品、作业，观看教师的“三笔字”现场表演。接着在13个区（镇）及9所联合国项目学校实施该项工作，为时半年后即在全县中小学全面开展“三字两话（画）”活动。两年时间，教师参训率100%，按重庆市的要求和统一考核标准，酉阳中小学教师合格率达95%以上，并由地教委师范科和县教师进修学校颁发“基本功训练等级证书”。至2002年5月，全县参加培训的中小学教师达3891人，其中获“二甲”575人，“二乙”2789人。“三甲”523人，约占全县专任教师的80%。

1997年以来，全县各级各类学校参加继续教育、培训及其登记的教师4500余名，年审合格率98%，参加基本功训练4500人，考核合格85%。

中小学校长、教导主任培训至2002年已举办5期。按分级培训原则，全县已形成干训序列：岗位培训—提高培训—研修培训。还有25名校长就读研究生课程班教育管理专业并毕业。

加强中青年骨干教师的培训。进修校每学年举行1—2次小学语文、数学骨干教师培训班，参训的是全县教学骨干及辅导人员。

全县中小学教师的学业提高培训工作，始于1992年的“三沟通”培训，即集自考、函授、电大办学特点为一体的中小学教师高等师范专科培训工作。全县450多名中小学教师参加学习，学制3年，由省教院、涪陵教院主考，县进修校实施教育教学及管理，被称为“教师培训的第二个春天”。开设了中文、数学、政治、历史、地理、英语、物理、化学、体育、生物等10个专业。是专业齐全的一次教师学业达标与提高相结合的培训，全县有325名学员获省教院与省自考办联合颁发的毕业文凭。接着又恢复与涪教院联办本科与专科函授工作，开设中文、数学、政教3个专业，到2002年已有75人毕业。

中小学教师现代教育技术微机培训，经市考培中心统考，全县已有2150人获得初级等级证书。

1995年起，举办新教师上岗培训，已培训中师（中专）、专科、本科毕业2450人。

第四节　成人教育

成人学业教育

全县的成人学业教育途径主要有离职培训和在职培训两大类。教师的离职培训先后由酉阳师范学校和酉阳教师进修学校承担。本节主要记述酉阳电大站对在职干部（含中小学教师）的培训情况。

酉阳电大教育筹建于1982年，开设汉语言文学专业，招收学员14人。1983年开设党政专业，招收学员14人。1984年成立酉阳县电大工作站，开设党政专业，招收学员16人。1985年，开设法律、新闻、档案、汉语言文学、党政5个专业，共招收学员49人。

1986年开设文秘中专班。1988年，开设法律、财会、工业企业管理、金融等专业，共招收学员21名。与县民职中共同举办文秘、工业企管、商业企管等专业，共招收学生342人。1989年，开设法律、财会、政史、国防事业等专业，共招收学员47人，与民职中继续联办中专班，招生95人。

1990年开设财会、国防军事、法律专业，招收学员26名。1991年开设财会专业，招收学员9人。1992年，开设法律、财会、英语专业，招收24人。1993年，开设财会、法律、英语专业，招收学员30名。1994年，开设英语、财会、经济法、法律等专业，招收学员31人。1995年，开设财会、英语专业，招收学员10人。1996年，开设英语、财会、法律、经济法、税务等专业，招收学员34人。1997年，开设汉语、英语、财会、法律、经济法等专业，招收学员18人。1998年，开设财会、法律、经济法、小教师资、行政管理、金融等专业，招收学员166人。1999年，开设财会、法律专业，招收学员10人。

2000年开设汉语、财会、英语、政史、小教等专业，招收学员10人。2001年，开设法律、汉语、英语、政史、金融、小教、计算机、财会电算化、行管、财会等专业，招收学员479人。2002年，开设金融、法学、汉语言文学等专业，招收学员201人。

从1987年至1995年间，还开设过中专文秘、财会、工商、工业企管、家电专业，8年共毕业中专学员820多人。

至2003年，酉阳广播电视大学站自1982年筹备办学，1984年起，面向全县中小学教师、党政干部、工商财贸等方面在职工开设汉语、党政、法律、新闻、档案、文秘、财会、工企管、商企管、文秘、英语、经济法、税务、小教、行政管理、计算机、法学、财会电算等近20个专业，为全县培养大学本、专科电大毕业人员1411名，中专毕业人员1162名。

1986—2005年酉阳自治县成人学历教育情况表

表17－9　　　　单位：人

年度	成高报名录取				年度	成高报名录取			
	报名	累计	录取	累计		报名	累计	录取	累计
1986	148	148	117	117	1996	344	2182	251	1655
1987	141	249	105	222	1997	561	2743	468	2123
1988	299	548	201	423	1998	674	3417	612	2735
1989	181	729	147	570	1999	891	4308	768	3503
1990	173	902	135	705	2000	1300	5608	896	4399
1991	192	1094	145	850	2001	1210	6818	807	5208
1992	232	1326	187	1037	2002	1190	8008	897	6103
1993	176	1502	119	1156	2003	806	8814	584	6687
1994	144	1646	125	1281	2004	350	9164	286	6973
1995	132	1778	123	1404	2005	210	9374	186	7159

成人技术教育

1986年，全县有成人中学3所，毕业765人（其中函授765人）。招生215人（其中函授165人），在校学生215人，教职工12人，其中专职教师2人，兼职教师10人。

全县有农业职业技术学校76所，毕业2146人（其中函授业余1821人）；招生4787人（其中函授业余4112人），在校学生4787人（其中全脱产375人，业余函授4112人），有教职工95人，其中专任教师30人，兼职65人。其中职工技术学校1所，招生100人，在校学生100人，教职工5人（皆为兼职教师）。

全县有成人初等学校120所，毕业学生188人，其中业余函授123人，招生3685人（其中业余函授3450人），在校学生3685人（其中全脱产235人，函授业余3450人）。教职工120人，专职5人，兼任115人，总数中：小学班5校：65人，招生235人，在校生235人，教师5人。

1991年，全县81个乡（镇），264个村办起农校，教学班374个，在校学员19162人，短期培训898期，受培学员327587人次。农校的人才培养和实用技术培训，促进了农村科技普及，全县农村村村有两名农技员，每组有2—3户科技示范户，户平有一个“科技家长”。

1995年，全县有成人初等学校教学班点602个，毕业6150人（其中女性4009人），招生5000人，在校学员5000人，兼职教师602人。

2000年，有农民中学6所，24个教学班，毕业学生250人，招生500人，在校学生500人（其中女184人），教职工72人。有成人初等学校82所，743个教学班，毕业1200人，招生1250人，在校学生1250人（其中女867人），兼职教师164人。

成人技术培训：有825所学校，毕业201789人，招生214331人，在校214331人，兼职教师825人。

2005年，全县有农村成人文化技术学校315所，398个教学班，毕业学生18862人，招生17897人，教职工431人（其中专任教师67人），聘请校外教师153人，农村成人文化技术学校占地13840平方米，教学行政用房10849平方米，图书8169册，教学用计算机7台，固定资产总值689.19万元（其中教学、实习仪器设备资产值30.30万元）。

第五节　农村扫盲

1978年，国务院发布《关于扫除文盲的指示》后，使全国扫除文盲工作经过10年停顿后逐步得到恢复和发展。1979年四川省教育局《关于农村扫盲业余教育经济交流会的报告》提出扫盲的具体措施是“一堵二扫三提高”：一堵就是抓好普及初等教育，堵新文盲的产生；二扫就是要分期分批扫除青壮年中的文盲，使非文盲率达到85%以上；三提高就是巩固扫盲成果，防止已脱盲学员复盲，并进一步提高文化水平。

1980年，县文教局制定《关于对基本脱盲单位与脱盲学员考核验收的试行意见》。天山、铜西两个公社扫除文盲700人，青壮年非文盲率达87%以上，经验收合格，由县人民政府发给合格证书和奖金。

1981年，龙潭镇扫除文盲457人，经县验收为合格。

1982年，农村成人教育从扫盲转到以学习农业技术为主的轨道上，全县举办社办农技校师资培训班，参培人员100名，回社镇后组建农业技术学校。1982—1986年，全县开设各类专业班241班，结业学员11827人，各类短期培训1395期，培训学员80400人次。

1987年，扫除文盲工作开始回升，全县各级党政把扫盲工作纳入整个教育事业的发展战略，提出农村成人教育以扫除文盲为中心，巩固发展乡镇农校为重点的指导思想。1988年，国务院《扫除文盲工作条例》发布后，扫盲工作按一要改革，二要发展的方针，把扫盲的着眼点放在为农服务上，实行学文化、学技术的双扫（文盲、科盲）教学活动，让参加扫盲学习的农民在脱文盲的同时，学会1至2项实用技术，有利于农民既脱盲又脱贫。连续几年，县政府每年将农村扫盲教育工作，以指令性计划下达到各区、乡，加强督促检查，有利于全县教育的平衡发展。

1991年，为实现省、地"普扫"验收，全县组建扫盲班（点）1156个，扫除青壮年文盲、半文盲6765人，非文盲率达到90.8%，基本扫除全县青壮年文盲。年末，全县几年间扫除文盲13366人，是1987年前8年扫除文盲的7.8倍。经省地验收，评定为合格。当年全县81个乡（镇）办起农校，其中示范农校13所，"燎原计划"示范乡农校2所。5年间举办各类专业班341期，结业学员34062人，各类短期专业实用技术培训3871期，培训学员357093人次。

1992年5月9日，四川省教委行文，批准酉阳自治县为"基本扫除文盲单位"，并发给"基本扫除文盲单位证书"和奖金。11月25日，县政府向地区行署呈文《关于请求对我县普及初等教育和扫除文盲成果进行复查的报告》，当年扫除文盲加上原扫除文盲13124人，累计扫除文盲21641人（其中女性21203人）。全县总人口669942人，15—40岁131244人，非文盲312332人，非文盲率91.5%。

1993年，经省、地复查，酉阳的扫盲工作巩固了原有成果，步入高标准扫盲阶段。

四川省教委下达的高标准扫盲标准是：农民认识1500个常用汉字，企业事业单位职工和城镇居民认识2000个汉字；能够看懂浅显通俗的报刊、文章，能够记简单的账目，能够书写简单的应用文。

1994年扫除文盲3683人，1995年扫除文盲1000人，1996年扫除文盲1965人，每年由县组织自查验收，符合"高扫"要求，三年共扫除文盲6648人。

1996年12月，县政府《高标准扫除文盲汇报材料》显示：自1988年以来，全县举办扫盲班（点）3125个，扫除青壮年文盲27834人，参加巩固提高人数为27037人，其中达到农民高小毕业的有24611人，巩固提高率达97.1%。1996年全县共有15—46周岁青壮年353478人，其中非文盲343286人，非文盲达97.1%（其中企事业单位和城镇非文盲率达99.2%，农村非文盲率达97.0%）。乡村成人技术教育，82个乡（镇）都办起了成人文化技术学校。农广校毕业469人，农函大毕业524人，较系统地培训46455人，青壮年参加各级各类短期培训年均达211350人次。

同年12月6日至9日，市、地检查验收团一行56人，分成13个分团对酉阳高标准扫除青壮年文盲进行为期4天的检验，随机抽考13个区（镇）、12个乡（镇）、48个村，应到150人，实到149人，合格率达100%。全县82个乡（镇），乡乡办起成人文化技术学校，82.7%的村办起村成人文化技术学校，乡、村成人文化技术学校办学条件基本具备，年均培训分别达六七期，覆盖面达户平均1人次以上。"高扫"资料建立健全，数据准确，档案规范，成人教育机构健全，人员配齐，经费落实。按照国务院《扫除文盲工作条例》和《四川省高标准扫除青壮年文盲检查验收实施细则》的规定要求，已达到高标准扫除青壮年文盲的标准，认定为合格。并报请省人民政府核准。

2003年，全县39个乡（镇）基本成立成人学校，75%的村成人学校有固定的教学场地，组织农民参加实用技术培训194300人次，项目教育培训2000人次，成人扫盲班毕业1000人。

2004年成人学校39所，成人扫盲班236班，毕业学生1234人。

2005年，全县有成人文化技术学校39所，其中建成独立设置的乡成人文化技术学校8所，村农校

（含教学点）272所。全年扫除文盲1000人，巩固提高脱盲学员1200人，实用技术培训3000人次。

1997—2005年酉阳自治县扫盲情况表

表17－10　　单位：人

年度	成人学校数	班数	毕业生数	招生数	在校学生数	教职工数
1997	82	748	3000	1000	1000	—
1998	82	743	1000	1000	1000	兼职164
1999	82	743	1000	1200	1200	兼职164
2000	82	743	1200	1250	1250	兼职164
2001	382	743	1250	1000	1000	兼职164
2003	39	1000	—	1000	1000	专任39
2005	214	214	1234	957	957	专任39　聘请791

注：此表缺2002年、2004年统计数据

第六节　特殊教育

酉阳的特殊教育学校筹建于2004年。据调查，全县有7至15周岁三类残疾（听力、视力、智力残疾）适龄人口758人，依法免学36人，已入学537人，入学率为74.38%（其中视力残疾入学率66.15%，听力残疾入学率72.50%，智力残疾入学率76.37%）。这些残疾儿童都是就近随班就读。2004年县委、县政府决定建立一所特殊教育学校。筹建工作从第二季度开始。选址于原钟多镇三小，校园占地面积3999平方米，校舍于2005年3月开工，年末竣工，总投入130万元。校舍建筑面积1663平方米，集办公、教学、生活为一体的综合楼一幢，学生食堂一幢，门卫室一间。校门、围墙、球场、操场、生化池、排水沟、绿化等附属工程配套。学校有学生教室、住宿室，还设有活动室、电视室、远程教育室等功能教室各一间。还购置食堂配套设备、学生组合床、棕垫、电视、音响等设备；办公桌、电脑、铁皮柜等教师办公用品；课桌椅、讲台、电铃、钢琴等教学用品，总投入41.7万元。学校厕所、浴室、洗手间一应俱全。

县特殊教育学校于2005年10月11日正式开学，有2个教学班，学生30人，最大的16岁，最小的7岁（校舍容量为6个教学班，可容纳学生90余名）。有教职工11人，其中专业教师6名（分别毕业于重庆师范学院、乐山师范学校等），生活教师2名，保卫1名，食堂工人1名。现开设课程有：语文、数学、语训、写字、思想品德、美工、体育、律动、劳动技术9门功课。

学校以学生“学会学习，掌握技能，学会生存，走向社会”为办学宗旨，以“自尊、自信、自立、自强”为校训，为学生回归主流社会奠定必要的身心与技能基础。

第三章　教育管理·师资队伍

第一节　机　构

1986年，酉阳县教育行政机构仍与文化合署共设为酉阳自治县文教局，其内设职能机构为秘书股、人事股、教育股、计财股、文化股5个股。各区设立文教办公室。

1987年9月，撤销县文教局，分别设置酉阳自治县教育委员会和酉阳自治县文化局。县教委内设职能机构为2室6股：办公室、人事股、计财股、教育股、成人教育股、勤工俭学管理股、招生办公室、保卫股。各区成立区（镇）教委，下设办公室［简称区（镇）教办］。10月5日正式启用“酉阳土家族苗族自治县教育委员会”印章。

1994年3月1日，县教委决定精简合并教委机关股室：将原来的纪检、保卫、人事3股室合并成立政工股；将原计财股、审计股、机关财会室合并成立财务审计股；将原教育股、成人教育股合并成立教育股。股室合并调整后，教委机关的职能机构为2室3股：教委办公室、招生办公室、教育股、政工股、勤工俭学管理股。

2001年，酉阳县级机构改革，县教委内设机构有3室4科：办公室、教育室、招生办公室、人事科、计财科、发展规划科、安全科。

2002年1月，成立中共酉阳土家族苗族自治县委教育工作委员会（简称县教育工委），为县委的派出机构。其与县教委合署办公，一套班子，两块牌子。

2003年5月撤销教育室，分别设立县政府教育督导室和县教委教育科。督导室仍挂靠在县教委，设专职督学3名，行政编制在县教委行政编制中调剂解决。督导室主任由县教委1名副主任兼任，设副主任1名，由1名督学兼任，教育科设科长1名。

第二节　行政及学校管理

行政管理　1990年4月，县教委制订的《酉阳自治县教委工作规则》，对“县教委的职能和任务”“主任、副主任及党委成员的工作职责”“县教委各股室职责”“会议制度”“考勤制度”等方面作了具体规定，明确教育行政是国家行政的一部分，国家行政的职能有施政、建设、服务、监督、保卫等诸方面。教育行政又是一种管理，起作计划、组织、用人、指挥、协调、控制等作用。县教委是县政府行政管理组成部分，对全县教育事业的发展与管理负主要责任。

2002年1月3日，县委、县府行文《关于教育管理体制改革的意见》，对全县教育系统的人事、财务、称谓等方面作了具体的规定。主要内容如下：

全县教育工作实行由县、乡（镇）人民政府负责，分级管理，以县为主的管理体制。县人民政府主要负责实施学校规划，布局调整及建设管理，统一发放职工工资；乡（镇）人民政府承担相应的农村义务教育办学责任；县教委负责全县教育工作。

撤销13个区（镇）教办，设立各乡（镇）教育办公室。乡镇教办是综合管理农村教育的基层机构，接受县教工委、县教委和当地乡镇党委双重领导。

酉阳师范校、酉阳一中、酉阳二中、酉阳三中、酉阳四中、民职中、天馆职中、实验校、民族小学、幼儿园为县教委直属学校，教研室、教仪站为县教委直属单位，由县教委直接管理。

钟多、龙潭、麻旺、大溪、兴隆、苍岭、黑水、龚滩、李溪、双河等10所区（镇）中学改称“××初级中学校”。这10所中学受县教育工委、县教委和当地镇党委双重领导，招生范围由县教委另行文明确。

现行乡镇政府所在地的中心校称“××乡（镇）中心校”，辖区内的原中心校改称“××乡镇××小学”，现乡镇所在地的原乡中称××乡（镇）初级中学，其余乡中称“××乡（镇）××初级中学”。乡（镇）所辖中、小学预算在当地乡镇，按属地管理原则由当地教办具体负责管理。乡、镇中小学按学生就近入学的原则确定招生范围。

2004年，县教委制定《酉阳县学校常规管理的基本要求》，对学校的“行政工作、教学工作、教研工作、德育工作、教师工作、学校环境、后勤财务工作、安全卫生工作、学生日常行为”等9个方面，提出53条行为规范。并印发《酉阳县学校常规管理达标评估验收实施办法》。在全县开展创建“常规管理示范学校”和“常规管理合格学校”活动。

2005年3月，经县教委对申报学校评估验收，县教委决定：

命名酉阳一中、酉阳二中、实验小学、民族小学、龙潭希望小学、小河小学、黑水中学、双河中学等8所学校为“酉阳自治县常规管理示范学校”。

命名丁市小学、李溪小学、麻旺中学、麻旺小学、泔溪小学等5所中小学校为“酉阳自治县常规管理合格学校。”

经费管理　酉阳的教育经费实行“两条腿走路”的方针，通过国家拨款和地方政府投资、勤工俭学、社会集资等多种渠道筹集资金，解决办学经费。1986—2005年，实行“划分收支，分级包干”的管理体制。在省（直辖市）宏观管理下，根据全县教育事业的实际，具体组织实施。四川省委、省政府1985年11月下达的《关于基础教育实行分级管理的试行意见》规定：“省、市、乡各级政府，要逐年增加普通教育拨款，做到教育经费的增长，高于财政经常性收入的增长，并使在校学生人数平均的教育经费逐年增长。重庆直辖后，对酉阳的财政资金投入逐年增长。”

县教委坚持“增收、节约、提高效益、核算管理、服务监督”的原则，执行财政政策及财务制度。对全县教育事业单位实行管理，每年下达管理工作意见，规范财务管理制度。县教委对直属学校单设中学，乡镇教办（2001年前对各区教办）实行直接管理，各乡镇教办对所属中小学实行具体管理。实行“财务民主，账目公开”，实行定期审查，发现问题及时整改，重大问题上报查处。

1986—2005年酉阳自治县教育事业经费收入表

表17－11

单位：万元

年度	总计	国家性教育经费							校办产业勤工俭学收入用于教育	社会捐资办学		事业收入		其他收入
		预算内教育经费	其中			各级政府征收用于教经费育	其中			合计	其中	合计	其中	
			教育事业拨款	基建拨款	其他经费拨款		城市教育附加	农村教育附加			农村		学杂费	
1986	—	—	—	—	—	—	—	—	—	—	—	—	—	—
1987	—	—	—	—	—	—	—	—	—	—	—	—	—	—
1988	—	—	—	—	—	—	—	—	—	—	—	—	—	—
1989	—	—	—	—	—	—	—	—	—	—	—	—	—	—
1990	11410	11410	11260	150	—	—	—	—	—	—	—	—	—	—
1991	12522	12376	11756	620	—	146	146	—	—	—	—	—	—	—
1992	15164	14955	14645	310	—	209	209	—	—	—	—	—	—	—
1993	22038	17540	17380	160	—	1283	288	675	932	686	—	1571	1421	26
1994	22187	16851	16621	230	—	2215	480	1560	1330	120	—	1671	—	—
1995	35000	24154	23384	110	660	4280	130	3950	2186	520	—	3860	—	—
1996	44455	31778	31208	570	—	4997	117	4600	2600	724	—	4309	—	45
1997	52450	37656	37036	620	—	6275	270	5240	2355	948	—	5216	—	—
1998	55881	36155	35405	750	—	6520	550	4960	2537	5160	—	5509	—	—
1999	48155	35730	34410	1320	—	4125	470	3580	2450	430	—	5290	—	130
2000	56253	40436	39586	850	—	3536	2400	1136	1225	1167	—	6614	—	3275
2001	85478	70774	55681	2030	13063	450	450	—	2400	790	—	9782	6258	1282
2002	113116	86588	72046		14542	720	720	—	260	1640	—	20268	12468	3640
2003	126516	89430	71578	3000	14852	1010	1010	—	2074	3017	—	20918	11549	10067
2004	172937	130180	86144	26910	17126	600	600	—	620	3726	—	31766	12582	6045
2005	203907	145397	117993	9430	17974	4750	4750	—	981	5721	—	38945	26835	8113

1986—2005年酉阳自治县教育事业经费支出表

表17－12　　　　单位：万元

年度	总计	事业性经费支出														基建支出	
		合计	个人部分							公用部分						小计	其中自筹基建支出
			小计	基本工资	补助工资小计	其他工资	职工福利	社会保障费	助学金	小计	公务费	业务费	设备购置费	修缮费			
														校舍建设	其他费用		
1986	6829	6829	5946	3045	1467	54	511	749	120	883	195	51	159	478	—	—	—
1987	7434	7434	6190	3104	1611	—	496	832	147	1244	201	66	120	857	—	—	—
1988	8914	8914	8069	3893	2072	373	529	1018	184	845	179	54	12	600	—	—	—
1989	10160	9890	8912	3995	2435	581	663	994	244	978	265	148	29	536	—	270	—
1990	11400	11250	9955	4770	2345	593	790	1213	244	1295	246	46	205	798	—	150	—
1991	12522	11902	10422	5041	2346	610	806	1360	259	1480	204	292	58	926	—	620	—
1992	14164	13854	12526	6055	2578	644	985	1982	282	1328	367	248	69	644	—	310	—
1993	21933	21773	15729	6607	6279	—	—	2462	381	6044	247	10	274	5513	—	160	—
1994	22187	21957	16250	12319	885	—	—	2712	334	5707	144	90	137	5336	—	230	—
1995	35450	35340	23682	16151	2469	—	—	4682	380	11658	152	375	326	10805	—	110	—
1996	44455	43885	28576	20073	2625	—	—	5477	401	15309	243	410	578	14078	—	570	—
1997	52450	51830	33004	24672	634	—	—	7333	365	18826	318	465	613	17430	—	620	—
1998	55881	55131	33592	22918	2048	—	618	7663	345	21539	404	284	875	19976	—	750	—
1999	48155	46835	32970	29870	2010	—	800	—	290	13865	2701	238	1379	9547	—	1320	—
2000	56253	55403	39433	35671	2506	—	1014	—	242	15970	2849	1512	1661	9948	—	850	—
2001	85478	82459	68519	45940	6923	—	2384	13063	209	13940	6123	1288	2771	3758	—	3019	989
2002	113116	113116	86490	59748	6152	—	5941	14514	135	26626	10130	2656	3585	10255	—	—	—
2003	126516	123516	86431	52685	11035	5988	1651	14695	377	37085	11059	4150	6281	15595	—	3000	—
2004	172937	146027	91093	65525	6629	—	1620	17126	193	54934	14572	11369	11891	14883	2219	26910	—
2005	203907	191297	103007	60590	15705	3047	715	17970	4980	88290	15876	8112	8232	47294	8776	12610	3180

第三节　师资管理与建设

管理体制

1985年11月，四川省委、省政府在《关于基础教育实行分级管理的试行意见》中规定：全省区属以上学校干部的选拔、任免、考核、奖惩，按干部管理权限的有关规定执行。乡属的初级中学、中心小学、重点小学的正副校长，教导主任和村小教师，由县、乡两级商定提名，初级中学正副校长、中心校长，由县任免，其余由乡任免。

2002年1月3日，县委、县政府《关于教育管理体制改革的意见》中规定的人事任免权限：酉阳师范校、酉阳一中、酉阳二中的党政领导干部由县委、教育工委提名，县委组织部会同县委教育工委考察后，报县委审批。酉阳师范校、酉阳一中、酉阳二中的中层干部、教仪站、教研室和其他学校党政领导干部，乡镇教办主任，由县委教育工委和县教委考察，书记、副书记由县教育工委任免；校长、副校长、乡镇教办主任由县教委任免。乡镇教办主任、乡镇中小学党政领导任免应征求当地乡镇党委的意见。除酉阳师范校、酉阳一中、酉阳二中以外的中小学中层干部，由学校考察任免，报县教育工委备案。

省委、省政府《关于基础教育实行分级管理的试行意见》中规定：教师的调动，市（地、州）县、乡内教育系统调动的，由市（地、州）、县乡教育委员会（教育局）批准；调出教育系统或调往省外的，教育学院、中师、教师进修校、高完中教师，须经省教育厅批准；小学教师须经县（市区）教育局批准。为了鼓励教师终身从事教育事业，《意见》提出，县乡对优秀教师和优秀教育工作者，要给予精神和物质奖励，成绩显著的，由县报地、市、州，经省批准，授予荣誉称号或通令嘉奖。《意见》还提出：乡对所属学校有错误的教师可批准记过及其以下的行政处分。

师资队伍

学历　1986年，全县由普教经费开支工资的各类人员共3308人，分别为：中师61人，普中921人，职中71人，小学2086人，幼儿园21人，教师进修校22人，其他126人。总计数中脱产进修学习208人，离休7人，退休776人，基建队7人。全年全县各类学校专任教师的学历结构如下：

1986年酉阳自治县各类学校专任教师学历情况表

表17－13　　单位：人

学校类别	合计人数	高校本科毕业及以上	本科肄业两年以上及专科毕业	本科肄业未满两年及专科肄业	高中中师毕业	高中、中师肄业以下
中师	29	22	2	—	5	—
高中	114	65	38	—	11	—
初中	592	43	118	5	426	—
职高	30	2	16	5	7	—
小学	3302	—	—	—	1526	1776
幼儿园	62	—	—	—	21	41

据涪陵地区统计的“各级各类学校教师学历达标人数”酉阳栏：小学1526人，初中161人，高中65人，职高2人。

“七五”期间，通过各种途径提高在职教师的学历，并不断补充各级师范院校毕业生分配和培训人员后，1990年全县各级各类学校专任教师学历达标人数为：小学2606人，达标1896人，达标率72.8%，初中811人，达标405人，达标率50%；高中218人，达标107人，达标率49.1%。

“八五”期间，教师学历进一步提高。1995年，全县有小学专任教师2820人，学历达标2507人，达标率88.9%；初中专任教师992人，学历达标561人，达标率56.6%；高中教师144人，学历达标97人，达标率67.4%。

通过“九五”“十五”10年的努力，至2005年，全县各级各类学校教师的学历结构步入了更高的层次。

2005年酉阳自治县各类学校专任教师学历情况表

表17－14　　单位：人

类别学校	专任教师人数	本科毕业及以上	专科毕业	高中阶段毕业	高中以下	达标率
中师职高	197	110	83	4	—	—
高中	421	340	77	4	—	—
初中	1622	470	1094	58	—	—
小学	3540	67	1793	1603	77	—
幼儿园	223	72	72	78	1	—
特教	8	4	4	—	—	—

职　称　1982年，酉阳师范校率先评定技术职称，先后评定并上报请批讲师6人。

1988年，全县开始在各级各类学校评定技术职称，至1990年结束。从1991年起每隔两年评定一次教师职称，至2005年，全县各级各类学校教师的专业技术职称比1990年相比有了较大变化。

1990年酉阳学校教师职称情况表

表17－15　　单位：人

学校类别	合计人数	高讲中高	讲师中一小高	助讲中二小一	教员中三小二	小三	未评职
中师	40	5	11	9	15	—	—
进修校	18	—	9	2	7	—	—
普中	951	31	174	285	108	—	353
职中	78	1	11	23	6	—	37
小学	2020	—	362	720	640	17	281

2005年酉阳学校教师职称情况表

表17－16　　　　单位：人

学校类别	合计人数	高讲 中高	讲师 中一 小高	助讲 中二 小一	教员 中三 小二	小三	未评职
中师职高	197	38	81	67	11	—	—
初中	1622	27	319	713	303	—	260
高中	421	36	117	203	23	—	42
小学	3531	—	903	1653	542	22	411
幼儿园	153	—	19	28	7	2	97
特教	4	—	—	3	1	—	—

第四章　多渠道改善办学条件

第一节　社会力量办学

1985年5月27日《中共中央关于教育体制改革的决定》发布，《决定》强调“加强领导，调动各方面积极因素，保证教育体制改革的顺利进行”，提出“要动员和教育全党、全社会和全国人民关心和支持教育体制改革，发展教育事业”。鼓励各民主党派、人民团体、社会组织、离退休干部和知识分子，集体经济单位和个人，遵照党和政府的方针政策，采取多种形式和办法，积极地自愿为发展教育贡献力量。全县有人民公社大集体办的小学285所，1077班，在校学生43360人。1986年全县有私立小学1所，学生25人；私立中学1所。1988年全县有私立中学3所，在校学生779人（其中初中383人，高中396人）。教职工58人，专任教师50人。

1991年，全县有私立中学5所（其中高中1所，初中4所），23个教学班（其中高中10班，初中13班），在校学生1321人（其中高中543人，初中778人），教职工87人（其中专任教师77人）。1993年2月13日，中共中央、国务院发布《中国教育改革和发展纲要》，提出“国家对社会团体和公民个人依法办学，采取积极鼓励，大力支持，正确引导，加强管理的方针”。1994年，全县有镇私立中学高中2所，初中2所，农村初中2所。

1997年7月31日，国务院发布《社会力量办学条例》，对社会力量办学的申报、设立条件、审批权限和行政管理、财产财务管理、变更与解散、保障与扶持、法律责任等都作了具体规定。截至2003年10月全县社会办学共有初中、小学、幼儿园112所，293班，在校学生10873人。分别为：初中21所（含文武学校1、电子技术学校1、职业初中1），75班，在校生3952人，教师158人，学历达标率为32.2%，职工52人；小学59所，156班，在校生4533人，教师137人，学历达标率为15.3%。职工7人；幼儿园32所，62班，在园幼儿2388人，教师91人，学历达标为54.9%，职工11人。共有教室306间，12539平方米，实验室3间，200平方米；办公室55间，1589平方米；教师寝室174间，3885平方米；学生寝室153间，4623平方米；男厕蹲位378个，女厕蹲位347个；微机82台，收录机74部，电视机93台，图书3172册。

第二节　集资排危

普及初等教育阶段的排危　1987年，全县中小学有危房41436平方米，占校舍总面积的10.7%。其中多数是20世纪60年代干打垒乱石墙结构，部分村、民小校舍还是解放前的祠堂庙宇。由于年久失修，有的已摇摇欲坠，破烂不堪；还有村民小是借老百姓的私房办公学。有428所中小学缺教室、宿舍，绝大多数学校需要维修，80%的完小和村小连旗杆都未竖，没有升国旗。全县还有14000多学生无课桌凳，有的用木板、砖头、石块搭成临时桌凳，甚至站着听课。全县有400多所学校无厕所，有的虽有厕所，但不能遮风挡雨。有95%的学校无院墙无玻璃，夏不挡雨，冬不御寒。有的校舍光线暗淡，损害学生视力。国家教委和四川省人民政府对办学条件的起码要求归纳为“一无五有”（无危房，班班有教室，学生人人有木制课桌椅，校校有旗杆，有操场，有厕所）。

按照省地在1990年完成全县普及初等教育任务要求，首要任务要改善办学条件，侧重排除危险校舍。从1987年起，全县逐年按计划实施，到1991年年末，省地检查验收统计：

全县集资排危情况：总金额922.8万元，其中县拨款282.43万元，区补助60.554万元，乡补助93.57万元，群众集资367.486万元，投劳折款26.2万元，投物折款19.7万多元。

新建校舍教室758间，39180平方米；寝室689间，16492平方米；实验室11间，482平方米；厕所433间；其他用房220间，4117平方米。维修校舍：教室1439间，64377平方米；寝室876间，14984平方米；实验室16间，712平方米；厕所397间；其他用房230间，5588平方米。另外，砌围墙9670米；砌保坎4266米；制课桌凳6720套，修桌凳14176套。

这一轮集资排危，全县基本排除中小学校舍危房，办学条件得到改善，达到“一无五有”的要求。

普及九年制义务教育阶段的排危　1999年10月，全县危房基本情况是：教室危房342间，25507平方米（涉及学校57所，学生11709人），其中经县质检站鉴定为一类危房的128间，11277平方米，涉及学校17所，在校外租借民房上课；办公危房3730平方米，涉及学校4所，师生1566人；学生宿舍危房4100平方米，涉及学校5所，学生2038人；教师宿舍危房2190平方米，涉及学校5所，教职工103人；学生厨危房1030平方米，涉及学校4所，学生3250人；厕所危房700平方米，涉及学校5所，学生2500人。

全县中小学各类危房共计37257平方米，初步测算排危资金共需1027.1万元，其中教室排危703.3万元，办公室排危105万元，厨房排危103.3万元，教师宿舍排危63万元。

1996—2001年，全县共排除校舍危房42957平方米，新建校舍233744平方米，投入资金8169万元（其中国家预算内拨款825万元，自筹资金7344万元）。

2002年，全县共排除危房10637平方米，新建校舍65350平方米，投入资金2486万元（其中国家预算内拨款406万元，自筹资金7380万元）。

2003—2005年，全县排除中小学危房24.08万平方米，新建校舍293560平方米，投入工程建设资金1.51亿元，基本解决了乡镇农村义务教育阶段学生的入学问题。2002—2005年，实施农村寄宿制工程项目149个，修建校舍面积14760平方米，投入资金7410.1万元；实施“二期义教”项目工程82个，新建校舍63149平方米，投入资金2452万元。

第三节　设备设施

基础设施　1986年，全县有小学695所，学校占地面积1040亩，校舍建筑面积252931平方米（其中当年新增4028平方米），危房面积41744平方米。普通中学14所，占地287亩，校舍面积57273平方米（其中当年新增6199平方米），危房面积7134平方米。

1988—1991年，全县教育设施设备有较大改善。1991年全县小学已调整为578所，占地面积1302亩，校舍面积273041平方米（其中教学行政用房60827平方米），校舍中有危房面积2016平方米。额定标准校舍面积252292平方米，实有标准化校舍面积105964平方米，尚缺标准化面积146333平方米。

第一轮普扫后，全县继续改造和改善中小学办学条件。1996—2005年，全县共排除危房294394平方米，新建校舍592654平方米。至2005年10月，全县中小学占地总面积1045826平方米（其中小学180150平方米、中学859676平方米），校舍面积587496平方米（小学164418平方米、中学423078平方米），其中辅助用房395655平方米（小学269712平方米、中学125943平方米）行政办公用房50333平方米（小学31755平方米、中学18578平方米），生活用房374069平方米（小学146327平方米、中学227742平方米），其他用房67409平方米。

教学装备设施　1991年12月，全县新修小学实验室11间，482平方米，维修实验室16间，712平方米；有图书室22间，图书43812册；共有实验室38间，仪器36300件。学校占地面积达到标准的73所，实验室建筑面积达标准的学校15所，理科教学仪器设备配备达到标准的学校数29所，教学分组实验达到标准的学校9所。

其后，历经“八五”“九五”“十五”长达14年的工作推进，至2005年11月，顺利通过重庆市普及实验教学评估验收，酉阳成为“普及中小学实验教学合格县”。

2005—2006学年报表显示：全县小学校数401所（中心校43所、完成小学85所、教学点273所）。体育运动场（馆）面积达标校231所，体育器械配备达标校203所，音乐、器械配备达标校194所，美术器械配备达标校191所，数学自然实验仪器达标校211所，建立校园网41所。体育运动场地面积667969平方米，计算机1693台，图书745284册，电子图书15449册，学校宽带网络通（光纤）43所，固定资产28202.54万元，其中专业设备627.13万元（专业实习设备80.92万元）。

全县中学42所（完中3所、初中39所），体育运动场（馆）面积达标校31所，体育器械已配备达标校32所，音乐器械配备达标校、美术器械配备达标校、理科实验仪器达标校31所，建立校园网校14所。体育运动场（馆）面积174221平方米，计算机827台，图书399158册，电子图书136025册。固定资产12828.69万元，其中仪器设备总值1080.71万元（专业实验设备600.66万元，专业实习设备146.54万元）。按照部颁标准，全县中小学仪器、器材配备基本达到实验教学标准。

第五章　科　技

第一节　机　构

1985—2000年，酉阳自治县科学技术委员会内设机构为办公室和科技管理股，行政编制9人，下设科技情报研究所和科技咨询服务站两个事业单位，编制5人，合计人员编制14人。2001年，县级机构改革，县科委为县政府组成部门之一，内设办公室和综合管理科，行政编制6人。其下属事业单位科技情报研究所和科技咨询服务站合并成成立情报所。

第二节　科技队伍

1988年，首次专业技术职称评聘由县科委办理，高级评委会和中级评委会分别设在四川省科委、黔江地区科委，评聘工作于1989年12月结束。全县评聘高级专业技术人员103人。其中工程技术7人、农业技术9人、卫生技术18人、高等学校1人、中等专业学校21人、中学教师45人、会计专业1人、出版专业1人。评聘中级专业技术人员1348人。其中，工程技术71人、农业技术38人、科学研究3人、卫生技术168人、中等专业学校25人、中学教师240人、小学教师646人、统计专业9人、会计专业44人、经济专业56人、出版专业1人、新闻专业11人、图书文档24人、体育教练4人、律师公证4人、实验技术4人。

2001年，全县拥有各类科技人员7628人。其中，高级专业技术职称347人，占4.5%；中级专业技术职称1890人，占24.8%；初级专业技术职称5023人，占65.8%；技术工人368人，占4.8%。直接从事科技活动的人员613人，其中高级专业技术职称103人，从事R&D活动折合全时人员为43人年。

在省部级以上学术刊物上发表科技论文41篇；科技著作1种；专利申请数2件；专利受权数2件。

按国民经济行业分类，全县科技人员的科技活动主要分布在农业（包括农、林、牧及其他服务业）、医药制造、交通运输、建筑、计算机服务、教育、科学研究、综合技术服务、广播电影电视等行业。

第三节　科学试验与推广

1986起，全县先后开发、研制高技术产品青蒿素和单宁酸；保持了具有传统工艺的水泥、纺织、日用化工等轻工业产品；实施水稻、玉米品种选育、地膜覆盖技术及丰收计划、火炬计划项目；开展五倍子、油桐、乌桕、青蒿、银花、“三木”药材的人工种植和无公害蔬菜、水果的培育；进行烤烟高产栽培技术的研究、推广应用；进行了黄牛改良、生猪双推五改、山羊高床舍饲等技术的研究和推广应用。

1986年，建立四川省武陵山制药厂青蒿素生产车间，县科委的科技人员在酉酬建立了第一个青蒿人工种植基地，对青蒿生长各种因素进行了详细研究。

1988—1994年，全县实施南江黄羊引进、黄牛改良、生猪双推五改一防项目。县农业局实施水稻、玉米品种选育，玉米地膜肥球覆盖技术。县科委科技人员承担“花椒育苗技术”“遗传工程稻”“畜骨综合开发”项目，并获专家肯定。

1995年，全县实施科技兴酉“十亿工程”项目。该项目围绕粮、烟、畜、药农业支柱产业组织实施，每年下达县级科技计划项目10项、科技兴酉“十亿工程”项目10项。项目通过地级验收，实现科技产业产值10亿元。有5个单位及20名科技人员分别获黔江地委、行署和县政府的表彰和奖励，县科委发放奖金1万元。

1996—1997年，黑水大函乡至苦竹乡的100里科技示范长廊建成，涉及科技示范村12个，示范户1000户。在1998年的全县科技工作会上，县政府对龚滩区、龙潭区等科技工作先进单位颁发了奖状和奖金，县科委发放科技奖金2万元。

1985—2005年，全县共推广应用先进配套的农业适用技术80多项，分别荣获省（部）、地、县级科技进步奖励35项。其中，县级21项，地级5项，省（部）级9项（农业局的丰收计划），受到表彰的科技人员有500多人。

第四节　科技成果

1994年，县人民政府重新发布《酉阳土家族苗族自治县科技进步奖励办法》，县科委制定《酉阳土家族苗族自治县科技进步奖励办法实施细则》，建立县科技进步奖评审委员会和工业组、农业组、社会事业组3个科技进步奖评审小组，科技计划、科技成果管理形成经常化、制度化。同年，县科委组建全县第一个电脑培训中心。

1990—1997年获县级科技奖情况是：获县级科技进步奖一等奖的主要有：酉州水泥股份有限公司完成的《硅铝活性材料开发应用项目》，县农业局的《推广10万亩水稻旱育秧规范栽培技术》《青蒿素研发项目》《玉米地膜肥球覆盖技术》；获县级科技进步奖二等奖的有：县农业局农技站完成的《玉米半膜侧栽技术的研究与应用》《杂交水稻制种高产技术及其应用》，县科技情报研究所完成的《畜骨综合开发项目》，县气象局、世行办、林业局联合完成的《气候与五倍子产结关系的试验研究》，酉州水泥股份有限公司完成的《多级旋风负压收尘室》；获县级科技进步奖三等奖的有：县种子公司完成的《杂交玉米制种高产栽培技术应用推广》，县畜牧局的《推广秸秆氨化肉牛育肥技术》，县中心苗圃完成的《全光照喷雾扦插育苗技术》，县水利电力局完成的《平坝地区稻、麦（油）、鱼三熟试验》，县丝绸公司完成的《良桑弧形袋口根接法》。

1998年，县国土局、农业局、县医院通过县科委向黔江地区行署上报请奖成果各1项，分别荣获二、三等科技进步奖。2002年，县畜牧局的“山羊高床舍饲”、县烟草公司的“烤烟热能调控”研究成果分别获得国家专利。

第五节　科技管理

1986—1997年，县科委整理收藏建材、化工、汽车、摩托车和农业适用技术资料10万册（份），购买科技专著200余册，发放科技资料12万余份，为县委提供科技决策、调研资料40篇。并与全国30个省（市）、自治区进行科技资料交流。

1997年，县委、县政府召开首届全县科学技术大会。会议全面总结了“八五”期间的科技成就，并由重庆市科委6个处室处长与县长颁发获得县级科技进步奖的项目12项（参评成果19项），表彰科技人员51人，颁发奖牌12块，荣誉证书156册，发放奖金4万元。

2001年，全县对2000年R&D资源进行全面清查，发布调查统计公报，有2名工作人员获重庆市科委等6部委表彰奖励；县政府也分别表彰奖励11名优秀科技统计人员，发放奖金3000元。

2001年起，每年5月的第2周开始为全国的科技活动周。每年按统一活动主题，由县科委牵头，以多种形式参与此项活动。2001年以“携手建设创新型国家”为活动主题，参加人数1000多人，印发科技资料3000余册。2002年以“科技创造未来”为主题活动，参加人数1500余人，印发科技资料4000余册。2003年以“依靠科技，战胜非典”为主题活动，参加人数5000多人，印发防非典科技资料10万余册（份），分发全县各乡村。2004年以“科技以人为本，全面建设小康”为主题活动，参加人数1600余人，印发科技资料5000余册。2005年以“生态酉阳，蓝天、青山、绿水”为主题活动，参加人数2000余人，印发科技资料5500余册。

第十八篇

文化 · 体育

WEN HUA TI YU

第一章　文　化

第一节 机　构

1987年以前，全县文化、教育由县文教局主管，内设文化股，由一名副局长专管文化工作。1987年9月成立县文化局，为县政府管理文化工作的职能部门，下属文化馆、图书馆、文物管理所、新华书店、电影公司、川剧团。1988年3月局内设秘书股、业务股，8月又增设社文股和艺术股，1992年1月社文股改为群众文化股。

2001年8月全县进行县级机构改革，不再保留文化局、体育运动委员会，组建文化体育局（简称文体局），为县政府管理全县文化体育的工作部门。局机关内设办公室、文化科、体育科3个科（室）。行政编制12名，其中局长1名，副局长3名，科长（主任）3名，办事员4名，机关后勤事业编制1名。2004年1月县文体局加挂酉阳土家族苗族自治县新闻出版局牌子。2005年4月，撤销县文化体育局、县广播电视事业局，不再保留县新闻出版局牌子，设立酉阳土家族苗族自治县文化广电新闻出版局（挂酉阳土家族苗族自治县体育局牌子），为县政府工作部门。

第二节　群众文化

群众文化馆　建立于1950年9月，为全民所有制事业单位。1989年，馆内设文化综合服务部，1991年1月内设办公室、群众文化辅导部、以文补文经营管理部，事业编制12人。1998年，增设美术书法摄影室和音乐舞蹈文创室。2002年9月，内设办公室、音乐舞蹈科、书法美术摄影科、群文信息科，在岗职工18名，其中馆长1名、副馆长2名。2001年10月，群众文化馆工作获全国群星奖。

区（镇）乡文化站　1985年全县有33个乡镇设立文化站。1991年9月，全县13个区镇建立文化中心。1994年，钟多、龙潭、龚滩镇及小坝、铜鼓、钟岭、涂市、泔溪、泉孔、后溪、酉水、五福、兴隆、大涵、苍岭、清泉、万木、小河、李溪、南腰界等乡设立文化站。2000年，各区（镇）设文化站及一至两个乡文化站，区（镇）落实文化专干2名，乡站1名。2002年，全县39个乡（镇）设立文化服务中心，各配文化专干1—2名，其工资纳入财政预算。

文化活动　1990年，县文化馆举办溜冰、台球、象棋赛、文艺笔会为主要内容的春节游园活动。1991年，举办春节灯会，展出酉阳25位古代诗人的作品259篇（首），展出86位当代诗人1024首（篇）。1993年11月11日，全县举行酉阳解放44周年暨自治县成立10周年庆祝活动，参加此项活动有国家、省、地及毗邻地区领导和群众近万人，举行花环、腰鼓、威风锣鼓、呐呐、金钱棒、彩旗、阳戏、龙灯、摆手舞、彩车25辆等方队的分列式，晚上还举办灯会、篝火晚会、露天电影、舞会及文艺表演。1998年，全县举办春节游园活动和桃花源诗社10年成果展，展出艺术作品150余幅。2001年，团县委举办有300余人参加的纪念赵世炎诞辰100周年诗歌朗诵会。2003年11月11日，举办自治县成立20周年庆典，演出《西州放歌》等文艺节目，著名歌唱家祖海、郁钧剑受邀献唱。

第三节　电影音像

电影公司　1983年3月成立，有职工48人，直接经营县城、龙潭、麻旺和龚滩电影院。县城影院有35毫米松花江5502型电影放映座机2台，16毫米163型4台，发电机3台。8月设立录像带发行站，在县城设录像放映点2处。1989年5月，县城电影院落成（面积1200平方米，1000座）。9月，县城电影院和龙潭、麻旺、龚滩电影院分别被黔江地区评为甲、乙级电影院。年末全县有电影队62个。1995年3月，公司设多种经营股。2000年2月，公司房屋建筑面积达3200平方米，资产总额167万元，年发行16毫米拷贝57部。2002年5月，因电视进入千家万户，县城仅存电影机构3个，事业编制32人，专职放映员18人。有16毫米放映机4部，35毫米放映机6部。2004年2月，县城电影院整体拆除，实施片区开发。

电影放映　1986—1988年，公司实行职工补助、奖金与院队收入利润挂钩，实行经理承包责任制和劳动合同制。1991年8月，农村由乡财政按人平0.5元、学生每人2元筹资，以解决农民看电影难问题。1993年1月，公司引进大屏幕激光录像放映。12月26日，县举办纪念毛泽东诞辰100周年电影活动周，上映《井冈山》《开天辟地》等影片。全年放映3034场，观众达82万人次。1994年4月，全县中小学开展爱国主义教育活动，上映100部优秀电影片。1995年3月，农村电影队达29个，全年放映1986场，观众达24.8万人次。8月，为纪念抗日战争胜利50周年，上映《南京大屠杀》《七七事变》《敌后武工队》等影片。1996年放映9014场，观众达180万人次。1999年，因电视进入家庭，县城影院观众减少50%以上。2000年全县放映669场，观众3.7万人次。2002年全年仅放电影5场，电影放映呈萧条之势。

音　像　20世纪80年代初期，收录音机、放像机、录像放映在城乡兴起。1984年5月，县广播电视局服务部利用购置的录像设备和一批录像带，首次在县民族会场开办营业性录像放映业务。1989年，县广播电视局设立音像制品管理股。10月，四川音像出版社酉阳发行站（分站）成立，负责音像的管理与发行工作，全年音像放映点达23处。1997年，县广播电视局购进250余盒、价值约3万元的录像音像节目。1998年，全县录像音像管理权由县文化局移交给县广播电视局，由其进行统一依法管理。

第四节　藏书及文物

1979年7月设立图书馆，内设图书借阅室、综合阅览室、少儿阅览室、资料室，工作人员8名。1990年增设少年阅览室、外借室、报刊阅览室、咨询室、办公室、采编室、资料室。2000年年初，增设信息服务部、电子阅览室。2004年进行人事制度改革，设馆长、副馆长各1人，办公室3人、采编科3人、流通阅览科4人。1986年馆藏图书6.07万册，1987年6.50万册，其中古籍类76册，哲学类959册、文学艺术类2.4万册、自然科学类1.89万册、综合类625册、其他门类2.05万册。1990年，对地方文献资料和县籍名人著作进行收集，馆藏图书量从1993年的7.62万册增至1998年的8.12万册。2001至2004年，县馆获香港汉荣书局石景宜、石汉基赠书4991册，文化部和财政部送书下乡工程赠书7300册，并分赠给龚滩、丁市、后溪等13个乡镇。2005年年末，馆藏图书8.6万余册，全县基层图书网点达67个。

1981年2月，成立县文物管理所，由县文教局抽调干部2人负责文物管理。1984年11月工作人员增至4人，1991年县核定工作人员7名，2002年县文管所事业费单列，2004年3月工作人员增至13人，所设文物收藏、陈列室，7月增设办公室和文物保护科。

文物普查 1987年4—10月，全县组织35人开展第二次文物普查，共普查文物点1118处，拍照1825张，绘图1052张，记录文字15.3万字，上图上表217处，确定地面文物310处。2000年3月，县文管所对渝怀铁路沿线开展文物普查。2003年8月，重庆市文物考古所对乌江彭水电站淹没区及迁建区开展文物普查，调查发现邹家坝遗址和清泉遗址。10月，对酉水河石堤电站淹没区文物进行初步调查工作，新发现文物点9处。2004年7月，对酉水河酉酬电站淹没区文物初步调查，新发现文物点5处。2005年4至5月，由重庆文物考古所组织，县文管所协助，对酉水河石堤电站、酉酬电站淹没区文物以及对原登记的地面文物进行复查，发现包括笔山坝遗址、后溪土司遗址等在内的地下遗址15处。

文物保护 1982年，县政府公布第一批县级文物保护单位10处，1987年和2003年公布县级文物保护单位分别为55处、68处，2005年县级文物保护单位达86处、市级和国家级2处，其中赵世炎烈士故居于1991年7月被四川省政府定为省级文物保护单位，2000年9月又同南腰界红三军司令部旧址一起被重庆市政府定为市级文物保护单位。2001年赵世炎烈士故居和纪念馆被国家文物局公布为全国重点文物保护单位，中央宣传部命名为全国爱国主义教育基地。在87处县级文物保护中，古建筑类31处，即永和寺、飞来峰、三抚庙、何土司城址、龙潭万寿宫、后溪万寿宫、刘仁故居、彭氏宗祠、白氏宗祠、高氏宗祠、代氏宗祠、白氏祠堂、酉酬禹王宫、小桥吊脚楼、李氏宗祠、摆手堂遗址、西秦会馆、川主庙、冉家院子、周家院子、董家院子、武庙正殿、半边仓、杨家行、杨氏宗庙、陈小二祠堂、红三军司令部旧址、红三军宣传队旧址、红三军独立团旧址、红军大学旧址、大坝祠堂。桥、塔、牌坊类7处，即：福星桥、王路桥、渤海石拱桥、清泉廊桥、鲁家槽石桥、穿石坪石塔、龚氏节牌坊。石刻碑刻类16处，即二酉洞摩崖石刻、第一关、龙洞摩崖石刻、铁围城摩崖石刻、大酉洞石刻、栖鹤庵碑刻、田氏墓刻、龙洞堡石刻、后溪高碑刻、江西潭摩崖石刻、冠军山摩崖石刻、川湖大界碑、永定成规碑、苗洞题刻、保安坪碑、张之洞题刻。古墓类23处，即青杠堡墓群、白总管墓、石汉臣墓、田海墓、朱陈氏墓、黄德新夫妇墓、何善基墓、冉何氏墓、梁陈氏墓、刘广益墓、罗朝兴墓刻、白文栋墓葬、唐村墓、刘振之墓、代氏古墓、蒋氏墓刻、丁氏墓刻、王公墓、雷打坟、董胡氏墓、大车湾生基、王光泽墓、抗战阵亡将士纪念碑。遗迹类9处，即月亮洞化石遗址、铁围城、四方井、雅浦泉、喊水泉、大码头、月台大码头、红军会师大会遗址、翘尾巴山会址。

县文物所成立后，馆藏文物由86件增加到250件，1987年增至560件。其中革命文物110件，历史文物450件，三级以上文物9件。曾侯乙钟为一级文物，2005年6月调拨市三峡博物馆。至2005年年底，馆藏文物共1062件（套），其中三级以上文物17件（套），汉编钟甲、虎纽錞于为二级文物，三级文物有红军标语漫画印品、仿明永乐青花碗、青花豆青六棱瓶、青花花卉偏瓶、青花小罐、瑞兽钮菱花花鸟镜、三彩花瓶、铜香炉、杨芳“虎”字条幅、王光泽烈士戴过的脚镣、赵世炎藤箱、杨建屏画荷花图等15件（套）。

第五节　文化市场管理

1985年，全县没有专门的文化市场管理机构，其管理由文化系统各部门各自管理。1988年，在县文化局内设文化稽查队，开展文化市场稽查工作。同年县文化局、公安局、广播电视等部门共同清理、收缴黄色淫秽、无版权录音录像带243盒。

1989年2月，县政府下发《关于加强我县文化市场管理的意见》，成立社会文化市场管理委员会，明确了文化市场管理范围。县文化局制定《文化市场管理具体实施意见》，同公安、工商、广播电视等部门首次联合开展“扫黄打非”工作，收缴违禁书刊170册、翻录磁带584盒。1990年2月，县文化局会同县公安、工商、二轻等局首次对印刷行业实行证照管理。1991年12月，县政府发布《文化市场管理费项目及收费标准的规定》，对文化市场进行收费管理。1992年7月，全县换发“录像放映许可证”。1995年，县广播电视局会同公安干警对丁市、天馆、钟多、龚滩、沿岩等地无证非法安装有线电视事件进行执法处理。1996年，县广播电视局共出动80余车次、500余人次，对全县近百家音像制品租售经营店、点进行清理整顿，尤其是对县城有线电视和电视接收设施进行清理整顿，颁证76家，处罚11名违法人员。1997年12月，县文化局首次对美容美发、艺术发廊实行“文化服务资格证”和“文化经营许可证”管理。县广播电视局对西东片区非法销售、安装有线电视设施设备进行清理整顿，对违法的8户依法处理。1998年，全县清理整顿音像市场。收缴盗版、淫秽音像制品，其中淫秽制品200余盒，内容反动的磁带2盒，取缔了违法出租点。县广播电视局还对涉及100余家非法安装有线电视和未经许可擅自接收境外电视节目的单位和个人以及50余家违法经营影视音像制品分别给予罚没处理。1999年，县广电局会同县公安、工商等局联合开展“扫黄打非”行动，以钟多、龙潭、麻旺区（镇）为重点，共收缴盗版VCD220余盘、黄色淫秽VCD20余盘，处罚4家，停业整顿2家。县广播电视局全年执法共出动50余车次、300余人次，查缴各类VCD光碟800余盘、黄色淫秽光碟200余盘及其他非法盗版VCD光碟500余盘，全部集中销毁。

2000年10月，县政府确定首批文化市场行政性收费项目，其中文化11项、体育12项。县广电局举办各种讲座、培训8次，发放培训资料1500余份，会同黔江地区4县进行交叉检查。在联合执法中共收缴各种非法VCD23000余盘，取缔非法出租点15个，处理和教育300余人。2001年，县广电局共组织执法200人次，收缴非法制品1000余盒，取缔非法出租点3处，查处非法安装、销售地面卫星接收器40余起，没收各种设备10余套，处理教育当事人80余人。2004年，查处偷视户和非法接收户500户。2005年4月，设立酉阳土家族苗族自治县文化市场行政执法大队，为县文化广电新闻出版局管理的直属机构。核定行政执法专项编制6名。全年县文体局出动执法人员1130人次，查处网吧违规经营活动。

第二章 文学艺术

第一节 机 构

2001年8月县级机构改革前没有县文联，之后成立酉阳土家族苗族自治县文学艺术界联合会，为县委领导下的群众性文艺团体，是全县文艺协会的联合组织。其机关内设机构为办公室。行政编制2名，其中主席1名、驻会副主席1名，事业编制2名。创办《酉水》季刊。

至2005年，县文联联络、协调、服务和指导县作家协会、县桃花源诗社、县音乐舞蹈家协会、县摄影家协会、县美术家协会、县书法家协会、县戏曲协会、县硬笔书法家协会等8个协会，共有会员701名，其中国家级会员5人，市级会员96人。

第二节 文学创作

1986—2005年，全县文学爱好者近百人，较为活跃的有冉仲景、舒应福、邹明星、姚明祥、向笔群、张万新、杨犁民、杨柳、陈小勇、冉丽冰、任明友等人。他们在各类报刊中发表各类文学作品。全县出版发行的文学专著有：舒应福的散文集《乡情依依》、小说散文集《春梦》、长篇小说《烈焰》，邹明星的文集《武陵短章》《管窥历史》，冉仲景的诗歌《从朗诵到吹奏》，姚明祥的小说《永恒的歌》，向笔群的诗集《武陵山——我的保姆》，李代渠的诗歌《诗飞晚霞》，冉丽冰的散文集《山谷里的牛铃声》，鞠泽贵的长篇小说《川东剿匪传》，冉启华的诗歌《方药新咏》《杏林杂咏》等。

姚明祥的小说《神树》，舒应福的散文《武陵山的女人们》，冉仲景的诗歌《冉仲景诗抄十三首》获2001年首届“重庆市少数民族文学奖”。冉仲景的诗歌《从朗诵到吹奏》获重庆市文学奖。胡长辉编辑的《酉阳民间文学集成》获中国民间文学集成二等奖，石胜元的小小说《樊军养羊记》获“第十六届青年文学大奖赛”优秀奖，彭寒波的诗歌《无题》获“全国优秀精短文学作品大奖赛”一等奖。

其他专著作品有：《酉阳土家族苗族自治县概况》编写组编的《酉阳土家族苗族自治县概况》，县教委编的《武陵古州——酉阳》，邹明星主编的《酉阳土家摆手舞》，吴胜延、冉光大编著的《酉州览胜》，吴胜延等编著的《巴渝古镇龙潭》等。

第三节　音乐·舞蹈

1986—2005年，全县音乐舞蹈家协会会员近200人，较为活跃的有罗孝平、唐腾华、汪胜华、高丽清、鲁小伯、鞠泽云、田红玲、郭小红、冉义华、张勇、冉承周、裴万峥等人。

1990年11月县文艺代表团赴黔江会演，吹打乐《火祭》获表演一等奖、创作二等奖，《追伞舞》获三等奖。《栽秧酒舞》《香灯舞》、声乐《酉水河》《哥妹心连心》获创作三等奖，戏剧小品《妇女禁赌会》《醉翁之意》获会演三等奖。1990年11月，《火祭》在四川省首届少数民族艺术节演出获三等奖。1991年10月，酉阳举行首届声乐、器乐、舞蹈大奖赛，分别评出一、二、三等奖各一名。1991年12月，集体舞《猎祭》参加四川省成都少数民族艺术节演出并获金奖。吹打乐《火祭》获一等奖。1993年县组队参加黔江地区成立5周年暨第二届民族艺术节演出，舞蹈《摆手祭》等六个节目获表演优秀奖。1994年元旦，全县首次举行有300人参赛的摆手舞大赛，9月酉阳县代表黔江地区组团，赴康定参加四川省第二届少数民族艺术节，参演节目土家乐舞《摆手祭》、苗族舞《缠头帕》《木叶吹奏》和《女声独唱》分获特别奖、二等奖和三等奖。1996年11月，组队参加黔江首届民歌演唱和民间吹打乐大赛，演出的吹打乐《欢乐毕兹卡》获一等奖，唢呐吹奏《反字满堂红》获三等奖。1999年7月，《欢乐毕兹卡》获重庆市首届民间吹打乐比赛二等奖。

2000年8月，首次参加文化部举办的文艺大赛活动，演出《燧之舞》。2001年5月，举办“武陵山区民族文艺会演暨土家摆手舞大赛”，毗邻的黔江、秀山、沿河、松桃、思南、德江等代表队表演了节目，同时还主办首届“桃源杯”民歌大赛。2001年10月，全国人大常委会委员长李鹏题词：“酉阳——土家摆手舞之乡”。2001年11月，李元亮在广西南宁国际民歌艺术节邀请大赛上获土家族最佳歌手奖。2002年元旦，酉阳举办有100多名参加的“桃花源杯”民歌大赛。6月，中央电视台特邀县文艺工作者进京演出民族歌舞《黄杨扁担》。2002年5月，文化部授予酉阳“中国民间艺术之乡（摆手舞）”称号，9月被市文化局命名“民歌之乡”。10月，全县承办有20名歌手参加的重庆市“首届民歌邀请赛”。2003年9月13日，经过历时10天的拍摄，酉阳与重庆电视台联合打造的音乐电视《摆手欢歌》，在龚滩古镇封镜，这是我国第一部以土家族为题材的音乐电视。2004年9月，县组队参加黔江地区武陵山民族文化节演出，《白果花》等11个节目分获三等以上表演奖、创作奖和演唱奖。2005年4月，县选拔歌手参加重庆市电视歌手大赛，民歌节目《木叶情》《酒歌》分获民族唱法二、三等奖。同年8月，酉阳土家族健身摆手舞荣获全国健身项一等奖，是重庆市唯一获此殊荣的项目。

1986—2005年，全县音乐工作者主要是整理挖掘和创作民族歌曲，参加各级各类文艺比赛活动。县文化馆编撰的有《民间音乐集成》《民间歌谣集成》《民间器乐曲集成》《戏曲音乐集成》《摆手情韵——酉阳民歌》（光碟）等。唐腾华和罗孝平合著的《渝东南民歌》，罗孝平创作的歌曲有《赵世炎英名万古传》《苗家儿女庆丰收》《电视到土家》，鲁小伯声乐《木叶情歌》，县文化馆编制的《欢乐毕兹卡》（吹打乐）、《反字满堂红》，鲁小伯和裴万峥合作创作的有男女二重唱《毕兹卡的村庄》《妹划小船酉水游》《画中住着毕兹卡》《我的故乡酉水河》，冉承周创作的《迎接未来的挑战》。

获奖的主要作品有：1996年冉承周创作的《迎接未来的挑战》获全国歌曲大赛银奖，并收藏于《中国行业金曲》一书。2003年鲁小伯创作的《木叶情歌》获重庆市首届民歌邀请赛一等奖。民歌节目《木叶情》《酒歌》分获2005年重庆市电视歌手大赛二、三等奖。全县歌手以张勇、冉义华较为活跃，张勇演唱的《我爱家乡酉水河》和《木叶情歌》分获全国青年歌手大奖赛、重庆首届电视歌手大赛和重庆首届山歌民歌大赛三、二、一等奖。冉义华演唱的歌曲共获市级以上各项奖7项，其中《苗家酒歌》《木叶情歌》分获第十一届全国青年歌手电视大赛、重庆市首届民歌邀请赛金奖、一等奖。

全县文艺工作者除参与各类文艺调演外，还编排舞蹈节目。高丽清、唐腾华编导的集体舞《猎祭》，高丽清、唐腾华等人编导的铜鼓舞《火祭》，唐腾华、郭小红等编导的双人舞《秋月情》，唐腾华、田红玲、郭小红等8人编导的集体舞《摆手祭》，田红玲、汪胜华编导的《岩鹰颂》《白果花》，郭小红编导的《梯玛舞》《抹灰》《阿公的酒碗》，田红玲编导的《土家摆手舞》《桃园闹春》，郭小红、田红玲编导的《欢乐毕兹卡》《燧之舞》（作曲汪胜华、鲁小伯）等舞蹈节目先后在省（市）级以上各类参演中获奖，其中《燧之舞》在2000年8月全国第十届“群星奖”舞蹈比赛中获优秀奖。

第四节　美术·书法·摄影

1986—2005年，全县举办各类美术、书法、摄影展览，评选优秀作品参加市级以上各类比赛。

1989年县文化局举办国庆40周年美术、书法作品展览，6月，县文化局、团委等单位举办少儿书画展，参展作品145件。1990年国庆节，县书画协会举办台侨属书法绘画摄影展，参展作品208件。1991年县书法协会举办“迎春杯”书法展览，参展作品121幅。1992年1月县农行、文化局举办“储蓄杯”书法展，参展作品85幅。1993年11月县双庆活动展出书法作品230幅。1996年县文化局举办书画展，参展作品300余幅。1997年县文化局举办“庆七一，迎回归”书画展，展出作品500余幅。1998年县举办摄影书画展，展出作品105幅。1999年县文化局组织作品参加重庆市第三届三峡库区农村摄影艺术联展，有2件作品获二等奖，3件作品获三等奖。2001年参加重庆市第五届三峡库区农村摄影艺术联展（丰都），五件作品获三等奖。2002年县文化局组织30件作品参加全国第十二届书法、美术、摄影作品展（重庆），17件作品入选。2004年4月参加重庆市第七届三峡库区艺术摄影联展，5件作品获三等奖。5月县举办美术、书法、摄影展，展出作品360件。2005年组织10件摄影作品参加重庆市第八届三峡库区艺术摄影联展，5件作品获奖。

美　术　2005年年末，全县美术爱好者近40余人，较为活跃的有许炳光、田炳云、滕敏、陈绍云、全绍勇、李秋江、彭冲等人。他们的作品主要参与各类展览，主要作品有许炳光的《晓月》《春来了》《艳阳天》《泡桐花》，田炳云的《又一个艳阳天》《庐山高图》《庐山高图之三》、油画《母亲》、素描《布鲁特斯》，滕敏的油画《老屋》《古镇旧宅》《记忆》《回娘家》《夏日》，陈绍荣的油画《正义的呼声》《古镇风韵》，全绍勇的《甘家巷子》《基本功比赛》，李秋江的《喜将至》，彭冲的《土家摆手情》等，其中不乏优秀作品获省级以上各项奖，许炳光的国画《春来了》于1993年获“第二届海内外书画篆刻大赛”优胜奖。彭冲的《午餐》于1999年10月获“首届中国书画艺术精品大赛”金奖。

书　法　2005年末，全县有书法协会会员近百人，较为活跃的有钱立铭、李洪富、石胜元、郑丁山、石忠诚、喻敏、梁景尚、冉鸿、张文龙、左国清、张斌、张发昌、王焕林、邹勇、冯光奎、吴明杰、潘扬、罗丹、田力、张丽、刘颖、冯扬、许潇、张钊、胡凌、熊斌、刘万新、彭德祥、杨再慧、庹旭等。他们参加县上举办的各类书法展览，优秀作品被选送到市级以上各类书法展览，其中一些作品荣获各项大奖。主要获奖作者作品有：庹旭的作品获1991年“新秀杯”全国硬笔书画大赛佳作奖，作品入《中国硬笔书画人才大集》。杨再慧魏体楷书《孙子兵法》于1993年获中国国际书画大赛优秀奖。石胜元硬笔书法作品从2000至2005年获市级以上各项大奖17项，其中《唐诗二十四首》《桃花源记》分别获“庆祝中华人民共和国成立52周年‘中华魂’书法作品展”“中国企业文化年文化艺术博览会艺术展”“第五届‘祖国颂’全国书法大赛”金奖、国粹入选奖和优秀奖，编辑出版《石胜元硬笔书法》等书。李洪富从2001年至2005年，其书法作品获省级以上奖励8项，其中一幅行书作品于2001年5月获中日韩三国举办的“第五届21世纪国际书画审美大赛”金奖，一幅行书作品获“百年树人中华教育书法艺术展”铜奖，并入编《中华教育书画精藏典》一书。吴明杰的书法作品获国家级奖10项，邹勇、冯光奎的作品分获省级以上奖6项。

摄　影　2005年年末，全县有摄影家协会会员50人，较为活跃的有吴胜延、李化、邱进民、李洪文、张宗文、吴雁、王兴权、田维祎、邱洪斌、简朴、陈碧生、谢岗均等。其作品大多在各类报刊中发表，或参与县上举办的各类摄影展，以及参加市级以上的各类摄影比赛，其中不乏优秀作品。主要获奖作者及作品有：吴胜延的作品获省级以上各类奖达32项，其中《苗岭之晨》《酉阳梯田美如画》《大地的旋律》等摄影作品获中国优秀摄影作品奖、中华第九届当代文学艺术创作摄影金奖、新时代杯全国摄影大赛金奖。个人出版《走进土家苗寨》《土家摆手舞之乡》大型画册。李洪文的主要作品《金秋》《乌江纤工》（又名《乌江纤夫》）、《酉阳在改革中前进》《硕果》《月俗》《喜丰年》等十多件作品分别获国家级奖，其中《乌江纤工》（又名《乌江纤夫》）于2000年获世界华人艺术展摄影类铜奖，《枯木逢春》《壁立千仞》于2004年获世界文艺大奖赛金奖。李化的作品获省级以上奖12项，其中《春韵》《老街之晨》《人间仙境》分获2000年“全国群众书画摄影展”“跨世纪2000—世纪龙年全国书画摄影作品展”、2002年“全国首届双新杯美术书法摄影展”中青年组优秀作品奖、金奖。

第三章　广播电视

第一节　机　构

1984年1月，县级机构改革将酉阳自治县广播电视管理站（保留广播局牌子）更名为酉阳自治县广播电视管理局和酉阳自治县广播电视管理站，实行两块牌子，一套班子，归属县委宣传部领导，正副站长改称正副局长兼正副站长。1988年12月，局内机构为秘书股、计财股、事业局、宣传股、音像制品管理股、卫星电视地面接收站。1992年4月，县政府成立有线电视站，恢复酉阳自治县人民广播站。有线电视站定编13人，人民广播站定编11人，均属事业机构。1993年5月，成立县实验电视台。1994年9月，县人民广播站改为县广播电视台。1996年8月，成立县有线广播电视台，为全民所有制事业单位，实行局、台合一，人员编制20人。1997年12月，成立酉阳自治县广播电视台，为全民所有制事业单位，人员编制

52人，下设一室五部：即总编室、新闻部、文艺部、经济部、制作部、播出部。

1998年12月，县广播电视局与广播电视台实行局、台合一，实行一套班子两块牌子。县广播电视台新设区中心广播电视站和乡广播电视站，均以局管理为主，区乡为辅，条块结合的管理体制。局内机构，原秘书股更名为办公室，宣传股更名宣传科，计财股更名计财科，音像管理股更名为音像管理科，事业股更名为广网科，增设政工科。县广播电视台内设总编室、新闻部、经济部、文艺部、制作部、播出部、网络管理部和高山台。

2001年8月，县级机构改革，成立的县广播电视事业局为县政府直属事业单位。局内设办公室、计财科、音像管理科、广网科、宣传科，事业编制26名，其中局长1人，副局长4人（含总工程师1人），科长（主任）5人。2005年4月，撤销酉阳土家族苗族自治县广播电视事业局，设立酉阳土家族苗族自治县广播电视台。

第二节　广电建设

1984年，全县除县广播站外，已建乡广播站58个。全县通广播的大队244个、生产队1201个，普及率为21%，拥有广播喇叭1.5万只，入户率为10.6%，低于全省50%和涪陵地区40%的水平。1986年，全县广播工作人员90人，广播建站数47个，广播建站率47%，广播杆线里程2234公里，通广播村数306个，通村率42%，广播喇叭入户1.67万户，入户率11.8%，电视转播台数7个，覆盖人口9.5万人，覆盖率15%。从1986年起，全县连续3年对各乡镇广播站进行检查评比工作，以推进农网建设。至1990年，全县广播工作人员99人，广播建站数54个，广播建站率66%；广播杆线里程1781公里，通广播村325个，通村率45%；广播喇叭入户1.77万户，入户率10.6%；电视转播台16个，覆盖人口29.0万人，覆盖率42%。1991年，县广电局投资20万元、群众集资80万元投入广网建设，新增喇叭2万只，全县喇叭入户率由1990年的10.6%上升到22.3%，1992年又增喇叭5172只，入户率上升到25.3%。1994年，全县23个乡镇站垮掉，占建站数的32.8%。在64个乡镇广播站，仅有16个站能正常转播。1995年对乡镇广播站实行县乡双层管理，增加投入渠道，推行技术改革，实行有线广播与有线电视同杆传输，当年广播入户率达23.5%。1997年推行高频广播和无绳广播技术，在恢复毛坝、天山、后坪、小河、小岗、曾潭、亮垭等乡站的同时，还新建村广播室18个，恢复喇叭4125只，新增3640只，入户率达45.6%。

1980年代初期，县城建起电视差转台转播电视后，各区乡纷纷兴建差转台。至1988年年底，全县已建差转台12座，发射功率合计166瓦，覆盖35个乡、18万人口。全县约有电视2900台电视机收看电视节目。1991年，县广播电视局对县城有线电视（又称闭路电视）进行建设，实行每户收取250—300元的器材安装费。7月先从县林产品公司职工宿舍安装有线电视，至10月底已架通县广播电视局至大酉洞、西山沟、东风坝和林化厂4条6.5公里的干线，形成县局为中心向东南西北辐射的电视网络。至1994年县城有线电视用户达5000户。同时丁市、龚滩、李溪、酉酬、龙潭、大溪、双河、兴隆、苍岭、黑水等10个区和腴地、小岗、铜鼓、苍岭、大涵等乡均已建成有线电视站，全县电视覆盖率40%以上。1995年，全县建成51座乡村卫星地面站和有线电视站，80%的乡所在地有了电视。县城干线总长达77公里，新增900余户。1997年建成车田、庙溪等75座乡村有线电视站，新增经济型家用卫星接收站点382个。

1999年，全面实施“村村通”广播电视工程，共集资21万，各项配套资金77万元，如数建成村级广播电视室323个，联网1.8万户，3万多群众可收看广播电视。全县拥有乡镇广播电视站81个，建成各级有线电视站点1250个，其中村级有线电视站和家用型单收站500余个，用户达到5万余户，广播电视综合覆盖率达85%。2000年全县实施光纤联网覆盖工程，2001年光纤传输网络建设完成，4区9乡光纤长达110公里，县城城区光缆5公里，建成862M光传输前端，基本具备把县城节目传到各乡镇的能力。建成414个村村通广播电视室，被评为全国村村通广播电视工程先进集体。2002年，完成酉阳至龚滩光纤电视测设和部分杆路建设，全县有39个乡镇广播电视站。2003年，完成城区可寻址有线用户8000户，5个乡镇可看光纤电视。全县有卫星电视收转站点832个，广播、电视覆盖率分别达达60.4%和88.5%。板溪、花田、清泉、庙溪、浪坪、双泉、酉酬、后溪、偏柏、大溪、五福、可大、毛坝、木叶、兴隆、后坪、万木、宜居、南腰界、楠木、板桥、江丰、车田、泔溪、钟多、龙潭、麻旺等27个乡镇光缆工程竣工，至此全县光纤工程全部竣工。至2005年年末，全县广播电视传输干线网络总长1057公里，卫星收转站点1769个，有线电视用户5.86万户，其中农村5万户。全县广播综合覆盖人口40.39万人，覆盖率60.53%；电视综合覆盖人口66.45万人，覆盖率88.61%。

第三节　节目制作

1986年，酉阳人民广播站的节目设置有：《酉阳新闻》《对农村广播》《理论》《理论学习》《对青少年广播》《科普知识》《文学之窗》《文化与生活》《听众之友》《联办节目》等。1987年增设《广播论坛》《新闻报摘》《经济信息》《新闻综合》等4组自办节目；文艺节目方面增设《一周晨曲》《综合文艺》《午间短曲》《戏剧欣赏》等节目。1990年增设自办节目有《计划生育》《科技兴农》《学临溪・奔小康》《苗苗与森林》等20余个专题。1991—1997年，县广播站、广播电视台每年有30余单位开展广播电视节目联办。1997年8月，县台与县气象局联办“天气预报”节目，受到群众的喜爱。增设《法制天地》《法制快讯》专题节目。有线电视节目设《金歌传情》《歌曲点播》《酉州掠影》《有线剧场》。1998年新增《经济纵横》《酉州风情》两个栏目。2001年恢复扩充的节目有《广告文体大观》《文艺天地》《社会广角》《酉州风情》《经济纵横》《酉阳新闻》等。

第四节　节目播放

1986—1990年，平均每天播出时间为4.10小时。其中自办节目达3.10小时。以1987年夏季节目播放时间为例：每天播出3次。第一次播音从6：10开始到7：30结束；第二次播音从11：55开始到13：00结束；第三次播音从18：50开始到20：32结束全天播音。1998年节目播出时间和节目有所调整，每天第一、三次播音分别提前到5：50、18：30开始，其结束时间不变。2002年按时段播出节目，即每天中午12：00—14：00，晚上18：00—20：00。2005年全年公共广播节目播出时间912小时，公共电视节目播出时间1825小时。

1986—2000年共播出稿件5.14万件，平均每年3427件。15年间播出的广播节目中，共获地区级节目三等奖以上的有34项，获省级三等奖以上的15项。乡镇站的播放除当地新闻、自办节目外，主要是准确、安全地转播上级台（站）的节目。

第五节　广播电视管理

机关建设　以加强领导班子和宣传队伍建设为核心，着力提高班子的战斗力，加强干部职工的思想道德建设，提高其业务素质，以培育“四有”职工为目标，先后开展“五好”职工、“六讲”（讲政治、讲正气、讲团结、讲道德、讲技能、讲奉献）等活动，以制度建设促工作效率提升，制订职工守则，明确科室工作职责，建立健全财务管理、请假、学习、精神文明、安全、公物管理、值班、电视节目管理等10余项规章制度，培养了一支团结高效、廉洁公正、战斗力强的广播电视队伍。

乡镇站的管理　1986—1998年，乡镇广播电视站受乡镇政府和县广电局双重领导，以同级政府领导为主，业务上受县广电局指导，具体实行“四制”管理办法，即目标管理制、站长负责制、人员聘用制、工资浮动制。1998年乡镇广播电视实行条块结合、以条为主、双重领导、分级负责的管理体制后，对全县8 1 个乡镇所在地5公里范围内有线电视站（点）进行统一收编，全县80%的乡镇完成收编工作，实行归口管理，12个区所在地中心站正式挂牌，规范运转。2001年，县广电局同酉酬、大溪、黑水、丁市、龚滩、苍岭、李溪、兴隆、小河等广播电视中心站签订目标责任制，实行目标管理。2004年，全县39个乡镇单独设置广播电视站，经费渠道不变，管理模式不变。

收费管理　1993年3月，有线电视建设费一次性交纳250元，收视费每户每月3元、维护费2元，同年10月建设费每户增至280元，收视维护费5元不变，中小学生点歌每首20元，个人30元，集体60元。1995年，区所在地有线电视管理费，原则上每户每月1元，录像带每月30元。1997年加密电视改制费，集体解密每户180元、单独解密每户300元。1998年4月，乡镇电视用户每户每月收视费3元、维护费5元，每户一次性交纳改制费100元，乡镇、村新装费每户350元。县城加密电视普及后，新装费每户320元，收视费、维护费每户每月12元。

播出管理　监督广播电视准时、完整地收转中、市的广播电视节目，特别是新闻节目；建立自办节目审查制度，由局长审查把关，音像管理部门人员具体操作，凡是带政治倾向、格调低下、盗版侵权的一律不予播放；严禁收转境外电视节目，禁止有线电视台、站播放未经批准引进的海外影视剧；对乡镇广播电视站的节目收转、播放采取不定时检查、监督。

第四章 新闻出版

第一节 机 构

1986年，酉阳报社下设机构仍为编辑部、印刷厂（厂部）、办公室。1994年，编辑部办公地点由骑龙井迁到和平路49号新修的编辑部大楼。2002年1月，又迁至桃花源路100号（原通讯部营房），8月再迁到十字街105号（原人民银行）。2001年，酉阳报社编辑部内设行政办公室、财务科、广告部、总编室四个职能科（室），为差额拨款的事业单位，事业编制18名，其中总编辑1名，副总编辑2名，内设机构领导职数4名。

酉阳报社印刷厂从1986—1996年受酉阳报社总编辑管理。1995年9月，实行激光照排，胶版印刷，告别铅印历史。1996年，印刷厂与酉阳报社分离，实行自负盈亏。厂下设4科（供销科、生产科、财务科、总务科）、两分厂（龙潭分厂、龚滩分厂）、9车间（铸字、制版，排字、平台、彩印、元盘、杂件、课本、彩装）。1998年，对报社下设的龙潭分厂、龚滩分厂、城关印刷厂进行改制、拍卖，2002年8月撤销印刷厂。

第二节 酉阳报刊

《酉阳报》

办报宗旨 《酉阳报》是县委的机关报，其办报宗旨在各个时期有所不同。1986—1990年办报宗旨是以马克思列宁主义、毛泽东思想为指针，坚持“四项基本原则”，宣传贯彻执行党的路线、方针、政策，坚持党报为党的事业、为群众、为读者服务，以正面宣传为主，发挥报纸的耳目、喉舌、桥梁作用。1990—2000年办报宗旨以坚持团结、稳定、鼓劲和正面宣传为主的方针，宣传时政，传播知识，服务群众，丰富生活。做到公正、客观、快捷、准确、服从、服务。2000—2005年办报宗旨以围绕各个阶段的工作中心，把握导向，服务大局，正面宣传，弘扬主旋律，把《酉阳报》办成一张新闻性强、雅俗共赏、信息量大、消息及时、具有地方特色的报纸。

报纸版面 《酉阳报》从1986—2005年均为四开四版报纸。一版为要闻版，二版为经济版，三版为综合版，四版为教育文卫版。四版中，除一版外，其他三版为分工版，无主次之分。版面以横排为主，辅之以竖排。编排主要是安排稿件和美化版面两个方面。稿件安排主要讲究政治性，要求主次分明，条理清楚，中心稿件和一般稿件相结合。版面内容丰富多彩，读者喜闻乐见，宣传效果较好。

栏目设置 《酉阳报》开辟的栏目主要有：《要闻简讯》《国内外一周大事》《政策问答》《科技顾

问》《党团生活》《职工之声》《女性与社会》《酉水》文艺副刊、《文化园地》《教育与卫生》《工交战线》《财贸金融》《经济信息》《民族风情》《新闻集锦》《群言谈》《酉州小议》《消费杂谈》《巾帼风采》《统战之窗》《读者来信》《教育论坛》等。星期刊自创办以来，深爱读者的欢迎。其主要栏目有：《周日特稿》《新闻集装箱》《周日评论》《酉州聚焦》《生活麻辣烫》《散文世界》《流动的音符》《刺梨儿》《开心一刻》《逝水流年》《情感世界》《长篇连载》《文艺评论》《祝你健康》等。

周刊 2000年创办周刊，主要包括《党建周刊》《理论周刊》《健康周刊》《民生周刊》《社会周刊》《消费周刊》《文化周刊》《法制周刊》和《新农村周刊》等。每个周刊报道内容各有侧重，开设的栏目也不同。如党建周刊开设栏目有《党建专讯》《党员风采》《党的知识》《党员论坛》等。民生周刊有《民生看点》《冷暖人间》《身边人物》《热线381》《提个醒》《说长道短》等。

2003年全国报刊整顿后，《酉阳报》成为全国仅存的3家县委机关报之一，也是重庆唯一一家全国公开发行的县级党报。经国家新闻出版总署批准，刊号为CN50—0030。出版的报纸通过邮局发行，发行量从1986年几千份上升到1989年的1万余份。1995年1月，《酉阳报》由周二刊升为周三刊，全年发行量达1.4万份。1999年7月1日起为周四刊，发行量1.5万份。2005年发行量1.6万份。

1986—2005年，《酉阳报》共计发行3963.5万份。

《酉水》

源于20世纪50年代的《酉水》民族文艺刊物，1981年复刊。1992年，《酉水》编印“双庆”活动专刊，刊发作品60余篇（件），内部发送1000册。

《桃花源诗刊》

1988年由桃花源诗社创办的内部刊物。1988—2005年共办25期，刊物交流到全国20多个省（市）。

第三节　图书发行

创建于1950年的新华书店，至2005年，有职工60余名，资产达到2000多万元。1989年，全县区、乡供销社分设图书门市部和图书专售柜。1992年，全县供销社图书发行销售点54个，设农村发行网点16个，专兼职发行员85人。1998年，县供销系统停止经销图书。书店定员42人，在县城设两个音像门市部及龙潭、丁市、龚滩门市部，纳入重庆市新华书店集团领导。2002年，新华书店与重庆市新华书店集团公司实行联营，开始采用电脑管理销售图书。2004年，县新华书店纳入重庆市新华书店集团管理经营，脱离县管。

1989年，图书发行销售金额197万元。1991年7月，发行《毛泽东选集》1.01万套，全年销售金额260万元，1994年销售金额上升到395万元。1995年，发行《新三字经》1.03万册，居全区之首。1998年销售金额增至到970万元。2002年全县发行教材415万册，收入达1690万元。2004年全年销售金额1800万元。

第五章　档案·党史·方志

第一节　机　构

1984年1月，县档案馆更名为县档案局和县档案馆，实行两块牌子一套班子，县档案局（馆）隶属县委办领导，原正副馆长改称为正副局长兼正副馆长。1986年，县档案局为县政府直属局，受县委、县政府双重领导。1991年5月，县档案局升为一级局，为县政府组成部门。9月核定事业编制8名，行政编制2名，至2001年9月县级机构改革时止。

1981年成立县委党史资料征集小组办公室，1984年成立县委党史工作委员会，具体工作机构称县委党史工委办公室，由县委分管副书记任主任，设一专职副主任主持日常工作。1986年撤销党史工作委员会，成立县委党史研究室。2001年9月县级机构改革，室内设机构为综合科，核定事业编制4名，其中领导1人。2004年3月与县档案修志馆合署办公。由县档案局1名副局长兼任主任。人员不变，经费独立核算，单独办公。

1981年成立县志编修委员会，下设办公室。1984年1月，县志编修委员会更名为县志编纂委员会，原酉阳县志编修委员会办公室相应更名为酉阳自治县志编纂委员会办公室，直至2001年9月县级机构改革时。

2001年9月，县级机构改革不再保留县档案局，将县档案局与县地方志编纂委员会办公室合并组建档案修志馆，为县政府直属事业单位（对外挂档案局牌子）。馆内设机构为办公室、档案业务指导科、馆务方志科。2003年参照国家公务员制度管理，核定事业编制13名，其中馆长1名、副馆长2名，科长（主任）3名。2006年1月设置酉阳土家族苗族自治县档案局，与县档案修志馆合署办公，实行一个机构，两块牌子。2007年8月27日重庆市人事局以渝人〔2007〕207号文件再次明确将酉阳土家族苗族自治县档案局（档案修志馆）列入参照公务员法管理范围的单位，2007年9月4日，酉阳土家族苗族自治县人事局以酉阳人发〔2007〕57号文件予以明确。

第二节　档　案

档案管理与依法治档　20世纪80年代中后期，县档案局以《中华人民共和国档案法》为基础，开展县级机关和乡镇机关档案业务指导工作。从1990年开始，健全和完善档案综合管理、文书档案、会计档案和科技档案的管理标准和案卷质量标准。每年对县级80余个单位进行全面检查考评，对81个乡镇进行抽查，并将考评结果通报全县。至2005年，共计年终检查考评12次，档案的立卷归档率和案卷质量率分别达90%和95%。

档案达标升级 1991年开始施行机关档案工作达省（市）目标考核定级工作，全年档案工作达三级标准的单位16个。1992年创三级标准的单位20个。1993年达三级标准的单位17个，其中县税务局、工行、烟草公司达二级标准。1996年全县机关档案工作达三级标准以上的单位67个，其中达二级标准的单位8个。

新法立卷的试点与推广 2002年，县档案局在县人民检察院开展《归档文件整理规则》（俗称新法立卷）试点工作，对2001年度的1218份文件材料按新法立卷28盒，2003年又推广到15个单位。2004年对县级机关和乡镇的文档人员进行推广新法立卷的培训工作，至2005年年末，全县所有的机关、事业单位的文书档案均按新法立卷整理。

馆藏档案与查阅利用 1986—1990年，接收1988年以前11个区镇档案991卷（册）。馆藏档案由2.23万卷增至3.86万卷（册）。2000年馆藏档案达4.59万卷。2001年，全县撤区并乡建镇，共接收12个区81个乡镇的各类档案2.33万卷，其中文书档案1.2万卷，会计档案1.12万册（盒）。至2005年年末，馆藏全宗192个，馆藏档案达7.43万卷（册、件）。其中资料5301册、档案6.9万卷、文书档案4.98万卷、专门档案1.8万卷（册、件）、民国档案1159卷。馆藏图书2.1万册，开放档案7000卷，查阅利用档案每年1000余人次，利用档案1200余卷。

第三节　党史研究

党史资料征集 1986年起，县委党史研究室继续征集调查红军在酉阳、红军遗址、党史人物、革命烈士、流失红军及游击队员、赵世炎革命活动、贺龙在川东南、民国时期中共党员在酉阳、抗战时期和解放战争时期以及新民主主义革命和社会主义建设时期的重要史料、图片。至2005年年末，共收集上千万字的各类文字材料，专门立卷归档100余卷（册），收集图片数千张，整理照片档案20余册。

党史研究 1986年起逐步开始党史研究，创办《酉阳县党史资料》内部刊物，主要刊载党史研究成果，至2005年已办80余期。1988年与涪陵党史工委编辑出版《贺龙在川东南》。1993年、1994年分别与黔江地委、贵州铜仁地委党研室编写出版《川东南土地革命史》《黔东苏区财政史》。1999年编辑出版《酉阳现代风云录》，并获重庆市委党史研究室2001—2004年优秀成果奖。2001年编辑出版《缅怀赵世炎》，之后又编辑出版《中共酉阳历史大事记》（1949—2005年）《中共酉阳党史人物》《中国共产党重庆历史酉阳自治县卷》，完成《四川革命老区》《赵君陶教育思想论文集》等书篇、章的撰写工作。在市级以上刊物发表各类文章20余篇。

党史宣传 1986—2005年，先后举办以走过酉阳的将军们、红军在酉阳、赵世炎烈士、酉阳革命烈士、赵君陶教育事迹、刘仁事迹、纪念世界反法西斯战争和抗日战争胜利50、60周年等为内容的图片展览10余次，参观人数数万人。为全县干部职工、离退休干部、中小学师生授课宣讲党史知识15次，接受党史教育上万人次。

第四节　方　志

县志和部门志编写　1986—2005年，县政府5次行文，分别成立了以县委书记、县长为主任，相关县领导为副主任、有关部门领导为成员的《酉阳县志》编纂委员会，由下设办公室和编辑部开展工作。县志办具体负责修志的行政管理和业务指导工作，聘请部分离退休干部，具体承担县志编写工作。1995年县志定稿，后经再次审理、修改后，于1998年正式定稿。部门志、校志的编写工作也有序开展。至2005年年末，已编辑出版发行（含内部发行）部门志有:《酉阳自治县体育志》《酉阳自治县卫生志》《酉阳自治县教育志》《酉阳自治县林业志》《酉阳自治县工业志》《酉阳自治县农业志》《酉阳自治县医药志》《酉阳自治县军事志》《酉阳自治县文化志》《酉阳自治县金融志》《酉阳自治县商业志》《酉阳自治县交通志》《酉阳自治县法院志》《酉阳自治县人民检察院志》《酉阳自治县广电志》等40余部。校志有《酉阳一中校志》《酉阳二中校志》《酉阳师范校志》等。

《酉阳县志》出版发行　2002年9月，由重庆出版社出版《酉阳县志》2000册，这是酉阳在新中国成立后出版发行的第一部志书。年末向省县内外销售、交流1000余册。至2005年，已向外销售交流1600册。

编纂《酉阳县志（1986—2005）》　2003年，全县开始第二轮修志，县政府成立《酉阳县志（1986—2005）》编纂委员会，县档案局编制《酉阳县志（1986—2005）》编修纲目，由县政府特聘主编及15名编修人员，正式启动《酉阳县志1986—2005》的资料收录集及编纂工作，也同时启动部门志和乡镇志、学校志的编写工作。

第六章　体　育

第一节　机构及设施

机　构　县体委成立于1983年，1990年4月内设秘书股、群体股和竞训股，直至2001年7月。2001年9月县级机构改革，不再保留文化局、体育运动委员会，组建文化体育局，为县政府管理全县文化体育的工作部门。局内设体育科3个科（室）。2005年4月，撤销县文化体育局，设立酉阳土家族苗族自治县文化广电新闻出版局（挂酉阳土家族苗族自治县体育局牌子），为县政府工作部门。

场地及设施　1988年11月，全县篮球场3处，排球场3处，运动场1处，乒乓房1处。1999年，县灯光球场因文化馆拆迁而拆除。2001年11月，全县纳入国家“雪炭工程计划”。每年由国家体育局解决400万元修建县体育馆。2003年，市体育局为酉阳落实室外健身路径1条，为酉阳二中落实“播种重庆足球计划”投入10万元，为青少年俱乐部解决资金8万元。2003年7月，据全国第五次体育场地普查：全县有篮球场32座，排球场3座，运动场1处，乒乓房1处，门球场1座。

第二节　体育活动

学校体育

学生体育达标活动　1986年，中小学开始执行《国家体育锻炼标准》。县体委和教委对全县各中小学达标通讯赛情况进行检查。1989年9月，县体委、教委和团委首次举办达标通讯赛。黑水中学、黑水小学分获第一名。1991年，全县99所中小学成立校体队，参加业余训练的学生达1980人。12月，全县学生达标率达86.2%，其中黑水中学达标率达100%，列黔江地区第一。2003年4月，全县实施《国家体育锻炼标准》。2004年全县学校实施《酉阳自治县学生体质健康标准实施方案》。黑水中学被四川省评为达标先进集体，体育教师简春福被评为全国体育达标先进个人。酉阳自治县、酉阳二中、实验小学于2003年、2004年获市教委和体委的表彰。

传统体育项目学校　传统体育项目学校分别由县、地区、市确定。1986年2月，县体委和教委确定酉阳一中的游泳、酉阳二中的篮球、黑水中学和麻旺中学的田径、实验小学的乒乓球、田径为传统体育项目学校。1991年县传统体育项目学校达6所，黔江地区确定的有3所。1992年1月，麻旺中学的游泳和田径，黑水中学的田径，实验小学的乒乓球和田径，民族职业中学的田径和篮球项目被黔江地区确定为传统体育项目学校。2003年6月，酉阳二中的田径和篮球、实验小学的乒乓球和田径被重庆市定为传统体育项目学校，并获市体委和教委表彰。

群众体育

民族民间体育　主要是群众参加的大型庆典、全民健身、民间传统体育项目。1992年由县文化部门开发整理的摆手舞，成为具有民族特色的群众性健身项目。1998年6月23日，龙潭区举办龙舟大赛，参赛的代表队达23个，其中女队6个。5个男队、3个女队获奖。观众达万人。2003年县文体局对传统的摆手舞进行修改创新，推出3套土家健身摆手舞，并在全县推广。2005年土家健身摆手舞操获“全国全民健身体育项目”一等奖。十运会期间，中央电视台还专门展播酉阳土家健身摆手操。

青少年体育　县教委、体委和团委是青少年体育活动的主要组织单位。1988—1989年，团县委、体委连续举办两届“青春杯”篮球赛。共有205个代表队参赛。1991年县组队参加黔江地区首届青少年运动会。获总团体第二名。金牌16枚、银、铜牌各3枚。

职工体育　1988年2月，县体委和民族职中举办围棋邀请赛。象棋协会举办有16名棋手参加的中国象棋赛。3月6日县妇联、广电局、体委举办有30个代表队参加的妇女登梯接力赛。1989年3月，县政府举办职工运动会。比赛设篮球、拔河、乒乓球、字牌、珠算、自行车、1500—3000米长跑、中国象棋、羽手球等项目。1990年元旦，县总工会、体委举办以家庭组队，有30户参加的篮球、乒乓球比赛和接力赛跑。3月8日，县妇联和体委组织24个单位参加女子拔河赛。8月县体委举办首届武术擂台赛。1991年县体委同有关体育协会分别在元旦、春节和国庆节举办武术格斗赛和中国象棋赛。1993—1994年县体委同相关协会和单位分别举行中国象棋赛、妇女拔河、接力、跳绳、踢毽比赛，“农金杯”桥牌双人赛、篮球赛、妇女自行车赛。1998年6月县体委举行中国象棋选拔赛。2003年1月，县城举行首届市运会火炬传递活动。2004年元旦，县文体局举行“元旦龙凤呈祥杯”万人长跑赛。“五一”期间，县文体局和县总工会举办“电力杯”篮球赛。

获表彰情况：2001年1月，县财政局、邮政局和酉阳二中被重庆市体育局表彰为1998—2001年度群众体育先进单位。2003年，县电信局被国家体育总局评为2002年度全民健身活动周先进单位，酉阳自治县被重庆市体育局、教委表彰为2001—2002学年度实施《国家体育锻炼标准》先进单位。

竞技体育

省级比赛（含青少年比赛）　1988—2005年，全县共组织人员参加省级比赛9次，主要为少数民族运动会，游泳、击剑、柔道、跆拳道等单项比赛。共夺得团体冠军1项、亚军2项、季军1项，单项金牌9枚、银牌5枚、铜牌14枚。

地区级体育比赛　1988—1995年。酉阳组织人员分别参加在涪陵、黔江、秀山、酉阳、石柱等地举行的地级运动会及各单项比赛25次。共获团体冠军11项、亚军16项、季军4项，个人单项金牌76枚、银牌44枚、铜牌22枚。

县内体育比赛　1988—2005年，县体委（文体局）与县团委、妇联、供销社、财政局、粮食局等单位共举办各类体育比赛28次。主要比赛项目是篮球、健身门球、足球、羽毛球，其中篮球比赛就达23次。在28次赛事中，以1989年10月县体委和文明办举办的首届“精神文明杯”篮球赛规模最大。共有36个单位、42个代表队、504人参赛。县粮食局、酉阳二中、钟多镇代表队分获前三名，县饮料厂代表队获女篮冠军。

学校体育比赛　1988—1998年，县体委同县教委等共举办学校体育比赛19次。主要比赛项目有篮球、田径、游泳、达标通讯赛。1998年由县体委举办的全县小学达标通讯赛，参赛学校就达88所。

毗邻边区体育竞赛　1988—2004年全县共参加湘鄂川黔边区的各项体育比赛9次。酉阳代表队于1992年在秀山举行的湘鄂川黔四省边区第十七届“团结杯”运动会上获男女篮球冠军。

县籍运动员获得最好成绩是邱巧萍和何秀全。邱巧萍在1992年8月参加保加利亚举行的第三届世界青年田径锦标赛上，以18.2米的成绩获女子铅球冠军。何秀全在1992年、1994年全国少年田径运动会和全国田径比赛中分获链球冠军。1993年获“国家级运动健将”称号。1994年重庆市政府记三等功。

承办运动会：1989—1994年酉阳共承办地区级体育项目比赛6次。2002年5月，县政府承办由国家登山协会和中央电视台在龚滩联合举办的“中国重庆酉阳国际攀岩挑战赛”。有中国、日本、韩国、马来西亚、俄罗斯、美国、新加坡、菲律宾等9个国家和中国香港地区的39名运动员参赛。

第三节　体育市场

1989年，龙潭镇文化站办台球有偿服务。县文化馆开设桌球、溜冰等有偿体育活动项目。至1998年，馆常年经营儿童跳床、少儿游艺室、儿童游泳池、电子游乐室等。年创收4.2万元。1999年，县政府公布足球、篮球、键球、门球、游泳、龙舟、田径、武术、跆拳道、健身气功、木兰拳，中国象棋、围棋、牌、钓鱼、拔河等项目为体育经营项目管理。10月，县开始发售体育彩票。2000年县开始发行电脑型体育彩票。2002年3月，彩票销售总额357万元。10月，县体育部门市体育彩票中心委托管理体育彩票销售。至2005年，体育彩票销售额达到400万元。

第十九篇

医 疗 卫 生

YI LIAO WEI SHENG

第一章　卫生行政管理

第一节　机　构

1986年县卫生局内设机构为秘书股、人事股、业务股、财会股、防保股、科教股6个股，管理县人民医院、县中医院、县防疫站、县妇幼保健所、县卫生学校、县结核防治所、县康复医院等7家医疗单位，以及13个区（镇）卫生院和80个乡人民卫生院。2001年9月县级机构改革，县卫生局内设机构调整为4个职能科室，即办公室、规划财务科、防保与医政科（县政府地方病防治办公室）、卫生法规科（县爱国卫生运动委员会办公室）。行政编制15名，其中局长1名，副局长2名，内设机构领导职数4名，县爱国卫生运动委员会办公室主任由1名副局长兼任，机关后勤事业编制2名。

2004年3月，政工人事从办公室分离，增设政工人事科；医政防保科一分为二，分设医政中医科、疾控妇幼科（内设红十字会办公室）。原防疫站分成疾病预防控制中心和卫生监督所两个单位。至2005年，县卫生局内设机构6个，下属单位有县医疗单位8个，乡（镇）医疗单位有12个中心卫生院和27个乡（镇）卫生院。

第二节　执业准入管理

执业准入　1998年《中华人民共和国执业医师法》出台后，国家对临床医护人员执业资格进行了规范，对1998年前取得医士、医师职称的医生分别免试认定为执业助理医师和执业医师，其中执业医师467人、执业助理医师198人。1999年以后，执行执业医师考试制度。截至2004年，全县共有263名医务人员通过考试取得相应的资格证书，并在卫生局进行了执业注册，取得了合法的执业资格。2004年，对护理人员也进行了资格考试和确定，全县共有201名护理人员取得执业证书。2005年取得执业医师和助理执业医师资格545人、注册护士229人。

根据国家相关法律法规，县卫生局加强了对临床医务人员的管理，严格规定在县城医疗机构中的医务人员，必须取得执业医师资格和护理执业证书；在乡镇医疗机构中执业的医务人员必须取得助理医师资格和护理执业证书。2004年，364名乡村医生参加乡村医生注册考试，在市卫生局注册取得乡村医生资格证书273人，乡村医疗机构取得执业助理医师资格证25人。

机构准入　2000年县人民政府出台医疗机构设置规划后，严格按照规划，采取控制总量、调整数量、中西医并举、完善功能等方式进行机构优化配置。对全县个体医生，乡村医生执业上岗进行考试，对考试合格者准予执业。全年共设置个体医疗机构101家，村卫生站590个。2003年对已设置的个体医疗机构和村卫生站进行调整，设置个体医疗机构103家（含临时执业），村卫生站268个。2004年个体医疗机构134家，2005年经整顿后共审批个体24家。至2005年，全县共有公共卫生机构46个，其中县属机构7个、中心卫生院12个、普通卫生院27个。有合格卫生站585个，开设病床706张。

第三节　地方病传染病管理

管理体制　县防疫站担当起以卫生防疫为主的工作内容，加强自身建设和工作职能。2002年县疾病预防控制中心从原防疫站分离，专门成立从事传染病、地方病及其他卫生防护等监督、监测和管理专门机构，是全县技术指导及科研培训中心，下设办公室、卫生检验科、卫生防疫科（疾病控制科）、食品卫生科和健康教育科等科室。职工从1985年的41人增加到2005年的51人，其中主管医师13人、医师12人、医士5人、主管技师3人、技师1人、技士4人、其他2人。各乡（镇）卫生院配有专职人员，村级聘请80名卫生防疫人员，县直8大系统建有突发疫情紧急应急机制。全县建立以县疾病预防控制中心，指导乡镇防保组和县直八大系统，乡镇防保组和八大系统分别指导村防保人员和各县直部门。同时，加强对传染病科学化管理，各乡（镇）卫生院都制订传染病管理的各项制度。1987年起，县卫生局每年都把这项工作纳入卫生工作重点并实行量化考核，要求做好传染病的登记，以旬报、月报、季报、电话等多种形式报告疫情。1990年后，随着各乡镇配置计算机，39个乡（镇）都能用微机网络直报疫情。据抽查，各乡（镇）每年的登记报告率达90%以上。

调查和监测　1986—2005年，全县对丝虫病、麻疹、皮疹、地方甲状腺肿、麻风病、肺吸虫病等主要疾病进行7次大规模调查，调查总人数58461人，其中丝虫病6333人、结核病1416人、麻疹136人、麻风病普查16932人、肺吸虫病516人、钩虫病603人、地方甲状腺肿33525人。同时对丝虫病监测5次，共计12837人。通过调查，基本查清全县地方病和流行病情况。如1991年对全县69个乡33525名4—14岁少儿作地方病调查，发现甲状腺肿大率在20.87%—49.66%之间，平均肿大率30.92%；对水盐测定结果：检测水样8个，其中6个未测出水碘，两个水样分别含2.84微克/升、1.36微克/升；盐库盐3个样品均未测出碘酸钾，但测出碘化钾（自贡盐），范围0.03+—0.57毫克千克。通过调查，基本查清酉阳属地方性腺肿（地方病）轻度流行区。

预防与疫情处理　根据全县传染病发生及疫情预测，侧重传染病管理，对病毒性肝炎、伤寒及副伤寒、流行性脑膜炎、钩端螺旋体及“四苗”接种相关疾病有防治措施。每次出现疫情后，县疾病预防控制中心派专人调查处理，报告准确，资料齐全。1999年，“6・28”洪灾后，县防疫部门组织力量，对洪水淹没的344个单位、6194户、246条街巷进行彻底消毒，消毒面积达59万平方米，县城灾后无大疫情发生。

第四节　教育培训

培　训　1986年起，县卫生系统加强对职工的教育培训，提高医疗队伍业务素质，适应医学科学技术和社会的需要。1986—2005年，县卫生系统共培训县、区、乡卫生人员15709人次，其中县、乡（镇）

15269人次，到涪陵、重庆、成都等地临床培训和进修的440人次；参加地区以上学术交流的104人次。县内培训内容主要有医疗项目、卫生知识、常见病治疗等；到地级以上学习培训的专业有西医内科、外科、妇产科、儿科、高级护理、检验、放射科、五官科、心血管病的防治及中医内科、针灸、正骨、中药炮制等。短期培训一般为1—5天，外出进修培训一般是6个月—2年。培训人次最多的是2003年和2005年，2003年以防“非典”为重点的乡村医生及相关人员培训达1434人次。2005年邀请市级专家授课57次，县级学术带头人讲课43次，举办专题讲座26次，接受培训3570人次。

办　校　酉阳自治县卫生进修学校始建于1958年，1984年更名为酉阳县卫生进修校。1998年，竣工使用教学楼488平方米，平整水泥操场600平方米，基础设施不断改善。2005年，该校占地面积3700平方米，建筑面积3153平方米，业务用房面积2000平方米，现有职工18人，其中高级职称1人、中级职称8人、初级职称9人。拥有注册资本97万元，其中电教、实验仪器和设备近20万元。学校设有办公室、教务科、总务科等3个科室，开设临床医学、检验、放射、社区医学、中西医结合等专业。1986—2005年共招生1458人，毕业1101人。为酉阳、秀山、彭水、黔江、石柱等县培养一批农村基层医疗卫生人才。

1986—2005年酉阳自治县卫生进修校人才培养情况表

表19－1

年度	专　业	学制	招生（人数）	毕业（人数）	学历类型	备　注
1986	西医士	7个月	33	33	结业证	—
1987	护理	3年	58	54	职高	—
1988	—	—	—	—	—	—
1989	卫训班	1.5年	50	48	结业证	—
1990	中西医结合	3年	59	55	职高	—
1991	卫训班	2年	54	52	职高	—
1992	函授班	3个月	20	20	结业证	—
1993	妇幼班(59)医士(49)	3年	112	108	职高	—
1994	西医士	3年	52	48	职高	—
1995	西医士	3年	79	70	职高	—
1996	西医士	3年	58	55	职高	—
1997	妇幼班(49)中西医结合(48)	3年	104	97	职高	—
1998	中西医结合	3年	69	60	成人中专	—
1999	中西医结合	3年	58	52	成人中专	—
2000	中西医结合(42)2+1(53)	3年	98	95	成人中专	—
2001	中西医结合(49)2+1(74)	3年	126	123	普通、成人中专	—
2002	中西医结合(41)2+1(146)专科64	3年	261	251	普通、成人中专、大专	2+1(春)65人(秋)81人、专科64人

续表19－1

年度	专 业	学制	招生（人数）	毕业（人数）	学历类型	备 注
2003	中西医结合(25)2+1(31)	3年	62	56	普通、成人中专	—
2004	中西医结合(24)2+1(19)乡医(105)	3年	158	148	普通、成人中专	乡村医生资格注册考试培训一月
2005	传染病主检医师(38)2+1(9)	1个月	47	47	成人中专、合格证	乡镇传染病主检医师培训一月
合计	—		1458	1101	—	—

第五节　医疗卫生改革

改革进程

西阳医疗卫生改革分为两个阶段：

以按劳分配为主体的医疗改革（1986—2000年）　1985年后实行党政职责分开，推行院、校、站、所长负责制，各医疗单位实行科主任负责制，按照“四化”要求选拔年轻干部。在县、区两级49名领导干部中，平均年龄40.5岁。1989年和1990年全面推行干部任期目标责任制，领导体制管理权限下放，县、区院长及卫生局各股室正职由县卫生局提名审批，报县人事局行文，副职由正职提名，报卫生局审批行文，科主任由院、校、站、所长提名，副职由正职提名，乡级卫生院由区卫生院提名审批并报卫生局备案，技术员实行聘任制。1989年对516名技术员（副高18名、中级职称136名、初级职称362名）全部实行聘任制，由所在单位负责人签发聘任证书，凭证上岗。1990—1994年实行德、能、勤、绩考核，90%以上的专业技术人员称职或优秀。同时卫生工作实行《双线承包责任制》，由县、区、乡党政部门一条线和县、区、乡卫生部门一条线，签订三级工作承包合同书。县区两级下拨经费浮动10%作奖惩，对年终检查完成的具体指标按比例计算扣减。对职工强化岗位责任制，以人定岗、以岗定职、以岗定责，年终考核实行奖惩。县结核病防治所、县卫生进修校、县防疫站、县医院、县中医院在黔江地区年终考核中名列前茅。

1992年，县卫生系统实行“自主经营、自主管理、自我发展”运作机制，具体实行首长负责制，继续推行聘任制；实行目标管理，推行企业化管理，实行独立核算、自主管理和自主分配；实行浮动工资制，工资、奖金等同工作实绩挂钩，打破平均主义。通过这次改革，到1994年，全县县、区、乡卫生机构实行责任制的达100%。其中县、区两级实行行政领导负责制，69个乡基本实行院长负责制。三级医疗机构实行综合目标责任制的单位达88个，占88%。1996年，进一步落实“双线”目标责任制，实行分级管理，分级负责，以“任务挂经费、质量定奖惩”的管理办法，对各级医疗单位普遍推行以分配制度为重点的“三项制度”改革，实行“效益、计件、职责”工资制。1998年县委、县政府专门下发《关于卫生改革与发展的决定》，着重对卫生改革、卫生资源的配置及区乡卫生院改革等作了规定。

以精简医疗机构和人员为中心的乡镇卫生改革（2001—2005年）　2001年全县行政机构改革，撤区并乡建镇中，全县原13个区（镇）、81个乡调整为39个乡（镇），其中一类乡镇12个，二类乡镇23个，三类乡镇4个，行政村745个。为适应这次乡镇机构改革，区、乡卫生院进行了撤并和调整。组建12所中心卫生院，新建泔溪、后溪2所镇卫生院，组建18所乡卫生院，保留7所乡卫生院。2002年，全县12所中心卫生院和27所乡（镇）卫生院人员编制、规模、工作经费等都得到落实。2003年以后，根据国家规定，逐渐实行执业资格认定制度，进一步规范职业准入制度。2004年以后推行乡村一体化管理模式，以实现卫生资源的最佳组合。

改革结果

医疗机构由1985年的101个减少到2005年的48个，清退临时工87人，主要是区、乡卫生院减少了53个。2005年床位630床，比1985年的582床增加48床。医疗技术人员中，有高级职称28人，中级职称198人，初级职称827人，分别比1985年增加120%、101%、100%。房屋建筑面积51625平方米，利用医疗项目添置到位的各类医疗设备7001台（件）。

第二章　医　疗

第一节　医疗机构队伍

概　况

机　构　2005年全县医疗卫生单位48个，比1985年的101个减少了53个，其中县级9个，比1985增加1个（县防疫站2002年分成县卫生局卫生监督所和县疾病控制中心）。中心卫生院12个，乡镇卫生院27个，比1985年的80个减少了53个。其他医疗单位有精神病医院、厂矿、学校及村卫生组织。

床　位　2005年共设床位663张，比1985年802张减少139床。其中卫生部门630张，比1985年的582张增加48张。其中，县级医疗单位床位325张，比1985年的276张增加59张，乡镇卫生院305张，比1985年的346张减少45张。其他卫生事业机构33张，比1985年的220张减少187张。

人　员　2005年全县医疗单位共有职工1170人，比1985年的1142人增加28人。其中卫生技术人员1053人，比1985年增加68人。在卫生技术人员中，有高级职称28人；中级职称198人，比1985年的89人增加130%；初级职称827人，比1985年的406人增加1倍。从专业人员与学历看，大学本科41人，专科199人，中专574人，高中以下239人。从年龄结构看：35岁以下的440人，占41.79%；36—40岁的137人，占13.01%；41—45岁的104人，占9.88%；46—50岁的168人，占15.95%；51—55岁的137人，占13.01%；55岁以上的67人，占6.36%。高级专业技术人员主要分布在县人民医院、县中医院，中级专业技术人员主要分布在县属医疗单位以及钟多、龙潭、麻旺、大溪、丁市、龚滩等中心卫生院。

县属重点医疗单位

酉阳土家族苗族自治县人民医院 县人民医院创建于民国二十九年（1940年），是一所集医疗、教学、科研、康复、保健为一体的国家二级乙等综合性医院，到2005年年底，全院有职工261人，比1985年的239人增加22人，离退休人员86人。其中高级职称24人，中级职称141人。该院占地面积2.2万平方米，房屋建筑面积27905平方米（业务用房12218平方米）。其中1985—1991年修建职工宿舍2867.5平方米，1992—1998年修建职工宿舍6420平方米，1993年修建制剂室600平方米，1998年修建住院楼7240平方米。到2005年9月底，业务用房建筑面积12500平方米，其中门诊2300平方米。2004年投入200万元新修医院大门，实施园林景观工程，环境优美，设备设施齐全。有全身CT、彩色多普勒、黑白B超、爱克发CR系统、麻醉机监测仪、空气净化器等2万元以上先进医疗设备70余台（件）。医院编制床位200张（开放250张），设有临床、医技、门诊等科室17个，职能科室7个。专业设置齐全，主要有内一科、内二科、外一科、外二科、妇产科、儿科、五官科、口腔科、中医科、麻醉科、病理科、康复理疗科等。1986—2005年接受各大中专院校学生实习计850人，培训乡镇医护人员230人。派130名医护人员到外地进行临床进修，到北京、上海、成都等地参加学术交流，请专家到院讲课50余次。职工年发表论文30余篇，推广新项目新技术近10项。

医院日门诊量300人次，年收治病人600余人次，年手术1500台次，治愈好转率95%，抢救成功率90.1%。

1986—2005年酉阳自治县人民医院治疗情况表

表19－2

年度	门诊人次	入院人次	治愈率(%)	好转率(%)	死亡率(%)
1986	68829	4190	57.9	35.5	2.2
1987	75215	5106	65.6	30.2	1.8
1988	69925	4347	64.5	30.5	1.8
1989	69710	3647	58.4	35.2	2.1
1990	68762	4314	63.8	31.1	1.6
1991	67212	4270	64.7	29.8	1.9
1992	64270	4617	64.9	30.6	2
1993	70582	4315	67	28.8	1.4
1994	68438	4245	58	35.5	1.8
1995	44893	3816	57.4	36.4	2.3
1996	45296	3599	53.9	39.4	2.3
1997	49889	3357	52.1	41.9	2.4
1998	45276	3512	52.7	42.2	2
1999	41240	3690	52.4	42.2	1.9
2000	42533	4324	48.3	46.4	1.8

表19－2

年度	门诊人次	入院人次	治愈率(%)	好转率(%)	死亡率(%)
2001	40368	4631	50	45.5	1.6
2002	47142	5220	47.7	47.7	1.8
2003	49946	5666	49.2	45.9	2
2004	50845	5749	45.6	49.4	1.8
2005	85104	5675	42.3	51.4	2.3

酉阳土家族苗族自治县中医院　县中医院成立于1981年5月。1985年共有职工50人，其中医师4人、医士12人、护士10人、药剂士8人。2005年全院在岗职工110人，单位在册人员78人，其中高级职称2人、中级职称22人、初级以下职称48人。该院业务用房3400平方米（1985年为1250平方米）。其中1984年12月完工砖砌结构门诊750平方米，1988年修建住院综合楼1200平方米，1991年修建竣工康复医院综合楼1318平方米，1996年修建竣工1600平方米业务住院大楼。2001年在城南购买商品房320平方米作为门诊部，2003年修建420平方米用于桃源街骨伤科。全院使用病床120张，比1985年40张增加80张。有业务科室12个，辅助功能科室4个，职能科室6个，配有心电图机、结石治疗仪、北京X光机、全自动血球计数仪等90余台（件）。主要采用中药、针灸理疗等中医治疗手段。1995年12月被国家评为“二级乙等”中医院，2004年为重庆市交通事故快速抢救绿色救助定点医院。是一所集医疗，教学、实习、进修、康复、保健为一体的综合性医院，医院年门诊量5万人次、住院5100人次，治愈率90%。

1986—2005年酉阳自治县中医院治疗情况表

表19－3

年度	门诊人次	住院人次	治愈率(%)	好转率(%)	收治病例种数
1986	70735	299	78.18	19.11	45
1987	58222	356	78.91	20.81	56
1988	52930	410	84	12	56
1989	56737	572	73.03	24.52	70
1990	49595	770	76.09	20.61	0
1991	51511	626	77.01	21.70	0
1992	49387	741	77.66	21.38	80
1993	45016	569	90.03	9.97	0
1994	39463	269	89.74	9.93	0
1995	51363	482	91.44	8.35	0
1996	44079	513	90.94	8.66	90
1997	50071	490	93.22	6.78	0

续表19-3

年度	门诊人次	住院人次	治愈率(%)	好转率(%)	收治病例种数
1998	49880	400	95.28	4.62	0
1999	40861	427	93.71	6.29	0
2000	50201	589	91.61	8.22	110
2001	48082	855	92.99	6.78	0
2002	46204	1091	92.34	7.38	0
2003	53160	1353	93.91	5.87	0
2004	38963	1308	91.33	8.44	138
2005(1—8月)	18716	851	90.03	0.46	130

卫生院

中心卫生院 2001年全县乡镇机构改革，原区镇卫生院改12个中心卫生院，负责辖区内医疗、卫生防疫、妇幼卫生、人才培训、计划生育技术指导等行政管理和业务工作。2005年12个中心医院共有职工524人，比1985年的364人增加160人，其中卫生技术人员467人，比1985年的326人增加141人。其中级职称53人，比1985年的21人增加34人；初级职称412人，比1985年214人增加近一倍，各医院配有B超、诊断仪、口腔治疗机、麻醉机、200MA X光机、脚踏吸引器、综合手术台、自动生化分析仪等医疗设备。各中心医院一般设有内科、外科、妇产科、手术室、中西药房及放射科、检验科等。

乡镇卫生院 1985—2001年，全县有乡镇卫生院80个，2001年调整建成27个乡镇卫生院。2005年乡镇卫生院共有职工170人，其中医药卫生技术人员142人，比1985年的504人减少362人。其中中级职称3人，初级以下称职139人。主要医疗设备有综合手术台、乙种手术包、血压计、听诊器、保健箱等。主要科室设有中西药房、诊断室、治疗室、产房等。

其他医疗机构

村级卫生站 村级卫生组织主要开展村民基本医疗、卫生防疫、妇幼保健等。1985年全县以承包为主的多种形式的村医疗站529个，乡村医生933人，其中乡村医生105人、卫生员828人、接生员259人、私人开业24人。1986—2001年全县建村卫生站590个，村级卫生人员792人，每千农业人口拥有1.2名村卫生人员。行政村卫生站覆盖率达100%，其中集体办站332个，占应设站村的56.3%。合理解决村卫生人员报酬的560个，占已设站的94.9%；集体办合理解决报酬的村数332个，占个体办村数的88.37%；合格村卫生站215个，占应设卫生站村数的36.63%。2002年全县村组由原744个村合并调整为276个后，原有的590个合并调整为268个，村卫生站医生由792人精简到357人，其中取得执业助理医师的3人，取得重庆市乡村医生执业证书的273人。

企事业单位医务室 1991年厂矿、学校及企业单位医疗室16个，卫生技术员22人，其中西医师13人，护士4人，西医士5人。2000年建学校医务室12个、厂矿医务室1个。2005年共设置学校医务室17个，厂矿医务室2个。1986—2005年共有企事业单位医务室17个、医务人员22名、

个体诊所 2000年全县个体医疗机构101家，2003年个体医疗机构103家（含临时执业），2004年有个体医疗机构134家，其中取得助理医师以上资格的25人。2005年审批个体医疗24家，人员24人，其中

本科学历1人、专科学历6人、中专学历6人、师承中医11人。

第二节　医疗设施设备

房屋建设　1986年起，随着国家经济的发展，国家有组织有计划地对贫困地区给予资金倾斜。1990年以后，结核病控制、VI、VIII等项目的实施，全面改造乡镇卫生院房屋建设。1998年，全县农村卫生“三项建设”项目共投资62万元，改造7个乡卫生院2000平方米。1986—2005年县级医疗单位房屋建设面积51625平方米（不含1992—1997年区乡卫生院房屋改建），其中县医院19527平方米，中医院4858平方米，县保健院10150平方米，县卫生校1963平方米，县疾控中心2700平方米，县结防所499平方米。乡镇卫生院的房屋建设主要是1986—1991年修建3012平方米。从1999—2005年实施的国家VIII项目，全面修建和改造全县27个乡镇卫生院，共投入520万元（不含自筹资金），建筑面积9996.8平方米。

酉阳自治县27个乡镇卫生院（VIII项目）建筑面积情况表

表19－4

单位名称	修建时间（年）	投入资金（万元）	建筑面积（平方米）
龙潭中心卫生院	1999	38.81	862.42
黑水中心卫生院	1999	37.04	823.12
钟岭乡卫生院	1999	11.59	257.62
麻旺中心卫生院	2000	58.998	1090.54
酉酬中心卫生院	2000	41.42	796.48
龚滩中心卫生院	2000	24.92	495.38
大溪中心卫生院	2000	14.33	279.30
小河中心卫生院	2000	9.26	187.52
丁市中心卫生院	2000	23.16	470.31
白竹乡卫生院	2000	10.59	216.12
马鹿乡卫生院	2000	11.59	229.85
大河口乡卫生院	2000	11.48	221.64
涂市乡卫生院	2000	11.70	225.08
南腰界乡卫生院	2001	10.64	208.10
偏柏乡卫生院	2001	9.58	203.8
江丰乡卫生院	2002	22.74	379.86
清泉乡卫生院	2002	13.16	220.00
可大乡卫生院	2002	19.35	327.21

续表19－4

单位名称	修建时间（年）	投入资金（万元）	建筑面积（平方米）
板桥乡卫生院	2002	19.35	327.21
木叶乡卫生院	2002	15.18	255.60
庙溪乡卫生院	2002	21.90	372.46
铜鼓乡卫生院	2003	15.58	259.22
后溪镇卫生院	2003	16.65	299.35
泔溪镇卫生院	2003	19.57	360.05
腴地乡卫生院	2003	12.43	217.67
花田乡卫生院	2003	11.69	209.06
板溪乡卫生院	2003	11.42	255.65

医疗设备　1986年后，酉阳医疗设备的购置主要靠国家项目投入为主，自筹为辅。1994—1999年实施的VI项目总设备4833台（件），其中县级医疗单位2000件、乡镇卫生院2833件；1990—2005年的VIII项目到位设备共计1970件，分到县级医疗单位和各乡镇卫生院。2000“两降”项目共188台（件），主要分到乡镇卫生院。2002年“日援”项目共13台（件）分送到县保健院。全县到2005年年底共计到位设备7001台（件）。

2005年酉阳自治县人民医院主要医疗仪器设备情况表

表19－5

名　称	型　号	数量(台、件)
日本三洋血库冰箱	—	—
耳鼻喉科影像图文系统	NT-400A	1
十二导联全自动分析心电图机	日本光电ECG－9130P	1
网络数字脑地形图仪	KF－4	1
心电监护仪	VMO－TA	2
多参数监护仪	PM－8000	2
迈瑞心电监护仪	PM－9000S\9000E	4
宝莱特监护仪	PM－M12	3
金科威多参数监护仪	UT4000C/UT4000APRO	3
血液灌流机	SWS－2000A	1
12导动态心电	美国MORTARA	1
动态血压	德国MOBIL	1

续表 19－5

名　　称	型　　号	数量(台、件)
眼科手术显微镜	ASOM－3	1
电子胃镜	日本欧林巴斯V－70	1
鼻窦内窥镜	—	1
宝莱特电子阴道镜	BLT－870	1
奥林巴斯电子腹腔镜	日本欧林巴斯OTV－S7	1
彩超多普勒超声诊断仪	HDI4000	1
经颅多普勒血流分析仪	CDS－9000	1
眼科超声诊断仪	CAS－2000B	1
微波治疗仪	CR2001D	1
高频电刀	德国ICC200/ICC80	2
普林格多系统治疗仪	YS－C200型	1
手提式X线透视仪	BJI－IC	1
500MA床旁X光机	—	1
全自动洗片机	LS－135型/ P17XD	2
全自动生化分析仪	美国魅力2000	1
CO_2分析仪	DSI907	1
双通道血凝仪	TCEO	1
全自动酶标仪	—	1
全自动洗板机	—	1
血球计数仪	F－820/日本SYSMEXKX－21N	2
电解质分析仪	—	1
全自动尿十二项分析仪	—	1
徕卡切片机	德国RM2135	1
欧林巴斯显微镜	日本BX41－32H02	1
全封闭脱水机	TSJ－Q	1
病理图文分析系统	PAS9000	1
手术床	1088型/JT-2A	2
麻醉机	德尔格2000型/德国	3
呼吸机	PA－500	1
微电脑婴儿培养箱	—	1
黑白B超	美国	1
电热灭菌柜	YXQWY21.6	2

续表 19－5

名　　称	型　　号	数量(台、件)
牙科综合治疗机	AL398HA/AL-398HB	5
超拓真空灭菌器	CT2000－S23升	1
空气洁净器	2000型	1

1985—2009年酉阳自治县中医院主要医疗仪器设备表

表 19－6

购置年份	设备名称	产地	数量(台、件)
1985	50MAX光机	内江	1
1989	200MAX光机	内江	1
	狐臭治疗仪	西安	1
1990	CX880型B超诊断仪	绵阳	1
	显微镜	上海	1
	电动离心机	上海	1
1991	风湿治疗仪	江苏	1
	电动按摩椅	上海	1
1992	救护车	北京	1
1993	微波针灸治疗仪	成都	1
1994	吸痰器	上海	1
	九孔无影灯	上海	1
	洗胃机	上海	1
	综合手术床	上海	1
1996	甲乙手术刀包	上海	2
	同步呼吸机	上海	1
	超声雾化器	上海	1
	电动胃肠减压器	上海	1
	病人推车	上海	1
	双杠牵引床	上海	1
	前臂复位器	上海	1
	颈椎牵引器	上海	1
	股骨复位器	上海	1
	麻头牵引器	上海	1

续表19-6

购置年份	设备名称	产地	数量(台、件)
1997	东芝B超机	日本	1
1998	综合性产床	上海	1
	尿12项分析仪	上海	1
	电动吸引器	上海	1
	简式产床	成都	1
	麻醉机	北京	1
1999	500MAX光机	北京	1
2000	高频电离子手术治疗仪	上海	1
	多普勒胎儿仪	上海	1
	冷光源肛肠治疗仪	上海	1
2001	裂隙灯	上海	1
	电子胃镜	日本	1
	远程医疗会诊系统	重庆	1
	12孔手术无影灯	上海	1
	生物显微镜	上海	1
2002	半自动生化分析仪	上海	1
	心电监护仪	上海	1
	急救车	上海	1
	高频电刀	上海	1
	放免计数仪	上海	1
	电解质分析仪	上海	1
	脑电图	上海	1
2003	全自动血球计数仪	德国	1
	多导心电图机	上海	1
	机械手术床	上海	1
	软组织治疗仪	上海	1
	婴儿取暖器	上海	1
	心脑刺激仪	上海	1
	升降钢丝床	上海	80
	灭菌器	上海	1
2004	血凝仪	德国	1

续表 19－6

购置年份	设备名称	产地	数量(台、件)
2004	一次性医疗用品毁形机	上海	1
	医用空洁器	上海	1
	三氧消毒机	上海	1
	心电监护仪	上海	1
	牙科综合治疗仪	上海	1
2005	电针治疗仪	上海	1
	中频治疗仪	上海	1
	电动颈腰椎牵引床	上海	1
	气压式循环治疗仪	上海	1
	蜡疗仪	上海	1
	中药雾蒸治疗仪	上海	1
	运动类康复器材	上海	1

第三节　医疗技术

1986年起，由于逐渐配置先进的医疗设备，通过培训、自修、相互交流等形式培养人才，鼓励技术创新，促进医疗技术的发展。1986—2005年，实施和推广的主要医疗技术有：无痛胃镜检查、胃镜下息肉摘除，血液灌流、24小时动态心电血压监测、腹膜透析、阑尾、胆囊切除、包皮环扎、疝气修补、胃大部切除、肝脾破裂手术、肛瘘和痔疮手术、直肠癌根治、食道癌治疗、肺叶切除、腹腔镜手术、颅骨修补、全髋关节置换、外固定支架、带锁髓内钉固定、深静脉穿刺术、肺纤维板剥脱术、椎间盘手术、脊硬膜全阻滞麻醉、眼科A/B检查、鼻咽部微波治疗、白内障摘除及人工晶体移入、电子阴道和宫腔镜检查、无痛人流、无痛分娩手术、烤瓷冠、人工植牙、固定正畸、口腔颌面部肿瘤综合治疗、CT | CR、彩超检查、痔瘘手术、针灸理疗、推拿按摩、神灯、火罐，以及耳鼓膜修补术、微创脑室内血肿清除、脑室外引流术、创动脉压监测、切除胆囊术、骨折和关节脱位手术等医疗技术。治疗手段上，西医采用先进技术设备和高超的技术水平来完成；中医在中药上采用中药汤剂、外洗等；针灸理疗采用针刺、电针等；骨伤及痔瘘分别采用不同的治疗方法。

应用胎儿角膜移植治疗角膜溃疡穿扎　1984年2月至1985年3月，县人民医院对两眼角膜穿孔患者，在身体角膜匮乏的情况下，应急采用8月龄以上引产胎儿角膜作移植供片，由五官科主任医师刘宗益主刀，施行治疗角膜移植手术获得成功，使患者重见光明。

腹腔镜胆囊切除等外科手术项目　县医院拥有欧林巴斯电子空腹腔镜、结肠镜等设备，除开展一般的胆囊、肺叶等切除手术外，率先开展电子腹腔镜胆囊切除术、疝补片修补、包皮环扎等新的外科手术项目，填补了酉阳县外科史上的空白。腹腔镜胆囊切除术以其创伤小、恢复快、治疗彻底、住院时间短、深受广大胆囊炎、胆石症患者的欢迎。

脑胃胸系列外科手术　1999年后，外科主任曾天福先后开展颅脑外伤施行治疗，胃癌根治术、胰腺癌手术治疗以及胸腔外科、食道癌上、中、下段的切除术，填补了县内空白。

痔瘘根治技术　主要是县中医院采用“压缩法”及电离子、高频电刀等多种方法分别对内痔、外痔、混合痔、肛周脓肿、息肉、肛瘘等肛肠疾病一次性根治，无痛苦和无后遗症。

骨伤治疗技术　县中医院从郑州、成都、重庆、湘西等医院引进治疗骨伤的技术，对骨折、关节脱位、软组织损伤、血管、神经损伤、腰椎间盘突出症等各种骨伤疾病进行诊治。

第四节　中西医

中　医　1986年起，全县重视发展中医事业，初步建立以县中医院为主、乡镇卫生院为辅、村及个体为补充点的中医治疗网络。1986年在外地专家教授的协助下，对黄花蒿的青蒿素有效成分进行研究，证明青蒿素是一种治疗恶性疟疾的原料药，1989年在境内建成世界上最大的年产量达一吨青蒿素原料药生产线进行批量生产，青蒿素打入国内外市场。县中医院主治医师陈茂长因研究论文参加国际交流，于1991年出席全国科协“四次”代表大会。1986—1991年全县中医普查其品种达1216种，新增157个品种。普查的新品种资源总蕴藏量为2756吨，其中有开发利用价值的品种占70%以上，井边茜、半边莲、鱼腥草等70多种民间常用中草药，对清热解毒、止痛、止血、止咳等疾病有特效。

2003年中医调查：全县有中医机构1个（县中医院），县人民医院设有中医科、中药房、中医门诊、中医康复理疗科、中医库房等相关科室。乡镇开设中医科室（中医人员、中医科、中药房三配套）的卫生院37个，个体中医门诊41个，村卫生站开展业务的350个。全县有中医专业技术人员212人，其中中医院22人、县医院14人、乡镇176人。在县医院和中医院中医专业人员中，取得高级职称的7人，中级职称的18人，初级职称的9人。中医机构建筑总面积6728平方米，其中中医院4168平方米，县医院1000平方米，乡镇1500平方米。有中医病床136张，平均每村卫生室中药饮片数180种、中成药31种。大溪、李溪、丁市、龙潭、钟多等卫生院均设骨伤科、针灸推拿科门诊等。钟多中心卫生院骨伤科用传统的中药配制方法自制药品10余种，用于治疗骨折收到良好疗效。乡村医生用针灸推拿治病的占60%。全县加强对中草药资源的调查与普查，

西　医　全县西医队伍发展较快，2005年全县西医人员1000余人，中高级职称比1986年分别增加1倍。县医院高级职称24人中，西医占19人。1986年起县医院和乡镇卫生院不断加强基础设施建设，配备较先进的医疗设备，提高了医疗水平。县人民医院基础设施好、拥有各类先进医疗设备，能做胃、食道、脑、胆、口腔、肝等部分外科手术和多种肿瘤切除手术；能开展胃镜检查、腹膜透视、血液灌流、CT检查透视等内科诊治。妇科、儿科、五官科、口腔、麻醉、放射等诊治技术水平也明显提高。

第三章　疾病控制

第一节　传染病地方病防治

概　况

1986—2004年年底，全县共发生传染病26种39974例，总发病率302.5/10万。病例中，甲类传染病为零，乙类传染病18类35038例，占87.65%；丙类传染病8种4936例，占12.35%。发病以痢疾为首达11423例，其次是肺结核7509例，肝炎7492例，流行性感冒6457例，麻疹2203例，伤寒及副伤寒2130例，腹泻1101例，风疹1081例，钩端螺旋体病786例，腮膜炎707例等。20年中，白喉、百日咳、钩体、斑疹伤寒等下降，其中白喉近20年、麻风病近7年、出血热近5年无病例报告，肝炎、肺结核、流感、腹泻居高不下，伤寒主要是1987—1991年发病较高，并在局部地区流行。新增的病种有艾滋病，病死率最高的为狂犬病达100%。

传染病防治

伤寒病防治　1990年桃鱼乡杉树坪村陈家坨，由于1988年疫点处理不彻底，1990年再次流行，66人发病，死亡1人。1992年在桃鱼乡，渤海乡的茶花、上河，涂市乡的小井、涂家、凉桥，车田乡的黄坝，板溪乡的姚岭村发生局部伤寒流行，共发病286例，死亡2人。通过对病人隔离治疗、饮食、饮水管理，对环境消毒、杀虫、伤寒菌苗注射等措施，控制和杜绝了疫情蔓延。1997年5—7月，县城的各机关、学校和企事业等54个单位共发生伤寒病280例，到年底全县共发生伤寒681例，年发病率为109.20/10万，无死亡病例。与1986年同期相比上升了37倍，全县有49个乡有病例报告。

狂犬病防治　1985年专门成立县狂犬病防治指挥部，由畜牧、公安、人武部、卫生等部门有关人员组成，区乡也相应成立机构。防治工作的具体分工是畜牧部门对犬只管理、控制和杀灭等；卫生部门主要负责被犬伤后伤口的处理、免疫与治疗工作等。1986—1991年全县免疫1050人次，发病30例，死亡30例，病死率达100%。

防“非典”（非典型性肺炎）　2003年年初全国部分地区流行“非典”疫情，为了防治“非典”的侵入和传播，全县制定疫情应急处置预案，建立县到乡镇、县直八大系统的疫情监测网络，坚持“零报告”和“24小时值班”制度。召开技术培训会4次，片区培训会8次，共培训了1434人，设置9个交通卫生检查站，41个发热门诊，做好药品、口罩、体温表等物资储备，散发传单21万份，《指导手册》5000本，举办专栏46期，开通2条防“非典”热线，实现了“零病例、零失误”目标。

艾滋病防治　2003年以前，对境内发现或疑似艾滋病患者均应监测、管控。2004年，兴隆、木叶、毛坝等乡镇有卖血人员56人涉及40个家庭，含配偶及10岁以下子女应监测112人，已监测69人，共发现阳性24人，其中卖血浆者56人中应监测38人（监测前已死亡18人），已监测22人，阳性17人，配偶10

人，应监测36人（监测前已死亡3人，再婚配外省1人），已监测20人，阳性5人；10岁以下子女应监测38人，已监测27人，阳性2人，未监测人员43人（外出打工或地址不详），其余36个乡镇中有市外卖血人员涉及14个乡镇23人，含配偶及10岁以下子女应监测66人，已监测37人，均为阴性。2005年仍对疑似艾滋病患者监测。

地方病防治

丝虫病监测　1984年9月，经省、地考核，全县丝虫微蚴率达0.02%，达到了部颁基本消灭丝虫病标准。1995年为酉阳自治县颁发基本消灭丝虫合格证。为巩固达标成果，全县重点对丝虫病进行监测和调查工作，1991年复查6个村5385人，有症状332人，患病率6.77%，病变以睾丸鞘膜积液为主，占79.82%，病程最短的一年，最长44年。1992年完成9个区、105个村8652人的丝虫病横向监测，实检率为90.65%，未发现微丝虫阳性者；解剖蚊螺518只，未检出阳性，睾丸鞘膜积液手术67人；中链治疗糜尿120人，有效率达90%；经省地考核验收，全县完成丝虫病的近期监测目标。1993年对丝虫病监测1093人，对丁市乡9个村6333人进行了晚期丝虫病检查，对乳糜尿病人治疗101人。1995年11月经省政府地方病防治领导小组对全县消灭丝虫病的达标考核。1996年又监测438人，1998年全县检查11个乡11个村、2310户、9456人，检查晚期丝虫病人368例，发病率为3.8%，其中鞘膜积液263例，占71.47%，乳糜尿105例，占28.5%，手术治疗睾丸鞘膜积液38例，无一例并发症发生。2002年又监测654人无病例。至2005年持续监测仍无病例。

麻风病的防治　1986—2005年，对319个组、3619户、16932人的重点普查，对115户麻风病人家属追踪调查，线索调查68人，病检确诊29人。在治疗上，1985—1987年主要采用单一的氨苯风利福平药物治疗。1988年10月起采用世界麻风协会推荐的联合治疗方案，即氨苯风+利福平+氯苯吩味，效果明显。至2005年，尚在治疗的18人，其中17人在家治疗。

疟疾病防治　疟疾病是全县流行面广、危害人民健康严重的传染疾病之一。新中国成立后，由于历届县委、县政府重视，此病从1981—1990年连续10年发病率控制在万分之一以下。1988年成立疟疾血栓中心站13个，采血送检站93个，有疟防人员137人，培训采血人员111人，镜检人员26人。对“四热”病人采血检2351人，未发现阳性。1990年，采血镜检“四热”病人12912人，占全县总人口的1.93%，确认达到卫生部基本消灭疟疾标准。1992年，对外出高疟区流动人口监测调查10574人，对调查出来的疟疾病人分别进行了防治处理，四热病人监测2327人，未检查出疟原虫；疟疾抗复发治疗90例，对27个新老疫点进行了人群预防服药和灭蚊处理，预防服药926人，灭蚊面积达50950平方米。1993年对外出四热病人疟检监测2150人，阳性8人，现症病治疗8人，预防服药186人。1996—1997年对有疟史病人进行治疗16例，无1人复发，对四热疟疾监测2068人，检出疟原虫阳性6人（间日疟），阳性率为0.29%；对5个乡18个村5893户21058人进行流动人口抗疟调查，发现和检出输入性疟疾病人10人，治疗现症病人10人，处理疫点8个，对340人进行预防服药，对其周围消毒面积达8000平方米。

钩虫病调查　1988年，分三种不同地型（高山、丘陵、平坝）在全县进行钩虫病感染率、皮疹率与钩蚴分类调查，共粪检603人，发现阳性427人，感染率为78.7%，进行粪便培养分型结果，亚洲钩蚴28人，占28.51%；美洲钩蚴6人，占6.12%；亚洲、美洲混合感染64人，占65.31%。

麻疹病防治　1992年在麻旺、车田、大溪等地发生麻疹流行，共发病1476人，发病率219.25/10万，死亡6人，死亡率为0.89/10万。发病最大年龄63岁，最小年龄1岁。1994年3月丁市、后兴、李溪、南龙等乡发生麻疹流行，共调查7个村，23个组，发病136病，死亡3人，通过应急接种麻疹疫苗2152人。

此后至2005年均未发生麻疹流行。

第二节 疫苗接种

1986年起，全县对0—7岁儿童有计划地进行麻苗、糖丸、百白破、卡介苗的免疫接种，并根据历年传染病发生及疫情预测情况，对县境内易感人群进行伤寒菌苗、流脑菌苗、钩体菌苗、狂犬疫苗等生物制品的预防接种，防止和控制了相应传染病的流行。1986—2005年全县共有11种生物制品，完成免疫注射712.78万人份，平均每年35.64万人份，其中卡介苗95.5万人份，糖丸118.59万人份，百白破103万人份，麻苗120万人份，乙肝5.9万人份，白破41.15万人份，流脑87.5万人份，乙脑92.25万人份，钩体25.3万人份，伤寒23.7万人份，人用狂犬疫苗1050人份（1985—1991年）。四苗全程接种率年均达80%。

疫苗接种处于稳定上升的趋势：儿童建卡率由1985年的87.6%上升到2005年8月的95.7%，卡介苗接种率由1985年的72.33%上升到2005年的96.19%，糖丸接种率由81.4%上升到94.28%，百白破由65.24%上升到91.9%，麻苗接种率由89.6%上升到90.95%，乙肝接种率从1995年开始到2005年已上升到75.71%，四苗全程覆盖率由1985年的45.71%上升到2005年的89.52%。

第四章 妇幼保健·卫生监督·结核病防治

第一节 妇女保健

机构及服务网络 酉阳县保健院作为全县妇女健康服务的职能机构，该机构从1953年成立到1986年9月名为妇幼保健站，1986年9月至2004年5月名为妇幼保健所，2004年5月更名为县妇幼保健院，该院设办公室、财务科、基层保健科、信息资料科、住院部、门诊部、检验科、B超室等科室。职工从1985年的33人增加到2005年的44人。其中主治医师11人，医师12人，医士2人，主管护士5人，护师5人，药剂师、放射师、助理会计师各1人，其他人员4人。

全县各乡镇卫生院配备妇幼保健人员。1993年7—9月，对全县14个乡镇、110个村、10万人口进行了妇幼保健状况调查。2002年，全县每年聘请86名妇幼人员开展妇幼保健，每月生活费300元，并实行目标考核。同时对妇幼保健人员进行技术培训。2003—2005年，全县先后选派104名妇幼人员和产科医生到市级提高班学习，培训乡镇妇幼医生500余人次。

基础设施设备 1992年起，全县开展实施VI项目、“降消”项目、VIII项目和2001年的日援项目。县、乡两级陈旧简陋的设备明显改善。县保健院业务综合楼于2005年修建竣工。2002年10月25日，由日本政府代表古矢佳男先生将小儿听力测试仪、胎儿分娩监护仪、B超、手术器械、床旁监护、救护车等13

件设备（约人民币150万元）送到县保健院。乡镇也基本配备常规的医疗设备。

孕产妇系统管理　1986年起，全县推广新法接生。1989年后逐渐开展孕产妇系统管理，对孕产妇从怀孕开始到产后42天内进行系统的保健工作，推动和促进住院分娩，提高产科质量，将孕产妇死亡率从1986年的138.86/10万降到2004年的111.3/10万，住院分娩率从1990年的12.17%上升到2004年的48.12%，产前保健率由1992年的65.94%上升到2004年的90.55%，产后访视率由1992年的65.44%上升到2004年的87%。2005年继续开展孕产妇系统管理，其各项指标比2004年有较大改善。

妇女病普查普治　1986—2005年，全县妇女病应普查人数129535人，实际普查930611人次，普查率71.7%，平均每年普查率42%，普查率最高的是1995年达70%，查出妇科病人数145989人，妇科病患病率15.7%，患妇科病最高年份是1987年的37%，最低的是1993年的3%。其中妇女患子宫脱垂1896人，治疗数1732人；尿瘘65人、治疗8人；宫颈癌8人，治疗8人。从1996年统计到2005年的病例为：滴虫性阴道炎23024人，治疗19048人；宫颈糜烂33213人，治疗25438人；淋病及尖锐湿333人，治疗数289人；乳腺癌及卵巢癌14人，治疗12人。

全县妇科病的患病率已从1986年的35%下降到2005年的15%的较低水平。但随着社会经济的发展，女性生活和行为方式的改变，以及计划生育的开展，全县农村妇女的常见病、多发病依次排序由1985年的子宫脱垂、尿瘘、宫颈炎、阴道炎逐渐转化为宫颈炎、阴道炎、其他妇科病、子宫脱垂、尿瘘等。2003年后，子宫脱垂、尿瘘病患病数为0，但乳腺癌及卵巢癌从2000年起患病率逐年上升。

第二节　新法接生·儿童保健

新法接生　1978年，全县开始实施新法接生技术，到1986年，新法接生基本稳定在70%以上。1989年逐渐开展孕产妇系统管理，县、区、乡妇幼工作者和村妇幼人员抓保健和产科质量，新法接生稳步提高，产妇死亡率由1986年的138.86/10万下降到2005年的134.47/10万，婴儿死亡率由1986年的17.11%下降到2004年的8.68%。全县1986—2005年活产176130人，新法接生人数147838人，新法接生率84%。接生率由1985年的70%提高到2005年的92.97%。孕产妇住院率由1992年的19.07%上升到2005年的43.97%；新生儿破伤风发生率0.0014‰，孕产妇系统管理率达83.24%。

1986—2005年酉阳自治县新法接生情况表

表19－7

年度	活产数（人）	新法接生数（人）	新法接生率（%）	住院分娩率（%）	新生儿破伤风发生例数(例)	新生儿破伤风发生率(‰)	孕产妇系统率(%)
1986	9938	8410	80.64	−1	1	0.1	−1
1987	10788	8953	82.99	−1	0	0	−1
1988	8942	7413	82.90	−1	0	0	−1
1989	8350	7097	84.99	−1	0	0	−1

续表19－7

年度	活产数（人）	新法接生数（人）	新法接生率（%）	住院分娩率（%）	新生儿破伤风发生例数(例)	新生儿破伤风发生率(‰)	孕产妇系统率(%)
1990	8282	7083	84.80	–1	0	0	–1
1991	9338	8007	85.74	–1	1	0.1	–1
1992	7926	7025	88.63	19.07	1	0.12	–1
1993	7903	6001	75.93	16.95	5	0.63	–1
1994	9096	6033	66.33	17.06	2	0.21	–1
1995	9810	6473	65.98	15.07	2	0.20	–1
1996	7521	5772	76.76	15.44	2	0.26	40.51
1997	8957	7301	85.51	16.95	4	0.45	56.06
1998	9002	7324	81.36	17.95	3	0.33	55.24
1999	9729	8409	86.43	20.14	2	0.20	65.64
2000	8563	7777	90.82	25.28	0	0	75.88
2001	8532	7960	93.3	36.35	0	0	80.11
2002	8567	8043	93.88	39.43	1	0.11	78.35
2003	8629	8003	92.7	43.84	0	0	80.74
2004	8086	7545	93.3	48.12	2	0.24	80.18
2005	8180	7605	92.97	43.97	0	0	73.51

儿童保健 1986年对0—3岁儿童进行体检，受检816名，查出体弱者81例，实行档案管理，定期服药、观察、记录，矫正后消卡。1987—1988年“六一”儿童节免费体检儿童1874名，查出疾缺典患儿313例，嘱其矫正、治疗。科学育儿、健康咨询3142人次。1989年受检2557名儿童，按四川省规定标准对受检儿童健康评价，身高达均值获均值以上者292人，体重达到或者超过均值者仅50人。其中0—3岁受检儿童511名，轻中度贫血患儿387例占77.1%。1990年受检儿童0—7岁8664名，身高达均值以上者2077名，体重达均值及其以上者1878名，缺铁性贫血642例，治疗642例，其中0—3岁368例均得到治疗。1991年受检儿童7848名，其中0—3岁3824名，1岁内VIT－D投放266例，患儿110例，治疗101例，好转85例，痊愈11例。查出贫血（轻中度）2256例，其中0—3岁1391例，治疗1391例。1990、1992、1994、1996、1998、2000、2002、2004年8年儿童保健管理情况统计表中，3岁以下儿童共计259914人次，年均婴儿死亡率达16.2%，新生儿死亡率达8.17%。0—4月纯母乳喂养率2000年、2002年和2004年分别达97.5%、97.64%和97.62%。1998年全县选4个乡为临则点开展5岁以下儿童死亡监测工作。1998—2004年共监测5岁以下活产数9180人次。2003年酉阳县作为全国出生缺陷监测网点，具体监测情况是：围产儿504人，围产儿死亡数23人，出生缺陷数6人，出生缺陷发生率1.19%。

第三节　食品卫生监督

1983年，《中华人民共和国食品卫生法》颁布。至1986年，全县专门配备115人执法队伍，其中县城7名监督员，区、乡配备检查员108人，由县政府颁发证书，着装上岗。建立各项规章制度，进行宣传和教育工作。1989年县、区、乡办宣传专栏491期。2002年5月，撤销原卫生防疫站，成立酉阳土家族苗族自治县卫生局卫生监督所，属全额拨款的事业单位。内设卫生监督一科、卫生监督二科、行政办公室和财会资料室。主要职责是对全县食品、传染病等卫生进行监督管理。核定编制20人。至2005年有职工23人。

1994—1995年对公共场所消毒面积达12万平方米。2002年“6·20”洪灾共出动卫生监督员120人次，监督检查11个受灾较重的乡镇食品市场，免费发放餐用消毒片22500片，环境消毒药398公斤，查处销毁水淹食品9种913公斤。对钟多中学333名学生食物中毒事件予以查处，处罚该校20000元。

至2005年，全县共发放卫生食品许可证14888个次，公共场所卫生许可证393个，发放健康证2682个，执法13147人次，执法监督6564户次，食品抽样1431份，处理劣质及霉变食品27253公斤，销毁不合格化妆品982瓶，从业人员体检10231人次，学生体检190219人次，依法取缔非法执业129家，没收不合格药品87箱、医疗器械108件，价值8500元。其中1985—2001年处理食物中毒事件13起，处理违法案件533件，其中罚款43件。

第四节　爱国卫生运动

机　构　1986年，成立县爱国卫生运动委员会办公室。　1993—1997年县爱卫办和县委精神文明办合署办公，1998年后爱卫会单独组建挂靠县卫生局。2001年爱卫会工作职能划入县卫生局卫生法规科内，并挂爱卫会办公室牌子。2004年4月县爱卫办单独挂靠卫生局。

治理脏、乱、差　1985年，开展以治理脏、乱、差和推行门前“三包”责任制为重点的爱国卫生运动。1986—1989年，县城开展大规模的爱国卫生突击和检查活动达14次，1986年检查评比316个单位获文明卫生单位，县城90%的单位和居民落实了门前三包责任制。据1988年抽查，继续开展门前三包和室内达标活动的卫生好的单位占35.84%，一般的占54.71%，卫生差的占9.43%，门前三包率达96.95%；县城单位建成卫生单位的占27.41%，区乡占20.22%，已建成卫生村组的占1.2%。1989年继续把爱国卫生工作推向经常化、制度化、规范化和科学化，坚持每天上班一小扫，每周一大扫，全年清运垃圾5000多吨。县城开展了两次检查评比，检查的204个单位中，先进单位45个，县城卫生先进单位达16.18%，建成面5.39%。区乡到创建面20.2%，已建成2%。卫生村组建成面0.5%。4年共计投放鼠药6166公斤，配制鼠药1万公斤、灭蝇药129公斤。解决了21.2万人饮水困难，19.3万人饮上清洁卫生水。

创建卫生城市　1990年，全县开展以创建卫生城市为重点的爱国卫生运动，全面开展县城机关参加“周末环卫义务劳动日”，183个单位划分了责任地段并签订了责任书，参加人数达5万人次。开展两次灭鼠活动，共投放毒饵2500公斤。其中县城1250公斤，捡死鼠13万只。全年做到“两化两治”。一是绿化，庭园植树2550株，新建花台239个，集体栽花15178钵，职工住户栽花1237钵；二是美化，粉刷房间922间8847平方米，整修花台375个；三是治脏，疏通阴阳沟745条25000米，清扫面积145355平方米，治理卫生死角469处，清运垃圾1353吨，更新和增设果皮箱48个；四是治乱，搬迁畜圈416个，建立文明卫生的“小商品一条街”，集中设摊点178个。县城开展创建卫生单位的90个，占40%，被评为先进单位的51个，占单位的22.66%，其中县人大机关被命名为省级爱国卫生运动先进单位，县饮料厂、百货公司被命名为地级爱国卫生先进单位。1991年全县重点以健康教育、救灾防病、治理环境卫生、创建卫生城镇为重点的爱国卫生。全年清运垃圾5540余吨，粪便650余吨，突击治理卫生死角死面250多处。疏通阴阳沟，污水沟1784米，清运垃圾180多吨。县城229个单位，坚持周末环卫劳动。全年开展两次灭鼠活动，投灭鼠毒饵1500公斤。“7·13”洪灾后，对县城街道消毒3次，消毒面积25万平方米。

卫生单位创建及改水工程 2001—2005年，全县开展市级卫生单位和县级卫生单位的创建和复查，全县达市级卫生单位的19个，达县级卫生单位的118个。全县改水投入资金2439万元，新建供水站348个，改水受益人口达11.37万人，创建自来水受益人口达48.1万人。农村改厕30625口，无害化处理9800口。常年开展除“四害”工作，投放鼠饵8000公斤，取缔剧毒急性鼠药摊点16个，收缴急性剧毒鼠药15.5公斤，并移交环卫部门销毁，遏制了危害性。

第五节　结核病防治

机构 1984年10月成立酉阳自治县结核病防治所，是全县结核病防治中心和技术指导中心，主要开展结核病防治工作。1986年有专业技术人员13人，其中副主任医师1人，主治医（技）师6人，医（技）师5人，其他1人。

结核病调查 县结防病防治所，曾先后对18个乡的痰检、X线线索调查，调查总人口145832人，可疑结核病人6375人，登记发现活动肺结核病3315例，患病登记率2270/10万。据测算，20世纪90年代后期至21世纪初，全县患病率在500/10万左右，结核病患者4000人，其中传染性肺结核病人1500人，每年新发病例2000人。结核病死亡率1990年为35/10万，2004年为20/10万，比1990年下降42.86%，每年因结核病死亡的人数150余人。历次调查显示：全县结核病流行的主要特点是条件越差的乡镇，发病率越高，农村疫情高于城镇，青壮年患病占结核病的60%；学校学生肺结核、老年肺结核发病有上升趋势，具有高患病率、高耐药率、高死亡率、高感染率和低递降率等特点。

防治措施 全面推行现代结核病控制DOTS策略，主要内容有政府组织管理协调、消灭传染源、给病人免费治疗、标准短程化疗方案治疗，不断供应抗结核药物和建立结核病监测系统；实施世行贷款中国结核病控制项目。1992—2001年，免费治疗2996例传染性肺结核病人，治疗管理4313例肺结核病人，避免了900人成为新发病例；2002年1月，启动世行贷款英国政府赠款中国结核病控制项目。到2004年共免费检查肺结核可疑者5606人次，查出结核病人1749例，治愈率达95%以上。

1986—2004年，全县共发现和治疗结核病人7509例，患病率从1986年的2270/10万下降到2004年的500/10万，死亡率2004年比1990年下降了42.86%。

1986—2004年酉阳结核病病人发现情况表

表19－8　　单位：例

年度	病人数	初治涂阳	复治涂阳	涂阴
1986	285	100	36	148
1987	407	110	45	252
1988	247	70	18	159
1989	230	46	5	179
1990	245	60	8	177
1991	113	38	10	65
1992	188	85	18	85
1993	514	261	92	161
1994	314	115	41	158
1995	382	160	37	185
1996	301	55	8	238
1997	518	195	41	282
1998	427	285	38	104
1999	659	303	58	298
2000	524	385	34	105
2001	490	395	53	42
2002	379	344	12	23
2003	575	491	48	36
2004	711	530	89	92
合计	7509	4028	691	2780

第二十篇

民族 · 宗教

MIN ZU　ZONG JIAO

第一章　民族来历·民族习俗

第一节　主要少数民族形成

酉阳属多民族聚居地。2000年年末，县境内除汉族外，少数民族有土家族、苗族、回族、侗族、彝族、维吾尔族、藏族、蒙古族、哈萨克族、傣族、黎族、仫佬族、羌族、撒拉族、仡佬族、拉祜族、水族、白族、朝鲜族、鄂温克族、门巴族、珞巴族、傈僳族、高山族、瑶族、满族、布依族、土族等28个少数民族。土家族人口为46.24万人，主要聚居于酉阳东部酉水沿岸和酉阳中西部；苗族8.52万人，杂居酉阳境内各地；其他26个民族，人口较少，住地分散。各少数民族，具有本民族的传统文化、语言、服饰、风俗习惯、宗教信仰等。

土家族

土家族是一个古老而又年轻的民族。说其古老，是因土家族是武陵山区世居民族之一（因土家族族源未有定论），迄今有3000多年的历史；说其年轻，是因为族名始定于1956年。世代繁衍生息于武陵山区的巴、濮、賨人是个极为特殊的群体，长期没有族名。1956年，著名民族学家潘光旦深入渝、鄂、湘、黔交界的武陵地区调查研究，报国务院批复正式命名为土家族，使之成为中华56个民族中的一员。县境内的土家族，与鄂西、湘西、黔东北及渝东南各自治县、区的土家族为一整体。土家族自称“毕兹卡”，意思是“说土家语的人”。在史料中，不同历史时期有不同的称谓，史书上称这个族群为“蛮”“夷”“土”。千百年来，土家先民与其他民族杂居共同开发酉阳。

古代巴人进入酉阳　关于土家族的族源问题，其说多种，但追根溯源，从大量的文献中，可以清晰地看出土家族与古代的部分巴人有着直接的渊源关系。“巴”的出现很早，在殷墟甲骨文上就有“巴方”的记载，说明巴人是一个古老的族类。《华阳国志》卷一巴志载：“周武王伐纣，实得巴、蜀之师，著乎《尚书》。巴师勇锐，歌舞以凌殷人，[殷人] 倒戈，故世称之曰‘武王伐纣，前歌后舞也’。”①根据专家断代研究，武王伐纣确切年代为公元前1046年。巴人势力日益增强，并建立了巴国，强盛时疆域，巴志云“其地东至鱼复（奉节），西至僰道（今四川宜宾），北接汉中，南及黔、涪”。“黔”包括今酉、秀、黔、彭和贵州东北部地区。春秋战国以前已有巴人在县境内生息繁衍。战国后期，巴国逐渐衰落。周慎靓王五年（公元前316年），秦国派张仪、司马错率兵灭掉巴、蜀，在江州（今重庆）置巴郡。巴国的历史虽然结束，但巴人并未被灭，一部分巴人被迫迁徙到武陵五溪流域。境内龚滩镇对岸悬崖绝壁上，有个“蛮王洞”，相传是土家族先民“巴蛮”沿乌江进入县境后的早期活动遗址。

① [晋] 常璩，《华阳国志》齐鲁书社2010版第2页。

巴人进入县境内以后，与濮、賨等族友好相邻而居，共同开发酉阳这一沃土。巴人在长期的发展过程中，也吸收并融合了其他民族成分，成为武陵特殊族群。

秦灭巴后，巴人流入武陵，一直到唐宋，有1000年的历史。土家先民同各族人民一道，为本民族的生存发展，同大自然和历代统治者进行不屈不挠的斗争。三国时期，“武陵蛮”又称为“五溪蛮”，其中乌江、酉水流域则是土家先民繁衍生息之地。南北朝时期，见于史载而被称为“酉溪蛮”“酉阳蛮”。唐宋时期，由于建置变化，先后以不同的地域地名命族，有“酉阳蛮”“九溪十八峒蛮”“后溪蛮”“石堤蛮”“宋农蛮”等。同时在史书上也出现区别于其他族类的称呼：“土兵”“土人”“土蛮”。宋元之际，实行羁縻土官、土司制，有“蛮不出峒、汉不入境”的禁令，以“土”称谓的记载大量出现，如“土官”“土兵”“土丁”“土民”等。到明清时期的几次移民，为区别族类，土家人用汉语自称“土家”，称新入县境的汉人为“客家”，称近邻的苗人为“苗家”。这时，土、苗、汉的区分是很清楚的。

冉氏入酉　《周书·蛮传》载：“有冉氏、向氏、田氏者，聚落尤盛。余则大者万家，小者千户。更相崇树僭称王侯，屯据三峡。”在北周明帝武成元年（559），冉令贤作乱，固守水罗城，北周派陆腾率王亮等前往征讨。《冉氏族谱》称：“建炎三年，王辟之乱，酉阳寨夷民乘时滋扰，公守忠结纳豪俊，聚姓九十余族，与思州安抚司田祐恭同奉敕讨贼，夷人平定。”《读史方舆纪要》卷七十三记载：“五代时，中原无主，冉氏遂据有之。”又说“其民曰仡僚、曰冉家、曰南客，分三种云。”可见冉氏迁入酉阳以姓称族，叫冉家人（此为冉守忠之前迁徙于酉阳的冉姓）。《酉阳直隶州总志》也谓宋高宗“建炎三年，叛贼金头和尚流劫思南及涪、渝等州县，冉守忠率酉阳诸寨僚夷助剿有功，授御前兵马使，知酉阳寨，子孙世袭”。从此，奠定冉氏统治酉阳的羁縻土官、土司制度。到清雍正十三年（1735）“改土归流”，共经历604年的土官、土司政权。

田氏入酉　查阅田氏宗谱，考证田氏为县境内土家族大姓之一。《田氏宗谱》载：“忆我祖宗，郡表雁门源于京兆……自隋唐迄我炎宋，其间孝子顺孙，忠臣良将炳蔚万朝史者，固皆斑斑可考矣……分茅祚土，荣封遍楚蜀滇黔。恩承万世，派衍千支，世守思州。”　南宋绍兴年间，少师国公田祐恭原序酉阳是古思州之地，隋唐时就田氏据酉阳，故称酉阳蛮田氏。田氏在魏晋南北朝就居于渝湘鄂黔边区之地，后因军事调征溪蛮，分布于酉阳各地，成为土家族一员。

苗　族

苗族是我国最古老的民族之一，几千年来，以其历史悠久、富于反抗精神而著称于世。苗族先民，曾居住在黄河流域，成为大部落，谓之“九黎”蚩尤。距今约4600年前，蚩尤部落和黄帝部落发生冲突，经过涿鹿战争，结果蚩尤部落战败，被迫迁徙于长江中下游地区。

春秋战国以后，历代王朝把渝、鄂、湘、黔的苗族和其他少数民族一起统称为荆蛮、南蛮、武陵蛮、五溪蛮、酉水蛮、酉溪蛮等，直到南宋，“苗”之名才见于史籍。从汉代起，历代封建王朝多次以武力讨伐武陵五溪蛮，迫使一些苗民向西迁徙到渝东南地区。此外，由于自然灾害和生活条件恶劣，也曾在各个时期引起苗民向西迁徙。因此，县境内的苗族不是从一个朝代和一个地方迁来的，而是经各个朝代和从多个地方迁入的。县境内的苗族有悠久的历史，与其他民族一起共同开发酉阳。境内苗族有自己的语言，属汉藏语系，苗瑶语族，苗语支，为湘西、鄂西、黔东北和渝东南的东部方言区，部分地区保留有称呼等语言习俗，无文字，通用汉语，使用汉文。

其他民族

县境内除土家族、苗族外，还有汉、回等27个民族。这些民族，或迁入已久，或新中国成立后因工作分配迁入，或经商和婚姻关系迁入，等等。

第二节　生产习俗

在漫长的历史岁月里，酉阳各族人民生产习俗逐渐发生变化。县境内属武陵山区，世代在这块土地上繁衍生息的各族人民披荆斩棘，辛勤劳动，以原始的“刀耕火种”农业生产为主。由于山多人少，人们生产时，男女合作，砍山烧荒，播种杂粮，不施肥，不浇灌，待地力贫瘠之后又移他地轮种。这种原始耕作方式一直延续到20世纪60年代。改革开放以来，各族人民兴水利，造梯田，直至向机械耕作转变，生产力水平有了较大提高。

打猎　打猎称为“撵仗”。狩猎前和获得猎物后，都要敬祀狩猎之神——梅山大神；分猎物不用秤，随手砍成小块，参加者都有一份。现在为保护野生动物，此俗已除。

开秧门、封农口　栽秧的第一天，主人要煮醪糟汤圆“过早”，才到秧田扯秧苗，称之为“开秧门”。庄稼收完后，主人要打糍粑备办酒席招待收割者，称之为“封农口”。

开耕、打闹　新年的第一个逢庚日，农民在田地里象征性地犁几铧，称为“开耕”，意味春耕在即。薅草锣鼓，由歌师敲锣领唱，数十人一边薅草一边唱和，称为“打闹”，气氛十分热闹，劳动干劲倍增。

肩抬、背负　县境内山高谷深，道路坎坷崎岖。过去交通不便，运输主要靠人力肩抬、背负完成。如抬岩、抬土、抬木料等，以致吃饭也喊“抬饭来”。一个“抬”字，反映酉阳人的粗犷豪放性格。县境内山高坡陡，一般用背篼、背桶、背夹等搬运东西。背桶内装满水或人畜粪，粪水上面放个瓢或几片树叶，所装之物不致泼出。在全县崎岖的山道上，背夫是一道奇特的风景。

第三节　生活习俗

饮　食

酉阳各族人民饮食习俗基本一致，向以大米、苞谷、红薯、洋芋为主粮，杂以高粱、小米、荞、麦等。多用铁鼎罐架在火坑里铁三脚架上煮食，一般把大米和苞谷面掺和煮成饭，俗称“两造饭”，当作主要饮食。副食主要有粑粑、团馓、炒米等各种各样的小吃。菜食除常规的白菜、萝卜、南瓜、辣椒等新鲜蔬菜而外，还喜欢吃腊肉、酸菜、豆腐等品种。豆腐有酿豆腐、渣豆腐。随着改革开放饮食品种也越来越多样化。

油茶汤　土家族历史悠久的传统副食品，盛行于酉东的大溪、酉酬地区，是土家人款待宾客的佳肴。其制作工艺是：先将油倒入锅内，待油烧开，将茶叶少许入锅，略经油炸后即渗水，随即加入少许食盐、姜葱即成油茶汤，然后把炒米子、核桃仁、嫩苞谷、花生米、腊肉粒、豆腐粒放入碗中，再将滚烫的油茶汤盛入碗里，吃起来既解乏又充饥。油茶汤清香可口，味道鲜美，充饥提神，土家族为此流行一首歌谣：“土家儿女爱唱歌，只因烧了油茶喝；吃了油茶提精神，嗓音洒满酉水河。”

刨汤　土家人杀年猪兴吃“刨汤”，即用鲜猪肉、猪内脏、猪血旺煮火锅，风味独特。土家人好客，每杀年猪，总要招揽更多的人吃“刨汤”，以示人际兴旺。

团馓　是土家妇女在食品制作中的一种名小吃。其制作方法，把蒸熟的糯米饭做成圆饼，晒干或烘干后在油锅中酥出来，吃起来，既脆又香，余味无穷，是款待贵客和送礼的佳品。

糍粑　为纪念祖先、欢庆春节，腊月二十八，每家农户都要打各式各样的糍粑。加工糍粑的工艺是：先将糯米淘净浸泡一两天，捞出用甑子蒸熟，放入粑槽，用粑锤反复捶打，将打好的粑团捏成一个个小团，放在桌面上压成一个个圆月形的糍粑。糍粑有各式各样的，即糯米糍粑、小米糍粑、高粱糍粑。土家人起房上梁要抛“富贵粑”，喜庆日子招待客人煎油糍粑，过年的糍粑叫“年粑粑”。

服　饰

男服饰　土家族男人头包白布帕子或青丝帕，额前现人字路，左边垂吊过耳；上身均穿琵琶襟，裤子均为青、蓝色布料的抄裆裤；脚穿草鞋、布鞋、缠裹脚布。

女服饰　土家族妇女服饰比较讲究，具有老、中、青之别，又有春、夏、秋、冬之分。老年妇女，一般头包青布帕，也有白布和丝帕，穿青、蓝布矮领、滚花边满襟衣和上白裤腰的青蓝色超裆裤。而青壮年妇女的衣服多为外托肩矮衣领满胸、滚花边，胸前镶嵌二至三条梅花条，套上一件绣花围裙。夏天，穿白汗衣套一件青布褂子（即长式背心），俗称鸦鹊白（喜鹊白），显得十分健壮。裤子多为青蓝布，白裤腰超裆裤，裤脚加花边，喜缠白裹脚布。发型挽笼髻，插银撇簪，戴耳环，热天不包帕，春冬包丝帕。手上戴银、玉、铜手圈或戒指。青年女子穿着十分讲究，用红头绳扎长辫，头上插自己喜爱的花，衣服喜穿红、绿、蓝色外托肩花边上衣，款式贴身合体，胸前套秀花围裙，耳垂瓜子耳环，手腕戴钮丝银手圈，手指戴银戒指，裤脚口镶五色花或贴五色梅条花边，脚穿绣花鞋和红色袜子。

小孩服饰　春戴紫金冠，夏戴圈圈帽，秋戴冬瓜圈，冬戴虎头帽、凤尾帽等。帽子以多种丝线绣花，还钉八仙、十八罗汉、长命富贵、荣华富贵、福禄寿喜等银饰品。颈戴口水枷，颈圈系响铃和百家锁。脚穿猫猫鞋，绣五色花。男孩头顶前脑门蓄方块形头发，俗称“长命搭搭”。

民　居

酉阳境内的住房，集镇民房沿街、巷两边建立，全为木结构，青瓦盖顶。较为富有的家庭四合院落二重天井，左右两边有封火墙。房屋建筑高矮基本一致，从总体上看整齐美观。农村房屋建筑具有一定的共性，但由于地域和气候的差异，农民生产、生活、风俗习惯的不同，房屋建造形式也不一样，建筑用材和构造技术也有区别。正房一般三柱四骑三至五间，家底殷实的修建五柱四骑或五柱六骑三至五间，在正房两边配厢房。土家人注重居住环境的绿化，房子四周栽竹植树，给人以幽静之感。正房中间为堂屋，是土家人供奉先祖神位祭祀和会见宾客之所。堂屋置神龛，供有“天地君亲师位”和各路神仙牌位。两边厢房为住房并设火铺，为综合使用场所。

县境内土家民居建筑，在土司时期，建房有严格的等级规定。土司建造的房屋，雕梁画栋，富丽堂皇，极为奢华，吏目次之。土民家资饶裕者修建规模也不得宏大，如超过规定将治以逾越之罪。据《酉阳通志》卷之一《酉阳州志》载：“酉阳旧杂蛮戎”“土著稀少”，民居“依山结茅庐竖板屋，并有树皮盖者，瓦屋居十之三，名曰以蔽风雨，实则四壁萧然”。一般土民只能杈木架屋，夹竹木条为壁，树皮或茅草盖房。土家山歌唱道：“要穷不过土民穷，树枝脚下杈茅棚，煮饭是个破鼎罐，提水是个竹筒筒。”而现在民居条件有了较大改善。

土家人多居住在依山傍水的地方，以姓氏聚族而居，极信风水。修建新房，首先选择好屋场，背山厚实，向山有案开阔，左青龙右白虎，坐场要左右不虚，前不崩后不塌，房屋朝向与房主生辰八字相合。房屋一般坐南朝北，若对屋面是向岩山，则植树造林，把岩山遮掩起来。

吊脚楼，是境内土家最有特色的居住建筑。土家人多以寨子群居，吊脚楼层层叠叠，错落有致，蔚为壮观，其间竹树参差，浓荫掩映，十分优美。土家人在建造房屋时，有很多规矩。发墨要看期，即请木匠师傅砍树料要带祭品上山，于林中敬山神，而第一根树的倒向必须向东方或上坡。屋架所需木料，一概由主人自备，不足部分由亲友无偿援助。起屋须择吉日良辰，当天上山砍运梁木，梁木必选一蔸双杈杉树，且要偷砍别人的树。梁木倒地立即放鞭炮，按长短需要取材，而后将红布绸捆绑其上，抬回中途不得歇息，到场放在木马上，不得让人踩踏。木匠师傅刨制画梁，木梁正中画太极图，东端写“乾”，西端写“坤”。画梁做成后，木匠师傅还要在梁两端开梁口，边开边唱：“忙忙走，忙忙走，我给主家开梁口。先开东，主人金银满堂中；后开西，主人骡马笑嘻嘻。请问骡马笑什么？主人代代儿孙穿朝衣……”主人跪接开梁口凿下的木渣，用布封包珍藏。建房材料准备好后，亲朋好友帮忙上梁，木匠师傅手提一只大红公鸡念念有词：“此鸡此鸡是非凡鸡，王母娘娘赐我的头戴大红冠子，身穿五色绿毛衣。别人拿来无用处，弟子拿来断煞禁。断天煞归天，断地煞归地，断五方凶神恶煞各归原位。万事大吉。起！”大梁在鞭炮声中架上房顶。上大梁，是土家人之根本，象征着主人家业兴盛，上梁的程序十分庄严肃穆。

祭　祀

县境内各民族人民历来信奉诸神和自然崇拜，因此，祭祀活动十分频繁，内容极其广泛，举行祭祀的方式也多种多样。

祭祀神主　思念祖德，祭祀祖先，是我国各族人民共有的思想信念。酉阳人民也一样，逢年过节，都有祭祖先的习惯，家家堂屋正壁上都设有神龛，神龛上置有香炉，供奉神主牌位，中间是“天地君親师位”，两侧分列本姓堂号及诸神牌位。有些神龛牌位写得更为复杂，除历代祖先之位外，佛、道、儒及灶王菩萨、四官大神等，都有一席之位。

多神崇拜与自然崇拜　土家人上山打猎要祭梅山大神，建房造桥要祭鲁班神，祈求五谷丰登六畜兴旺要祭五谷神，保佑升官发财要祭四官神，久旱无雨要祭龙王神。此外，还有树神、山神、洞神、岩神、水神、火神等。土家人相信天地万物皆有灵性，只有祭祀各种神灵，时时祈求保佑，才能免除灾祸。

禁　忌

酉阳民间禁忌繁多，其内容大体可分为：

忌言　正月忌头，腊月忌尾。农历正月初一忌说：“病、死、穷、没有、没得等”。在腊月不能说“背时”和“砍脑壳”等恶语伤人。行船走水忌说翻、打、倒、泼、沉、漏等不吉利的话。

忌行　农历正月初一不出门，初二拜家庭，七不出门、八不归家。遇红煞日不准出远门，有“出门遇红煞，一去不归家”之说。

忌事　大年三十禁挑水，否则来年多水灾。腊月三十忌杀生，说麻雀也有个三十夜。正月初一不向外泼水、不扫地，否则屋内多跳蚤。吃年夜饭不准喝汤，否则来年发大水。晚上不准吃粑粑，吃了会长疮等等。

生活方面的禁忌　禁在孕妇家中随意动土、钉钉和移动大型家具及敲打，以免孕妇堕胎。妇女不能坐大门坎，坐了会带来晦气。吃饭时忌端着饭碗站在别人背后吃，否则别人会背时。忌脚踩火塘中的三脚，否则是对主人不恭。忌将衣裤、鞋袜和脏物放在灶上，否则得罪灶王菩萨。忌用灶煮狗肉，否则侮辱灶神。忌将撮箕倒扑堂屋中间，否则有埋人迹象。不准小孩吃鸡爪子，否则上学写不好字。不许小孩吃猪尾巴，吃了一生落后。殒命在外的人，尸体不能抬进堂屋，否则不吉利。不准穿蓑衣进火房，怕

“引火烧身”惹事生祸。农村草医禁吃狗肉，否则医药不灵等等。

丧　葬

县境内的丧葬习俗，极信阴阳风水之说。墓地选择、不惜巨资，即贫民亦须选择吉地吉期，始行安葬。现在对某些带迷信的丧葬仪式已有所改变，但其他合乎人之常情的丧葬礼仪，如对死者吊唁、祭彩等，请道士先生开路、打绕棺、唱孝歌以及出殡等等，仍遵旧俗。土家族人，很早以前就用木棺土葬。从人死到下葬之间的主要过程有送终、报丧、入棺、祭奠、下葬等。长者病危，由子女抱于胸前，全家老小都得到场，听其遗训；待人停止呼吸，叫“接气”。入殓前要给死者梳洗，由死者亲人到水井取水烧热，用温水一盆，在死者胸前和背后用湿帕分别抹3下，以示洗澡。再穿老衣老鞋，按死者享年用1岁1根白线缠腰。而后，用2米长的白布，将死者放到白布上，4人把死者提上门板，这叫“下柳床”。给亡人脸上盖三张纸钱，随后盛1碗饭，并煎蛋1个盖于饭上，插筷1双，点3支香，置于亡人脚端，再在房舍外放鞭炮，以示报丧。这时派人去请“道士先生”来开路盖灯，唱孝歌闹丧。孝歌的内容，多系即兴创作，以歌颂亡人生前的功德、人品为主，其次是唱历史人物故事，历史传说等，歌声委婉凄凉、催人泪下，有的质朴清新，优美自然。

打绕棺，俗称“穿花”，是丧事中的祭祀活动。祭祀者由一人举灯穿引，其余人手持乐器边敲边舞。打击乐的曲牌有“将军令”“节节高”“雪花盖灯”“老龙脱壳”等。跳丧人在棺木周围穿来穿去，不断变换队形，节奏清晰强烈，是土家原汁原味的文化形态。

土家“赶年”

土家“赶年”，即提前过年之意。在酉阳东部地区，部分土家人仍保留“赶年”习俗，每年腊月二十八提前两天过年。土家“赶年”有两种说法：一说历史上官府总在年关四处抓丁派款，土家人只得提前两天把年过了，锁上房门，举家躲进深山老林；二说明朝天启皇帝在酉阳征调5000土兵援辽，土家人提前两天过年，吃了团年饭送子出征。

第四节　婚姻家庭习俗

新中国成立后，县境内各族人民贯彻执行《中华人民共和国婚姻法》，实行一夫一妻制，家庭结构以一对夫妻一个家庭为主，实行男女平等，法律规定子女都有继承权，都必须有赡养父母的义务。

婚　嫁　县境内各民族的婚嫁习惯，有自己的特点，在婚前要备礼认亲，结婚前夕由男方向女方家庭送酒肉，同时女方要备办家具、衣服、被条等陪嫁品。迎娶时由新郎请人敲锣鼓、吹唢呐到女方家迎亲，近处的步行，较远的用汽车将人和陪嫁物品一起接走。现在男女家的婚礼仪式大多数较为简化，但边远山区的土家聚居的地方，传统礼仪仍然进行。

婚姻嫁娶，要经过求亲，即男方请媒人到女方家求亲。媒人自备雨伞一把，表示团圆。拜年：定亲之后，每年春节，男方要到女方家拜年，送去猪腿、糍粑、团馓等物。男方要求结婚的那年，拜年的礼物有一只带猪尾巴的大猪腿。女方同意在这年结婚，猪腿则原物收下；若是不同意，则将猪尾巴割下，在回礼时退回男方，暗示今年女子不打发。

娶亲之日是男女成婚的大喜日子，女方除准备嫁妆外，还做哭嫁的准备。哭嫁在酉阳东部和西部都盛行，是土家族著名的婚俗活动，即在姑娘出嫁前10天开声哭嫁，出嫁姑娘的母亲、婶母、姑嫂、姊妹及邻近好友伴随出嫁姑娘进行对哭。主要由出嫁姑娘叙述骨肉之情，诉离别之苦，并对这场重大人生转折发出内心的各种感慨。同时有亲友随之陪哭，对新娘从旁劝慰，有的与新娘共诉苦情。所诉内容极为广泛，感情真切，声调悲切，催人泪下。哭嫁地点一般在待嫁女子闺房内，也有在火坑周围进行的。哭嫁场内有送亲之人提示和劝哭，周围妇女伴哭，声泪俱下，并随时准备开声接替陪哭。如此轮换，直至新娘哭累了才暂时停止。陪哭人中有十五六岁的少女，她们有意前来观摩“实习”，以便将来轮到自己出嫁时，做到胸有成竹。在陪哭过程中，所有亲人最好都要轮到，其中母女对哭、嫂妹对哭、姊妹对哭的过程，时间最长，内容最多。陪哭的顺序一般以父母在前，其他在后。哭嫁的哭词，有固定的词句，也有临场发挥的，其内容围绕离别扩展到妇女生活的各个方面。临近婚期哭嫁气氛越浓，哭声越悲，最后一个晚上成为哭嫁的高潮，并一直延续到次日凌晨新娘上轿为止。

生　育　县境内各民族都以生儿育女为大喜事，都要操办“祝米酒宴”，而生育第一胎更为隆重。妇女生育，俗称“坐月子”。婴儿生下后，由孩子的父亲提上1只鸡，及时去岳父母家报告添口之喜。生男孩提公鸡，生女孩提母鸡。岳父母从这只鸡便知道新生婴儿的性别。岳父母家择吉日邀约族人和亲朋好友去“望月”。“望月”异常隆重，所送礼物少则八九担，多则十数担，有鸡蛋、团馓、阴米、米酒和衣服被褥等，多为产妇和婴儿所用。

寿　辰　祝寿酒，一般为50岁生日办寿，80岁最为隆重。在祝寿仪式上，儿孙要奉寿桃、生日蛋糕、寿面、寿杖等物。届时，先祭祖先后拜星，至亲好友亦送礼祝贺，贺礼有寿屏、寿幛、寿匾等物。

第四节　民俗风尚

勤劳朴实　县境同各族人民素以勤劳为荣、懒惰为耻。民间流传着“好吃懒做赶汉子，拖衣落食跟衙门”的顺口溜。农村几岁的孩子，就开始为家庭分担放牛、拾柴火、照料弟弟妹妹等。十二三岁便与大人一起从事各种农事劳动。女孩子跟母亲学纺织，操持家务。

勤俭持家　县境内各族人民勤俭持家，小孩子吃饭抛撒的饭粒，大人都要粒粒捡起。民间流传“丢饭遭雷打”的警言。生活中精打细算，厌恶铺张浪费。20世纪80年代以前，农村家庭只在节日和农忙季节吃细粮，平时食粗粮、红苕、洋芋等。穿戴上，除赶场、走亲戚、过节外，平时穿补丁旧衣裤。不少家庭，老大穿了的衣裤老二穿，老二穿了又老三穿，一件衣服、一条裤子，补了又补还舍不得丢掉。用钱方面非常节俭，不少农民赶场从不买零食。进入新世纪以来，城乡居民收入逐年增多，但有钱有粮都送子女读书，不铺张浪费，仍坚守　“居家宜俭、待客从丰”的传统。

邻里和睦　“远亲不如近邻”是酉阳各族人民的口头禅，注重邻里和睦，已成社会风气。亲朋互助、邻里相帮、调整秧苗余缺、互借农具等美德层出不穷。如遇荒年荒月，一家有难，大家相帮，共渡难关。逢年过节，互赠食物，相互祝愿。对无劳动力的困难户，乡里乡邻义务帮助种植和收获。

修桥补路　县境内各族人民热心公益事业，如修桥补路，一人提倡，众人响应。“做善事、积恩德”的美俗深入人心。

尊老爱幼　孝敬老人是县境内各族人民的传统美德。人到老年，生活起居，有诸多不便，需要子媳服侍照顾，养老送终。忠孝为传家之本，尊老爱幼，代代相传。

第二章　民族语言·方言

第一节　土家语言

土家语言，属汉藏语系、藏缅语族，接近彝语支。土家没有本民族文字。如今能说土家语的不过万人，多数居住在可大、酉酬、新溪、沙滩等地。现将土家语与汉语（土家语用汉字记音，括号内为汉语）对照编排如下：

时令、数量、天象气候和方位词　拉补（一个），捏补（二个），梭补（三个），惹补（四个），翁补（五个），饿补（六个），格补（七个），叶补（八个），列补（九个），嘿补（十个），起（秤），起坨（秤砣），颇（斗），息壳（生子），麦（天），麦谷（天上），麦岔（天晴），麦变（天阴），闹支劳尺（明天是个晴天），乃劳尺此（今天太阳大），乃撒（今天冷得很），劳尺（太阳），叔叔（月亮），布里（星星），则（雨），麦则（雨天），麦则贴巴（天下大雨），麦意拉（闪电），麦闻（打雷），树苏（雪），树苏志（下雪），低师布里（落雪米子），布里志（落冰雹），饿（云），署（风），惹署（吹风），麦毕姐贤（天发霞），麦述（天亮了），麦述打（天没亮），撒（冷），革（热），乃（今天），扑尼（昨天），革捏（前天），革打捏（大前天），闹支（明天），余捏（后天），余打捏（大后天），拉捏（一天），恨捏（十天），拉丝（三十天），它捏枯（白天），昭嗝古贴（早晨），半日稳嘎嘎（中午），腊也那乎（下午），兰期菜（晚上），益大（黄昏），拉迫（一夜），闹支迫（昨夜），嗝得迫（前夜晚），拉丝（正月），捏丝（二月），梭丝（三月），惹丝（四月），翁丝（五月），饿丝（六月），格丝（七月），叶丝（八月），列丝（九月），嘿丝（十月），嘎阿拉丝（上月），八题拉丝（下月），丝抵了（月底），盖拉丝（本月），龙（年），拉龙（今年），嗝拉龙（去年），嘎打捏拉龙（前年），余打捏拉龙（明年），嘎色统（几岁），蚩喀乎（过年），过时加（过去），木拉（现在），哈太（将来），谷（上），达（下），痴格闻（中），嘎哈（上面），八题（下面），饿土（里面），饿塔（外面），知隔（前面），塔捏（后面），嗝拉比（这边），嗯嗝拉比（那边），左闻（左边），右闻（右边），阿枢（角落）。

人与人的称谓词　裸（人），裸嘎（男人），裸尼嘎（女人），裸痴巴（老人），袍帕扯（老头子），簸立（小孩），阿把（父亲），阿捏（母亲），阿妈（祖母），裸巴（丈夫），裸嘎捏（妻子），裸毕（儿子），必又切（女儿），阿科（哥哥），阿科贴巴（大哥），安矮（弟弟），麻妈（姑姑），阿打（姐姐），阿打贴巴（大姐），阿打备（妹妹），查尺（嫂嫂），查尺备（弟妹），铺（媳妇），安杯（叔叔），业捏（婶娘），业痴（伯娘），裸毕侄（侄儿）惹毕（孙儿），惹毕又切（孙女），卡卜（外公），八普（外婆），尼（你），伢（我），过（他），惹各奎（美女），惹（乖），塔惹（丑），裸拉乎（一个人），裸薅老谢（许多人），平班捏裸（平班人），查尺左谢（嫂嫂送亲），补撮窝（办月酒），补撮（客人），左捏（亲戚），打不岔（朋友），裸岔（恩人），裸采（好人），裸贴卡拉（坏人），照业裸衣寿（老实人），忠诚裸（老好人)，忠诚捏裸（为人中厚)，华得邪（聪明)，簸产务卡（看牛娃)，狡莫裸衣寿（狡猾人)，裸恨省（仇人)，太捏裸贴（穷人)，谢马（富人)，裸拉马卡（全家人)，头嘎（媒人)，梯玛（土老司)，破嘎（老师)，蚩丝腿（学生)，叶日玛（农民)，诺得业叶阿一（土匪)，诺得叶日二（强盗)，兵贴（军队)，写左（铁匠)，叶半里诺（厨子)，裸得巴叶日（长工)，裸得巴福日（短工)，对象啄朵（谈恋爱)，咧了（订婚)，捏拉虎打博岔（夫妻恩爱)，裸打博岔（尊敬老人)，安矮底（弟兄家)，阿打备（姊妹家)，查尺岔（妯娌家)，捏卡岔（全家安乐)，拉玛卡打博岔（家庭团结)，捏耳打皮了（两弟兄分家)，团转捏裸（团转人)，簸立北（抱小孩)，簸立饿（背小孩)。

人体器官及生老病残死现象称谓词 科巴（头)，颈（脸)，闻切（耳朵)，诺补（眼睛)，诺补拉尺（一只眼睛)，诺补捏尺（一双眼睛)，嗯起（鼻子)，咱起拉打（一张嘴)，榨起（嘴)，丝丝（牙齿)，丝丝贴巴（大牙)，丝丝傻巴嘎（缺牙齿)，拍底客（肩膀)，背它业（背膀)，借（手)，借拉尺（一只手)，借捏尺（一双手)，借背（手背)，借拉（指纹)，墨尺客（肚子)，积读客（膝盖)，积（脚)，积跛（脚板心)，积米题壳（脚趾甲)，灭（血)，灭注打（一滴血)，努嘎（骨头)，诺补泽（眼泪)、诺补一大（眼花)，这嘎（口渴)，古泽注（出汗水)，哪跛细拉（抹胡子)，啥起变（辫子)，啥起息（梳头)，裸比拢（生小孩)，气睹捏生（生日)，弄通（聋子)，嘎巴（哑巴)，诺之（瞎子)，积壳了（跛子)，稀粑里（瘫子)，科巴弟（头晕)，裸嗝（发烧)，灭注（出血)，切嘎（疱)，阿直（疮疤)，弟（痛)，弟稀很（痛得很)，鄂它达衣寿（痢疾)，布里注（天花)，贡夺业（自己)，裸业岔（身体)，裸谢（死人)，科巴嘎（砍脑头)，左思客（坟墓)，阿叶（鬼)，卡题枯里（菩萨)。

常用物品称谓和日常用语词汇 贺（布)，烂嘎贺（青布)，兰贺（蓝布)，卡普贺（花布)，借佐（帕子)，拉打（帽子)，借竹（脸帕)，借宾（头巾)，西巴（衣服)，拉皮（单衣)，借结（衣袖)，哭（裤子)，西巴惹（衣服漂亮)，积拉（裹脚)，撮些（鞋子)，撮些拉乳（一双鞋子)，积苦（草鞋)，西兰（被盖)，西兰卡普（土花被面)，毕（棉絮)，捏普（床铺)，不舍（席子)，胳切（枕头)，稳角（耳环)，江嘎（手圈)，卡歇（木梳)，小竹（蓖子)，挫（房屋)，息挫（草屋)，务挫（牛圈)，仔挫（猪圈)，咧（楼)，咧嘎（吊脚楼)，播斗（中堂)，米捅龙（火铺屋)，哪名闩（门闩)，哪名绊（门扣)，写钉（钉子)，董嘎（窗子)，妥（箱子)，楚皮（锁)，雅拾（钥匙)，欠钳（火钳)，写查（三脚)，写盆（鼎罐)，写盆泽思（鼎罐架水)，塔枯（锅)，塔枯读渣（锅盖)，塔枯低低（抬锅布)，粑梳（锅铲)，写（铁)，补指（筷子)，补指拉乳（一双筷子)，切备（碗)，切备贴巴（大碗)，切备备亏（小碗)，柯列（杭架)，作孔（灶)，笨（甑子)，搓客（凳子)，快（椅子）夕铁（桌子)，夕铁备（小桌子)，梯枯（坛子)，客体（盆)，客体窝顾饿（拿盆子洗脸)，塔客（簸箕)，邪尺（筛子)，波左（垒子)，送嘎（碓)，送嘎布（春碓)，叶簸（推米)，赊客巴（扫地)，科咧哈（打扬尘)，贴铁（灯)，安哑（针)，安哑老普（一根针)，饿煞（背篼)，卡窝业饿煞（柴背篼)，卡窝（捞柴)，卡它（砍柴)，卡沙（劈柴)，泽（水)，泽注（流水)，泽猛（水井)，贴姑泽楚（水缸)，泽车（水车)，拉桶（水桶)，拉它（水瓢)，泽客（挑水)，泽迫子（开水)，泽务起（莫喝冷水)，米（火)，米堂（火坑)，米跛（火把)，不痴务（烧火)，米贴把诺（火烧大点)，米诺直半（烧火煮饭)，直半（煮饭)，阿扯（菜)，那边孤注（抠酸菜)，气期阿扯太（没有什么菜)，阿扯太（没菜吃)，石（肉)，仔石（猪肉)，石姑屠（肥肉)，石咪（瘦肉)，苦业石（腊肉)，色思塔乎（油茶汤)，爹衡（豆腐)，爹衡石阿博写（酿豆腐)，色（油)，石色思（猪油)，色思阿百烂免（油多着点)，寻补（盐)，阿扯那补（菜盐淡了)，直（饭)，师李直（大米饭)，直阿嘎（干饭)，直掐别列（稀饭)，直掐别列拉苏（一碗稀饭)，直务期期（冷饭)，直嘎（吃饭)，直嘎了（吃饭了），早吃嘎（吃早饭），稳嘎直嘎乎（吃中饭），夜直嘎乎（吃夜饭），直嘎打捏（吃饭没有），补撮结博直嘎（请客吃饭），安嘎（吃菜），石嘎（吃肉），惹（酒），惹乎（吃酒），直楚（添饭），捏乎（睡瞌睡），木子（做梦），老拉虎（哭嫁），伢陪莫志（我陪哭），那东客（作揖），卡题壳（磕头），黑（锣），衡（鼓），蚩吐（读书），石姐（打猎），捏比哈（打鸟），挫树（搬家），鄂它（织布），撮些撕（缝鞋子），积苦数（打草鞋），西巴铺（补衣服），借佐卜（包帕子），西巴大（穿衣服），撮些大（穿鞋子），顾窝（洗脸），西巴窝（洗衣服），西兰窝（洗被盖），卡谱诺贴绣（绣荷包），阿打备卡普绣（妹绣荷包），撮些卡普绣（绣花鞋）。

民事交往常用词 毕兹卡（土家族），白卡（苗族），葩卡（汉族），客保而（走哪去），捏卡保而（走娘家去），麦纳饿了它而古（天黑了莫去），闻咒（来），未里闻咒（快来），快闻咒（快点来），挫了而切（走家里来），尼闻咒（你来了），而（走），而朵（快走），虎查（快跑），莱莫而（慢走），体博（等候），哪弯嘎拉而不夺（走弯路），哪而不夺（路走错了），文博（坐），接礼歇文博（请坐），没它嘎（莫多心），尼嗝裸中达（埋怨人），没它嘎（请原谅），尼岔（你好），产（说），立基（说完），撒乳它（不听话），撒嘎子立（闲谈），乳嘎（怕羞），裸决（骂人），裸它罗（莫骂人），罗赊（赌咒），打哈（打架），格痴（玩耍），格痴岔（好耍得很），嘎折果（唱山歌），捏尺立（开玩笑），捏尺它立（莫开玩笑），卡岔打（心理发烧），而裸打（他讲义气），裸老心岔（那个人心好），叶谢（发财了），我（银子），赊它（赊账），叶殿路嘎（有借有还），屎已踏题（余钱剩米），街嘎卡六（上街卖柴）。

地理农事活动称谓词 卡壳（山），卡壳嘿而（高山），胡踧（山谷），积踏（山脚），八达（陡坡），陈查（悬岩），董嘎（山洞），阿八（石头），石客（田），石客泽谢（水田），石客泽太（旱田），里（地），里体达（地下），若（土），必天业若（平土），阿可若（岩窖土），挫号兰谢（村寨），挫渣（屋基），鄂拉（园卜），哪（路），哪贴巴（大路），写哪（铁路），哪错（岔路），哪老死底（问路），哪这（指路），哪碑（指路碑），湖踧巴亏（阳沟），湖踧贴巴（大河），泽窝（过河），鄂博泽窝（背过河），胡日业写（请活路），些期已莫（不怕吃苦），而舍邪嗝它（不怕脏），色（粪），色客（挑粪），色楚业董（厕所），息（草），息哑（割草），务卡（守牛），这时（蓑衣），渣沟（钉耙），切怕（犁耙），而拉（绳子），卡铁（铧口），石梯客切（铧田），铺客（薅锄），里嘎（挖土），里风嘎（挖生土），阿科嘎（挖岩窖），捏懒（种子）。

植物和动物称谓词 利补（稻谷），利补卡普（稻谷花），直而（大米），直而列（糯米），气补（黄豆），朵补（巴山豆），温把（高粱），黑（小米），写补（芝麻），朵补贴（折豆豆），拉百（萝卜），那吐（南瓜），卡起期（茄瓜），课体（豇豆），泥补（芋头），粑老古（海椒），哈客石（葱），息拖（蒜），柯署（姜），猴吐（莒头），卡壳（森林），母（竹），母拉支（一根竹），母氽氽（笋子），卡扪（树木），卯松卡扪（松树），杉卡（杉树），树署布里（板栗），沙列石（梨子），库惹（棕树），库惹嘎（棕片），桐卡扪（桐树），桐色思（桐油），期卡扪（漆树），卡扪射了（树木死了），铺路（叶子），卡铺（花），阿石卡铺（白花），务（牛），阮（水牛），务巴（公牛），各泥嘎（母牛），务备备（小牛），备息（牛草），仔（猪），仔巴（公猪），仔尼嘎（母猪），傻列（狗），莫（猫），利（老虎），卡巴利（豹子），尔（猴子），热（老鼠），仔野（野猪），莫野（野猫），然（鸡），然巴（公鸡），然尼嘎（母鸡），然列（鸡蛋），然列卡（鸡蛋壳），沙（鸭），沙列（鸭蛋），列比（鸟），列比备（小鸟），行抛日（野鸡），卡其（锦鸡），嘎（乌鸦），恰壳愧（竹鸡），卡拍（麻雀），业比（布谷鸟），半（老鹰），莫科尺（猫头鹰），铺土（斑鸡），喳喳（喜鹊），鄂（蛇），铺（龙），送（鱼），补（船），沙土（虾子），客巴尺（青蛙），干布里没乎（蝌蚪），不蚩丝（蜘蛛网），查查枯里（蚱蜢），它丝（蝴蝶），它丝阿巴（公蝴蝶），它丝尼嘎（母蝴蝶），粑尼嘎丝（蚕茧），快其纳（蚯蚓），孬拉（蚂蟥），马科立（蚊子），若希嘎（苍蝇），里立（臭虫），查枯里（跳蚤），斯斯（虱子），咪马（蜜蜂），列尼嘎（蚂蚁），细嘎（毛），克（角），列棒（尾巴）。

其他单词 此（大），讪（小），贴（老），讪（嫩），日（多），殿亏（少），而（长），种（短），岔（好），重两太（轻），四姑突（肥），歪嘎拉（瘦），莱莫如博（快点听），灭（吹），接（喊），坐（闻），榨博（拿），低低（跳），珠珠（站立），跨阿直（跨），博（骑），虎查（跑），文博（坐），鄂（背），客（挑），切（犁），振（耙），嘎（砍），滴（挖），谷（放），咧（喂），哈（学），如博（探），诺（煮），哈（炒），桶（蒸），土（烤），安卡（剪），立（簸），谢（舀），大（穿），贴（戴），泽渣（洗澡），而（扫），痛（开），纳（答），温（借），罗（骂），捏（笑），阿蚩（喜欢），没太（生气），嗝（怕），铺（缝），黑（漏）。

县境内很多土家地名，是土家先辈用土家语命名的，有极其深厚的文化底蕴，且只能用土家语才能解释得通。1984年12月编印的《四川酉阳土家族苗族自治县地名录》一书，对一些土家语地名诠释有误。叶德书、向熙勤所著的《中国土家语地名考订》，就对其部分地名考订如下：

半路。释文："沟里住户赶场到此为一半里程，故名。"

据考，"半路"是土家语，土家语称老鹰为"半"，"路"是"山坳"，这"半路"是老鹰多的山坳，是以前这里老鹰多而得名的。

石柱溪。释文：当地一石柱，得名。

据考，"石柱溪"非汉语，是土家语。这"石"是"兽"，"柱"是"出来"，"溪"是"地方"，连起来是"野兽出没的地方"。以前这里野兽多，因而得名。石柱溪就在酉阳城南不远处，那里并没有石柱。

车凼。诠文：周围群山环绕如车轮，故名。

据考，车凼是土家语。土家语称"水"为"车"，此地四周高，中间低洼，以往终年积水，土家语称终年积水的地方为"车凼"，非释文所指。

木路湖。释文：原有一湖，用木头架桥通行，故名。

据考，"木路湖"非汉语，而是土家语。土家语称"竹子"为"木"，"路"是"茏"，"湖"非汉义，而是指两山之间的深谷。这"木路湖"就是竹子茏茏，竹子郁郁葱葱，长得茂盛的山沟。以往，这里是老竹山而得名。

八穴。释文：据传说此地有八块墓地，故名。

据考，"八穴"是土家语，土家语称"贯仲"为"八穴"，是一种中药材。以往这里贯仲多，人们就以贯仲即（八穴）作了地名。并非释文所说的八块墓地。

梨耳坪。释文：此坪原有一株梨树，生长耳子。故名。

据考，当地老人的发音不是"梨耳坪"，而是"利尔坪"，土家语。这"梨"是"老虎"，"耳"是"猴"。这"梨耳坪"就是"虎猴坪"。以往这里是老虎和猴子经常出没的之地，因而得名。

朗溪。释文：传说早年有朗三公子曾住此沟，故名。

据考，"朗溪"非汉语，土家语称"晚上"为朗溪，往日，这里山大林密，古木参天，日照少，光线暗得像夜晚一样，因而得一比喻型地名"朗溪"。

黑水。释文从前森林茂密，叶落积腐，流水黑色，故名。

据考，“黑水”非汉语是土家语。“漏”土家语称为“黑”。因这地方“漏水”而得名“黑水”。如果森林茂密，应该是流水清清。

第二节　苗族语言

县境内的苗族语言，属汉藏语系，苗瑶语族，苗语支。湘西、鄂西、黔东北和渝东南为我国苗语东部方言区。现在酉阳东部的可大乡可大村张、吴两姓和县境内其他边远地区还保留有部分苗族语言习俗。苗语一般都在苗族内部使用，语言基本一致，对外说汉语。据1981年在可大乡调查，自称是花苗，保留有苗族语言词汇。例如：公称剖、祖母称阿普，父亲称阿巴、母亲称阿买、哥哥称阿那、姐姐称阿雅、叔叔称妈腰、岳父称阿来、岳母称阿猛。数量词：一叫啊、二叫吼、三叫布、四叫备、五叫变、六叫召、七叫仲、八叫计、九叫旧、十叫过、十一叫过阿、十二叫过吼、十三叫过布、十四叫过备、十五叫过变、十六叫过召、十七叫过仲、十八叫过计、十九叫过旧、二十叫吼过、二十一叫吼过阿、以下类推，百叫巴、千叫差，万叫万、亿叫亿。其他词汇还很多：太阳叫及南、月叫腊，星星叫得格，日叫内、云叫度、雨叫农、雪叫培、风叫寄、雷叫耸、打雷叫斗耸，闪电叫连耸，犁叫窝力，耙叫窝八、挖锄叫可剖、斗笠叫窝故、谷子叫礼白、苞谷叫白柔、小米叫禾农、高粱叫禾柔，黄豆叫奴底、绿豆叫娄豆。吃饭叫农里、吃早饭员农里从、吃中午饭叫农里途、吃晚饭叫农里忙。鼎罐叫禾交、锅子叫禾碗、饭碗叫禾这、筷子叫禾周。

苗族是我国最古老的民族之一，有悠久的历史和传统的民族文化，有自己极其古老的语言。苗语词汇，都是由口头一代一代传承到现在。

第三节　瓦乡人语言

居住在县境内大溪镇、五福乡、可大乡、酉酬镇、偏柏乡、木叶乡等地的瓦乡人，分辰州乡和麻阳乡两部分，都讲乡语，语言相通。语言词汇、内部对话等保留得很完整。据他们的家谱记载和口传是在清中期由湖南辰州和麻阳县等地迁入县境内定居下的讲乡语的瓦乡人，其风俗习惯特征明显，又以语言保留比较完整。例如：公称敖普、婆称埃孃、父亲称嗲、母亲称阿母、叔叔称饿饿、姐姐称阿栽。天叫胎、星叫生、太阳叫翁达、月亮叫雨勇、水叫煮、火叫虎、碗叫翁、筷子叫丢、柴叫些稿、铁瓢叫它局、锅铲叫彩扎、照亮叫吊勇、鼎罐叫它懂、锅叫绿冲、楼梯叫拉它、三脚叫松名、一叫衣、二叫左、三叫梭、四叫习、五叫翁、六叫那、七叫起、八叫跛、九叫贾、十叫号。

县境内的瓦乡人，自称“果熊人”，当地群众把他们称为挖乡人。有悠久的历史和传统的民间文化，有极其古老而完整的语言保留至今，但都是内部使用，没有文字，对外用汉语交流。

第四节 方 言

县境内的汉语方言，属汉语中的西南方言，同四川话比较接近。境内各地方言，在语音上大同小异。根据语言特点，大致可分为三个语音区。酉阳东部同湘西、鄂西汉语方言更为接近。酉阳西部与酉阳中部又略有区别。酉阳历史上，长期生活在这里的人群有土著先民，先秦时流入的巴人，秦汉时期和清乾嘉时期又有汉人和苗人迁入。长期以来形成的汉语方言特别丰富，有些词汇从构成到表意都十分严谨、生动、形象。如下录境内人们广泛运用的部分方言词汇，括号加注。

名 词 扯河闪（闪电）、罩子（雾）、凌冰子（冰块）。团转（周围）、对门（对面）、点步（地方）、二天（今后）。扁担、叮叮猫、雀孃孃（蜻蜓）、鸦雀（喜鹊）、偷油婆（蟑螂）、老挖（乌鸦）、癞疙宝（蟾蜍）、猫老壳、鬼冬瓜（猫头鹰）、蛐山子（蚯蚓）、计钥匙（蝉）、湖蚂蚂、打鼓锤（蝌蚪）、布嘎子、贼母子（蝗虫）、牙猪（公猪）、草猪（母猪）、脚猪（种猪）、青咳蚂（青蛙）、言老水（蝙蝠）、鸭青（公鸭）、牙狗（公狗）、草狗（母狗）。铺层（被子）、猫头、开山（斧头）、沙刀（砍柴刀）、薄刀（菜刀），拙路棍（拐杖）、响稿（竹子的一端破开，用作赶鸡和牲畜的）、哈谷耙（晒粮食专用，一边有木齿的长柄木耙）、刀头（祭祀用的四方形的整块熟猪肉）、摇裤（内裤），衩衩裤（小孩开裆裤）、人情（走亲戚时所送的礼物或礼钱）、会头（红白喜事宴请宾客）、客膝脑（膝盖）、倒拐子（肘）、光胴胴（指上半身裸体，小孩全裸体）、夹舌子（结巴）、老老（弟弟）、伢崽崽（小孩）、各人（自己）、嘎公嘎婆（外公外婆）、老丈人（岳父）、老丈母（岳母）、舅老倌（妻兄妻弟）、老冒（哥哥）、两大小（一妻一妾）、老疙蔸（年长的老辈）、寡丁子（孤儿）、接瓜瓢（爱插嘴的人）、粑耳朵（惧内的男人）、墨老壳（强盗）、轻逛（高兴）、梦虫虫（不懂事的小孩）、张屎王场（注意力不集中）、三脚猫（坐不住爱到处走的人）、棒老儿（土匪）、烧火老（公公与媳妇通奸）、旱鸭子（不会游泳的人）、醒包、猪脑壳、憨包、幕龙（傻、笨的人）。

动 词 杀、潦（用开水略煮）、花柴（把柴破开）、些（小孩哭）、梭了（溜走）、展开（移动）、改交（调解）、翻撬（答应的事又不干了）、却薄（幽默）、默倒（以为）、裸连（小孩哭闹）、捡躺（收拾局面）、日诀（骂人）、告饶（求饶）、梯打人（欺辱人）、欠（想念、惦记）、哭起、姑起（蹲下）、背吾（埋没）、楼起（表扬、抬举）、杵人（顶撞）、栏场（地方）。

形容词 拐了（糟了）、遇缘（碰巧）、玉了（器具磨损不行了）、清早八辰（清晨）、大天老亮（天大亮）、刮毒（过火）、好悬（好险）、经事（结实耐用）、少宝（多得很）、行实（漂亮）、夹壳（吝啬）、火（便宜）、千方（淘气）、可皮（讨厌）、灶孽（可怜）、差火（差劲）、耍耍搭搭（不紧张）、下细（仔细小心）、活甩甩（不牢靠）、称腰栏赶（懒洋洋的样子）、巫交（不依礼法、乱整）、倒尖不突（言行失调）、麻利、溜麻（灵活、速度快）、冲包（爱出头露面）、岩（拖延）。

词 组 坳牙包谷（信口胡说）、梭空空、梭边边（有事畏缩）、签眼睛（令人看不惯）、闪劲、抽筒（合伙干事一人中途中止）、打野食（男人在外玩弄女人）、水场合（办事不负责、说话不算数）、没得你欺头的（没有占便宜的）、放赖（小孩撒娇）、起夜（夜晚起床解便）、垮脸懂嘴（不高兴）、怂祸（怂恿人做坏事）、刁嘴（择食）、打冷噤（因受寒身体发抖）、走茅厕（上厕所）、割孽（发生纠纷结怨仇）、七酒（备礼赴宴、丧、寿筵席）、上管子（聊天）、打凑和（帮忙）、打岔、打破（从中插嘴故意干扰使事情难办）、抵老宝（揭短处）、吊水（跟踪）、搞口（吵嘴、打闹）、背亏（欠账）、半灯（开玩笑）、守嘴（到别人家等吃的）、打总成（有撮合之意）、骑马马肩（让小孩骑在脖子上）、点水（暗中指示）、发饭风（小孩吃饭习惯性哭闹）、过坳（手艺到家）、长耙吊线（拖延）、聊口百嘴（讲空话）、喝泡舔肥（巴结奉承）、懒心无场（不当回事）、过筋过脉（要害、关键）。

第三章　宗　教

第一节　佛教·道教

佛教　佛教传入县境内较早，应在东晋时期，有万木乡古刹永和寺为证。永和寺修建于东晋永和八年（352），距今已有1600多年的历史。随着佛教在全国的发展，县境的佛教也更盛行，历经宋、元、明、清及中华民国时期，主要佛教寺院有万木乡的永和寺、县城玉柱峰的霞峰寺、车田乡的天龙山寺、宜居乡龙头山的飞灵寺等。2003年，经重庆民族宗教事务委员会批准恢复的佛教寺院有万木乡的永和寺和县城西玉柱峰的霞峰寺。县境内土家族、苗族、汉族等各族群众受佛教影响时间较长，每遇疾病或其他不幸事故，总是朝山拜佛，以求消灾。尤其是恢复永和寺和霞峰寺以来，每年的农历六月十九日（相传为救苦救难的观世音菩萨成佛日），寺庙周围数十里的信教群众，从四面八方赶来进香拜佛，许愿还愿。

道教　道教传入县境内较早，在唐高宗年间。据《酉阳直隶州总志》载：明清时期发展最盛，境内有道教宫观多处。明代酉阳土司在城北二里修建有三清观，在钟南修有栖鹤庵等。道教在酉阳分“全真道”和“正一道”两派，不管他们属于哪一种教派，都以道教的五大戒条：戒杀、戒盗、戒淫、戒妄、戒酒来劝人为善，改邪归正。县境内现在无道士、道姑，已无道教活动。

第二节　天主教

天主教传入县境是清道光三十年（1850年）。同治二年（1863年）在境内正式设立天主教堂。到1949年，县城、樱桃溪建有天主教堂，裴家槽、下马池、三堡坨、梁家堡、龙潭八角井、黄土堡、岩层坝、苛子溪等建有天主教分堂。酉阳天主教属重庆教区，天主教的最高神职人员是司铎（神甫）。境内只保存了龙潭镇八角井天主教分堂，教堂房屋12间，面积200平方米，为砖木结构建筑，因年久失修，损毁较重，正在修建中。天主教传入县境内后，由于地方民、教积怨甚深，历史上发生过两次大的教案。第一次教案发生于清同治四年（1865），第二次教案发生于清同治七年（1868）。“酉阳教案”这一历史事件，被收入《辞海》一书。新中国成立后，县境内的天主教会走上了独立自主，自力更生的道路，1966年以后停止宗教活动。2005年批准天主教会工作组，又开展宗教活动。

第三节　基督教

基督教传入境内是民国十四年（1925）。民国二十三年（1934）在龙潭建立福音堂，由华籍美国传教士包忠杰牧师，购买龙潭永兴街熊姓大院改造而成。占地约3099.58平方米，有大礼堂240平方米，牧师住房400平方米，其他用房15间。距教堂约2公里的龙东笔架山脚还有公墓地约5亩。民国二十六年（1937年），中国基督教宣道会把川东和黔东从华中部划分出，在龙潭设立川黔部，管辖川东的酉阳、秀山、黔江、彭水和黔东的松桃、沿河、印江、德江、务川、后坪共10个县教堂的教会活动。华籍美国人包忠杰牧师为川黔部监督，总揽辖区教会，管理外籍传教士和宗教事务，直至解放前夕。同时川黔部华人委员会也设于此，龙潭福音堂成为川黔部教会的总枢组。1951年4月24日，基督教川黔教会在龙潭福音堂召开三自爱国运动大会，按行政区划，成立酉阳县基督教三自爱国运动委员会。1966年“文化大革命”停止活动。1984年12月，经过全体信徒选举通过，成立基督教酉阳土家族苗族自治县“三自”爱国小组，开展正常的宗教活动，2002年由美国宣道会支援6万美元重建龙潭福音堂。县境内的基督教活动场所，到2005年有1堂2点，即龙潭福音堂和县城、麻旺基督教聚会点，有副牧师1人、传道员2人、信徒1000多人。

县境内各族人民的家庭有一个共同特点，就是崇拜祖先，崇拜自然，尚巫术，多祭祀。流行的冲傩还愿，是民间原始宗教信仰的真实反映。慎终追远，崇拜祖先，思念祖德，祈求保佑。逢年过节隆重祭祀，求神拜佛冲傩还愿。

第二十一篇

人　物

REN　WU

第一章　人物传略

郑宾于（1898—1986），学名孝观，偶用笔名“冰鱼”。酉阳人。早年毕业于成都高师。民国十二年（民国十二年（1923年））入北京大学国文系旁听。民国十三年（1924年）为北京大学研究所国学门录取。曾参加歌谣研究会、风俗调查会和方言研究会。后任保定育德中学国文教员、北京中俄大学讲师、福州协和大学教授。民国十八年（1929）年秋返川，辗转于成都师大、成都公学、四川大学、成都大学、新中国成立中学、宾萌公学、尚志学院，并曾远赴雅安。1949年后，任教于列五中学。1959年始进入四川文史研究馆。其著作主要有《长短句》《文艺琐谈》《中国文学流变史》和《人间的批评》。另有中国文学史讲义多种。三卷本《中国文学流变史》，在中国文学史的建构和书写方面，具有创辟的意义。

冉瑞才（1898—1998），龚滩镇罾潭村人，民国十九年（1930年）在湖北省洪湖参加中国工农红军，民国二十二年（1933年）加入中国共产党，民国二十三年（1934年）6月跟随贺龙到酉阳南腰界开辟革命根据地，同年10月与红六军团会师后，又参与创建湘鄂川黔革命根据地。民国二十四年（1935年）11月参加长征，而后又参加抗日战争和解放战争及社会主义建设。曾任连长、营长、团长、师长等职。1998年7月12日在重庆歌乐山逝世。

张觉（1904—1985），原名张非器，出生于江苏省泰兴一中医世家。师范毕业后在小学任教，同时参加中国共产党领导的革命活动，民国二十八年（民国二十八年（1939年））加入中国共产党，曾任江苏泰兴县五区区委书记，江苏如西县委、靖江县委组织部部长，苏中三地委秘工部特派员、苏北军区姜埝联络站长、滨海工委组织部部长等职。1949年9月在无锡参加西南服务团，任三中队队长，挺进西南，1949年11月至1953年3月20日，为首任酉阳县人民政府县长，为酉阳的政权建设、剿匪、镇压反革命和土地改革做出重大贡献。1953年调任泸州二五五厂工会主席，1955年调任成都市都江煤矿第一副矿长，1965年离休，1985年9月在宝鸡市陆军二十八医院去世。

张庭晖（1904—1986），女，龙潭镇人，民国十五年（1926年）在重庆江北女校读书，拥护杨闇公声援沙基惨案，参加重庆“三三一”大会，担任打抢坝会场主持人。民国二十四年（1935年）在北平朝阳大学法律系念书，参加“一二·九”学生运动。大学毕业后，就职于成都市蜀华中学和成公中学校，同时开办律师事务所，为弱势群体主持正义。民国二十九年（1940年）回籍，在龙潭中学任教。民国三十一年（1942年）出任酉阳县立中学校长兼任酉阳临时参议会参议长。新中国成立后到成都等地任职，1986年在成都病故。

陈德邵（1905—1991），麻旺镇人，龙潭中学毕业后，曾在该校附设平民学校任教。之后考入军官学校，毕业后任干训队长、教官等。民国二十六年（1937年）8月任国民党20军133师连长，奉命赴上海参加淞沪抗战。率全连在上海陈家行、蕴藻浜浴血奋战，坚持80多个昼夜后，奉命撤到安徽的安庆休整。民国二十八年至民国三十年（1939—1941年），参加长沙会战。后升为133师代理参谋长，399团团长。率团生俘日军300多名，击毙500多名，缴获大量战利品，受到师、军、集团军的嘉奖。民国三十二年（1943年）后，他率部转修水、平江、浏阳、常德等地，配合湘西会战。抗战胜利时，被升为20军副参谋长，少将高参，少将副师长。1949年在四川宣汉率部起义，参加中国人民解放军。1952年转业到重庆建筑公司工作，1991年逝世。

吴玉顺（1906—1992），酉阳可大乡人，民国二十三年（1934年）参加中国工农红军，民国二十四年（1935年）11月参加长征，以后参加抗日战争和解放战争，及社会主义建设。曾任排长、连长、营长等职，并多次立功。1952年转业回乡，1992年病故。

赵世枢（1911—1985），龙潭镇人，青少年时期，在赵世炎、赵世兰等人的影响下信仰共产主义，并参加了党领导的地下活动。民国二十九年（1940年）到延安行政学院工作，次年加入中国共产党，民国三十三年（1944年）调中共中央情报部快报简讯社做编写工作，民国三十四年（1945年）调中共晋冀鲁豫中央局联络部，任城工部秘书、站长，民国三十六年（1947年）任中共太行区党委太原工委委员，1948年调华北军区政治部敌工部任科长，1950年被派往起义部队95军225师任军事代表，1953年调重庆市劳动局任副局长、局长，1962年调中华人民共和国劳动部任办公厅副主任，1980年任国家劳动总局劳动出版社社长。1985年1月26日因病在北京逝世。

陈富莲（1911—2013）江西永新人，女，民国二十年（民国二十年（1931年））参加革命，曾任乡“妇委会”主任、乡苏维埃代表。民国二十一年（民国二十一年（1932年））入加中国工农红军，参加了第四次反“围剿”。民国二十二年（1933年）编入中国工农红军第六军团十七师任宣传员，民国二十三年（1934年）随军西征到酉阳南腰界与贺龙领导的红二军团胜利会师。由于在西征中受伤，被编入中国工农红军二六军团黔东独立师，在保卫苏区战斗中被俘关入酉阳监狱，后被酉阳望族陈氏担保释放。民国二十六年（1937年）被逼嫁给酉酉马家坝的伪乡长杨克谦为妻，新中国成立后被划为地主分子。1978年中共十一届三中全会后平反，享受流失红军待遇，2013年病逝于酉阳。

陈子尚（1912—1990），钟多镇人，民国一十七年（民国十七年（1928年））在成都读书时加入中国国民党，历任国民党酉阳县党部干事、书记长，酉阳参议会议长，三青团酉阳分团部干事长，四川省第八行政区特务委员会秘书，兼酉阳分团部干事长，四川省第八行政区特务委员总干事，酉阳《党政周刊》编辑、酉阳“清共委员会”主任、酉阳“防共宣传队”队长、酉阳“清剿抚导委员会”负责人等职。1949年11月17日率伪政府工作人员向中国人民解放军投诚，历任酉阳县第一届、三届各界人民代表会议常务委员会副主席，第二届各界人民代表会议常务委员会主席、政协酉阳第四、五、六届常务委员会副主席兼《酉阳文史资料》主任等职。1990年在酉阳病故。

葛莱（1913—1989），钟多镇人，酉阳高等小学毕业后考入天津南开中学。民国二十五年（1936年）冬，在北京参加“中国抗日民族先锋队”组织工作。民国二十六年（1937年）5月，在太原参加牺盟会组织的军政训练班，同年10月加入中国共产党。抗日战争时期，历任山西青年抗战决死队队员、浮山县人民武装自卫队总队长和指导员、中共特别支部书记、牺盟会特派员、中共太岳地委党校书记、地委组织科科长、中共安泽县委副书记、书记等职。解放战争时期，历任中共岳北地委委员、地委党校书记、长治地委委员、宣传部长等职。新中国成立后，历任中共山西省委直总党委会副书记、书记、省委党校副校长、副书记、华北人民大学筹建负责人、山西省哲学社会科学研究所所长、省直机关五七干校校长、党委副书记、山西省图书馆长等职。曾当选为中共山西省第一、二、五届代表大会代表。1989年因病逝世。

王彦立（1913—1993），龙潭镇人，民国一十六年（1927年）小学毕业后到上海立达学园读中学，在上海复旦大学经济系毕业后，又就读于四川大学，民国二十六年民国二十六年（1937年）12月在四川大学加入中国共产党，曾先后任四川大学、复旦大学地下党支部书记、四川省银行重庆分行总务主任、重庆川康银行襄理、成都启明电力公司副经理、经理。1947年加入中国民主革命同盟，从事国民党上层人士的统战工作。新中国成立后，曾在成都电力部门、民主新中国成立会、中共成都市委、四川省委工作，先后任成都市人民委员会委员、政协成都市委员会副主席、全国人民代表大会第三、五、六届代表和四川省人民代表大会第一、二、三、四届代表、四川省人民委员会委员、四川省工商联主任委员、四川省第七届人民代表大会常务委员会副主任、全国工商联常委、四川省商会名誉会长、民建四川省委名誉副主席。1993年9月3日在成都因病逝世。

吴汉清（1914—2001），车田乡人，民国二十二年（1933年）参加中国工农红军，经历了二万五千里长征、抗日战争和解放战争以及社会主义建设，曾任排长、连长、副团长等职，并多次负伤。1982年以师职干部离休疗养，2001年病故。

彭武隆（1915—2003），大溪镇（原西水乡）人，民国二十三年（1934年）参加中国工农红军，经历了二万五千里长征、抗日战争和解放战争以及社会主义建设。最后以师职干部离休在浙江省宁波军分区干休所疗养。2003年病故。

胡其谦（1916—1990），龙潭镇人，民国二十三年（1934年）龙潭中学毕业后考入重庆川东师范学校，民国二十七年（1938年）3月毕业后，由万县步行数千里奔赴延安投身革命，同年加入中国共产党，任陕北公学分校政治干事、指导员，次年入马列学院学习。民国二十九年（1940年）至1949年，历任陕北公学总校组织干事、中共专署保卫处干事、中共三边地委组织部干事、中共安边县委组织部部长、中共西北局组织干事、中共西北党校秘书科科长、中共西北局统战部干事、中共陕南区党委秘书及研究室副主任。新中国成立后，历任西南军政委员会民政部干部处副处长、办公室主任、西南行政委员会民政局副局长、西南钢铁公司副经理、重庆钢铁公司党委副书记、市冶炼局副局长、重庆市第八届、九届人大常委会委员。1990年3月13日在重庆逝世。

周连贵（1916—1999），原名简荣华，双泉乡人，民国二十三年（1934年）参加中国工农红军，民国二十六年（1937年）加入中国共产党，经历了二万五千里长征、抗日战争和解放战争以及社会主义建设，曾任贺龙的警卫员和警卫班、排、连长、八路军120师西北荣校队长，新中国成立后任四川省林业厅科长等职。1999年在重庆逝世。

伍国仲（1916—1999），四川苍溪人。民国二十三年（1934年）参加中国工农红军。民国二十五年（1936年）加入中国共产党。参加了长征。抗日战争时期，任八路军一二九师三八五旅七六九团连副政治指导员、连政治指导员、连长、营长，太行军区第五军分区三十四团副团长。解放战争时期，任太行军区第三纵队八旅二十二团团长，教导团团长，皖西军区第一军分区副司令员，第二军分区司令员。中华人民共和国成立后，任四川军区酉阳军分区司令员、四川军区江汉军分区司令员、云南省公安总队总队长、云南保山边防区司令员、云南省军区思茅军分区司令员。1955年荣获三级八一勋章、二级独立自由勋章、二级解放勋章，1964年晋升为少将军衔，1988年获一级红星功勋荣誉章。1999年2月在北京病逝。

唐兴盛（1916—1999），四川省阆中县人，民国二十二年（1933年）8月参加中国工农红军，民国二十四年（1935年）参加长征，并加入中国共产党。抗日战争时期，曾任八路军连政治指导员，营政治教导员，营长等职。解放战争时期，历任中国人民解放军团政委、团长、副师长等职。中华人民共和国成立后的1949年11月任酉阳军分区副政委，协助伍国仲司令员进行了艰苦卓绝的剿匪斗争，尔后历任涪陵军区司令员，重庆军区副司令员，四川省军区副司令员，成都军区后勤部顾问等职。1964年晋升为少将，1999年在成都逝世，享年83岁。

赵铎（1916—2005），山东省莱阳人。民国二十七年（1938年）2月参加革命工作，民国二十七年（1938年）7月加入中国共产党。在革命战争年代，历任山东莱阳三区地下区青年委员会会长，胶东青年社会服务部干事，中共山东莱东县委青年委员会书记，中共莱东县委群众工作委员会书记兼莱东县各界救国会会长，胶东群力报社社长兼总编，中共山东崂山工委书记兼青岛武工队政委，中共即东县委副书记，中共江苏省常州市委宣传部部长等。新中国成立后，历任中国人民解放军西南服务团四支队政治部主任、川东酉阳专署专员、涪陵专署副专员、川东行署副秘书长、西南局统战部办公室主任兼西南财委办主任、地质部测绘局副局长、成都地质学院党委书记兼代院长、成都市委驻川大工作组组长、四川大学党委书记、中共四川省第三届委员会委员、中共第十二次全国代表大会代表、四川大学顾问等职务。1989年1月离职休养，2005年11月15日在成都逝世。

涂家琛（1917—2001），号稼村，重庆市秀山县吏目乡人，民国二十三年（1934年）考入重庆川东师范学校，民国二十七年（1938年）下期考入国立中央大学师范学院教育系（兼学语文），民国三十二年（1943年）2月毕业，任秀山县简易师范学校校长，两年后辞去校长职务，前往重庆，先后在南开中学、蜀都中学、扶轮中学任教（任语文课）。1949年3月回秀山任秀山县立中学校长。1950年调入酉阳师范学校，讲授教育学、心理学。1956年8月调往四川省万县高等专科学校讲授教育学、心理学及古汉语，并自编教育学、心理学讲义。1962年7月，调回酉阳师范学校，讲授语文课。1978年编著有《文言语法和虚词》《文言语法提要》等参考教材供学生使用。

发表的论文有《谈谈名词用作动词》刊登在全国公开刊物北京《中学语文教学》1980年第三期上，《以动词作状语的状动结构与连动结构的区别》刊登在武汉《中学语文》1989年第6期上。1978年经批准退休。编著《文言语法阐要》一书，共十三章，20多万字，1984年写成初稿，1985年修订完稿。参加《酉阳县志》《酉阳土家族苗族自治县概况》《武陵古州——酉阳》等编纂。撰写的文章有《酉阳土司制辑略》《酉阳建置沿革考辨》《酉阳县名的来历》等。

1992年8月经黔江地区教委批准新办酉阳县私立钟灵中学，担任校长。2001年9月逝世于涪陵。

张斌（1918—2001），麻旺镇（原米旺乡）人，民国二十三年（1934年）参加中国工农红军，经历了二万五千里长征、抗日战争、解放战争以及社会主义建设，曾任护士班长、医助、医生、八路军120师358旅休养所所长和旅司令部卫生所长、卫生队长、中国人民解放军南海舰队万山要塞区卫生科长和万山要塞区后勤部长、中国人民解放军168医院院长等职。1985年离休，在广东省珠海警备区香洲干休所疗养。2001年病故。

杨正文（1918—2002），山东省掖县人，民国二十七年（1938年）掖县初级师范学校毕业后参加革命，曾任小学教员、校长。民国三十年（1941年）任山东西海导报编辑，民国三十二年（1943年）任山东西海印刷局主任，民国三十三年（1944年）后历任区教育助理、联立师范教员、掖县教育科、西海专署教育科科员，1949年任掖县教育科长，同年南下在江苏丹阳县政府、镇江专署任秘书，是年8月随军进入西南，任酉阳专署教育科科员，随后任省立龙潭中学军事代表、酉阳县教育科长。1952年任省立龙潭中学校长，1953年任涪陵高中校长，1959年任涪陵专科学校师范科党支部书记，1962年任酉阳师范学校校长。终生生活简朴，后经报批享受副地师级待遇，2002年在酉阳病故。

刘玉璞（1919—1990），山东省莒南县洙边乡刘家野疃村人。民国三十年（1941年）参加革命工作，民国三十三年（1944年）加入中国共产党，曾任莒南县区财粮助理、粮库主任、副区长，滨海三地委文书、三专署财粮科股长，江苏省干榆县财粮科长、粮食局副局长、局长，滨海地区粮食局秘书股长、副局长、局长，华东支前司令部第二前线办事处粮食局副局长、局长。大竹专署党组成员，垫江县委副书记，1949年随中国人民解放军进军西南历任大竹县委书记，达县地委委员、地委农工部长。1961年任酉阳县委书记，对挽回“大跃进”造成的损失，对三年自然灾害以后恢复生产和酉阳人民的休养生息做了艰辛的工作。1965年调任涪陵地委副书记，尔后任涪陵地委常委核心小组成员，民兵师副政委、地委顾问等职，曾任四川省政协第四、五届常务委员。1990年在涪陵病故。

赵石英（1920—1993），原名赵令瑗，龙潭镇人。少年时期，在成都参加赵世兰等共产党人组建的“民族解放先锋队”，民国二十六年（1937年）于成都华西大学附中毕业后到杭州，参加抗日爱国学生运动。民国二十七年（1938年）跟随流亡人群返回成都，同年经中共地下党组织的挑选送往革命圣地延安，为怀念革命先驱五叔赵世炎，就更名为赵石英。他在延安抗日军政大学毕业后，参加了抗日战争和解放战争。新中国成立后在中国科学院任国家专利局副局长等职。在他担任中国科学院第九局局长时，见到湖南安江农校教师袁隆平在《科学通讯》上发表的“水稻的雄性不孕性”的论文并引起重视，得知袁隆平精心培养的“雄性不育株”秧苗被造反派们连根拔掉，扔进臭水沟遭到厄运的消息后，立即请示国家科委聂荣臻，并以国家科委九局的名义分别致函湖南省科委和江安农校，对袁隆平取得的科研成果给予充分肯定，袁隆平的杂交水稻科研才没中途夭折。尔后他还经常与袁隆平联系，将水稻科研正式列入湖南科研项目。1993年5月8日在北京逝世。

刘云（1920—1998），江苏省新沂县窑湾镇人。民国二十九年（1940年）加入中国共产党，赴江苏省潼宿海中心县委工作，历任县委警卫排政治宣传委员、警卫连指导员、县委秘书、新河区委书记、县委组织部长等职。民国三十四年（1945年）以后，历任宿北县委民运部长、淮海地委民运科长兼土改实验区区委书记、潼阳县委副书记兼县独立团副政委等职。1949年3月随军南下，1949年11月，为首任中共酉阳县委书记，为酉阳的政权建设、剿匪、镇压反革命和土地改革等做出了重要贡献。1952年10月调中华人民共和国农业部工作，历任计划司基建处副处长、统计处处长、土地勘测设计所副所长。1960年到中央高级党校学习，1965年研究生毕业后，调全国农业展览馆工作，任党委委员。1969年调农林部工作，任部办公室副主任。1972年又调回全国农业展览馆工作，历任副馆长、党委副书记、顾问、中国农业展览会副理事长和《中国农业资源与区划要览》一书的副主编等职。1998年11月20日因病在北京逝世，其骨灰安放在北京八宝山革命公墓。

严永兴（1920—2003），大溪镇（原酉水乡茶店村）人，民国二十四年（1935年）参加中国工农红军，经历了二万五千里长征、抗日战争和解放战争以及社会主义建设，历任连长、营长、团长、师长、陕西省林业厅厅长等职，离休后在西安疗养。2003年病故。

魏振兴（1921—1999），山东省寿光县人。1951年毕业于齐鲁大学医学专业，同年参加工作。曾在山东省中医研究所，济南市卫生局担任研究员等技术职务。长期从事青蒿素研究，是青蒿素及青蒿素生产工艺技术研创者之一。1986年受中国青蒿素及其衍生物研究开发指导委员会的委托到酉阳工作，并担任原武陵山制药厂总工程师，协助酉阳建成世界第一个吨位级的工业化生产青蒿素的工厂，培养了许多生产技术骨干，为酉阳青蒿资源开发和我国青蒿素生产科研工作做出了突出贡献，是酉阳青蒿开发研究的奠基人。曾于1993年获酉阳县委、县政府5万元的奖励。1999年年初因年事已高离酉阳，回到山东省中医研究所。同年9月去世，享年79岁。

华增修（1921—2002），江苏沭阳人。民国二十九年（1940年）参加革命，历任沭阳县六区民运队员、刘塘乡胡集乡指导员、沭阳县城东区联防副指导员、沭阳县委组织部整支工作组组长、县委调研组组长、沭阳县城北区副区长。民国三十七年（1948年）调任华东二纵队支前大队教导员，1949年4月调江苏省无锡市支前处任民力科长，同年7月参加西南服务团，挺进西南解放酉阳，历任酉阳县委组织部组织科长、酉酬区委书记兼区长、四川酉阳法庭副庭长兼酉阳人民法院院长。1953年3月至1957年9月任酉阳县人民政府县长，1957年调任武隆县人民政府县长，1960年调任涪陵地区新华机械厂党委副书记、副厂长，1962年调任涪陵地区新华纸厂党委书记兼厂长，1964年调任涪陵地区物资局副局长、局长、党组书记。1977年离休。

彭世海（1923—1998），土家族，可大乡人。幼年家境贫寒，从小帮人放牛，逃荒讨饭。民国二十九年（1940年）11月抓壮丁去国民党军队三十二师四二三团八连当兵，在抗日战争中英勇杀敌负伤。因不堪忍受国民党军阀作风的压迫，于民国三十六年（1947年）年5月逃出虎口投奔到驻山东的中国人民解放军第二野战军三纵队二十三团一营四连当战士。由于作战勇敢，由战士逐步升为班长、排长、连长。随刘、邓大军挺进大别山，参加解放华北、华中的多次战斗，并获嘉奖。于民国三十七年（1948年）3月加入中国共产党。民国三十七年（1948年）11月参加著名的淮海战役，英勇善战，指挥有方，取得重大胜利，立大功一次，被评为“杀敌英雄”。1949年6月至11月刘、邓大军解放大西南，彭世海在第二野战军三兵团十一军三十二师九十五团四营二连任连长，因作战机智勇敢立二等功二次。

酉阳刚解放时，匪患严重，酉阳地委向西南军政委员会汇报请求支援剿除匪患。1950年1月31日彭世海随九十五团到酉阳参加剿匪战斗。2月23日彭世海带领18名解放军战士留守龙潭镇后勤仓库，遭匪首冉清平纠集1000余匪众袭击，他沉着应战，击退匪众洗劫龙潭阴谋。在酉阳剿匪期间参加大小战斗数次，受到嘉奖，历时一年的剿匪斗争结束后奔赴抗美援朝战场。

彭世海在朝鲜平康县抗击以美国为首的联合国军的战争中，全连荣记三等功一次。朝鲜停战后回国，1955年12月20日复员退伍后在山东省定陶县粮食局工作至离休，1968年回酉阳定居。于1998年10月5日病逝，享年76岁。

孟昭良（1924—2000），山东省莱阳县刘家庄人。民国三十四年（1945年）参加革命工作。曾任织布厂工人，莱阳古城小学教师，莱西第六区文书和区武装委员。民国三十七年（1948年）加入中国共产党。1949年11月参加中国人民解放军第二野战军西南服务团，推进大西南解放酉阳，赓即投入剿匪、社会主义建设和土地改革运动。尔后，历任酉阳县黑水区委书记、酉阳县人民政府商业局长、财贸部长、副县长、县革委员会副主任、县人民代表大会常务委员会副主任等职。1989年离休，享受副厅级待遇。2000年病故。

肖万疆（1924—2004），山东省潍坊市人。民国三十一年（1942年）参加革命工作，曾先后任潍坊县肖家云乡自卫队长，昌潍武装部司务长，潍北武装部总务干事，固堤武装部军需会计，西海建校组织干事等职。民国三十七年（1948年）任支前担架队第八分队指导员参加淮海战役。尔后历任安徽省桐城县老梅区副区长、江西省金溪县征粮队长。1949年在南京参加西南服务团，挺进四川解放丰都，任丰都县包鸾区副区长、区长、书记和丰都县县长，涪陵地区物资局局长。1962年调任酉阳县长、副书记。1975年调到涪陵地区工作，曾任地区工交部科长，工会副主任，计委、建委顾问等职。1998年离休。2004年在涪陵病故，享年80岁。

王放（1924—2010），湖北黄陂人，7岁时随父母流浪到四川梁平县，1949年复旦大学毕业后参加中国人民解放军二野西南服务团到达酉阳，任酉阳军分区文工团队长。1952年任涪陵军分区俱乐部主任，不久，调任龙潭中学校长。1972年任酉二中校长兼党支部书记，1979年任涪陵师专副校长兼教务处长，1982年任涪陵地区教育局副局长，1984年离休。1992年4月经组织部批准，享受副地厅级待遇，2010年在涪陵去世。

冉孝成（1928—2005），麻旺镇人。从小随父母逃荒，给地主放牛，挑脚。民国三十六年（1947年）

年在国民党部队当挑夫、二等兵。民国三十七年（1948年）7月参加革命工作。1949年6月加入中国共产党，历任战士、班长、排长、副连长、营参谋长。曾参加淮海战役、陕西省白河县琵琶山、湖北省竹溪县关垭子、陕西省安康县牛蹄岭、青海巴颜额拉山平叛等战斗。曾三次立大功、一次通令嘉奖，一次授予特等功臣称号。1968年调任青海省湟沅县人武部科长、副部长。1973年调任青海省扎多县人武部党委书记兼部长。1979年任酉阳县革委会副主任。1980年任酉阳县人大常委会副主任。1986年12月离休（享受正团级待遇）。2006年8月病逝，享年78岁。

田维春（1938—1999），毛坝乡汪家村农民。他和妻子张桂花从1980年起，在贫瘠的土地上，用锄头、钢钎撬石砌埂改土。两个儿子被洪水冲走而亡、两个女儿又远嫁他乡，他改土的决心仍不动摇，坚持20年改土不辍，使20多亩荒坡变成了良土，成为远近闻名的“改土状元”。《酉阳报》《黔江日报》《四川广播电视台》《四川日报》先后作了重点报道。1996年5月，中央电视台以16年不辍为题材，拍摄《留下永恒的纪念》专题片在全国播放。1999年病故。

冉庄（1938—2011），生于重庆，祖籍酉阳，1962年毕业于四川大学，国家一级作家，中国作协会员，重庆市作协副主席，重庆市新诗学会副会长，市散文学会副会长，中国民间文艺家协会会员，重庆社科院特约研究员，重庆大学特约研究员，重庆市巴渝文化研究院院长，著有《冉庄文集》《冉庄诗选》《冉庄文论集》以及《山河恋》《洱海月》《山海心曲》《沿着三峡走》《三峡放歌》《情之缘》《旅美诗抄》等著作问世。在重庆市文学界颇有知名度。《冉庄文集》1999年获全国少数民族文学“骏马奖”和优秀成果奖。2011年12月在重庆病逝。

姚家斌（1959—2003），毛坝乡人，1978年参加中国人民解放军，1981年退伍回到毛坝乡双龙村。1983年带领10多个小伙子上山，营造了2200多亩森林。经过20多年的艰辛劳动，2200多亩森林已郁郁葱葱，生意盎然。1985年以来，他先后荣获共青团中央授予的“新长征突击手”和四川省军区授予的“学雷锋先进个人标兵”称号；被四川省政府表彰为“百万农村科技致富标兵”，并荣获“四川绿色奖章”和“重庆市绿化奖章”等荣誉。《解放军报》《中国青年报》《四川日报》《重庆日报》《国防教育报》《战旗报》《国防时报》以及四川电视台、重庆电视台等40多家新闻媒体报道他的先进事迹，并受到国家主席杨尚昆、全国政协副主席杨汝岱等领导人的亲切接见。2003年5月15日去世。

杨通海（1964—1984），泡木乡人，1984年参加中国人民解放军，同年4月30日在南疆保卫战收复者阴山的战斗中，当敌人的火力疯狂扫射时，他主动请战，一跃而起，抱起机枪向敌人边冲锋边扫射。在他靠近敌人火力点时，突然胸部中弹倒下。当他看到敌人还在扫射时，又艰难地支起身子架起机枪，掩护战友们冲锋，直到流尽最后一滴血。战后，成都军区授予他二等战功，追认为中国共产党党员、革命烈士。

第二章　人物简介

宁育圭，民国五年（民国五年（1916年））出生在黔江县，毕业于中央大学数学系。民国二十七年（1938年）加入中国共产党，民国三十六年（1947年）年受中共重庆监委派遣，到秀山以中学教务主任的身份作掩护，秘密建立了中共秀山特支和“六一社”组织。民国三十七年（1948年）经重庆地下党领导人的批准，到酉阳县中学任教务主任兼数学教员。1949年春在学生中建立了秘密的读书小组，学习进步刊物。同年11月组织酉阳民众迎接解放军解放酉阳。新中国成立后，历任酉阳专署文教科长兼酉阳师范学校校长、涪陵专署文教科长、四川省教育厅中教处长。

宋克勤，民国八年（民国八年（1919年））出生，龙潭镇人。幼年父母双亡，随叔父生活。民国二十一年（民国二十一年（1932年））到重庆，次年入重庆江北高小读书，民国二十三年（1934年）考入川东师范学习，民国二十三年（1934年）到达延安入陕北公学学习。民国二十七年（1938年）参加中国共产党，同年被送到延安中国人民抗日军政大学第四期一大队学习，毕业后分配到华北敌后抗日根据地太行区工作。新中国成立后，曾任河南省教育厅厅长等职。

邢华山（1921—2005），山东莱阳人。民国三十四年（1945年）在胶东五龙县姜山区任文教助理，次年加入中国共产党，民国三十六年（1947年）年任五龙县团旺区副区长、区长。1949年2月参加渡江南下，任苏南行署溧阳县民政局长，当年随军挺进西南，历任秀山县财政局长、税务局长、副县长、县长等职。1955年调任长寿县县长、县委常委。1956年调涪陵历任地区财委副主任、主任、服务局长、商业局长、经委主任、财办副主任、财贸政治部副主任等职。1970年调酉阳历任县核心小组成员、革委会副主任、县委书记。1974年调任涪陵地委财贸部长。1977年离休。

邵明，原名刘少明，学名刘其晖，民国十一年（民国十一年（1922年））生，江苏射阳人。民国三十年（1941年）参加革命，民国三十三年（1944年）加入中国共产党。抗日战争时期，历任小学教员、乡长、区委委员。解放战争时期，历任射阳县人民医院支部书记、合作总社股长。1949年参加西南服务团解放涪陵，历任涪陵县第二区区委书记、县供销社主任、副县长、县长。1957年调任酉阳县人民政府县长、县委常委。1962年调涪陵地区历任土产公司经理、海陵厂党委书记、农机局长、计划委员会副主任等职，1983年离休。

钱振琳，女，民国十四年（1925年）生，四川梁平人。1946年考入四川大学外文系，并参加了地下党领导的学生运动。民国三十七年（1948年）任川大外文系19届理事长，之后参加“民主青年协进会”。1949年经地下党派遣，到川康边人民游击纵队岷江支队搞宣传工作。成都解放后，到温江地委研究室工作。1951年调任成都妇联办公室主任，1952年加入中国共产党，1954年任龙潭中学教导主任，1955年任酉阳第一初级中学校长，1972年下放到龚滩小学任戴帽初中第一负责人，1975年任酉阳师范学校副校长，1978年任涪陵师范专科学校教务处副处长，1980年任涪陵地区教师学院副院长。1984年离休。

黄和之，民国十四年（民国十四年（1925年））生，龙潭镇人。民国三十七年（1948年）重庆青年中学毕业后升入清华大学经济系深造，1949年中央团校学习后参加解放西南战役，1950年任青年团西南工委所属青年印刷厂厂长，1956年入北京大学数学系读书，1962年毕业后在北京函授学院、兰州铁道学院、北京经济学院等院校任数学教授。1988年离休，主要编有《离散数学导论》。

葛洪彬，民国十六年（1927年）生，山东莒县人。民国三十年（1941年）参加革命，民国三十二年（1943年）加入中国共产党，历任乡通讯员、中心小学校长、区支教助理、县文教科员、区委宣传委员、区委副书记、书记。民国三十七年（1948年）任担架营营长，带领民工支援淮海战役。1949年任华东支前司令部第二前线宣传科干事，参加了渡江战役，同年进军西南，任长寿县委宣传部副部长，尔后又任涪陵地委秘书处副主任、中共涪陵县委副书记，1955年调任中共酉阳县委书记，1958年调任涪陵大学副校长，尔后又任涪陵地委副秘书长、秘书长。1985年离休。

王思章，民国十八年（1929年）生，酉阳李溪人。民国三十六年（1947年）年8月被抓壮丁遣送到国民党青年军203师当兵，当年12月湖北省广济县解放，参加了中国人民解放军。民国三十七年（1948年）6月随中原野战军第6纵队16旅47团3连参加了襄樊战役。同年随第二野战军3兵团12军34师101团3连参加淮海战役。1949年渡过长江，荣立大功一次，接着挺进西南解放酉阳，路过家门而不入，随军解放重庆。1951年参加中国人民志愿军入朝，历任排长、副指导员、指导员，期间荣立三等功一次。1955年回国任工兵连连长。1964年任南京军区工程兵140团技术营长，1973年晋升为团参谋长，1976年转业到浙江省长广煤矿公司任党委副书记、革委会副主任，1979年调任江苏省南京煤矿建筑安装工程公司经理，1984年调任中国人民银行江苏省分行基建主任。1992年离休。

于洪彬，民国十九年（1930年）生，山东莱阳人。1946年参加革命加入中国共产党，历任莱阳县小学教师、区委宣传干事、支前指挥部政治干事、粮秣员、供给员等。1949年2月任华东支前司令部第一前线办事处宣传科科员。7月在南京学习后，编入西南服务团南下解放酉阳，历任酉阳一区宣传委员、副区长、六区副书记、十四区区委书记兼区长。1952年调秀山县委秘书处任秘书，后任县委组织部部长。1960年到酉阳参加整风整社工作，1965年任中共酉阳县委副书记，次年任中共酉阳县委第一书记。“文化大革命”中受到不公正待遇，1972年调彭水县任核心小组副组长、县委第一书记。1974年任中共涪陵地委副书记兼彭水县委书记，1977年调涪陵地委任专职副书记，1983年任地委视察主任。1992年离休。

樊佐让，民国二十二年（1933年）生，铜鼓乡（铜西）人。1954年参加中国人民解放军，曾两次进入高等军事学院学习，历任连、营、团、师级文职人员，参与完成了42项科研项目，其中一项填补了国防建设的空白，获国家科技进步成果奖，两项获全军科技成果奖。1978年出席全国第一次科技大会，受到党和国家领导人的接见。1993年退休，次年回到故里，捐资12000元人民币建设沙坝村的高压线，使300多户人家告别了煤油灯的历史。在施工过程中，他从4米高的电杆上摔下受伤，村民们自发送他到重庆治疗，并送了一块“为民造福、功德无量”的匾额。

吴长树，民国二十四年（1935年）生，小河镇人。1954年由酉师考入昆明师范学院物理系学习，1959年调中国科学院电子研究所从事微波量子放大器（激光）的研究工作，研制成我国第一台He—Ne光量子放大器，1966年调昆明物理研究所工作，又研制成功NoA8导体激光器和LnS6红外线材料，在科研领域有重要贡献。

罗正纪，民国二十五年（1936年）生，龚滩镇人。1958年入北京大学物理系学习，1964年毕业后分配到中国科学院物理研究所工作，曾任北京科海高技术（集团）公司北中公司总经理，1992年评聘为激光物理技术高级工程师，1993年享受政府特殊津贴，同年向龙潭中学和龚滩中学分别捐资人民币10万元和6万元。

钱学射，民国二十五年（1936年）生，钟多镇人。1960年四川农业大学农学系毕业后，分配到中国科学院植物研究所工作。1980年后历任中华供销合作社南京野生植物综合利用研究所研究员、商业部高级优秀专家、全国罗布麻开发中心副主任、《中国化妆品杂志》编委、《中国野生植物杂志》常务副主编。主要研究成果有：“罗布麻栽培驯化”“月见草栽培与选种”“水飞蓟试种栽培及综合利用的研究”等，享受政府特殊津贴。

陈茂法，民国二十五年（1936年）生，涂市乡（钟岭）人。1960年四川大学数学系毕业后，又到哈尔滨军事工程学院电子工程系深造，1964年到国防科工委第20、26基地从事国防工程技术，曾参加过我国第一代电子数学专用控制机（441-D机，01-01任务的缓冲机）的设计和生产，还参加过我国第1至19颗人造地球卫星的测控工作，多次立功受奖。

吴鸿章，民国二十六年（1937年）生，钟多镇人。1960年昆明工学院毕业后，分配到北京国防部第五研究院二分院工作，负责研制返回式卫星、长二捆火箭发射，曾获解决地空导弹型号研制生产中的某关键问题，荣立三等功一次。1988年评为高级工程师，1993年获部级科技进步一等奖，1993年获“航天创业荣誉证书”。

严纯信，民国二十六年（1937年）生，钟多镇小坝人。1955年参加中国人民解放军，1961年防化学校毕业后，历任排、连、营、副团职军代表、团职总代表等职。1988年被中国人民解放军总参谋部评定为高级工程师，1990年被中央军委授予技术大校军衔，1992年晋升技术六级，享受正师级待遇，1996年晋升技术五级，享受副军级待遇。1998年退休，常住江苏省常州市。

石玉屏，女，民国二十六年（1937年）生，酉阳人。1965年北京农业大学毕业后分配到农业部生物研究所工作，1979年任国家商检局情报室副主任，1990年去中国驻日本大使馆商务处任职，回国后仍在国家商检局工作，1982年被评为工程师，后晋升为高级工程师。

张尽平，民国二十六年（1937年）生，酉阳人。1965年北京外贸学院毕业后分配到外贸部四局工作，1979年在中国驻日本大使馆商务处任随员，回国后在外贸部国际研究所任职，1986年赴日本野村证券进修，1986年任对外经济贸易出版社副社长兼副总编，1990年任中国驻日本大使馆一秘，1995年回国又到外贸部国际贸易研究所任职，1987年被评为副研究员。

侯志平，民国二十六 年（1937年）生，龚滩镇人，土家族。副编审。1963年四川大学中文系毕业。后调入中国报道杂志社，历任编辑、通联组组长、副社长，1993年后任中国世界语出版社社长。1995—1998年主持中国报道社工作。曾任《世界》杂志和《世界科学技术》杂志编委，北京市世界语协会常务理事、副会长，中华全国世界语协会常务理事，中国世界语刊授学校副校长。编著有《世界语运动在中国》、《胡愈之与世界语》《中国知名人士论世界语》；曾主编《你知道世界语吗》《世界语通讯大全》《世界语在中国一百年》。八十年代以来潜心研究中国世界语运动史，在《中国报道》《世界》《世界语》等十几种刊物上发表过大量的有关世界语运动史的研究文章。由于对新闻事业的贡献，享受政府特殊津贴。

王德凤，女，民国二十九年（1940年）生，四川犍为人。1964年四川师范大学数学系毕业后，分配到酉阳任教，1978年任酉二中数学教研组组长，1987年受聘为中学高级教师，同年被评为全国优秀教师。是酉阳县第九、十、十一、十二届人大代表和常委，曾被县政府授予“首批中青年专业拔尖人才”和“优秀知识分子”称号。其主要论文有《诱导公式教学改革的尝试》等。

石维盛，民国二十九年（1940年）生，酉阳人。1963年空军十三航校毕业后分配到空军航空兵一师一团航空机械师，1967年任一师司令部作训参谋，1976年任一师二团副参谋长，1978年任一师三团代参谋长，1979年任空军学院学员队副队长，后升为队长，1983年任空军学院指导系主任（师级）。1988年被授予空军大校军衔。

陈德英，女，民国三十年（1941年）生，酉阳人。1965年西安冶金建筑工程学院毕业后，分配到建字01部队任技术员，后调海军7310部队搞研究工作。1987年调成都市轻工研究所工作，先后任成都125轻工工程公司总工程师、副总经理、成都市轻工时代装饰工程公司董事长、总经理兼总工程师及成都装饰科技工程中心董事长等职。

刘仲清，民国三十年（1941年）生，铜鼓乡（红井）人。1964年成都电讯工程学院自动控制系导弹自动控制专业毕业后，先后在国防部第五研究院、第七机械工业部、航天部等单位从事航天科学技术工作，曾担任过控制系统研究室主任、副总设计师、中国日出产业集团董事局副主席、公司董事长、党委副书记、监事会主席等职。撰写的《惯性技术在自动控制中心的应用》《生物控制论的发展与方向》等学术论文，在国际国内都有一定影响。

陈德泽，土家族，民国三十一年（1942年）3月生，黑水镇人，中共党员，1965年重庆邮电大学毕业，先后在北京、乌鲁木齐、中央广播事业局工作，曾任国家广电总局广播电视监测中心教授级高级工程师，享受国务院政府特殊津贴。曾任国家广电总局科技委资深委员、国家广电总局广播电视监测中心顾问总工、中国老年科技工作者协会广播电视分会副理事长、中国新闻技术联合会常务理事。

主编《广播电视监测系统》《全国广播电视监测十五计划和2010年远景规划》《全国卫星电视监测系统》《哈尔滨监测台工程建设项目》《553监测台自动化项目》《641台大功率短波发射机自动监控与远程数据通信系统》《lOOkW短波发射机改PSM制式》《GDJ-1型流动监测系统》等专著或文章，并多次获奖。

石胜福，民国三十四年（1945年）生，麻旺镇人。1964年参加工作，历任酉阳县防疫站医生、卫生干部进修校教师、县卫生局干事、县政府办公室秘书、主任。1983年到四川省委二党校学习，1986年任中共黔江县委常委、副书记。1989年以后，历任酉阳县委常委、副书记、代理县长、县长、县委书记。1992年调任黔江地委副秘书长，尔后调任重庆市民委主任。

何文杰，民国三十六年（1947年）年生，李溪镇思泉村人。1964年在贵州松桃县参加中国人民解放军，曾任贵州省军区49师战士、昆明军区司令部警卫员、政治部秘书处干事、司令部研究室参谋。1979年到中国人民解放军南京外国语学院学习，1985年任56288总队调研室处长。1986年到中国人民解放军长沙工程兵学院学习印度语，1989年任35085总队研究室大校主任（副师级）。2002年退休。2000年捐资5万元修筑思泉公路，其功德在故乡传为佳话。

文祖云，民国三十六年（1947年）年生，龚滩镇人。擅长油画、版画、中国画。大专学历。曾任新疆克拉玛依钻井文教中心副主任、副研究员，克拉玛依市美术家协会副主席。作品有油画《情》《草原阳光》，版画《天山初醒》《南疆巴扎》《欣欣向荣》《荷塘月色》《欢乐的新疆》，中国画《油魂》等。出版《文祖云版画作品》选集。版画《（龚滩）古镇祭》《濯水古镇》等。在国内外多次举办个人画展。获“世界文化名人”证书和20世纪艺术家国际金奖。其事迹收入《世界文化名人辞海》和《世界名人录》等。

杨胜敏，民国三十七年（1948年）生，钟多镇人。2001年任沙片沟村民小组组长，2002年6月20日凌晨2时许，在巡逻时，发现本组的水井发生异常变化。为乡亲们的人身安全，期间不顾个人安危，挨门挨户将人们从睡梦中叫醒，组织指挥大家向村边的山梁上转移。凌晨4时50分，沙片沟发生泥石流，瞬间淹埋沙片沟村庄，全组在家的61人都安全地躲过了一场大劫难。国土资源部给他颁发了“全国地质灾害防治成功预报特别奖”。

侯守渠，1950年生，龚滩镇人。1971年参加工作，曾任清溪公社文书、乡水利员、酉阳县人民银行信贷员、酉阳县财贸部干事、涪陵地区财贸部干部科干事、涪陵地区组织部干部科科长、黔江地区组织部副部长兼人事局局长、地委党校校长、地直机关工委书记、编委会主任。1994年任黔江地委副书记兼组织部部长、政法委书记、地委党校校长。1997年调任重庆市沙坪坝区副书记兼人大常委会主任。2003

年任沙坪坝区人大常委会主任。

田维钊，1952年生，钟多镇小坝乡人。1967年初中毕业后回乡任生产队长、大队党支部副书记。1975年入西南农学院学习，任系学生会党支部书记，毕业后到四川省农牧厅工作，历任农牧厅秘书、四川省人民政府救灾办公室副主任、中共四川省委常委办公室秘书、主任、乐山市五通桥区副主任、中共德阳市委副书记、常务副市长、中共广元市委副书记、市长等职。现为四川省环保局局长。

李晋川，1954年生，小河镇人。1970年加入中国人民解放军，1979年参加南疆保卫战，曾任团卫生队卫生员、军医大学员、助理军医，后调成都成医学院任副教授、病原学教研室主任（正师职）。

钱仕平，1954年生，铜鼓乡人。1976年参加中国人民解放军，1979年在广西板栏地区南疆保卫战中，肩托火炮，打掉敌人7个火力点，在双耳震出血的情况下仍紧密配合步兵激战3昼夜，为整个战役的胜利作出了突出贡献，成都军区为他记了一等功，并授予二级战斗英雄荣誉称号，尔后历任排长、指导员、连长、营长、后勤副处长、成都新蓉干休所所长（副团级）。1997年转业到成都建设银行工作。

戴荣，1954年生，钟多镇人。1970年参加中国人民解放军，1979年参加南疆保卫战，曾任团卫生队卫生员，三军医大学员、助理军医，1983年调南京军医院工作，历任副教授、训练部副部长（正师职）。

陈国华，1955年生，钟多镇人。1971年下乡当知青，1974年涪陵水电校毕业后，历任酉阳水电局干事、兴隆区青年干事、区委文书。1983年中共四川省委党校结业后，历任酉阳县委宣传部理论教员、副部长、龚滩区委书记、黔江地区财政局办公室主任、政治部主任、常务副局长、黔江县委常委、常务副县长。1994年调任秀山县人民政府县长、县委副书记、县委书记。2000年调黔江区工作，历任黔江区委常委、统战部长、政协副主席、常务副区长、政协主席等职。是中国共产党第十五次全国代表大会代表。

田亚，1962年生，南腰界人。1983年上海复旦大学世界经济系毕业后，分配到国家农业局国际合作司工作。1987年在意大利卢卡接受短期培训后，就任联合国国际农业发展基金会官员，主要参与亚太地区和南非洲地区低收入国家的农村贫困状况调研和扶贫项目规划活动。

李进，1963年生，酉阳人。1982年毕业于成都科技大学，次年参加成都科技大学出国研究生培训，1986年获英国阿斯顿大学博士学位，1990年获英国曼彻斯特大学博士后，尔后任高级研究员、计算机学部经理，主要从事生物技术领域药物设计软件的开发及应用。

冉云飞，著名学者、作家，1965年生，宜居乡人。1987年四川大学中文系毕业。主要著述有《尖锐的秋天：里尔克》《陷阱里的先锋：博尔赫斯》《阳光与玫瑰花的敌人》《手抄本的流亡》《从历史的偏旁进入成都》《沉疴：中国教育的危机与批判》《冉云飞诗歌选》《庄子我说》《像唐诗一样生活》《吴虞和他生活的民国时代》《古蜀之肺：大慈寺传》《给你爱的人以自由》《每个人的故乡都在沦陷》。主编有

《2004年网络写作》《2005年网络写作》《庄子二十讲》等。获全国及省级文学奖数次，曾为香港中文大学等大学访问学者。现供职于《四川文学》杂志社。

何秀全，1973年生，酉阳人，田径运动健将。1992年和1994年分别获全国青运会第一名，1995年在全国城运会上获第三名。

第三章　人物表录

（一）参加酉阳地、县人民政权建立时的干部名录

姓　名	性别	籍　贯	备　　　注
刘渝明	男	四川巴县	土地革命战争时期参加革命，曾参加过抗日战争和解放战争，1950年到1952年任中共川东酉阳地方委员会组织工作部部长
王　达	女	山东荣城	土地革命战争时期参加革命，曾参加过抗日战争和解放战争，1950年至1952任中共川东酉阳地方委员会宣传工作部部长
杨（侯）礼堂	男	四川	土地革命战争时期参加红军，曾参加过抗日战争和解放战争，1950年至1952年任中共川东酉阳地方委员会委员兼酉阳军分区副政委、公安处长
严大芳	男	四川	土地革命战争时期参加红军，曾参加过抗日战争和解放战争，1950年任中国人民解放军95团团长，赴酉阳剿匪
陆　华（鲁化）	男	河北	土地革命战争时期参加红军，曾参加过抗日战争和解放战争，1949年至1950年任中国人民解放军95团政治处主任，赴酉阳剿匪
药天禄	男	河北武安	土地革命战争时期参加红军，曾参加过抗日战争和解放战争，1949年至1950任中国人民解放军95团政委，赴酉阳剿匪
王文正	男	四川	土地革命战争时期参加红军，曾参加过抗日战争和解放战争，1949年至1950年任中国人民解放军95团参谋长
孔兴台	男	山东	土地革命战争时期参加革命，曾参加过抗日战争和解放战争，1949年至1950年任中国人民解放军95团后勤处处长赴酉阳剿匪
李雪欧	男	陕西	土地革命战争时期参加工作，曾参加过抗日战争和解放战争，1950年任酉阳军分区司令部作战科长，赴酉阳剿匪
赵梁才	男	河北	土地革命战争时期参加工作，曾参加过抗日战争和解放战争，1950年至1952年任中国人民解放军酉阳军分区参谋长
张令安	男	山东莱西	曾参加过抗日战争和解放战争，1950年至1952年任中共川东酉阳地方委员会秘书处副主任、主任
刘洪山	男	山东莱西	曾参加过抗日战争和解放战争，1950年至1951年任中共川东酉阳地方委员会农民运动工作部部长

续表

姓　名	性别	籍　贯	备　　　　注
王蓝田	男	山东	曾参加过抗日战争和解放战争，1950年至1952年任中共川东酉阳行政专员公署党组成员、民政科科长、法院院长
林世举	男	山东	曾参加过抗日战争和解放战争，1950年至1952年任中共川东酉阳地方委员会秘书处秘书、副主任
丁　光	男	山东莱阳	曾参加过酉阳地下党工作，1950年至1952年任中共川东酉阳地方委员会青年工作委员会干事、副书记
冯雨琛	女	山东文登	曾参加过抗日战争和解放战争，1950年至1952年任中共川东酉阳地方委员会妇女工作委员会副书记
邵　黎	女	山东威海	曾参加过抗日战争和解放战争，1950年至1952年任中共川东酉阳地方委员会妇女工作委员会干事、副书记
李　同	男	山东	曾参加过抗日战争和解放战争，1950年至1952年任中共川东酉阳工人工作委员会干事、副书记
张东升	男	山东栖霞	曾参加过抗日战争和解放战争，1950年至1952年任中共酉阳地方委机关报《群众报》副社长
于振波	男	山东莱阳	曾参加过抗日战争和解放战争，1949年至1952年任中共川东酉阳行政专员公署党组成员、秘书处副主任
乔文华	男	山东文登	曾参加过抗日战争和解放战争，1949年至1952年任中共川东酉阳行政专员公署党组成员、粮食局局长
陈刚峰	男	江苏	曾参加过抗日战争和解放战争，1940年至1952年任中共川东酉阳行政专员公署党组成员
于明才	男	山东栖霞	曾参加过抗日战争和解放战争，1949年至1952年任中共酉阳县委民运部长和组织部长
吴　非	男	江苏阜宁	曾参加过抗日战争和解放战争，1949年至1952年任中共酉阳县委委员兼公安局长
高云挺	男	山东栖霞	曾参加过抗日战争和解放战争，1949年至1954年任中共酉阳县委宣传部副部长、部长
王天鹏	男	山东莱阳	曾参加过抗日战争和解放战争，1950年至1952年任川东酉阳专员公署民政科科员、副科长兼酉师校校长
五　政	男	山东	曾参加过抗日战争和解放战争，1950年至1952年任酉阳专员公署财政经济委员会副主任
王笃卿	男	山东平度	曾参加过抗日战争和解放战争，1950年至1952年任川东酉阳行政专员公署税务局副局长、局长
李　林	男	—	曾参加过抗日战争和解放战争，1950年至1952年任川东酉阳专员公署工商科科员、副科长
唐书春	男	山东	曾参加过抗日战争和解放战争，1950年至1952年任川东酉阳专员公署干事、副局长
杨正文	男	山东掖县	曾参加过抗日战争和解放战争，1950年至1952年任川东酉阳专员公署文化教育科科员，接管龙潭中学
宋芳圃	男	山东	曾参加过抗日战争和解放战争，1950年至1952年任川东酉阳专员公署文化教育科科员、副科长
姜贤发	男	山东	曾参加过抗日战争和解放战争，1950年至1952年任川东酉阳行政专员公署卫生科副科长
张　光	男	山东蓬莱	曾参加过抗日战争和解放战争，1950年至1952年任川东酉阳行政专员公署合作科科员、副科长

续表

姓　名	性别	籍　贯	备　　　　注
楚永堂	男	山东	曾参加过抗日战争和解放战争，1949年至1951年任中国人民银行酉阳区支行行长
周宗京	男	江苏奉贤	曾参加过抗日战争和解放战争，1949年至1951年任中共酉阳县委第一区区委书记
曹逸村	男	山东鲁南	曾参加过抗日战争和解放战争，1949年至1951年任酉阳县人民政府第一区区长
李曙光	男	山东莱西	曾参加过抗日战争和解放战争，1949年至1950年任中共酉阳县委第二区区委书记
汤化赞	男	江苏沭阳	曾参加过抗日战争和解放战争，1949年至1950年任酉阳县人民政府第二区区长，在剿匪中牺牲
杨之凤	男	山东莱西	曾参加过抗日战争和解放战争，1949年至1951年任中共酉阳县委第三区区委书记
赵德山	男	山东平度	曾参加过抗日战争和解放战争，1949年至1950年任酉阳人民政府第三区区长
咸升斋	男	山东莱阳	曾参加过抗日战争和解放战争，1949年至1950年任中共酉阳县委第四区区委书记
渠吉堂	男	河北安宁	曾参加过抗日战争和解放战争，1949年至1950年任酉阳县人民政府第四区区长
吕华春	男	江苏阜宁	曾参加过抗日战争和解放战争，1949年至1952年任酉阳县第五区组织委员
孙洪义	男	山东西山	曾参加过抗日战争和解放战争，1949年至1952年任中共酉阳县委第六区区委书记兼区长
谷成林	男	江苏淮安	曾参加过抗日战争和解放战争，1949年至1952年任中共酉阳第6区副区长，在剿匪中牺牲
李悦心	男	山西昔阳	曾参加过酉阳地下党工作，1949年至1950年任酉阳县人民政府第5区副区长
段　余	男	—	曾参加过解放战争，1950年至1952年任中国人民银行酉阳区支行办事员、行长
刘家芳	男	—	曾参加过解放战争，1950年至1952年任中国人民银行酉阳区支行办事员、行长
吕家安	男	山东福山	曾参加过解放战争，1949年任中共酉阳县秘书处秘书
张　岱	男	山东北招	曾参加过解放战争，1949年至1951年任中共酉阳县委组织部干事
李叙家	男	山东文登	曾参加过抗日战争和解放战争，1949年11月至1951年任酉阳县人民政府秘书（主任）
王　彬	男	山西普阳	曾参加过解放战争，1949年至1950年任酉阳县第2区副区长
薛权奇	男	江苏	曾参加过解放战争，1949年至1950年任中共酉阳县委通讯员
孙振科	男	山东莱阳	曾参加过解放战争，1949年至1950年任中共酉阳县委干事
徐　惠	女	江苏新安	曾参加过解放战争，1949年至1950年任中共酉阳县委收发员
陈平生	男	江苏	曾参加过解放战争，1949年至1950年任中共酉阳县委警卫员
林伯州	男	江苏泰兴	曾参加过解放战争，1949年至1950年任县长的警卫员
李秉成	男	山西	曾参加过解放战争，1949年至1950年任酉阳县人民政府金库保管员
李成富	男	河南安阳	曾参加过解放战争，1949年至1950年任酉阳县人民政府股长
张饮道	男	甘肃	曾参加过解放战争，1949年至1950年任酉阳县城派出所所长
张贵生	男	江苏	曾参加过解放战争，1949年至1950年任酉阳县公安局长的警卫员
史长赓	男	陕西	曾参加过解放战争，1949年至1950年任酉阳公安局独立支队长
赵守廉	男	江苏	曾参加过解放战争，1949年至1950年任酉阳县第2区文书
于桂盛	男	山东莱西	曾参加过解放战争和酉阳剿匪，1949年至1950年任酉阳县第3区民委副委员

续表

姓　名	性别	籍　贯	备　　　　注
夏亨德	男	湖南安化	曾参加过解放战争和酉阳剿匪，1949年至1950年任中共酉阳县第二区文书
梁其骧	男	四川丰都	曾参加过解放战争，1949年至1950年任酉阳专区公安处秘书
吴三海	男	山西昔阳	曾参加过抗日战争、解放战争和酉阳剿匪
张文德	男	山西柳林	曾参加过抗日战争、解放战争和酉阳剿匪
王克荣	男	山东差平	曾参加过抗日战争、淮海战役、渡江战役和酉阳剿匪
瞿保民	男	河南濮阳	曾参加过抗日战争、解放战争和酉阳剿匪
王　庆	男	江苏阜宁	曾参加过抗日战争、解放战争和酉阳剿匪
张守业	男	山西左树	曾参加过抗日战争、解放战争和酉阳剿匪
王盛敬	男	山东平度	曾参加过抗日战争、淮海战役、渡江战役和酉阳剿匪
王　勇	男	河南林县	曾参加过抗日战争、解放战争和酉阳剿匪
王学武	男	河南博爱	曾参加过抗日战争、淮海战役、渡江战役和酉阳剿匪
高富邦	男	河北邯郸	曾参加过抗日战争、淮海战役、渡江战役和酉阳剿匪
刘春峰	男	山东沾化	曾参加过抗日战争、淮海战役、渡江战役和酉阳剿匪
吕传河	男	山东滕州	曾参加地方抗日武装、解放战争和酉阳剿匪
王秀田	男	河北海兴	曾参加过抗日战争、渡江战役和酉阳剿匪
韩先儒	男	山西武乡	曾参加过解放战争、渡江战役和酉阳剿匪
张锡发	男	山东栖霞	曾参加地方抗日武装、解放战争和酉阳剿匪
张黄孩	男	山西武乡	曾参加地方抗日武装、解放战争和酉阳剿匪
李振鸿	男	山东曲阜	曾参加地方抗日武装、解放战争和酉阳剿匪
李联朝	男	河北元氏	曾参加过抗日战争、淮海战役、渡江战役和酉阳剿匪
于云高	男	山东掖县	曾参加解放战争和酉阳剿匪
黄仁宝	男	贵州大方	曾参加解放战争和酉阳剿匪
刘速平	女	山东栖霞	曾参加解放战争和酉阳剿匪
田文龙	男	河南涉县	曾参加解放战争和酉阳剿匪
陈伯欣	男	河南西峡	曾参加解放战争和酉阳剿匪
凌伯洲	男	江苏泰兴	曾参加解放战争和酉阳剿匪
韩振谦	男	河南扶沟	曾参加解放战争和酉阳剿匪
隋学明	男	山东蓬莱	曾参加解放战争和酉阳剿匪
孙吉荣	男	山东海阳	曾参加解放战争和酉阳剿匪
李存福	男	河南安阳	曾参加解放战争和酉阳剿匪
刘海宾	男	山东莱阳	曾参加解放战争和酉阳剿匪

续表

姓　名	性别	籍　贯	备　　注
陈　平	男	江苏武进	曾参加解放战争和酉阳剿匪
刘福聪	男	山西中阳	曾参加解放战争和酉阳剿匪
汪崇彬	男	浙江绍兴	曾参加解放战争和酉阳剿匪
李延兴	男	山东莱西	曾参加解放战争和酉阳剿匪
赵　信	男	山东沂水	曾参加解放战争和酉阳剿匪
娄金声	男	浙江绍兴	曾参加解放战争和酉阳剿匪
刘二功	男	河北赞宝	曾参加解放战争和酉阳剿匪
邵力行	男	浙江金华	曾参加解放战争和酉阳剿匪
周铁炉	男	山西晋城	曾参加解放战争和酉阳剿匪
陈更生	男	江苏	曾参加解放战争和酉阳剿匪
戴　俊	男	江苏	曾参加解放战争和酉阳剿匪
俞尧鑫	男	浙江	曾参加解放战争和酉阳剿匪
李济涂	男	山东莱阳	曾参加解放战争和酉阳剿匪
贾银吉	男	河北	曾参加解放战争和酉阳剿匪
赵振声	男	—	曾参加解放战争和酉阳剿匪
龚启遂	男	浙江义乌	曾参加过抗日战争，在酉阳剿匪中牺牲
李及江	男	山西	曾参加解放战争和酉阳剿匪
辛　毅	男	山东海阳	曾参加解放战争和酉阳剿匪
吴其忠	男	浙江	曾参加解放战争和酉阳剿匪
章顺绿	男	江苏	曾参加解放战争和酉阳剿匪
张华清	男	—	曾参加解放战争和酉阳剿匪
于志忠	男	河北赞皇	曾参加过解放战争和酉阳剿匪
康金录	男	河北平山	曾参加渡江战争役和酉阳剿匪
马玉龙	男	山西太原	曾参加过抗日战争、渡江战役和酉阳剿匪
孟昭良	男	山东莱阳	曾参加解放战争和酉阳剿匪
刘福海	男	山西中阳	曾参加过抗日战争、渡江战役和酉阳剿匪
代守业	男	安徽临权	曾参加解放战争和酉阳剿匪
王三福	男	山西平顺	曾参加过抗日战争、渡江战役和酉阳剿匪
费春霖	男	山东日照	曾参加过抗日战争、渡江战役和酉阳剿匪
刘福苍	男	河北武安	曾参加过抗日战争、渡江战役和酉阳剿匪
杨应和	男	山东曲阜	曾参加过抗日战争、渡江战役和酉阳剿匪

续表

姓　名	性别	籍　贯	备　　　　注
刘于良	男	河南林州	曾参加过抗日战争、渡江战役和酉阳剿匪
高　珊	男	山西偏关	曾参加过抗日战争、渡江战役和酉阳剿匪
王义丑	男	山西襄恒	曾参加过抗日战争、渡江战役和酉阳剿匪
吴立华	男	四川广安	曾参加过抗日战争、渡江战役和酉阳剿匪
金元忠	男	浙江五义	曾参加过抗日战争、渡江战役和酉阳剿匪
九文林	男	江苏泗洪	曾参加过抗日战争、渡江战役和酉阳剿匪
顾宪模	男	山东长清	曾参加过抗日战争、渡江战役和酉阳剿匪
熊云山	男	江西南昌	曾参加过抗日战争、渡江战役和酉阳剿匪
王井水	男	山东邹县	曾参加解放战争和酉阳剿匪
刘自修	男	河南清丰	曾参加解放战争和酉阳剿匪
李桂信	男	山东莱西	曾参加过抗日战争、渡江战役和酉阳剿匪
王绿怀	男	山西昔阳	曾参加过抗日战争、渡江战役和酉阳剿匪
周兰堂	男	山东陵县	曾参加过抗日战争、渡江战役和酉阳剿匪
金水芳	男	浙江龙游	曾参加过抗日战争、渡江战役和酉阳剿匪
刘长林	男	山东花平	曾参加过抗日战争、渡江战役和酉阳剿匪
孙召汉	男	山东高密	曾参加过抗日战争、渡江战役和酉阳剿匪
李秀清	男	河北宽城	曾参加过抗日战争、渡江战役和酉阳剿匪
叶尚迁	男	山东莱州	曾参加过抗日战争、渡江战役和酉阳剿匪
彭世均	男	河南遂平	曾参加解放战争和酉阳剿匪
汤介儒	男	四川涪陵	曾参加解放战争和酉阳剿匪
赵淮振	男	河北迁西	曾参加解放战争和酉阳剿匪
呼文声	男	河南林县	曾参加过抗日战争、渡江战役和酉阳剿匪
张毛细	男	江西临江	曾参加过抗日战争、渡江战役和酉阳剿匪
杨　兴	男	四川开县	曾参加过抗日战争、渡江战役和酉阳剿匪
李　仁	男	黑龙江青岗	曾参加过解放战争和酉阳剿匪
苏长锁	男	河北枣强	曾参加过解放战争和酉阳剿匪
房泽信	男	山东长清	曾参加过解放战争和酉阳剿匪
谷广恩	男	河南商水	曾参加过解放战争和酉阳剿匪
郭元发	男	山东平邑	曾参加渡江战役和酉阳剿匪
邓希文	男	四川崇庆	曾参加渡江战役和酉阳剿匪
张善德	男	山东胶南	曾参加过抗日战争、渡江战役和酉阳剿匪

续表

姓　名	性别	籍　贯	备　　　　注
赵明星	男	安徽全技	曾参加渡江战役和酉阳剿匪
李玉龙	男	山东邹县	曾参加渡江战役和酉阳剿匪
刘　影	男	山东平邑	曾参加渡江战役和酉阳剿匪
关永昌	男	河北山海关	曾参加渡江战役和酉阳剿匪
罗司直	男	四川内江	曾参加渡江战役和酉阳剿匪
郑振声	男	河北元氏	曾参加渡江战役和酉阳剿匪
门允垣	男	北京崇文	曾参加过抗日战争、渡江战役和酉阳剿匪
王怀斌	男	河北河简	曾参加过抗日战争、渡江战役和酉阳剿匪
王纯和	男	四川涪陵	曾参加渡江战役和酉阳剿匪
杨德友	男	四川南川	曾参加渡江战役和酉阳剿匪
王宗顺	男	山东烟台	曾参加渡江战役和酉阳剿匪
缪　炎	男	江苏如东	曾参加解放战争和酉阳剿匪
王财歧	男	山东莱阳	曾参加过解放战争和酉阳剿匪
郭建文	男	河北涉河	曾参加过解放战争和酉阳剿匪
刘福和	男	内蒙古卓资	曾参加过解放战争和酉阳剿匪
王锡铬	男	河南襄城	曾参加过解放战争和酉阳剿匪
周来铎	男	山东莱西	曾参加过解放战争和酉阳剿匪
李树芝	男	河北宣化	曾参加过解放战争和酉阳剿匪
赵安静	男	河南辉县	曾参加过解放战争和酉阳剿匪
原　春	男	山东莱州	曾参加过解放战争和酉阳剿匪
曹景龙	男	山西临猗	曾参加过解放战争和酉阳剿匪
张洪英	男	河北邯郸	曾参加过解放战争和酉阳剿匪
王光富	男	安徽桐城	曾参加过解放战争和酉阳剿匪
林　德	男	浙江松阳	曾参加过解放战争和酉阳剿匪
聂培英	男	江苏阳中	曾参加过解放战争和酉阳剿匪
陆贤仁	男	江苏南通	曾参加过解放战争和酉阳剿匪
吴绍安	男	浙江永康	曾参加过解放战争和酉阳剿匪
李志节	男	安徽宿县	曾参加过解放战争和酉阳剿匪
李留根	男	河南长葛	曾参加过解放战争和酉阳剿匪
王印波	男	河南登封	曾参加过解放战争和酉阳剿匪
陈文露	男	安徽萧县	曾参加过解放战争和酉阳剿匪

续表

姓　名	性别	籍　贯	备　　　　注
高俊德	男	河南新郑	曾参加过解放战争和酉阳剿匪
陶安南	男	江西进贤	曾参加过解放战争和酉阳剿匪
赵性安	男	浙江武义	曾参加过解放战争和酉阳剿匪
肖　声	男	四川黔江	曾参加酉阳的接管工作
殷玉书	男	江苏苏州	曾参加渡江战役和酉阳剿匪
瞿家骧	女	湖南龙山	曾参加酉阳的接管工作
石宗才	男	四川万县	曾参加渡江战役和酉阳剿匪
倪亚立	女	安徽门县	曾参加酉阳的接管工作
王　放	男	四川梁平	曾参加酉阳的接管工作
陈学良	男	湖北郧县	曾参加渡江战役和酉阳剿匪
卜俊明	男	浙江桐卢	曾参加渡江战役和酉阳剿匪
唐　笃	男	四川永川	曾参加酉阳的接管工作
徐竟飞		浙江常山	曾参加渡江战役和酉阳剿匪
韩发孔	男	山东寿光	曾参加过抗日战争，在酉阳剿匪中牺牲
计子炎	男	江苏常州	曾参加过渡江战役、1950年在酉阳剿匪中牺牲
赵枫林	男	山东阳信	曾参加过渡江战役、1950年在酉阳剿匪征粮中牺牲
况兴光	男	浙江	曾参加过渡江战役、1950年在酉阳剿匪征粮中牺牲
王廷辉	男	浙江	曾参加过解放战争和酉阳剿匪
朱榕杨	男	江苏	曾参加过解放战争和酉阳剿匪
吴树连	男	河南息县	曾参加过解放战争和酉阳剿匪
石光志	男	内蒙古集宁	参加过解放战争和酉阳剿匪生于民国二十四年（1925年）9月13日，曾任江口水银矿长离休
李建海	男	河南新郑	曾参加过解放战争和酉阳剿匪
阳金和	男	湖北汉阳	曾参加过解放战争和酉阳剿匪
王明德	男	四川云阳	曾参加过解放战争和酉阳剿匪

（二）新中国成立以来历任酉阳县委书记、县长名录

姓　名	性别	民族	籍　贯	任　职　时　间
刘　云	男	汉	江苏新沂	1949年11月—1952年9月任中共酉阳县委书记
张　觉	男	汉	江苏泰兴	1949年11月—1953年3月任酉阳县县长
于振波	男	汉	山东莱阳	1952年10月—1954年7月任中共酉阳县委书记
华增修	男	汉	江苏沭阳	1953年4月—1957年9月任酉阳县县长
葛洪彬	男	汉	山东莒县	1954年9月—1958年12月任中共酉阳县委书记
邵　明	男	汉	江苏射阳	1957年9月—1960年12月任酉阳县县长
王新民	男	汉	山东海阳	1958年9月—1961年7月任中共酉阳县委书记
刘玉璞	男	汉	山东莒南	1961年7月—1965年8月任中共酉阳县委书记
王盛敬	男	汉	山东平度	1961年6月—1963年5月任酉阳县县长
肖万疆	男	汉	山东潍坊	1962年10月—1963年4月任酉阳县代理县长，1963年5月—1965年12月任酉阳县县长
于洪彬	男	汉	山东莱阳	1965年7月—1966年4月任中共酉阳县委代理书记，1966年4月—1966年5月任酉阳县委书记
马瑞麟	男	汉	四川涪陵	1965年12月—1968年3月任酉阳县县长，1968年3月被迫害致死
刘喜令	男	汉	河北赵县	1967年2月任酉阳县抓革命促生产领导小组组长，1968年11月—1971年4月任酉阳县革命委员会主任
张凤华	男	汉	陕西志丹	1970年7月—1973年7月任中共酉阳县革命委员会核心领导小组组长，1970年7月—1974年1月任酉阳县革命委员会第一主任
邢华山	男	汉	山东莱阳	1973年7月—1974年1月任中共酉阳县委书记
殷之骆	男	汉	四川长寿	1974年1月—1981年6月任中共酉阳县委书记，1974年1月—1980年12年兼任酉阳县革命委员会主任
贺鼎富	男	土家	四川酉阳	1980年12月—1983年11月任酉阳县县长，1983年11月—1987年2月任酉阳土家族苗族自治县县长
冉海光	男	土家	四川酉阳	1981年6月—1983年10年任中共酉阳县委书记
郑富祯	男	土家	四川石柱	1983年11月—1987年6月任中共酉阳自治县委书记
费文礼	男	土家	四川黔江	1987年2月—1989年10月任酉阳自治县县长，1987年6月—7月代理中共酉阳自治县委书记
秦贵泰	男	土家	四川彭水	1987年7月—1989年9月任中共酉阳自治县委书记
石胜福	男	苗	四川酉阳	1989年11月—1992年2月任酉阳自治县代理县长、县长。1992年2月—1992年9月任酉阳自治县委书记
陈超然	男	土家	四川酉阳	1992年1—3月任酉阳土家族苗族自治县代理县长，1992年1月—1995年9月任酉阳土自治县县长
冉隆江	男	土家	四川酉阳	1992年9月—1995年9月任中共酉阳自治县委书记

续表

姓　名	性别	民族	籍　贯	任　职　时　间
王元楷	男	苗	重庆彭水	1995年9月—1998年7月任中共酉阳自治县委书记
唐步新	男	土家	重庆黔江	1995年9月—1996年3月任酉阳自治县代理县长，1996年3月—1998年7月任县长。1998年7月—2002年12月任中共酉阳自治县委书记
龚泽民	男	苗	重庆彭水	2000年8月—12月任酉阳自治县代理县长，2000年12月—2002年12月任酉阳自治县长，2002年12至2005年9月任中共酉阳自治县委书记
李方宇	男	土家	重庆黔江	2002年12月—2003年3月任酉阳自治县代理县长、2003年3月—2009年3月任酉阳自治县县长
徐　强	男	汉	重庆巴南	2005年9月—2008年6月任中共酉阳自治县委书记
陈　勇	男	汉	江苏东台	2008年6月—2013年11月任中共酉阳自治县委书记
周　伟	男	土家	重庆石柱	2009年3月—2009年7月任酉阳自治县代理县长、2009年7月至2011年11月任酉阳自治县县长
陈文森	男	土家	重庆秀山	2011年11月—2012年2月任酉阳自治县代理县长，2012年2月任县长
路伟	男	汉	重庆渝北	2013年11月任酉阳自治县委书记
陈文森	男	土家	重庆秀山	2016年3月任酉阳自治县委书记，2012年2月任县长
李成群	男	土家	重庆石柱	2016年3月任酉阳自治县县长

（三）副高级以上技术职称人员名录

姓　名	性别	出生时间	籍　贯	何专业技术职称
杨万春	男	1947年	重庆双桥区	副高主任医师
陈明书	男	1959年	重庆酉阳县	副高主任医师
陈　琦	男	1956年	重庆酉阳县	副高级电气工程师
孟玉珍	女	1945年	四川洪雅县	副高级水文工程师
王　渊	男	1958年	重庆酉阳县	副高级水文工程师
韦成林	男	1939年	重庆开县	副高级农业农艺师
聂德智	男	1936年	重庆长寿县	副高级农业农艺师
梁桂芳	女	1937年	四川崇庆县	副高级无机工业工程师
毕承勇	男	1950年	重庆万县市	副高级地质工程师
王明友	男	1950年	重庆酉阳县	副编审
冉敬林	男	1928年	重庆酉阳县	副编审
彭清玉	男	1963年	重庆秀山县	副研究馆员
田　勇	男	1963年	重庆酉阳县	副研究馆员

续表

姓　名	性别	出生时间	籍　贯	何专业技术职称
何菊仙	女	1949年	重庆酉阳县	副研究馆员
杜明泽	男	1946年	重庆酉阳县	副高级营造林工程师
谢玉和	男	1938年	四川绵阳市	副高级营造林工程师
杨玉明	男	1962年	四川大竹市	副高级营造林工程师
毛胜华	男	1965年	重庆酉阳县	副高级营造林工程师
冉启华	男	1952年	重庆酉阳县	副主任医师
石敦国	男	1950年	重庆酉阳县	副主任医师
张怀华	男	1954年	重庆酉阳县	副主任医师
熊成芳	男	1950年	重庆酉阳县	副主任医师
徐发贵	女	1951年	重庆市区	副主任医师
王志垣	男	1984年	重庆酉阳县	副主任医师
刘建平	男	1954年	重庆酉阳县	副主任医师
田仁平	男	1952年	重庆酉阳县	副主任医师
冉景珍	男	1950年	重庆酉阳县	副主任医师
田秀英	女	1953年	重庆酉阳县	副主任医师
冉茂和	男	1947年	重庆酉阳县	副主任医师
杨胜美	男	1951年	重庆酉阳县	副主任医师
田庆富	男	1947年	重庆酉阳县	副主任医师
唐秀兰	男	1952年	重庆垫江县	副主任医师
吴碧素	女	1954年	重庆酉阳县	副主任医师
张映志	男	1954年	重庆渝中区	副主任医师
陈善祥	男	1934年	四川成都市	副主任医师
曾秀琴	女	1940年	四川泸州市	副主任医师
刘洪沛	男	1964年	重庆酉阳县	副主任医师
程学海	男	1956年	重庆酉阳县	副主任医师
简春宣	男	1964年	重庆酉阳县	副主任医师
许　丹	男	1966年	重庆酉阳县	副主任医师
杜　彪	男	1965年	重庆酉阳县	副主任医师
何　艺	女	1968年	重庆酉阳县	副主任医师
杨去非	男	1958年	重庆酉阳县	副主任医师
敖金文	男	1967年	重庆酉阳县	副主任医师

续表

姓　名	性别	出生时间	籍　贯	何专业技术职称
冉光谦	男	1954年	重庆酉阳县	副主任医师
曾念祖	男	1936年	重庆渝中区	副主任医师
马进山	男	1938年	重庆渝中区	副主任医师
陈其辉	男	1937年	重庆涪陵市	副主任医师
付显昭	男	1938年	重庆垫江县	副主任医师
张昌禄	男	1939年	四川成都市	副主任医师
何为林	男	1939年	湖南邵东县	副主任医师
曾天福	男	1940年	四川泸州市	副主任医师
刘全梅	女	1946年	重庆涪陵市	副主任医师
王祖安	男	1941年	重庆酉阳县	副主任医师
吴秀程	男	1953年	重庆酉阳县	副主任医师
陈茂长	男	1953年	重庆酉阳县	副主任医师
蔡福德	男	1954年	重庆酉阳县	副主任医师
徐顺友	男	1962年	重庆垫江县	副主任医师
曾广维	男	1943年	重庆涪陵市	副主任医师
何道利	男	1936年	重庆渝中区	副主任医师
敖现金	男	1924年	重庆酉阳县	副主任医师
郭素芳	女	1936年	重庆渝中区	副主任医师
毛义珍	女	1937年	重庆涪陵市	副主任医师
张水清	女	1944年	四川崇庆县	副主任医师
张国卫	男	1965年	重庆酉阳县	农学副高级农师
陈懋坚	男	1938年	重庆酉阳县	农学副高级农师
熊正辉	男	1954年	重庆酉阳县	农学副高级农师
李天金	男	1943年	四川中江县	农学副高级农师
陈德禄	男	1954年	重庆酉阳县	农学副高级农师
江大权	男	1954年	重庆酉阳县	农学副高级农师
王加能	男	1941年	四川彭州县	农学副高级农师
王裕福	男	1964年	重庆垫江县	农学副高级农师
彭作铭	男	1955年	重庆酉阳县	农学副高级农师
李作清	男	1936年	四川安岳县	农学副高级农师
冉敬才	男	1935年	重庆酉阳县	农学副高级农师

续表

姓　名	性别	出生时间	籍　贯	何专业技术职称
杨文英	女	1943年	河北定县	副高级机械工程师
侯宗泽	男	1927年	重庆酉阳县	副高级农经师
刘本安	男	1937年	重庆酉阳县	农学副高级农师
杨尉岚	男	1930年	重庆酉阳县	高级工程师
罗祥富	男	1932年	四川綦江县	副高级工程师
冉隆仕	男	1940年	重庆酉阳县	副高级工程师
何首吉	男	1937年	重庆涪陵市	副高级畜牧师
刘崇河	男	1934年	重庆江津市	副高级畜牧师
李馥兰	女	1938年	重庆渝中区	副高级兽医师
陈德周	男	1946年	重庆酉阳县	副高级兽医师
刘礼仁	男	1947年	重庆酉阳县	副高级畜牧师
姚家志	男	1954年	重庆酉阳县	副高级畜牧师
冉景海	男	1962年	重庆酉阳县	副高级畜牧师
孙福铭	男	1964年	重庆酉阳县	副高级兽医师
张永县	男	1966年	重庆酉阳县	副高级兽医师
杨正国	男	1936年	重庆秀山县	副高级讲师
张宇学	男	1934年	重庆酉阳县	副高级畜牧师
涂自骥	男	1934年	重庆酉阳县	副高级讲师
熊学军	男	1938年	重庆酉阳县	副高级讲师
石敦连	男	1946年	重庆酉阳县	副高级讲师
李和林	男	1945年	重庆酉阳县	副高级讲师
冉国祥	男	1957年	重庆酉阳县	副高级讲师
黄仁杰	男	1958年	重庆酉阳县	副高级讲师
李克专	男	1923年	湖南浏阳市	副高级讲师
吴文渊	男	1930年	四川南充市	副高级讲师
刘培芳	女	1928年	重庆秀山县	副高级讲师
颜绍全	男	1925年	四川荣县	副高级讲师
重方正	男	1929年	山东高青县	副高级讲师
冉恒光	男	1939年	重庆酉阳县	副高级讲师
曹云庆	男	1935年	重庆秀山县	副高级讲师
陈朝垣	男	1932年	重庆黔江县	副高级讲师

续表

姓　名	性别	出生时间	籍　贯	何专业技术职称
章绥亚	男	1941年	苏宝宝应县	副高级讲师
尧荣福	男	1943年	重庆永川县	副高级讲师
戴相惠	男	1940年	重庆酉阳县	副高级讲师
靳文浩	男	1940年	山东东平县	副高级讲师
李志东	男	1944年	重庆南岸区	副高级讲师
石敦智	男	1944年	重庆酉阳县	副高级讲师
王可夫	男	1925年	四川南充市	高级讲师
丁达强	男	1945年	重庆渝中区	高级讲师
文泽贤	男	1946年	四川三台县	高级讲师
白贤珍	男	1938年	重庆酉阳县	高级讲师
张文龙	男	1938年	重庆酉阳县	高级讲师
彭泽忠	男	1925年	重庆秀山县	高级讲师
葛家珂	男	1939年	重庆酉阳县	高级讲师
熊国贤	男	1940年	重庆酉阳县	高级讲师
胡　松	男	1964年	重庆酉阳县	高级讲师
欧全平	男	1943年	四川南充市	高级讲师
姜治海	男	1956年	重庆酉阳县	高级讲师
甘建源	男	1958年	重庆酉阳县	高级讲师
储再德	男	1946年	重庆酉阳县	高级讲师
翁广伦	男	1943年	重庆酉阳县	高级讲师
吴长润	男	1953年	重庆酉阳县	高级讲师
王　平	男	1962年	重庆酉阳县	高级讲师
何开洪	男	1954年	四川成都	高级讲师
刘　孝	男	1957年	重庆黔江县	高级讲师
王开选	男	1954年	重庆酉阳县	高级讲师
张光会	男	1953年	重庆酉阳县	高级讲师
田　波	男	1963年	重庆酉阳县	高级讲师
王永康	男	1956年	四川广安市	高级讲师
何建邦	男	1957年	重庆酉阳县	高级讲师
罗孝平	男	1954年	重庆酉阳县	高级讲师
冉金光	男	1955年	重庆酉阳县	高级讲师

续表

姓　名	性别	出生时间	籍　贯	何专业技术职称
曾义华	男	1956年	重庆酉阳县	高级讲师
付兴祝	女	1957年	重庆酉阳县	高级讲师
王泽珍	女	1953年	重庆綦江县	高级讲师
冉建国	男	1962年	重庆酉阳县	高级讲师
白爱民	男	1957年	重庆酉阳县	高级讲师
陈　霞	女	1964年	重庆酉阳县	高级讲师
王兴华	男	1955年	重庆酉阳县	高级讲师
刘仕永	男	1966年	重庆酉阳县	高级讲师
吴月权	男	1957年	重庆酉阳县	高级讲师
王　莉	女	1966年	重庆酉阳县	高级讲师
倪亚立	女	1931年	安徽祁门	中学高级教师
李维德	男	1926年	四川金堂县	中学高级教师
李孝忠	男	1927年	四川江油县	中学高级教师
周寿彭	男	1925年	湖南长沙市	中学高级教师
刘观礼	男	1925年	重庆九龙坡区	中学高级教师
杨蜀权	女	1940年	四川自贡市	中学高级教师
陈　蘅	男	1925年	重庆酉阳县	中学高级教师
陈继昌	男	1933年	重庆秀山县	中学高级教师
刘德富	男	1942年	重庆垫江县	中学高级教师
邹廷宁	女	1948年	重庆秀山县	中学高级教师
白贤志	男	1939年	—	中学高级教师
万兴杰	男	1938年	重庆酉阳县	中学高级教师
石敦和	男	1939年	重庆酉阳县	中学高级教师
林英全	男	1936年	重庆酉阳县	中学高级教师
李永全	男	1939年	重庆渝北区	中学高级教师
龚家授	男	1938年	湖南龙山县	中学高级教师
周永恒	男	1942年	重庆酉阳县	中学高级教师
孙廷觉	男	1933年	重庆酉阳县	中学高级教师
彭开达	男	1934年	重庆酉阳县	中学高级教师
熊泰翔	男	1930年	重庆酉阳县	中学高级教师
刘家富	男	1944年	重庆酉阳县	中学高级教师

续表

姓　名	性别	出生时间	籍　贯	何专业技术职称
程学忠	男	1938年	重庆丰都县	中学高级教师
刘友直	男	1934年	重庆渝中区	中学高级教师
吴怀根	男	1933年	四川郫县	中学高级教师
张昌达	男	1936年	重庆酉阳县	中学高级教师
冉茂梧	男	1944年	重庆酉阳县	中学高级教师
冷兴国	男	1952年	重庆酉阳县	中学高级教师
张教武	男	1956年	重庆酉阳县	中学高级教师
陶荣安	男	1946年	重庆酉阳县	中学高级教师
祝学周	男	1952年	重庆酉阳县	中学高级教师
冉诗祥	男	1963年	重庆酉阳县	中学高级教师
张宗全	男	1946年	重庆酉阳县	中学高级教师
黎照良	男	1949年	重庆酉阳县	中学高级教师
白序彦	男	1964年	重庆酉阳县	中学高级教师
陈文泉	男	1955年	重庆酉阳县	中学高级教师
易景林	男	1965年	重庆酉阳县	中学高级教师
冉　光	男	1965年	重庆酉阳县	中学高级教师
胡雨文	男	1962年	重庆酉阳县	中学高级教师
曹淑碧	女	1960年	重庆酉阳县	中学高级教师
张孝权	男	1963年	重庆酉阳县	中学高级教师
冉仲景	男	1960年	重庆酉阳县	中学高级教师
陈文艺	女	1967年	重庆酉阳县	中学高级教师
冉中华	男	1966年	重庆酉阳县	中学高级教师
陈懋奎	女	1930年	重庆酉阳县	中学高级教师
彭清义	男	1929年	重庆秀山县	中学高级教师
黄大才	男	1942年	重庆万县	中学高级教师
苏文荣	女	1944年	四川泸洲	中学高级教师
薛心慧	女	1936年	湖南襄阳	中学高级教师
陈懋迁	男	1941年	重庆酉阳县	中学高级教师
吴泰龙	男	1941年	重庆江津市	中学高级教师
谭伟光	男	1933年	重庆丰都县	中学高级教师
谭德辉	男	1933年	四川内江市	中学高级教师

续表

姓　名	性别	出生时间	籍　贯	何专业技术职称
郭　飞	男	1962年	重庆酉阳县	中学高级教师
王治生	男	1941年	重庆江北区	中学高级教师
王德凤	女	1940年	四川犍为县	中学高级教师
田仁普	男	1935年	重庆酉阳县	中学高级教师
杨贤才	男	1925年	重庆酉阳县	中学高级教师
祝学贤	男	1936年	重庆酉阳县	中学高级教师
陈怀富	男	1936年	四川大竹县	中学高级教师
杨昌敬	女	1936年	重庆秀山县	中学高级教师
陈文贵	男	1942年	四川资中县	中学高级教师
李淑英	男	1943年	四川仁寿县	中学高级教师
李时友	男	1938年	重庆酉阳县	中学高级教师
许文杏	男	1938年	重庆酉阳县	中学高级教师
毛兴源	男	1939年	重庆渝北区	中学高级教师
陈永久	男	1939年	重庆酉阳县	中学高级教师
肖世良	女	1939年	重庆酉阳县	中学高级教师
陈清铖	男	1939年	重庆黔江县	中学高级教师
田德仙	男	1947年	重庆酉阳县	中学高级教师
冉宏波	女	1963年	重庆酉阳县	中学高级教师
周永奋	男	1935年	重庆酉阳县	中学高级教师
陈昌珍	女	1952年	重庆渝中区	中学高级教师
王荷生	男	1938年	重庆秀山县	中学高级教师
李代渠	女	1943年	四川安县	中学高级教师
肖永明	男	1957年	重庆酉阳县	中学高级教师
孙沿红	男	1964年	重庆酉阳县	中学高级教师
谢小奇	男	1961年	重庆酉阳县	中学高级教师
彭承德	男	1964年	重庆酉阳县	中学高级教师
周永发	男	1945年	重庆酉阳县	中学高级教师
简文祥	男	1951年	重庆酉阳县	中学高级教师
陈志武	男	1955年	重庆酉阳县	中学高级教师
陈　颖	女	1962年	重庆酉阳县	中学高级教师
刘　俊	男	1954年	重庆酉阳县	中学高级教师

续表

姓　名	性别	出生时间	籍　贯	何专业技术职称
李约维	女	1953年	湖南浏阳市	中学高级教师
陈利民	男	1973年	重庆酉阳县	中学高级教师
白开国	男	1953年	重庆酉阳县	中学高级教师
彭　东	男	1964年	重庆酉阳县	中学高级教师
石江锋	男	1962年	重庆酉阳县	中学高级教师
张泽行	男	1953年	重庆酉阳县	中学高级教师
王发强	男	1945年	重庆涪陵市	中学高级教师
张文沛	男	1946年	重庆酉阳县	中学高级教师
周　娅	女	1958年	重庆酉阳县	中学高级教师
彭念林	女	1955年	重庆酉阳县	中学高级教师
陈恭禄	男	1943年	四川南充县	中学高级教师
杨贤君	男	1956年	江西高安县	中学高级教师
石　乾	男	1959年	重庆酉阳县	中学高级教师
高永福	男	1959年	重庆酉阳县	中学高级教师
李　华	男	1959年	重庆酉阳县	中学高级教师
何守昌	男	1963年	重庆酉阳县	中学高级教师
周元林	男	1963年	重庆酉阳县	中学高级教师
黄梅芳	女	1964年	重庆酉阳县	中学高级教师
朱　忠	男	1963年	重庆酉阳县	中学高级教师
姚桂花	女	1958年	重庆酉阳县	中学高级教师
周晓红	女	1965年	重庆酉阳县	中学高级教师
郑祖奎	男	1967年	重庆酉阳县	中学高级教师
庹灵仙	女	1957年	重庆酉阳县	中学高级教师
何玉品	男	1960年	重庆酉阳县	中学高级教师
黎辉忠	男	1952年	重庆酉阳县	中学高级教师
张廷英	女	1946年	重庆酉阳县	中学高级教师
张大刚	男	1950年	重庆酉阳县	中学高级教师
秦　飞	男	1996年	重庆酉阳县	中学高级教师
石胜国	男	1961年	重庆酉阳县	中学高级教师
吴　焓	男	1963年	重庆酉阳县	中学高级教师
严天资	男	1944年	重庆秀山县	中学高级教师

续表

姓　名	性别	出生时间	籍　贯	何专业技术职称
冉新明	男	1958年	重庆酉阳县	中学高级教师
邱泽和	男	1957年	重庆酉阳县	中学高级教师
王荣建	男	1954年	四川广安市	中学高级教师
樊金宣	男	1948年	重庆酉阳县	中学高级教师
李庆寿	男	1927年	江苏南京市	中学高级教师
冉思南	男	1936年	重庆酉阳县	中学高级教师
黄泽奎	男	1944年	重庆酉阳县	中学高级教师
陈启艾	男	1948年	重庆酉阳县	中学高级教师
余大明	男	1951年	重庆酉阳县	中学高级教师
涂宗沛	男	1949年	重庆酉阳县	中学高级教师
冉俊华	男	1963年	重庆酉阳县	中学高级教师
陈德富	男	1963年	重庆酉阳县	中学高级教师
谢正发	男	1955年	重庆酉阳县	中学高级教师
彭承炎	男	1945年	重庆酉阳县	中学高级教师
张泽渊	男	1954年	重庆酉阳县	中学高级教师
胡建之	男	1949年	重庆酉阳县	中学高级教师
冉启虎	男	1962年	重庆酉阳县	中学高级教师
郭兴杰	男	1950年	重庆酉阳县	中学高级教师
冉隆全	男	1952年	重庆酉阳县	中学高级教师
李井辉	男	1962年	重庆酉阳县	中学高级教师
余明华	男	1949年	重庆酉阳县	中学高级教师
冉学东	男	1955年	重庆酉阳县	中学高级教师
冉　实	男	1968年	重庆酉阳县	中学高级教师
肖玉龙	男	1942年	重庆酉阳县	中学高级教师
姜成周	男	1936年	重庆酉阳县	中学高级教师
李章伟	男	1939年	重庆酉阳县	中学高级教师
陈志强	男	1955年	重庆酉阳县	中学高级教师
冉景华	男	1956年	重庆酉阳县	中学高级教师
冉秀国	男	1955年	重庆酉阳县	中学高级教师
潘平丽	女	1956年	重庆酉阳县	中学高级教师
黄国军	男	1966年	重庆酉阳县	中学高级教师

（四）省以上劳动模范、先进工作者名录

姓名	性别	出生时间	籍　贯	何部门授予何称号
李延雄	男	1979年	陕西洛川县	中国人民解放军武警总队政治部授予“一等功”，追认为烈士
田　凯	男	1930年	重庆酉阳县	公安部授予“特等劳动模范”
凡宣染	男	1947年	重庆酉阳县	四川省委、省政府授予“先进工作者”
刘洪礼	男	1958年	重庆酉阳县	最高人民检察院授予“人民满意的检察干警”
王德凤	女	1940年	四川犍为县	国家教委授予“全国优秀教师”
肖世良	男	1939年	重庆酉阳县	国家教委授予“全国优秀教师”
倪亚立	女	1931年	安徽祁门县	国家教委授予“全国优秀班主任”
李克专	男	1923年	湖南浏阳市	国家民委、人事部、中国科协联合授予“少数民族地区科技工作者”
颜绍全	男	1925年	四川荣县	国家民委、人事部、中国科协联合授予“少数民族地区科技工作者”
章绥亚	男	1941年	江苏宝应县	国家教委、人事部授予“优秀教师”曾获曾宪梓奖
石敦智	男	1937年	重庆酉阳县	四川省政府授予“劳动模范”
胡　松	男	1964年	重庆酉阳县	教育部授予“全国优秀教师”
欧全平	男	1943年	四川南充市	教育部授予“全国优秀教师”
杨顺炳	男	1939年	重庆酉阳县	四川省政府授予“特级教师”
王明友	男	1950年	重庆酉阳县	中共中央党史研究室授予“全国先进工作者”
付万昌	男	1953年	重庆酉阳县	建设部授予“先进工作者”
王天明	男	1958年	重庆酉阳县	重庆市政府授予“抗洪抢险先进个人”
杨万春	男	1947年	重庆酉阳县	国家计生委、卫生部授予“万例手述无事故先进个人”
刘明书	男	1957年	重庆酉阳县	重庆市政府授予“‘九五’期间计划生育先进工作者”
刘志国	男	1959年	重庆酉阳县	国家人口和计生委授予“全国计生系统抗击‘非典型肺炎’先进个人”
张怀华	男	1954年	重庆酉阳县	重庆市政府授予“五一劳模及先进个人”
刘洪沛	男	1964年	重庆酉阳县	重庆市政府授予“非典防治先进个人”
李世品	男	1949年	重庆酉阳县	水利部、人事部授予“先进工作者”
陈建蓉	女	1966年	重庆酉阳县	国家档案局、中央档案馆授予“优秀工作者”
陈　琦	男	1956年	重庆酉阳县	水利部授予第三批农村水电初级电气化“先进工作者”
冉义华	女	1955年	重庆酉阳县	水利部授予第三批农村水电初级电气化“先进工作者”
田景元	男	1950年	重庆酉阳县	水利部授予第三批农村水电初级电气化“先进工作者”
李　刚	男	1959年	河定宣化县	重庆市政府授予水利“先进工作者”

续表

姓 名	性别	出生时间	籍 贯	何部门授予何称号
周永恒	男	1942年	重庆酉阳县	教育部、人事部授予“全国优秀教师”
邹庭宁	女	1948年	重庆秀山县	国家教委、劳动人事部授予“全国教育系统劳动模范”
冉茂梧	男	1944年	重庆酉阳县	国家教委、人事部授予“全国优秀教师”
刘友直	男	1934年	重庆长寿县	四川省人民政府授予“特级教师”
程学忠	男	1939年	重庆丰都县	四川省人民政府授予“特级教师”
张义宣	男	1927年	重庆酉阳县	商业部评为“全国物价劳动模范”
刘宗益	男	1941年	重庆酉阳县	卫生部“全国卫生系统劳动模范”
陈忠俊	男	1954年	重庆酉阳县	中国人民银行“全国卫生系统劳动模范”
喻登智	男	1960年	重庆酉阳县	共青团中央授予“希望工程园丁奖”
冉顺光	男	1945年	重庆酉阳县	四川省委、省政府授予“优秀乡村干部”
邓亚雪	女	1957年	重庆酉阳县	中华总工会授予“全国文明家庭”
姚家斌	男	1959年	重庆酉阳县	四川省“百万青年科技致富尖兵”
冉秀国	男	1957年	重庆酉阳县	四川省人民政府授予“劳动模范”
胡长明	男	1945年	重庆酉阳县	四川省人民政府授予“劳动模范”
袁先文	男	1948年	重庆酉阳县	重庆市政府授予“绿化奖章”
徐明华	男	1947年	重庆酉阳县	重庆市政府授予“绿化奖章”
白开国	男	1953年	重庆酉阳县	重庆市政府授予“先进工作者”
陈 颖	女	1962年	重庆酉阳县	国家教委授予“全国优秀教师”
冉 敏	男	1957年	重庆酉阳县	四川省授予“优秀教师”
张积礼	男	1937年	重庆酉阳县	四川省政府授予“劳动模范”
王明露	男	1947年	重庆酉阳县	四川省授予“农业劳动模范”
冉景权	男	1962年	重庆酉阳县	重庆市委、政府授予“严打整治先进个人”
刘奇书	男	1957年	重庆酉阳县	公安部授予“全国优秀人民警察”
白卫东	男	1967年	重庆酉阳县	公安部授予“全国优秀人民警察”
游绍铎	男	1966年	重庆酉阳县	公安部授予“全国优秀人民警察”
张建强	男	1979年	湖南沅江市	武警总队授予“二等功”、“十佳武警卫士”
付 迪	男	1978年	贵州兴仁县	武警总队授予“二等功”
李 庆	男	1969年	重庆酉阳县	重庆市委、政府授予“严打整治先进个人”
冉启文	男	1950年	重庆酉阳县	司法部授予“人民满意的司法助理员”
彭觉军	男	1955年	重庆酉阳县	重庆市委、市政府授予“优秀人民调解员”
杨胜敏	男	1948年	重庆酉阳县	国土资源部授予“全国地质灾害防治成功预报特别奖”

续表

姓 名	性别	出生时间	籍 贯	何部门授予何称号
张宇学	男	—	重庆酉阳县	荣获农牧渔业部“丰收二等奖”
田 军	男	—	重庆酉阳县	荣获2004年度农业部颁发的“粮食生产大户”奖
唐贤玉	男	—	酉阳县五福	被评为“全国优秀农民工”在北京受表彰
唐步新	男	1965年	重庆黔江	“第二届全国各族青年团结进步模范个人”

（五）1986—2005年酉阳自治县部分出席全国党代会、人代会代表名录

姓 名	性别	单位及职务	籍贯	全国党代表、人大代表参会时间
徐 强	男	酉阳自治县委书记	巴南	2007年10月15至22日，出席中共十七大
龚泽民	男	酉阳自治县长	彭水	2002年11月，出席中共16次全国代表大会
涂安祥	男	水车坝党支部书记	酉阳	2003年3月5至18日，出席十届全国人代会
侯通和	男	沿岩乡乡长	酉阳	1988年3月15日，出席七届全国人代会
李成昆	女	红光机械厂厂长	—	全国人大代表
朱大洪	男	小河乡官二村支部书记	酉阳	1975年当选第五届全国人大代表

（六）1986—2005年酉阳自治县部分出席省（市）人大代表名录

姓 名	性别	工作单位及职务	籍贯	参加界别及时间
陈 霞	女	酉阳师范学校	酉阳	2003年1月，出席重庆市第二届人民代表大会
邓国扬	男	酉阳国税局长	酉阳	2003年1月，出席重庆市第二届人民代表大会
何碧瑶	女	黑水镇大函村支部书记	酉阳	2003年1月，出席重庆市第二届人民代表大会
李方宇	男	酉阳县政府县长	黔江	2003年1月，出席重庆市第二届人民代表大会
刘岁荣	男	农村工作办公室主任	酉阳	2003年1月，出席重庆市第二届人民代表大会
倪 兵	男	酉阳经贸委副主任	酉阳	2003年1月，出席重庆市第二届人民代表大会
秦信联	男	重庆市检察院	—	2003年1月，出席重庆市第二届人民代表大会
唐步新	男	重庆市扶贫开发办	黔江	2003年1月，出席重庆市第二届人民代表大会
田应学	男	酉阳县人大常委会主任	酉阳	2003年1月，出席重庆市第二届人民代表大会

续表

姓　名	性别	工作单位及职务	籍贯	参加界别及时间
田跃明	男	酉阳县计委主任	酉阳	2003年1月，出席重庆市第二届人民代表大会
涂安祥	男	板桥乡水车坝支部书记	酉阳	2003年1月，出席重庆市第二届人民代表大会
肖永明	男	酉阳县教委主任	酉阳	2003年1月，出席重庆市第二届人民代表大会
徐　强	男	酉阳县委书记	巴南	2003年1月，出席重庆市第二届人民代表大会
俞荣根	男	市人大法制委员会	—	2003年1月，出席重庆市第二届人民代表大会
钟国跃	男	市人大、中药研究院	—	2003年1月，出席重庆市第二届人民代表大会
陈超然	男	酉阳自治县县长	酉阳	1993年2月，出席四川省第八届人代会。
石敦高	男	县人大常委会主任	酉阳	1993年2月，出席四川省第八届人代会。
吴清萍	女	黔江开发区副局长	—	1993年2月，出席四川省第八届人代会。
程学忠	男	酉阳一中校长	酉阳	1993年2月，出席四川省第八届人代会。
谢卫先	女	县妇联主席	酉阳	1993年2月，出席四川省第八届人代会。
王秀云	女	苍岭乡乡长	酉阳	1988年1月，出席四川省第七届人代会。
石敦山	男	县人大常委会主任	酉阳	1988年1月，出席四川省第七届人代会。
李仁才	男	酉阳自治县副县长	酉阳	1988年1月，出席四川省第七届人代会。
吴怀根	男	酉阳一中教师	酉阳	1988年1月，出席四川省第七届人代会。
郑体仁	男	四川省广播厅厅长	—	1988年1月，出席四川省第七届人代会。

附　　录

FU　LU

艺　文

赵世炎诗二首

怀润之[①]

（1921.02）

京华轻言别，重叙在何时[②]？
相识不为久，相知肝胆披。
忧忆陶然亭，对坐从谈诗：
“今人争自由，摆脱古人羁；
成功在尝试，推陈出新奇。
言中果有物，笔下应无疵[③]。
韶句易成诵，宣传实为宜；
抒情且达意，感人入心脾。
列宁论文艺，时将党性提。
反帝反封建，认明作主题；
展开阶级斗，拔白树红旗。
理直气且壮，所面轧披靡。
天下方滔滔，庸人泣路歧；
吾辈固有守，遵循马克思。
以俄为师法，行动岂能迟；
吾道不愁孤，人民大众支。”
言罢解衣起，欣然相对嘻，

---

① 录自《赵世炎百年诞辰文集》之黄仲苏《赵世炎笔记与诗稿抄录》(2001年4月中央党史出版社)。这是赵世炎的好友黄仲苏的一些抄录，黄先生就诗部分作批注说：“世炎同志爱好文艺，在家塾读书时12岁已开始学写诗词，所背诵李杜诗苏辛弃词多至数百首，于晚清诗人称道黄遵宪(公度)。他给我看的诸稿，一大厚本，大概有诗词二三百首，我只抄录了新旧诗各一首。”

② 黄仲苏注称“已删去而未补改的诗句”。有遗漏。

③ 黄仲苏注称“已删去而未补改的诗句”。有遗漏。

昂头一挥手，矫矫龙之姿[1]。
同志如兄弟，风谊兼友师；
拳拳当服膺，坚信终勿移。
发奋勤工读，我来法兰西。
理论重实践，空谈觉忸怩。
炼钢充艺徒，操作有胼胝；
手脑能并用，乐此未尝疲。
劳工是神圣，长者不吾欺，
普罗品质优，由于本无私，
同心复同德，正义共获持。
先生[2]再三嘱，念兹亦再兹；
旧愿既能偿，写诗寄润之。
恩而不可见，好音望频贻。
海天千万里，临枯寸心驰。

远望莫斯科

民国十年（1921年）2月

我们站立在巴黎铁塔顶上，
高处不胜寒，
一片莽苍苍。
翘首远望，
遥指北方，
万千风光，
令人神往！
听啊！列宁在演讲，
人民群众在拍掌，
国际歌响震云霄，
欢呼口号声若狂。
看啊！满天大雪，
无数红旗飘扬，
工农武装，
打倒了沙皇，

① 赵世炎自注：原句本是“矫矫龙强考姿”该用前人成句“矫矫龙之姿”（黄鲁直在隆中诗）似更生动。
② 先生：指李大钊。

赶走了豺狼,
肃清着奸匪,
保护着党。
让我们齐声高呼:
共产主义万寿无疆!

孔凡章诗词四首

酉阳秋兴(二首)

时蒋帅怯敌,孔宋当道,美军横行。

一

酉州酉望万山苍,剑佩雍容满庙堂。
灞上旌旗皆武穆,关中宅第数汾阳。
逢迎诸吕危炎汉,姑息群胡误盛唐。
闻道中兴筹策定,邯郸宁是武陵乡?

二

空闻羯鼓动天街,太息丸泥系九阶。
歌舞西湖骄铁券,死生东厂贱金牌。
坐看豪富三巴满,翻觉声名四皓佳。
玉柱峰前愁极目,临安何处不尘霾?

金缕曲·酉阳监中探友(二首)

一

风雨西窗话。正扬州、十年一觉,舞休歌罢。频举金樽倾佳酿,楼外江声如泻。喜相识、元龙俦亚。纵论沧桑词赋事,怅稼轩、一去今谁霸。肠断句,几回写。

吴钩此日无人借。访柴门、满庭乌雀,旧时车马。将伯呼谁援季子,我亦依人作嫁。有清泪、樽前双下。河岳日星知吾意,愧文章旧侣东林社。天梦梦,此长夜。

二

轻薄何须数。任蚍蜉、乾坤一粟,覆云翻雨。前日通城花如锦,今日凄凉禾黍。叹浊世、新愁如许。安得玉瓶清净水,洗双眸、冷看群魔舞。天下事,误狐鼠。

怜君一着全盘误。尽寒灯无言相对,前头鹦鹉。今世文人生如死,缓颊谁堪季布。算此诸、十年须赴。俦侣高阳深结纳,为秦廷剑泪留孤注。吾待子,锦城路。

【注】：摘自《二十世纪中华词选》（中973页）刘梦芙选编。2008年12月黄山书社出版。
刘梦芙按：未注明友人姓名，因何事入狱，估计为政治犯。

江运鸿诗词四首

龙 洞

先洞内有石桥、石碑，碑又刻载剿匪安民事迹。一九四五年农历正月十七日。

接点龙行处，谽谺洞口分。
窍通三峡水，桥映九天云。
白石留鳞甲，青苔露爪纹。
摩挲成胜迹，感慨吊碑文。
忆昔荆榛里，应多狼虎群。
是谁开道路，为我靖妖氛。
已颂干戈戢，频劳车马纷。
宾朋耽饮宴，丁壮乐耕耘。
转眼金瓯缺，边烽骇见闻。
流亡入巴蜀，于此避征尘。
安得书探酉，由他岁在辰。
优游聊遣兴，蛰伏以存身。
一旦风云会，欣看日月新。
苍生离水火，归赏故园春。

摘自《竹窗诗词》（旧作拾零，手抄本）

望江楼·对雨

民国三十三年（1944年）江运鸿作于四川酉阳县龙潭镇

云暗乡关不见家，望江楼外即天涯。
一声霹雳千峰雨，飞向滩头打浪花。

少年游·住龙潭

从衡阳转徙到龙潭，历时半载。龙潭属四川酉阳县。流亡至此，一住年余，生活较为安定。

云山送我出湖南，
转眼到龙潭。

流亡已久，
于兹小住，
苦境渐回甘。
此邦似比桃源好，
胜景足幽探。
挂榜山前，
望江楼上，
斜日映晴岚。

鹧鸪天·龙潭大雪

民国三十三年（1944年）冬，龙潭下了一场大雪。川湘公路，行旅艰难。酉水流经龙潭境内的支流别名湄江。大众桥下，水流甚急，似发出恨恨之声。

沦落川东总断魂，迴风舞雪乱乾坤。
江山犹带流亡恨，山色宁无破碎痕。
车不进，马难奔，漫天铺地又黄昏。
还乡有梦寻归路，一片茫茫认不真。

唐堃诗一首

游栖鹤庵

长夏苦炎蒸，消闲在何处？
行行复行行，道出城南路。
逶岿山起伏，河岸争吞吐。
奇水会奇山，更堪风人赋。
飒然栖鹤庵，阴浓绕绿树。
入门暑气消，心脾涤沉痼。
尼僧手卷诗，告我诗缘故。
明季文铁庵，家在下牢戍。
世乱来酉州，往复吟中驻，
石刊两题诗，初无碧纱护。
太古厥忘情，每教风雨妒。
代远石碑崩，字迹半残蠹。
僧来扫苔藓，公诗得披露。

呜呼！楚国屈大夫，长沙贾太傅。
功业垂文章，胸怀托毫素。
三复文公诗，不禁生追慕。

陈华先诗三首

登峨眉山

愁听寒鸦噪晚林，幽思强忍一登临。
危岩几欲舍身去，回首恐伤慈母心。

深夜寄怀

风清月白夜深时，万籁无声斗转移。
料得萱堂犹未寝，含愁默默问归期。

寄照片

风和云淡日光清，怅对黄花摄影呈。
解语未能供色养，披缄应许见亲生。
明珠离掌悲无极，游子思归寐不成。
终胜梦中匆促会，休嫌还少唤娘声。

陈志宪诗词十四首

归途杂咏十二首

（民国二十年（1931年）自南京归家途中作）

一

一滩流水映斜晖，掠岸沙鸥来去飞。
苍雾隐茫江上路，老翁提网捕鱼归。

二

白浪翻翻乱入眸，远帆疑在碧天浮。

江南江北春无主，同与离人一段愁。

三

江天浩浩水茫茫，无限归心恨路长。

入夜江声听不得，一船明月过浔阳。

四

志士仁人望欲痴，伤心不见度辽师。

归途空有泪横溢，巢覆卵危何所之。

五

云山雪浪画难模，三楚风光尽此湖。

记取洞庭波上路，烟鬟缥缈是归途。

六

才从鄂渚感春多，又向湘沅泛碧波。

日暮羁愁慵远眺，船头徒倚听渔歌。

七

寂历寒江笼晓烟，潮声时杂橹声前。

故乡应到知何日？绿树青山二月天。

八

瞕瞕日出晓烟开，万叠春山献秀来。

诗料当前寻不得，江声笑我苦徘徊。

九

泊舟每趁日西斜，愁听篙师笑语哗。

目断云山千万叠，此身始觉在天涯。

十

年来触事动忧端，冉冉清愁用底宽。

偶得芳樽须痛饮，莫惊绿鬓奈悲欢。

原注：与雨坡蕴奇对饮，集放翁句。

十一

依山傍水野人家，竹影疏疏一径斜。

老树似嫌行者苦，笑人劳作客生涯。

十二

尘海风波处处危，百滩过尽不须奇。

人生元自多忧患，正要于今识险夷。

霜花腴

（民国三十一年（1942年）重阳节）

露黄乍秀展细眉，秋娥肯作春容。风妒人欢，雨将愁至，登临著意偏慵。胜游易终，怅百年佳会难逢。便归来一盏凄凝，醉颜休自拟霜红。

枫叶荻花谁主？听秋声一抹，落尽枯桐。天外烽高，吟边愁障，悠悠四顾何穷。十年梦中，记旧游，清泪朦胧。算天涯处处重阳，此心应许同。

发表于金陵大学文学院主编《斯文》半月刊第二卷第23、24期合刊。

高阳台

（和紫曼韵，亦所以写怀也，民国三十二年（1943年）1月）

镂尽千言，书空万纸，愁怀欲尽殊难。鸿断鱼沉，忍抱蠹管尘笺，暗消吟骨成痴累，鸟啼痕，犹记当年。怕天涯，寻梦魂迷，恨叠关山。

苍茫感尽离情苦，似庄生梦蝶，杜老题鹃。更学春蚕，甘心到死谁怜！花前纵有千杯赏，惹愁肠、啼枕无眠，拼今生，苦调哀歌，拔断危弦。

发表于《正声》月刊第一卷第二期。

陈宽诗四首

雨中踏青二首

一

春色满山家，山城处处花。
桃红杜鹃白，不碍短篱遮。
近寺闻清梵，疏林见远沙。
官私劳过问，取次听鸣蛙。

二

十度逢佳节，星星发白多。
杏花村酒熟，杨柳晚风和。
别绪双江绕，雄心一剑磨。
消娱苦无计，输与老夫佗。

杜　鹃

暗续蚕丛祀，年年访子孙。
云山巴蜀道，月夜杜鹃魂。
更尽声如诉，啼多血有痕。
满腔亡国恨，巧化作禽言。

中秋雪·时在理塘

节冷愁无酒，庭空不设瓜。
已停吴质斧，欲泛广寒槎。
曲谱玉阶怨，香分银桂花。
捲帘人望处，疑被白云遮。

刘扬诗六首

庚午由成都至南京旬月返酉阳家乡感作

锦城丝管未蹉跎，江左风流又放歌。
一代沧桑新劫运，六朝烟月旧山河。
衰年憔悴莺花老，故里萧条蔓草多。
谁念酉溪乾净地，避秦犹未息干戈。

出门口占

按剑出东门，将行还却步。
白云知我心，遮断前山路。

感事（庚子）

四边斜日照高楼，万里烽烟动客愁。
牧马倒悬星北斗，楼船沉恨海东鸥。
六朝词赋灯前梦，半壁河山笛里秋。
最是和戎缘底事，英雄涕泪满神州。

五月十八日成都刘戴交兵，与王子履避乱（二首）

一

锦官成破锦，万户掩重门。
士女皆狼藉，莓苔尽烧痕。
莺花留别院，旧雨共芳魂。
抚剑一长望，风尘天地昏。

二

南北无消息，书空雁影沉。
石壕千古恨，野哭万家心。
豆釜煎方急，萧蔷祸已深。
直应书夏五，休作苦行吟。

丁酉新正人日与白元卿登三晤山

三峰劈立破鸿蒙，踏叶吟诗得句工。
山齿泥柔苔长碧，佛头春晚独摇红。
十年事业胸襟内，万里河山眼界中。
今日与君歌一曲，也宜携手同东风。

王勃山诗四首

《步东星宗弟〈丁亥除夕〉诗原韵和之》（四首）

一

随俗龙钟守旧年，红炉绿焙醉中天。
酒筹戏把梅花数，为欲吟诗检玉篇。

二

千里奔驰不到家，那堪逆旅寄生涯。
今年幸得团圆乐，酒饮西汾量倍加。

三

种得红梅度岁寒，漫天风雪卧袁安。
阿蒙幸寄新诗句，喜抚猗兰一再弹。

四

发出春风喜在头，一年好景一时收。
辋川示我新诗法，秀韵天成不用偷。

王简诗三首

游山黛沟

探奇穷幽涧，乘兴忘远近。
群峰霏黛色，溪流寒泯泯。
百折路疑无，一线天难尽。
恠石如虎儿，云飞势欲陨。
九泉潈潺湲，千崖巉嶒嶙。
洪钧造化功，溪谷真元牝。
仙境绝尘氛，暴涨增悲悯。
濡迹不辞频，足致高人隐。
蝯啸杂松风，樵归带竹粉。
行到西山阳，疑抉水经蕴。

长沙吏

长沙城似石壕村，居然有吏夜捉人。
弟兄妻子踰牆走，有客仓皇出鹰门。
借问犯罪因何事，狐假虎威汹其势，
临湘匪乱县令逃，不劾县官问会计。
谁说民国权在民，官吏那计清白身。
不识琅琊大道王，指是于陵仲子陈。
陈君年少美丰姿，我颊鬑鬑颇有髭。
貌似或起匡人疑，我似陈君我不知，
警吏传人如捕贼，张冠李戴辨不得。
手枪口笛乱纷纷，叱咤风云皆变色。
局员讯问始知误。有法不司亦不怒，
若非识我有元方，那使刘郎能大悟。
惊鸿脱网九霄冲，狼吏磨牙又落空。
大吏小吏昏如梦，一丘之貉将毋同。

蟹

捕蟹者云，蟹性勇于前进，不知后顾，捕时置灯岸边，则联翩逐火而至，从后拾之，无一逃者，一味横行不顾其后，蟹性亦何愚耶，作此为当今壮士讽。

恃介为坚甲，凭螯强弄兵。
漫夸公子贵，讵料小儿擎。
风味湖村美，霜灯舍火明。
嘉言聊训汝，顾后莫横行。

人物补遗

《酉阳县志》（2002年版）人物补遗

李玉昆（1871—1951），麻旺镇平旦人，清光绪三十年（1904年）酉阳直隶州童试考取秀才第一名，尔后考入四川省高等学堂学习，期间经张培爵介绍加入同盟会，并参加过四川保路斗争和反袁护国等一系列革命活动。毕业后曾任成都、乐山中学教员和嘉中监学。民国十二年（1923年）任黔江知县。民国十四年（1925年）后曾先后任省立五中（龙潭中学）训育主任、事务主任、酉阳教育委员长兼财务委员长等职。1951年在省立酉阳师范学校去世。

赵世珏（1879—1950），又名赵国泰，龙潭镇人。清光绪三十三年（1907年）怀着救国救民思想考入成都军官学校，并参加孙中山组织的同盟会。1911年参加四川保路同志会起义后，回到酉阳与白锦祯、彭藻、王勃山等举行武装起义，于民国元年（1912年）攻下酉阳州城，宣告酉阳独立。民国四年（1915年）参加讨袁战争，民国五年（1916年）任酉阳保安营营长，维持全县治安。民国八年（1919年）与川军北洋派杨春芳部激战而败后，举家迁往北京。尔后回四川，先后任川军刘文辉的24军司令部参谋处长、西康省雅安县县长等职，并把自己的家安在成都西御西街113号，利用自己的合法身份掩护胞妹赵世兰、赵君陶和革命母亲夏娘娘从事党的地下工作，而且还同意将中共四川省委、川康特区委员会联络点设在自己家中，为邓颖超、林伯渠、罗世文、田家英、李一氓等共产党人在四川从事革命活动提供了方便。他还选送包括自己的儿子赵令瑗在内的一大批热血青年奔赴革命圣地延安。1949年，他被中国人民解放军十八兵团聘为少将参议，准备随军经川西入藏，临行前突发脑溢血，次年在成都病故。

陈伯亚（1886—1950），钟多镇人。早年毕业于北京师范大学，一生职务多变，在政务方面：历任黔江、彭水知事，龚滩、郁山、龙潭县佐，酉阳县1区区长，川湘公路酉阳段筑路委员会委员，第8区专员公署参事及酉阳兵役局监察委员会主任委员等职。在财经方面：曾任酉秀黔彭联合处财政科长，苍溪、黔江、秀山、酉阳县征收局长，酉阳财政科长及酉阳县财务委员会委员和县金库委员等职。在教育方面：民国三年（1914年）任教育部编审教科书委员会委员，民国四年（1915年）任酉阳县立中学校长兼酉阳师范讲习所所长，民国十一年（1922年）任川东联立师范教育主任，民国十七年（1928年）任酉阳县教育局长，民国二十一年（1932年）再次任酉阳县立中学校长。期间，曾创办酉阳中学女生部，并捐献田产，作为学校活动场所之用，对酉阳的教育事业作出了一定贡献，1950年在家中去逝。

陈菊僧（1888—1961），钟多镇人。民国五年（1916年）考入北京高等师范附属中学读书。民国八年（1919年）参加反帝反封建的“五四”爱国运动。1920年返回酉阳经商，不久投入川军邓锡侯部任传令兵、中尉、副官、连长、营长等职。民国二十三年（1934年）脱离部队任大邑县财务局长。民国二十八年（1939年）返回酉阳，先后任酉阳县政府财务委员等职。1949年11月，发起组织了治安委员会，被推选为治安委员会主任，宣传共产党的政策和中央人民政府的约法八章，支援人民解放军过境。1950年2月任“酉阳剿匪委员会”委员，次月增补为酉阳县人民政府副县长。1952任涪陵专署扫盲办公室主任，尔后调任涪陵专署民政局副局长。1956年曾到北京出席中央召开的民政先进工作者会议。1958年返回酉阳，任酉阳县政协副主席。1961年病故。

彭彬如（1890—1951），五福乡老寨人，清末在湖北施南府考中秀才。清光绪三十一年（1905年）赴武昌考入两湖优级师范学校，并加入同盟会，尔后进入湖北陆军将校讲习班学习。宣统三年（1911年）与刘杨、白锦祯、彭藻、彭灿等人发动武装起义，拥护“驱逐鞑虏，恢复中华，创立民国，平均地权，推翻专制，保路安民”的口号，组织义军攻龙潭、克酉阳、占秀山，迫使酉阳知州谢鹄显交出官印，酉阳州宣布独立。民国四年（1915年）重返武昌，谋划起兵反袁。民国六年（1917年）与吴醒汉转战川鄂边，任吴师部一旅旅长，民国八年（1919年）任靖国军第1路司令部参谋长。民国十年（1921年）后，历任来凤、宣恩、咸丰、酉阳、黔江、醴陵县知事，酉秀黔彭团防督办处处长。民国二十年（1931年）被武汉绥靖公署委任为湘鄂边防军副司令。抗日战争时期，任酉阳县参议员，并组建了拥枪自保的地方武装，维持地方秩序。解放战争时期，任五福乡议员。1950年将多年用于保家的40多支枪支交给人民政府，1951年病逝于家中。

赵世炯（1894—1972），又名赵子章，龙潭镇人，清光绪三十三年（1907年）毅然离家考入成都中学读书，与为郭沫若同窗好友。宣统二年（1910年）又考入北洋政府交通部在唐山办的交通传习所有线工程系学习。民国四年（1915年）到国民政府交通邮电部任职，当年接四弟赵世琨和五弟赵世炎到北平读书。民国八年（1919年）把全家接到北平，全面承担起弟妹的学费和全家人的生活。民国十六年（1927年）蒋介石发动“四一二”反革命政变，五弟赵世炎英勇就义于上海，赵世炯掩埋弟弟遗体后，于民国十七年（1928年）到杭州任电信局工务处处长。抗日战争时期，任西南和西北长途电话网工程第九队队长，负责修建从昆明到缅甸的长途电话线。民国三十四年（1945年）代表中国技术员到缅甸接受日本投降。解放战争时期，在南京国民政府邮电部任职，负责上海到杭州再到福州的长途电话工程。1949年在杭州被调任中国人民解放军通信营教员，是年10月经邓颖超介绍，到中华人民共和国交通部计划司任职，尔后又到中华人民共和国邮电部任职。1962年离休，1972年10月3日在上海去世。

田阡陌（1903—1961），龙潭镇渤海人，成都“讲武堂”毕业，在国民党20军中任排、连长。抗日战争爆发后，随军开赴上海，与日寇鏖战达3月之久。由于他作战勇敢，指挥有方，被晋升为营长。在江西罗盘山遭遇战中，日寇的弹片打入他腹内，仍高呼：“弟兄们，人在阵地在”，直至晕倒，才被抬下送到后方医院治疗。民国三十一年（1942年）被升为副团长，率部转战江西的武宁、修水和湖南的浏阳、平江一带，参加震惊中外的3次长沙会战。抗日战争胜利后，调任贵州省沿河县县长。他秉公执政，铁面无私，廉洁奉公，不受贿赂，深得民众好评，当地民众自发为他树了20多块“德政碑”。当他届满离开沿河时，人们沿途摆桌子，桌上放盆清水和一张镜瓶，彰显他为官清廉如水，处事明察如镜。民国三十七年（1948年）任酉阳民团总队副队长，1949年率队起义，投入人民阵营，不久任酉阳县民政科副科长。1950年4月，在酉阳县第一届第一次各界人民代表大会上，当选为酉阳县人民代表会议常务委员会主席，1961年病故。

黄子高（1904—1962），大溪镇（原酉水乡）人，民国二十三年（1934年）参加中国工农红军，经历了二万五千里长征，参加了抗日战争和解放战争。曾任排长、连长，并多次立功，1952年转业回乡，1962年病故。

韩发孔（1904—1950），山东省寿光县人。民国二十九年（1940年）3月参加革命工作，中共党员，在抗日战争、解放战争中屡立战功。渡江战役胜利后，参加西南服务团进军解放大西南，1949年11月到达酉阳，是中共酉阳地委成员之一。同年年底，人民政权刚建立不久，国民党残余势力组织反动武装对人民政权进行反扑，一时间土匪四起，扰龙潭、占龚滩，秀山县城失守，黔江县城被围。韩发孔带领酉阳地委工作队下乡征粮，以解军需。1950年2月20日，他率小分队深入涂市乡，开展征粮工作。24日，参议员石保邦组织土匪武装袭击工作队，乡长石灵霄、副乡长石敦治投匪，旧政权的乡保人员纷纷反水，5人工作队被上千土匪包围。韩发孔面对两名旧乡长前来劝降，义正词严地揭穿土匪的阴谋，躲在外面的土匪一下子冲进了韩队长的住房，他机智地把灯打翻，击退了敌人，率工作队从屋后突围。经过连续战斗，打死数名土匪，冲到后面山上。在周围都是土匪，敌众我寡的情况下，工作队员英勇战斗，子弹打光了。韩发孔、计子炎、赵枫林、樊仁泽、祝兴光在与土匪激战中，献出了宝贵的生命。韩发孔烈士的忠骨现长眠于酉阳革命烈士陵园，树碑以志，供后人瞻仰。

邱命荣（1907—1964），又名邱明月，沿岩乡人，民国二十三年（1934年）参加中国工农红军，经历了二万五千里长征、抗日战争、解放战争和抗美援朝以及社会主义建设，曾任连长、营长、团长、徐州市铜山县兵役局局长和徐州市卫戍区党委委员。1962年离休，1964年病故。

陈志宪（1908年2月—1976年6月），字孝章，别号施堂，龙潭镇人。民国二十四年（1935年）毕业于中央大学中文系后在成都任教。民国三十年（1941年）后任四川大学讲师、副教授。解放后继续在四川大学任教，1958年任四川大学中文系主任。曾任四川省政协委员、民盟成都市常委、省文联常委、省志编委会文学组负责人等职。1966年后长期受迫害至病逝。著有《西厢记笺证》《施堂词论》《苏轼词论》《通考序笺》等，其他所著的中国文学史，以及诗、词、曲著作和专论，除散见省内外各报刊者外，其多数手稿被迫焚毁。少数抄录内容，藏酉阳自治县档案局馆。

甘兀立（1910—1960），龙潭镇人，民国二十一年（1932年）川东师范学校毕业后到梁山、石柱任教，民国二十八年（1939年）任郫县犀浦镇小学教导主任，民国三十一年（1942年）任酉阳县粮政科长，民国三十三年（1944年）任沿河县中学校长，先后任酉阳师范学校和省立龙潭中学事务主任，1949年11月曾组织酉阳各界人士迎接二野大军解放酉阳。1950年4月在酉阳县第一届第一次各界人民代表大会上当选为常务委员会副主席，1959年被错划成右派，到青华林场劳动，1960年病故。

梁岐山（1911—1969），曾用名李春荣，山东莱阳人。民国二十二年（1933年）加入中国共产党，历任牟平、海阳、栖霞、招远四县边区巡视员。抗日战争时期，先后任中共掖县县委书记、中共莱阳县委组织部长、中共南海地委组织部长、副书记。解放战争时期，任中共南海地委书记兼军分区政委、中共江苏省常州地委副书记兼武进县委书记。1949年11月，任中共酉阳地委书记兼军分区政委，为酉阳地区的人民政权建设和土地改革以及剿匪斗争作出了重要贡献。尔后又任中共涪陵地委书记和万县地委书记。1961年，在中共四川省委常委兼省委财贸部长时，率领160多人组成的省委工作团到酉阳进行为期半年的“整风整社”运动，随后担任中共四川省委监委书记等职。1969年在成都病逝。

李华堂（1915—1972），钟多镇人，半文盲，新中国成立前以挑脚帮人为生，新中国成立后在家务农兼县城消防队员。1964年任生产队的护林员，以每月次劳力的工分和县林业局补助2元草鞋钱的微薄待遇，全面负责大酉洞至小坝约4000多亩的森林片区的管理工作。他9年如一日护林巡逻。为了防止夜间森林被盗伐，他不惧强暴，坚持原则，尽心竭力护林，同时自书护林标语，自编自唱护林小调进行护林宣传，为酉阳成功申报金银山国家级森林公园立下汗马功勋。1992年12月，由于劳累成疾，他过早离开人世。政府为纪念他，在金银山为他立碑。

王新民（1925—1980），山东省海阳市朱吴乡后庄村人。青少年时期曾当过长工、学徒工。民国三十三年（1944年）3月参加工作，民国三十四年（1945年）11月加入中国共产党，在胶东区前线作行政工作，1949年11月随西南服务团到达黔江自治县，先后担任区委书记、县委组织部长、县委副书记；1958年11月任酉阳县委书记；1962年11月调任丰都县委副书记；1975年5月先后在涪陵地区任邮电局局长、科委副主任等职。1980年4月在涪陵病故。

计子炎（1930—1950），江苏常州市人。家中有兄弟姐妹四人，他为最小，从小学到高中成绩名列前茅，在高中期间即参加党领导的地下革命斗争，加入了中国共产主义青年团，并被推荐为常州中学的团支部书记。他积极宣传革命理论，常用“燕子”“矶芝燕”等笔名撰写文章，抨击社会腐败黑暗，启迪和教育人民反对封建专制压迫。1949年11月，19岁的计子炎随中国人民解放军西南服务团到酉阳开展建立新生政权等工作。1950年2月酉阳地委为巩固新生政权和为解放军筹粮，安排了几个小分队到各乡开展征粮工作，计子炎被分配到由韩发孔队长领导的敌情最复杂、工作难开展的涂市乡。当计子炎等在涂市乡召开群众大会宣传党的政策的时候，一撮顽固不化的匪徒暗地里切断了电话线，敌人的主力正向涂市集中。此时，计子炎及时起草一份紧急报告，火速派通讯员祝兴光送到中共酉阳地委，地委和酉阳军分区得知后研究决定，要工作队员拖住敌人，等中国人民解放军合围过来，再里外夹攻，全歼土匪。同年2月24晚，祝兴光由小路回到工作队驻地，向韩队长汇报敌人即将暴动情况和传达地委的指示。就在这时留用的旧政府涂市乡乡长石灵霄等前来劝降，计子炎等人大义凛然，威武不屈，再次宣传党的政策。突然门外敌人冲了进来，韩队长眼疾手快一把将灯打翻，趁着黑夜连开数枪，同计子炎、祝兴光、樊仁泽、赵枫林等冲出重围，

打算从屋后的竹林绕道去小坝，哪知竹林附近有敌人堵截。工作队员被冲散，他和队员被土匪包围，在寡不敌众的情况下，阻击了敌人一次又一次的冲锋，最后弹尽援绝，被敌人用刺刀刺死，献出了自己不满20岁的生命。计子炎忠骨掩埋在酉阳自治县革命烈士陵园，建有墓碑供后人瞻仰。

李文荣（1936—1962），后坪乡人，1952年参加中国人民解放军，历任战士、班长、排长、连长，参加过阿坝凉山平叛，1962年在中印边境自卫反击战中英勇牺牲。曾先后荣立13次三等功、2次二等功、1次一等功。

石远胜（1955—1979），钟多镇人，1976年参加中国人民解放军，次年加入了中国共产党。1979年在广西南疆保卫战中，主动请求接受尖刀班的任务。在激战中，冲到山顶，消灭了猫儿洞的全部敌人，取得这次战斗的彻底胜利，自己却献出了宝贵的生命。战后，中央军委、国务院追认为革命烈士，荣立2等功。

历代土官、土司及明清和民国时期部分人物补遗

历代土官、土司

冉守忠（1102—?），酉阳土官，初名万要，平叛苗后，敕改名守忠。夔州（今重庆奉节）人。其先祖冉安昌，曾任荆州刺史。唐武德年间进秩上柱国、蜀国公兼官山南道行军大总管，寻授信州（今重庆万州）刺使，改封黄国公。冉安昌之子冉仁才，封巫山公，唐贞观年间迁使持节澧州刺使，后改沅州、永州刺使。冉守忠乃仁才第15世嫡孙，北宋宣和年间授郎官之职。南宋建炎三年（1129）奉命入酉助思州土官田祐恭镇压金魁领导的苗族起义。南宋朝廷因其功诰封为武略将军（从五品），授阁门宣赞舍人，知制御前兵马使，领酉阳知寨，治所在感坪里（蚂蝗官坝）子孙世袭。《天下郡国利病书》载：“知州冉守忠善于抚字（谓对百姓的安抚体恤）酉人怀之。”冉守忠殁后，葬于故乡万州燕儿窝。

冉文炳，冉守忠之长子，酉阳土官。初随父入酉，屡战有功，酉阳平乱，镇守石堤，扼黔楚思夷之路，苗獠帅服，酉无边警，即袭职，恩信远播。绍兴二十年（1150）四寨九溪酋长悉纳贡于廷。生三

子：世昌、世荣、世华。世昌袭职。

冉世昌，冉文炳之长子，酉阳土官。幼好读书，兼习武。思州夷民乱，有僧金头和尚，通体如金铁熔铸，不畏刀斧，唯咽喉间有寸许柔软，以生铁为领环相护。初罾潭司侧，近有山，四围石壁，巉（chán）绝不能上，中敞大原，可容数万人，土人称铁围城。僧据险自肆，即出劫石堤，被世昌击败。僧退入罾潭，久攻不克。世昌思之久，未得其计。有部将田某，素智勇，请以诈降，乘便刺杀僧。世昌允，立遣行。田至敌寨，贼不疑，使侍帐下，入夜遂刺杀和尚。或又云：和尚唯阳道系柔肉，为田割其势而死。驰报世昌，遂以大兵讨伐，尽平余贼。奏闻，授西路巡防殿侍都指挥使，承袭父职。生二子：胜宗、胜祖。胜宗袭职。

冉胜宗，冉世昌之长子，酉阳土官。承苗夷平定之后，军容武略，遗威震俗，境宇宁静，朝廷授胜宗为忠训大夫，知酉阳州事。生子：维义、维德。维义袭职。

冉维义，冉胜宗之长子，酉阳土官。宋淳熙初年（1174—1189）袭职。淳熙四年（1177年）叛苗千余倏临境。牒至，冉维义厉兵鼓行以出，一战而胜，斩首四百余级。奏闻得旨，改寨为州，授奉训大夫（从五品），知酉阳州事。生二子：贵迁、贵齐。以贵迁袭职。

冉贵迁，冉维义之长子，酉阳土官。性仁厚，厌金革战事。及袭职，益以安土，约民为心。抚驭獠夷，皆感戴恩惠，无疑叛意。宋绍熙间（1190—1194）授酉阳安抚司安抚使。生子思通、思亿，袭父职。

冉思通，冉贵迁长子，酉阳土官。性勇毅果断，多计谋，袭安抚使，善行司事，内外俱安。宁宗庆元二年（1196），以平贼功，复改授奉训大夫，知酉阳州事。时州治所在感坪官坝（今李溪官坝），冉思通以其地僻陋卓远，不足控制蛮夷，乃度地于铜鼓潭（今铜鼓衙院），建置衙署。生子：万友袭职。

冉万友，冉思通之子，酉阳土官。性英毅，磊落有大节，习骑射。思通平贼乱，迁州治，冉万友有规划。袭职后，抚驭蛮众，能詟（zhé）慑其心。寻以功，加检校散骑常侍飞龙骑。宋亡，元世祖至元初，万友纳地请齐民。有诏命如旧，并授武略将军，知酉阳州事，劝农公事。宋咸熙八年（1272）思南安抚使田慎南，恃强大，以卒万余猝压境，夺州治小河五堆之地。万友率兵抵御。以贼众我寡，令军士夜束薪燃炬，沿山泽布阵。贼不知我兵多寡，惊骇夜遁，万友驱铁甲军追击，斩首千余，及明，至于河。田安抚隔河建栅以为固，我兵临河而阵，田安抚使部卒请万友出阵而言："闻君善射，吾置枪此间，能隔河射中，即以河心为界，誓不相侵。"万友一发而中，断其枪为二，田安抚镇服，界遂定。

元至元十年（1273）冉万友奉训大夫在大酉洞题"大酉洞天"仍依稀可见。生子三：载朝、载隆、载立。以载朝袭职。葬感坪官坝。

元

冉载朝，武略将军万友之长子，酉阳第一代土司。少膂力过人，酉阳地荒远，黔楚诸夷乘间窃发，载朝募劲勇擒之，保安境宇，民歌德焉。元大德年间（1297—1307），武略将军冉万友薨，载朝袭职，劳农劝稼，修守御，和邻封，兵旅不复用。元延祐七年（1320）正月，帝崩，皇太子继立，载朝率大小石堤诸酋目入贡，具表贺即位。上以远道纳贡，忠荩可嘉，敕授宣武将军，酉阳等处军民宣慰使使司宣慰使。生六子：如彪、如虎、如豹、如狼、如蛟、如鹤。以如彪袭职。

冉如彪，冉载朝之子，酉阳土司。元至正五年（1345年），袭酉阳宣慰使司宣慰使职，至正十五年（1355）明玉珍破蜀，至正二十年（1360年）据重庆，僭（jiàn）国号夏，改元天统。伪官赉（lài）令至酉阳，改酉阳沿边溪洞军民宣慰司。如彪以兵力不敌，未敢拒，遥受其命。洪武四年（1371年），明太祖派中山侯汤和为征西将军，江夏侯周德兴、德庆侯廖永忠为副，率舟师自瞿塘进攻大夏，汤和手下的大将康茂才率部攻夔关，康自持勇进，如彪率部奉命守夔关，康茂才部被冉家兵击毙击溃，汤部出奇渡河取夔破关，彪部退守武隆、彭水、黔江、酉阳防地。洪武五年（1372年），彪遣虎长子应显到夔州汤和部入贡投诚，归命太祖高皇帝，明太祖赏金一千两、帛三百匹，授彪奉训大夫，知酉阳州事，封应显世袭承签事职，掌印篆。是年复遣弟如虎进方物朝贡。夏四月，敕授如虎奉训大夫知酉阳州事。洪武七年（1374年）冬，复入京贡方物。洪武八年（1375年）正月，以官制大定，改酉阳为宣抚司，授如虎明威将军。并颁流官经历司一印，改石耶军民府为石耶洞长官司，改佛乡洞长官司为邑梅洞长官司，改溶江、芝子、平茶洞等处长官为平茶洞长官司，置麻兔洞长官司，皆辖于酉阳。生三子：应仁、应义、应明。应仁袭职。

冉应仁（？—1394），如彪之长子，酉阳土司。洪武年间（1368—1398）袭职。时土宇宁谧，兵革不兴。洪武二十七年（1394）平茶署长官杨再胜谋杀兄子正贤及洞长杨通保等，正贤等觉察，逃至司，应仁曰：予亦久知再胜强横，今虽遣使让之，彼必不服。乃以卒护正贤等出境，直至京师诉其事，且言再胜与景川侯某反。应仁亦疏奏：再胜不听节制，潜蓄异谋，实乃正贤嫡长当袭职。故帝命逮再胜，辞服，当族诛，正贤亦应缘坐。帝诛再胜，释正贤，使袭长官，则亦应仁保奏之力。应仁即以其年卒，葬两河口马鞍山，生一子：兴邦袭世职。

冉兴邦（？—1410），明洪武二十七年（1394年）袭酉阳宣抚使，是年朝于京师，酉阳宣抚司改隶渝州（重庆）。明永乐元年（1403年），诚聘陈忠入酉讲学。永乐三年（1405年），遣子冉瑄入朝修贡职，请允酉阳如汉土州县例兴汉学。四年免酉阳荒田租。五年兴邦遣部长龚俊贡方物，并谢立儒学恩。“录以边功议加秩，兴邦辞，奏请立学，如州县例。上允其奏，颁学印一颗，设教授一，子弟入学者，同汉府县科举并岁贡登仕，贡复遣部长龚俊等贡方物谢恩”。酉阳宣抚司学在州治东，明永乐元年建。娶思南司田氏生子瑢、琛、瑄、瑀四子。

冉瑄，兴邦之三子，酉阳土司。少好儒业。永乐三年（1405年），兴邦命朝京师，进止合礼，时以田佑恭拟焉。遘杨通贤之难，长兄冉瑢遣戍辽东，佥事冉应良以兴邦次子琛袭职。琛早逝无禄，冉瑄继之。时所有司事，皆决于冉应良，瑄亦虚已以听，盖应良之左右维护，瑄有以深谅其心。瑄生三子：廷辅、廷玺、廷凤（腾凤）。以廷辅袭职。瑄殁葬忠孝里野猪溪。

冉廷辅，字大器，号简斋，冉瑄之长子，酉阳土司。明景泰二年（1451）冬，蒙能叛于广西，称蒙王，纠生苗三万余，攻龙里、新化、五开、铜鼓、黎平诸城，蔓延日盛。朝廷命以南和伯方瑛清剿。景泰六年（1455年）冬，敕旨调酉阳士兵五千，赴南和伯军。冉廷辅日夜检阅精壮，使头目将之而未敷其数，寻以奏闻。景泰七年（1456年）六月，帝再降敕云：念尔远集之劳，再遣人颁赐银三十两，彩缎三表里，至可收领。如果士兵不敷，尔等即再添选精壮勇锐之人，差人率领前赴方瑛处，听调杀贼。冉廷辅得敕即复，躬阅部民，技击可用者千余人，前赴大军。贼平，赏赉有加。天顺元年（1457年），贵州东苗于把猪等叛，攻都匀等地，朝命仍以方瑛率云贵川湖兵讨伐。秋七月，敕旨赐银两彩缎，调土兵赴剿。成化二年（1466年），四川叙州戎县山都掌各寨蛮人，诱九姓司土獠为乱。朝命黔蜀会剿。六月，冉廷辅领敕旨及银两彩缎之赐，帅兵起行。成化三年（1467年），仍奉敕率兵赴襄城伯李瑛营听调，所向克捷。葬忠孝里野猪溪。子冉云袭职。

冉云，字天章，号静轩，简斋公子，冉廷辅之子，酉阳土司。幼好文翰，娴吟咏，而雄武大略，亦本性。成化十一年（1475年），刘福通党扰乱荆襄，冉云率兵会剿，奋勇深入，先后破贼于九甫塘、茅坪、排洞、杨洞、清水江、白崖塘等地。又石全州之乱，冉云奉调从征，数与贼战，手擒其魁，贼遂平。事闻，成化十三年（1477年），敕进阶明威将军。

冉云擅长于诗，其《题仙人洞》：“洞里神仙渺莫猜，海风幸不引船回。四围苍藓雕虫篆，一脉灵泉撒蚌胎。花自无拘开又落，云如有约去还来。谁能静习长生术，向此烧丹扫绿苔”。是土家族地区留存于世最早的律诗（见《土家族文学史》111页）。生二子：纯臣、舜臣。舜臣袭职。

冉舜臣（？—1507），字良弼，号西坡，别号寻乐子，冉云之次子。长兄纯臣性高旷，不喜高官厚禄，让职于舜臣，明弘治九年（1496年），宣抚使舜臣以征剿贵州叛苗有功，封舜臣为明威将军，袭土司。弘治十二年（1499年）舜臣闻宋农寨蛮夷纠协诸寨洞蛮夷，杀掠焚劫，保靖、永顺二宣抚亦奏邑梅副长官扬胜纲父子，谋据酉阳，结俊倍洞长官杨广震等，号召宋农、后溪诸蛮夷，聚兵杀掠，奏请并讨伐，兵部议，酉阳溪洞联络，易煽动，宜即扑灭，请行镇巡官酌机宜。弘治十一年（1498年），普安彝妇米鲁叛，执太监杨友，右布司闾正死。置镇远县。弘治十四年（1501年）明朝廷调酉土兵五千助剿贵州贼奴米鲁，舜臣亲剿，夺贼寨二十余座，其秋大破。弘治十六年（1503年），助南户部尚书王轼讨米鲁，获胜秋归，舜臣返酉后，一天梦游“广寒宫”后，召能工巧匠几十名，修建了象征天上的“广寒宫”、“逍遥宫”和自己的“娱乐宫”呈三个品字形的洞穴，在奇特的主峰上，建造了一楼一阁的亭台，名曰“来熏阁”。又名“雪洞”或“飞来峰”。正德二年（1507）薨。喜诗词，撰有诗《题大酉洞》、文《飞来山记》等存于世。生子六：仪、值、杰、俊、佑、位。以仪袭职。

冉仪，字公表，号松坡，良弼之嫡子，酉阳土司　。武宗正德二年（1507年）袭职。正德五年（1510年），四川保宁贼蓝廷瑞、罗本恕、廖兴等众十余万，延蔓陕西、湖广境。总制洪钟檄召冉仪率兵赴剿，廖兴逸去，转掠两川，其时永、保二司土兵淫虐尤甚。民间有“贼如梳，兵如篦，土兵如剃”之谣。唯冉仪师出以律，秋毫不犯。又南川周天星、周天河等倡乱，冉仪奉调从征，屡奏劳勋，敕加赐三品服色。然冉仪性好佛道，道黄冠羽客盈于庭，仿孙光宪醮仪、镫仪为佛道科书百余种，皆付剞劂，又遣使诣江西信州龙虎山，受张真人敕印，聘其法官某至司，受水火炼度诸法，道流等更相举醮，推冉仪为铁鹤海洋真人。司治下五里外有小山，峰峦秀拔，竹木蔚然，仪于其地建大庵，又铸铁为鹤，名栖鹤庵（在今钟南阳光小学附近），于其中斋居习静。又州治西南三十里，地名铜鼓潭，有海洋峰，峰高且峻，瀑泉飞洒，岩石欲倾，而径路逼仄，藤蔓纠纷。为游客樵牧之所不到，居近者时见云霞起于其上，异彩四映，猿鸟俱鸣，又瑶草琪花，苍翠满目，逼视之，渺无所有，盖神佛之幽区，仙灵之奥窟也。仪常与亲信道流独至其巅，谈天觅胜。遂于峰顶建炉，烧丹炼汞。丹成，无疾而薨。其前一夕，庵中铁鹤亦自飞去。爱诗文，撰有《霞峰寺钟铭》、《铜鼓铭》等存于世。生四子：元、亨、亶（dǎn.dàn）、京。以元袭职。

冉元，字宗易，号月坡，冉仪之子，酉阳土司。通经义，能文章，嘉靖间袭职，课农桑，修武备，境内大治，酉阳界连黔楚，三面皆土司地，冉元，内修外攘，强者威，弱者惠，由是东南半壁，胥赖以安。时朝廷多火灾，求木之使纷纷四出，正德八年（1513年），冉元献大木（楠木）20根，嘉靖二十年（1541年）再献大木20根，诏量加服色为酬赏，嘉靖二十五年（1546年）保靖筸（gān，镇筸，地名。在今湖南凤凰县南）子坪长官司为乱，冉元率兵平之，圣赐三品服，又以征番王李保功，晋三品职，封昭毅将军，通义大夫。然冉元性慕霞举，有先人志，尝偕道流数人，访沅山水，览胜留题，逾月始一返司治。后经石堤，江岸有藏书崖，是古神人庋（guǐ）秘籍处，命舟往探，至则峭壁插天，鸟飞不过，仰视崖畔，有柜色朱殷，似木器之新髹（xiū）者，但苦无路可登，如海上三山，可望而不可至。乃舍舟而陆，崎岖数十里，始造其巅，俯视江流一线，江树一发，风帆上下，微若稊（tí）米（小米），山巅风利如锥，砭人肌骨，从者皆目眩神夺，噤不能语；而冉元指点云树，谈笑自如。以长绳自缚，使数人持其端，翩然如飞鸟下坠，移时复引而上，从者问何所见，元默然不言。先是酉人与麻兔司民争边地，有所杀伤，贵阳总兵张，归罪于元，特本题参。而元献大木时，有办皇木商人夺元之木，元持不可，亦转以夺木讦（jié）奏。元于藏书峡内见秘书，有似示元以退止者，入夜遂携次子冉维屏遁去。长子维翰袭职，访元不获，同母弟冉亨以官舍署司事。复遣人四出，踪迹于楚之沙门石，得元一诗，跟迹访至河南，与侍从者相遇，元盖终于河南。

冉维翰，冉元之子，酉阳土司。性孝友仁爱，内外无间。然体素羸弱。嘉靖八年（1529年）其父献大木20根，乞免其袭职朝京。帝允应，到冉元远隐时，维翰欲自行寻访，以时司无主袭职。然寻访其父之使四出，未一日忘其父。会陈逆谋不轨，冉维翰外出时，于其马后击打之，遂坠鞍而卒。土司无主，由冉维翰的叔父冉亨代理司事。

冉维屏（？—1596），字逸卿，号眉坡，冉元之次子，酉阳土司。其父冉元遁隐，携之以行，客寓于万县倪天官处。同母兄维翰袭职，为陈逆所弑，由其叔父冉亨代行司事。18后，既闻冉维屏音讯，乃迎归，奏允袭职。

由于冉维屏幼撄患难，转徙江湖，深悉民间痛苦，袭职后，劳来抚字，境内宴然。嘉靖四十五年（1566年），松潘小西天蛮人煽乱，维屏奉调征剿。贼平，议进一阶，维屏辞而不受。穆宗隆庆元年（1567年），理前功，进阶怀远将军。万历十五年（1587年）十月，率兵从李应祥征马湖。次年五月凯还。万历十七年（1589年）又献大木20根，价逾三千。工部议，应加从三品服，以为土官输诚之功。万历十八年（1590年）二月，得旨授怀远将军、亚中大夫，赐绣狮服色。又九丝蛮阿大、阿二之乱，维屏从大将军刘□（tíng）进讨，破凌霄坡、都都寨，功不可没。维屏对旧谱亲加纂订，复为完书。袭职20余年，万历二十四年（1596年）薨。生子：御龙、跃龙、梦龙、登龙、华龙、虬龙、应龙、伏龙、腾龙、从龙、见龙、现龙、变龙13人，御龙袭职。

冉御龙（？—1604），字中乾，冉维屏嫡长子。酉阳土司。冉维屏眉12人，又永顺宣慰使女，生子应龙。应龙少而好兵，屡戒责之不悛（quān）。万历二十四年（1596年），冉维屏薨，冉御龙袭职。冉维屏在世时，应龙恃其母宠，屡有夺嫡之意。计既不遂，遂逃入永顺。孽言彭氏被冉御龙所凌虐，永司怒，借兵应龙，使其内寇，时万历二十六年（1598年），边牒至，部长等谋，以兵会战，御龙说：永司恃强大，不知礼义，吾民何罪，相与糜烂乎。彼自以彭氏故，欲纳应龙。土地者先人所授，人之遗允，皆可为先人守之，我岂自私焉。二三子善事应龙可也。冉御龙于是戒车马赴渝城，时土民相从者，众如归市，老弱幼稚不能偕往者，则攀辕卧撤，引领望霓，情势汹汹，酉旦夕变。应龙亦顿兵不敢入。既而众姓连名，有直走京师诉其事者，帝知御龙仁让，又察众姓望主之情，特降旨命天吏送御龙返酉。御龙返，则四境军民安堵如故。应龙知众不属，亦不敢复争。而是时方用兵于播州，御龙从征，所向克捷。万历二十八年（1600年），川湖总督李化龙集三省兵，分八路进攻，隶总兵官刘□麾下，刘固眉坡（维屏）所从破九丝者，知酉兵可用，故拊（fǔ）循独至，而待御龙亦有加礼，御龙感激，率所部力战，大破贼于官坝，直入娄山关，大军遂并抵海龙囤下。其春，杨应龙缢死，播州以平。御龙辞赏赉而归。万历三十年（1602年），御龙因裒（póu）集先人诰敕，付梓藏之，曰《敕诰恩荣录》。太史邹廷彦为之作序（见《酉阳直隶州总志》533页）。然应龙匿永司，时刻思复仇机会。冉御龙之妾，彭氏亦永司女，御龙恶永司，因疏远不使旦夕。彭氏积愤怨，归宁永司。应龙与通谋行弑，许袭职后，立为正室。又侍婢月桂者，秀而黠，应龙与之私通，串谋其事。万历三十二年（1604年）三月三十日夜，御龙被酒醉卧，彭氏、月桂遂弑御龙，御龙薨。时内外大讧，御龙同母弟跃龙率亲兵讨乱，彭氏、月桂就擒，押解川东正法。唯应龙漏网于永顺，然亦穷蹙死矣。御龙袭职凡八年，无子，母弟跃龙袭职。

冉跃龙（？—1624），字上乾，号海门，酉阳土司。冉维屏嫡次子。明万历三十二年（1604年）袭酉阳宣抚使。时黔中红苗起义，跃龙自以4000两黄金助饷从征。万历四十七年（1619年），明军在关外和后金努尔哈赤决战，辽东告急。跃龙奉调遣弟见龙、人龙及子天育、天允领兵5000赴辽阳，驻虎皮、黄山等处，三载解奉集之围，再援沈阳。酉阳土兵隶总兵杜松麾下，时天降雨雪，杜松贪功心切，不听冉见龙等劝阻，挥兵抢渡浑河，遭后金军伏击而全军覆没。见龙以力死战牺牲，酉阳土兵阵亡1700多人。消息传回酉阳，跃龙亲赴死者家抚恤慰问，同时又捐黄金2000两，购买军械马匹运至山海关。大明兵部尚书张鹤鸣以冉跃龙前后功绩，奏请朝廷抚慰有加。天启元年（1621年），明廷加授冉跃龙酉阳等处军民宣慰使，再辖平茶、邑梅、石耶3洞长官司和绞楼寨、马蹄溪等3千户所，同时诰封其原配舒氏为一品夫人。其年，四川永宁宣抚司奢崇明反叛，占据重庆作乱，巡抚朱燮元檄召酉阳、石柱二司土兵助剿。冉跃龙令其子冉天允、其庶夫人白再香领兵前往。冉天允、白夫人选数十精壮勇士乘夜登城，火烧敌营，城中大乱，乱军败走，不久平息了奢崇明之乱。为此，朝廷加授冉跃龙总兵署都督佥事，进阶骠骑将军，提督汉土官兵中军都督，官阶正二品。生子七人：天麒、天育、天嗣、天允、天机、天德、天泽。天麒袭职。

冉天麒，（？—1641）字瑞伯，号君仁，冉跃龙之嫡长子。酉阳土司。以其父冉跃龙援辽功荫职参将。天启四年（1624年），冉跃龙薨，冉天麒九岁，母舒太夫人先一年卒，庶长兄冉天育辅之袭职。及长，性猜忌，多任宵小，冉天育告退，不预司政，部曲头目，渐次离心。又嬖（bì）人冉天允，冉跃龙之庶子，性奸险，谋夺天麒爵位，冉良光等佐之。崇祯九年（1636年），天允遂假旨，数冉天麒暴虐之罪，命以天允为代，合属知其有诈，不予采纳。冉天允之心腹杨某领兵入司，冉天麒仓皇外逃。时把总向臣方领土兵到酉，冉天育急召之，与贼相拒一战，斩其魁，余皆擒戮，而平。冉天育迎冉天麒复职，仍退居私宅。天麒以二兄冉天嗣为舍人，然不知亲信，左右杨源等复煽惑之，残刻弥至。崇祯十四年（1641年）有旨调征流寇，三江之兵皆在行间，饷不时给，军忽鼓噪，脱巾图变，冉天麒遁，被冉良光所弑。袭职凡十八年，年二十六岁，无子。众以冉天育袭职。

冉天育（？—1644），字大生，冉跃龙的庶长子，酉阳土司。幼习儒，少习武，精翰墨，有谋略。明万历四十七年（1619年），明军在关外和后金军决战，辽东告急，冉天育受父之命，与叔见龙、弟天允及庶母白再香率土兵5000援辽，经历了血与火的洗礼。天育属性情中人，援辽一役，身在行间，触景生情，写下大量的军旅诗篇。他的《从辽左经阵亡处举酒酹之》一诗："日惨更风号/千军血一刀/黄沙平地起/白骨比山高/国帅生为戳/健儿死亦豪/裹尸何处所/薄奠错村醪"。字里行间，表现了边关征战的激烈悲壮和自己准备为国捐躯的豪情壮志。他的《出山海关》一诗："长城临海复依山/万马萧萧晓度关/警报频闻休细问/男儿死国当生还。"如此铁马金戈，气魄雄浑的军旅诗作，读之让人回肠荡气。

崇祯十四年（1641年），酉阳土司发生内乱，其兄土司冉天麒因兵变被杀。为收拾局面，众推冉天育袭土司职，他即令六弟天德屯兵于上际里，防御湖广散毛司乘机犯境；再以七弟天泽驻兵俊倍里，稳住平茶，邑梅洞诸长官司。经过一系列的部署，迅速消除了兵变留下的隐患，社会局面很快恢复正常。冉天育在土司任上约己爱民，豁达无忌，民心悦服，境内安定，然是时，李自成的农民起义军已攻陷北京，崇祯皇帝朱由检在煤山自尽，大明王朝宣告灭亡。消息传到酉阳，天育扼腕叹息，从此忧郁不治而死。生子六：奇镳、奇锟、奇锴、奇铣、奇锳、奇钊。奇镳袭职。

冉奇镳（约1644—1676），字玉岑，酉阳土司，冉天育之子。其父天育崇祯十七年（1644年）死，冉奇镳袭宣慰使，然则年幼，官舍冉天锡不预司事，有人乘机丛恿谋变，事泄被诛。清顺治元年（1645年），唐王朱聿键在福州称帝，国号隆武，派人赐奇镳蟒袍玉带，封昭勇将军、嘉议大夫。顺治五年（1648年），又被加封定远伯、前军都督府左都督等职。

明崇祯十七年（1644年）清军入关，李自成不得已退出北京，率部转战湖广、川东一带。冉奇镳年幼继承父志，有抗清复明决心，联络忠路、沙溪各司土兵攻打彭水县城以声援农民起义军。顺治四年（1647年），农民起义军攻陷施州卫、建始、利川县城之际，冉奇镳又联合忠路、唐崖、大旺各司土兵再度攻打彭水。冉奇镳配合李自成余部李来享向驻扎在黔江、彭水一线的清军发起多次进攻，俘获郁山守备张希春，击毙把总张宏道，逼走黔江县令李昌龄和彭水县令王祚垣等清朝官吏。清军派使入酉招降，奇镳怒斩来使，扯碎其书，以示抗清复明决心。

福临入京称帝是为顺治，南明弘光朝廷已土崩瓦解，朱由榔先后在广西、广东建立政权，国号永历。永历五年（1651年）遣大学士文安之到酉阳策动冉奇镳抗清。然而冉奇镳认真分析形势，认为以几个土司的力量继续抗清，无异于以卵击石，只能给百姓带来战乱之苦，于是便和文安之虚与委蛇，每日诗酒唱和，只是不提抗清之事。数月后，文安之见难以说动冉奇镳而黯然离去。奇镳审时度势，为保酉阳一方平安，于顺治十五年（1658年）去北京奉表纳土称臣。康熙三年（1664年）九月，清廷敕准奇镳任宣慰原职，子孙世袭，并发给宣慰司印信一颗，敕书一道，号纸一张（有关土司袭职的书状）。并规定冉氏每三年认纳贡马两匹，每匹折银十二两，共折银二十四两，解布政司完纳。

时天下太平，酉阳司境无事，人民安居乐业，奇镳诗酒吟咏，修理谱牒，招纳宾客，惠爱军民，时社会贤达云集，一片歌舞升平景象。寿32岁。生子十人：其中冉永沛第六，以嫡袭职。冉奇镳风流才俊，好诗文，喜五言格律，有《詹詹言集》《拥翠轩诗集》等。

冉永沛，字椿林，号书岩，冉奇镳之嫡子，酉阳土司。其父冉奇镳死时，冉永沛七岁，有别立庶子者，官舍冉天泽（永沛堂祖父）力争而上，故司中大小政治仍总于冉天泽，时邻司恭顺，土宇安宁。海内士大夫有来酉者，盛情款待，吟诗作对，弈棋射猎。寿43岁，生子十一人，嫡子元龄袭职。

冉元龄（裕枢）（？—1735）。字嵩南，酉阳最后一位土司。冉椿林之嫡长子。母彭夫人，为保靖司宣慰使女，性悍妒，冉椿林庶子较多，彭夫人惧怕夺嫡，商于其父，以乳名奏袭职。冉元龄性格淡泊平和，军民相安于无事。晚年多病，尝在床褥，不能视事，使长子冉广烜代理司事。冉元龄共有子11人，冉广烜系庶长子，第七子广杰幼而嫡出。雍正十二年（1734年），冉元龄病亟，广烜权事久，将袭职。广杰不服，兄弟阋墙，苟图富贵。赴省同诉其事，遂使祖宗数百年来忠孝积德、文武世勋之阀阅，一旦而亡。时雍正十三年（1735年），冉元龄亦捐馆。乾隆元年（1736年），冉元龄之子11人皆迁于浙江杭州府仁和县。

明代人物补遗

白再香（1587—1631）女，酉阳后溪人。少时容颜举止俱佳，性格刚毅不让须眉，勤学武艺，击刺诸投样样精通，是为女中豪杰。因其叔父白邦铭为酉阳土司衙门总管，适值土司选美，被宣抚使冉跃龙看中，迎娶司衙，为冉跃龙庶夫人。

明万历四十七年（1619年），明军在关外和后金军决战，辽东告急。明廷调集酉阳土兵援辽抗金，土司冉跃龙身体有疾，不能亲率土兵出征，白夫人自告奋勇，巾帼不让须眉，与跃龙弟见龙、子天育、天允等一起率兵出关，数战皆捷，解奉集之围。再援沈阳，在浑河一战失利，见龙战死，酉阳土兵阵亡1700多人。天启元年（1621年），四川永宁土司奢崇明作乱占领重庆，明廷急调石柱、酉阳土兵前往围剿。白夫人再次代夫出征，和石柱土司秦良玉一起平息了奢崇明之乱。

白夫人援辽、平奢战功卓著，天启皇帝敕封她为汉土官兵中军都督，诰封一品夫人，和石柱女土司秦良玉一起，被时人誉为女中豪杰。

文安之（1592年5月4日—1659年9月8日），字汝止，号铁庵，夷陵文畈人，天启二年（1622年）进士，升庶吉士，改任检讨官。升至光禄大夫，兼太子太师。崇祯末年任职师爷。后升为国子监任祭酒长官。在仕途中曾两次回籍。一次是在魏忠贤当朝时，去职还乡。再次是受薛国观诬陷革职还乡。

南明永历四年（1650年）六月，永明王于广西梧州召见文安之，委东阁大学士。此后文安之为匡复明朝尽忠竭力，历时9年。永历八年（1654年）文安之走川东，依刘体仁（又名体纯，俗称刘二虎，农民起义军实力最强者）联络了其他12家农民军首领。号称13家的农民起义军，在文安之的统帅下，耕田自给，高筑垒，严设卡，多次打败清军。永历十三年（1659年）正月，清军攻占广西，永明王迁都云南永昌。是时，文安之率领刘体仁、袁宗弟等，经水路攻打重庆。准备和地主武装谭弘、谭诣会师，讨伐叛军谭文部。谭宏、谭诣不从。文安之不得不转伐谭宏、谭诣。谭诣畏罪，率部投降清军。由于内讧和叛离，文安之攻打重庆失败。这时清军攻占云南，永明王逃到缅甸。是年九月，文安之被困巴东县长丰乡，卒于巴东行旅之中。享年67岁。永历十五年（1661年）永明王被清军所俘。反清复明落下帷幕。

顺治十年（1653年）文安之到酉阳和土司冉奇镳每日诗酒相聚，企图动员冉奇镳一起抗清。此时，冉奇镳正当十七八岁，开始表示与清朝誓不两立，决心抗清到底。清军遣使递交劝降书信，冉奇镳扯碎其书怒斩来使。然而面对清军压境之势，他深感以土司那么一点微弱力量和清军抗衡无异以卵击石，抗清决心开始动摇，于是便和文安之虚与委蛇，每日诗酒唱和，绝口不提抗清之事。文安之经数月劝说最终无功而返。其在酉阳期间留有大量诗作，《酉阳直隶州总志》载有其诗50多首，《翠拥轩诗集序》一篇。

杨正经（?—1659）字怀玉、汝和。崇祯帝琴师。酉阳宣慰司人，家世为将，初官总戎。然少有别解，通音律。崇祯时，以郊庙乐章失次，访求能定雅乐者，礼部尚书林欲楫荐正经。改中书，命观内府五音诸谱，皆人间未见书。间召正经弹琴便殿，称善，晋太常丞。杨正经曾授崇祯帝弹奏古琴曲《汉宫秋》30余首。为此，崇祯帝赐杨正经汉、唐古琴各一，出入供奉。明亡，京城破。顺治元年（1644年）八月，音乐家杨正经怀抱崇桢皇帝赐予的汉、唐古琴，从北京辗转到淮安定居，主陈美典家。适李子燮为淮安推官，喜琴，杨僧服见之，引为上客。为买宅，又为其子娶妇，遂安家落户。年70余卒，葬城东黄土桥陈氏祖茔邻。杨在淮制琴曲二：曰《西方思》，思君也；曰《风木思》，思亲也。每对客弹奏，令人凄然泪落，闻者甚悲。

陈忠（生卒年不详），江西德化（今德安）人，明洪武擢进士，官居建文朝谏议大夫。永乐元年（1403年），燕王朱棣发动“靖难之变” 攻陷南京，建文帝朱允炆不知所踪，文武大臣作鸟兽散。陈忠逃难中闻听建文帝已去云南，追随途中滞留贵州铜仁，酉阳宣抚司冉兴邦具厚礼诚聘到酉，于司衙教土司子弟读汉书。明永乐三年（1405年），陈忠助土司冉兴邦具表入朝奏请酉阳兴汉学，如州、县例岁贡取士。明廷准奏，委学政一职，颁学印一枚。之后几年中，酉阳建立二酉书院、白鹿书院，大兴汉学，汉学渐兴，陈忠被誉为酉阳“破荒之父”。

清代人物补遗

耿寿平（生卒年不详），山东馆陶人（今河北馆陶县），由廪生保举孝廉方正。雍正十二年（1734），酉阳冉氏第24世土司冉元龄年迈多病，其子冉广烜、冉广杰为争夺土司继任权产生矛盾，双方都向四川行省提起申诉。四川行省奏报朝廷，雍正认为酉阳的“改土归流”时机已经具备，谕旨四川迅速办理酉阳“改土归流”事宜，四川行省委派权黔彭厅事耿寿平具体负责办理。雍正十三年（1735年），耿寿平深入酉阳，晓以朝廷谕旨，分别做好社会各界人士的宣讲工作，确保“改土归流”顺利进行。此时，冉元龄已故，敕令其子冉广烜、冉广杰等11人迁浙江杭州府仁和县，改酉阳宣慰司为酉阳县，隶黔彭军民厅，耿寿平兼酉阳县知事。乾隆元年（1736年），废黔彭厅，改酉阳县为直隶州，以州代县，辖秀山、黔江、彭水3县，直隶四川行省，耿寿平任酉阳知州，乃酉阳流官之始。耿寿平撰有《新设酉阳州碑记》，乾隆四年（1739年）离任。

冯世瀛（1794—1885），字庭灿、澹如，号壶川，酉阳州北小坝人。生于书香人家，自幼好诗文，博览群书，对经史百家了然于心。系道光十一年（1831年）举人，道光二十六年（1846年）夏，任四川金堂训导。咸丰八年（1858年）因病解任回籍。咸丰十一年（1861年），因其防剿太平天国起义有功，清廷奏加五品衔，后获四品封典。系清代知名的经学家，其成就得到清朝统治者的充分肯定，光绪帝曾御赐，“饴经堂”蓝底金字匾额。一生著作颇丰，其主要编著有《古经考辨》《雪樵经解》《石经考辨》《两晋南北合纂》《周易集解》《畊余琐录》《五经集解》《二酉英华》《酉阳直隶州总志》《二酉纪闻》《候虫吟草》等，可谓著同等身。对酉阳历史文化作出了积极贡献。

冉崇文（1810年9月26日—1867年4月27日），字右之，酉阳州泔溪人。少时家道中落，但好学，才华过人。他博闻强记，过目不忘。作文下笔成章，所作诗、词、歌、赋从不起草，握笔即书，亦工亦速，在郡试中为优廪生。咸丰三年（1853年）四川学政何绍基到酉阳主考，对其赞誉有加：“冉生崇文诗论甚有怀抱，书扇奖之。”

同治年间，酉阳知州王麟飞聘其与冯壶川一起纂修《酉阳直隶州总志》24卷。个人作品有《酉述》36卷、《访樵联吟》4卷、《小酉山房杂录》40卷、《二十四史节抄》45卷，同时编修《冉氏家谱》12卷和《彭水县志》等。他还有大量的碑铭、序跋、诗文、杂著等散落民间，其《新婚赋》《洋烟赋》更是广为流传影响深远，清人探花江国林读之评曰：“此作人情道尽，痛切非常，非个中之人，不能构此。”

所作之文，多有对时政的讽刺与抨击。一生自负，多情，多怨，多苦，多贡献。

王鳞飞（1813—1876），又名王景池，字霖，号个山，浙江奉化人。道光二十四年（1844年）考中甲辰恩科举人，咸丰九年（1859年）秋到酉代理州牧，咸丰十年（1860年）秋履酉阳州牧职。其先曾在峨眉、峨边、彭水、巴县、阆中等县任职。咸丰年间，太平天国翼王石达开率军远征四川，王鳞飞率部抵抗，因有功，升任酉阳州牧，赏戴花翎。

王鳞飞在文化建设方面有所建树。咸丰八年（1858年）在彭水任知县时，奏请查办土豪廖美连后，其财产充公，将其新宅改为云上书院（今汉葭镇一小）。咸丰十一年（1861年）三月，改酉阳州东城隍庙为金花四王祠。同治元年（1862年）秋，捐资改修文昌宫殿门、戏台与二门外东西厢房各4间。组织编修《酉阳直隶州总志》（24卷）。他刚履酉阳知州职，就询问州志及修撰情况，并与冯壶川（世赢）、冉右之（崇文）等研讨续修之事，期间正是猫猫山农民起义和太平天国农民起义在酉阳州战乱不已之际，他既要运筹帷幄，又要亲征亲剿，鲜有寸暇，在凯旋之余，乃亟索冉崇文《酉述》三十六卷、冯壶川《二酉纪闻》二十六卷以阅，甚赞有加，并要求以之为蓝本，组织编撰《酉阳直隶州总志》。他还捐资以作经费之支，且每卷脱稿必亲校亲改，对修志重视支持有加。同治三年十月，《酉阳直隶州总志》草撰告成。

王鳞飞署酉期间整饬团练，维护地方稳定。咸丰九年（1859年）秋末，贵州松桃发生猫猫山农民起义，州牧余滏（音隆）廷因病解任后，王鳞飞由彭水县令来酉阳摄州篆（代理州牧），即以整饬团练为首务，按属地户籍清查登记选丁，组编东、西、南、北四路，共大小团229团，训练兵丁20119名，并制定相关规章加以管理，使酉阳州团练成为可战之师，在平息松桃猫猫山农民起义中，酉、秀绅团多奋勇先登。王鳞飞于同治二年（1863年）离任，酉阳各族人民依依惜别。

何彩（？—1869），酉阳州火石垭（今黔江濯水）人，民团首领，是酉阳著名的反帝打教英雄。同治三年（1864年），法国天主教川东教士范若瑟在彭水唆使教徒欺凌百姓，激起民愤。次年8月，法国传教士玛弼乐在酉阳支持教徒奸淫妇女，被当地人民殴毙。法国公使以派兵入川相威胁，迫使四川总督骆秉章以冉老五抵命，并赔偿白银8万两。1868年，法国传教士李国在酉阳州城兴建教堂，修筑城堡，组织洋枪队，奴役人民。次年初，火石垭民团首领何彩率众火烧教堂，杀死李国。在这次打教斗争中，团勇和教徒各死伤数十人。知州田秀栗丧权辱国，对外屈服，下令解散民团。华籍教士覃辅臣乘机率教堂洋枪队报复，滥杀无辜，杀死州城百姓145人，伤700余人，造成震惊全国的“酉阳教案”。清政府为媚外求和，派湖广总督李鸿章与法国署理公使罗淑亚谈判，李鸿章秉承清廷的旨意，对法国传教士的侵略罪行置之不问，反而将何彩等人处以极刑，并赔偿白银3万两结案。

陈显发（？—1860），南腰界唐家溪人，咸丰九年（1859年）猫猫山农民起义领导人之一。清咸丰九年（1859年）六月十七日，贵州松桃苗民郎官、郎宦率众起义，陈显发（又名陈染匠）率众响应，聚众数千，占领猫猫山周围的张家湾、玛瑙山、南腰界等地，和贵州石阡、思南一带的“老白号”遥相呼应，声势浩大。时酉阳、秀山、松桃地方官吏手忙脚乱，酉阳知州余隆庭急忙设防于南腰界的岭岭坡、云台寺；松桃厅都司许占泰兵屯甘龙；秀山县令刘钟璟设防陈家坡、坝芒；清王朝派毛震寿到酉总办酉秀彭涪军务并代理酉阳知州，急调大军镇压。是年7月，义军在白猫岩击毙思南府学廪生杨鲜光等36名官兵。7月14日，在甘龙口全歼松桃厅屯兵，击毙都司许占泰。8月17日，在南腰界重创清军，击伤把总杨忠山、军功何荣。9月初，在长丹土生擒官兵数十人，击毙守备杨登阶、千总余某。毛震寿急调川、黔两省官兵连营17座，对猫猫山地区形成合围之势。11月14日，义军攻打天坛卡，击毙千总孙良才父子，同时攻占红岩坪、茶溪等地。11月27日，义军击溃松桃厅屯兵。咸丰十年正月，毛震寿玩弄“招抚”花招，企图瓦解义军，派使者去义军大营诱降。义军首领郎官、郎宦、陈显发等当场处死来使。毛震寿又调来贵州省防军“乌旗队”3000人。3月19日，义军乘大雾弥漫，突袭“乌旗队”，歼敌100余人，击毙其首领汪应涛。贵州提督田兴恕急调副将刘义芳、郭启园、游击李有恒、宋古园等率兵增援。四川总督曾望颜也急调黔彭都司谭健率兵前往会剿。毛震寿精心策划，用川、黔两省防军云集猫猫山地区，截断义军和外地联系，使义军孤掌难鸣，终使这次坚持一年零六个月的少数民族农民起义失败。义军首领郎官、郎宦、陈显发被擒，在解押途中，郎官跳崖牺牲，陈显发在南腰界老营盘英勇就义。

赵藩（1851—1927），字樾村，别号猿仙，晚年自号石禅老人，云南剑川人，白族，清末举人。诗人、书法家、中国近代历史文化名人。清光绪二十年（1894年）授酉阳州知州，任上清正廉洁，勤政爱民，深得酉阳各族人民拥戴。

酉阳地处荒僻，经济落后，青年学子，多刻苦学习，但家境贫寒，鲜有藏书。赵藩见此，捐出自己俸银，购经史子集8000余卷，置于二酉书院，供士人抄阅。同时，每月举办3次经史讲座，自己亲自选题讲课，培养了一批青年才俊。光绪二十四年（1894年），酉东发生雹灾，州城又遭火灾，损伤严重，赵藩全部捐出自己的俸禄，亲为赈恤。州衙北有一园，久已荒芜，赵藩组织浚池疏渠，剔除荒草，垒以怪石，栽以嘉木，轩豁呈露，置身其间，更添情趣，赵藩以“涉趣”名园，一时墨客骚人多吟咏于此，他也留下《涉趣园记》于世。

光绪二十二年（1896年），赵藩奉调四川盐茶道按察使，在成都为官时为武侯祠撰联：“能攻心则反侧自消，从古知兵非好战；不审势即宽严皆误，后来治蜀要深思。”告老还乡后，滇人公推他为孔教会长，立国学社，被聘为《云南文史丛书》总纂，后又应聘云南省图书馆馆长。成书颇多，其诗有《向湖村舍诗初集》《酉阳酬唱集》等。

陈继薰（生卒不详），字五琴，酉阳州城龙洞沟人，其九世祖陈祖有乃岁进士，高祖陈宏儒优廪生，祖父陈如翰诰授奉直大夫，其父陈缙辛巳恩科进士，教授修职郎，诰授奉直大夫，历任四川名山训导、安县教谕、潼川教授、主酉阳二酉书院讲席。

陈继薰受其家族的影响和业师罗升焙（广东进士、酉阳知州）、万承荫（江苏举人、酉阳知州）、郭兰石（福建翰林四川学政）、蔡麒洲（浙江翰林四川学政）等人的教诲，学业猛进，对汉学造诣颇深，故于清道光己酉科以廪生资格参加四川选拔科考，一举夺魁，为第一名贡生。以后于咸丰辛亥科参加四川乡试，中第13名举人，于咸丰己未科在北京参加会试，中二甲进士。据传，陈继薰在知县任上以其才华横溢、办事干练、为政清廉受知于清廷大臣肃顺被提拔为户部主事，旋迁吏部郎中。肃顺视其为智囊，倚之为股肱，常携之左右。咸丰十一年（1861年），文宗皇帝临终前密召肃顺等八大臣托以后事，要他们忠心辅佐小皇子载淳，遏制慈禧势力。慈禧在文宗驾崩之后，暗中联络恭亲王奕䜣发动政变，处死顾命八大臣之首肃顺，陈继薰亦被视为“肃党”。慈禧亲批“削职回籍，永不叙用”，陈继薰不得已回到酉阳，郁郁寡欢而终老乡里。

李光塽（生卒年不详），字爽卿，福建安溪人，李光地的堂弟。李光塽少承家学，研究六经，旁及阴阳律吕、孙吴韬略及金石医卜，可谓博学多才。康熙五十二年（1713年）中举，乾隆二年（1737年）任彭水县令。乾隆十三年（1748年），四川阿坝藏族羌族大金川土司莎罗奔与小金川土司泽旺的劫持之战，乾隆帝两次派重兵镇压。李以参谋戎务忠信果敢令番夷震慑。总督策公楞爱其才，以治行军功，首荐晋牧酉阳。乾隆十五年（1750年）十一月擢升酉阳州（任期从1750至1757年）。时酉阳新建之际，田庐井舍、景象萧条。他教民辟荒箐，兴水利，暇则与诸生讲史论经，使酉阳文风为之一变。乾隆十六年至十九年（1751—1754年）与州同刘复仁，致力修蒲海场堰，确保了46顷良田的灌溉。乾隆二十二年（1757年），在酉阳州治北钟灵山首次创建钟灵书院［嘉庆二十四年（1819年）改名为二酉书院］并捐俸延师。其所编《兰田馆琴谱》（十六册）于乾隆二十年（1755年）刊印发行。乾隆二十二年（1757年）卸任后，于酉阳州治西玉柱峰之南买宅客居20余年后归故里。

邵陆（生卒年不详），字东行，号元圃，浙江宁波鄞县（今鄞州区）人。乾隆十五年（1750年）中举。乾隆二十二年至乾隆二十五年（1757—1760年）任甘肃省庄浪县知县，尔后告养回籍。乾隆三十二年（1767年）仍补原职。乾隆三十四年（1769年）推升四川宁远府会理州（现会理县）知州，乾隆三十八年（1773年）任酉阳直隶州知州，其时已七十多岁。

邵陆勤政爱民，莅酉伊始，即革积弊，绝苞苴，惩恶蠹（dù蛀虫），事必躬亲，案无留牍，并择其所辖优秀子弟传道授业，对有困难者接济捐助，大兴教化之风。乾隆三十八年（1773年），邵陆始置泉孔田一分，延师薪水之资，乾隆四十年（1775年）在州北十里通黔江、彭水之要道上建泉孔桥一座，桥高一丈，宽一丈，长一丈二尺。乾隆四十三年（1778年）在酉阳州之东建龙神祠一座，以祈风调雨顺，百姓衣食无忧。邵陆于地方志情有独钟，开酉阳清代修志先河。在酉阳知州任上，不顾年迈体弱，亲力亲为，收遗补缺，修撰成《酉阳州志》（又称为《酉阳通志》或邵志）4卷（今藏上海图书馆）。

罗升棓（生卒年不祥），字次垣，广东肇庆人，嘉庆二十四年（1819年）进士，道光三十年（1850年）到酉阳履职，咸丰元年（1851年）卸任，又于咸丰二年（1852年）复任，次年卸任。其先后在浙江、甘肃、四川等地任职。其间中途曾因丁忧回籍，守丧期满后被选拔到甘肃平凉府任太守，后因左迁（贬职调动）入蜀，题补（长官在候选人中奏请补用）酉阳州，上任后兴利除弊施政安民，精简衙门后勤、书差、杂务人员，简以施政，同时邀地方殷实大户和慈善人士组建宾兴机构（民间助学组织），带头捐资以筹善款兴办教育。罗升棓饱读经书，尤善书法，在酉阳为官期间，在大酉洞手书"太古藏书"四个遒劲大字，镌刻于洞壁之上。

凌树棠（?—1858），字棣生，安徽凤阳人，道光十三年（1833年）举人，咸丰三年（1853年）冬知酉阳州，咸丰八年（1858年）以身殉职。咸丰五年（1855年）夏，贵州土匪杨瀧喜之余部千余之众犯秀山，凌树棠率兵星夜征讨至铜仁甘龙口，由沿河司凯旋而还；是年冬，又有土匪包三、赵子瀧等复犯秀山、邑梅、官庄等地。凌树棠亲率屯兵乡勇1000多人至秀山连战数日，杀戮匪徒数以百计，解秀山之危，获胜而归。

凌树棠在酉履职期间，建慈善机构，赈济流民。咸丰六年（1856年），在完善城南济养老院功能后，又组织捐款在城北王家塘建栖流所，为流难人员提供容身之地和粮食、衣被、柴薪等物。他在酉阳始创屯田制，并得到朝廷肯定和推行。咸丰八年九月二十九日，在平思渠土匪田母狗中捐躯殉职，

朝廷赠封太仆寺卿，荫云骑尉，子孙世袭。

毛震寿（生卒年不详），江西丰城人，清咸丰年间以绵州知州总办酉、秀、黔、彭、涪诸县军务事，咸丰八年（1858年）署酉阳州镇压川、黔边南腰界猫猫山农民起义。咸丰九年（1859年）六月七日，贵州松桃苗民郎官、郎宦率众起义，酉阳州南腰界唐家溪土家族农民陈显发率众响应。清王朝专派毛震寿到酉总办酉、秀、彭、涪军务并代理酉阳知州，急调大军镇压。在毛震寿的精心策划下，川、黔两省防军云集猫猫山、南腰界，截断义军和外界联系，使义军孤掌难鸣，加上义军内部产生分离，给官兵以可乘之机，终使这场坚持一年半的少数民族起义失败。毛震寿因镇压农民起义有功，受清王朝嘉奖，咸丰十一年（1861年）调离酉阳州。

段逢藻（生卒年不祥），江西南昌人。嘉庆十五年（1810年）在四川自贡市自流井区作过盐官（《四川盐法志三十，盐官考四》、《道光叙州府志》亦记载），曾在湖南做过试用知县，经朝廷选拔于嘉庆二十四年（1819年）擢授酉州知州，到酉特别重视文化教育，是酉州考棚创建人。同时兴书院，建讲习传道授业所。嘉庆二十四年（1819年）建二酉书院，建孔庙，弘扬儒家文化。

田玉梅（? —1861），字鼎臣，酉阳人。因参与镇压太平军有功，叙河南同知直隶州补太康县知县。咸丰十年（1860年），英法联军进犯天津，京师告急，田玉梅亲率本部勤王，进至汝阳沙官桥为捻军所阻以身殉国，清廷因此抚恤追封太仆寺卿。田玉梅之事载《清史稿》列传。

民国时期人物补遗

王大章（1867—1944），字槐庭，龙潭镇人。清光绪二十二年（1896年）中举，被酉阳知州委为山长，并将私家书斋改为经院，为各县赶省和上京科举生员讲授经史。尔后，被清朝政府选派去日本考察，回国后曾在吉林和武汉等地为官。辛亥革命后，任河北省蠡县知事，因不满袁世凯称帝，辞去官职，临行时当地百姓送一“勤政清廉”金匾。返酉后，在地方政府的领导下，他联络酉属4县的知名人士，争得四川省政府同意，在他经院的基础上创办了省立五中龙潭中学。民国二十七年（1938年），他率地方各界人士数十人上书省政府，请求在省立五中增设女生部；民国二十九年（1940年）又率地方各界人士数十人上书省政府，请求免迁省立五中，民国三十年（1941年），再次率地方各界人士数十人上书省政府，请求勿令省立五中停招初中班或改中学为师范。夫子一生忠诚爱国，在他古稀之年还组织各界人士修建“抗战新中国成立阵亡将士纪念碑”。他学识渊博，擅长诗文，在蠡县任职期间，曾编印《蠡屋杂诗》1册。民国三十三年（1944年）在家中病逝。

刘泽膏（1876—1944），黔江区马喇乡人，毕业于四川省师范学堂。清光绪三十一年（1905年）任酉阳直隶州教育会长。1913年创办酉阳县立模范小学堂，任校长。民国二十年（1931年）任酉阳县教育局长，同时兼任酉阳县立女子小学校长。民国二十二年（1933年）创办酉阳县第八高等小学校，任校长，民国二十四年（1935年）任酉阳县立简易师范学校校长。在抗日战争时期，他带头动员捐款支援抗战，并以县参议员的身份，反对贪官污吏，提出利民提案。民国三十三年（1944年）农历腊月21日终因积劳成疾与世长辞。

王潜夫（1883—1948），龙潭镇渤海人。清光绪三十年（1904年）考中秀才，旋即入省考入东文学堂就读，毕业回籍，应聘为酉阳高等小学兼速成师范教员，其后又任达县中学教员，绵阳县政府民政科长、忠县私立大道中学教务主任，四川优级师范学校翻译，四川大学文书课主任，秀山县实业局长，酉阳高小及简师校长，省立五中（龙潭中学）训育主任。民国三十五年（1946年）由教育会选为酉阳县参议员，民国三十六年（1947年）年出任酉阳县中学校长。任内经济公开，不徇私情，对学生严而不苛，对同事克己爱人，凡能为师生员工谋福利的事即付诸实施。当时酉阳财政拮据，办学艰难，固忧成疾，加上平日洁身自好，病中无钱医治，可谓贫病交集，于民国三十七年（1948年）7月12日逝世。

何朝辅（1886—1924），字俊士，后坪乡人，自幼饱读诗书聪明过人。清光绪三十三年（1907年）酉阳县高等小学校毕业后考入成都弁目队学习，并加入同盟会，学成后到凤凰山陆军学校任教练。宣统三年（1911年）赴北京参加辛亥革命，被推选为滦州都督，尔后又任军部科员等职。曾先后赴新疆、天津、上海等地进行革命活动。民国六年（1917年）受孙中山大元帅调令任奥东帅府交通员以及军事全权委员等职。民国十一年（1922年）参与平息陈炯明叛变，救出孙中山脱离险境，被号称为八大炮之一，深得孙中山的倚重。民国十三年（1924年）受孙中山衔令回四川兼任第2师参谋长，是年6月28日在重庆病故。

陈华先（1896—?），女，字希明，酉阳城南桶井坝人。其父陈榕庵乃清同治进士，授江苏知州，因母丧丁忧回籍，掌酉西书院。陈华先自幼聪慧，有家学渊源，民国初年毕业于省立成都女子师范学校，毕业后执教县立女子小学，开酉阳女子入学教育之始。民国十三年（1924年）外出深造，考入北京女师大文学系。在北京女师大期间，与柳直荀夫人李淑一是同窗好友。毕业后，曾先后在北师大附中以及苏州、杭州、天津等地中学任教。抗日战争期间，回川任诉繁、华阳县立中学教员。民国三十二年（1943年）返酉，任县立中学女生部主任。她早年与小坝人夏某订婚，因未婚夫留日期中病逝，乃抱其遗照结婚，抑郁而终，有《深夜寄怀二首》等感怀诗存世。

甘南引（1898—1937），龙潭镇人。民国七年（1918年）酉秀黔彭联合中学毕业后考入国立成都师范大学，民国十一年（1922年）考入北京师范大学教育系研究生，获硕士学位。民国十三年（1924年）任哈尔滨第三中学校长。民国十七年（1928年）因与共产党人赵世炎有联系，国民党军将他逮捕入狱。民国十八年（1929年）释放后经友人介绍，任中东铁路局商务处长。民国二十二年（1933年）任民生公司重庆总公司襄理兼人事股长。民国二十六年（1937年）因脑溢血逝世。

雷金波，四川资中人，国立北平师范大学毕业，曾任武汉大学教授，并在中等学校任教多年，民国三十一年（1942年）春出任四川省立酉阳师范学校首任校长。雷校长到任后，面临百废待兴的局面，新修楼房未竣工，于是一面招收师范、简师、师训各一班，一面将文庙旧建筑改修成礼堂、食堂、师生宿舍等必备的用房，因陋就简准时开学。雷校长知人善任，除聘任北京大学毕业的李积勋为教务主任外，还聘请酉阳地方贤达专署秘书长李玉昆（前清秀才四川高等学堂毕业）、专署教育科长陈重为（法国巴黎大学经济学博士）、专署民政科长曾仲平（俄国中山大学毕业）等为教师，使省立酉师一开始就有一个壮观的教师队伍阵容。是年秋季添招师范、简师各一班，冬季师训一班毕业。可谓不辱使命。省立酉阳师范学校初具规模，初见成效后，于民国三十二年（1943年）春奉令他调。

佛金师，酉阳人，游历藏、印各地，参学多年，经锡金大地主格南技尔居士，请师经理印度圣迹菩提道场香火，此次同能海法师返川，请回舍利一粒，由王旭东居士发心请师，将舍利留于（成都）文殊院建塔供养，已得退隐禅安老和尚，及现代道悟和尚赞许，允于大殿建塔供养礼拜，厚慎净因云。

《酉阳县志》（2002年版）勘误表

页	行	误	正	页	行	误	正	页	行	误	正
画页10		视察桃花源	游览桃花源	53	14	1944	1941	163	6	复兴桥	福星桥
画页18		标语尤存	标语犹存	56	12	9132	1932	164	12	复兴桥	福星桥
画页24		吊角楼	吊脚楼	56	18	56?		165	3	比降21.2‰	比降0.21‰
画页32		亲睐	青睐	56	25	62?		165	6	比降5.2‰	比降0.05‰
序	13	1800	1810	56	32	83?		166	10	复兴桥	福星桥
1	10	崎嶙	崎岖	57	11	溪口公社	溪口乡	166	35	复兴桥2处	福星桥
1	17	莹石	萤石	57	12	江口镇	江口	182	12	鸡温	鸡瘟

续表

页	行	误	正	页	行	误	正	页	行	误	正
1	25	弥猴桃	猕猴桃	58	19	菩堤	菩提	182	19	副伤病	副伤寒病
1	26	弥猴桃	猕猴桃	58	20	菩堤、菩堤	菩提、菩提	189	2	洞隙	洞穴
2	4	经流	径流	58	28	根据地	根据地遗址	192	19	莹石	萤石
2	9	峦王洞	蛮王洞	59	37	总面积…亩	有耕地…亩	196	32	莹石	萤石
3	3	形成以林化	形成林化	62	20	莹石	萤石	198	7	莹石	萤石
3	8	610.9万元	6109万元	63	21	79	83	199	20	莹石4处	萤石
7	25	清庭	清廷	63	24	沿河	沿岩	201	7	龙潭区江口	楠木乡辣子水
7	28	朝庭	朝廷	63	27	物质	物资	202	11	单柠酸	单宁酸
8	8	清庭	清廷	64	19	此处重复26字		204	17	钎维板	纤维板
8	12	清庭	清廷	64	27	颇富盛名	颇负盛名	207	16	弥猴桃2处	猕猴桃2处
8	19	赵蕃	赵藩	67	16	广沿盖	矿铅盖	207	31	时年	是年
8	32	倡兴买业	倡兴实业	68	18	相差	相距	208	22	贫民	平民
9	28	田佰仟	田伯谦	76	1	广沿盖	矿铅盖	208	24	人字泥	人字呢
15	22	二、三野战军	二野战军	79	34	垦植	垦殖	212	11	制烧	烧制
15	32	拼奏	拼凑	81	15	高源	高原	212	20	小径油	小径油瓶
16	11	洗劫龙潭	袭扰龙潭	82	12	两则	两侧	212	30	毗省	毗邻省
16	19	独立师	95团便衣大队	84	24	提溉	提灌	215	3	迁陟	迁徙
16	21	拼奏	拼凑	86	17	菩堤	菩提	217	4	两则	两侧
17	10	第一届	第二届	86	17	吓马池	下马池	219	14	解放等	解放街
17	18	疾区	疫区	87	14	苍浦溪	苍蒲溪	219	14	翠平街	翠屏街
22	34	垮踏	垮塌	89	24	饰纹姬娃	饰纹姬蛙	221	9	楼底	楼房
24	35	大坂营	大阪营	97	6	傈傈族	傈僳族	223	6	186	186万
25	31	段书权	段苏权	100	4	77.21%	67.21%	224	20	李柏昭	李伯昭
28	11	宋龙	宋农	102	5	无赏服务	无偿服务	225	11	设施	设计
31	11	雄居	雄踞	102	6	无赏供给	无偿供给	226	19	霜凌	霜凝
32	2	1648	1646	103	28	县委、县人民政府	县革委	229	2	公产	房产
32	11	1909	1908	106	13	形成	形式	229	10	审报	审批
33	23	浪小坝	浪水坝	110	1	漆倍	漆棓	231	20	后溪、酉酬	后溪渡、酉酬渡
37	19	井江口	井岗口	112	9	建置	建制	236	11	复兴街	福星桥
38	22	菩堤	菩提	127	37	楝叶吴茉萸	楝叶吴茱萸	236	21	清吉坡	清溪坡
39	4	官苍	官仓	130	8	岩棱	岩梭	236	22	坳石	拗石

续表

页	行	误	正	页	行	误	正	页	行	误	正
39	29	矿沿乡	矿铅乡	142	5	刘洪均	刘洪钧	237	3	翻车	翻斗车
39	35	第十一届	第一届	144	31	赔赏	赔偿	239	11	10万元	10元
44	15	青枫	青杠	144	31	陪礼、陪礼	赔礼、赔礼	240	26	船驳	驳船
47	24	苛子溪	笴子溪	149	16	狩猪	狩猎	242	11	复兴桥	福星桥
242	17	徒涪陵郡	徙涪陵郡	323	10	更改	技改	388	26	付铺林	傅辅林
243	4	唐崖河	唐岩河	325	5	通贷	通货	389	4	付铺林	傅辅林
245	3	三板船	舢板船	325	23	贷放	发放	390	3	山东西霞	山东栖霞
246	24	川东分外	川东分处	326	8	现出	出现	393	2	民国县政府	国民县政府
264	30	棬子	棬籽	327	28	59%	5.9%	393	16	设置—	设置—
268	2	健为	犍为	339	25	统计查员	统计员	394	25	第十一军	第二十一军
269	27	川栋子	川楝子	340	27	太为减少	大为减少	394	30	付迪光	傅迪光
271	7	肝肿病	干肿病	343	6	条件	条例	395	29	此处47字重复	删除
271	15	17.63万元?		345	13	改革	改造	396	20	农材科	农林科
272	2	始时	是时	350	7	金属生产	生产金属	402	30	陈菊曾	陈菊僧
274	7	屠商	屠宰商	350	18	街接	衔接	404	7	九届二次	九届一次
274	17	子猪	仔猪	352	24	48.5亿元	48.5元	404	9	杨再传、庹健伯之间添陈子尚	
276	10	弥猴桃	猕猴桃	353	1	收价	收购价	404	29	陈菊曾	陈菊僧
278	6	洗衣	洗衣机	353	8	化工资料	删除	407	8	以材为主	以林为主
281	12	黄莲	黄连	356	末	山东抬远	山东招远	408	28	拨贡	拔贡
281	23	单磷酸	单宁酸	357	6	山东抬远	山东招远	408	29	莆县	莆田
282	1	暴涨	暴胀	357	25	山东抬远	山东招远	409	16	拨贡	拔贡
282	15	21.3	21.5	358	13	山东抬远	山东招远	409	18	正自旗	正白旗
287	34	黄狼皮	黄鼠狼皮	359	22	石敦山	石登山	409	19	拨贡	拔贡
288	13	万元斤	万元	360	6	石敦山	石登山	409	24	浙江义务	浙江义乌
288	33	所述	所属	360	22	付辅林	傅辅林	409	24	稟贡	廪贡
288	末	采以	采取	360	38	付辅林	傅辅林	410	7	嘉庆九	嘉庆九年
290	6	税赋	赋税	364	9	供合作社	供销合作社	410	26	拨贡	拔贡
290	21	里金制	厘金制	366	11	1956	1955	411	末	谢鹤显	谢鹄显
291	8	国稽征局	国税稽征局	370	23	司锋	司铎	413	8	民国政府	国民政府
294	14	二十五年（1936）	二十四年（1935）	372	11	王子骄	王子骝	419	3	60%	20.6%
296	26	莹石	萤石	372	16	县党指委会	省党指委会	420	20	川东署	川东行署

续表

页	行	误	正	页	行	误	正	页	行	误	正
313	18	三十四年	二十四年	374	9	迄止	讫止	422	15	挂勾	挂钩
313	20	民国政府	国民政府	374	17	官场坝	官仓坝	423	27	食物	实物
313	23	民国政府	国民政府	374	29	西阳	酉阳	424	26	13.5斤	135公斤
313	27	民国政府	国民政府	376	24	2138	2138人	425	25	挂勾	挂钩
313	32	民国政府	国民政府	378	7	刘速屏	刘蜀屏	427	7	成为	成立
314	10	民国十三年	民国二十四年	379	25	万少慰	万少懿	427	16	自然灾然	自然灾害
315	1	亿万元	亿元	379	27	蓦捐	募捐	429	19	补助	补足
315	6	精制	精致	380	10	苍岑	苍岭	432	34	穿逗结构	穿斗结构
316	14	民国二十八年	民国十八年	380	30	频发	颁发	437	7	渡过了晚年	度过了晚年
317	23	勇跃	踊跃	381	12	杨礼堂	侯礼堂	438	16	50469万元	50469元
319	21	国家	国营	383	14	蔡松芝	蔡松之	441	2	段书权	段苏权
320	2	欠收	歉收	384	6	渡过	度过	443	7	葬用	占用
320	21	牧畜	牲畜	384	15	表:第四届删除	补充第四次	446	11	长警	警长
321	25	流资金	流动资金	498	末	驻扎北地	驻扎此地	521	23	省龙潭中学	省立龙潭中学
451	14	开采银矿	开采水银矿	388	5	四川云阳	四川酉阳	523	12	民国十二年	民国三十二年
455	13	侦察	侦查	499	3	定将其为	将其定为	523	18	民国十一月	十一月
456	18	赵鸿	赵鹤	499	28	将其定	将其定为	447	18	张笑农	张笑侬
461	1	中共酉阳县委	酉阳县革委会	500	11	宽13分米	宽13厘米	523	26	数化专业班	生化专业班
461	8	居民小组	村民小组	500	12	长19分米	长19厘米	524	4	“1965年……教师12人”删除	
461	8	联调组织	调解组织	500	17	忠骸	遗骸	525	28	民国六年	民国十六年
464	13	河北翼县	河北冀县	502	19	悬岩峭壁	悬崖峭壁	526	21	热爱共产	热爱共产党
464	14	河北翼县	河北冀县	502	27	鞍城村南北	马鞍城村西北	527	15	设在考棚	设立考棚
464	33	山西襄坦	山西襄垣	503	13	宣抚	宣抚史	527	15	光绪甲年	光绪甲辰年
464	35	河南团始	河南固始	503	14	穿逗式梁架	穿斗式梁架	527	27	史实错误	后注
464	36	河南黄川	河南潢川	504	16	语焉不祥	语焉不详	528	28	学额	名额
466	23	挂勾	挂钩	504	18	语焉不祥	语焉不详	529	14	30000	3397
467	10	马空山	马昆山	504	20	为之总纂	为总纂	529	17	8008、1620	同下表不符
467	12	穆赢州	穆瀛洲	505	9	逐停顿	遂停顿	529	32	9934、3043	同上文不符
467	20	李延军	李延年	505	22	志纲目	县志纲目	530	17	劳动科	劳动课
467	27	罗广义	罗广文	506	7	麟甲	鳞甲	531	2	数学一课	数学一科
469	7	背境离乡	背井离乡	506	9	崩记	崩圮	532	13	偏设	遍设

续表

页	行	误	正	页	行	误	正	页	行	误	正
470	17	咸丰十三年	同治二年	506	21	一身一之力	一身之力	532	24	初习班	补习班
471	19	奸淫虐掠	奸淫掳掠	507	30	由来甚祥	由来甚详	535	19	民办教师	民办教育
471	11	黄吉柏	黄古柏	508	29	喊以为奇	罕以为奇	536	4	教徒	教师
475	17	庹贡廷	庹贡庭	509	10	为桃源饵	为桃源耳	536	32	伤葬	丧葬
476	1	庹贡廷	庹贡庭	509	11	石辟	辟石	537	15	农中	龙中
476	9	立功授奖	立功受奖	509	17	三面翘壁	三面峭壁	538	4	石郭智	石敦智
476	17	庹贡廷	庹贡庭	509	18	相应成趣	相映成趣	538	13	倪亚文	倪亚立
477	5	长据龙潭	长踞龙潭	510	16	伊道耕	尹道耕	542	1	饲养厂	饲养场
477	7	狠狈为奸	狼狈为奸	510	24	宽蔽	宽敞	542	19	能力	能手
477	8	相互伙拼	相互火并	510	29	综然有声	淙然有声	548	6	“政协代表和人大”删除	
477	9	兵去匪逃	兵来匪逃	510	32	藉塘	藕塘	548	15	面上	上面
477	26	匪首	绅耆	511	7	清翠悦耳	清脆悦耳	553	19	川东大队	川东南大队
478	25	大函乡	大涵乡	511	9	桥敦	桥墩	553	24	大量石厂	大理石厂
478	30	庹贡廷	庹贡庭	511	10	坚石栏杆	竖石栏杆	557	14	药品匮发	药品匮乏
480	8	龙桥	龙东	511	7	穿迁式梁架	穿斗式梁架	560	27	肿干病	干肿病
483	9	缕板付梓	镂板付梓	513	8	酉阳专置	酉阳专直	560	29	肿干病	干肿病
483	29	缕板付印	镂板付印	514	16	鹅湖	鹅池	561	17	人次34582人	34582人次
487	6	高吭激越	高亢激越	514	21	邱桂香(女年)	邱桂香(女)	564	25	仁生园	仁生元
490	6	西兰卡谱	西兰卡普	517	13	三十三年(1907)	三十年(1904)	566	4	西医结合	中西医结合
490	22	做工精制	做工精致	518	1	铁产分校	铁厂分校	569	11	蚊蝇孽生	蚊蝇孳生
492	6	藏书量约	藏书量的	518	23	何壁辉	何璧辉	570	16	消毁	销毁
494	3	雷打堡	雷打岩	519	9	民国三十九年	民国三十八年	572	26	开发展	开展
498	12	字如大盆	字大如盆	519	16	学生110人配备教师25人?		575	24	峰峦叠嶂	层峦叠嶂
498	24	修茸	修葺	521	23	何壁辉	何璧辉	581	22	涌跃	踊跃
593	4	悬岩绝壁	悬崖绝壁	625	24	用义	意义	645	18	逐征翼之见	遂征翼之见
594	26	乾隆三十九	乾隆三十九年	626	5	冷揪揪	冷秋秋	646	22	北平	北京
594	28	同治二	同治二年	626	7	癞拖拖	懒拖拖	647	4	石帮架	石邦架
595	4	忠效朝廷	效忠朝廷	627	30	火闪	霍闪	649	23	田佰谦	田伯谦
595	30	仗持	仗恃	628	2	妈蚁	蚂蚁	651	17	中南乡	钟南乡
595	31	兵戌	兵戎	628	10	芒种芒种	芒种忙种	653	19	市村	涂市村
596	10	严历	严厉	628	14	包种	泡种	653	23	钟岑乡	钟岭乡

续表

页	行	误	正	页	行	误	正	页	行	误	正
597	11	逐成五色	遂成五色	628	15	葫豆	胡豆	653	25	龙潭乡	龙潭镇
598	18	三年一八贡	三年一入贡	629	15	香火	香盒（神龛）	654	4	董坪村	董家村
600	24	无计名	无记名	629	16	柱拐棍	拄拐棍	654	末	狮栗村	狮栗村
600	25	石敦山	石登山	632	6	1952	1922	655	5	阻战	阻击战
606	11	泡涨	泡胀	632	13	翼中解放区	冀中解放区	655	16	银岑乡	银岭乡
607	15	鞋面锈上	鞋面绣上	633	末	委员会长	委员会会长	657	26	花乡乡	花园乡
607	23	丝线锈上	丝线绣上	634	7	参议会长	参议会	657	33	高压村	高庄村
608	18	内则	内侧	635	13	省一中	省一师	663	23	腴地镇	腴地乡
609	3	祭礼	祭祀	637	22	缘条	椽条	665	3	钟岑乡	钟岭乡
609	14	祭礼	祭祀	637	29	1935年年	1935年	665	9	钟岑乡	钟岭乡
612	3	履以红布	覆以红布	638	2	毛鸡圹	毛鸡塘	665	26	铜石乡	铜古乡
612	12	唱孝歌	听孝歌	640	14	西南暴动	西南暴动	665	31	桃园乡	桃鱼乡
612	27	筵请	延请	641	2	垂名青史	名垂青史	295	37	统捐类	统捐类
613	3	层架起之后	屋架起之后	641	8	冉麟育	冉育麟	372	15	1939	1931
614	23	累禁不止	屡禁不止	641	9	冉麟育	冉育麟	419	末	恢复人事科	建立人事局
615	4	讫求	乞求	641	13	冉麟育	冉育麟	653	24	钟岑乡	钟岭乡
616	12	消灾弥祸	消灾弭祸	642	4	建设之称声	建设之先声	77	10	拱桐	珙桐
617	24	粗具规模	初具规模	642	14	学认渊博	学识渊博	565	17	全县改为国家卫生部委托各省市	
618	4	苛溪、苛子溪	笴溪、笴子溪	642	21	1880	1867	593	5	三吾山	三唔山
620	18	有持无恐	有恃无恐	642	21	1882	1869	595	34	子广煊	子广烜
620	8	盘距	盘踞	643	1	揣靡	揣摩	660	22	删除整行	
622	6	七月分	七月份	643	9	辩证	辨证	画页	23	西秦会馆	西秦会馆
623	9	享的韵母	亨的韵母	643	13	安徽灵壁	安徽灵璧	408	28	砟景馥	夏景馥
623	18	普遍话	普通话	643	14	《金遗要略》	《金匮要略》	408	29	陈汝享	陈汝亨
624	22	女巴	妑	643	27	《金遗要略》	《金匮要略》	501	3	虎纽镦于	虎钮镦于
625	2	（疟病）	（疟疾）	644	1	《伤寒条辩》	《伤寒条辨》	序	11	王鳞飞	王麟飞
625	6	“面”	“里”	644	9	工作协会	工作者协会	6	4	附马	驸马
625	24	普遍话	普通话	644	19	政协县委	县政协	8	18	两湖	两广
17	36	9月	9月5日	22	7	行末加是日，酉阳县革命委员会成立		323	3	截止	截至
388	9	殷之辂	殷之骆	388	15	石福香	田福香	388	16	山西襄坦	山西襄垣
409	6	当安县	归安县	409	7	庚碥地士	庚戌进士	409	12	曹昆	曹焜

续表

页	行	误	正	页	行	误	正	页	行	误	正
409	13	湖南	湖广	409	18	亮癸	亮揆	409	22	宴恒	宴緪
409	23	高塘	高嵣	409	29	曹元兴	曹六兴	410	3	方绩	方积
410	20	李锋	李铎	411	22	张秉坤	张秉堃	447	19	城中	西中
470	19	张廉坤	张秉坤	659	4	载相斌	戴相斌	—	—	—	—
648	13	符公荣	符功荣	648	14	符公银	符功银	648	15	胡公吉	符功吉
648	16	胡开武	符开武	—	—	—	—	—	—	—	—

附注：

一、前志有多处地名混乱，例如桃渔（桃鱼）、甘溪（泔溪）、平旦（平坦）、三道沟（三黛沟）、两征（两罾）、征潭（罾潭）、后坪（后坪坝）等，因限于篇幅，未列入勘误表中。

二、史实有误：

（1）“文化大革命”时期，刘少奇作为“党内头号走资派”被打倒，但在1973年县委党校复课后，培训党员干部主要学习《论共产党员的修养》……当时此书被称为“黑修养”，其作为党校教材显然不是史实（366—367页）。

（2）368页5行“……学习周恩来、刘少奇、邓小平、朱德、陈云等人的《文选》……”中共十一届六中全会于1981年6月召开，《邓小平文选》1983年出版，当时周、刘、朱、陈均无《文选》出版，故此亦难成为史实。

（3）370页3行“……至1985年止，历届县政协中，共安排非中共人士2人任主席……”事实是历届县政协中，无非中共人士任主席。

（4）527页27行“……小学毕业会考：始于民国十八年（1929），由专员公署命题……”民国十八年（1929），四川处于防区制军阀统治时期，民国二十三年（1934）防区制撤销，由南京国民政府统理川政，始成立第八区行政督察专员公署，故上述内容与史实不符。以上4处为明显讹误，其他不一一列举。

（5）660页，“崔道明在抗美援朝战争中牺牲（失踪）”有误。崔道明，小河镇茶元村人，2011年11月仍健在。其子崔荣德。

（6）大事记即“6”页。“唐末，黄巢之乱，酉阳蛮叛，附马冉仁才征之有功……”黄巢起义始于公元878年，结束于884年。而冉仁才系唐初人。前后相差几百年，不符生命规律。见《酉阳直隶州总志·沿革》（编修冯、冉之案）

限外记述之2006—2012年大事记

·2006年·

1月18日至20日，重庆市委副书记、市长王鸿举率市扶贫集团赴酉阳自治县送温暖，先后到龙潭五育远达希望小学、县医院、黑水马鹿村、民族小学、钟多镇双福村等慰问各族群众，并为酉阳自治县捐款300多万元。

4月1日，渝怀铁路货运列车正式开通。经铁道部批准，渝怀铁路长寿、涪陵、武隆、黔江、秀山5个车站，4月1日开办货运业务，每天8次货运列车往返。

4月18日，酉阳自治县被教育部授予“普及九年制义务教育和扫除青壮年文盲县”称号。

4月22日，中共中央政治局常委、国务院总理温家宝在涪陵宏声度假村，接见全国人大代表酉阳自治县板桥乡水车坝村党支部书记涂安祥。

7月23日至24日，国家工商局副局长李东生、商标局局长安青虎到酉阳自治县考察“酉阳青蒿地域标志产品证明商标”，县领导徐强、李方宇等陪同考察。通过考察认为酉阳青蒿素含量、种植规模都是世界之最，酉阳向国家申报的“酉阳青蒿地域标志产品证明商标”情况属实，有望得到尽快审批。

7月24日，中共重庆市委巡视组进驻酉阳自治县，开展巡视工作。

8月6日至7日，重庆市委书记、市人大常委会主任汪洋到酉阳自治县调研。汪洋一行参观赵世炎烈士故居、华阳资源公司青蒿GAP规模种植基地、板溪人畜饮水、铜鼓幸福村、龚滩移民迁建等。

10月12日，酉酬水电站成功实现酉水河截流。

11月1日，酉阳首次开通火车客运。重庆北站—秀山，每天开行普快和普客各一对。

12月10日，清泉邹家坝考古发现新石器残墙、烧炭作坊、汉代铜箭、发现商周甲骨等新石器文化遗迹。

12月21日，天吉锰业公司隆重开业，县领导徐强、李方宇出席庆典。该公司总投资6800万元，年产电解锰2万吨，产值2.5亿，税收2200万元，可提供600人就业。

12月28日，县城污水处理厂建设开工，该项目总投资10198万元，占地面积3万平方米，日处理污水能力2万吨。

·2007年·

1月5日，“酉阳青蒿”获准实施地理标志产品保护，是重庆继“石柱黄莲”之后获批的第二个地理标志产品保护。

2月4日，中共酉阳自治县第十二次党代会召开，到会代表337名。大会选举徐强为书记，李方宇、贺恩友为副书记，石强、田景谷、冉顺祥、刘毅、杨清海、张志全、陶于祥、郭文荫、向业顺、张献强为常委。县十二届纪律检查委员会由21名常委组成，选举张志全为书记，肖立超、母勇、熊友权为副书记。

2月9日至10日，重庆市委书记、市人大常委会主任汪洋到酉阳自治县调研。

2月11至14日，政协酉阳自治县第十一届一次会议召开，参会政协委员248名。会议听取和审议县政协工作报告和提案工作报告，选举黄朝忠为政协主席，冉隆清、张玉泉、杨玉明、杨洪勇、敖永红、程学新、陈德罡为副主席。

2月12日至15日，酉阳自治县第十五届人代会第一次会议召开，到会代表275名。大会讨论审查相关工作报告，并作出相关决议。大会选举张世模为县人大常委会主任，陈文国、余和锋、范兴强、陈德禄、齐洲为副主任。选举李方宇为酉阳自治县政府县长，刘毅、张献强、陈爱军、颜正福、田跃明、张力、陈颖（女）、何开发（挂职）为副县长。选举朱文林为酉阳自治县人民法院院长，李大槐为酉阳自治县人民检察院检察长。

2月下旬，春节期间，国家环保总局副局长潘岳一行到酉阳自治县调研。

2007年春节，原中共中央政治局常委、全国人大常委会委员长李鹏和夫人朱琳在北京亲切接见酉阳自治县委书记徐强、县人大常委会主任张世模、县长李方宇、县政协主席黄朝忠等县领导及工作人员。并与之合影，赠送贺年卡，祝全县人民春节快乐。

8月14日至15日，重庆市市长王鸿举到酉阳自治县调研并指出："把握时代方向，加速城乡统筹"。

10月12日至13日，国务院三峡工程建设委员会办公室副主任金榜、文化部计财司司长李雄一行到酉阳调研。

11月28日，《教育部、国家发展和改革委员会、财政部关于表彰西部地区"两基"攻坚先进地区先进单位和先进个人的决定》（教财〔2007〕号）：酉阳自治县被表彰为"西部地区两基攻坚先进地区"。

12月9日，重庆九鑫集团电解金属锰厂竣工投产，该厂全部建成投厂后，年销售收入将达6亿元，实现税收3000万元，提供就业岗位700个以上。

·2008年·

1月11日至30日，酉阳自治县遭受50年未遇的冰冻侵袭，全县经济损失1.25亿元，冻死、饿死、冻伤生猪1386头、羊3470多只、小家畜禽6062只。

1月29日，酉阳自治县城生活垃圾处理场开工。该项目总投资5973万元，日处理垃圾1200万吨。

是月，《酉阳民族文化丛书》系列《酉阳土司》（邹明星主编）、《酉阳历代诗词选》（陈梦昭主编）、《古今桃源诗词曲联选》（白明跃、冉启华主编）、《山茶花》（舒应福著）4书由西南师范大学出版社公开出版发行。

4月10日，甘薯淀粉综合加工项目落户龙潭镇。该项目总投资3654.50万元，计划年产10000吨精制甘薯淀粉、5000吨营养方便粉丝。

5月15日，十七届中央委员、全国人大常委会委员、全国人大民族委员会副主任陆兵，全国人大常委会委员、全国人大民族委员会副主任委员雷鸣球（上将）到酉阳自治县调研。

5月20日，酉阳6名青年志愿者李军、林丽、赵爱华、吴孝华、陈德政、何飞等赴汶川地震灾区救灾。

5月30日，酉阳县疾控中心5名工作人员组成的防病防疫工作组赶赴四川汶川抗震救灾。

6月2日，钟多镇至渤海快速通道工程完成项目立项工作，该项目总投资14.9亿元。

6月7日，酉阳民歌、摆手舞被列入国家级非物质文化遗产保护名录（国发〔2008〕19号）。

6月25日，中共重庆市委决定，陈勇任中共酉阳自治县委书记。

6月30日，钟多镇至渤海快速通道工程建设获上级批准（渝发改交〔2008〕651号）。

7月31日，全县招商引资全民创业万人动员大会召开。

8月6日，酉阳自治县殡仪馆开馆。殡仪馆占地面积22242平方米，建筑面积6776平方米，能同时容纳7户丧家办理丧事和900人就餐。

8月15日，小坝全民创业园正式开工。

9月1日，《酉阳报》改版成日报。

9月13日，城东大道改造工程项目启动，总长4909米，路幅总宽16米，项目房屋拆迁面积为44880平方米，征用土地、林地面积22012平方米，坟墓搬迁29座，项目总投资18118.76万元。

9月17日，板溪轻工业园区基础设施建设一期标准厂房进场。

9月26日，全县森林工程建设启动仪式在桃花源广场举行，参加仪式7.5万余人，植树30万株，总面积3000余亩。

9月28日，酉阳自治县城城北新区综合文体活动中心奠基仪式举行。

10月8日，酉阳自治县拆迁办对位于桃花源广场北侧尚未完工的县青少年活动中心实施整体拆除，拆除总面积4000多平方米。

10月13日，板溪轻工业园区基础设施一期市政管线进场。

10月23日，渝东南片区党史正本编写工作协作会在酉阳自治县召开。

11月3日，酉阳自治县城东道路改造工程开工。

11月9至10日，国家旅游局规划财务司副处长宫娜率评定组到酉对桃花源创新中国成立家AAAA级景区工作进行审查验收。

11月12日，酉酬水电站首台机组启动仪式隆重举行。

11月16日，酉阳自治县在北京重庆饭店举行经济社会发展汇报会，致公党中央、团中央、水利部、商务部、扶贫办、国务院法制办、国家林业局、乡镇企业局等部委办局以及重庆市政府驻京办相关负责人以及24家知名企业负责人、酉阳籍在京人士等100余人出席会议。

11月17日，酉阳自治县领导赴致公党中央汇报工作，受到致公党中央常务副主席王钦敏、副主席严以新、秘书长曹鸿鸣等亲切接见。

11月17日，中电国际董事长李小琳在北京亲切会见陈勇、张世模、李方宇、黄朝忠等县主要领导。

11月18　日，酉阳自治县城天然气工程竣工验收。

11月24日，赵庄大道（大桥）建设和赵世炎烈士纪念馆修缮工程顺利开工。

11月28日，渝东南现代物流园动工，总规划面积为2.5平方公里，园区划分为："一心两轴六片区。"

11月28日，酉阳自治县偏柏乡唐贤钰被评为"全国优秀农民工"。

12月12日，酉阳自治县城污水处理厂竣工。

12月20日，酉阳自治县城违规墓地清理整治工作结束，共拆除违规墓地958座，其中活人墓471座、超标准大墓豪华墓487座。

12月21日，酉阳自治县被文化部命名为"中国民间文化艺术之乡"。

12月21日至22日，中铁二院重庆设计院副院长、高级工程师杨正国一行21人就渝怀二线建设有关情况到酉现场踏勘。渝怀二线建设成立专题组，计划2009年年底完成涪陵至怀化段初步设计，2010年动工建设。

12月24日，阿蓬江大桥、龚滩隧道通车典礼在阿蓬江大桥南桥头隆重举行。龚滩隧道全长1342米，净高5.0米；阿蓬江大桥全长276米，桥面宽9米。该工程于2006年7月18日正式开工，2008年8月20日阿蓬江大桥主桥合龙，2008年9月10日龚滩隧道初通。

12月27日，酉阳自治县第一条村级柏油路青山村道竣工。

12月30日，国家林业局准予设立金银山国家级森林公园，定名为“重庆金银山国家森林公园”。总面积2734.33公顷。地理坐标和四界范围。（一）东部片区，面积232.1公顷。地理坐标：北纬28° 53' 20 "—28° 54' 05 "，东经109° 07' 31 "—109° 09' 19 "。（二）中部片区，面积2351.03公顷。地理坐标：北纬28° 49' 10 "—28° 53' 59 "，东经108° 43' 11 "—108° 46' 16 "。（三）西部片区，面积15102公顷。地理坐标：东经北纬28° 50' 32 "—28° 51' 17，108° 30' 36 "—108° 31' 18 "。（见国家林业局林场准许〔2008〕1193号）。

12月31日，重庆市人民政府第27次常务会议审议通过《酉阳土家族苗族自治县城市总体规划（2008—2020年）（送审稿）》。

·2009年·

1月10日，酉阳自治县投资400余万元的社会公共安全视频图像监控系统投入使用。

1月15日，重庆光和生物化工开发有限公司红薯乙醇加工项目工程开工仪式在龙潭隆重举行。

1月19日，重庆市委副书记、市长王鸿举到青山村访贫问苦，在县领导陪同下，走访慰问了青山村4组贫困党员刘兴治和贫困户陈永林、刘华兴，并为他们送去了新春祝福和慰问金及生活用品。

1月21日上午，重庆九鑫集团公司年产300万吨新型干法水泥生产项目在酉阳龙—江重工业园区正式开工建设。

1月23日，国家旅游局批准酉阳自治县桃花源景区为国家AAAA级旅游景区。

2月16日至20日，在酉阳自治县综合执法、规划、公安、市政、土房等部门及钟多镇政府的通力合作下，依法对摸底排查出的40余处违法建筑物展开了依法拆除，共拆除违法建筑物5000多平方米。

2月21日，举办首届中国·重庆·酉阳旅游国际论坛。在论坛上，美国陆易斯通建筑与规划设计公司（成都来也旅游策划管理有限公司）联合体主任规划师刘鹏翮，北京达沃斯巅峰旅游规划设计院规划专家、项目负责人张波，彼路旅游国际咨询公司外籍专家帕特里西亚，乌江画廊旅游开发有限公司高级物业顾问吴宝昌分别演讲。

2月23日，国家林业局调查规划设计院院长李忠平率队到酉调研森林工程建设工作。

2月25日，酉阳自治县162名外出务工人员正式启程赴巴基斯坦务工。

2月28日，酉阳自治县人民政府·重庆南方集团菁华农牧科技园正式签约。

3月1日，酉阳自治县综合文体中心项目建设签约仪式在酉洲大酒店五楼会议室举行。

3月3至4日，国家林业局林产设计院院长周鸿升一行6人到酉阳自治县规划金银山国家森林公园。

3月23日，《酉阳自治县旅游发展总体规划》出炉，向全社会公开征求意见。

3月27日，酉阳自治县入选重庆10大都市乡村旅游目的地。

3月上旬，周伟代理酉阳自治县人民政府县长。

4月7日，酉阳自治县人民医院外科大楼奠基开工。

4月21日至24日，酉阳自治县党政代表团抵达江苏省，就招商引资、园区建设、体制创新、农业产业结构调整等方面，在江都、灌云、沭阳、泗阳、铜山等市县开展为期4天的考察学习。

4月24日，重庆市历史文化名城专委会主任、渝富集团董事长何智亚带队的市专家组对龚滩古镇迁建工程进行实地检查验收。

5月1日下午，在桃花源广场举行文艺演出，隆重庆祝2009重庆名镇旅游主题年龚滩游暨龚滩古镇“五一”成功开街。

5月7日，酉阳土家摆手舞申报世界非物质文化遗产筹备工作会议召开。

5月8日，最高人民检察院党组成员、副检察长胡克惠及市人民检察院党组书记、检察长余敏一行到酉阳自治县调研。

5月17日，国内知名应用新闻学专家、“新闻采访与写作”首席专家、教育部学位中心新闻传播学科命题专家组组长、复旦大学新闻学院教授博士生导师刘海贵一行4人到酉阳自治县实地调查土家族传播历史与发展趋向。

5月27日至28日，酉阳自治县举行大型活动迎接联合国官员对酉阳土家摆手舞申报非物质文化遗产保护进行考察。

5月31日，桃花源里发现洞穴，里面有500平方米流石坝景观。

6月5日，渝东南现代农业科技示范园开工仪式在麻旺镇平桥村举行。

7月1日，酉阳自治县获得全重庆市第一批城乡居民社会养老保险（含新型农村养老保险）试点区县资格。

7月5日至6日，酉阳自治县委书记在成都参加由中组部组织的12个西部区、县委书记座谈会。

7月9日，酉阳自治县第十五届人民代表大会第五次会议召开，本次会议应出席会议的代表271人，实际到会240人，审议通过了《酉阳土家族苗族自治县自治条例（草案）》，决定报请重庆市人大常委会审查批准后施行。周伟当选酉阳自治县人民政府县长。

7月22日，我国发生日全食，酉阳自治县发生日偏食。

7月28日，酉阳自治县城殡仪馆火化车间成功试运行。

7月30日，由酉阳自治县档案局整理再版的清代地方志《酉阳直隶州总志》（刻印本）在成都巴蜀书社翻印出版。共印2500套。

8月16日，在2009中外旅游投资高峰论坛暨新中国成立六十周年旅游业成果颁奖盛典上，酉阳自治县喜获“中国最佳绿色旅游名县”称号。

9月1日，钟（多）渤（海）快速通道建设开工典礼在龙潭镇渤海村隆重举行，市委副书记、市长王鸿举为此专门发来亲笔贺信，市人大常委会副主任王洪华、市政协副秘书长余季平、重庆能源投资集团总会计师李云鹏、重庆巨能集团董事长总经理母元林及酉阳自治县领导出席开工典礼。

9月25日，重庆市第三届人民代表大会常务委员会第十二次会议通过关于批准《酉阳自治县自治条例》的决定，会议决定批准审查修改后的《酉阳自治县自治条例》，由酉阳自治县人民代表大会常务委员会公布实施。

9月26日，酉阳土家族苗族自治县人民代表大会常务委员会发布〔2009〕第16号公告：《酉阳自治县自治条例》已于2009年9月25日经重庆市第三届人民代表大会常务委员会第十二次会议批准，现予公布，自2009年11月11日起施行。

9月30日，酉阳自治县城北迎宾大道全线贯通，大道全长1.48公里、宽16米，总投资5400万元。

10月18日，酉阳自治县经济社会发展北京汇报会暨招商引资推介会在位于京城长安街畔的新兴宾馆三楼会议室隆重举行，国家有关部委及协会的领导、部分企业代表、在京酉阳籍老乡代表等出席会议。

10月18日，全国人大常委会原委员长李鹏和夫人朱琳在北京接见酉阳自治县委、县政府领导等。李鹏、朱琳夫妇听取了酉阳经济社会发展汇报，审查了酉阳赵世炎烈士故居改扩建工程，接收了酉阳81万各族人民赠送的礼物——西兰卡普、织锦背心和《酉阳直隶州总志》。李鹏为酉阳AAAA级桃花源风景区题词："中国酉阳桃花源风景区。"

10月22日，中纪委驻商务部纪检组组长王和民率中央检查组到酉阳自治县重点检查贯彻落实中央扩大内需政策情况。

10月24日，酉阳自治县演出的《风情毕兹卡》下集在央视CCTV3播出。

10月27日，酉阳自治县城乡居民社会养老保险养老金首发仪在麻旺镇举行。

10月28日，桃花源广场扩建、环城道路改造工程、重庆市酉阳自治县职业教育中心建设项目、渝东南民俗风情街建设工程、金银山森林防火隔离通道建设项目在桃花源广场举行开工仪式。

11月2日，"酉阳青蒿"获地理标志认证。

11月3 日，酉阳举行新闻中心和原烟厂地块招标拍卖会，拍卖总成交价达2.2亿元，每亩地单价320余万元。

11月9日，酉阳新闻中心建设项目动工。该项目建筑用地面积4286平方米，总建筑面积约5.5万平方米，拟建一幢32层高99.7米的标志性建筑物，总投资概算约1.2亿元。

11月11日，酉阳自治县20098人同跳土家摆手舞，成功入选《大世界基尼斯纪录》。重庆市委宣传部副部长、市委外宣办主任、市政府新闻办主任周波，市委巡回检查五组组长樊启林，中央电视台MTV办公室主任、高级记者雷晓春，腾讯大渝网执行总裁李春燕，大世界基尼斯总部理事郁志超，中央级媒体、部分省市级媒体、市内各大媒体记者及县领导和群众同歌竞舞。

11月13日，酉阳自治县在重庆主城举行经济社会发展汇报暨招商引资推介会，市委副书记、市长王鸿举发来贺信，市人大常委会副主任胡健康、市政协副主席陈万志出席会议。

11月19日上午，全国人大常委、致公党中央副主席严以新，重庆市政协副主席、致公党重庆市委主委王孝询一行到酉阳自治县考察扶贫工作。

12月1日，酉阳自治县城临时公交车投入营运，出租车实行打表计费、取消人力三轮车。

12月5日，《酉阳报》讯：酉阳被国务院列入"全国生猪调出大县"。

12月8日，龚滩古镇正式被评为国家AAA级旅游景区。

·2010年·

1月12日，酉阳自治县城公交车正式开通，共投放公交车24辆，分为3条线路，分别为101线（城南新桥至城北泉孔）、102线（城南新桥至实验中学）、103线（城北车站至小坝龙池），每条线路8辆公交车对开，每天运行时间为早上6时至晚上11时。

1月13日，华章·财富国际房地产开发项目开工建设，项目总投资近5亿元。

3月20日，国家林业局造林绿化管理司司长王祝雄一行到酉阳自治县调研，为金银山国家森林公园、酉水河国家湿地公园授牌。

3月22日，桃花源景区获“中国十大文化休闲旅游品牌景区”称号。

3月28日，酉阳自治县获“中国绿色名县”殊荣，成为重庆市首个也是目前唯一获此殊荣的县。

4月7日，十二届县委第七十四次常委会议审定，决定对各招商分局机构编制进行调整，在各招商分局挂酉阳自治县驻××旅游营销中心牌子，中心设主任1名（由招商分局局长兼任）、副主任1名（由招商分局副局长兼任）；在各招商分局（旅游营销中心）增设招商科、旅游营销科，增加科长职数2名。增加各招商分局全额拨款事业编制2名。决定成立阿蓬江（酉阳）旅游经济区管理委员会。决定成立酉水河旅游度假区管理委员会。决定将酉阳自治县计划生育协会列入群众团体序列。决定将酉阳自治县委、县政府经济研究中心机构规格由副科级调整为正科级，调整后，该机构的隶属关系、主要职责、内设机构、人员编制、经费渠道不变。

4月13日，赵世炎烈士纪念馆修复开馆，陈光国、何事忠、彭永辉等领导和赵世炎烈士亲属出席开馆仪式。

4月27日，钟渤快速通道延伸段开工，计划工期1年。

5月1日，酉阳自治县举办“万名驴友酉阳行”活动。

5月6日“摆手舞之恋”电影开拍。

5月7日，重庆市酉州乌羊原种场建设项目开工。

5月7日，酉阳自治县首批校警进驻校园。

5月14日，重庆市酉阳自治县绿圣源苦荞食品开发有限公司的“酉水河”（酒）商标，获2009年度“重庆市著名商标”称号。

5月24日，酉阳自治县翠屏山森林公园建设方案已经重庆市林业局专家评审通过，同意酉阳自治县建重庆市翠屏山森林公园。

5月26日，酉阳自治县委宣传部选送的《土家摆手舞》《土家苗寨笑颜开》《金钱棍》3个节目，在第十一届中国上海国际“世博·金玉兰”合唱、舞蹈、秧歌、鼓乐、服饰、风采大赛中取得好成绩，分别荣获“世博·金玉兰”最高奖和两个组织金奖。

5月27日，酉阳自治县首家国有旅行社——重庆启程旅行社正式开业。

6月23日，以“倡导低碳经济、创建生态文明、促进县域经济发展”为主题，由中国长城绿化促进会、全国生态文明推荐委员会主办的全国生态文明建设发展论坛暨创建全国生态文明经验推荐会在北京市京西宾馆隆重举行，酉阳自治县以良好的环境体系和生态文明建设，被评为“全国生态文明先进县”。

7月26日，桃花源国家AAAA级旅游景区成功入围“第十六届亚洲旅游业金旅奖”。

7月29日，“摆手舞申遗文本”项目专家组在中山大学教授、博士生导师麻国庆，中央民族大学教授、博士生导师、中国人民大学人类学研究所所长潘守永的带领下到酉阳自治县调研。

8月12日，中国土家文化高峰论坛暨纪念潘光旦先生诞辰111周年学术研讨会在酉阳自治县城怡豪国际大酒店隆重举行，酉阳中国土家文化研究院挂牌成立，中央民族大学人类学所副所长潘守永教授当选为第一任院长。

8月12日，潘光旦塑像揭幕暨酉阳中国土家文化研究院授牌仪式在腾龙山地公园举行。潘光旦的亲属代表北京大学教授潘乃谷、民盟中央文化委员会副主任范芳、中央民族大学副校长严玉明、重庆市民宗委副主任向远道和酉阳自治县委领导为铜像揭幕。

8月28日，桃花源景区：获亚洲旅游业品牌最高荣誉。

9月6日，世博会重庆馆酉阳周开展。

9月21日，“致酉合作”二十周年纪念大会在酉阳自治县召开。全国政协副主席、致公党中央主席、科技部部长万钢，全国政协常委、致公党中央副主席李卓彬，市委常委、统战部部长范照兵，市政协副主席、致公党重庆市委主委王孝询，致公党中央联络部（社会服务部）副部长李万通，重庆市政府副秘书长徐新中国成立，重庆市科委副主任徐青，致公党中央社会发展与服务委员会副主任、北京中联亚房地产有限公司董事长史维学，致公党中央社会发展与服务委员会委员、北大青鸟集团董事长许振东，致公党江苏省委会秘书长米其智，重庆市政府有关部门代表、酉阳自治县领导及县直机关成员、各乡镇党委书记、相关学校学生代表以及致公党重庆市委的党员、机关干部近600人参加纪念大会。

纪念大会后，万钢、李卓彬、范照兵、王孝询一行到桃花源广场共同种植“‘致酉合作’纪念树”，还参观了桃花源广场、桃花源景区、小坝全民创业园和黑水镇农户万元增收工程现场点。

9月28日，国际攀岩精英赛、酉阳·中国土家摆手舞欢乐文化节和酉二中100年校庆开幕式在酉二中操场举行。来自法国、日本等16个国家和地区的50名攀岩精英参加赛事，开幕式上，酉阳县以《放飞酉阳》为主题，为四海宾客奉献了一台热烈欢快、富有民族特色的文艺节目。

本次国际攀岩精英赛由市委宣传部、市民宗委、市体育局、市文化广播电视局主办，酉阳县委、县政府和北京奥德高体育发展有限公司承办。大赛共设男子攀石、女子攀石、男子难度、女子难度以及男子速度、女子速度赛六个竞赛项目，赛事历时3天。

重庆市委副书记、市长黄奇帆出席开幕式并讲话。

10月3日，酉阳100180名中小学师生和机关事业单位工作人员伴着木叶情歌等优美的土家民歌同跳土家摆手舞，活动以桃花源广场为核心，分布于桃花源大道城北段和39个乡镇。经大世界吉尼斯纪录总部专家现场鉴定，酉阳十万人同跳摆手舞成功入选吉尼斯世界纪录。吉尼斯世界纪录总部认证官吴晓红宣布酉阳10万人同跳摆手舞，申报吉利斯记录成功并为酉阳颁发吉尼斯世界纪录证书。

12月21日，酉阳自治县最后一位老红军陈富莲离世，享年103岁。

·2011年·

1月20日，酉阳自治县政府领导率县红色景区管委会、民政局、交委等部门负责人，对南腰界红色旅游景区打造工作进行调研，要求相关部门要因地制宜、统筹协调，将景区打造成独具魅力的红色旅游经典品牌。

2月14日，酉阳自治县委十二届九次全委（扩大）会提出，“十二五”时期要基本实现“崛起武陵山、领先渝东南”，以工业化、城镇化、旅游产业化、城乡一体化实现“四轮驱动”，作为酉阳新一轮跨越发展的着力点和突破口。

2月28日，酉阳大力推进殡葬改革，全县火葬区域覆盖总人口达30万（含流动人口）。

3月5日，酉阳自治县机构编制委员会行文（酉阳编委发〔2011〕3号）明确恢复县委党史研究室为单列机构，独立开展工作，不再与县档案局合署办公；增加党史研究室事业编制2名（至此，县委党史研究室编制达6名）。

4月20日至21日，全国政协副主席、民建中央第一副主席张榕明率全国政协委员、民族和宗教委员会副主任、河北省政协原主席、调研组副组长赵金铎，全国政协常委、安徽省政协原副主席、民建中央经济委员会主任、调研组副组长方兆本，全国政协常委、重庆市人大常委会副主任、民建重庆市委员会主任委员卢晓钟，全国人大代表、湖北省政协副主席、民建湖北省委员会主任委员仇小乐，贵州省政协副主席、民建贵州省委员会主任委员、贵州省社会主义学院院长武鸿麟，全国政协委员、湖南省政协原副主席龙国键，市政协副主席彭永辉等到酉阳调研。

张榕明一行在调研期间实地看小坝全民创业园、金银山国家森林公园、县规划展览馆、桃花源广场等，还为青山村刘华兴和段相仕送去慰问金。还参观了赵世炎烈士纪念馆，并向赵世炎烈士敬献花篮。

4月26日，中共重庆市委副书记、市长黄奇帆在酉阳县城快速通道工地现场办公。

5月11日，和信·酉阳青花椒科技示范园竣工开园典礼在酉阳县泔溪镇隆重举行。总投资500多万元、占地2000余亩，是集青花椒良种培育、高产示范、产业发展展示、基础研发与新技术应用、椒农技术培训、BGA试验区等多种功能于一体的综合项目。

6月，金银山国家森林公园更名为酉阳桃花源国家森林公园。

7月5日，酉阳自治县首批廉租房入住仪式在位于石柱溪的馨园小区举行，第一期302户低收入家庭领到住房钥匙，迁新居。

是月，《酉阳民族文化丛书》系列《春天的响声·散文卷》《野马和尘埃·诗歌卷》《八月蔚蓝·小说卷》《大雨落来细雨飘·民歌卷》《雍妮和布所·故事卷》《酉阳1912—1949·史志卷》6部书由重庆大学出版社出版。

7月18日，2011年武陵山区土家摆手舞大赛酉阳初赛在桃花源广场开赛。

9月22日，后溪镇拟更名为酉水河镇。

10月10日，酉阳自治县召开纪念辛亥革命100周年座谈会，学习中共中央总书记胡锦涛在纪念辛亥革命100周年大会上的重要讲话精神。

11月11日，重庆市委组织部宣布任命，陈文森任中共酉阳自治县委副书记，提名县长人选。周伟不再担任县委副书记、县长职务。

11月18日，《酉州乌羊》《麻旺鸭》地方标准确认。

11月19日，中国投资有限责任公司高工徐晓东到酉阳自治县，考察太阳堡直升机场选址情况，在怡豪国际大酒店组织召开座谈会。

11月20日上午，北京大学建筑与景观设计学院院长、教授、博士生导师、北京土人景观与建筑规划设计研究院首席设计师俞孔坚带领他的团队骨干到酉阳自治县就新城规划设计进行实地踏勘。

11月23日，文化部命名酉阳自治县为“中国民间文化艺术之乡”。

11月28日，酉阳自治县召开十五届人大常委会第三十八次会议，审议通过议案，任命陈文森为酉阳自治县人民政府代理县长。接受周伟辞去酉阳自治县人民政府县长职务的申请。

12月6日，龙潭新城区征地搬迁暨开工建设启动仪式在酉阳火车站站前广场隆重举行。

12月12日，酉阳自治县宜居双池茶叶专业合作社持有的“双池”茶商标被重庆市工商局认定为重庆市著名商标。酉阳著名商标已达4件。

12月20日，中央文明委在北京召开全国精神文明建设工作表彰大会，对第三届全国文明城市（区）、文明村镇和文明单位进行了表彰，酉阳自治县荣获“全国文明县城”称号，成为全重庆市4个全国文明县城之一。

12月24日，酉阳至贵州沿河高速公路重庆段正式开工。本项目投资估算金额约39.84亿元，建设工期为3年。

·2012年·

1月4日，投资1500余万元、按照国家AAAAA级旅游景区标准全新打造的桃花源景区新游客接待中心正式投入使用。

1月5日，重庆市安全生产工作会议在酉阳自治县召开，市委副书记、市长黄奇帆出席会议并讲话。

1月16日，中共酉阳自治县第十三次代表大会开幕。

1月18日，中国共产党酉阳自治县委十三届一次全体会议召开，会议选举产生了县委常委、书记、副书记和常务委员。陈勇当选为酉阳自治县委书记，陈文森、张献强当选为副书记。石强、张力、陈林、谢忠、张兴安、颜强、唐鹏程、秦海峰、刘玉平、唐应姗（女）当选第十三届委员会常务委员。

1月20日，酉阳桃花源景区被全国旅游景区质量等级评定委员会正式公告为国家5A级旅游景区，成为重庆市第4个国家AAAAA级旅游景区。

2月1日，龙潭希望小学收到李鹏、朱琳夫妇寄来的新年贺卡。

2月7日，在北京召开的新批国家AAAAA级旅游景区整改意见反馈会暨颁牌仪式上，国家旅游局正式授予酉阳桃花源国家AAAAA级景区标牌。酉阳桃花源成为继大足石刻、巫山小三峡、武隆天生三桥后重庆市第4个国家AAAAA级旅游景区。桃花源景区是国家森林公园、中国户外运动训练基地。由古桃源、伏羲洞、桃花源国家森林公园、酉州古城、桃花源广场等五个部分组成，总面积50平方公里，核心区22.8平方公里。

2月10日，酉阳自治县第十六届人民代表大会第一次会议闭幕。张世模当选为酉阳自治县人大常委会主任，杨清海、杨玉明、敖永红、石志明、李应贵为副主任。陈文森当选为酉阳自治县人民政府县长，石强、张力、郭尔特、白仁毅、罗文生、张平（女）为副县长。杨勤当选为酉阳自治县人民法院院长，张强当选为酉阳自治县人民检察院检察长。

2月29日，酉阳申报的“酉州乌羊”“酉阳青蒿”两件商标通过国家工商总局商标局审核，正式注册为地理标志证明商标。

3月1日，以桃花源国家AAAAA级旅游景区为依托组建成立酉阳桃花源实业投资集团公司。集团公司下辖国有资产经营、旅游开发、房地产开发、旅游运输和风情演艺5个子公司。

3月7日，由《中国妇女》杂志社举办的2011年度海内外有影响力的“《中国妇女》时代人物”评选结果在北京揭晓，酉阳护士余书华当选。

3月7日，花田乡“花田贡米”经农业部稻米及制品质量监督检验测试中心检验，其产品符合NY／T593—2002《食用稻优质品种品质》标准。

3月29日，统计表明，1至3月酉阳自治县共接待游客112万人次，实现旅游综合收入3.81亿元，接待旅游团队近500个，其中游览桃花源国家AAAAA级旅游景区的团队250余个。

4月10日，国家发展改革委、财政部、国家林业局印发文件，批复同意内蒙古乌兰察布市等13个市和重庆酉阳自治县等74个县开展全国生态文明示范工程试点。

4月11日，国家民委民族文化宫副主任张玉玲率队到酉，就酉阳自治县少数民族民俗文化、特色村寨保护与发展建设等课题开展调研。

4月20日，酉阳数字化城市管理系统顺利通过市级验收。

4月25日至26日，全国政协委员、民族和宗教委员会副主任、江西省政协原主席傅克诚，全国政协委员、民族和宗教委员会驻会副主任邓宗良一行到酉阳自治县，就武陵山片区区域发展、生态文化旅游和扶贫攻坚规划实施情况进行考察。

5月7日，重庆市酉阳地质公园被批准为国家地质公园。

6月5日，国家烟草专卖局向重庆追加了10亿元基础设施建设资金，推动三峡库区、民族地区和贫困地区经济建设，酉阳获1.1亿元，用于建设250公里烤烟路、整治3000亩土地、修建710间烤房。

6月10日，中共中央政治局委员、国务院副总理、重庆市委书记张德江到酉阳自治县调研。到龙潭镇，向赵世炎烈士塑像敬献花篮。到小坝花园村看望慰问贫困群众，到板溪镇工业园区百亿实业了解情况。

6月19日，钟渤快速通道土建工程全部完工。经过近3年时间的建设，总投资近20亿元的钟渤快速通道土建工程已经全部结束，该工程是酉阳单项投资最大的项目，道路全长16.42公里，为双向四车道，其中桥梁隧道总长10.15公里，占整个工程70%以上。该通道建成通车后，县城至龙潭新城区之间的行车距离将缩短一半，行车时间也将减少到15分钟左右。

6月24日统计表明，酉阳自治县当年高考一本上线569人，创历史新高，北大、清华录取人数7人。考生何鹏杨以669分居全市文科第三名、渝东南第一名；张儒成以688分，居全市理科第四名、渝东南第一名。

6月27日，由重庆市旅游局、广东省旅游局指导、《广州日报》和《重庆时报》联合主办，同程网协办的“选美渝粤”大型旅游风光评选活动结果揭晓：酉阳桃花源国家AAAAA级旅游景区被评为“2012年重庆非去不可十大旅游名片”。

7月5日，中国中医学科学院副院长、中国中医科学院中药研究所所长黄璐琦到酉阳自治县检查中药资源普查情况

7月6日至8日，由世界汉诗协会格律体新诗委员会、重庆孔子儒学研究会倡议，重庆国际文化交流中心、酉阳自治县人民政府主办的“中国格律体新诗酉阳论坛暨名作家旅游文化采风活动”在酉举行。重庆市作家协会名誉副主席梁上泉、重庆国际文化交流中心文艺部部长周冀飞、世界汉诗协会副会长兼格律新诗委员会主任万龙生等40余名作家到桃花源和龙潭古镇等国家级旅游景区采风。

7月7日，来自重庆、山西、安徽、宁夏、上海、四川等全国各地著名作家、诗人及“东方诗风”论坛的会员在酉阳时代假日酒店召开会议，通过中国格律体新诗酉阳论坛《关于在渝设立“中国诗人节”》的倡议书。

7月11日，国家民委专职委员李文亮率国家民宗委经济司、扶贫处和重庆市民宗委相关负责人到酉阳自治县，就加快推进武陵山片区区域发展与扶贫攻坚规划实施情况开展调研。

7月16日，酉阳自治县委十三届二次全委（扩大）会议开幕。县委书记代表县委常委会作题为《解放思想、科学发展、富民兴酉，全力推进酉阳二次创业》的主题报告。大会审议通过了《关于大力发展职

业技术教育的实施意见》和《关于大力发展民营经济的实施意见》。

8月1日《酉阳报》改版，从四开4版套红改为对开4版彩印。

8月6日，酉阳首家村镇银行——重庆市酉阳融兴村镇银行正式挂牌营业。

8月24日，水利部水文局副局长蔡建元、水利部水文局站网处处长王左、水利部水文局干部王显义，在市水文局局长舒金扬的陪同下，到酉阳自治县调研中小河流监测系统建设工作。

8月25日，中央电视台《走遍中国》栏目组相关工作人员到酉阳龙潭古镇、龚滩古镇采风。在龙潭古镇对当地人民在过中秋节时的饮食文化和民间艺术文化进行调研。

8月29日，重庆市政府办公厅扶贫集团2012年第二次联席会议在酉阳自治县怡豪国际大酒店举行。

8月31日晚，酉阳自治县委副书记、县长陈文森在怡豪国际大酒店三楼会议室会见到酉参加中国·酉阳桃花源第二届桃花源国际休闲旅游文化节的英国驻重庆总领事馆总领事Simon Mellon（西蒙·梅隆）、日本驻重庆总领事馆总领事川崎惠弘、美国驻成都总领事馆总领事James Thrower（苏柏朋）一行。

9月1日，重庆·酉阳桃花源第二届国际休闲旅游文化节开幕式暨钟渤快速通道竣工通车典礼在酉阳二中运动场隆重举行，重庆市委副书记、市长黄奇帆出席开幕式，并宣布重庆·酉阳桃花源第二届国际休闲旅游文化节开幕暨酉阳钟渤快速通道竣工通车。

9月3日，桃花源国家AAAAA级旅游景区管委会面向全国招聘一名“桃花源园主”，年薪30万元，凡是18—60周岁的均可报名，同步招聘12名“伏羲洞洞主”，周薪5000元。

9月3日，重庆·酉阳桃花源第二届国际休闲旅游文化节在酉阳自治县体育馆闭幕。

9月11日，由国家人口和计划生育委员会、国务院机关事务管理局、国务院办公厅、中央国家机关工委等组成的中央国家机关计生工作第九协作组“三下乡”活动在酉水河镇中心校举行。

9月13日上午，致公党中央副主席、全国政协委员闫小培率致公党中央社会服务部副部长李万通、致公党重庆市委主委张玲一行在黑水镇举行捐赠活动，捐赠100万元用于黑水镇卫生院在建工程。

9月23日，中央档案馆技术部副研究馆员黄丽华等国家档案局课题鉴定委员会成员在重庆市档案局相关负责人的陪同下到酉阳自治县，就档案管理工作进行检查指导。

9月29日，投资1.2亿元、全长1.2公里、历时3年半打造的酉州古城开街迎客。38栋土家吊脚楼依山而建。

9月30日晚，十二届县委第114次（2011年第24次）常务会议审议通过《中共重庆历史·酉阳自治县卷》送审出版。

10月25日，国家发改委西部司副司长童章舜，重庆市发改委副主任徐强等一行到酉阳自治县，对生态文明示范工程试点工作进行调研。

11月10日，全国人大常委会委员、全国人大内务司法委主任委员黄镇东率内务司法委人员到酉阳自治县调研。

11月28日下午，酉阳自治县第十六届人民代表大会第二次会议开幕，应参会代表281名。

12月20日，经传统村落保护和发展专家委员会评审认定并公示，酉阳自治县苍岭镇大河口村、酉水河镇河湾村、酉水河镇后溪村、南腰界乡南界村入选中国传统村落名录。

12月22日，在中央农村工作会议上，酉阳自治县荣获“全国粮食生产先进县”称号。

编 后 记

盛世修志，国之传统。为贯彻落实《重庆市人民政府办公厅关于切实做好第二届区县（自治县、市）志编修工作的通知》（渝办发〔2003〕158号）精神，县政府早于2002年就对第二届修志作了统一部署，成立编纂委员会，安排工作经费，具体由档案修志馆组织实施。同时县政府特聘邱华、王明友、彭清玉、郑登元、严天之、姚家桐、田祖智、石维续、王兴权、何守吉、孙廷觉、冉光大、严鹏、姚明祥等为县志相关篇章的编写人员，特聘邹明星为主编，具体负责县志总纂。其间，严天之因病去世，姚明祥因种种原因而放弃编写。他们所承担的部分内容一直未能落实人员补写，加之其他方面的原因，县志初稿一直未能完成。2012年年底，在县委、县政府的督促下，县档案局（地方志办公室）要求主编加快总纂进度的同时，还请专人编写文化体育篇章的内容。至2013年5月完成县志初稿。

本志书编纂的具体分工是：王明友编纂“大事记”、第二十一篇“人物”；王兴权编纂第一篇“政区”、第二十篇“民族宗教”；彭清玉编纂第二篇“环境土地人口”、第十八篇“文化体育”、第十九篇“医药卫生”；孙庭觉编纂第十二篇“财政金融保险”、第十七篇“教育科技”；邱华编纂第十六篇“军事”；姚家桐编纂第十四篇“劳动人事民政”；冉光大编纂第十一篇“旅游”；何守吉编纂第八篇“农业”；石维续编纂第十五篇“政法”；田祖智编纂第十篇“商贸”、第十三篇“经济综合管理”、第七篇“城乡及基础设施建设”；严鹏编纂第九篇“工业”；郑登元编纂第三篇“党派群团”、第四篇“人民代表大会”、第五篇“人民政府”、第六篇“政治协商会议”。其他涉及弥补或重新编写相关内容及人员是：彭清玉编纂第三至六篇相关章节；冉超（人大）编纂人大相关内容；石宏编纂民政中的基层政权建设；熊科林编纂酉阳报；冉景江编纂科技。此外孙廷贵提供文化篇的重要资料；张琼提供2005—2012年大事记资料。

2013年6月，县档案局（地方志办公室）请任家谦、刘长坤、黎洪、舒应福等对县志初稿进行审读，并认真听取了他们的审读意见和建议，在此基础上又修改形成第二稿。11月，重庆市地方志办公室副主任杨再伦和编辑处处长殷智到酉阳，对县志历史沿革、篇章调整等提出了宝贵的指导意见。据此又修改形成第三稿。从初稿到第三稿均由主编邹明星编纂完成。2014年4月，县档案局（地方志办公室）将审读稿分发到所有乡镇及县直各部门进行再次审读、修改，大多数单位提出具体的修改意见、建议。2014年8月，县档案局（地方志办公室）又组织相关人员，就县志第三稿进行再次审读。12月，县档案局（地方志办公室）召开会议听取审读意见并达成了共识，将志书三稿存在的问题归纳为17大项，并相应制定修改完善方案。2015年4月，县档案局（地方志办公室）请黎洪、彭清玉就志书第三稿存在的17项问题，进行再次补充、修改、完善，并形成评审稿。2016年11月30日召开由渝湘黔17个区（市）县地方志部门专家参加的县志评审会议。市志办副主任夏小平，编辑处处长董宁波参会并作重要讲话。据此又由彭清玉进行全面修改于2017年7月形成送审稿，再由黎洪、张仁富审稿，市志办专家评审通过。从初稿到定稿，十易其稿，经过艰苦努力，终于成稿并付梓。

酉阳修志，得到县委、县政府和市直部门的高度重视和精心指导，得到社会各界的大力支持。县委书记陈文森，县长李成群为本志作序。市地方志办公室的领导和专家多次精心指导并对志稿进行审读和修改，形成审读意见。县统计局白小全为本志“表”中数据进行审改，吴胜延、吴雁、张宗文、王兴权、钟陈冬、石敦桥、李化、卢进等为本志提供照片。在此，谨向他们，以及关心、支持县志编修的社会各界人士表示衷心的感谢！

方志当为信史，必须尊重历史，尊重事实。为编修一部质量较好的县志，全体编写人员不计报酬多寡，不分寒暑，不辞辛劳，查阅档案，收集史料，深入实地，广采博记，认真编写，成稿后呈送相关部门审查核实，尽量避免疏漏和失误，以尽修志人的责任。但由于我们水平有限，不足之处在所难免，有待方家批评指正。

2017年12月

编　者

索　　引

CH

D

E

F

G

H

J

K

L

M

N

P

Q

R

S

SH

T

W

Y

Z

ZH